本書出版得到國家古籍整理出版專項經費資助

廣雅疏義

（上册）

〔清〕錢大昭 撰
黄建中 李發舜 點校

中華書局

圖書在版編目(CIP)數據

廣雅疏義/(清)錢大昭撰;黄建中,李發舜點校. —北京:中華書局,2016.3(2022.7 重印)

ISBN 978-7-101-07839-8

Ⅰ.廣… Ⅱ.①錢…②黄…③李… Ⅲ.廣雅-研究 Ⅳ.H131.4

中國版本圖書館 CIP 數據核字(2011)第 022341 號

責任印製:陳麗娜

廣雅疏義

(全二册)

〔清〕錢大昭 撰

黄建中 李發舜 點校

*

中華書局出版發行

(北京市豐臺區太平橋西里 38 號 100073)

http://www.zhbc.com.cn

E-mail:zhbc@zhbc.com.cn

北京盛通印刷股份有限公司印刷

*

700×1000 毫米 1/16 · 63¼印張 · 4 插頁 · 700 千字

2016 年 3 月第 1 版 2022 年 7 月第 2 次印刷

印數:2001-2600 册 定價:198.00 元

ISBN 978-7-101-07839-8

目録

點校前言

廣雅疏義是清人錢大昭對廣雅進行疏釋研究的一部專書。

錢大昭，字晦之，江蘇嘉定（今屬上海市）人，樸學大師錢大昕之弟。清史稿載：「大昭少於大昕者二十年，事兄如嚴師，得其指授，時有兩蘇之比。壯歲遊京師，嘗校録四庫全書，人間未見之祕皆得縱觀，由是學問益浩博。又善於抉擇，其説經及小學之書，能直入漢儒閫奧。嘗慾從事爾雅，大昕與書，謂：『六經皆以明道，未有不通訓詁而能知道者。欲窮六經之旨，必自爾雅始。』大昭乃著爾雅釋文補三卷及廣雅疏義十卷。」另外，錢大昭還著有説文統釋六十卷、兩漢書辨疑四十卷、三國志辨疑三卷、後漢書補表八卷、詩古訓十二卷、經説十卷、補續漢書藝文志二卷、後漢郡國令長考一卷、邇言二卷等。

廣雅是魏張揖（字稚讓，清河人）爲廣補爾雅所作的一部語詞釋義專書。清王念孫在其廣雅疏證敘中説：「其自易、書、詩、三禮、三傳經師之訓，論語、孟子、鴻烈、法言之注，楚辭、漢賦之解，讖緯之記，倉頡、訓纂、滂喜、方言、説文之説，靡不兼載。蓋周、秦、兩漢古義之存者，可據以證其得失；其散逸不傳者，可藉以闚其端緒。則其書之爲功於詁訓也大矣。」

廣雅在隋有曹憲作音釋四卷，名博雅音。因避煬帝楊廣諱，故改稱廣雅爲博雅。博雅音重在注音，只是間或説明字體或略作詮釋。

有清一代，訓詁大興。盧文弨、顧廣圻、王念孫、錢大昭等人，對廣雅進行了校勘或注釋，出現王念孫的廣雅疏證和錢大昭的廣雅疏義這樣兩部巨著。

錢氏廣雅疏義，約成書於乾隆五十八年（一七九三）。稿成，未得刊行。清謝啟昆小學考始著録之，載卷五王念孫廣雅疏證條後，並附有清人桂馥廣雅疏義序。序云：「今海内治廣雅者三家：一爲盧先生文弨；一爲王先生念孫；一爲錢先生大昭。馥幸得同遊，素聞風恉者也。錢先生之疏義先成，請而讀之，歎其精審，當與邵先生爾雅疏義並傳。」又據清邵懿辰四庫簡目標注廣雅條下載：「朱修伯曰：錢晦之大昭亦著疏證，稿存同里勞氏。又傳鈔本在仁和瞿氏，名疏義，二十卷。許氏亦有鈔本。」

一九四〇年（日昭和十五年）日本靜嘉堂印靜嘉堂叢書之二爲廣雅疏義手鈔本。該本前有清鈔本廣雅疏義解題一篇云：「本書乃陸存齋十萬卷樓之舊藏本。」又該影印本前後均影有「歸安陸樹聲藏書之記」篆字方印。據版本目録學家、湖北省圖書館館長徐孝宓先生告知：「靜嘉堂所藏傳鈔本，係得之歸安陸心源舊藏。心源去世後，其子陸樹藩盡將其先人所藏書以十萬兩銀售諸日三菱財團岩崎彌之助，時光緒三十三年（一九〇七）。事詳日人島田翰撰皕宋樓藏書源流考。陸心源子四，長子樹藩，次子樹廉，三子樹聲，四子樹彰。傳鈔本『歸安陸樹聲藏書之記』印中之『樹聲』，乃陸心源之第三子也。」又該本卷末影有清人嚴傑於嘉慶戊午年（一七九八）借閱此鈔本後寫下的一行識語，亦據徐孝宓先生告知：「嚴傑，字厚盟，錢塘人。嚴氏潛研經術，邃學能文。阮元深賞之，故邀其佐編經籍籑詁。後又從阮氏赴廣東，佐編經解。嚴傑蓋在浙分纂經籍籑詁時，假讀是書之傳鈔本。識語爲嚴傑手筆，不誤。」

又，北京師範大學圖書館藏有另一廣雅疏義傳鈔本的晒藍本。此本係一九三九年輔仁大學圖書館據清華大學圖書館藏廣雅疏義鈔本晒製而成。經我們與靜嘉堂影印本覈對，其内容一致，僅所寫字迹不同而已。

清人治廣雅，影響最大者當是王念孫之廣雅疏證；然廣雅疏義亦有自己的特色：

其一，王書重在「就古音以求古義」，以聲音通訓詁，對廣雅中的某些字釋之甚詳，而對另一些字則不予提及；錢書重在廣引書證以釋義，對廣雅所釋之字則很少遺漏，如釋詁第一條：「古、昔、先、創、方、作、造、朔、萌、芽、本、根、蘖、鼃、䔊、昌、孟、鼻、業，始也。」全條被釋十九字。疏證只釋其中的「方、作、造、朔、萌、芽、蘖、鼃、䔊、昌、鼻、業」等十二字；對「古、昔、先、創、本、根、孟」等七字則不予釋證。疏義則對此條連「始」字在内的二十字，均引出書證，予以疏釋。此種不同，二書中隨處可見，說明它們各有所長，各具其用。

其二，所釋内容，廣雅疏義亦有自己的新意，如釋器：「甎、甈，甗也。」疏證只引廣韻、玉篇、爾雅、說文、方言所出現的「甎、甈、甗」三字强爲其說，則不免斷章取義，前後矛盾。錢氏之疏義則先總說「此釋破罌之名也」，再引說文、爾雅、方言、法言、玉篇、廣韻分别證之；並加案語說明：「玉篇、廣韻皆『甎甗』二字連文，據此，『甈』當在『甗』下，疑轉寫倒誤也。」經錢氏疏釋和勘誤，讀者可於此得到新的啟發。如此之例，在疏義全書中亦到處可見。

其他，如引書之廣博，疏釋之明確，行文之簡要，亦是疏義之優點。疏義還將隋曹憲爲廣雅所作音釋，分别繫在廣雅正文各字之下；並在自己的釋文中，於一些難字下也加注讀音。此亦有便於讀者。

此次點校，即以日静嘉堂影印本爲底本。此本係工匠所鈔，其中錯字、别字、衍字、脱字、草字、不規範之手寫體俗字和不常用之異體字比比皆是，引用書證中的書名、篇名錯亂，句字衍、脱，亦到處皆有。點校主要做了如下幾項工作：

一、全書加標了通行標點符號。

二、對廣雅正文和曹憲音釋，用王念孫廣雅疏證和王念孫校博雅音勘校。若遇鈔寫錯誤，則徑予改正；若爲異說，則出校記說明。

三、對所引用之書證，一一查覈原書。若遇錯寫、别寫，則徑予改正，不加符號和説明；若是補出的脱字、書名、篇名或卷數，則加〔〕號表明。

四、對底本中的錯字、别字、衍字、草體字、不規範之手寫體俗字、不常用之異體字和避諱字等，亦徑予改正，不加符號和説明。

點校本書，得到中華書局編辑部、華中師範大學領導和中文系領導，湖北省圖書館、北京師範大學圖書館，以及殷孟倫先生、趙振鐸先生、徐孝宓先生、趙誠先生和張力偉先生的多方支持和指導，謹在此一併致以衷心的感謝。點校中的錯誤和不足，敬請批評指正。

點校者

一九八八年十二月

廣雅疏義序

今海内治廣雅者三家：一爲盧先生文弨；一爲王先生念孫；一爲錢先生大昭。馥幸得同遊，素聞風指者也。錢先生之疏義先成，請而讀之，歎其精審，當與邵先生爾雅正義並傳。然治廣雅難于爾雅：爾雅主釋經，多正訓，廣雅博及羣書，多異義，一；爾雅有孫、郭諸舊説，廣雅惟曹音，二；爾雅爲訓詁家徵引，兼有陸氏釋文，廣雅散見者少，無善本可據，三也。此非專且久不易可了。昔郭氏注爾雅，十八年而成，邵先生且二十年，今先生遲之三十年，始有稿本，其爲專且久，不已至乎！馥從事説文，蓋亦有年，魯鈍未底于成。於乎！古人小學，童而習之。余乃白首紛如，讀先生之書，益加勸矣。乾隆五十八年癸丑七月，曲阜桂馥書于濟南濼西精舍。

上廣雅表

博士臣揖言：臣聞昔在周公，纘述唐虞，宗翼文武，克定四海，勤相成王，踐阼理政，日昃不食，坐而待旦，德化宣流，越裳徠貢，周成王時，周公輔政，越裳氏重譯獻白雉。顔師古漢書（平帝紀）注云：「越裳，南方遠國也。譯，謂傳言也。道路絶遠，風俗殊隔，故累九譯而後迺通。」嘉禾貫桑。書序：「唐叔得禾，異畝同穎，獻諸天子」，「周公作嘉禾。」韓詩外傳（卷五）云：「成王之時，有三苗貫桑而生，同爲一秀。」六年，制禮以導天下，樂記疏引鄭康成發墨守云：「六年，制禮樂，封殷之後，稱公于宋。」著爾雅一篇，以釋其[一]義。劉熙釋名（釋典藝）云：「爾雅，爾，昵也；昵，近也。雅，義也；義，正也。五方之言不同，皆以近正爲主也。」案：「周公作爾雅一篇」者，篇，猶卷也。謂周公止有一卷，後儒增益乃爲三卷，自釋詁至釋言皆有周公原本。鄭康成駁五經異義云：「玄之聞也，爾雅者，孔子門人所作，以釋六藝之言。是七十子之徒，身通六藝，發明章句，增成其義，經訓以彰也。」傳于後嗣，歷載五百，墳典散霫，唯爾雅獨[二]存。禮三朝紀：「哀公曰：『寡人欲學小辨，以觀于政，其可乎？』孔子曰：『爾雅以觀于

[一] 疏證本「義」上補「意」字。

[二] 獨，疏證本作「恆」。

古，足以辨言矣。』」大戴禮記小辨篇云：「公曰：『不辨則何以爲政？』子曰：『爾雅以觀于古，足以辯言矣。』」此所云三朝記，即小辨篇也。春秋元命苞元命苞，春秋緯書名。言：「子夏問：夫子作春秋，不以『初、哉、首、基』爲始，何？」是以知周公所造也。率斯以降，超絶六國，越秦踰楚[一]，爰暨帝劉，魯人叔孫通撰置禮記，文不違古。漢書叔孫通傳：「叔孫通，薛人也。」「孝惠即位」，「徙通爲奉常，定宗廟儀法。及稍定漢諸儀法，皆通所論著也。」案：通，薛人。而此以爲魯人者，薛縣屬魯國故也。今俗所傳三篇爾雅，或言仲尼所增，孔子作十翼以贊周易，如彖傳「師，衆也」，「比，輔也」，序卦傳「晉者，進也」，「遘者，遇也」之類，皆與雅訓相符，是孔子有所增也。或言子夏所益，子夏所作儀禮喪服傳，其親屬稱謂，皆與爾雅釋親相合，是子夏有所益也。或言叔孫通所補，或言沛郡梁文所考。爾雅之文，間有漢儒增加。如：釋地「〔北〕陵，雁門是也」；釋山「泰山爲東岳，華山爲西岳，霍山爲南岳，恆山爲北岳，嵩山爲中岳」；釋獸「鼳鼠」下云「泰人謂之小驢」。此即叔孫通、梁文輩之附益者也。皆解家所説，先師口傳，既無正驗，聖人所言，是故疑不能明也。夫爾雅之爲書也，文約而義固；其陳道也，精研而無誤。真七經之檢度，學問之階路，儒林之楷素也。郭璞爾雅序云：「夫爾雅者，所以通詁訓之指歸，叙詩人之興詠，總絶代之離詞，辨同實而殊號者也。誠九流之津涉，六藝之鈐鍵，學覽者之潭奧，摛翰者之華苑也。」若其包羅

[一]「越秦踰楚」疏證本作「越踰秦楚」。

天地，綱紀人事，權揆制度，發百家之訓詁，未能悉備也。臣揖體質蒙蔽，學淺詞頑，言無足取。竊以所識，擇撢羣藝，文同義異，音轉失讀，八方殊語，齊音楚語，風氣攸殊；横口開脣，短長各别。故必總而集之，得其會通。劉歆與楊雄書云：「采集先代絶言，異國殊語。」郭璞方言序云「考九服之逸言，摽六代之絶語，類離詞之指韻，明乖途而同致」是也。庶物易名，不在爾雅者，詳録品覈，以著于篇。凡萬八千一百五十文，古謂之文，今謂之字。說文序云：「倉頡之初作書，蓋依類象形，故謂之文；其後形聲相益，即謂之字。」分爲上、中、下，以頣方來俊哲洪秀偉彦之倫，扣其兩端，摘其過謬，令得用諝，亦所企想也。臣揖誠惶誠恐，頓首頓首，死罪死罪。

廣雅疏義卷第一

廣雅卷一

隋〔書〕經籍志：「廣雅三卷，魏博士張揖撰。梁有四卷。」又云：「廣雅音四卷，祕書學士曹憲撰。」唐〔書〕藝文志：「張揖廣雅四卷。」「曹憲博雅十卷。」案：張博士所分卷帙，止有上、中、下三篇。析爲四者，梁人也；又析爲十者，曹憲也。避煬帝名，改爲「博」爾。

張揖纂集

漢書敘例云：「揖字稚讓，清河人，一云河間人。魏太和中爲博士。」嘗解漢書司馬相如傳一卷，又〔撰〕〔一〕埤倉及古今字詁。是張博士精于小學，博極羣書，而後作爲此書，以繼先聖賢之軌躅。誠五經之鍵轄，而六藝之筌蹄也。

曹憲音釋

〔新〕唐書儒學傳：〔上〕「曹憲，揚州江都人，仕隋爲祕書學士。」「于小學家尤邃。自漢杜林、衛宏以來，古文亡絶，至憲復興。煬帝令與諸儒撰桂苑珠叢，規正文字。又注廣雅，學者推其該（洽），藏于祕書。貞觀中」，「以弘文館學士召，不至，即家拜朝散大夫。」「太宗嘗讀書，有疑難字，輒遣使〔者〕問憲，憲具爲音注，援驗詳複，帝咨尚之。卒，年百餘

〔一〕 案：「又」下當有「撰」字，今補。

歲。」案：憲于廣雅止有音釋。傳以爲嘗注此書，誤也。

釋詁第一

廣雅是此書總名，釋詁爲第一篇别目。自此以後十八篇，各分爲科段矣。周禮大行人：「諭書名，聽聲音，則屬瞽史」，「諭言語，協辭命，則屬象胥。」樂正授數，司成論説，非是則不能通也。是即詁訓之學。詁者，古也。先王之世，在官有學古之吏，在朝有道古之儒，百官得其敘，萬事得其宜。及周之衰，淫文破典。賴有孔子雅言正之，而其道復著。爾雅小〔一〕書，所以通詁訓之指歸，凡十有九篇。張氏廣而成之，篇目悉依其舊。釋者，解也。許慎説文解字云：「詁，訓故言也。」「古，故也。从十、口，識前言者也。」大雅烝民云「古訓是式」，鄭箋云：「古訓，先王之遺典也。」爾雅〔釋詁〕釋文引張博士雜字云：「詁者，古今之異語也。」詁，通作「故」。漢書藝文志：書有大、小夏侯解故，詩有魯故、韓故、齊后氏故、孫氏故、毛詩故訓傳。陸德明詩釋文云：「詁、故，皆是古義，所以兩行。然前儒多作詁解，而章句有故言，郭注爾雅則作『釋詁』，樊光、孫炎等皆爲『釋故』。」今張博士亦作「釋詁」，與郭本爾雅同也。第者，審諦也。一者，數之始也。既諦定篇次，以釋詁居首，故曰「釋詁第一」也。博士釋詁本是一篇，後人分爲四卷。今作疏義，又析爲八卷。以其卷帙太繁重故也。

古、昔、先、創、方、作、造、朔、萌、芽、本、根、櫱、鼃、户瓜反。萔、律音。昌、孟、鼻、業，始也。

〔一〕案：「小」當作「一」。

劉熙釋名〔釋言語〕云：「始，息也，言滋息也。」凡釋古今異言，通方俗殊語，必有所託始。文雖纍纍，其義實同，故先釋「始」之義也。古者，漢書藝文志云「世歷三古」，孟康曰：「易繫辭云：『易之興，其于中古乎？』然則伏羲爲上古，文王爲中古，孔子爲下古。」顧野王玉篇云：「古，古久之言也。」「古，始也。」本此。昔者，小雅采薇云「昔我往矣」，陸德明釋文引韓詩薛君章句：「昔，始也。」先者，説文：「先，前進也。」孝經感應章：「必有先也。」老子〔第四章〕：「象帝之先。」古曰在昔，昔曰先民，皆言始事之人也。創者，論語〔憲問〕：「裨諶草創之。」漢書敘傳〔下〕「税介免胄，禮義是創」，顏師古曰：「創，始造之也。」通作「刱」。説文「刱，造法刱業也，讀若創。」方者，小雅大田「既方既皁」，箋：「方，房也，謂孚甲始生而未合時也。」文選陸厥奉答內兄希叔詩：「屏居南山下，臨此歲方秋。」作者，詩魯頌〔駉〕「思無斁，思馬斯作」，傳：「作，始也。」樂記篇：「作者之謂聖，述者之謂明。」白虎通義禮樂篇：「樂言作，禮言制，何？樂者，陽也，陽倡始，故言作。禮者，陰也，陰制度于陽，故言制。」造者，商書伊訓：「造攻自鳴條。」呂氏春秋仲夏紀〔大樂〕「萬物所出，造于太一，化于陰陽」，高誘注：「造，始也。」朔者，説文：「朔，月一日始蘇也。」儀禮大射禮「朔鼙」注：「朔，始也。」尚書大傳：「朔，始也。」北方物之終始，故言始也。周禮天官太宰「正月之吉」，鄭注：「吉，謂朔日也。」地官黨正「四時之孟月吉日」，注：「四孟之月朔日。」〔地官〕族師「月吉」注：「每月朔日也。」案：正月之吉、孟月吉日、月吉，皆謂一月之朔，是朔爲一月之始也。漢書成帝紀「陽朔元年」，顏師古曰：「朔，始也，以火生石中，言陽氣之始。」萌、芽者，艸木之始也。説文：「萌，艸芽也。」「芽，萌芽也。」古亦作「牙」。月令「萌者盡達」，鄭注：「芒而直者曰萌。」漢書律〔曆〕志：「天統之正始施于子半，日萌色赤。地統受之于丑初，日肇化而黃；至丑半，日牙化而白。人統受之于寅初，日孽成而黑；至寅半，日生成而青。」書傳略説云：「周以至動，殷以萌，夏以芽。」揚雄徐州〔牧〕箴：「禍如丘山，本在萌芽。」左思魏都賦：「萌抵疇昔。」參同契云：「陰陽之始，玄合黃芽。」太玄攡云：「陽不極則陰不萌，陰不極則陽不牙。」本者，萬物莫不始于本。説文：「木下曰本。从木，一在其下。」禮器篇：「反本復古，不忘其初。」玉篇「本，始也」，本此。根者，木之始也。韓非子〔解老〕云：「樹木有蔓根，有直根。根者，書之所謂柢也。柢也者，木之所以建生也。」櫱者，商書盤庚：「若顛木之有由櫱。」説文木部引作「甹櫱」，丂部引作「甹枿」。陸氏釋文：「櫱，五達反，本又作『枿』。馬融曰：『顛木而肄生曰枿。』」詩商頌長發「苞有三櫱」，傳：「櫱，餘也。」漢書敘傳作「苞有三枿」。〔文選〕枚乘上書諫吳王云「夫十圍之木，始生而櫱」，李善注引尸子云：「千丈之木始若櫱，足易去也。」鼃、萐者，揚雄方言〔第十二〕文也。彼文「萐」作「律」，字異音義同。集韻〔術韻〕：「萐，始也；一曰艸孚甲出也。」「劣戌切。」昌者，與「倡」同。春官樂師「凡軍大獻，教愷歌，遂倡之」，注：「故書『倡』爲『昌』。」鄭司農云：「樂師主倡也。昌，當作『倡』。」吳語云「越大夫種乃倡謀」，韋昭注：「發始爲倡。」楚辭九章〔悲回風〕「聲有隱而先倡」，王逸注：「倡，始也。」孟者，嫡長爲伯，庶長爲孟。孟、仲、叔、季，以孟爲始。離騷云「攝提貞于孟陬兮」，王逸注：「孟，始也。」鼻者，方言〔第十三〕云：「鼻，始也。獸之初生謂之鼻，人之初生謂之首。梁益之間謂鼻爲初，或謂之祖。」説文云：「今俗以始生子爲鼻子。」漢書揚雄傳〔上〕「或鼻祖于汾隅」，注引劉德云：「鼻，始也。」業者，齊語云「擇其善者而業用之」，韋昭注：「業，猶剏也。」「創、業」，同訓「始」。

乾、宮〔二〕、元首、主上、伯、子、男、卿、大夫、令、長、龍、嫡、郎、將、日、正，君也。

〔二〕宮，疏證本作「官」。

説文：「君，尊也。从尹；發號，故从口。」大雅皇矣「克長克君」，左傳（昭公二十八年）解之曰：「賞慶刑威曰君。」乾者，卦之君也。説卦傳：「乾爲君。」又曰：「乾以君之。」乾象傳：「時乘六龍以御天。」荀九家云：乾者，君卦也。六爻皆當爲君，是乾六爻有君象，皆當進居天位，故曰「乘六龍以御天」。宫者，音之君也。漢書律曆志：「宫，中也，居中央，暢四方，唱始施生，爲四聲綱也。」又云：「宫爲君。」樂記疏引樂緯動聲儀云：「宫爲君，君者，當寬大容衆，故聲宏以舒，其情和以柔，動脾也。」玉海載徐景安樂書引劉歆云：「宫者，中也，君也，爲四聲之綱。其聲重厚，如君之德而爲重。」元首者，虞書（益稷）「股肱喜哉！元首起哉」，孔傳：「元首，君也。股肱之臣喜樂盡忠，君之治成乃起。」主上者，漢書司馬遷傳：「務壹心營職，以求親媚于主上。」又「主上」二字，析言之亦爲君。左氏襄公十九年傳：「晉荀偃卒而視，不可含。范宣子盥而撫之曰：『事吴，敢不如事主。』」呂氏春秋不苟論（當賞）「民無道知天」，「人臣亦無道知主」，高誘注：「主，君也。」孝經（廣要道章）云：「安上治民，莫善于禮。」墨子親士篇：「上必有諮諮之下。」是也。伯、子、男者，五等所封小國之君也。白虎通義（爵）：「伯者，百也。子者，孳也，孳孳無已也。男者，任也。人皆五十里。」卿、大夫者，卿也，大夫也，各有采地，以治其民。白虎通義（爵）：「卿之爲言（章也），章善明理也。大夫之爲言大扶，進人者也，故傳曰『進賢達能謂之（卿）大夫也』。」令者，説文：「令，發號也。」呂氏春秋孟春紀（去私）「南陽無令，其誰可而爲之」，高誘注：「令，君也。」長者，丁丈切。周語（下）云「晉聞古之長民者」，韋昭注：「長，猶君也。」太宰：「九兩」，「一曰牧，以地得民；二曰長，以貴得民；三曰師，以賢得民。」「長」與「師、牧」同稱，教人以道，可爲民長，故爲君也。龍者，易文言云「龍德而隱」，「龍德而正中」，皆以龍爲君德。賈誼新書（容經）：「龍也者，人主之辟也。」又爲鱗蟲之君，大戴禮易本命云「有鱗之蟲三百六十，而蛟龍爲之長。」嫡者，嗣君之稱。左氏閔元年傳：「内寵並后，嬖子配嫡，亂之本也。」通作「適」。王風伯兮

「誰適爲容」，傳：「適，主也。」吕氏春秋（慎大覽下賢篇）「帝也者，天下之適也」，高誘注：「適，主也。」郎者，漢書百官表：「郎，掌守門户，出充車騎。」此宿衛之郎，亦主卒旅，爲卒旅之君長也。將者，即諒切。說文：「將，帥也。」將所以統軍旅，亦人君之象也。日者，邶風柏舟「日居月諸」，箋：「日，君也。」太平御覽（卷三）引易緯云：「日者，至陽之精，象君德，玄黄照耀，五色無主。」舊本「日」譌「曰」，今訂正。正者，曹風鳲鳩篇「正是四國」、小雅斯干「噲噲其正」，傳並云：「正，長也。」「長、正」，皆君也。

道、天、地、王、皇、寷、豐音。夥、苦雷反。博、殷、粗、在户反。兄、㠩、沛、浦會反。袥、託音。𥞥〔一〕、矜音。衍、臨、巨、佳、方、夸、苦瓜反。匯、胡對反，又胡磊反，又胡罪反。凱、般、張、覺、封、奘、扶弗反。太、賢、胡、㢆、赤以反。廣、旁、奄、㧍、布萌反。勆、布蔑反。朴、普木反。魁、訏、吁音。沈、岑、夤、以真切。誧、鋪音。奲、昌者切。顥、考音。顝、苦骨切。䫳、苦磊反。麤、敦、敦音。芋、吁音。㺯、彫音。衮、䫜、許堯反。萬、觰、竹家反。𩣡、五高反。都，大也。

說文：「大，天大、地大、人亦大，故大象人形。」道、天、地、王者，老子道德經（第二十五章）：「道大、天大、地大，王亦大，域中有四大，而王居其一焉。」管子形勢解：「天之裁大，故能兼覆萬物；地之裁大，故能兼載萬物；人主之裁大，故容物多，而衆人得比焉。」皇者，說文：「皇，大也。从自。自，始也。三皇，大君也。」大雅皇矣「（皇矣）上帝」，傳：「皇，大也。」文王有聲云「皇王惟辟」，傳與皇矣同。箋云：「言大王者，武王事益大。」寷者，說文：「寷，大屋也。」易曰：「寷其

〔一〕𥞥，疏證本作「齡」。

屋。」通作「豐」。方言（第一）：「豐，大也。凡物之大貌曰豐。」（方言第二）又云：「趙魏之郊，燕之北鄙，凡大人謂之豐人。燕趙之間，言圍大謂之豐。」序卦傳：「豐者，大也。」考工記函人「舉而眡之，欲其豐也」，注：「豐，大也。」楚語（上）「彼若謀楚，其亦必有豐敗也哉」，韋昭注：「豐，（猶）大也。」㚊者，玉篇「㚊，苦回切，大也」，本此。博者，説文：「博，大通也。」殷者，喪（服）大記「主人具殷奠之禮，俟于門外」，注：「殷，猶大也。」莊子山木篇「翼殷不逝」，釋文引司馬彪云：「殷，大也。」李頤曰：「翼大逝難。」楚辭哀時命「懷殷憂而歷茲」，王逸注：「如遭大憂，常懷戚戚，經歷年歲。」粗者，采胡切。鄭康成禮記（月令）注：「粗，（猶）麤也。」玉篇：「粗，麤大也。」兄者，釋名釋親屬：「兄，荒也；荒，大也。故青徐人謂兄爲荒也。」巟者，説文「巟，水廣也」，引易曰：「包巟用馮河。」今本作「荒」。爾雅釋天：「太歲在巳曰大荒落。」費鳳碑「絡于大荒」，即用爾雅。是「巟、荒」古字通也。唐風蟋蟀「好樂無荒」、大雅公劉「豳居允荒」，傳並云：「大也。」左氏昭七年傳「周文王之法曰『有亡，荒閲』」，（杜注）：「荒，大也。有亡人當大蒐其衆。」晉語（四）：「在周頌曰：『天作高山，太王荒之。』荒，大之也。」沛者，漢書五行志：「上得天子，外得諸侯，沛然自大。」是「沛」爲大也。通作「旆」。左氏僖二十八年傳「狐毛設二旆而退之」、宣十二年傳「令尹南轅反旆」，杜預並云：「旆，軍前大旗。」袥者，擴之大也。説文：「袥，衣紒也。」徐鍇繫傳引字書：「袥，張衣令大也。」揚雄玄瑩云「天地開闢，宇宙袥坦」，司馬光注：「袥，廣而坦明。」𥢶者，玉篇、廣韻無此字，集韻（蒸韻）引博雅「𥢶、衍，大也」，又引爾雅「滷、鹶、鹹，苦也」。鹶，爾雅作「矜」，此作「𥢶」，蓋从鹵矜省，與「矜」音義同。鄭注禮記（表記）云：「矜，謂自尊大也。」晉語（一）「嗛嗛之德，不足就也，不可以矜，而祇取憂也」，韋昭注：「矜，大也。」衍者，楚辭天問「南北順隋，其衍幾何」，王逸注：「衍，廣大也。」臨者，序卦傳義也。易乾鑿度云：「臨者，大也。陽氣在内，中和之盛，應于盛位，浸大之化，行乎萬民，故言宜處王位，施大化，爲大君（矣），臣民欲被化之詞也。」巨者，方言〔第一〕文，齊宋之間語。張衡西京賦「巨靈贔屭」，薛綜注：「巨，大也。」通作「鉅」。説文：「鉅，大剛也。」漢書食貨志〔上〕「庶人之富者累鉅萬」，顔師古曰：「鉅，大〔剛〕也。大萬，謂萬萬也。」佳者，戰國策〔中山策〕「司馬喜曰：趙，佳麗之所出」，高誘注：「佳，大也。麗，美也。」舊本「佳」譌「隹鳥」之「隹」，今訂正。方者，鄭注士喪禮云：「今文『旁』爲『方』。」是「旁」爲古文「方」。「旁」既爲大，「方」亦大也。晉語〔一〕「今晉國之方，偏侯也」，韋昭注：「方，大也。」夸者，説文「夸、奢」皆從「大」，故有「大」義。漢書諸侯王表：「藩國大者，夸州兼郡，連城數十。」匯者，水之大也。禹貢：「東匯澤爲彭蠡。」凱者，古作「愷」。左氏僖十二年傳引詩「愷悌君子」，釋文作「凱」，云：「本亦作『愷』。」吕氏春秋〔審應覽〕不屈篇云：「詩〔曰〕：『愷悌君子，民之父母。』愷者，大也。悌者，長也。君子之德長且大者，則爲〔民〕父母。」般者，方言〔第一〕文，郭璞音「盤桓」之「盤」。張者，大雅韓奕「孔修且張」，傳：「張，大也。」左氏桓六年傳「隨張必棄小國」，杜預注：「張，自侈大也。」覺者，小雅斯干「有覺其楹」，傳：「覺，高大也。」大雅抑云：「有覺德行。」禮記緇衣引作「有梏」，注：「梏，大也。」「覺、梏」，古字通。封者，小爾雅〔廣詁〕文。商頌殷武「封建厥福」、左氏定四年傳「吴爲封豕長蛇」、周語〔下〕「封崇九山」、離騷「又好射夫封狐」，注家皆解「封」爲「大」。奘者，説文：「奘，大也。」此作「奘」，同。通作「佛」。周頌敬之云「佛時仔肩」，釋文：「毛符弗反。大也。」太者，古「大」字本有太音，後人加點以別之。賢者，穿之大也。考工記輪人「五分其轂之長，去一，以爲賢」，注：「賢，大穿也。」説文：「臤，大貌。讀若賢。」是「賢」與「臤」通。廣韻〔先韻〕「賢，大也」，本此。胡者，士冠禮「眉壽萬年，永受胡福」，注：「胡，猶遐也，遠也。」案：「遐」本作「暇」。説文：「暇，大遠也。」㢋者，説文：「㢋，廣也。」玉篇：「㢋，廣大也。」通作「侈」。小雅巷伯「哆兮侈兮」，疏：「侈者，因物而大之名。禮，于衣袂半而益一謂之侈袂。」廣者，説文：「廣，殿之大屋也。」小雅六月「四牡修廣」、考工記輪人「弓鑿廣四枚」、周語（中）「若是則必廣其身」、吕氏春秋恃君覽（長利）「地日廣，子孫彌隆」，注皆訓「廣」爲「大」。荀子禮論篇：「大者，禮之廣也。」通作「光」。周語（中）「故能光有天下，而和寧百姓」，韋昭注：「光，大也。」又（周語下）云「熙，廣也」，韋注：「鄭後司農云：『廣，當爲光。』虞亦如之。」旁者，説文：「旁，溥也。」爾雅釋詁以「溥」爲大，是「旁」亦大也。逸周書世俘解「旁生魄」，孔晁注「旁，廣（大）也」。「廣」亦大也。奄者，説文：「奄，大有餘也。」大雅皇矣「奄有四方」，傳：「奄，大也。」通作「俺」。説文：「俺，大也。」㔩、㔫者，並力之大也。玉篇「㔩、㔫」，皆云「大也」，本此。廣韻（屑韻）：「㔫，大力之貌。」朴者，楚辭天問「恆秉季德，焉得夫朴牛」，王逸注：「朴，大也。言湯常（能）秉持契之末德，修而弘之，天嘉其志，出田獵，得大牛之瑞也。」又九章（懷沙）「朴材委積兮」，注：「壯大爲朴。」魁者，荀子修身篇「倚魁之行，非不難也」，楊倞注：「倚，奇也。」「魁，大也。倚魁（皆）謂偏僻狂怪之行。」吕氏春秋孟夏紀（勸學）「不疾學，而能爲魁士名人者，未之嘗有也」，高誘注：「魁大之士，名德之人。」劉向九歎（憂苦）：「律魁放于山間。」案：魁，與「傀」同。説文「傀」字引周禮「大傀異」。訏者，與「訏」同。方言（第一）：「訏，大也。中齊西楚之間曰訏。」鄭風溱洧「洵訏且樂」、大雅生民「實覃實訏」，傳並云：「大也。」通作「盱」。豫六三「盱豫悔」，釋文引王肅云：「盱，大也。」沈者，直林切。方言（第一）文。岑、𡷆者，高之大也。亦方言（第十二）文。方言又云「岑，高也」，郭璞注：「岑崟，峻貌。」誧者，言之大也。説文：「誧，大也。讀若逋。」玉篇：「誧，大言。」䙁者，丁可切。説文：「䙁，富䙁䙁貌。」玉篇：「䙁，大寬也。」顝者，頭之大也。口倒切。玉篇：「顝，大頭也。」顝者，説文：「顝，大頭也。讀若魁。」䫋者，莊子大宗師篇「其顙頯」，釋文：「頯，向秀本作『䫋』，云：『䫋然，大朴貌。』」通作「傀」。莊子列禦寇云「達生之情者傀」，司馬彪云：「傀，讀曰瑰。瑰，大也。」䶮者，月令「其器高以䶮」，注：「䶮，猶大也。」敦者，古「敦」字。方言（第一）文也，陳鄭之間語。通作「淳」。國語（鄭語）「史伯曰：黎爲高辛氏火正，以淳耀敦大，光照四海」，韋昭注：「淳，大也。」芋者，方言〔第十三〕文，郭璞注：「芋，猶訏也。」小雅斯干「君子攸芋」，傳：「芋，大也。」通作「于」。方言〔第一〕又云：「于，大也。」錭者，丁幺切。玉篇：「錭，大也。亦作『奝』。」袞者，曹氏無音，疑當作「褎」，字之譌也。淮南主術訓「一人被之而不褎，萬人蒙之而不褊」，高誘注：「褎，大也；褊，小也。」顈者，〔說文〕：「顈，大頭也。」玉篇引倉頡云：「頭大也。」本或作「奃」。集韻〔蕭韻〕「奃，馨幺切」，引廣雅：「大也。」文選魏都賦「河汾浩涆而皓溔」，李善注引廣雅「溔，大也」，是本又作「溔」。萬者，盈數也。盈天地之間者唯萬物。盈爲多，多有大義。詩曰「萬舞」，言大舞也。觰者，說文：「觰挐，獸〔也〕；一曰下大者也。」驐者，通作「䫜」。玉篇：「䫜，高大也。」都者，總其大數。漢書鄭吉傳「吉既破車師，降日逐，威震西域，遂并護車師以西北道，故號都護」，顏師古注：「都，猶大也，總也。」

仜〔二〕、䡅、籠音。或、員、負音。虞、方、云、撫，有也。

周南〔芣苢〕「采采芣苢，薄言有之」，傳：「有，藏之也。」禮記哀公問云「不能愛人，不能有其身」，注：「有，猶保也。」仜者，乎東切。說文：「仜，大腹也。讀若紅。」腹大，亦「有」之意。䡅者，盧紅切。說文：「䡅，兼有也。」左思吴都賦：「畢䡅傛束。」或者，尚書微子「殷其弗或亂正四方」、小雅天保「無不爾或承」、論語爲政篇「或謂孔子曰」、孟子公孫丑下「夫既或治之」、吕氏春秋孟春紀〔貴公〕引書「無或作好，遵王之道；無或作惡，遵王之路」、淮南說林訓「解門以爲薪，塞井以爲臼，人之從事，或時相似」，注家並訓「或」爲「有」。穀梁隱二年傳：「有，內辭也；或，外辭

〔二〕仜，疏證本作「仁」。

也。」或，通作「域」。說文「或」又从「土」作「域」，故商頌玄鳥「正域彼四方」，毛傳亦訓「域」爲「有」也。詹事兄曰：「或與有，聲相近。」員者，說文：「員，物數也。」小雅正月「無棄爾輔，員于爾輻」，傳：「員，益也。」計數增益，有之義也。虞者，玉篇「虞，有也」，本此。方者，召南鵲巢「維鳩方之」，傳：「方，有之也。」云者，文選傅咸贈何邵王濟詩「進則無云補」，李善注引此文。古與「員」通。其周書秦誓「若弗云來」，山井鼎考古本俱作「員」。鄭風出其東門「聊樂我員」，釋文：「員，本亦作『云』。」小雅正月「昏姻孔云」，釋文：「云，本又作『員』。」商頌玄鳥「景員維何」，箋：「員，古文作『云』。」「員」既爲有，故「云」亦同也。詹事兄曰：「員、云，與『有』聲相近。」撫者，文王世子云「君王其終撫諸」，鄭注：「撫，猶有也。」

假、格音。及、軫、苦禮反。礙、五害反，又刈音〔一〕。括、𦤺〔二〕、悃〔三〕、𢵌、陟履反。岠、巨音。摵、就夙反，又子六反，又似育反。會、抵、多禮反。薄、察、往、薦、周、望、腆、緊，於兮反。至也。

說文：「至，鳥飛從高下至地也。」從高而下曰至，自外而來亦爲至。假者，方言〔第一〕文，邠唐冀兗之間語。堯典「假于上下」，鄭康成注：「假，至也。」商頌玄鳥「四海來假」、祭統「假于太廟」、莊子大宗師篇「是知之能登假于道〔者〕也若此」，皆與「格」同。案：「假」當爲「假」。說文：「假，至也。」及者，周語〔上〕「王不從，〔是〕以及此難」，韋昭

〔一〕疏證本「礙」下補有「艾」字，王念孫說「五害反，又刈音」當是「艾」字之音。
〔二〕𦤺，疏證本作「致」。
〔三〕悃，疏證本作「悃」。

注：「及，至也。」文選陸機短歌行「時無重至」，李善注引論語摘輔像讖云「時不再及」，宋均注：「及，亦至也。」軫者，說文：「軫，礙也。」此篇「軫、礙」同訓「至」，則「軫」亦至也。五音集韻〈薺韻〉「軫，或作『𨋍』，至也」，本此。礙者，說文：「礙，止也。」括者，王風君子于役云「羊牛下括」，傳：「括，至也。」殹者，字當爲「致」。鄭注禮器云：「致之言至也。」文選江淹上建平王書注引孟子云「墨子兼愛，摩頂致于踵」，劉熙注：「致，至也。」悃者，誠之至也。漢書劉向傳「發憤悃愊」，顏師古曰：「悃愊，至誠也。」舊本「悃」作「悃」，考說文「悃，愊也」，其字从「困」。今訂正。𢱧者，方言〈第十三〉：「𢱧，到也。」揚雄甘泉賦「洪臺掘其獨出兮，𢱧北極之嶟嶟」，應劭曰：「𢱧，至也。」案：說文：「𢱧，刺之財至也。」其字从「手」，俗本譌从「木」，今據方言、玉篇訂正。𢱧，通作「儆」。方言〈第一〉：「儆，會也。」凡會物謂之儆。」歫者，皋陶謨：「予決九川，歫四海，濬畎澮，歫川。」史記〈夏本紀〉「歫」皆爲「致」，此篇「歫、致」同訓「至」，則「致」即「至」也。漢書食貨志〈下〉「元龜歫冉長尺二寸」，孟康曰：「冉，龜甲緣也。歫，至也。度背兩邊緣尺二寸也。」通作「距」。曹植七啟「距巖而立」，李善注引孔安國書傳：「距，至也。」摵者，方言〈第十三〉：「摵，到也。」玉篇、廣韻並同。俗本譌从「木」，今訂正。「摵」通作「𡽹」。說文：「𡽹，至也。」字異音義同。會者，小雅車舝「德音來括」，傳：「括，會也。」「括」既訓「至」，「會」亦至也。抵者，漢書武帝紀「分循行諭告，所抵無令重困」，顏師古注：「抵，至也。」通作「氐」。說文：「氐，至也。」亦通作「底」。五音集韻〈薺韻〉：「底，止也。」薄者，枚乘七發：「冥火薄天，兵車雷運。」范雲贈張𧨏詩：「田家樵采去，薄暮方來歸。」察者，子例切。尚書大傳：「祭之爲言察也；察者，至也，人事至，然後祭。」通作「際」。淮南原道訓「高不可際，深不可測」，高誘注：「際，至也。」往者，心之至也。史記孔子世家贊：「雖不能至，然心鄉往之。」釋名〈釋言語〉：「往，暀也，歸暀于彼也，故其言之〈於〉卬頭以指遠也。」薦者，坎象傳

「水荐至」，釋文引干寶本作「水薦至」，京房本作「水臻至」，是「薦、臻」並爲至也。周者，小雅鹿鳴「示我周行」傳、孔安國論語注，並解「周」爲「至」。白虎通義（號）：「周者，至也，密也，道德周密，無所不至也。」望者，說文：「出亡在外，望其還也。」幸其至，故亦爲至也。腆者，周書大誥「殷小腆」，馬融注：「腆，至也。」緊，未詳。詹事兄曰：「左傳（隱公元年）『爾有母遺，緊我獨無』，以『緊』有『至』義也。」

乃、朁[一]、遂、邁、行、徃[二]、歸往反。歸、迋，于放反。往也。

說文：「往，之也。」乃者，字當爲「卤」。說文：「卤，往也。讀若仍。」今俗作「迺」，以爲「乃」之異文耳。朁者，少牢禮「勿朁引之」，注：「古文『朁』爲『秩』。」是「朁、秩」同也。小雅斯干云「秩秩斯干」，傳：「秩秩，流行也。」故「朁」爲「往」也。遂者，楚辭天問云「曰遂古之初」，王逸注：「遂，往也。」謝靈運九日從宋公戲馬臺（集）送孔令詩：「歸客遂海隅。」邁者，說文：「邁，遠行也。从（辵），蠆省（聲）。」或作「𨘢」，「不省」。玉篇「邁，往也」，本此。行者，廣韻（庚韻）「行，往也」，本此。徃者，說文：「徃，遠行也。」楚辭（九歎思古）：「魂徃徃而南征兮。」歸者，公羊隱二年傳「婦人謂嫁曰歸」，何休注：「婦人生以父母爲家，嫁以夫爲家，故謂嫁曰歸。」穀梁莊三年傳：「王者，民之所歸往也。」孟子（滕文公下）：「往之女家。」歸即往也。迋者，說文「迋，往也」，引春秋傳曰：「子無我迋。」言傳者，左氏昭二十一年傳文。又左氏襄二十八年傳「君使子展迋勞于東門之外」，注：「迋，往也。」

[一] 朁，疏證本作「昔」。

[二] 徃，疏證本作「彺」。

休、詳〔一〕、衷、佳、忏、汗音。禄、吉、慶、良、㨷〔二〕、時、竫、黨、適、賴、惢、素果反，又才累反。愿、愨〔三〕、温、長、嫧、側革反。〔四〕嬈、如小反。馴、旬音。説文「字巛反」。孎、竹緑反。睩、禄音。戾、靈，善也。

説文「譱，吉也。从誩、从羊。此與『義、美』同意」，篆文作「善」。釋名〔釋言語〕：「善，演也，演盡物理也。」休者，説文「休，息止也」，或作「庥」。豳風破斧「亦孔之休」、大雅民勞「以爲王休」，傳並云：「休，美也。」「美」與「善」同義。詳者，舊本作「祥」，考「祥，善」已見爾雅。博士上廣雅表自言「取其不在爾雅者著于篇」，知「祥」字誤也。「祥」與「詳」通，今定爲「詳」。易大壯「不能退，不能遂，不詳也」，疏云：「詳者，善也。進退不定，非爲善也。」釋文：「王肅本作『祥』。」荀子修身篇「則可謂〔不〕詳少者矣」，楊倞注：「詳，當爲『祥』。」淮南説山訓「六畜生多耳目者，不詳」，高誘注：「詳，善也。」衷者，臯陶謨「同寅協恭和衷哉」、晉語〔二〕「以君之靈，鬼神降衷」、荀子子道篇「從命則親危，不從命則親安，孝子不從命乃衷」、吕氏春秋季秋紀〔順民〕「願一與吴徼天下之衷」，注家皆訓「衷」爲「善」。佳者，説文人部義也。楚辭大招云「姱脩滂浩，麗以佳只」，王逸注：「佳，善也。」忏者，吴旦切。玉篇「忏，善也」，本此。集韻〔寒韻〕：「秦晉謂好曰忏。」禄者，春官天府云「若祭天之司民、司禄」，注：「禄之言穀也。」爾雅釋詁「穀」訓

〔一〕詳，疏證本作「祥」。

〔二〕㨷，疏證本作「㹂」。

〔三〕愨，疏證本作「㱿」。

〔四〕案：疏證本「嬈」上有「姊」字，曹音「測角反」。

善，「禄」亦善也。吉者，説文口部義也。釋名〈釋言語〉：「吉，實也，有善實也。」虞書〈皋陶謨〉「彰厥有常，吉哉」，疏引鄭注：「人能明其德，所行使有常，則成善人矣。」召南摽有梅「迨其吉兮」，傳：「吉，善也。」慶者，大雅皇矣「則篤其慶」、左氏昭三十年傳「大國之惠，亦慶其加」，毛傳、杜注並云：「慶，善也。」良者，説文亯部義也。釋名〈釋言語〉：「良，量也，量力而動，不敢越限也。」邶風日月「德音無良」、衛風氓「子無良媒」、月令「季春，令百工，審五庫之量，金、鐵、皮、革、筋、角、齒、羽、箭、幹、脂、膠、丹、漆，毋或不良」、魯語〈上〉「是良罟也，爲我得法」，注家皆訓「良」爲「善」。墐者，疑與「謹」同。楚辭九章〈懷沙〉「謹厚以爲豐」，王逸注：「謹，善也。」時者，小雅頍弁「爾殽既時」、儀禮士冠禮「嘉薦亶時」、逸周書小開解「何慎非時，何擇非德」，皆謂「時」爲「善」。竫者，安之善也。疾郢切。説文：「竫，亭安也。」公羊文十二年「惟諓諓善竫言」，何休注：「竫，猶撰也。」黨者，言之善也。荀子非相篇「〈文而致〉實，博而黨正」，楊倞注：「黨，與『讜』同，謂直言也。」隸釋張平子碑「爰登侍中，則黨言允諧」，洪适云：「以『黨言』爲『讜言』。」通作「當」。孔安國益稷傳：「故呼禹，使亦陳當言。」釋文：「當，丁浪反，本亦作『讜』，〈當湯反〉。」李登聲類云：「『讜言，善言〈也〉。』」漢書敘傳〈上〉「吾久不見班生，今日復聞讜言」，是也。適者，太乙經：「鋭首，鋭于時，得其適也。」一説「適」與「嫡」通。説文：「嫡，孎也。」下文「孎」爲「善」，「嫡」亦善也。賴者，孟子告子〈上〉篇「富歲，子弟多賴」，趙岐注：「賴，善也。」㤓，未詳。愿者，論語泰伯篇「侗而不愿」，鄭注「愿，善也。」左氏襄三十一年傳「子皮曰『愿，吾愛之』」，杜注：「愿，謹善也。」慤者，謹之善也。禮器云：「七介以相見也，不然則已慤。」荀子不苟篇：「有慤士者。」張衡東京賦：「民去末而反本，咸懷忠而抱慤。」廣韻〈覺韻〉「慤，善也」，本此。舊本「慤」譌作「殼」，今訂正。温者，和之善也。小雅小旻「温温恭人」，傳：「温温，寬柔也。」邶風燕燕「終温且惠」，箋：「温，謂顔色和也。」長者，材能之善也。孟子公孫丑〔上〕篇：「敢問夫子惡乎長？」或説讀爲「長幼」之「長」。元者，善之長也。婧者，容之善也。方言〔第十〕：「媓、婧、鮮，好也。」説文：「婧，齊也。」犪者，柔之善也。尚書「擾而毅」，徐廣曰：「擾，一作柔。」字本作「犪」，从牛，夒聲。説文：「犪，牛柔謹也。」玉篇：「犪，馴也。」春秋傳「乃擾畜龍」，應劭曰：「擾者，柔擾馴也。」管子地員篇：「其木宜〔櫄〕擾桑。」擾桑，柔桑也。諸「擾」字，皆「犪」之譌。説文：「瓇，玉也。讀若柔。」蓋「犪」有柔音，故史記或作「柔」。又有馴音，故李軌、徐邈皆音尋倫切。曹音如小反，失之矣。馴者，順之善也。説文：「馴，馬順也。」通作「訓」。地官土訓，鄭司農讀「訓」爲「馴」。司馬貞云：「史記『馴』字，徐廣皆讀曰『訓』。」殷本紀「百姓不親，五品不馴」，後漢書引作「訓」。坤初六「馴致其道」，鄭注：「馴，從也。」徐爰音「訓」，依鄭義。孎者，謹之善也。説文：「孎，謹也。讀若人不孫爲不孎。」睩者，亦謹之善也。説文：「睩，目睞謹也。」宋玉招魂：「蛾眉曼睩，目騰光些。」戾者，以「戾」爲「善」，猶「亂」爲「治」、「徂」爲「存」、「故」爲「今」〔一〕，此皆古訓，義有反覆旁通，美惡不嫌同名。靈者，鄘風定之方中「靈雨既零」，箋：「靈，善也。」太玄交次六：「我有靈殺，與爾殺之。」

嘕、去焉反。養、娛、悰、在宗反。佚〔二〕、歡、醋〔三〕、比，鼻音。樂也。

釋名〔釋言語〕：「樂，樂也，使人好樂之也。」皇侃論語義疏云：「悦之與樂，俱是歡忻。在心常等，而貌迹有殊。悦

〔一〕今，原誤作「存」，據爾雅郭璞注改。

〔二〕案：疏證本無「佚」字。

〔三〕醋，疏證本作「酣」。

則心多貌少，樂則心貌俱多。」嘘者，方言〔第十三〕文，郭璞注：「嘘嘘，歡貌。」養者，嵇康琴賦「怡養悦悆」，李善注引此文。娱者，説文女部義也。鄭風出其東門「聊可與娱」，傳：「娱，樂也。」舊本「娱」譌爲「娭」，今訂正。悰者，説文心部義也。漢書廣陵王胥傳「王自歌曰『出入無悰爲樂亟』」，韋昭曰：「悰，亦樂也。」謝朓遊東田詩「慼慼苦無悰」，李善注引魏文帝折楊柳行：「端居苦無悰，駕遊博望山。」佚者，玉篇「佚，豫也」，引書曰：「無教佚欲有邦。」爾雅釋詁「豫」爲「樂」，故「佚」亦樂也。歡者，説文：「歡，喜樂也。」禮檀弓〔下〕：「啜菽飲水，盡其歡。」通作「懽」。孝經〔孝〕治章：「故得萬國之懽心，以事其先王。」又通作「驩」。孟子〔盡心上〕：「霸者之民，驩虞如也。」醋者，飲之樂也。在各切。繫辭傳〔上〕「可與酬酢」，京房本作「醋」。説文：「醻，主人進客也。」「醋，客酌主人也。」今人以「醋」爲倉故切，非是。比者，雜卦傳云：「比樂，師憂。」

聆、禮丁反。聽、自、言、仍，從也。

説文「从，相聽也」，繫傳本作「相聽許也」，徐鍇云：「言計相聽也，許謂從諫也。」説文又云「𨑒，隨行也」。今通作「從」。孔子閒居「氣志既從」，注：「從，順也。」聆者，説文：「聆，聽也。」玉篇引倉頡篇：「耳聽曰聆。」顔延之贈王太常詩：「聆龍睬九泉。」曹植七啟「聆鳴鳳于高岡」，李善注引廣雅：「聆，聽也。」疑彼注「聽」下脱「從」字。聽者，説文：「聽，聆也。」易艮象傳：「不拯其隨，未退聽也。」左氏昭二十六年傳：「姑慈婦聽。」自者，書湯誥：「王歸自克夏，至于亳。」毛詩序「南，言化自北而南也」，鄭注：「自，從也。」又召南〔羔羊〕：「退食自公，委蛇委蛇。」左氏昭五年傳「羣臣懼死，不敢自也」，杜解「自」爲「從」。言者，洪範「五事」，「言曰從」，馬融注：「發言當使可從。」仍者，大雅常武「仍執醜虜」，傳：「仍，就也。」説文：「仍，因也。」「因、就」與「從」，皆義相成也。

巛、巽、娓、媚音。隨、理、猷、訓、悌、婉、捪、勑倫反〔一〕。揗、循音。摩，順也。

釋名（釋言語）：「順，循也，循其理也。」大雅皇矣「克順克比」，左氏（昭二十八年）傳解之曰：「慈和徧服曰順。」説文：「順，理也。」巛者，陸德明易（坤）釋文云：「坤，本又作『巛』。巛，今字也。」説卦傳：「坤，順也。」續漢輿服志（下）：「黄帝、堯、舜垂衣裳而天下治，蓋取諸乾巛。」巽者，説文：「顨，巽也。此易顨卦爲長女、爲風者。」易（巽）正義云：「巽者，卑順之名。」娓者，説文女部義也。又云：「娓，讀若媚。」故曹音亦然。隨者，説文：「隨，从也。」「从」亦順也。書禹貢：「隨山刊木。」大雅民勞：「無縱詭隨。」廣韻（支韻）「隨，順也」，本此。理者，説文解「順」爲「理」，則「理」亦順也。猷者，與「猶」同。召南小星「寔命不猶」、小雅鼓鐘「其德不猶」，傳並云：「猶，若也。」爾雅釋言「若」訓「順」，故「猶」亦順也。訓者，周頌烈文「四方其訓之」，左氏（哀公二十六年）傳引作「順」，是「訓、順」同也。洪範「是彝是訓，于帝其訓」，馬融注：「是大中而常行之，用是教訓天下，于天爲順也。」古與「馴」通。五帝本紀「能明馴德」，徐廣曰：「馴，古『訓』字。」索隱曰：「史記『馴』字，徐廣皆讀曰『訓』。訓，順也，言聖德能順人也。」悌者，釋名（釋言語）：「悌，弟也。」經典通用「弟」。婉者，説文女部義也。邶風新臺「燕婉之求」、左氏襄二十六年傳「生佐，惡而婉。太子痤美而很」、晉語（七）「午之少也，婉以從令」，注皆以「婉」爲「順」。捪、揗、摩者，説文：「捪，撫也。」「揗，摩也。」「摩，研也。」皆循順之意。舊本「捪」譌从「木」，今訂正。揗，通作「循」。説文：「循，行順也。」

〔一〕案：王念孫以爲「勑、倫」皆廣雅正文，而誤入曹憲音内。

閑、桲〔一〕、楷、式、祖、棖、肖、容、拱、捄、巨菊反，又巨牛反，又俱音。術、臬、魚列反。井、括、廌、類、棱、略，灋法音。也。

管子禁藏篇：「灋者，天下之儀也，所以決疑而明是非也。」釋名（釋典藝）：「法，逼也，莫不欲從其志，逼正使有所限也。」説文「灋，刑也。平之如水，从水；廌，所以觸不直者去之，从去」，或省作「法」。此所釋者，不止刑法；凡可爲常法者，皆是。閑者，論語子張篇「大德不踰閑」，孔安國曰：「閑，猶法也。」廣韻（山韻）「閑，法也」，本此。桲者，蒲没切。本書釋器云：「桲，杖也。」所以行法之具也。舊本「桲」譌「椁」，今訂正。楷者，苦駭切。玉篇「楷，式也」，引禮記曰：「今世之行，後世以爲楷。」式者，小雅楚茨「如幾如式」、大雅下武「下土之式」、楚辭天問「天式從横」、太玄少「次三，動𢧵其得，人主之式」，注皆解「式」爲「法」。祖者，鄉飲酒義「烹狗于東方，祖陽氣之發于東方也」，注：「祖，猶法也。」沈約宋書謝靈運傳論：「源其飈流所始，莫不同祖風、騷。」棖者，宅根切，方言（第三）文，郭注：「救傾之法。」説文：「棖，法也。」古通作「堂」。考工記弓人「維角堂之」，鄭注：「堂，讀如堂歫之堂。」疏云：「堂歫，取其正也。」肖者，亦方言（第七）文，西楚梁益之間語也。容者，儀也，儀亦法也。玉藻：「足容重，手容恭，目容端，口容止，聲容靜，頭容直，氣容肅，立容德，色容莊。」拱者，古作「共」，居勇切。書序「九共篇」、商頌長發「受小共大共」，馬注、毛傳並云：「共，法也。」捄者，字當从「木」。説文：「梂，鑿首。」集韻（尤韻）作「銶」，云：「鑿屬。」「鑿」亦法也。術者，文王世子云「公族之罪，雖親不以犯有司，正術也」，注訓「術」爲「法」。古通作「述」。邶風日月「報我不述」，文選注引韓詩作「報我不術」，薛君章句：「術，

〔一〕桲，疏證本作「埻」。

法也。」臬者，小爾雅〔廣詁〕文。說文：「臬，射準的也。」考工記匠人「置槷以縣，眡以景」，後鄭謂：「槷，古文『臬』，假借字。于所平之地中央，樹八尺之臬，以縣正之，眡之以其景，將以正四方也。」井者，繫辭傳〔下〕「井居其所而遷」，鄭注：「井，法也。」括者，法言修身篇「其爲中也弘深，其爲外也肅括，則可以禔身矣」，李軌注：「括，法也。」本或作「栝」，集韻〔舝韻〕引此文「栝，法也。乎刮切」。廌者，太玄經〔堅〕次八：「唯用解廌之貞。」解廌，好直之獸，可爲法也。類者，方言〔第七〕文也，「齊曰類。」荀子勸學篇「羣類之紀綱也」，楊倞注：「類，法也。」楚辭九章〔懷沙〕「吾將以爲類兮」，王逸注：「宜以我爲法度。」太玄毅：「次七，觥羊之毅，鳴不類。測曰：觥羊之毅，言不法也。」楥者，履之法也，吁券切。說文：「楥，履法也。」略者，文選王命論「此高祖之大略」，李善注引此文。

商、甬、勇音。經、長，常也。

此釋常行之道也。商者，說苑脩文篇：「商者，常也，常者質，質主天；夏者，大也，大者文，文主地。故王者一商一夏，再而復者也。」廣韻〔陽韻〕「商，常也」，本此。舊本「商」譌「啇」，今訂正。甬者，說文：「甬，艸木華甬甬然也。」案：「甬」之言涌也，如泉之涌出有常度也。經者，白虎通義〔五經〕：「經所以有五，何？經，常也，有五常之道，故曰五經。樂仁，書義，禮禮，易智，詩信也。」釋名〔釋典藝〕：「經，徑也，如徑路無所不通，可常用也。」小旻「匪大猶是經」、莊子養生主「緣督以爲經」，毛萇、李頤並云：「經，常也。」長者，左思魏都賦「器周用而長務」，李善注引此文。廣韻〔陽韻〕「長，常也」，本此。

眉、棃、離音。傁、蘇苟反。艾、耆、長、叡、大到反。𦓎、點音。期頤，老也。

說文：「老，考也。七十曰老。从人、毛、匕，言鬚髮變白也。」釋名〔釋長幼〕：「老，朽也。」蔡邕獨斷：「天子父事三老，老謂久也，舊也，壽也。」眉者，方言（第一）文也，「東齊曰眉」，郭注：「眉，言秀眉也。」豳風七月「以介眉壽」，傳：「眉壽，豪眉也。」小雅南山有臺「遐不眉壽」，傳：「眉壽，秀眉也。」棃者，亦方言（第一）文也，燕代之北鄙語，郭注：「棃，言面色如凍棃。」通作「黎」。吴語「播棄黎老」，韋昭注：「鮐背之耇稱黎老。」説文：「耇，老人面凍黎若垢。」是也。傻、艾者，小爾雅（廣言）文。方言（第六）：「傻，長老也。東齊魯衛之間，凡尊老謂之傻，或謂之艾。」孟子梁惠王（上）篇「王曰：『叟』」，趙岐注：「叟，長老之稱，猶父也。」説文：「叜，老也。」或作「傻」。左氏宣十二年傳：「趙傻在後。」曲禮（上）：「五十曰艾，服官政。」釋名（釋長幼）：「五十曰艾。艾，治也，治事能斷割芟刈無所疑也。」爾雅釋詁「艾，歷也」，郭注：「長者多更歷。」耆者，説文：「耆，老也。」曲禮（上）：「六十曰耆，指使。」釋名（釋長幼）：「六十曰耆。耆，指也，不從力役，指事使人也。」長者，方言（第六）文。説文：「長，久遠也，久則變化。」叡者，廣韻（号韻）「叡，年九十」也。耇者，丁念切。説文：「耇，老人面如點也。讀若耿介之耿。」期頤者，曲禮（上）「百年曰期頤」，注：「期，猶要也。頤，養也。不知衣服食味，孝子要盡養道而已。」釋名（釋長幼）「百年曰期頤。頤，養也，老昏不復知服味善惡，孝子期于盡養道而已」，與鄭注合。

苟、款、款音。實、信，誠也。

賈誼（新）書道術篇：「志操精果謂之誠。」説文：「誠，信也。」苟者，唐風采苓「苟亦無信」傳義也。楚辭九章（涉江）「苟余心其端直兮」，注與傳同。郭璞三倉解詁：「苟，誠也。」款者，説文「欵，意有所欲也」，或作「款」。劉峻廣絶交論「銜恩遇，進款誠」，李善注引吕忱字林：「款，誠也。」實者，離騷：「羌無實而容長。」廣韻（質韻）「實，誠也」，本此。信者，説文言部義也。白虎通義（情性）：「信者，誠也，專一不移也。」

軫、軨音。　㦹、火逼反。　榘、俱雨反。　隒、苦檢反，又居歛反，又語險反。　厓、厲，方也。

此就「方」而釋之，蓋有二義：「軫、㦹、榘」，爲中正之方；「隒、厓、厲」，爲棱角之方也。　軫者，考工記輈人：「軫之方也，以象地也。」楚辭九章〔抽思〕「軫石崴嵬」，王逸注：「軫，方也。」㦹者，麾域切。　玉篇「㦹，方也」，本此。　榘者，說文「巨，規巨也」，或作「榘」，「从木、矢。　矢者，其中正也」。　荀子不苟篇：「五寸之矩，盡天下之方也。」漢書律曆志：「矩者，所以方器械，令不失其形也。」隒者，說文：「隒，厓也。」此條「隒、厓」皆訓「方」。　厓者，說文：「厓，山邊也。」古詩十九首「相去萬餘里，各在天一涯」，李善注引廣雅：「涯，方也。」是本又作「涯」。　厲者，衛風有狐「在彼淇厲」，與「厓」同意。亦作「礪」。　禮儒行云：「砥礪廉隅。」

端、直、鑈、乃頰反。　危、質、敵、公、方、閑、諫、刑、政、貞、幹、集、殷、矢，正也。

說文：「正，是也。」士冠禮「以歲之正，以月之令」，注：「正，猶善也。」端者，月令「孟秋，審斷決〔獄訟〕，必端平」、呂氏春秋季春紀〔盡數〕「口必甘味，和精端容」，鄭康成、高誘並云：「端，正也。」直者，魏風碩鼠「爰得我直」、郊特牲「直祭祝于主」，鄭氏並訓「直」爲「正」。　說文：「直，正見也。」郭注爾雅〔釋水〕云：「公羊傳曰：『直出。』直，猶正也。」荀子修身篇：「是謂是，非謂非，曰直。」蜀志〔法正傳〕：「法正字孝直。」鑈者，方言〔第十二〕文，郭注：「謂堅正也。」玉篇「鑈，堅正也」，本郭注爲義。　危者，管子〔弟子職〕：「少者之事」，「先生危坐向師，顏色無怍。」顏延之陶徵士誄：「獨正者危。」廣韻〔支韻〕：「危，不正也。」疑彼衍「不」字。　質者，春官詛祝職「以質邦國之劑信」、月令「黑黄蒼赤，莫不質良」、莊子在宥篇「而所欲問者，物之質也」、漢書梅福傳「質之先聖而不繆，施之當世合時務」，注皆云：「質，正也。」敵者，詹事兄曰：夫婦敵體。　左傳〔桓公八年〕：「不當王非敵也。」或說「敵」古通「適」。　禮檀弓〔下〕云：「哭之適室。」適室，正室也。

公者，韓非子五蠹篇：「倉頡之作書也，自環者謂之厶，背厶者謂之公。」呂氏春秋孟春紀〈貴公〉「昔先聖王之治天下也，必先公。公則天下平矣」，高誘注：「公，正也。」方者，呂氏春秋季春紀〈圜道〉「先王之立高官也，必使之方」，高誘注：「方，正也。」顏延之夏夜呈從兄散騎車長沙詩「炎天方埃鬱」，李善注引此文。廣韻〈陽韻〉「方，正也」，本此。閑者，陸機日出東南隅行「淑貌耀皎日，惠心清且閑」，李善注引此文。諫者，地官司諫注：「諫，猶正也。以道正人行。」荀子臣道篇：「有能進言于君，用則可，不用則去，謂之諫。」刑者，大雅思齊「刑于寡妻」，韓詩章句：「刑，正也。」孟子梁惠王〈上〉篇引此詩，趙岐亦云：「刑，正也。」古通作「形」。淮南原道訓「音者，宮立而五音形矣」，高誘注：「形，正也。」政者，論語顏淵篇義也。鄭注周禮司馬云：「政，正也，政所以正不正〈者〉也。」釋名〈釋言語〉：「政，正也，下所取正也。」貞者，師彖傳文。易彖辭「乾，元亨利貞」，子夏傳：「貞，正也。」離騷：「攝提貞于孟陬兮。」幹者，鄭注說卦「離爲幹卦」云：「陽在外能幹正。」是「幹」有「正」義。張衡西京賦「婁敬委輅，幹非其議」，李善注引薛君韓詩章句：「幹，正也。謂以其議非而正之。」集，未聞。殷者，堯典「以殷仲春」、法言問道篇「或問八荒之禮，〈禮〉也，樂也，孰是？曰：『殷之以中國』」，孔安國、李軌並云：「殷，正也。」矢者，法言五百篇「聖人矢口而成言」，李軌注：「矢，正也。」

弸、冰音。愾、苦賴反。憑、悀、勇音。充、牣、刃音。匡、愊、皮逼反。窒、丁一反。塞、盈、屯、大邨反。飽、䭘、於敬反。䭊、乙丈反。臆、憶音。溢、穌、蘇音。豐，滿也。

說文：「滿，盈溢也。」弸者，弓之滿也。說文：「弸，弓強貌。」法言君子篇「君子言則成文，動則成德，何以也？曰：以其弸中而彪外也」，李軌注：「弸，滿也。」揚雄甘泉賦「惟弸環其拂汨兮」，蘇林「音石墮井弸爾之弸」。愾者，方言〈第十二〉：「愾，飽也。」「飽」與「滿」同意，此作「愾」，字異義同。憑者，離騷「憑不厭乎求索」，王逸注：「憑，滿也。楚人名滿曰憑。」悀者，方言〔第六〕「悀，滿也。凡以器盛而滿謂之悀」，郭注：「悀，言涌出也。」此作「悀」，字異義同。充者，劉向九歎〔愍命〕「伊臯之倫以充廬」，王逸注：「充，滿也。」牣者，説文牛部義也。大雅靈臺：「於牣魚躍。」司馬相如子虛賦：「充牣其中，不可勝紀。」匡者，器之滿也。説文「匡，飯器，筥也」，或作「筐」。愊者，方言〔第六〕「愊，滿也。腹滿曰偪」，郭注：「偪，言勅偪也。」今作「愊」，字異音義同。窒者，説文：「窒，塞也。」此條「窒、塞」皆訓「滿」。塞者，説文作「寋，實也」，引虞書曰：「剛而寋。」史記〔五帝本紀〕「寋」作「實」。大雅常武「王猷允塞」，箋：「守信自實滿。」孔子閒居「志氣塞乎天地」、淮南原道訓「故植之而塞于天地」，鄭氏、高誘皆訓爲「滿」。舊本「塞」譌「寒」，今訂正。盈者，説文：「盈，滿器也。」召南鵲巢「維鳩盈之」，傳：「盈，滿也。」屯者，物之滿也。序卦傳：「盈天地之間者唯萬物，故受之以屯。屯者，盈也。」舊本「屯」譌「乇」，今訂正。飽者，腹之滿也。説文：「飽，猒也。」䭚、𩜁者，方言〔第十二〕：「䭚，飽也。」玉篇：「䭚，飽滿也。𩜁，同上。」廣韻〔梗韻〕「䭚，亦作『𩜁』」。是「䭚、𩜁」字異音義同。曹分兩音，非是。臆者，方言〔第十三〕文，郭注：「愊臆，氣滿之也。」釋名〔釋形體〕「臆，猶抑也，抑氣所塞也」。通作「億」。説文作「㥤，滿也；十萬曰㥤」。溢者，説文：「溢，器滿也。」孝經〔諸侯章〕：「滿而不溢，所以長守富也。」班固西都賦：「闐城溢郭。」穌，未詳。豐者，説文：「豐，豆之豐滿者也。」

邈、逷、𨑨、勿音。離、釗，昭音。世人以釓釗失爲一字。曠、云、極、遼、遥、迂，紆音。敻，吁性反。超、踰、逴、尹〔一〕卓反。越、祖、毖、征、遾、逝音。高、荒、裔，遠也。

〔一〕尹，王念孫博雅音校本作「丑」。

說文「遠，遼也」，古文作「𨗨」。爾雅釋詁：「遐，遠也。」邈者，漢書武帝紀「覲于周室，邈而無祀」，顏師古曰：「邈，遠絶之意。」通作「藐」。楚辭九章（悲回風）：「藐曼曼之不可量兮。」漢書韋賢傳「既藐下臣，追欲從逸」，應劭曰：「藐，遠也。」逷者，古通作「逖」。周書牧誓：「逖矣西土之人。」大雅抑云：「用逷蠻方。」潛夫論引作「逖」。左氏襄十四年傳：「豈敢離逷。」說文「逖，遠也」，古文作「逷」。案：「逷，遠」已見爾雅釋詁，此當作「逖」。𨑨、離者，方言（第六）「伆、邈，離也。楚謂之遠，吳越曰伆」，郭注：「離，謂乖離也。伆，音刎。」此作「𨑨」，字異音義同。釗者，方言（第七）文，燕之北郊語也。曠者，陸機五等論「先王知帝業至重，天下至曠」、盧諶贈劉琨詩「苟非異德，曠世同流」，李善注並引此文。通作「廣」。方言（第六）：「廣，遠也。」越語（上）「廣運百里」，韋昭注：「東西爲廣，南北爲運。」蓋「廣」即「遠」也。云者，詹事兄曰：「云、遠」聲相近。通作「雲」。爾雅釋親「仍孫之子爲雲孫」，郭注：「言輕遠如浮雲。」案：陸機演連珠「明其要者，器淺而應玄」，李善注引廣雅：「玄，遠也。」疑即此字，形相近而譌爲「云」耳。極者，爾雅釋地「東至于泰遠，西至于邠國，南至于濮鉛，北至于祝栗，謂之四極」，郭注：「皆四方極遠之國。」遼者，說文辵部義也。楚辭九歎（憂苦）：「山修遠其遼遼兮。」潘岳河陽縣作詩：「誰謂晉京遠，室邇身實遼。」遥者，方言（第六）文，梁楚語也。舊本「遥」譌遙，今訂正。迂者，論語子路篇「子之迂也」，包咸注：「迂，猶遠也。」史記孟軻傳：「迂遠而闊于事情。」後漢書王龔傳：「其言若迂，其效甚近。」敻者，邶風擊鼓「于嗟洵兮」，釋文：「韓詩『洵』作『敻』。敻，亦遠也。」呂氏春秋季春紀（盡數）「精氣之集也」，「集于聖人與，爲敻明」，高誘注：「敻，遠也。讀如詩云『吁嗟敻兮』。」超者，方言（第七）文，東齊語。楚辭九歌（國殤）：「平原忽兮路超遠。」謝靈運從遊京口北固應詔詩：「道以神理超。」踰者，投壺篇「毋踰言」，鄭注：「踰言，遠談語也。」「踰」或爲「遥」。漢書陳湯傳「横厲烏孫，踰集都賴」，如淳曰：「踰，遠也。」顏師古注：「踰讀曰遥。」逴者，說文辵部義也。通作「趠」。趠，亦遠也。越者，魯語〔上〕「越哉，臧孫之爲政也」，韋昭注：「越，迂也。」「迂、越」同訓「遠」。祖者，親莫親于父自祖，而曾祖、高祖則漸遠矣，故「祖」爲遠也。岨，未詳。征者，説文「延，正行也」，或作「征」。小雅六月「王于出征」，是「征」爲行之遠也。遾者，古通「逝」，亦作「噬」。唐風有杕之杜云：「噬肯適我。」高者，上之遠也。古詩十九首「願爲雙鳴鶴，奮翅起高飛」，李善注引此文。荒者，地之遠也。離騷「將往觀乎四荒」，王逸注：「荒，遠也。」爾雅釋地：「觚竹、北户、西王母、日下謂之四荒。」四荒，猶上文言「四極」，皆遠之意也。郭景純以爲「昏荒」，未必然矣。裔者，左氏昭元年傳「昔金天氏有裔子曰昧」，杜注：「裔，遠也。」柳宗元賀册尊號表云：「滲漉普周於八裔。」是「裔」爲邊之遠也。

虞、宴、鎮、撫、慰、怗、牒音，又齒廉反。慝、一占反。寋、細則反。宓、眉筆反。世人以山如堂者密作秘、宓字，失之矣。毐、毒音。嘆、莫音，又亡白反。湛、丈減反。抑、倓、達濫反。便、房連反。寱〔一〕、亡彼反。眯、米音。佅、亡是反。斡、焉、媞、狄計〔二〕反，又之移反，又上支反。尼、女一反。靖、澹、大闞反。隱、集、息，安也。

説文：「安，靜也。从女在宀下。」釋名〔釋言語〕：「安，宴也，晏晏然和喜無動懼也。」虞者，周語〔下〕「虞于湛樂」，韋昭注：「虞，安也。」莊子讓王篇「故許由虞于潁陽」，釋文：「虞，一本作『娱』。」宴者，依字作「晏」。説文：「晏，安也。」邶風谷風「宴爾新昏」，傳：「宴，安也。」古「宴」與「安」通。堯典「欽明文思安安」，後漢書馮衍傳「思唐虞之宴宴」，李賢注

〔一〕寱，疏證本作「𥨸」。

〔二〕計，王念孫説當作「卟」。

引尚書考靈耀：「欽明文塞宴宴。」又第五倫傳、陳寵傳注俱引考靈耀：「寬容覆載謂之宴。」通作「燕」。小雅鹿鳴「以燕樂嘉賓之心」，傳：「燕，安也。」鎮者，晉語〔七〕「鎮定大事」，韋昭注：「鎮，安也。」撫者，説文手部義也。淮南原道訓「神與化游，以撫四方」，高誘注：「撫，安也。」古有以「鎮、撫」二字連文者，左氏〔文公十二年〕傳：「鎮撫其社稷。」漢書高帝紀〔上〕：「鎮撫關外父老。」是也。慰者，邶風凱風「莫慰母心」、小雅車舝「以慰我心」，傳並云：「慰，安也。」古亦省作「尉」。應劭注百官表云：「自上安下曰尉。」漢書車千秋傳：「尉安衆庶。」韓安國傳「猶頗可得，以尉士大夫心」，顔師古注：「古『尉安』之字正如此，其後流俗乃加『心』耳。」怗者，與「怗」同。玉篇：「怗，服也，靜也。」公羊僖四年傳「卒怗荆」也。懕者，説文「懕，安也」，引詩曰：「懕懕夜飲。」爾雅釋訓：「懕懕，安也。」方言〔第六〕作「猒，安也」。陸機辯亡論「洪規遠略，固不厭夫區區者也」，李善注引方言作「厭」。是「猒、厭、懕」古字通用。寋者，方言〔第六〕文，彼作「塞」，字異音義同。宓者，説文宀部義也。通作「密」。大雅公劉「止旅乃密」，傳：「密，安也。」毒者，師象傳：「以此毒天下而民從之。」嘆者，説文：「嘆，呶嘆也。」楚辭哀時命：「聊竄端而匿迹兮，嘆寂默而無聲。」湛者，方言〔第十三〕文，郭注：「湛然，安貌。」抑者，亦方言〔第十三〕文。墨子親士篇：「三子之能達〔名〕成功于天下也，皆于其國抑而大醜也。」案：「抑而大醜」即安其大衆也。倓者，説文人部義也，「讀若談」，或作「倸」。荀子仲尼篇「倓然見管仲之能足以託國也」，楊倞注：「倓，安也，安然不疑也。」便者，亦説文人部義也。墨子天志中篇「百姓皆得煖衣飽食便寧無憂。」楚辭大招「恣所便只」，王逸注：「便，安也。」寱者，寢之安也。説文：「寱，孰寐也。讀若悸。」眯者，與「彌裁兵」之「彌」同，故亦爲安。史記晉世家「示眯明」，左氏〔宣公二年傳〕作「提彌明」。秦本紀「鄭高渠眯」，左氏〔桓公十七年〕傳作「高渠彌」是也。舊本「眯」譌从「貝」，字書所無，今訂正。侎者，春官小祝「彌裁兵」，注：「彌讀曰敉。敉，安也。」玉篇引周禮「彌」作「侎」。

俫，又通作「弭」。楚辭〈九歌 湘君〉「夕弭節〈兮〉于北渚」，王逸注：「弭，安也。」幹者，周書多士「爾厥有幹有年于茲洛」，王肅注：「汝其有安事有長久年于此洛。」蓋「安、幹」聲相轉，以聲爲義也。焉者，衛風伯兮「焉得諼艸」，說文引作「安得蕙艸」。是「焉、安」音義同。薛綜西京賦注：「安，焉也。」媞者，爾雅釋訓「媞媞，安也」，孫炎曰：「媞媞，行步之安也。」郭璞曰：「好人安詳之容。」通作「提」。魏風葛屨「好人提提」，傳：「提提，安諦也。」楚辭〈七諫 怨世〉章句引作「好人媞媞」。又通作「折」。檀弓〈上〉「吉事欲其折折爾」，注：「折折，安舒貌。」引詩「好人提提」。釋文：「折，大兮反。」尼者，爾雅釋詁：「尼，定也。」定，亦安也。靖者，商書盤庚「則惟汝衆，自作弗靖」，馬融注：「靖，安也。」周頌昊天有成命「肆其靖之」，箋以「靖」爲「和安」。澹者，賈誼鵩鳥賦「澹虖若深淵之靚」，顏師古注：「澹，安也。」通作「憺」。說文：「憺，安也。」楚辭九歌〈雲中君〉「蹇將憺兮壽宮」，王逸注：「憺，安也。」揚雄長楊賦：「海内憺然。」隱者，左氏成二年傳「韓厥俛定其右」，杜注：「右被射，仆車中，故俯安隱之。」莊子應帝王篇「其臥徐徐」，司馬彪云：「徐徐，安隱貌。」案：今俗別作「穩」，非也。集者，唐風鴇羽「集于苞栩」，傳：「集，止」也。「止」與「安」同義。廣韻〈緝韻〉「集，安也」，本此。息者，召南殷其靁「莫敢遑息」、唐風葛生「誰與獨息」，傳並云：「息，止也。」「止」與「安」，義相成也。○集韻〈耿韻〉引廣雅：「併，安也。」今無此文，疑涉下而誤耳。

賓、陳、佾、逸音。布、併、步憐反。羅，列也。

說文：「列，分解也。」是言分之有行列也。賓者，楚辭天問「啟棘賓商」，王逸注：「賓，列也。」陸倕石闕銘：「前賓四會。」陳者，釋名〈釋宮室〉：「陳，堂塗也。」言賓主相迎陳列之處也。」楚辭九歌〈東皇太一〉「陳竽瑟兮浩倡」，王逸注：「陳，列也。」又與「敶」通。說文：「敶，列也。」佾者，舞之列也。古用「溢」。漢書郊祀志「千童羅舞成八溢」，顏師古注：

「溢，與『佾』同。」布者，書康王之誥「諸侯入應門右，皆布乘黃朱」，傳：「皆陳四黃馬朱鬣以爲庭實。」聘禮云：「管人布幕于寢門外。」左氏昭十六年傳「僑若獻玉，不知所成，敢私布之」，杜注：「布，陳也。」此條「布、陳」皆訓「列」。併者，事之列也。說文：「併，並也。」羅者，方言（第七）「羅謂之離，離謂之羅」，郭注：「皆行列物也。」

袒、丑丈反。達、聖、明、泰、菖、疏、亯、呼行反。徹，通也。

說文：「通，達也。」釋名（釋言語）：「通，洞也，無所不貫洞也。」袒者，陸機五等論「譬猶衆目」，「則天網自袒」；嵇康琴賦「固以和袒而足耽矣」，李善注並引此文。玉篇「袒，通也」，本此。達者，釋名（釋言語）：「達，徹也。」周書顧命：「克達殷，集大命。」熹平石經「達」作「通」。周頌載芟「驛驛其達」，箋：「達，出地也。」案：「出地」亦通徹之意。聖者，說文耳部義也。洪範「睿作聖」，傳：「于事無不通之謂聖。」應劭風俗通義：「聖者，聲也，聞聲知情，故曰聖也。」是「聖」爲耳之通也。明者，目之通也。說文：「明，照也。」明無不照，故無不通也。廣韻（庚韻）「明，通也」，本此。泰者，序卦傳義也。乾鑿度：「孔子曰：『泰者，天地交通，陰陽用事，長養萬物也。』」菖者，桂進士馥曰：通作「毒」。說文：「毒，害人之艸，往往而生。从中，（从）毐。」「古文（毒）从刀、葍。」案：中，讀若徹。徐鉉曰：「丨，上下通也。」象艸木萌芽通徹地上也。」徐鍇本古文本从「竹」，故繫傳云「南方竹亦有毒者」。馥謂「刀葍」當爲「刀䈏」，从亯部「管」字。「管、毒」並訓「厚」，音義皆同。疏者，說文㐬部義也。張協七命：「內無疏蹊，外無漏迹。」亯者，經典相承作「亨」。乾彖辭「元亨利貞」，子夏傳：「亨，通也。」大有九三「公用亨于天子」，王弼釋「亨」爲「通」。左氏昭四年傳「是以先王務修德音以亨神人」，杜注：「亨，通也。」徹者，說文攴部義也。莊子外物篇：「目徹爲明，耳徹爲聰，鼻徹爲顫，口徹爲甘，心徹爲知，知徹爲德。」

虔、畏、賓、齋、亟、慜、景音。懍、力甚反。浚、三閏反。悛、此緣反。誠、信、高、尊，敬也。

賈誼〔新〕書道術篇：「接遇肅正謂之敬，反敬爲嫚。」説文：「敬，肅也。」釋名〔釋言語〕：「敬，警也，恆自〔肅警〕也。」大雅常武「既敬既戒」，箋：「敬之言警也。」晉語〔五〕「臼季曰：夫敬，德之恪也。恪于德以臨事，其何不濟」。虔者，左氏成十六年傳「虔卜于先君」，注：「虔，敬也。」魯語〔下〕：「少采夕月，與太史、司載糾虔天刑。」畏者，服之敬也。鄭注曲禮〔上〕云：「心服曰畏。曾西曰：『吾先子之所畏。』」賓者，説文：「賓，所敬也。」地官鄉大夫「以禮禮賓之」，先鄭注：「賓，敬也。」左氏僖三十三年傳：「〔敬〕，相待如賓。」齋者，中庸：「齋莊中正，足以有敬也。」亟者，「亟、敬」聲之轉，字當爲「茍」。説文：「茍，自急敕也。己力切。」方言〔第一〕：「自關而西，秦晉之間，凡相敬愛謂之亟。」慜者，説文心部義也。懍、浚者，「懍」亦作「禀」。方言〔第六〕：「禀、浚，敬也。秦晉之間曰禀，齊曰浚，吴楚之間自敬曰禀。」「禀」又通作「廩」。漢書循吏傳「此廩廩庶幾德讓君子之遺風矣」，顏師古注：「廩廩，言〔有〕風采也。」悛者，且泉切。玉篇「悛，敬貌」，本此。誠者，商書太甲：「鬼神無常享，享于克誠。」信者，左氏僖七年傳：「守命共時之謂信。」高者，繫辭傳〔上〕：「崇高莫大乎富貴。」言人所敬也。尊者，曲禮〔上〕：「夫禮者，自卑而尊人。雖負販者，必有尊也。」孟子〔公孫丑下〕：「天下有達尊三：爵一，齒一，德一。」是也。

拌、普干反，又伴音。墩、苦孝反，又苦交反。捐、沿音。振、覂、甫奉反，又方犯反。投、委、掅，緣藥反。棄也。

説文：「棄，捐也。从廾推華棄之，从𠫓。𠫓，逆子也。」孝經〔五刑〕曰：「五刑之屬三千，〔而〕罪莫大于不孝。」如淳曰：「焚如、死如、棄如者，謂不孝子也。不畜于父母，不容于朋友，故燒殺棄之。」周禮秋官掌戮「凡殺其親者焚之」，故鄭氏謂「焚如，殺其親之刑」。刑人之喪，不居兆域，不序昭穆，故燒殺棄之，不入于兆也。此倉頡制字之義也。拌、墩者，方言〔第十〕「拌，棄也。〔楚〕凡揮棄物，謂之拌，或謂之敵」，郭注：「今汝潁間語亦然。」說文：「敵，横擿也。」「擿」亦棄也。「墽、敵」，字異音義同。捐者，說文手部義也。曹植三良詩：「誰言捐軀易，殺身誠獨難。」振者，曲禮〔下〕「振書端書于君前，有誅」，孔疏：「振，拂去塵也。臣不豫慎，〔若〕將文書簿領于君前，臨時乃拂整也。」覂者，漢書食貨志〔上〕「大命將泛」，顏師古注：「泛，本作『覂』。」投者，方言〔第十〕：「凡揮棄物，淮汝之間謂之投。」左氏文十八年傳「投諸四裔」，杜注：「投，棄也。」曲禮〔上〕「無投與狗骨」，孔疏：「投，致也，棄其骨與犬也。」楚辭天問「投之於冰上，鳥何燠之」，王逸注：「投，棄也。」委者，孟子〔公孫丑下〕：「委而去之。」離騷「委厥美以從俗兮」，王逸注：「委，棄也。」揹者，他果切。玉篇：「揹，俗云落。」

杭〔一〕、口莽反。弙、於娱反，又口孤反。憮〔二〕、呼音。磔、竹厄反。彀、古侯反。彉、廓音，又郭音。披、攎〔三〕、丑於反。遫、丑力反。瞋，嗔音。張也。

上文「張，大也」。說文：「張，施弓弦也。」此所釋者，凡爲張大之義，不止弓弦也。杭者，說文：「抗，或从木。」是「杭」即「抗」也。考工記梓人「毋或若女不寧侯，不屬于王所，故抗而射女」，注：「抗，張也。」弙者，弓之張也。說文：「弙，满弓有所鄉也。」玉篇「弙，張也」，本此。憮者，張大之意。漢書張敞傳「爲婦畫眉，長安中傳張京兆眉憮」，應劭

〔一〕杭，疏證本作「抗」。
〔二〕憮，疏證本作「幠」。
〔三〕攎，疏證本作「攄」。

曰：「憮，大也。」孟康曰：「音詡，北方人謂媚好爲詡畜。」磔者，莊子盜跖篇「無異于磔犬流豕」，釋文引此文。漢書景帝紀「改磔曰棄市」，顔師古注：「磔，謂張其尸也。」揚雄長楊賦「磔裂屬國」，李善注亦引此文。詹事兄曰：『磔、張』聲相近。」彀者，弩之張也。說文：「彀，張弓也。」大雅行葦（釋文）引說文：「張弓曰彀。」彍者，說文：「彍，弩滿也。讀若郭。」淮南兵略訓：「疾若彍弩。」字或作「彉」。漢書吾丘壽王傳「十賊彍弩，百吏不敢前」，張宴曰：「彍，音郭。」顔師古注：「引滿曰彍。」拔者，說文：「以旁持曰拔。」詹事兄曰：「拔，亦有分張之意。」案：拔，疑「振」之譌。漢書王莽傳（上）「莽休沐出，振車騎」，顔師古注：「振，張起也。」攎、遬者，方言（第十二）文。玉篇「攎，張也」，本此。舊本「攎」譌爲「攄」，今訂正。瞋者，目之張也。說文：「瞋，張目也。」史記張耳傳：「將軍瞋目張膽」。淮南人間訓：「使狐瞋目植覩見必殺之勢，雉亦知驚憚遠飛以避其怒矣。」

躔、直然反。歷、逝、去、趨、七于反。徥、直駭反，又仕紙反。流、步、遵、遳、魚韋反。蹠、只石反。遂、般[一]、從、逯、鹿音。轉、隨、巡、充、略、將、進、由、駕、帶、貫、躭、示亦反。逭、乎館反。尚書曰：逭，逃也。遉、育音。蹫[二]、倫音，方言爲蘥。遡、吉，行也。

說文：「行，人之步趨也。」釋名（釋姿容）：「兩脚進曰行。行，抗也，抗足而前也。」躔、歷者，方言（第十二）「躔、歷，行也。日運爲躔，月運爲逡」，郭注：「運，猶行也。」說文：「躔，踐也。」「歷，過也。」漢書律曆志：「舉終以定朔晦分至，躔

［一］般，疏證本作「服」。

［二］蹫，廣雅各本作「踚」，王念孫疑「踚」即「蹫」之譌也。

離弦望。」左思吴都賦：「未知英雄之所躔。」逝者，説文：「逝，往也。」玉篇：「逝，去也。」「往、去」皆行也。去者，説文：「去，人相違也。」玉篇「去，行也」，本此。趨者，釋名〔釋姿容〕：「疾行曰趨。趨，赴也，赴所至也。」爾雅釋宫：「堂上謂之行，堂下謂之步，門外謂之趨。」曲禮〔上〕「帷薄之外不趨，堂上不趨」，注：「行而張足曰趨。」玉藻「趨以采齊」，注：「路門之樂節〔也〕，至應門謂之趨。」偍者，方言〔第六〕：「偍、用，行也。朝鮮洌水之間者曰偍。」説文：「偍偍，行貌。」通作「偍」。荀子修身篇：「難進曰偍。」又通作「媞」。爾雅釋訓「媞媞，安也」，孫炎曰：「媞媞，行步之安也。」流者，説文：「流，水行也。」今文尚書泰誓「有火自上復于下，至于王屋，流（之）爲鵰」，王肅注：「流，行也。」鄒陽上書吴王「轉粟流輸，千里不絶」，李善注引鄭注禮記云：「流，猶行也。」步者，淮南人間訓：「走者，人之所以爲疾也，步者，人之所以爲遲也。」釋名〔釋姿容〕：「徐行曰步。步，捕也，如有所伺捕，務安詳也。」周書召誥「王朝步自周，則至于豐」，詩〔孔〕疏引鄭注：「步，行也。堂下謂之步。豐鎬異邑，而言步者，告武王之廟，即行出廟。入廟不以遠，爲父恭也。」少儀「未步爵，不嘗羞」、吴語「以安步王志」，鄭氏、韋昭並解「步」爲「行」。皇侃論語義疏：「凡人一舉足爲跬；跬，三尺也。兩舉足爲步；步，六尺也。」遵、邌者，方言〔第十二〕文，郭注：「邌邌，行貌。」説文：「遵，循也。」蹠者，淮南説林訓：「蹠越者，或以舟，或以車，雖異路，所極一也。」遂者，晉語〔二〕「夫二國士之所圖，無不遂也」，韋昭注：「遂，行也。」般者，司馬相如子虚賦「般乎裔裔」，郭璞曰：「羣行貌。」或説「般」當爲「服」。左氏昭八年傳「康叔所以服弘大也」，注訓「服」爲「行」。從者，説文：「從，隨行也。」阮瑀爲曹公作書與孫權云「更與從事」，〔李善注〕引廣雅：「從，行也。」逯者，方言〔第十二〕文。説文：「逯，行謹逯逯也。」轉者，説文：「轉，運也。」離騷「路不周以左轉兮」，王逸注：「轉，行也。」隨者，説文：「隨，從也。」此條「從、隨」同訓「行」，義相成也。巡者，説文：「巡，視行也。」左氏襄三十一年傳「憂樂同之，事則巡之」，杜注：

「巡，行也。」晉語〔四〕「臣從君還軫，巡于天下」、太玄〔玄〕攡云「天日錯行，陰陽更巡」、潘岳射雉賦「巡丘陵以經略兮」，韋昭、徐爰等皆訓「巡」爲「行」。「巡」通作「徇」。爾雅〔釋言〕釋文引張博士字詁云：「徇，今『巡』字。」案：徇，說文作「㑋」，云：「行示也。」周語〔上〕「乃命其旅曰：徇」，韋昭注：「徇，行也。」漢書高祖紀〔上〕「二世使使斬之以徇」，顔師古注：「徇，行示也。司馬法曰：『斬以徇。』言使人將行偏示衆士以爲戒。」充者，玉篇「充，行也」，本此。略者，左氏隱五年傳「吾將略地焉」，注謂：「總攝巡行之名。」又宣十一年傳「略基址」，注：「略，行也。」小顔漢書注：「凡言略地者，皆謂行而取之，用功力少。」將者，鄭風丰云「悔予不將兮」、周語〔中〕「未將事」，毛傳、韋注並解「將」爲「行」。孟子〔萬章下〕「以君命將之」，趙岐注：「將者，行也」，「始以君命行禮。」墨子節用篇：「古者聖王爲大川廣谷之不可濟，于是利爲舟楫，足以將之。」進者，釋名〔釋言語〕：「進，引也，引而前也。」由者，曹植雜詩：「將騁萬里塗，東路安足由。」說文作「遥，行遥徑也」。玉篇：「遥，疾行也。」駕者，說文：「駕，馬在軛中。」行之象也。帶者，方言〔第十三〕文，郭注：「帶，隨人行也。」貫者，古亂切。玉篇「貫，行也」，本此。躭者，楚辭天問「皆歸躭籥，而無害厥躬」，王逸注：「躭，行也。」逭、遁者，方言〔第十二〕：「逭、遁，步也。」緇衣篇「不可以逭」，注：「逭，逃也。」𨇨者，方言〔第十三〕文，郭注：「音跳𨇨之𨇨。」廣韻〔藥韻〕「𨇨，出走也」，與「躍」同。舊本「𨇨」譌「踚」，曹音亦誤「倫」，今據方言訂正。遡者，亦方言〔第十三〕文。說文「逆流而上曰泝洄。泝，向也。水欲下，違之而上也」，或作「遡」。吉者，字當爲「趌」。說文：「趌趨，怒走也。」

齡、齒、稔、稘，其〔一〕音。年也。

〔一〕其，王念孫說當作「基」。

爾雅釋天：「夏曰歲，商曰祀，周曰年，唐虞曰載。」説文：「年，穀熟也。春秋傳〔曰〕：『大有年。』」鄭注禮文王世子云：「年，天氣也。」張守節引孫炎説：「年，取禾穀一熟。」齡者，文王世子云「夢帝與我九齡」，陸德明作「聆」，云：「本亦作『齡』。」後漢書〔馮衍傳〕田邑報馮衍書：「百齡之期，未有能至。」王粲從軍詩：「昔人從公旦，一徂輒三齡。」齒者，釋名〔釋形體〕：「齒，始也，少長別始乎此也，以齒食多者長也，食少者幼也。」文王世子云：「古者謂年齡，齒亦齡也。」左氏昭元年傳「使后子與子干齒」，杜注：「以年齒〔爲〕高下而坐。」稔者，説文：「稔，穀熟也。」左氏昭元年傳「鮮不五稔」，王充〔論衡異虛〕曰：「王者有過，異見于國；不改，災見艸木；」「不改，災至身。」若年穀和熟不至及身而亡，故曰「鮮不五稔」。稘者，説文「稘，復其時也」，引虞書：「稘三百有六旬。」今堯典作「朞」。通作「基」。士虞禮「朞而小祥」，注：「古文『朞』皆『基』。」堯母碑「朞」亦作「基」。○案：左太沖雜詩注引「歲，年也」，今無此文。孫侍御説。

𣧑、死二反，又資利反。𣩵、羅外反，又力臥反。㱡、才賜反。𣧩、例音。殙、昏音。殟、温音。殜〔一〕葉音。殗、於業反。疛、吁音。疥、介音。疫、役音。梗、邛、巨恭反。暱、女乙反。𣧓、𣨙、委媚反，又於爲反。病、符命反，又補命反。掇、九劣反，又苦悅反。痵、揆季反。𤸫〔二〕、猶音，又夷狩反。瘿、於整反。𤵸〔三〕、曹〔四〕音。疝、所澗反。

〔一〕殜，疏證本作「殜」。

〔二〕𤸫，疏證本作「𤸫」

〔三〕𤵸，疏證本作「疛」。

〔四〕曹，王念孫説當作「冑」。

齲、區禹反。疿、仄已反。瞖、古内反。瘍、亦音。癇、閑音。痳、林音。𤻲、斯音。痿、於危反。瘚、巨月反，又厥音。痔、跱音。瘀、於去反。𤺄、始藥反，又以灼反。疠、女駭反，又而亥反。痾、阿音。疤、尼八反。痟、消音。㿃、於發反，又渴音。𣦸、居滿反。皰、白教反。𣦵、丸音。瘤、留音。痒、羊音。鼽、求音。疢、勅鎮反，今疹字。疰、注音。痕，病也。

釋名（釋疾病）：「疾病者，客氣中人急疾也。病，並也，並與正氣在膚體中也。」說文：「疾，病也。病，疾加也。」鄭注論語（子罕）云：「疾甚曰病。」又曰：「病，疾益困也。」㱦者，說文：「戰見血曰傷（亂），或爲惽，死而復生爲㱦。」癘者，說文：「癘，畜産疫病也。」左氏桓六年傳：「謂其不疾瘯蠡也。」「癘、蠡」，字異音義同。殨者，玉篇「殨，病也」，本此。通作「潰」。吕氏春秋孟春紀（貴公）「仲父之病矣，潰甚」，高誘注「病，困也」，「潰，亦病也」，引公羊傳「大眚者，何？大漬也」。𣧑者，玉篇「𣧑，病也」，本此。通作「痢」。春秋莊二十年：「夏，齊大災。」公羊傳「大災者，何？大瘠也。大瘠者，何？痢也」，何休注：「痢者，民疾疫也。」「𣧑、痢」同。殙者，亂之病也。說文：「殙，瞀也。」殟者，傷寒論（傷寒例）所云「温病」也。「殟、温」，古字通。殜殗者，方言（第二）「殗殜，微也。宋衛之間曰殗。自關而西，秦晉之間，凡病而不甚曰殗殜」，郭注：「病半臥半起也。」「殗」或作「㱏」，「殜」或作「殜」。廣韻（業韻）：「殗殜，不動貌。」疛者，玉篇「疛，病也」，本此。疥者，說文：「疥，搔也。」禮記釋文引曰：「疥，搔瘍也。」釋名（釋疾病）：「疥，齘也，癢搔之齒類齘也。」天官疾醫：「夏時有痒疥疾。」疫者，說文：「疫，民皆疾也。」梗者，大雅桑柔：「誰生厲階，至今爲梗。」邛者，小雅巧言「匪其止共，維王之邛」，箋：「邛，病也。」暱、㱜，並未詳。㱰者，說文歹部義也。通作「痿」。㾕者，說文：「㾕，臥驚病也。」掇者，玉篇「掇，病也」，本此。痵者，說文：「痵，氣不定也。」玉篇：「痵，心動也。亦作『悸』。」瘏者，玉篇「瘏，病也」，本此。瘻者，頸之病也。説文：「癭，頸瘤也。」玉篇：「癭，頸腫也。」釋名〔釋疾病〕：「癭，嬰也，在頸嬰喉也。」⿸疒朱者，字書無此字。考玉篇「⿸疒夭，直高切，⿸疒夭疾也」，疑即此字。疝者，説文：「疝，腹痛也。」釋名〔釋疾病〕：「陰腫曰隤，氣下隤也。」又曰：「疝，亦言詵也，詵詵然引小腹急痛也。」又曰：「心痛曰疝。疝，詵也，氣詵詵然上而痛也。」史記倉公傳：「臣意診之，曰『湧疝也』。」又云：「脉來難者，疝氣之客于膀胱也。」齲者，説文「𤘲，齒蠹也」，或作「齲」。史記倉公傳：「齊中大夫病齲齒。」釋名〔釋疾病〕：「齲，朽也，蟲齧之齒缺朽也。」⿸疒弟者，止里切。説文：「⿸疒弟，瘕也。」腎者，玉篇：「腎，腰痛也。」集韻〔代韻〕「腎，病也。居代切」，本此。瘍者，説文：「瘍，脈瘍也。」玉篇：「瘍，脈病也，病相染也。」舊本曹音「亦」誤「夕」，今訂正。癎者，説文疒部義也。玉篇：「癎，小兒瘨病。」後漢書王符傳貴忠篇：「嬰兒常病，傷于飽也。哺乳多，則生癎病。」今本潛夫論：「哺乳太多，則必掣縱而生癎。」痳者，説文：「痳，疝病也。」釋名〔釋疾病〕：「痳，懍也，小便難，懍懍然也。」⿸疒虒者，思移切。玉篇：「⿸疒虒痠，⿸疒虒也。」痿者，素問痿論：「大經空虛，發爲肌痺，傳爲脈痿。」史記韓王信傳：「僕之思歸，如痿人不忘起。」説文：「痿，痺也。」玉篇：「痿，不能行也，痺溼病也。」瘚者，素問瘚論「黄帝問：『瘚之寒熱者何也？』岐伯對曰『陽氣衰于下則爲寒瘚，陰氣衰于下則爲熱瘚』」，王冰注：「瘚，謂氣逆上也。」釋名〔釋疾病〕：「瘚，逆氣從下瘚起，上行入心脇也。」痔者，説文：「痔，後病也。」釋名〔釋疾病〕：「痔，食也，蟲食之也。」素問生氣通天論：「因而飽食，筋脈横解，腸澼爲痔。」南山經：「禱過之山，浿水出焉，其中有虎蛟食者〔不腫〕，可以已痔。」瘀者，説文：「瘀，積血也。」楚辭九辯「形銷鑠而瘀傷」，王逸注：「身體焦枯，被病久也。」瘵者，説文「瘵，治也」，或作「療」。陳風衡門「泌之洋洋，可以樂飢」，鄭本作「瘵」，箋云：「泌水之流洋洋然，飢者見之，可飲以瘵飢。」天官瘍醫「凡療瘍」，注：「止病曰療。」左氏襄二十六年傳「不可救療」，杜注：「療，治也。」方言〔第十〕：「療，治也。」衆經音義〔卷六〕引倉頡篇：「療，治病也。」痏者，玉篇「痏，病也」，本此。痾者，説文疒部義也。玉篇：「痾，同『疴』。」漢書五行志〈中之上〉：「及人，謂之痾。痾，病貌，言浸深也。」又云：「言之不從，時則有口舌之痾。」文選〈謝靈運田南樹園激流植援〉注引高彪與馬融書：「公今養痾傲士。」疕者，玉篇：「疕，瘡病也。」痟者，説文：「痟，酸痟，頭痛。」天官疾醫「春時有痟首疾」，注：「痟，酸削也。首疾，頭痛也。」玉篇：「痟渴，病也。」釋名〈釋疾病〉「消潵，潵，渴也，腎氣不周于胸，胃中津液消渴，故欲得水也。」㾓者，玉篇：「㾓，中熱也。亦作『暍』。」説文：「暍，傷暑也。」漢書武帝紀「元封四年，夏，大旱，民多暍死」，顔師古注：「中熱而死也。」淮南俶真訓：「暍者望冷風于秋。」皯者，古旱切。説文：「皯，面黑氣。」列子黄帝篇：「燋然肌色皯黣。」皰者，説文：「皰，面生氣也。」淮南説林訓「潰小皰而發痤疽」，高誘注：「皰，面氣也。」㾞者，玉篇「㾞，病也」，本此。瘤者，釋名〈釋疾病〉：「瘤，流也，血流聚所生瘤腫也。」説文：「瘤，腫也。」玉篇：「瘤，瘜肉也。」衆經音義〈卷一〉引倉頡篇：「瘤，小腫也。」痒者，説文：「痒，瘍也。」玉篇：「癢，與『痒』同。」鼽者，説文：「鼽，病寒鼻窒也。」月令：「季秋行夏令，民多鼽嚏。」吕覽〈季秋紀〉「民多鼽窒」，高誘注：「鼽，讀爲『仇怨』之『仇』。」釋名〈釋疾病〉：「鼻塞曰鼽。鼽，久也，涕久不通，遂至窒塞也。」疢者，説文：「疢，熱病也。」小雅小弁「疢如疾首」，箋：「疢，猶病也。」釋文：「本又作『疹』，同。」左氏襄二十三年傳：「季孫之愛我，美疢也。」疰者，釋名〈釋疾病〉：「注病，一人死，一人得復，氣相灌注也。」「疰、注」，字異義同。痮者，知釀切。説文：「瘨，腹張。」與「痮」同。顔師古急就篇〈卷四〉注：「痮，四體強急難用屈申也。」古通用「張」。左氏成十年傳：「晉侯將食，張，如厠。」吕氏春秋季春紀〈盡數〉：「鬱處腹則爲張爲疛。」集韻〈霽韻〉引廣雅：「瘈瘲，病也。」今無此文。

痂、加音。㾖、陟録反。疥、瘙、素刀反。痸、丁世反。瘍，陽音。癬、四淺反。瘙、三到反。癘、鹽音。傷、瘦、苦夾反，又工浹反。胗、軫音。瘖、普迴反。瘍，馬嫁反。創初良反。也。

釋名〈釋疾病〉：「創，戕也，戕毀體使傷也。」說文「刅，傷也」，或作「創」。玉篇：「瘡，痍也。古作『創』。」痂者，古瑕切。說文「痂，疥也」，繫傳作「乾瘍也」。玉篇：「痂，瘡疥也。」瘃者，說文：「瘃，中寒腫覈。」漢書趙充國傳「將軍士寒，手足皸瘃」，文穎曰：「皸，坼裂也。瘃，寒創也。」疥者，上文以「疥」爲病，此又析言之，以爲創之病也。瘙者，先到切。玉篇：「瘙，疥瘙也。」⿸疒帶者，玉篇：「⿸疒帶，牛頭瘡也。」瘍者，說文：「瘍，頭創也。」曲禮〈上〉：「頭有創則沐，身有瘍則浴。」鄭注醫師職云：「身傷曰瘍。」癬者，說文：「癬，乾瘍也。」釋名〈釋疾病〉：「癬，徙也，浸淫移徙處日廣也，故青徐謂癬爲徙也。」史記越世家「吴有越，腹心之疾；齊與吴，疥𤸷也」，索隱云：「疥𤸷，音介匙。」是「𤸷」與「癬」同也。⿸疒澡者，玉篇：「⿸疒澡，與『瘙』同。」⿸疒閻者，弋廉切。玉篇「⿸疒閻，瘡也」，本此。傷者，說文人部義也。瘥者，玉篇：「瘥，羊蹄間瘥疾也。」胗者，章忍切。玉篇：「胗，脣瘍也。」釋名〈釋疾病〉：「胗，展也，癢搔之捷展起也。」⿸疒咅者，玉篇「⿸疒咅，瘡也」，本此。⿸疒焉者，說文：「⿸疒焉，蝕創。」玉篇：「⿸疒焉，牛馬病。〈說文云〉：『目病。一曰惡氣箸〈身〉。』」

椉、乘音。蜀、壹，弌也。

說文「一」，古文作「弌」。椉者，玉篇「椉，一也」，本此。今通作「乘」。蜀者，方言〈第十二〉「一，蜀也。南楚謂之蜀」，郭注：「蜀，猶獨耳。」爾雅釋山「獨者，蜀」，郭注：「蜀，亦孤獨。」壹者，說文：「壹，專壹也。」詩都人士「民德歸壹」，鄭注：「壹者，專也。」表記「節以壹惠」，注：「壹，讀爲一。」士冠禮「壹揖壹讓」，注：「古文『壹』皆作『一』。」是「壹、一」字異音義同。

高、亯、響音。庠、將、牧、穀、頤、夷音。陶、畜、旅、充，養也。

說文「養，供養也」，古文作「羧」。高者，爾雅釋詁：「崇，高也，充也。」說文：「充，高也。」下文「充」爲「養」，則「高」亦養也。亯者，説文：「亯，獻也。从高省；曰，象進孰物形。」今經典相承作「享」。小雅天保：「吉蠲爲饎，是用孝享。」左氏成十二年傳：「享以訓恭儉，宴以示慈惠。」庠者，説文：「庠，禮官養老，夏曰校，殷曰庠，周曰序。」孟子滕文公篇（上）：「庠者，養也。」舊本「庠」譌「痒」，今訂正。將者，小雅四牡「不遑將父」、吕氏春秋季春紀（盡數）「將之以神氣，百節虞歡」，毛傳、高注並云：「將，養也。」墨子尚賢中篇：「内有以食飢息勞，將養其萬民。」牧者，方言（第十二）「牧，飤也」，郭注：「謂牧飤牛馬也。」説文：「牧，養牛人也。」小雅無羊云：「牧人乃夢。」穀者，小雅小弁「民莫不穀」，箋：「穀，養也。」戰國策：「求百姓之飢寒者收穀之。」頤、陶者，方言（第一）「台、陶，養也。晉衛燕魏曰台，秦或曰陶」，郭注：「台，猶頤也。音怡。」「台、頤」，古通用。案：「頤，養」已見爾雅釋詁，此當從方言作「台」。畜者，釋名（釋言語）引孝經説：「孝，畜也。畜，養也。」邶風日月「畜我不卒」、楚辭大招「孔雀盈園，畜鸞皇只」，鄭箋、王注並訓「畜」爲「養」。通作「蓄」。晉語（四）「蓄力一紀，可以遠矣」，韋昭注：「蓄，養也。」旅，未聞。充者，方言（第十三）文。地官「充人」，注：「充，猶肥也，養繫牲而肥之。」

薀、崇、委、一僞反。㝡、在遇反。嗇、色音。茨、材咨反。壘、力水反。稸、在茲反，又子私反。寖、子鴆反。殖、揲、臣熱反。秭、咨履反，又補父反[一]。棰、垂（毀）反，又丁禾反。貯，積子賜反，又子亦反。也。

説文：「積，聚也。」月令：「仲秋，命有司趣民收斂，多積聚。」薀者，方言（第十二）文也。説文「薀，積也」，引春秋傳：曰：「薀利生孽。」崇者，大雅鳧鷖「福禄來崇」，傳：「崇，重也。」廣韻（東韻）：「崇，聚也。」皆積之意也。「薀、崇」二字，經典亦連言之。左氏隱六年傳「芟夷蘊崇之」，杜注：「崇，聚也。」方言（第十二）：「蘊，崇也。」「薀、蘊」義同。委者，地官

[一] 又補父反，王念孫以爲「補」乃廣雅正文，而誤入曹憲音内。「父」乃「補」之音釋。

遺人「掌邦之委積」，注：「委積者，廩人倉人計九穀之數，足國用，以其餘共之。少曰委，多曰積。」公羊〔莊公二十八年〕傳：「君子之爲國也，必有三年之委。」束皙補亡詩：「稸我王委，充我民食。」廣韻〔紙韻〕「委，積也」，本此。　冣者，說文一部義也。　嗇者，方言〔第十二〕文，郭注：「嗇者貪，故爲積。」案：嗇，通作「穡」。周書洪範「土爰稼穡」，王肅曰：「種之曰稼，斂之曰穡。」小雅信南山「曾孫之穡」，箋：「斂稅曰穡。」書〔洪範〕正義：「穡，惜也，言聚蓄之可惜也。」古亦省作「嗇」。石經魯詩殘碑：「不稼不嗇。」特牲饋食禮「主人出寫嗇于房」，注：「嗇者，農〔力〕之成功。」少牢饋食禮「宰夫以籩受嗇黍」，注：「收斂曰嗇。」字皆省「禾」。　茨者，說文：「茨，以茅葦蓋屋。」小雅甫田「如茨如梁」，傳：「茨，積也。」壘者，土之積也。　說文：「壘，軍壁也。」張載七哀詩：「北邙何壘壘。」稸者，禾之積也。　說文「稸，積禾也」，引詩曰：「稸之秩秩。」今周頌良耜作「積之栗栗」，是「稸、積」同也。　寖者，水之積也。　與「浸」通。　夏官職方「揚州其浸五湖」，注：「浸可以爲陂灌溉者。」莊子逍遥遊：「大浸稽天。」殖者，貨之積也。　列子楊朱篇：「原憲窶于魯，子貢殖于衛。原憲之窶損生，子貢之殖累身。」揲者，蓍之積也。　說文：「揲，閱持也。」易繫辭傳〔上〕：「揲之以四，以象四時。」秭者，數之積也。周頌豐年「萬億及秭」，傳：「數萬至萬曰億，數億至億曰秭。」孔疏云：「定本、集注皆云：『數億至萬曰秭。』」今案：說文「數億至萬曰秭」，則定本是也。　𥟖者，玉篇：「𥟖，小積也。」貯者，直吕切。　說文貝部義也。　公羊僖三年傳：「無貯粟。」漢書食貨志〔上〕：「積貯者，天下之大命。」通作「著」。　史記貨殖傳：「積著之理。」

愍、惽〔二〕、翳、愜、欺革反，又九力反。憮、武音。俺、於檢反，又於劍反。款、牟、震，惡也。

〔二〕惽，疏證本作「惜」。

大雅烝民「愛莫助之」，傳：「愛，隱也。」箋：「愛，惜也。」説文：「㤅，惠也。」古文作「𢟪」。今經典相承作「愛」。愍者，説文云：「痛也。」以「痛」爲「愛」，猶今人以「疼我」爲「愛我」也。憯者，孫侍御志祖曰：徐北溟云，曹子建贈丁儀詩注引：「惜，愛也。」此「憯」字即「惜」字之誤。徐名鯤，蕭山人。翳者，方言（第六）：「翳，薆也。」「薆、愛」，古字通用。㥛者，方言（第一）：「亟，愛也。東齊海岱之間曰亟；自關而西，秦晉之間，凡相敬愛謂之亟。」「㥛、亟」，字異義同。憮、㤿者，方言（第一）：「憮、㤿，愛也。宋衛邠陶之間曰憮，或曰㤿。」又云：「憮、㤿，愛也。韓鄭曰憮，晉衛曰㤿。」爾雅釋訓「矜憐，撫掩之也」，郭注：「撫掩，猶撫拍，謂慰恤也。」「憮㤿、撫掩」，字異義同。款者，説文：「款，意有所欲也。」謝靈運還舊園作見顔范二中書詩：「曾是反昔園，語往實款然。」牟者，方言（第一）文，宋魯之間語。通作「恈」。玉篇：「恈，貪愛也。」荀子榮辱篇「恈恈然惟利飲食之見」，楊倞注：「恈恈，愛欲之貌。」震者，古與「振」通。周南螽斯「宜爾子孫振振兮」，傳：「振振，仁厚也。」是「振」有仁愛之意，故「震」亦爲愛。

㥄、陵音。憮、齡、悼、憐、㥯，隱音。哀也。

釋名（釋言語）：「哀，愛也。愛，乃思念（之）也。」説文：「哀，閔也。」方言（第一）「㥄、憮、矜、悼、憐，哀也。齊魯之間曰矜，陳楚之間曰悼，趙魏燕代之間曰㥄，自楚之北郊曰憮，秦晉之間或曰矜，或曰悼」，郭注：「㥄，亦憐耳。」案：「㥄、憐」，聲相轉。「齡、矜」，古通用。小雅鴻雁「爰及矜人」，傳：「矜，憐也。」曲禮（上）「七年曰悼」，注：「悼，憐愛也。」嵇康養生論「世皆知笑悼」，李善注：「悼，哀也。笑其不善養生，而又哀其促齡也。」憐者，又説文心部義也。㥯者，古「隱」字。趙岐孟子（梁惠王上）注：「隱，痛也。」「痛」即「哀」耳。

龕、岑、資、敓、徒活反。采、掇、知劣反，又丁活反。搴、九件反。摭、之亦反。芼、亡報反。集、摡、許既反。

扱、初洽反。有、撤[一]、扼、烏革反。摘、陟革反。府、擸、力甘反，又力敢反。索、所白反。撈、牢音，又力幺反。撟、几小反，又几消反。穌、賴、摣、仄加反。摷、力刀反。撩、力幺反。探、天含反。担、莊加反，又子治反。收、斂、捕、步音。揥、帝音。汲、九及反。有、撤、徹音。挻、式延反，又丑延反。摻、所減反。銛、他點反。抍、之丞反。收、攎、舉蘊反。掩、竊、略、剝、勦[二]、策交反，又初孝反。撏、才含反。捊，皮侯反。取也。

說文：「取，捕取也。」史記魯仲連傳：「爲人排患釋難解紛亂而無取也。」龕者，法言重黎篇「或問義帝初矯，劉龕南陽」，李軌曰：「劉高祖龕取也。」司馬光注：「龕，與『戡』同。」沈約安陸昭王碑：「龕世拯亂之情。」王儉褚淵碑：「龕亂寧民之德。」案：「龕亂」猶商書仲虺之誥言「取亂侮亡」也。李善注並引此文。岑者，疑當爲「涔」。集韻寢韻「涔」與「罧」同，積柴水中以取魚。又作「槮」，注云：「積柴水中以取魚。」資者，小爾雅廣言文。易乾曰「萬物資始」，釋文：「鄭注：資，取也。」孝經士章「資于事父」、孟子離婁下「居之安，則資之深」、越語上「大夫種曰：『賈人夏則資皮，冬則資絺，旱則資舟，水則資車，以待乏也。』」孔、趙、韋並釋「資」爲「取」。敓者，說文「敓，彊取也」，引周書曰：「敓攘矯虔。」今呂刑作「奪攘」，古字通。采者，說文：「采，捋取也。」周南芣苢「薄言采之」，傳：「采，取也。」掇者，說文：「掇，拾取也。」芣苢「薄言掇之」，傳：「掇，拾也。」淮南說林訓：「兕虎在于後，隨侯之珠在于前，弗及掇者，先避患而後就利。」桓寬鹽鐵論相刺：「蹙洪水，身親其勞，簪墮不掇，挂冠不顧。」搴者，楚辭九歌湘君「搴芙蓉兮木末」，

[一] 案：有、撤，疏證本在「汲」下，此處無。此本「汲」下有。

[二] 勦，疏證本作「剿」。

王逸注：「搴，手取也。」史記叔孫通傳「故先言斬將搴旗之士」，索隱引方言：「南方取物爲搴。」亦作「攓」。方言（第一）：「攓，取也。南楚曰攓。」又作「𢹎」。説文「𢹎，拔取也」，引楚辭：「朝𢹎批之木蘭。」今本離騷作「搴」。爾雅釋言「芼，𢹎也」，孫炎曰：「皆擇菜。」郭璞曰：「拔取菜也。」摭者，方言（第一）：「摭，取也。陳宋之間曰摭。」説文：「拓，拾也。」或作「摭」。禮器云「有順而摭也」，孔疏：「摭，猶拾取也。」法言問明篇：「摭我華而不食我實。」張衡思玄賦：「摭若華而躊躇。」芼者，周南關雎「左右芼之」，傳：「芼，擇也。」廣韻（号韻）：「芼，謂拔取菜也，芼以蘋蘩爲羹。」集者，廣韻（緝韻）：「集，聚也。」「聚」與「取」，義相成也。概者，字當作「塈」。召南摽有梅「頃筐塈之」，傳：「塈，取也。」箋：「謂夏已晚，頃筐取之于地。」玉篇引詩作「概」，蓋俗寫以「土」著左，遂譌「手」旁耳。扱者，説文：「扱，收也。」又云：「䟣，進足有所擷取也。」是「扱」、「䟣」同。曲禮（上）「以箕自鄉而扱之」，注：「扱，讀曰吸。」廣韻（洽韻）「扱，取也」，本此。有者，芣苢「薄言有之」，傳：「有，藏之也。」是「有」爲取而藏之。撤者，通作「徹」。豳風鴟鴞「徹彼桑土」，傳：「徹，剥也。」是「撤」爲剥而取之也。㧖者，説文「搹，把也」，或作「㧖」。喪服傳「苴絰大搹，左本在下」，注：「盈手曰搹。搹，扼也。中人之扼，圍九寸。」士喪禮「苴絰大鬲」，注：「鬲，搤也。中人之（手）搤，圍九寸。」是「搹」或省作「鬲」。摘者，説文：「摘，拓果樹實也。一曰：指近之也。」府者，取而聚之也。淮南説林訓：「過府而負手者，希不有盗心。」玉篇「府，取也」，本此。擥者，與「擥」同。説文：「擥，撮持也。」玉篇：「擥，手擥取也。」亦作「攬」。離騷「夕攬洲之宿莽」，王逸注：「攬，采也。」洪興祖補注：「攬，取也。」𡩡者，方言（第六）文，自關而西語。説文：「𡩡，入家搜也。」通作「索」。離騷：「（索）藑茅以筳篿兮。」撈者，方言（第十三）文，郭注：「謂鉤撈也。」撟者，説文：「撟，舉手也。」自關以西，凡取物之上者爲撟捎。舊本曹音二「几」字，俱譌「凡」，今訂正。穌者，素孤切。説文：「穌，把取禾若也。」通作「蘇」。離騷「蘇糞壤以充幃兮」，王逸注：

「蘇，取也。」賴者，方言（第十三）文。太玄達：「次七，達于砭割，前亡後賴。」摣者，方言（第十）：「摣，取也。南楚之間，凡取物溝泥中，或謂之摣。」釋名（釋姿容）：「摣，叉也，五指俱往（叉取）也。」摷者，張衡西京賦「摷鯤鮞，殄水族」，薛綜注：「摷、殄，言盡取之。」撩者，玉篇：「撩，手取物。」探者，説文：「探，遠取之也。」繫辭傳（上）：「（探）賾索隱。」穀梁隱元年傳：「已探先君之邪志。」列子天瑞篇：「手目所及，無不探也。」案：「探，取」已見爾雅釋詁，此疑有誤也。抯者，方言（第十）文：「南楚之間，凡取物溝泥中，謂之抯。」説文：「抯，挹也。讀若樝棃之樝。」收者，小爾雅（廣言）：「收，斂也。」説文：「收，捕也。」左氏襄二十七年傳：「何以恤我，我其收之。」斂者，説文：「斂，收也。」捕者，説文手部義也。漢書灌夫傳：「遣吏分曹逐捕。」摕者，説文：「摕，撮取也。」張衡西京賦「摕飛鼯」，薛綜注：「摕，捎取之也。」李善音大結切。汲者，説文：「汲，引水于井也。」廣韻（緝韻）「汲，取也」，本此。「有、撤」二字重出。案：此「撤」字有音，而上文無音，疑此處是，而上文衍也。挻者，方言（第一）文：「楚部或謂之挻。」老子（第十一章）：「挻埴以爲器。」摻者，鄭風遵大路「摻執子之袪兮」，傳：「摻，擥也。」銛者，方言（第三）文，郭注：「謂挑取物。」趙岐注孟子（盡心下）「以言銛之」云：「銛，取也。」孫奭音義：「丁云：字書及諸書並無此『銛』字，其字从『金』。」抍者，玉篇：「抍，音蒸之上聲。撜、拯同。」聲類云：「丞，古抍字。」明夷六二爻辭「抍，馬壯吉」，子夏傳：「抍，取也。」王肅云：「抍，拔也。」收，重出。攟者，説文：「攟，拾也。」方言（第二）「攟[一]，取也」，郭注：「攟，古『捃』字。」魯語（上）「收攟而烝」，韋昭注：「攟，拾也。」史記十二諸侯年表「各往往捃摭」，謂拾取之。馮衍顯志賦：「捃桓、文之譎功。」掩者，方言（第六）文：「自關而東曰掩。」漢書貨殖傳「又況掘冢搏掩，

[一] 攟，今本方言作「攈」。

犯奸成富」，顏師古注：「搏掩，謂〔搏擊〕掩襲，取人物〔者〕也。通作『撩』。」說文：「撩，自關以東謂取曰撩。」司馬相如子虛賦：「撩翡翠。」上林賦：「撩焦明。」竊者，說文：「盜自中出曰竊。」尚書微子：「攘〔竊〕取神祇之犧牷牲。」略者，方言〔第二〕文。于道曰略。略，強取也。左氏成十二年傳「略其武夫，以爲己腹心股肱爪牙」，杜注：「略，〔取也〕。」襄四年傳「匠慶請木，季孫曰：『略』」，注：「不以道取曰略。」齊語「犧牲不略，則牛羊遂」，韋昭注：「略，奪也。」剝者，夏小正：「八月剝棗。」剝也者，取也。」勦者，曲禮〔上〕「毋勦說」，注：「勦，猶擥也。謂取人之說以爲己說。」舊本「勦」譌「剿」，今訂正。撏者，方言〔第一〕文：「魯衛揚徐荊衡之間曰撏。」玉篇：「撏，取也。」捊者，說文：「捊，引取也。」謙象傳「君子以裒多益寡」，〔釋文〕：「鄭、荀、虞、董、蜀才並作『捊多益寡』，云：『取也。』」裒字，說文所無。石經作「褎」。褎，从衣，从采。采，與「孚」同，故或作「捊」，或作「褎」也。

殢、㱾、凶穢反。困、慤、苦計反。殃、桂音。㱃、他計反。𣩠甓音。𣩎、晢音，又三歷反。殙、昏音。殟、温音。歺、五達反。亢、乎郎反。疲、羸、力追反。券、去願反。御、巨略反，又去逆反。㱾、烏嫁反。窮、乏、終、憊，皮怪反。極也。

爾雅釋詁：「極，至也。」齊風南山「曷又極止」，傳用釋詁〔文〕。殢者，困之極也。大計、天計二切。玉篇：「殢，極困也。」說文作「懘，極也。」㱾者，倦之極也。方言〔第十二〕「㱾，倦也」，郭注：「今江東呼極爲㱾。外傳曰：『余病㱾矣。』」又〔方言第十三〕云「瘃，極也」，郭注：「江東呼極爲瘃，倦聲之轉也。」案：「外傳」者，晉語〔五〕文。彼「㱾」作「喙」，通用字也。韋注：「喙，短氣貌。」玉篇：「㱾，困極也。或作『瘃』。」困者，境之極也。其字从「木」在「囗」中，困極之象也。慤者，說文：「慤，憊也。」通作「罄」。郭注爾雅〔釋詁〕云：「今江東呼厭極爲罄。」今監本爾雅作「磬」，誤。唯永樂大典載陸佃爾雅新義所引郭注不誤。殃、殀者，玉篇：「殃，殀殃也。殀，喘也。殀殃，困極也。」舊本「殀」譌「砍」，「殃」譌「炔」，今並訂正。𣩴𣩞者，玉篇：「𣩴𣩞，欲死貌。」殙者，說文：「殙，瞀也。」殟者，上文訓爲「病」，此又爲病之極，廣其義以曉人也。歺者，玉篇：「歺，𣩴也。」亢者，高之極也。乾上九「亢龍有悔」，子夏傳：「亢，極也。」文言傳：「亢龍有悔，與時偕極。」惠棟曰：「蔡邕月令章句：極者，至而還之詞。陽道窮，剛反爲弱，即與時偕極之義也。」亢，當音苦浪反，曹音呼郎反，非也。通作「抗」。馬融長笛賦「蓋滯抗絶」，李善注引子夏喪服傳：「抗，極也。」疲者，倦之極也。說文：「疲，勞也」。通作「罷」。玉篇：「罷，極也。」羸者，瘠之極也。說文：「羸，瘦也。」券者，勞之極也。說文：「券，勞也。」又云：「倦，罷也。」考工記輈人「終日馳騁，左不楗」，注：「故書『楗』或作『券』。」後鄭云：「券，今『倦』字也。」論語〔顏淵〕「居之無倦」，釋文：「倦亦〔作〕『券』。」後漢涼州刺史魏君碑：「施舍不券。」是「券」與「倦」同。通作「惓」。淮南人間訓：「是由病者已惓而索良醫也，雖有扁鵲、俞跗之巧，猶不能生也。」御，疲之極也。史記子虛賦「徼谻受屈」，集解：「谻，音劇。」駰案：郭璞曰「谻，疲極也」，「言獸有倦遊者，則徼而取之」。索隱引司馬彪云：「谻，倦也。謂遮其倦者。」大昭案：說文「御，徼御受屈也」，即用相如賦文。是「御、谻」字異義同。通作「御」。說文：「御，勞也。其虐切。」歍者，廣韻〔馬韻〕：「啞，不言也。瘶，同啞。」窮者，說文穴部義也。楚辭九歌〔雲中君〕「横四海以焉窮」，王逸注：「窮，極也。横行四海，安有窮極也。」乎者，言之極也。說文：「乎，語之餘也。」終者，釋名〔釋喪制〕：「終，盡也。」憊者，困之極也。說文「憊，慤也」。或作「痡」。莊子讓王篇：「孔子窮于陳蔡之間，七日不火食，藜羹不糝，顏色甚憊。」列子〔周穆王篇〕：「周之尹氏有老役夫」，「晝則呻呼而即事，夜則昏憊〔而〕熟寐。」通作「備」。遯象傳「有疾備也」，鄭注：「備，困也。」是「備」與「憊」通。

愍、師、懽、噬、上世反。醮、在焦反。悴、才遂反。愁、蹙〔一〕、桓、慎、怛、丁達反。惴、拙瑞反。怮、於聊反，又於流反。⿰忄宮、去弓反。悺、貫音。忦、公拜反。⿱辡心、婢典反。辨〔二〕、愓、傷音。惂、坎音。慁、乎困反。憖、牛覲反。⿰目朁、才念反。濟、祭音〔三〕。惄、泥歷反。淫，濕音。憂也。

說文：「惪，愁也。」經典相承作「憂」。愍者，痛之憂也。說文：「愍，痛也。」通作「閔」。邶風柏舟「覯閔既多」，傳：「閔，病也。」病亦憂也。又作「憫」。玉篇：「憫，憂也。」師者，易雜卦傳：「比樂師憂。」懽者，悲之憂也。本書釋訓：「懽懽，悲也。」噬者，方言〔第十二〕文也。醮者，說文「醮，面焦枯小也」，或作「顦」。悴者，說文心部義也。方言〔第一〕：「悴，傷也。宋謂之悴。」通作「瘁」。文選〔歎逝賦〕注引倉頡篇：「瘁，憂也。」「醮、悴」二字，古人亦連用之。左氏〔成公九年〕傳引逸詩：「雖有姬姜，無棄蕉萃。」楚辭漁父「顏色憔悴」，王逸注：「皯黴，黑也。」說文：「顇，顦顇也。」班固答賓戲：「朝爲榮華，夕爲顦顇。」玉篇：「顦顇，憂貌。」「醮、顦、蕉、憔」，「悴、瘁、萃、顇」，並字異音義同。愁者，說文心部義也。蹙者，亦作「慼」。說文：「慼，憂也。」通作「戚」。周書金縢「未可以戚我先王」，鄭注：「戚，憂也。」「未可以憂怖我先王。」桓者，方言〔第一〕文。舊本「桓」爲「柏」。盧學士云：「柏者，迫也。訓『憂』亦可通。」慎者，亦方言〔第一〕文：「宋魏或謂之慎。」怛者，傷之憂也。檜風匪風「中心怛兮」，傳：「怛，傷也。」方言〔第

〔一〕蹙，疏證本作「慼」。
〔二〕案：王念孫說「辨」乃曹音而誤入正文。
〔三〕案：王念孫博雅音校本無「祭音」二字。

一〕：「怛，痛也。」宋玉風賦：「中心慘怛。」通作「旦」。衛風氓云「信誓旦旦」，孔疏：「定本旦旦猶怛怛。」説文「怛，憯也」，或作「悬」，引詩：「信誓悬悬。」爾雅釋訓「晏晏、旦旦，悔爽忒也」，釋文：「本或作『悬』，同。」惴者，懼之憂也。説文：「惴，憂懼也。」秦風黄鳥：「惴惴其慄。」怮者，説文心部義也。玉篇：「怮，憂懣也。」悺者，玉篇：「悺，憂貌。」或作『忋』。」悺者，説文心部義也。彼作「悹」，同。〔廣韻緩韻〕：「悹悹，憂無告也。『悺』同上。」通作「痯」。爾雅釋訓：「痯痯，病也。」小雅杕杜「四牡痯痯」，傳：「痯痯，罷貌。」罷病則可憂也。忦者，亦説文心部義也。㦷者，亦説文心部義也。辨者，疑是曹音，轉寫者譌爲正文耳。慯者，亦説文心部義也。惂者，説文：「惂，憂困也。」口感切。慁者，亂之憂也。説文：「慁，憂也。」左氏昭六年傳「主不慁賓」，杜注：「慁，患也。」「患」與「憂」同義。愍者，傷之憂也。方言〔第一〕「愍，傷也。楚潁之間謂之愍」，郭注引詩曰：「不愍遺一老。」「亦恨傷之言也。」䁈者，方言〔第一〕文，「宋衛或曰䁈」，郭注：「䁈者，憂而不動也。」濟者，亦方言文：「陳楚或曰濟。」惄者，方言〔第一〕：「惄，傷也。汝謂之惄。」説文：「惄，憂也。」通作「愵」。説文：「愵，憂貌。讀與『惄』同。」周南汝墳「惄如調飢」，韓詩作「愵」。溼者，方言〔第一〕文，「陳楚或曰溼。自關而西，秦晉之間，凡志而不得，欲而不獲，高而有墜，得而中亡，謂之溼」，郭注：「溼者，失意潛沮之名。」

剖、判、嚳、口沃反。劈、普狄反，又普革反〔一〕。裂、參、離、墳、析、三亦反。斯、折〔二〕、筡、塗音。𠛬、彼列反。

〔一〕王念孫曰：「各本皆脱『劈』字，其『劈』字下有『普狄、普革』二音，案：『普革』當爲『補革』，乃『擘』字之音，非『劈』字之音。」

〔二〕折，疏證本作「斫」。

異、剫、徒各反。刎、布仁反，又普真反。刻、班[一]，分也。

説文：「分，别也。从八，从刀。刀以分别物也。」剖者，説文：「剖，判也。」左氏襄十四年傳「與汝剖分而食之」，杜注：「中分爲剖。」漢書高帝紀〔下〕「始剖符封功臣曹參等爲通侯」，顔師古注：「剖，破也。與其合符而分授之也。」判者，説文刀部義也。玉篇：「判，分散也。」周頌訪落「繼猶判涣」，傳：「判，分也。」嚳者，疑與「觷」通，骨之分也。説文：「觷，治角也。」爾雅釋器：「象謂之鵠，角謂之觷。」「觷、嚳」與「鵠」並聲相近。劈者，説文：「劈，破也。」集韻「劈，分也」，本此。裂者，繒之分也。説文：「裂，繒餘也。」淮南道應訓：「譬之猶廓革者也，廓之大則大矣，裂之道也。」參者，方言〔第六〕文：「齊曰參。」王粲登樓賦「夜參半而不寐兮」，李善注引方言。離者，方言〔第六〕：「蠡，分也。楚曰蠡，秦晉曰離。」墳者，土之分也。楚辭天問「地方九則，何以墳之」，王逸注：「墳，分也。謂九州之地，凡有九品，禹何以能分别之乎？」釋名釋典藝：「三墳。墳，分也。論三才之分，天、地、人之始也。」析者，木之分也。説文：「析，破木也。一曰折也。」楚辭九章〔惜誦〕「令五帝以析[二]中兮」，王逸注：「析，猶分也。」斯者，方言〔第七〕：「斯，離也。齊陳曰斯。」陳風墓門「斧以斯之」，傳：「斯，析也。」大雅板云「無獨斯畏」，箋：「斯，離也。」案：「離、析」，皆分也。折者，説文「斵，斷也。从斤斷艸」，篆文从「手」作「折」。案：斷，即分也。棨者，方言〔第十三〕：「棨、箄，析也。析竹謂之棨。」説文：「棨，折竹笢也。讀若絮。」案：「折」當爲「析」，分之象也。刖者，説文：「刖，分解也。」經典相承作「别」。通作「八」。説文：「八，分也。从重八。孝經説曰：『故上下有八。』」虞書「分

[一] 班，疏證本作「斑」。

[二] 析，今本九章惜誦及王逸注並作「枍」。洪興祖補注：「枍，與『析』同。」

北三苗」，鄭注：「北，猶別也。」蓋古文「北」从二人作「从」，「別」字重二八作「八」，二字相似，因誤作「北」。虞翻奏鄭解尚書違失事因乃云：「『分北三苗』，北，古『別』字，鄭又訓『北』爲『別』，誠可怪也。」案：説文丫部云：「八，古文別。」許慎學于賈逵，逵傳古文尚書，鄭亦從逵，故釋古今字同，有何可怪？異者，説文「異，分也。从廾、从畀。畀，予也」，徐鍇曰：「將欲與物，先分異之也。禮〔玉藻〕曰：『賜，君子〔與〕小人不同日。』」剫者，木之分也。説文：「剫，判也。」爾雅釋器「木謂之剫」，郭注引左傳：「山有木，工則剫之。」玉篇「剫，分也」，本此。通作「度」。魯頌閟宮：「是斷是度。」刐者，玉篇、廣韻俱無此字，疑「攽」之誤。説文「攽，分也」，引周書曰：「乃惟孺子攽。」亦讀與「彬」同。今本洛誥「攽」作「頒」，布還切。刻者，玉篇：「刻，割也。」班者，説文：「班，分瑞玉也。」屯上六「乘馬班如」，惠棟曰：「『馬將行，其羣分乃長鳴，故襄十八年春秋傳曰：『有班馬之聲。』班，猶分別也。」舊本「班」譌「斑」，今訂正。

隓、許規反。敗、屠、徹、破、碎、崩、隤、頹音。陁、大何反，又大可反。陁、直紙反〔一〕。陊、達可反。殆、靡、莫知反。散，散音。壞也。

説文「壞，敗也」，古文作「𡊁」，籀文作「𣪏」。爾雅釋詁：「壞，毁也。」隓者，城之壞也。説文「敗城𨸏曰隓」，篆文作「𡐦」。春秋定十二年「叔孫州仇帥師墮郈，季孫斯、仲孫何忌帥師墮費」，杜注：「墮，毁也。」方言〔第十三〕：「隓，壞也。」俗作「隳」。潘岳西征賦：「豈斯宇之獨隳。」敗者，説文「敗，毁也」，籀文作「𣪘」。又云「退，𣪏也」，引商書〔微子〕曰：「我興受其退。」是「敗、退」同也。屠者，説文：「屠，刳也。」史記高祖紀：「今屠沛。」徹者，小雅十月之交：「徹我牆

〔一〕「陁，大何反，又大可反。陁，直紙反」，王念孫博雅音校本作「陁，大何、大可反。陁，直紙反」。

屋。」楚辭天問「何令徹彼岐社」，王逸注：「徹，壞也。」破者，石之壞也。壞人之軍亦爲破。說文：「破，石碎也。」碎者，散之壞也。說文：「碎，䃺也。」又云：「𤭢，破也。」二字通用。淮南泰族訓：「事碎難治也，法煩難行也。」陳琳檄吳文：「大兵一放，玉石俱碎。」崩者，山之壞也。說文「⿰山朋，山壞也」，古文作「⿰阝朋」。春秋僖十四年：「沙鹿崩。」穀梁傳（隱公三年）：「高曰崩。」京房剝傳：「小人剝廬，厥妖山崩。」復傳：「崩來無咎，自上下者爲崩，厥應大山之石顛而下。」隤者，說文：「隤，下隊也。」宋玉高唐賦：「傾崎崖隤。」通作「穨」。禮記（檀弓上）：「泰山其穨乎？」玉篇：「隤，壞隊下也。」陁者，方言（第六）文。說文：「陁，小崩也。」漢書東方朔傳「宗廟崩陁」，顏師古注：「陁，穨也。」陁者，即「陁」之異文。太玄鋭：「上九，陵崢岸峭陁，測曰：陵崢岸峭，鋭極必崩也。」陊者，說文：「陊，落也。」張衡西京賦：「程功致巧，期不陁陊。」玉篇「陊，壞也」，本此。殆者，方言（第六）「怠，壞也」，郭注：「謂壞落也。」「殆、怠」，字異義同。靡者，爛之壞也。說文：「靡，爛也。」楚辭招魂「靡散而不可止些」，王逸注：「靡，碎也。」通作「糜」。孟子（盡心下）：「糜爛其民而戰之。」漢書賈山傳「萬鈞之所壓，無不糜滅者。」㪔者，說文：「㪔，飛㪔也。」

揨、宅耕反。撞、直江反。鈌、決音。撽[一]、⿰重刂、衝音。杻、女六反。⿰歹虫、大鴻反。擣、禱音。刉、居祈反，又公内反。抌、丁感反。築、⿰疊刂、牒音，又丁几反[二]。抵、底音。⿰扌必、邲音，又普必反，又白必反。掙、楚耕反。鍼，針音。刺七亦反。也。

[一] 撽，王念孫博雅音校本作「挃（知帙反）」。

[二] 王念孫曰：「各本脱去『撽』字，其『丁几』之音遂溷入『⿰疊刂』字下。」

說文：「刺，直傷也。」掉者，玉篇「掉，刺也」，本此。撞者，說文：「撞，刊擣也。」戰國策（秦策一）：「迫則杖戟相撞。」張衡西京賦：「徒搏之所撞挩。」玉篇：「撞，擊也。」「掉、撞」皆从「手」，舊本並譌从「木」，今訂正。鈌者，說文金部義也。㨖者，陟利切。說文：「㨖，刺也。一曰刺之財至也。」舊本譌爲「桎梏」之「桎」，曹音「知帙反」，亦誤，今訂正。剸者，尺容切。玉篇「剸，刺也」，本此。矠者，說文矛部義也。又音女久切。𥎊者，玉篇：「𥎊，刺矛也。」擣者，都浩切。說文：「擣，手推也。一曰築也。」此篇「擣、築」並訓「刺」。小雅小弁：「我心憂傷，惄焉如擣。」淮南脩務訓：「夫怯夫操利劍，擊則不能斷，刺則不能入，及至勇武攘捲一擣，則摺脅傷幹。」舊本「擣」譌从「木」，今訂正。㓖者，說文：「㓖，劃傷也。」玉篇：「㓖，切刺也。」抌者，食荏切。方言（第十）：「抌，推也。」說文：「抌，深擊也。」築者，說文：「築，擣也。」「擣」爲刺，「築」亦刺也。劃者，集韻（帖韻）「劃，刺也」，本此。抵、挩者，方言（第十二）文，郭注：「皆矛戟之矠，所以刺物者也。」又（方言第十）云：「挩，推也。南楚凡相推搏爲挩。」掙者，集韻（耕韻）「掙，刺也」本此。鍼者，所以刺也。職深切。

刵、耳志反。劊、古外反。刓、五丸反。剸、尊本反。割、刹、楚律反。刌、村本反。切、殊、絶、剕、拂音。斮、仄略反。戳、慈頡反。剸、拙兗反，又大丸反。刖、祝、斬、剪、楚芮反，又楚亂[一]反。刟、彫音。刎、亡粉反。剟、在侯反。剽、栗音。剬、拙兗反。銛、他點反，又息廉反。劁、才彫反。㓢、苦拜反。斷、拙兗反。刈、乂音。劖、士咸反。劙、力涉反。劓、牛二反。斷也。

說文：「㫁，截也。」經典相承作「斷」。釋名（釋言語）「斷，段也，分爲異段也。」刵者，耳之斷也。說文：「刵，斷耳

[一] 亂，王念孫說當作「刮」。

也。」鄭注呂刑與說文同。劊者，說文刀部義也。困九五「劓刖」，京房作「劓劊」。刓者，說文：「刓，剸也。」漢書韓信傳「刻印刓，忍不能予」，蘇林曰：「刓，音刓角之刓，與摶同。手弄角謡，不忍授也。」剸者，玉篇「剸，斷也」，本此。割者，說文：「割，剥也。」玉篇：「割，截也。」左氏襄三十一年傳：「猶未能操刀而使割也。」剺者，玉篇「剺，割斷也」，本此。扐者，說文：「扐，切也。」玉篇：「扐，切斷也。」特牲饋食禮：「扐肺三。」切者，骨之斷也。說文：「切，扐也。」玉篇「切，斷也」，本此。爾雅釋器：「骨謂之切。」鄭司農周禮（大宰）注云：「珠曰切。」殊者，離之斷也。左氏昭二十三年傳：「斷其後之木而弗殊。郲師過之，乃推而蹷之。」漢書（宣帝紀）：「骨肉之親粲而不殊。」絶者，絲之斷也。說文：「絶，斷絲也。㡭，古文絶。」釋名（釋言語）：「絶，截也，如割截也。」漢書路温舒傳「㡭者，不可復屬」，顔師古注：「㡭，古『絶』字。」刜者，扶弗、孚弗二切。左氏昭二十六年傳：「苑子刜林雍，斷其足。」劉向九歎（怨思）「執棠谿以刜蓬兮」，王逸注：「刜，斫也。」斮者，說文：「斮，斬也。」周書（泰誓下）：「斮朝涉之脛。」爾雅釋器「魚曰斮之」，樊光云：「斮，斫也。」漢書張釋之傳：「用紵絮斮陳漆其間。」㦸者，說文戈部義也。剸者，說文以爲「䰐」之或體字。文王世子篇「其刑罪則纖剸，亦告于甸人」，鄭注：「剸，割也。」淮南脩務訓：「水斷龍舟，陸剸犀甲。」文選（聖主得賢臣頌）注引字林：「剸，截也。」刖者，足之斷也。說文：「刖，絶也。」玉篇：「刖，斷足也。」祝者，周書泰誓「祝降時喪」、公羊哀十四年傳「子路死，子曰『天祝予』」、穀梁哀十三年傳「祝髮文身」、列子湯問篇「南國之人，祝髮而倮」，注家皆云：「祝，斷也。」斬者，說文：「斬，截也。斬法，車裂也。」劕者，玉篇「劕，斷也」，本此。刏者，玉篇：「刏，斷取也。」刎者，檀弓（下）篇：「不至者」，「刎其人。」史記張耳陳餘傳：「兩人相與爲刎頸交。」荀子彊國篇：「剥脱之，砥厲（之），則劙盤盂，刎牛馬忽然耳。」玉篇作「伆」，引廣雅：「伆，斷也。」是本又作「伆」。剶者，玉篇「剶，斷也」，本此。集韻（侯韻）「剶，徂侯切」，引字林云：「細斷也。」剩者，玉篇「剩，斷也」，本此。㓸者，說文：「㓸，斷齊也。」法言〔淵騫〕：「魯仲連傷而不㓸，藺相如㓸而不傷。」銛者，字當爲「銽」。說文金部義也。其字从「昏」，古活切。「銛」是銛屬，从「舌」，息廉切。隸書「舌、昏」不分，故譌爲「銛」。曹氏不能是正，輒音「他點、息廉」二反，失之矣。㓼者，木之斷也。玉篇：「㓼，刈穫也。」㓷者，玉篇「㓷，斷也」，本此。䱨者，說文：「䱨，截也。」刈者，艸之斷也。說文：「刈，芟艸也。」玉篇：「刈，穫也。」離騷：「願竢時乎吾將刈。」𠜾者，說文刀部義也。劕者，玉篇：「劕，減削也。」劓者，鼻之斷也。說文「劓，刑鼻也」，或作「劓」。睽六三「天且劓」，虞翻云：「割鼻爲劓也。」

敏、逞、佝、傀、仕緘反。趨、楨〔一〕、雷對反。儵〔二〕、叔音。倏、叔音。倢、慈葉反。脁、天弔反。蹂、爾帚反。躁、子到反。駛、山吏反。儇〔三〕、絹音。挑、大了反。摇扇、捬、方宇反。舞、勮、去力反〔四〕，又其御反。汩、于筆反。[illegible]、叔音。一作[illegible]〔五〕。[illegible]、忽音。赽、公穴反。鬵、仕林反，又潛音。說文讀蒙〔六〕岑。[illegible]、火月反。越、于月反。齊，疾也。

〔一〕楨，疏證本作「頪」。王念孫說「楨」即「頪」之譌。

〔二〕儵，疏證本作「儵」。

〔三〕儇，疏證本作「獧」。

〔四〕王念孫曰：「各本脱去『[illegible]』字，其『去力』之音遂溷入『勮』字下。」

〔五〕王念孫以爲「一作[illegible]」三字蓋校書者所記，非曹氏之音。

〔六〕蒙，王念孫說當爲「若」之譌。

釋名〔釋言語〕：「疾，截也，有所越截也。」爾雅釋言「疾，壯也」，郭注：「壯，壯事，謂速也。」敏者，說文支部義也。釋名〔釋言語〕：「敏，閔也，進敍無否滯之言也，故汝潁言敏曰閔也。」大雅生民「履帝武敏歆」，傳：「敏，疾也。」孔安國注論語〔公冶長〕云：「敏者，識之疾也。」逞者，行之疾也。方言〔第二〕：「逞，疾也。楚曰逞。」說文：「楚謂疾行爲逞。丑郢切。」佝者，說文人部義也。史記五帝本紀「黄帝幼而佝齊」，集解：「佝，疾。齊，速也。言聖德幼而疾速也。」儳者，左氏僖二十二年傳「聲盛致志，鼓儳可也」，注：「儳，巖，未整陳。」乘其陳未成列，急攻之。後漢書何進傳：「進驚，馳從儳道歸營。」趨者，行之疾也。釋名〔釋姿容〕：「疾行曰趨。」頹者，玉篇引此文作「頹」，从「米」。儵者，莊子大宗師篇「翛然而往，翛然而來而已矣」，釋文：「翛，本又作『儵』。」徐邈音叔。司馬彪云：『儵，疾貌。』」通作「儵」。楚辭九歌〔少司命〕：「儵而來兮忽而逝。」倏者，說文足部義也。通作「倏」。說文：「倏，走也。讀若叔。」倢者，與「倢」同。說文：「倢，佽也。」「佽，便利也。」方言〔第一〕「儇，宋楚之間謂之倢」，郭注：「言便倢也。」「便倢」與「疾」，義相成也。通作「捷」。離騷「夫惟捷徑以窘步」，王逸注：「捷，疾也。」又通作「疌」。說文：「疌，疾也。」朓者，月之疾也。土了切。漢書五行志〔下之下〕：「晦而月見西方謂之朓。劉向以爲朓者，疾也。君舒緩則臣驕慢，故日行遲而月行疾也。」李善文選〔月賦〕注引尚書五行傳「晦日而月見西方謂之朓，朔而月見東方謂之側匿」，鄭注：「朓，猶條達也。條達，行疾貌。」側匿，猶縮縮行遲貌。舊本「朓」譌从「目」，今訂正。曹音天弔反，亦誤。蹂者，走之疾也。史記項羽本紀：「餘騎相蹂踐。」躁者，說文作「趮，疾也」。「趮、躁」古今字。釋名〔釋言語〕：「躁，燥也，物燥乃動而飛揚也。」月令「仲夏，處必掩身，毋躁」，注：「躁，猶動也。」是「躁」爲動之疾。駃者，玉篇「駃，疾也」，本此。古通作「赽」。說文：「赽，列也。讀若迅。」迅，亦疾也。儇者，說文：「儇，疾也。」「儇、還」，字異義同。齊風還云「揖我謂我儇兮」，傳：「儇，利也。」「利」與「疾」同義。張衡南都賦：「儇才齊敏，受爵傳觴。」挑者，與「佻」同。土彫切。方言（第十二）「佻，疾也」，郭注：「謂輕疾也。」爾雅釋訓：「佻佻、契契，愈遐急也。」左思吴都賦：「儇佻坌並。」摇扇者，方言（第二）文：「燕之外鄙朝鮮洌水之間曰摇扇。」拊、舞者，方言（第十二）文，郭注：「謂急疾也。」彼文「舞」作「撫」，字異義同。勵者，廣韻（御韻）「勵，疾也」，本此。汩者，去之疾也。方言（第六）「汩，疾行也。南楚之外曰汩」，郭注：「汩汩，急貌也。」離騷「汩予若將不及兮」，王逸注：「汩，去貌。疾若水流也。」枚乘七發：「汩乘流而下降兮，或不知其所止。」司馬相如上林賦：「汩乎混流。」揚雄甘泉賦：「涌醴汩以生川。」慫者，玉篇「慫，疾也」，本此。颮者，風之疾也。說文：「颮，疾風也。」通作「忽」。離騷「忽反顧以遊目兮」，王逸注：「忽，疾也。」赽者，玉篇：「赽，走也。」通作「決」。莊子逍遥遊篇「吾決起而飛，搶榆枋」，釋文引李頤云：「決，疾貌。」鶩者，未聞。曹音「說文讀蒙岑」，案：「蒙」當作「若」。䟣者，說文：「䟣，輕也。」輕則疾，義相因也。玉篇：「䟣，走貌。」越者，廣韻（月韻）：「越，走也。」齊者，案：「齊，疾」已見爾雅釋詁，此當作「齌」，字之譌也。說文：「齌，炊餔疾也。在詣切。」離騷「反信讒而齌怒」，王逸注：「齌，疾也。」○集韻（薛韻）引廣雅：「偈，疾也。邵傑切。」今無此文。

腆、土典反。嬐、烏縑反，又烏檢反。䤵、純音。裂、列音。膱、子冉反。貼、大念反。䐶、子荏反。䐺、代紺反。䣪、皇、翼、滑、黨、賁、布魂反。彼寄反，失之矣。膚、熹、希音[一]。琇、秀音。甘、珍、旨、𣅃、大嫌反。蒸、旨升反。將、英、暟、凱音。娥、媛、豔、艷音。珇，祖音。美也。

[一] 案：今本博雅音無「希音」二字。

說文：「美，甘也。从羊、从大。羊在六畜主給膳也。『美』與『善』同意。」此通釋「美」之名也。腆者，膳之美也。說文：「腆，設膳腆腆多也。」郊特牲篇：「幣必誠，詞無不腆。」嬒者，陳風澤陂「碩大且儼」，釋文：「本又作『㬮』」，矜莊貌。」韓詩作「嬒」。釋文引詩與韓詩同。䣨者，酒之美也。玉篇「䣨，美也」，本此。通作「純」。離騷「昔三后之純粹兮」，王逸注：「至美曰純。」曹音「純」，舊本譌作「紀」，今訂正。㛂者，女之美也。玉篇「㛂，美也」，本此。䑎、貼、䐶、䐺者，皆味之美也。玉篇：「䑎，初減切。䑎，臉䑎，羹也。貼，徒兼切，大羹也。䐶，子含切，腤䐶，煮魚肉。䐺，食味美也。」集韻〈𧧵韻〉：「臉䑎，以豬腸屑椒芥醢鹽爲之。」醦者，胡〔一〕之美也，七稔切。廣韻〈寢韻〉：「醦，小甘。」集韻〈寢韻〉「醦，子朕切」，引廣雅：「醦，美也。」是本又作「醦」。皇者，大之美也。爾雅釋詁：「皇皇，美也。」少儀「祭祀之美，齊齊皇皇」，鄭注：「皇，讀如歸往之往。」單言之亦爲美。離騷「朕皇考曰伯庸」，王逸注：「皇，美也。」翼者，廣韻〈職韻〉「翼，美也」，本此。滑者，利之美也。内則：「調以滑甘。」說文：「滑，利也。」黨者，言之美也。上文釋「黨」爲「善」，是也。賁者，飾之美也。說文：「賁，飾也。」王肅周易〈賁〉注：「賁，有文飾，黄白色。」謝莊宣貴妃誄「脩詩賁道」，李善注引此文。膚者，小爾雅〈廣訓〉文。豳風狼跋云「公孫碩膚」、大雅文王「殷士膚敏」，傳並云：「膚，美也。」馬融注易〈噬嗑〉「噬膚」云：「柔脆肥美曰膚。」法言淵騫篇：「張騫、蘇武之奉使也，執節没身，不屈王命，雖古之膚使，其猶劣諸？」熹者，鄭注樂記云：「訢讀爲熹。〔熹〕猶蒸也。」下文「蒸」爲「美」，故「熹」亦美也。琇者，石之美也。衛風淇奧「充耳琇瑩」，傳：「琇瑩，美石也。」說文作「璓」，云：「石之次玉者。」通作「秀」。漢書賈誼

〔一〕案：「胡」疑爲「甘」之譌。

傳：「河南守吴公聞其秀才，召置門下。」秀才，美才也。文選江淹雜體詩「青松挺秀萼」、謝瞻答靈運詩「華宗誕吾秀」，李善注並引廣雅：「秀，美也。」是本或作「秀」。甘者，味之美也。説文甘部義也。釋名（釋言語）：「甘，含也，人所含也。」周書洪範「稼穡作甘」，董子曰：「甘者，中央之味也。」宋玉招魂「此皆甘人」，王逸注：「甘，美也。」「言此物食人以爲甘美。」珍者，「珍，美」已見爾雅釋詁，此當作「殄」，厚之美也。古「殄」與「腆」通。燕禮「寡君有不腆之酒」，鄭注：「古文『腆』（皆）作『殄』。」邶風新臺「籧篨不殄」，箋：「當作『腆』。腆，善也。」上文「腆」爲「美」，「殄」亦美也。旨者，甘之美。説文旨部義也。孔安國注論語（陽貨）云：「旨，美也。」通作「指」。周書大誥「率寧人有指疆土」，王莽假作「旨」，顔師古訓爲「美也」。甛者，説文甘部義也，「从甘、从舌。舌知甘者」。今俗作「甜」，非是。𤈦，通作「烝」。大雅文王有聲云「文王烝哉」，釋文引韓詩：「烝，美也。」將者，貌之美也。管子形勢解：「將將鴻鵠，貌之美者也。貌美，故民歌之，故曰：『鴻鵠將將，維民歌之。』」英者，才之美也。魏風汾沮洳云「美如英」，傳：「萬人爲英。」嵇康琴賦「英聲發越，采采粲粲」，李善注引此文。皚者，德之美也。方言（第十三）文，郭注：「皚皚，美德也。」娥者，女之美也。方言（第一）：「秦晉之間，凡好而輕者謂之娥。」又（方言第二）云：「秦晉之間，美貌謂之娥。秦有㮚娥之臺。」説文：秦晉謂好曰娙娥。」列子楊朱篇：「鄉有處子之娥姣者。」媛者，王眷切。鄘風君子偕老云「邦之媛也」，傳：「美女爲媛。」箋：「媛者，人所依倚以爲援助也。」説文：「媛，美女也。人所援也。」「美女爲媛」，爾雅釋訓文。豔者，色之美。方言（第二）文，宋衛晉鄭之間語。又云：「美色爲豔。」説文：「豔，好而長也。」左氏桓元年傳：「目逆而送之，曰：『美而豔。』」宋玉招魂「長髮曼鬋，豔陸離些」，王逸注：「豔，好也。」珇者，玉之美也。方言（第十三）文。○陸士衡招隱詩注引「秀，美也」。集韻（栝韻）引「脃，美也。徒念切」。今無此文。

周〔一〕、儕、等、比、倫、匹、臺、敵、讎，輩也。

説文：「輩，若軍發車百兩爲輩。補妹切。」太玄〔玄〕攡云：「位各殊輩，回行九區。」孔融薦禰衡表：「若衡等輩，不可多得。」周者，説文「周、比」各訓「密」。「比」既爲輩，「周」亦同之也。儕者，説文：「儕，等輩也。仕皆切。」左氏襄三十年傳：「吾儕小人。」列子黄帝篇：「今吾心無逆順者也，則鳥獸之視吾，猶其儕也。」等者，説文：「等，齊簡也。从寺；寺，官曹之等平也。」比者，論語〔述而〕：「竊比于我老彭。」揚雄解嘲：「五尺童子，羞比晏嬰與夷吾。」倫者，説文人部義也。王逸九思〔悼亂〕：「哀我兮寡獨，靡有兮齊倫。」匹者，大雅文王有聲云「作豐伊匹」，傳：「匹，配也。」文選注引白虎通義〔爵〕：「庶人稱匹夫。」何言其夫妻爲偶也？「配、偶」與「輩」，皆義相成也。臺、敵者，方言〔第一〕：「臺、敵，匹也。東齊海岱之間曰臺。自關而〔西〕，秦晉之間，物力同者，謂之臺、敵。」爾雅釋詁：「敵，匹也，當也。」説文：「敵，仇也。」讎者，爾雅釋詁「讎，匹也」，郭注：「讎，猶儔也。」

挴、每磊反。赧、女板反。怍、昨音。㥏、土典反。眕、之忍反。䀣、祕音。瞢、莫贈反。㥾、天德反。恧〔二〕女六反。怩、尼音。慼子六反。恣〔三〕、恧，女六反。慙也。

小爾雅〔廣義〕：「不直失節謂之慙。」説文：「慙，媿也。」挴者，方言〔第二〕文：「晉曰挴。」莫改、武罪二切。赧者，面

〔一〕周，疏證本作「同」。

〔二〕恧，疏證本作「恧」。

〔三〕慼恣，疏證本作「慼咨」。

之慙也。方言（第二）「赧，媿也。秦晉之間，凡媿而見上謂之赧」，郭注引小爾雅曰：「面赤媿曰赧。」説文：「赧，面慙赤也。」趙注孟子（滕文公下）云：「赧赧然，面赤心不正之貌也。」怍者，心之慙。説文心部義也。論語（憲問）「其言之不怍」，馬融注：「怍，慙也。」亦作「怎」。太玄上：「次五，鳴鶴升自深澤，階天不怎。測曰：鳴鶴不怎，有諸中也。」通作「作」。莊子讓王篇：「行脩于内者，無位而不作。」㥦者，方言（第六）：「荆揚青徐之間曰㥦，若梁益秦晉之間言心内慙矣。」説文：「青徐謂慙曰㥦。」左思魏都賦「㥦墨而謝」，劉逵注：「㥦，慙也。」⿰㐱頁者，説文：「顔色⿰㐱頁⿰粦頁。」是羞媿之貌。⿰粦頁，來軫切。䀣者，方言（第六）「趙魏之間自媿謂之䀣」，郭注：「音密，亦音祕。」瞢者，晉語「臣得其志而使君瞢，是犯也」，韋昭注：「瞢，慙也。」莫鳳切。㥾者，方言（第二）「㥾，媿也。晉或曰㥾，梁宋曰㥾」，郭注：「㥾，亦慙貌也。」⿱丑心怩者，亦作「忸怩」。晉語（八）「君忸怩顔」，韋注：「忸怩，慙貌。」趙岐孟子（萬章上）注：「忸怩而慙。」慼恣者，亦作「⿸戚口咨」。方言（第十）：「忸怩，慙歰也。楚郢江湘之間謂之忸怩，或謂之⿸戚口咨。」恧者，心之慙。亦方言（第六）文也：「山之東西自媿曰恧。」小爾雅（廣義）：「心慙曰恧。」漢書王莽傳（上）：「敢爲激發之行，處之不慙恧。」陸厥奉（答）内兄希叔詩「相如恧温麗」，李善注：「恧，慙也。」亦作「⿰耳恧」，奴陸切。玉篇引埤倉：「⿰耳恧，慙也。」説文作「恧」，是「恧、⿰耳恧」同。

廣雅疏義卷第二

誕、肆、杲[一]、睦、懇、苦恨反，如上聲道之。惇，信也。

吕氏春秋離俗覽〈貴信〉：「凡人主必信。信而又信，誰人不親。」「天行不信，不能成歲；地行不信，草木不大。」賈誼〈新〉書道術篇：「期果言當謂之信。」釋名〈釋言語〉：「信，申也，言以相申束，使不相違也。」誕、肆者，史記扁鵲傳：「中庶子曰：『先生得無誕之乎？』」鄭注表記云：「肆，猶放恣也。」是「誕、肆」皆非誠信之謂，而此俱以爲信者，古人言語反覆相通，非特「徂」爲「存」、「亂」爲「治」也，即如「允者，信也」，而爾雅釋詁又訓爲「佞」，此以「誕、肆」爲「信」，亦其例也。杲者，說文：「杲，明也。」玉篇：「杲，日出也。」明信如杲日，猶詩〈王風大車〉言「謂予不信，有如皦日」也。睦者，通作「穆」。方言〈第一〉：「穆，信也。」顏延之元后哀策文「壼政穆宣」，李善訓「穆」爲「信」。懇者，通作「狠」。漢書劉向傳「故狠狠數千死亡之誅」，顏師古注曰：「狠狠，款誠之意也。〈狠〉音懇。」惇者，方言〈第七〉文：「燕曰惇。」

爲、已、知、瘥、楚嫁反。斸、除、慧、間、瘳，癒移主反。也。

說文：「瘉，病瘳也。」漢書高祖本紀〈上〉「漢王疾瘉」、藝文志「以瘉爲劇」，顏師古並云：「瘉，讀與『愈』同。愈，差也。」通作「愈」。孟子〈公孫丑下〉云：「昔者疾，今日愈。」「癒、瘉、愈」音義同。爲者，左氏成十年傳：「疾不可爲也。」已

〔一〕杲，疏證本作「果」。

者，列子仲尼篇：「龍叔謂文摯曰：此奚疾哉？奚方能已之乎？」枚乘七發：「太子曰：諾。病已，請事此言。」又云：「霍然病已。」知、瘥、蠲、除、慧、間、瘳者，並見方言〔第三〕，其文曰「差、間、知，愈也。南楚病愈者謂之差，或謂之間，或謂之知。知，通語也。或謂之慧，或謂之憭，或謂之瘳，或謂之蠲，或謂之除」，郭注：「間，言有間隙。慧，憭，皆意精明。蠲亦除也。」素問〔刺瘧論〕云：「二刺則知。」説文：「瘥，瘉也。」「瘳，疾瘉也。」「差」、「瘥」同。孔安國論語〔子罕〕注：「少差曰間。」文王世子云「旬有二日乃間」，注：「間，猶瘳也。」枚乘七發：「伏聞太子玉體不安，亦少間乎？」

食閻、慫悚音。**慂、**勇音。**勵，**厲音。**勸也。**

説文：「勸，勉也。」虞書〔大禹謨〕：「勸之以九歌，俾勿壞。」論語〔爲政〕：「舉善而教不能，則勸。」食閻、慫慂者，方言〔第十〕云：「南楚凡己不欲喜，而旁人説之，不欲怒，而旁人怒之，謂之食閻，亦謂之慫慂。」慫，息勇切。慂，與恐切。勵者，勉之勸也，力制切。後漢書祭遵傳：「壐書勉勵。」古作「勱」。説文「勱，勉力也」，引周書曰：「用勱相我國家。」讀若「厲」。通作「厲」。漢書宣帝本紀：「厲精更始。」

有司、股肱、陪、儓、臺音。**皁、隸、牧、圉，臣也。**

白虎通義〔三綱六紀〕：「臣者，繵堅也，厲志自堅固。」説文：「臣，牽也，事君也，象屈服之形。」有司者，説文：「司，臣司事于外者。」大禹謨：「兹用不犯于有司。」股肱者，尚書大傳：「元首明哉，股肱良哉。元首，君也。股肱，臣也。」太玄割次五測云：「割其股肱，亡大臣也。」陪者，曲禮〔下〕云：「列國之大夫入天子之國曰某士，自稱曰陪臣某。」儓者，方言〔第三〕「儓，農夫之醜稱也。南楚凡罵庸賤謂之田儓」，郭注：「儓儓，駑鈍貌。或曰僕臣儓，亦至賤之稱也。」玉篇：「儓，輿儓也。」通作「臺」。左氏昭七年傳：「人有十等」，「輿臣隸，隸臣僚，僚臣僕，僕臣臺。」孟子〔萬章下〕：「蓋自是臺無餽也。」皁者，方言〔第五〕「櫪，梁宋齊楚北燕之間」，「或謂之皁」，郭注：「養馬器。」是養馬之臣謂之皁也。隸者，左氏隱五年傳「皁隸之事」，注：「士臣皁，皁臣輿，輿臣隸。」玉篇：「隸，僕隸。」牧者，方言：「牧，司也。」小雅無羊云：「牧人乃夢。」孟子〔公孫丑下〕：「今有受人之牛羊而爲之牧之者。」圉者，說文：「圉，圉人，掌馬者。」鄭注夏官圉師云：「養馬曰圉。」

婘、拳音。嬴〔一〕、盈音。娃、烏佳反。嫷、大果反。孌、力兖反。⿰女雚、權音。姚、遥音。娧、通外反。純、珇、祖音。眊、莫對反。婠、一丸反，又一刮反。突、窈窕、妦、丰音。忓、汗音。妧、玩音。媌、莫交反，又莫絞反。⿰女岸、魚伴〔二〕反。嫧、楚革反。鮮、思延反。⿰山頁、狄音。⿰女畜、休六反。麗、佳、嫮、乎故反。鈔、七小反。嫽、了音。姣、古卯反。袾、充朱反，又竹瑜反。⿱亝女、側皆反。媉、握音。⿰女顯、於支反。瞴、亡宇反。嬮、〔於〕鹽反，又烏頰反。姝、充朱反，又竹瑜反。姽〔三〕、牛委反，又牛果反。嬳、獲音。⿰女贊、贊音，又才旦反。婍、綺音。妍、⿰女叚、古雅反。嬥、徒聊反，又徒了反。嫙、旋音。娙、五丁〔四〕反，又乎丁反。蘚、託陋反。褿、才牢反。袓、才呂反。䙚、且六反。妙、

〔一〕嬴，疏證本作「嬴」。
〔二〕伴，王念孫說當作「件」。
〔三〕疏證本「姽」下補有「妃」字。
〔四〕丁，王念孫說當作「朾」。

媆、而兗反。媨、子六反，又才久反。姂、赴乏反，又乞乏反，又芳乏反。媰、仄救反。嫈、螢音，又瑩音。嫢、揆音。魏〔一〕、於皮反。婥綽音。約、娬〔二〕武音。媚、嬽、淵音。姍，素丹反。好也。

說文：「好，美也。」釋名〔釋言語〕：「好，巧也，如巧者之造物無不皆善，人好之也。」鄭風〔緇衣〕「緇衣之好兮」，傳：「好，猶宜也。」小雅巷伯「驕人好好」，傳：「好好，喜也。」方言〔第二〕：「自關而西秦晉之間凡美色〔或〕謂之好。」婘者，便利之好也，具員切。齊風還云：「揖我謂我儇兮。」韓詩「儇」作「婘」，薛君章句：「婘，好貌。」陳風澤陂「碩大且卷」，釋文：「本又作『婘』。」檀弓〔下〕：「執女手之卷然。」髮之好亦爲卷。說文「鬈，髮好也」，引詩曰：「其人美且鬈。」案：齊風盧令傳：「鬈，好貌。」「婘、卷、鬈」，古字通。嬴者，方言〔第一〕文，宋魏之間語。郭注：「言嬴嬴也。」說文：「嬴，从女，嬴省聲。」此作「嬴」，不省，以成切。娃者，方言〔第二〕：「娃，美也。吳楚衡淮之間曰娃。」「故吳有館娃之宮。」說文：「娃，圜深目貌。或曰吳楚之間謂好曰娃。」揚雄反離騷：「資娵娃之珍髢。」左思吳都賦「幸乎館娃之宮」，劉注：「吳俗謂好女爲娃。」嫧者，方言〔第二〕「嫧，美也。南楚之外曰嫧」，郭注：「言婑嫧也。」說文：「南楚之外謂好曰嫧。」列子楊朱篇：「公孫穆好色」，「皆擇穉齒婑嫧者。」曹植七啟：「形婧服兮揚幽若。」「婧、嫧」同。孌者，壯之好也。齊風猗嗟「孌兮」傳：「孌，壯好貌。」邶風泉水「孌彼諸姬」，傳：「孌，好貌。」小雅車舝「思孌季女逝兮」，傳：「孌，美貌。」「美」與「好」同義。嬽者，具員切。玉篇「嬽」即「婘」之別體字。姚者，說文：「姚，嬈也。」荀子非相篇：「莫不美麗姚冶，奇衣婦飾，血氣態

〔一〕魏，疏證本作「覣」。
〔二〕娬，疏證本作「嫵」。

度，擬于女子。」娧者，說文女部義也。宋玉神女賦「侻薄裝」，李善注：「侻，好也。與娧同。」案：「姚、娧」二字，古人亦連言之。方言（第十三）「眺說，好也」，郭注：「謂姅悅也。」「姅」疑是「婩」。此作「姚娧」，字異義同，故春秋傳宋公子說字好父。純者，方言（第十三）文。離騷云「昔三后之純粹兮」，王逸注：「至美曰純。」珇者，玉之好，亦方言（第十三）文。上文釋「珇」爲美，此又爲好也，義相成也。旄者，通作「毣」。方言（第十三）「毣，好也」，郭注：「毣毣，小好（貌）也。」婠者，說文：「婠，體德好也。讀若楚郤宛。」穾者，深之好。烏叫切。玉篇「穾」與「窔」同。窈窕者，周南關雎「窈窕淑女」，傳：「窈窕，幽閒也。」方言（第二）「美心爲窈」，郭注：「言幽靜也。」又云「美狀爲窕」，郭注：「言閑都也。」又云：「窕，美也。陳楚周南之間曰窕。」楚辭九歌（山鬼）「子慕予兮善窈窕」，王逸注：「窈窕，好貌。」妦者，孚庸切。方言（第一）「趙魏燕代之間謂好曰妦」，郭注：「言妦容也。」玉篇：「妦，容（好）貌。」通作「丰」。鄭風「丰」「子之丰兮」，傳：「丰，豐滿也。」釋文：「方言作『妦』。」舊本「妦」譌从「半」，曹音亦譌「半」，今訂正。忓者，乎旦切。上文釋「忓」爲善，「善」與「好」，義相近也。妧者，五館切。玉篇「妧，好也」，本此。媌者，方言（第一）「自關而東河濟之間謂好曰媌」，郭注：「今關西人（亦）呼好爲媌。」說文：「媌，目裡好也。」列子周穆王篇「簡鄭衛之處子娥媌靡曼者」，張湛注：「娥媌，妖好也。」婩、婧者，齊之好也。方言（第十）：「婩、婧，好也。南楚之外通語也。」說文：「婧，齊也。」玉篇：「婩婧，鮮好貌。」集韻（翰韻）：「婩，好也。謂婦人齊正貌。」列子力命篇「巧佞、愚直、婩斫、便辟四人相與游于世」，殷敬順釋文：「斫，音酌。婩斫，容止峭巇也。」字林云：「婩，齊也。」「斫，齒略反。」案：婩斫，即「婩婧」也。「婧、斫」聲相轉。鮮者，方言（第十）文。小雅北山「鮮我方將」，箋：「鮮，善也。」美亦好。頔者，徒激切。玉篇「頔，好也」，本此。㜅者，說文：「㜅，媚也。」通此「畜」。呂氏春秋離俗覽（適威）云「周書曰：民善之則畜也，不善則讎也」，高誘注「畜，好」也。案：古音「畜」與「好」同。孟子（梁惠王下」：「畜君者，好君也。」正借同音之古訓以曉人。如巡狩者，巡所守也；洚水者，洪水也；征之爲言正也；仁也者，人也，皆是。故「嫿」亦爲好。麗者，呂氏春秋侍君覽（達鬱）云「列精子高謂其侍者曰：『我何若？』侍者曰『公姣且麗』」，高誘注：「姣、麗，皆好貌也。」嵇康贈秀才入軍詩：「麗服有暉。」佳者，楚辭九章（抽思）：「好姱佳麗兮。」又大招云：「姱修滂浩，麗以佳只。」淮南脩務訓：「曼頰皓齒，形夸骨佳，不待脂粉芳澤而性可説者，西施、陽文也。」古詩：「燕趙多佳人，美者顏如玉。」曹植（雜）詩：「南國有佳人，容華若桃李。」嫮者，楚辭大招「朱脣皓齒，嫮以姱只」，王逸注：「嫮、姱，好貌。嫮，一作『嫭』。」張衡思玄賦：「增嫭眼而蛾眉。」玉篇「嫮」下引楚辭「嫮目宜笑」，或作「嫭」。是「嫮、嫭」同也。釥、嫽者，方言（第二）文，「青徐海岱之間曰釥，或謂之嫽。好，凡通語也」，郭注：「今通呼小姣〔一〕潔喜好者爲嫽釥。」玉篇：「釥，美金也。」宋玉舞賦：「貌嫽妙以妖蠱。」嫽，通作「僚」。説文：「僚，好貌。」姣者，方言（第一）「自關（而東）河濟之間謂好曰姣」，郭注：「言姣潔也。」説文：「姣，好也。」玉篇：「姣，妖媚也。」陳風月出「佼人僚兮」，釋文：「佼字又作『姣』。」楚辭九歌：「靈偃蹇兮姣服。」列子楊朱篇：「鄉有處子之娥姣者。」又云：「豐屋美服，厚味姣色。」史記蘇秦傳：「後有長姣美人。」袾者，説文「袾，好佳也」，引詩曰：「靜女其袾。」齌者，説文：「齌，材也。」玉篇「齌」下引詩云：「有齌季女。」媉者，烏谷、乙角二切。玉篇「媉，好也」，本此。灦者，玉篇：「灦，美容貌。」瞴者，説文：「瞴婁，微視也。」是「瞴」爲目之好也。嬮者，説文女部義也。通作「靨」。淮南説林訓：「靨輔在頰前則好。」楚辭大招：「靨輔奇牙，宜笑嗎只。」姝者，方言（第一）：「趙魏燕代之間謂好曰姝。」説文：「姝，好也。」邶風（靜女）：「靜女其姝。」宋玉神女賦：「貌豐盈

〔一〕皎，方言作「姣」。

以莊姝兮。」是「姝」爲女之好也。士之好者亦爲姝。鄘風干旄「彼姝者子」是也。通作「妶」。說文「妶，好也」，亦引詩：「靜女其妶。」姽者，曹音牛委、牛果二切。說文：「姽，閑體行姽姽也。過委切。」又云：「⿰女厄，婐⿰女厄也；一曰弱也。五果切。」此分明二字，曹氏不宜混而爲一，疑古本廣雅兩字俱有，曹氏分音，後人因形相似而一之，且取曹音而併之歟。集韻〈紙韻〉：「姽，博雅：『好也。』」又〈果韻〉云：「⿰女厄，婐⿰女厄，好貌。」是丁度所見廣雅，已無「⿰女厄」字矣。嫿者，靜之好也。朝麥切。說文：「嫿，靜好也。」宋玉神女賦：「既姽嫿于幽靜兮。」㜺者，白好也。說文：「㜺，白好也。」玉篇：「⿰衤贊，好也。」亦作『㜺』。」婍者，去倚切。玉篇「婍」下引此文。妍者，五堅切。方言〈第一〉：「自關而西秦晉之故都謂好曰妍。」玉篇：「妍，好也。」嫪者，玉篇「嫪，好也」，本此。嬥者，說文：「嬥，直好貌。」嫙者，似宣切。說文女部義也。齊風〈還〉「子之還兮」，韓詩「還」作「嫙」，薛君章句：「嫙，好貌。」娙者，長之好也。說文：「娙，長好也。」史記外戚世家：「邢夫人號娙娥。」蘛者，花之好也。說文：「蘛，黃華。」玉〈篇〉「蘛，好貌」，本此。褿，未詳。祖者，事之好也。說文：「祖，事好也。」⿰衤戚者，衣之好也。玉篇：「⿰衤遷，好也。」類篇：「⿰衤遷，美好貌。」「⿰衤戚、⿰衤遷」音義同。妙者，玉篇：「妙，神妙也。」莊子寓言篇「九年而大妙」，郭象注：「妙，善也。」漢書李夫人傳：「妙麗善舞。」通作「眇」。楚辭九歌〈湘君〉「美要眇兮宜修」，王逸注：「要眇，好貌。眇，一作『妙』。」說卦傳「妙萬物而爲言」，王肅作「眇」，音「妙」。媆者，柔之好也。說文：「媆，好貌。」媨者，字當作「遒」。文選答賓戲云「說難既遒，其身乃囚」，李善注引應劭曰：「遒，好也。」文心雕龍〈詮賦〉云：「及仲宣靡密，發端必遒。」案：「遒」音字秋切，曹音「媨」爲子六、才久二反，非也。「讀若蹴」者，是醜女之稱。說文：「媨，醜也；一曰老嫗也。」以「媨」爲好，失其義矣。姂者，說文：「姂，婦人貌。」媰者，集韻〈宥韻〉「媰，好貌」，本此。嫈者，說文：「嫈，小心態也。」廣韻〈耕韻〉：「嫈嫇，新婦貌。」又〈青韻〉云：「嫇，好貌。」嫢者，細之好也。方言〈第二〉：「嫢，細也。自關而西秦晉之間凡細而有容謂之嫢，或曰徥。」說文：「嫢，媞也，秦晉謂細腰爲嫢。」魏者，亦細之好也。方言〔第二〕：「魏，細也。秦晉謂細而有容曰魏。」婥約者，玉篇：「婥約，好貌。」妁，通作「汋」。莊子逍遥〔遊〕篇「藐姑射之山，有神人居焉」，「淖約若處子」，釋文引李頤云：「淖約，柔弱貌。」司馬彪云：「好貌。」楚辭九章〔哀郢〕「外承歡之汋約兮」，王逸注：「汋約，好貌。」娬媚者，通作「嫵」。說文：「嫵，媚也。媚，說也。」史記上林賦「娬媚姌嫋」，索隱引埤倉：「娬媚，悦也。」通俗文：「頰輔謂之嫵媚。」又佞幸傳：「非獨女以色媚，〔而〕士宦亦有之。」嫚者，說文女部義也。本書釋訓：「嫚嫚，容也。」是「嫚」爲容之好。姍者，行之好也。上林賦「便姍嫳屑」，郭璞曰：「衣服婆娑貌。」顔師古注「言其行步安詳」也。又漢書外戚傳〔上〕：「立而望之，〔偏〕何姍姍其來遲！」

桻、峯音。耑、端音。標、必沼反。顛、杓、的音，又斥久反[一]。緒、杪、流、苗、裔、㰖，蔑音。末也。

逸周書〔武順解〕：「元首曰末。」易卦爻初爲本，上爲末。說文：「木上曰末。」桻者，玉篇：「桻，木上也。芳容切。」耑者，說文：「耑，物初生之題也。上象生形，下象其根也。多官切。」通作「端」。標者，說文：「標，木杪末也。」管子伯言篇：「大本而小標。」盧諶贈劉琨詩：「緜緜女蘿，施于松標。」通作「蔈」。說文：「蔈，末也。」顛者，說文作「槇」。上林賦：「天矯枝格，偃蹇杪顛。」陸機答張悛詩：「芳樹發華顛。」杓者，莊子庚桑〔楚〕篇「我其杓之人耶」，郭象注：「不欲爲物標杓。」漢書律曆志〔上〕「玉衡杓建，天之綱也」，如淳曰：「杓，音（猋），斗端星也。」是「杓」爲斗之末也。緒者，方言〔第十〕：「末，緒也。南楚或曰端。」說文：「緒，絲耑也。」杪者，說文：「杪，木標末也。」王制「冢宰制國用，必于歲之杪」，注：

[一] 斥久反，王念孫說當作「片幺反」。

「杪，末也。」方言（第二）「杪，小也。木細枝謂之杪」，郭注：「言杪梢也。」流者，原爲水之本，流爲水之末也。苗者，禾之末也。裔者，小爾雅（廣言）文。離騷「帝高陽之苗裔兮」，晉語（二）「延及寡君之紹續昆裔」，王逸、韋昭並云：「裔，末也。」懱者，通作「穖」。說文：「穖，麩也。」「蔑、末」古通用，故說文「䵦」或作「粖」。

聥、己禹反。㦜、乎郭反。寱、詣音。愕、吾各反。逴、勑畧反。獡、式若反。恂、灼音。怚、透、叔音。世人以此爲跳透字，他候反，未是矣。趯、他的反。駭、憚，大汗反。驚也。

爾雅釋詁：「驚，懼也。」說文：「驚，馬駭也。」聥者，玉篇「聥」下引倉頡篇：「聥，驚也。」其字从「耳」。舊本譌从「目」，今訂正。㦜者，聲之驚也。玉篇「㦜，驚也」，本此。㦜，通作「嚄」。史記外戚世家「韓嫣白言太后有女在長陵」，「武帝乃自往迎取之」。「使武騎圍其宅」，「家人驚恐，女亡匿内中牀下。扶持出門，令拜謁。武帝下車泣曰：『嚄！大姊，何藏之深也！』詔副車載之」，索隱曰：「嚄，烏百反。蓋驚怪之詞耳。」正義曰：「嚄，（嘖），失聲驚愕貌。」寱者，寢之驚也。魚際切。莊子天運篇：不得㝱，必且寱焉〔一〕。愕者，通作「咢」。春官占夢「二曰噩夢」，杜子春云：「噩，當爲驚愕之愕，謂驚愕而夢。」說文作「咢㝱」。爾雅釋樂「徒擊鼓謂之咢」，孫炎曰：「聲驚咢也。」班固西都賦「猶愕眙而不能階」，李善注引字書：「愕，驚也。」逴者，方言（第二）文。獡者，亦方言（第二）文，「宋衛南楚凡相驚曰獡，或曰透」，郭注：「皆驚貌也。」說文「南楚謂相驚曰獡」，本方言也。恂者，方言（第十三）文，郭注：「猶云恐灼也。」「灼、恂」音義同。或說「灼」當爲「悼」。說文：「悼，懼也，陳楚謂懼曰悼。」書傳「卓、勺」互通。說文「焯」字引

〔一〕案：莊子作「彼不得羅，必且數眯焉」。

書：「焯見三有俊心。」今書作「灼」，此其證也。怛者，列子周穆王篇：「知其所由然，則無所怛。」莊子大宗師篇：「子來將死」，「妻子環〔而〕泣」，「子犁往問之，曰：『叱！避！無怛化！』」言死猶化，勿驚怛之。考工記鄭注：「不能驚怛。」透者，方言〔第二〕文。左思吴都賦：「驚透沸亂。」集韻〔屋韻〕：「透，式竹切。」趯者，跳之驚也。釋訓：「趯趯，跳也。」駭者，說文：「駭，（馬）驚也。」公羊哀六年傳：「諸大夫見之，皆色然而駭。」國語：「晉師大駭。」莊子在宥篇：「夫施及三王而天下大駭矣。」〔憚者〕，莊子外物篇「憚赫千里」，釋文云：「言千里皆懼。」宋玉招魂「君王親發兮憚青兕」，王逸注：「發，射也。憚，驚也。」

紓、摯〔一〕、真二反，又至音〔二〕。葴、勑輂反。呈、俙、許皆反。屬、時欲反。蜕、七〔三〕會反。毦、孚音。毹、門悼反，冒字也，必無育字邊，从毛，吐外反，形聲，不然，或未。〔四〕劆、口白反，又口郭反。劙、力支反。袒，解也。

說文：「解，判也。」紓、摯者，方言〔第十二〕「抒、㕧，解也」，郭注：「抒，音『抒井』之抒。」「㕧，胡計反。」「紓、抒」古通用，「摯、㕧」字異義同。左氏襄二十九年傳「禍未歇也，必三年而後能紓」，杜注：「紓，解也。」葴、呈者，「呈」當作「逞」。方言〔第十二〕：「葴、逞，解也。」左氏隱九年、成元年傳俱云「乃可以逞」，楚辭哀時命「志憾恨而不逞兮」，杜

〔一〕摯，疏證本作「摯」。
〔二〕王念孫說當音充世反。
〔三〕七，王念孫說當作「土」。
〔四〕王念孫曰：「案此注譌脱甚多，不可校正。」

預、王逸並云：「逞，解也。」又與「裎」通。説文：「裎，袒也。」「袒，衣縫解。」俙者，玉篇「俙，解也」，本此。屬者，説文：「屬，連也。」此以「屬」爲解，反覆相訓，美惡不嫌同詞也。蛻者，皮之解也。説文：「蛻，蛇蟬所解皮也。」淮南説林訓：「蟬飲而不食，三十日而蛻。」𣬛者，芳俱切。玉篇：「𣬛，耗也。」虚耗則空，空則解，義相因也。毻者，玉篇但云「陽果切」，廣韻不收此字。集韻〔過韻〕：「毻，鳥易毛也。或作毤。」案：鳥易毛如蟬蛇之蛻，與「解」義合。集韻〔號韻〕又引廣雅：「𣬛，解也。」蓋因曹憲疑「毻」爲𣬛，故集韻引之。劆者，玉篇「劆，解也」，廣韻〔鐸韻〕「劆，解也」，皆本此。劙者，荀子彊國篇「莫邪劙盤盂，刎牛馬」，楊倞曰：「劙，割也。音戾。」玉篇「劙，解也」，本此。袒者，衣之解也。丈莧切。淮南人間訓：「晉公子重耳過曹，曹君欲見其駢脅，使之袒而捕魚。」説文：「袒，衣縫解也。」舊本「袒」譌「裎」，今訂正。

躡、女涉反。蹬、丁鄧反。跂、去豉反。踚、藥音。跈、才殄反，又乃展反。今之踐字。蹀、牒音。蹍、女展反。蹈、道音。踐、蹂、如酉反。蹋、徒臘反。跐、側買反。蹠，之石反。履也。

説文：「履，足所依也。」釋名〔釋姿容〕：「履，以足履之，因以名之也。」此專釋踐履之名也。躡者，釋名〔釋姿容〕：「躡，懾也，登其上使懾服也。」史記秦始皇本紀：「躡足行伍之間。」班固答〔賓〕戲：「彼皆躡風塵之會。」揚雄甘泉賦：「躡不周之委蛇。」蹬者，疑通作「〔登〕」，此條「躡、跂、踚」，字書皆訓登，則「蹬」即登也，曹音失之。跂者，方言〔第一〕：「跂，登也。」踚者，餘灼切。玉篇：「踚，登也。」跈者，玉篇：「跈，蹈也。」蹀者，徒篋切。淮南俶真訓：「足蹀陽阿之舞。」蹍者，莊子天下篇釋文：「蹍，本又作『跈』。」又外物篇釋文：「跈，本或作『蹍』。」是「蹍」即「跈」之異文也。淮南本經訓：「虎豹可尾，虺蛇可蹍，而不知其所由然。」王融曲水詩序：「跨蹍昌姬，韜軼炎漢。」蹈者，説文：「蹈，踐也。」釋名〔釋姿容〕：「蹈，道也，以足踐之如道路也。」踐者，說文足部義也。釋名〔釋姿容〕：「踐，殘也，使殘壞也。」曹植七啟：「當軌見藉，值足遇踐。」蹂者，說文「内，獸足蹂地也」，篆文作「蹂」。玉篇：「蹂，踐也。」小雅四月箋：「山有美善之艸，生于梅栗之下，〔人〕取其實，蹂踐而害之，令不得蕃茂。」漢書揚雄傳〔上〕：「蹂蕙圃，踐蘭塘。」蹋者，說文：「蹋，踐也。」釋名〔釋姿容〕：「蹋，榻也，榻著地也。」趙至與嵇茂齊書：「蹴崑崙使西倒，蹋泰山令東覆。」通作「躢」。漢書霍光傳：「霍氏奴入御史府，欲躢大夫門。」跐者，釋名〔釋姿容〕：「跐，弭也，足踐之使弭服也。」玉篇：「跐，蹋也。」列子天瑞篇「若躇步跐蹈也」，張湛注：「皆踐蹈之貌。」莊子秋水篇：「且彼方跐黃泉而登大皇。」左思吳都賦：「雖有雄虺之九首，將抗足而跐之。」蹠者，楚辭九章〔哀郢〕：「眇不知其所蹠。」劉歆遂初賦：「蹠三台而上征兮。」曹植七啟：「蹈虛遠蹠。」

駊、支音，又巨支反。勁、古鼎反。堅、剛、耆、鞼、巨媿反。鬒、之忍反。勥、巨月反。勑牟音。莫、憚憸、七漸反，又四廉反。摛、魯音。鈔、倞、悖、怏於亮反。彊巨兩反。也。

說文：「彊，弓有力也。」駊者，說文：「駊，馬彊也。」玉篇：「駊，勁也。」勁者，說文力部義也。左氏宣十二年傳：「中權後勁。」舊本「勁」譌「到」，今訂正。堅者，剛之强也。說文：「堅，剛也。」考工記函人：「不摯則不堅。」剛者，德之强也。說文：「剛，〔彊〕斷也。」耆者，左氏昭二十三年傳「不懦不耆」，杜注：「耆，彊也。」鞼者，淮南本經：「剛而不鞼。」鬒，未詳。勥者，勉之強也。說文：「勥，𢐔也。」勑莫者，方言〔第七〕：「侔莫，強也。北燕之外郊凡勞而相勉若言努力者謂之侔莫。」玉篇：「勑，勸勵也。」「勑、侔」字異音義同。詹事兄曰：論語〔述而〕「文莫〔吾〕猶人也」，欒肇注：「燕趙之間謂勉強爲文莫，今語猶然。」「文莫」即「侔莫」，聲之轉也。憚憸者，方言〔第七〕「皮傅、彈憸，強也。秦晉言非其事謂之皮傅，東齊陳宋江淮之間謂之彈憸」，郭注：「謂強語也。」「憚、彈」字異義同。摛、鈔者，方言〔第十二〕「虜、鈔，強也」，郭注：

「皆強取物也。」方言〔第十二〕又云：「鹵，奪也。」「擿、虜」字異音義同。倞者，説文人部義也。通作「勍」。左氏僖二十二年傳：「勍敵之人。」悖、怏者，方言〔第十二〕「鞅、侼，強也」，郭注：「謂強戾也。」「悖、怏」與「侼、鞅」字異音義同。

幾、矜、隉、五結反。厲、阽、鹽音。刖、一刮反，又月音，又五刮反。⿰歹立、宜及反。傒〔一〕兮音。⿰酉監、冉鐮〔二〕，力霑反。危也。

説文：「危，在高而懼也。」釋名〔釋言語〕：「危，阢也，阢阢，不固之言也。」幾者，説文：「幾，微也；殆也。」从丝〔从〕戍。戍，兵守也。丝而兵守者危也。」左氏宣十二年傳「利人之幾，而安人之亂」，杜注：「幾，危也。」矜者，小雅菀柳「居以凶矜」，傳：「矜，危也。」隉者，説文：「隉，危也。」「班固説：不安也。」困「九五，劓刖」，荀爽、陸績、王肅本皆〔作〕「臲卼」，云：「不安貌。」鄭康成注：「劓刖當爲倪仉。」周書秦誓「邦之杌隉」，孔傳：「杌隉，不安，言危也。」厲者，大雅民勞「以謹醜厲」，傳：「厲，危也。」包咸論語〔憲問〕注：「危，厲也。」是「厲、危」同義。阽者，余廉切。小爾雅〔廣名〕：「疾甚謂之阽。」説文：「阽，壁危也。」離騷「阽余身而危死兮」，王逸訓「阽」爲危。漢書文帝紀「或阽于死亡」，如淳曰：「阽，近邊欲墮之意。」皆危象也。刖者，馬融長笛賦「巔根跱之槷刖兮」，李善注：「槷刖，危貌。」或説隸書「舟、月」不分，字當爲「⿰舟刂」。説文：「⿰舟刂，船行不安也。讀若兀。」張協七命「摇⿰舟刂峻挺」，李善注：「摇⿰舟刂，危貌。」「⿰舟刂」通作「扤」。方言〔第十〕「僞謂之扤。扤，不安也」，郭注：「船動摇之貌。」考工記〔輪人〕「是以大扤」，注：「扤，

〔一〕傒，疏證本作「徯」。

〔二〕鐮，疏證本作「鎌」。

搖動貌。」殌者，玉篇「殌，危也」，本此。傒醯、冉鐮者，方言（第六）文，「東齊掎物而危謂之徯醯，僞物謂之冉鐮。」「傒、徯」同。

漻、力彫反，又兮巧反。**淑**、孰音。**湜**、寔音。**洌**、列音。**澂**、直陵反。**濘**、那定反。**潎**、匹妙反。**澰**、力感反。**潚**、肅音。**廉**〔一〕、**濭**，乙厠〔二〕反。**清也**。

説文：「清，朖也，澂水之貌。」釋名（釋言語）：「清，青也，去濁遠穢色如青也。」漻者，説文：「漻，清深也。」莊子天地篇：「漻乎其清也。」淑者，説文：「淑，清湛也。」湜者，常職切。説文：「湜，水清底見也。」邶風谷風云：「涇以渭濁，湜湜其沚。」洌者，説文「洌，水清也」，引易曰：「井洌寒泉食。」良薛切。澂者，方言（第十二）文。後漢書儒林傳贊：「千載不作，淵源誰澂？」通作「澄」。淮南泰族訓「澄列金木水火土之性」，高誘注：「澄，清也。」左思詠史詩：「左眄澄江湘。」濘者，未詳。潎者，方言（第十二）文，郭注：「妨計反。」司馬相如上林賦：「轉騰潎洌。」澰者，玉篇「澰」與「瀲」同，「力驗切，清也」，本此。潚者，説文：「潚，深清也。」廉者，吏之清也。釋名（釋言語）：「廉，歛也，自檢歛也。」天官小宰：「以聽官府之六計，弊羣吏之治，一曰廉善，二曰廉能，三曰廉敬，四曰廉正，五曰廉法，六曰廉辨。」玉篇「廉，清也」，本此。濭者，古達切。木華海賦：「漻濭浩汗。」玉篇「濭，清也」，本此。

〔一〕王念孫説「廉」上脱「濂」字。
〔二〕厠，王念孫説當作「[illegible]」。

穌、蘇音。秙、乎括反。字、乳、腹、彀〔一〕、奴候反。春秋之穀鳥〔二〕。孺、興、育、乳〔三〕，生也。

説文：「生，進也。象艸木生出土上。」坤象傳：「至哉坤元，萬物資生。」文選〔魏都賦〕注引劉瓛周易義云：「自無出有曰生。」穌者，素孤切。玉篇：「穌，死而更生也。」通作「蘇」。左氏宣八年傳：「殺之絳市，六日而蘇。」秙者，禾之生也。集韻〔末韻〕「秙，生也」，本此。或説「秙」疑「活」之譌。楚辭天問「化爲黄熊，巫何活焉」，王逸注：「活，生也。」字者，漢書嚴安傳「五穀蕃熟，六畜遂字」，顔師古解「字」爲生。説文：「字，乳也」。史記五帝本紀：「鳥獸字微。」虞書作「孳尾」。是「字」與「孳」通，故説文序云：「字者，言孳乳而浸多也。」乳者，史記倉公列傳「菑川王美人懷子而不乳」，索隱曰：「乳音人喻反。乳，生也。」吕氏春秋季夏紀〔音初〕：「夏后氏孔甲田于東陽萯山，天大風晦盲，孔甲迷惑，入于民室，主人方乳。」説文云：「人及鳥生子曰乳，獸曰産。」腹者，詹事兄曰：「腹」與「孚」聲相近。易説卦：「坤爲腹。」坤道資生，故取腹象。桂進士馥曰：疑當作「㾐」。廣韻〔屋韻〕：「㾐，病重發也。」發即生。彀者，左氏宣四年傳：「楚人謂乳彀。」説文：「彀，乳也。」孺者，而遇切。説文：「孺，乳子也。」興者，離騷「各興心而嫉妒」，王逸注：「興，生也。」舊本「興」譌「與」，今訂正。育者，説文「育」或作「毓」。地官大司徒「以毓艸木」，注：「毓，生也。」「乳」字重出，疑「孚」之譌。孚者，鳥之生也。説文：「孚，卵孚也。从爪从子。」徐鍇曰：「鳥之孚卵，皆如其期」，「鳥

〔一〕彀，疏證本作「㝅」。

〔二〕穀鳥，王念孫説當作「㝅烏菟」。

〔三〕乳，疏證本作「孚」。

裒恆以爪反覆其卵也。」

貸〔一〕、福〔二〕、簉〔三〕，楚驟反。倅才對反。也〔四〕。憒，盈也。

説文：「盈，滿器也。」墨子經〔上〕篇：「盈，莫不有也。」貸者，他代切。盈而假以與人也。福、簉者，皆副也，盈而後有副也。匡謬正俗〔卷六〕云：「副貳之字本爲福，从衣畐聲。」西京賦云：「仰福帝居。」傳寫舛謁，轉「衣」爲「示」，讀者便呼爲「福禄」之「福」，失之遠矣。愚案：此「福」字與「簉、倅」爲一科，亦當爲福。左氏昭十一年傳「僖子使助薳氏之簉」，注：「簉，副倅也。」張衡西京賦「屬車之簉，載獫猲獢」，薛綜注：「簉，副也。」江淹雜體詩：「中坐溢朱組，步櫚簉瓊弁。」嵇康琴賦：「猶有一切，承間簉乏。」初救切。逸周書糴匡解「餘子倅運」，孔鼂注：「倅，副也。」廣韻〔宥韻〕「簉，倅」也。舊本「倅」下無「也」字，今據盧學士校本增。憒者，方言〔第十二〕：「憒、自，盈也。」周語〔上〕「陽癉憒盈」，韋昭注：「憒，積也。」蔡琰〔悲憤〕詩：「心吐思兮胸憒盈。」石崇王明君辭：「苟生亦何聊，積思常憒盈。」「憒」通作「墳」。樂記「粗厲、猛起、奮末、廣賁之音作，而民剛毅」，鄭注：「賁讀爲墳。墳，怒氣充實也。」

營、量、商、揣，初毁反，又丁果反，又尺兖反。硂、七全反。擬、泚、且禮反。測、圖、謜、元音。稱、挍、揆、䕶、

〔一〕貸，疏證本作「貳」。
〔二〕福，疏證本作「福」。
〔三〕簉，疏證本作「⿱艹造」。
〔四〕疏證本「倅」下無「也」字。

于縛反，又于虢反〔一〕，又居縛反。隱，度也。

大雅皇矣「帝度其心」，傳：「心能制義曰度。」營者，衆經音義〔卷十七〕引倉頡篇：「營，部也。」謂量度而部署之也。量者，稱之度也。說文：「量，稱輕重也。」離騷「羌内恕己以量人」，王逸注：「量，度也。」商者，說文：「商，從外知内也。」漢書律曆志〔上〕：「商之爲言章也，物成孰可章度也。」荀悅漢紀：「商者，量也，物盛而可量度也。」白虎通義商賈篇：「商之爲言」「商其遠近，度其有無，通四方之物，故謂之商也。」陸機吴趨行「淑美難窮紀，商搉爲此歌」，李善引許慎淮南子注：「商搉，粗略也，言商度其粗略也。」揣者，高之度也。方言〔第十二〕：「度高爲揣。」左氏昭三十二年傳：「計丈數，揣高卑。」老子道德經〔第九章〕：「揣而〔梲〕之，不可長保。」傅奕本作「敳音揣，量也」。漢書英布列傳：「果如薛公揣之。」〔史記陸賈列傳〕「陳平曰：『生揣我何念？』」淮南人間訓：「凡人之舉事，莫不先以其知，規慮揣度，而後敢以定謀。」文選引鬼谷子〔揣篇〕：「測深揣情。」硂者，衡之度也。玉篇「硂，度也」，本此。通作「銓」。淮南子〔齊俗訓〕：「縣之乎銓衡。」文選〔文賦〕注引倉頡篇「銓，稱也」，注：「銓，所以稱物也。」說文：「銓，衡也。」擬者，說文手部義也。魚己切。鼎象傳「君子以正位凝命」，翟本「凝」作「擬」云：「度也。」通作「儗」。曲禮〔下〕「儗人必于其倫」，注：「儗，猶比也。」案：「比、儗」亦商度。泚者，本書釋言：「泚，測也。」「泚、測」皆爲度也。測者，深之度也。說文：「測，深所至也。」玉篇：「測，測度也，廣深曰測。」淮南説林訓：「以篙測江，篙終而以水爲測，惑矣。」班固答賓戲云：「欲從堥敦而度高乎泰山，懷氿濫而測深乎重淵。」舊本「測」譌「側」，今訂正。圖者，計之度也。

〔一〕于縛反，又于虢反，王念孫說當作「於縛反，又於虢反」。

說文：「圖，畫計難也。」釋名（釋典藝）：「圖，度也，盡其品度也。」非有先生論：「圖畫安危，揆度得失。」顏延之元后哀策文「圖光玉繩」，李善注引此文。源者，語之度也。魚怨切。說文：「源，徐語也。」徐語亦商度之意。稱者，說文：「稱，銓也。春分而禾生，日夏至晷景可度，禾有秒，秋分而秒定，律數十二秒而當一分，十分而寸，其以爲重，十二粟爲一分，十二分爲一銖，故諸程品皆从禾。」樂記云：「律小大之稱，比終始之序。」技者，考之度也。齊語昔我先君，「合羣叟，比技民之有道者」，韋昭注：「技，考合也。」揆者，離騷：「皇覽揆余初度兮。」案：「揆，度」已見爾雅釋言，必不重見，此當爲「葵」。小雅采菽「天子葵之」，傳：「葵，揆也。」說文：「揆，葵也。」戴侗六書故引唐本說文：「揆，度也。」蘉者，說文：「蒦，規蒦，商也。一曰蒦，度也。」或作「蘉」，「从尋，尋亦度也」，引楚辭曰：「求矩蘉之所同。」今本離騷作「矱」，王逸注：「矱，亦度也。」「蘉、矱」字異音義同。隱者，心之度也。商書盤庚：「尚皆隱哉。」崔瑗座右銘「隱心而後動」，李善注引劉熙孟子注：「隱，度也。」

叢[一]、七候反。萠、莫郎反。趣、趍音[二]，又無住反[三]。矜，遽也。

說文：「遽，窘也。」謂窘迫也。叢者，廣韻無此字，不知所從，未詳其義。萠者，方言（第二）「茫，遽也。吳揚曰茫」，郭注：「謂遽矜也。今北方通然也。」「萠、茫」古通用。趣者，七句切。說文：「趣，疾也。」矜者，方言（第二）：「矜、奄，遽

[一] 疏證本「叢」下有「湊」字。

[二] 趍音，王念孫說當作「趨娶」。

[三] 王念孫說「無住」乃「務」字之音。疏證本「趣」下有「務」字。

也。陳潁之間曰奄，秦晉或曰矜，或曰遽。」

仄、陋、褊、必善反。僫、械音。迫、隘、烏賣反。窄，側白反。陿匣音。也。

說文：「陝，隘也。侯夾切。」詩〈魏風葛屨〉釋文：「陿〈音洽〉本〈或〉作『狹』，依字應作『陝』。」仄者，說文：「仄，側傾也。从人在厂下。」玉篇：「仄，陋也。」阻力切。陋者，說文：「陋，阨陝也。」荀子修身篇：「少見曰陋。」褊者，魏風葛屨：「維是褊心。」楚辭七諫「淺智褊能兮」，王逸注：「褊，狹也。」張衡西京賦：「勞則褊于惠。」僫者，下介切。僫，俠也。「俠」當爲「狹」。通作「齸」。揚雄反離騷「何文肆而質齸」，應劭曰：「齸，狹也。」迫者，說文：「迫，近也。」史記索隱引說文：「敀，窄也。」玉篇：「迫，逼迫也。」隘者，說文：「𨺎，陋也。从𨺅𦬫聲。𦬫，籒文嗌字。」或作「隘」。宋玉高唐賦「勢薄岸而相擊兮，隘交引而却會」，李善注：「至迫隘之處，其流交引而却相會。」張衡西京賦：「右有隴坻之隘。」窄者，玉篇：「窄，迫也，陿也。」或作『迮』。」小雅雨無正箋：「急迮且危。」後漢書竇融傳「囂勢排迮，不得進退」，注：「排迮猶蹙迫也。」通作「笮」。說文：「笮，迫也。」漢書文三王傳「李太后與爭門，措指」，晉灼曰：「措，置。字借以爲笮耳。」顏師古「音壯客反，謂爲門扉所笮」。嵇康聲無〈哀樂〉論云：「聲無主于哀樂，猶蓰酒之囊漉，雖笮具不同，而酒味不變也。」

教、導、指、揥、帝音。敉、敕音。告、復、白、[言奧]、烏報反。眂，示音。語也。

說文：「語，論也。」釋名〈釋言語〉：「語，敘也，敘己所欲說也。」詩〈大雅公劉〉傳：「直言曰言，論難曰語。」鄭注周禮〈春官大司樂〉云：「發端曰言，答述曰語。」文王世子篇「登歌清廟，既歌而語」，注：「語，談說也。」教者，說文：「教，上所施下所效也。」釋名〈釋言語〉：「教，傚也，下所法傚也。」蔡邕獨斷：「諸侯言曰教。」導者，說文：「導，導引也。」釋名〈釋言語」：「導，陶也，陶演己意也。」指者，玉藻篇：「凡有指畫于君前，用笏。」漢書蕭何傳：「發蹤指示獸處者人也。」離騷「指九天以爲正兮」，王逸注：「指，語也。」啻者，審之語也。都計切。啻之言審諦也。敕者，誡之語也。說文：「敕，誡也。」釋名〔釋書契〕：「敕，飭也，使自警飭，不敢廢慢也。」小雅楚茨「既匡既敕」，箋：祝釋嘏詞以敕孝孫。蓋古者教戒之詞曰敕。告者，覺之語也。釋名〔釋書契〕：「上敕下曰告。告，覺也，使覺悟知己意也。」楚辭九章〔懷沙〕「明告君子」，王逸注：「告，語也。」復者，曲禮〔上〕「少間，願有復也」，注：「復，白也。」白者，說文：「謁，白也。」玉篇：「白，告語也。」漢書高帝紀〔下〕：「上令周昌選趙壯士可令將者，白見四人。」後漢書鍾皓傳：「鍾瑾常以李膺言白皓。」諛者，玉篇「諛，語也」，本此。眂者，與「示」同。說文：「示，所以示人也。」釋名〔釋書契〕：「示，示也，過所至關津以示之也。」楚辭九章〔懷沙〕「窮不知所示」，王逸注：「示，語也。」

蔚尉音。薈、烏外反。庡、於幾反。隱，翳也。

方言〔第十三〕「翳，掩也」，郭注：「謂掩覆也。」陸機文賦：「理翳翳而愈伏。」蔚薈者，艸之翳也。說文「薈，艸多貌」，引詩曰：「薈兮蔚兮。」庡者，身之翳也。廣韻〔尾韻〕：「庡，藏也。」隱者，牆之翳也。說文：「隱，蔽也。」

頑、嚚、彥陳反。怐苦候反。愗、茂音。儒輸、娍、越音。戇、竹降反。惷，〔式〕鐘反。愚也。

荀子修身篇「非是、是非謂之愚」，楊倞注：「以非爲是，以是爲非則謂之愚。」賈誼新書〔道術篇〕：「深知禍福謂之知，反知爲愚。」說文：「愚，戇也。」頑者，左氏文十八年傳：「頑嚚〔不友，是與〕比周。」劉楨贈五官中郎將詩「小臣信頑鹵」，李善注引李尤東觀賦：「臣雖頑鹵，慕小雅斯干歎詠之美。」嚚者，魚巾切。左氏僖二十四年傳：「口不道忠信之言爲嚚。」怐愗者，荀子非十二子篇「世俗之溝猶瞀儒，嚾嚾然不知其所非也」，楊倞注：「溝讀爲怐。怐，愚也。猶，猶豫也。」「瞀，闇也。」又儒效「其愚陋溝瞀，而冀人之〔以〕己爲知也」，注：「溝音寇，愚也。溝瞀，無知也。」漢書五行志〔下之上〕作「區霿」，與此同義。楚辭九辯：「直怐愗而自苦。」玉篇「怐愗，愚貌」，本此。「怐、溝、區，愗、瞀」，字異音義同。儒輸者，方言〔第十二〕文。荀子修身篇「勞苦之事，則偷儒轉脱」，楊倞注：「偷當爲輸。」娍者，于厥切。未詳。贛者，説文心部義也。漢書汲黯傳：「甚矣，汲黯之贛也！」惷者，亦説文心部義也。表記云：「惷而愚。」淮南道應訓：「惷乎若新生之犢，而無求其故。」

罷、券、去卷反。煩、㑬、巨脚反。賢、犒、苦告反。勦、子小反，又楚交反。疑誤也，禮記〔曲禮上〕曰「毋勦説」，鄭注云：「勦，由擥也，謂取人之説。」不訓爲勞。春秋〔宣十二年左氏〕傳「無及于鄭而勦民，焉用之」，杜訓爲「勞」，然則「勦」从「刀」而「勦」从「力」明矣〔一〕。屑、祕、往，勞也。

説文：「勞，勮也，用力者勞。」古文作「𢥒」。罷者，符羈切。説文「癃」字云：「罷病也。」通作「疲」。説文：「疲，勞也。」券者，説文力部義也。上文釋「券」爲極，又訓爲勞，義相成也。煩者，嵇康與山巨源絶交書：「心不耐煩。」廣韻〔元韻〕「煩，勞也」，本此。㑬者，與「㩻」同，詳見「極」下。賢者，小雅北山：「大夫不均，我從事獨賢。」孟子〔萬章上〕釋之曰：「此莫非王事，我獨賢勞也。」犒者，因其勞而慰藉之也。左氏僖三十三年傳：「以乘韋先牛十二犒師。」玉篇：「犒，餉軍。與『犒』同。」古通用「槀」。周官槀人注：「鄭司農云：槀讀犒師之犒，主冗食者故謂之犒。」書序孔傳：「槀，勞也。」勦者，説文力部義也。左氏宣十二年傳「無及于鄭而勦民」、昭九年傳「焉用速成？其以勦民也」，杜注並云：

〔一〕王念孫曰：「自『疑誤也』以下，蓋校書者所記。」

「勦，勞也。」屑者，動之勞也。方言（第十二）文。説文：「屑，動作切切也。」祕者，廣韻（至韻）「祕，勞也」，本此。通作「毖」。周書大誥「天閟毖我成功所」，孔傳：「言天慎勞我周家成功所在。」往者，方言（第十二）「屑、往，勞也」，郭注：「屑屑往來，皆劬勞也。」舊本「往」譌「佳」，今訂正。

潛、丞、沈、溺、涅、乃結反。湮、因音。渨、烏回反。淪，没也。

説文：「浸，沈也。」玉篇：「没，溺也。」經典通作「没」。潛者，方言（第十）：「潛、涵，沈也。楚郢以南曰涵，或曰潛。」丞者，因其没而出之也。辰陵切。揚雄羽獵賦：「[氵丞]民于農桑。」集韻（蒸韻）引廣雅：「[氵丞]，没也。」是本又作「[氵丞]」。通作「承」。列子黄帝篇「使弟子並流而承之」，張湛注「承，音拯」，引方言：「出溺爲承。」沈者，直深切。戰國策（趙策一）：智伯攻趙，「圍晉陽而水之，城之不沈者三板。」玉篇「沈，没也」，本此。溺者，檀弓（上）篇：「死而不弔者三：畏、厭、溺。」説文作「[亻水]」，云：「没也。」玉篇「[亻水]，奴的反」，引孔子曰：「君子[亻水]于日，小人[亻水]于水。」經典通用「溺」。涅者，方言（第十三）：「涅，[亻水]也。」「涅、[亻水]」聲相轉，故並爲没。湮者，説文水部義也。於真切。渨者，亦説文水部義也。淪者，商書微子篇：「今殷其淪喪。」玉篇「淪，没也」，本此。

數、諑、卓音。謫、徒革反。怒、詰、讓、爽、譴、誅、過、訟，責也。

説文：「責，求也。」數者，所縷切。左氏傳乃執子南而數之、戰國策范雎之數須賈、漢書高祖之數項羽、司馬喻巴蜀檄「因數之以不忠死亡之罪」，皆計其罪而責之也。諑者，離騷「謡諑謂余以善淫」，王逸注：「諑，猶譖也。」方言（第十）：「諑，愬也。楚以南謂之諑。」玉篇「諑，責也」，本此。謫者，邶風北（門）「室人交徧謫我」傳義也。左氏成十七年（傳）：「國子謫我。」列子力命篇「窮年不相謫發」，張湛注：「謫，謂責其過也。」史記申屠嘉列傳：「議以謫罰侵削諸侯。」

方言〔第十〕：「謫，過也。南楚以南凡相非議人謂之讁，或謂之衇。」「謫、讁」古通用。怒者，方言〔第二〕：「謫，怒也。」故怒亦謂責，義相成也。詰者，問之責也。說文：「詰，問也。」鄭注禮記〔月令〕云「詰，謂問其罪」也。讓者，詞之責也。說文：「讓，相責讓。」左氏昭二十五年傳「且讓之」，杜解「讓」爲責。周語〔上〕「讓不貢」，韋昭注：「讓，譴責也。」史記張耳陳餘列傳：「張耳責讓陳餘以不肯救趙。」爽者，方言〔第十三〕：「爽，過也。」「過」與「責」義相近。譴者，說文：「譴，謫問也。」小雅小明「畏此譴怒」，傳：「罪責也〔一〕。」誅者，孔安國論語〔公冶長〕注義也。周官太宰職「誅，以馭其過」，注：「誅，責讓也。」過者，漢書高祖紀〔上〕：「聞將軍有意督過之。」訟者，包咸論語〔公冶長〕注「訟，猶責也，言人有過莫能自責」者也。史記呂后本紀：「太尉尚恐不勝諸呂，未敢訟言誅之。」

題、大兮反。睎、望、目、略、截、子才反。瞭、七祭反，又楚札反。窺、苦垂反。覘、恥淹反。覩〔二〕、睹〔三〕音。覒、耄音。闞、苦暫反。盻、乎計反。觀、窺、恥敬反。覵、古莧反。眽、麥音。睍、乎典反。睌、亡限反。瞡、居恚反。覗、司音。看、覔、麥音，又覓音〔四〕。瞟〔五〕、力惟反。靚、狄音。睥普計反。睨、五計反。眄、亡見反。睞、

〔一〕案：詩毛傳無此語。
〔二〕覩，疏證本作「覰」。
〔三〕睹，王念孫說當作「時」。
〔四〕又覓音，王念孫說「當是『一作覓』三字之脫文」。案：『覓』即『覔』之省文，非異文也，蓋校書者不明字體而並記之」。
〔五〕瞟，疏證本作「瞭」。

來代反。瞰、苦蹔反。睇、弟音。䁍、堪音。眡、支音。瞗、彫音。矕、馬板反。睃、走公反。䁙、烏見反。矆、需〔二〕縛反。瞲、呼懸反。䁈、口計反。䀣、祕音。占、省、覰、且居反，又七絮反。䀽、以戰反。診、真敏反，又音陣。覞，五買反。視也。

洪範：「視曰明。」說文：「視，瞻也。」釋名（釋姿容）：「視，是也，察是非也。」題者，說文：「題，顯也。」玉篇「題，視也。達麗切」，本此。睎者，香衣切。方言（第二）：「睎，眄也。東齊青徐之間曰睎。」班固西都賦：「睎秦嶺。」郭璞江賦：「飛廉無以睎其蹤。」望者，說文：「望，出亡在外，望其還也。」釋名（釋姿容）：「望，茫也，遠視茫茫也。」目者，周語（上）：「國人莫敢言，道路以目。」史記陳丞相世家：「陳平去楚，渡河，船人疑其有金，目之。」漢書高祖紀（上）「范增數目羽擊沛公」，顏師古注：「動目以諭之。」張衡東京賦「目覩阿房」，薛綜注：「目，視也。」略者，盧各切。方言（第二）：「略，眄也。吳揚江淮之間或曰略。」又（方言第六）云「略，視也。吳揚（曰）略」，郭注：「今中國亦云目略也。」䁁者，玉篇：「䁒，睽也。子來切。䁁，同上。」䀏者，說文：「䀏，察也。」左思魏都賦：「有䀏呂梁。」玉篇「䀏，視也」，本此。窺者，說文：「窺，小視也。」班固西都賦：「魚窺淵。」覘者，說文：「覘，窺也。」左氏成十七年傳：「公使覘之（曰）信。」檀弓（下）「我喪也斯沾」，注：「沾讀曰覘。覘，視也。」又「晉人之覘宋者」，注：「覘，闚視也。」學記「呻其佔畢」，注：「佔，視也。」晉語「公使覘之」，韋昭注：「覘，微視也。」淮南俶真訓「昔公牛哀，轉病也，七日化爲虎，其兄掩户而入覘之，則虎搏而殺之」，高誘注：「覘，視也。」方言（第十）：「貼、占，視也。凡相竊視，南楚或謂之貼，或謂之

〔二〕需，王念孫說當作「虎」。

占。」是「覘、沾、貼、占」古字通用。睹者，説文：「睹，見也。」古文作「覩」。文言傳：「聖人作而萬物覩。」禮運云：「以陰陽爲端，故情可睹也。」現者，擇之視也。莫袍切。説文：「現，擇也。」玉篇引詩曰：「左右現之。」廣韻〔号韻〕：「現，邪視也。亦作毷。莫報切。」䁎者，玉篇「䁎，視也」，本此。眕者，恨之視也。説文：「眕，恨視也。」魏志許褚傳：「馬超問虎侯安在？「太祖顧指褚，褚瞋目眕之。超不敢動。」觀者，説文：「觀，諦視也。」釋名〔釋姿容〕：「觀，翰也，望之延頸翰翰也。」穀梁隱五年傳：「常事曰視，非常曰觀。」窺者，説文：「窺，正視也。」覵者，廣韻〔禂韻〕「覵，視也」，本此。眽者，莫獲切。説文：「眽，目財視也。」玉篇：「眽，相視也。」揚雄河東賦：「眽隆周之大寧。」睍者，説文：「睍，出目也。」〔新〕唐書韓愈傳：「低首下心，伈伈睍睍。」晩者，説文：「晩，晩瞖，目視貌。」本書釋訓：「晩晩，視也。」廣韻〔産韻〕：「瞖，魍瞖，無畏視也。」覥者，玉篇「覥，視也」，本此。覗者，息咨切。方言〔第十〕：「自江而北相竊視謂之覗。」玉篇「覗，視也」，本此。看者，説文：「看，睎也。」或作「翰」。吴志周魴傳：「看伺空隙。」覓者，説文：「硯，衺視也。」顔師古注揚雄傳〔上〕云：「眽，即『覓』字。」周語〔上〕「古者，太史順時硯土」，韋昭注：「硯，視也。」張衡西京賦：「硯往昔之遺館。」趙至與嵇茂齊書：「涉澤求蹊，披榛覓路。」大昭案：隸書「𠂢」似「爪」，誤作「爪」。「𠂢」又誤爲「爪」加於「見」上，遂成「覓」字，古本作「硯」也，俗又造作「覓」字，云不見爲覔，失之遠矣。䁟者，方言〔第十〕「䁟，視也。南楚謂竊視曰䁟」，郭注：「亦言䁟也。」玉篇「䁟，視也。亦作『矊』」，本此。覻者，七亦切。玉篇：「覻，觀也。」睥睨者，玉篇：「睥，左睥右睨。」説文：「睨，衺視也。」左氏哀十三年傳：「余與褐之父睨之。」莊子山木篇：「雖羿、逢蒙不能眄睨也。」史記信陵君列傳：「俾睨故久立。」離騷：「忽臨睨夫舊鄉。」漢書灌夫傳「辟〔睨〕兩宫間」，顔師古注：「辟睨，傍視也。」案：「俾」即「睥」也。説文：「陴，城上女牆俾倪也。」「睥睨、俾睨、辟睨、俾倪」，字異音義同。眄者，說文：「眄，目偏合也。一曰衺視也。」方言（第二）：「睎，眄也。自關而西秦晉之間曰眄。」左思詠史詩：「左眄澄江湘。」睞者，說文：「睞，目童子不正也。」玉篇：「睞，旁視。」曹植洛神賦「明眸善睞」，李善注：「睞，旁視也。」鮑照舞鶴賦：「奔機逗節，角睞分形。」瞰者，揚雄解嘲：「鬼瞰其室。」張衡西京賦：「瞰宛虹之長鬐。」玉篇「瞰，視也」，本此。睇者，小爾雅（廣言）文。特計切。方言（第二）：「睇，眄也。陳楚之間南楚之外曰睇。」說文：「睇，目小視也。」夏小正「來降燕，乃睇」，「睇者，眄也。眄者，視可爲室者也」。內則篇：「在父母舅姑之所」，「不敢睇視。」楚辭九歌（山鬼）「既含睇兮又宜笑」，王逸注：「睇，微眄貌。」瞅者，廣韻平聲內不收此字，未聞。眡者，常利切。說文「眡」，古文「視」字。瞗者，都僚切。說文：「瞗，目孰視也。讀若雕。」矕者，說文：「矕，目矕矕也。」班固答賓戲云「矕龍虎之文，舊矣」，晉灼曰：「矕，視也。」馬融廣成頌：「右矕三塗，左概嵩岳。」睃者，子弄切。方言（第十）：「睃，視也。南楚謂竊視曰睃，或謂之䁹。䁹，中夏語也。闚，（其）通語也。自江而北謂之貼。」玉篇「睃（伺）視也」，本此。睉者，說文：「睉，目相戲也。」方言（第六）「睉，視也。東齊曰睉」，「凡以目相戲曰睉」，郭璞「音烏拔反」。䂂者，說文：「䂂，大視也。」玉篇「䂂」與「矆」同。木華海賦：「矆睒無度。」瞍者，玉篇：「瞍，直視也。」眚者，說文：「眚，省視也。」玉篇：「眚，窺也。」䀣者，兵媚切。說文：「䀣，直視也。」通作「覕」。莊子徐無鬼篇「譬之猶一覕也」，司馬彪云：「覕，暫見貌。」占者，方言（第十）：「凡相候謂之占，占猶瞻也。」與「覘」同，詳見「覘」下。省者，察之視也。說文：「省，視也。」漢書文帝紀「且吾農民甚苦，而吏莫之省」，顏師古注：「省，視也。」覰者，說文：「覰，拘覰，未致密也。」或借用「狙」。漢書張良傳「良與客狙擊秦皇帝」，顏師古注：「狙，謂密伺之，字本作『覰』。」䀽者，說文：「遣，相顧視而行也。」玉篇「䀽」，與「遣」同。診者，說文言部義也。史記扁鵲列傳「特以診脈爲名耳」，司馬彪云：「診，占也。」後漢書王喬傳

「詔上方診視」，注：「診亦視也。」覰者，玉篇「覰，視也」，本此。○集韻〔之韻〕引廣雅：「睹，視也。見視也。市之切。」今俱無此文。

枉於往反。橈、女孝反。折、盭、戾音。蟠、步干反。寃、烏困〔一〕反。觠、古免反。骫、委音。傴依矩反。僂、力雨反。韏、古萬反。詰〔二〕詘、迟，隙音。曲也。

說文「〔曲〕，象器曲受物之形」，古文作「𠃊」。釋名〔釋言語〕：「曲，局也，相近局也。」經典相承作「曲」。枉橈者，說文：「枉，衺曲也。橈，曲木。」呂氏春秋仲秋紀「斬殺必當，無或枉橈。枉橈不當，反受其殃」，高誘注：「凌弱爲枉，違彊爲橈。」楚辭九章〔悲回風〕「施黄棘之枉策」，王逸解「枉」爲「曲」。漢書昭帝紀「數以邪枉干輔政」，顔師古注：「枉，曲也，以邪曲之事而干求也。」折者，旨熱切。玉藻：「折還中矩。」史記灌夫傳：「吾益知吴壁中曲折，請復往。」盭者，說文：「盭，弼戾也。讀若戾。」案：「盭」與「戾」通。說文：「戾，曲也。从犬出户下。戾者，身曲戾也。」蟠者，鄒陽獄中上書：「蟠木根柢，輪囷離奇。」班固答賓戲云「故夫泥蟠而天飛者，應龍之神也」，項岱曰：「如應龍蟠屈而升天。」寃者，說文：「寃，屈也」，「兔在冂下，不得走，益屈折也。」桂進士馥云「益」當作「善」。觠者，角之曲也。巨員切。說文：「觠，曲角也。」骫者，骨之曲也。於詭切。說文：「骫，骨耑骫奊也。」玉篇：「骫，骨曲也。」漢書枚皋傳「其文骫骳，曲隨其事」，顔師古注：「骫骳，猶言屈曲也。」淮南厲王傳：「皇帝骫天下正法而許大王。」傴僂者，左氏昭七年傳：「一命而僂，再命

〔一〕困，王念孫説當作「圂」。

〔二〕廣雅各本「詰」上有「結」字。

而傴。」枚乘七發：「雖有淹病滯疾，猶將伸傴起躄。」說文：「傴，僂也。」「僂，尪也」，「或言背僂。」孔叢子〔居衛〕：「子思曰：禹、湯、文、武及周公，勤思勞體，或折臂望視，或禿骭背僂。」韏者，玉篇「韏，曲也」，本此。詰詘者，說文：「詘，詰詘也。」玉篇：「詘，枉曲也。」揚雄長楊賦「迺展人之所詘」，李善注：「詘，古『屈』字。」王逸九思〔遭厄〕：「思哽饐兮詰詘。」舊本「詰」譌「結」，今訂正。迟者，行之曲也。綺戟切。說文：「迟，曲行也。」莊子人間世「郤曲」釋文云「字書作『只』」，引廣雅：「只，曲也。」今說文、廣雅俱作「迟」。

剶、勑傳反。⿰各刂、落音。剃，他帝反。剔他覓反。也。

說文新補「剔」字云：「解骨也。」士喪禮「四鬄去蹄」，注：「鬄，解也。」「今文『鬄』爲『剔』。」通作「鬄」。說文：「鬄，鬀髮也。」剶者，玉篇：「剶，丑全切，削也，去枝也。」⿰各刂者，玉篇「⿰各刂，力各切，剔也」，本此。剃者，玉篇：「剃，鬄也，除髮也。」古作「鬀」。說文：「鬀，鬄髮也。大人曰髡，小兒曰鬀，盡及身毛曰鬄。」

緶、婢延反。緝、七立反。䄇，資音。緁且立反。也。

說文：「緁，緶衣也。」廣韻〔緝韻〕：「䞓，襟緣。亦作『緁』。」漢書賈誼傳「白縠之表，薄紈之裏，緁以偏諸」，晉灼曰：「以偏諸緁著衣也。」顏師古注：「緁音妾，謂以偏諸緶著之也。」緶者，說文：「緶，緁衣也。」廣韻〔仙韻〕：「緶，縫也。」緝者，古「緁」字。說文「緁」或作「緝」。楚辭九懷〔昭世〕：「襲英衣兮緹緝。」䄇者，即夷切。說文：「䄇，緶也。」

高、厲、竦、踊、勇音。騰、躍、陞、升音。跳、搖、祖、濳、貢、顛、頂、弼、備筆反。尚、營，上也。

說文「丄，高也。此古文」，篆文作「上」。高者，周頌敬之：「〔無〕曰高高在上。」郭璞注爾雅釋親云：「高者，言最在上。」古詩十九首：「何不策高足。」厲者，嵇康贈秀才入軍詩：「凌厲中原。」玉篇「厲，高也」，本此。竦者，息拱切。張衡南都賦：「結根竦本。」張協七命「擧戈林竦。」通作「聳」。廣韻〔腫韻〕：「聳，高也。」李善注長楊賦云：「『竦』與『聳』，古字通。」踊者，余隴切。説文：「踊，跳也。」騰、躍者，莊子逍遥遊云：「斥鴳笑之曰：『我騰躍而上，不過數仞而下。』」淮南原道訓「蹈騰崑崙」，高誘注：「騰，上也。」乾九四「或躍在淵」，荀爽注：「躍，上也。」陞者，玉篇：「陞，與『升』同，上也。」易序卦傳：「聚而上者謂之升。」商書〔太甲〕：「若升高，〔必自〕下。」跳者，説文：「跳，躍也。」徒遼切。釋名〔釋姿容〕：「跳，條也，如艸木枝條務上行也。」摇、祖者，方言〔第十二〕文。又云「祖，摇也」。潛者，詹事兄曰：「『潛』之訓上，亦『亂』訓治、『徂』訓存之類，以相反爲訓。」貢者，奉之上也。禹貢序：「禹别九州，隨山濬川，任土作貢。」玉篇「貢，上也」，本此。顛、頂者，方言〔第六〕文。頭之上也。齊語：「班序顛毛。」墨子修身篇：「華髮隳顛。」弼者，亦方言〔第十二〕文。彼作「弻」同。尚者，覲禮云「上介皆奉其君之旂置于宫，尚左」，鄭注：「古文『尚』作『上』。」孟子〔萬章下〕「舜尚見帝」，趙岐注：「尚，上也。」劉知幾史通引尚書璇璣鈐云：「尚者，上也，上天垂文，以布節度，如天行也。」謍，未聞。

壅、障、⿰鬲巠、逕音。否、拘，隔也。

説文：「隔，障也。」古亦作「鬲」。漢書韋玄成傳：「起敦煌、酒泉、張掖，以鬲婼羌。」壅者，古作「邕」。説文：「邕，邑四方有水自邕成池者。」漢書王莽傳〔中〕「長平館西岸崩，邕涇水不流」，顔師古注：「邕，讀曰壅。」障者，説文阜部義也。又〔説文土部〕云：「墇，擁也。」二字通用。⿰鬲巠者，玉篇「⿰鬲巠，工定切，隔也」，本此。否者，廣韻〔旨韻〕：「否，塞也。」易否卦，閉塞之象。曹植求通親親表：「今之否鬲，友于同憂。」拘者，拘罪人于囹圄，亦障鬲。漢書司馬遷傳「陰陽之術，大詳而衆忌諱，使人拘而多畏」，顔師古注：「拘，曲礙也。」「曲礙」亦隔意。

誂、大鳥反。詷、如志反。訹、戌音。謏，素了反，又三六反。誘三酉反，又所六反〔一〕。也。

説文：「羑，相訹呼也。」或作「誘」。玉篇：「誘，引也，相勸動也。」舊本以素了、三六二反併作「誘」者，非是，今訂正。誂者，説文：「誂，相呼誘也。」史記吴王濞傳：「使中大夫應高誂膠西王。」詷者，玉篇「詷，誘也」，本此。訹者，説文：「訹，誘也。」通作「怵」。漢書食貨志〔下〕「善人怵而爲奸邪」，李奇曰：「怵，誘也，動心于奸邪也。」武帝紀「元狩元年，詔曰『怵于邪説』」，如淳曰：「見誘怵于邪説也。」顔師古注：「怵，或體『訹』耳。訹者，誘也，音〔如〕戌亥之戌。」謏者，辭之誘也，蘇后切。廣韻〔厚韻〕：「謏訹，誘詞。」

嬹、虛膺反。悦、怤敷音。愉、忔、許乞反。欯、虛一反。謳、婜、丈例反。歡、欣、休、禔、紛怡，喜也。

説文：「喜，樂也。」古文作「歖」。通作「憙」。史記周本紀：「無不欣喜。」漢書郊祀志〔上〕「天子心獨憙」，顔師古注：「憙，讀曰喜。」劉寬碑陰「河東郡聞憙」，漢書地理志、續漢書郡國志皆作「聞喜」。嬹者，説文：「嬹，説也。」漢大長公主名嬹，俗本誤作「嫖」。悦者，説文：「説，説釋也。」益象傳：「民説無疆。」經典通作「説」。孟子本作「悦」。怤愉者，方言〔第十二〕文，郭注：「怤愉，猶呴愉也。」漢瑟調曲隴西行：「好婦出迎客，顔色正敷愉。」敷愉，疊韻形容之詞。玉篇：「怤，悦也，僖也，樂也。」聘禮記：「私覿，愉愉焉。」荀子王霸篇「安重閒靜莫愉焉」，楊倞注：「愉，樂也。」「愉」通作「悆」。説文「悆」下引書「有疾不悆」。「悆，喜也。」忔者，玉篇「忔，喜也」，本此。通作「扢」。莊子讓王篇「子路扢然執干而舞」，司馬彪云：「扢，喜貌。」欯者，説文欠部義也。本書釋訓：「欯欯，喜也。」謳者，荀子議兵

〔一〕王念孫曰素了、三六、三酉、所六四反皆當併在「謏」下。

篇：「近者謌謳而樂之。」玉篇「謳，喜也」，本此。 婓者，許列切。說文：「婓，娎也。娎，得志娎娎。」玉篇「婓，喜也」，本此。 歡者，說文：「歡，喜樂也。」檀弓篇（下）：「啜菽飲水，盡其歡。」樂記篇：「欣喜歡愛，樂之官也。」亦作「懽」。說文：「懽，喜歉也。」孝經（孝治章）：「故得萬國之懽心，以事其先王。」欣者，說文：「欣，笑喜也。」月令篇：「慶賜行遂，無不欣悅。」周語（上）：「事神保民，莫弗欣喜。」亦作「忻」。 史記管晏傳贊：「余雖爲之執鞭，所忻慕焉。」休者，逸之喜也。 周官：「作德心逸日休。」禔者，方言（第十三）文，郭注：「有福即喜。」紛怡者，亦方言（第十）文：「湘潭之間曰紛怡，或曰𦓐已。」

謣、呼瓜反。吁、虛于反，又于音。欸、哀音。譩、於兮反。唯、諾、然、詅，於麗反。譍也。

說文新補「譍」字云：「以言對（人）也。」經典通用「應」。 謣、吁者，方言（第十二）「謣、吁，然也」，郭注：「皆應聲也。」虞書：帝曰吁。 欸、譩者，方言（第十）：「欸、譩，然也。南楚凡言然者曰欸，或曰譩。」楚辭九章（涉江）「欸秋冬之緒風」，洪興祖補注：「欸，然也。」通作「唉」。 說文：「唉，譍也。」五音集韻（詒韻）：「唉，慢譍也。」莊子知北遊云「狂屈曰『唉』」，釋文引李頤注：「音熙，應聲。」徐邈音烏來反。（譩者），玉篇：「譩，是也，發聲也。」廣韻（齊韻）：「譩，相言應詞。」唯者，以水切。 說文：「唯，諾也。」曲禮（上）「父召無諾，先生召無諾，唯而起」，鄭注：「應詞，唯恭于諾。」孔安國論語（里仁）注：「直曉不問故答曰唯也。」皇侃疏：「唯猶今言應爾也。」諾者，說文言部義也。 管子形勢解：「聖人之諾已也，先論其理義，計其可否，義則諾，不義則已」，「故其諾未嘗不信也，小人不義亦諾，不可亦諾，言而必諾，故其諾未必信也。 故曰：必諾之言，不足信也。」老子（第六十三章）：「輕諾者必寡信。」袁淑倣樂府白馬篇：「一朝許人諾。」然者，說文作「嘫」云：「語聲也。」宋玉神女賦：「含然諾其不分兮。」詅者，玉篇「詅，譍聲」，本此。

晞、希音。暀、鶴音。𤊳、峯子字，今之峯火，宜作此𤊳〔一〕。虞、闞、候，望也。

釋名〔釋姿容〕：「望，惘也，視遠惘惘也。」孟子〔滕文公上〕云：「守望相助。」晞者，説文目部義也。法言〔學行〕「晞驥之馬，亦驥之乘〔也〕；晞顔之人，亦顔之徒也」，「顔常晞夫子矣」，李軌注：晞，望也〔二〕。言顔回常望孔子也。暀者，曷各切。集韻〔屋韻〕引廣雅：「暀，望也。」舊本譌从鳥雀之「雀」，今訂正。𤊳、虞者，方言〔第十二〕文，郭注：「今云烽火是也。」説文：「𤊳，燧候表也，邊有驚則舉火。」闞者，説文門部義也。通作「瞰」。班固東都賦「瞰四裔而抗稜」，李善注引字書：「瞰，望也。」候者，説文：「候，伺望也。」夏官候人注：「候，候迎賓客之來者。」其職曰「各掌其方之道治，與其禁令，以設候人」。

粈、女又反。穰、女亮反。糲、力的反。殽，雜也。

方言〔第三〕：「雜，集也。」説文：「雜，五采相合也。」鄭語「先生以土與金木水火雜，以成百物」，韋昭注：「雜，合也。」粈者，説文：「粈，雜飯也。」玉篇「粈」與「粈」同。離騷：「芳與澤其雜糅兮。」淮南原道訓：「所謂天者，純粹樸素，質直皓白，未始有與雜糅者也。」穰者，玉篇「穰，雜也」，本此。糲者，玉篇：「糲，雜糅食也。」殽者，説文：「殽，相雜錯也。」漢書食貨志〔下〕「鑄作錢布皆用銅，殽以連錫」，顔師古注：「連，錫之别名〔三〕。」謂「以連及錫雜銅而爲錢也」。

〔一〕峯子字，今之峯火，宜作此𤊳，王念孫説當作「峯，今之峯火字，宜作此𤊳」。

〔二〕案：李軌注無此語。

〔三〕案：「連，錫之别名」爲孟康曰。

婾、他侯反。約、𧚔、良音。世人作𧚔禣之𧚔，水傍著京，失之矣。緜、險、磷、吝音。襌、丹音。褔、口革反。菲、佛匪反。世人以此爲芳菲之菲〔一〕，失之矣。移、沾，他縑反。世人水傍著忝，失之。又以此沾字爲霑，亦失之也。霑字宜然。禣步各反。世人作襌禣之禣，艸下著溥，亦失之矣。也。

釋名〔釋言語〕：「薄，迫也，單薄相逼迫也。」玉篇：「禣，襌衣也，婾也，約也，儉也，磷也，菲也，沾也。」義皆本此。經典相承作「薄」。婾者，左氏襄三十年傳「晉未可婾也」，注：「婾，薄也。」通作「愉」。說文：「愉，薄也。」小雅鹿鳴「視民不恌」，傳：「恌，愉也。」又通作「偷」。包咸論語〔泰伯〕注云：「不偷薄也。」約者，方言〔第十三〕「葯，薄也」，郭注：「謂薄裹物也。」「葯、約」，字異義同。玉篇「約，薄也」，本此。𧚔者，說文无部義也。水部又云：「涼，薄也。」是二字通，此曹以水傍京爲失，誤矣。緜者，說文：「緜，聯微也。」險者，古與「儉」通。左氏襄二十九年傳：「大而婉，險而易行。」史記「險」作「儉」。荀子〔富國〕「俗儉而百姓不一」，楊倞注：「儉當爲『險』。」漢劉修碑：「動乎儉中。」今易作「險」，是二字通也。說文：「儉，約也。」磷者，石之薄也，力鎮切。論語〔陽貨〕：「磨而不磷。」玉篇「磷，薄也」，本此。襌者，衣之薄也。喪大記：「袍必有表，不襌。」說文：「襌，衣不重。」都寒切。褔者，裘之薄也。玉篇：「褔，裘裏。」菲者，方言〔第十三〕文，郭注：「謂微薄也。」馬融論語〔泰伯〕注：「菲，薄也。」諸葛亮出師表：「不宜妄自菲薄。」移者，疑是「袳」字形相近而譌也。集韻〔哿韻〕：「袳，典可切，衣弱貌。」「弱」與「薄」同義。沾者，說文：「沾，益也。」通作「姑」。史記竇嬰傳「魏其者，沾沾自喜耳」，顔師古〔漢書竇嬰傳注〕曰：「沾沾，輕薄也。」予謂「沾沾」與「姑姑」同。說文：「姑，小弱也。一曰女輕薄善走

〔一〕芳菲之菲，王念孫曰當作「芳馡之馡」。

也。或讀若占。」

絅、古熒反。獧、俱面反，又俱眄反。慓、匹昭反。疾、陖、先訊反。陗、且肖反。怦、普衡反，又普耕反。窘、逵殞反。趕、祖迴反。字書、聲類音爲局促，促長。迫、遒、徐留反。蹙、子六反。矜、笘、苦音。搄、公鄧反。亟、幾憶反。緊、居忍反。清、躡，急也。

説文：「急，褊也。」釋名（釋言語）：「急，及也，操切之使相逮及也。」絅者，説文：「絅，急引也。」獧者，古縣切。説文犬部義也。又云：「獧，急也。」音義並同。慓者，説文：「慓，疾也。」通作「剽」。漢書地理志（下）「自全晉時，已患其剽悍」，顔師古曰：「剽，急也，輕也。」玉篇「慓，急也」，本此。疾者，繫辭傳（上）：「唯神也，故不疾而速。」詩大雅（召旻）「旻天疾威」，箋：「疾，猶急也。」左氏襄五年傳「必改行而疾討陳」，注：「疾，急也。」月令：「季冬征鳥厲疾。」陖者，通作「駿」。周頌噫嘻：「駿發爾私。」弟子職：「若有賓客，弟（子）駿作。」皆言急也。陗者，王褒四子講德論「宰相刻峭，大理峻法」，李善注引廣雅：「峭，急也。」是本又作「峭」。怦者，楚辭九辯：「心怦怦兮諒直。」玉篇：「怦，心急也。」窘者，説文：「窘，迫也。」離騷「夫唯捷徑以窘步」，王逸注：「窘，急也。」趕者，玉篇：「趕，迫也，速也。或作『促』。」廣韻（燭韻）：「趕，趕速。」迫者，盧諶贈劉琨詩並書云：「致感之途，或迫乎茲。」遒者，説文：「遒，迫也。」或作「逎」。楚辭招魂：「分曹並進，遒相迫些。」潘岳秋興賦：「悟時歲之遒盡兮。」鮑照還都道中作詩：「獵獵（曉）風遒。」蹙者，禮器篇：「不然則已蹙。」廣韻（屋韻）「蹙，急也」，本此。古通用「蹴」。矜者，方言（第二）：「矜，遽也。」「急、遽」同義。笘者，玉篇、廣韻俱無此字。集韻（姥韻）：「⿱竹苦，竹名。」或省作「笘」。又云：「笘，皺也。」又云：「苦，急也。」「苦」即「笘」之譌，然則正文當爲「⿱竹苦」，音釋當爲「笘」也。搄者，古恆切。説文：「搄，引急也。」淮南繆稱訓「治國譬若張瑟，大弦絚則小弦絶矣」，高誘注：「緸，急也。」「拖、緸」，字異義同。亟者，說文：「亟，敏疾也。」邶風北風「既亟只且」，傳：「亟，急也。」通作「苟」。說文：「苟，自急敕也。」緊者，說文：「緊，纏絲急也。」江淹雜體詩：「霜露一何緊，桂枝生自直。」清、躡者，方言（第十二）文。曹植七啟「忽躡景而輕鶩」，李善注：「景，日景也。躡之言疾也。」

捏、呈音。掄、崙音。撟、矯音。捎、所交反。擳、雀音。虞、撨、揀、柬音。選，擇也。

說文：「擇，柬選也。」書呂刑：「罔有擇言在身。」孝經（卿大夫章）：「口無擇言，身無擇行。」捏者，直庚切。未詳。掄者，說文手部義也。地官山虞「凡邦工入山林而掄材，不禁」，注：「掄，猶擇也。」晉語（八）「君掄賢人之後有常位於國者而立之，亦掄逞志虧君以亂國者之後而去之」，韋昭注亦爲「擇」。通作「論」。呂氏春秋仲春紀（當染）「古之善爲君者，勞于論人，而佚于官事」，高誘注：「論，猶擇也。」撟捎者，方言（第二）「撟捎，選也。自關而西秦晉之間凡取物之上謂之撟捎」，郭注：「此妙擇積聚者也。」擳者，側角切。廣韻（藥韻）：「擳，捎也。」通作「穱」。宋玉招魂「稻粢穱麥」，王逸注：「穱，擇也。擇麥中先熟者也。」虞，未聞。撨者，先弔、先凋二切。玉篇「撨，擇也」，本此。揀者，文選（月賦）注引侯英箏賦：「察其風采，揀其聲音。」玉篇「揀，擇也」，本此。古作「柬」。說文：「柬，分別簡之也。」荀子修身篇「柬理也」，楊倞注：「柬，與『簡』同。」邶風簡兮「簡兮」箋「簡，擇」也。夏官趣馬「簡其六節」，鄭注：「簡，差也。」王制：「簡不肖以絀惡。」玉篇：「簡，選也。」又通作「練」。枚乘七發「練色娛目」，李善注引埤倉云：「練，擇也。」舊本音釋「柬」亦譌「揀」，今訂正。選者，說文辵部義也。齊風猗嗟「舞則選兮」，箋：「選者，謂于倫等最上。」魯語（上）「君不命吾子，吾子請之，其爲選事乎」，韋昭注：「選事，自選擇其職事也。」荀子儒效篇「遂選馬而進」，楊倞注：「選，簡擇也。」通作「撰」。淮南說山訓「撰良馬者，非以逐狐狸，將以射麋鹿」也。

摳、苦侯反。掀、虛言反。出春秋，亦訓爲舉。抗、揚、擎、渠迎反。拲、拱音。翢、子恆反。翥、之預反。亦〔一〕言爲署音。翹、仰、卬、發、扛、江音。偁、齒升反。搴、騫音。梟、俱録反。糾、抍、蒸之上聲。四聲：蒸抍證職。勝、擔〔二〕、輿、揭、〔竭音。〕尚、興、轝、〔悆音。〕舁，〔餘音。〕舉也。

説文：「舉，對舉也。」摳者，衣之舉也。説文：「摳，摳衣升堂。」玉篇：「摳，挈衣也。」曲禮〔上〕云：「兩手摳衣。」掀者，説文：「掀，舉出也。」左氏成十六年傳「乃掀公以出于淖」，杜注亦爲「舉」。抗者，小雅賓之初筵云「大侯既抗」，考工記梓人「故抗而射女」，文王世子篇「抗世子法于伯禽」，毛、鄭皆云：「舉也。」淮南説山訓：「百人抗浮，不若一人挈而趨。」孔融薦禰衡表：「任座抗行。」曹植七啟：「抗皓手而清歌。」通作「伉」。揚雄甘泉賦「伉浮柱之飛榱兮」，顏師古注：「伉，與『抗』同。舉也。」揚者，説文：「揚，飛舉也。」檀弓篇〔下〕：「杜蕢揚觶，謂之杜舉。」鄉飲酒義篇「盥洗揚觶」，鄭注亦以「揚」爲舉。擎者，玉篇：「擎，持也。」廣韻〔庚韻〕「擎，舉也」，本此。拲者，居竦切。説文：「拲，攤也。」廣韻〔腫韻〕：「拲，抱持。」是「拲」爲抱之舉也。翢者，鳥之舉也。廣韻〔登韻〕「翢，舉也」，本此。通作「曾」。楚辭九歌〔東君〕「翾飛兮翠曾」，王逸注：「曾，舉也。」翥者，方言〔第十〕文，「楚謂之翥」，郭注：「謂軒翥也。」楚辭遠遊：「鸞鳥軒翥而翔飛。」曹植七啟：「翔爾鴻翥。」翹者，張衡南都賦「翹遙遷延」，李善注：「翹遙，輕〔舉〕貌。」何晏景福殿賦「彼吳蜀之湮滅，固可翹足而待之」，李善注引此文。玉篇「翹，舉也」，本此。仰者，説文人部義也。繫辭傳〔下〕：「仰則觀象于天。」是「仰」爲

〔一〕亦，王念孫説當作「方」。

〔二〕擔，疏證本作「檐」。

首之舉也。卬者，古「仰」字。發者，廣韻（月韻）「發，舉也」，本此。扛者，古雙切。說文：「扛，橫關對舉也。」史記項羽本紀：「籍長八尺餘，力能扛鼎。」法言（孝至）：「或曰：力有扛鴻鼎揭華旗，知德亦有之乎？曰：百人也。」舊本「扛」譌从「木」，今訂正。偁者，「偁，舉」已見爾雅釋言，以音釋證之則字當爲「爯」。說文：「爯，并舉也。」搴者，衣之舉也。與「攐」同。說文：「攐，摳衣也。」淮南人間訓：「江（水）之始出岷山也，可攐衣而越也。」杲者，食之舉也。說文：「杲，舉食者。」糾者，過之舉也。地官大司徒「五黨爲州，使之相賙」，杜子春云：「賙當爲『糾』」，謂糾其惡。」左氏昭六年傳「糾之以政」，杜注：「糾，舉也。」抍者，溺之舉也。說文：「抍，上舉也。」或作「撜」。經典相承作「拯」。明夷「六二，拯馬壯吉」，馬融曰：「拯，舉也。」左氏宣十二年傳：「目于眢井而拯之。」亦作「撜」。淮南齊俗訓「子路撜溺」，高誘注：「撜，舉也。升出溺人。」勝者，手之舉也。孟子（告子下）：「力不能勝一匹雛。」張衡西京賦「衆形殊聲，不可勝論」，李善注引此文。擔者，釋名（釋姿容）：「擔，任也，任力所勝也。」左氏莊二十二年傳：「弛于負擔。」舊本「擔」譌从「木」，今訂正。輿者，衆之舉也。戰國策（秦策）：「百人輿瓢而趨。」揭者，高之舉也。說文：「揭，高舉也。」漢書陳涉傳贊：「揭竿爲旗。」木華海賦：「候勁風，揭百尺。」尚者，楚辭天問「不任汩鴻，師何以尚之」，王逸注：「尚，舉也。言鮌才不任治（鴻）水，衆人何以舉之乎？」興者，地官遂大夫「三歲，大比，則帥其吏，而興甿」，文王世子云「乃命有司行事，興秩節」，鄭注並云：「興，猶舉也。」廣韻（蒸韻）「興，舉也」，本此。轝者，與「擧」同，以諸切。說文：「擧，對舉也。」舁者，衆之舉也。說文：「舁，共舉也，以諸切。」舊本「舁」譌「臭」，今訂正。

句、降、窪、（烏瓜反。）窆、碑驗反。窊、烏瓜反。埕、埝、乃頰反。䂢、都念反。墊、除立反。隤、頹音。折、按，下也。

說文：「下，底也。」「底，下也。」句者，曲之下也。古侯切。周南樛木傳：「木下句〔一〕曰樛。」降者，下江、古巷二切。說文阜部義也。召南草蟲「我心則降」，傳：「降，下也。」周頌閔予小子云「陟降庭止」，鄭解「降」爲下。穀梁莊三十年傳：「降，猶下也。」堯典「釐降二女于嬀汭」，離騷「惟庚寅吾以降」，注皆釋爲下。案：「降」訓下已見爾雅釋言，此「降」字有誤。窪者，地之下也。說文：「窪，窊也。」窆者，棺之下也。說文：「窆，葬下棺也。」春官冢人職：「及窆，執斧以涖。」窊者，汙之下也。說文：「窊，污衺，下也。」馬融長笛賦「窊隆詭戾」，李善注：「窊隆，高下貌。」是「窊」爲下也。埕者，柱之下也。乃結切。方言〔第六〕云：「凡柱而下曰埕。」埝者，陷之下也。都念切。亦方言〔第十三〕文，郭注：「謂陷下也。」䡕者，屋之下也。說文：「䡕，屋傾下也。」通作「墊」。方言〔第六〕：「墊，下也。屋而下曰墊。」說文：「墊，下也。」左氏成六年傳：「墊隘。」莊子外物篇「然則厠足而墊之致黃泉」，司馬彪云：「墊，下也。」坙者，陷之下也。說文：「𡒊，下入也。」「坙、𡒊」，古字通。隤者。壞之下也。徒回切。說文：「隤，下隊也。」漢書食貨志〔上〕「因隤其土以附苗根」，顏師古注：「隤謂下之也。」折者，上文「折，曲也」，「曲」亦向下之象。按者，說文手部義也。漢書藝文志：「黃帝岐伯按摩十卷。」梁簡文帝箏賦：「陸離抑按，磊落縱橫。」

賆、步田反。貤、弋豉反。附、助、坿、扶音，又附音。埤、符彌反。陪、䝯、方寄反。賢、以瑞反。䞄、思俊反。饒、贏、隅、罵音。貳、斟、酌、俞、潤、沾、潼，童音。益也。

說文：「益，饒也。从水、皿。皿，益之意也。」賆者，玉篇「賆，益也」，本此。貤者，說文：「貤，重次第物也。」玉篇

〔一〕句，詩毛傳作「曲」。

「貤，益也」，本此。漢書武帝紀：「無所流貤。」附者，論語（先進）：「爲之聚斂而附益之。」孟子（盡心上）「附之以韓魏之家」，趙岐曰：「附，益也。」助者，孔安國論語（先進）注：「助，猶益也。」大雅烝民：「愛莫助之。」坿者，說文土部義也。呂氏春秋孟秋紀「坿牆垣，補城郭」，高誘注：「坿讀如符，坿，猶培也。」埤者，說文：「埤，增也。」邶風北門：「政事一埤益我。」陪者，土之益也。說文：「陪，重土也。」左氏昭五年傳：「飧有陪鼎。」玉篇「陪，益也」，本此。貱者，予之益也。說文：「貱，迻予也。」玉篇解「貤」爲貱，是移予之意，皆爲益也。賢者，玉篇：「賢，以睡、羊閉二切，媕挐也。」賭者，玉篇「賭，益也」，本此。饒者，食之益也。說文：「饒，飽也。」又訓「益」爲饒，知「饒」亦益也。贏者，利之益也。說文：「贏，有餘賈利也。」左氏昭元年傳：「賈而欲贏，而惡囂乎？」隲者，亡化切。方言（第十三）文，郭注：「謂增益也。」貳者，副之益也。說文：「貳，副益也。」曲禮（上）云：「雖貳不辭。」斟者，方言（第三）文：「南楚凡相益而又少謂之不斟。」酌者，酒之益也。說文：「酌，盛酒行觴也。」玉篇「酌，益也」，本此。俞者，通作「愈」。「愈」亦益也，古字通用。潤者，文之益也。曹植與楊修書：「昔丁敬禮常作小文，使僕潤飾之。」沾者，少之益。說文水部義也。他兼切。通作「酟」。文選（七命）注引劉梁七舉云：「酟以醯醢，和以密飴。」酟，與「沾」同。潼，未詳。○集韻（緝韻）引廣雅：「坙，益也。直立切。」今無此文，蓋涉上而誤耳。

沮、子悆反。潤、湆、泣音。浥、漸、洳、如悆反。溽、淖，女孝反。莊子亦以此字爲淖。溼也。

說文：「溼，幽溼也。从水，一所以覆也，覆土而有水，故溼也。㬎省聲。」釋名（釋言語）：「溼，浥也。」沮者，澤之溼也。魏風汾沮洳傳：「沮洳，其漸洳者。」潤者，水之溼也。洪範：「水曰潤下。」湆者，去急切。說文：「湆，幽溼也。」浥者，露之溼。說文水部義也。召南（行露）「厭浥行露」，傳：「厭浥，溼意也。」釋文：「浥，本又作『挹』同。」漸者，染之溼也。子豔切。衛風氓云：「漸車帷裳。」洳者，澤之溼也。如庶切。説文：「⿰氵挐，漸溼也。」玉篇「⿰氵挐」或作「洳」同。溽者，暑之溼也。説文：「溽，溼暑也。」月令：「土潤溽暑，大雨時行。」郭璞江賦：「林無不溽。」淖者，泥之溼也。説文：「淖，泥也。」左氏成十六年傳：「有淖于前，乃皆左右，相違于淖。」漢書韋玄成傳：「當晨入廟，天雨淖，不駕駟馬車而騎至廟〔下〕」。案：音釋云「莊子亦以此字爲淖」，「淖」當爲「溼」。

鋇、五感反。傪、振、訊、摇、扤、盪〔一〕、㴐、勇音。奮、勨、蕩音。撼、乎感反。拸、謂音。擡、臺音。揌、素來反。掉、捎、扮、伏粉反。揮、暉音。揣、初委反。摷、力刁反。抗、弋巽〔二〕反，又弋芮反。搈、容音。衝、俅、賦、蝡、如兖反。東、風，動也。

説文：「動，作也。連，古文。」樂記：「動之以四時。」鋇者，頭之動也。去金切。曹音「五感反」，非也。左氏襄二十六年傳「迎于門者，頷之而已」，杜注：「頷，摇其頭。」説文、玉篇並引作「鋇」。列子湯問篇「巧夫鋇其頤，則歌合律」，張湛注：「鋇，猶摇頭也。」「鋇」訓摇，故爲動也。今本左傳作「頷」，誤。傪者，集韻〈感韻〉：「鋇傪，動也。」又云：「鋇顡，首動(也)〔貌〕。」是「傪、顡」同。玉篇作「顡，動頭也，桑感切」。振者，月令：「蟄蟲始振。」曹植七啟：「鐘鼓俱振。」潘岳寡婦賦：「長松萋兮振柯。」訊者，通作「迅」。論語〈鄉黨〉：「迅雷。」樂記「訊疾以雅」，注：「訊，奮訊也。」釋文：「本又作『迅』。」是「訊」爲雷之動也。摇者，説文手部義也。左氏昭二十三年傳：「乃摇心矣。」月令：「以摇養氣。」宋玉招魂：

〔一〕盪，疏證本作「⿱湯虫」。
〔二〕巽，王念孫説當作「選」。

「鏗鐘搖簴」。扤者，説文手部義也。小雅正月：「天之扤我，如不我克。」考工記輪人：「輻廣而鑿淺，則是以大扤。」通作「抈」。晉語〔八〕：「其置本也固矣，故不可抈也。」五忽切。盪者，徒朗切。繫辭傳〔上〕「八卦相盪」，釋文引桓敬道云：「盪，動也。」左氏昭二十六年傳：「震盪播越。」史記樂書「音樂者，所以動盪血脈」也。通作「蕩」。月令「仲冬，諸生蕩」，注：「蕩，謂物動萌芽也。」呂氏春秋季春紀「無或作爲淫巧以蕩上心」，高注亦爲動。舊本「盪」誤「蝪」，今訂正。湧者，與「涌」同。史記上林賦：「洶涌滂潰。」奮者，豫象傳：「雷出地奮。」張衡思玄賦：「奮余榮而莫見兮。」玉篇「奮，動也」，本此。勨者，余兩切。疑與「漾」同，水之動也。集韻〔養韻〕「勨，動也」，本此。撼者，説文作「揻」，云：「搖也。」韓愈〔調張籍〕詩：「蚍蜉撼大樹，可笑不自量。」通作「感」。召南〔野有死麕〕「無感我帨兮」，傳：「感，動也。」釋文：「感，如字。又胡坎反。」孩者，乎改切。曹音「謂」，疑誤。玉篇：「孩，撼動也。」擡、摠者，玉篇：「擡，動振也。」「摠，振也，擡摠也。」掉者，徒弔切。説文：「掉，搖也。」左氏昭十一年傳：「末大必折，尾大不掉。」漢書蒯通傳：「酈生一士，伏軾掉三寸舌。」捎者，所交切。未聞。扮者，玉篇「扮，動也」，本此。揮者，説卦傳：「發揮於剛柔而生爻。」嵇康琴賦「伯牙揮手，鍾期聽聲」，張協七命「撫促柱則酸鼻，揮危弦則流涕」，注皆訓爲動。揣、摷並未聞。抗者，玉篇「抗，動也」，與「捖」同，本此。搈者，余隴切。説文：「搈，動搈也。」衝、俅者，方言〔第十二〕文。彼作「衝、俶」，字異音義同。賦者，亦方言〔第十三〕文，郭注：「賦斂所以擾動民也。」蝡者，説文虫部義也。漢書匈奴傳〔上〕：「跂行喙息蝡動之類。」東者，説文東部義也。尚書大傳：「東方者何也？動方也，物之動也。」漢書律曆志〔上〕：「少陽者，東方。東，動也，陽氣動物，于時爲春。」白虎通義〔五行〕：「東方者，動方也，萬物始動生也。」風者，詩周南關雎序：「風以動之。」詩序「風，風也」，沈重云：上「風」是國風，下「風」即是風伯鼓動之風。崔靈恩集注本下作「諷」。劉瓛云：「動物曰風，託音曰諷。」

摧、挫、摺、力合反。踒、於皮反。擖〔一〕、公八反。抈、月音。詘、曲、罰、揩、吕閤反。制、夭，折也。

說文：「折，斷也。」廣韻（薛韻）：「折，斷而猶連也。常列切。」離騷「恐嫉妬而折之」，王逸注：「共嫉妬我正直，欲必折挫而敗（毁之）也。」摧者，說文手部義也。昨回切。王逸九思（憫上）「魁壘擠摧兮常困辱」，注云：「擠摧，折屈也。」挫者，則臥切。考工記輪人「凡揉牙，外不廉而内不挫」，注：「挫，折也。」史記酷吏列傳：「蜀守馮當暴挫。」班固西都賦：「脱角挫脰。」摺者，說文：「摺，敗也。」揚雄解嘲「范雎以折摺而危穰侯」，晉灼曰：「摺，古『拉』字。」公羊莊元年傳：「拉榦而殺之。」史記（魯周公世家）：「公子彭生抱魯桓公上車」，「摺其脇。」踒者，烏過切。說文：「踒，足跌也。」案：荀子正論篇：「蹎跌碎折，不待頃矣。」是「跌」亦折也。擖者，字當爲「邋」。說文：「邋，揩也。」「揩」當爲「拹」，廣雅「摺、拹、揩」並訓折，則當爲「折」明矣。王褒洞簫賦「或渾沌而潺湲兮，獵若枚折」，李善注：「枚折，似枚之折也。獵，聲也。」又引廣雅：「獵，折也。」「獵」皆「邋」之譌。抈者，說文手部義也。魚厥切。太玄羨：「上九，車軸折，其衡抈。」詘者，說文：「詘，屈襞。」曲者，廣韻（燭韻）：「曲，委曲。」罰者，凡獄訟直者得伸，不直者受罰。罰，所以折之也。揩者，說文作「拹」，云：「摺也。」玉篇「揩」與「拹」同。虚業切。（制者）「制、折」古字通。莊子庚桑楚篇「夫尋常之溝，巨魚無所還其體，而鯢鰌爲之制」，釋文：「制，折也。謂小魚得曲折也。」夭者，說文：「夭，屈也。」洪範「凶短折」，夭之謂也。魯語（上）「其夭札也」，唐固云：「未名曰夭。」韋昭曰：「不終曰夭。」莊子逍遥遊篇「背負青天而莫之夭閼」，釋文引司馬彪注：「夭，折也。」潘岳西征賦：「夭赤子于新安。」

〔一〕擖，疏證本作「擸」。

虔、辯、謾、黠、儇、許綿反。憭、了音。譪、他和反。⿱貍心、莫佳反，又莫諧反。謞、革音。詖、彼寄反。曉、捷、鬼，慧也。

説文：「慧，儇也。」左氏成十八年傳：「周子有兄而無慧。」大戴禮：「慧種生聖，癡種生狂。」漢書〈劉髆傳〉：「昌邑王清狂不惠。」「慧、惠」，古字通。論語〈衛靈公〉「好行小慧」，釋文：「魯讀『慧』爲『惠』，今從古。」皇侃本作「惠」。文選陳琳檄吴將校部曲文注引論語亦作〈惠〉。列子〈周穆王〉：「逢氏有子，少而惠。」「惠」即「慧」也。此所釋者，皆欺謾巧詐之慧也。虔者，方言〈第一〉文，郭注：「謂慧了。」又〈第十二〉云「虔，謾也」，郭注：「謂慧黠也。」辯者，賈誼〈新〉書道術篇：「論物明辯謂之辯，反辯爲訥。」或説「辯」與「諞」通。説文「諞，便巧言也」，引周書：「截截善諞言。」論語：「友諞佞。」謾者，方言〈第一〉「秦謂慧曰謾」，郭注：「言謾詑。」説文：「謾，欺也。」楚辭〈九章〉惜往日：「或詑謾而不疑。」黠者，方言〈第一〉：「自關而東趙魏之間謂慧曰黠。」又〈第十〉云「䖼，〈又〉慧也」，郭注：「今名黠爲鬼䖼。」儇者，方言〈第一〉文。荀子非相篇「鄉曲之儇子」，楊倞曰：「方言〈云〉：儇，疾也。（又曰）慧也。與喜而翾義同。輕薄巧慧之子也。」楚辭〈九章〉惜誦「忘儇媚以背衆兮」，王逸曰：「儇，佞也。」洪興祖補注：「儇，〈説文〉：慧也。」憭者，説文心部義也。力小切。陳風月出：「佼人憭兮。」譪者，方言〈第一〉「楚謂慧曰譪」，郭注：「他和反，亦今通語。」説文：「沇州謂欺曰詑。」「譪、詑」，字異音義同。玉篇「譪，慧也」，本此。⿱貍心者，方言〈第一〉：「晉謂慧曰⿱貍心。」謞者，公核切。玉篇：「謞，智慧也。」詖者，玉篇「詖，慧也」，本此。曉者，玉篇「曉，慧也」，本此。捷者，方言〈第一〉「宋楚之間謂慧曰倢」，郭注：「言便倢也。」「捷、倢」音義同。鬼者，方言〈第一〉「自關而東趙魏之間或謂慧曰鬼」，郭注：「言鬼䖼也。」

改、呵苔反。咍、同上。唏、許几反，又許冀反。⿰亻卻、谷、巨略反。听、魚隱反。嗞、子慈反。哂、莞、唹、乙餘反。

嗔、引音。嗢、乙滑反。嗰、火雅反。咦、火尸反。弞[一]、與哂同。訨、啞，烏格反。笑也。

釋名（釋姿容）：「笑，鈔也，頬皮上鈔者也。」莊子盜跖篇「人上壽百歲，中壽八十，下壽六十，除病瘦死喪憂患，其中開口而笑者，一月之中不過四五日而已矣。」隸釋王政碑：「時言樂笑。」干禄字書：「咲，通笑。」予案：說文竹部本無「笑」字，今有之者，徐鉉所補也。古用「芺」字，何以知之？女部「媄」爲「女子笑貌」，然則不从「女」者，即「笑」字矣。隸書「艸、竹」不分，變爲「笑」耳。李陽冰乃謂「竹得風其體夭屈如人之笑」，真臆說也。改者，玉篇：「改，笑不壞顔也。」桂進士馥曰：玉篇「改」字與說文「弞」字次第正同，廣韻有「弞」無「改」，可見廣雅「改」字後人所加，當存「弞」而去「改」也。咍者，呼來切。楚辭九章（惜誦）「又衆兆之所咍」，王逸注：「咍，笑也。楚人謂相嘲笑曰咍。」左思吴都賦：「東吴王孫囅然而咍。」唏者，說文口部義也。卻、谷者，並其虐切。「卻」當作「㖀」。說文：「谷，口上阿也。从口，上象其理。」或作「㖀」，或作「臄」。大雅行葦「嘉殽脾臄」，傳：「臄，函也。」疏引服虔通俗文：「口上曰臄，口下曰函。」揚雄羽獵賦「遥噱乎紘中」，晉灼曰：「口之上下名爲噱。」然則「臄」與「噱」通。說文：「噱，大笑也。」漢書（敘傳上）云：「趙、李諸侍中皆」「談笑大噱。」是「臄、噱、㖀、谷」音義同。故「㖀」、「谷」皆爲笑也。听者，說文口部義也。相如上林賦「無是公听然而笑」，史記集解引郭璞注：「听，笑貌。」集韻（獮韻）引廣雅：「齗，笑也。」「齗」即「听」字之異文。嗞者，集韻（質韻）「嗞，笑貌」，本此。哂者，式忍切。論語（先進）「夫子哂之」，馬融曰「哂，笑」也。孫綽遊天台賦：「哂夏蟲之疑冰。」莞者，疑「莧」之譌。論語（陽貨）「夫子莞爾而笑」，釋文「莞」作「莧」，云：「華版

[一] 弞，疏證本作「吲」。

反，本今作『莞』。」夬「九五，莧陸夬夬」，虞翻注：「莧，悦也，〔莧〕讀若『夫子莧爾而笑』之『莧』。」「莧」亦訓笑，故何晏曰：「莧爾，小笑貌。」是漢以來論語皆作〔莧〕，張博士時尚未譌「莞」也。楚辭漁父篇「莞爾而笑」，王逸注：「笑離齗也。莞，一作『莧』。」然則楚辭亦是「莧」字，傳寫者改爲「莞」也。吣者，玉篇「吣，笑貌」，本此。嗔者，余聲切。玉篇：「嗔，大笑也。」嘔者，玉篇：「嘔，嘔噱，笑不止也。」嵇康琴賦「留連瀾漫，嘔噱終日」，李善注引服虔通俗文：「樂不勝謂之嘔噱。」嘔，烏没切。噱，巨略切。」嗗者，玉篇「嗗，笑也」，本此。咦者，玉篇：「咦，笑貌。」集韻〔脂韻〕：「南陽謂失笑爲咦。」弞者，古「哂」字，式忍切。説文：「笑不壞顔曰弞。」通作「矤」。曲禮〔上〕「笑不至矤」，注：「齒〔本〕曰矤，大笑則見。」「弞、矤、哂」音義同。舊本「弞」譌「吲」，今訂正。訽者，苦后切。説文：「訽，扣也，如求婦先訽叕之。」廣韻〔厚韻〕：「訽，先相訽可。」本書釋訓：「訽訽，笑也。」啞者，説文口部義也。法言學行篇：「或人啞爾笑曰：須以發策決科。」○集韻〔準韻〕引廣雅：「齾，笑也。」今無此文。

誅、罰、戮、虔、伐、肆、刈，殺也。

説文：「殺，戮也。」釋名〔釋喪制〕：「罪人曰殺。殺，竄也，埋竄之使不復見也。」誅者，説文：「誅，討也。」玉篇：「誅，殺也。」集韻〔虞韻〕引廣雅：「栽，殺也。」疑即「誅」之異文。罰者，廣韻〔月韻〕引春秋元命苞云：「网言爲詈，刀詈爲罰，罰之言网，陷于害。」戮者，説文戈部義也。虔者，方言〔第三〕文：青徐淮楚之間語。左氏成十三年傳：「虔劉我邊陲。」伐者，夏官大司馬「以九伐之法正邦國」，注：「諸侯有違王命，則出兵以征伐之，諸侯之于國，如樹木之有根本，是以言伐云。」又曰「賊賢害民，則伐之」，注「春秋傳曰：粗者曰侵，精者曰伐。又曰：有鐘鼓曰伐，則伐者，兵入其境，鳴鐘鼓以往，所以聲其罪」而誅討之。肆者，夏小正：「肆，遂也。」「或曰：肆，殺也。」刈者，説文：「乂，芟艸也。」或作「刈」。

廝、斯音。徒、牧、閏〔一〕、侍、御、僕、從、扈、養、任、平聲。甬、辯、令、保、庸、童、役、謂、命，使也。

說文：「使，令也。」廝者，息移切。公羊宣十二年傳「廝役扈養」，注：「艾艸爲防者曰廝，汲水漿者曰役，養馬者曰扈，炊烹者曰養。」漢書張耳傳「有廝養卒謝其舍」，蘇林曰：「廝，取薪者也。養，養人者也。」〔史記張耳陳餘列傳集解引〕韋昭曰：「析薪爲廝，炊烹爲養。」案：詩〔陳風墓門〕云：「斧以斯之。」「斯」之義爲斬伐，故取薪者爲廝。玉篇：「㒋，役也，賤也。」蓋「斯」或从「人」，隸變爲「廝」。說文無「廝」字，古只用「斯」。徒者，天官冢宰「胥十有二人，徒百有二十人」，注：「此民給傜役者。」疏：「胥有才智爲什長，徒給使役，故一胥十役也。」漢書食貨志〔上〕：「賦共車馬甲兵士徒之役。」牧者，說文：「牧，養牛人。」左氏襄十四年傳：「皁、隸、牧、圉。」閏者，字當作「賃」，聲之誤也。說文：「賃，庸也。」荀子議兵篇：「是其去賃市傭而戰之幾矣。」淮南說山訓：「被羊裘而賃，固其事也。」侍者，說文：「侍，承也。」釋名〔釋言語〕：「侍，時也，尊者不言，常于時供所當進者也。」御者，說文：「御，使馬也。」古文作「馭」。釋名〔釋言語〕：「御，語也，尊者將有所欲，先御之也。亦言職卑，尊者所勒御如御牛馬然也。」射義「御於君所」，注：「御，猶侍也。」僕者，說文：「僕，給事者。」古文作「蹼」。從者，說文：「從，隨行也。」扈者，侯古切。「扈」之言護也，所以擁護也。相如上林賦：「扈從橫行。」又養馬者爲扈，已見上文。養者，斯養也。解見「廝」下。史記儒林傳「兒寬貧無資用，常爲弟子都養」，索隱曰：「家貧，爲弟子造食也。」任者，說文：「任，保也。」邶風燕燕「仲氏任只」，箋：「任者，以恩相親信也。」是「任」爲信之使也。甬者，方言〔第三〕：「甬，賤稱也。自關而東陳魏宋楚之間保庸謂之甬。」辯者，周書酒誥「勿辯乃司民湎于酒」，

〔一〕閏，疏證本作「閠」。

孔傳：「辯，使也，勿使汝主民之吏湎于酒。」令者，使令也。說文作「伶」。秦風車鄰「寺人之令」，韓詩作「伶」，云「使伶」也。保者，鶡冠子（世兵）：「伊尹酒保，太公屠牛。」漢書欒布傳「窮困，賣庸于齊，爲酒家保」，孟康曰：「酒家作保。保，庸也。可保信，故謂之保。」顔師古注：「謂庸作受顧也。爲保，謂保可任使。」後漢書杜根傳「因得逃竄，爲宜城山中酒家保」，注：「言爲人傭力保任而使（之）也。」庸者，與「傭」同。傭，賃也。史記司馬相如傳：「與保庸雜作。」童者，說文：「男有罪曰奴，奴曰童，女曰妾。」通作「僮」。漢書衛青傳「季與主家僮衛媪通」，（顔師古注）：「僮者，婢女之總稱。」是婢妾亦得稱僮也。役者，說文：「役，戍邊也。」古文作「伇」。春官瞽矇「掌九德六詩之歌，以役太師」，注「役爲之使」也。莊子庚桑楚篇：「老聃之役有庚桑（楚）者。」謂者，釋名（釋書契）：「謂，猶慣也，猶得敕不自安慣慣然也。」廣韻（未韻）：「慣，怫慣，不安也。」命者，說文口部義也。堯典：「乃命羲和。」

嫱、休六反。嫉、嫪、力高反，又力報反。嫭、乎故反。妎、械音。媢，亡篤反。妒也。

說文：「妒，婦妒夫也。」召南小星序「夫人無妒忌之行」，注：「以色曰妒，以行曰忌。」離騷「各興心而嫉妒」，王逸注：「害色爲妒。」嫱者，說文：「嫱，媢也。」廣韻同。疑「媢」之譌。嫉者，說文：「㑵，妎也。」或作「嫉」同，秦悉切。周南樛木序：「言能逮下而無嫉妒之心焉。」亢倉子用道篇：「同道者相愛，同藝者相嫉。」離騷：「衆女嫉余之蛾眉兮。」舊本「嫉」譌「嫉」，今訂正。嫪、嫭者，說文：「嫪，婟也。婟，嫪也。」爾雅（釋鳥）釋文云：「廣雅：婟，妒也。聲類：婟嫪，戀惜也。字書作『嫮』同。」據此則「嫭」與「婟」同。古本廣雅作「婟」字也。張衡思玄賦：「咨妒嫭之難並兮，想依韓以流亡。」妎者，說文女部義也。胡蓋切。媢者，莫到切。說文：「媢，夫妒婦也。」顔氏家訓（書證）云：「太史公論季布曰：『禍之興自愛姬，生于妒媢，以至滅國。』又漢書外戚傳（下）亦云：『成結寵妾妒媢之誅。』此二『媢』並當作『媢』，媢亦妒也，義見禮記、三倉。且五宗世家亦云：『常山憲王后妒媢。』王充論衡云：『妒夫媢婦生，則忿怒鬭訟。』益知媢是妒之別名。」「不得言媚。」

幸、烝〔一〕、通、媱、窕、劮逸音。婸、大朗反。報，婬也。

說文：「婬，私逸也。」通作「淫」。小爾雅（廣義）：「男女不以禮交謂之淫，上淫曰烝，下淫曰報，旁淫曰通。」幸者，方言（第十二）〔二〕：「幸、烝，淫也。」漢書外戚傳（上）：「謳者進，帝獨說子夫。帝起更衣，子夫侍尚衣軒中，得幸。」舊本「幸」譌「㚔」。方言「幸、誇、夸」皆非也，今訂正。烝者，左氏桓十六年傳「衛宣公烝于夷姜」，服虔注：「上淫曰烝。烝，進也，自進上而與之淫也。」舊本「烝」字譌「蒸」，今訂正。通者，詩（邶風雄雉）正義云：左氏傳（桓公十八年）「文姜如齊，齊侯通焉」，服虔云：「傍淫曰通。」言傍者，非其妻妾，傍與之淫，上下通名也。牆有茨序云：公子頑通于君母，左氏傳孔悝之母與其豎渾良夫通，皆上淫也。齊莊公通于崔杼之妻，蔡景侯爲太（子）般娶于楚，通焉，皆下淫也。以此知通者總名，故服虔又云「凡淫曰通」是也。媱、窕者，方言（第十）「遥、窕，淫也。九疑荆楚〔三〕之鄙謂淫曰遥，沅湘之間謂之窕」，又云「江沅之間謂戲爲媱」，郭注：「遥，言心遥蕩也。窈窕冶容。」「媱、遥」音義同。舊本「媱」譌「婬」，今訂正。劮、婸者，方言（第六）「佚婸，婬也」，郭注：「跌唐兩音。」玉篇：「婸，戲婸也。」「劮、佚」字異音義同。報者，左氏

〔一〕幸、烝，疏證本作「夸、蒸」。

〔二〕案：方言第十二作「夸、烝，婬也。」

〔三〕楚，方言作「郊」。盧文弨曰：「『郊』字疑或是『郢』字之誤。」

宣三年傳：「文公報鄭子之妃。」詩〔邶風雄雉〕正義引服虔注：「鄭子，文公叔父子儀也。報，復也，淫親屬之妻曰報。」漢律：淫季父之妻曰報。」

襲、馺、素匝反。**逮、纍，及也。**

説文：「及，逮也。」公羊傳〔隱公元年〕：「及者何？與也。」「及，猶汲汲也。」襲者，楚辭九歌〔少司命〕「芳菲菲其襲予」，王逸注：「襲，及也。」馺者，〔説文〕：「馺，馬行相及也。」揚雄甘泉賦：「輕先疾雷而馺遺風。」逮者，與「逮」同。方言〔第三〕文：「關之東西曰逮。」説文：「逮，及也。」又云：「隶，及也。」又云「𨽻，及也。」引詩曰：「𨽻天之未陰雨。」案：「逮，及」已見爾雅釋言，故作此「逮」。纍者，古「累」字，力追切。公羊傳〔桓公二年〕：「及者何？累也。」舊本「纍」譌「絫」，今訂正。

輷、苦耕反。**䡲、**呼〔一〕間反。**侄、**質音。**固、攻、確**〔二〕**、**口卓反。**賢、艮、磑、**牛衣反，又牛哀反。**鍇、**揩〔三〕音，又公諧反。**𨭺、**啓音。**鞕、臣、牢，𨊧也。**

玉篇：「𨊧，口間切，堅也。」通作「堅」。大雅生民：「實堅實好。」月令：「季冬，水澤腹堅。」輷者，玉篇、廣韻俱無此字。案：「輷」與「䡲」同。説文：「䡲，車堅也。口莖切。」聲義相近，即此矣。䡲者，玉篇「䡲，堅也」，本此。侄者，之日

〔一〕呼，王念孫説當作「乎」。

〔二〕確，疏證本作「䃕」。

〔三〕揩，王念孫説當作「楷」。

切。廣韻（質韻）「侄，堅也」，本此。固者，小雅天保：「亦孔之固。」夏官掌固：「修城郭溝池樹渠之固。」攻者，小雅車攻：「我車既攻。」確者，（乾）文言傳「確乎其不可拔」，釋文引鄭注：「確，堅高之貌。」莊子應帝王篇：「確乎能其事。」舊本「確」譌「礭」，今訂正。賢者，說文：「臤，堅也。古文以爲『賢』字。」故「賢」亦爲堅。大雅卷阿正義引說文：「賢，堅也。以其人能堅正，然後可（以）爲人臣，故字从『臣』。」案：此疑釋名之文，誤以爲說文也。艮、磑者，方言（第十二）文，郭注：「名石物也。」說卦傳：「艮爲小石。」說文：「磑，䃺也。」宋玉高唐賦：「振陳磑磑。」張衡思玄賦「行積冰之磑磑」。舊本「艮」譌「良」，今訂正。鍇、鐕者，方言（第二）文：「自關而西秦晉之間曰鍇，吳揚江淮之間曰鐕。」五音集韻（齊韻）「鐕，堅也」，本此。鞕者，牛更切。玉篇「鞕，堅也」，本此。俗作「硬」。杜甫（李潮八分小篆歌）詩：「書貴瘦硬方通神。」蘇軾（次韻秦觀秀才見贈）詩：「硬黃小字臨黃庭。」臣者，白虎通義（三綱六紀）：「臣者，繵堅也，厲志自堅固也。」牢者，史記外戚世家：「欲連固根本牢甚。」玉篇「牢，堅也」，本此。

挺、秀、⿰角弱、拔、揠、擢、涌、溢、𢦏、出允反。莖、茁、側劣反。奝〔一〕、生，出也。

說文：「出，進也，象艸木益滋上出達也。」釋名（釋言語）：「出，推也，推而前也。」挺者，說文：「挺，拔也。」徒鼎切。」月令：「荔挺出。」鄭注「荔挺」連文，誤也。「挺」字屬下，舊說皆然。史記陳涉世家：「果笞廣。尉劍挺，廣起，奪而殺尉。」孫綽遊天台山賦「嗟台岳之所奇挺」，褚淵碑文「含珪璋而挺曜」，李善注並引此文。秀者，陸機演連珠「懸景東秀，則夜光與碔砆匿曜」，李善注：「懸景，（皆謂）日也。」「秀，出也。」李康運命論：「木秀于林，風必摧之。堆出于岸，流

〔一〕奝，疏證本作「⿱亣冏」。

必湍之。」𧤲者，女角切。廣韻〈覺韻〉：「𧤲，屋角。」與「𧢳」同，屋角亦上出也。拔、揠、擢者，方言〈第三〉「揠、擢，拔也。」說文：「拔，擢也。」「揠，拔也。」「擢，引也。」木華海賦「擠拔五岳」，李善注引此文。孟子〈公孫丑上〉：「宋人有閔其苗之不長而揠之者。」張衡西京賦「徑百常而莖擢」，薛綜注：「莖，特也。擢，獨出貌。」廣韻〈覺韻〉「擢，出也」，本此。涌者，余隴切。爾雅釋水：「濫泉正出。正出，涌出也。」詩〈大雅瞻卬〉疏引李巡注：「水泉從下上出曰涌泉。」溢者，器滿而滕出也。𢧵者，古文「蠢」。考工記〈梓人〉「則春以功」，注：「春讀爲『蠢』。蠢，作也，出也。」通作「春」。尚書大傳：「春，出也，物之出也。」萃者，方言〈第十二〉：「𪓐、律，始也。」本書釋詁作「𪓐、萃」，是「萃」爲始出也。茁者，召南〈騶虞〉「彼茁者葭」傳義也。趙岐孟子〈萬章下〉注：「茁，生長貌。」說文：「茁，艸初生出地貌。」裔者，方言〈第十三〉：「裔，末也。」是「裔」爲初出之耑也。生者，說文：「生，象艸木生出土上。」吕氏春秋孟夏紀〈勸學〉「不知義理生於不學」，高誘注「生，猶出」也。文選〈魏都賦〉注引劉瓛〈周〉易義云：「自無出有曰生。」生得性之始也。

殫、丹音。索、既、渴、所、蔭〔一〕、滲、澁、涸、鶴音。恚〔二〕、汔、許乞反。焪、去鳳反。湫、澌、斯音。涖、力二反。釂、子曜反。殲、糞、方問反。寫、𩯭、都果反，又徒果反。稍、煎、子延反。鋌、達鼎反。央，盡也。

說文：「盡，器中空也。」易繫辭〈上〉：「書不盡言，言不盡意。」左氏哀元年傳：「去疾莫如盡。」曲禮〈上〉：「君子不盡人之歡。」殫者，說文：「殫，極盡也。」司馬相如子虛賦：「殫覩衆物之變態。」張衡西京賦：「殫所未見。」通作「單」。周頌

〔一〕所、蔭，王念孫曰：「滲，曹憲音『所蔭反』，各本『所蔭』二字誤入正文，在『滲』字上。」

〔二〕恚，疏證本作「急」。

〈昊天有成命〉：「單厥心。」祭義云：「歲既單矣。」史記春申君列傳「王之威亦單矣」，徐廣云：「（本）亦作『殫』。」司馬貞曰：「單〈者〉，盡也。」小雅天保「俾爾單厚」，箋：「單，盡也。」索者，説文：「澌，水索也。」牧誓「惟家之索」，孔傳：「索，盡也。」左氏襄八年傳：「悉索敝賦。」既者，春秋桓三年：「秋七月壬辰朔，日有食之，既。」公羊傳：「既者何？盡也。」穀梁傳：「既者，盡也。」文選〈月賦〉注引易辯終備云：「日之既，陽德消。」鄭康成注：日既，（日）蝕明盡也。」渴者，水之盡。説文水部義也。渠列切。周禮地官草人「凡糞種」，「渴澤用鹿」，疏云「渴，故時停水，今乃渴」也。通作「竭」。月令：「仲春毋竭川澤。」又通作「歇」。方言〈第十二〉：「歇，涸也。」左氏宣十二年傳「得臣猶在，憂未歇也」，杜注：「歇，盡也。」所者，力之盡也。説文「所，伐木聲也」，引〈詩〉曰：「伐木所所。」今本作「許許」，古字通用。淮南道應訓：「今夫舉大木者，前呼邪許，後亦應之，此舉重勸力之歌也。」蔭，未詳。滲、㴸者，滲，色蔭切。玉篇：「滲，滲漉也。」徐鍇本説文「漉，水下貌」，或作「淥」，繫傳云：「水下所謂滲漉。」考工記慌氏：「清其灰而盝之。」説文無「盝」字，即「淥」也。月令：「毋漉陂池。」方言〈第十三〉「㴸，涸也」，郭注：「謂渴也。」又〈第十三〉云「漉，極也」，郭注：「滲漉極盡也。」「㴸、盝、淥、漉」，字異音義同。涸者，乎各切。説文：「涸，渴也。」周語〈中〉：「水涸而成梁。」月令：「仲秋水始涸。」淮南主術訓「不涸澤而漁」，高誘注：「涸澤，漉〈池〉也。」史記封禪書「秋涸凍」，索隱引字林：「涸，竭也。」玉篇「涸，盡也」，本此。⿱罒急者，疑是「急」字，蓄之盡也。王制：「國無六年之蓄，曰急。」汔者，説文「汔，水涸也」，引詩曰：「汔可小康。」焪者，溼之盡也。玉篇「焪，盡也」，本此。湫者，子小切。疑通作「潐」。説文：「潐，盡也。」子肖切。」澌者，方言〈第三〉：「澌，盡也。」息移切。涖者，下之盡也。司馬相如上林賦：「涖涖下瀨。」釂者，飲之盡也。曲禮〈上〉「長者舉未釂，少者不敢飲」，注：「盡爵曰釂。」淮南道應訓「魏文侯受觴而飲釂不獻」，高誘曰：「釂，盡也。」説苑善説篇：「魏文侯與大夫飲酒，使公乘不仁爲觴政曰：飲不釂者，浮以大白。」文侯飲而不盡釂，公乘不仁舉白浮君。」張協七命：「千鍾電釂，萬燧星繁。」通作「𥼶」。説文：「𥼶，盡酒也。」殈者，許劣切。玉篇「殈，盡也」，本此。糞者，除之盡也。説文：「糞，棄除也。」左氏昭三年傳：「糞除先人之敝廬。」曲禮（上）：「凡爲長者糞之禮，必加帚于箕上。」通作「𡊄」。説文：「𡊄，埽除也。」讀若糞。」舊本「𢍏」譌「𦳊」，今訂正。寫者，傾之盡也。司夜切。俗作「瀉」。玉篇「寫，盡也」，本此。小雅蓼蕭「我心寫兮」，箋：「輸（寫）其情意，無留恨也。」枚乘七發：「輸寫淟濁。」束皙補亡詩：「賓寫爾誠，主竭其心。」鬠，未聞。稍者，方言文。所教切。煎者，亦方言（第十二）文，汁之盡也。内則：「煎醢。」天官内饔：「掌王及後世子膳羞之割烹煎和之事。」儀禮既夕：「凡糗不煎。」通作「剪」。左氏襄八年傳「剪焉傾覆」，杜注：「剪，盡也。」張衡西京賦「錫用此土，而剪諸鶉首」，薛綜注「剪」亦爲盡。鋌者，空之盡也。方言（第三）：「鋌，盡也。」「南楚凡物空盡者曰鋌。」集韻（迥韻）「𣨼，大梗切」，引廣雅：「盡也。」是本又作「𣨼」。央者，離騷「時亦猶其未央」，王逸注：「央，盡也。」

軥，衢音。輗，兒音。牽、輓，晚音。攀、援、摯，至音。扽，頓音。拕，達可反。捆，乎根反。攎，盧音。扔，仍音。扱，楚洽反。㨿、摍，縮音。揂、捈，悇、途二音〔二〕。揄、擢、控，苦貢反。抓，烏麻反。彎，關音，又烏還反。引也。

説文：「引，開弓也。」漢書律曆志（上）：「十丈爲引」，「引者，信也。」此所釋者，牽挽之引也。軥者，所以引車前進也。説文：「軥，軶下曲者。」其俱切。左氏襄十四年傳「射兩軥而還」，服虔曰：「車軛兩邊叉馬頸者。」輗者，孫侍御云：

〔二〕王念孫博雅音校本作「途音」。

輗，亡狡切，引也。集韻〔效韻〕：「輗，眉教切，引車也。」牽者，說文：「牽，引前也。」宰夫云「飧牽」，鄭司農云：「牽，牲牢可牽而行者。」引春秋傳曰：「餼牽竭矣。」宋玉招魂「牽於俗而蕪穢。」通作「掔」。揚雄羽獵賦「掔象犀」，李善注：「掔，古『牽』字。」輓者，說文：「輓，引之也。」史記劉敬列傳「婁敬脱輓輅」，索隱曰：「輓者，牽也。」漢書景帝紀「國得發民輓喪」，顔師古注「輓」與「挽」同。攀者，說文：「𠬜，引也。从反廾。」或作「攀」。晉語〔八〕「以藩爲軍，攀輦即利而舍」，韋昭注：「攀，引也。」莊子馬蹄篇：「烏鵲之巢可攀援而窺。」揚雄反離騷「纍既𠬜夫傅説兮，奚不信而遂行」，顔師古注：「𠬜，古『攀』字。」通作「扳」。公羊隱元年傳：「諸大夫扳隱而立之。」援者，說文手部義也。大雅皇矣「以爾鉤援」，傳：「鉤，鉤梯也，所以鉤引上城者。」儒行云「上弗援」，鄭注：「援，猶引也。」摯者，引以相見也。大宗伯：「以禽作六摯，以等諸臣，孤執皮帛，卿執羔，大夫執雁，士執雉，庶人執鶩，工商執鷄。」扽者，玉篇「扽，都困切，引也」，本此。拕者，說文：「拕，曳也。託何切。」漢書嚴助傳：「拕舟而入水。」又與「拖」同。禮少儀「僕者負良綏，申之面，拖諸幦」，疏云：「綏申于面前而」「引之可置車幦上也。」案：爾雅釋文引廣雅：「扡，引也。」李善注羽獵賦亦引作「扡」，是本又作「扡」。拫者，玉篇：「拫，胡根切，輓也。」攎者，說文：「攎，挐持也。」洛胡切。扔者，廣韻〔蒸韻〕「扔，引也。如乘切」，本此。扱者，集韻〔緝韻〕「扱，訖立切，引也」，本此。據者，鄒陽上〔書〕吳王「張耳、陳勝〔連〕從兵之據，以叩函谷」，李善注：「據，引也。言相引以爲援也。」摍者，說文：「摍，蹴引也。」通作「縮」。周語〔中〕「縮取備物以鎮撫百姓」，韋昭注：「縮，引也。」揯者，古恆切。說文：「揯，引急也。」上文釋「揯」爲急，此又爲引，皆本說文也。捈者，同都切。說文：「捈，臥引也。」法言〔問神〕云：「捈中心之所欲，通諸人之嚧嚧者，莫如言。」廣韻〔模韻〕「捈，捈引」也。舊本脱「捈」字。案：曹氏音釋「揯」下有「悇、途音」三字，明是漏落「捈」字，今補正。揄者，說文手部義也。羊朱切。史記貨殖列傳：「揄長袂，躡利屣。」枚乘七發「掄流波」，李善注：「言引流波以自潔。」擢者，拔之引，説文手部義也。控者，弓之引，亦説文手部義也，匈奴名引弓曰控弦。班固西都賦：「弦不再控。」抓者，玉篇、廣韻〈麻韻〉「抓，引也」，俱本此。彎者，説文：「彎，持弓關矢也。」淮南原道訓「彎棊衛之箭」，高誘注：「彎，引也。」

柔、耎、佯、㞋、而兖反，吕靜音碾。䦧、乃第反。劣、懦、奴玩反，又奴臥反。恁、而審反，疑之。羨〔一〕、女寸反，又而兖反。嬈、女孝反。脆、七歲反。栠、又荏，如甚反。又如深反〔二〕。愞、乃臥反。軜，納音。弱也。

説文：「弱，橈也。上象橈曲，彡象毛氂橈弱也，弱物并，故从二𢎗。」左氏宣十二年傳：「衆散爲弱。」漢書息夫躬傳：「賈延墮弱不任職。」柔者，質之弱也。老子〈第七十六章〉：「人〈之〉生也柔弱，其死也堅强。」通作「鞣」。説文：「鞣，耎也。」耎者，而兖切。戰國策〈楚策〉：「鄭、魏者，楚之耎國。」莊子胠篋篇：「惴耎之蟲。」漢書王吉傳：「以耎脆之〈玉〉體。」説文：「耎，讀若畏偄。」玉篇：「耎，柔也。」佯者，余章、似羊二切。玉篇「佯」下引博雅：「弱也。」㞋者，皮之弱也。説文：「㞋，柔皮也。」玉篇「㞋，弱也。或爲耎」，本此。舊本「㞋」譌「反」，今訂正。䦧者，力之弱也。説文：「䦧，智少力劣也。」詹事兄曰：「䦧」即爾雅〈釋獸〉「威夷，長脊而泥」之「泥」，郭注：「泥，少才力。」古音「爾、尼」相近。易〈姤〉：「繫于金柅。」説文作「檷」。詩〈邶風泉水〉「飲餞于禰」，韓詩作「坭」。劣者，説文力部義也，力輟切。法言〈學行〉云：「彼以其回，顔以其貞。顔其劣乎。」懦者，説文：「懦，駑弱者也。」「嬬，弱也。」左氏昭元年傳「晉少懦矣，諸侯將往」，

〔一〕羨，疏證本作「媆」。

〔二〕又如深反，王念孫曰當是「鈓」字之音，各本脱去「鈓」字。

杜注：「懦，弱也。」或作「儒」同。荀子修身篇：「偷儒憚事。」漢書兒寬傳：「善屬文，然懦于武。」舊本「懦」譌从「巾」，今訂正。恁者，曹音「而審反」，又云「疑之」，蓋疑其與下文「栠」字同也。羨者，古無「弱」訓，涉下而誤耳。以音釋「女寸、而兗」二反考之，當是「嫰」字之譌。説文：「嫰，好貌，而沇切。」徐鉉曰：「切韻又音奴困切，今俗作『嫩』，非是。」廣韻（慁韻）「嫩，弱也。嫰，上同。」嬈者，疑當「橈」。易（大過）曰：「棟橈，本末弱也。」漢書高祖紀（上）「謀橈楚權」，服虔曰：「橈，弱也。」顏師古音「女教反，其字从『木』」。案：説文訓弱爲橈，知橈亦弱也。脆者，説文：「脆，小耎易斷也。」小雅采薇「薇亦柔止」，箋：「謂脆脕之時。」考工記弓人：「夫角之末，遠于腦而不休于氣，是故脆。脆故欲其柔也。」晉語（六）：「臣脆弱，不能忍俟也。」老子（第七十六章）：「萬物艸木其生也柔脆，其死也枯槁。故堅強者死之徒，柔弱者生之徒也。」淮南本經訓：「柔而不脆。」通作「膬」。説文：「膬，耎易破也。」老子（第六十四章）「其膬易判」，傅奕本「膬」作「脆」。枚乘七發：「飲食則溫醇甘膬。」栠者，説文：「栠，弱貌。」通作「荏」。論語（陽貨）「色厲而內荏」，孔安國曰：「荏，柔也。」小雅巧言、大雅抑並云：「荏染柔木。」楚辭九章（哀郢）：「諶荏弱而難持。」音釋云「又荏」者，猶言亦作「荏」也。愞者，漢書武帝紀：「天漢三年」，「太守坐畏愞棄市。」玉篇「愞，弱也」，本此。軜者，奴荅切。玉篇：「軜，耎也。」廣韻（合韻）：「軜，腝貌。」舊本「弱也」二字，在「懦、恁」之下，以「羨、嬈、脆、栠、愞、軜」六字竄入下文「欲」訓內，今訂正。

偄、乃翫反。欿、口感反。羨、顲、貪、歛、呼濫反，又呼甘反。欦、呼縑反。將、闉，欲也。

説文：「欲，貪欲也。」曲禮（上）「欲不可從」，疏云：「心所貪愛爲欲。」偄者，通作「蠕」。史記律書「選蠕觀望」，集解：「蠕音而兗反。」索隱曰：「蠕音軟，選蠕，謂動身欲有（所）進取之狀也。」舊本譌在上文「弱」訓「愞」下，今訂正。欿者，他含切。説文：「欿，欲得也。讀若貪。」羨者，似面切。説文：「羨，貪欲也。」大雅皇矣：「無然歆羨。」曹植七啟：「耽虛好靜，羡此永生。」孫綽遊天台山賦「亦何羡於層城」，李善注引韓詩薛君章句：「羡，願也。」𩕳者，魚怨切。方言（第一）：「𩕳，欲思也。」「𩕳」與「願」，古字通。貪者，大雅桑柔：「貪人敗類。」離騷「衆皆競進以貪婪兮」，王逸注：「愛財曰貪，愛食曰婪。」歛者，玉篇「歛，欲也」，本此。又（廣韻談韻）云：「⿰貝甘，戲乞（人）物。呼濫切。或作『歛』。」欿者，說文：「⿰貝甘，欿幸也。」玉篇：「歛，呼南切，貪欲也。」又云：「欿，義與『欲』同。」將者，張衡東京賦「及將祀天郊，報地功」，薛綜注：「將，欲也。」郭璞遊仙詩：「蹇修時不存，要之將誰使？」闓者，古通「豈」。說文：「豈，欲也。」與「覬、覦」字義同。齊風載驅箋：「豈讀當爲『闓』。」「豈」與「闓」字異義同。

廣雅疏義卷第三

廣雅卷二

槾、亡旦反，又亡丸反。⿰扌爵〔一〕、宣音。挴、母磊反。忨、翫音。懆、操音。饕、他高反。飻、鐵音。⿰壴乚、阿帙反，又於既反。⿱㐭回、歁、苦感反。欿、口感反。欲、婪、來南反。利、遴、力晉反。茹、如與反。嗜、釐、慘、七感反。⿰飠宛，苑音，又袁音。貪也。

賈誼新書〔道術〕：「辭利刻謙謂之廉，反廉爲貪。」説文：「貪，欲物也。」釋名〔釋言語〕：「貪，探也，探入他分也。」槾、⿰扌爵，未詳。廣韻〔仙韻〕「⿰扌爵」〔二〕與「揎」同。挴者，方言〔第十三〕文也。楚辭天問「穆王巧挴，夫何爲周流」，王逸釋「挴」爲「貪」。玉篇「挴，莫改切，貪也」，本此。通作「每」。史記伯夷列傳引賈生語「衆庶馮生」，鄒誕生本「馮」作「每」。孟康曰：「每，貪也。」索隱曰：「每者，冒也，即貪冒之義。」後漢書〔孔融傳〕論云：「豈有負园委屈，可以每其生哉！」挴，亦作「⿰扌毒」。廣韻〔海韻〕：「⿰扌毒，多改切，貪也。」忨者，五換切。説文「忨，貪也」，引春秋傳曰：「忨歲而漱日。」習部又引作「翫歲而愒日」。今本左氏昭元年傳作「翫歲而愒日」，杜注：「翫、愒，皆貪也。」通作「玩」。繫辭傳〔上〕「所樂而玩者」，

〔一〕⿰扌爵，疏證本作「撏」。

〔二〕⿰扌爵，今本廣韻作「撏」。

釋文引馬融注：「玩，貪也。」「忨、翫、玩」，古字通。懆者，先到切。集韻〔号韻〕「懆，貪也」，本此。饕者，說文食部義也，或作「叨」。後漢書黨錮傳：「以貪叨誅死。」王符潛夫論〔班祿〕「滅典禮而行貪叨」。飻者，他結切。說文「飻，貪也」，引春秋傳曰：「謂之饕飻。」今本左氏文十八年傳作「飻」，杜注：「貪財曰饕，貪食曰飻。」亄、嗇者，方言〔第十〕文也，「荆汝江湘之郊，凡貪而不施謂之亄，或謂之嗇，或謂之悋。悋，恨也」，郭注：「亄，音懿，謂慳貪也。」說文：「嗇，愛濇也。」左氏襄二十六年傳「釁于勇，嗇于禍」，杜注：「嗇，貪也。」歁者，方言〔第一〕文：「楚謂之貪，南楚江湘之間謂之歁。」說文：「歁，食不滿也。讀若『坎』。」欦者，上文「欦，欲也」，此又爲「貪」，義相成也。說文：「欦，讀若『貪』。」欲者，上文「貪，欲也」，此又轉相訓。呂氏春秋仲夏紀〔大樂〕「天使人有欲，人弗得不求」，高誘注：「欲，貪也。」婪者，說文女部義也，「杜林說：卜者黨相詐驗爲婪。」通作「惏」。說文：「河内之北，謂貪曰惏。」左氏昭二十八年傳「貪惏無饜」，賈逵云：「惏，耆食也。其人貪耆財利飲食，無知饜足。」僖二十四年傳「狄固貪惏」，釋文引方言云：「殺人而取其財曰惏。」疏所引同。今方言無此文。利者，坊記「先財而後禮，則民利」，注：「利，猶貪也。」遴者，與「吝」同。易〔蒙〕「以往吝」，說文引作「遴」，漢書多用「遴」。魯安王〔傳〕：「晚節遴。」王莽傳〔下〕：「性實遴嗇。」茹者，方言〔第七〕：「吴越之間，凡貪飲食者謂之茹。」嗜者，方言文。說文：「嗜，嗜欲喜之也。」鼇者，方言〔第十三〕文也。慘者，與「㜗」同，七感切。說文：「㜗，婪也。」䬼者，玉篇「䬼，於元切，貪也」，本此。

𨇾、巨勿反。膂、墾、劤、靳音。威，力也。

周官司勳：「治功曰力。」此專釋勇力也。𨇾者，方言〔第六〕文，郭注「律𨇾，多力貌。」膂者，力舉切，亦方言〔第六〕文，「東齊曰𨇾，宋魯曰膂。」又云「膂，田力也」，郭注：「謂耕墾也。」墾者，康很切，亦方言〔第十二〕文，郭注：「耕墾用力。」舊本「塈」譌「愬」，今訂正。劢者，居僅切。玉篇引埤倉云：「劢，多力也。」威者，吕氏春秋孟秋紀（蕩兵）：「凡兵也者，威也；威也者，力也；民之有威力，性也。」

何、詰、譏、資〔一〕、偵、勑鷩反。質、言、詄、映音，又於兩反。詵、史巿反。稽、考，問也。

說文：「問，訊也。」魯頌泮水：「淑問如臯陶。」何者，說文：「誰，何也。」賈誼過秦論「陳利兵而誰何」，李善注：「誰何，問之也。」漢書有誰何卒，如淳曰：「何，謂何官也。」何休公羊傳（隱公元年）注：「據疑問所不知曰者何。」詰者，說文言部義也。去吉切。月令「詰誅暴慢，以明好惡」，注：「詰，謂問其罪窮治之也。」譏者，譏察亦問也。王制：「關執禁以譏，禁異服，識異言。」通作「幾」。地官司關：「國凶札，則無關門之征，猶幾。」資者，古與「咨」通。禮記緇衣「民惟曰怨資」，周書作「咨」，是也。左氏襄四年傳：「訪問于善爲咨。」偵者，廣韻（勁韻）：「偵，偵問也。」古通作「貞」。春官天府「季冬，陳玉，以貞來歲之媺惡」，注：「問事之正曰貞。」鄭司農云：「貞，問也。」易曰『師貞，丈人，吉』，問于丈人。國語曰『貞于陽卜』。」質者，之日切。太玄經（玄數）「爰質所疑」，宋衷曰：「質，問也。」言者，春官冢人「及葬，言鸞車象人」，注：「言，〔言〕問其不如法度者。」詄者，集韻「詄，問也」，上、去二聲並收，本此。詵者，說文：「詵，致言也。」稽者，漢書賈誼傳：「婦姑不相說，則反脣而相稽。」通作「卟」。說文：「卟，卜以問疑也。」讀與『稽』同。書曰『卟疑』。」今洪範作「稽」。考者，古通用「攷」。大雅文王有聲云「考卜維王」，箋：「考，猶稽也。」

何、服、能，任也。

〔一〕資，疏證本作「咨」。

説文：「勝，任也。」周官太宰職「以任百官」，注：「任，猶傳也。」説文：「何，儋也。」商頌玄鳥「百禄是何」，傳：「何，任也。」通作「荷」。左氏昭七年傳「其父析薪，其子弗克負荷」，釋文：「本亦作『何』。」通作「賀」。方言〔第七〕：「賀，儋也。自關而西隴冀以往謂之賀，凡以驢馬馲駝載物者謂之負佗，亦謂之賀。」服者，周書旅獒：「無替厥服。」舊本「服」譌「般」，今訂正。能者，説文：「能獸堅中，故稱賢能，而彊壯稱能傑也。」釋名〔釋言語〕：「能，該也，無物不兼該也。」鄘風定之方中傳：「建邦能命龜，田能施命，作器能銘，使能造命，升高能賦，師旅能誓，山川能説，喪紀能誄，祭祀能語，君子能此九者，可謂有德音，可以爲大夫。」

超、越、踰、⿰足契、丑世反。抗[一]、絶、騰、過、跨、涉，渡也。

説文：「渡，濟也。」通作「度」。漢書賈誼傳：「度江河無維楫。」超者，釋名〔釋姿容〕：「超，卓也，舉脚有所卓越也。」孟子〔梁惠王上〕：「挾泰山以超北海。」越者，説文：「越，度也。」「度、渡」同。踰者。説文：「踰，越也。」越爲渡，踰亦渡也。⿰足契者，玉篇「⿰足契，渡也」，本此。通「⿺走契」。説文：「⿺走契，超特也。」抗者，與「杭」同。説文「抗」或作「杭」。衛風河廣：「一葦杭之。」絶者，爾雅釋水：「正絶流曰亂。」大雅公劉疏引孫炎曰：「直横渡也。」孔穎達疏：「水以流爲順，横渡則絶其流，故爲亂。」騰者，躍之渡也。過者，説文辵部義也。跨者，説文足部義也，苦化切。左氏昭十三年傳：「康王跨之。」涉者，説文：「涉，徒行厲水也。」衛風載馳「大夫跋涉」，傳：「水行曰涉。」爾雅釋水：「由膝以上爲涉。」方言〔第七〕「過度謂之涉濟」，郭注：「猶今云濟度。」風俗通義：「涉始于足，足率長十寸，十寸則尺，一躍三尺，法天地人，再躍則涉。」

[一] 抗，疏證本作「杭」。

招、命、靚、才性反。召，呼也。

説文：「呼，外息也。」「評，召也。」今經典借用「呼」。禮（玉藻）曰：「父命呼，唯而不諾。」招者，説文：「招，手呼也。」衛風匏有苦葉云「招招舟子」，傳：「招招，號召之貌。」王逸楚辭（招魂）注：「以手曰招，以言曰召。」命者，上文釋「命」爲「使」，此又爲「呼」，義相成也。堯典云：「乃命羲和。」靚者，説文：「靚，召也。」本書釋言又云：「召，靚也。」皆相呼之名。召者，説文口部義也。夏書甘誓：「乃召六卿。」齊風（東方未明）：「自公召之。」

詾、鬩[一]、讙、譊、女交反。號、咷、嗃、虎各反。嚮、奐音。訆、叫音。獋、豪音。㸴、虎苟反。吷、唯、評、虎都反。嗷、嘹、力弔反。鼓、嘑，鳴也。

説文：「鳴，鳥聲也。」玉篇：「鳴，聲出也。」此所釋者，上自人之聲，下及鳥獸之聲，皆具焉。詾者，許容切。小雅節南山「降此鞠詾」傳、魯頌泮水「不告于詾」箋並云：「詾，訟也。」通作「哅」。荀子解蔽篇：「聽漠漠（而）以爲哅哅。」吕氏春秋先識覽（樂成）：「誠能決善，衆雖諠譁而弗爲變。功之難立也，其必由哅哅邪。國之殘亡，亦猶此也。故哅哅之中，不可不味也。中主以之哅哅也止善，賢主以之哅哅也立功。」通作「匈」。史記高祖本紀：「天下匈匈苦戰數歲。」漢書東方朔傳：「君子不爲小人匈匈而易其行。」或作「訩」。蜀志趙雲傳：「天下訩訩，未知孰是。」鬩者，許激切。説文「鬩，恆訟也」，引詩云「兄弟鬩于牆」，「从鬥，从兒。兒，善訟者也。」周語（中）「人有言曰『兄弟讒鬩，侮人百里』」，韋昭注：「鬩，佷也。」王逸九思（遭厄）：「競佞諛兮讒鬩。」讙者，呼官切。説文：「讙，譁也。」樂記：「鼓鼙之聲讙，讙以立動。」

[一] 疏證本「鬩」下補「譟」字。

荀子儒效篇：「天下應之如讙。」譊者，説文：「譊，恚呼也。」號者，魏風碩鼠：「誰之永號。」阮籍詠懷詩：「孤鴻號外野。」咷者，徒刀切。説文：「楚謂兒泣不止曰噭咷」。漢書韓延壽傳「噭咷楚歌」，服虔音「咷」爲「滌」。嗃者，莊子則陽篇「夫吹筦也，猶有嗃也」，釋文：「嗃，許交反，管聲也。」嚻者，呼官切。説文：「嚻，呼也。讀若『讙』。」訆者，古弔切。説文：「訆，大呼也。」左氏襄三十年傳：「或訆于宋太廟。」通作「嘂」。説文：「嘂，高聲也。一曰大呼也。」獆者，乎刀切。説文：「嗥，咆也。譚長説作『獆』，从犬。」左氏襄十四年傳：「豺狼所嗥。」戰國策：「兕虎嗥之聲若雷霆。」楚辭招隱士：「猨狖羣嘯兮虎豹嗥。」淮南覽冥訓：「犬羣嗥而入淵。」鮑照蕪城賦：「風嗥雨嘯。」牞者，玉篇：「牞，牛鳴也。亦作『呴』。」文選〈李康運命論〉注引春秋潛潭巴云：「里社〈鳴〉，此里有聖人出，其呴，百姓歸之。」宋均注：『呴，鳴之怒者。』」吠者，扶廢切。説文：「吠，犬鳴也。」召南野有死麕云「無使尨也吠」，傳：「尨，狗也。非禮相陵則狗吠。」莊子徐無鬼篇「狗不以善吠爲良」，司馬彪曰：「不別客主而吠不止。」雊者，古候切。説文：「雊，雄雉鳴也。雷始動，雉鳴而雊其頸。」小雅小弁：「雉之朝雊，尚求其雌。」評者，説文：「評，召也。」噭者，古弔切。曲禮〈上〉「毋噭應」，注：「噭，號呼之聲也。」公羊昭二十五年傳：「昭公于是噭然而哭。」司馬相如長門賦：「白鶴噭以哀號兮。」謝靈運登石門最高頂詩：「噭噭夜猨啼。」嘹者，玉篇：「嘹，嘹喨。」廣韻〈蕭韻〉：「嘹亮，聞遠聲。」集韻〈蕭韻〉：「嘹喨，鳴也。」鼓者，繫辭傳〈上〉：「鼓之以雷霆。」離騷「吕望之鼓刀兮」，王逸注：「鼓，鳴也。」嘑者，荒烏切。春官雞人「夜嘑旦以嘂百官」，釋文：「嘑，本又作『呼』。」徐鍇本説文：「嘑，號也。」○案：「鳴」訓中疑有上文「呼」訓中字誤在此者，如「譊、號、嚻、訆、評、噭、嘑」，明明是呼，故疑之也。

嗟、嘆、呻，吟也。

說文：「吟，呻也。」大雅板云「民之方殿屎」，傳：「殿屎，呻吟也。」列子周穆王篇「晝則呻呼而即事，夜則昏憊而熟寐」，殷敬順釋文：「呻呼，音申吟。」吕氏春秋仲夏紀〈大樂〉：「夫婦失宜，民人呻吟。」嗟者，釋名〈釋言語〉：「嗟，佐也，言之不足以盡意，故發此聲以自佐也。」説文作「謩」，云：「咨也。一曰痛惜也。」嘆者，説文：「嘆，吞歎也。一曰太息也。」通作「歎」。説文：「歎，吟也。」王風中谷有蓷云「嘅其嘆矣」，釋文：「嘆，本又作『歎』。」呻者，失人切。説文口部義也。

燅〔一〕、辭廉反。衮、恩音。䐑、丈入反。燿、曜音。煠、弋涉反，又土合〔二〕反，又丑涉反。湯，爚藥音。也。

以火温肉曰爚。以灼切。説文：「爚，爇也。」「爇」當爲「熱」。熱，温也。燅者，説文「燅，於湯中爚肉」，或作「𤏲」。儀禮有司云「乃燅尸俎」，注：「燅，温也。古文『燅』皆作『尋』，記或作『燖』。春秋傳曰：『若可燖也，亦可寒也。』」通作「爓」。詳廉切。禮器篇「郊血，大饗腥，三獻爓，一獻孰」，注：「爓，沈肉于湯也。」玉篇作「𦢊」。衮者，烏痕切。説文：「衮，炮肉，以微火温肉也。」䐑者，玉篇：「䐑，瀹也，生熟半也。」集韻〈緝韻〉「䐑」引博雅：「瀹也。」「爚、瀹」，古字通。郊特牲篇「腥、肆、爓、膾、祭」，注：「爓，或爲『䐑』。」燿者，字當爲「𩱦」。説文：「𩱦，内肉及菜湯中薄出之。」此與「燅」訓「於湯中爚肉」同。或謂之「燿、爚」聲相近，故借用「火」旁亦爲「爚」也。煠者，玉篇「煠，爚也」，集韻〈洽韻〉「煠，瀹也」，並本此。湯者，他浪切。廣韻〈宕韻〉：「湯，熱湯也。」

〔一〕燅，疏證本作「㷋」。

〔二〕土合，王念孫説當作「士洽」。

供、平聲。奉、獻、御、奏、晉、漸、躍、前、陞、敕、恥力反。案：説文：「从攴，朿聲。」今「勑」字，「勞勑」字，力代反。奮、揖、饔、薦、許，進也。

釋名〔釋言語〕：「進，引也，引而前也。」説文：「進，登也。」供者，九容切。説文：「供，設也。一曰供給。」周書無逸：「文王不敢盤于遊田，以庶邦維正之供。」檀弓篇〔下〕：「蕢也，宰夫也，非刀匕是供。」是供爲物之進也。通作「龔」。説文：「龔，給也。」奉者，秋官大司寇「大祭祀，奉犬牲」，注：「奉，猶進也。」獻者，地官卿大夫「獻賢能之書於王」，注：「獻，〔猶〕進也。」張衡東京賦「然後以獻精誠，奉禋祀」，薛綜訓「獻」爲「進」。御者，晉語〔八〕「朱也當御」，韋昭注：「御，進也。」蔡邕獨斷云：「御，進也。凡進皆曰御也。」張衡西京賦「奉命當御」，李善注：「奉傳詔命，而遞當進也。」奏者，説文夲部義也，「从𠬞，从屮：屮，上進之義。」江處士聲曰：「夲、屮」，皆進也，「廾」則奉而進之，故奏爲進。此於六書爲會意。晉者，晉彖傳義也。説文：「晉，進也。日出萬物進。」釋名釋州國云：「晉，進也，其地在北，有事於中國，則進而南也。」案：「晉，進」已見爾雅釋詁〔下〕，此當作「搢」。搢者，説文新附字，古用「晉」，春官典瑞「王晉大圭」，鄭司農云：「晉，讀爲『搢紳』之『搢』，謂插于紳帶之間，若帶劍也。」「搢、薦」，聲相近。「搢紳」或爲「薦紳」，故「搢、薦」皆爲進也。漸者，楚辭〔七諫沈江〕：「日漸染而不自知兮。」法言學行篇：「或問『進』。曰：『水』。或曰：『爲其不舍晝夜歟？』曰：『有是哉！滿而後漸者，其水乎？』」説文作「𧽊，進也」。躍者，〔乾〕文言傳：「或躍在淵，進無咎也。」前者，説文云：「不行而進謂之歬。从止在舟上。」經典通用「前」。陞者，古作「升」。吕氏春秋孟秋紀「農乃升穀」，高誘注：「升，進也。」張衡西京賦「升觴舉燧」，李善訓「升」爲「進」。敕者，讀與「畟」同。「敕、畟」，聲相近。説文「畟，治稼畟畟進也」，引詩曰：「畟畟良耜。」奮者，奮勉亦進意。揖者，論語〔述而〕：「揖巫馬期而進之。」廣韻〔緝韻〕「揖，進也」，本此。饔者，食之進也。士戀切。説文「籑，具食也」，或作「饌」。論語（爲政）「有酒食，先生饌」，馬融曰：「饌，飲食也。」鄭康成作「餕」。儀禮（特牲饋食禮）注云：「古文『籑』皆作『餕』。」是「餕」爲古文「籑」也。薦者，祭義云：「卿大夫有善，薦于諸侯。」案：「薦，進」已見爾雅釋詁（下），此當作「荐」。「荐」與「薦」通。左氏襄四年傳：「戎狄薦居。」漢書終軍傳：「北胡隨畜薦居。」是「荐、薦」同也。許者，大雅下武云「昭兹來許」，傳：「許，進也。」

旁、闊、瞑〔一〕、亡狄反。衍、藐、素、慮，廣也。

方言（第六）：「廣，遠也。」旁者，逸周書世俘解「旁生魄」，孔晁注：「旁，廣也。」闊者，苦括切。廣韻（末韻）「闊，廣也」，本此。瞑，未詳。衍者，繫辭傳（上）「大衍之數五十」，王廙、蜀才並云：「衍，廣也。」藐、素者，方言（第十三）文。

慮，未詳。

羑、俎雅反，又才智反。燥、熯、而善反，又罕音。焟、昔音。晞、熬、五高反。煎、煼、初絞反。炕、抗音。暵、漢音，又呼但反。㷮、貧力反。熭、衛音。鐰、曹音，又才刀反。燩、口繫〔二〕反。焇、消音。焚、胋〔三〕、枯音。殦、苦老反。燔、澽、巨音。烼、許勿反。焪、穹之去聲。灱、火交反。乾〔四〕、㬤、泣音。膊、普各反。昲、拂音。炕、煬、

〔一〕瞑，疏證本作「㑃」。

〔二〕繫，王念孫説當作「擊」。

〔三〕胋，疏證本作「𣧑」。

〔四〕疏證本「乾」下補「也」字，「㬤」以下別爲一條。

恙音。烈、晅、歌鄧反。嘌、匹妙反。曬，所賣反。曝也。

說文：「暴，晞也。从日、出、廾、米。」考工記㡛氏：「湅絲以涚水，漚其絲七日，去地尺暴之。」孟子〈滕文公上〉：「秋陽以暴之。」「曝」與「暴」同。羨者，說文：「羨，束炭。讀若『齹』。楚宜切。」「羨」與「羨」同。燥者，蘇到切。說文：「燥，乾也。」〈乾〉文言傳：「火就燥。」說卦傳：「燥萬物者，莫熯乎火。」熯者，說文：「熯，乾貌。」王充論衡〈感虛〉：「熯一炬火，爨一鑊水。」焟者，思亦切。玉篇：「焟，乾也。」通作「昔」，肉之曝也。說文「昔，乾肉也。从殘肉，日以晞之。與『俎』同意」，籀文作「腊」。釋名〈釋飲食〉：「腊，乾昔也。」天官腊人「掌乾肉，凡田獸之脯腊」，注：「大物解肆乾之，謂之乾肉，若今涼州烏翍矣。腊，小物全乾。」噬嗑六三「噬腊肉」，馬融曰：「晞于陽而煬于火曰腊。」虞翻曰：「离日熯之爲腊。」「俎」从半肉，「昔」从殘肉，故說文云「與『俎』同意」也。晞者，許衣切。方言〈第七〉文：「暴五穀之類，東齊北燕海岱之郊謂之晞。」小爾雅〈廣言〉云：「晞，乾也。」秦風蒹葭「白露未晞」、小雅湛露「匪陽不晞」，傳並云：「乾也。」楚辭九歌〈少司命〉：「晞女髮兮陽之阿。」鏊、煎者，方言〈第七〉：「熬、煎，火乾也。凡以火而乾五穀之類，自山而東齊楚以往謂之熬。凡有汁而乾謂之煎。」說文：「熬，乾煎也。或作『鏊』。」「煎，熬也。」淮南本經訓：「煎熬焚炙，調齊和之適，以窮荆吴甘酸之變。」𤉹者，方言〈第七〉「聚，火乾也。秦晉之間或謂之聚」，郭注：「聚，即『鬻』字也。」說文：「鬻，熬也。」「𤉹、聚、鬻、鬻」，字異音義同。炕者，苦浪切。說文：「炕，乾也。」小雅瓠葉「燔之炙之」，傳：「炕火曰炙。」孔疏：「炕，舉也。謂以物貫之，而舉於火上以炙之。」暵者，說文：「暵，乾也。耕暴田曰暵。」王肅注說卦傳云：「暵，火氣也。」玉篇：「暵，熱氣也。」㸐者，說文：「㸐，以火乾肉。」彗者，于劌切。太公六韜：「日中不彗，是謂失時；操刀不割，失利之期。」說文：「彗，暴乾火也。」漢書賈誼傳「日中必彗」，孟康曰：「日中盛者，必暴熭也。」舊本「熭」譌「慧」，今訂正。鐰，未聞。燩者，苦角切。玉篇：「燩，火乾物。」廣韻（錫韻）：「燩，乾燥也。」焇者，思遥切。玉篇：「焇，乾也。亦作『銷』。」焚者，附袁切。說文作「燓」。胋、殦者，與「枯、槁」同，曝之乾極也。「胋」當爲「殆」。說文：「殆，枯也。」燔者，附袁切。說文：「燔，爇也。」澽者，巨庶切。玉篇：「澽，乾澽也。」炢者，玉篇：「炢，熅也，炢炢火煨。」焪者，去仲切。玉篇：「焪，乾也。」集韻（東韻）「焪，曝也」，本此。灱者，玉篇：「灱，乾也，暴也。」乾者，居寒切。玉篇：「乾，燥也。」說卦傳「離爲乾卦」，虞翻注：「火、日暵燥物，故爲乾卦。」𣊺者，去立切。玉篇：「𣊺，欲乾也。」膊者，方言（第七）文：「東齊及秦之西鄙言相暴僇爲膊。燕之外郊朝鮮洌水之間，凡暴肉、發人之私、披牛羊之五藏，謂之膊。」說文：「膊，薄脯膊之屋上。」昲者，孚未切。方言（第十）：「昲，乾物也。」炕，重出。焬者，餘亮切。方言（第十三）文。說文：「焬，炙燥也。」烈者，亦方言（第十三）文。大雅生民「載燔載烈」，傳：「貫之加于火曰烈。」晅者，（玉篇）：「晅，乾燥也。」𣋓者，方言（第十）「昲，曬，乾物也。揚楚通語也」，郭注：「今皆北方常語，或云𣋓。」玉篇：「𣋓，置風日中令乾。」曬者，方言（第七）文：「暴五穀之類，秦晉之間謂之曬。」又（第十）曰：「曬，乾物也。」漢書中山靖王傳：「白日曬光，幽隱皆照。」

間、誣、拸、與紙反，又與支反。益、增、被、匱、尚，加也。

說文：「加，語相增加也。」間者，字當爲「譋」。說文：「譋，詆譋也。或从『間』。」詆譋，亦誣加之意。誣者，武扶切，說文言部義也。周語（上）「其刑矯誣」，韋昭注：「加誅無罪曰誣。」拸者，玉篇「拸，加也」，本此。益者，不足而加之也。增者，說文：「增，益也。」「譄，加也。」古字通用。被者，禹貢：「西被于流沙。」漢書高帝紀（上）「高祖被酒」，顏師古注：「被，加也。爲酒所加。」謝混游西池詩「迴阡被陵闕」，李善注：「言加大阜而通城闕也。」匱，未詳。尚者，論語（里仁）：

「好仁者，無以尚之。」孟子（滕文公上）：「皜皜乎不可尚已。」廣韻（漾韻）「尚，加也」，本此。

甈、去滯反。罅、瑕、璺、問音。斯、坼、㢰〔一〕、補買反。牾、抓〔二〕、必麥反。捇、呼虢反。睚眦、隟〔三〕、斬、裁、剅、多侯反。掝、呼麥反。抇、呼没反，又乎没反。劈、普歷反。𢵔、衛音。劐、呼獲〔四〕反。𤸷、弋燊反。剨，呼獲反，又口獲反。裂也。

說文：「裂，繒餘也。」齊語「戎車（待）游車之裂」，韋昭注：「裂，殘也。」甈者，魚列切。說文「甈，康瓠，破罌」，或作「㽁」。爾雅釋器：「康瓠謂之甈。」周官牧人職「凡外祭毁事」，注：「故書『毁』爲『甈』。」杜子春云：「『甈』當爲『毁』。」法言先知篇：「甄陶天下者，其在和乎？剛則甈，柔則坯。」罅者，呼迓切。説文：「罅，裂也。从缶；缶，燒善裂也。」又云「㙤，坼也」，或作「𨻧」。「罅、㙤、𨻧」，字異音義同。瑕者，脆之裂也。管子制分篇「故凡用兵者，攻堅則軔，乘瑕則神」，房玄齡注：「瑕，謂虛脆也。」璺、斯者，璺，亡奮切。方言（第六）：「秦晉器破而不殊其音謂之廝，器破而未離謂之璺。」春官太卜注「兆者，其象似玉、瓦原之璺罅」，釋文：「璺，舊許靳反。沈重依聶氏音問，云：依字作『璺』。璺，玉之坼也。」「廝、斯」，古字通。坼者，丑格切。説文「㱒，裂也」，引詩曰：「不㱒不疈。」月令：「仲冬，地始坼。」後漢書安帝紀：「日南地坼，長百餘里。」㢰者，集韻（蟹

〔一〕㢰，疏證本作「𤿺」。
〔二〕抓，疏證本作「𢱢」。
〔三〕隟，疏證本作「隙」。
〔四〕呼獲，王念孫説當作「口獲」。

韻〉作「𢏽」，引博雅：「裂也。」㱔，與「擺」同聲。集韻〈蟹韻〉：「擺，開也。」當即一字，故曹音「補買反」也。作「𢏽」者，形之譌。牾者，五故切，未詳。抓者，字當爲「𤖙」。集韻〈麥韻〉：「𤖙，分也。或作『劈』。匹麥切。」舊本「𤖙」誤从「爪」，今訂正。捇者，說文手部義也，呼麥切。睚眦者，目之裂也。上五懈、五皆二切，下士介切。漢書原涉傳：「好殺睚眦于塵中，獨死者甚多。」張衡西京賦：「睚眦蠆芥，屍僵路隅。」隟者，壁之裂也。說文：「隙，壁際孔也。」文選〈雪賦〉注引字林云：「从𨸏旁二小夾白也。」「隟、隙」，古今字。斬者，說文：「斬，截也。斬法車裂也。」舊本「斬」譌「𨋎」，今訂正。裁者，帛之裂也。說文：「裁，制衣也。」刌者，玉篇「刌，小裂也」，本此。掝者，玉篇、廣韻〈麥韻〉「掝，裂也」，本此。抇者，玉篇：「抇，亦『搰』字，穿也。」劈者，說文：「劈，破也。」揩者，俞玦切。廣韻〈祭韻〉「揩，裂〈也〉」，本此。劃者，玉篇：「劃，解也。𠠲，籀文。」劃，與「𠠲」同。癘者，說文：「癘，創裂也。以水切。」剫者，玉篇「剫，裂也」，本此。

鬝、揩瞎反。鬜、口八反。𩮜、瞎音。𩑶，口本反，又口骨反。禿也。

說文：「禿，無髮也。王育說：倉頡出見禿人，伏禾中，因以制字。」釋名〈釋疾病〉：「禿，無髮沐禿也。」〈釋姿容〉：「沐者髮下垂，禿者無髮，皆無上貌之稱也。」鬝者，說文：「鬝，鬢禿也。」通作「顅」。說文：「顅，頭鬢少髮也。」鬜者，玉篇「鬜，禿也」，集韻〈黠韻〉「鬝、鬜，禿也」，並本此。𩮜者，五鎋切。玉篇「𩮜鬜，禿也」，本此。𩑶者，說文頁部義也。廣韻〈没韻〉：「𩑶，貌禿。」〇集韻〈祭韻〉「瘸，居例切」，引廣雅：「禿也。」今無此字。或即「鬜」字之異文。

爰、暖、呼館反，又虎元反。方言音叚〔一〕。愠，愁也。

〔一〕　叚，王念孫博雅音校本作「段」。

說文：「愁，憂也。」爰、喛者，方言〔第十二〕「爰、喛，哀也」，郭注：「哀而恚也。」又〔第六〕云「爰、喛，恚也。楚曰爰，秦晉曰喛，皆不〔欲〕譍而彊答之意也」，郭注：「謂悲恚」。愠者，說文：「愠，怒也。」案：「爰、喛」之義，方言爲「恚」爲「哀」。「愠」之義訓「怒」，玉篇兼訓「恚」。疑此「愁」字，「恚」之譌也。

馮、齘、械音。苛、何音。嫳、篇悅反，又普列反。覣〔一〕於危反。盈、戲、憚、忿、愠、謓、怖、漢、赫、𩕄、巨錦反，又渠領反。悖、恚、俟、戾音。娺、陟衛反。怴、呼述反。訮、虛妍反。訶、火哥反。㻺、苦暫反。嚇、虛葛反。諸、時音。𧦝、血音。䚵、魚刮反。𠹭、浧音。喤、户盲反。譴、讀，怒也。

說文：「怒，恚也。」馮、齘、苛者，方言〔第二〕文，「楚曰馮，小怒曰齘。陳謂之苛」，郭注：「馮，恚盛貌。楚辭曰：『康回馮怒。』齘，言噤齘也。苛，相苛責也。」說文：「齘，齒相切也。胡介切。」玉篇：「噤齘，切齒怒也。」陸機從軍行「涼風嚴且苛」，李善注引宋均春秋緯注：「苛者，切也。」嫳者，說文：「嫳，易使怒也。」覣盈者，方言〔第七〕：「魏盈，怒也。燕之外郊朝鮮洌水之間，凡言呵叱者謂之魏盈。」「覣、魏」不同，皆當作「嫢」。玉篇：「嫢，盛貌。」此言怒之盛，形相涉而譌也。戲、憚者，亦方言〔第六〕文：「齊曰戲，楚曰憚。」忿者，周書君陳「爾無忿疾于頑」，孔傳：「無忿怒疾之也。」愠者，說文心部義也。韓詩車舝「以愠我心」，薛君章句：「愠，恚也。」楚語〔下〕「夫民心之愠也，若防大川焉，潰而所犯必大矣」，韋昭注：「愠，怒也。」謓者，昌真切。說文：「謓，恚也。」怖者，蒲昧切。說文「怖，恨怒也」，引詩曰：「視我怖怖。」今本小雅白華作「邁邁」，釋文引韓詩作「怖怖」，薛君章句：「怖怖，意不說好也。」漢、赫者，方言〔第十二〕文。大雅皇矣：

〔一〕覣，疏證本作「嫢」。

「王赫斯怒。」文選〔王褒洞簫賦〕注引埤倉：「哮赫，大怒也。」案：「哮、漢」，聲相近。䫐者，亦方言〔第十三〕文，郭注：「䫐䫐，恚貌也。」廣韻〔沁韻〕：「䫐，䫐齘，切齒怒貌。」悸者，其季切。説文：「悸，心動也。」恚者，於避切。説文：「恚，恨也。」玉篇：「恚，恨怒也。」㑦者，力計切。玉篇「㑦，怒也」，本此。娺者，丁滑切。説文：「娺，疾悍也。」忕者，玉篇「忕，怒也」，本此。訮者，言之怒也。説文：「訮，諍語訮訮也。」類篇「訮，怒也」，本此。訶者，説文：「訶，大言而怒也。」後漢書文苑傳：「禰衡言不遜順，黄祖慙，乃訶之。」虓者，虎之怒也。玉篇：「虓，虎怒貌。」噭者，玉篇：「噭，訶也。亦作『喝』。」諸者，昌脂切。玉篇：「諸，訶怒也。」訬者，呼決切。玉篇：「訬，怒訶也。」詗者，玉篇：「詗，怒也，訶也。」哩者，集韻〔屑韻〕引此文，又云：「訶也。或作『諻』。」喤者，説文：「喤，小兒啼。」譴者，去戰切。小雅小明：「畏此譴怒。」舊本「譴」譌从「遺」，今訂正。讀者，側革切。玉篇「讀，怒也」，本此。通作「謫」。方言〔第三〕：「謫，怒也。」○集韻〔錫韻〕引廣雅「㣿，怒也」，「丁歷切」。今無此文，疑涉下而誤也。

惜、恫、勑公反。㣿、灼音。怛、哀、慯、癆、老、到二音〔一〕，又力彫反。毒、憯、七點反。蛆、那達反。憡、策音。瘌、羅達反。蠚、丑略反，又呼各反。萤、案此「萤」字，張揖出里〔二〕耳。疼、彤音。惻、悲、愍、慇、惄、痠、酸音。讟、桐，痛也。

釋名〔釋疾病〕：「痛，通也，通在膚脈中也。」説文：「痛，病也。」玉篇：「痛，傷也。」惜、恫者，並説文心部義也。大雅

〔一〕老到二音，案：當作「老到反」。

〔二〕里，王念孫説當作「重」。

思齊云：「神罔時恫。」灼、怛者，方言〔第一〕文。上之藥切，下當割切。玉篇：「灼，痛也。」説文：「怛，憯也。」檜風匪風「顧瞻周道，中心怛兮」，傳：「怛，傷也。」孔疏：「怛者，驚痛之言，故爲傷也。」宋玉風賦：「中心慘怛。」哀者，周書大誥：「允蠢鰥寡，哀〔哉〕！」豳風破斧云：「哀我人斯。」愓者，式諒切。玉篇「愓，痛也」，本此。癆、毒者，方言〔第三〕：「凡飲藥傅藥而毒，北燕朝鮮之間謂之癆。自關而西謂之毒。」陸機歎逝賦「毒娱情而寡方」、阮籍詠懷詩「感慨懷辛酸，怨毒常苦多」，李善注並引此文。憯者，説文心部義也。小雅十月之交云：「胡憯莫懲。」莊子庚桑楚篇：「兵莫憯于志，鏌鋣爲下。」蛆者，玉篇「蛆，痛也，蠚也」，本此。憡者，楚革切。方言〔第二〕「憡，痛也。自關而西秦晉之間或曰憡」，郭注：「憯憡，小痛也。」瘌者，方言〔第三〕：「凡飲藥傅藥而毒，南楚之外謂之瘌。瘌，痛也。」蠚、蠚者，玉篇：「蠚，痛也。亦作『蠚』。」案：蠚，漢書田儋傳作「蠚」，是二字通用。考音釋「蠚」下有「出里」二字，疑即「重出」二字倒誤。疼者，徒冬切。玉篇「疼，痛也」，本此。𢝊者，初力切。説文心部義也，彼作「惻」，同。易井卦：「井渫不食，爲我心惻。」悲、惄、慇者，並説文心部義也。豳風七月云：「女心傷悲。」左氏昭元年傳：「吾代二子愍矣。」惄者，乃歷切。方言〔第一〕：「齊宋之間謂痛曰惄。」痠者，先丸切。玉篇：「痠，疼痠。」讟者，方言〔第十三〕文，郭注：「謗誣怨痛也。」説文：「讟，〔痛怨也〕。」桐者，白虎通義〔喪服〕云：「喪服以桐杖何？桐者，痛也。」○集韻〔舝韻〕「𤸷，女瞎切」，引廣雅：「痛也。」今無此文。

喘、喙、又〔一〕穢反。咶、虎夬反。忥、虛氣反。㰰虎夾反。吹、漢家〔二〕反。欲〔三〕、苦訝反。奄、𪉩，姑音。息也。

〔一〕又，王念孫説當作「凶」。

〔二〕家，王念孫説當作「佳」。

〔三〕欲，疏證本作「吹」。

説文：「息，喘也。」喘者，説文：「喘，疾息也。昌沇切。」史記倉公列傳：「令人喘，逆氣不能食。」漢書王莽傳：「匈喘膚汗。」喙者，方言（第二）文：「自關而西秦晉之間或曰喙。」晉語（五）「郤獻子傷，曰『余病喙』」，韋昭注：「喙，短氣貌。」咶者，廣韻（夬韻）：「咶，息聲。」古用「喟」。説文：「喟，太息也。」忥者，與「呬」同。方言（第二）：「呬，息也。東齊曰呬。」欶吹者，上呼洽切，下呼飢切。玉篇：「欶，欶吹，氣逆也。吹，欶吹。」舊本「吹」譌「歍」，今訂正。欲者，客加切。玉篇：「欲，出氣也。」舊本「欲」作「歌」，案：玉篇：「歌，大張口笑也。」非其義，今訂正。奄者，方言（第十）文也，於檢切。齵者，古胡切。廣韻（模韻）：「齵，齵息。禮記作『姑』。」舊本「齵」譌「齞」，今訂正。

𤆍、淫音。灼、烔、同音。焯、之藥反。煦、火遇反。炘、虚隱反。煆、呼嫁反。焥、哀音。爆、布角反，又普角反，又步角反。煉、燒、炳、而悦反。難、然音。炙、煬、烈、熻、炙〔一〕、爟，古亂反。熱也。

説文：「爇，燒也。」左氏僖二十八年傳：「爇僖負羈氏。」淮南兵略訓：「毋爇五穀，毋焚積聚。」𤆍者，直廉切。説文：「𤆍，小爇也。」灼者，説文：「灼，炙也。」魯語（下）：「如龜焉，灼其中，必文於外。」漢書霍光傳「灼爛者，在于上行」，顔師古注：「灼，謂被燒炙者也。」烔者，徒東切。玉篇：「烔，熱貌。」廣韻（東韻）：「烔，熱氣烔烔。出字林。」焯者，廣韻（藥韻）：「焯，火氣。」集韻（藥韻）「焯，爇也」，本此。煦者，玉篇：「煦，熱也。」炘者，許斤切。揚雄甘泉賦「乘景炎之炘炘」，顔師古曰：「光盛貌。」玉篇：「炘，與『焮』同，熱也。」左氏昭十八年傳「司馬、司寇列居火道，行火所焮」，注：「焮，炙也。」釋文：「許靳反。」集韻（焮韻）：「焮，爇也。」煆者，方言（第七）「煦、煆，熱也，乾也」，郭注：「熱則乾燥。」焥者，烏來切。

〔一〕炙，疏證本作「灸」。

玉篇：「焥，熱也。」爆者，説文「爆，灼也」，徐鉉曰：「今俗音豹，火烈也。」集韻〈覺韻〉「爆，熱也」，本此。煉者，郎甸切。説文：「煉，鑠冶金也。」王充論衡〈談天〉：「女媧氏煉五色石以補倉天。」燒者，説文火部義也，式昭切。月令：「仲夏，毋燒灰。」戰國策〈齊策四〉：「因燒其券。」焫者，郊特牲篇：「既奠，然後焫蕭合羶薌。」玉篇「焫」與「爇」同。難者，如延切。説文「然，燒也」，或作「難」。漢書五行志〈中之下〉「見巢難盡墮地中」，顔師古注：「難，古『然』字。」是「難、然、難」音義同。炙者，之石切。説文：「炙，炮肉也。」小雅瓠葉傳：「炕火曰炙。」煬、烈、熻者，方言〈第十三〉「煬、烈，暴也」。煬、翕，炙也」，郭注：「今江東呼火熾猛爲煬。」四字玉篇皆訓「熱」，「煬，余尚切。熻，許及切。」「熻、翕」，古字通。舊本「烈」譌「裂」，今訂正。爟者，説文「爟，取火于日，官名，舉火曰爟」，引周禮曰：「司爟掌行火之政令。」或作「烜」。

周、帀、辨、接、選、延，徧也。

説文：「徧，帀也。」虞書舜典：「徧于羣神。」小雅天保：「徧爲爾德。」周者，地官大司徒「周知九州之地域」，注：「周，猶徧也。」益象傳「莫益之，徧詞也」，孟喜曰：「周，帀也。」今本作「偏」。檀弓〈上〉「四者皆周」，注：「周，帀也。」晉語〈五〉「三周華不注之山」，韋昭注：「周，帀也。」帀者，子答切。説文：「帀，周也。从反之而帀也，周盛説。」淮南人間訓：「魯君令人閉城門而捕之」，「圍三匝。」「帀」與「匝」同。辨者，字當作「辯」。辯，古文「徧」。鄉射禮「司射乃比，衆耦辯」，注：「衆賓射者，降，比之耦乃徧。」大射儀「大夫辯受酬」，注：「今文『辯』作『徧』。」鄉飲酒禮「衆賓辯有脯醢」，注：「今文『辯』皆作『徧』。」樂記「其治辯者其禮具」，注：「辯，徧也。」史記〈五帝紀〉「辯于羣神」，今尚書〈舜典〉作「徧」。春秋傳〈定公八年〉「子言辯舍爵于季氏之廟」，杜注：「辯，徧也。」荀子修身篇「扁善之度」，楊倞注：「扁，讀爲『辯』。韓詩外傳：『君子有辯善之度。』」是「辯、徧」同也。接者，交之徧也。選、延者，方言〈第十三〉文。

里、宂、閭、衖、㕯〔一〕、閈、圹、宇、尉、廛、在、於、處〔二〕、所、丠、墟、亩、鄗、多朗反。聚、落，凥古魚反。凥，案説文「从尸，几聲」。今「居」字，乃「箕居」字也，古慮反。也。

説文：「凥，處也。从尸，得几而止。孝經曰：『仲尼凥。』凥，謂閑凥如此。」經典通作「居」。里者，小爾雅〔廣言〕文。鄭風〔將仲子〕「將仲子兮，無踰我里」，傳：「里，居也。二十五家爲里。」大戴禮記王言篇：「三百步爲里，千步爲井。」釋名〔釋州國〕：「五鄰爲里，〔居〕方一里之中也。」雜記「里尹主之」，鄭注引王度記：「百户爲里。」疏云：「案別録云：王度記似齊宣王時淳于髡等所説也。撰考云：古者七十二家爲里。洛誥傳：古者百家爲鄰，三鄰爲朋，三朋爲里。鄭云：蓋虞夏時制也。」張衡西京賦「秦里其朔，實爲咸陽」，薛綜注：「里，居也。」宂者，集韻〔唐韻〕作「完」，引廣雅：「完，居也。」閭者，説文：「閭，里門也。閭，侣也，二十五家相羣侣也。」大司徒職「令五家爲比，使之相保。五比爲閭，使之相受」，杜子春云：「閭，二十五家也。」衖者，説文「䢽，里中道」，篆文作「𨞒」。今作「巷」，同。鄭風叔于田「巷無居人」，傳：「巷，里塗也。」又丰云「俟我乎巷兮」，傳：「巷，門外也。」離騷「五子用失乎家巷」，「巷」讀爲「衖」。㕯者，字當爲「壼」。説文「壼，宫中道。从囗，象宫垣道上之形」，引詩曰：「室家之壼。」閈者，侯旰切。説文：「閈，閭也。汝南平輿里門曰閈。」左氏襄三十一年傳：「高其閈閎。」圹者，疑「厈」之譌，呼旱切。説文「厂，山石之厓巖，人可居」，籀文作「厈」。宇者，説文「宇，屋邊也」，籀文作「寓」。繫辭傳〔下〕：「上棟下宇。」大雅緜云：「聿來胥宇。」周語〔中〕「使各有寧宇，以順及天地」，韋昭注：「宇，居也。」離騷：「爾何懷

〔一〕㕯，疏證本作「壼」。

〔二〕處，疏證本作「処」。

乎故字。」慰者，方言〈第三〉文，江淮青徐之間語。文選雜詩：「宴慰及私辰。」廛者，亦方言〈第三〉文，東齊海岱之間語。説文：「廛，一畝半，一家之居。」魏風伐檀傳：「一夫之居曰廛。」周禮遂人「夫一廛」，注：「廛，居也。城邑之居。」古通用「壇」。序官廛人注：「故書『廛』爲『壇』。杜子春讀『壇』爲『廛』。」管子五輔篇：「辟田疇，利壇宅。」荀子〈王制〉云：「定廛宅。」是「廛、壇」古字同。在者，〈乾〉文言傳：「在下位而不憂。」蔡邕獨斷云：「天子以四海爲家，謂所居爲行在所。」漢書武帝紀：「徵詣行在。」玉篇「在，居也」，本此。於者，古文「烏」字。烏，即「鄔」也。馬融長笛賦序「獨卧郿平陽鄔中」，李善注：「平陽鄔，聚邑之名也。服虔通俗文：『營居曰鄔。』」案：鄔，通作「塢」。塢，村塢也。玉篇「於，居也」，本此。處者，説文「処，止也。得几而止」，或作「處」。召南殷其靁「莫或遑處」、呂氏春秋仲春紀〈功名〉「民無常處，見利之聚，無之去」，毛傳、高注並云：「處，居也。」所者，鄭風太叔于田：「獻于公所。」商頌殷武「有截其所」，箋：「所，〈猶〉處也。」北者，古文「丘」字，去留切。玉篇引此文。鮑照結客少年場行：「去鄉三十載，復得還舊丘。」墟者，潘岳西征賦「窺秦墟于渭城」，李善注引聲類云：「墟，故所居也。」謝靈運從遊京口北固應詔詩：「墟囿散紅桃。」宙者，説文：「宙，舟輿所極覆也。」玉篇「宙，居也」，本此。鄙者，玉篇引此文，「一曰五百家爲鄙。今作『黨』。」聚者，説文：「聚，會也。邑落曰聚。」落者，獸之居也。左思吳都賦：「剽掠虎豹之落。」沈約安陸王碑：「由是傾巢舉落。望德如歸。」

懈、慢、㥽、退音。縕、他丁反。紹〔一〕、遲、繟、闡〔二〕、譠、託山反。謾、挻、緂、昌善反。弛、退、甘、韜，緩也。

〔一〕紹，疏證本作「紿」。

〔二〕闡，王念孫説當爲曹憲音釋而誤入正文者。

釋名（釋言語）：「緩，浣也，斷也，持之不急則動搖，浣斷自放縱也。」説文「鬆，綽也」。或作「緩」。懈者，説文：「懈，怠也。」大雅烝民云「夙夜匪解」，與「懈」同。慢者，説文：「慢，惰也。」鄭風大叔于田「叔馬慢忌」，傳：「慢，遲也。」釋文作「嫚」，云：「本又作『慢』。」悚者，他没、待戴二切。玉篇：「悚，忽也。怢，同上。」怠忽，緩不及事也。縕者，説文糸部義也，「讀與『聽』同」，或作「緹」。紹者，蚩招切。大雅常武「匪紹匪游」，箋：「紹，緩也。」釋文引徐邈云：鄭康成讀尺遥反。舊本「紹」譌爲「絲勞即紿」之「紿」，曹憲音「待」，亦誤，今訂正。遲者，説文「遲，徐行也」，引詩曰「行道遲遲」，或作「迟」，籀文作「遲」。揚雄甘泉賦「徘徊招搖，靈迟迟兮」，李善注：「迟迟，即棲遲也。」繟者，昌善切。説文：「繟，帶緩也。」老子德經：「繟然而善謀。」闡者，與「繟」音義同。通作「嘽」。樂記：「其樂心感者，其聲嘽以緩。」譠者，言之緩也。玉篇：「譠，慢言也。」謾者，母官切。漢書兩龔傳：「婧謾亡狀。」案：「謾」與「慢」，字異義同。挻，未聞。疑與「延」同。左氏襄十四年傳：「晉人謂之遷延之役。」縿者，説文：「縿，偏緩也。」與「繟」同。弛者，弓之緩也。施氏切。説文「弛，弓解也」，或作「虒」。退者，方言（第十二）文，郭注：「謂寬緩也。」説文「復，却也。一曰行遲也」，古文作「退」。甘者，味之緩也，謂和緩也。韜者，廣韻（豪韻）：「韜，寬也。」通作「牰」。説文：「牰，牛徐行也。讀若『滔』。」

僋、由、胥、輔、佐、佑、虞、護、勸、救、吹、扇、埤、役、賻，助也。

説文：「助，佐也。」左，右佐字。釋名（釋言語）：「助，乍也，乍往相助，非長久也。」僋者，釋名（釋姿容）：「僋，任也。」是自任爲僋，助人任亦僋也。由、胥、輔者，方言（第六）「由、胥，輔也。吴越曰胥，燕之北鄙曰由」，郭注：「胥，相也。由，正也。皆謂輔持。」大戴禮記千乘篇：「國有四輔。」尚書大傳：「古者天子有四輔臣：前曰疑，後曰丞，左曰輔，右曰弼。」佐、佑者，上則箇切，下云九切。古作「左、右」。説文：「左，手相左助也。」「右，手口相助也。」泰象傳：「以左右民。」

商頌長發：「實左右商王。」尚書大傳：「舜爲左右。」書序：「周公爲師，召公爲保，相成王爲左右。」徐鉉曰：「今俗別作『佐、佑』。」周禮「乃立天官冢宰」，「以佐王均邦國」，注：「佐，猶助也。」佑，通作「祐」。繫辭傳（上）：「易曰：自天佑之，吉無不利。子曰：祐者，助也。」虞者，玉篇「虞，助也」，本此。護者，救之助也。説文：「護，救視也。」史記蕭相國世家：「數以史事護高祖。」勸者，勉之助也。説文：「勸，勉也。」廣韻（願韻）「勸，助也」，本此。救者，護之助也。商書太甲（中）：「尚賴匡救之德。」吹、扇者，方言（第十二）文，郭注：「吹噓扇拂，相佐助也。」埤者，小雅節南山「天子是毗」，箋：「毗，輔也。」王肅作「埤」。説文無「毗」字，作「俾」者是。役者，役夫所以助人者也。賻者，喪之助也。秋官小行人「若國札喪，則令賻補之」，鄭司農云：「謂賻喪家補助其不足也。」

娤、莊音。襐、蕩音。賁、奔音，周易賁卦，今人人多彼寄反，失之。容、宂〔一〕、潤、養、文、字，飾也。

説文：「飾，襐飾。」釋名（釋言語）：「飾，拭也，物穢者，拭其上使明，由他物而後明，猶加文于質上也。」娤者，女之飾也，側羊切。説文：「妝，飾也。从牀省。」後漢書梁冀傳：「冀妻孫壽（色）美而善爲妖態，作愁眉，啼（妝）。」「娤、妝」，古字通。襐者，衣之飾也，徐兩切。説文：「襐，飾也。」史游急就篇（卷二）：「襐飾刻畫無等雙。」漢書外戚傳（下）「襐飾將醫往問疾」，顔師古注：「襐，盛飾也。」通作「象」。虞書（益稷）：「予欲觀古人之象。」鄘風君子偕老云「象服是宜」，傳：「象服，尊者所以爲飾。」賁者，序卦傳：「賁者，飾也。致飾然後亨則盡矣。」鄭注賁卦云：「賁，變也，文飾之貌。」王肅云：「有文飾，黄白色。」孫侍御曰：周易賁卦，高誘讀爲「鴉之賁賁」之「賁」，可證曹音之不誤。容、宂者，並余封切。周

〔一〕宂，疏證本删。

官保氏：「教國子六儀：一曰祭祀之容，二曰賓客之容，三曰朝廷之容，四曰喪紀之容，五曰軍旅之容，六曰車馬之容。」是容貌所以爲飾也。古作「頌」。說文：「頌，貌也。」漢書儒林傳「魯徐生善爲頌」，顏師古注：「頌，讀與『容』同。」楊統碑：「庶考斯之頌儀。」舊本「容」下重「容」字。說文「容」，古文作「㝐」。下「容」□疑即古文之「㝐」，猶下文「掏」即「搯」，亦並舉也。今訂正。潤者，大學篇：「富潤屋。」養者，廣韻〈養韻〉「養，飾也」，本此。文者，說文云：「文，錯畫也。象交文。」考工記〈畫繢〉：「畫繢之事，青與赤謂之文。」是文爲采之飾也。左氏僖二十四年傳：「身將隱，焉用文之？」字者，辭之飾也。太平御覽〈卷三六三〉引春秋說云：「字者，飾也。」

捈、塗音。搯、他刀反。掏、憲案：即上「搯」。舀、臾音。戽、虎音。⿱䜌斗、拘萬反。挹、㪺、呼括反。斞，抒侍與反。也。

說文：「抒，挹也。」大雅生民「或舂或揄」，傳：「揄，抒臼也。」捈者，同都、似嗟二切。說文：「斜，抒也。讀若『荼』。」「捈、斜」，古字通。搯、掏者，說文：「搯，捾也。」集韻〈豪韻〉「搯，或作『掏』」，本此音釋。舀者，以沼切。說文「舀，抒臼也」，引詩曰：「或簸或舀。」或作「抭」，或作「𦥔」。儀禮有司云「二手執挑匕枋，以挹湆」，注：「挑謂之歃，讀如『或舂或抭』之『抭』。字或作『挑』者，秦人語也。今文『挑』作『抭』。」地官舂人注亦引詩：「或舂或抭。」作「抭」者，韓詩。鄭先通韓詩，故讀從之。詩〈大雅生民〉釋文云：「揄，說文作『舀』。」「舀、抭、揄」，音義同。說文「簸」字誤，當爲「舂」。戽者，乎古、火故二切。玉篇：「戽，抒水器也。」通作「㪗」。本書釋器：「㪗斗謂之柶。」⿱䜌斗者，說文：「⿱䜌斗，抒滿也。」挹者，說文手部義也。小雅大東「不可以挹酒漿」，傳：「挹，斞也。」㪺者，玉篇「㪺，抒也」，本此。斞者，舉朱切。說文：「斞，挹也。」小雅賓之初筵云「賓載手仇」，箋：「仇讀曰斞，挹也。」舊本「斞」譌「斢」，今訂正。

黜、闕、虧、缺、拂、發、桀、除、袪、離、朅、遯、放、逸、走、往、遜、行、怯〔一〕莫、謝、渡、谷，去〔二〕也。

說文：「去，人相違也。」黜者，抑之去也。虞書：「黜陟幽明。」玉篇「黜，去也」，本此。闕者，左氏成十三年傳：「又欲闕翦我公室。」虧者，實之去也。史記蔡澤列傳：「月滿則虧。」缺者，少之去也。周書君牙：「咸以正罔缺。」拂者，顔延之應詔讌曲水詩：「滯瑕難拂。」玉篇「拂，去也」，本此。通作「刜」。劉向九歎〔愍命〕「刜讒賊于中廇兮」，王逸注：「刜，去也。」又通作「弗」。大雅生民「以弗無子」，傳：「弗，去也。去無子求有子。」發者，齊風東方之日云「履我發兮」，傳：「發，行也。」此條「發、行」皆訓「去」，或說「發」當作「廢」，字之誤也。喪大記云「疾病，君大夫徹懸，士去琴瑟，寢東首于北牖下，廢牀」，注：「廢，去也。去牀庶其生氣反也。」桀者，古與「朅」通。衛風碩人「庶士有朅」，韓詩作「桀」。「朅」爲去，故「桀」亦爲去也。除者，唐風蟋蟀：「日月其除。」袪者，去魚切。文選殷仲文南州桓公九井作詩「惑袪吝亦泯」，注引薛君韓詩章句：「袪，去也。」舊本「袪」譌「裕」，今訂正。離者，夏書胤征：「畔宫離次。」玉篇「離，去也」，本此。朅者，去竭切。說文去部義也。宋玉九辯：「車既駕兮朅而歸。」淮南說山訓「以束薪爲鬼，朅而走」，高誘注：「夜行，見束薪以爲鬼，故去而走。」司馬相如大人賦「朅輕舉而遠遊」，顔師古注：「朅，去意也。」舊本「朅」譌「碣」，今訂正。遯者，鄭注易遯卦云：「遯，逃去之名。」通作「遁」。後漢書杜林傳「上下相遁」，李賢注謂「上下相匿，以文避法」也。放者，曲禮〔上〕「無放飯」，注：「去手餘飯于器中。」廣韻〔漾韻〕「放，去也」，本此。逸者，逃之去也。說文：「逸，失也。从

〔一〕怯，疏證本作「抾」。

〔二〕谷去，王念孫說「谷」爲「厺」之譌，「去」乃曹氏之音釋。

免，免謾訑善逃也。」走者，士相見禮「將走」，注：「走，猶去也。」玉篇「走，去也」，本此。往者，左氏昭七年傳「取而臣以往」，注：「往，去也。」論語〈述而〉「不保其往也」，鄭注：「往，猶去也。何能保其去後之行。」遜者，説文：「遜，遁也。」「遁，逃也。」商書微子：「吾家耄遜于荒。」玉篇「遜，去也」，本此。行者，左氏僖五年傳「宫之奇以其族行」，杜注：「行，去也。」怯莫者，方言〈第六〉文：「齊趙之總語也，抾摸，猶言持去也。」「怯莫」與「抾摸」，字異音義同。謝者，説文：「謝，辭去也。」楚辭九章〈橘頌〉「願歲并謝，與長友兮」，王逸注：「謝，去也。」渡者，玉篇引此文。谷者，疑即「厺」字之譌。厺，古「去」字。或説「谷」疑爲「卻」。説文：「復，卻也。」

斬、割、鎃、裂、摫，規音。裁也。

上文「裁，裂也」，此又析言之。斬者，説文：「斬，截也。」「裁、截」義同。割者，肉之裁也。説文：「割，剥也。」玉篇：「割，截也。」鎃者，木之裁也。方言〈第二〉文：「梁益之間裁木爲器曰鎃。鎃，又斲也，晉趙之間謂之鎃。」漢書藝文志「則苟鉤鎃析亂而已」，顔師古注：「鎃，破也。音劈。」案：玉篇：「鎃，普的、普錫二切，裁名也。」舊本「鎃」譌「⿰金氏」，今訂正。裂者，繒之裁也。上文「裁，〈裂〉也」，此又轉相訓。摫者，方言〈第二〉文：「梁益之間，裂帛爲衣曰摫。」左思蜀都賦：「鎃摫兼呈。」

揷、戢、箴、扱，插也。

説文：「插，刺肉也。」玉篇：「插，刺入也。」揷者，即刃切。鄭注樂記云：「揷，插也。」戢者，小雅鴛鴦「戢其左翼」，韓詩章句：「戢，捷也。捷其噣于左也。」「捷、插」同義。箴者，説文：「箴，綴衣箴也。」又云：「鍼，所以縫也。」二字通用，皆插入也。扱者，楚洽切。周南芣苢「薄言襭之」，傳：「扱衽曰襭。」李康運命論「扱衽而登鍾山藍田之上，則夜光璵璠之珍可觀矣」，善注引此文。

腬、柔音。 䑋、攘音。 僇、苦交反。 泡、白交反。 褢、古迴反。 膞、孚二反，又狀〔一〕四反。 韡、爗、薀、茂、昆、渾、昌、皁、溢、腯、突音。 肥、奤、火計反。 浡，盛也。

盛者，豐厚肥大之象。方言〔第一〕作「晠」。腬者，耳由切。説文：「腬，嘉善肉也。」玉篇：「腬，肥美也。」䑋者，方言〔第二〕文，「秦晉語也。梁益之間，凡人言盛，及其所愛，偉其肥盛，謂之䑋」，郭注：「肥䑋多肉。」通作「壤」。漢書鄒陽傳：「壤子王梁、代。」「䑋、壤」，字異義同，如兩切。僇者，亦方言〔第二〕文，「陳宋之間語」，郭注：「僇侔，麤大貌。」力庖切。泡者，亦方言〔第二〕文，「江淮之間語」，郭注：「泡肥，洪張貌。音庖。」褢者，亦方言〔第二〕文，「自關而西秦晉之間語也」，郭注：「言瓌瑋也。」説文「傀，偉也」，或作「瓌」。玉篇：「褢，聲類以爲『傀』字。」「褢、傀、瓌」，字異音義同。膞者，亦方言〔第二〕文，郭注：「膞呬，充壯也。」玉篇：「膞，盛肥也。匹備切。」韡者，于鬼切。説文「韡，盛也」，引詩曰：「萼不韡韡。」「韡、韡」同。爗者，筠輒切。方言〔第十二〕：「曅，盛也。」薀者，方言〔第十三〕文，郭注：「薀藹，盛貌。」茂者，艸之盛也。説文：「茂，艸豐盛。」昆者，方言〔第十二〕文，彼作「焜」，古字通用。渾者，狐本切。亦方言〔第二〕文，郭注：「們渾，肥滿也。」昌者，鄭風丰云「子之昌兮」，傳：「昌，盛壯貌。」吕氏春秋仲夏紀〔古樂〕「賢者以昌，不肖者以亡」，高誘注：「昌，盛也。」皁者，鄭風大叔于田云「火烈具皁」，傳：「皁，盛也。」楚辭大招「人皁昌只」、法言問道篇「法度彰，禮樂著，垂拱而視天〔下〕民之皁也」，王逸、宋咸並訓「皁」爲「盛」。溢者，説文：「溢，器滿也。」滿亦盛意。腯者，他骨

〔一〕狀，王念孫説當作「扶」。

切。方言（第十三）「晠，腯也」，郭注：「腯腯，肥充也。」説文：「牛羊曰肥，豕曰腯。」周頌我將箋：「我奉養我享祭之牛羊，皆充盛肥腯。」曲禮（下）：「豚曰腯肥。」肥者，説文：「肥，多肉也。」左氏桓六年傳：「博碩肥腯。」奆者，玉篇「奆，盛貌」，引埤倉：「奆，肥大也。」浡者，蒲忽切。玉篇：「浡，渾也。」「渾」訓盛，「浡」亦盛也。

嫢、具癸反，又聚惟反。笙、揫、摻、所艦反。精、𣫌、粺〔一〕、細、纖、死簷反。微、緜、紗、麽、莫可反。㦗、私、策〔二〕、蔑、尛、弊音。蒤、悦音。杪、彌沼反。肖、尐、子列反。區、眇、藐、鄙，小也。

説文：「小，物之微也。」嫢者，細之小也。方言（第二）「嫢，細也。自關而西秦晉之間，凡細而有容謂之嫢」，郭注：「嫢嫢，小成貌。」説文：「秦晉謂細腰爲嫢。」通作「𩑶」。説文：「𩑶，小頭𩑶𩑶也。讀若『規』。」笙者，方言（第二）：「笙，細也。秦晉之間，凡細貌謂之笙。」揫、摻者，方言（第二）：「揫、摻，細也。斂物而細，秦晉謂之揫，或曰摻。」説文「𩏩，收束也」，或作「𩏩」，或作「揫」。精者，亦細小也。𣫌者，説文：「糲米一斛，舂爲九斗曰𣫌。」粺者，説文：「粺，毇也。」「毇，米一斛，舂爲八斗也。」舊本「粺」譌「稗」，今訂正。細者，説文：「細，微也。」周書旅獒「不矜細行」，傳：「輕忽小物。」纖者，方言（第二）文：「自關而西秦晉之郊、梁益之間，凡物小者（或）曰纖。」説文：「纖，細也。」通作「孅」。司馬相如上林賦：「嫵媚孅弱。」微者，説文作「𢼸，妙也」。經典通用「微」。孟子（告子下）云：「乃孔子則欲以微罪行。」緜者，説文：「緜，聯微也。」小雅緜蠻傳：「緜蠻，小鳥貌。」紗者，乙肖切。玉篇：「紗，紗尫，小貌。」舊本「紗」譌「紗」，今訂正。麽者，

〔一〕粺，疏證本作「稗」。
〔二〕策，疏證本作「萗」。

漢書敘傳〔上〕「又況幺麿，尚不及數子」，鄭氏曰：「麿音麽，小也。」晉灼曰：「此骨偏麿之麿。」顏監從鄭音，謂「幺、麿，皆微小之稱」。詹事兄考異云：「說文無『麽』字而有『𪊿』字，『𪊿，㾪病也』，與『麿』同。『幺』言其小，『麿』言其病。童謡所稱，見一蹇人，言欲上天。隗囂少病蹇，以是刺之也。晉說得之。」大昭案：「麽」當作「靡」。張博士時，尚未必有此「麽」字也。方言〔第二〕：「繒帛之細者曰纖，秦晉曰靡。」此作「靡」，本方言也。轉寫者譌爲「麽」，曹音「莫可反」，非也。懱者，與「蔑」同。方言〔第二〕：「木細枝，江淮南楚之間謂之蔑。」周書君奭「文王蔑德降于國人」，疏引鄭注：「蔑，小也。」周語〔中〕「鄭未失周典，王而蔑之」，韋注訓「蔑」爲「小」。法言〔學行〕云：「視日月而知衆星之蔑也，仰聖人而知衆説之小也。」私、策、葼者，方言〔第二〕：「私、策，小也。凡物小者，秦晉梁益謂之私。木細枝，燕之北鄙朝鮮洌水之間謂之策，青齊兗冀之間謂之葼，故傳曰：慈母之怒子也，雖折葼笞之，其惠存焉。」左思魏都賦：「弱葼係實。」葼，子紅切。㡀者，與「敝」同。春秋傳稱敝邑、敝器、敝賦，皆謙言小也。舊本「㡀」譌「㒳」，今訂正。莌、杪者，方言〔第二〕文：「凡艸生而初達謂之莌，木細枝謂之杪。」左思吳都賦：「鬱兮莌茂。」玉篇：「莌，弋芮切，艸生狀。」肖者，方言〔第十二〕文。通作「哨」。考工記〔梓人〕「大胸，燿後」，「有力而不能走」，注：「燿讀曰哨，頎小也。」說文：「哨，不容也。」尐者，亦方言〔第十二〕文。孟子〔告子下〕「力不能勝一匹雛」，趙岐注：「匹，小也。」孫奭音義云：「丁公著本『匹』作『尐』。」區者，漢書胡建傳「穿北軍壘〔垣〕以爲賈區」，顏師古注：「區者，小室之名，若今小庵屋之類。故衛士之屋謂之區。」眇者，方言〔第十三〕文。說文：「眇，一目小也。」釋名〔釋疾病〕：「目匡陷急曰眇，眇，小也。」藐者，左氏僖九年傳：「以是藐諸孤。」潘岳寡婦賦：「孤女藐焉始孩。」鄙者，釋名〔釋州國〕：「鄙，否也，小邑不能遠通也。」呂氏春秋孟夏紀〔尊師〕「子張，魯之鄙家也」，「學於孔子」，高誘注：「鄙，小也。」司馬相如子虛賦「臣，楚國之鄙人也」，李善注引此文。

鬱、巸、倰、來登反。儠、力葉反。檄、筩、楕、大果反。矧、呂、僓、潰音。迒、暘、悵音。從、挻、恥延反。⿰金蚩、恥輦反。杼〔一〕、隑、牛哀反。脩、蔓〔二〕、繹、覃、尋、將、枚、衺，長也。

說文：「長，久遠也。从兀；兀者，高遠意也。」鬱、巸者，方言〔第十二〕文，郭注：「謂壯大也。」倰者，玉篇：「倰，長也。」廣韻〔登韻〕「倰，〔倰〕儯，長貌」，本此。儠者，說文「儠，長壯儠儠也」，引春秋傳曰：「長儠者相之。」檄、筩，並未聞。楕者，玉篇：「楕，狹長也。」通作「隋」。鄭注儀禮云「隋方曰篋」，釋文云：「隋，狹而長也。」又通作「墮」。爾雅〔釋山〕「巒，山墮」，郭注：「謂山形長狹者。」矧、呂者，方言〔第六〕文，「東齊曰矤，宋魯曰呂」，郭注：「矤，古『矧』字。」僓者，說文人部義也，徒回切。迒者，方言〔第十三〕文也，乎朗切。暘者，丑亮切。潘岳西征賦「華實紛敷，桑麻條暢」，李善注引此文。通作「⿱艹暘」。說文：「⿱艹暘，艸茂也。」從者，東西曰橫，南北曰從，皆言長也，將容切。挻者，以然切。方言〔第一〕：「延，長也。」延，與「挻」同。玉篇「挻，長也」，本此。通作「梴」。說文：「梴，木長也。」商頌殷武：「松桷有梴。」「挻」、「梴」，古字通。⿰金蚩者，玉篇「⿰金蚩，長也」，本此。杼者，直呂切。方言〔第二〕云：「燕記曰：『豐人杼首。』杼首，長首也。燕謂之杼。」舊本「杼」譌从「手」，今訂正。隑者，司馬相如賦「臨曲江之隑州兮」，史記集解引漢書音義：「隑，長也。」脩者，方言〔第一〕文。小雅六月「四牡脩廣」，傳：「脩，長也。」戰國策〔齊策一〕：「鄒忌脩八尺。」離騷：「路曼曼其脩遠兮。」古與「條」通。禹貢：「厥木惟條。」條，亦長也。蔓者，艸之長也，無販切。左氏隱元年傳：「無使滋蔓，蔓難圖也。」舊本「蔓」譌「夐」，今訂正。繹者，絲之長也。方言〔第

〔一〕杼，疏證本作「抒」。
〔二〕蔓，疏證本作「夐」。

一〕文。説文：「繹，抽絲也。」覃者，説文：「覃，長味也。」大雅生民「實覃實訏」，傳：「覃，長也。」尋者，方言〔第一〕文：「自關而西秦晉梁益之間，凡物長謂之尋。周官之法，度廣爲尋。」將者，宋玉九辯「恐余壽之弗將」，王逸注「懼我性命之不長也。」枚，未詳。袤者，地之長也。説文：「東西曰廣，南北曰袤。」張衡西京賦：「量徑輪，考廣袤。」

乾、倢、蹻、巨略反。狢、口堯反。犺、抗音。㜸、户湛反。䰫、巢〔二〕、猛、壯、獜、力仁反，又力忍反。武、狡、偈、怒、驍，健也。

説文：「健，伉也。」釋名〔釋言語〕：「健，建也，能有所建爲也。」乾者，易説卦傳文也，虞翻注：「精剛自勝，動行不休。」乾象傳云：「天行健。」倢者，疾葉切。説文：「倢，佽也。」「佽，便利也。」蹻者，周頌酌云「蹻蹻王之造」，傳：「蹻蹻，武貌。」顔延之赭白馬賦「捷趫夫之敏手」，李善注引此文。是「蹻」與「趫」古字通。説文：「趫，善緣木走之才。」讀若王子蹻。」狢者，牽幺切。集韻〔蕭韻〕「狢、犺，健也」，本此。疑與「獟」同。獟，五弔、馨幺二切。張衡西京賦「趫悍虓豁，如虎如貙」，李善注引史記匈奴傳：「誅獟悍。」「獟，與『趫』同。」舊本「狢」譌「狢」，以音釋證之，則「狢」字是也。犺者，苦狼切。説文：「犺，健犬也。」㜸者，胡減切。玉篇「㜸，健也」，本此。䰫者，士交切。玉篇：「䰫，剽輕爲害之鬼也。」廣韻〔肴韻〕：「䰫，疾貌。」巢者，字當作「䮫」。集韻〔肴韻〕：「䮫，行捷也。」通作「勦」。廣韻〔肴韻〕：「輕捷也。」猛者，説文：「猛，健犬也。」壯者，鄭注易大壯云：「壯者，氣力浸彊之名。」獜者，説文犬部義也，引詩曰：「盧獜獜。」武者，揚雄羽獵賦「徽車輕武」，李善注引此文。狡者，揚雄長楊賦「簡力狡獸」，李善注引此文。廣韻〔巧韻〕「狡，健也」，本此。偈者，

〔二〕巢，王念孫説當爲曹氏之音釋。

近烈切。玉篇「偈，武貌」，引衛風：「伯兮偈兮。」太玄〈闕〉云：「輔其折，廅其闕，其人暉且偈。」怒者，馬之健也。左氏定八年傳：「林楚怒馬。」後漢書第五倫傳：「鮮車怒馬。」高誘曰：「怒」，讀如「彊弩」之「弩」。方言〈第一〉：「弩，猶怒也。」匡謬正俗云：「『怒』字古讀有二音，今山東、河北人讀書，但知『怒』有去聲，失其真矣。」驍者，古幺切。説文：「驍，良馬也。」玉篇：「驍，勇急捷也。」通作「梟」。漢書高祖紀〈上〉「北貉、燕人來致梟騎助漢」，應劭曰：「梟，健也。」張晏曰：「梟，勇也，若六博之梟也。」

攱、古委反。閣、堪、輂、恭録反。加、輿，載也。

〈坤〉文言傳：「坤厚載物。」周語：「夫利百物之所生也，天地之所載也。」攱者，玉篇「攱，載也」，本此。閣者，本書釋宫：「栽，閣也。」「栽」當爲「載」，故載物亦謂之閣。堪、輂者，方言〈第十二〉文，郭注：「輂輿，亦載物者也。」加，未詳。輿者，古與「車」通用。易〈大有〉曰：「大車以載。」

繝、弋冉反。剿、魚劫反，又且葉反。接、撚、乃典反。未、連、似、㮚、粟音。屬、結，續也。

説文：「續，連也。」繝、剿者，方言〈第六〉文，「秦晉續折謂之繝，繩索謂之剿」，郭注：「繝音剡，剿音妾。」接者，字當爲「椄」。説文：「椄，續木也。」撚、未者，方言〈第一〉：「嬛、蟬、繝、撚、未，續也。楚曰嬛。蟬，出也。楚曰蟬，或曰未及也。」玉篇：「繝，續也。」廣韻〈銑韻〉：「撚，以指撚物。」連者，玉篇：「連，合也。」大雅皇矣「執訊連連」，朱傳：「連連，屬續狀。」似者，小雅斯干：「似續妣祖。」周頌良耜：「以似以續。」粟者，説文「粟，嘉穀實也」，引孔子曰：「粟之爲言續也。」案：孔子云云，春秋説題辭文，太平御覽〈卷八四〇〉引之。古人「續」作「賡」。爾雅〈釋詁下〉「賡，續也」，郭注引書：「乃賡載歌。」孔傳亦訓「賡」爲「續」。「賡」字从「庚」，「庚」亦有續義。小雅大東「西有長庚」，傳：

「庚，續也。」孔疏：「日入後有明星，言其長能續日之明。」是也。說文：「庚，位西方，象秋時萬物，庚庚有實也。」粟與穀，皆于秋時庚庚有實，故說文並以「續」釋之。屬者，說文：「屬，連也。」深衣篇「續衽鉤邊」，注：「續，猶屬也。」經解篇「屬辭比事」，鄭注：「屬，猶合也。」「連、合」，皆與「續」義相近。結者，晉語〔四〕「必屬怨焉」，注：「屬，結也。」「屬」爲續，「結」亦續也。

𤼈、力記反，又力翅反。 𤻬、節音。 痤、坐戈反。 疽，癰也。

靈樞經癰疽篇：「岐伯曰：營衛稽留於經脈之中，則血泣而不行，不行則衛氣從之而不通，壅遏而不得行，故熱。大熱不止，熱勝，則肉腐，〔肉〕腐則爲膿，然不能陷骨髓，不爲焦枯，五藏不爲傷，故命曰癰。」「癰者，其皮上薄以澤。」說文：「癰，腫也。」釋名〔釋疾病〕：「癰，壅也，氣癰否結裹而潰也。」𤼈者，說文疒部義也。 𤻬者，子結切。玉篇：「𤻬，癰也，瘡也。 癤，同上。」痤者，說文：「痤，小腫也。」素問生氣通天論「汗出見溼，乃生痤疿」，王冰注：「陽氣發泄，寒水制之，熱怫内餘，鬱于皮裏，甚爲痤癤，微作疿瘡。 疿，風癮也。」疽者，說文：「疽，癰也。」靈樞癰疽篇：「黄帝曰：『何謂疽？』岐伯曰：『熱氣淳盛，下陷肌膚，筋髓枯，内連五藏，血氣竭，當其癰下，筋骨良肉皆無餘，故命曰疽。 疽者，上之皮夭以堅，上如牛領之皮。』」史記項羽本紀「范增疽發背而死」，張守節曰：「疽，附骨癰也。」

肬、尤音。 胮、壯〔一〕江反。 肛、虎江反。 臕匹聊反。 𦞦、呼堯反。 胅、大結反。 痕、五〔二〕根反。 尰、時勇反。 𡯽，曜

〔一〕 壯，王念孫說當作「扶」。

〔二〕 五，王念孫說當作「互」。

音。**腫也。**

説文：「腫，癰也。」釋名〔釋疾病〕：「腫，鍾也，寒熱氣所鍾聚也。」肬者，羽求切。説文「肬，贅也」，籀文作「黕」。釋名〔釋疾病〕：「肬，丘也，出皮上聚高，如地之有丘也。」荀子宥坐篇「今學曾未如肬贅，則具然欲爲人師」，楊倞注：「肬贅，結肉。」莊子天下篇：「附贅縣疣。」「疣、肬、黕」，字異義同。胮肛者，玉篇：「胮肛，脹大貌。肛，腫也。」集韻〔江韻〕引埤倉：「胮肛，腹脹也。」膫臯者，玉篇：「膫臯，腫欲潰也。臯，膫臯。」集韻〔蕭韻〕引廣雅「𤺊，腫也」，是本又作「𤺊」。肤者，集韻〔屑韻〕「肤，腫也」，本此。痕者，釋名〔釋疾病〕：「痕，根也，急相根引也。」集韻〔魂韻〕「痕，五斤切」，引此文。尰者，説文「瘇，脛氣足腫」，引詩曰：「既微且瘇。」籀文作「尰」。爾雅釋訓「骭瘍爲微，腫足爲尰」，孫炎曰：「皆水溼之疾也。」小雅巧言箋：「此人居下溼之地，故生微尰之疾。」尵者，弋笑切，未聞。

料、亂、紕、布寐反，又扶規反。**督、篤**〔一〕**、雉、敕、伸、摞**〔二〕、力維反。**撩、統，理也。**

説文：「理，治玉也。」周書周官：「論道經邦，變理陰陽。」料者，晉書王徽之傳：「當相料理。」玉篇「料，理也」，本此。亂者，文選雪賦注：「亂者，理也，總理一賦之終也。」紕者，方言〔第六〕文，秦晉之間語。鄘風干旄「素絲紕之」，傳：「紕，所以織組也。總紕于此，成文于彼。」是「紕」爲絲之理也。督者，亦方言〔第六〕文，「凡物曰督之，絲曰繹之。」篤者，古與「督」通。莊子養生主篇：「緣督以爲經。」謂背縫也。方言〔第四〕「繞緍謂之𧝞裺」，郭注：「衣督脊也。」故「篤、

〔一〕篤，王念孫説當是曹氏之音釋。

〔二〕摞，疏證本作「摻」。

督」皆爲理。雉者，方言〔第六〕文也。敕者，廣韻〔職韻〕「敕，理也」，本此。擽者，力戈切。玉篇「擽，理也」，本此。舊本作「㩲」，今訂正。撩者，說文手部義也，洛蕭切。通作「繚」，莊子盜跖篇「繚意體而爭此」，釋文：「繚，音了，又魯弔反，理也。」統者，他綜切。周書周官「冢宰掌邦治，統百官」，孔傳：「統理百官。」

䵲、赩、勃音〔一〕。艵、片鼎反。嘔於句反。煦、虛去〔二〕反。繻，死俞反。色也。

虞書〔益稷〕「以五采章施于五色」，謂采色也。禮記〔玉藻〕「色容顛顛」，「色容厲肅」，謂人面顏色也。此兼采色、顏色言之。䵲者，許極切。玉篇：「䵲，赤黑色也。」赩者，面之色也，許力切。玉篇：「赩，大赤色。」艵者，普丁切。說文：「艵，縹色也。」楚辭〔遠遊〕：「玉色艵以脕顏兮。」宋玉神女賦「頩薄怒以自持兮」，李善注引廣雅：「頩，色也。」又引方言注：「頩，怒色青貌。」是本又作「頩」。通作「恲」。淮南齊俗訓「仁發恲以見容」，高誘注：「恲，色也。」嘔煦者，喜之色也。方言〔第十三〕「嫗，色也」，郭注：「嫗煦，好色貌。」案：上文「忿愉，喜也」。郭注方言〔第十二〕云：「忿愉，猶呴喻也。」「嘔、嫗」，「煦、呴」，皆音義同。繻者，說文：「繻，繒采色。」

讙、譙、慈曜反。譴、讀、詰、卻、讁，釧音，又至緣反。讓也。

說文：「讓，相責讓。」讙者，方言〔第七〕文：「北燕曰讙。」許元切。譙者，說文「譙，嬈也。讀若『嚼』」，古文作「誚」，引周書曰：「王亦未敢誚公。」方言〔第七〕「譙，讓也。齊楚宋衛荊陳之間曰譙，自關而西秦晉之間，凡言相責讓曰譙」，

〔一〕勃音，王念孫曰：「各本〔正文〕脱去『艴』字，其音内『勃』字遂誤入『赩』字下。」
〔二〕去，王念孫説當作「于」。

郭注：「譙，字或作『誚』。」史記萬石君列傳：「子孫有過失，不譙讓，爲便坐，對案不食。」漢書高祖紀（上）「樊噲因譙讓羽」，顔師古注：「譙讓，以詞相責也。」譴者，説文：「譴，謫問也。」讀者，案：「責」訓内有「謫」無「讀」，「怒」訓内有「讀」無「謫」，知「讀」即「謫」也，詳見「責」訓下。詰者，吕氏春秋似順論（處方）「昭釐侯至，詰庫令」，高誘注：「詰，讓也。」卻，未聞。謫者，説文：「謫，相讓也。」

廣雅疏義卷第四

揚、讀、曉、謂、道，説也。

説文：「説，談説。」玉篇：「説，始悦切，言也，釋也。」揚者，鄘風牆有茨「不可詳也」，釋文：「詳，韓詩作『揚』。」薛君章句：「揚，猶道也。」舊本「揚」譌从「木」，今訂正。讀者，詩鄘風牆有茨傳：「讀，抽也。」鄭箋：「抽，猶出也。」曉者，説之明也。説文：「誨，曉教也。」「諄，告曉之熟也。」漢書元后傳「未曉大將軍」，注「曉，猶白」也。謂者，楚辭九章云「人心不可謂兮」，王逸注：「謂，猶説也。」王巾頭陀寺碑：「稱謂所絶。」道者，地官土訓「掌道地圖，以詔地事」，注：「道，説也，説地圖九州形勢，山川所宜，告王以施其事也。」

澇、老刀反。汏、瀾、簡音。淅、桑狄反。滌、潒、蕩音。溞、素高反。澡、早音。沐、浴、湔、子堅反。濯、沫，呼内反。洒也。

説文：「洒，滌也。」玉篇：「洒，先禮、先殄二切，濯也。」左氏襄二十一年傳：「洒濯其心，壹以待人。」通作「洗」。繫辭傳〔上〕：「聖人以此洗心，退藏于密。」史記高祖本紀：「使兩女子洗足。」澇者，未詳。汏〔者〕，玉篇「汏，洗也」，本此。瀾者，剛限切。説文：「瀾，淅也。」淅者，米之洗也。説文：「淅，汏米也。」玉篇「淅，洗也」，本此。孟子〔萬章下〕：「接淅而行。」淮南兵略訓：「百姓開門而待之，淅米而儲之，惟恐其不來也。」滌者，豳風七月云：「十月滌場。」春官大宗伯：

「祀大神，則視滌濯。」滌者，徒黨切。玉篇云：「滌，今作『蕩』。」案：「滌、蕩」雙聲，故皆爲洒。溞者，米之洒也。大雅生民：「釋之溞溞〔一〕。」玉篇：「溞溞，淅米聲。」澡者，身之洒也。子皓切。說文：「澡，洒手也。」儒行篇：「儒有澡身而浴德。」沐者，頭之洒也。說文：「沐，濯髮也。」衛風伯兮：「豈無膏沐。」浴者，身之洒也。說文：「浴，洒身也。」天官宮人：「共王之沐浴。」湔者，說文：「湔，手瀚之。」戰國策（楚策四）：「君獨無意湔祓。」濯者，說文：「濯，瀚也。」大雅桑柔：「逝不以濯。」孫綽遊天台山賦：「過靈谿而一濯。」沬者，面之洒也。說文「沬，洒面也」，古文作「湏」。周書顧命「王乃洮頮水」，漢書律曆志（下）引作「洮沬水」，馬融注：「頮，頮面也。」說文無「頮」字，「湏」之譌也。漢書淮南王長傳「高帝蒙霜露，沬風雨」，顏師古曰：「沬，亦『湏』字。」「沬，洗面也，（音胡内反）字从『午未』之『未』。」通作「靧」。内則：「面垢，燂潘請靧。足垢，燂湯請洗。」

魝、結音。切、刌、寸本反。膾、刹，初律反。割也。

說文：「割，剝也。」上文（釋詁一）「割，斷也」、「裁也」，此又分有釋之。魝者，魚之割也。說文：「魝，楚人謂治魚。讀若鍥。」切、刌者，說文：「切，刌也。」「刌，切也。」上文「切、刌」皆云「斷」，此又爲「割」，義相成也。膾者，說文：「膾，細切肉也。」釋名（釋飲食）：「膾，會也，細切肉，令散分其赤白，異切之，已乃會合和之也。」少儀篇「牛與羊魚之腥，聶而切之爲膾」，注：「聶之言牒也，先藿葉切之，復報切之則爲膾。」刹者，親結切。說文：「刹，傷也。」

〔一〕溞溞，今本詩作「叟叟」。

闌、閑、亢、闄，要，口音也。正音于小切。徼、計堯反〔一〕。迣，制音。遮也。

說文：「遮，遏也。」漢書高帝紀〔上〕：「新城三老董公遮說漢王。」闌者，說文：「闌，門遮也。」戰國策〔魏策三〕：「晉國之去梁也，千里有餘，有山河以闌之。」史記楚世家：「雖儀之所甚願爲門闌之廝者，亦無先大王。」通作「蘭」。方言〔第三〕「笠，圂也」，郭注：「謂蘭圂也。」孟子〔盡心下〕「既入其笠」，趙岐注：「笠，蘭也。」漢書王莽傳〔中〕「與牛馬同蘭」，顏師古注：「蘭謂遮蘭之，若牛馬蘭圈也。」閑者，說文：「閑，闌也。」家人初九「閑有家」，馬融注以「閑」爲「闌」。周書畢命：「雖收放心，閑之惟艱。」亢者，通作「抗」。儀禮既夕云「抗木橫三縮二」，注：「抗，禦也，所以禦止土者。」闄者，廣韻〔小韻〕：「闄，隔也。」古用「要」。孟子〔公孫丑下〕：「使數人要於路。」徼者，伊消切。司馬相如子虛賦「徼谻受屈」，史記〔司馬相如列傳〕集解云：「駰案：郭璞曰『谻，疲極也。言獸有倦遊者，則徼而取之』。」索隱引司馬彪云：「謂遮其倦者。」案：徼，通作「邀」。張衡西京賦「不邀自遇」，薛綜曰：「邀，遮也。」迣者，征例切。說文：「迣，迾也。晉趙曰迣。」漢書兩龔傳「部落鼓鳴，男女遮迣」，晉灼曰：「迣，古『列』字也。」顏師古曰「言聞桴鼓之聲以爲有盜賊，皆當遮列而追捕」之。案：玉藻篇「列而不賦」，注：「列之言遮列也。」李善注顏延之赭白馬賦引服虔通俗文：「天子出，虎賁伺非常，謂之遮列。」

賃、茶、塗音。差、且、假、貸，僭〔二〕也。

〔一〕王念孫曰：「案『徼』音計堯反，又音要，故曹憲云然。各本『要，又音也，正音』六字，誤入上『闄』字下，『又』字又誤作『口』字。考廣雅音內『又』字多誤作『口』。又考玉篇、廣韻、集韻、類篇，『闄』字俱無要音。」

〔二〕僭，疏證本作「借」。

説文：「僭，假也。」此與「借」同義。孫侍御云：僭，疑「借」之譌。賃、荼者，方言（第十二）：「倩、荼，借也。」此本「賃、荼」傳寫之譌。或説「賃」疑當作「貰」。説文：「貰，貸也。」貸既爲僭，貰亦僭也。荼，同都切。差者，初佳切。春官大宗伯「以軍禮同邦國」，注：「同，謂威其不協僭差者。」且，未詳。假者，王制篇：「大夫祭器不假。」左氏桓六年傳：「取於物爲假。」貸者，玉篇：「貸，假也，借盈也。」地官泉府：「凡民之貸者，與其有司辨而授之。」

鍲、旻音。耤、似亦反。耡、士魚反。貢、租、賦、徹、稍、酒胄反。秡、征、賩、在宗反。䝫〔一〕，方乂反。税也。

説文：「税，租也。」王制篇：「古者公田藉而不税。」春秋宣十五年：「初税畝。」漢書食貨志（上）：「税給郊社宗廟百神之祀，天子奉養百官禄食庶事之費。」鍲者，説文：「鍲，業也，賈人（占）鍲。」通作「緡」。漢書武帝紀「初算緡錢」，李斐曰：「緡，絲也，以貫錢也。一貫千錢，出算二十也。」顔師古注：「謂有儲積錢者，計其緡貫而税之。」又食貨志（下）：「諸賈人末作貰貸賣買，居邑貯積諸物，及商以取利者，雖無市籍，各以其物自占，率緡錢二千而算一。諸作有租及鑄，率緡錢四千算一。」「匿不自占，占不悉，戍邊一歲，没入緡錢。」耤者，説文：「耤，帝耤千畝也，古者使民如借，故謂之耤。」通作「籍」。天官甸師：「掌帥其屬而耕耨王籍。」周語（上）「不籍千畝」，韋昭注：「籍，借也，借民力以爲之。」風俗通義（祀典）「今民閒名曰官田，古者使民如借，故曰籍田。」耡者，説文：「商人七十而耡。耡，耤税也。」地官遂人「以興耡，利甿以時器，勸甿」，注：「鄭大夫讀『耡』爲『藉』。杜子春讀『耡』爲『助』，謂起相佐助。」又里宰「歲時合耦于耡」，注與遂人同，後鄭「謂耡者，里宰治處也」，「于此合耦，使相佐助，因放而爲名」。是「耡、助」古

〔一〕䝫，疏證本作「𧸐」。

字通。貢者，書序云「禹別九州，隨山濬川，任土作貢」，孔傳：「任其土地所有，定其貢賦之差。」天官太宰：「以九貢致邦國之用。」孟子（滕文公上）：「夏后氏五十而貢。」租者，説文：「租，田賦也。」史記孝文帝本紀：「其除田之租税。」又馮唐傳「軍（布）市之租」，索隱曰：「謂軍中立市，市有税。税即租也。」漢書昭帝紀「罷榷酤官，令民得以律占租」，如淳曰：「律，諸當占租者家長身各以其物占，占不以實，家長不身自書，皆罰金二斤，没入所不自占（物）及賈錢縣官也。」賦者，説文：「賦，斂也。」禹貢「厥賦惟上上錯」，孔傳：「賦謂土地所生，以供天子。」太宰職「五曰貢賦，以馭其用」，後鄭注：「口率出錢也。」今之算錢民謂之賦，此其舊名與。漢書食貨志（上）：「賦共車馬甲兵士徒之役，充實府庫賜予之用。」徹者，大雅公劉：「徹田爲糧。」孟子（滕文公上）：「周人百畝而徹。」稍者，玉篇「稍，直就切，税也」，本此。舊本「稍」譌「𥟇」，今訂正。秛者，普陂切。玉篇：「秛，禾租。」征者，地官小司徒「施其職而平其政」，注：「政，税也。『政』當作『征』。」又載師「凡任地，國宅無征」，注：「征，税也。言征者，以共國政也。」賨者，説文：「賨，南蠻賦也。」又云：「幏，南郡蠻夷賨布。」後漢書南蠻傳「武陵歲令人輸布一匹，小口二丈，是謂賨布。巴郡蠻歲民户出幏布八丈二尺。」左思魏都賦「賨幏積墆，琛幣充牣」，李善注引風俗通義：「槃瓠之後，輸布一匹二丈，是謂賨布。廩君之巴氏出幏布八丈。」漢馮緄碑：「收逋賨布三十萬匹。」「賩、賨」同。䝔者，玉篇「䝔，市肺切，賦斂」也。舊本「䝔」譌「𢾞」，今訂正。

紨于輒反。緤、魚劫反。組、亘〔一〕莧反。繙、（色音。）彌、縪，畢音。縫也。

〔一〕亘，王念孫説當作「亘」。

説文：「縫，以鍼紩衣也。」魏風葛屨：「可以縫裳。」天官縫人：「掌王宫之縫線之事。」紩縷者，玉篇：「紩縷，續縫」也。「縷，紩縷也。」䋎者，説文：「䋎，補縫也。」此即「衣裳綻裂」之「綻」，「䋎、綻」，古今字。「䋎」或作「袒」。史記白起王翦列傳集解引何晏説：「非但憂平原君」之補袒，患諸侯之捄至也。」索隱曰：「袒，字亦作『綻』。」舊本「䋎」譌「組」，今訂正。繬者，所力切。玉篇「繬，縫也」，本此。舊本「繬」下有「色」字，此是曹憲所音，傳寫者誤入本文也，應刪去，今訂正。彌者，左氏（僖公二十六年）傳：「彌縫其闕。」縪者，布一、布結二切。玉篇：「縪，冠縫也。」儀禮既夕云：「冠六升，外縪纓條屬厭。」

䌥、隱靳反。⿶凵𢆶、布耕反。絽呂音。⿱略糸，略音。絣百猛反，又布耕反。也。

漢書揚雄傳（下）「絣之以象類」，晉灼以「絣」爲「雜」。顔師古以「絣」爲「併」。戰國策（燕策一）：「妻自組甲（絣）」。惠士奇禮説云：「併以連之，雜以撰之，所以箴縷綵繳之間，攕揳㖃齵之郄，是古合甲之法也。」䌥者，玉篇：「䌥，䌥衣也。」廣韻（隱韻）：「䌥，縫衣相著。」⿶凵𢆶者，玉篇無此字，廣韻（耕韻）：「絣，振繩墨也。⿶凵𢆶，上同。」是「⿶凵𢆶」即「絣」之異文。絽⿱略糸者，上力與切，下力若切。玉篇：「絽⿱略糸，紩衣也。⿱略糸，紩衣也。」

絎、下孟反。紕，符夷反。又純之反，又泊尹反[一]。緣也。

[一] 王念孫博雅音校本作「紕（符夷反）、純（之。諸尹反）」，曰：「各本『純』字誤入音内。」「各本『之』字與『諸』字相連，『諸』字又譌作『泊』，考鄉射禮記及曲禮釋文，『純』音之閏、諸允二反，諸允與諸尹同音，是今本『之』下脱『二』字，而『泊尹』爲『諸尹』之譌。」

說文：「緣，衣純也。以絹切。」玉藻篇「緣廣半寸」，注：「緣，飾邊也。」絎者，玉篇：「絎，縫紩也。」廣韻（映韻）：「絎，刺縫。」紕者，鄘風干旄「素絲紕之」，箋：「素絲（者以）爲縷，以縫紕旌旗之旒縿。」玉藻篇「縞冠素紕」，注：「紕，緣邊也。」

眦顮、頻音。漢漫、憫〔一〕，亡本反〔二〕。懣滿音。也。

說文：「懣，煩也。」禮問喪篇：「悲哀志懣氣盛。」史記倉公列傳：「故煩懣食不下則絡脈有過。」眦顮者，方言（第十二）文，郭注：「謂憤懣也。」顮，說文作「顰」，云：「涉水顰蹙。符真切。」漢漫者，亦方言（第七）文也，「朝鮮洌水之間（煩懣）謂之漢漫。」舊本「漫」譌爲「漢」，字音釋，今訂正。憫者，字當作「悶」，字書無「憫」字。說文：「悶，懣也。」爾雅（釋訓）：「懪懪、邈邈，悶也。」賈誼旱雲賦：「羣生悶滿而愁憒。」嚴夫子哀時命云：「遂悶歎而無名。」

貶、損、削、黜、貇、苦昆反。撤、耗〔三〕、退、退音。肆、掊、步侯反。扒、所斤反。刮、古滑反。攽、筆貧反。𡲾、古巷反。殺、㾓、衰音。奭、爽、劣，減也。

說文：「減，損也。」樂記篇：「禮主其減。」貶者，說文：「貶，損也。」公羊隱二年傳「何以不氏？貶」，何休注：「貶，猶損也。」損者，說文手部義也。左氏文十七年傳「克減侯宣多」，注：「減，損也。」是「損、減」同義。削者，地之減也。大司馬職「野荒民散，則削之」，注：「削其地。」王制篇：「君削以地。」黜者，位之減也。說文：「黜，貶下也。」

〔一〕憫，疏證本作「憫」。

〔二〕王念孫以爲「亡本反」即「懣」字之音，而誤入「憫（疏證本改作『憫』）」字下。

〔三〕耗，疏證本作「秏」。

左氏襄十年傳「子駟與尉止有爭，將禦諸侯之師而黜其車」，杜注「黜，減損」也。狠者，集韻〈魂韻〉「狠，減也」，本此。撤者，去之減也。廣韻〈薛韻〉：「撤，去也。」經典通用『徹』。」耗者，字當作「秏」。玉篇「秏，減也」，引詩：「秏斁下土。」又耒部云：「耗，正作『秏』。」漢書董仲舒傳「秏矣哀哉」，顏師古注：「秏，虛也。」大雅雲漢詩「秏」字、王制「視年之豐耗」，唐石經並作「秏」。退者，古「退」字。色淺淡爲退，是色之減也。肆者，罪之減也。春秋莊二十二年：「肆大眚。」掊者，謙象傳「君子以裒多益寡」，釋文「裒，字書作『掊』」，引廣雅云：「減也。」玉篇引易作「掊」，云：「掊，猶減也。本亦作『裒』。」是「掊、裒」，字異音義同。扟者，減上以益下也。說文：「扟，从上挹也。」刮者，質之減也。考工記：「刮摩之工。」攽者，分之減也。說文：「攽，分也。」孱者，玉篇：「孱，差也。今爲『降』。」殺者，所界切。文王世子篇「親親之殺也」，注：「殺，差也。」士冠禮記「以官爵人，德之殺也」，注：「殺，猶衰也。」繫辭傳〈上〉「古之聰明叡知，神武而不殺者夫」，虞翻注：「乾坤坎離，反覆不衰。」𤸊者，病之減，楚追切，說文疒部義也。通作「衰」。荀子〈王制〉「相地而衰政」，楊倞注：「衰，差也。」九章算術〈衰分〉謂「差分」爲「衰分」。奭、爽，並未詳。劣者，力之減也。說文：「劣，弱也。从力、少。」

維、紲、縼、隨絹反。縻、目羈反。紭〔一〕，直宏〔二〕反。係也。

說文：「係，絜束也。」趙岐孟子〈梁惠王下〉注：「係累，猶縛結也。」或說「係」當作「系」。說文：「系，繫也。」維者，小

〔一〕紭，疏證本作「紖」。

〔二〕宏，王念孫博雅音校本作「引」。

雅白駒「縶之維之」，傳：「維，繫也。」公羊昭二十四年傳「且夫牛馬維婁」，注：「繫馬曰維，繫牛曰婁。」紲者，説文曰「紲，系也」，或作「緤」。左氏僖二十四年傳：「臣負羈紲。」少儀篇「犬則執緤」，孔疏：「緤，繫犬繩也。」離騷「登閬風而緤馬」，王逸注：「緤，繫也。」縼者，辭戀切。説文：「縼，以長繩繫牛也。」馬融長笛賦：「植持縼纆。」縻者，説文「縻，牛轡也」，或作「絼」。漢書匈奴傳：「羈縻不絶。」紘者，户萌切。廣韻〔耕韻〕「紘，綱紘」也。漢書揚雄傳〔上〕：「遥噱乎紘中。」

切直、方，義也。

説文：「誼，人所宜也。」古「仁義」字如此，「威儀」字作「義」。今「仁誼」字經典通用「義」。釋名〔釋言語〕：「義，宜也，裁制事物使合宜也。」白虎通義〔情性〕：「義者，宜也，斷決得中也。」切直者，爾雅〔釋訓〕：「丁丁、嚶嚶，相切直也。」言朋友之義，在于切磋相正直也。方者，〔坤〕文言傳：「直其正也，方其義也。君子敬以直内，義以方外。」

懷、就、息、隋、大果反。罷、還、返、遝、免、迋，歸也。

説文「歸」，籀文作「帰」。懷者，檜風匪風傳義也。周語〔上〕「民神怨痛，無所依懷」，韋昭注：「懷，歸也。」就者，古與「集」通。小雅小旻「是用不集」，傳：「集，就也。」韓詩外傳作「就」。周書顧命：「克達殷，集大命。」蔡邕石經「集」作「就」。古者「集、就」同書。「集」爲鳥之歸，故「就」亦爲歸。息者，方言〔第十三〕文也。息者作勞而休止，故有退歸之義。隋者，集韻〔果韻〕：「隋，埋祭餘也。」「埋」有歸義。罷者，遣之歸也。説文：「罷，遣有罪也。从网能，言有賢能而入网，即貰遣之。」禮少儀篇：「師役曰罷。」左氏襄三十年傳：「皆自朝布路而罷。」公羊昭十三年傳：「衆罷而去之。」墨子非攻篇〔中〕：「吴有離罷之心。」皆言罷遣師役使歸也。還者，往之歸也。説文：「還，復也。」返者，去之歸也。説文「返，還也」，引商書曰：「祖甲返。」春秋傳「返」作「彶」。𨓈者，與「退」同，朝之歸也。衛風碩人：「大夫夙退。」論語（鄉黨）：「子退朝。」禮少儀篇：「朝廷曰退。」免者，仕之歸也。廣韻（獮韻）：「免，去也。」迋者，説文：「迋，往也。」漢書刑法志：「歸而往之，是爲王矣。」舊本「迋」譌「廷」，今訂正。

掺、顯音。盭、戾音。埀〔一〕、乖音。違、舛、侈遠反。遺、採各反。偭，面音。偝也。

此向偝之偝也。禮記投壺「毋偝立」，注：「不正鄉前。」古通用「背」。掺者，火典切。玉篇：「掺，引戾也。」通作「軫」。方言（第三）「軫，戾也」，郭注：「相了戾也。」盭者，郎計切。説文：「盭，弼戾也。」漢書膠西于王端傳「爲人賊盭」，顏師古注：「盭，古『戾』字（也），言其性賊害而佷戾也。」埀者，古「乖」字。説文作「𠀐，戾也」。廣韻（皆韻）「乖，背也」，本此。違者，潘岳關中詩「盧播違命」，李善注引此文。舛者，昌兗切。説文「舛，對臥也。从夊㐄相背」，揚雄説作「踳」。遺者，説文：「遺，迹遺。」「迹」是「迒」之譌。玉篇：「遺，迒遺也。」偭者，緜偏切。離騷：「偭規矩而改錯。」玉篇「偭」下引漢書：「偭鼂獺以隱處。偭，面背也。」

幬、逐由反。幏、蒙音。幎、覔音。幔、莫汗反。帡、福郢反。幕、茨、葺、子立反，又且立反。萲、此寢之去聲。幰〔二〕、悼音。幠、呼音。䁥、弇、冒，覆也。

説文：「覆，蓋也。」大雅生民：「鳥覆翼之。」檀弓篇（上）：「見若覆夏屋者矣。」幬、幏者，方言（第十二）「幬、蒙，覆

〔一〕埀，廣雅各本作「𠀐」。

〔二〕幰，疏證本作「𢡤」。

也」，郭注：「字或作『燾』，音俱『波濤』之『濤』。」又（方言第四）云「幏，巾也」，郭注：「巾主覆者，故名幏也。」案：幏，莫弘切。説文：「幏，蓋衣也。」通作「蒙」。左氏襄十年傳「狄虒彌建大車之輪而蒙之以甲以爲櫓」，杜注：「蒙，覆也。」「幬、燾」，「幏、蒙」，俱字異音義同。幎者，士喪禮：「幎目用緇。」吕氏春秋貴直論（知化）：「夫差將死曰：『死者如有知也，吾何面以見子胥于地下？』乃爲幎以冒面死。」淮南原道訓「舒之幎于六合」，注：「幎，覆。六合，言滿天地間也。」説文：「幎，幔也。周禮有幎人。」案：天官序官冪人注：「以巾覆物曰冪。其職掌共巾冪。」「冪、幎」同。幔者，説文：「幔，幕也。」釋名（釋牀帳）：「幔，漫也，漫漫相連綴之言也。」帡者，法言吾子篇：「震風陵雨，然後知夏屋之爲帡幪也。」幕者，方言（第十二）文。天官幕人「掌帷、幕、幄、帟、綬之事」，注：「王出宮則有是事，在旁曰帷，在上曰幕，幕或在地展陳于上。帷、幕皆以布爲之。」茨者，説文：「茨，以茅（葦）蓋屋。」釋名（釋宮室）：「茨，次也，次（比）艸爲之也。」周書梓材：「惟其塗塈茨。」莊子讓王篇：「原憲居魯，環堵之室，茨以生艸。」葺者，説文：「葺，茨也。」左氏襄三十一年傳「繕完葺牆」，釋文：「徐音集，覆也，謂以艸覆牆也。」顏延之陶徵士誄：「汲流舊巘，葺宇家林。」蔓者，七稔切。説文艸部義也。⿰巾燾者，徒到切。小爾雅（廣詁）：「燾，覆也。」説文：「燾，溥覆照也。」禮記（中庸）：「辟如天地之無不持載，無不覆幬。」「⿰巾燾、燾、幬」，字異音義同。幠者，説文巾部義也。荒乎切。小雅斯干箋：「芋當作幠。幠，覆也。」喪大記篇：「幠用斂衾。」賵者，莫〔一〕鳳切。公羊隱元年傳「車馬曰賵」，注：「賵，猶覆也。」弇者，爾雅（釋言）「弇，蓋也」，郭注：「謂覆蓋。」冐者，邶風日月：「下土是冐。」玉篇「冐，覆也」，本此。

〔一〕案：「莫」誤，疑當作「孚」。

惶、怖、𩴸、魚記反。㒤、充涉反。猜、忦、公八反，又公械反。蟬〔一〕咺、火袁反。謾蠻音。台、夷音。脅闟、怵、惕、蛩拱音。㤨、恭音。佂征音。伀、鍾音。恎多結反。㤏、冬音。畏、恐、遽，其去反。懼也。

說文「懼，恐也」，古文作「愳」。惶者，乎光切。說文：「惶，恐也。」漢書朱博傳：「王卿得敕惶怖。」李尤函谷關賦：「侯伯過而震惶。」怖者，普故切。說文「悑，惶也」，或作「怖」。淮南詮言訓：「故福至則喜，禍至則怖。」後漢書第五倫傳：「其巫祝有依託鬼神詐怖愚民，皆案論之。」𩴸者，玉篇「𩴸，懼也」，本此。㒤者，服之懼也。說文：「㒤，心服也。」通作「懾」。曲禮〔上〕篇：「貧賤而知好禮，則志不懾。」猜、忦者，恨之懼也。方言〔第十二〕：「猜、忦，恨也。」玉篇「猜、忦」皆云「懼也」，本此。蟬咺、謾台、脅闟者，方言〔第一〕「謾台、脅闟，懼也。燕代之間曰謾台，齊楚之間曰脅闟。宋衛之間凡怒而噎噫，謂之脅闟。南楚江湘之間謂之嘽咺」，郭注：「謾台，蠻怡二音。噎，謂憂也。噫，央媚反。脅闟，猶瀾沭也。咺，香遠反。」脅，亦作「愶」。玉篇「愶，以威力相恐愶」也。闟，亦作「㦻」。廣韻〔錫韻〕「㦻，惶恐」也。或作「瀾」。怵、惕者，周書冏命：「怵惕惟厲。」說文：「怵，恐也。」乾九三「夕惕若厲」，釋文引鄭注：「惕，懼也。」左氏襄二十二年傳「國家罷病，不虞薦至，無日不惕」，杜注「惕」爲「懼」。李尤函谷關賦：「蕃鎮造而惕息。」蛩㤨者，方言〔第六〕「蛩㤨，戰慄也。荊吳曰蛩㤨，蛩㤨又恐也」，郭注：「鞏恭兩音。」說文：「㤨，戰慄也。」玉篇：「㤨，恐也。」佂伀者，方言〔第十〕：「佂伀，遑遽也。江湘之間凡窘猝怖遽或謂之佂伀。」王褒四子講德論：「百姓佂伀，無所措其手足。」玉篇：「佂，之成切。〔廣雅云〕『佂伀，懼也』。」「忪，職容切。」「怔忪，懼貌。」「佂、怔」，「伀、忪」同。恎㤏者，玉篇：「恎㤏，遑遽也。」

〔一〕蟬，疏證本作「嘽」。

「佟，徒冬切。」畏者，說文：「畏，惡也。从由、虎省。鬼頭而虎爪，可畏也。」震象傳：「雖凶無咎，畏鄰戒也。」恐者，「恐，懼」已見爾雅釋詁，必不重出，疑字之誤。遽者，左氏襄三十一年傳：「豈不遽止。」楚辭九章（惜誦）：「駭遽以離心兮。」

蕪、菱、亡咸反。薄、荒、瑕，薉也。

說文：「薉，蕪也。」荀子王伯篇「塗薉則塞」，楊倞注：「『薉』與（『穢』）同。」蕪者，地之薉。說文艸部義也。宋玉招魂「牽于俗而蕪穢」，王逸注：「不治曰蕪，多艸曰穢。」菱者，亡泛切。玉篇：「菱，艸木蕪蔓也。」舊本「菱」譌「蔓」，今訂正。薄者，說文：「薄，林薄也。」楚辭九章（涉江）王逸注：「艸木交錯曰薄。」荒者，艸之薉也。說文：「荒，蕪也。一曰艸掩地也。」瑕者，玉之薉也。顔延之應詔讌曲水（作）詩「有悔可悛，滯瑕難拂」，李善注引此文。

擓、苦懷反。抆、吻音。挸、古典反。揤、子翼反。撨，嘯音。拭也。

玉篇：「拭，清淨也。」聘禮：「賈人北面坐，拭圭。」大戴禮釁廟篇：「雍人拭羊。」擓者，玉篇：「擓，摩拭也。」抆者，武粉切。楚辭九章（悲回風）「孤子唫而抆淚兮」，洪興祖補注：「抆，拭也。」漢書朱博傳「馮翊欲洒卿恥，抆拭用禁」，顔師古注：「抆拭，摩也。」江淹別賦：「瀝泣共訣，抆血相視。」挸者，公殄切。玉篇「攔，拭面也」，亦作「挸」。揤者，玉篇「揤，組栗切，拭也」，本此。撨，未聞。

劆、鑑音，又檻音。劌、籤、七廉反。剡、易斂反。鋭、役桂反。銛，纖音。利也。

說文：「利，銛也。」劆者，古銜切。玉篇：「劆劉，細切也。」集韻（闞韻）「劆，利刀也」，本此。劌者，說文：「劌，利傷也。」禮聘義：「廉而不劌，義也。」方言（第三）：「凡艸木刺人，自關而東或謂之劌。」籤者，說文：「籤，鋭也。」剡者，說文：「剡，鋭利也。」繫辭傳（下）：「剡木爲矢。」漢書賈誼傳：「剡手以衝仇人之胸。」淮南氾論：「古者剡耜而耕。」楚辭橘頌：

「曾枝剡棘。」案：「剡，利」已見爾雅釋詁，疑有誤也。銳者，說文「銳，芒也」，籀文作「㓹」。漢書禮樂志「上方征討四夷，銳志武功」，顏師古曰：「銳，利也。言一意進求，若兵刃之銳利。」銛者，說文：「利，銛也。」此與从「舌」者有別。墨子親士篇：「今有五錐，此其銛，銛者必先挫。」賈誼弔屈原賦「莫邪爲鈍兮，鉛刀爲銛」，晉灼曰：「世俗謂利爲銛徹。」顏師古音弋占反。

抓、壯孝反。撅、厥音。擖、落合反。搳、可瞎反。擿，恥革反。搔也。

內則：「疾痛苛癢，而敬抑搔之。」漢書枚乘傳「夫十圍之木，始生如蘖，足可搔而絕」，顏師古注：「搔，〔謂〕抓也。」說文：「搔，括也。」「括」當爲「刮」。抓者，側交切。玉篇：「抓，抓痒也。」莊子徐無鬼篇：「有一狙焉，委蛇攫抓，見巧乎王。」撅者，居月切。說文：「撅，以手有所把也。」逸周書〔周祝解〕：「狐有牙而不敢以噬，獂有蚤而不敢以撅。」擖者，古滑切。說文：「擖，刮也。」搳者，說文：「搳，擖也。」擿者，說文手部義也。續漢書輿服志〔下〕：「簪以瑇瑁爲擿。」

餥、非音，又匪音。飵、昨音，又似故反。䬴、女霑反，又如甘反。啖、噉音。噬、𩟔烏困反，又於恨反。𩜵、五困反。飡、錯寒反。餔、逋音。啜、時月反，又褚芮反。嘗、餉、籑、士眷反。茹，食也。

釋名〔釋飲食〕：「食，殖也，所以自生殖也。」餥、飵、䬴者，方言〔第一〕「餥、飵，食也。陳楚之內相謁而食麥饘謂之餥，楚曰飵。凡陳楚之郊〔南楚之外〕相謁而餐，或曰飵，或曰䬴。秦晉之際河陰之間曰𩟔𩜵。此秦語也」，郭注：「饘，糜也。音旃。晝飯爲餐。謁，請也。𩟔，惡恨反。𩜵，五恨反。」「今關西〔人〕呼食欲飽爲𩟔𩜵。」說文繫傳：「相謁相見後設麥飯以爲常禮，如今人之相見飲茶也。」案：「餥，食」已見爾雅釋言，此因方言文而連及之。啖者，徒敢切。說文：「啖，噍啖也。一曰噉。」玉篇：「噉，食也。亦作『啖』。」漢書叔孫通傳「呂后與陛下攻苦食啖」，如淳曰：「食無菜茹爲啖。」噬者，説文：「噬，啗也。」玉篇：「噬，齧噬也。易曰『頤中有物曰噬嗑』。」左氏哀十二年傳：「國狗之瘈，無不噬也。」饐䭇者，説文云：「秦人謂相謁而食麥曰饐䭇。」湌者，説文「餐，吞也」，或作「湌」。釋名〈釋飲食〉：「餐，乾也，乾入口也。」餔者，説文「餔，日加申時食也」，籀文作「盙」。國語：「國中童子，無不餔也。」呂氏春秋：「下壺飧以餔之。」楚辭漁父：「何不餔其糟？」啜者，説文：「啜，嘗也。」玉篇：「啜，茹也。」釋名〈釋飲食〉：「啜，絶也，乍啜而絶于口也。」檀弓篇〈下〉：「啜菽飲水。」嘗者，説文：「嘗，口味之也。」曲禮篇〈下〉「君有疾，飲藥，臣先嘗之」，注：「嘗，度其所堪。」餇者，説文：「餇，饟也。」養者，説文「養，具食也」，或作「饌」。馬融論語〈爲政〉注：「饌，飲食也。」茹者，方言〈第七〉文也，「吴越之間凡貪飲食者謂之茹」，郭注：「今俗呼能粗食者爲茹。」禮運篇：「茹其毛。」孫綽遊天台山賦「絶粒茹芝」，李善注引列仙傳贊：「吞水須，茹芝莖。」

儽〔一〕、六羅反，又力羅反〔二〕。**疲、勞、懈、惰、怠、𩟗**，女革反。**嬾**洛滿反。**也。**

説文：「嬾，懈也，怠也。一曰卧也。」通作「孏」。後漢書王丹傳：「每歲農時輒載酒肴于田間，候勤者而勞之。其惰孏者，恥不致丹，皆兼功自厲。」儽者，盧對切。説文：「儽，嬾解也。」疲、勞者，説文：「疲，勞也。」「勞，劇也。」勞劇則嬾也。舊本「勞」下有「也」字，案：「勞」訓已見上文，此「也」字衍，今訂正。懈者，古隘切。説文：「懈，怠也。」惰者，説文「憜，不敬也」，引春秋傳曰：「執玉憜。」或作「惰」，古文作「媠」。左傳〈僖公十一年〉「受玉惰」、曲禮〈上〉「言不惰」、論語

〔一〕儽，廣雅各本作「傫」。

〔二〕六羅反，又力羅反，王念孫説當作「六罪反，又力維反」。

〔子罕〕「語之而不惰」，皆作「惰」。漢書韋玄成傳「無媠爾儀」、兩龔傳「媠謾亡狀」，皆作「媠」。怠者，說文：「怠，慢也。」越語〔下〕：「得時無怠，時不再來。」鬌者，說文云：「楚謂小兒嬾鬌。」

晻、烏感反。**薆**、愛音。**翳**、**薈**、烏繪反。**壅**、**蔽**，**障也**。

說文「障，隔也」，亦作「墇，擁也」。呂氏春秋季春紀「開通〔道〕路，無有障塞」，高誘注「障，壅」也。晻者，說文：「晻，不明也。」楚辭九思〔遭厄〕：「雲霓紛兮晻翳。」通作「掩」。月令篇「處必掩身」，注：「掩，猶隱翳也。」薆者，說文：「薆，蔽不見也。」亦作「薆」。離騷：「衆薆然而蔽之。」漢書律曆志：「昧薆于未。」翳者，爾雅〔釋木〕「蔽者翳」，郭注：「樹蔭翳覆地。」楚語〔下〕「縱過而翳諫」，韋昭注：「翳，障也。」左思詠史詩：「歸來翳負郭。」薈者，說文「薈，艸多貌」，引詩曰：「薈兮蔚兮。」艸多亦障蔽也。壅者，古作「邕」。詳見「隔」訓下。蔽者，鄭注論語爲政篇云：「蔽，塞也。」

繬、**彌**、**厲**、**設**、**沓**、**縫**、**灋**、**際**、**接**、**稽**、**交**，**合也**。

說文：「合，合口也。」繬、彌者，方言〔第十二〕：「嗇、彌，合也。」「繬」字說文所無，「彌」疑作「檣」。檣，絡絲具也。「繬、彌」與「嗇、彌」同。厲者，玉篇：「厲，附也，近也。」附近亦相合之意。或說「厲」當爲「屬」，之欲切，形相似而譌也。地官州長「各屬其州之民而讀灋」，鄭注：「屬，猶合也。」設者，玉篇「設，合也」，本此。沓者，楚辭天問「天何所沓？十二焉分」，王逸注：「沓，合也。言天與地合會何所？」縫者，衣之合也。說文：「縫，以鍼紩衣也。」左氏昭二年傳「敢拜子之彌縫敝邑」，注：「彌縫，猶補合也。」灋者，事之合也。今人語猶云合法。孫侍御說：際者，說文：「際，壁會也。」淮南精神訓「與道爲際，與德爲鄰」，高誘注：「際，合也。」接者，表記篇：「君子之接如水。」廣韻〔葉韻〕「接，合也」，本此。稽者，天官小宰「聽師田以簡稽」，鄭司農云：「稽，合也。」交者，月令「仲冬，虎始交」，鄭注：「交，猶合也。」楚辭九章〔思美人」「解萹薄與雜菜兮，備以爲交佩」，王逸釋「交」爲「合」。班昭東征賦「望河洛之交流兮」，李善注引此文。

瀧籠音。涿、陟角反。露、霑、濡、澰、落感反。溺、淪、氾、濅、子禁反。潤、瀸、作廉反。漸、濂〔一〕、廉音。漚、惡侯〔二〕反。澆、計堯反。㴶〔三〕、口角反。淳、市倫反。沃、屋音。淙、士降反。湓、蒲悶反。淋、林音。灌、觀音。灓、鸞音。濧、徒内反。瀀、憂音。渥、浞，士角反。漬也。

説文：「漬，漚也。」玉篇：「漬，浸也。」史記貨殖列傳：「漸漬于失教。」瀧涿者，方言〔第七〕「瀧涿謂之霑漬」，郭注：「瀧涿，猶瀨滯也。」説文：「瀧，雨瀧瀧貌。」「涿，流下滴也。」露者，説文：「露，潤澤也。」霑者，説文：「霑，雨霡也。」法言問道篇：「不戰而屈人兵，堯舜也，霑項漸襟堯舜乎。」濡者，邶風匏有苦葉傳義也，人朱切。澰者，木華海賦「爾其爲大量也，則南澰朱崖」，李善注引此文。溺者，沉溺。淪者，淪没，皆霑漬也。氾者，孚梵切。説文：「氾，濫也。」「濫，濡上及下也。」濅者，鄭注夏官職方云：「浸，可以〔爲〕陂灌溉者。」「濅、浸」同。潤者，説卦傳：「雨以潤之。」聘義篇：「温潤而澤。」瀸者，説文水部義也。公羊莊十七年「齊人瀸于遂」傳：「瀸者何？瀸，漬也，衆殺戍者也。」樊毅乞復華〔山〕下民租田〔口〕算狀：「仍雨甘雪，瀸潤宿麥。」漸者，子廉切。衛風氓云：「漸車帷裳。」潘岳懷舊賦「水漸軔以凝沍」，李善注引此文。濂者，里兼切。玉篇「濂」與「溓」同。漚者，説文：「漚，久漬也。」陳風東門之池「可以漚麻」，傳：「漚，柔也。」孔

〔一〕濂，廣雅各本作「溓」。

〔二〕侯，王念孫説當作「候」。

〔三〕㴶，廣雅各本作「灌」。

疏：「謂漸漬使之柔韌也。」案：考工記幬氏「以涚水，漚其絲」，注：「漚，漸也，楚人曰漚，齊人曰涹。」澆者，説文：「澆，沃也。古堯切。」潅者，説文：「潅，灌也。」舊本「潅」譌「濯」，今訂正。淳者，説文：「淳，渌也。」内則篇「淳熬煎醢加于陸稻上，沃之以膏，曰淳熬」，注：「淳，沃也。」考工記鍾氏：「淳而漬之。」周語（上）「王乃淳濯饗醴」，韋昭注：「淳，沃也。」沃者，説文：「浂，溉灌也。」「沃、浂」古今字。淙者，説文：「淙，水聲也。」郭璞江賦：「淙大壑與沃焦。」溢者，玉篇「溢，漬也」，本此。淋者，説文：「淋，以水沃也。」揚雄羽獵賦：「淋離廓落。」灌者，莊子逍遥遊：「時雨降矣，而猶浸灌。」淮南泰族訓：「若春雨之灌萬物也，渾然而流，沛然而施，無地而不澍，無物而不生。」桓寬鹽鐵論：「沛若時雨之灌萬物，莫不興起也。」灓者，洛官切。説文：「灓，漏流也。」澍者，玉篇：「澍，濡也。」瀀者，於求切。説文「瀀，澤多也」，引詩曰：「既瀀既渥。」今小雅信南山作「優」，古字通。渥者，説文：「渥，霑也。」秦風終南「顔如渥丹」，箋：「渥，厚漬也。」考工記（幬氏）：「渥淳其帛。」左氏哀八年傳「拘鄫人之漚菅者」，鄭注考工記（幬氏）引其「渥菅」，釋文：「渥，烏豆反，與『漚』同。」是「渥」爲古文「漚」也。涚者，説文：「涚，濡也。」

踏、他市反。蹠、只易反。𨂍、遥音，又躍音。䟛、拂音。踊、躍、䟾、陟劣反。蹶、厥音。踈、𨀤，勑例反。跳也。

説文：「跳，躍也。」釋名（釋姿容）：「跳，條也，如艸木枝條，務上行也。」踏、蹠、𨂍、䟛者，方言（第一）：「踏、𨂍、䟛、跳也。陳鄭之間曰𨂍，楚曰蹠。自關而西秦晉之間曰跳，或曰踏。」説文：「踏，䟢也。」「蹠，楚人謂跳躍曰蹠。」「𨂍，跳也。」「䟛，跳也。」踊者，説文足部義也。左氏僖二十八年傳：「曲踊三百。」檀弓篇（下）：「辟踊，哀之至也；有算，爲之節文也。」通作「踴」。説文：「踴，喪辟踴。」躍者，大雅旱麓：「魚躍于淵。」張衡西京賦「鋋不苟躍」，薛綜注：「躍，跳也。」通作「趯」。説文：「趯，踊也。」漢書李尋傳「涌趯邪陰」，顔師古注：「『趯』（字）與『躍』同。」䟾者，玉篇「䟾，跳也」，本此。蹶者，説文足部義也。班固西都賦：「狂兕觸蹷。」竦者，上文釋「竦」爲「上」，此又爲「跳」，義相成也。蹠者，方言（第一）：「楚謂跳曰蹠。」玉篇：「蹠，蹋也。」

傺、恥制反。眙、恥利反。止、待、立，逗也。

説文：「逗，止也。」史記韓長孺列傳「廷尉當恢逗橈，當斬」，集解引應劭曰：「逗，曲行避敵也。」顏師古漢書韓安國傳注引如淳曰：「軍法，行而逗留畏慄者要斬。」服虔曰：「逗音企。」後漢書光武帝紀（下）「不拘以逗留法」，李賢注：「逗，古『住』字。」舊本「逗」譌「逼」，今訂正。傺、眙者，方言（第七）文也，「南楚謂之傺，西秦謂之眙。逗，其通語也」，郭注：「逗，即今『住』字（也）。眙，謂住視也。」離騷「忳鬱邑余侘傺兮」，王逸注：「傺，住也，楚人名住曰傺。」楚辭九章（思美人）：「思美人兮，擥涕而竚眙。」止者，玉篇「止，住也」，本此。待者，説文：「待，竢也。」立者，説文：「立，住也。从大立一之上。」釋名（釋姿容）：「立，林也，如林木森然，各駐其所也。」

𥗼、盈音。裔、翫、肆、俗，習也。

皇侃論語義疏（學而）：「習，是脩故之稱也。」晏子（春秋内篇雜上）曰：「汩常移質，習俗移性，不可不慎也。」𥗼、裔者，方言（第十二）文，郭注：「謂玩習也。」𥗼，以成切，説文作「怈，習也」，字異音義同。翫者，説文：「翫，習厭也。」亦作「忨」。肆者，説文「肄，習也」，篆文作「肆」。左氏文四年傳：「臣以爲肆業及之也。」曲禮（下）云「君命，大夫與士肆」，注：「肆，習也。君有命，大夫則與士展習其事，謂欲有所發爲也。」俗者，説文人部義也。釋名（釋言語）：「俗，欲也，俗人所欲也。」管子曰：「藏于官則爲法，施于國則成俗。」鶡冠子（天則）曰：「田不因地（形），不能成穀；（爲）化不因民，不能成俗。」

崪、萃音。離、空、稗、臺，待也。

繫辭傳〔下〕：「君子藏器于身，待時而動。」儒行云：「儒有席上之珍以待聘。」崪者，疾醉切。玉篇「崪，待也」，本此。離，未詳。空者，方言〔第十三〕文，郭注：「來則實也。」稗，未聞。臺者，詹事兄曰：「『臺』之爲待，是解臺榭之名，以音見義也。古人登臺書云物，亦有待義。

鬱悠、慎、靖、䁙、憛、他甘〔一〕反。憮、恁、稔音，又如深反。侖，淪音。思也。

釋名〔釋言語〕：「思，司也，凡有所司捕，必靜思，忖亦然也。」鬱悠、慎、靖者，方言〔第一〕文：「晉宋衛魯之間謂之鬱悠。東齊海岱之間曰靖。秦晉或曰慎，凡思之貌亦曰慎」，郭注：「鬱悠，猶鬱陶也。」䁙者，咋鹽切，憂之思也。方言〔第一〕：「䁙，憂也。宋衛或曰䁙。」憛者，憛悇，亦憂思也，詳見本書釋訓。憮者，愛之思也，罔甫切。恁者，玉篇：「恁，念也。」侖者，力迍切。說文亼部義也。通作「惀」。玉篇：「惀，思也。」

仳鼻之反。倠、許惟反。娸、欺音。婄、陪音。儓、臺音。[illegible]、蒲北反。顡、爽音，又差丈反。[illegible]、丁可反。噅、欽危反。臛、權音。睽、逵音。頦、該音。顝、苦没反。[illegible]，音欺。醜也。

說文：「醜，可惡也。」釋名〔釋言語〕：「醜，臭也，如臭穢也。」仳倠者，楚辭九歎〔思古〕「西施斥于北宮兮，仳倠倚于彌盈」，王逸注：「仳倠，醜女也。」說文：「仳倠，醜面。」倠，通作「婎」。說文：「婎，醜也。」娸者，去其切。說文女部義也，

〔一〕甘，王念孫說當作「紺」。

「杜林説」。漢書枚皋傳「其賦有詆娸東方朔，又自詆娸」，顔師古注：「娸，醜也。」婄者，蒲口切。説文：「婄〔一〕，不肖也。讀若竹皮箁。」儓、𦋼者，方言〔第三〕「儓、𦋼，農夫之醜稱也。南楚凡罵庸賤謂之田儓。或謂之𦋼」，郭注：「儓，音臺。𠑽儓，駑鈍貌。或曰『僕臣儓』，亦至賤之號也。𦋼，音僰，丁健貌也。廣雅以爲奴，字作僰音同。」案：「儓」通作「嬯」。説文：「嬯，遲鈍也。闒嬯亦如之。」頮者，玉篇「頮，醜也」，本此。頦、嗚、矔、睽者，淮南脩務訓「啳睽哆嗚，籧篨戚施，雖粉白黛黑，弗能爲美者，嫫母、仳倠也」，高誘注：「皆醜貌。」案：矔，渠圓切。睽，渠追切。「啳」與「矔」、「哆」與「頦」，字異音義同。劉峻辯命論「夫靡顔膩理，哆嗚顣頞，形之異也」，李善注引服虔通俗文：「嗚，口不正也。」頦者，户來切，説文頁部義也。䫘者，説文：「䫘，大頭也。讀若魁。」倛者，去其切。説文：「倛，醜也。今逐疫有倛〔頭〕。」周禮方相氏「毆疫，掌蒙熊皮」，注：「冒熊皮者，以驚毆疫厲之鬼，如今魌頭也。」太平御覽〔卷五五二〕引應劭風俗通義：「俗説亡人魂氣浮揚，故作魌頭以存之，言頭〔體〕魌魌然盛大也。或謂魌頭爲觸壙，殊方語也。」列子仲尼篇「見南郭子，果若欺魄〔焉〕，而不可與接」，殷敬順釋文云：「字書作欺頼，人面醜也。」淮南精神訓：「視毛嬙、西施猶頗醜也。」通作「倛」。荀子非相篇：「仲尼之狀，面如蒙倛。」慎子〔威德〕曰：「毛嬙、西施，天下之至姣也。衣之以皮倛，則見之者皆走也。」「倛、魌、倛、欺」，字異音義同。

間、諑、諀、匹爾反。訾、子移反，又紫音。誹、福尾反。詆、嫡禮反。傷、譖、謗、訴、辠、訕，譭〔二〕毀音，即譭謗

〔一〕婄，今本説文作「婄」。

〔二〕譭，廣雅各本作「詚」，曹憲博雅音亦同。

之譭。今毁乃訓壞。也。

玉篇：「譭，許委切，謗也，怒言也。」與「毁」同。論語〔衛靈公〕：「誰毁誰譽？」舊本「譭」譌「詎」，字書所無，今訂正。間者，古莧切。曹植贈白馬王詩「蒼蠅間白黑，讒巧令親疏」，李善注引此文。詠者，豬角切。離騷「謠詠謂余以善淫」，王逸注：「詠，猶譖也。」諀者，玉篇：「諀，訾也。」訾者，管子形勢解：「毁訾賢者之謂訾，推譽不肖之謂讆。訾讆之人得用，則人主之明蔽，而毁譽之言起。」鄭注喪服四制云：「毁曰訾。」淮南泰族訓「春秋之失訾」，高誘注：「春秋貶絶不避王人，書人之過相訾也。」誹者，說文：「誹，謗也。」史記平準書：「張湯奏顔異當九卿見令不便，不入言而腹誹。」詆者，說文：「詆，苛也。一曰訶也。」史記汲黯列傳：「刀筆吏專深文巧詆，陷人于罪。」傷者，傷之爲譭，義之通行者耳。譖者，公羊莊元年傳注：「如其事曰訴，加誣曰譖。」謗者，說文言部義也。左氏莊二十二年傳：「敢辱高位，以速官謗。」訴者，說文「訴，告也」，引論語曰：「訴子路于季孫。」或作「謭」，或作「愬」。辠者，害之譭也。說文：「辠，犯法也。秦以『罪』爲『辠』字。」訕者，說文：「訕，謗也。」少儀篇：「爲人臣下者，有諫而無訕。」玉篇：「訕，毁語也。」

鏊、思列反。鐇、甫袁反。錟、於檢反。敤、苦果反，又口臥反。㧻、卓音。鍛，短館反。椎直追反。也。

玉篇：「椎，木椎也。」史記信陵君列傳：「朱亥袖四十斤鐵椎，椎殺晉鄙。」此釋椎擊之異名也。鏊者，脂利切。說文：「鏊，羊箠，耑有鐵。」鐇者，後漢書杜篤傳：「鐇钁株林。」錟者，于劫切。玉篇「錟，椎也」，本此。敤者，說文：「敤，研治也。」㧻者，知朔切。淮南說林訓：「椎固有柄，不能自㧻。」玉篇：「㧻，擊也。」鍛者，玉篇「鍛，椎也」，本此。李善注七命引倉頡篇：「鍛，椎也。」馬融長笛賦：「靁叩鍛之岌峇兮。」案：說文：「段，椎物也。」俗加「金」旁。

台、音夷。既、抎、云粉反。墜、逸，失也。

説文：「失，縱也。」台、既者，方言〔第六〕文：「宋魯之間曰台。」抎者，説文「抎，有所失也」，引春秋傳曰：「抎子辱矣。」今左氏成二年傳作「隕」。戰國策〔齊策四〕：「齊宣王曰：『寡人愚陋，守齊國，唯恐失抎之。』」墨子天志篇〔下〕：「國家滅亡，抎失社稷。」吕氏春秋季夏紀〔音初〕「昭王抎于漢中」，高誘注：「抎，墜也。音顛隕之隕。」是「抎、隕」古今字。墜者，爾雅〔釋詁上〕：「墜，落也。」説文作「隊，從高隊也。」通作「隧」。石經論語殘碑：「未隧于地。」隸釋云：「板本作『墜』。」漢書王莽傳〔上〕「不隧如髮」、敍傳〔上〕「厥宗亦隧」，「墜」皆作「隧」。逸者，説文兔部義也，「从辵、兔。兔，謾訑善逃也。」

行、隊、戻、矢音。棘、設、鋪、判逋反。田、神、列，陳也。

上文「陳，列也」，此又廣其義也。行者，寒岡切。左氏隱十一年傳「鄭伯使卒出豭，行出犬雞」，杜注：「百人爲卒，二十五人爲行。」吴語「陳士卒百人，以爲徹行百行」，韋昭注：「徹，通也。以百人通爲一行，百行爲萬人，謂之方陣。」隊者，徒對切。左氏文十六年傳：「楚子乘馹，會師于臨品，分爲二隊。」襄十年傳「右拔戟，以成一隊」，杜注：「百人爲隊。」高誘淮南〔齊俗訓〕注云：「軍二百人爲〔一〕隊。」李衛公兵法引司馬法：「五人爲伍，十伍爲隊。」戻者，施視切。玉篇：「戻，與『矢』同。」書序「臯陶矢厥謨」、大雅卷阿「以矢其音」、春秋隱五年「公矢魚于棠」，皆言「陳也」。棘者，楚辭天問「啟棘賓商，九辯、九歌」，王逸注：「棘，陳也。言啟能修明禹業，陳列宫商之音，備其禮樂也。」設者，説文：「設，施陳也。」小雅出車：「設此旐矣。」經解云：「繩墨誠陳，不可欺以曲直；規矩誠設，不可欺以方圜。」鋪者，大雅常武「鋪敦淮濆」，鄭解「鋪」爲「陳」。田者，説文：「田，陳也。樹穀曰田。」古者「田、陳」同聲，齊之田氏亦爲「陳」，猶「填、塵」同聲，可通用也。神，未詳。列者，楚辭九懷〔匡機〕「願一列兮無從」，王逸注：「欲陳忠謀，道隔塞也。」○集韻〔霰韻〕「𣗥，郎甸切」，引廣雅：「陳也。」今無此文。

嫽、了音。誂、大鳥反。透、叔音。揥、帝音。嬈，那鳥反。戲〔一〕也。

說文：「謔，戲也。」衛風淇奥云：「善戲謔兮。」「戲」下音釋有「愁」字，未審其故。嫽，未詳。誂者，說文：「誂，相呼誘也。」戰國策〈秦策一〉：「楚人有兩妻〈者〉，人誂其長者，長者詈之；誂其少者，少者許之。」透、揥，並未聞。嬈者，說文：「嬈，擾戲（游）弄也。」

欳、許謁反。漏，泄也。

此言泄漏也。管子君臣下篇：「古言牆有耳者，微謀外泄之謂也。」欳者，方言〈第十〉：「戲、泄，欳也。楚謂之戲泄。」漏者，左氏僖二年傳：「齊寺人貂始漏師于多魚。」荀子修身篇：「易忘曰漏。」

譴、居免反。極、軋、於八反。𧬈，吃棘音，又气音。也。

說文：「吃，言蹇難也。」又云：「𣢐，口不便言也。」二字古通用，並居乙切。史記韓非列傳：「非爲人口吃，不能道說，而善著〈書〉。」漢書周昌傳：「爲人（口）吃。」「吃、吃」同。譴、極、軋、𧬈者，方言〈第十〉：「譴、極，吃也。楚語也。或謂之軋，或謂之𧬈」，郭注：「譴、極，亦北方通語。軋，鞅軋，氣不利也。𧬈，語𧬈難也。今江南又名吃爲嗘，苦葉切。」

悲、悠、悼、愁、悴、憖、魚靳反。愍、感、痛、嘆、殤，慯也。

「慯」與「傷」同。上文「慯，憂也」，此又廣其義。悲者，豳風七月：「女心傷悲。」悠者，憂之慯也。悼、愁、悴、憖者，

〔一〕疏證本「戲」在下條「欳」上，曹憲音「愸一反」。

方言（第一）文，「自關而東汝潁陳楚之間通語也。汝謂之惄，秦謂之悼，宋謂之悴，楚潁之間謂之慗」，郭注：「詩云『不慗遺一老』，亦恨傷之言也。」衛風氓云「躬自悼矣」，傳：「悼，傷也。」慇者，漢書蓋寬饒傳：「諫大夫鄭昌慇傷寬饒。」感者，王粲登樓賦「心悽愴以感發兮」，李善注引此文。痛者，左氏成十三年傳：「斯是用痛心疾首。」史記秦本紀：「寡人思念先君之意，常痛于心。」嘆者，說文：「嘆，吞嘆也。一曰太息也。」殤者，釋名（釋喪制）：「未二十而死曰殤。殤，傷也，可哀傷也。」舊本「殤」譌「殦」，不成字，今以訂正。

逞、勑領反。苦、曉、佼，校音。快可怪反。也。

說文：「快，喜也。」旅象傳：「得其資斧，心未快也。」孟子（梁惠王上）：「然後快于心與。」後漢書蓋勳傳：「欲得快司隸校尉，誰可作者？」逞、苦者，方言（第二）文，「自山而東或曰逞，或曰苦」，郭注：「苦而爲快者，猶以臭爲香、治爲亂、徂爲存；此訓義之反覆用之是也。」左氏桓六年傳「今民餒而君逞欲」、楚辭大招「逞志而究欲」，注並云：「逞，快也。」曉、佼者，方言（第三）「曉、佼、苦，快也。自關而東或曰曉，或曰逞。江淮陳楚之間曰逞，宋鄭周洛韓魏之間曰苦，東齊海岱之間曰佼，自關而西曰快」，郭注：「〔佼〕即狡，狡戲亦快事也。」孟子（公孫丑下）「于人心獨無佼乎」，趙岐注：「佼，快也。」候教切。

梗、劌、棘、傷、策〔一〕、刺、壯，箴也。

「箴」與「鍼」同，謂鍼刺也。方言（第三）：「凡艸木刺人，北燕朝鮮之間謂之茦，或謂之壯。自關而東或謂之梗，或

〔一〕 策，疏證本作「茦」。

謂之劌。自關而西謂之刺。江湘之間謂之棘。」梗者，古杏切。張衡西京賦：「梗林爲之靡拉。」劌者，居衛切。聘義云「廉而不劌，義也」，注：「劌，傷也。」釋文引字林：「劌，利傷也。」棘者，楚辭橘頌：「曾枝剡棘。」傷者，傷割人也。策、刺者，上楚革切，下切賜切。爾雅〈釋艸〉「茦，刺」，郭注：「艸刺針也。」「策、茦」同。刺，説文作「莿」。「針、箴」，古今字。壯者，馬融注易大壯云：「壯，傷也。」

清、𦌀、耤禮反。湑、思吕反。浚、滰、巨仰反。潷、筆音。笮、側白反。漦、士宜反，又士疑反，又勑之反。潐、子紹反，又子肖反。麗，所佳反，又所飢反。𤁻淥音。也。

説文「漉，浚也」，或作「淥」。即此「𤁻」字。冬官㡛氏：「清其灰而盝之。」「𤁻、淥、漉」，字異音義同。清者，謂以水𤁻物，澄汰垢濁，取其清者也。𦌀者，玉篇：「𦌀，手出其汁也。亦作『擠』。」湑者，説文：「湑，莤酒也。一曰浚也。」小雅伐木「有酒湑我」，釋文：「謂以茅泲之而去其糟也。」浚者，私閏切。説文：「浚，抒也。」案：説文「瀝、漉」並訓「浚」，是浚亦漉也。滰者，説文「滰，浚乾漬米也」，引孟子曰：「夫子去齊，滰淅而行。」潷者，廣韻〈質韻〉：「潷，去滓。」笮者，側駕切。廣韻〈禡韻〉：「笮，〈笮〉酒器也。」案：説文解「笮」爲「迫」，謂以糟狀壓酒，迫之而出去其滓也。漦者，爾雅〈釋言〉「漦，盝也」，郭注：「漉漉出涎沫。」潐者，説文：「潐，釃酒也。一曰浚也。」麗者，廣韻〈魚韻〉以爲〈釃〉之異文。説文：「釃，下酒也。」小雅伐木「釃酒有藇」，傳：「以筐曰釃，以藪曰湑。」玉篇「麗，𤁻也」，本此。

侏儒、𥏶苦穢反。𥐀、喙音。䂬布兮反。𥎦、子兮反。矬、坐禾反。癠、在細反。𪐗、藉禮反。𤸎、於綺反。𤵜、附俱反，又付禹反。𥐖、旋音。矲、步楷反。𥎚、竹律反，又徵劣反。𥎞、彫音。孑、吉音。孓、居闕反。升，短也。

説文：「短，有所長短，以矢爲正。」魯語〈下〉：「僬僥氏長三尺，短之至也。」荀子非相篇：「帝堯長，帝舜短。文王長，周公短。仲尼長，子弓短。」侏儒者，王制云「瘖、聾、跛、躃、斷者、侏儒，百工各以其器食之」，注：「侏儒，短人也。」晉語〔四〕：「侏儒不可使援。」淮南主術訓「短者以爲朱儒枅櫨」，高誘注：「朱儒，梁上載蹲跪人也。」是柱之短者亦名「侏儒」。「侏、朱」同。⿰矢卷⿰矢彖者，玉篇：「⿰矢卷⿰矢彖，短小貌。」⿰矢卑⿰矢此者，玉篇：「⿰矢卑⿰矢此，短小貌。」史記日者列傳：「卑疵而前。」案：「卑疵」與「⿰矢卑⿰矢此」同。「⿰矢此」又通作「訾」。管子形勢篇：「訾讆之人，勿與任大。」又云：「小謹者不大立，訾食者不肥體。」是皆以訾爲短小也。「⿰矢卑⿰矢此」舊本作「⿰矢此⿰矢卑」，今訂正。矬者，玉篇「矬，短也」，本此。癠者，玉篇：「癠，物生不長也。」⿱此黑者，方言〔第十〕：「凡物生而不長大亦謂之⿱此黑，又曰癠。」⿸疒奇者，玉篇：「⿸疒奇，矬也。」府者，方言〔第十〕「東陽之間謂短曰府」，郭注：「言俯視之，因名云。」玉篇：「府，俛病也。」⿰月旋者，似沿切。方言〔第十三〕文也，郭注：「便旋，庳小貌。」矲者，亦方言〔第十〕文：「桂林之中謂短矲。矲，通語也。」⿰叕出者，亦方言〔第十三〕文，郭注：「蹶⿰叕出，短小貌。音『肬贅』之『贅』。」五音集韻〔薛韻〕：「⿰叕出，吴人呼短。」通作「叕」。淮南人間訓「聖人之思修，愚人之思叕」，高誘注：「叕，短也。」⿰矢召者，丁幺切。玉篇：「⿰矢召，犬短尾。」通作「貂」。釋名釋船篇：「⿰舟周，貂也；貂，短也。」孑、孓者，臂之短也。説文：「孑，無右臂也。孓，無左臂也。」皆象形。升，未詳。

揫、拱、俱隴反。鈵、丙音。董，固也。

小雅天保詩傳：「固，堅也。」揫者，字秋切。鄉飲酒義云「秋之爲言愁也」，注：「愁，讀爲『揫』。揫，斂也。」是物斂則固也。通作「遒」。豳風破斧「四國是遒」，傳：「遒，固也。」拱者，讀若易「鞏用黄牛之革」。鈵者，方言〔第十二〕文，郭注：「謂堅固也。」董，未詳。

⿱辟心普的反。朴、普卜反，又普角反。監雜、趚、七咨反，又步末反。⿸尸朿、即同上音。造、七到反。⿱艹棐、棐音。突、暴、暫，猝錯忽反。也。

説文：「猝，犬从艸暴出逐人也。」又云：「踤，倉踤。」二字通用「卒」。漢書劉向傳「期日迫卒」，顔師古注：「卒，讀曰猝。」㦝朴者，方言（第十二）文，郭注：「㦝音『劈歷』之『劈』，朴音『打撲』之『撲』，謂急速也。」鹽雜者，亦方言（第十三）文，郭注：「鹽，音古。皆倉卒也。」舊本「鹽」譌「監」，今訂正。趀者，説文：「趀，倉卒也。讀若資。」屌者，此咨切。玉篇：「屌屒，盜視。與『覗』同。」是見之猝也。造者，論語（里仁）：「造次必于是。」葉、突者，方言（第十）「葉，卒也。江湘之間凡卒相見謂之葉相見，或曰突」，郭注：「謂倉卒也。葉，音斐。」齊風甫田：「突而弁兮。」暴者，説文：「㬥，疾有所趣也。」玉篇「暴，猝也」，本此。今吴人稱猝然寒暖曰暴寒暴熱。暫者，商書盤庚（中）：「暫遇姦宄。」左氏僖三十三年傳：「婦人暫而免諸國。」〇集韻（末韻）「迖，普活切」，引廣雅：「猝也。」今無此文。

陠、布乎反。㚖、胡結反。頩、普啟反。倪、葩、彼、音化彼艸木。敧、韋音。陂、必何反。陀、大哥反。傾、畸、戲、羲音。偏、匹緣反。俄、迤、亦音陀。阿、阪、哨、七笑反。回、哇、於家反。差、策霞反。剌、落末反。險、阻、頗、隤、徒回反。徑、夕、蕭、頪，俄音。衺也。

説文徐鉉本：「衺，𧝝也。」徐鍇本「衺，紕也」，繫傳：「紕謂帛文疏紕衺戾也。」陠者，玉篇：「陠，衺也。」廣韻（模韻）：「陠，哀也。」「哀、衰」，皆「衺」之譌。㚖者，説文：「㚖，頭衺骫㚖態也。」頩者，頭之衺也。匹米切。説文：「頩，傾首也。」倪，與「睨」同，視之衺也。五計切。爾雅（釋魚）「龜左倪不類，右倪不若」，釋文：「倪，亦有本作『睨』。」莊子馬蹄篇「加之以衡軛，齊之以月題，而馬知介倪」，「馬之知而態至盜者，伯樂之罪也」，釋文：「李云：『介倪，猶睥睨也。』」葩者，古懷切。説文：「葩，戾也。」「葩、乖」古今字。惠民以爲「乖」字，亦通，説詳下文。彼者，陂髮切。玉篇「彼，邪也」，本此。敧者，羽非切。說文：「敧，庋也。」陂者，碑僞切。方言〔第六〕文：「陳楚荆揚曰陂。」樂記云「商亂則陂」，注：「陂，傾也。」陀者，玉篇：「陂陀，靡迤也。」宋玉招魂：「侍陂陁些。」「陁、陀」同。傾者，說文：「傾，仄也。」曲禮〔下〕云：「凡視，上于面則敖，下于帶則憂，傾則姦。」畸者，田之衺也。居宜切。說文：「畸，殘田也。」荀子天論篇：「道之所善，中則可從，畸則不可爲。」戲者，驅爲切。春官喪祝注：「執披備傾戲。」釋文：「戲，音虧。」偏者，說文：「偏，頗也。」洪範：「無偏無陂，遵王之義。」俄者，方言〔第六〕「俙，衺也。自山而西凡物細大不純者謂之俙」，郭注：「言俄俙也。」說文「俄，行傾也」，引詩曰：「側弁之俄。」張華鷦鷯賦「鷹鸇過猶俄翼」，李善注引此文。迤者，說文「迆，衺行也」，引書曰：「東迆北會于匯。」張衡東京賦「立戈迤戛」，薛綜注：「矛，置車上，邪柱之。」李善注：「迤，邪也。」阿者，釋名〔釋丘〕：「偏高曰阿丘。阿，荷也，如人擔荷物，一邊偏高也。」文選西都賦注引韓詩章句：「曲景曰阿。」皆言衺也。阪者，甫晚、步坂二切。說文：「阪，山脅也。」爾雅〔釋地〕「陂者曰阪」，郭注：「陂陀，不平。」哨者，投壺云「某有枉矢哨壺」，注：「枉、哨，不正貌。」惠士奇禮說云：「夏官形方氏『乖離之地』，鄭康成讀『乖』爲『佤哨之佤』。乖離者，佤邪離絕也。說文、玉篇皆無『佤』字，而玉篇于乖部加『菙』，訓爲『菙斜，苦媧切』。菙斜者，猶佤邪也。」上文云「菲」，此又云「哨」，即鄭注之「佤哨」矣。回者，小雅小旻「謀猶回遹」、晉語〔八〕「君臣上下，各厭其私，以縱其回」，毛傳、韋注並云：「回，邪也。」左氏文十八年傳：「靖譖庸回。」哇者，聲之衺也。法言〔吾子篇〕「哇則鄭」，李軌注：「哇，邪也。」謝靈運擬陳琳詩「哀哇動梁埃。」通作「欰」。五音集韻〔皆韻〕：「欰，邪貌。于佳切。」差者，說文：「差，〔差〕不相值也。」通作「槎」。賈逵國語〔魯語上〕注：「槎，邪斫也。」剌者，盧達切。楚辭〔七諫怨世〕「獨乖剌而無當」，王逸注：「剌，邪也。」險者，春官典同「險聲斂」，注：「險，謂偏弁也，險則聲斂不越也。」盤庚〔上〕云：「今汝聒聒，起信險膚。」阻者，說文：「阻，險也。」險爲衺，阻亦衺也。頗者，頭之衺也。滂禾切。說文：「頗，頭偏也。」隤者，阜之衺也。說文：「隤，下隊也。」徑者，路之衺也。老子（第五十三章）云：「大道甚夷，而民好徑。」夕者，室之衺也。晏子春秋（內篇雜下）：「景公新成柏寢之臺，使師開鼓琴，師開左撫宮，右彈商，曰：『室夕。』公曰：『何以知之？』師開對曰：『東方之聲薄，西方之聲揚。』公召大匠曰：『室何爲夕？』大匠曰：『立室以宮矩爲之。』于是召司空曰：『立宮何爲夕？』司空曰：『立宮以城矩爲之。』明日，晏子朝公，公曰：『先君太公以營丘之封立城，曷爲夕？』晏子對曰：『古之立國者，南望南斗，北戴樞星，彼安有朝夕哉！然而以今之夕者，周之建國，國之西方，以尊周也。』」呂氏春秋季夏紀（明理）「是正坐于夕室也，其所謂正，乃不正矣」，高誘注：「言其室邪（夕）不正，徒正其坐。」「自以爲正，乃不正之謂也。」蕭者，曲禮（上）云「右手執簫」，鄭注：「簫，弭頭也，謂之簫；簫，邪也。」「蕭、簫」，字異義同。䫏者，五柯切。玉篇：「䫏，或爲『俄』。」是「䫏」即「俄」之異文也。

詾、鈞儐反。謧、誑音。詒、與之反。諼、許袁反。謬、靡幼反。遁、嘿眉北反。屎、恥梨反。懀力兮反。忚、虎兮反。謾莫干反。譠、託寒反。猶、譎、詐、僞、𧪏、達各反。膠、誣、詿、乖賣反。詑、湯陁反。調、突、虞，欺也。

賈誼（新）書道術篇：「仁義修立謂之任，反任爲欺。」說文：「欺，詐欺也。」詾者，玉篇「詾，欺也」，本此。集韻（諄韻）「詾，下珍切」引此文。舊本「詾」譌「詢」，今訂正。謧者，說文言部義也。與「誑」同。曲禮（上）云：「幼子常視無誑。」詒者，說文：「詒，相欺詒也。」穀梁定元年傳「夫請者，非可詒託而往也，必親之者也」，注：「詒託，猶假寄。」列子黃帝篇：「既而狎侮欺詒。」郭注方言（第三）云：「汝南人呼欺爲讀。訰，亦曰詒，音殆。」經典或借用「紿」。史記高祖本紀「高祖爲亭長，素易諸吏，乃紿爲謁」，集解引應劭曰：「紿，欺也。音殆。」索隱引韋昭曰：「紿，詐也。」劉氏曰：「紿，欺負也。」諼者，説文言部義也。公羊文三年傳：「此伐楚也，其言救江何？爲諼也。」漢書息夫躬傳：「虛造詐諼之謀。」謬者，説文：「謬，狂者之妄言也。」遁者，孟子〔公孫丑上〕：「遁辭知其所窮。」噿屎者，方言〔第十〕「噿屎，獪也。江湘之間凡小兒多詐而獪或謂之噿屎」，郭注：「噿，音目。屎，丑夷反。噿屎，潛狡也。」「噿」通作「墨」。列子力命篇：「墨屎、單至、嘽咺、憋懯四人相與遊于世，胥如志也。窮年不相知情，自以智之深也。」愲㥏、謾譠者，方言〔第十〕：「譠謾、愲㥏，皆欺謾之語也。楚郢以南東揚之郊通語也。」楚辭九章〔惜往日〕「或訑謾而不疑」，王逸注：「張儀詐欺，不能誅也。」「訑、他」同。玉篇：「愲㥏，欺謾之語。」「譠謾，欺也。」猶者，方言〔第十三〕「猷，詐也」，郭注：「猷者言，故爲詐。」「猷」與「猶」同。譎者，説文：「譎，權詐也。益梁曰謬，欺天下曰譎。」論語〔憲問〕「晉文公譎而不正」，鄭注：「譎者，詐也。」詐者，説文言部義也。荀子修身篇：「匿行曰詐。」哀公篇：「鳥窮則啄，獸窮則攫，人窮則詐。」僞者，説文：「僞，詐也。」地官大司徒：「以五禮防萬民之僞，而教之中。」左氏襄三十年傳：「淑慎爾止，無載爾僞。」詖者，玉篇「詖，欺也」，本此。膠者，方言〔第三〕：「膠、譎，詐也。涼州西南之間〔曰膠〕，自關而東西或曰譎，或曰膠。詐，通語也。」左思魏都賦：「牽膠言而踰侈。」誣者，説文：「誣，加也。」表記云「受禄不誣」，注：「不信曰誣。」詿者，説文：「詿，誤也。」史記張儀列傳：「夫不顧社稷之長利，而聽須臾之説，詿誤人主，無過此者。」漢書息夫躬傳：「疾詿誤之臣，思黄髮之言。」詑者，説文：「沇州謂欺曰詑。」楚辭惜往日「或詑謾而不疑。」調者，徒聊切。調譃亦欺也。宊者，廣韻〔没韻〕「宊，欺也」，本此。虞者，魯頌閟宫「無貳無虞」，傳：「虞，誤也。」左氏宣十五年傳：「我無爾詐，爾無我虞。」

蕆、恥輦反。飭、戒、福、晐、該音。具，備也。

先事而具謂之備，無物不有亦謂之備。玉篇：「備，預也。」蕆者，方言〔第十三〕文。左氏文十七年傳「以蕆陳事」，杜注：「蒧，敕也。」「敕」與「飭」同，皆備也。飭者，恥力切。亦方言（第十三）文，彼作「敕」同。說文：「敕，誡也。」謂告誡之使備也。戒者，亦方言（第十三）文。說文：「戒，警也。从廾持戈，以戒不虞。」曾子問篇「君出疆，以三年之戒，以椑從」，注：「戒，猶備也。」荀子儒效篇「周公勝敵而愈戒」、張衡東京賦「雖萬乘之無戒，猶怵惕于一夫」，注皆訓爲「備」。福者，祭統篇：「福者，備也；備者，百順之名也。」晐者，古才切。說文：「晐，兼晐也。」吳語「一介嫡女，執箕箒以晐姓于王宫」，韋昭注：「晐，備也。」通作「該」。穀梁哀元年傳「此該之變而道之也」、離騷「甯戚之謳歌兮，齊桓聞以該輔」，注皆訓爲「備」。又通作「賅」。莊子齊物論「賅而存焉」，釋文引司馬彪注：「賅，備也。」舊本「晐」譌「胲」，今訂正。具者，說文：「具，共置也。」廣韻（遇韻）：「具，備也，辦也。」

䏼、殘音。抦〔一〕、肆，弋至反。枿也。

古文「櫱」作「栓」，「枿」即「栓」也。䏼者，在安切。玉篇：「䏼，獸食之餘也。」與「殘」同。抦，未詳。肆者，方言（第一）：「枿，餘也。秦晉之間曰肆。」周南汝墳「伐其條肆」，傳：「肆，餘也，斬而復生曰肆。」

俜、普經反。侹、他鼎反。遊、挑，大了反。俠也。

漢書季布傳「爲任俠有名」，注：「同是非爲俠。又謂任使其氣力。俠之言挾也，以權力俠輔人也。」俜者，說文：「俜，使也。」「使」是「俠」之譌。又云：「俠，俜也。」是「俜」、「俠」同義。通作「甹」。說文：「甹，俠也，三輔謂輕財者爲甹。」侹者，方言（第三）：「侹，代也。江淮陳楚之間曰侹。」是「侹」爲輕財代人任事也。遊者，戰國策：「士未有爲君盡遊

〔一〕抦，疏證本作「枘」。

者。」楚辭卜居：「將遊大人以成名乎？」挑者，史記蘇秦列傳「莫若挑霸齊而尊之」，正義云：「挑，執持也。」案：代人任事，把持主謀，皆遊俠之事也。

敂、昌樹反。惈、果音。敢、武、仡，魚乙反。勇也。

賈誼新書道術篇：「持節不恐謂之勇，反勇爲怯。」説文「勈，氣也」，或作「㦷」，古文作「恿」。釋名釋言語：「勇，踴也，遇敵踴躍，欲擊之也。」皇侃論語義疏引李充曰：「陸行而不避虎兕者，獵夫之勇也。水行不避蛟龍者，漁父之勇也。鋒刃交于前，視死若生者，烈士之勇也。知窮之有命，知通之有時，臨大難而不懼者，仁者之勇也。故仁者必有勇，勇者不必有仁。」敂者，爲之勇也。玉篇：「敂，爲也。」廣韻遇韻「敂，勇也」，本此。惈者，古火切。玉篇：「惈，勇勝也。」通作「果」。左氏宣二年傳：「殺敵爲果，致果爲毅。」敢者，説文「𠭥，進取也」，籀文作「𣪋」。經典通用「敢」。虞書益稷：「誰敢不讓，敢不敬應。」廣韻敢韻「敢，勇也」，本此。武者，周南兔罝：「赳赳武夫。」左氏宣十二年傳：「夫武，禁暴、戢兵、保大、定功、安民、和衆、豐財者也。」仡者，説文：「仡，勇壯也。」公羊宣六年傳「祁彌明者，國之力士也，仡然從乎趙盾而入」，何休注：「仡然，勇壯貌。」

蹵、酒六反。躓、竹利反。躦、才他反。跐、鼎〔一〕買反，又子爾反。𧾵、敞音。𧿹、丁戾反。蹖，詩容反。蹋大臘反。今人〔二〕蹹字如此，失之矣。也。

〔一〕鼎，王念孫説當作「昊」。

〔二〕王念孫説「人」下脱「作」字。

上文「蹋」爲「履」，此又廣其訓也。蹵者，史記燕世家：「蹵之以足。」淮南氾論訓「黄衰微舉足蹵楚恭王之體，恭王乃覺，怒其失禮」，高誘注：謂舉足蹵君也〔一〕。與「蹴」同。孟子〈告子上〉「蹴爾而與之」，趙岐注：「蹴，蹋也。」蹪者，説文「蹪，跲也」，引詩曰：「載蹪其尾。」左氏宣十五年傳：「杜回蹪而顛。」躦者，玉篇「躦，蹋也」，本此，聲與「⿰足虘」同。跐者，釋名〈釋姿容〉：「跐，弭也，足踐之使弭服也。」左思吴都賦「將抗足而跐之」，注：「跐，躡也。」⿱尚足者，集韻〈養韻〉「⿱尚足，蹋也」，本此。⿰足氏者，玉篇「⿰足氏，蹋也」，本此。踳者，玉篇、廣韻〈鍾韻〉「踳，蹋也」，本此。舊本「踳」譌「⿰口春」，今訂正。

黬、烏減反。⿰忄奄、於劒反。⿱遂心、聿醉反。悆、以去反。忽、⿰忄巟、乎晃反。腆、詄、徒結反。⿰忄隶、退音。怽，忘也。

説文：「忘，不識也。」玉篇：「忘，不憶也。」儀禮士冠禮：「壽考不忘。」莊子達生篇：「氣下而不上，則使人善忘。」黬者，方言〈第十三〉文也，於檻切。説文：「黬，忘而息也。」舊本「黬」譌以「魚」，今訂正。⿰忄奄，未聞。⿱遂心者，羊季切。玉篇「⿱遂心，忘也」，本此。悆者，説文心部義也。忽者，小雅谷風「棄予如遺」，箋云：「如遺者，如人行道遺忘物，忽然不省存也。」⿰忄巟者，劉向九歎〈憂苦〉「僕夫慌悴，散若流兮」，洪興祖補注引廣雅：「慌，忘也。」是本又作「慌」。腆者，方言〈第十三〉文也，他典切。詄者，説文言部義也。⿰忄隶者，他對、他没二切。玉篇「⿰忄隶，忘也」本此。通作「怢」。王褒四子講德論「故美玉藴于碔砆，凡人視之怢焉，良工砥之」，李善注引廣倉：「怢，忽忘也。」舊本「⿰忄隶」譌「慄」，今訂正。怽者，莫達切。玉篇「怽，忘也」，本此。

誦、説、精、講，論也。

〔一〕案：今本淮南子高誘注無此語。

說文：「論，議也。」釋名（釋典藝）：「論，倫也，有倫理也。」皇侃論語義疏敘：「『論』字有三途：第一捨字制音呼之爲『倫』，倫者，次也，言事義相生首末相次也；倫者，理也，言蘊含萬理也；倫者，綸也，言經綸今古也；倫者，輪也，言義旨周備，圓轉無窮，如車之輪也。第二捨音依字爲『論』，言必先詳論，人人僉允，然後乃記。第三『倫、論』無異，蓋南人呼『倫事』爲『論事』，北士呼『論事』爲『倫事』，音雖不同，義趣一也。」誦者，楚辭九章（惜誦）「惜誦以致愍兮」，王逸注：「誦，論也。」王融策秀才文：「進謀誦志，以沃朕心。」（說者）說文：「說，談說。」虞書（益稷）：「庶頑讒說。」法言（問神）：「五經之爲衆說郛。」精，（未）詳。講者，兑象傳：「君子以朋友講習。」左氏隱五年傳：「皆于農隙以講事也。」魯語（上）「夫仁者講功，而智者處物」，韋昭注：「講，論也。」

註、只屢反。紀、疏、記、學、栞、刊音。誌〔一〕，識也。

左氏定十年傳「叔孫氏之甲有物」，杜注：「物，識也。」此言記識也。註者，賈公彦（周禮疏）云：「注者，于經之下，自注己意，使經義可申，故云注也。」「註、注」同。紀者，識之使有綱紀，太史公書有「本紀」是也。司馬貞（五帝本紀索隱）曰：「紀者，記也，本其事而記之。」疏者，說文作「疋」，「疋，記」。方言（第一）云：「舊書疋記故俗語，不失其方。」一說：疏，通也，識之使其義通達曉暢也。記者，說文：「記，疏也。」釋名（釋典藝）：「記，紀也，紀識之也。」如辨名記、三朝記之屬是也。學者，古人說經，各有專家，學爲一字之學，如何休注公羊傳稱「學」是也。栞者，古「刊」字，刻識之也。說文：「栞，槎識也。」誌者，列子楊朱篇：「太古之事滅矣，孰誌之哉？」與「志」同。左氏昭四年傳「日而皆召其徒，無

〔一〕誌，疏證本作「志」。

之。且曰『志之』」，杜注：「志，識也。」

堨、徒盍反。疊、徒葉反。鬌、都果反。霼、洛音〔一〕。零、隆、遺，墮也。

漢書刑法志「法度堶」，顔師古注：「堶，即『墮』字。」堨者，玉篇：「堨，墮也。堨，古文。」疊者，詹事兄曰：「『疊、墮』聲相近。鬌者，髮之墮也。既夕禮注：「兒生三月，剪髮爲鬌。」説文：「鬌，髮隋也。」霼者，雨之墮也。説文：「霼，雨零也。」舊本「霼」下音釋有「廣音」二字，未知其故。零者，艸之墮也。説文：「凡艸曰零，木曰落。」隆者，玉篇「隆，落也」，本此。古通作「隊」。遺者，鄭注鄉飲酒義云：「遺，猶脱也，忘也。」

〔一〕王念孫博雅音校本「洛音」上有「廣音」二字。

廣雅疏義卷第五

廣雅卷三

序、倢、字獵反。摯、佴、如志反。秩、班〔一〕、坒、毗利反，又毗栗反。笓、毗利反。差、初宜反。第，次也。

此言秩序之次也。考工記〔畫繢〕：「畫繢之事，青與白相次，赤與黑相次也。」左氏襄二十三年傳：「敬共朝夕，恪居官次。」序者，古用「敍」。說文：「敍，次第。」大雅行葦「序賓以賢」，箋：「謂以射中多少爲次第。」左氏宣十二年傳「內官序當其夜」，注：「序，次也。」春官小宗伯：「掌四時祭祀之序事。」離騷：「春與秋其代序。」倢者，疾葉切。說文：「倢，佽也。」案：小雅車攻「決拾既佽」，箋：「佽，謂手指相次比也。」「倢、佽」同義，故「倢」亦爲「次」。摯者，昨甘、所斬二切。未詳。佴者，說文：「佴，佽也。」爾雅〔釋言〕「佴，貳也」，郭注：「佴，次，爲副貳。」司馬遷報任少卿書「僕又佴之蠶室」，李善注引如淳曰：「佴，次也，若人相次也。」秩者，虞書〔舜典〕「望秩于山川」。公羊〔隱公八年〕疏引鄭注：「秩，次也。編以尊卑次秩祭之。」古作「豑」。說文「豑，爵之次第也」，引虞書曰：「平豑東作。」班者，小爾雅〔廣詁〕文。左氏桓六年傳：「於是諸侯之大夫戍齊，齊人餽之餼，使魯爲其班。」周語〔上〕「王耕一墢，班三」，曲禮〔上〕「班朝治軍」，注皆云：「次也。」坒者，說文：「坒，地相次比也。」通作「比」。漢書諸侯王表「諸侯比境，周匝三垂」，顏師古注：「比，謂相接

〔一〕班，疏證本作「斑」。

次也。」笓者，玉篇「笓，次也」，本此。差者，說文：「差，貳也。」「貳，副。」皆次也。後漢書荀爽傳：「故天子娶十二，天之數也；諸侯以下各有等差，事之降也。」第者，左氏哀十六年傳：「楚國第，我死，令尹、司馬，非勝而誰？」古用「弟」字。說文：「弟，韋束之次弟也。」釋名〈釋親屬〉：「弟，第也，相次第而生也。」

惎、巨記反。恉、旨音。志，意也。[一]

說文：「意，志也。从心，察言而知意也。」惎者，左氏傳「惎」凡四見，或爲毒，或爲教。字書俱無「意」訓，疑當「替」。廣韻〈志韻〉：「替，志也。渠記切。」恉者，職雉切。說文心部義也。通作「旨」。繫辭傳〈下〉：「其旨遠。」志者，在心爲志。少儀篇「問卜筮曰：義與志與，義則可問，志則否」，注：「義，正事也。志，私意也。」孔疏：「若卜筮者，是公義，則可爲卜筮。若所問，是私心志意，則不爲之卜筮。」

輸、臾音。⿱辥刀、先列反。𣦼、在安反。⿱列巾、例音。燼、孑、贏、菆、側流反。⿰巾祭、遺，餘也。

說文：「餘，饒也。」此釋用而不盡之餘也。輸者，與朱切。玉篇：「輸，餘也，孽也。」⿱辥刀者，說文：「⿱辥刀，斷也。」蓋斷而復萌也，與「櫱」同意。一說字當作「櫱」。說文「⿰木獻，伐木餘也」，或作「櫱」。𣦼者，說文：「𣦼，禽獸所食餘也。」通作「⿰月戔」。⿱列巾者，玉篇：「⿱列巾，力制切，帛餘也。」左思魏都賦：「秦餘徙⿱列巾。」通作「烈」。方言〈第一〉：「烈，餘也。晉衛之間曰烈，秦晉之間或曰烈。」又通作「裂」。說文：「裂，繒餘也。」左傳紀裂繻，字子帛。漢書終軍傳「關吏予軍繻」，蘇林曰：「繻，帛邊也。舊關出入皆以傳。傳煩，因裂繻頭合以爲符信也。」易既濟「繻有衣袽」，集解引盧氏云：「繻者，布帛端末

[一] 案：疏證本作「惎、恉、意，志也」。

之識也。」案：端末，即邊也，今俗謂之機頭，是裂爲繒帛之餘也。燼、孑者，方言（第二）：「孑、蓋，餘也。周鄭之間曰蓋，或曰孑。青徐楚之間曰孑。自關而西秦晉之間，炊薪不盡（曰蓋）。」大雅桑柔「具禍以燼」，箋：「災餘曰燼。」説文：「㶳，火餘也。」「燼、蓋、㶳」，字異義同。嬴者，利之餘。説文：「嬴，有餘賈利也。」左氏昭元年傳「賈而欲嬴，而惡囂乎」，注：「言譬如商賈求嬴利者，不得惡諠囂之聲。」漢書食貨志（上）「操其奇嬴」，顔師古曰：「奇嬴，謂有餘財而（畜）聚奇異（之物）也。」菆者，爾雅（釋艸）：「菆，小葉。」「菆」有小義，故亦爲「餘」。陸氏爾雅釋文兼存豬葉、阻留二反，非也。㡜者，帛之餘也。先列、所例二切。説文：「㡜，殘帛也。」急就篇（卷二）：「帔㡜囊橐不直錢。」遺者，樂記云：「一唱（而）三歎，有遺音者矣。」離騷：「依彭咸之遺則。」張衡西京賦「璿弁玉纓，遺光儵爚」，薛綜注：「遺，餘也。儵爚，有餘光也。」

⿰食遣、遣音。⿰米卷、去晚反。⿰米啇、摘音，又竹戹反。⿰扌致，竹利反。摶大丸反。也。

説文：「摶，圜也。」此釋糰糉之糰也。「摶、糰」，古今字。玉篇：「糰，糰糉。」集韻（桓韻）：「糰，粉餌。」⿰食遣者，去善切。玉篇：「⿰食遣，乾麵餅也。」⿰米卷者，去遠切。説文：「⿰米卷，粉也。」玉篇「⿰米卷」與「⿰米完」同。⿰米啇者，玉篇：「⿰米啇，粘也。」⿰扌致，未詳。

粲、錯汗反。⿰車彡、落汗反。彪、必鄒反。辬、班音。璘、鄰音。彪〔一〕、迫姦反。彬、福巾反。彧、於菊反。⿰目户、户音。純，文也。

説文云：「文，錯畫也。象交文。」又云：「彣，䘩也。」古字通用。樂記云「禮減而進，以進爲文。樂盈而反，以反爲文」，注：「文，猶美也，善也。」粲者，唐風葛生：「角枕粲兮。」⿰車彡者，玉篇：「⿰車彡，鮮明也。」通作「爛」。楚辭九章（橘頌）：

〔一〕彪，疏證本作「虨」。

「青黃雜糅，文章爛兮。」彪者，説文：「彪，虎文也。彡象其文。」法言〈君子〉：「或問：『〈君子〉言成文，動成德，何以也？』曰：『以其弸中而彪外也。』」辬者，布還切。説文：「辬，駁文也。」今俗作「斑」。璘者，力神切。玉篇：「璘⿰王扁，文貌。」又玉色光彩。」張衡西京賦：「瓀珉璘彬。」通作「瞵」。楊雄甘泉賦：「璧馬犀之瞵⿰王扁。」虨者，布還切。説文：「虨，虎文彪也。」彬者，説文「份，文質備也」，引論語曰：「文質份份。」古文作「彬」。彧者，説文：「戫，有文章也。」「戫、彧」，字異義同。東漢人已借「彧」爲「戫」，故荀彧字文若。昈者，侯古切。方言〈第十二〉：「效、昈，文也。」張衡西京賦：「赫昈昈以弘敞。」純者，亦方言〈第十三〉文。

困、胎、㒓，勑達反。逃也。

此方言〈第十三〉文也，郭注：「皆謂逃叛也。」㒓，音「鞭撻」之「撻」。玉篇「㒓」下引方言：「逃也。」舊本「㒓」譌「⿰亻逵」，並音釋亦譌「逵」，今據方言訂正。

⿰扌頛、頃音。埏、筳〔一〕、⿰木亙、遂、亹、畍、介音。⿰日亢、古浪〔二〕反。畢、⿰歹冬、終音。⿰歹卒，卒音。竟也。

説文：「樂曲盡爲竟。」此「⿰扌頛、埏、筳、⿰木亙」是綿亘之竟，「遂、亹、畍、⿰日亢」是疆域之竟，「畢、⿰歹冬、⿰歹卒」是終盡之竟。⿰扌頛、埏者，方言〈第十三〉文，郭注：「⿰扌頛，恪穎反。埏〔三〕，音延。」史記司馬相如傳「下泝八埏」，集解引漢書音義：「埏，若八埏，地之八

〔一〕埏筳，疏證本作「挻挺」。

〔二〕浪，王念孫説當作「朖」。

〔三〕埏，今本方言郭注作「挻」。

際也。」舊本「埏」譌「挺」，今訂正。筳、𣓌者，亦方言〔第六〕文：「秦晉或曰緪，或曰竟。楚曰筳。」班固〔答〕賓戲：「緪以年歲。」西都賦：「北彌明光而亘長樂。」説文「𣓌，竟也」，古文作「亙」。是「𣓌、緪、亘」古字同。舊本「筳」譌「挺」，今據方言訂正。遂者，曲禮〔上〕：「户開亦開，户闔亦闔，有後入者，闔而勿遂。」漢書灌夫傳「有詔劾灌夫罵坐不敬，繫居室。遂其前事」，顏師古注：「遂，竟也。」盧諶贈劉琨詩書云「若公肆大惠，遂其厚恩」，李善注引此文。畺者，説文「畺，界也」，或作「疆」。小爾雅〔廣詁〕：「疆，竟也。」周語〔中〕「畺有寓望」，韋昭注：「畺，境也。」公羊昭元年傳「疆運田者何？與莒爲竟也」，何休注：「疆，竟也。」漢書外戚傳〔上〕：「精浮游而出畺。」又王子侯表〔上〕「以諸侯王畺土過制」，顏師古注：「畺，亦『壃』字。」白石神君碑：「萬壽無畺。」張公神碑：「畺界家靜。」樊敏碑：「華南西畺。」朱龜碑：「綏我土畺。」呂君碑：「慎守畺易。」是「畺、疆、壃」並同。畍者，古拜切，與「界」同，説文田部義也。孟子〔公孫丑下〕：「域民不以封疆之界。」甿者，亦説文田部義也。舊本「甿」譌「吃」，今訂正。畢者，周書大誥：「予曷敢不于前寧人攸受休畢。」檀弓篇〔下〕：「生事畢而鬼事始。」殅者，之戎切。玉篇：「殅，殁也。今作『終』。」釋名〔釋喪制〕：「終，盡也。」禮記〔檀弓上〕：「君子曰終，小人曰死。」𣨛者，子聿切。説文：「大夫死曰𣨛。」釋名〔釋喪制〕：「大夫曰卒，言卒竟也。」「𣨛、卒」同。殅、𣨛，皆人之竟也。

僔〔一〕、敷音。　誰、子隹反。　即、因、度、集、從、圍、酉、歸、孝、稇，苦本反。　就也。

説文：「就，高也。」玉篇：「就，從也，成也，即也，久也。」僔者，疑與「傅」同，未詳。誰者，玉篇「誰，就也」，本此。即者，方言〔第十二〕文。論語〔子路〕「亦可以即戎矣」，包咸注：「即戎，就兵也。」王制「必即天論」、鄉飲酒禮「衆賓序升即

〔一〕僔，疏證本作「傅」。

席」，鄭皆訓爲「就」。因者，説文口部義也，繫傳：「能大者，衆圍就之也。」度者，孝經援神契「度、孝」皆爲就。集者，周書武成：「大統未集。」大雅大明、小雅小旻傳並云：「集，就也。」從者，左氏成十七年傳「泣而爲瓊瑰，盈其懷，從而歌之」，注：「從，就也。」曲禮〔上〕「謀于長者，必操几杖以從之」、漢書高祖紀〔上〕「我十五日必定梁地，復從將軍」，注皆解「從」爲「就」。廣韻〔鍾韻〕「從，就也」，本此。圍者，方言〔第十二〕文。舊本「圍」譌「囯」，不成字，且「圍」是習見之字，故無音釋，今訂正。玉篇「圍，就也」，本此。酉者，説文：「酉，就也。八月黍成，可爲酎酒。」歸者，上文釋「就」爲「歸」，此釋「歸」爲「就」，轉相訓也。孝者，舊唐書禮儀志引孝經援神契云：「天子孝曰就。」故「孝」爲「就」也。稛者，方言〔第三〕文，郭注：「稛，悋本反。稛稛，成就貌。」説文：「稛，豢束也。」玉篇、廣〔韻混韻〕並云：「成熟。」皆于「就」義爲近。舊本將「稛」字溷入下文「屠」訓内，又誤爲「門稛」之「梱」，今據方言訂正。

⿱狄刀、託歷反。刲、苦圭反。刳，看姑反。屠也。

説文：「屠，刳也。」周禮地官〔廛人〕「凡屠者斂其皮角筋〔骨〕，入于玉府。」史記信陵君列傳：「乃市井之人，鼓刀以屠。」⿱狄刀者，玉篇：「剔，解骨也。⿱狄刀，同上，屠也。」刲者，説文：「刲，刺也。」歸妹上六「士刲羊」，馬融注：「刲，刺也。」法言修身篇：「如刲羊刺豕，罷賓犒師，惡在犁不犁也！」玉篇「刲，屠也」，本此。刳者，説文：「刳，判也。」玉篇：「刳，屠也。」

翬、呼韋反。鶱、䎖、即恆反。翥、諸兪反。方言音曙。⿰亶羽、火仙反。翧、喧音。翷、鄰音。翃、宏音。⿱熒羽、呼橫反[一]。翴、連音。翾、吁緣反。翋力合反。⿰羽眔、大合反。鴪、聿音。⿰肅羽、三六反。矯，飛也。

〔一〕呼橫反，王念孫作「呼麥反」，并於其上補正文「⿰羽或」字。

説文：「飛，鳥翥也。象形。」古通作「蜚」。史記周本紀：「蜚鴻滿野。」蘇秦列傳：「毛羽未成，不可以高蜚。」韓勑後碑：「蜚于蒼天。」張公神碑：「駕蜚魚。」夏堪碑：「魂蜚揚。」皆作「蜚」。翬者，説文：「翬，大飛也。」小雅斯干：「如翬斯飛。」爾雅釋鳥：「鷹隼醜，其飛也翬。」鶱者，虚言切。説文：「鶱，飛皃。」張衡西京賦：「鳳鶱翥于甍標，咸遡風而欲翔。」舊本「鶱」譌从「馬」，今訂正。䎘者，玉篇：「䎘，飛皃。」翥者，説文：「翥，飛舉也。」爾雅（釋蟲）：「翥，醜罅。」楚辭遠遊：「鸞鳥軒翥而翔飛。」䎗者，玉篇：「䎗，飛皃。」翧者，許元切。玉篇：「翧，飛也。」翷者，力仁切。玉篇：「翷，飛皃。」翃者，乎萌切。玉篇「㺬，蟲飛也」。「翃、㺬」同。翁者，玉篇：「翁，羣鳥弄翅也。」集韻（麥韻）引廣雅：「翁、䎰，飛也。」今本有「翁」無「䎰」，疑有脱誤。䎎者，力仙切。玉篇：「䎎，飛皃。」翾者，説文「翾，小飛也」，繫傳引文子曰：「翾飛蠉動。」張衡思玄賦：「翾鳥舉而魚躍兮。」㺸𤡊者，説文：「䎓，飛皃。」「㺸、䎓」同。玉篇：「䎃䎃，飛皃。」「𤡊、䎃」同。左思吴都賦：「鷹瞵鶚視，趁𧾷㺸𤡊。」鴥者，余律切。説文：「鴥，鸇飛皃。」秦風晨風：「鴥彼晨風。」翻者，玉篇「翻，飛皃。又飛聲」。案：此與「肅肅其羽」之「肅」，古今字。矯者，孫綽遊天台山賦「整輕翮而思矯」、江淹雜體詩「思乘扶揺翰，卓然凌風矯」，李善注並引此文。通作「翻」。方言（第十二）：「翻，飛也。」玉篇：「翻，飛皃。」類篇：「翻，高飛也。」

鑿、昨音。矞、聿述反，又市出反。欮、居月反。掘、扫、乎没反。斛、他聊反。抉、於穴反。挑、竃，毳音，又穿絹反。穿也。

説文：「穿，通也。」召南行露：「誰謂雀無角，何以穿我屋？」鑿者，説文：「鑿，穿木也。」釋名（釋用器）：「鑿，有所穿鑿也。」矞者，説文：「矞，以錐有所穿也。」欮者，玉篇：「欮，掘也。」掘者，衢勿切。説文：「掘，搰也。」繫辭傳（下）：「掘地爲臼。」孟子（盡心上）：「辟若掘井。」既夕記：「掘坎。」通作「闕」。左氏隱元年傳：「若闕地及泉。」扫者，玉篇：「扫，穿也。亦『揩』字。」荀子正論篇：「抇人之墓。」斛者，穿之器也。爾雅（釋器）：「斛謂之疀。」抉者，説文：「抉，挑也。」通作「宎」。説文：「宎，穿也。」挑者，吐彫切。説文訓「抉」爲「挑」，則其義同也。竁者，説文：「竁，穿地也。」小宗伯職「卜葬兆甫竁，亦如之」，注：「鄭大夫讀『竁』皆爲『穿』，杜子春讀『竁』爲『毳』，皆謂葬穿壙也。今南陽名穿地爲竁，聲如『腐脃』之『脃』。」

搒、彭音。撅、居月反。戕、本作划，未詳，戈音[一]。擿，雉戟反。投也。

説文：「投，擿也。」曲禮（上）云：「無投與狗骨。」搒、撅、戕，並未詳。擿者，直隻切，説文手部義也。史記刺客列傳：「荆軻廢，乃引匕首以擿秦王。」俗别作「擲」。晉書孫綽傳：「嘗作天台山賦，以示范榮期，曰：『卿試擲地，當作金石聲也。』」通作「蹢」。莊子徐無鬼篇：「齊人蹢子于宋者。」「蹢」與「擿」同。

苦、翕、虚及反。焥、哀音。煜、夷六反。熺，晞音。熾也。

説文：「熾，盛也。」苦、翕者，方言（第十二）文。張衡思玄賦：「温風翕其增熱兮。」焥者，烏來切。玉篇：「焥，熱也。」煜者，説文：「煜，燿也。」玉篇：「煜，火焰也。又盛貌。」漢書敍傳（上）：「其餘焱飛景附，煜霅其間者，蓋不可勝載。」潘岳笙賦「虺韡煜熠」，李善注「盛多貌」，又引此文。熺者，許其切。木華海賦「熺炭重燔」，劉楨贈五官中郎將詩「明鐙熺炎光」，李善注引此文同。又潘岳閒居賦「熙春寒往」，注引又作「熙」。是本又作「熙」。

悲、翡音，又芳尾反。怒、恨、惆，悵也。

[一] 案：王念孫博雅音校本作「本作划，未詳，弋音」。

説文：「悵，望恨也。」玉篇：「悵，惆悵，失志也。」悲、惄者，方言〔第十二〕文，郭注：「謂惋惆也。」方言「悲」作「菲」，字異音義同。集韻〔怪韻〕引廣雅「𢡱，悵也」，「下介切」。所見有異本歟？悢者，力黨、力尚二切。玉篇：「悢，懭悢，不得志也。又悢悢，惆悵也。」宋玉九辯「愴怳懭悢兮」，王逸注：「中情悵惘，意不得也。」惆者，敕周切。玉篇：「惆悵，悲愁也。」荀子禮論篇：「惆然不嗛。」揚雄逐貧賦：「惆悵失志，呼貧與語。」

𢘓乎音。愉、以珠反。兑、度外反。解，説也。

此釋「喜説」之「説」也，或作「悦」，同。皇侃論語〔學而〕義疏：「悦者，懷抱欣暢之謂也。」𢘓愉者，義本方言〔第十二〕。上文釋爲「喜」，此又爲「悦」，義相成也。兑者，説卦傳文。荀子修身篇「饒樂之事，則佞兑而不曲」，楊倞注：「兑，悦也。言佞悦于人，以求饒樂之事。不曲，謂直取之也。」解者，曉之説也，佳買切。學記云：「及其久也，相説以解。」

僄、匹妙反。毛、媥、篇音。娍、曰音。狎、傷、以豉反。蚩、侮、伿、凡音。懱、忽，輕也。

玉篇：「輕，不重也。」僄者，方言〔第十〕文，郭注：「音飄零之飄。」荀子修身篇「怠慢僄棄，則炤之以禍災」，揚倞注：「僄，輕也。謂自輕其身也。」後漢書班固傳：「雖輕迅與僄狡。」毛者，大雅烝民：「德輶如毛。」漢書司馬遷傳：「死有重于泰山，或輕如鴻毛。」媥者，芳連切。説文：「媥，輕貌。」娍者，王伐切。説文女部義也。狎者，論語〔季氏〕：「狎大人。」左氏昭二十年傳：「水懦弱，民狎而玩之。」傷者，説文人部義也。蚩者，赤之切。後漢書明帝紀：「尚書皆宜抑而不省，示不爲諂子蚩也。」侮者，説文：「侮，傷也。」傷，疑「傷」之譌。古文作「㑄」。漢書五行志〔中之下〕「慢㑄之心生」、陳平傳「然大王資㑄人」、外戚傳〔下〕「㑄聖人之言」，顏師古並云：「㑄，古『侮』字。」伿者，扶咸切，方言〔第十〕文也，「楚凡相輕薄謂之相伿，或謂之僄。」孫侍御云：「伿」又作「凡」。玉篇「凡」字注引此文「輕也」。懱者，莫結切。説文「懱，輕易也」，引商書曰：「以相陵懱。」忽者，後漢書崔駰傳：「公愛班固而忽崔駰。」案：今賦税有釐、毫、絲、忽。忽，亦輕之至也。通作「曶」。漢書揚雄傳（下）「于時人皆曶之，惟劉歆及范逡敬焉」，顔師古注：「曶，與『忽』同，謂輕也。」

窴、田音。輂、士佳反，又七咨反。闔、括、⿰土度、杜音。充、實、敜、乃結反，又乃頰反。閉、垢、丁列反。絜〔二〕、竅、千外反。⿰日𡕒，一活反，又女刮反。堙，塞也。

說文：「𡫳，實也。」鄭注中庸云：「塞，猶實也。」「塞、𡫳」，古字通。窴者，說文穴部義也，徒年切。楚辭天問：「洪泉極深，何以窴之？」漢書溝洫志：「令羣臣從官自將軍以下皆負薪窴決河。」班彪北征賦「罹填塞之阨災」，李善注引廣雅：「填，塞也。」是本又作「填」。輂，未聞。闔者，說文：「闔，閉也。」是閉塞之意。括者，方言（第十二）：「括，閉也。」通作「昏」。說文：「昏，塞口也。」⿰土度者，徒古切。玉篇：「⿰土度，填也，塞也。或作『⿰度攴』。」說文：「⿰度攴，閉也。」案：「⿰土度」通作「杜」。夏官大司馬「犯令陵政，則杜之」，注：「杜（之）者，杜塞使不得與鄰國交通。」管子輕重篇（丁）：「城陽大夫，嬖寵被絺綌，鵞鶩含餘秫」，「伯叔父母，遠近兄弟，皆寒而不得衣，飢而不得食，欲盡忠于國，能乎？以令召城陽大夫，滅其位，杜其門而不出。」商鞅相秦，太子犯法，刑其傅公子虔，故趙良曰：「公子虔杜門不出，已八年矣。」漢書趙充國傳「使虜發（數）千人守杜四望陿中，兵豈得入哉」，顔師古注：「杜，塞也。」充者，邶風旄丘「褎如充耳」，箋：「充耳，塞耳也。言衛之諸臣顔色褎然，如見塞耳無聞知也。」孟子（滕文公下）云：「仁義充塞。」實者，鄭注禮記（中庸）解「塞」爲「實」。實，亦塞也。敜者，乃叶切。說文攴（部義也）。周書費誓：「敜乃穽。」閉者，（坤）文言傳：「天地閉。」月令云：「天地不

〔二〕垢、丁列反。絜，王念孫博雅音校本作「昏、下刮反。絜」。

通，閉塞而成冬。」玉篇「閉，塞也」，本此。垢者，未詳。集韻〈薛韻〉「𡎺，陟列切」，引廣雅：「𡎺，塞也。」未知孰是。絮者，漢書張釋之傳：「用紵絮斮陳漆其間。」言椁之隙處，斬紵絮以塞之。𡫳者，說文宀部義也，「讀若虞書『𡫳三苗』之『𡫳』」。今書「𡫳」作「竄」。竄，匿也，从鼠在穴中。凡自匿曰竄，納之穴中閉塞之曰𡫳。許所引書，古文也。晵，未詳。舊本「晵」爲「晵」，今據音釋訂正。堙者，說文作「垔，塞也」，引書曰：「鯀垔洪水。」今洪範作「陻」。左氏襄二十五年傳：「井堙木刊。」「堙、垔、陻」，字異音義同。

礲、落東反。礪、希、鑠、甐、叉佳反。𤭛、爽音。剴、五哀反。扢、古礙反，又古對反。差、䃺、研音。鐕[一]、鑢、揩、看皆反。硐、同音。擓、口淮反。鎣、胡冥反。磃、斯音。㧜、七結反。砥、止音。磋，磨也。

說文：「摩，研也。」繫辭傳〈上〉「剛柔相摩」，京房〈曰〉：「相磑切也。」馬融曰：「摩，切也。」樂記云「陰陽相摩」，注：「摩，猶迫也。」「磨、摩」，古今字。礲者，說文：「礱，䃺也。」晉語〈八〉「張老曰：『天子之室，斲其椽而礱之，加密石焉』」，韋昭注：「礱，磨也。」荀子性惡篇：「鈍金必將〈待〉礱厲然後利。」「礲、礱」同。礪者，玉篇：「崦嵫礪石可磨刃。」古用「厲」。說文：「厲，旱石也。」公劉詩：「取厲。」儒行篇：「砥厲廉隅。」左氏哀十六年傳：「勝自厲劍。」呂氏春秋士容論〈上農〉「四鄰來虛，奪之以兵事，是謂厲禍」，高誘注：「厲，摩也。」鮑照蕪城賦：「飢鷹厲吻。」皆不从「石」。希、鑠者，方言〈第七〉文：「燕齊摩鋁謂之希。」甐者，廣韻〈佳韻〉：「甐甐，屑瓦洗器。」𤭛者，初兩切。說文「𤭛，瑳垢瓦石」，徐鍇曰：「以碎瓦石去垢。」通作「磢」。郭璞江賦：「奔溜之所磢錯。」剴者，說文：「剴，摩也。」扢者，玉篇：「扢，摩也。」案：「扢」當

[一] 鐕，疏證本作「錯」。

爲「刉」。説文：「刉，刀不利，于瓦石上刉之。」通作「槩」。曹植贈丁儀王粲詩「承露槩泰清」，李善注云：「西都賦：『扢仙掌與承露。』」引廣雅：「扢，摩也。」「槩，與『扢』同，古字通。」差者，疑即古「磋」字。𥕦者，禦堅切。説文手部義也。通作「研」。繫辭傳〔上〕「研幾」，蜀才作「𥕦」。鐕者，廣韻〔覃韻〕：「作含切。」未詳。孫侍御云：鐕，疑「錯」字。江賦注引「錯，摩也」。鑢者，良據切。大雅抑曰「白圭之玷，尚可磨也」，箋：「玉之缺，尚可磨鑢而平。」説文：「鑢，錯銅鐵也。」揩者，張衡西京賦「揩枳落」，李善注引字林：「揩，摩也。」硐者，大公切。馬融長笛賦「鏓硐隤墜」，李善注引此文。玉篇「硐，摩也」，本此。攠者，玉篇「攠，摩拭也」，本此。鎣者，烏定切。集韻〔徑韻〕「鎣，磨也」，本此。左思招隱詩「聊可瑩心神」、江淹雜體詩「瑩清無餘滓」，李善注並引廣雅：「瑩，磨也。」是本又作「瑩」。磃者，思移切。玉篇「磃，磨也」，本此。扨者，廣韻〔没韻〕「扨，摩也」，本此。通作「沏」。木華海賦「激勢相沏」，李善注：「沏，摩也。」砥者，諸氏切。説文「底，柔石也」，或作「砥」。山海經〔西山經〕：「崦嵫之〔山〕，其中多砥礪。」淮南説山訓：「砥利劍者，非以斬縞衣，將以斷兕犀。」又脩務訓：「劍待砥而後能利。」磋者，玉篇：「磋，治象也。」○集韻〔皆韻〕引廣雅：「揩、擜，摩也。」今本無「擜」字。

訋、弔音。訍、丑加反。賢、羊瑞反。惹、汝奢反，又汝灼反。䛳、於劍反。𢬿〔一〕，拏女家反。也。

説文：「拏，牽引也」。後漢書馮衍傳〔上〕「禍拏未解，兵連不息」，李賢注：「拏，謂相連引也」。訋者，都叫切。玉篇「訋，拏也」，本此。訍者，玉篇不收此字。廣韻〔麻韻〕：「詉，絲詉語不解也。女加切。」疑即「訍」矣。賢者，羊閉切。玉篇：「賢，婏拏也。或作『譿』。」廣韻〔寘韻〕：「賢，婏也。以睡切。」舊本「賢」譌「覽」，今訂正。惹者，方言〔第十〕「拏，

〔一〕𢬿，王念孫博雅音校本作「䛔，女家反」。

揚州會稽之語也，或謂之惹」，郭注：「惹，言情惹也。」諵者，方言（第十）「拏，或謂之諵」，郭注：「諵，言誣諵也。」説文：「㛪，誣拏也。」「諵、㛪」，古字通。㧴者，日之切。玉篇「㧴，拏也」，本此。舊本「㧴」譌「䛔」，音釋「女家反」，予考玉篇不收「䛔」字。「女家」之音當在下文「拏」下，此倒誤也。今訂正。

媱、遥音。愓、陽音。嬉、虚之反。劮、逸音。遊、敖、契，孤八反。戲也。

上文「嫽、誂、透、揥、嬈，戲也」，此復申明之也。媱、愓、嬉者，方言（第十）：「媱、愓，遊也。江沅之間謂戲爲媱，或謂之愓，或謂之嬉。」荀子修身篇「加愓悍而不順」，楊倞注：「韓侍郎云：『愓，與蕩同。』」王逸九思（傷時）「音晏衍兮要媱」，洪興祖補注引方言：「媱，遊也。」説文：「媱，曲肩行貌。」「愓，放也。」舊本「媱」譌「婬」，今訂正。劮者，餘質切。玉篇：「劮，豫也。」遊者，玉篇：「遊，遨遊也。與『游』同，古文作『逰』。」敖者，説文：「敖，遊也。」玉篇：「遨，遨遊也。」「敖、遨」同。契，未詳。

踞腸音。𨇖、務音。跪，捧布界反。也。

説文：「捧，首至地也。拜，揚雄説从兩手下。」春官太祝：「辨九捧：一曰稽首，二曰頓首，三曰空首，四曰振動，五曰吉捧，六曰凶捧，七曰奇捧，八曰褎捧，九曰肅捧，以享右祭祀。」踞𨇖者，方言（第七）「東齊海岱北燕之郊，跪謂之踞𨇖」，郭注：「今東郡人亦呼長跽爲踞𨇖。」跪者，説文足部義也。李登聲類：「跪，跽也。」

傑巨工〔一〕反。㣲、舂音。訽、呼遘反，乎遘反，又居候反。剔、天歷反。馬、詈，罵也。

〔一〕工，王念孫説當作「恭」。

説文：「罵，詈也。」釋名〔釋言語〕：「罵，迫也，以惡言被迫人也。」列子周穆王篇：「數罵杖撻，無不至也。」倮倯者，方言〔第七〕文，「燕之北郊曰倮倯」，郭注：「羸小可憎之名也。倮，音邛竹之邛。」方言〔第三〕又云：「庸謂之倯，轉語也。」詢者，説文「詬，謑詬，恥也」，或作「詢」。左氏襄十七年傳「重丘人閉門而詢之」，杜注：「詢，罵也。」昭二十年傳「余不忍其詢」，杜注：「詢，恥也。」釋文：「本或作『詬』，同。」荀子非十二子篇「無廉恥而忍謑詬」，楊倞注：「謂罵辱也。」本或作「謨詢」。王逸九思〔遭厄〕「違羣小兮謑詬」，注：「謑，恥辱垢陋之言也。」剔，未詳。馬者，「馬、罵」音相近，語有輕重耳，故亦爲「罵」也。詈者，説文网部義也。釋名〔釋言語〕：「詈，歷也，以惡言相彌歷也。亦言離也，以此掛離之也。」周書無逸：「小人怨女詈女。」離騷「申申其詈予」，王逸注：「申，申重也。言重詈我。」淮南説林訓：「嬰兒詈老，莫之疾也。」

攍、盈音。**旅、何、媵**[一]**，**鄧音。**擔**帶甘反。**也。**

此用方言〔第七〕文也。説文：「儋，何也。」釋名〔釋姿容〕：「擔，任也，任力所勝也。」漢碑「負擔」字多作「儋」。方言〔第七〕：「攍、膂、賀、媵，儋也。齊楚陳宋之間曰攍。燕之外郊、越之垂、甌吴之外鄙謂之膂。南楚或謂之攍。自關而西隴冀以往謂之賀，凡以驢馬馲駝載物者謂之負佗，亦謂之賀。」攍，亦作「羸」。賈誼過秦論：「羸糧而景從。」後漢書鄧禹傳：「鄧公羸糧徒步。」旅，與「膂」同。上文「膂，力也」，此又爲「擔」，義相成也。舊本「旅」譌「拸」，形相近而誤也。今據方言訂正。何，與「荷」同，説文人部義也。小爾雅〔廣言〕：「荷，擔也。」左氏昭七年傳「其子弗克負荷」，杜注：

〔一〕媵，疏證本作「㨗」。

「荷，擔也。」釋文：「本亦作『何』。」方言作「賀」，音義同也。幐者，郭注方言云：「今江東呼儋兩頭有物爲幐。音鄧。」舊本「幐」譌「桸」，今據方言、玉篇訂正。

爢、靡皮反。爤、蕎〔一〕、普衡反。胹、而音。餁、而枕反。饎、充志反。秙、酷音。酋、似流反。羞、礪、䊮，研音。熟孰音。也。

憲案：説文解字「从丮、𦏧」，即「孰」字也，與「孰誰」之「孰」無異，唯顧野王玉篇「孰」〔字〕加「火」，未知所出。

説文：「䰞，食飪也。」玉篇：「熟，爛也。」「䰞、熟」，古今字。祭義云：「亨熟羶薌。」爢者，説文：「爢，爤也。」爤者，説文火部義也，或作「燗」。大雅生民疏引説文：「爤，火孰也。」方言〔第七〕：「爤，孰也。自河以北趙魏之間火孰曰爤。」左氏定三年傳：「邾子自投于牀，廢于爐炭，爤。」案：「爤、爛、燗」，字異義同。蕎者，字當爲「亯」，即「亨」字也。古作「亯」。説文：「亯，象進孰物形。」通作「亨」。左氏昭二十年傳：「以亨魚肉。」禮運「以炮以燔，以亨以炙」，鄭注：「亨，煑之鑊也。」方言〔第七〕：「亨，孰也。嵩岳以南陳潁之間曰亨。」胹者，如之切。方言〔第七〕文也，「自關而西秦晉之郊曰胹。」説文：「胹，爛也。」左氏宣二年傳：「宰夫胹熊蹯不孰。」楚辭招魂：「胹鼈炮羔，有柘漿些。」餁者，與「飪」同。方言〔第七〕文也，「徐揚之間曰飪。」説文：「飪，大熟也。𦙶、恁，並古文飪。」孔安國論語〔鄉黨〕注：「失飪，失生熟之節也。」聘禮「唯羹飪，筮一尸」，鄭注：「古文『飪』作『腍』。」「餁、飪、恁、腍」，字異義同。饎者，方言〔第七〕文：「自河以北趙魏之間，氣熟曰饎。」説文「饎，酒食也」，「𩜁、糦」並或體。地官饎人注：「鄭司農云『主炊官也』。特牲饋食禮『主婦視饎爨』。故書『饎』作『𩜁』。」又特牲饋食禮注：「炊黍稷曰饎。古文『饎』作『糦』，周禮作『𩜁』。」秙者，禾之熟也，口篤切。

〔一〕蕎，疏證本作「亯」。

玉篇：「秳，禾大熟。」通作「酷」。方言（第七）：「酷，熟也。穀熟曰酷。」「秳、酷」音義同。酋者，方言（第七）文：「久熟曰酋。」月令「乃命大酋」，注：「酒熟曰酋。」鄭語「毒之酋腊者，其殺也滋速」，韋昭注：「精熟爲酋。腊，極也。」羞、礪者，方言（第十二）文。彼作「羞、厲」，古字通。㮤者，午堅切，春之熟也。玉篇：「㮤，亦作『研』。」說文云：「研，䃺也。」

愋、爰音。諒、㥃、邃音。䚦、低音。憪、革音。覺、叡、㤖、竹吕反，又立佇反〔一〕。諝、思與反，又思余反。黨、聞、曉、哲，𥏼也。

說文：「𥏼，識詞也。」釋名（釋言語）：「智，知也，無所不知也。」荀子修身篇「是是非非謂之知」，楊倞注：「能辨是爲是非爲非謂之智也。」賈誼書道術篇：「深知禍福謂之智，反智爲愚。」舊本「𥏼」譌爲「于、智」二小字，今據方言訂正。愋、諒者，方言（第十二）文。愋，許袁切。㥃者，雖遂切。玉篇：「㥃，意思深也。」與『㥞』同。」䚦者，王制「西方曰狄䚦」，注：「䚦之言知也，今冀部有言狄䚦者。」憪者，公厄切。玉篇「憪，智也」，本此。覺者，古岳、古孝二切。說文：「覺，寤也。一曰發也。」廣韻（覺韻）「覺，知也」，本此。叡者，說文：「叡，深明也，通也。」㤖者，玉篇：「㤖，知也。」集韻（語韻）引廣雅：「㤖，智也。」是本又作「㤖」。諝者，說文言部義也。通作「胥」。天官冢宰（大宰）「胥有十二人」，注：「胥讀如『諝』，謂其有才知爲什長。」黨者，方言（第一）文，「楚謂之黨」，郭注：「黨朗也，解寤貌。」聞者，說文：「聞，知聞也。」睧，古文。」曉者，方言（第一）文：「楚或曰曉。」孫綽遊天台山賦「之者以路絶而莫曉」，李善注引此文。哲者，方言（第一）文：「齊宋之間謂之哲。」說文「哲，知也」，或作「悊」，古文作「嚞」。大雅瞻卬「哲夫成城」，箋：「哲，多謀慮也。」離騷「夫

〔一〕立佇反，王念孫說當作「音佇」。

惟聖哲以茂行兮」，王逸注：「哲，智也。」法言問明篇：「或問哲，曰：『旁明厥思。』」案：「哲，智」已見爾雅釋言，此疑當作「悊」。

封、垤、徒結反。**坻，**直尸反。**塲**暘音〔一〕。**也。**

此言聚土之塲也。舊本音釋誤音「傷」，今訂正。封者，方言〔第十〕文：「楚郢以南，蟻土謂之封。」檀弓篇〔上〕「于是封之崇四尺」，注：「聚土曰封。」垤者，方言〔第十〕文：「中齊語也。」説文：「垤，螘封也。」豳風東山「雚鳴于垤」，傳：「垤，螘冢也。」趙岐孟子〔公孫丑上〕注：「垤，蟻封也。」坻者，方言〔第六〕文：「梁宋之間，蚍蜉犁鼠之塲謂之坻。」潘岳籍田賦：「坻塲染屨。」舊本「坻」譌「坧」，音釋「直尸反」，亦誤。今訂正。

杜、蹻、虛虐反。**遴，**良鎮反。**跙**師急反。**也。**

説文：「跙，不滑也。」杜、蹻者，方言〔第七〕文，「趙曰杜，山之東西或曰蹻」，郭注：「今俗語〔通〕言跙如杜，〔杜〕梨子跙，因名之。」遴者，説文：「遴，行難也。」漢書王莽傳〔下〕：「性實遴嗇。」

絓、口乖反。**挈、**古八反。**儝、**瓊音。**介、孤、寡、**寡音。**索**〔二〕**、唯、特，獨也。**

説文：「獨，犬相得而鬬也。羊爲羣，犬爲獨也。」絓、挈、儝、介者，方言〔第六〕「絓、挈、儝、介，特也。楚曰儝，晉曰絓，秦曰挈。獸無耦曰介」，郭注：「儝，古『煢』字。」小雅正月：「哀此煢獨。」左氏哀十四年傳：「逢澤有介麇焉。」集韻

〔一〕 塲，暘音，王念孫博雅音校本作「塲，傷音」。

〔二〕 索，疏證本作「索」。

〔怪韻〕引此文「夰，獨也」。是本又作「夰」。孤者，説文：「孤，無父也。」釋名〔釋親屬〕：「孤，顧也，顧望無所瞻見也。」學記云：「獨學而無友，則孤陋而寡聞。」寡者，小爾雅〔廣義〕云：「凡無夫無妻通謂之寡。」左氏襄二十七年傳：「齊崔杼生成及彊而寡。」墨子辭過篇：「内無拘女，外無寡夫。」又云：「天下之男多寡無妻，女多拘無夫。」索者，檀弓〔上〕云「吾離羣而索居」，鄭注：「索，猶散也。」物散則獨，故爲獨也。唯者，白虎通義〔謚〕：「禮曾子問曰：『唯天子稱天以誄之。』唯者，獨也，明天子獨于南郊耳。」嵇康琴賦「能盡雅琴，唯至人兮」，李善注引賈逵曰：「唯，獨也。」特者，左氏昭十四年傳「收介特」，杜注：「介特，單身民也。」士昏禮「其實特豚」，注：「特，猶一也。」晉語〔二〕「子爲我具特羊之饗」，韋昭注：「特，一也。凡牲，一爲特，二爲牢。」王逸九思〔怨上〕「哀我兮介特」，注：「介特，獨也。」馬融廣成頌「察淫侈之華譽，顧介特之實功」，注：「介特，謂孤介特立也。」

惃、衮、昆二音。愂[一]、勃音。頓愍、眠迷殿反。眩、惑、蚩、愮、遥音。攖、嬰音。撓、乃飽反，又乃孝反。圂、乎困反。攪、古巧反。猾、紛、緼、於昆反，又於粉反。惷、嗔允反。妄、望音。怓、女交反。憒、古每反。叛、殽、逆，亂也。

爾雅〔釋訓〕：「夢夢、訰訰，亂也。」惃、愂、頓愍、眠眩者，方言〔第十〕：「惃、𢡊、頓愍，惛也。楚揚謂之惃，或謂之𢡊。江湘之間謂之頓愍，或謂之氐惆。南楚飲毒藥懣謂之氐惆，亦謂之頓愍，猶中齊言眠眩也。」玉篇：「𢡊，蒲骨切，迷亂也。」説文「誖，亂也」，或作「悖」。文選養生論「喜怒悖其正氣」，李善注引廣雅：「悖，亂也。」「愂、𢡊、誖、悖」，音義同。

[一] 愂，疏證本作「𢡊」。

舊本「頓」譌「損」，今據方言訂正。商書説命篇〔下〕：「若藥不瞑眩，厥疾不瘳。」離騷「世幽昧以眩曜兮」，王逸注：「眩曜，惑亂貌。」惑者，説文心部義也。通作「惐」。荀子不苟篇：「誰能以己之潐潐，受人之惐惐？」又通作「或」。論語〔顔淵〕「子張問崇德辨惑」，釋文：「本亦作『或』」。孟子〔告子上〕：「無或乎王之不智也。」蚩者，張衡西京賦「鬻良雜苦，蚩眩邊鄙」，李善注引此文。劉峻廣絶交論：「天下蚩蚩。」愮者，方言〔第十二〕「蚩、愮，悖也」，郭注：「謂悖惑也。」舊本「愮」譌「恎」，今訂正。攖者，於盈切。莊子庚桑楚篇：「不以人物利害相攖。」吕氏春秋孟春紀〔本生〕：「能養天之所生而勿攖之謂天子。」撓者，説文：「撓，擾也。」左氏成十三年傳：「撓亂我同盟。」莊子駢拇篇：「自虞〔氏〕招仁義以撓天下也。」淮南説林訓：「使水濁者，魚撓之。」王巾頭陀寺碑：「無爲之寂不撓。」慁者，説文：「慁，擾也。」史記范睢列傳「天以寡人慁先生」，徐廣曰：「亂先生也。」索隱曰：「慁，猶汩亂之意。」通作「圂」。文選風賦注引字林：「圂，亂也。」攪者，説文手部義也。小雅何人斯「祇攪我心」，傳：「攪，亂也。」陸機歎逝賦：「豈兹情之足攪。」猾者，虞書〔舜典〕：「蠻夷猾夏。」左氏昭二十六年傳：「毋助狡猾。」玉篇「猾，亂也」，本此。通作「滑」。周語〔下〕「滑夫二川之神」，韋昭注：「滑，亂也。」荀子成相篇「無鈹滑」、史記「滑稽」，楊倞、司馬貞並訓爲「亂」。列子黄帝篇：「美惡不滑其心。」紛者，宋玉招魂「班其相紛些」，王逸注：「紛，亂也。」法言吾子篇「童而習之，白紛如也」，注：「言皓首而亂也。」緼者，漢書蒯通傳「即束緼請火于亡肉家」，顔師古注：「緼，亂麻。」法言孝至篇「齊桓公之時緼，而春秋美邵陵，習亂也」，李軌注：「緼，亦亂也。」惷者，説文心部義也。左氏昭二十四年傳「王室日蠢蠢焉」，説文引作「惷」，三體石經作「截」，古字通。妄者，説文女部義也。怓者，説文心部義也。大雅民勞「以謹惛怓」，傳：「惛怓，大亂也。」憒者，亦説文心部義也。蜀志蔣琬傳：「事不當理，則憒憒矣。」楚辭〔九思逢尤〕「心煩憒兮意無聊」，王逸注：「憒，亂也。」叛者，左思蜀都賦「累轂疊跡，叛衍相傾」，劉逵注：「叛，亂也。」殽者，説文：「殽，相雜錯也。」王逸九思（悼亂）：「殽亂兮紛挐。」逆者，説文：「屰，不順也。」今通作「逆」。孔子燕居篇：「勇而不中禮謂之逆。」

蹇、謇音。妯、抽音。獿、叔[一]絞反，又乎絞反。騷、獪、柯邁反。躁、作誥反，又竈音。煩，擾也。

説文：「擾，煩也。」蹇、妯者，方言（第六）文：「人不靜曰妯，秦晉曰蹇，齊宋曰妯」，郭注：「謂躁擾也。妯，音迪。」獿者，説文：「獿，犬獿獿咳吠也。」玉篇：「獿，犬擾駭也。」廣韻（巧韻）：「獿，擾亂。」騷者，説文馬部義也。大雅常武「徐方繹騷」，傳：「騷，動也。」檀弓（上）云：「騷騷爾則野。」獪者，古外切。説文：「獪，狡獪也。」躁者，則到切。繫辭傳（下）：「躁人之詞多。」月令云：「君子齊戒，處必掩身，毋躁。」通作「趮」。説文：「趮，擾也。」煩者，説文訓「擾」爲「煩」，「煩」亦「擾」也。玉篇：「煩，憒悶煩亂也。」

逴、勑角反，又一卓反[二]。綦、巨基反。騷、踂、⿸虍卓、勑角反。⿸虍皮、布可反。踦、居綺反。掩，烏感反，又烏含反，又烏洽反。蹇也。

説文：「蹇，跛也。」釋名（釋姿容）：「蹇，跛蹇也，病不能作事，今託病似此，而不宜執事役也。」逴者，説文辵部義也。方言（第二）：「自關而西秦晉之間，凡蹇者或謂之逴，體而偏長短亦謂之逴。」綦者，鄭注士喪禮云：「綦，讀如『馬絆綦』之『綦』。」疏云：「馬有絆，名爲綦，然則蹇者之狀，亦如馬之有絆歟。」騷者，方言（第六）文：「吴楚偏蹇曰騷。」踂

[一] 叔，王念孫説當作「奴」。

[二] 又一卓反，王念孫説當作「一音卓」。

者，女輒切。穀梁昭二十年傳：「踂者何也？曰：兩足不能〔相〕過，齊謂之綦，楚謂之踂，衛謂之𨂝。」舊本「踂」譌「聚」，今訂正。尯者，方言〔第六〕文：「齊楚晉曰尯。」玉篇：「尯，蹇也。」踦者，說文：「踦，一足也。」魯語〔下〕「踦跂畢行，無有處人」，韋昭曰：「踦跂，絆蹇也。」𡯷者，玉篇「𡯷，蹇也」，本此。

糶、酟、衒，乎典〔二〕反。賣、調、詅、力政反。賬、居音。賺，𧶠麥嫁反。也。

說文：「𧶠，出物貨也。」地官司市：「掌其賣價之事。」糶者，說文：「糶，出穀也。」史記貨殖列傳「販穀糶千鍾」，徐廣曰：「糶，出穀也，音掉。」酟者，古護切。漢書景帝紀「禁酟酒」，顏師古注：「酟，謂賣酒也。」潘岳閒居賦：「牧羊酟酪，以俟伏臘之費。」衒者，黃絢切。說文「衒，行且賣也」，或作「衙」。法言問道篇：「衒玉而賈石者，其狙詐乎？」王逸九思〔疾世〕「欲衒鬻兮莫取」，注：「行賣曰衒。」賣者，說文：「賣，衒也。从貝，𡈼聲。讀若『育』。」通作「粥」。王制：「不粥于市。」舊本「賣」譌「賣」，今訂正。調，未詳。詅者，力丁切。玉篇：「詅，衒也。」顏氏家訓〔文章〕：「吾見世人，至于無才思，自謂清華，流布醜拙，亦以衆矣，江南號爲詅癡符。」賬者，姜魚切。玉篇「賬，賣也」，本此。賺者，徒陷切。玉篇：「賺，重賣也。」

薄、糴、市，買也。

說文「買，市也。从网、貝」，引孟子曰：「登壟斷而网市利。」天官小宰：「聽賣買以質劑。」薄，未詳。糴者，說文：「糴，市穀也。」左氏莊二十八年傳：「臧孫辰告糴于齊。」孟子〔告子下〕：「無遏糴。」市者，說文：「市，買賣所之也。」風俗

〔二〕典，王念孫說當作「麪」。

通云：「市，恃也，養贍老小，恃以不匱也。」繫辭傳〔下〕：「日中爲市，致天下之民，聚天下之貨，交易而退，各得其所。」

彙、謂音。穜、種音。方、明〔一〕、肖、似、醜，類也。

説文云：「類，種類相似，唯犬爲甚。」荀子禮論篇「禮有三本：天地者，生之本也；先祖者，類之本也」，楊倞注：「類，種也。」左氏襄二十二年傳：「子展廢良而立太叔，曰：『請舍子明之類。』」後漢書劉平傳：「平抱弟仲女曰：『仲不可以絶類。』」彙者，泰初九「拔茅茹，以其彙」，釋文：「彙，類也。」法言君子篇「仙亦無益子之彙矣」，吴祕注：「彙，類也。」太玄周云「陽氣周神而反乎始，物繼其彙」，司馬光注：「萬物各繼其類，周復其道也。」穜者，之隴切。大雅生民：「誕降嘉種。」商書盤庚〔中〕：「無俾易種于茲新邑。」地官草人：「以物地，相其宜而爲之種。」方者，孟子〔離婁下〕云：「立賢無方。」明，未聞。或説疑「朋」字之譌。朋友各從其類也。肖者，説文：「肖，骨肉相似也。不似其先，故曰不肖也。」方言〔第七〕：「西南梁益之間，凡言相類者亦謂之肖。」法言學行篇：「螟蠕之子殪而逢，蜾蠃祝之曰：『類我，類我。』久則肖之矣。」通作「宵」。漢書刑法志「夫人宵天地之貌」，應劭曰：「宵，類也。頭圜象天，足方象地。」顔師古注：「宵，義與『肖』同。」似者，説文徐鍇本：「似，象肖也。」繫辭傳：「肖即似也。」爾雅釋艸：「綸似綸，組似組，東海有之，帛似帛，布似布，華山有之。」醜者，楚語〔下〕「官有十醜，爲億醜」，孟子〔公孫丑下〕「地醜德齊」，韋昭、趙岐並云：「醜，類也。」

疙、居乙反，又魚乙反。騃、魚該〔二〕反。僮、惛、昏音。狂、誖、蒲没反。胥、旨升反。眊、莫鄧反。瘍，易音。

〔一〕明，疏證本作「朋」。

〔二〕該，王念孫説當作「駭」。

癡也。

說文：「癡，不慧也。」又云：「懝，騃也。」方言（第十）：「癡，騃也。」「癡、懝」，字異義同。左氏成十八年傳「周子有兄而無慧，不能辨菽麥」，注：「豆麥殊形易别，故以爲癡者之候。不慧，蓋世所謂白癡。」漢書韋賢傳：「今子獨壞容貌，蒙恥辱，爲狂癡，光曜晻而不宣。」疙者，玉篇「疙，癡貌」，本此。說文作「忥」，云：「癡貌。」「疙、忥」，古今字。騃者，漢書息夫躬傳「外有直項之名，内實騃不曉政事」，顔師古注：「騃，愚也。」通作「㾄」。玉篇：「㾄，五才切，癡㾄也。本作『獃』。」僮者，玉篇：「僮，僮幼迷荒者。」易蒙彖辭「匪我求童蒙，童蒙求我」，釋文引廣雅：「童，癡也。」鄭風褰裳「狂童之狂也且」，傳：「狂行童，昏所化也。」玉篇引詩及毛傳作「僮」。晉語（四）：「僮昏不可使謀。」賈誼新書道術篇：「反慧爲童。」是「僮、童」古字通。五音集韻（東韻）「僮，癡也」，本此。惛者，說文：「惛，不憭也。」漢書劉向傳「臣甚惛焉」，顔師古注：「惛，謂不了，言惑于此事也。」狂者，說文「狂，狾犬也」，古文作「忹」。莊子逍遥遊篇「吾以是狂而不信也」，釋文引李頤集解：「狂，癡也。」誖者，漢書董仲舒傳：「誖謬而失其統也。」疏廣傳：「我豈老誖。」胥者，說文：「胥，騃也。讀若『丞』。」廣韻（蒸韻）「胥，癡貌」，本此。甿者，周禮遂人「以下劑致甿」，注：「變民言甿，異外内也。甿，猶懵懵，無知貌也。」瘍，未聞。

伸、愓、揚音，一本作「傷」。矯、居夭反。揉、而毛[二]反。展、侹、達鼎反。繩、矢、當，直也。

說文：「直，正見也。」玉篇：「直，不曲也，準當也。」伸者，屈之直也。繫辭傳（下）：「尺蠖之屈，以求伸也。」愓者，平

[二] 毛，王念孫說當作「手」。

之直也。徒黨切。玉篇：「傷，他莽切，直也。」是顧野王所見廣雅本作「傷」也。玉藻云「行容惕惕」，釋文：「音傷，又音陽，直而疾也。」矯者，説卦傳「坎爲矯輮」，疏云：「使曲者直爲矯，使直者曲爲輮。」史記平津侯列傳「矯矢累弦」，注：「正曲使直也。」離騷「矯菌桂以紉蕙兮」，王逸注：「矯，直也。」揉者，人久切。説文：「煣，屈伸木也。」「煣、揉」同。考工記（輪人）「揉輻必齊」，注：「揉，謂以火槁之」。馬融長笛賦「撟揉斤械」，李善引鄭注周禮作「以火撟之。」展者，方言（第六）：「舒、勃，展也。」「展」與「伸」同意。侹者，玉篇：「侹，正直貌。」通作「挺」。左氏襄五年傳引詩云「周道挺挺」，注：「挺挺，正直也。」又通作「脡」。曲禮（下）「鮮魚曰脡祭」，注：「脡，直也。」繩者，説卦傳：「巽爲繩直。」大雅緜云：「其繩則直。」禮記深衣：「負繩及踝以應直。」淮南天文訓「子午卯酉爲二繩」，注：「繩，直也。」説林訓「出林者不得直道，行險者不得履繩」，注：「繩，亦直也。」漢書律曆志（上）：「繩者，上下端直，經緯四通也。」矢者，小雅大東：「其直如矢。」當者，晉語（八）「朱也當御」，韋昭注：「當，直也。」上文是不曲之「直」，此是準當之「直」也。

温、煖、暖音。㸎、女涉反。焫、奴本反。曣、於見反。⿰日然、乃見反。暍、於曷反。⿰日難、乃旦反，又乃達反。燠、於菊反。燂，潛音。煗奴管反。也。

説文：「煗，温也。」温者，鄭注禮記（中庸）云：「温，讀爲『燖温』之『温』。」王褒聖主得賢臣頌：「襲狐貉之温者，不憂至寒之凄滄。」煖者，況袁切。禮王制篇：「七十非帛不煖。」王逸九思（傷時）：「風習習兮龢煖。」㸎者，玉篇：「㸎，煗也。或作『⿰日聶』，从日。」焫者，乃困切。玉篇：「焫，熱也。」曣者，史記封禪書「至中山曣⿰日昷」，漢書郊祀志作「晏温」。是「曣」與「晏」古通用。⿰日然者，玉篇：「⿰日然，燠也。」暍者，説文：「暍，傷暑也。」淮南人間訓：「武王蔭暍人于樾下，左擁而右扇之，而天下懷其德。」⿰日難者，説文：「⿸尸難，安⿸尸難，温也。」又巾部：「⿰巾夒，讀若水温⿸尸難。」燠者，説文：「燠，熱在中也。」唐風無衣「安且燠兮」，傳：「燠，煖也。」陸德明作「奥」，云：「本又作『燠』。」小雅小明「日月方奥」，傳：「奥，煖也。」「燠、奥」同。燂者，似鹽切。説文：「燂，火熱也。」内則云：「五日則燂湯請浴。」

庸、比，鼻音。侹、大鼻〔一〕反。佽、次音。更、跆，刧音。遞、狄邐反。迭，狄頡反。代也。

説文：「代，更也。」虞書〔臯陶謨〕：「天工人其代之。」庸、比、侹、佽、更者，方言〔第三〕「庸、恣、比、侹、更，代也。江淮陳楚之間曰侹，餘四方之通語也」，郭注：「今俗亦名更代作爲恣作也。」案：説文：「侹，代也。」「佽，遞也。」「佽、恣」，字異義同。跆，未聞。遞者，説文：「遞，更易也。」吕氏春秋季春紀〔先己〕「巧謀並行，詐術遞用」，高誘注：「遞，代也。」宋玉招魂「二八侍宿，射遞代些」，王逸注：「遞，更也。」迭者，説文：「迭，更迭也。」方言〔第三〕「佚，代也。齊曰佚」，郭注：「佚，音『蹉跌』之『跌』。」文選注引方言作「迭」。説卦傳：「迭用柔剛。」

鎗、含音。堪、龕、堪音。受，盛平聲。也。

説文：「盛，黍稷在器中以祀者也。」廣韻〔清韻〕：「盛，受也。」召南采蘋：「于以盛之，維筐及筥。」天官甸師：「掌帥其屬〔而〕耕耨王藉」，「以供齍盛。」鎗、龕、受者，方言〔第六〕「鎗、龕，受也。齊楚曰鎗，揚越曰龕。受，盛也，猶秦晋言容盛也」，郭注：「今云龕囊依此名也。」堪者，上文釋「堪」爲「載」，此又爲「盛」，義相成也。受者，説文：「受，相付也。」杜甫〔南鄰〕詩：「野航恰受兩三人。」

氾、敷劍反。浼、滿音。洼、烏蛙反，又厄家反。染、潤、剡音。濩、乎郭反。辱、點，污也。

〔一〕鼻，王念孫博雅音校本作「鼎」。

説文：「污，薉也。」賈誼〈新〉書道術篇：「放理潔靜謂之行，反行爲污。」汜、醃、洼、潤者，方言〈第三〉：「汜、浼、潤、洼，洿也。自關而東或曰洼，或曰汜。東齊海岱之間或曰浼，或曰潤。」「醃」與「浼」同，武罪切。説文「浼，汙也」，引孟子曰：「汝焉能浼我。」潤，余廉切。説文：「海岱之間，謂相汙曰潤。」染者，漸漬而汙也。商書胤征：「舊染汙俗，咸與維新。」濩者，張協七命：「溟海渾濩涌其後。」辱者，士昏禮「今吾子辱」，注：「以白造緇曰辱。」老子德經：「大白若辱。」點者，説文：「點，小黑也。」漢書司馬遷傳：「適足以發笑而自點耳。」通作「玷」。束皙補亡詩「鮮侔晨葩，莫之玷辱」，李善注引考經鉤命訣云：「名毀行廢，點辱先人。」「王逸楚辭注：『點，污也。』『點』〈與〉『玷』，古字通。」

匋、桃音。貭、流、奞、歡音。譁、一[一]瓜反。蔿、于彼反。涅、仙、卦、變，七化音。也。

説文：「七，變也。」經典通用「化」。匋者，通作「陶」。吕氏春秋〈君守〉「昆吾作陶」，高誘注：「昆吾爲夏伯製作陶冶埏埴爲器。」張華答何劭詩「洪鈞陶萬類」，李善注引廣雅：「陶，化也。」是本又作「陶」。貭，未詳。流者，鄭注中庸云：「流，猶移也。」移，即變化之意。奞者，呼官切。方言〈第十二〉文。廣韻〈桓韻〉：「奞，化也。」舊本「奞」譌「雈」，今訂正。譁、蔿、涅者，方言〈第六〉「蔿、譌、譁、涅，化也。北燕朝鮮洌水之間曰涅，或曰譁。雞伏卵而未孚，始化之時，謂之涅」，郭注：「蔿，音花。譌、譁，皆化聲之轉也。」説文：「涅，黑土在水中也。」論語〈陽貨〉「涅而不淄」，孔安國〈注〉：「涅可以染皂。」是「涅」取染化之義。仙者，説文：「僊，長生僊去。」又云：「真，僊人變形而登天也。」釋名〈釋長幼〉：「老而不死曰仙。仙，遷也，遷入山也，故其製字，人旁作山也。」玉篇引聲類云：「仙，今『僊』字。」莊子〈天地〉云：「千歲厭世，去而上

[一] 一，王念孫説當作「五」。

僊。」卦者，六十四卦，變化無窮也。變者，禮記〈中庸〉：「動則變，變則化。」

釐力移反。孳、慈〔一〕音。僆、輦音。⿰臱頁、緜音。匹、耦，⿱䜌孖山患反。也。

說文：「孿，一乳兩子也。」淮南脩務訓：「孿子之相似者，惟其母能知之。」「⿱䜌孖、孿」同。釐孳、僆者，方言〔第三〕：「陳楚之間，凡人嘼乳而雙産謂〔之〕釐孳，秦晉之間謂之僆子，自關而東趙魏之間謂之孿生。」玉篇：「孷，力辭切，孷孖雙生也。孖，子辭切。」「僆，里翦、力見二切，雞鴨成僆。」又引文字音義云：「江東呼畜雙産謂之僆。」「釐、孷」，「孳、孖」，俱字異音義同。⿰臱頁者，彌仙切。方言〔第二〕：「⿰臱頁，雙也。南楚江淮之間曰⿰臱頁。」玉篇：「⿰臱頁，雙生也。」匹者，左氏成二年傳：「若以匹敵。」耦者，說文：「耦，耒廣五寸爲伐，二伐爲耦。」鄭注考工記云：「古者耜一金，二人併發也。」左氏桓二年傳：「嘉耦曰妃，怨耦曰仇。」又桓六年傳：「人各有耦。」

撊下板反。梗、介猛反。爽，猛也。

此方言〔第二〕文也，「晉魏之間曰撊，韓趙之間曰梗，齊晉曰爽。」案：左氏昭十八年傳「今執事撊然授兵登陴」，杜預注：「撊然，勁忿貌。」說文無「撊」字，徐鍇曰當作「僩」。大昭謂當作「瞷」。文選馬汧督誄「瞷然馬生」，李善注引左氏傳「撊然登陴」，云：「撊，與『瞷』同。」

媵、以證反。庇、不異反。寓、儀注反。羈、餬、侂，託音。寄也。

說文：「託，寄也。」東方朔非有先生論：「吴王曰：『寡人獲先人之功，寄于衆賢之上。』」舊本「寄」譌「⿱耂可」，今訂正。

〔一〕慈，王念孫說當作「兹」。

膢者，方言〔第二〕文：「寄物爲膢。」庇、寓者，方言〔第二〕文：「齊衛宋魯陳晉汝潁荆州江淮之間曰庇，或曰寓。」説文：「庇，蔭也。」「寓，寄也。或作『庽』。」左氏襄二十四年傳：「子産寓書于子西以告宣子。」曲禮〔下〕云「大夫寓祭器于大夫，士寓祭器于士」，鄭注：「寓，寄也。言寄，覬已後還。」羈者，古與「寄」通。周禮遺人「以待羈旅」，注：「故書『羈』作『寄』。杜子春云『寄』當爲『羈』。」餬者，户吴切。方言〔第二〕文：「寄食爲餬。」説文：「餬，寄食也。」左氏隱十一年傳：「餬其口于四方。」侂者，他各切。方言〔第二〕文：「凡寄爲託。」説文「侂、託」並云「寄也」，是古字通。宋玉招魂「東方不可以託些」，王逸注：「託，寄也。」案：侂，古文作「宅」。士相見禮「宅者在邦，則曰市井之臣，在野，則曰艸茅之臣」，注：「今文『宅』爲『託』。」是「宅」即古文「託」字。

害、曷，乎割反〔一〕。胡、盇，何也。

何休公羊傳〔隱公元年〕注：「據疑問所不知曰者何。」皋陶謨：「禹曰何。」害者，何割切，小爾雅〔廣言〕文。周南葛覃：「害澣害否。」周書大誥：「王害不違卜？」曷者，説文曰部義也。小雅菀柳「曷予靖之」，傳：「曷，害也。」胡者，邶風日月「胡能有定」傳義也。大雅生民箋：「胡之言何也。」吕氏春秋仲秋紀〔愛士〕「人主其胡可以無務行德人愛人乎」，高誘注：「胡，何也。」盇者，左氏桓十一年傳：「盇請濟師于王？」檀弓篇〔下〕：「子盇慎諸？」

薄、怒、文、農，勉也。

説文：「勉，強也。」薄、怒者，方言〔第一〕「釗、薄，勉也。秦晉曰釗，或曰薄。故其鄙語曰薄努，猶勉努也。南楚之

〔一〕案：王念孫説「乎割反」當是「害」之音釋。

外曰薄努，自關而東周鄭之間曰勔釗，齊魯曰勗兹」，郭注：「薄努，如今〔人〕言努力。」「怒、努」，字異音義同。文，未詳。農者，説文：「農，耕也。从晨，囟聲。」丮夕爲夙，臼辰爲晨。爲農者，宜勉力也。皇侃論語〔子路〕義疏：「農者，濃也。是耕田之人也。言耕田所以使國家倉廩濃厚也。」

歸、餉、饋、襚、問，遺也。

地官有「遺人」。左氏隱元年傳：「請以遺之。」以醉切。歸者，古文「饋」字。論語〔先進〕「詠而歸」，鄭本「歸」作「饋」云：「饋酒食也。魯讀『饋』爲『歸』，今從古。」史記仲尼弟子列傳「詠而歸」，徐廣曰：「一作『饋』。」聘禮「歸饔餼五牢」，鄭注：「今文『歸』或爲『饋』。」士虞禮注：「饋，猶歸也。」餉者，説文：「餉，饟也。」仲虺之誥「乃葛伯仇餉」，傳：「葛伯遊行，見農民餉于田者，殺其人奪其餉。」裴松之魏志〔文帝紀〕注：「以所著典論及詩賦餉孫權。」饋者，説文：「饋，餉也。」天官膳夫「凡王之饋」，注：「進物于尊者曰饋。」士虞禮「特豕饋食」，注：「饋，猶歸也。」以物與神及人皆言饋。襚者，士喪禮「君使人襚」，鄭注：「襚之言遺也。衣被曰襚。」公羊傳「口實曰含，衣服曰襚」。穀梁傳「衣衾曰襚」。舊本「襚」譌从「木」，今訂正。問者，鄭風女曰雞鳴傳義也。左氏僖十年傳：「若重問以召之。」哀二十六年傳：「衛侯使以弓問子貢。」曲禮〔上〕云「凡以弓劍苞苴簞笥問人者」，鄭注：「問，猶遺也。」

刊、可寒反。剟、竹劣反。⿰乎刂、力活反。剽、匹妙反。剗、楚簡反。⿰巤刂，獵音。削也。

玉篇：「削，刻治也。」刊者，説文：「刊，剟也。」秋官柞氏「夏日至，令刊陽木而火之」，注：「謂斫去次地之皮。」通作「栞」。漢書地理志〔上〕「隨山栞木」，顏師古曰：「栞，古『刊』字。斫其木也。」玉篇「刊，削也」，本此。舊本「刊」譌「升」，今訂正。剟者，説文：「剟，刊也。」玉篇：「剟，削也。」漢書賈誼傳「盜者剟寢户之簾」，顏師古注：「剟，謂割取之也。」又王嘉傳「掇去宋弘」，注：「掇讀曰『剟』。剟，削也，削去其名也。」班固沛泗水亭碑銘：「勒陳東征，剟擒三秦。」郭璞爾雅序：「剟其瑕礫。」刋者，玉篇：「刋，削也。」剽者，玉篇「剽，削也」，本此。剗者，秋官薙氏注：「以耜側凍土剗之。」漢書敘傳（下）：「革剗五等，制立郡縣。」玉篇「剗，削也」，本此。通作「鏟」。鮑照蕪城賦「鏟利銅山」，李善注引倉頡篇：「鏟，削平也。」⿰巤刂者，力涉切。玉篇：「⿰巤刂，減削也。」○集韻（齊韻）「⿰雟刂，玄圭切」，引廣雅：「削也。」五音集韻十齊引廣雅：「挑、剜、刲、⿰雟刂，削也。」今本無「挑、剜、刲、⿰雟刂」四字。

炅、桂音。覞、古刀反。僝、士眷反，又士免反。譯、覩、彤、䚋、式冉反。儀、皃，見也。

說文：「見，視也。」炅者，古惠、古迴二切。玉篇「炅，見也。亦作『昋』同」，本此。覞者，玉篇「覞，見也」，本此。僝者，堯典「方鳩僝功」，孔傳：「僝，見也。」譯者，方言（第十三）「譯，傳也。譯，見也」，郭注：「傳宣語，即相見也。」漢書百官表（上）：「典客，屬官有譯官、令丞。」淮南泰族訓：「夷狄之國，重譯而至。」說文：「譯，傳譯四夷之言者。」覩者，說文：「睹，見也。覩，古文。」禮運篇：「以陰陽爲端，故情可睹也。」彤者，越語（下）「天地未彤，而先爲之征，其事是以不成」，韋昭注：「彤，見也。」䚋者，說文「䚋，暫見也」，引春秋公羊傳曰：「䚋然公子陽生。」儀者，呂氏春秋似順論（處方）「今夫射者儀毫而失牆，畫者儀髮而易貌，言審本也」，高誘注：「儀，望也。」「望」與「見」同義。皃者，與「貌」同。容貌所以表見也。

寥、聊音。⿰土内、乃頰反。穵、乙八反。繆、力彫反。崝士耕反。峵、宏音。淵、洿、烏音。彌、邃、幽、暗、窈、窱、天了反。藏、井、掊，步侯反。深也。

玉篇：「深，邃也，遠也。」寥者，說文：「廫，空虛也。」今作「寥」，落蕭切。陸機歎逝賦「或寥廓而僅半」，謝朓贈西府同僚詩「廖廓已高翔」，李善注並引此文。坳者，廣韻〈帖韻〉「坳，深也」，本此。又集韻〈屑韻〉「坑，呼決切」，引廣雅：「坑，深也。」「坳、坑」形近，未知孰是。㝎者，説文：「㝎，空大也。」玉篇「㝎，深也」，本此。繆者，説文：「繆，空谷也。」峼嵤者，説文：「峼，嶸也。嶸，峼嶸也。」本書釋訓：「崢嵤，深冥也。」宋玉高唐賦：「俯視峼嶸，窐寥窈冥。」司馬相如上林賦：「刻削崢嶸。」揚雄河東賦「陟西岳之嶢峼」，顔師古注：「謂嶕嶢而峼嶸也。」又甘泉賦「似紫宮之崢嶸」，顔師古曰：「崢嶸，深邃也。」淮南繆稱訓「岸峼者必陀」，高誘注：「峼，峭也。陀，落也。」「峼嵤」與「崢嶸」同。淵者，邶風燕燕「其心塞淵」傳義也。小爾雅〈廣詁〉：「淵，深也。」洿者，楚辭天問「川谷何洿」，王逸注：「洿，深也。言川谷于地，何以獨洿深乎？」彌，未詳。邃者，雖遂切，小爾雅〈廣詁〉文。説文：「邃，深遠也。」離騷：「閨中既以邃遠兮。」宋玉招魂：「高堂邃宇。」王延壽魯靈光殿賦：「洞房窅窱而幽邃。」幽者，「幽，深」已見爾雅釋言，疑此「幽」字誤也。暗者，玉篇：「暗，不明也。」深則不明，義相成也。窈者，説文：「窈，深遠也。」莊子在宥篇：「至道之精，窈窈冥冥。」班固西都賦「步甬道以縈紆，又杳窱而不見陽」，李善注引廣雅：「杳，深也。」是廣雅別有「杳」字，今脱之也。窱者，説文：「窱，杳窱也。」張衡西京賦「望窅窱以徑廷，眇不知其所返」，薛綜〈注〉：「窅窱徑廷，過度之意也。言入其中，皆迷惑不識還道也。」藏者，蔽之深。廣韻〈唐韻〉：「藏，隱也，匿也。」井者，疑當作「穽」。説文：「穽，深池也。」孫侍御云：「井」有「深」義，不必作「穽」。掊者，方言〈第十三〉文。

叔、季、幼、稚、孩、雡，力救反。少也。

此釋「少長」之「少」也。叔、季者，釋名〈釋親屬〉：「仲父之弟曰叔父，叔，少也。叔之弟曰季父，季，癸也，甲乙之次，癸最在下，季亦然也。」説文：「季，少稱也。」魏風陟岵傳：「季，少子也。」幼者，説文幺部義也。釋名〈釋長幼〉：「幼，少也，言生日少也。」曲禮〔上〕：「人生十年曰幼學。」楚辭九歌〔少司命〕「竦長劍兮擁幼艾」，王逸注：「幼，少也。」稚者，說文：「稺，幼禾也。」玉篇「稚」與「稺」同。爾雅〔釋言〕：「幼，稺也。」方言〔第二〕：「稺，小也。稺，年小也。」詩魯頌釋文：「後種曰稺。」韓詩云：幼稼也。」禾之幼爲「稺」，而人之少亦借用「稺」。鄘風載馳：「衆稺且狂。」史記五帝本紀：「教稺子。」孩者，說文：「咳，小兒笑也。孩，古文，从子。」史記扁鵲列傳：「不能若是而欲生之，曾不可以告咳嬰之兒。」雡者，說文云：「雉之莫子爲雡。」爾雅釋鳥「莫」作「暮」，「雡」作「鷚」，同。

稀、秝、歷音。闊、遠、疏也。

上文「疏，通也」，此又廣其訓。楚辭九歌〔東皇太一〕「疏緩節兮安歌」，王逸注：「疏，希也。」稀者，說文：「稀，疏也。」與「希」同。堯典「鳥獸希革」，鄭注：「夏時鳥獸毛疏皮見。」秝者，說文：「秝，稀疏適也。」玉篇：「秝，稀疏秝秝然。」呂氏春秋辨土篇：「稼〔之〕疏而不適。」謂分布不均，故二禾相比，稀疏乃適。桂進士馥曰：周禮遂師「及窆，抱磿」，鄭注：「磿者，適歷，執綍者名也。」疏云：「謂天子千人分布于六綍之上，謂之適歷者，分布稀疏得所，名爲適歷也。」馥謂「適歷」即「適秝」。闊者，說文門部義也。遠者，疏遠，亦常語耳。

擐、乎慢反，又官〔一〕音。䕻、麗音。壓、厄匣反。摶、團音。飾、竊，著丈略反。也。

此言相倚著也。擐者，體之著也。左氏成二年傳：「擐甲執兵。」又成十三年傳：「文公躬擐甲冑。」䕻者，物之著也。說文「䕻，艸木相附䕻土而生」，引易曰：「百穀艸木䕻于地。」玉篇：「䕻，附著也。」壓者，高之著也。魯語〔下〕「夫棟

〔一〕案：王念孫曰：「『官』下脫一字，玉篇『擐』，音胡慢、公患二切。」

折而榱崩，吾懼壓焉」，韋昭注：「壓，笮也。」搏者，手之著也，徒官切。曲禮〈上〉云：「無搏飯。」餙者，物之著也。竊，未詳。

頹、俱遺反。圜、還旋反〔一〕。梋，沿音。圌市宣反。〔二〕也。

玉篇：「圌，圜也。」頹者，說文：「蘔，小頭蘔蘔也。讀若『規』。」是「頹」與「規圜矩方」之「規」通也。「頹、蘔」同。圜者，說文：「圜，天體也。」說卦傳：「乾爲天爲圜。」考工記輪人：「規之以眡其圜也。」梋者，疑與「圓」同，火懸切。廣韻〈先韻〉：「圓，規也。」桂進士馥曰：「『梋』當爲『埍』，說文云『女牢』。女牢，即圜土也。」

壤、而養反。堁、苦臥反。埃、於奚反。坌、普寸反，又步頓反。塺、磨音。恐「埋」字〔三〕。𡊲、末音。坺，步葛反。塵也。

說文：「蠿，鹿行揚土也。」經典通用「塵」。小雅無將大車：「祇自塵兮。」壤者，潘岳射雉賦「忽交距以接壤」，李善注引此文。堁者，淮南齊俗訓「原人之性蕪穢而不得清明者，物或堁也」，高誘注：「堁，坋塵也。」埃者，說文土部義也。離騷「溘埃風余上征」，王逸注：「埃，塵也。」又漁父篇：「安能以皓皓之白而蒙世俗之塵埃乎？」堅者，說文：「堅，塵埃也。」坌者，說文：「坋，塵也。」「坌、坋」同。塺者，說文土部義也，莫梧切。劉向九歎〈惜賢〉「愈氛霧其如塺」，王逸注：

〔一〕圜，還旋反，王念孫博雅音校本作「圜，還音。圓，旋音」。

〔二〕案：疏證本「也」上補「圓」字。

〔三〕案：王念孫說「恐埋字」三字乃校書者所記，當刪。

「塺，塵也。」坆者，摩鉢切。玉篇：「坆，塵壤也。」坺者，房越切，説文土部義也。○集韻〈没韻〉引廣雅：「垺，塵也。」今無此文。

訣、於敬反，又於兩反。譞、烏到反。號、瞀、乃尼反[一]。誋、忌音。訴、風、諭，告也。

上文「告，語也」，此又申其訓。訣者，上文訓「訣」爲「問」，「訣」又爲「告」也。譞者，玉篇、廣韻〈号韻〉：「譞，語也。」號者，乎刀切，呼而告之也。瞀者，乃經、乃定二切。玉篇「瞀，告也」，本此。誋者，渠記切。玉篇「誋，告也」，本此。訴者，説文言部義也。論語〈憲問〉：「訴子路于季孫。」史記龜策列傳：「王有德義，故來告訴。」風者，風諫，亦告也。漢書嚴助傳：「令助諭意風指于南越。」諭者，説文言部義也。秋官訝士：「掌四方之獄訟，諭罪刑于邦國。」

𢷬、直利反，説文直二反。敵、䁙[二]、𦱄、亡殄反，又亡安反。衡、稽、儓、臺音。配、亢、抗音。對、貞，當也。

上文「當，直也」，言相值也，此又申言其訓。𢷬者，説文手部義也。敵者，左氏桓八年傳：「不當王，非敵也。」少儀云：「敵者曰：某固願見。」皆謂敵體相當。案：「敵，當」已見爾雅〈釋詁下〉，古「適」與「敵」通，此或是「適」之譌。䁙，未詳。𦱄者，説文：「𦱄，平也。讀若『蠻』。」又云：「芇，相當也。讀若『宀』。」「芇、〈𦱄〉」，文異義同。衡者，廣韻〈鍾韻〉「衡，當也。衝，同上」，本此。稽者，古奚切。玉篇：「稽，計當也。」儓者，上文釋「臺、敵」爲「輩」，故又爲「當」也。配者，釋名〈釋親屬〉：「配，輩也，一人獨處一人往輩耦之也。」玉篇「配，當也」，本此。亢者，左氏襄十四年傳「晉禦其上，戎亢

[一] 乃尼反，王念孫曰：「『乃』下、『尼』下各脱一字。玉篇『瞀』，音乃經、乃定二切。」

[二] 䁙，王念孫説當作「賏」。

其下」，注：「亢，猶當也。」漢書終軍傳「臣年少材下，孤于外官，不足以亢一方之任」，顏師古音「抗」。通作「伉」。張衡西京賦「威慑兕虎，莫之敢伉」，薛綜注：「伉，當也。」對者，大雅皇矣「帝作邦作對」、周頌清廟「對越在天」，傳俱云：「對，配也。」配、對，俱相當也。貞者，周書洛誥「我二人共貞」，馬融注：「貞，當也。」

聳、竦音，方言雙講反。䏁、宰音。䎽、五八反。𦖞〔一〕、宏音。聵，五怪反。聾也。

説文：「聾，無聞也。」文選〔七命〕注引倉頡篇：「聾，耳不聞也。」聳、䏁、䎽者，方言〔第六〕「䏁，聾也。半聾，梁益之間謂之䏁。秦晉之間聽而不聰，聞而不達，謂之䏁。生而聾，陳楚江淮之間謂之聳。荆揚之間及山之東西，雙聾者謂之聳。聾之甚者，秦晉之間謂之䎽。吳楚之外〔郊〕凡無耳者，亦謂之䎽。其言䎽者，若秦晉中土謂墮耳者明也」，郭注：「言聉無所聞知也。外傳：『聾聵司火。』」聳，息拱切。䏁，作亥切。䎽，五滑切。𦖞者，侯萌切。玉篇作「耾」，引博雅：「聾也。」「𦖞、耾」同。聵者，説文耳部義也。

約、縳、篆音。紐、緯、韋貴反，又韋鬼反。䰆、稇、苦本反。䆄、之善反。繃、布耕反。緷、衮音。𢹂、下結反。圞、苦本反。摎、九流反。輹、福音。紳、紘、帶、笿、落音。繶、憶音。纏、絯、該音。栞、古典反。徽，束也。

説文：「束，縛也。从口、木。」小雅白駒：「生芻一束。」約者，説文：「約，纏束也。」釋名〔釋書契〕：「約，約束也。」小雅斯干：「約之閣閣。」管子樞言篇：「先王不約束，不結紐。約束則解，結紐則絶。」縳者，爾雅釋器：「十羽謂之縳。」縳，亦稇束名也。一説「縳」當作「縛」。説文：「縛，束也。」釋名〔釋言語〕：「縛，薄也，使相薄著也。」左氏僖六年傳：「許男

〔一〕𦖞，疏證本作「耾」。

面縛銜璧。」紐者，說文：「紐，系也。一曰結而可解。」楚辭九歎〔怨思〕「情素結于紐帛」，王逸注：「紐，結束也。」緯者，夏小正：「農緯厥耒。緯，束也。」韣，未聞。稛者，說文：「稛，絭束也。」齊語「諸侯之使稛載而歸」，韋昭注：「稛，絭也。」穧者，玉篇：「穧，禾束也。」綳者，說文糸部義也。墨子〔節葬〕篇：「禹葬會稽，桐棺三寸，葛以綳之。」緷者，古本切。說文：「緷，緯也。」百羽當相緯也。地官羽人「凡受羽，十羽爲審，百羽爲摶，十摶爲縛」，鄭注：「審、摶、縛，羽數束名也。爾雅曰：『一羽謂之箴，十羽謂之縛，百羽謂之緷。』其名音相近也。一羽有名，蓋失之矣。」案：羽束之名，周官、爾雅不同。此言「緷」，本雅訓也。摞者，玉篇：「摞，束縛也。」圞者，玉篇「圞，束也」，本此。摎者，說文：「摎，縛殺也。」玉篇：「摎，絞也。喪服傳曰：『殤之經不摎垂。』不絞其帶之垂者。」輹者，說文：「輹，車軸縛也。」子夏易傳「輹車不伏菟」，虞翻以爲車之鉤心，夾軸之物。釋名〔釋車〕：「輹，伏也，伏於軸上也。」鉤心，從輿心下鉤軸也。縛，在車下與輿相連縛也。」紳者，帶之束也。說文：「紳，大帶也。」玉篇「紳，束也」，本此。紘者，冠之束也。說文：「紘，冠卷也。」詩〔葛覃〕正義云：「紘者，纓之無緌從下而上者也。祭義云：『天子冕而朱紘，諸侯冕而青紘。』此諸侯當以青爲組，在冕下仰屬之，故士冠禮注云：『有笄者，屈組爲紘，垂爲飾。無笄者，纓而結其絛。』是也。」帶者，衣之束也。釋名〔釋衣服〕：「帶，蔕也，著于衣，如物之繫蔕也。」箬者，栝箬所以束物。繶者，于力切。玉篇：「繶，絛也。」纏者，說文：「纏，繞也。」絯者，公才切。玉篇：「絯，約也。」莊子天地篇「方且爲物絯」，郭象注：「將遂使後世拘牽而制物。」棻者，說文：「棻，小束也。」玉篇：「棻，或作『秎』，禾十把。」徽者，說文：「徽，三糾繩也。」坎爻詞：「繫用徽纆。」

鑑、鏡、光、景、暟、凱音。臨、燿，照也。

說文：「照，明也。」淮南說山訓：「受光于隙，照一隅；受光于牖，照北壁；受光于户，照室中無遺。」鑑者，與「鑒」同。

左思魏都賦：「暉鑒柍桭。」顏延之直東宮答鄭尚書詩：「皓月鑒丹宮。」鏡者，本書釋器：「鑑謂之鏡。」故「鑑、鏡」皆爲照也。光者，説文：「光，明也。」釋名（釋天）：「光，晃也，晃晃然也。亦言廣也，所照廣遠也。」景者，説文：「景，光也。」王融曲水詩序「設神理以景俗」，李善注引此文。暟、臨者，方言（第十三）文。玉篇：「暟，照也。口亥切。」晉語（五）「臨長晉國者」，韋昭注：「臨，監也。」即照察之義。燿者，説文火部義也。鄭語：「黎爲高辛氏火正，以淳燿敦大。」

帝、禘、祥、審、讉於計反。諦、狄麗反。地，諟帝音。也。

玉篇：「諟，審也，諦也。」帝者，説文：「帝，諦也，王天下之號也。」後漢書李雲傳「孔子曰：『帝者，諦也』」，李賢注引春秋運斗樞云：「五帝修名立功，修德成化，統調陰陽，招類使神，（故稱帝）。帝之爲言諦也。鄭康成注：審諦于物也。」禘者，説文：「禘，諦祭也。」續漢志（祭祀下）引張純云：「禘之言諦也。」何休公羊傳（文公二年）注：「禘，猶諦也，審諦無所遺失。」禮記（王制）疏引賈逵云：「禘者，遞也。審諦昭穆，遷主遞位，孫居王父之處也。」詩疏引崔靈恩云：「禘以夏者以審諦昭穆，序列尊卑。夏時陽在上，陰在下，尊卑有序，故大次第而祭之。故禘者，諦也，第也。」祥者，古與「詳」通，詳具「善」訓下。説文：「詳，審議也。」書蔡仲之命云：「詳乃視聽。」鄘風牆有茨「不可詳也」，傳：「詳，審也。」審者，説文「宷，悉也，知宷諦也」，徐鍇曰：「宀，覆也，釆，别也，能包覆而深别之也。」或作「審」。書説命（上）：「乃審厥象。」禮樂記云：「審聲以知音，審音以知樂，審樂以知政，而治道備矣。」讉諦者，方言（第六）文，「吴越曰讉諦」，郭注：「讉，音翳。諦，音蒂。」玉篇：「讉諦，審諦也。」地者，白虎通義（天地）云：「地之言施也，諦也，應施變化，審諦不設。」釋名（釋地）：「地，諦也，五土所生，莫不審諦也。」

緍、亡巾反。緜、羲、麗、設、布、張、爲、戲，許寄反。施也。

施，説文作「攸，敷也。讀與『施』同」。玉篇：「施，張也。」虞書（益稷）：「以五采彰施于五色。」緡、緜者，方言（第六）文，「秦曰緡，趙曰緜。吴越之間脱衣相被謂之緡緜」，郭注：「相覆及之名也。」羲者，惠棟周易述云：「庖犧，孟、京作『伏戲』。伏讀爲服，戲讀爲化。古訓音與義並舉，故云伏，服也。戲，化也。」大昭案：伏犧，古亦作「伏羲」。「戲」與「化」，聲義並舉，「化」與「爲」，古字相通。堯典「平秩南訛」，周禮注作「南譌」。小雅「民之訛言」，説文作「譌言」。「羲、戲」同字，故「羲」亦得訓爲「施」也。麗者，周書多方「不克開于民之麗」、吕刑「越兹麗刑」，孔、鄭並云：「麗，施也。」設者，説文：「設，施陳也。」繫辭傳（上）：「聖人設卦觀象。」布者，莊子列禦寇篇：「施于人而不忘，非天布也。」古與「敷」同。説文：「敷，攸也。」聘禮「管人布幕于寢門外」，注：「今文『布』作『敷』。」商頌（長發）「敷政優優」，左氏成二年、昭二十一年傳並引作「布政」。禹貢「篠蕩既敷」，夏本紀作「竹箭既布」。顧命「敷重篾席」，説文引作「布重莫席」。二字通用，故「布」爲「攸」也。張者，説文：「張，施弓弦也。」吕氏春秋季春紀（先己）「琴瑟不張，鐘鼓不修」，高誘注：「張，施也。」宋玉招魂「羅幬張些」，王逸注亦爲「施」。爲者，爾雅（釋言）：「造、作，爲也。」造、作，皆有所設施也。戲者，古通「羲」。「羲」爲「施」，故「戲」亦「施」也。

遲、晏、後、旰、稺，晚也。

説文：「晚，莫也。」玉篇：「晚，後也。」史記李斯傳：「君何見之晚？」遲者，説文：「遲，徐行也。」（晏者）離騷「及年歲之未晏兮」，王逸注：「晏，晚也。」後者，説文：「後，遲也。」旰者，説文日部義也。左氏襄十四年傳「日旰不召」，杜注：「旰，晏也。」漢書張湯傳：「日旰，天子忘食。」稺者，禾之晚也。説文：「稺，幼禾也。」通作「穉」。説文：「穉，夂也。讀若『遲』。」又云：「夂，行遲（曳）夂夂。」

担、亶音。笞、搥、扑、擆、竹略反。扚、竹歷反。打、鼎音。伐、抛〔一〕、片交反。抪、布音，又普乎反。抰、於兩反。抶、恥栗反。撆、方舌反，又普結反。撻、⿰扌者、者音。⿰扌毘、步結反，又普奚反。摬、影音。拍、普柏反。揔、苦忽反。⿰扌必、步必反。摽、孚堯反，又怖交反。⿰扌暴、普角反，又步角反。⿰扌於、⿰扌百、忘革反。⿱竹殿、殿〔二〕音。搒、彭音。挨、烏駭反。敋、格音。批、普迷反。⿰扌呆、布后反。⿰扌虛、墟音。⿰扌㝵、他得反。⿰扌旬、吁縣反。揊、普力反。㱿、口杲反〔三〕。敂、口音。⿰扌獻、五葛反。敕、索董反。搏、⿰扌戲、許美〔四〕反。〔五〕⿰扌府、方主反，又芳主反。撆、⿰扌愬、所革反。捭、布蟹反。撻、攕、攷、考音。摮、口弔反。攩、幌音。⿰弓攴、弼音。⿰口攴、口餓反，又火可反。擽、歷音。摷、勞音。⿰扌肅、山育反。掔、却閑反，又却賢反。搉、苦學反。應、剥，擊也。

説文：「擊，攴也。」玉篇：「擊，打也。」史記叔孫通列傳：「拔劍擊柱。」担者，丁担切。玉篇：「担，拂也。」「担、拂」同訓「擊」。通作「笪」。説文：「笪，笞也。當割切。」笞者，説文竹部義也，丑之切。史記高祖本紀：「人乃以嫗爲不誠，欲笞之。」搥者，之壘切。説文：「搥，以杖擊也。」荀子正論篇：「搥笞臏脚。」淮南道應訓「大司馬搥鉤者，年八十矣，而不

〔一〕抛，疏證本作「拋」。
〔二〕殿，王念孫説當作「臀」。
〔三〕㱿，口杲反，王念孫博雅音校本作「㱿，口果反」。
〔四〕美，王念孫説當作「義」。
〔五〕案：疏證本「⿰扌府」上有「敳」字。

失鉤芒」，高誘注：「捶，鍛銀擊也。」扑者，史記刺客列傳：「高漸離舉筑扑秦皇帝。」列子說符篇：「楊朱之弟曰布，衣素衣而出，天雨，解素衣，衣緇衣而反。其狗不知，迎而吠之。楊布怒，將扑之。楊朱曰：『子無扑矣，子亦猶是也。嚮者使汝狗白而往，黑而來，豈能無怪哉？』」搳者，玉篇：「搳，亦作『搳』，擊也。」扚者，都了切。說文：「扚，疾擊也。」打者，說文新附字云：「擊也。都挺切。」穀梁宣十八年傳「邾人戕繒子于繒，梲殺也」，范甯注：「謂捶打。」陸德〔明〕音「頂」。王延壽夢賦：「打三顱，撲苕蕘。」案：五音集韻〔迥韻〕「朾，都挺切」，引廣雅：「棓也。」是古用「朾」，故許叔重不收「打」字也。伐者，說文人部義也。鼓之擊爲伐。小雅采芑「鉦人伐鼓」，是也。魚之擊亦爲伐。月令「伐蛟」，是也。木之擊亦爲伐。宋玉風賦「蹷石伐木」，李善注：「伐，擊。」是也。抛者，擲之擊也。玉篇：「抛，擲也。」徐鉉曰：左氏傳通用「摽」。捬者，五音集韻〔模韻〕「捬，擊也」，本此。抰者，說文：「抰，以車鞅擊也。」抶者，說文：「抶，笞擊也。」左氏文十八年傳「歜以扑抶職」，杜注：「抶，擊也。」又襄十七年傳：「子罕〔聞之〕，親執扑，以行築者，而抶其不勉者。」莊子則陽篇：「然後抶其背，折其脊。」撆者，說文手部義也。王褒四子講德論「膺騰撇波而濟水，不如乘舟之逸也」，李善注：「『撇』與『撆』同。」撻者，〔說文「撻」〕，鄉飲酒，罰不敬，撻其背。遽，古文『撻』」，引書曰：「遽以記之。」春官小胥「撻其怠慢者」，注：「撻，猶抶也。抶以荊扑。」列子黄帝篇「斫撻無傷痛」，張湛注：「撻，打也。」撦者，諸野、尺野二切。玉篇「撦，擊也」，本此。㩧者，說文：「㩧，反手擊也。」玉篇引左氏傳：「㩧而殺之。」今莊十二年傳作「批」，釋文引字林：「批，擊也。」嵇康琴賦「觸㩧如志」，李善注：「『㩧』與『批』同。」摬者，乙慶切。說文：「摬，中擊也。」玉篇：「摬，傷擊也。」拍者，廣韻〔陌韻〕：「拍，打也。」揔者，玉篇：「揔，椎擊也。」抋者，玉篇：「抋，椎擊也。」列子黄帝篇：「既而狎侮欺詒，攩抋挨扰，亡所不爲。」摽者，說文手部義也。左氏哀十二年傳：「長木之斃，無不摽也。」擙者，玉篇「擙，擊也」，本此。扵者，于旅切。玉篇「扵，擊也」，本此。拍者，説文：「拍，拊也。」廣韻〈陌韻〉「拍，擊也」，本此。𣪆者，徒魂切。説文：「𣪆，榜也。」搒者，北孟切。字當从「木」。廣韻〈蕩韻〉：「榜，木片。」謂以木片擊也。漢書張耳傳：「吏榜笞數千。」司馬遷報任安書：「受榜箠。」挨者，説文：「挨，擊背也。」敋者，古伯切。玉篇「敋，擊也」，本此。批者，史記刺客列傳「奈何以見陵之怨，欲批其逆鱗哉」，集解：「批，音白結切。」索隱：「批，謂觸擊之。」莊子養生主篇「批大郤」，釋文引字林：「擊也。」淮南道應訓：「智伯與趙襄子飲，而批襄子之首。大夫請殺之，襄子曰：『先君之立我也。』曰：『能爲社稷忍羞，豈曰能刺人哉？』」曹植七啟：「批熊碎掌。」捰者，説文：「捰，衣上擊也。」⿰扌虛者，口居切。〈玉篇〉「⿰扌虛，擊也」，本此。挦者，玉篇：「挦，拳打也。」拘者，玉篇「拘，擊也」，本此。揊者，玉篇「揊，擊也」，本此。敤者，字當作「敤」。集韻〈果韻〉「敤，擊也」，本此。曹音「口杲反」，是「口果」之譌。敂者，説文攴部義也，古厚切。地官司關：「凡四方〈之〉賓客，敂關則爲之告。」通作「扣」。論語〈憲問〉「以杖叩其脛」，孔安國注：「扣，擊也。」擜者，玉篇「擜，擊也」，本此。敲者，玉篇：「敲，敲擊也。」搏者，玉篇：「搏，手擊也。」孟子〈告子上〉：「今夫水，搏而躍之，可使過顙。」揚雄羽獵賦「搏玄猨」，李善注引此文。舊本「搏」譌「摶」，今訂正。⿰扌戲者，去寄切。玉篇「⿰扌戲，擊也」，本此。拊者，皋陶謨：「予擊石拊石。」撆，重出。撼，未詳。捭者，説文：「捭，兩手擊也。」左思吴都賦「拉捭摧藏」，李善注：「捭，兩手擊絶也。」撻，重出，疑「⿰扌薑」之譌。集韻〈曷韻〉「⿰扌薑，他達切」，引廣雅：「擊也。」擮者，莫結切，未詳。攷者，説文：「攷，敂也。」通作「考」。唐風山有樞「子有鐘鼓，弗鼓弗考」，傳：「考，擊也。」莊子天地篇：「金石有聲，不考不鳴。」摮者，説文：「摮，旁擊也。」公羊宣六年傳「公怒，以斗摮而殺之」，何休注：「摮，猶擊也。摮，謂旁擊頭項。」莊子至樂篇「見空髑髏，髐然有形，撽以馬捶」，釋文「撽」與「摮」同。攩者，乎廣切。玉篇：「攩，搥打也。」弢，未詳。吱者，玉篇「吱，擊也」，本此。擽者，郎的切。潘岳射雉賦「擽雌妬異」，徐爰注：「擽，擊搏也。」擽者，小子切。説文：「擽，拘擊也。」張衡西京賦：「擽昆鮞。」掮者，玉篇「掮，擊也」，本此。案：「掮」與「捎」同。揚雄甘泉賦：「捎夔魖，抶獝狂。」「捎」與「抶」，皆擊也。掔者，疑與「摼」同。説文：「摼，擣頭也。口莖切。」搉者，苦角切。説文：「搉，敲擊也。」漢書五行志（中之上）：「高后支斷戚夫人手足，搉其眼以爲（人）彘。」應者，吕氏春秋似順論（處方）「齊令章子將而與韓、魏攻荆，荆（令）唐蔑將而應之」，高誘注：「應，擊也。」通作「膺」。魯頌閟宮：「戎狄是膺。」剥者，豳風七月詩傳義也。舊本「扑、擆、抣、拋」，並譌从「木」，今俱訂正。

淟他典反。涊、那典反。瀤烏回反。涹、烏禾反。𧹞、乎管反。汙、洿、烏音。淖、嬢教反。渥〔一〕、古没反。澳、於六反。濊、穢音，又火末反。淰、咏感反。溷，乎困反。濁也。

釋名（釋言語）：「濁，瀆也，汁滓演瀆也。」淟涊者，玉篇：「淟涊，垢濁也。」「涊，淟涊，惡醉貌。」揚雄反離騷「紛纍以其淟涊兮」，應劭曰：「淟涊，穢濁也。」劉向九歎（惜賢）「切淟涊之流俗」，王逸注：「淟涊，垢濁也。」瀤涹者，玉篇「瀤涹，濁也」，本此。𧹞者，説文：「𧹞，赤色也。讀若『浣』。」又云「澣，濯衣垢也」，或作「浣」。是「𧹞、澣」古字通。汙者，説文：「汙，薉也。」賈誼道術篇：「放理潔静謂之行，反行爲汙。」洿者，説文：「洿，濁水不流也。哀都切。」淖者，泥之濁也。説文：「淖，泥也。」左氏成十六年傳：「有淖於前，乃皆左右相違於淖。」渥者，漬之濁也。説文：「渥，厚漬也。」〔二〕〇集韻

〔一〕渥，疏證本作「淈」。

〔二〕案：今本説文作「渥，霑也」。「渥，厚漬也」當是詩簡兮毛傳語。

〔感韻〕及五音集韵〔感韻〕「淰，乃感切」，並引廣雅：「濁也。」今無此文。〔一〕

北〔二〕、攻，伏也。

玉篇：「伏，匿也。」説卦傳：「坎爲隱伏。」北者，尚書大傳：「北方者，伏方也。」史記〔五帝本紀〕集解引尸子曰：「北方者，伏方也。」陽氣伏于下，于時爲冬。攻，未詳。

材、寶、綸、理、魯、牖、𠂒〔三〕、裕，道也。

釋名〔釋言語〕：「道，導也，所以通導萬物也。」玉篇：「道，理也。」材者，詹事兄曰：「材」與「才」同。天、地、人爲三才，謂天道、地道、人道也。寶者，禮記〔禮運〕：「天不愛其道，地不愛其寶。」是「道」與「寶」同義。廣韻〔晧韻〕「寶，道也」，本此。綸者，疑當作「倫」。説文：「倫，道也。」案：廣韻〔諄韻〕「倫，道也」，本此。理者，玉篇「理，道也」，本此。魯，未聞。牖者，大雅板「天之牖民」傳義也。箋云：「道民以禮義。」通作「羑」。周書康王之誥「惟周文、武，誕受羑若」，馬融、王肅並云：「羑，道也。」史記周本紀：「西伯囚羑里。」尚書大傳：「文王有四鄰，以免于牖里之害。」是「牖、羑」同字。説文「𦍩」，古文作「羑」，或作「誘」。故召南野有死麕傳：「誘，道也。」𠂒者，楊子太玄經〔玄圖〕「玄也者，天道也，地道也，人道也，兼三道而天名之」，注：「天、地、人三者，俱謂之玄。玄，天也，故以天名也。」文選曹植責躬詩「玄化滂流」，

〔一〕案：此處鈔寫疑有譌脱，未詳。

〔二〕案：廣雅各本「北」上有「匍、蒲音。竣、七旬反。跧、壯拳反」十一字。

〔三〕𠂒，疏證本作「命」。

李善注引廣雅：「玄，道也。」「謂道德之化也。」又盧諶贈劉琨詩、〔蔡邕〕郭有道碑文注並引此文。舊本「玄」譌「今」，〔今〕訂正。裕者，方言〔第三〕文也，「東齊曰裕」。

厭、於甲反。㥦、苦挾反。⿰口感〔一〕、乎〔二〕感反。哿、古我反。侻，他括反。可也。

說文：「可，肎也。」厭者，衆經音義〔卷七〕引倉頡篇：「伏合人心曰厭。」㥦者，說文：「㥦，快也。」漢書文帝紀：「天下人民未有㥦志。」文選謝靈運石壁精舍還湖中詩「意愜理無違」，注引廣雅：「愜，可也。」是「㥦」「愜」同。⿰口感者，玉篇：「⿰口感，許今切。」集韻〔感韻〕「⿰口感，五感切，可也」，本此。哿者，小雅正月「哿矣富人」傳義也。說文：「哿，可也。」侻者，法言君子篇「荀卿非數家之書，侻也」，司馬光注：「侻，可也。」宋玉神女賦「侻薄裝」，李善注：「侻，可也。言薄裝正相堪可。」

錭、桃音。鈯、大兀反。伹、拙、織厥反。頑、銖，鈍也。

說文：「鈍，錭也。」史記陳丞相世家：「士之頑鈍嗜利無恥者亦多歸漢。」通作「頓」。漢書〔嚴助傳〕：「淮南王安上疏：『不勞一卒，不頓一戟。』」「頓」與「鈍」同。錭者，徒刀切。說文金部義也。鈯者，廣韻〔沒韻〕「鈯，鈍也」，本此。伹者，似魚、祥閭二切。說文：「伹，拙也。」玉篇引廣雅：「伹，鈍也。」集韻〔魚韻〕引亦作「伹」。舊本「伹」譌「但」，音釋「度滿反」，亦誤，今訂正。拙者，才之鈍也。說文：「拙，不巧也。」老子：「大巧若拙。」離騷「理弱而媒拙兮」，王逸注：「拙，

〔一〕⿰口感，疏證本作「喊」。
〔二〕乎，王念孫說當作「呼」。

鈍也。」頑者，玉篇「頑，鈍也」，本此。銖者，市朱切。淮南齊俗訓「其兵戈銖而無刃」，高誘注：「楚人謂刀鈍爲銖。」

戲[一]、**欷**、許記反。**咣**去亮反。**喨**、亮音。**惻、愴、愁、慼，悲也。**

上文「悲，痛也，傷也」，此又廣其訓。戲者，經典中「於戲」，悲歎之聲也。匡謬正俗云：「嗚呼，歎詞也。古文尚書悉爲『於戲』，今文尚書悉爲『嗚呼』，而詩皆『於乎』。文有古今之變，義無美惡之別。末代哀誄祭文，則爲『嗚呼』，封拜册命，則爲『於戲』。不究根本，妄分兩義，非也。」欷者，說文：「欷，歔也。」離騷「曾歔欷余鬱邑兮」，王逸注：「歔欷，哀泣之聲也。」漢書中山靖王傳「悲者不可爲絫欷」，顔師古注：「欷，歔欷也。」咣喨者，方言（第一）「自關而西秦晉之間，凡大人少兒泣而不止謂之咣，哭極音絶亦謂之咣。平原謂啼極無聲謂之咣哴」，郭注：「咣，丘尚反。哴，音亮。」是「喨、哴」字異音義同。惻者，說文：「惻，痛也。」玉篇「惻，楚力切，悲也」，本此。愴者，說文：「愴，傷也。」宋玉九辯：「愴怳懭悢兮。」玉篇「愴，悲也」，本此。愁、慼者，上文訓爲「憂」，此又爲「悲」，義相成也。廣韻（尤韻）「愁，悲也」，本此。

剥、絶、鬌，落也。

此言陊落也。剥者，馬融注易剥卦云：「剥，落也。」絶者，離騷「雖萎絶其亦何傷兮」，王逸注：「絶，落也。」鬌者，鄭注儀禮既夕云：「兒生三月，翦髮爲鬌。」說文：「鬌，髮隋也。」

胺、烏臈[二]反。**餧**、諾每反。**黶、伐、黲**、七敢反。**黴**、眉音。**露、漫**、莫旦反。**淹、穮**、每音。**殃**、央音。**殕**、敷

[一] 戲，疏證本作「歔」。
[二] 臈，王念孫説當作「葛」。

九反。腐、父音。㱙、朽音。㡀、敝音。俠斯、殐、來旦反。爽，敗也。

說文：「敗，毀也。」胺者，玉篇：「胺，肉敗也。一曷切。」餧者，當爲「餒」。玉篇：「餒，奴罪切，魚敗也。」廣韻〈賄韻〉：「餒，魚敗。」案：說文「魚敗曰餒」，其字从「食」。蹷者，說文：「蹶，僵也。」左思魏都賦：「劍閣雖嶛，憑之者蹶。」「蹶、蹷」同。伐者，說文人部義也。黲者，色之敗也。說文：「黲，淺青黑也。」陸機漢功臣贊：「上黲下黷。」黴者，武悲切。說文：「黴，中久雨青黑。」楚辭九歎〈逢紛〉：「顏黴黧以沮敗兮。」淮南脩務訓：「舜黴黑。」又說山訓：「文公棄荏席後黴黑，咎犯辭歸。」露者，方言〈第三〉文。左氏昭元年傳：「勿使有所壅閉湫底，以露其體。」是露爲形之敗也。漫、淹者，亦方言文：「溼敝爲漫，水敝爲淹。」⿰禾黑者，亡載切，稼之敗也。玉篇：「⿰禾黑，禾傷雨也。」殃者，說文：「殃，咎也。」殕者，腐之敗也。玉篇「殕，敗也」，本此。腐者，質之敗也。說文：「腐，爛也。」㱙者，說文「㱙」，或作「朽」。包咸注論語〈公冶長〉云：「朽，腐也。」月令「孟冬，其臭朽」，釋文：「本亦作『㱙』。」㡀者，衣之敗也，毗祭切，與「敝」同。說文：「㡀，敗衣也。从巾，象衣敗之形。」舊本「㡀」譌「㡀」，今訂正。俠斯者，方言〈第三〉：「褸裂、須捷、挾斯，敗也。南楚凡人貧衣被醜弊謂之須捷，或謂之褸裂，或謂之挾斯。器物弊亦謂之挾斯。」「俠、挾」，字異音義同。殐者，力翰切。玉篇：「殐，敗也。亦作『爛』。」爽者，宋玉招魂「露雞臛蠵，厲而不爽些」，王逸曰：「爽，敗也。楚人名羹敗曰爽。」○集韻〈元韻〉「葾，於袁切」，引廣雅：「⿰歹委、葾，敗也。」今無此文。

廣雅疏義卷第六

詮、録、贅、只歳反。撰、訛、匹莢〔一〕反。效、教音。備、饌，具也。

説文：「具，共置也。」詮者，説文言部義也。此緣切。録者，文之具也。公羊隱十年傳：「春秋録内而略外。」贅者，屬之具也。釋名〔釋疾病〕：「贅，屬也，横生一肉，屬著體也。」撰者，孔安國論語〔先進〕注義也。通作「譔」。楚辭大招云「聽歌譔只」，王逸注：「譔，具也。」訛者，玉篇「訛，具也」，本此，「今作『庀』」。效者，古文「教」字，是誠之具也。備者，豫之具也。玉篇：「備，皮祕切，預也。」饌者，食之具也。説文「籑，具食也」，或作「饌」。通作「僎」。説文：「僎，具也。」鄭康成注論語云：「僎，讀曰詮。」故「詮、僎」同訓「具」也。

⿱臤牛、丘殄反。牭、四音。狠〔二〕、戾、恎、質音，又多結反。愎、符逼反。摯〔三〕、忮，佷〔四〕乎懇反。也。

玉篇：「佷，戾也。本作『很』。」説文：「很，不聽從也。一曰盭也。」吴語「今王將很天而伐齊」，韋注：「很，違也。」⿱臤牛

〔一〕莢，王念孫説當作「夷」。

〔二〕狠，廣雅各本作「狼」。

〔三〕摯，廣雅各本作「鷙」。

〔四〕佷，廣雅各本作「很」。

者，牛之佷也。説文：「𤛓，牛很不從引也。」牭者，玉篇：「牭，思二切，牛很也。」狠者，犬之佷也。玉篇：「狠，五閒切，犬鬭聲。」舊本「狠」譌「狼」，今訂正。徐北溟曰：如依舊文「狼戾」連講，亦有佷義。戾者，説文：「戾，曲也。」通作「盭」。恎者，玉篇：「恎，惡性也。」愎者，左氏僖十五年傳「愎諫違卜」，杜注：「愎，戾也。」又宣十二年傳：「剛愎不仁。」説文無「愎」字，弦部「盭，弼戾也」，是古通用「弼」。摯者，「摯」與「騺」同，故有佷義。忮者，説文：「忮，很也。」

韜、含、裕、容、宛、窳，乎化反。寬也。

爾雅〔釋言〕「寬，綽也」，孫炎曰：「性之裕者。」郭璞曰：「謂寬裕也。」説文：「寬，屋寬大也。」虞書〔皋陶謨〕「寬而栗」，鄭注：「寬，謂度量寬宏。」韜者，魯南宫韜字子容，故「韜、容」皆釋爲寬也。廣韻〔豪韻〕「韜，寬也」，本此。含者，文言傳：「含萬物而化光。」通作「圅」。曲禮〔上〕云：「席間圅丈。」考月令「羞以含桃」，釋文「本又作『圅』」，是「含、圅」同也。裕者，周書康誥：「裕乃以民寧。」容者，説文：「容，盛也。」寬則能盛，故爲寬也。宛者，寬而深也。窳者，玉篇「窳，寬也」，本此。通作「摦」。廣韻〔禡韻〕：「摦，寬也。」

親、傶、傍、附、切、摩、鄰、比、厲、局、阿、侍、夾、古匣反。次、遒、迫、促，近也。

説文：「近，附也。」親者，文言傳：「本乎天者親上，本乎地者親下。」爾雅〔釋親〕釋文引倉頡篇：「親，近也。」傶者，與「戚」同。一切經音義九引：「戚，近也」。周書金縢「未可以戚我先王」，孔傳：「戚，近也。」逸周書文酌解「取戚免梏」，孔晁注：「近也。」傍者，説文人部義也。附者，淮南説林訓「附耳之言，聞於千里」，注：「附，近也。」切者，文選長楊賦「請略舉其凡，而〔客〕自覽其切焉」，李善注引張晏云：「切，近也。」摩者，左氏宣十二年傳「御靡旌摩壘而還」，注：「摩，近也。」學記云「相觀而善之謂摩」，鄭注：「相切磋也。」淮南説林訓「若脣之與齒，堅柔相摩而不相敗」，注「摩，近」也。鄰者，釋名（釋州國）：「鄰，連也，相接連也。」皋陶謨「臣哉鄰哉，鄰哉臣哉」，孔傳：「鄰，近也，言君臣道近，相須而成。」小雅正月「洽比其鄰」，傳解「鄰」爲「近」。張衡東京賦「始于宫鄰，卒於金虎」，薛綜曰：「鄰，近也。」比者，說文：「比，密也。」左氏文十八年傳「頑嚚不友，是與比周」，注：「比，近也。」厲者，文選西都賦注引韓詩云「翰飛厲天」，薛君章句：「厲，附也。」案：「附、近」義相埒。局者，文選魏文帝與朝歌令吴質書「塗路雖局，官守有限」，李善注：「局，近也。」阿者，讀若「婀娿」之「娿」。左氏昭二十年傳「阿下執事」，注：「阿，比也。」「阿、比」皆近也。侍者，廣韻（志韻）「侍，近也」，本此。夾者，周書梓材云「懷（爲）夾」，孔傳：「懷遠爲近。」又多方云「爾曷不夾介乂我周王」，孔傳：「夾，近也，汝何不近大見治于我周王。」次者，次第亦相近也。遒者，說文「遒，迫也」，或作「逎」。迫者，說文辵部義也。離騷「吾令羲和弭節兮，望崦嵫而勿迫」，王逸注：「欲令日御案節徐行，望日所入之山，且勿附近。」促者，說文：「促，迫也。」

排、擠、子詣反。摧、攘、抵、丁禮反。拭、戎音。斥、𢌕，推也。

說文：「推，排也。」大雅雲漢云「則不可推」，傳：「推，去也。」排者，說文：「排，擠也。」楚辭九歎（逢紛）云：「遂見排而逢讒。」班固西都賦：「排飛闥而上出。」擠者，說文：「擠，排也。」莊子人閒世云「故其君因其脩以擠之」，簡文云：「擠，排也。」荀子仲尼篇「抑有功而擠有罪」，楊倞注：「擠，排也。言重傷之也。」又解蔽篇：「不好辭讓，不敬禮節，而好相推擠。」摧者，說文：「摧，擠也。」楚辭九思（憫上）云：「魁壘擠摧兮常困辱。」攘者，說文手部義也。晉語（四）：「文公曰：攘，推賢也。」古「揖攘」字如此，今所備用者是「質讓」之「讓」。抵者，說文：「抵，擠也。」拭者，玉篇：「拭，如勇切，推也。」案：「拭」與「輤」同。說文：「輤，反推車令有所付也。讀若茸，而隴切。」淮南氾論訓「相戲以刃者，太祖輤其肘」，

注：「軵，擠也。」漢書馮奉世傳「再三發軵，則曠日煩費」，如淳曰：「軵，推也。」斥者，文選長楊賦「斥芬芳而不御」、謝靈〔運〕七里瀨詩「遭物悼遷斥」、劉公幹贈五官中郎將詩「四節相推斥」，李注並引此文。羼，即「舜」字。詹事兄曰：風俗通皇霸篇：「舜者，推也，循也。言其推行道德，循堯緒也。」

褈〔一〕、直龍反。疊、蓐、臧、醇、醲、渥、陸、頯，逵音。厚也。

廣韻〔厚韻〕：「厚，厚薄，又重也。」褈者，玉篇：「褈，複也，增益也。」舊本「褈」譌爲「穜稑」之「穜」，今訂正。疊者，說文：「疊，揚雄說，以爲古理官決罪三日，得其宜乃行之。」「亡新改爲三田。」衆經音義〔卷九〕引倉頡篇：「疊，重也，積也。」蓐者，方言〔第十二〕文也。玉篇「蓐，乳屬切，厚也」，本此。臧者，亦方言〔第十二〕文。廣韻〔唐韻〕「臧，厚也」，本此。醇者，說文：「醇，不澆酒也。」邯鄲淳魏受命述云：「樹深根以厚基，播醇澤以釀味。」東京賦「春醴惟醇」，薛綜注：「醇，厚也。」醲者，酒之厚也。說文：「醲，厚酒也。」淮南主術訓：「肥醲甘脆，非不美也。」渥者，漬之厚也。邶風簡兮云「赫如渥赭」，傳：「渥，厚漬也。」陸、頯，並未聞。

龍、利、芬、尼、調、膚〔二〕，和也。

賈誼〔新〕書道術篇：「剛柔得適謂之和，反和爲乖。」說文：「龢，調也。讀與『和』同。」經典通用「和」。龍者，周頌酌「我龍受之」、商頌長發「何天之龍」，傳並云：「龍，和也。」利者，說文：「利，从和省。和然後利。」易文言傳：「利者，義

〔一〕褈，疏證本作「穜」。

〔二〕膚，疏證本作「庸」。

之和也。」又云「利物足以和義」，子夏易傳：「利，和也。」芬者，方言（第十三）文也，郭注：「芬香和調。」尼者，禮記中庸：「仲尼祖述堯舜。」仲尼，孔子字。漢安昌侯張禹云：「仲者，中也；尼者，和也。」調者，説文言部義也。地官調人注：「調，猶和合也。」庸者，一切經音義二十三、二十五並引：「庸，和也。」「庸」，「庸」之譌。〇一切經音義二十二引：「諧，和也。」今無此文。

輝、魂音。軌、抗音。轎，奇廟反，又奇朝反。軻五浪反。也。

玉篇：「軻，牛向切，轎軻。」輝者，説文：「軛軥也。」軌者，玉篇：「軌，口莽切，軌軻。」轎者，玉篇：「轎，小車也。」

獲、戮、羞、恥、㲉，苦大反。辱也。

説文：「辱，恥也。从寸在辰下，失耕時，於封畺上戮之也。」獲者，玉篇：「獲，辱也，婢之賤稱也。」戮者，夏書甘誓「予則孥戮汝」，孔傳：「非但止汝身辱及汝子，言恥累也。」周禮序官掌戮注：「戮，猶辱也。」羞者，否六三：「包羞。」孟子（公孫丑上）：「無羞惡之心，非人也。」恥者，説文心部義也。㲉者，未聞。玉篇：「居藝切。」

屑、姘、靜音。圭，潔也。

説文新附「潔」字云：「瀞也。」古用「絜」。鄭注鄉飲酒義云：「絜，猶清也。」屑者，鄘風（君子偕老）「不屑髢也」、邶風（谷風）「不我屑以」，傳並云：「屑，絜也。」趙岐孟子（公孫丑上）注：「屑，潔也。」姘者，説文：「姘，靜也。」周語（中）「靜其巾冪」，韋注：「靜，潔也。」圭者，孟子（滕文公上）「卿以下必有圭田」，趙岐注：「圭，潔也。」通作「蠲」。詩（小雅天保）曰「吉蠲爲饎」，傳：「蠲，絜也。」鄭注秋官蜡氏云：「蠲，讀如『吉圭惟饎』之『圭』。圭，絜也。」陸氏釋文並云：「蠲，舊音圭。」穆天子傳（卷二）云「天子具蠲齊牲全」，郭注：「蠲者，潔也。蠲音圭。」呂覽（尊師）云「臨飲食，必蠲絜」，高誘曰：

「蠲，讀曰圭。」

讒、嫉、殺、㣿，山減反。賊也。

荀子修身篇：「害良曰賊。」説文：「賊，敗也。」讒者，左氏昭五年傳：「於人爲言，敗言爲讒。故曰有攸往。主人有言，言必讒也。」莊子漁父篇：「好言人之惡謂之讒。」荀子修身篇：「傷良曰讒。」嫉者，説文「㑵，妎也」，或作「嫉」。廣韻〔質韻〕「㑵」下引廣雅：「賊也。」是本又作「㑵」。殺者，説文：「殺，戮也。」㣿者，説文：「㣿，賊疾也。」玉篇「㣿，賊也」，本此。

涂、塗音。娉、聘音。妨、猛，害也。

釋名〔釋天〕：「害，割也，如割削物也。」説文：「害，傷也。」涂、娉，未詳。妨者，説文女部義也。猛者，玉篇「猛，害也」，本此。

伸、舒勃，展也。

楚辭九歌〔東君〕云「展詩兮會舞」，王逸注「展，舒」也。伸者，説文：「伸，屈伸。」玉篇：「伸，舒也。」舒勃者，方言〔第六〕文也，「東齊之間，凡展物謂之舒勃。」

禦、禁、掕、落登反，又義陵反〔一〕。閣、坐、沈、宿、蹟、矣、竣、此循反。挂、礙、鋪、脾、綝、恥林反。処、曷〔二〕

〔一〕又義陵反，王念孫説當作「又陵音」。

〔二〕曷，王念孫説當作「昌」。

汝反，憲案：說文解字从夂几。咹、遏音，又稱〔一〕案反。跱、宜〔二〕李反。棖、雉庚反。拘、渟、亭音。懫、質音。⿺走畢、畢音。⿰足朁、蠶音，又所甘反。抳、女几反，又女禮反。䠙煩音。駐、致音。躇、徒如反。券，羌萬反。止也。

上文：「止，逗也。」鄘風相鼠傳：「止，所止息也。」禦者，韋昭國語〔魯語上〕注：「禦，止也。」長楊賦「陵夷而不禦」，顏師古亦訓爲「止」。禁者，玉篇「禁，記鴆切，止也」，本此。掕者，說文：「掕，止馬也。」里甑切。閣者，說文：「閣，所以止扉也。」坐者，說文「㘴，止也。从土、从留省，土所止也」，古文作「坐」。沈者，上文云：「没也。」沈又爲止也。宿者，說文宀部義也。蹟者，足所止也。說文「迹，步處也」，或作「蹟」。矣者，辭之止也。雖在句中，不以爲義。說文：「矣，語已詞也。」詩〔小雅巧言〕曰「顏之厚矣，出自口矣」，是也。竣者，說文「竣，偓竣也」，引國語曰：「有司已事而竣。」玉篇「竣，止也」，本此。挂者，本又作「絓」。文選劉峻辯命論「才絓中庸，在於所習」，李善注引廣雅：「絓，止也。」礙者，說文石部義也。法言問道篇「聖人之治天下也，礙諸以禮樂」，吳祕注：「礙，止也。」案：孫綽遊天台山賦「凝思幽巖」，江淹別賦「舟凝滯于水濱」，李善注並引廣雅：「凝，止也。」是本又作「凝」。鋪、脾者，方言〔第十二〕文也。綝者，說文糸部義也。処者，說文「処，止也，得几而止」，或作「處」。咹者，疑與「按」同。大雅皇矣「以按徂旅」，傳：「按，止也。」孟子〔梁惠王下〕「按」作「遏」。史記周本紀：「王按兵毋出。」漢書高帝紀〔上〕：「吏民皆按堵如故。」跱者，玉篇「跱，除几切」，引爾雅曰：「室中謂之跱。」「跱，上也。」跱，今本爾雅〔釋宫〕作「時」。上，當作「止」，字之譌也。一切經音義一引此

〔一〕王念孫曰：「『案』上不當有『稱』字，未審何字之譌。」
〔二〕宜，王念孫說當作「直」。

文，玄應云：「字詁古文『峙』今作『跱』同，謂亭亭然獨止立也。」棖者，通作「𣥺」。王延壽〔魯〕靈光殿賦「枝𣥺杈枒而斜據」，張載注：「𣥺，或作『棖』字。」案：説文：「𣥺，歫也。」又云：「歫，止也。」是「棖、𣥺」皆有止義。拘者，説文句部義也。渟者，水之止也。張衡南都賦：「貯水渟洿。」一切經音義一引埤倉：「水止曰渟。」字書：「水滯也。」憤者，玉篇「憤，之日切，止也」，本此。趩者，天官宮正職「禁，凡邦之事蹕」，鄭司農云：「國有事，王當出，則宮正主禁絶行者，若今時衛士填街蹕也。」「趩、蹕」，字異義同。躋者，玉篇「躋，止也」，本此。抳者，姤初六「繫于金柅」，王肅作「抳」，其从「手」。轢踁者，上扶元切，下竹利切。玉篇：「轢，轢踁，止也。或作『樊』。」躇者，説文：「躇，峙躇，不前也。」券者，上文云：「極也、勞也」，券又爲止也。一切經音義十三引：「懲，止也。」華嚴經音義上引：「已，止也。」今俱無此文。

⿰多邕、烏孔反。⿰多農、奴孔反。夥、乎果反。⿰多委、委音。㚊、口才反。⿰多古、棄音。⿰多冉、那音。⿰多辛、莘音。⿰多孚、浮音。⿰多支、之豉反。⿰多冘、丁含反。繁、盛、饒、僉、怒、輿、植，多也。

説文：「多，重也。」玉篇：「多，衆也，大有。」⿰多邕、⿰多農者，方言〔第十〕文：「南楚凡大而多謂之⿰多邕，或謂之⿰多農。凡人語言過度及妄施行，亦謂之⿰多農。」玉篇：「⿰多邕，大多也。或作『勜』。」「⿰多農，⿰多邕⿰多農，盛多貌。」通作「繷」。後漢書崔駰傳「若夫紛繷塞路」，注引方言：「繷，盛多也。」夥者，史記陳涉世家：「夥頤，涉之爲王沈沈者！」説文旡部云：「讀若楚人名多夥。」多部又云：「齊謂多爲夥。」案：方言〔第一〕云「凡物盛多，齊宋之郊，楚魏之際曰夥。」是齊楚皆以多爲夥也。玉篇：「夥，楚人謂多也。」⿰多委者，玉篇「⿰多委，於果切，多也」，本此。㚊者，玉篇：「㚊，多也。」通作「姟」。鄭語「計億事，材兆物，收經入，行姟極。故王者居九畡之田」，韋昭注：「姟，備也。數極于姟〔也〕，萬萬〔兆〕曰姟。九畡，九州之極數也。」⿰多古、⿰多冉者，玉篇：「⿰多古，丘一切，多也。」「⿰多冉，奴多切，多也。」並本此。⿰多辛者，玉篇：「⿰多辛，所陳切，多也。」周南螽斯釋文：「詵詵，所巾反。說文作『⿰多卒』，音同。」案：今本說文無「⿰多卒」字。⿰多孚、⿰多支、⿰多尤者，玉篇「⿰多孚，扶留切，多也。⿰多支，章移、之豉二切，多也。⿰多尤，多也」，並本此。西京賦：「炙炰夥，清酤⿰多支。」緐者，商書仲虺之誥「實緐有徒」，孔傳：「緐，多有徒衆。」左氏昭三年傳「於是景公緐于刑，有鬻踊者」，杜注：「緐，多也。」通作「蕃」。左氏昭二十八年傳：「鄭書有之，『惡直醜正，實蕃有徒』。」周書芮良夫解：「實蕃有徒。」漢書文帝紀「無乃百姓之從事於末以害農者蕃」，顏師古曰：「蕃亦多也。」盛者，方言（第十）：「晠，多也。」「晠」與「盛」同。饒者，上文釋爲「益」，此又爲「多」，義相成也。僉者，堯典「僉曰，於」，孔傳：「僉，皆也。」是「僉」亦衆多之意。怒，未詳。輿者，左氏僖二十八年傳「聽輿人之謀」，注：「輿，衆也。」植，未聞。文選魏都賦注引：「夠，多也。」「古侯切。」又景福殿賦注引：「趍，多也。」「紙移切。」集韻（之韻）「䫢，邱其切」引：「䫢，多也。」今俱無此文。

⿱艹尊、租本反。⿱絲木、蓴、大丸反。萃、蘊〔一〕、揩〔二〕、㚇、走公反。寯、俊音。⿰氵蔡、湊音。叢、蓄、都、薄、蘊、崇、灌、雜、茨、贅、織芮反。榛、林、屯、集、宗、族、洿、烏音。總〔三〕、翕、許及反。葉、輸、始朱反。會、積，聚慈愈反。也。

〔一〕疏證本此處無「蘊」字。

〔二〕揩，疏證本作「櫕」字。

〔三〕總，廣雅各本作「緦」，曹憲音「思」。王念孫曰：「緦，當作『總』。說文：『總，聚束也。』『總』本作『緫』，與『緦』字相似，故『總』譌作『緦』。曹憲音『思』，失之也。」

說文：「聚，會也。邑落曰聚。」䔿者，說文：「䔿，叢艸也。」西京賦：「苯䔿蓬茸。」南都賦：「森䔿䔿而刺天。」是「䔿」爲艸之聚也。橤者，與「繠」同。玉篇：「繠，如纍切，聚也。」通作「蘂」。潘岳籍田賦「瓊鈒入蘂」，李善注引倉頡篇：「蘂，聚也。」蓴者，說文：「蓴，蒲叢也。常倫切。」舊本「蓴」譌「䔿」，曹音「大丸反」，亦非也，今訂正。萃者，方言〔第三〕：「萃，集也。東齊曰聚。」蘊者，玉篇：「蘊，紆文切，聚也。聚艸以蘊火也。」一切經音義二十三引此文，玄應云：「說文爲『薀』。字林：『蘊，積也。』」大昭案：左隱〔三〕年傳「蘋蘩薀藻之菜」，杜注：「薀藻，聚藻也。」揩，未聞。叜者，玉篇「叜，聚也」，本此。寯，未詳。湊者，說文：「湊，水上人所會也。」楚辭九歎〔逢紛〕云「順波湊而下降」，王逸注：「湊，聚也。」逸周書作雒解云「乃作大邑成周于土中，城方千七百二十丈，郛方七百里，南繫于洛水，地因于郟山，以爲天下之大湊」，孔晁注：「湊，會也。」淮南主術訓「湯之時七年旱，以身禱于桑林之際，而四海之雲湊，千里之雨至」，注：「湊，會也。」「會」與「聚」同義。叢者，說文：「叢，聚也。」虞書〔益稷〕「元首叢脞哉」，疏引鄭注云：「叢脞，總聚小小之事，以亂大政。」周書無逸云「是叢于厥身」，孔傳：「叢聚于其身。」蓄者，說文：「蓄，積也。」邶風〔谷風〕「我有旨蓄」，箋：「蓄，聚美菜。」都者，穀梁傳〔僖公十六年〕云：「民所聚曰都。」堯典曰「幽都」，孔傳：「謂所聚也。」薄者，說文：「薄，林薄也。」蘊者，已見上文，必不重出，此當爲「薀」。說文：「薀，積也。」玉篇「薀，於粉切，聚也」，疑本此。崇者，左氏文十八年傳「崇飾惡言」，注：「崇，聚也。」古有「薀崇」連文者。左氏隱六年傳：「芟夷薀崇之。」灌者，夏小正：「灌也者，聚生者也。」爾雅〔釋木〕：「灌木，叢木。」又云：「木族生爲灌。」雜者，說文：「雜，五彩相合。」方言〔第三〕：「雜，集也。」茨者，上文釋爲「積」，「茨」又爲「聚」，義相成也。贅者，漢書武帝紀元狩元年詔曰「毋贅聚」，如淳曰：「贅，會也。」榛者，說文：「榛，菆也。」文選注引字林：「榛，木叢生也。仕巾切。」林者，說文：「平土有叢木曰林。」高誘注淮南說林訓云：「木叢生曰林。」

屯者，離騷「屯余車其千乘兮」，五臣文選注：「屯，聚也。」案：「屯」通作「敦」。揚雄甘泉賦「敦萬騎于中營兮」，顏師古注：「敦，讀曰『屯』。屯，聚也。」曹植七啟：「鳥集獸屯，然後會圍。」集者，鳥之聚也。說文「雧，羣鳥在木上也」，或作「集」。東京賦「總集瑞命」，薛綜注：「集，聚也。」宗者，宋玉招魂云：「室家遂宗。」族者，同姓所聚也。白虎通宗族篇：「族者，湊也，聚也，謂恩愛相流湊也。生相愛，死相哀痛，有會聚之道，故謂之族。」尚書堯典：「以親九族。」毛詩葛藟序：「周室道衰，棄其九族。」昏禮請期辭曰：「惟是三族之不虞。」周禮小宗伯：「掌三族之別。」洿者，水所聚也。漢書食貨志〔下〕：「猶塞川原爲潢洿也。」總者，說文：「總，聚束也。」淮南〔原〕道訓「萬物之總，皆閱一孔」，注：「總，衆聚也。」舊本「總」譌「緦」，曹音「思」，亦誤，今訂正。翕、葉者，方言〔第三〕：「撲、翕、葉，聚也。楚謂之撲，或謂之翕、葉。」輸者，說文：「輸，委輸也。」會者，公羊傳〔隱公元年〕云「會及暨，皆與也」。會，猶最也」，何休注：「最，聚也。」積者，說文禾部義也。儒行云：「不祈多積。」〇文選顏延年應詔觀北湖田收詩注引：「攢，聚也。」一切經音義二十三引：「府，聚也。」今並無此文。

主、戍、門、獸，守也。

此言興守也。主者，玉篇：「主，守也。」戍者，大夫稱主。戍者，說文：「戍，守邊也。」王風揚之水云「不與我戍申」，傳：「戍，守也。」門者，左氏襄九年傳：「門于鄟門。」獸者，說文云：「獸，守備者。」

餘、凡、總、同，皆也。

說文：「皆，俱詞也。」餘者，說文：「餘，饒也。」玉篇「餘，皆也」，本此。凡者，說文：「凡，最括也。」商書微子云「凡有罪辜，乃罔恆獲」，鄭注：「凡，猶皆也。」案：史記〔宋微子世家〕作「皆有罪辜」。春官御史：「掌贊書，凡數。」長楊賦云：

「請略〔舉〕其凡。」總者，玉篇「總，子孔切，皆也」，本此。文選顏延之車駕幸京口侍遊蒜山詩「邑社總地靈」，李善注引廣雅：「總，皆也。」舊本「總」譌「緫」，今訂正。同者，說文：「同，合會也。」玉篇：「同，共也。」並與「皆」義相近。

修、蓺〔一〕、略、道、旬、越、抑、截、慈頡反。撤、撥、博葛反。對、繕、時扇反。傅、列、疏、竘、口音。貌、攻、捲、權音。荆、摇、亦唛〔二〕反。療、亂、理、澡，治也。

玉篇：「治，修治也。」修者，孔安國注論語〔顏淵〕「修慝」云「修，治也，治惡爲善」也。檀弓〔上〕云「古不修墓」、淮南脩務訓「修彭蠡之防」，注皆訓「治」。蓺者，治種植之事也。略者，說文：「略，經略土地也。」禹貢「嵎夷既略」，馬融曰：「用力少曰略。」道者，論語〔學而〕：「道千乘之國。」旬者，小爾雅〔廣詁〕文也。越者，疑當作「趜」，形相近而譌。玉篇：「趜，渠俱切，治也。」與「⿺走瞿」同。抑者，孟子〔滕文公下〕「昔者禹抑洪水，而天下平」，趙岐曰：「抑，治也。」截者，字當爲「截」。大雅常武「截彼淮浦，王師之所」，傳：「截，治也。」撤者，與「徹」同。說文無「撤」字，古用「徹」也。大雅公劉「徹田爲糧」，傳：「徹，治也。」撥者，說文手部義也。商頌長發「玄王桓撥」，傳「撥，治」也。公羊哀十四年傳「撥亂世，反諸正，莫近諸春秋」、楚辭九章〔懷沙〕「巧倕不斲兮，孰察其撥正」、劉向九歎〔惜賢〕「撥諂諛而匡邪」，何休、王逸並訓「治」。對者，說文「對，譍無方也。漢文帝以爲責對而爲言，多非誠對，故去〔其〕口〔以〕从士。」案：責對，即窮治之也。繕者，左氏傳〔襄公三十一年〕：「繕完葺牆。」莊子繕性篇「繕性于俗」，崔譔曰：「繕，治也。」傅者，大司樂注云：「禹治

〔一〕蓺，疏證本作「⿱竹埶」。

〔二〕唛，王念孫説當作「咲」。

水，傅土，言其德能大中國也。」列者，字當爲「栵」。説文：「栵，〔黍〕穰也。穰，黍栵已治者。」疏者，西京賦：「疏龍首以抗殿。」竘、貌者，方言〔第七〕：「竘、貌，治也。吴越飾貌爲竘。」舊本「貌」譌「皃」，今訂正。攻者，小爾雅〔廣詁〕文。周書召誥「太保乃以庶殷攻位于洛汭」，孔傳：「以衆殷民治都邑之位于洛水北。」考工記攻金攻木等工，鄭注：「攻，治也。」捲、荆，未詳。摇者，與「愮」同。方言〔第十〕：「愮、療，治也。江湘郊會謂醫治之曰愮，或曰療。」舊本「摇」下有「亦唹反」三大字，案：此三字，「摇」字之音切也。「唹」當作「姎」，傳寫者譌爲正文爾，今訂正。療者，説文「𤻲，治也」，或作「療」。陳風衡門云「泌之洋洋，可以樂飢」，鄭本作「𤻲」，箋云：「泌水之流洋洋然，飢者見之，可飲以𤻲飢。」天官瘍醫職「凡療瘍」，注云：「止病曰療。」左氏襄二十六年傳「不可救療」，杜注：「療，治也。」亂者，説文：「亂，治也。」案：「亂，治」已見爾雅釋詁，必不重出，此當作「𤔔」。説文：「𤔔，治也，理也。」理者，玉之治也。説文：「理，治玉也。」澡者，儀禮喪服云「小功布衰裳，澡〔麻帶絰五月者〕」，鄭注：「澡者，治去莩垢，不絶其本也。」〇士虞禮「澡葛絰帶」，鄭注：「澡，治也。」文選海賦「襞陵巒而嶄鑿」，注引：「墾，治也。」一切經音義引：「等，治也。」今俱無此文。

側匿、縬〔一〕、子六反。綫、召〔二〕件反。摵、子就反。𤻲、子笑反。綰、彎板反。搊、抽音。憲案：即「抽」字也。縩，而兗反。縮也。

説文：「縮，蹴也。」玉篇：「縮，退也，止也。」側匿者，與「仄慝」同。説文無「慝」字，「匿」當讀爲「慝」。漢書五行志

〔一〕縬，疏證本作「蹴」。

〔二〕召，王念孫博雅音校本作「居」。案：作「居」者是也。

〔下之下〕：「朔而月見東方謂之仄慝。劉向以爲仄慝者，不進之意，君肅急則臣恐懼，故日行疾而月行遲也。劉歆以爲肅者王侯縮朒不任事，臣下弛縱，故月行遲也。」說文：「朔而月見東方謂之縮朒。」仄慝，即「縮朒」也。 ⿰糸蹙者，玉篇：「⿰糸蹙，縮也。」鄭注鄉飲酒禮云：「古文『縮』爲『蹙』。」是「蹙、⿰糸蹙」同也。舊本「⿰糸蹙」爲「⿰足蹙」，「蹙」既以「足」，不必更用「足」旁，今據玉篇訂正。 ⿰糸虔、瘷、癄者，玉篇「⿰糸虔，九免切」「瘷，莊救切」「癄，莊校切」，皆云：「縮也。」本此。 綰，未聞。 ⿰扌秀者，孫侍御云：「⿰扌秀」據曹音「即『抽』字」，抽有「縮」義。 緛者，玉篇「〔緛〕，縮也」，本此。 廣韻〔獮韻〕「緛，衣縫也」，有「縮」義。

贅、紙袂反。受、入、獲、德、營，得也。

說文：「得，行有所得也。」贅者，玉篇「贅，之鋭切，得也」，本此。 受者，說文：「受，相付也。」入者，說文：「入，內也。象从上俱下也。」玉篇：「入，納也，進也。」獲者，玉篇「獲，得也」，本此。 德者，樂記云：「德者，得也。」釋名〔釋言語〕：「德，得也，得事宜也。」皇侃論語〔爲政〕疏：「德者，得也，言人君爲政當〔得〕萬物之性，故云『以德』也，故郭象曰：『萬物皆得性謂之德。』」古「德」與「得」通。 易剝卦「君子得輿」，京房作「德輿」。 詩碩鼠「莫我肯德」，高誘注呂覽引作「得」。 論語〔泰伯〕「民無得而稱焉」，釋文：「本亦作『德』。」老子云「從事于德者同于德，從事于失者同于失」，傅奕本作「得」。 史記孟嘗君列傳「齊湣王不自得」，索隱曰「得」一作「德」〔一〕。 項羽本紀「吾爲若德」，漢書作「公得」。 營者，楚辭天問云「何往營班祿，不但還來」，王逸注：「營，得也。」

蠻、苗、憍、嬌音。怚、子絮反。倨、傲、侮、慢，麥澗反。傷余賜反。也。

〔一〕得一作德，今史記索隱無此文。

説文：「傷，輕也。」玉篇：「以豉切。」蠻、苗者，南蠻、有苗，皆輕傷之語。憍者，玉篇：「憍，居高切，逸也。」廣韻（宵韻）：「憍，恣也。」怚者，説文：「怚，驕也。」倨者，説文：「倨，不遜也。」傲者，説文：「傲，倨也。」通作「敖」。小雅桑扈「彼交匪敖」，漢書五行志（中之上）引作「匪傲匪傲」。曲禮（上）云：「敖不可長。」投壺云：「無憮無敖。」侮者，字亦作「㑄」。漢書陳平傳：「大王資㑄人。」慢者，説文：「慢，不畏也。」釋名（釋言語）：「慢，漫也，漫漫（心）無所限（忌）也。」玉篇：「慢，輕侮也。」左氏襄三十一年傳「大官、大邑所以庇身也，我遠而慢之」，杜注：「慢，易也。」

樹、莖、軨〔一〕、宗、祖、⿰貝勺、無巾反。⿰犭候、候〔二〕音。吴、素、葆、科，本也。

説文：「木下曰本。」吕氏春秋季春紀（先己）「百仞之松，本傷于下，而末槁于上」，高誘注：「本，根也。」樹者，説文：「樹，生植之總名。」莖者，枝葉之本也。説文「莖，枝柱」，玉篇引説文：「莖，艸木幹也。」軨，未詳。玉篇無「軨」字，疑「幹」之譌，文選文賦注及一切經音義二又十七並引之。宗者，晉語（四）云「禮賓矜窮，禮之宗也」，韋注：「宗，本也。」吕氏春秋慎大覽（下賢）「以天爲法，以德爲行，以德爲宗」，高注：「宗，本也。」戴侗（六書故天文下示部）曰：「宗，祭祖禰之室也，故廟曰宗廟，祧（曰宗祧），祊曰宗祊，祏曰宗祏，器曰宗器，王宗廟祭祀者曰宗子曰宗主，職宗廟祭祀者曰宗人，其正曰宗伯。」祖者，人之本也。物本乎天，人本乎祖。⿰貝勺者，玉篇：「⿰貝勺，本作『鍲』，筭税也。」⿰犭候者，説文：「⿰犭候，羽本也。」方言（第十三）「⿰犭候，本也」，郭注：「今以鳥羽本爲⿰犭候。」舊本「⿰犭候」譌「⿰貝候」，今訂正。吴者，方言（第十二）：「吴，大也。」

〔一〕軨，疏證本作「⿰車余」。

〔二〕候，王念孫説當作「侯」。

説文：「吴，大言也。」素者，王褒洞簫賦：「惟詳察其素體。」「素體」下疑脱「李善注引方言曰『素，本也』」十字。葆、科者，廣韻（戈韻）「科，本也」，本此。○文選洞簫賦注引：「原，本也。」一切經音義（卷四、卷十四、卷十七、卷十八並引：「樞，本也。」今俱無此文。

廋、素高反，又色鄒反。**索、略、祈、謏、**乎[一]縣反。**詷、**乎詺反。**气、匃、**各末反。**拊、**拂舞反。**藪、絿、**求音。**請、募、**暮音。**柩，求也。**

玉篇：「求，索也。」廋者，説文作「搜，求也」。方言（第二）：「搜，求也。秦晉之間曰搜，就室曰搜。」「廋、搜」，字異義同。索者，説文：「索，入家搜也。」玉篇：「索，式白切，與『索』同。」宋玉招魂云「長人千仞，惟魂是索些」，王逸曰：「索，求也。」史記留侯世家：「大索天下，求賊甚急。」略者，方言（第二）：「略，求也。於道曰略。」祈者，説文：「祈，求福也。」春官大祝「掌六祈」，注云：「祈，嗥也。謂爲有災變，號呼告于神，以求福。」謏者，玉篇「謏，有所求也」，本此。詷者，説文：「詷，知處告言之。」漢書淮南王安傳「多予金錢，爲中詷長安」，顔師古注：「詷，有所候伺也。」气者，玉篇：「气，去乙切，求也。」經典相承作「乞」。左氏傳（僖公二十三年）：「乞食于野人。」匃者，説文：「匃，气也。」玉篇：「匃，古害切，行請也。」拊，未聞。藪者，藪之言求也。禽獸藏藪中，當烈山澤以求之也。絿者，字本从「求」，亦得有「求」義，此釋名之例也。請者，玉篇：「請，求也，乞也。」説文「乙，請子之候鳥也」，引明堂月令：「玄鳥至之日，祠于高禖，以請子。」案：請子，即求子也。募者，説文：「募，廣求也。」柩者，柩之言求也，皇皇如有求而弗得也。

[一] 乎，王念孫説當作「呼」，下「乎詺反」同。

揣、蠲、陶、桃音。拂、糞、埽、素考反。寫、雪、搫、步干反。摒〔一〕、婢緜反。⿰扌休、呼高反。耘、撥、博葛反。拔〔二〕，除也。

上文：「除，去也。」此又釋其訓也。揣，未聞。蠲者，方言〔第三〕云：「南楚病愈者或謂之蠲，或謂之除。」揚雄劇秦美新云：「擿秦政慘酷尤煩者，應時而蠲。」傅亮爲宋公修楚元王墓教「可蠲復近墓五家」，注引郭注方言：「蠲，除也。」陶者，與「掏」同。掏擇亦除粗取精也。拂者，上文釋爲「去」，「拂」又爲「除」也。一切經音義五引此文。玄應云：「謂除去塵土也。拂，拭也。」糞者，説文：「糞，棄除也。从廾推華棄釆也。官溥説似米而非米者矢字。方問切。」左氏昭三年傳：「糞除先人之敝廬。」曲禮〔上〕：「凡爲長者糞之禮，必加帚于箕上」，「以箕自鄉而扱之」，「其塵不及長者。」通作「坌」。説文：「坌，埽除也。讀若糞。」少儀云：「埽席前曰拚。」「拚」與「坌」同。舊本「糞」譌「糞」，今據一切經音義十引訂正。埽者，説文：「埽，棄也。」文選東京賦「埽項軍於垓下」，薛注：「埽，除也。」張孟暘七哀詩「蕪穢不復埽」，注引此文。寫者，邶風泉水云「以寫我憂」，傳：「寫，除也。」雪者，史記〔秦本紀〕秦穆公謂三帥曰：「子其悉〔心〕雪恥。」淮南氾論訓：「大夫種輔翼越王句踐而爲之報怨雪恥。」馬融長笛賦：「澡雪詬滓。」搫者，潘岳射雉賦：「搫場拄翳。」摒者，玉篇「摒，必政切，摒除」也，本此。通作「屏」。論語〔堯曰〕「屏四惡」，孔安國曰：「屏，除也」。嵇康琴賦「金石寢聲，匏竹屏氣。」舊本「摒」下有「婢緜」二小字，徐北溟曰：此「便」字之音也。一切經音義十三、十八、十九並引「摒，除也」。音「摒

〔一〕王念孫以爲「摒」當作「必政反」，「婢緜反」乃「箯」字之音。疏證本「摒」下有「箯」字。

〔二〕拔，疏證本作「祓」。

擋」，玄應云：「謂掃飾摒除也。」此是曹憲舊音，當據改。便者，説文：「便，安也，人有不便更之。从人、更。房連切。」舊本「便」譌「復」，今依盧學士改正。拚者，玉篇：「拚，除也。亦拔田艸。」案：説文「薅，拔去田艸也」，籀文作「蓐」，或作「茠」，引詩曰：「既茠荼蓼。」是「拚」與「茠」同。耘者，説文「䢝，除苗間穢也」，或作「蒝」。小雅甫田「或耘或耔」，傳：「耘，除艸也。」漢書食貨志〔上〕引詩作「芸」。是「耘、䢝、蒝、芸」，字異音義同。撥者，國語云：「王耕一撥。」文選謝惠連祭古冢文：「以物棖撥之。」一切經音義二十一引：「辟，除也。」今無此文。

蹲、存音。跠、夷音。屄、夷音。㪉、肆，踞也。

説文：「踞，蹲也。」漢書高祖紀〔上〕「沛公方踞牀」，顔師古曰：「踞，反企也。」蹲、跠者，説文：「蹲，踞也。」玉篇：「跠，羊脂切，跠踞。」王延壽魯靈光殿賦：「却負載而蹲跠。」跠，古作「夷」。論語〔憲問〕：「原壤夷俟。」屄者，與「跠」同。玉篇：「屄，弋之切，踞也。」㪉者，爾雅〔釋言〕「㪉，跪也」，郭注：「小跽。」釋名〔釋言語〕云：「㪉，一舉體也。」肆者，鄭注表記云：「肆，猶放恣也。」

歛、呼濫反，又呼㰤〔一〕反。钦、居乙反。匄、葛音。貸、誣、諳、於劍反。授、施、裨、浮夷反。稟、付、載、埤、分、越、以、乞、去乙反。匄〔二〕、遺，予〔三〕也。

〔一〕 㰤，王念孫説當作「甘」。

〔二〕 匄，王念孫曰：「各本『匄』字重出。」疏證本刪。

〔三〕 王念孫以爲「予」下脱「與」字。

説文：「予，推予也。」欽、钦者，冀其予也。玉篇：「欽，欲也。」説文：「钦，幸也。」匃者，玉篇：「匃，古曷切，乞也。」此篇「匃、乞」同訓予也。貸者，借之予也。説文：「貸，施也。」誣、䛳者，方言〔第六〕：「誣、䛳，與也。吴越曰誣，荆齊曰䛳與。」授者，説文手部義也。裨者，益之予也。説文：「裨，接益也。」稟者，穀之予也。説文：「稟，賜穀也。」禮記中庸：「既稟稱事。」付者，説文：「付，與也。从寸持物對人。」高宗肜日云「天既孚命正厥德」，漢書孔光傳所引及蔡邕石經「孚」作「付」，孔光既引此文，而釋之曰：「民不順德，天既付命罰之。」載者，説文云：「分物得增益曰戴。」古「載」與「戴」通。春秋戴國，釋文作「載」，石經作「戴」。周頌絲衣「載弁俅俅」，箋云：「載，猶戴也。」陳留戴國本亦作「載」，故隋時置載州。埤者，方言〔第十三〕文也。分者，析之予也。玉篇：「分，與也。」越，未詳。以者，廣韻〔止韻〕：「以，與也。」乞者，求之予也。玉篇：「乞，求也。」匃，未詳。遺者，贈之予也。小雅天保詩傳：「詒，遺也。」爾雅釋言：「貽，遺也。」是「遺」與「詒」，皆予也。

闃、口決反。霝、零音。⿱罒丁天鼎反。⿱罒令、冷音。⿱穴夬、呼穴反。竂、豂、寮音。豁、火活反。⿰土内、仍〔一〕挾反。丠、丘音。窾、款音。廓、虛、甹、由音。素、科，空也。

説文：「空，竅也。」玉篇：「空，盡也。」闃者，玉篇：「闃，古穴切，闃閴，無門户也。」霝者，玉篇：「霝，魯丁切，古文『霊』。」此訓爲「空」，未審所出。⿱罒丁⿱罒令者，玉篇：「⿱罒丁，⿱罒丁⿱罒令，小空貌。⿱罒令，力頂切。」⿱穴夬者，説文：「⿱穴夬，穿也。」玉篇：「⿱穴夬」與「閴」同，「空也。」竂者，説〔文〕：「竂，穿也。」」〔豂者，説〕文：「豂，空谷也。」豁者，説文：「䜖，通谷也。」」司馬相如上林賦：

〔一〕仍，王念孫説當作「乃」。

「谽呀豁閜。」又宜春宫賦：「通谷豁乎谽谺。」𡊄者，上文釋爲「深」，「𡊄」又爲「空」也。北者，古文「丘」字。漢書楚元王傳「過其丘嫂食」，孟康曰：「西方謂亡女壻爲丘壻。丘，空也，兄亡空有嫂也。」陳琳爲曹洪與魏文帝書：「恐猶未信丘言，必大噱也。」窾者，集韻〈緩韻〉：「窾，空也。」莊子〈養生主〉「道大窾」。向秀讀爲「空」。淮南原道訓「員者常轉，窾者主浮」，高誘曰：「窾，空也，舟船之屬。」窾，通作「款」。爾雅〈釋器〉：「款足者謂之鬲。」史記封禪書「其空足曰鬲」，索隱曰：「款者，空也，言其足中空也。」漢書〈郊祀志上〉蘇林注：「足中空不實者，名爲鬲也。」廓者，鮑昭舞鶴賦「景物澄廓」，李善注引此文。虚者，玉篇「虚，空也」，本此。甹者，廣韻〈尤韻〉「甹，以周切，空也」，本此。素者，魏風伐檀「不素餐兮」、左氏定十一年傳「與其素厲，寧爲無勇」，毛傳、杜注皆云：「空也。」科者，「科、空」、一聲之轉。

移、貿、莫故〔一〕反。恤、施、失異反。夷、詨、火教反。狄、假、變、奪，敡亦豉反。也。

此釋「移易」之「易」也。「敡」與「易」同。移者，説文作「迻，遷徙也」。經典通〈作〉「移」。貿者，説文：「貿，易財也。」文選韋曜博弈論「衮龍之服，金石之樂，足以兼棋局而貿博弈矣」、任昉爲范雲求立太宰碑表「藏諸名山，則陵谷遷貿」，李善並云：「貿，易也。」恤，未聞。施者，小雅何人斯云「我心易也」，韓詩「易」作「施」。「施、易」聲相近，故「施」亦爲「敡」。夷者，鄭注凌人職云：「移尸曰夷于堂。」詨者，詹事兄曰：詨，即「交」字。易繫辭〈下〉：「交易而退。」狄者，白虎通義〈禮樂〉：「狄者，易也。」淮南子〈氾論訓〉云：「俞兒、狄牙嘗淄澠之水而別之。」狄牙，即易牙也。説文「逖」，古文作「逷」。是「狄」與「易」通，故「狄」亦爲「敡」。假者，左氏傳〈桓公元年〉：「鄭伯以璧假許田。」變者，説文：「變，更

〔一〕故，王念孫説當作「救」。

也。」齊風猗嗟「四矢反兮」，韓詩「反」作「變」，薛君章句：「變，易也。」奪者，玉篇「奪，易也」，本此。

繁、殷、員、宗、旅、搜、所鄒反。卉、吁尾反。林、苗、風、丘、諸，衆也。

說文：「衆，多也。」繁者，玉篇：「繁，多也，盛也。」多、盛即衆意。殷者，鄭風溱洧「殷其盈矣」傳意也。天官太宰職「陳其殷」，後鄭注：「殷，衆也，謂衆士也。」莊子應帝王云「天根遊於殷陽」，司馬彪訓「殷」爲「衆」。左思魏都賦：「殷殷寰内。」員者，說文：「員，物數也。」玉篇：「員，官數也。」夏官庾人職「正校人員選」，注云：「正員選者，選擇可備員者平之。」宗者，宋玉招魂「室家遂宗」，王逸注：「宗，衆也。」旅者，士冠禮云：「東面旅占。」天官「旅下士」，鄭注：「旅，衆也，下士治衆事者。」案：「旅，衆」已見爾雅釋詁，必不重出，疑「族」字之譌。莊子養生主云「族庖月更刀」，釋文引崔譔注：「族，衆也。」搜者，說文：「搜，衆意也。」魯頌泮水：「束矢其搜。」卉者，艸之衆也。說文：「卉，艸之總名也。」林者，木之衆也。高誘注淮南說林訓云：「木叢生曰林。」苗者，廣韻（宵韻）「苗，衆也」，本此。風者，疑「凡」之譌，故有「衆」訓。丘者，孟子（盡心下）云：「得乎丘民（而）爲天子。」玉篇：「丘，聚也。」「聚」與「衆」義相近。諸者，玉篇：「諸，非一也，皆言也。」〇（魏都賦注引：「猥，衆也。」今無此文。

有、常、沘、堲音。沚、止音。性，質也。

鄭注樂記云：「質，猶本也。」有者，玉篇「有，質也」，本此。常者，孫侍御云：「常」有「質」義。沘者，需九二：「需干沘。」坎之中爻，乃水中之剛者，故曰沘。沚，未聞。性者，大雅烝民箋：「天之生衆民，其性有物，象五行仁、義、禮、智、信也。」疏引孝經援神契云：「性者，生之質；命者，人所稟受也。」

司、典、尚、質、魁、苦迴反。敵、掌、摡、許既反。胙，主也。

此言職掌之主也。司者，詩鄭風羔裘「邦之司直」傳義也。魯語（上）「寡君不佞，不能事疆場之司」，韋注：「司，主也，主疆場吏也。」逸周書命訓解「天生民而成大命，命司德正之以禍福」、法言重黎篇「賢者司禮，小人司巇」，注皆釋爲「主」。典者，說文作「敟」，云：「主也。」今經典通用「典」。虞書（舜典）：「有能典朕三禮。」左氏傳（莊公十四年）：「命我先人典司宗祏。」尚者，淮南覽冥訓「位賤尚菓」，高誘注：「尚，主也。菓（者），菓耳，菜名也。」「主是官者，至微賤也。」質者，左氏襄九年傳「且要盟無質，神弗臨也」，杜注：「質，主也。」魁者，古文尚書（胤征）：「殲厥渠魁。」「魁」有「主」義。敵者，古與「適」通。論語（里仁）「無適也，無莫也」，鄭本「適」作「敵」。公羊莊二十四年傳「戎將侵曹，曹羈諫曰『君請勿自敵也』」，春秋繁露作「君無自適」。大戴禮千乘篇：「而況有強適在前。」亦以「適」爲「敵」，此「敵、適」同也。呂氏春秋（下賢）云「帝也者，天下之適也」，高誘注「適，主也。」掌者，周禮云「乃立天官冢宰，使帥其屬，而掌邦治」，注云：「掌，主也。」摡，未詳。阼者，說文：「阼，主階也。」法言重黎篇「或問仲尼大聖，則天曷不胙」，李軌注：「胙，主也。」是「胙、阼」通。

𨘢、遒、薄、訄，去牛反。迫也。

上文：「迫，近也。」此復廣其訓也。𨘢者，說文新附「𨘢」字云：「迫也。」李善文選注通『蹴』字。」遒者，說文「逎，迫也」，或作「遒」。張衡思玄賦：「遒白露之爲霜。」薄者，左氏僖二十三年傳「欲觀其裸。浴，薄而觀之」、成十六年傳「楚師薄于險」，杜注：「薄，迫也。」訄者，說文：「訄，迫也。讀若求。」

齰、士白反。齺、士角反。齮、五綺反。齕、乎謁反。齜、士乙反。齦、苦限反。䶒、欺音。齣、丘牙反。䶛、丁皆反，又多來反。齹、竹加反。齚、士滑反。噬、咥、狄頡反。齩、五巧反。啄，陟學反。齧也。

説文：「齧，噬也。」齰者，説文「齰，齧也」，或作「齚」。漢書鄧通傳「太子入問疾，上使太子齰癰」，「而色難之」，顔師古曰：「齰，齧也，〈齧〉出其膿血。」史記灌夫列傳「魏其必内愧，杜門齚舌自殺」，索隱引説文：「齚，齧也。」是「齰、齚」同。又作「咋」。東方朔客難云「孤豚之咋虎」，顔師古曰：「咋，嚙也。」齺者，説文：「齺，齰也。」荀子王伯篇「齺然上下相信，而天下莫之敢當」，楊倞注：「齺，齒相迎也，然上下相向之貌。」齮、齕者，説文：「齮，齧也。齕，齧也。」齊高齮、秦王齮皆字齕。漢書田儋傳「齮齕首用事者墳墓矣」，如淳曰：「齮，側齧也。齕，齩也。」玉篇云：「禮：爲削瓜，庶人齕之。」莊子騈拇篇：「騈于拇者，決之則泣；枝于手者，齕之則啼。」淮南道應訓：「故周鼎著倕而使齕其指。」齝者，説文：「齝，齚齒也。」玉篇「齝，齧也」，本此。王舊本「齝」譌「齨」，今訂正。齦者，説文齒部義也。齻者，玉篇「齻，丘之切，齧也」，本此。齣者，玉篇：「齣，大齧也。」齱、齹者，玉篇：「齱，噍齧聲。」「齹，齱齹，大齒也。」案：「大齒」疑當作「大齧」。齴者，説文齒部義也。噬者，王弼周易〈噬嗑〉注：「噬，齧也。」左氏哀十二年傳：「國狗之瘈，無不噬也。」咥者，履象辭云「不咥人」，馬融注：「咥，齕也。」齩者，玉篇「齩，齧也」，本此。啄者，宋玉招魂云「虎豹九關，啄害下人些」。王逸注：「啄，齧也。」

疆、埸、限、乎簡反。畔，界也。

説文：「畍，境也。」「界、畍」同。疆者，一切經音義十三引作「畺」。説文「畺，界也。从畕三其界畫也」，或作「疆」。埸者，説文新附字云：「疆也。」小雅信南山云「疆埸翼翼」，毛傳：「埸，畔也。」戴侗曰：漢書單作「易」。舊本「埸」譌「場」。考爾雅釋文「埸，羊石反」，引廣雅云：「界也。」一切經音義十三引「埸，畍也」，玄應音「以赤反」。今據訂正。限者，艮九三「艮其限」，馬云：「限，要也。」鄭、荀、虞同。畔者，説文：「畔，田界也。」左氏傳〈襄公二十五年〉：「如農之有畔。」劉向九歎〈愍命〉「江河之畔無隱夫」，王逸注：「畔，界也。」

搴、蹇音。夭、於表反。抽、挬、蒲滑[一]反。揠、於八反。擢、濁音。拂、戎、踚、藥音。抍，蒸之上聲。拔也。

說文：「拔，擢也。」上文釋「拔」爲「出」，此又申其訓也。搴者，爾雅〔釋言〕「芼，搴也」，某氏曰：「搴，猶拔也。」列子天瑞篇「攓蓬而指」，張湛注：「攓，拔也。」「攓、搴」並與「搴」同。夭，未詳。一切經音義二引此文。抽者，楚辭九章〔抽思〕「與美人抽怨兮」，王逸注：「爲君陳道，拔恨意也。」廣韻〔尤韻〕：「抽，拔也。」挬者，玉篇「挬，拔也」，本此。揠、擢、拂、戎者，方言〔第三〕文也，「自關而西或曰拔，或曰擢。自關而東江淮南楚之間或曰戎。東齊海岱之間曰揠」，郭注：「今呼拔艸心爲揠。烏拔反。」說文：「揠，拔也。」孟子〔公孫丑上〕云「宋人有閔其苗之不長而揠之者」，趙岐曰：「揠，挺拔之欲亟長也。」史記范睢蔡澤列傳「崔杼、淖齒管齊，射王股，擢王筋。」莊子駢拇篇「擢德塞性以收名聲」，司馬彪云：「擢，拔也。」潘岳爲賈謐作贈陸機詩：「擢應嘉舉，自國而遷。」踚、抍者，方言〔第十三〕：「蹻、抍，拔也。出休爲抍，出火爲蹻也。」「踚、蹻」同。玉篇：〔踚〕，「餘灼切，拔也。」抍，亦作「拯」。左氏宣十二年傳「目于眢井而拯之」，杜注：「出溺爲拯。」明夷六二「用拯馬壯吉」，王肅注：「拯，拔也。」

鋪、浦乎反。㪔、散音。𢻱、麗音。說文李衣反[二]。抪、片乎反。敶、列、播、莫、班、賦，布也。

玉篇：「布，陳列也。」鋪者，大雅常武「鋪敦淮濆」，鄭箋解「鋪」爲「陳」，韓詩作「敷」，是古字通也。離騷「跪敷衽以陳辭兮」，王逸注：「敷，布也。」㪔者，說文：「㪔，分離也。」今通用「散」。〔𢻱者〕，廣韻〔薺韻〕「𢻱，布也」，本此。抪者，漢

[一] 滑，王念孫博雅音校本作「骨」。

[二] 案：今本說文作「力米切」。

書中山靖王傳「塵埃抪覆，昧不見泰山」，顏師古曰：「抪，亦布散也，音鋪。」敶者，列之布也。説文：「敶，列也。」直刃切。」列者，上文釋「布」爲「列」，「列」又爲「布」，轉相訓也。播者，虞書（舜典）「播時百穀」，孔傳：「播，布也。」潘岳爲賈謐作贈陸機詩：「況乃海隅，播名上京。」莫，未詳。班者，方言（第三）：「班、徹，列也。北燕曰班。」賦者，爾雅（釋言）：「班，賦也。」小爾雅（廣詁）云：「頒、賦，布也。」

抑、捘、作爲反，又子寸反，又子迴反。擪、於涉反，又乙甲反。攤、乃旦反。據、譏去反。按安之去聲。也。

説文：「按，下也。」舊本曹音「安去」二字，蓋「安之去聲」也，今訂正。抑者，説文：「抑，按也。」史記三王世家：「緣恩寬忍，抑案不揚。」離騷「屈心而抑志兮」，王逸曰：「抑，案也。」洪興祖曰：「案，讀若按。」捘者，左氏定八年傳：「涉佗捘衛侯之手。」説文：「捘，推也。」擪者，説文：「擪，一指按也。」王褒洞簫賦：「挹抐擫㩶」，「順敘卑迖。」張衡南都賦：「彈琴擫籥。」「擪、擫」同。案：「擪」又通作「壓」。莊子外物篇「壓其顪」，釋文：「本亦作『擪』，同。」淮南泰族訓：「所以貴扁鵲者，非貴其隨病而調藥，貴其壓息脈血，知病之所從生也。」攤者，玉篇「攤，按也」，本此。據者，玉藻云「君賜，稽首，據掌，致諸地」，疏云：「覆左手按于右手之上也。」老子道德（經第五十五章）「猛獸不據」，注：「以爪按拏曰據。」廣韻（御韻）「據，按也」，本此。

掫、壯后反。質、巳、焚、然音。集、爲、備、刑、立、平、構、名、絃，呼縣反。今人以爲呼烟反，失之矣。凡弓弩琴瑟絃〔一〕皆从「弓」。成也。

〔一〕絃，王念孫説當作「弦」。

説文：「成，就也。」掫，未詳。質者，大雅緜「虞芮質厥成」傳義也。春官詛祝職「以質邦國之劑信」、曲禮（上）「疑事毋質」、少儀「毋身質言語」，鄭並云：「成也。」案：「質」字疑有誤，以爾雅釋詁已有此文也。巳者，説文：「巳，巳也，四月陽氣巳出，陰氣巳藏，萬物見，成文章。」然者，淮南説林訓：「兔絲無根而生，蛇無足而行，魚無耳而聽，蟬無口而鳴，有然之者也。」集者，小雅黍苗「我行既集」箋義也。左氏桓五年傳「既而萃於王卒，可以集事」，杜注：「集，成也。」又成十三年傳：「用集我文公。」晉語（五）：「車無退表，鼓無退聲，軍事集矣。」漢書陸賈傳：「迺欲以新造未集之越屈强於此。」爲者，淮南天文訓「歲大旱」，「禾不爲」，高誘注：「爲，成也。」〔一〕備者，齊風猗嗟「儀既成兮」，箋：「成，猶備也。」是「備、成」同義。漢書禮樂志安世房中歌「熙事備成」，顔師古曰：「福熙之事皆備成也。」刑者，王制云：「刑者侀也，侀者成也，一成而不可變。」立者，離騷「恐修名之不立」，王逸曰：「立，成也。」平者，小雅節南山「誰秉國成」，傳：「成，平也。」是「平、成」同義。夏官大司馬「以佐王平邦國」，鄭注：「平，成也。」案：「平，成」已見爾雅釋詁，此疑有誤也。構者，小雅四月「我日構禍」傳義也。通作「搆」。史記黥布列傳「事已搆」，索隱曰：「搆（訓）成也。」又通作「覯」。左氏成六年傳「郇瑕氏土薄水淺，其惡易覯」，杜注：「覯，成也。」名者，廣韻（清韻）引春秋説題辭云：「名，成也。」紘，未詳。一切經音義二十二引：「造，成也。」今無此文。

歉、苦簟反。**堇、**謹音。**儉、約、媘、**生景反。**減、届**楚立反。**㞒、**丈立反，又雉立反。**頗、劣、虘、虧，少也。**

説文：「少，不多也。」歉者，食之少也。説文：「歉，歉食不滿。」穀梁傳（襄公二十四年）：「一穀不升謂之歉。」堇者，

〔一〕爲，成也，今本淮南子高誘注無此文。

漢書地理志〔下〕「然堇堇物之所有」，應劭曰：「堇堇，少也。」儉者，用之少也。賈誼〔新〕書道術篇：「廣較自斂謂之儉。」潘岳籍田賦「防儉于逸」，李善注引此文。約者，上文釋爲「縛」，「約」又爲「少」，義相成也。媠者，説文：「媠，減也。」通作「省」。荀子仲尼篇「有災繆者然後誅之。故聖王之誅也，綦省矣」，楊倞注：「省，少也。」減者，説文：「減，損也。」左氏昭十四年傳：「三數叔魚之惡，不爲末減，曰義也夫。」屆尼者，説文：「屆，從後相躡也。尼，屆尼也。」廣韻〔緝韻〕：「屆尼，前後相次也。」頗者，文選天監三年策秀才文「九流七略，頗常觀覽」，李善注引此文。劣者，力之少也。説文：「劣，弱也。」虔，未詳。虧者，氣之少也。説文「虧，氣損也」，或作「虧」。

屯、陟倫反。驙、知焉反。蹇、寋音。展、訒、刃音。赾、謹音。憎、增音。懁、人尚反。畏、憚、歰、遴、閵慎反。病，難也。

此言艱難也。屯者，説文中部義也。屯象傳：「屯，剛柔始交而難生。」驙者，説文：「駗，馬載重難行也。」「驙，駗驙也」，引易曰：「乘馬驙如。」馬融曰：「驙如，〔難行〕不進之貌。震爲馬馵足，故驙如也。」蹇、展者，方言〔第六〕文也，「齊晉曰蹇。山之東西凡難貌曰展。荆吴之人相難謂之展，若秦晉之言相憚矣。齊魯曰燀。」案：蹇象傳云：「蹇，難也。」序卦傳同。訒者，論語〔顔淵〕云「仁者，其言也訒」，孔安國曰：「訒，難也。」赾者，説文：「赾，行難也。讀若堇。丘堇切。」憎、懁者，方言〔第七〕「憎、懁，憚也。陳曰懁」，郭注：「相畏憚也。」玉篇：「懁，憚也，相畏也。」畏者，説文：「畏，惡也。」玉篇「畏，難也」，本此。憚者，説文：「憚，忌難也。一曰難也。」魯語〔下〕「帥大讎以憚小國」，韋注：「憚，難也。」離騷「豈余身之憚殃兮」，王注：「憚，難也。」歰者，説文：「歰，不滑也。」通作「譅」。楚辭七諫〔初放〕「言語訥譅兮」，王注：「譅〔者〕，難也。」遴者，説文「遴，行難也」，引易曰：「以往遴。」病者，論語憲問云「堯舜其猶病諸」，孔安國曰：「病，猶難也。」

畏、諄、之閏〔一〕反。訧、尤音。櫱、御別反。蹙、子六反。戮，辠也。

說文：「辠，犯法也。秦以『辠』似『皇』字，改爲『罪』。」畏者，徐北溟云：禮記檀弓〔上〕「死而不弔者三：畏、厭、溺」，注：「人或時以非罪攻己，不能有以說之死之者。」又漢書：「多有坐畏愞棄市者。」諄者，方言〔第三〕文，郭注：「謂罪惡也。」訧者，說文「訧，罪也」，引周書曰：「報以庶訧。」邶風緑衣：「俾無訧兮。」櫱者，說文「櫱」或作「𣠽」。疑與「讞」通。說文：「讞〔二〕，議辠也。與『法』同意。」一說「櫱」當爲「辥」字之譌也。說文：「辥，辠也。」蹙者，辠人蹙鼻，若辛之憂。戮者，左氏傳〔襄公八年〕：「童子言焉，將爲戮矣。」

搑〔三〕、而容反。抆〔四〕、歛、扱、初匣反。抍、蒸之上聲。叢、擓，古會反。收也。

小爾雅〔廣言〕：「收，歛也。」周頌維天之命云「我其收之」，傳：「收，聚也。」案：「收，取」已見上文，此又廣其訓也。搑者，字當作「揖」。集韻〔鍾韻〕「揖，如容切，收也」，本此。抆者，孫侍御云：抆，拭也，有「收」義。歛者，說文：「歛，收也。」扱者，說文手部義也。爾雅釋器：「扱〔衽〕謂之襭。」曲禮〔上〕「以箕自鄉而扱之」，鄭注：「扱，讀曰吸。」抍者，救助

〔一〕問，王念孫說當作「閏」。

〔二〕案：今本說文作「讞，議辠也」。

〔三〕搑，疏證本作「揖」。

〔四〕抆，疏證本作「枚」。王念孫曰：「諸書無訓『枚』爲『收』者，『枚』當爲『救』字之誤也。」

出溺，亦收之也。通作「振」。禮記中庸：「振河海而不洩。」叢，未詳。擒者，玉篇「擒，收也」，本此。郭璞爾雅序云「會稡舊説」，釋文云：「會，本又作『擒』。」

餅[一]、必井反。餌、耳音[二]。餧，飤[三]也。

舊本「飤」誤作「食」，考「食」訓已見上，此依一切經音義二及十三、十八、二十、又二十四引改正。説文：「飤，糧也。」玉篇：「飤，夕恣切，食也。飼，同上。」餅者，説文：「餅，麪餈也。」釋名（釋飲食）：「餅，并也，溲麪使合并也。胡餅，作之大漫冱也，亦言以胡麻著上也。蒸餅、湯餅、蝎餅、髓餅、金餅、索餅之屬，皆隨形而名之也。」餌者，文選遊南亭詩注引倉頡篇：「餌，食也。」桓寬鹽鐵論（褒賢）：「故香餌非不美也，龜龍聞而深藏，鸞鳳見而高逝者，知其害身也。」餧者，玉篇「餧，於僞切，飼也」，本此。通作「萎」。説文：「萎，食牛也。」

佐、望、靗、恥敬反。覹、眉音。候、閒，孤限反。覗司音。也。

覗字已見上文，此又廣其訓也。佐，未聞。望者，孟子（滕文公上）：「守望相助。」甘氏天文占：「權四星在軒尾西，邊地警備烽候相望。」玉篇：「望，無放切，伺也。」靗者，玉篇「靗，丑鄭切，覗也」，本此。亦作「偵」。舊本「靗」譌「靗」，今訂正。覹者，説文：「覹，司也。無非切。」候者，説文：「候，伺望也。」又云：「𤇯燧，候表也。」周禮（地官遺人）：「郊（市）

[一] 餅，疏證本作「餠」。

[二] 音，王念孫説當作「意」。

[三] 飤，疏證本作「食」。

有候館。」國語（周語中）曰：「候不在疆。」閒者，左氏莊八年傳：「使閒公，曰：『捷，吾以女爲夫人。』」

枊、卬音。 耦、和，諧也。

説文：「諧，詥也。」又云「龤，樂和龤也。」二字通用。 枊，未詳。 耦者，陸機文賦「徒悦目而偶俗」，李善注引此文，又云「『耦』與『偶』古字通」。 和者，與「龢」同。 説文：「龢，調也。」

矇、蒙音。 瞍、蘇苟反。 瞽，盲也。

釋名（釋疾病）：「盲，茫也，茫茫無所見也。」説文：「盲，目無牟子。」淮南氾論訓：「盲者行於道，人謂之左則左，謂之右則右，遇君子則易道，遇小人則陷溝壑，何則？ 目無以接物也。」矇者，説文：「矇，不明也。」鄭衆周禮（春官序官）注：「有目眹而無見謂之矇。」韋昭周語（晉語四）注：「有眸子而無見曰矇。」法言修身篇：「三年不目日，視必盲；三年不目月，精必矇。」瞍者，説文：「瞍，無目也。」釋名（釋疾病）：「瞍，縮壞也。」鄭衆周禮（春官序官）注：「有目無眸子謂之瞍。」韋昭周語（上）注：「無眸子曰瞍。」瞽者，説文：「瞽，目但有眹也。」釋名（釋疾病）：「瞽，鼓也，瞑瞑然目平合如鼓皮也。」鄭衆周禮（春官序官）注：「無目眹謂之瞽。」

蔚、慰音。 縟、辱音。 劬、其俱反，又在九反[一]。 驟，數也。

廣韻（覺韻）「數，所角切，頻數」也。 蔚者，一切經音義七引之，玄應云：「蔚，於謂反，文章也，紋彩繁數也。」縟者，喪服傳云「喪成人者其文縟」，鄭注：「縟，猶數也。」傅毅舞賦：「闊細體之苛縟。」劬者，説文新附「劬」字云：「勞也。」小

[一] 在九反，王念孫曰當作「仕究反」，爲「驟」字之音，誤入「劬」字下。

雅鴻雁「劬勞于野」，薛君章句：「劬，數也。」驟者，左氏哀二十年傳「吴公子慶忌驟諫吴子」，服虔云：「驟，數也。」楚辭九歌〔湘夫人〕「時不可兮驟得」，王逸亦訓「數」。

嫴、姑音。婾、偷音。聊、苟，且也。

玉篇：「且，語辭。」嫴者，玉篇：「嫴，公奴切，苟且也。」通作「盬」。方言〔第十三〕「盬，且也」，郭注：「盬，猶䖂也。」又通作「姑」。孟子〔梁惠王下〕「王曰『姑舍女所學而從我』」、内則云「姑與〔之〕而姑使之」，趙岐、鄭康成並云：「姑，且也。」婾者，宋玉九辯：「食不婾而爲飽兮，衣不苟而爲温。」案：「婾」通作「偷」。玉篇：「偷，吐侯切。爾雅：『佻，偷也。』謂苟且也。」聊者，檜風素冠「聊與子同歸兮」，鄭箋：「聊，猶且也。」離騷「聊須臾以相羊」，王注：「聊，且也。」苟者，王風君子于役「苟無飢渴」、唐風采苓「苟亦無信」，鄭箋並云：「苟，且也。」

秉、握、攬、捉、把、撮、錯括反。搤、烏革反。擁、操、錯高反。捦、琴音。搹、厄音。拈、念甜反。抩、而鹽反。掫、鄒之上聲。擭、於縛反，又居博反，又於虢反。扣、攕、獵音。接、撫、齎、子兮反。奉，持也。

説文：「持，握也。」釋名〔釋姿容〕：「持，跱也，跱之於手中也。」秉者，説文：「秉，禾束也。」聘禮云「四秉曰筥」，鄭注：「此秉爲刈禾盈手之秉。」握者，説文：「握，搤持也。臺，古文握。」文選注引淮南詮言訓「臺無所鑒謂之狂生」，高誘曰：『臺，持也。』」是用古文。攬者，説文：「擥，撮持也。」釋名〔釋姿容〕：「攬，斂也，斂置手中也。」離騷「擥木根以結茝兮」，王逸注：「持也。」「攬、擥」，字異音義同。捉者，釋名〔釋姿容〕：「捉，促也，使相促及也。」〔説文：「捉」，握也。」淮南詮言訓：「善博者不欲牟，不恐不勝，平心定意，捉得其齊，行由其理，雖不必勝，得籌必多。」把者，説文：「把，握也。」楚辭九歌〔東皇太一〕「盍將把兮瓊芳」，王逸曰：「把，持也。」漢書王温舒傳：「皆把其陰重罪，而縱使督盜賊。」撮者，釋名

〈釋姿容〉：「撮，捽也，暫捽取之也。」漢書律曆志〈上〉「量多少者不失圭撮」，應劭曰：「圭，自然之形，陰陽之始也。四圭曰撮，三指撮之也。」搤者，說文：「搤，捉也。」史記劉敬列傳：「不搤其亢。」班固西都賦「扼猛噬」，李善注云：「說文：『捉，搤也。』『搤』與『扼』古字通。」擁者，說文：「攤，抱也。」釋名〈釋姿容〉：「擁，翁也，翁撫之也。」操者，說文：「操，把持也。」釋名〈釋姿容〉：「操，抄也，手出其下之言也。」捡者，說文「捡，急持衣裣也」，或作「㩁」。搹者，說文「搹，把也」，或作「扼」。鄭注喪服傳云：「盈手曰搹。搹，扼也，中人之扼圍九寸。」一切經音義二十、又二十五並引作「扼」，玄應云：「『扼』又作『搹』，同。」拈者，說文：「拈，挕也。」釋名〈釋姿容〉：「拈，黏也，兩指翕之，黏著不放也。」抩者，說文：「抩，并持也。」挕者，說文：「挕，拈也。丁愜切。」案：「挕、拈」互訓，「拈」既爲「持」，「挕」亦「持」也，舊本「挕」譌「掫」，曹音「鄹之上聲」，亦誤，今訂正。蒦者，說文：「蒦，从又持萑。」一切經音義十二、又十三、又十六並引作「擭」，玄應云「擭，於虢反」，引西京賦：「擭獑猢，薛綜曰：『謂握取之也。』」扣者，說文：「扣，牽馬也。」呂氏春秋仲秋紀〈愛士〉「爲韓原之戰，晉人已環繆公之車矣，晉梁由靡已扣繆公之左驂矣」，高誘曰：「扣，持也。」擸者，說文：「擸，理持也。」史記日者列傳：「獵纓正襟。」後漢書崔駰傳：「當其無事，則躐纓整襟。」案：「獵、躐」皆當作「擸」。接者，廣韻〈葉韻〉「接，持也」，本此。撫者，釋名〈釋姿容〉：「撫，敷也，敷手以拍之也。」楚辭九歌〈東皇太一〉「撫長劍兮玉珥」，王逸注：「撫，持也。」齎者，說文：「齎，持遺也。」奉者，說文：「奉，承也。」俗作「捧」。釋名〈釋姿容〉：「捧，逢也，兩手相逢以執之也。」○集韻〈徑韻〉「掅，千定切」，引廣雅：「掅，持也。」今無此文。

啜、時月反。嚌、在細反。啐、倉快反。試，嘗也。

上文：「嘗，食也。」此又申其訓也。啜者，說文：「啜，嘗也。」爾雅〈釋言〉：「啜，茹也。」釋名〈釋飲食〉：「啜，絶也，乍啜而絶于口也。」檀弓〔下〕云：「啜菽飲水。」嚌者，説文口部義也。玉篇：「嚌，至齒也。」周書顧命云「太保受同，祭嚌。」宋玉小言賦：「烹蝨脛，切蟣肝。會九族而同嚌，猶委餘而不殫。」啐者，倉憒切。玉篇：「啐，嘗也。」鄉飲酒禮云「坐啐酒」，鄭注：「啐，亦嘗也。」雜記〔下〕曰「小祥之祭，主人」「嚌之，衆賓兄弟」「啐之」，鄭注：「嚌、啐，皆嘗〔也〕」。嚌，至齒；啐，入口。」試者，玉篇「試，始志切，嘗也」，本此。〇集韻〔祭韻〕「啐，山芮切」，〔引廣雅〕「嘗也」；〔琰韻〕「嚵，士冉切」，〔引廣雅〕「嘗也」；〔洽韻〕「⿰酉夾，〔迄洽切〕」，引廣雅」「嘗也」，今無此文。

批、子爾反，又子米反。⿰扌岳、岳音。撓、堯音。搣、滅音。掅，且定反。捽旬律反。也。

説文：「捽，持頭髮也。昨没切。」荀子正論篇：「詈侮捽搏。」淮南氾論訓：「孝子之事親，和顔卑體，奉帶運履，至其溺也，則捽其髮而拯，非敢驕侮，以救其死也。」漢書賈誼傳：「上不使捽抑而刑之也。」又西域傳〔下〕：「張翁捽主頭罵詈。」批者，説文手部義也。⿰扌岳者，玉篇：「⿰扌岳，吳角切，抨也」。「抨」即「捽」之譌。撓者，午交切。集韻〔爻韻〕引廣雅：「⿸广堯，崒也。」「⿸广堯」與「撓」同。「崒」即「捽」之譌。搣者，説文：「搣，批也。亡列切。」掅者，玉篇「掅，捽也」，本此。

某、命、鳴，名也。

説文：「名，自命也。」某者，玉篇：「某，音母，不知名者云某。」周書金縢云「惟爾元孫某」，疏引鄭注：「諱之者，由成王讀之也。」命者，文選陳太丘碑文「赫矣陳君，命世是生」，李善注引廣雅：「命，名也。」史記張耳陳餘列傳「張耳〔嘗〕亡命」，索隱云：「晉灼曰：『命者，名也。謂脱名籍而逃。』〔逃〕匿則削除名籍，故〔以逃〕爲亡命。」李陵書云：「信命世之材。」四子講德論：「況乎聖德巍巍蕩蕩，民氓所不能命哉？」是用論語文也，蓋「命」與「名」通。舊本「命」譌「令」，今訂正。鳴者，夏小正：「五月，鴂則鳴。」鴂者，百鷯也。鳴者，相命也。」

挆、都果反。**斞、**央〔一〕甫反。**𣂁、**的音。**程、斠，**角音。**量也。**

説文：「量，稱輕重也。」挆者，玉篇：「挆，量度也。」説文作「媣」，云：「量也。」舊本「挆」譌从「木」，今訂正。斞者，説文「斞，量也」，引周禮曰：「桼三斞。」玉篇：「斞，量也。今作『庾』。」唐固注周語（中）云：「十六斗曰庾。」唐蓋以「庾」爲「斞」。𣂁者，玉篇「𣂁，丁狄切，量也」，本此。程者，荀子致士篇「程者，物之準也」，「程以立數」，楊倞注：「程，度量之總名。」月令「孟冬，案度程」，鄭注：「度，謂制大小（也）；程，謂器所容也。」楚辭九章（懷沙）「伯樂既没，驥焉程兮」，王注：「程，量也。言騏驥不遇伯樂，則無所程量其才（力）也。」斠者，説文：「斠，平斗斛也。」玉篇：「斠，量也。古琢切。今作『角』。」月令「仲春，角斗甬」，鄭注：「角，平之也。」吕氏春秋仲秋紀（簡選）「選練角材，欲其精也」，高誘注：「角，猶量也。」漢書蕭何傳：「講若畫一。」「講」與「斠」同義。○一切經音義二及十四、二十二、又二十四並引作「角」，玄應云：「古文『斠』同。」一切經音義九引：「槩，量也。」今無此文。

爻、象、放、視、教、學，效也。

説文：「效，象也。」爻、象者，説文：「爻，交也。象易六爻頭交也。」玉篇：「象，似養切。亦與『像』同。」繫辭傳（下）：「爻也者，效此者也。象也者，象此者也。」放者，玉篇：「放，甫往切，效也。」墨子法儀篇：「巧者能中之，不巧者雖不能中，放依以從事。」視者，孟子（萬章下）：「大夫受地視伯，元士受地視子、男。」教者，釋名（釋言語）：「教，傚也，下所法傚也。」説文：「教，上所施下所效也。」學者，説文「斅，覺悟也」，篆文作「學」，又云：「𡥈，效也。」

〔一〕 央，王念孫説當作「臾」。

䗘、𦁀、子代反。**職、幹、故、士，事也。**

說文：「事，職也。」䗘者，序卦文也。玉篇：「䗘，公户切，事也。」𦁀者，五音集韻（代韻）云：「𦁀，事也。出字林。」揚雄甘泉賦「上天之𦁀，杳旭卉兮」，李善注云：「毛詩：『上天之載，無聲無臭。』『𦁀』與『載』同。」案：禹貢「冀州既載」，鄭注：「載之言事。事謂作徒役也。」載師序官注云：「載之言事也。」職者，周禮（天官）：「設官分職。」幹者，（乾）文言傳：「貞者，事之幹也。」又云：「貞固足以幹事。」周書多士「爾厥有幹有年于兹洛」，孔傳：「汝其有安事有豐年于此洛邑。」故者，周語（上）云「且無故而料民」，韋昭注：「故，事也。」漢書禮樂志「大臣特以簿書不報期會爲故」，顔師古曰：「故謂大事也。」士者，毛詩鄭風褰裳、豳風東山、小雅祈父、周頌敬之傳並以「士」爲「事」也。孝經（士章）疏引白虎通云：「士者，事也，任事之稱也。」故禮辨名記曰「士者，任事之稱也」，傳曰：「通古今辨然不然謂之士。」

棲、載、棚、步宏反，又負萌反。**閣、榫、**苟八反。**棧、**子田反。**攱**古彼反。**也。**

玉篇：「攱，居委切，載也。」棲者，玉篇：「棲，鳥棲也。亦作『栖』。」舊本「棲」譌从「手」，字書無此文，今訂正。載、棚、閣、棧，又見釋宫，解詳于後，彼「載」作「栽」、「棧」作「棧」。榫者，玉篇：「榫，鼓也。」「鼓」即「攱」之譌。棧者，字當爲「棧」。

濘、寧定切。**涅、塗、泥也。**

左氏傳（襄公三十年）：「辱在泥塗久矣。」濘者，玉篇：「濘，泥也。」左氏傳（僖公十五年）：「戎馬還濘而止。」管子地員篇：「不濘車輪，不污手足。」文選張協七命云「何異促鱗之游汀濘」，注引張升與任彦堅書：「今將老弱，處于窮澤。漸漬汀濘，當何聊賴。」涅者，説文：「涅，黑土在水中也。」塗者，説文新附「塗」字云：「泥也。」古用「涂」。

選、納、妠，奴閤反。入也。

説文：「入，内也。象从上俱下也。」選者，詹事兄曰：「巽，入也。」見易〈説卦〉傳。選，疑是「巽」字。納者，玉篇：「納，奴荅切，内也。」妠者，玉篇：「妠，奴紺切，取也。又奴荅切，姶妠，聚物也。」

取、厲、役、靡、僞、印，於信反。方，爲也。

爾雅〈釋言〉：「作、造，爲也。」禹貢「大陸既作」，史記〈夏本紀〉作「大陸既爲」。取，未詳。厲者，方言〈第六〉文也，「吴曰厲」。爾雅〈釋詁下〉：「厲，作也。」「爲」與「作」同義。役者，周書牧誓「以役西土」，馬融注：「役，爲也。」少儀云「謂之社稷之役」，鄭解「役」爲「爲」。又表記注云：「役之言爲也。」靡，未聞。僞者，古與「爲」義通。左氏昭二十五年傳「臧昭伯之從弟會，爲讒于臧氏」，史記〈魯周公世家〉「爲」作「僞」。王風兔爰「我生之初，尚無造」，傳：「造，僞也。」義與「爲」同。印者，方言〈第六〉文也，「甌越曰印。」方，未詳。

朋、黨、呰、祕音。右、頻，比音比木[一]之比，一音鄰比之比。也。

爾雅〈釋詁〉：「比，輔也。」説文：「比，密也。」朋者，説文：「朋，古文『鳳』。象形，鳳飛，羣鳥從以萬數，故以爲『朋黨』字。」唐風椒聊「碩大無朋」，傳：「朋，比也。」黨者，漢書劉向傳：「分曹爲黨，往往羣朋。」説文：「攩，朋羣也。」「黨、攩」，字異義同。呰，未詳。右者，説文：「右，助也。」又云：「手口相助也。」相助亦比意。頻者，復六三「頻復，厲，無咎」，惠棟〈周易述〉曰：「頻，比也。三與初二相比，故厲之正。故無咎。」漢書哀帝紀「郡國比比地動」、王嘉傳「共皇寢廟比比當

[一] 木，王念孫説當作「方」。

作」，顏師古皆云：「比比，猶頻頻也。」

賴、仰、怇、古亥反，又改音。依，恃也。

説文：「恃，賴也。」小雅蓼莪：「無母何恃。」賴者，漢書高祖紀〔下〕「始大人常以臣亡賴」，應劭曰：「賴〔者〕，恃也。」仰者，通作「卬」。説文：「卬，望欲有所庶及也。」怇者，玉篇：「怇，恃也，仰也。」依者，説文：「依，倚也。」玉篇：「依，怙也。」

嬖、婞、幸音。因、友、愛，親也。

説文：「親，至也。」爾雅〔釋親〕釋文引倉頡篇：「親，愛也，近也。」嬖者，説文：「嬖，便嬖，愛也。」婞者，與「幸」同。説文徐鍇本云：「婞，見親也。」漢書佞幸傳：「非有材能，但以婉媚貴幸，與上臥起。」因者，大雅皇矣「因心則友」傳義也。喪服傳「繼母之配父，與因母同」，鄭注：「因，猶親也。」友者，周南關雎「琴瑟友之」，箋：「同志爲友。」愛者，管子版法云：「凡衆者，愛之則親，利之則至，是故明君設利以致之。明愛以親之，徒利而不愛，則衆至而不親；徒愛而不利，則衆親而不至。」舊本「愛」譌「受」，今訂正。

爽、曉、眸〔一〕、騰、軼、佚〔二〕、渡、贏、邐、俓、歷、更，過也。

説文：「過，度也。」爽者，方言〔第十三〕文也，郭注：「謂過差也。」張衡東京賦「今舍純懿而論爽德」，薛綜曰：「舍

〔一〕眸，疏證本作「牟」。

〔二〕佚，廣雅各本作「逸」，王念孫曰：「軼，曹憲音『逸』，各本『逸』字誤入正文。」

〔四帝〕純大懿美之德，而專論〔説〕爽差之過失。」曉者，亦方言〔第十三〕文也。眸者，字當作「牟」。玉篇、廣韻〔尤韻〕並云：「牟，過也。」騰者，離騷「騰衆車使徑待」，王逸注：「騰，過也。」軼者，玉篇：「軼，幸相過也。」上林賦「軼赤電」，張博士彼注：「軼，過也。」佚者，商書盤庚〔上〕云：「惟予一人有佚罰。」舊本「佚」作「逸」。案：「逸，過」已見爾雅釋言，必不重出，故定爲「佚」。「佚、逸」，古字通。孟子〔公孫丑上〕「遺佚而不怨」，孫奭音義：「『佚』與『逸』同。」論語「夷逸」，熹平石經作「夷佚」。渡者，方言〔第七〕云：「過度謂之涉濟。」贏者，淮南子〔時則訓〕「孟春始贏，孟秋始縮」，是贏過縮不及也。邇者，説文：「邇，行邇邇也。」徑者，孫侍御云：疑「徑」之譌，或「經」字。歷者，説文止部義也。更者，玉篇：「更，古衡切，歷也。」

悛、七緣反。懌、亦音。諽、革音。䀽〔一〕、失氈反，又以戰反。改、庚、輸，更也。

論語〔子張〕「更也，人皆仰之」，孔安國曰：「更，改也。」悛、懌者，方言〔第六〕「悛、懌，改也。自山而東或曰悛，或曰懌」，郭注引論語曰：「悦而不懌。」案：左氏襄四年傳「羿猶不悛」，杜注：「悛，改也。」諽者，説文言部義也。又云：「革，獸皮治去其毛。革，更之。」是「諽、革」音義同。左氏襄十四年傳「患則救之，失則革之」，杜注：「革，更也。」吕氏春秋季春紀〔論人〕「言無遺者，集肌膚，不可革也」，高注：「革，更也。」䀽者，廣韻〔線韻〕：「䀽，更視見貌。説文作『遉』。」舊本「䀽」譌从「日」，今訂正。改者，説文支部義也。晉語〔三〕「乃改館晉君」，韋注：「改，更也。」離騷「何不改〔乎〕此度」，王注：「改，更也。」庚者，釋名釋天云：「庚，猶更也。」鄭注月令云：「庚之言更也。」列子黄帝篇：「五年之後，心庚念是

〔一〕䀽，廣雅各本作「㫠」。

非，口庚言利害，夫子始一解顔而笑。七年之後，從心之所念，庚無是非；從口之所言，庚無利害，夫子始一引吾並席而坐。」漢書律曆志〔上〕：「斂更于庚。」白虎通義五行篇：「庚者，物更也。」魏志文帝紀注引詩推度災云：「庚者，更也。」輸者，玉篇「輸，式朱切，更也」，本此。

遁、兆〔一〕、腓、眺、迻、企音。亡、令、移、徙、諱，避也。

說文：「避，回也。」遁者，逃之避也。說文：「遁，逃也。」文選四子講德論「是伯牙去鍾期，而舜禹遁帝堯」，李善注引此文。兆者，疑「北」之譌。奔北亦避意。腓者，小雅采薇「小人所腓」，傳：「腓，辟也。」舊本「腓」譌从「目」，今訂正。通作「肥」。易〔遯〕曰：「肥遯。」又通作「萉」。漢書〔敘傳上〕幽通賦「安慆慆而不萉兮」，鄧展曰：「萉，避也。」眺者，疑當爲「跳」字之譌也。漢書高祖紀〔上〕云「漢王跳」，如淳曰：「音逃，謂走也。」迻者，玉篇「迻，丘致切，避也」，本此。亡者，說文：「亡，逃也。」令，未聞。移者，玉篇：「移，遷也，徙也。」說文作「迻」。徙者，居之避也。說文：「徙，迻也。」碩鼠詩箋云：「古者三年大比，民或于是徙。」地官比長職「徙于國中及郊，則從而授之」，注云：「徙，謂不便其居也。或國中之民出徙郊，或郊民人徙國中，皆從而付所處之吏。」諱者，公羊閔元年傳：「春秋爲尊者諱，爲親者諱，爲賢者諱。」戰國策：「罰不諱強大。」史記范雎列傳：「華陽涇陽等擊斷無諱。」案：名之避，亦爲諱。左氏桓六年傳：「周人以諱事神，名終將諱之。」「晉以僖侯廢司徒，宋以武公廢司空，先君獻、武廢二山。」檀弓〔下〕云：「卒哭而諱。」

剝、脱、膳、皾、之善反。鰻、晚音。黴、膚、朴、皮、莸、違、畔、渙、喚音。巂、乎圭反。陊、火甫反。遺，

〔一〕兆，疏證本作「逃」。

離也。

玉篇：「離，散也，去也。」剥者，革之離也。鄭司農注太宰職云：「革曰剥。」脱者，肉之離也。説文：「脱，消肉臞也。」爾雅（釋器）：「肉，曰脱之。」禮記（内則）疏引李巡曰：「肉去其骨曰脱。」膳，未聞。皻、㬽者，皮之離也。玉篇：「皻，皮也。㬽，無阮、無願二切，皮脱也。」廣韻（獮韻）：「皻，皮寬。」集韻（阮韻）：「㬽，離也。」謂皮脱離。」微，未詳。膚者，説文「臚，皮也」，或作「膚」。玉篇：「膚，皮也。」以「膚」爲「離」，所未聞。朴者，説文：「朴，木皮也。」本書釋器「鐵朴謂之礦」，是木鐵之與質離者皆爲朴也。皮者，説文：「剥取獸革者謂之皮。」方言（第七）云：「秦晉言非其事謂之皮傅。」後漢書張衡傳「後人皮傅」，注云：「謂不深得其情核，皮膚淺近，強相傅會。」是離而強合之意也。苝者，説文：「苝，戾也。从艹而穴。穴，古文别。」違者，邶風谷風「中心有違」傳義也。畔者，古與「叛」通。劉向九歎（逢紛）：「始結言于廟堂兮，信中塗而叛之。」渙者，説文：「渙，流散也。」㒞者，説文：「㒞，有二心也。」通作「攜」。謝靈運登石門最高頂詩「守道自不攜」，李善注引賈逵國語注：「攜，離也。」㕁，未詳。遺者，楚辭九歌（湘君）「遺余佩兮醴浦」，王逸注：「遺，離也。」文選七啟云「亦將有才人妙妓，遺世越俗」，注引此文。○集韻（模韻）引廣雅「䖸，離也」，龍都切。今無此文。

守、恆、彌、弥音。就、遟、遲音。餘、腒、腆、中[一]典反。長、耇、曠，久也。

玉篇：「久，遠也，長也。易曰：『有親則可久。』」守者，守而不去，是久也。恆者，雜卦傳文。彌者，説文作「镾，久長也」。宋玉招魂「容態好比，順彌代些」，王逸注：「彌，久也。」就者，玉篇「就，久也」，本此。遟者，説文「遲」或

[一] 中，王念孫説當作「土」。

作「迟」。廣韻（脂韻）：「遲，久也。」餘，未詳。腒者，説文：「北方謂鳥腊曰腒。」鄭司農注庖人云：「腒，乾雉。」腆，未詳。長者，説文：「長，久遠也。」翯者，説文：「翯，久也。」今作「壽」。春秋繁露（循天之道）云：「壽之爲言猶讎也，自行可久之。道者其壽讎于久，自行不可久之；道者其壽，亦讎于不久。」曠者，陸機爲顧彦先贈婦詩「音息曠不達」，李善注引此文。

畏、仇、憝、度會反。患、慝、土勒反。凶、虐、虐音。訃〔一〕、謗、訧、尤音。辱、咎、憋、埤〔二〕列反，又芳列反。讟、讀音。惆、才周反。鉗、奇炎反。憚、大汗反。痕、拂飯反。痓、叱至反。羸、力追反。嫉、毒、貉、麥音。僫〔三〕、三盍反，又索合反。俠、爽音。憎、愴、烏外反。孱，士虔反，又士簡反。惡也。

玉篇：「惡，不善也。」釋名（釋言語）：「惡，扼也，扼困物也。」畏者，形之惡也。説文：「畏，惡也。从甶虎省，鬼頭而虎爪，可畏也。」史記仲尼弟子列傳「且王必惡越」，索隱曰：「惡，猶畏（惡）也。」仇者，一切經音義卷八上引此文，又引三倉：「怨耦曰仇。」蓋據左桓二年傳也。憝者，法言修身篇「君子微慎厥德，悔吝不至，何元憝之有」，李軌注「元憝，大惡」也。玉篇：「憝，惡也。憞，同上。」患者，廣韻（諫韻）：「患，惡也。」慝者，釋名（釋天）：「慝，態也，有姦態也。」左氏昭二十五年傳杜注：「慝，姦惡也。」通作「忒」。洪範「民用僭忒」，釋文引馬融注：「忒，惡也。」凶者，洪範「凶短折」，鄭注：

〔一〕訃，疏證本作「誹」。
〔二〕埤，王念孫説當作「俾」。
〔三〕僫，廣雅各本作「僫」。

「皆是夭枉之名，未齔曰凶，未冠曰短，未婚曰折。」説文：「凶，惡也，象地穿交陷其中也。」玉篇：「凶，短折也。」虐者，與「虐」同，殘之惡也，與「殺」同義。論語（堯曰）：「不教而殺謂之虐。」左氏宣十八年傳：「凡自内虐其君曰殺〔一〕。」吕刑「惟作五虐之刑」，墨子（尚同中）引作「五殺之刑」。訴者，字書無此文，當爲「訴」之譌，是譖之惡也。玉篇：「訴，訟也，告訴冤枉也。」謗者，毀之惡也。説文：「謗，毀也。」玉篇、一切經音義六引此文。又引國語：「左史謗之，賈逵曰：『對人道其惡曰謗也。』」謗，對他人道其惡也。訧者，過之惡也。説文「訧，罪也」，引周書曰：「報以庶訧。」邶風緑衣「俾無訧兮」，傳：「訧，過也。」辱者，玉篇「辱，惡也」，本此。咎者，説文：「咎，災也。从人从各。各者，相違也。」書（西伯戡黎）序「殷始咎周」，鄭注：「咎，惡也。始畏而惡之，拘于羑里。」憋者，方言（第十）文也。徐爰射雉賦注云：「鷩性悍憋。」讟者，怨之惡也。左氏昭元年傳：「民無謗讟。」㥢者，方言（第十三）文也，郭注：「慘悴，惡事也。」鉗者，亦方言（第十）文也，「南楚凡人殘罵謂之鉗。」憚者，方言（第十三）「憚、怚，惡也」，郭注：「心怚懷，亦惡難也。」㽹者，方言（第十）：「㽹，惡也。殘罵又謂之㽹。」玉篇：「㽹，惡也。」「㤆，芳萬切，惡心也。」痓者，玉篇：「痓，惡也。」通作「恎」。郭注方言（第十）云：「㽹恎，惡腹也。」玉篇：「恎，徒結切，惡性也。」羸者，體之惡也。説文：「羸，瘦也。」嫉者，妒之惡也。王逸楚辭（離騷）章句：「害賢爲嫉。」毒者，害之惡也。説文：「毒，害人之艸。」貉者，説文引孔子曰：「貉之爲言惡也。」莫白切。㒟者，玉篇：「㒟，傝㒟也。傝，他盍切，傝㒟，惡也。一曰不謹貌。」舊本「㒟」譌「偣」，今訂正。傸者，玉篇「傸，叉丈切，惡也」，本此。憎者，説文心部義也。懀者，廣韻（泰韻）「懀，惡也」，本此。孱者，弱之惡也。漢書張耳陳餘傳「吾王，孱王也」，

〔一〕殺，今本左傳作「弑」。

孟康曰：「冀州人謂懦弱爲孱。」通作「僝」。玉篇：「僝，僝僽，惡罵也。」

謈、乎孝反。**論**、曜音。**詄**、逸音。**奪**〔一〕、**過**、**謬**、**誺**、賚音。**⿰言坒**、布兮反。**詿**、卦音。**迷，誤也。**

說文：「誤，謬也。」謈者，說文：「謈，闕。臣鉉等案：今篇、韻音皓，又音效，注云：誤也。」論者，言之誤也。玉篇：「論，羊照切，誤言也。」詄，未聞。奪者，說文作「敓，手持隹失之也。」是「奪」爲守之誤也。過者，左思魏都賦「過以仭漂之單慧」，李善注引鄭氏禮記注：「過，猶誤也。」謬者，說文：「謬，狂者之妄言也。」誺者，玉篇「誺，力代切，誤也」，本此。⿰言坒者，玉篇「⿰言坒，誤也」，本此。通作「⿰忄坒」。揚雄解嘲云：「故有造蕭何之律于唐虞之世，則⿰忄坒矣。」班固車騎將軍竇憲北征頌「⿰忄坒蒙識而愎戾順」，李善注云：「⿰忄坒，誤也。」又魏都賦注引廣倉云：「⿰忄坒，用心并誤也。」詿者，說文言部義也。漢書息夫躬傳：「疾詿誤之臣。」迷者，離騷云「及行迷之未遠」，王逸〔注〕：「迷，誤也。」〇文選運命論注引：「脫，誤也。」今無此文。

評、**訂**、田鼎反。**準**、准音。**廷**〔二〕、**枰**，平命反。**平也。**

玉篇：「平，齊等也，均也。」評者，玉篇：「評，皮柄切，平言也。又音平。」訂者，議之平也。說文：「訂，平議也。」周頌天作箋「以此訂太王文王之道，卓爾與天地合其德」，釋文：「訂，待頂反，沈重直丁反，譜云參訂時驗，謂平比之也。」字詁云『訂，平也』」，孔疏云：「訂者，比並之言。」準者，水之平也。說文：「準，平也。」繫辭傳〔上〕「易與天地準」，釋文：

〔一〕奪，王念孫曰：「各本遺去『挩』字，其音內『奪』字又誤入正文。」

〔二〕博雅音「廷」下有「于放」之音釋。王念孫曰：「曹憲音『于放反』，則是讀爲『子無我迋』之『迋』，其失甚矣。」

「京房云：『準，等也。』鄭康成云：『中也，平也。』」漢書律曆志〔上〕：「準者，所以揆平取正也。」管子水地篇：「準〔也〕者，五量之宗也。」廷者，玉篇引風俗通云：「廷者，平也，又正也，國家朝廷也。」舊本「廷」譌「迋」，曹音「于放反」，亦誤，今訂正。枰者，集韻〔映韻〕引云：「枰，平也。」皮命切。舊本「枰」譌从「手」，今訂正。

捭、布買反。發、張、闡、裕〔一〕、撦、充野反。坼、疑即勑格字也〔二〕。啟、闢、辟音。闖、爲靡反。闓、古〔三〕每反。磔、閤苦〔四〕、問，開也。

說文：「開，張也。」捭者，鬼谷子〈捭闔〉云：「捭之者開也言也陽也，闔之者閉也默也陰也。」後漢書馬融傳「擺牲班禽」，李賢注引廣雅：「擺，開也。」字書：「擺，亦『捭』字也，音捕買反。」文選張協七命「鋸牙捭」，李善注引廣雅：「捭，開也。」晉書〈張載傳附張協〉作「擺」。是「捭、擺」古今字。發者，師上六：「開國承家。」故春秋傳鄭公子發字子國。爾雅〈釋言〉：「愷、悌，發也。」「愷」或作「闓」，與「開」同，故「發」亦「開」也。張者，孔子弟子琴牢字子開，亦字子張。「張」與「開」同義。潘岳西征賦「張舅氏之姦漸」，李善注引此文。闡者，說文「闡，開也」，引易曰：「闡幽。」文選赭白馬賦注引聲類云：「闡，大開也。」裕，未詳。撦者，玉篇「撦，開也」，本此。通作「奓」。莊子知北遊云「荷甘日中奓户而入」，釋文：

〔一〕裕，疏證本作「袪」。

〔二〕疑即勑格字也，王念孫博雅音校本作「勑格。疑即□字也」。王念孫曰：「『疑即』下脱一字，各本『勑格』二字誤在『疑即』下。」

〔三〕古，王念孫説當作「苦」。

〔四〕苦，疏證本作「苫」。案：方言第六作「苫」。

「奓，郭象處野反，又音奢。司馬彪云：開也。」坼者，土之開也。説文作「㙐，裂也」。啟者，張衡西京賦「豈啟度于往舊」，薛綜曰：「啟，開也。」案：啟，説文作「启，開也」。闢者，説文「闢，開也」，或作「闢」，引虞書曰：「闢四門。」江布衣聲曰：「闢，从𠬞在門中，象推門之形，故其義爲開，此于六書爲指事也。」闖者，説文：「闖，闢門也。」魯語〔下〕「闖門與之言」，韋昭曰：「闖，闢也。」一切經音義七引此文，玄應云：「字詁今作『闞』同，于彼反」，引三倉：「闞，小開門也。」闓者，方言〔第六〕「楚謂之闓」，郭注：「亦『開』字也。」説文：「闓，開也。」磔者，玉篇：「磔，竹格切，張也。」閻苦者，方言〔第六〕：「閻（苦）〔苫〕，開也。東齊〔開〕户謂之閻（苦）〔苫〕。」又〔第十三〕曰「閻，開也」，郭注：「謂開門也。」閜者，説文：「閜，大開也。火下切。」司馬相如〔上林〕賦：「谽呀豁閜。」

殰谷音。殐、速音。𣩵〔一〕壁〔二〕音。㱞、析音。殙、昏音。殯，方問反。歺五葛反。也〔三〕。

玉篇：「歺，𣩵也。」殰殐者，玉篇：「殰，古鹿切，殰殐，死皃。殐，思禄切。」與「觳觫」同。集韻〔屋韻〕：「觳觫，懼死皃。」孟子〔梁惠王上〕：「舍之。吾不忍其觳觫，若無罪而就死地。」𣩵㱞者，玉篇：「𣩵，蒲狄切，𣩵㱞，欲死皃。㱞，先狄切。」殙者，上文「病也」，「極也」。「殙」又爲「歺」也。説文：「殙，瞀也。」殯者，玉篇：「殯，殨也。」○集韻〔效韻〕「殍，眉教切」，引廣雅：「殍，歺也。」今無此文。

〔一〕𣩵，疏證本作「礔」。
〔二〕壁，王念孫説當作「甓」。
〔三〕疏證本「也」上補「死」字。

儐、賓音。贊、唱、引，道也。

道，與「導」同。説文：「導，導引也。」儐者，説文「儐，導也」，或作「擯」。案：古亦作「賓」。史記〈五帝本紀〉録尚書輒以故訓代經文，于虞書〈堯典〉「寅賓出日」云「敬道出日」，是「賓」訓「道」也。又〈舜典〉「賓于四門」疏引鄭注：「賓」讀爲「儐」，「謂舜爲上儐以迎諸侯」。漢書律曆志〈上〉：「蕤賓：賓，導也。」贊者，説文「贊，見也」，徐鉉曰：「執贊而進有司，贊相之。」唱者，説文：「唱，導也。」引者，説文訓「導」爲「引」，故「引」亦「導」也。史記韓長孺列傳「奉引墮車蹇」，注云：「爲天子導引而墮車，跛〈足〉。」舊本「引」譌「弘」，今訂正。

貌、竘、口音。妖、倚嬌反。佞、工、媮，偷音。巧也。

説文：「巧，技也。」小雅雨無正「巧言如流」，箋：「巧，猶善也。」貌、竘者，方言〈第七〉：「竘、貌，治也。吴越飾貌爲竘，或謂之巧。」妖者，説〈文〉作「媄，巧也」。司馬相如上林賦「妖冶嫺〈都〉」，李善注引字書：「妖，巧也。」吕氏春秋云：「列精子高謂侍者曰：『我奚若？』侍者曰：『公妖且麗。』」佞者，説文：「佞，巧讇高材也。」工者，説文：「工，巧飾也。」象人有規榘也。」宋玉招魂「工祝招君」，王逸注：「工，巧也。」媮者，説文：「媮，巧黠也。」

躔、馳輦反。踈、匹迹反。解、迒、乎郎反。蹱、之隴反。蹤、子龍反。軌、武、行、徑、轍，迹也。

説文「迹，步處也」，或作「蹟」。釋名〈釋言語〉：「跡，積也，積累而前也。」躔者，麋之迹也。踈者，鹿之迹也。桑谷切。説文作「𪊍」，云：「鹿迹也。」古亦作「速」，同。解者，麠之跡也。迒者，兔之迹也。説文「迒，獸迹也」，或作「踄」。釋名〈釋道〉云「迒」者：「行不由正，亢陌山谷野艸而過也。」舊本「迒」譌「亢」，今據正德本改正。蹱者，字當爲「𨊧」。説文：「𨊧，相迹也。」蹤者，車之迹也。説文作「䡜」，云：「車迹也。」釋名〈釋言語〉：「蹤，從也，人形從之也。」古亦作

「從」。召南羔羊傳「委蛇，行可從迹也」，釋文：「從，字亦作『蹤』。」軌者，潘岳閑居賦、孫綽〔遊〕天台山賦、傅亮爲宋公修張良廟教李善注並引廣雅：「軌，迹也。」廣韻〔旨韻〕：「軌，車迹也。」舊本「軌」譌「軛」，今訂正。武者，〔詩大雅生民〕：「履帝武敏歆。」〔爾雅釋訓〕：「武，迹也。」大雅〔下武〕「繩其祖武」，周頌〔武〕「嗣武受之」，傳並云：「武，迹也。」士相見禮「執玉者則唯舒，武」，鄭訓爲「迹」。離騷云：「及前王之踵武。」本又作「䟸」。集韻〔噳韻〕引廣雅：「䟸，跡也。」行者，玉篇：「行，胡孟切，行迹也。」徑者，說文：「徑，步道也。」轍者，玉篇：「轍，車行迹。」

追、駟、末、隨，逐也。

說文：「逐，追也。」追者，說文辵部義也。離騷：「背繩墨以追曲。」駟者，論語〔顏淵〕：「駟不及舌。」末，未聞。隨者，儀禮鄉射禮「其閒容弓，距隨長武」，注：「始前足至東頭爲距，後足來合而南面爲隨。」

權、錘、直危反。厧、鼎音。錪、腆音。鎮、珍、瑋，重也。

說文：「重，厚也。」權者，玉篇：「權，稱錘也。」漢書律曆志〔上〕：「權者，銖、兩、斤、鈞、石也，所以稱物平施，知輕重也。」錘者，方言〔第六〕文也，「宋魯曰錘。」本書釋器：「錘謂之權。」厧者，玉篇「厧，丁挺、大練二切，重也」，本此。錪者，方言〔第六〕文也，「東齊之間曰錪。」鎮者，周語〔上〕「爲贄幣、瑞節以鎮之」，韋昭曰：「鎮，重也。」珍者，文選沈約新安江水至清淺深見底貽京邑遊好詩「眷言訪舟客，茲川信可珍」，李善注引此文。瑋者，玉篇：「瑋，禹鬼、以貴二切，埤倉曰：『瑰瑋珍琦。』或作『偉』。」

紉、女珍反。紆、𥿭、切音。繩，索也。

說文：「索，艸有莖葉，可作繩索。从宋糸。」玉篇：「糾繩曰索。」小爾雅〔廣器〕云：「大者謂之索，小者謂之繩。」顏師古注急就篇〔卷三〕云：「索總，謂切撚之令緊者也。」夏書五子之歌：「懔乎若朽索之馭六馬。」豳風七月：「宵爾索綯。」紉者，說文：「紉，繟繩也。」離騷「紉秋蘭以爲佩」，王逸曰：「紉，索也。」紆者，說文「紆」字注：「紆未縈繩。」或說疑「紩」之譌，形相近也。玉篇：「紩，索也。持栗切。」紉者，玉篇「紉，七忽切，索也」，本此。繩者，說文：「繩，索也。」漢書律曆志〔上〕：「繩者，上下端直，經緯四通也。」

離、解、㾃、披、碎、布，散也。

上文釋「散」爲「布」，此又申其義也。離者，分之散也。方言〔第六〕：「參、蠡，分也。秦晉曰離。」玉篇「離，散也」，本此。解者，孔安國尚書序：「逃難解散。」漢書張耳陳餘傳「今獨王陳，恐天下解也」，注：「解謂離散其心也。」東京賦「解罘放麟」，薛綜注：「解，散也。」㾃、披者，方言〔第六〕文也，「東齊聲散曰㾃，器破曰披。秦晉聲變曰㾃，器破而不殊其音亦謂之㾃。」說文：「㾃，散聲。」舊本「㾃」譌从「厂」，今訂正。披者，左氏成十八年傳「今將崇諸侯之姦，而披其地」，杜注：「披，猶分也。」昭五年傳「又披其邑」，注：「披，析也。」「分、析」皆與「散」義相近。案：「披」當从「木」。說文：「柀，析也。」毛本誤作「折」。碎者，說文：「碎，䃺也。」上文釋「碎」爲「壞」，「碎」又爲「散」也。案：「碎」當作「瓻」。說文：「瓻，破也。」布者，「散、布」，釋詁中互相訓也。

廣雅疏義卷第七

廣雅卷四

廢、措、錯故反。弛、失旨反。縱、寘、摯音。奠、肆、捨、蕩、逸、放、恣、罬、即古文「置」也。銈、霍音。署，辰豫反。置也。

說文：「置，赦也。」玉篇：「置，竹利切，安置。」廢者，小爾雅〈廣言〉文。公羊宣八年傳：「去其有聲者，廢其無聲者。」鄭志答張逸云：「廢，置也。於去〈聲〉者爲廢，故曰廢。」以「廢」爲「置」，猶「亂」爲「治」、「徂」爲「存」、「故」爲「今」、「曩」爲「曏」、「苦」爲「快」、「臭」爲「香」、「臧」爲「去」。左氏文二年傳「廢六關」，家語作「置六關」。措者，小爾雅〈廣言〉、倉頡篇及說文並云：「措，置也。」淮南說山訓「物莫措其所修，而用其短也」，高誘亦訓「置」。措，通作「錯」。書序「殷既錯天命」，釋文引馬融注：「錯，廢也。」論語〈爲政〉「錯〈諸〉枉」，包咸曰：「廢置邪枉。」弛者，說文「弛，弓解也」，或作「𢐅」。魯語〈上〉「文公欲弛孟文子之宅」，韋注：「弛，毀也。」縱者，說文：「縱，舍也。」玉篇：「縱，置也，放也，恣也。」寘者，玉篇「寘，置也」，本此。左氏昭四年傳「夫子疾病，不欲見人，使寘饋于个而退」，杜注：「寘，置也。」肆者，春秋莊二十二年「肆大眚」，穀梁傳：「肆，失也。」失，古「佚」字。與「逸」同，謂逸囚也。鄭注表記云：「肆，猶放恣也。」案：此篇「逸、放、恣」，皆謂置也。捨者，說文：「捨，釋也。」蕩者，通作「愓」。說文：「愓，放也。徒朗切。」逸者，上文釋爲「去」，與「置」義相成也。集韻〈質韻〉引作「⿱竹逸」，同。放者，論語〈微子〉「隱居放言」，包咸注：「放，置也。不復言世務。」恣者，説文：「惢，縱也。」此篇「惢、縱」，皆置也。罬者，玉篇网部作「罬，豬吏切，古文『置』」。銍者，玉篇：「銍，送死人具也。竹句切。」廣韻（遇韻）：「銍，置也。」淮南説林訓：「以瓦銍者全，以金銍者跋，以玉銍者發。」署者，玉篇：「署，置也。」漢書項籍傳「部署豪桀」，顔師古注：「分部而署置之。」

斡、意括反。𢷾、短音。運、邅、逭、遒、育音。譴喘、移、駁、丑〔一〕豉反。𢱧，毗音。轉也。

説文：「轉，運也。」玉篇：「轉，知篆切，迴也。」斡者，楚辭天問云「斡維焉繫」，王逸注：「斡，轉也。」漢書賈誼傳「萬物變化，固亡休息。斡流而遷，或推而還」，顔師古訓「斡」爲「轉」。張茂先勵志詩：「大儀斡運。」𢷾者，玉篇：「𢷾，都管切，轉篗也。」運者，莊子逍遥遊「是鳥也，海運則將徙于南冥」，釋文引司馬彪注：「運，轉也。」楚辭九歎（逢紛）「腸一夕而九運」，王逸曰：「一夕九轉，欲還歸也。」邅者，玉篇：「邅，張連、除連二切，轉也。」離騷「邅吾道夫崑崙兮」，王逸注：「邅，轉也。楚人名轉曰邅。」逭、遒者，上文釋爲「行」，此又爲「轉」也。玉篇「逭，胡館切。遒，余六切」，並云：「轉也。」譴喘者，方言（第十三）「譴喘，轉也」，郭注：「譴喘，猶宛轉也。」舊本「譴」譌「讀」今訂正。移者，玉篇：「移，遷也，徙也，易也。」駁者，即「移、易」之異文。𢱧者，未聞。

甾、昊〔二〕儀反。扲、鉗音。專、職、端、緒、紬，直留反。業也。

釋名（釋言語）：「業，捷也，事捷乃有功業也。」甾，未聞。扲者，方言（第十三）文也，郭注：「謂基業也。」專者，

〔一〕丑，王念孫説當作「尹」。
〔二〕昊，王念孫説當作「吴」。

說文：「專，紡專。」案：「端、緒、紬」皆訓「業」，則紡專亦業也。職者，玉篇：「職，業也。」天官太宰「九曰閒民，無常職」，注：「謂無事業者。」端者，玉篇：「端，緒也。」「緒」與「業」同義。緒者，史記張蒼傳「緒正律曆」，文穎曰：「緒，業也。」紬，未聞。

交、贅、旨歲反。凝、戾、撰、質、撫、嗼、亡各反。保、隱、據、刊，定也。

說文：「定，安也。」交者，合之定也。贅者，會之定也。漢書武帝紀「毋贅聚」，如淳曰：「贅，會也。」凝者，成之定也。虞書皋陶謨「庶績其凝」，釋文引馬融注：「凝，定也。」顏延之五君詠：「吐論知凝神。」戾者，止之定也。小雅雨無正「靡所止戾」，傳：「戾，定也。」撰者，述之定也。與「譔」同。法言學行篇「譔學行」，吴祕注：「譔，撰述也。」古或通用。質者，平之定也。周禮序官質人注：「質，定也。」撫者，安之定也。說文：「撫，安也。」嗼者，靜之定也。與「莫」同。大雅皇矣「求民之莫」，箋：「求民之定，謂所歸就也。」皇矣又云「貊其德音」，釋文引韓詩作「莫其德音」，云：「莫，定也。」爾雅釋詁〔下〕「嗼，定也」，彼釋文云：「嗼，本亦作『莫』。」是張博士所見爾雅本作「莫」，故此作「嗼」，必不與爾雅同也。保者，居之定也。唐風山有樞「他人是保」、大雅思齊「無射亦保」，箋並云：「保，居也。」隱者，安之定也。方言〔第六〕：「隱，定也。」據者，依之定，亦方言〔第六〕文。邶風柏舟「不可以據」，傳：「據，依也。」刊者，識之定也。通作「衎」。方言〔第十三〕「衎，定也」，郭注：「衎然，安定〔貌〕也。」

餽、烏革反。餓、餧，奴罪反。飢也。

說文：「飢，餓也。」虞書舜典：「黎民阻飢。」餽者，說文：「餽，飢〔也〕」。讀若楚人言恚人。」餓者，說文食部義也。檀弓〔下〕云：「昔者衛國凶飢，夫子爲粥與國之餓者。」餧者，楚語〔下〕：「民之羸餧，日已甚〔矣〕。」荀子臣道篇：「若食餧人。」漢書谷永傳云：「餧死於道，以百萬數。」

戔、殘音。**瘌**、力達反。**㓾**、寄衛反，字林音丘訐反。**凋**、多聊反。憲案：說文解字凋落凋字从仌，彫刻彫字从彡，雕鷙雕字从隹。**爽**、**痍**、夷音。**壯**、**創**、**庠**[一]，**傷也**。

說文：「傷，創也。」舊本「傷」譌「陽」，今訂正。戔者，言之傷也。說文「戔，賊也」，引周書曰：「戔戔巧言。」瘌者，毒之傷也。說文：「楚人謂藥毒曰痛瘌。」㓾者，刺之傷也。說文「鋭，芒也」，籀文作「㓾」。凋者，木之傷也。說文：「凋，半傷也。」爽者，逸周書謚法解義也。老子（第十二章）云：「五味令人口爽。」張衡南都賦：「其甘不爽。」痍者，金之傷也，說文疒部義也。倉頡篇同。通作「夷」。易序卦傳：「夷者，傷也。」左氏成十六年傳「察夷傷」，服虔注：「金創爲夷。」舊本「痍」譌从「广」，今訂正。壯者，易大壯卦，馬融、虞翻並解「壯」爲「傷」。方言（第三）云「凡艸木刺人，北燕朝鮮之間，或謂之壯」，郭注：「今淮南呼壯爲傷。」創者，肉之傷也。說文「刅，傷也」，或作「創」。庠者，疑當爲「戕」，聲之譌也。詹事兄曰：當是「痒」之譌。

投、**斀**、卓音。**石**、**搥**、**搸**，大結反。**擿**池戟反。今人以爲「摘」（竹革）字如此[二]。**也**。

上文「擿，投也」，此又申其義也。投者，左氏昭五年傳「受其書而投之」，注：「投，擲也。」宋玉招魂「懸人以娭，投之深淵」，王注亦訓「擿」。斀者，廣韻（覺韻）：「斀，打也。」搥者，法言問道篇：「及搥提仁義，絶滅禮學。」玉篇：「搥，丁

[一] 庠，疏證本作「痒」。

[二] 案：王念孫博雅音校本「如此」下補「失之」二字。

回切，摘也。」「摘」是「擿」之譌。 控者，玉篇「控，擿也」，本此。

黔首、氓，民也。

大雅靈臺疏引孝經援神契云：「民者，冥也。」賈誼新書大政篇：「民之爲言瞑也。」春秋繁露深察名號篇：「民者，瞑也。米出禾中，而禾未〔可〕全〔爲〕美；善出性中，而性未〔可〕全〔爲〕善。民之號，取之瞑也。」黔首者，說文：「黔，黎也。秦謂民爲黔首，謂黑色也。周謂之黎民。」氓者，方言〔第三〕文也。

詼、苦迴反。**啁**、竹交反。**譀**、呼〔二〕濫反。**話**、**諴**、咸音。**譺**、魚記反。**奠**、**周**，**調**達弔反。**也。**

上文「調，欺也，和也，啁也，譀也」，此又申明其義及互相訓也。詼者，玉篇：「詼，調戲也。」案：說文作「悝，啁也」。張衡東京賦「由余以西戎孤臣，而悝繆公於宮室」，李善注：「悝，猶嘲也。」啁者，文選任昉出郡傳舍哭范僕射詩「兼復相嘲謔」，李善曰：「倉頡篇：『啁，調也。』字書：『嘲，亦啁也。』」譀者，說文：「譀，誕也。」話者，玉篇「話，胡卦切，調也」，本此。諴者，說文：「諴，和也。」譺者，玉篇：「譺，啁調也。」奠、周者，詹事兄曰：「奠、調」聲相近，「調」本从「周」，故「周」有「調」義。○集韻引廣雅：「訳，調也。」「章移切。」今無此文。

縊、經、鬮，流音。**絞也。**

說文：「絞，縊也。」呂氏春秋慎行論「崔杼歸無歸，因而自絞也」，高注：「絞，經也。」縊者，說文：「縊，經也。」左氏桓十六年傳：「夷姜縊。」經者，楚辭天問「伯林雉經，維其何故」，王逸曰：「伯，長也。林，君也。謂晉太子申生爲後母

〔二〕 呼，王念孫說當作「乎」。

驪姬所譖，遂雉經而自殺。」闟者，說文：「闟，經繆殺也。」

䵕、謹音。䵓、朱音，又無誅反[一]。䵖、汝音。黐、竹革反。黐、恥知反。䵑，日音。黏女霑反。也。

說文：「黏，相著也。」衆經音義（卷十四）引倉頡篇：「黏，合也。」考工記輪人「雖有深泥，亦弗之溓也」，鄭司農云：「溓讀爲『黏』，謂泥不黏著輻也。」䵕者，玉篇：「䵕，居近切，黏也。」䵓者，玉篇：「䵓，張俱切，黏也。」䵖者，方言（第二）：「䵖，黏也。齊魯青徐自關而東或曰䵖。」玉篇：「䵖，而与切，黏也。」黐者，玉篇：「黐，黏飯也。」黐者，玉篇：「黐，黏也。」廣韻（支韻）：「黐膠所以黏鳥。」䵑者，說文「䵑，黏也」，或作「䵒」。爾雅（釋言）「䵒，膠也」，郭注：「膠黏。」方言（第二）：「䵑，黏也。關東或曰䵑。」〇集韻（寘韻）引廣雅：「𥹳，黏也。」「是義切。」今無此文。

貲、資[二]音。産、資、財、龜、貝，貨也。

說文：「貨，財也。」貲者，說文：「貲，小罰以財自贖也。漢律：民不繇，貲錢二十二。」通作「訾」。揚雄羽獵賦「富既與地虖侔訾」，顏師古曰：「訾，與『貲』同。」産者，說文：「産，生也。」孟子（梁惠王上）：「無恆産而有恆心。」資者，說文貝部義也。玉篇：「資，用也。」財者，周禮太宰「以九賦斂財賄」，鄭注：「財，泉穀也。」左思魏都賦「財以工化」，李善注引此文，云：「『財』與『材』，古字通。」龜者，漢書食貨志（下）：「天用莫如龍，地用莫如馬，人用莫如龜。王莽制龜寶四品。元龜岠冉長尺二寸，直二千一百六十，爲大貝十朋。公龜九寸以上，直五百，爲壯貝十朋。侯龜七寸以上，直三百，爲

[一] 朱音，又無誅反，王念孫博雅音校本作「口音無誅反」。

[二] 資，王念孫說當作「訾」。

幺貝十朋。子龜五寸以上，直百，爲小貝十朋。」是也。貝者，説文：「貝，海介蟲也。古者貨貝而寶龜，周而有泉，至秦，廢貝行錢。」案：王莽制貝貨五品，大貝四寸八分以上，二枚爲一朋，直二百一十六。壯貝三寸六分以上，二枚爲一朋，直五十。幺貝二寸四分以上，二枚爲一朋，直三十。小貝寸二分以上，二枚爲一朋，直十。不盈寸二分，漏度不得爲朋，率枚直錢三也。

令、琴、敔、魚與反。炈、多感反。制，禁也。

上文釋「禁」爲「止」，此又申其義也。令者，上之禁也。説文：「令，發號也。」管子君臣篇（上）：「天子出令于天下，諸侯受令于天子，大夫受令于君，子受令于父母。」琴者，心之禁也。説文：「琴，禁也。」白虎通義（禮樂）：「琴者，禁也，所以禁止淫邪，正人心也。」敔者，樂之禁也。説文：「敔，禁也。」釋名（釋樂器）：「敔，衙也；衙，止也，所以止樂也。」炈者，集韻（感韻）、五音集韻（感韻）並引博雅：「炈，禁也。」舊本「炈」譌「炈」，今訂正。制者，法之禁也。説文：「制，止也。」

僷、葉音。疊、襞、必益反。襵、之涉反。冤、於袁反。枉、於冈反。韏、俱萬反。結，詘也。

上文釋「詘」爲「曲」，此又廣其義也。僷者，玉篇：「僷，與攝切。」楚辭哀時命云「衣攝僷以儲與兮」，王注：「攝僷，不舒展貌。」案：不舒展，于「詘」義爲近。集韻（葉韻）「僷，詘也」，本此。疊者，集韻（帖韻）「疊，屈也。」屈，與「詘」同。襞、襵者，衣之詘也。説文：「襞，韏衣也。」玉篇：「襵，詘也。」揚雄反離騷：「固不如襞而幽之離房。」司馬相如子虛賦「襞積褰縐」，顏師古注：「襞積，即今（之）帬襵。」冤者，兔之詘也。人有屈抑，亦爲冤。枉者，木之詘也。月令：「仲秋，命有司，申嚴百刑，（斬殺必當），毋或枉橈。」韏者，革之詘也。通作「綣」。淮南人間訓「兵橫行天下而無所綣」，高注：「綣，屈也。」結者，糸之詘也。「結、詘」雙聲，故「結」亦爲「詘」。

複、袷、古狹反。增、⿰糹多、以豉反。積、壘、襲、成、仍、鄭、復〔一〕，重直用反。也。

玉篇：「重，直容切，疊也。」曹音「直用反」，誤也。複者，衣之重。說文：「複，重衣也。」喪大記：「小斂，君、大夫、士皆用複衣複衾。」通作「復」。漢書張良傳「從復道望見諸將」，如淳曰：「復，音複。上下有道，故謂之復道。」顏師古曰：「復，讀曰『複』。」案：集韻〔屋韻〕引廣雅：「𠣾，重也。」是本或作「𠣾」。袷者，廣韻〔洽韻〕：「袷，複衣。或作『裌』。」增者，說文：「增，益也。」文選西京賦「井幹疊而百增」，注引廣雅：「增，重也。」⿰糹多，未詳。積者，說文：「積，聚也。」壘者，魏文帝善哉行「還望故鄉，鬱何壘壘」、潘岳懷舊賦「墳壘壘而接壠」，李善注並引此文。襲者，左氏哀十五年傳「卜不襲吉」，杜注：「襲，重也。」表記云：「卜筮不相襲。」通作「習」。鄭注大司徒云：「故書『襲』爲『習』。」是「習」爲古文「襲」。周書金縢：「乃卜三龜，一習吉。」左氏襄十三年傳：「先王卜征五年，而歲習其祥，祥習則行。」成者，爾雅〔釋丘〕「一成爲敦丘，再成爲陶丘，三成爲崑崙丘」，郭注：「成，猶重也。」楚辭天問：「璜臺十成，誰所極焉？」呂氏春秋季夏紀〔音初〕「有娀氏有二佚女，爲之九成之臺」，高注：「成，猶重也。」仍者，因之重也。說文：「仍，因也。」鄭者，漢書王莽傳〔中〕：「非皇天所以鄭重降符命之意。」詹事兄曰：「鄭、重」雙聲字。復者，說文：「復，往來也。」管子形勢篇：「言而不可復者，君不言也。行而不可再者，君不行也。」

朏、斐音，又普骨反。曙、昕、許斤反。昞、丙音。較、角音。發、卓、離、㚒、淫音。晫、炤、昭音。燿、耀音。囧、古丙反。烜、咺音。晝、光、顯、耿、晃、晃音。僤、達汗反。晈、彰、落汗反。朏、邲夷反。曉、曎、亦音。

〔一〕案：王念孫說各本正文脫去「𠣾」字，「復」乃「𠣾」之音釋。

⿰忄曳、曳音。視、晣、制音。昱、夷六反。曠、昭、晤、悞音。旳、的音。旭、勖音，又忽老反。微〔一〕、焞、他魂反。闓、看每反。陽、杲、粲、錯汗反。烓、烏攜反，又烏缺反，又圭惠反，又口井反。堂、彰、著，明也。

説文：「明，昭也。」大雅皇矣傳：「照臨四方曰明。」朗者，月之明也。説文：「朏，月未盛之明也。」周書召誥「丙午朏」，傳：「朏，明也。月三日明生之名。」孔疏引周書月令云：「三日粵朏。」「粵」與「曰」通。漢書律曆志〔下〕引古文月采篇云：「三日曰朏。」王應麟謂「月采」當作「月令」，本孔疏也。「朗、朏」同。曙者，曉之明也。小爾雅〔廣詁〕云：「曙，明也。」史記平原君列傳贊：「平原君，翩翩濁世之佳公子也，然未睹大體。」楚辭九章〔悲回風〕：「思不眠以至曙。」司馬相如長門賦：「澹偃蹇而待曙。」王延壽夢賦：「于是雞知天曙而奮羽，忽嘈然而自鳴。」昕者，旦之明，亦小爾雅〔廣詁〕義也。説文：「昕，旦明日將出也。」士昏禮云：「凡行事，必用昏昕。」文王世子云：「天子視學，大昕鼓徵。」昞者，玉篇：「昺，碑景切，明也。亦作『昞』。」案：「昞」通作「炳」。班固兩都賦序云「大漢之文章，炳焉與三代同風」，李善注引倉頡篇：「炳，著明也。」較者，文選西征賦「較面朝之炳煥」、廣絶交論「較言其略」，李善注並引此文。發者，早之明也。齊風載驅「齊子發夕」、小雅小宛「明發不寐」，韓詩薛君章句並云：「發，旦也。」卓者，覲禮云「奉束帛匹馬，卓上，九馬隨之」，鄭注：「卓，讀如卓王孫之『卓』。卓，猶的也。」案：「玉篇：『的，明見也。』」故「卓」亦爲「明」。離者，離象辭云「明兩作離，大人以繼明照于四方」，虞翻逸象云：「離爲明。」炗者，燎之明。方言〔第十三〕：「炗、眼，明也。」説文：「炗，小熱也。」玉篇：「炗，徒甘切，燎也。」晫者，盛之明也。玉篇：「晫，都角切，明盛貌。」炤者，玉篇：「照，明也。炤，同上。」班固

〔一〕 微，疏證本作「徵」。

西都賦：「登降炤爛。」燿者，與「耀」同。左氏哀二十三年傳「君命瑤，非敢耀武也」，石經作「燿」。周語（上）「先王耀德不觀兵」，韋昭曰：「耀，明也。」蔡琰（悲憤）詩：「卓衆來東下，金甲耀日光。」囧者，牖之明也。説文：「囧，窗牖麗廔闓明。賈侍中説：讀與『明』同。」江淹雜體詩「囧囧秋月明」，李善注引倉頡篇：「囧，大明也。」烜者，火之明也。玉篇：「烜，況遠切，火盛貌。」秋官司烜氏「下士六人」，注：「烜，火也。」晝者，日之明也。説文：「晝，日之出入，與夜爲界。」光者，照之明也。説文：「光，明也。从火在人上，光明意也。」釋名（釋天）：「光，晃也，晃晃然也。亦言廣也，所照廣遠也。」小雅南山有臺云「樂只君子，邦家之光」，箋：「光，明也。」顯者，説文：「顯，頭明飾也。」大雅文王「有周不顯」，傳：「顯，光也。」耿者，晉語（三）「若入，必伯諸侯以見天子，其光耿于民矣」，韋注：「耿，猶昭也。」離騷「耿吾既得此中正」，王逸注：「耿，明也。」案：「耿」通作「景」。説文：「耿，光也。」「景，光也。」小雅車舝「景行行止」，箋：「景，明也。」士昏禮「婦乘以几，姆加景」，注：「景之制，蓋如明衣，加之以爲行道禦塵，令衣鮮明也。景，亦明也。今文『景』作『憬』。」案：今文作「憬」，當俱永切，與詩之「褧衣、褧裳」，中庸之「尚絅」同。禮記釋文：「絅，本又作『熲』。」士昏禮「被熲黼」，注：「熲，禪也。」玉藻：「禪爲絅。」熲即景，禦塵所用。説文無「熲」字，古用「褧」也。説文「耿」从「炯」省聲，故「褧」同「絅」。「耿、景」聲相近，故邶風柏舟（傳）：「耿耿，猶儆儆也。」晃者，玉篇：「晃，乎廣切。」説文作「晄，明也」。僤，未聞。疑「闡」之譌。玉篇：「闡，昌善切，明也。」皎者，玉篇：「皎，公鳥切，明也。」彰者，色之明也。玉篇：「彰，鮮明也。」朏者，方言（第十三）文也。曉者，小爾雅（廣詁）、方言（第十三）、説文並云：「明也。」曎者，方言（第十三）「晛、曎，明也」，郭璞音「亦」。通作「圛」。洪範「曰圛」，鄭注：「圛者，色澤而光明也。」舊本「曎」譌「⿰目睪」，今訂正。⿰忄曳者，玉篇：「⿰忄曳，余世切，明也。」視者，目之明也。論語（季氏）：「視思明。」管子宙合篇：「目司視，視必順見，見察謂之明。」晣者，説文「晢，昭晣，明也」，引禮曰：「晰明行事。」張衡思玄賦「死生錯而不齊，雖司命其不晰」，李善注引此文。昱者，說文：「昱，明日也。」玉篇：「昱，日明也。」廣韻〈屋韻〉：「昱，日光也。」揚雄太玄玄告云「日以昱乎晝，月以昱乎夜」，司馬光云：「昱，明也。」曠者，說文日部義也。後漢書竇融傳：「義士則曠若發矇。」昭者，說文：「昭，日明也。」堯典「百姓昭明」、小雅鹿鳴「德音孔昭」，孔傳與鄭箋並解爲「明」。魯語〈上〉「夫祀，昭孝也」，韋昭注：「昭，明也，明孝道也。」通作「炤」。小雅正月「亦孔之炤」，中庸作「昭」。漢譙敏碑：「盛德炤明。」亦以「炤」爲「昭」。晤者，說文「晤，明也」，引詩曰：「晤辟有摽。」的者，說文日部義也。淮南說林訓「的的者獲，提提者射」，高注：「的的，明也。爲衆所見，故獲。」旭者，說文：「旭，日旦出貌。一曰明也。」邶風匏有苦葉云「旭日始旦」，傳：「旭日始出，謂大昕之時。」揚雄太玄從次二云「方出旭旭」，司馬光曰：「旭旭，日始出未明之間。」曹憲音「勗」，又音「忽老反」者，詩〈邶風匏有苦葉〉釋文云：「旭，說文讀若『好』」，字林呼老反。」爾雅〈釋訓〉釋文云：「旭旭，謝嶠許玉反，郭璞呼老反。」案：今本說文作「讀若勗」者，疑徐鉉改也。唐以後人不復知「旭」有「好」音，故廣韻三十二晧亦不收「旭」字矣。微者，法言問明篇：「或問『明』。曰：『微。』或曰：『微可如其明也？』曰：『微而見之，明其誶乎？』」焞者，說文：「焞，明也。」鄭語：「以淳燿敦大，天明地德。」闓者，說文以「囧」爲「闓明」，則闓亦明也。陽者，說文：「陽，高明也。」豳風七月云「我朱孔陽」，傳：「陽，明也。」白虎通義〈號〉：「高陽者，陽猶明也，道德高明也。」杲者，說文：「杲，明也。从日在木上。」玉篇：「杲，古老切，日出也。」衛風伯兮云：「杲杲出日。」粲者，色之明也。玉篇：「粲，鮮好貌。」烓者，竈之明。方言〈第十二〉：「烓，明也。」說文：「烓，行竈也。」玉篇：「烓，煁也。」堂者，室之明也。釋名〈釋宮室〉：「堂，猶堂堂，高顯貌也。」彰者，文之明也。說文：「彰，文彰也。」皋陶謨「彰厥有常」，鄭、王並釋爲「明」。通作「章」。堯典「平章百姓」，鄭注：「章，明也。」士冠禮記「章甫」，注云：「章，明也。殷質，言以表明丈夫。」著者，小爾雅〔廣詁〕義也。列子仲尼篇「在己無居，形物其箸」，張湛注：「形物，猶事理也。事理自明，非我之功也。」案：箸，古「著」字。

滄、⿰氵靚、錯定反。冷、泂、乎茗反。清、涇、凍、淬〔一〕，七碎反。寒也。

說文：「寒，凍也。从人在宀下，以茻薦覆之，下有冰。」滄者，說文仌部義也。逸周書周祝解「天地之間有滄熱」，孔晁注：「滄，寒也。」列子湯問篇：「日初出，滄滄涼涼，及其日中如探湯。」荀子正名篇：「疾養滄熱。」漢書枚乘傳「欲湯之滄，一人炊之，百人揚之，無益也，不如絶薪止火而已」，鄭氏注：「音悽愴之愴，寒也。」⿰氵靚者，說文：「⿰氵靚，冷寒也。」集韻〔徑韻〕「千定切」引此文，云：「⿰氵靚，寒也。」冷者，說文仌部義也。玉篇力頂、力丁二切。泂者，玉篇：「泂，古迴切，冷也。」清者，說文：「清，寒也。」呂氏春秋仲春紀〔功名〕：「大寒既至，民煖是利；大熱在上，民清是走。」涇者，玉篇「涇，巨并切，寒也」，本此。凍者，說文：「凍，冰也。」月令：「孟冬地始凍。」淬者，說文：「淬，滅火器也。」方言〔第十三〕：「淬，寒也。」舊本「⿰氵靚、冷、泂」譌从「水」，「淬」譌从「仌」，今俱訂正。

惟、國〔二〕、誧、議、慮、惲、於汶反。計、聽、媒，謀也。

說文：「慮難曰謀。」左氏襄四年傳：「咨難爲謀。」惟者，方言〔第一〕：「惟，凡思也。」詩〔維天之命序〕釋文引韓詩云：「惟，念也。」國，未詳，疑「圖」之譌。誧者，玉篇：「誧，匹布切，謀也。」議者，玉篇：「議，魚寄切，謀也。」慮者，方言

〔一〕滄⿰氵靚冷泂清涇凍淬，疏證本作「滄⿰氵靚冷泂清涇凍淬」。

〔二〕國，疏證本作「圖」。

〔第一〕：「慮，謀思也。」夏官大司馬云：「大役與慮事。」韓非喻老云：「白公勝慮亂。」又云：「越王慮伐吴。」漢書賈誼傳「慮亡不帝制而天子自爲者」，顔師古曰：「慮，大計也。」惲者，方言〔第十三〕文，郭注：「謂議也。」玉篇：「惲，謀也，議也。」計者，説文：「計，算也。」史記項羽本紀：「項梁召諸别將會薛計事。」聽者，洪範：「聽曰聰」，「聰作謀。」媒者，説文：「媒，謀也，謀合二姓。」周禮序官媒氏注：「媒之言謀也。謀合異類使和成者。」

㝷、宣音。緣、遵、蹥、逡、七循反。揗，無巾反。循也

説文：「循，行順也。」左氏昭七年傳：「循牆而走。」束皙補亡詩：「循彼南陔。」㝷，未聞。緣者，玉篇：「余泉切，因也。」遵者，説文辵部義也。謚法解云：「遵，循也。」周南〔汝墳〕：「遵彼汝墳。」蹥、逡者，方言〔第十二〕：「蹥、逡，循也。日運爲蹥，月運爲逡。」揗者，上文釋爲「順」，與「循」義相成也。舊本「循」下無「也」字，今案此七字與下「表」訓不類，故加「也」字以别之。

襮、博音。裔、方、外、旌，表也。

玉篇：「表，衣外也。」説文作「𧘝」。襮者，玉篇：「襮，布各切，衣表也。」裔者，玉篇：「裔，表也。」方者，詹事兄曰：古讀「方、表」聲相近，書堯典：「光被四表。」四表，猶四方。外者，玉篇：「外，表也。」旌者，太公六韜云：「旌别淑慝，表其門閭。」周語〔上〕云「爲車服旗章以旌之」，韋昭曰：「旌，表也。」

疆、繹、困、苦、終、竟、死、⿰歹奇〔二〕，丘知反。窮也。

〔二〕⿰歹奇，疏證本在下條「餘」上。

說文：「窮，極也。」疆者，界之窮也。豳風七月：「稱彼兕觥，萬壽無疆。」繹者，絲之窮也。玉篇：「繹，以石切，終也。」困者，食之窮也。尚書大傳：「行而無資、居而無食謂之困。」苦者，勢之窮也。莊子庚桑楚云：「吞舟之魚，碭而失水，則蟻能苦之。」終者，玉篇：「終，窮也。」竟者，樂之窮也。說文：「竟，樂曲盡爲竟。」死者，生之窮也。說文：「死，澌也，人所離也。」白虎通義〈崩薨〉：「庶人曰死。死之言澌，精氣窮也。」⿰歹奇者，說文：「⿰歹奇，棄也。俗語謂死曰大⿰歹奇。」舊本「⿰歹奇」字誤入下文「非」訓內，今訂正。

餘、盈〔一〕、匪、勿，非也。

說文：「非，違也。从飛下翄，取其相背。」釋名〈釋言語〉：「非，排也，人所惡，排去也。」餘者，玉篇「餘，非也」，本此。盈，未詳。盧校作「⿰歹奇、餘，盈也」，增「也」字。孫侍御云：疑「⿰歹奇」與「奇」通。匪者，玉篇：「匪，甫尾切，非也。」易〈屯〉曰：「匪寇婚媾。」小雅杕杜「匪載匪來」，箋：「匪，非也。」勿者，玉篇：「勿，非也。」

臝，力果反。裎，呈音。徒、裼，袒也。

說文：「袒，衣縫解也。」左氏昭二十年傳：「使華寅肉袒執蓋。」臝者，說文「臝，袒也」，或作「裸」。淮南原道訓：「故禹之裸國，解衣而入，衣帶而出，因之也。」舊本「臝」譌从「女」，今訂正。裎者，說文：「裎，袒也。」徒者，但也。說文解「但」爲「裼」，故「徒」亦「袒」也。裼者，說文：「裼，袒也。」爾雅〈釋訓〉「襢裼，肉袒也」，李巡曰：「襢裼，脫衣見體曰肉袒。」孟子〈公孫丑上〉云：「雖袒裼裸裎於我側。」

〔一〕案：王念孫「盈」下補「也」字，下「匪、勿，非也」別爲一條。

葬、薶、窖、窌、溜音，又普孝反。都、墊、多念反。伏、竄、扆、庰、必整反。宲、保音。匿、揞、阿感反。揜、弇音。錯、摩、寢、奥、寥，歷音。藏也。

玉篇：「藏，隱也。」葬者，形之藏也。禮記〈檀弓上〉曰：「葬也者，藏也。〈藏也者〉，欲人之不得見也。」説文及釋名〈釋喪制〉並云：「葬，藏也。」薶者，死之藏也，與「埋」同。説文：「薶，瘞也。」釋名〈釋喪制〉：「葬不如禮曰埋。埋，痗也，趨使葬腐而已。」窖、窌者，粟之藏也。月令「仲秋，穿竇窖」，鄭注：「方曰窖。」倉頡篇：「窖，地藏也。」漢書蘇武傳「迺幽武置大窖中」，顔師古曰：「舊米粟之窖而空者也。」考工記匠人「囷窌倉城，逆牆六分」，鄭注：「穿地曰窌。」荀子議兵篇云「則必發夫掌窌之粟以食之」，楊倞注：「地藏曰窌。掌窌，主倉廩之官。」又榮辱篇「餘刀布，有囷窌」，注云：「窌，窖也。地藏曰窖。」都者，詹事兄曰：春秋傳：「人所聚曰都。」「都」又與「豬」通，水所聚也，則「都」亦有「藏」義。墊者，水之藏也。虞書〈益稷〉云：「下民昏墊。」伏者，犬之藏也。説文徐鍇本云：「伏，犬伺人。」玉篇：「伏，匿也。」易曰：『坎爲隱伏。』」竄者，鼠之藏也。説文：「竄，匿也。从鼠在穴中。」周語〈上〉「自竄于戎狄之間」，韋昭注：「竄，匿也。」扆者，與「依」通。顧命云：「狄設黼扆綴衣，牖間南嚮。」春官司几筵云「凡大朝覲，大饗射，凡封國命諸侯，王位設黼依，依前南嚮」，鄭注：「依其制如屏風然。」覲禮云「天子設斧依於户牖之間」，鄭注：「依如今綈素屏風也。」曲禮〈下〉云「天子當依而立，諸侯北面而見天子，曰覲」，釋文：「依，本又作『扆』。」明堂位云「天子負斧依南鄉而立」，鄭注：「斧依，爲斧文屏風於户牖之間。」爾雅〈釋宫〉：「牖户之間謂之扆。」漢書徐樂傳「南面背依攝袂而揖王公」，顔師古曰：「依，讀曰『扆』。」案：斧依即黼扆也。衣之言隱也，故依亦爲藏。鄭以屏風況依者，據漢制而言，扆當天子所立處之後，若爲天子屏翳其風，故取名焉。釋名〈釋牀帳〉：「扆，倚也，在後所依倚也。屏風，言可以屏障其風也。」庰者，説文：「庰，蔽也。」通作

「屏」。周書金縢「我乃屏璧與珪」，孔傳：「屏，藏也。」後漢書齊武王縯傳注引白虎通義云：「所以設屏何？以自障也，示不極臣下之敬也。天子德大，故外屏；諸侯德小，故内屏。」宲者，説文「宲，藏也」，引周書曰：「陳宲赤刀。」今書顧命作「寶」。周禮天府注引書亦作「寶」。匿者，説文：「匿，亡也。」玉篇：「匿，亡隱也。」揞、搎、錯、摩者，方言文（第六）也：「荆楚曰揞，吴楊曰搎，周秦曰錯，陳之東鄙曰摩。」玉篇：「揞，藏也。」廣韻（感韻）：「揞，手覆也。」説文：「搎，覆也。」寝者，説文：「寝，臥也。」釋名（釋宫室）：「寝，寢也，所寢息也。」小雅斯干云：「乃安斯寢。」奥者，陸機君子有所思行云「善哉膏梁士，營生奥且博」，李善注引此文同。鮑照蕪城賦「重江複關之隩」，李善引云：「隩，藏也。」是本又作「隩」。寥者，廣韻（錫韻）：「寥，寂寥，無人。郎擊切。又音聊。」集韻（錫韻）引作「⿱穴翏」，从「穴」。

𢿙、麗音。紽、大河反。抴、夷細反。閲，數也。

説文：「數，計也。」𢿙者，方言（第三）文也。通作「麗」。大雅文王「其麗不億」，傳：「麗，數也。」紽者，召南羔羊「素絲五紽」傳義也。玉篇：「紽，絲數也。」抴者，廣韻（祭韻）：「抴，數也。」舊本「抴」譌从「木」，今訂正。閲者，説文：「閲，具數于門中也。」左氏襄九年傳「商人閲其禍敗之釁」，杜注：「閲，猶數也。」

占、讖、楚譖反。撿、證，譣魚殮反，又魚劍反。今人以「馬」旁「驗」字爲「證譣」，失之矣。也。

説文：「譣，問也。」占者，説文：「占，視兆問也。」春官占人云：「君占體，大夫占色，史占墨，卜人占坼。」呂氏春秋（勿躬）云：「羲和作占日，尚儀作占月，后益作占歲。」讖者，説文：「讖，譣也。」史記賈生列傳「發書占之，策言其度」，索隱曰「策，漢書作『讖』」，引説文：「讖，譣言也。」漢書哀帝紀：「待詔夏賀良等言赤精子之讖。」撿，未聞。證者，説文：「證，告也。」楚辭九章（惜誦）「故相臣莫若君兮，所以證之不遠」，王逸注：「證，驗也。」

締、第音。縎、骨音。總、括，結也。

説文：「結，締也。」締者，説文：「締，結不解也。」魏都賦：「締構之初，萬邑譬焉。」縎者，説文糸部義也。王逸九思〔怨上〕：「心結縎兮折摧。」總者，説文：「總，聚束也。」離騷「總余轡乎扶桑」，王注：「總，結也。」括者，説文：「括，絜也。」案：「絜」與「結」通，故鄭注大學云：「絜，猶結也。」漢書公孫田劉傳贊云「括囊不言，容身而去」，顔師古曰：「括，結也。易坤六四爻辭曰『括囊，無咎無譽』，言自閉慎如囊之括結也。」

嬙、撟音。糾〔一〕、彖，材也。

材，與「才」通。嬙者，玉篇：「嬙，居夭、居黝二切，竦身貌。」糾者，説文「嬙，讀若詩『糾糾葛屨』」，是「糾、嬙」聲義相同也。彖者，繫辭傳〔下〕：「彖者，材也。」玉篇：「彖，他亂切，才也。」

雙、耦、娌、里音。匹、孿、息、日、貳、乘、勝〔二〕、再、兩，二也。

説文：「二，地之數也。从偶一。」雙者，鳥之二也。説文：「雙，隹二枚也。」王逸九思〔守志〕「嗟英俊兮未爲雙」，注：「雙，匹也。」耦者，考工記匠人云「耜廣五寸，二耜爲耦，一耦之伐，廣尺深尺」，鄭注：「古者耜一金，兩人併發之。」娌者，妯娌，亦稱「築娌」。方言〔第十二〕：「娌，偶也。」舊本「娌」譌「娲」，今訂正。匹者，人之二也。大雅文王有聲傳：「匹，配也。」左氏成二年傳：「若以匹敵。」方言〔第二〕：「臺敵，匹也。」孿者，生之二也。淮南脩務訓：「孿子之相似者，

〔一〕案：王念孫説正本脱去「赳」字，「糾」乃「赳」之音釋。

〔二〕勝，疏證本作「賸」。

唯其母能知之。」方言（第三）云：「凡人獸乳而雙産，自關而東趙魏之間謂之孿生。」説文：「孿，一乳兩子也。」「孿、孌」同。息，日，未詳。貳者，説文：「貳，副益也。」坊記云「惟卜之日稱二君」，鄭注：「二，當爲『貳』。惟卜之時，辭得，云君之貳某爾。」楚辭九章（惜誦）「事君而不貳兮」，王逸注：「貳，二也。」乘者，鴈之二也。揚雄解嘲云：「乘鴈集不爲之多，雙鳧飛不爲之少。」方言（第六）云：「飛鳥曰雙，鴈曰乘。」勝，未詳。再者，事之二也。左氏（僖五年）傳：「一之謂甚，其可再乎？」説文：「再，一舉而二也。」兩者，分之二也。繫辭傳（上）：「分而爲二以象兩。」

贈、襚、賻、賵、遺、遺與之遺。齎，送也。

爾雅（釋言）：「賸、將，送也。」贈者，玩好之送也。秦風渭陽「何以贈之」，傳：「贈，送也。」説文：「贈，玩好相送也。」襚者，衣衾之送也。説文：「襚，衣死人也。」春秋文九年「秦人來歸僖公、成風之襚」，公羊傳：「衣服曰襚。」穀梁傳：「衣衾曰襚。」士喪禮云「君使人襚」，注云：「襚之言遺也。衣被曰襚。」説苑修文篇：「天子文繡衣各一襲，到地，諸侯覆跗，大夫到髁，士到髀。」賻者，貨財之送也。春秋隱元年「天王使宰咺來歸惠公仲子之賵」，公羊傳：「車馬曰賵。」説苑修文篇：「喪事有賵者，蓋以乘馬束帛，天子乘馬六匹，諸侯四匹，大夫三匹，元士二匹，下士一匹。天子束帛五匹，玄三纁二，各五十尺；諸侯玄三纁二，各三十尺；大夫玄一纁二，各三十尺；元士玄一纁一，各二丈；下士綵縵各一匹；庶人布帛各一匹。天子之賵乘馬六匹，乘車；諸侯四匹，乘輿；大夫曰參輿；元士不用輿。」遺者，地官遺人注：「以物有所餽遺也。」左氏隱元年傳：「未嘗君之羹，請以遺之。」齎者，説文：「齎，持遺也。」周禮掌皮職「歲終，則會其財齎」，注云：「齎，所給予人以物曰齎。今時詔書或曰齎計吏。」春官小祝「設道齎之奠」，後鄭謂「齎猶送也」。

攄、勑魚反。展、奮、摛、勑離反。初、禹、霱、芧音。紓，舒也。

說文：「舒，伸也。」攄者，班固西都賦「願賓攄懷舊之蓄念」，李善注引此文。展者，上文云「舒勃，展也」，此又轉相訓也。奮者，玉篇「奮，舒也」，本此。摛者，說文手部義也。潘岳射雉賦「摛朱冠之赩赫」、何晏景福殿賦「若摛朱霞而耀天文」，李善注並引此文。初者，「初、舒」聲相近，故義同。禹者，玉篇「禹，舒也」，本此。䨞者，說文：「䨞，讀若『禹』。」是「禹、䨞」音義同，故皆云「舒」也。綏者，玉篇：「綏，安也。」案：安而不迫，舒之義也。

僣、掜，五禮反。擬也。

說文：「擬，度也。」「儗，僣也。」二字通用。僣者，說文「僣，假也」，徐鍇曰：「春秋傳：唯名與器不可以假人。是僣也。」掜者，漢書揚雄傳（下）：「作太玄五千文，有首、衝、錯、測、攡、瑩、數、文、掜、圖、告十一篇。」

獪、瓜邁反。猾、滑音。獶、奴牢反。獿，奴絞反，又乎絞反。擾也。

「擾」訓已見卷三中，「獪、獿」亦重出。猾者，玉篇：「亂也，黠也，小兒多詐也。」獶者，說文：「獶，獿也。」玉篇「獶」與「猱」同。

㛼、初洽反。愶、脅音。恇、匡音。恗，看孤反。怯去劫反。也。

說文：「㹤，多畏也。」杜林說作『怯』。」荀子不苟篇：「與時屈伸，柔從若蒲葦，非懾怯也。」賈誼新書道術篇：「持節不恐謂之勇，反勇爲怯。」㛼者，說文：「㛼，疾言失次也。讀若『懾』。」愶者，玉篇：「愶，許劫切，以威力相恐愶。」恇者，說文心部義也。恗者，玉篇：「恗，恐也，怯也，憂也。」

嬗、十扇反。娙、五丁反。娭、熙音。侮、獲，婢也。

說文：「婢，女之卑者。」鄭注曲禮（下）云：「婢之言卑也。」嬗、娙，未詳。娭者，說文：「娭，卑賤名也。」玉篇：「娭，虛基切，婦人賤稱。」侮、獲者，方言（第三）云：「臧、甬、侮、獲，奴婢賤稱也。荆淮海岱雜齊之間，罵奴曰臧，罵婢曰獲。齊之北鄙燕之北郊，凡民男而壻婢謂之臧，女而婦奴謂之獲；亡奴謂之臧，亡婢謂之獲。皆異方罵奴婢之醜稱也。自關而東陳魏宋楚之間，保庸謂之甬。秦晉之間，罵奴婢曰侮。」

緜、聯、㬥、己足反。綴、陟月反。及、瑣、系、牽，連也。

玉篇：「連，合也，及也。」緜者，説文：「緜，聯微也。」聯者，周禮太宰職「三曰官聯」，鄭司農云：「聯，讀爲『連』。古書『連』作『聯』。聯，謂連事通職相佐助也。」説文：「聯，連也。从耳，耳連于頰也；从絲，絲連不絕也。」張衡西京賦：「西有玉臺，聯以昆德。」㬥者，説文：「㬥，約也。」玉篇：「㬥，連也。」舊本「㬥」譌「纍」，今訂正。綴者，賈逵國語（齊語）注：「綴，連也。」張衡西京賦：「綴以二華。」及者，公羊傳（隱公元年）：「及者何？與也。」瑣者，徐鍇説文繫傳引左思詩：「嬌語若連瑣。」系者，説文：「系，繫也。」牽者，上文「牽，引也」，引亦連也。

掍、混音。綷〔一〕、兼、并、集、合、稽、醜、共，同也。

説文：「同，合會也。」掍者，説文手部義也。方言（第三）「掍，同也。宋衛之間或曰掍」，郭璞音「衮衣」之「衮」。王褒洞簫賦：「掍其會合。」綷者，方言（第三）：「綷，同也。宋衛之間曰綷。」説文：「綷〔二〕，會五采繒色。」舊本「綷」譌「粹」，今訂正。兼者，説文：「兼，并也。」并者，説（文）：「并，相從也。」玉篇：「幷，同也。并，同上。」集者，爾雅（釋言）：「集，會

〔一〕綷，疏證本作「粹」。
〔二〕綷，今本説文作「辭」。

也。」合者，玉篇：「合，同也。」稽者，堯典「曰若稽古帝堯」，鄭注：「稽，同。古，天也。言堯能順天而行之，與之同功。」史記樗里子甘茂列傳「滑稽多智」，索隱曰：「鄒誕生音滑稽或解云：『滑，亂也。稽，同也。言辯捷之人，言非若是，言是若非，謂能亂同異也。』」醜者，方言（第三）文也，「東齊曰醜。」趙岐注孟子（公孫丑下）云：「醜，類也。」類亦同也。共者，說文：「共，同也。」

了、閡、已，訖也。

說文：「訖，止也。」了者，玉篇「了，訖也」，本此。閡者，說文：「閡，事已閉門也。」文王世子云：「有司告以樂閡。」已者，玉篇：「已，止也，畢也，訖也。」

䵳、敕感反，又都甚反。 黕、尨音。 竊、姦，私也。

說文：「厶，姦衺也。韓非曰：『倉頡作字，自營爲厶。』」今經典通用「私」。賈誼新書道術篇：「兼覆無私謂之公，反公爲私。」䵳、黕者，方言（第十三）文也，郭注：「皆冥闇，故爲陰私也。」竊者，說文云：「盜自中出曰竊。」姦者，說文女部義也。玉篇：「姦，古顏切，姦邪也。」

聰、錯公反。 聆、郎丁反。 瞟、匹照反。 聺、七祭反。 瞑、馬年反。 許，聽也。

說文：「聽，聆也。」釋名（釋姿容）：「聽，靜也，靜然後所聞審也。」玉篇：「聽，他丁、他定二切，尚書『五事，四曰聽』，孔傳：『察是非。』」聰者，說文：「聰，察也。」書（洪範）曰：「聰作謀。」管子宙合篇：「耳司聽，聽必順聞，聞審謂之聰。」古亦作「悤」。漢書郊祀志（下）「悤明上通」，顏師古曰：「悤，與『聰』同。」聆者，說文：「聆，聽也。」玉篇「聆，郎丁切」，引倉頡篇：「耳聽曰聆。」法言五百篇：「聆聽前世，清視在下，鑑莫近于斯矣。」瞟者，玉篇：「瞟，匹妙切，聽裁聞也，又行聽也。」瞑者，玉篇「瞑，莫田切」，引埤倉云：「注意聽也。」許者，說文言部義也。左氏隱元年傳：「公弗許。」

抐、而袂反。**揾**、於粉反。**搙**、奴遘反。**揷，拄也**〔一〕。

玉篇：「拄，張庾切，指拄也。」抐者，玉篇：「抐，乃兀切，揾抐也。」揾者，廣韻〔吻韻〕：「揾，没也。」搙者，玉篇：「搙，女角切，揾也。」揷者，玉篇：「揷，日之切，挐也。」

䜕乎啟反〔二〕。**詬、羞、媿、⿰粦頁、鄙，恥也。**

上文釋「恥」爲「辱」，此又申其義也。䜕詬者，說文「謑，恥也」，或作「䜕」。「詬謑，詬恥也」，或作「詢」。荀子非十二子篇「無廉恥而忍謑詢」，楊倞注：「謂罵辱也。」本或作「䜕詢」。左氏昭二十年傳「子死亡有命，余不忍其詢」，杜〔注〕：「詢，恥也。」釋文：「詢，許候反，本或作『詬』。」離騷「忍尤而攘詬」，王注：「詬，恥也。」舊本「詬」作「話」，形相涉而誤也。曹音「乎介反」，失之矣。今訂正。羞者，上文釋爲「辱」，又爲「恥」也。媿者，爾雅〔釋言〕：「媿，慙也。」說文：「媿，或作『愧』，从恥省。」⿰粦頁者，說文：「⿰頁粦，⿰頁彡⿰頁粦也。」案：上文以「⿰頁彡」爲「慙」，則「⿰頁粦」亦同，故爲恥也。「⿰粦頁、⿰頁粦」同。鄙者，楚辭九章〔懷沙〕「易初本迪兮，君子所鄙」，王注：「鄙，恥也。」

諺、譯、膚、禪，傳也。

廣韻〔仙韻〕：「傳，轉也。」諺者，語之傳也。說文：「諺，傳言也。」譯者，音之傳，方言〔第十三〕文也。說文：「譯，傳

〔一〕揷，拄也，王念孫博雅音校本作「擩，而主反」。

〔二〕乎啟反，王念孫博雅音校本作「乎啟反，又呼介反」。

譯四夷之言者。」淮南泰族訓：「夷狄之國，重譯而至。」桓寬鹽鐵論〈相刺〉：「越人夷吾，戎人由余，待譯而後通，而並顯齊、秦。」漢書百官公卿表〈上〉典客屬官有譯官令丞。膚者，籀文「臚」字。晉語〈六〉「風聽臚言于市」，韋注：「臚，傳也。」周禮象胥干寶注云：「今鴻臚。」漢書〈叔孫通傳〉蘇林注云：「上傳語告下曰臚。」莊子〈外物〉釋文引向秀注：「從上語下曰臚傳。」是也。禪者，國之傳也。孟子〈萬章上〉引孔子曰：「唐虞禪，夏后殷周繼。」

誦、諄、乎孟反。語、議、話、詁、吪、吾禾反。曰，言也。

法言問神篇：「捈中心之所欲，通諸人之嚍嚍者，莫如言。」「故言，心聲也。」呂氏春秋離謂篇云：「言者，以諭意也。」說苑談叢篇：「言猶射也，括既離弦，雖有所悔焉，不可從而追已。」釋名〈釋言語〉：「言，宣也，宣彼此之意也。」誦者，古之言也。大雅桑柔「誦言如醉」，箋：「見誦詩、書之言，則冥臥如醉。」國語〈楚語上〉云：「聞一二之言，必誦志而納之，以訓道我。」諄者，瞋之言也。玉篇：「諄，瞋語也。」集韻〈耿韻〉：「諄，言很也。」語者，敘之言也。說文：「直言曰言，論難曰語。」釋名〈釋言語〉：「語，敘也，敘己所欲說也。」議者，謀之言也。玉篇：「議，謀也。」呂氏春秋孟秋紀〈懷寵〉「士之議也，非苟語也，必中理然後議」，高誘注：「議，言也。」蔡邕獨斷云：「其有疑事，公卿百官會議。若臺閣有所正處，而獨執異意者，曰駁議。駁議曰某官某甲議以爲如是，下言臣愚戇議異，其非駁議，不言議異。其合於上意者，文報曰某官某甲議可。」話者，善之言也。說文：「話，合會善言也。」大雅抑「告之話言」，傳：「話言，古之善言也。」商書盤庚〈中〉「乃話民之弗率」，馬融曰：「話，言也。」案：「話，言」已見爾雅〈釋詁下〉，此當作「譮」。譮，籀文「話」。詁者，典之言也。說文：「詁，訓故言也。」大雅烝民「古訓是式」，箋：「古訓，先王之遺典也。」張博士雜字云：「詁者，古今之異語也。」吪者，僞之言也，與「訛」同。小雅正月「民之訛言」，箋：「訛，僞也。」曰者，說文：「曰，詞也。」

誧、普乎反。訨、征音。譏、諍、諭、諭音。誶，諫也。

説文：「諫，訨也。」玉篇：「諫，正也，更也。」誧者，謀之諫也。説文：「誧，人相助也。」玉篇：「誧，匹布切，謀也。」訨者，説文言部義也。譏者，與「幾」同，微之諫也。論語〈里仁〉：「事父母幾諫。」諍者，止之諫也。説文：「諍，止也。」玉篇：「諍，諫諍也。」通作「爭」。荀子臣道篇：「有能進言於君，用則可，不用則死，謂之爭。」諭者，理之諫也。説文：「諭，告也。」誶者，離騷「謇朝誶而夕替」，王逸注「誶，諫也」，引詩曰：「誶予不顧。」

訓、誨、諷、誥、譔、助轉反。校、勸、學，教也。

荀子修身篇「以善先人者謂之教」，楊倞曰：「先，謂首唱也。」説文：「教，上所施下所傚也。」釋名〈釋言語〉：「教，傚也，下所法傚也。」訓者，順之教也。説文：「訓，説教也。」張衡東京賦「不窮樂以訓儉」，薛綜曰：「訓，教也。」思玄賦：「仰先哲之玄訓兮。」誨者，曉之教也。説文「誨，曉教也」，引詩曰：「誨爾諄諄。」小雅鶴鳴序「誨宣王也」，箋：「誨，教也。」疏：「上言『規』，此言『誨』者，規謂正其已失，誨謂教所未知。」孔安國書傳：「誨，教也。」左氏襄十四年傳「使師曹誨之琴」，杜訓爲「教」。諷者，誦之教也。説文：「諷，誦也。」凡諷諫者，誦成言以納箴諫，故解「諷」爲「誦」。誥者，上之教也，與「告」同。釋名〈釋書契〉：「上敕下曰告。告，覺也，使覺悟知己意也。」譔者，專之教也。説文：「譔，專教也。」校者，孟子〈滕文公上〉：「夏曰校。校者，教也。」勸者，勉之教也。説文：「勸，勉也。」學者，覺之教也。説文「斆，覺悟也」，篆文作「學」。文王世子云「故學之爲父子焉，學之爲君臣焉，學之爲長幼焉。父子、君臣、長幼之道，得而國治」，鄭注：「學，教也。」皇侃論語〈學而〉義疏引白虎通云：「學，覺也，悟也。言用先王之道導人情性，而使自覺悟而去非取是，積成君子之德也。」

崩、頓、偃、仆、⿺走各戶格反。⿺走索、山格反。臥，僵薑音。也。

說文：「僵，僨也。」釋名〔釋姿容〕：「僵，正直畺然也。」玉篇「僵，舉良切」，引莊子〔則陽〕：「推而僵之。」「說僵也。」荀子仲尼篇「可炊而傹也」，楊倞曰：「炊，與『吹』同。傹，當爲『僵』。言可以氣吹之而僵仆。」崩者，說文作「嵭」，云：「山壞也。」頓者，說文解「卜」爲「頓」，故頓亦僵也。偃者，說文人部義也。玉篇「偃，乙蹇切」，引論語：「艸上之風，必偃。」「偃，仆也。」仆者，釋名〔釋姿容〕：「仆，踣也，頓踣而前也。」玉篇：「仆，芳遇切，傾倒貌。」⿺走各⿺走索者，玉篇：「⿺走各，⿺走各⿺走索，僵仆。」臥者，說文：「臥，休也。从人臣，取其伏也。」玉篇：「臥，眠也，息也。」

怳、吁請反。⿸疒朮、恥律反。瘨、丁田反。姰、旬、縣二音。瘹、弔音。僪、巨出反。狾、古制反。獟、五校反。倀，長音。狂也。

上文「狂，癡也」，此又廣其訓也。說文：「狂，狾犬也。」怳者，貌之狂也。說文：「怳，狂之貌。」玉篇：「怳，惝怳。」⿸疒朮者，走之狂也。說文：「⿸疒朮，狂走也。讀若『欻』。」通作「怴」。春秋桓五年「甲戌，己丑，陳侯鮑卒」，公羊傳云：「曷爲〔以〕二日卒之？怴也。」何休云：「怴者，狂也。」瘨者，說文：「瘨，病也。」玉篇：「瘨，狂也。」姰者，玉篇：「姰，狂也。」瘹者，玉篇：「瘹，都叫切，狂也。」僪者，玉篇「僪」下引甘泉宮賦：「捎夔魖而抶僪狂。」「本亦作『獝』。」狾者，犬之狂也，與「瘈」同。左氏襄十七年傳「國人逐瘈狗，入於華臣氏」，漢書五行志〔中之上〕引作「狾犬」。通作「猘」。淮南氾論訓：「鄭子陽剛毅而好罰，其於罰也，執而無赦，舍人有折弓者，畏罪而恐誅，則因猘狗之驚，以殺子陽。」獟者，玉篇：「獟，狾狗也，狂狗也。」倀者，說文人部義也。

訂、田鼎反。評、圖、謀、慮，議也。

上文「議，言也」，此又廣其義也。訂者，説文：「訂，平議也。」評者，玉篇：「評，皮柄切，平言也。又音平。」圖者，説文：「圖，畫計難也。」謀者，説文：「慮難曰謀。」玉篇：「謀，謀計也。」慮者，方言（第一）：「慮，謀思也。」

否、弗、倗、朋音，又普等反。粃，音彼此相得之彼〔一〕。不也。

玉篇：「不，弗也。」否者，説文「否，不也」，徐鍇曰：「不可之意，見於言，故从口。」弗者，夏官諸子職「司馬弗正」，鄭注：「弗，不也。」倗者，玉篇「倗，不也」，本此。粃者，方言（第十）「粃，不知也」，郭注：「今淮楚間語呼聲如非也。」舊本曹音「彼比相得」，案：當爲「音彼此相得之彼」，今訂正。

姦、宄、竊，盜也。

説文：「盜，私利物也。」左氏文十八年傳：「竊賄爲盜。」姦者，説文：「姦，私也。」宄者，説文：「宄，姦也。外爲盜，内爲宄。讀若『軌』。」案：宄，與「軌」通。左氏成十七年傳：「長魚矯對晉厲公曰：『亂在外爲姦，在内爲軌。』」虞書（舜典）「寇賊姦宄」，史記（五帝本紀）作「軌」。漢書元帝紀「殷周法行而姦軌服」，顔師古曰：「『軌』與『宄』同。」竊者，説文云：「盜自中出曰竊。」地官山虞云「凡竊木者有刑罰」，注云：「竊，盜也。」

譺、牛志反。慎、忌、畏，恐也。

説文「恐，懼也」，古文作「忎」。譺者，上文云「懼也」，「譺」又爲「恐也」。慎者，方言（第一）：「慎，憂也。」「憂」與「恐」，義相成也。忌者，鄭注表記云：「忌之言戒也。」玉篇：「忌，畏也。」畏者，上文云「懼」也，與「恐」義同。

〔一〕音彼此相得之彼，王念孫博雅音校本作「彼比俱得」。

纍、俱録反。綄、緩音。繚、了音。繞、綢繆、紿、待音。絡、縶，酌音。纏也。

説文：「纏，繞也。」纍者，説文：「纍，約也。」綄者，玉篇：「綄，乎官、乎管二切。」桂進士馥曰：案「綄」當爲「筦」。説文：「筦，筟也。筟，筳也。筳，維絲筦也。」繚、繞者，説文：「繚，纏也。繞，纏也。」楚辭九歌〔湘夫人〕「繚之兮杜蘅」，王逸注：「繚，縛束也。」洪興祖補注：「繚，纏也。」何晏景福殿賦：「繚以藻井。」綢繆者，唐風綢繆傳：「綢繆，纏緜也。」説文：「綢，繆也。〔繆〕，綢繆。」紿者，説文：「紿，絲勞即紿。」絡者，宋玉招魂「鄭緜絡些」，王注：「緜，纏也。絡，縛也。」縶者，漢書司馬相如傳〔上〕：「孅繳施。」説文：「縶，生絲縷也。」

駕、陵、載，乘也。

釋名〔釋姿容〕：「乘，升也，登亦如之也。」豳風七月「亟其乘屋」，傳：「乘，升也。」駕者，左氏昭元年傳「子木之信稱於諸侯，猶詐晉而駕焉」，杜注：「駕，猶陵也。」玉篇「駕，乘也」，本此。詩〔鄘風干旄〕疏引許慎五經異義云：「天子駕數，易孟京、春秋公羊説天子駕六，毛詩説天子至大夫同駕四，士駕二。詩云『四驪彭彭』，武王所乘。『龍旂承祀，六轡耳耳』，魯僖所乘。『四牡騑騑，周道倭遲』，大夫所乘。謹案：禮王度記曰：『天子駕六，諸侯與卿同駕四，大夫駕三，士駕二，庶人駕一。』説與易、春秋同。」鄭駁云：「玄之聞也，周禮校人：『掌王馬之政，凡頒良馬而養乘之，乘馬一師四圉。』四馬爲乘，此一圉者，養一馬而一師監之也。尚書顧命：『諸侯入應門，皆布乘黃朱。』言獻四黃馬朱鬛也。既實周天子駕六，校人則何不以馬與圉以六爲數？顧命諸侯何以不獻六馬？王度記曰『大夫駕三』，經傳無所言，是自古無駕三之制也。」陵者，陸機日出東南隅行「妍迹陵七盤」，李善注引此文。載者，説文車部義也。釋名〔釋姿容〕：「載，載也，在其上也。」五音集韻〔代韻〕「載，乘也」，本此。

惠、愛、恕、利、人，仁也。

說文「仁，親也」，古文作「忎」。周禮〈大司徒〉「六德：仁」，鄭注：「愛人以及物。」惠者，說文「惠，仁也」，徐鍇曰：「爲惠者，心專也。」愛者，說文「㤅，惠也」，古文作「𢟪」。今經典通用「愛」。鹽鐵論〈刑德〉：「仁者，愛之效也。」恕者，說文心部義也。左氏傳〈襄公二十四年〉：「恕思以明德。」逸周書程典云：「慎德必躬恕，恕以明德。」管子版法解：「取人以己者，度恕而行也。度恕者，度之於己也。己之所不安，勿施於人。」離騷「羌内恕己以量人兮」，王逸注：「以心揆心爲恕。」文選〈養生論〉注引李登聲類云：「恕，人心度物也。」利者，養之仁也。唯仁者能養人。士虞禮云「告利成」，鄭注：「利，猶養也。」人者，釋名〈釋形體〉：「人，仁也，仁生物也。故易曰『立人之道，曰仁與義』。」法言問道篇：「仁以人之，義以宜之。」禮記中庸「仁者，人也」，鄭注：「人也，讀如『相人偶』之『人』，以人意相存問之言。」又表記云「仁者，人也」，鄭注：「人也，謂施以人恩也。春秋傳曰：『執未有言舍之者，此其言舍之何也？人也。』」疏云：「引之者，證『人』是『人偶相存愛』之義也。」

邌、禮兮反。徐〔一〕、舒、逋、訥、疏、鈍，遲也。

說文「遲，徐行也。詩曰『行道遲遲』」，籀文作「遟」。邌者，說文：「邌，徐也。」玉篇：「邌，遲也。」漢書高帝紀〈上〉「遲明圍宛城三帀」，史記作「邌明」。徐者，說文：「徐，安行也。」孟子〈盡心上〉：「子謂之姑徐徐云爾。」舒者，說文：「舒，緩也。」召南野有死麕云「舒而脫脫兮」，傳：「舒，徐也。」逋，未聞。訥者，論語〈里仁〉「君子欲訥於言」，包咸曰：「訥，遲

〔一〕徐，疏證本作「俆」。

鈍也。」疏者，陸機〔演〕連珠云「鼙鼓疏擊，以節繁弦之契」，李善注引此文。鈍者，與「頓」通。説文以「篤」爲「頓遲」，即此。

𡬋、古候反。昔、闇、暮，夜也。

説文：「夜，舍也，天下休舍也。」玉篇引傳曰：「夜，暮也。君子有四時：朝以聽政，晝以訪問，夕以修令，夜以安身。然則夕之夜猶盡也。」𡬋者，玉篇「𡬋，夜也」，引詩曰：「中𡬋之言。」「中夜之言也。亦作『冓』。」案：詩〔鄘風牆有茨〕釋文引韓詩云：「中冓，中夜，謂淫僻之言也。」昔者，周禮敍官腊人注：「昔之爲言夕也。」穀梁莊七年傳：「日入至于星出謂之昔。」王逸楚辭〔大招〕章句「昔，夜也」，引詩云：「樂酒今昔。」今詩〔小雅頍弁〕作「夕」。崔譔莊子〔齊物論〕注：「昔，夕也。」管子小匡云：「旦昔從事。」旦昔，即旦夕也。列子周穆王篇「有老役夫昔昔夢爲國君」，張湛注：「昔昔，夜夜也。」樂府飲馬長城窟行云「夙昔夢見之」，李善注引此文。闇者，祭義云：「夏后氏祭其闇。」暮者，古用「莫」。説文：「莫，日且冥也。从日在茻中。」齊風東方未明云「不夙則莫」，傳：「莫，晚也。」

昒、勿音。昧、晻、烏感反。鼆，冥也。

説文：「冥，幽也。」小雅斯干：「噦噦其冥。」荀子勸學篇：「無冥冥之志者，無昭昭之明。」昒者，説文：「昒，尚冥也。」漢書郊祀志〔上〕「冬至，昒爽」，顔師古曰：「謂日尚冥，蓋未明之時也。」昧者，説文：「昧，闇也。」堯典「宅西，曰昧谷」，孔傳：「昧，冥也。日入于谷而天下冥，故曰昧谷。」仲虺之誥云「兼弱攻昧」，孔傳：「闇則攻之。」倉頡篇：「昧，冥也。」言抵冒暗冥也。晻者，説文：「晻，不明也。」漢書劉向傳云「不務自修，深惟其故，而反晻昧説天」，顔師古曰：「晻，不明也。讀與『暗』同。」荀子不苟篇：「是姦人將以盜名于晻世者也。」鼆者，説文冥部義也。

學、𢥍、忽音。寣、忽音。𡨍、即「寤」字。㮤，梗音。覺也。

說文：「覺，寤也。」學者，教之覺也。說文「斅，覺悟也」，篆文作「學」。白虎通辟雍篇：「學之爲言覺也，悟所不知也，故學以治性，慮以變情。」𢥍者，臥之覺也。玉篇：「𢥍，呼骨切，寢熟也。」寣者，驚之覺也。說文：「寣，臥驚也。火滑切。」𡨍者，寐之覺也。說文：「𡨍，寤也。」通作「寤」。周南關雎「寤寐求之」，傳：「寤，覺也。」楚辭九歌〔河伯〕「惟極浦兮寤懷」，王注亦訓「覺」。梗者，性之覺也。方言〔第十三〕「梗，覺也」，郭注：「謂直也。」

倚、於綺反。豎、建、封、殖、蒔、時志反。置、隑巨代反。𠊊、棄音，即古文「企」字。起，立也。

說文：「立，住也。从大立一之上。」釋名〔釋姿容〕：「立，林也，如林木森然，各駐其所也。」倚者，易說卦傳：「參天兩地而倚數。」禮記中庸：「中立而不倚。」豎者，說文：「豎，豎立也。」建者，周禮〔天官〕「惟王建國」，鄭注：「建，立也。」說文：「建，立朝律也。」玉篇：「建，豎立也。」封者，國之立也。說文：「封，爵諸侯之土也。」殖者，與「植」同，木之立也。方言〔第七〕：「樹植，立也。燕之外郊朝鮮洌水之間，凡言置立者謂之樹植。」蒔者，方言〔第十二〕：「蒔、殖，立也。」書〔舜典〕云「播時百穀」，鄭康成「時」讀若「蒔」。玉篇：「蒔，植立也。」置者，荀子非十二子篇：「無置錐之地，而王公不能與之爭名。」古與「植」通。金縢「植璧秉珪」，疏引鄭注：「植，古『置』字。」論語〔微子〕：「植其杖而耘。」商頌那「置我鞉鼓」，箋：「置，讀曰『植』。」隑𠊊者，病之立也。𠊊，古文「企」。方言〔第七〕「隑企，立也。東齊海岱北燕之郊，委痿謂之隑企」，郭注：「脚躄不能行也。」起者，說文：「起，能立也。」禮〔曲禮上〕曰：「請業則起，請益則起。」又曰：「君子問更端，則起而對。」

悖、怨、愇、瑋音。𢝊、乎佳反。𢜭、采音。忦、介音，又公八反。悔、吝、懟、直未反。憾、乎淡反。佷，很音。

恨也。

説文：「恨，怨也。」悖者，玉篇：「悖，蒲没切，佷也。」「佷」是「恨」之譌。怨者，説文：「怨，恚也。」愇者，玉篇：「愇，韋鬼切，怨恨也。」㥏者，説文：「㥏，怨恨也。讀若『膎』。」㥒者，玉篇：「㥒，七海切，恨也。」忦者，玉篇：「忦，古黠切，恨也。」悔者，説文心部義也。離騷「雖九死其猶未悔」，王逸注：「悔，恨也。」吝者，説文：「吝，恨惜也。」懟者，説文：「懟，怨也。」孟子〈萬章上〉：「則廢人之大倫，以懟父母。」憾者，玉篇：「憾，恨也。」左氏傳〈隱公五年〉：「叔父有憾于寡人。」很者，玉篇：「很，胡懇切，很戾也，諍訟也。」

品、限、限音。耕、併、竱、都免反，又端音。等、珚、巨殞反。砡、牛六反。婩、魚淺反。嫧、楚革反。斷、珿、楚角反。洒，思禮反。齊也。

説文：「齊，禾麥吐穗上平也。」淮南脩務訓「故立天子以齊」，高注：「齊，等也。」品者，漢書李尋傳「百里爲品」，孟康曰：「品，同也。」玉篇「品，齊也」，本此。限者，玉篇：「限，諧眼切，齊也。」列子楊朱篇「百年，壽之大齊」，殷敬順釋文：「齊，限也。」耕者，田之齊也。説文：「耕，古者井田。」併者，説文：「併，齊等也。」竱者，説文：「竱，等也。」齊語「竱本肇末」，韋昭注：「竱，等也。肇，正也。謂先等其本，以正其末也。」等者，簡之齊也。説文：「等，齊簡也。从竹、从寺；寺，官曹之等平也。」珚者，玉篇：「珚，齊玉也。」砡者，玉篇：「砡，齊也。」廣韻〈屋韻〉：「砡，齊頭貌。」婩、嫧者，好之齊也。上文以「婩、嫧」爲「好」，又爲「齊」也。斷者，截之齊也。説文：「斷，截也。」珿者，玉篇：「珿，齊也。」洒，未詳。

廣雅疏義卷第八

稟、奉、粟，禄也。

春官天府注云：「禄之言穀也。」詩周南樛木疏引孝經援神契云：「禄者，録也，取上所以敬録接下，下所以謹録事上。」楚語下云「成王每出子文之禄，必逃，王止而後復」，韋注：「禄，奉也。」稟者，説文：「稟，賜穀也。」中庸云：「既稟稱事。」奉者，天官太宰注云：「禄，若今月奉也。」案：「奉」與「俸」同。玉篇：「俸，禄也。」粟者，論語雍也：「原思爲之宰，與之粟九百。」

諄之闉[一]反。憎、誒、毒、病、恔、下代反。患、勩、曳音。癉，多賀反。苦也。

廣韻姥韻：「苦，勤也，患也。」諄憎者，厭之苦也。方言第七云：「宋魯凡相惡謂之諄憎，若秦晉言可惡矣。」誒者，忌之苦也。玉篇：「誒，毒苦也。」又作『㑪』。」毒者，害之苦也。玉篇：「毒，苦也，害人艸也。」病者，疾之苦也。説文：「病，疾加也。」恔者，恨之苦也。説文：「恔，苦也。」玉篇：「恔，恨苦也。」患者，禍之苦也。説文：「患，憂也。」衆經音義引倉頡篇：「患，禍也。」勩者，勞之苦也。小雅雨無正「莫知我勩」，傳：「勩，勞也。」舊本「勩」譌「勚」，今訂正。癉者，病之苦也。説文：「癉，勞病也。」

[一] 闉，王念孫説當作「閏」。

礦、孤猛反。梗、鞼、巨位反。丁、亢、姜、羌，強也。

此釋剛強之異名也。礦者，璞之強也。玉篇：「礦，強也，銅鐵璞也。礦，同上。」梗者，方言〔第二〕：「梗，猛也。」故「梗」亦強也。鞼者，韋之強也。淮南本經訓「剛而不鞼」，高注：「鞼，折也。」丁者，實之強也。說文徐鍇本云：「丁，夏時萬物皆丁壯成實。」玉篇：「丁，強也。太歲在丁曰強圉。」白虎通義五行篇：「丁者，強也。」釋名〔釋天〕：「丁，壯也，物體皆丁壯也。」亢者，力之強也。上文：「丁，當也。」力強能當之也。姜者，爭之強也。表記引詩「鵲之姜姜」，鄭注：「姜姜，爭鬭惡貌。」羌者，玉篇「羌，去央切。強也」，本此。

眷、顧、對、陽、面、首、卬，鄉也。

鄉，與「向」同，不背也。眷者，說文「眷，顧也」，引詩云：「乃眷西顧。」玉篇「睠」與「眷」同。小雅大東「睠言顧之」，傳：「睠，反顧也。」顧者，說文：「顧，還視也。」玉篇：「顧，瞻也。」對者，對即鄉，亦常語也。陽者，詹事兄曰：「陽」之訓「鄉」，猶「陰」之訓「闇」，以聲寄義也。面者，周書召誥「面稽天若」，疏引鄭注：「面，猶回向也。」夏官撢人「使萬民和說而正王面」，注云：「面，猶向也。使民之心曉而正鄉王。」通作「偭」。說文「偭，鄉也」，引少儀云：「尊壺者偭其鼻。」首者，劉向九歎〔遠遊〕云「登崑崙而比首兮」，王逸曰：「首，鄉也。」太玄戾「測曰東南射兕，不得其首也」，司馬光曰：「乖戾之家，失其所向。」卬者，玉篇「卬，魚兩切，向也」，本此。

恮、且全反，又子眷反。悈、五介反。〔一〕，又居力反。愨、質，慬謹音。也。

〔一〕王念孫曰：「各本〔正文〕脫去『忦』字，『五介』二字又誤入『悈』字下。」

慬，與「謹」同。玉篇：「慬，渠斤、居近二切，愨也。」恮者，説文：「恮，謹也。」慽者，飾之慬也。説文：「慽，飾也。」愨者，説文：「愨，謹也。」荀子正名篇：「故其民莫敢託爲奇辭以亂正名，故其民愨。愨則易使，易使則公。」「故壹于道法而謹于循令矣。」質者，樸之慬也。玉篇：「質，樸也。」廣韻〔質韻〕：「質，謹也。」

勬、眷音。劼、公八反。勃、勖、苦没反。仂，力音，又勒音。勤也。

説文：「勤，勞也。」勬者，玉篇：「勬，九員、九媛二切，勤也。」劼者，愼之勤也。説文：「劼，愼也。」周書酒誥：「汝劼毖殷獻臣。」勃者，排之勤也。説文：「勃，排也。」勖者，玉篇：「勖，勤也。」仂者，玉篇：「仂，六翼切，勤也。」案：「仂」與「力」同。大雅烝民「威儀是力」，箋：「力，猶勤也。勤威儀者，恪居官次不懈于位也。」舊本「仂」在「勤」下，案：玉篇「勬、勖」皆訓「勤」，不訓「仂」，集韻「勬、劼」並引廣雅「勤」，則「勤、仂」二字傳寫倒誤也，今訂正。

⿱毳示、毳音。禳、而羊反。祰、公老反，又公篤反。禱、禱音。賕，求音。謝也。

玉篇：「謝，辭也。」廣韻〔禡韻〕：「謝，辭謝也。」⿱毳示者，數祭之謝也。禳者，除殃之謝也。祰者，告祭之謝也。禱者，求福之謝也。賕者，求福之謝也。説文：「賕，以財物枉法相謝也。」漢律諸爲人請求于吏以枉法而事已行者，皆爲司寇。急就篇〔卷四〕「受賕枉法忿怒仇」，顔注：「以財求事曰賕。言受人財者，枉曲正法，忿怒良直，反言爲仇讎也。」

砰、普耕反。磅、普行反。砿、宏音。礚、苦大反。⿰⿱宀口殳、彤音。硠、力當反，又力蕩反。砏、普斤反。磤、隱音。鍧、苦萌反。鎗、側〔一〕庚反。鍠、横音。錚、楚耕反。玲吕丁反。瓏、嘈曹音。⿰口屮，昨末反。聲也。

〔一〕側，王念孫説當作「測」。

説文：「聲，音也。」砰者，大之聲也。列子湯問篇：「徐以氣聽，砰然聞之，若雷霆之聲。」文選（潘岳籍田賦）注引字書：「砰，大聲也。」磅者，落之聲也。玉篇：「磅，石聲也。」廣韻（庚韻）：「磅，小石落聲。」砿者，廣韻（耕韻）「砿」下引玉篇云：「石聲也。」今本玉篇「硡，石也」，無「砿」字。文選（潘岳籍田賦）注云：「『硡』與『訇』音義同。」宋玉風賦「耾耾雷聲」，李善注云：「埤倉：『耾耾，風聲。』」又引廣雅：「耾，聲也。」是本又作「耾」。礚者，楚辭九章（悲回風）：「憚涌湍之礚礚。」潘岳籍田賦「鼓鼙硡隱以砰礚」，李善注引字指云：「礚，大聲。」案：「礚」當作「磕」。説文：「磕，石聲。」㲉者，説文：「㲉，擊空聲也。徒冬切。」硠者，説文：「硠，石聲。」史記司馬相如子虛賦：「礧，石相擊，硠硠礚礚（礚，若）雷（霆之）聲。」砏者，楚辭九懷（危俊）「鉅寶遷兮砏磤」，王注：「太歲轉移，聲磕磑也。」廣韻：「砏，砏汃，水石。」磤者，何晏景福殿賦「聲訇磤其若震」，李善注引毛萇詩傳：「磤，雷聲也。」案：詩殷其靁即此字，俗加「石」也。鍧者，玉篇「鍧」與「鏗」同，「口耕切，鏗鏘，金石聲也」。鎗者，説文：「鎗，鐘聲也。」鍠者，説文「鍠，鐘聲也」，引詩曰：「鐘鼓鍠鍠。」錚者，説文：「錚，金聲也。」玉篇「錚」與「鎗」同。玲瓏者，説文：「玲，玉聲。」法言五百篇：「瓏璁其聲者，其質玉乎？」「玲、璁」同。太玄經（唐）云「亡彼瓏玲」，注謂「瓏玲，金玉之聲」。瓏，力恭切。集韻（東韻）引埤倉云：「玲瓏，玉聲。」嘈哢者，鼓之聲也。玉篇：「嘈，才刀切，聲也。哢，五葛、才曷二切，嘈嘈哢哢。囐，同上。」劉歆遂初賦：「鴈邕邕以遲遲兮，野鸛鳴而嘈嘈。」張衡東京賦「奏嚴鼓之嘈囐」，薛綜曰：「嘈囐，鼓聲。」集韻（曷韻）引此文云「嘈囋，聲也」。「囋，才達切。或作『哢』」。

𩗴、䬍、謂音。飂、流音。飆、必昭反。𩖿、忽音。䬃、呼律反。颰、呼越反。颵、思六反。飉、遼音。颸、楚飢反。飅、逐留反。䬛，步力反。風也。

繫辭傳：「風以動之。」王逸楚辭章句：「風爲號令，故風動而萬物摇。」釋名〈釋天〉：「風，兖豫司冀橫口合脣言之，風，氾也，其氣博氾而動物也；青徐言風，踧口開脣推氣言之，風，放也，氣放散也。」𩗬者，與「涼」同。爾雅〈釋天〉：「北風謂之涼風。」詩邶風〈北風〉云：「北風其涼。」月令：「孟秋之月，涼風至。」説文「𩗬」作「䬝」。颹者，説文：「颹，大風。」玉篇「于貴切」。飂者，説文：「飂，高風也。」潘岳西征賦：「吐清風之飂戾。」玉篇作「䬞，力周切」。飈者，説文「飆，扶摇風也」，或作「颮」。爾雅〈釋天〉：「扶摇謂之猋。」詩疏引李巡云：「扶摇，暴風從下升上，故曰猋。猋，上也。」孫炎云：「回風從下上曰猋。」月令云：「則猋風暴雨總至。」「猋、飈、飆」同。莊子逍遥遊云「摶扶摇而上者九萬里」，司馬彪注：「上行風謂之扶摇。」淮南原道訓「扶摇抮〈抱〉羊角而上」，高誘注：「扶摇，如羊角曲縈而上也。」颬者，玉篇：「颬，與『𩗴』同，呼没切。」説文：「𩗴，疾風也。」颰者，玉篇：「颰，風也。」廣韻〈術韻〉：「颰，許聿切，小風貌。」颭者，廣韻〈月韻〉：「颭，許月切，小風。」飀者，廣韻〈屋韻〉：「飀，風聲。」飉者，玉篇：「飉，力幺切，風貌。」颸者，左思吳都賦「翼颸風之瀏瀏」，劉逵曰：「颸，疾風。」江淹雜體詩：「戾戾颸風舉。」飅者，廣韻〈尤韻〉：「飅，風颸。」颵者，玉篇：「颵，怖結切，小風也。」

繕、膳音。緻、致音。衲、納音。鞔、亡干反。靪、玎音〔一〕。絧、辭音。筃〔二〕、丈例反。鞨、五革反。𩋖、兑音。斀，卓音。補也。

説文：「補，完衣也。」玉篇：「補，治故也。」繕者，説文糸部義也。夏官繕人注：「繕之爲言勁也，善也。」漢書高祖紀

〔一〕玎音，王念孫曰：「『玎』上脱一字。玉篇『靪』，音丁冷切。」

〔二〕筃，疏證本作「茵」。

〔上〕「繕治河上塞」，顏師古曰：「繕，補也。」緻者，密之補也。玉篇：「緻，馳二切，密也，縫補敝衣也。」衲者，玉篇：「衲，奴荅切，補也。」鞔者，革之補也。說文：「鞔，履空也。」靪者，履下之補也。說文：「靪，補履下也。」絧者，玉篇：「絧，才咨切，補也。」筃者，竹之補也。玉篇：「筃，以竹補缺也。」䩞者，玉篇：「䩞，履頭也。」䩦者，玉篇：「䩦，徒外切，補具飾也。」䙰者，衣之補也。玉篇：「䙰，多木切，補也。」

擣、擣音。溘、苦合反。倚、放、寄、任、託音。附，依也。

說文：「依，倚也。」玉篇：「依，怙也，助也。」擣者，方言〔第十三〕文也，郭注：「謂可依倚之也。」溘者，廣韻〔合韻〕：「溘，依也。」集韻〔盍韻〕引作「溘」。倚者，任之依也。宋玉招魂「彷徉無所倚」，王注：「倚，依也。」放者，慕之依也。天官食醫職「凡君子之食恆放焉」，鄭注：「放，猶依也。」晉語〔四〕「若定王室，而殘其姻族，民將焉放」，韋亦訓「依」。寄者，物之依也。說文：「寄，託也。」任者，與「侂」同。說文：「侂，寄也。」附者，近之依也。玉篇：「附，依也。」

幾、尾、緫、忽音。紗、少音〔一〕。糸、覓音。絤、蔑音。細、麽，微也。

廣韻〔微韻〕：「微，妙也，細也，少也。」幾者，動之微也。說文：「幾，微也。」繫辭傳：「知幾其神乎？」「幾者，動之微也。」尾者，說文：「尾，微也。」釋名〔釋形體〕：「尾，微也，承脊之末，稍微殺也。」「尾」與「微」，古通用。尚書〔堯典〕「鳥獸孳尾」，史記五帝本紀作「字微」。戰國策〔燕策一〕云「信如尾生高」，高誘以爲魯人，即論語〔公冶長〕之微生高也。莊子〔盜跖〕或作「尾」，或作「微」。古今人表有尾生高、尾生畮，顏師古曰：「即微生高、微生畝也。」緫者，玉篇：「緫，呼骨

〔一〕少音，王念孫曰：「『少』上脱一字。」集韻、類篇：「紗，弭沼切，微也。」

切，微緫也。」廣韻〔没韻〕：「緫，微也。」紗者，太玄堅次六云「戩蠏紗紗，縣於九州」，司馬光注：「戩，德之輕者，故言紗紗。」糸者，絲之微也。說文：「糸，細絲也。象束絲之形。」司馬彪輿服志〔下〕云：「凡先合單紡爲一糸，四糸爲一扶，五扶爲一首，五首成一文。」紑者，玉篇「紑」與「緬」同。說文：「緬，微絲也。」細者，說文糸部義也。麽者，玉篇：「麽，亡可切，小麽也。」

⿱髟付、付音。⿱髟貴、丘位反。⿱髟采、且代反。髽、側瓜反。雞斯、⿱髟介，案說文即籀文「髻」字也。髻也。

髻，與「⿱髟介」同，字或作「結」，又作「紒」。徐鍇本說文：「⿱髟介，簪結也。」徐鉉本亦有「⿱髟介」字，又新附「髻」字，云：「古通作『結』，此字後人所加。」桂進士馥曰：王侍御念孫云：「案曹憲云說文『⿱髟介』即籀文『髻』，太平御覽引說文『髻，結髮也』，則是說文原有『髻』字，而〔『⿱髟介』即〕『髻』之重文。士冠禮『將冠者采衣紒』。鄭注：『紒，結髮也。古文紒爲結。』『紒』之或作『結』，猶『髻』之或作『⿱髟介』。今說文『⿱髟介』字訓爲『簪結』，乃後人所改。徐鉉不察，反以『髻』字爲後人所加，誤矣。玉篇『髻』字注云『結髮也』，『⿱髟介』字注云『同上』，此皆本于說文。其下文云『說文古拜切，簪結也』，則宋人以誤本說文竄入者耳。」⿱髟付者，說文：「⿱髟付，結也。」⿱髟貴、⿱髟采者，說文：「⿱髟貴，屈髮也。」方言〔第四〕云「⿱髟貴帶、⿱髟采帶，幧頭也。自河以北趙魏之間，其偏者謂之⿱髟貴帶，或謂之⿱髟采帶」，郭注：「今之偏疊幧頭也。⿱髟采，亦結也。」髽者，說文：「髽，喪結。」士喪禮云「婦人髽于室」，鄭注云：「始死，婦人〔將斬衰者去笄〕而纚。將齊衰者骨笄而纚。今言髽者，亦去笄纚而紒也。齊衰以上至笄猶髽，髽之異於髻髮者，既去纚而以髮爲大紒，如今婦人露紒，其象也。」鄭注儀禮喪服篇云：「髽，露紒也，猶男子之括髮。斬衰括髮以麻，則髽亦用麻。〔蓋〕以麻自項而前，交于額上，卻繞紒如著幧頭焉。」左傳〔襄公四年〕疏云：「髽之形制，禮無明文。鄭衆云枲麻，與髮相半結之。馬融云屈布爲巾，高四寸，著于顙上。」雞斯者，禮記問喪篇云

「親始死，雞斯徒跣」，鄭注：「雞斯，當爲『笄纚』，聲之誤也。」「笄纚，括髮也。今時始喪者，邪巾貊頭，笄纚之存象也。」孔疏：「笄，謂骨笄。纚，謂縚髮之繒。言親始死，孝子先去冠，惟留笄纚也。」○集韻〔鹽韻〕「髫，癡廉切」，引廣雅：「髫也。」今無此文。

𢾺、韋音。軭、匡音。弧、乎音。紉、咈、佛音。抮、顯音。狠〔一〕、佷，很音。盭麗音。也。

説文：「盭，弼戾也。讀若戾。」漢書張耳陳餘傳贊云「何鄉者慕用之誠，後相背之盭也」，顔師古曰：「盭，古『戾』字。」𢾺者，説文：「𢾺，戾也。」軭者，車之盭也。説文：「軭，車戾也。」通作「匡」。考工記輪人云「察其菑蚤不齵，則輪雖敝不匡」，注云：「菑與爪不相佹，乃後輪敝盡不匡剌也。」鄭司農云：「匡，枉也。」弧者，楚辭七諫〔謬諫〕「正法弧而不公」，王逸注：「弧，戾也。」「君之正法膠戾不用，衆皆背公而向私也。」紉，未聞。咈者，説文「咈，違也」，引周書曰：「咈其耇長。」抮者，玉篇：「抮，火典切，引戾也。」狠者，説文：「狠，吠鬭聲。五還切。」舊本「狠」譌「狠」，今訂正。佷者，説文：「佷，盭也。胡懇切。」舊本音譌「狼」，今訂正。

肖、似、類、鼎，象也。

玉篇：「象，亦作『像』。」説文：「像，象也。」荀子議兵篇：「曉然皆知修上之法，像上之志而安樂之。」肖者，上文云「類也」，「肖」又爲象也。似、類者，説文：「佀，象也。」又云：「類，種類相似，唯犬爲甚。」管子七法篇：「義也，名也，時也，似也，類也，比也，狀也，謂之象。」吕氏春秋季冬紀〔序意〕「進視梁下，類有人」，注：「類，象也。」鼎者，鼎「彖曰：鼎，

〔一〕狠，疏證本作「狼」。

象也」，李鼎祚引九家易云：「卦是鼎鑊烹飪之象，亦象三公之位，上則調和陰陽，下而撫育百姓。鼎能熟物養人，故云象也。」

⿰犭翏、奴絞反。獿、遶音。狡、絞音。訬、士交反。毚，讒音。獪也。

說文：「獪，狡獪也。」⿰犭翏者，智之獪也。方言（第十）「姡，獪也。江湘之間或謂之無賴，或謂之⿰犭翏」，郭注：「㑌怓，多智也。恪交反。」玉篇：「⿰犭翏，獪也。」獿者，猴之獪也。玉篇「獿」與「猱」同。上文釋「獿」爲「擾」，與此義相成也。狡者，犬之獪也。玉篇：「狡，古卯切，猾也，獪也。」訬者，輕之獪也。說文：「訬，擾也。一曰訬獪。讀若毚。」淮南脩務訓「越人有重遲者，而人謂之訬」，高誘注：「訬，輕利急。」音「抄」。漢書敘傳（下）之「江都訬輕」，顏師古曰：「謂輕狡也。」左思吴都賦：「則有任俠之靡，輕訬之客。」毚者，兔之獪也。小雅巧言「躍躍毚兔」，傳：「狡兔也。」

剖、辟、浦壁反。片、胖，判音。半也。

說文：「半，物中分也。从八、从牛。牛爲物大，可以分也。」剖者，分之半也。左氏襄十四年傳「與女剖分而食之」，杜注：「中分爲剖。」辟者，與「劈」同，破之半也。說文：「劈，破也。」片者，木之半也。說文：「片，判木也。从半、木。」胖者，體之半也。天官腊人云「祭祀共膴胖」，注云：「鄭大夫云『胖』讀爲『判』，杜子春云禮家以胖爲半體，玄謂胖之言片也，析肉意也。」說文：「胖，半體肉也。」

㪺、俱音。妁、酌音。斟，酌也。

說文：「酌，盛酒行觴也。」㪺者，說文：「㪺，挹也。」玉篇：「㪺，九娛切，酌也。」小雅賓之初筵「賓載手仇」，箋：「仇讀曰㪺，挹也。」妁者，說文：「妁，酌也，斟酌二姓也。」斟者，說文：「斟，勺也。」玉篇：「斟，酌也。」

曰、欥、惟、飢、〔一〕、每、雖、兮、者、其、各、而、烏、豈、也、乎、些、先計反。只，詞也。

說文：「詞，意內而言外也。」舊本「詞」下無「也」字，今就文義補正。曰者，說文：「曰，詞也。象口氣出也。」堯典：「曰若稽古帝堯。」孟子（梁惠王上）「王曰叟」，趙岐注：「曰，詞也。」皇侃論語義疏（學而）：「曰者，發語之端也。」又引說文云：「開口吐舌謂之爲曰。」張衡東京賦「曰止曰時」，薛綜注：「曰，詞也。」案：「曰」通作「聿」。小雅角弓「見晛曰消」、大雅抑「曰喪厥國」，釋文引韓詩作「見晛聿消、聿喪厥國」。大雅緜「予曰有先後，予曰有奔走」，楚辭（離騷）王逸章句引詩：「予聿有奔走，予聿有先後。」是「曰」與「聿」通。舊本「曰」譌「日」，今訂正。欥者，說文「欥，詮詞也」，引詩曰：「欥求厥寧。」漢書敘傳（上）幽通賦「欥中龢爲庶幾兮」，顏師古曰：「欥，古『聿』字。」文選「欥」作「聿」，是「欥」亦與「聿」通也。惟者，凡之詞也。方言（第一）：「惟、凡，思也。」容齋三筆（卷十）云：「六經用字有不同者，『維、〔惟〕、唯』一也，而在詩爲『維』，在易爲『唯』，在書爲『惟』。」飢，未詳。每者，爾雅（釋訓）：「每有，雖也。」莊子庚桑楚云「每發而不當」，釋文：「每，雖也。」衆經音義（卷二十五）引倉頡篇：「每，非一定之詞也。」雖者，玉篇：「雖，詞兩設也。」論語（學而）云：「雖曰未學。」兮者，說文：「兮，語所稽也。」詩（召南摽有梅）曰「其實七兮」、（鄭風緇衣）「緇衣之宜兮」，是也。者者，說文：「者，別事詞也。」其者，商書微子云「若之何其」，鄭注：「其，語助也，齊魯之間聲如姬。」各者，說文：「各，異辭也。」而者，玉篇：「而，語助也，乃也。」皇侃論語義疏（學而）云：「而，猶因仍也。」公羊宣八年傳：「而者何？難也。」烏者，說文：「烏，取其助氣，故以爲烏呼。」玉篇：「烏，語詞。」釋名（釋言語）：「烏，舒也，氣憤滿，故發此聲以舒寫之也。」今經典多作

〔一〕飢，疏證本作「⿰食丸」。

「嗚」。文選〈陸機赴洛道中詩〉注引薛君韓詩章句：「嗚，歎詞也。」豈者，玉篇「豈，安也，焉也」，引書曰：「怨豈在明。」也者，玉篇：「也，斯也，所以窮上成文也。」詩〈邶風旄丘〉曰「何其處也，必有與也」，是也。乎者，説文：「乎，語之餘也。」孔安國論語〈雍也〉注云：「焉、耳、乎、哉，皆詞也。」詩〈小雅常棣〉曰：「亶其然乎。」些者，語之詞也。宋玉招魂「何爲四方些」，是也。沈括曰：「今夔峽湖湘及南、北江獠人，凡禁呪句尾，皆稱些，乃楚人舊俗。」大昭案：爾雅〈釋詁下〉「呰，此也」，釋文：「呰，郭音些。案廣雅：『些，辭也。』息計反，又息賀反，謂語餘聲也。」是「些」本當作「呰」，故説文不收「些」字。只者，説文：「只，語已詞也。」鄘風柏舟：「母也天只，不諒人只。」左氏襄二十七年傳：「諸侯歸晉之德只。」

沬、既、央、極，已也。

玉篇：「已，止也，畢也，訖也。」沬者，離騷「芬至今其猶未沬」，王逸注：「沬，已也。」既者，周南汝墳「既見君子」，傳：「既，已也。」地官鄉師云「既役，則受州里之役要」，注云：「既，已也。」張衡東京賦：「文德既昭。」央者，楚辭九歌〈雲中君〉「爛昭昭兮未央」，王逸注：「央，已也。」謝朓暫使下都夜發新林至京邑詩「大江流日夜，客心悲未央」，李善注引此文。極者，小雅青蠅「讒人罔極」，箋：「極，已也。」

夷、吞、泯、絶、止、消、威，翾悦反。滅也。

爾雅〈釋詁下〉：「滅，盡也，絶也。」夷者，王粲贈士孫萠詩：「天降喪亂，靡國不夷。」陸機挽歌：「妍姿永夷泯。」吞者，漢書項籍傳贊：「并吞八荒之心。」泯者，玉篇：「泯，彌忍、彌賓二切，滅也。」左氏成十六年傳「是大泯曹也」，周語〈中〉「今將大泯其宗祊」，注皆訓「滅」。絶者，班彪北征賦「超絶迹而遠遊」，李善注引此文。止，未詳。消者，説文：「消，盡也。」廣韻〈蕭韻〉：「消，滅也。」威者，説文「威，滅也。火死于戌，陽氣至戌而盡」，引詩曰：「赫赫宗周，褒姒戚之。」

恬、大嫌反。倓、大濫反，又達甘反。憺、徒敢反，又徒濫反。怕、普白反。怗、他頰反，又都簟反。𡖋、莫音。宋、呐、乃頰反。安、情，靜也。

說文：「靜，審也。」玉篇：「靜，息也。」廣韻（靜韻）：「靜，安也。」恬者，方言（第十三）文也。淮南原道訓：「大丈夫恬然無思，澹然無慮。」又人間訓：「清靜恬愉。」王褒洞簫賦「時恬淡以綏肆」，李善注引此文。倓者，玉篇「倓，靜也」，本此。憺、怕者，說文：「憺，安也。怕，無爲也。」司馬相如子虛賦：「怕乎無爲，憺乎自持。」老子道經：「我獨怕兮其未兆。」怗者，陸機文賦「或妥怗而易施」，李善注引此文。玉篇「怗，靜也」，本此。𡖋者，說文：「𡖋，宋也。」通作「嗼」。宋者，說文「宋，無人聲」，或作「諔」。方言（第十）：「宋、安，靜也。江湘九嶷之郊謂之宋。」楚辭遠遊云：「野宋漠其無人。」通作「寂」。呐者，玉篇：「呐，莫也。」案：莫然，清靜之貌。安者，方言（第十）文也。說文：「安，靜也。」釋名（釋言語）：「安，宴也，晏晏然和喜，無動懼也。」情者，古「情」與「靜」通，故爲靜也。表記云「義而順，文而靜」，鄭注：「『靜』或爲『情』。」逸周書官人云「情忠而寬，貌莊而安」，大戴禮官人「情」作「靜」；周書又云「飾貌者不靜」，大戴禮作「不情」，是也。或說「情」當作「青」。潘岳射雉賦「涉青林以遊覽兮」，李善注引薛君韓詩章句：「青，靜也。」

靈子、醫、⿱龍巫、力恭反。覡，乎的反。巫也。

說文：「巫，祝也。女能事無形，以舞降神者也。」靈子者，王逸注楚辭（九歌雲中君）云：「楚人名巫爲靈子。」春秋傳申公巫臣字子靈。醫者，說文云：「古者巫彭初作醫。」故醫亦爲巫。⿱龍巫者，玉篇「⿱龍巫，巫也」，本此。覡者，說文：「覡，能齋肅事神明也。在男曰覡，在女曰巫。」

攙、士銜反。捈、塗音。剡、琰音。今會稽有剡縣，音舌染翻，未知此音出何文字。鑯，子廉反。銳也。

上文「銳，利也」，此又廣其義也。攙者，字當爲「鑱」。說文：「鑱，銳也。」捈，未詳。剡者，鋒之銳也。說文：「剡，銳利也。」晉語〔二〕「大喪大亂之剡也，不可犯也」，韋注：「剡，鋒也。」漢書賈誼傳：「剡手以衝仇人之胸。」鑯者，說文「鑯，鐫也」，徐鉉曰：「今俗作『尖』，非是。」〇集韻〔鹽韻〕「鋟，將廉切」，引廣雅：「銳也。」今無此文。

拔、博末反。拂、榜、彭音。挾、押、翼，輔也。

玉篇：「輔，相也。」廣韻〔麌韻〕：「輔，助也，弼也。」拔者，出之輔也。拂者，古與「弼」同，諫之輔也。孟子〔告子下〕云：「入則無法家拂士。」荀子臣道篇：「有能抗君之命，竊君之重，反君之事，以安國之危，除君之辱，功伐足以成國之大利，謂之拂。」榜者，弓之輔也。說文：「榜，所以輔弓弩。」挾者，說文：「挾，俾持也。」釋名〔釋姿容〕：「挾，夾也，在旁也。」押者，玉篇「押，古狎切，輔也」，本此。翼者，周書大誥：「予翼以于。」玉篇：「翼，輔也。」

臿、初洽反。暛、祚何反。𣅂、敷穢反。暘、蕩音。糳、子洛反。捶、之桊反。𦦨、丁老反。𥳔、櫱、楚芮反。碏，沓音。舂失鍾反。也。

說文：「舂，擣粟也。古者雝父初作舂。」臿者，說文：「臿，舂去麥皮也。」暛者，玉篇：「暛，舂擣也。」𣅂、暘者，玉篇「𣅂，舂也。暘，徒黨切，舂也」，並本此。舊本「暛、𣅂、暘」皆譌从「日」，今訂正。糳〔者，說文〕：「糲米一斛，舂爲九斗，曰糳。」捶者，杖之舂也。說文：「捶，以杖擊也。」𦦨者，玉篇：「𣊭，舂也。亦作『擣』。」「𦦨、𣊭」同。𥳔者，說文：「𥳔，小舂也。初桊切。」櫱者，說文云：「舂麥爲櫱。」舊本「櫱」譌从「木」，今訂正。碏者，說文云：「舂已復擣之曰碏。」

巉士衫反。巖、五銜反。岑崟、吟音。巑在丸反。岏、嶕辭焦反。嶢、堯音。阢、兀音。嵬、牛迴反，又牛尾反。

嵯峨、顛堯音。贅、五高反。嶅〔一〕遼音。巢、巢音。陗、且笑反。摷、七消反。卲、亢、苦浪反。喬、橋音。厲、尊、極、競、弼、尚、崒，子恤反。高也。

說文：「高，崇也。象臺觀高之形。」釋名〈釋親屬〉：「高，皋也，最在上皋韜諸下也。」巉巖者，玉篇：「巉，巉巖，高危。」宋玉高唐賦：「登巉巖而下望兮。」謝朓郡內登望詩「巉喦帶遠天」，李善注引廣雅作「巉喦」。岑崟者，說文：「崟，山之岑崟也。魚音切。岑，山小而高，鉏箴切。」司馬相如〈子虛〉賦：「岑崟參差，日月蔽虧。」江淹雜體詩「岑崟還相蔽」，李善注引郭注方言云：「岑崟，峻貌。」巑岏者，宋玉高唐賦：「盤岸巑岏。」劉向九歎〈憂苦〉「登巑岏以長企兮」，王逸曰：「巑岏，銳山也。」謝朓和王著作八公山詩「兹嶺復巑岏」，李善注引字林云：「巑岏，銳山也。」玉篇：「巑岏，銳上也。」嶕嶢者，說文：「嶢，焦嶢，山高貌。」「焦、嶕」同。方言〈第六〉云：「嶢，高也。」班固西都賦：「內則別風之嶕嶢。」黃香九宮賦：「登嶕嶢之鼇臺，闚天門而閃帝宮。」陶潛挽歌「四面無人居，高墳正嶕嶢」，李善注引字林：「嶕嶢，高貌。」阢、嵬者，玉篇：「阢，午回切，崔也。亦作『峞』。」說文：「嵬，高不平也。」班固西都賦「爾乃正殿崔嵬，層構厥高，臨乎未央」，李善注引長門賦：「正殿嵬以造天。」嵯峨者，說文：「嵯，山貌。峨，嵯峨也。」楚辭招隱士云「山氣巃嵸兮石嵯峨」，王逸注：「嵯峨，巀嶭，峻蔽日也。」顤贅者，說文：「顤，高長頭。五弔切。贅，贅顤，高也。五到切。」玉篇：「顤，高大也。」嶅巢者，玉篇：「嶚，力幺切，嶚巢，山高。巢，士交切。」「嶅、嶚」同。張衡南都賦「嵣㟐嶚刺」，李善注：「嶚，山高而相戾也。」集韻〈蕭韻〉引此作「嶚巢」。陗者，說文：「陗，陵也。」與「峭」同。史記李斯列傳「峭塹之勢異也」，索隱云：

〔一〕嶅，疏證本作「嶚」。

「峭，峻也，高也。」謝靈運過始寧墅詩「巖峭嶺稠疊」，李善注引云：「峭，高也。」是本又作「峭」。挑者，詹事兄曰：疑「祧」之譌。祧之言超也，「超」有「高」義。卲者，説文：「卲，高也。」法言修身篇「公儀子、董仲〔舒〕之才之卲也」，李軌訓「卲」爲「高」。案：「卲」从「卩」，舊本譌从「邑」，今訂正。亢者，易乾上九「亢龍」釋文引子夏傳：「亢，極也。」通作「抗」。樂記云：「上如抗，下如隊。」淮南説山訓「申徒狄負石自沈于淵，而溺者不可以爲抗」，注云：「抗，高也。」繁欽與魏文帝箋云「大不抗越，細不幽散」，李善注引云：「抗，高也。」是本又作「抗」。又通作「阬」。説文：「阬，閬也。」「閬，門高也。」喬者，説文：「喬，高而曲也。」禹貢：「厥木維喬。」周頌般「墮山喬岳。」案：「喬，高也。」見爾雅釋詁，必不重出。考爾雅釋山「鋭而高，嶠」，釋文引字林作「嵪」，云：「山鋭而長也。巨照反。」此「喬」疑「嶠」之譌。厲者，孔融薦禰衡表「史魚厲節」，曹植七啟「懼聲教之未厲」，李善注引此文。尊者，考工記輪人云「部尊一枚」，注云：「尊，高也。」極者，玉篇「極，高也」，本此。競者，廣韻〔映韻〕「競，高也」，本此。弼者，方言〔第十二〕文也。尚者，左思招隱詩「相與觀所尚」，李善曰：「尚，高也。」謂中心之所高尚也。崒者，説文：「崒，危高也。」爾雅釋山「崒者，厜㕒」，郭注：「謂峯頭巉巖。」班固西都賦：「巖峻崷崒。」

叡、下邁反。侑、又音。儷、諧，耦也。

釋名〔釋親屬〕：「耦，遇也，二人相對遇也。」左氏桓二年傳：「嘉耦曰妃，怨耦曰仇。」叡者，玉篇：「叡，居載切，偶也。」侑者，説文「姷，耦也。讀若祐」，或作「侑」。儷者，士冠禮云「主人酬賓，束帛儷皮」，〔注〕：「兩鹿皮也。」士昏禮注云：「儷，兩也。」春秋〔左氏〕傳〔成公十一年〕曰：「鳥獸猶不失儷。」法言君子篇：「必進易儷也，必退易儷也。進以禮，退以義，難儷也。」是儷爲耦也。諧者，上文釋「耦」爲「諧」，此又轉相訓也。

州、郡、縣、道、都、鄙、邨〔一〕、域、邑，國也。

説文：「國，邦也。」玉篇：「小曰邦，大曰國。」州者，牧之國也。釋名〔釋州國〕：「州，注也，郡國所注仰也。」禹貢釋文引春秋説題辭云：「州之言殊也。」郡者，守之國也。古郡小于縣。周書作雒解云：「國方千里，分爲百縣，縣有四郡，郡有四鄙。」左氏哀二年傳「上大夫受縣，下大夫受郡」，是也。至秦初，置三十六郡，以監其縣，則郡大於縣矣。水經注〔河水二〕引黄義仲十三州記云：「郡之言君也，改公侯之封而言。君者，至尊也，郡守專權，君臣之禮彌崇。今『郡』字，『君』在其左，『邑』在其右。君爲元首，邑以載民，取名于君，謂之郡。」縣者，令長之國也。古之名縣有二：總王畿之内曰縣，天子之寰内是也；六遂之内有縣，凡二千五百家，則五家爲鄰，五鄰爲里，四里爲酇，五酇爲鄙，五鄙爲縣是也；三百里至四百里爲縣，則稍甸縣鄙是也。釋名〔釋州國〕：「縣，縣也，縣係于郡也。」水經注〔河水二〕引風俗通義：「百里曰同，總名爲縣。縣，玄也，首也，言當玄靜，平徭役也。」黄義仲十三州記云：「縣，弦〔也，弦〕以貞直言，下體之居，鄰民之位，不輕其誓，施繩用法，不曲如弦。『弦』聲〔近〕『縣』，故以取名。」道者，邊之國也。漢書百官表云：「有蠻夷曰道。」都者，治之國也。漢時郡所治稱都。後漢書安帝紀「徙金城郡都襄武」、臧洪傳「徙爲東郡太守，都東武陽」，是也。釋名〔釋州國〕云：「國城曰都者，國君所居，人所都會也。」鄙者，釋名〔釋州國〕：「鄙，否也，小邑不能遠通也。」玉篇云：「周禮：『五酇爲鄙。』鄙，小國，去都遠。」邨，未聞。域者，商頌〔玄鳥〕「奄有九有」，韓詩作「奄有九域」。説文「或，邦也」，或作「域」。邑者，漢書百官表：「皇太后、皇后、公主所食曰邑。」案：夏商天子所居名邑。商頌殷武「商邑翼翼，四方之

〔一〕邨，疏證本作「邦」。

極」，傳：「商邑，京師也。」書多士言「天邑商」、逸書言「西邑夏，大邑周」，是也。是以白虎通義（京師）：「夏曰夏邑，殷曰商邑，周曰京師。尚書曰『率割夏邑』，謂桀也，在商邑謂殷也。」文王演易，據夏商之禮，故于無妄六三云「邑人之災」，亦以天子所居爲邑也。諸侯亦稱邑。春秋傳云「敝邑」是也。說文：「邑，國也。从囗，先王之制，尊卑有大小；从卪。」

攜、挈、撣擅〔一〕，音。提也。

說文：「提，挈也。」釋名（釋姿容）：「提，地也，臂垂所持近地也。」攜者，說文手部義也。又云：「⿺尢皮不能行爲人所引曰⿺尢是⿺尢巂。」是亦「提攜」之異文。挈者，說文：「挈，縣持也。」釋名（釋姿容）：「挈，結也；結，束也，束持之也。」淮南說山訓：「百人抗浮，不若一人挈而趨。」撣者，說文：「撣，提持也。徒旱切。」

⿰亞刂、乙牙反。㓝、⿰玄刂〔二〕，剄古鼎反。也。

說文：「剄，刑也。」玉篇：「剄，以刀割頸也。」⿰亞刂者，玉篇：「⿰亞刂，刎也。」集韻（麻韻）引廣雅：「⿰亞刂，刎也。」㓝者，玉篇「㓝」與「刑」同。說文：「刑，剄也。」舊本「㓝」譌「⿰开刂」，字書無此字。⿰玄刂者，玉篇：「⿰玄刂，下千切，剄也。」舊本「⿰玄刂」譌「刻」，今訂正。

剾、烏侯反。⿰俞刂、頭音。⿰肙刂，淵音。剜烏桓反。也。

玉篇「剜，削也。剾，剜也。⿰俞刂，徒溝切，剾也。⿰肙刂，於玄切，剜也」，並本此。○集韻（禡韻）「⿰亞刂，衣駕切」，引廣雅：

〔一〕擅，王念孫說當作「檀」。
〔二〕㓝⿰玄刂，疏證本作「刑刻」。

「剜也。」今無此文，疑涉上而誤。

孕、重、妊、任音。娠、振、身二音。身、媰，壯救反。㑗身音。也。

玉篇：「㑗，式神切，妊身也。」孕者，說文：「孕，裹子也。」漸九三：「婦孕不育。」淮南原道訓「毛者孕育」，注：「孕者，懷胎。」重者，詩〔大雅大明〕毛傳「身，重也」，鄭箋：「重，謂裹孕也。」廣韻〔用韻〕作「䡤」，云：「婦人娠也。柱用切。」妊者，說文：「妊，孕也。」玉篇：「妊，汝鴆切，妊身懷孕也。」娠者，說文：「娠，女妊身動也。」左氏哀元年傳：「后緍方娠。」漢書高祖紀〔上〕「已而有娠」，應劭曰：「娠，動，懷任之意。」孟康曰：「娠，音身。漢史『身』多作『娠』，古今字也。」玉篇：「娠，失人、之刃二切，妊娠也。」身者，大雅大明云：「太任有身，生此文王。」媰者，說文「媰，婦人妊身也」，引周書曰：「至于媰婦。」玉篇：「媰，仕于、仄鳩二切。」

偁、稱之平聲。奬、蔣〔一〕音。譝、繩音。與、輿音，疑〔二〕。孝，譽也。

說文：「譽，稱也。」玉篇：「譽，余怒切，聲美也。又音余。」偁者，說文：「偁，揚也。」玉篇引左氏傳：「禹偁善人。」「與『稱』同。」今本左傳作「稱」。奬者，說文：「奬，嗾犬厲之也。」玉篇「奬，子養切，譽〔也〕」，本此。譝者，玉篇：「譝，視陵切，譽也。」通作「繩」。左氏莊十四年傳「繩息媯」，杜注：「繩，譽也。」與者，鄭注射義云：「『譽』或爲『與』。」是「與、譽」古字通。曹憲「輿」音之下有「疑」字，亦疑其「與、譽」同歟。孝者，孝經援神契云：「卿大夫行孝曰譽，謂言行布滿天下，能

〔一〕蔣，王念孫博雅音校本作「𢍜」。

〔二〕王念孫說「疑」字乃校書者所記，當刪。

無怨惡，遐邇稱譽，是榮親也。」

皃、陌豹反。奕、裕、心、形，容也。

上文「容，飾也」，此又廣其訓。古作「頌」。説文：「頌，皃也。」皃者，説文「皃，頌儀也」，或作「貌」，籀文作「貌」。説苑修文篇：「書曰：『五事，一曰貌。』貌者，男子之所以恭敬，婦人之所以姣好也。行步中矩，折旋中規，立則磬折，拱則抱鼓。其以入君朝，尊以嚴；其以入宗廟，敬以忠；其以入鄉曲，和以順；其以入州里鄉黨之中，和以親。」奕者，方言（第二）：「奕，容也。自關而西，凡美容謂之奕。」玉篇：「奕，弋石切，美容也。」裕者，陸機皇太子宴玄圃宣猷堂有令賦詩云「茂德淵沖，天姿玉裕」，李善注引此文。心者，漢書五行志（下之上）云：「傳曰：『思心之不容，是謂不聖。』思心者，心思慮也；容，寬也。孔子曰：『居上不寬，吾何以觀之哉！』言上不寬大包容臣下，則不能居聖位。」是心爲寬之容也。形者，詩序云：「頌者，美盛德之形容。」

廋、所留反。蔽、潛、匿、恩、遁，隱也。

説文：「隱，蔽也。」玉篇：「隱，匿也。」廋者，方言（第三）文也，郭注：「廋音搜索之搜，謂隱匿也。」晉語（五）「有秦客廋辭于朝」，韋注：「廋，隱也。謂以隱伏譎詭之言問于朝。東方朔曰：『非敢詆之，乃與爲隱耳。』」是也。通作「蒐」。左氏文十八年傳「服讒蒐慝」，注：「蒐，隱也。」蔽者，玉篇「蔽，隱也」，本此。潛者，説文：「潛，藏也。」廣韻（鹽韻）：「潛，水伏流。」匿者，玉篇：「匿，亡隱也。」恩者，廣韵（痕韻）：「恩，隱也。」遁者，説文：「遁，逃也。」玉篇：「遁，隱也。」離騷「後悔遁而有他」，王注：「遁，隱也。」

僭、忒、菲、⿸尸降，古巷反。差楚儀反。也。

説文：「差，貳也，差不相值也。」玉篇：「差，參差不齊也。」僭者，湯誥云「天命弗僭」，孔傳：「僭，差也。」通作「朁」。漢書王子侯表「或朁差失軌」，顔師古曰：「朁，古『僭』字。」忒者，易豫彖曰：「四時不忒。」通作「貣」。管子云：「如四時之不貣。」茋者，玉篇：「茋，古懷切，差也。今作『乖』。」羼者，玉篇：「羼，差也。今爲『降』。」

䫏、規音。圖、彫、刻，畫也。

説文：「畫，界也。象田四界，聿所以畫之。」釋名〔釋書契〕：「畫，挂也，以五色挂物上也。」䫏者，説文：「䫏，讀若規。」是規，畫也。圖者，説文：「圖，畫計難也。」玉篇：「圖，畫形也。」呂氏春秋〔勿躬〕云：「史皇作圖。」釋名〔釋典藝〕：「圖，度也，盡其品度也。」彫者，説文：「彫，琢文也。」書五子之歌云：「峻宇彫牆。」法言問道篇：「或問：『彫刻衆形者匪天歟？』曰：『以其不彫刻也。如物刻而彫之，焉得力而給諸？』」又寡見篇：「玉不彫，璵璠不作器。」刻者，説文：「刻，鏤也。」爾雅〔釋器〕：「木謂之刻。」

殁、没音。繹、結、冬，終也。

釋名〔釋喪制〕：「終，盡也。」殁者，人之終也。説文「歾，終也」，或作「殁」。繹者，絲之終也。玉篇：「繹，終也。」結者，事之終也。冬者，時之終也。説文：「冬，四時盡也。」漢書律曆志〔上〕：「冬，終也。物終藏，乃可稱。」白虎通義〔五行〕：「冬之爲言終也。」

揄、以珠反。墮、剥、免，脱也。

上文「脱，離也」，此又廣其訓。揄、墮者，方言〔第十二〕云：「揄、撱，脱也。」剥者，爾雅〔釋器〕「肉，曰脱之」，郭注：「剥其皮也。」是剥爲脱也。免者，左氏成十六年傳「免使者而復鼓」，注：「免，脱也。」晉語〔六〕「郤至甲胄而見客，免胄而聽命」，韋注訓爲「脱也」。

酺、薄乎反，又薄故反。醵、巨略反。吸、許急反。弭，弭音。飲也。

説文：「歙，歠也。」釋名（釋飲食）：「飲，奄也，以口奄而引咽之也。」酺者，説文：「酺，王德布大歙酒也。」史記文帝紀「酺五日」，集解云：「文穎曰：『漢律三人以上無故羣飲，罰金四兩。今詔横賜得令會聚飲食五日』。」索隱曰：「趙武靈王滅中山，酺五日，是其所起也。」醵者，説文「醵，會飲酒也」，或作「配」。禮器云「周禮其猶醵與」，鄭注：「合錢飲酒爲醵。」吸者，郭璞江賦「吸翠霞而夭矯」，李善注引此文。弭者，説文水部義也，緜婢切。

師、尹、工，官也。

説文：「官，吏事君也。」師者，地官師氏注：「師，教人以道者之稱也。」大戴禮（保傅）云：「昔者周成王幼，在襁褓之中」，「太公爲太師。」尹者，春秋繁露（三代改制質文）云：「湯受命，變夏作殷，作宫于下洛之陽，名（相）官曰尹。」工者，周頌（臣工）「嗟嗟臣工」，傳：「工，官也。」鄭箋工是諸侯之卿大夫，是也。

日、室、經，實也。

説文：「實，富也。」玉篇：「實，不空也。」日者，説文：「日，實也。太陽之精不虧。」爾雅疏引春秋元命苞云：「日，實也，光明盛實。」白虎通義（日月）：「日之爲言實也，常滿有節。」室者，説文宀部義也。釋名（釋宫室）：「室，實也，人物實滿其中也。」經者，檀弓（上）云「經也者，實也」，鄭注：「所以表哀戚。」又鄭注喪服云：「經之言實也，明孝子有忠實之心。」

貫、增、詸，累也。

說文：「絫，增也。」貫者，財之累也。說文：「貫，錢貝之貫。」離騷「貫薜荔之落蘂」，王注：「貫，累也。」增者，物之累也。說文：「增，益也。」誄者，行之累也。曾子問云「賤不誄貴，幼不誄長，禮也」，鄭注：「誄，累也。累列生時行迹，誄之以作謚。」釋名（釋典藝）：「誄，累也，累列其事而稱之也。」

承、受、詔，繼也。

說文：「繼，續也。」承者，說文：「承，受也。」玉篇：「承，次也。」左氏宣十二年傳「子擊之，鄭師爲承，楚師必敗」，杜注：「承，繼也。」受者，古與「更」通。左氏昭二十九年傳「以更豕韋之後」，史記「更」作「受」。儀禮燕禮云「更爵」，注云：「古文『更』爲『受』。」詔者，樂記篇文也，鄭注：「詔之言紹也。」玉篇：「詔，繼也，紹也，舜樂（名）也。」

趠、卓音。殊、撥、逋末反。𣨛，卒音。絶也。

釋名（釋言語）：「絶，截也，如割截也。」說文：「截，斷絲也。」趠者，左思魏都賦「至于山川之倬詭」，李善注引廣雅：「倬，絶也。」是本又作「倬」。殊者，木之絶也。玉篇「殊，絶也」，本此。左氏昭二十三年傳：「斷其後之木而弗殊，邾師過之，乃推而蹷之。」撥者，本之絶也。大雅蕩「枝葉未有害，本實先撥」，鄭箋：「撥，猶絶也。」𣨛者，生之絶也。說文云：「大夫死曰𣨛。」公羊隱三年傳：「大夫曰卒。」與「𣨛」同。

頀、護音。户、挾，護也。

說文：「護，救視也。」史記蕭相國世家：「何數以吏事護高祖。」頀者，玉篇：「頀，胡故切，湯樂名。」白虎通義（禮樂）「湯曰大護者，言湯承衰，能護民之急也。」「頀、護」同。户者，說文：「户，護也。半門曰户。」釋名（釋宮室）：「户，護也，所以謹護閉塞也。」挾者，方言（第十三）文也，郭注：「扶挾將護。」方言本或作「扶」，字之譌耳。廣韻（怗韻）：「挾，護也。」

巛、儒、㹕、謹音。犪、茹，柔也。

上文「柔，弱也」，此又申釋之。虞書〈皋陶謨〉「柔而立」，鄭注：「柔，謂性行和柔。」巛者，陸氏周易釋文云：「坤，本又作『巛』。巛，今字也，同。困魂反。」雜卦傳：「乾剛坤柔。」儒者，說文：「儒，柔也，術士之稱。」禮記鄭氏目録云：「儒之言優也，柔也。能安人，能服人。」左氏傳〈哀公二十一年〉齊人歌曰：「唯其儒書，以爲二國憂。」㹕者，玉篇：「㹕，几隱切，柔也。」犪者，尚書〈皋陶謨〉云「犪而毅」，徐廣曰：「犪，一作『柔』。」說文：「犪，牛柔謹也。从牛，夒聲。」玉篇：「犪，而小、而照二切，從也，馴〈也〉。尚書『犪而毅』字如此。犪，同上。」茹者，艸之柔也。離騷「攬茹蕙以掩涕兮」，王注：「茹，柔耎也。」

𥢧、聾音。秿、輔音。秎、浮問反。䅉，頰音。穧在細反。也。

說文：「穧，穫刈也。」小雅大田云：「此有不斂穧。」𥢧者，玉篇：「𥢧，力公切，𥢧穧。」秿者，玉篇：「秿，扶甫切，禾積也。」廣韻〈麌韻〉：「秿，禾穳積也。」秎者，玉篇：「秎，秎穧也。」廣韻〈問韻〉：「秎，穧秎穫也。」管子立政篇：「歲雖凶旱，有所秎穫。」䅉者，玉篇：「䅉，居協切，䅉穧也。」

𥗋、遘音。𥔎、的音。罰，伐也。

說文：「伐，擊也。」𥗋者，玉篇：「𥗋，古〈候〉切，罰也。」廣韻〈候韻〉同。𥔎者，玉篇：「𥔎，丁狄切，硾也。」廣韻〈錫韻〉同。罰者，廣韻〈月韻〉引元命苞云：「网言爲詈，刀詈爲罰。罰之言网陷于害。」

𨋲、魂音。般、班音。旋，還也。

説文：「還，復也。」䡣者，廣韻〈魂韻〉：「䡣，還也，車相避也。戶昆切。」般者，説文：「般，辟也。象舟之旋。」明夷六二「夷于左股」，馬融、王肅作「般」，云：「旋也，日隨天左旋也。」通作「班」。還軍曰班師。左氏襄十年傳「請班師」，杜注：「班，還也。」旋者，古與「還」同。魏風〈十畝之間〉「行與子還兮」，釋文：「本亦作『旋』。」齊風〈還〉「子之還兮」，韓詩作「嫙」。

明、覺、赫，發也。

玉篇：「發，明也。」明者，上文釋「發」爲「明」，「明」又爲「發」，轉相訓也。玉篇「明，發也」，本此。覺者，説文見部義也。赫者，廣韻〈陌韻〉「赫，發也」，本此。

䚝、才兀反。長、勑，步器反。挾也。

挾，未詳。「䚝、長、勑」，字書俱無「挾」訓。玉篇：「䚝，角初生。」「勑，符沸切，勇壯也。」

䪫、莖音。摹、莫乎反。剫，烏角反。刑也。

「刑」與「形」，古通用。詩〈大雅文王〉「儀刑文王」，潛夫論引作「形」。孫叔敖碑：「因埋掩其刑。」又：「辟患害于無刑。」馮緄碑：「遺令臧刑而已。」皆義作「形」。䪫者，玉篇：「䪫，駭耕切，䪫刑也，頸項樂名。」摹者，説文：「摹，規也。」玉篇：「摹，規摹也。」剫者，玉篇：「剫，形也。」集韻〈覺韻〉：「剫，刑也。」

糞、緼、瀀，憂音。饒也。

上文「饒，益也，多也」，此又廣其義。糞者，詹事兄云：月令「可以〈糞田〉疇」，是「糞」有「饒益」之義也。緼者，與「蘊」同。方言〈第十三〉云：「蘊，饒也。」瀀者，説文「瀀，澤多也」，引詩曰：「既瀀既渥。」今信南山詩作「優」。

縫〔一〕、際、期，會也。

說文：「會，合也。」縫者，衣之會也。舊本「縫」譌「缝」，今訂正。際者，壁之會也。說文：「際，壁會也。」期者，時之會也。離騷「指西海以爲期」，王注：「期，會也。」

宿、次、du都犂反。疵，失以反。舍也。

玉篇：「舍，舒夜切，處也。」宿者，客之舍也。說文：「宿，止也。」周頌〈有客〉：「有客宿宿。」次者，師之舍也。左氏莊三年傳：「凡師一宿爲舍，再宿爲信，過信爲次。」師六四「師左次」，荀爽曰：「次，舍也。」低者，字當爲「邸」。說文：「邸，屬國舍。」漢書文帝紀「至邸而議之」，顏師古曰：「郡國朝宿之舍在京師者，率名邸。邸，至也，言所歸至也。」疵者，詹事兒曰：「宿、次」爲「傳舍」之「舍」，「疵」則「舍釋」之「舍」也，似亦可通。

程、見、經，示也。

釋名〈釋書契〉：「示，示也，〈上〉過所至關津以示之也。」程者，張衡南都賦「致飾程蟲」，李善注引此文。見者，說文：「見，視也。」「視」與「示」同。曲禮〈上〉「幼子常視毋誑」，鄭注：「視，今之『示』字。」經者，常也，常道以示人也。

肆、申、倲，來音。伸申音。也。

上文「伸，理也，直也，展也」，此又廣其義。肆者，秋官掌戮云「凡殺人者，踣諸市，肆之三日」，注云：「肆，猶申也，陳也。」「申」與「伸」同。申者，玉篇「申，伸也」，本此。倲，未聞。

〔一〕 縫，疏證本作「缝」。

佻、烏音。抗、絓，乎卦反。縣也。

說文：「縣，繫也。」春官小胥職云：「正樂縣之位，王宮（縣），諸侯軒縣，卿大夫判縣，士特縣，辨其聲。」佻、抗者，方言（第七）「佻、抗，縣也。趙魏之間曰佻，自山之東西曰抗。燕趙之郊，縣物于臺之上謂之佻」，郭注：「了佻，縣物貌。」絓者，楚辭九章（哀郢）「心絓結而不解兮」，王注：「絓，懸也。」淮南人間訓：「小人不知禍福之門户，妄動而絓羅網。」潘岳悼亡詩「遺挂猶在壁」，李善注引曰：「挂，懸（也）。」是本又作「挂」。

韞、蘊音。圍、裝、莊音。包、幆，於問反。裹也。

說文：「裹，纏也。」大雅公劉云：「乃裹餱糧。」韞者，玉篇「韞，於昆切，裹也」，本此。圍者，廣韻（微韻）：「圍，圜也，遶也。」通作「韋」。漢書成帝紀建始元年「拔甘泉畤中大木十韋以上」，顔師古注：「韋，與『圍』同。」裝者，說文衣部義也。包者，說文：「包，象人裹妊，已在中，象子未成形也。」召南野有死麕「白茅包之」，傳：「裹也。」幆者，玉篇「幆，裹也」，本此。

扞[一]、搷、田音。對，揚也。

說文：「揚，飛舉也。」扞、搷者，方言（第十二）「扞、搷，揚也」，郭注：「謂播揚也。」玉篇：「搷，達年切，揚也。」對者，廣韻（隊韻）「對，揚也」，本此。

[一] 扞，疏證本作「扜」。

奏、箋、牋音。裱、表音。詔、笧、條、記、勑〔一〕、勑音。標、必饒反。誎、七賜反。檄、乎歷反。書書音。也。

釋名〔釋書契〕：「書，庶也，紀庶物也。亦言著也，著之簡紙，永不滅也。」說文敘云：「箸于竹帛謂之書。書者如也。」呂氏春秋君守篇「倉頡作書」，高誘注：「倉頡生而知書，寫倣鳥迹以造文章。」法言問神篇：「彌綸天下之事，記久明遠，著古昔之㖃㖃，傳千里之忞忞者，莫如書。書，心畫也。」奏者，釋名〔釋書契〕：「奏，鄒也，鄒狹小之言也。」蔡邕獨斷云：「奏者亦需頭，其京師官但言『稽首』，下言『稽首以聞』，其中者所請，若罪法劾案，公府送御史臺，公卿校尉送謁者臺也。」箋者，說文：「箋，表識書也。」詩釋文：「箋，本亦作『牋』，同。字林云：『箋，表也，識也。』案鄭六藝論云：『注詩宗毛爲主，毛義若隱略，則更表明，如有不同，即下己意，使可識別也。』」表者，〔釋名釋書契〕：「下言上曰表，思之於內表施於外也。」獨斷云：「表者不需頭，上言『臣某言』，下言『臣某誠惶誠恐，稽首頓首，死罪死〔罪〕』，左方下附曰『某官臣某甲上』，文多用編兩行，文少以五行，詣尚書通者也。公卿校尉諸將不言姓，大夫以下有同姓官別者言姓，章曰報聞，公卿使謁者將大夫以下至吏民，尚書左丞奏聞報可，表文報已奏如書，凡章表皆啟封，其言密事，得皁囊盛。」詔者，釋名〔釋典藝〕云：「詔書，詔，昭也，人暗不見事宜，則有所犯，以此示之，使昭然知所由也。」獨斷云：「詔書者，詔，誥也。有三品，其文曰『告某官』。官如故事，是爲詔書。羣臣有所奏請，尚書令奏之，下有制曰，天子答之曰可，若下某官云云，亦曰詔書。羣臣有所奏請，無尚書令〔奏〕制字，則答曰已奏，如書本官下所當至亦曰詔。」笧者，說文：「册，符命也，諸侯進受於王也。象其札一長一短，中有二編之形。古文〔『册』从〕『竹』。」釋名〔釋書契〕云：「漢制約勑封侯曰册。

〔一〕勑，疏證本作「敕」。

册，牘也，勑使整牘不犯之也。」獨斷云：「策書，策者，簡也。禮曰不滿百文，不書于策。其制長二尺，短者半之。其次一長一短，兩編，下附篆書，起年月日，稱皇帝曰，以命諸侯王三公，其諸侯王三公之薨于位者，亦以策書誄謚其行而賜之，如諸侯王之策。三公以罪免，亦賜策文，體如上策，而隸書以一尺木兩行，唯此爲異者也。」條者，一一疏舉，若木之有枝條也。漢書元帝〔紀〕：「詔曰：條奏，無有所諱。」廣韻〔蕭韻〕：「條，教也。」記者，説文：「記，疏也。」釋名〔釋典藝〕：「記，紀也，紀識之也。」漢書蕭望之傳「待詔鄭朋奏記于蕭望之」，注：「記，書也。奏記自朋始。」文心雕龍〔書記〕：「後漢始有公府奏記。記之言志，進己志也。」勑者，釋名〔釋書契〕：「勑，飾也，使自警飾，不敢廢慢也。」獨斷云：「戒勑刺史太守及三邊營官，被勑文曰，有詔勑某官，是爲戒勑也。世皆名此爲策書，失之遠矣。」勑者，與「勅」同。玉篇：「敕，誡也。今作『勑』。」標者，字當爲「幖」。説文：「幖，幟也。」「幟」與「識」通。誎者，與「刺」同。釋名〔釋書契〕云：「書稱刺書，以筆刺紙簡之上也。書姓名于奏白曰書刺，作再拜起居字，皆達其體，使書盡邊徐引筆書之如畫者也。下官刺曰長刺，長書中央一行而下也。又曰爵里刺書，其官爵及郡縣鄉里也。」檄者，説文：「檄，二尺書。」史記張儀列傳云：「爲文檄告楚相。」漢書高祖紀〔下〕「吾以羽檄徵天下兵」，顔師古曰：「檄者，以木簡爲書，長尺二寸，用徵召也。其有急事，則加鳥羽插之，示速疾也。魏武奏事云：今邊有警，輒露檄插羽。」釋名〔釋書契〕：「檄，激也，下官所以激迎其上之書文也。」

元、良、餑、勃音。䭲、息音。䠷、道音。䠾、烏老反。堅，長也。

卷三之「長」爲「長短」之「長」，此是「長幼」之「長」也。元、良者，爾雅〔釋詁下〕：「元、良，首也。」首亦長也。易〔乾〕文言曰：「元者，善之長也。」玉篇引韓詩云：「元，長也。」廣韻〔陽韻〕：「良，長也。」餑、䭲，未詳。䠷、䠾者，玉篇：「䠷，乃倒、徒到二切，長也。」「䟔，於倒、於到二切，䟔䠷，長也。」吴都賦：「卉木䟔蔓。」堅者，廣韻〈先韻〉「堅，長也」，本此。○集韻〈筱韻〉引廣雅：「蹽驕，長也。」今無此文，疑即「䠷䟔」之或體字。

劓、魚既反。 刵、耳志反。 割、劗，截也。

説文：「截，斷也。」劓者，説文「劓，刑鼻也」，引易曰「天且劓」，或作「劓」。 刵者，説文：「刵，斷耳也。」割者，玉篇：「割，截也。」劗者，玉篇：「劗，叉亂、叉芮二切，斷也。」舊本「劗」譌「剘」，字書無此字，今訂正。

札、鱗、檢，撿音。 甲也。

釋名〈釋兵〉：「鎧或謂之甲，似物〈有〉孚甲以自禦也。」札者，左氏成十六年傳：「蹲甲而射之，徹七札焉。」淮南説山訓：「今被甲者，以備矢之至。若使人必知所集，則懸一札而已矣。」揚雄太玄〈玄挩〉云：「此札爲甲。」賈公彦周禮疏云：「一葉爲一札，右路石奮投而擊繆公之甲，中之者已六札矣。六札者，惟一札未陷耳，知甲以七札爲數也。」舊本「札」譌「禮」，今訂正。 鱗者，魚之甲也。 説文：「鱗，魚甲也。」檢者，説文：「梜，檢柙也。」「柙」从「甲」，有「甲」義，詹事兄説。

孝、備、九，究也。

説文：「究，窮也。」玉篇：「究，深也，盡也。」孝者，〈孝〉經援神契云：「士行孝曰究，當須〈能〉明審資親事君之道，是能榮親也。」備，未聞。 九者，説文：「九，陽之變也。 象其屈曲究盡之形。」乾鑿度云：「易變而爲一，一變而爲七，〈七〉變而爲九。 九者，氣變之究也，乃復變而爲一。」漢書律曆志〈上〉：「黃鐘爲天統，律長九寸。〈九〉者，所以究極中和，爲萬物元也。」白虎通義〈宗族〉云：「尚書：『以親九族。』族之所以九何？ 九之爲言究也，親疏恩愛究竟也。」

補、仝[一]、棺、丸，完也。

說文：「完，全也。」補者，衣之完也。說文：「補，完衣也。」玉篇：「補，治故也。」仝者，說文「仝，完也」，篆文作「全」，「純玉曰全」。舊本「仝」譌「令」，今訂正。孫侍御云：「盧校『令』作『合』，想亦以意改。」棺者，白虎通義〔崩薨〕：「棺之爲言完，所以藏尸令完全也。」丸者，詹事兄曰：「『丸、完』以音同取義，釋名皆用此例。」

襲、倚，因也。

說文：「因，就也。」淮南原道訓：「禹之決瀆也，因水以爲師；神農之播穀也，因苗以爲教。」襲者，鄭注中庸云：「襲，因也。」潘岳西征賦「街衢如一，庭宇相襲」，李善注引此文。倚者，上文釋「倚」爲「依」，依亦因也。

盈、滿、繹，充也。

上文「充，滿也，塞也」，此又申其義也。盈、滿者，說文：「盈，滿器也。」「滿，盈溢也。」繹者，上文「繹，終也」，案：鄭注士冠禮云「終，充也」，故繹亦爲充。

奸、夌、陵音。敢、犯、衄[二]女六反。也。

說文：「衄，鼻出血也。」廣韻〔屋韻〕：「衄，俗作『衂』。」案：今俗以惡名加人曰衂，是犯之也。奸者，淫之衂也。說文：「奸，犯淫也。古寒切。」夌者，越之衂也。說文：「夌，越也。」通作「陵」。玉篇：「陵，犯也。」敢者，勇之衂也。說文

[一] 仝，疏證本作「合」。

[二] 衄，疏證本在下條「棐」上。

作「敔，進取也」。廣韻〔敢韻〕：「敢，勇也。」犯者，侵之䚡也。說文：「犯，侵也。」玉篇：「犯，抵觸也。」

柴、醉燊反。展、鉦、壬音。幰，於問反。韏卷音。也。

爾雅〔釋器〕：「革中辨謂之韏。」此篇上文「韏，曲也，詘也」，兹所釋者，未知其指。柴、展，未聞。玉篇「幰，韏也」，本此。集韻〔侵韻〕引此文云：「鉦，韏也。」舊本「鉦」譌「飪」，今訂正。

愼、必、葴，敕也。

說文：「敕，誡也。」小雅楚茨「既匡既敕」，箋：「祝〔則〕釋嘏詞以敕之。」孫蓋古者教戒之辭曰敕。愼者，說文「愼，謹也」，古文作「昚」。史記虞卿列傳云：「此飾說也，王昚勿予。」必者，玉篇「必，敕也」，本此。太玄度次八云：「石赤不奪，節士之必。」測曰：「石赤不奪，可與〔有〕要也。」葴者，方言〔第十三〕：「葴、敕、戒，備也。」左氏傳「以葴陳事」，杜注：「葴，敕也。」案：「葴、敕」，一聲之轉。

粈、女又反。雜、錯，廁也。

玉篇：「廁，測吏切，雜也。」粈者，飯之廁也。說文：「粈，雜飯也。」雜者，色之廁也。說文：「雜，五彩相合。」急就篇〔卷一〕：「分別部居不雜廁。」錯者，〔楚〕辭天問「九州安錯」，王逸注：「錯，廁也。言九州錯廁，禹何所分別之？」張協七命「錯以瑶英，鏤以金華」，李善注引此文。

廣、氾、撰、素，博也。

玉篇：「博，廣也。」廣者，居之博也。說文：「廣，殿之大屋也。」氾者，水之博也。楚辭九歎〔思古〕「臨深水而長嘯兮，且倘佯而氾觀」，王注：「氾，博也。」撰，未詳。素者，方言〔第十三〕：「藐、素，廣也。」故素亦爲博。

踦、居綺反。際、邊、厓、旁、隒、檢音。偏、⿱劦貝〔一〕，方也。

「方」訓已見卷一，彼爲「方正」之「方」，此是「方隅」之「方」也。史記扁鵲列傳「以其言飲藥三十日，視見垣一方人」，索隱曰：「方，猶邊也。言能隔牆見彼邊之人。」踦者，玉篇：「踦，恐人踦乃身迂乃心踦曲迂避也。」際者，玉篇「際，方也」，本此。邊者，玉篇：「邊，畔也。」廣韻〈先韻〉：「邊，方也。」厓者，已見前篇「方」訓中。旁者，士喪禮鄭注云：「今文『旁』爲『方』。」是「旁」爲古文「方」也。隒者，已見前卷「方」訓中。偏者，廣韻〈仙韻〉：「偏，不正也，鄙也。」⿱劦貝者，字當爲「脅」。說文：「阪，山脅。」

觸、冒、墨音。搪、唐音。敳、長庚反。衝，揬突音。也。

玉篇：「揬，達骨切，衝揬也。」觸者，說文：「觸，抵也。」冒者，說文：「冒，冢而前也。」搪者，玉篇：「搪，達郎切，搪揬也。」廣韻〈唐韻〉作「傏」，云：「傏偀，不遜。」劉邵人物志：「彊毅之人，狠剛不和，不戒其彊之搪突。」馬融圍棊賦：「守規不固兮爲所唐突。」唐突，與「搪揬」同。集韻〈没韻〉：「搪揬，觸也。」敳者，玉篇、廣韻俱不收，未詳。衝者，孔叢諫格虎賦：「耳目喪精，值網而衝。」鮑照蕪城賦「製磁石以禦衝」，李善注引曰：「衝，突也。」「揬、突」同。

刻、窮、歉、口陷反。㝌，救音。貧也。

說文「貧，財分少也」，古文作「⿱宀分」。刻，未聞。窮者，說文：「窮，極也。」歉者，玉篇「歉，貧也」，本此。㝌者，說文：「㝌，貧病也。」

〔一〕⿱劦貝，疏證本作「脅」。

災、炭、⿰火卽、子栗反。⿱聿火、燼音。⿰火曹，遭音。灺因者反。也。

說文：「灺，燭⿱聿火也。徐野切。」災者，籀文「𢦏」字。釋名：「災，𢦏也，火所燒滅之餘。」炭者，說文：「炭，燒木餘也。」玉篇：「⿱聿火，灺也。」⿰火卽者，玉篇：「⿰火卽，灺也。」⿱聿火者，說文：「⿱聿火，火餘也。」玉篇：「⿱聿火，才進切，灺也。燼，同上。」通作「藎」。方言（第二）：「藎，餘也。自關而西秦晉之間，炊薪不盡曰藎。」⿰火曹者，說文：「⿰火曹，焦也。」玉篇：「⿰火曹，子刀切，燒也。」廣韻（豪韻）：「⿰火曹，火餘木也。」

熝、烏高反。煾、恩音。煨、烏回反。⿰火彖，呼勿反。熅於云反。也。

玉篇：「熅，煙也。」漢書蘇武傳「置熅火」，顏師古曰：「熅，謂聚火無焱者也。」熝者，玉篇：「爊，於刀切，溫也。」「爊」當作「熝」。廣韻（豪韻）：「熝，埋物灰中令熟。」通作「鏖」。說文：「鏖，溫器也。」煾者，說文：「衮，炮肉，以微火溫肉也。烏痕切。」玉篇「煾」與「衮」同。煨者，玉篇：「煨，盆中火熝也。」⿰火彖者，玉篇作「烼，熅也，烼炥火煨」。廣韻（物韻）：「烼，火煨起貌。」

歕、普頓音。⿰口辛、乎萬反。⿰口困、巨殞反。哯、乎典反。呁、鈞峻反。哊、有六反。⿰⿱山口欠、其表反。歐、於苟反。㱿，許角反。吐也。

說文：「吐，寫也。」玉篇：「吐，他古、他故二切，口吐也」。歕者，玉篇：「歕，普門、普悶二切，口含物歕散也。」⿰口辛者，玉篇作「⿰口辡，吐也。」⿰口困者，玉篇：「⿰口困，欲吐貌。」哯者，說文：「哯，不歐而吐也。」玉篇：「哯，不顧而吐也。」廣韻（銑韻）：「哯，小兒歐乳也。」呁者，玉篇：「呁，吐也。」哊者，玉篇：「哊，吐也。」⿰⿱山口欠者，玉篇：「⿰⿱山口欠，歐吐也。」歐者，說文欠部義也。㱿者，說文：「㱿，歐貌。」左氏哀二十五年傳「褚師聲子韈而登席，公怒，辭曰：臣有疾」，「若見之，君將㱿之」，杜注：

「㱿，嘔吐也。」舊本「㱿」譌「殸」，今訂正。〇集韻引廣雅：「嗔，吐也。」「羽粉、王分」二切，今無此文。

埳、苦敢反。**𨼮**、仕陷反。**䁊**，口減反。**陷也。**

說文：「陷，高下也，一曰陊也。」埳者，玉篇：「埳，陷也。」𨼮者，玉篇：「𨼮，陷也。」䁊者，說文：「䁊，目陷也。苦夾切。」舊本「䁊」譌从「耳」，今訂正。

庸、資、由、以，用也。

說文：「用，可施行也。」庸者，說文用部義也。齊風南山「齊子庸止」、王風兔爰「尚無庸」，毛傳並云：「庸，用也。」資者，行之用也。聘禮云「問幾月之資」，鄭注：「資，行用也。」由者，商書盤庚（上）「若顛木之有由蘖」，孔傳釋「由」爲「用」。左氏襄三十年傳「以晉國之多虞，不能由吾子，使吾子辱在泥塗久矣」，杜注：「由，用也。」以者，說文：「㠯，用也。」「以、㠯」同。

懠、在細反。**慅**、草音。**秋，愁也。**

說文：「愁，憂也。」懠者，詹事兄曰：詩（大雅板）云：「天之方懠。」懠、愁，聲相近。慅者，玉篇：「慅，蘇勞切，愁也。」通作「騷」。楚語（上）「伍舉曰：德義不行，則邇者騷離而遠者距違」，注：「騷，愁也。離，叛也。」王應麟曰：伍舉所謂「騷離」，屈平所謂「離騷」，皆楚言也。秋者，鄉飲酒義云：「西方曰秋。秋之爲言愁也。」春秋繁露（陽尊陰卑）云：「陰始于秋。秋之爲言猶湫湫也。湫湫者，憂悲之狀也。」

朦、**厖**、亡江反，又亡項反。**穠，豐也。**

玉篇：「豐，大也。」朦、厖者，方言（第二）：「朦、厖，豐也。自關而西秦晉之間，凡大貌謂之朦，或謂之厖。豐，其通語也。」穰者，年之豐也。商頌〈烈祖〉：「自天降康，豐年穰穰。」莊子庚桑楚云：「居三年，畏壘大穰。」玉篇：「穰，如羊切，豐也。」

楷、由、品，式也。

說文：「式，法也。」大雅下武云「下土之式」，毛傳：「式，法也。」楷者，禮記〈儒行〉云：「今世行之，後世以爲楷。」玉篇：「楷，口駭切，式也。」由者，方言〈第十三〉文也。品者，廣韻〈寢韻〉：「品，式也。二口則生訟，三口乃能品量。」

晚、殿、背、尾、負，後也。

玉篇：「後，前後也。」晚者，日之後也。上文釋「後」爲「晚」，此又轉相訓也。呂氏春秋季冬紀〈不侵〉「意者秦王不肖主也，君從以難之未晚也」，注：「晚，後也。」殿者，軍之後也。史記周勃世家「擊章邯車騎，殿」，集解云：「如淳曰：『殿，不進也。』臣瓚曰：『在軍後曰殿。』」背者，身之後也。說文：「背，脊也。」尾者，玉篇：「尾，末後稍也。」負者，義與「背」同。明堂位云「負斧依」，鄭注：「負之言背也。」

蔫、於然反。菸、於去反。𣨙，於危反。葾於元反。也。

玉篇：「葾，敗也，萎葾也。」蔫者，說文：「蔫，菸也。」菸者，說文：「菸，𣨙也。」宋玉九辯「葉菸邑而無色兮」，文選五臣注：「言艸木殘瘁也。」𣨙者，說文：「𣨙，病也。」

沃、錞、是聞反。堪、輖、周音。𩏑、竹利反。䭫，啟音。低也。

玉篇：「低，垂也。」沃者，柔之低也。小雅隰桑「其葉有沃」，傳：「沃，柔也。」柔則低而下垂，義亦通也。錞者，平之低也。與「鐓」同。曲禮〈上〉云「進矛戟者前其鐓」，鄭注：「平底曰鐓。」堪，未聞。輖者，重之低也。既夕記云「志矢一乘，軒輖中」，鄭注：「輖，蟄也。」盧人注云：「反覆，猶軒輖也。」軒輖，猶軒摯。鞏者，頓之低也。説文：「鞏，低〔一〕也。」通作「輊」。小雅六月「如輊如軒」，傳：「輊，摯也。」亦作「蟄」，見儀禮注。淮南人間訓：「道者，置之前而不鞏，錯之後而不軒。」頶者，首之低也。説文：「頶，下首也。康禮切。」周禮太祝「辨九拜，一〔曰〕頶首」，注云：「頶首，〔拜〕頭至地也。」蔡邕獨斷云：「漢承秦法，羣臣上書，皆言『昧死言』。王莽盜位慕古法，去『昧死』曰『稽首』，光武因而不改。朝臣曰『稽首頓首』，非朝臣曰『稽首再拜』，公卿侍中尚書衣帛而朝曰朝臣，諸營校尉將大夫以下，亦爲朝臣。」

⿱宀喬、橋音。旅、埤，必耳反。客也。

說文：「客，寄也。」⿱宀喬者，玉篇：「⿱宀喬，其驕切，寄也，客也。與『僑』同。」旅者，楚辭〔九辯〕：「廓〔落〕兮羈旅而無友。」張衡思玄賦「顝羈旅而無友兮」，舊注：「旅，客也。」埤者，玉篇：「埤，羈客也。」

象、狄鞮、閒、靚、恥敬反。諜、郵、尤音。置、行李、關，驛譯音。也。

說文：「驛，置騎也。」玉篇：「驛，譯也，道也。」象、狄鞮者，王制云「南方曰象，西方曰狄鞮」，鄭注：「鞮之言知也。今冀部有言狄鞮者。」淮南齊俗訓「羌、氐、僰、翟，嬰兒生皆同聲，及其長也，雖重象狄鞮，不能通其言，教俗殊也」，高誘注：「象狄鞮，驛也。象，傳狄鞮之語也。」閒，覗也。靚者，玉篇：「靚，丑鄭切，譯也。亦作『偵』。」諜者，說文：「諜，軍中反閒也。」郵者，說文：「郵，境上行書舍。」置者，風俗通義：「漢改郵爲置。置者，度其遠近之閒置之也。」史記孝文帝本紀「太僕見馬遺財足，餘皆以給傳置」，索隱曰：「續漢書云『驛馬三十里一置』。故樂産亦云傳置一也。言乘傳者以傳

〔一〕低，今本說文作「抵」。

次受名，乘置者以馬取匹。如淳曰『律，四馬高足爲傳置，四馬中足爲馳置，下足爲乘置，一馬二馬爲軺置〔如置〕，急〔者〕乘一馬曰乘也。』」行李者，左氏僖三十年傳「行李之往來」，杜注：「使人。」襄八年傳「一介行李」，杜注：「行人。」亦作「行理」。昭十三年傳「行理之命」，注：「使人。」周語〔中〕「行理以節逆之」，韋注：「理，吏也。」關者，漢都關中，置關都尉，以察僞遊，用傳出入。○盧校「驛」下增「譯」字。

廣雅疏義卷第九

廣雅卷五

釋言第二

説文云：「直言曰言。」釋名（釋言語）：「言，宣也，宣彼此之意也。」詩之成句聯字以爲言，一字則言蹇而難會。有二言者，「祈父、肇禋」之類也。三言者，「綏萬邦、屢豐年」之類也。四言者，「關關雎鳩、葛之覃兮」之類也。五言者，「誰謂雀無角，何以穿我屋」之類也。六言者，「昔者先王受命，有如召公之臣」之類也。七言者，「如彼築室于道謀、尚之以瓊華乎而」之類也。八言者，「十月蟋蟀入我牀下、我不敢効我友自逸」之類也。古亦有以一句爲一言者。左傳「臣之業，在揚之水卒章之四言」，謂第四句「不敢以告人」也。又趙簡子稱子太叔遺我以九言。論語：「一言以蔽之，曰：『思無邪。』」管子君臣篇：「古者有二言，牆有耳，伏寇在側。」吕氏春秋似順論云「齊桓公即位，三年三言，而天下稱賢，羣臣皆説。去肉食之獸，去食粟之鳥，去絲罝之網」，高誘曰：「是三言也。」此皆指一句爲一言。然論語「子貢問一言，子曰『其恕乎』」，以「恕」爲一言。淮南人間訓：「靖郭君客曰：『臣請道三言。』曰：『海大魚。』」漢書東方朔傳云：「臣朔固已誦四十四萬言。」皆以一字爲一言也。上篇釋詁，每一義訓，少則二字，多則數十字。此篇所釋，或二字，或一字，皆以通古今之語，抉舊書雅記之奥也。

央、極，中也。

上篇首言「始」，此篇首言「中」，皆放爾雅之式而廣之。央者，説文：「央，中央也。」秦風蒹葭云：「宛在水中央。」荀子正論篇「今人或入其央瀆，竊其豬彘」，楊倞注：「央瀆，中瀆也。」極者，説文：「極，棟也。」釋名（釋宮室）：「棟，中也，居屋之中也。」周禮（天官序官）「設官分職，以爲民極」，鄭注：「極，中也。」逸周書度訓解「□爵以明等極」，孔晁曰：「極，中也。」漢書律曆志（上）：「太極元氣，函三爲一。極，中也。元，始也。」楚辭九歎（遠逝）「引日月以指極兮」，王逸釋「極」爲「中」。

駭、驚，起也。

説文：「起，能立也。」駭者，説文：「駭，驚也。」文選甘泉賦注引倉頡篇：「駭，驚也。」案：木華海賦「翔陽逸駭于扶桑之津」、陸機猛虎行「崇雲臨岸駭」，李善注皆引此文。通作「䀳」。五音集韻（代韻）：「䀳，胡槩切，起也。」驚者，説文：「驚，馬駭也。」通作「警」。文王世子云「天子視學，大昕鼓徵，所以警衆也」，鄭注：「警，猶起也。」

息、歸，返也。

説文：「返，還也。」本書釋詁「息，歸也。返，歸也」，「息、歸」又爲「返」，義相成也。

奉、貢，獻也。

説文：「獻，宗廟犬名羹獻。」玉篇：「獻，奉也。」奉者，春官司服云「共其衣服而奉之」，注云：「奉，猶送也。」貢者，説文：「貢，獻功也。」玉篇「貢，獻也」，本此。

冪、覓音。幔，莫汗反。闇淹音。也。

閽，通作「揜」，覆也。冪者，玉篇：「冪，亡狄切，覆樽巾也。又鼎蓋也。」禮器云「疏布冪」，注云：「冪，或作『幕』。」是「冪」即「幕」也。公食大夫禮云「冪者若束若編」，注云：「凡鼎冪蓋以茅爲之，長則束本，短則編其中央。」此蓋令其緻密不洩氣也。幔者，說文：「幔，幕也。」釋名（釋牀帳）：「幔，漫也，漫漫相連綴之言也。」

令、召，靚恥敬反。亦爲靚莊之靚，似政反。敬疑則屈靚之靚也〔二〕，今多云靚師僧，則其字矣。也。

說文：「靚，召也。疾正切。」今多用「請」。令者，說文：「令，發號也。」玉篇：「令，命也。」召者，說文：「召，評也。」呂氏春秋似順論（分職）「今召客者，酒酣，歌舞鼓瑟吹竽」，高誘注：「召，請也。」

乾、玄，天也。

易說卦傳：「乾，天也，故稱乎父。」玄者，易（坤）文言傳：「天玄而地黃。」宋玉招魂云「懸火延起兮玄顏烝」，王逸注：「玄，天也。言懸鐙林木之中，其火延及，燒于野澤，煙上烝天，使黑色也。」淮南說山訓「求美則不得美，不求美則美矣。求醜則不得醜，求不醜則有醜矣。不求美又不求醜，則無美無醜矣，是謂玄同」，高誘曰：「玄，天也。天無所求也。人能無所求，故以之同也。」漢書（禮樂志）郊祀歌「玄氣之精，回復此都」，顏師古曰：「玄，天也。言天氣之精，回旋反復于此。」

儀、招，來也。

來，古亦作「徠」。儀者，方言（第二）云：「儀、佫，來也。陳潁之間曰儀。」招者，說文：「招，手呼也。」王逸

〔二〕敬疑則屈靚之靚也，王念孫博雅音校本作「恥敬則召靚之靚也」。

楚辭章句：「以手曰招，以言曰召。」

羑、誘音。薄，致也。

本書釋詁「致，至也」，此又廣其義也。羑者，導之致也。與「誘」同。説文：「羑，相訹呼也。」薄者，始之致也。本書釋詁「薄，至也」，與此義相成也。

循、率，述也。

説文：「述，循也。」邶風日月「報我不述」，傳：「述，循也。」士喪禮云「筮人許諾，不述命」，鄭注：「述，循也。既受命而申言之曰述。」循者，爾雅〔釋詁上〕「遹，循也」，孫炎云：「遹，古『述』字。」是「循、述」同義。率者，夏小正云：「率者，循也。」「循、率」皆爲「述」也。左氏宣十二年傳：「今鄭不率。」通作「帥」。覲禮云「帥乃初事」，鄭注：「今文『帥』作『〔率〕』。」文王世子云：「武王帥而行之。」

搵、烏没反，又烏困反。抐，奴没反。擩而專反。也。

説文：「擩，染也。」春官太祝「九祭：六曰擩祭」，鄭司農云：「以肝肺菹擩鹽醢中以祭也。」公食大夫禮云「賓升席，坐，取韭菹以辨，擩於醢上豆之間祭」，鄭注：「擩，猶染也。」搵者，説文：「搵，没也。」抐者，玉篇：「抐，搵抐也。」周禮：「六曰擩祭。」

班、秩，序也。

本書釋詁「序，次也」，此又廣其義也。班者，分之序也。左氏昭二年傳「送從逆班」，杜注：「班，列也。」秩者，虞書〔舜典〕「汝作秩宗」，孔傳：「秩，序也。」説文作「䄷」，云：「爵之次弟也。」

娋、索教反。犯，侵也。

本書釋言「侵，淩也」，此又廣其義也。娋者，説文：「娋，小小侵也。息約切。」集韻〔效韻〕：「娋，所教切，侵也。謂爲人所侵侮。」犯者，説文：「犯，侵也。」玉篇：「犯，抵觸也。」

訡、於禮反。諴，咸音。謷五牢反，又五交反。也。

未詳。集韻〔豏韻〕「諴，火斬反」，引廣雅：「謷也。」

僮、莫，稚也。

本書釋詁「稚，少也」，此又廣其義也。僮者，説文：「僮，未冠也。」今通用「童」。莫者，爾雅〔釋鳥〕「雉之暮子爲鷚」，郭注：「晚生者。」説文引作「莫子」，是「莫」爲「稚」也。

皸、軍音。皵、昔音。皻錯古反。也。

玉篇：「皻，千胡切，皸皻也。」皸者，玉篇：「皸，居云切，足坼裂也。」皵者，玉篇：「皵，思亦、七亦二切，皴皵也，木皮甲錯也。」案：古與「錯」通。易繫辭傳〔上〕「錯綜其數」，虞翻注：「逆上曰錯。」

揻、乎感反。播，摇也。

本書釋詁「摇，動也」，此又廣其義也。揻者，説文「揻，摇也」，徐鉉曰：「今別作『撼』，非是。」播者，論語〔微子〕「播鼗武」，孔安國曰：「播，猶摇也。」三禮圖云：眂瞭「掌凡樂事，播鼗，擊頌磬笙磬。」磬言擊，鼗言播，播即摇之可知也。

仍、重，再也。

説文：「再，一舉而二也。」廣韻〔代韻〕：「再，重也。」仍者，説文：「仍，因也。」廣韻〔蒸韻〕：「仍，重也。」重者，廣韻〔鍾韻〕：「重，複也，疊也。直容切。」

鎮、綏，撫也。

説文：「撫，安也，一曰循也。」鎮者，靜之撫也。左氏傳（文公十二年）：「鎮撫其社稷。」綏者，安之撫也。爾雅（釋詁下）：「綏，（安）也。」

羸、膄，瘠也。

瘠，説文作「膌，瘦也」，古文作「𤺺」。周禮大司徒云：「其民晳而瘠。」左氏襄二十一年傳「瘠則甚矣」，杜注：「瘠，瘦也。」羸者，説文：「〈羸，瘦也。」膄者，説文作「瘦，臞也」。

課、揣，測委反，又丁果反。**試也。**

説文「試，用也」，引虞書曰：「明試以功。」課者，説文言部義也。楚辭天問「僉曰何憂？何不課而行之」，王逸注：「課，試也。」揣者，方言（第十三）文也，郭注：「揣度試之。」

捷[一]**、敏，亟也。**

説文：「亟，敏疾也。」捷者，廣韻（葉韻）：「捷，疾也。」敏者，説文：「敏，疾也。」大雅生民「履帝武敏歆」，傳：「敏，疾也。」

曼、莫，無也。

小爾雅（廣詁）云：「曼，無也。」法言重黎篇「神怪茫茫，若存若亡，聖人曼云」，吳祕注：「神怪無實，聖人無云。」莫

〔一〕捷，疏證本作「㨗」。

者，小雅角弓「莫肯下遺」，箋：「莫，無也。」

剕、拂音。 斲〔一〕，卓音。 斫也。

說文：「斫，擊也。之若切。」列子黃帝篇：「斫撻無傷痛。」剕者，玉篇「剕，扶弗、孚弗二切，斫也」，本此。斲者，說文斤部義也。楚辭九歌（湘君）「斲冰兮積雪」，王注：「斲，斫也。」舊本「斲」譌「剅」，玉篇、廣韻俱無此字，今訂正。

䰞〔二〕、普衡反。 鬺，傷音。 飪荏音。 也。

方言（第七）：「飪，熟也。徐揚之間曰飪。」䰞者，說文：「䰞，煮也。从䰜，羊聲。」玉篇：「䰞，式羊切，煮也。亦作『䵼』。與『鬺』同。」廣韻（陽韻）：「䵼，亦作『䰞』。」鬺者，漢書郊祀志（上）「禹收九牧之金，鑄九鼎，象九州。皆嘗鬺亨上帝鬼神」，顏師古注：「鬺，亨也。」韓詩采蘋云：「『于以鬺之，唯錡及釜。』」

土、吐，瀉悉也反。 也。

玉篇：「瀉，傾也。」廣韻（禡韻）：「瀉，吐瀉。」土者，鄭注禹貢云：「地當陰陽之中，能吐生萬物者曰土。」又大司徒注云：「以萬物自生焉則言土。土，吐也。」釋名（釋天）：「土，吐也，能吐生萬物也。」白虎通義（五行）：「土在中央，吐含萬物。土之爲言吐也。」說文：「土，地之吐生萬物者也。」吐者，說文：「吐，寫也。」寫，與「瀉」同。

糗、去久反。 䊛，叱少反。 食也。

〔一〕斲，疏證本作「剅」。
〔二〕䰞，疏證本作「䵼」。

釋名〔釋飲食〕：「食，殖也，所以自生殖也。」糗者，說文：「糗，熬米麥也。」釋名〔釋飲食〕：「糗，齲也，飯而磨之使齲碎也。」天官籩人職「糗餌，粉餈」，鄭司農云：「糗，熬大豆與米也。」後鄭謂「糗者，擣粉熬大豆。」麵者，本書釋器云：「麲黎謂之麵。」玉篇：「麵，糗也。」

夗苑音。專，轉音。簙也。

說文：「專，六寸簙也。」今刊本誤「簙」爲「簿」。又云「簙，局戲也，六箸十二棊也。古者烏曹作簙」。方言〔第五〕云「簙謂之蔽，或謂之箘，秦晉之間謂之簙。吳楚之間或謂之蔽，或謂之箭裏，或謂之夗專，或謂之匳璇，或謂之棊」，郭注：「專，音轉。匳璇，或曰竹器，所以整頓簙者，銓旋兩音。」荀子大略篇云「六六之簙」，楊倞注：「六六，即六博也。今之博局，亦二六相對也。」楚辭招魂「箟蔽象棊，有六簙些」，王逸注：「箟，玉也。蔽，簙箸以玉飾之也。投六箸，行六棊，故爲六簙也。」史記范睢蔡澤列傳：「君獨不觀夫博者乎？或欲大投，或欲分功。」舊本「簙」訓爲「轉」，蓋「轉」字是曹憲所音，誤作正文，又以「簙」字雜入〔下〕條，今並訂正。

圍棊，弈也。

方言〔第五〕云：「圍棊謂之弈，自關而東齊魯之間謂之弈。」桓譚新論云：「俗有圍棊，或言是兵法之類也。其上者張置疏遠，多得道而爲勝；中者務相絶遮要，以爭便利；下者守邊，趍作罫，自生於小地。」邯鄲淳藝經云：「棊局從橫，各十七道，白黑棊子，各一百五十枚。」舊本「圍棊」下衍「簙」字，今訂正。

泚、千禮反。㳙，才代反，又賊音。測也。

測者，解見本書釋詁「度」下。泚者，本書釋詁「泚、測」皆訓「度」，「泚」又爲「測」也。㳙者，玉篇「㳙，測也」，本此。

皮、膚，剥也。

本書釋詁：「剥，離也，脱也。」説文云：「剥取獸革者謂之皮。」易剥卦爻辭：「剥牀以膚。」是「皮、膚」皆言剥也。戰國策（韓策二）：「聶政自皮面抉眼。」

山龍，彰也。

説文云：「彰，文彰也。」通作「章」。考工記（畫繢）「山以章，水以龍」，鄭注：「章，讀爲『獐』。獐，山物。龍，水物。」皋陶謨云「予欲觀古人之象，日、月、星辰、山、龍、華蟲，作會、宗彝、藻、火、粉米、黼、黻、絺、繡」[一]，鄭注：「自日月至黼黻，凡十二章，天子以飾祭服。日也、月也、星也、山也、龍也、華蟲也六者，畫以作繪，施于衣也。宗彝也、藻也、火也、粉米也、黼也、黻也六者，紩以爲繡，施于裳也。」

調，諏乎闔反。也。

本書釋詁「諏，調也」，此又轉相訓也。

戊、秀，茂也。鄉，許養反。救也。

本書釋詁：「茂，盛也。」戊者，釋名（釋天）：「戊，茂也，物皆茂盛也。」鄭注月令云：「戊之言茂也。」秀者，玉篇：「秀，思救切，出也，榮也。」鄉、救，未聞。

愇、瑋音。竊，淺也。

[一]　編者注：該段文字見于今本益稷。

愇，未詳。竊者，説文虎部云：「竊，淺也。」爾雅〔釋鳥〕「夏扈，竊玄。秋扈，竊藍。冬扈，竊黄。桑扈，竊脂。棘扈，竊丹」，郭注：「皆因其毛色〔聲音〕以爲名也。」又〔釋獸〕云：「虎竊毛，謂之虦貓。」大雅韓奕「有貓有虎」，傳：「貓，似虎而淺毛者也。」

鬨、乎降反，又乎貢反。戰，鬭也。

鬭，與「鬥」同。玉篇：「鬭，當候切，爭也。」史記孔子世家云：「季平子與郈昭伯以鬭雞，故得罪魯昭公。」鬨者，説文「鬨，鬭也」，引孟子曰：「鄒與魯鬨。」戰者，説文戈部義也。

隅、陬，側侯反。角也。

物之有四隅者，謂之四角。後漢書蠻夷傳「四角胡王」，是也。隅者，説文：「隅，陬也。」玉篇：「隅，牛俱切，角也。」皇侃論語〔述而〕義疏云：「隅，角也。牀有四角，屋有四角，皆曰隅也。譬如屋有四角，已示之一角，餘三角從類可知。」通作「嵎」。孟子〔盡心下〕「虎負嵎」，趙岐訓「陬」。陬者，説文：「陬，阪隅也。」戰國〔策〕宋策「有雀生鸇于城之陬」，高誘注：「陬，隅也。」宋玉高唐賦「陬互横啎」，李善注引此文。

廉、柧，孤音。棱力曾反。也。

此言邊側也。説文：「廉，仄也。」鄉飲酒禮云「設席于堂廉」，鄭注：「側邊曰廉。」柧、棱者，説文：「柧，棱也。」棱，柧也。」文選西都〔賦〕：「設璧門之鳳闕，上柧棱而棲金雀。」

備、晐，古來反。咸也。

此用方言〔第十二〕文也。晐，彼作「該」，郭注：「咸，猶皆也。」備者，廣韻〔至韻〕：「備，咸也，皆也。」晐者，玉篇「晐，古才切，咸也」，本此。

奇、尤，異也。

釋名〔釋天〕：「異者，異于常也。」奇者，晉語〔一〕「衣之偏裻之衣，佩之〔以〕金玦。僕人贊聞之，曰『君賜之奇，奇生怪，怪生無常』」，韋昭注：「奇，異也。」漢書高祖紀〔上〕「公始常欲奇此女，與貴人」，顔師古曰：「奇，異也。謂顯而異之，而嫁于貴人。」張衡東京賦「奇樹珍果」，薛綜訓爲「異」。尤者，説文：「尤，異也。」

敖、放，妄也。

敖慢放肆，皆妄爲也。賈誼新書〔道術〕云：「以人自觀謂之度，反度爲妄。」莊子庚桑楚云「蹍市人之足，則辭以放驁」，釋文引廣雅：「驁，妄也。」是本又作「驁」。

貶、費，損也。

本書釋詁「損，減也」，此又廣其義也。貶者，説文：「貶，損也。」費者，説文：「費，散財用也。」玉篇「費，孚味切，損也」，本此。

焚、燎，燒也。

本書釋詁「燒，爇也」，此又廣其義也。焚者，説文作「燓，燒田也」。「焚、燓」同。秋官掌戮云「凡殺其親者焚之」，注：「焚，燒也。」燎者，説文：「燎，放火也。」左氏傳：「若火之燎于原。」

燀、闡音。爨，如字。炊也。

説文：「炊，爨也。」燀者，説文火部義也。左氏昭二十年傳「和如羹焉，水火醯醢鹽梅以亨魚肉，燀之以薪」，杜注：

「燀，炊也。」周語（下）云「火無災燀」，韋昭注：「燀，焱起貌。」爨者，説文：「爨，齊謂之炊爨。」

⿰言寧、寧定反。諛，諂也。

説文：「讇，諛也」，或作「諂」。大戴禮云：「君子不讇富貴以爲己説。」⿰言寧者，法言問明篇：「⿰言寧言敗俗，⿰言寧好敗則。」玉篇無「⿰言寧」字，疑與「佞」同。説文：「佞，巧讇高材也。」諛者，説文：「諛，諂也。」莊子漁父篇云：「不擇是非而言謂之諛，希意道言謂之諂。」荀子修身篇云「以不善先人者謂之諂，以不善和人者謂之諛」，楊倞注：「先，謂首唱也。和，胡臥反。」

拂、拍，溥麥反。搏也。

玉篇：「搏，補洛切，手擊也。」又「拂、拍」皆言「擊」也。書（益稷）曰：「搏拊琴瑟。」

懲、⿰忄度，徒落反。⿱乂心乂音。也。

説文：「⿱乂心，懲也。」懲者，説文：「懲，⿱乂心也。」左氏昭二十八年傳：「吾懲舅氏矣。」列子（湯問）云：「北山愚公懲山北之塞，出入之迂。」離騷「豈余心之可懲」，王注：「懲，艾也。」「⿱乂心、艾」，字異義同。⿰忄度者，玉篇「⿰忄度，懲也」，本此。

枚、箇，凡也。殺、距，困也。

説文：「凡，最括也。」枚者，方言（第十三）文也。玉篇：「枚，莫回切，箇也。」左氏襄十八年傳：「以枚數闔。」二十一年傳：「識其枚數。」皆謂箇也。箇者，與「个」同。方言（第十二）：「箇，枚也。」説文：「箇，竹枚也。」大射儀云「搢三挾一个」，鄭注：「个，猶枚也。」士虞禮云「俎釋三个」，鄭注：「个，猶枚也。」今俗或名枚曰個，音相近。」是「枚、箇」皆總括之數，故謂之凡也。殺、距、困，未詳。

遷、徙，移也。

移，説文作「迻，遷徙也」。遷者，衛風氓「以我賄遷」，傳：「遷，徙也。」徙者，説文作「辿，迻也」。

伬、愩，憒工音。也。㢝，稟音。治也。

廣韻〈東韻〉：「愩，憒也。古紅切。」案：憒，疑「愩」之譌。伬者，説文「伬，惕也」，引春秋國語曰：「於其心伬然。」㢝、治，未詳。

礄、的音。沰，託音。磓對回反。也。

玉篇：「磓，亦作『塠、䭔』。」礄者，玉篇：「礄，丁狄切，磓也。」沰者，玉篇：「沰，他各切，磓也。」並本此。

移、脱，遺也。

本書釋詁「遺，隳也」，此申其義也。移，孫侍御云：自此移彼，多有遺脱也。脱者，鄭注鄉飲酒義云：「遺，猶脱也。」是「脱、遺」同義。

専，齊也。

専，疑當作「剬」，初誤作「耑」，再誤作「専」。説文：「剬，斷齊也。」

渮，歌音。溏，唐音。淖女孝反。也。

説文：「淖，泥也。」左氏成十六年傳「有淖於前」，杜注：「淖，泥也。」渮者，説文：「渮，多汁也。」淮南原道訓「甚淖而渮」，高誘注：「渮，亦淖也。饘粥多瀋者曰渮。」溏者，玉篇、廣韻〈唐韻〉並云：「池也。」

真、是，此也。

爾雅（釋詁下）：「茲、斯，此也。」真，未詳。「是」之爲「此」，語所通行者耳。

將、𧇾，渠音。帥也。

「帥、率」，古字通。玉篇：「率，山律切，將領也。」又云：「帥，與『帨』同，今爲『將帥』字。」將者，說文：「將，帥也。」𧇾者，玉篇𠂤、阜二部俱無，以音釋考之，疑即「渠魁」字。

死，澌也。

方言（第三）：「澌，盡也。」說文：「死，澌也，人所離也。」釋名（釋喪制）云：「人始氣絶曰死。死，澌也，就消澌也。」鄭注檀弓（上）云：「死之言澌也。消盡爲澌。」白虎通義（崩薨）云：「庶人曰死，魂魄去亡，死之言澌，精氣窮也。」

龍、光，寵也。

說文：「寵，尊居也。」小雅蓼蕭「爲龍爲光」，傳：「龍，寵也。」周頌酌「我龍受之」，箋：「龍，寵也。」

蔿、花音。譌，五戈反。譁五瓜反。也。

方言（第三）：「蔿、譌、譁，化也。北燕朝鮮洌水之間或曰譁。」玉篇：「譌，化也。妖言曰譌。」說文：「譁，讙也。」

涕、泣，淚也。

玉篇：「淚，力季切，涕淚也。」涕者，說文：「涕，泣也。」陳風澤陂傳云：「自目曰涕，自鼻曰泗。」玉篇：「目汁出曰涕。」泣者，說文：「無聲出涕曰泣。」

跧荘〔一〕，**匍匐也。**

説文：「匍，手行也。匐，伏地也。」邶風谷風「匍匐救之」，鄭箋：「匍匐，言盡力也。」禮記檀弓〔下〕及漢書谷永傳並引作「扶服」。鄭注問喪云：「匍匐，或作『扶服』。」是古字通也。跧者，説文：「跧，卑也，絭也。荘緣切。」荘者，玉篇：「荘，敬貌。」是「跧荘」與「匍匐」皆恭敬卑下之意。

晵茗音。**晴**，七挺反。**謓**齒真反。今人作息如此，失之〔二〕。**也。**

説文：「謓，恚也。」玉篇：「謓，昌仁切，今作『嗔』。」晵晴者，玉篇：「晵，彌頂、莫并二切，晵晴，不悦貌。晴，子盈切。」

猜、阻，疑也。

説文：「疑，惑也。」猜者，左氏昭三年傳「君若不有寡君，雖朝夕辱於敝邑，寡君猜焉」，杜注：「猜，疑也。」玉篇「猜，千才切，疑也」，本此。阻者，玉篇：「阻，疑也。壯舉切。」○文選長楊賦「意者以爲事罔隆而不殺」，李善注引廣雅：「意，疑也。」今無此文。

霤、含音。**霫**，士林反。**霖也。**

左氏隱九年傳：「凡雨，〔自〕三日以往爲霖。」霤者，説文：「霤，久雨也。」玉篇：「霤，胡耽切，多雨也。」霫者，玉篇：「霫，雨聲。」

〔一〕 荘，王念孫説「荘」乃「跧」之音釋，其下又脱去一字。

〔二〕 今人作息如此，失之，王念孫博雅音校本作「今人作嗔字如此，失之」。

賀、皆，嘉也。

爾雅〔釋詁〕：「嘉，美也，善也。」賀者，説文：「賀，以禮相奉慶也。」玉篇：「賀，以禮物相慶加也。」皆，詹事兄曰：「皆、嘉」，聲相近。

易、與，如也。

虞書堯典：「如五器。」公羊隱八年疏引鄭注：「如者，以物相授與之。」易者，玉篇：「易，余赤切，象也。」案：「象」有「相若」之義，故爲「如」也。與者，漢書高祖紀〔下〕「問陳豨將，皆故賈人。上曰：『吾知與之矣。』乃多以金購豨將」，顔師古注：「與，如也。言能如之何也。」張衡西京賦「此何與於殷人屢遷」，李善注引此文：「言欲遷都洛陽，何如殷之屢遷乎？」

恑、古彼反。覆，反也。

説文：「反，覆也。」恑者，説文：「恑，變也。」玉篇：「恑，居毁切，異也。」覆者，玉篇：「覆，反覆。」

審、覆，索也。

索，與「索」同。繫辭傳〔上〕：「探賾索隱。」審者，説文「宷，悉也，知宷諦也」，篆文作「審」。覆者，爾雅〔釋詁下〕：「覆，審也。」「審、覆」又皆爲索也。

輸、攋，賴音。墮也。

説文云「敗城𨸏曰隓」，篆文作「墒」。輸者，公羊隱六年「鄭人來輸平」，傳云：「輸平，猶墮成也。何言墮成？敗其成。」左氏昭四年傳「寡君將墮幣焉」，服虔曰：「墮，輸也。」墮，與「隓」同。攋者，方言〔第十三〕「攋、隓，壞也」，郭注：「攋，洛旱反。」玉篇、集韻〔旱韻〕並作「攋」，从「示」。

償、報，復也。

説文：「復，往來也。」荀子臣道篇「以德復君而化之，大忠也」，楊倞注：「復，報也。」償者，説文：「償，還也。」鄭注曾子問云：「復，猶償也。」莊子庚桑楚云「因以死償節」，釋文引廣雅：「償，報也，復也。」報者，鄭注小宰職云：「復之言報也，反也。」

詩、意，志也。

詩者，虞書〔舜典〕「詩言志」，鄭注：「詩所以言人之志意也。」詩序云：「詩者，志之所之也。在心爲志，發言爲詩。」樂記云「詩，言其志。歌，詠其聲。舞，動其容」，鄭注：「三者本志，無此本於内，不能爲樂也。」孔子閒居云「志之所至，詩亦至焉」，鄭注：「志，謂恩意也。言君恩意至于民，則其詩亦至也。」吕氏春秋慎大覽云「湯謂伊尹曰『若告我曠夏盡如詩』」，高誘曰：「詩，志也。」賈誼新書道德篇：「詩者，志德之理而明其旨，令人緣之以自成也。故曰『詩者，此之志者也』。」楚辭九章〔悲回風〕云「竊賦詩之所明」，王逸曰：「詩，志也。言鋪陳其志，以自證明也。」法言寡見篇：「説志者，莫辨乎詩。」詩譜序疏引春秋説題辭云：「在事爲詩，思慮爲志。詩之爲言志也。」説文：「詩，志也。」意者，越語〔下〕「君行制，臣行意」，韋昭注：「意，志也。」莊子刻意篇「刻意尚行」，釋文引廣雅：「意，志也。」玉篇「意，志也」，本此。此條舊本譌作「詩、志，意也」，案：「志，意」已見本書釋詁，今訂正。

眷、隻〔一〕，逵音。顧也。

〔一〕 隻，疏證本作「隻」。

說文：「顧，還視也。」檜風匪風「顧瞻周道」，傳：「迴首曰顧。」眷者，說文：「眷，顧也。」小雅大東「睠言顧之」，傳：「睠，反顧也。」「眷、睠」同。奊者，說文：「奊，頭衺骫奊態也。胡結切。」

㾓、才尹反。**㾜**，辭箭〔一〕反。**蛘**養音。**也**。

說文：「蛘，搔蛘也。」與「痒」通。㾓、㾜者，玉篇：「㾓，大痒。㾜，小痒。」

趲、作滿反，正音作但反。**獡**，式藥反。**虘**在何反。**也**。

此言不親之象也。說文：「虘，虎不柔不信也。」趲者，玉篇：「趲，散走也。」獡者，說文：「獡，犬獡獡不附人也。」

兼、**䋔**，布兮反。**并也**。

說文：「并，相從也。」兼者，禾之并也。說文：「兼，并也，兼持二禾。」左氏昭八年傳「孺子長矣，而相吾室，欲兼我也」，杜注：「兼，并也。」䋔者，絲之并也。玉篇：「䋔，縷并也。」通作「𢙢」。五音集韻（齊韻）：「𢙢，邊迷切，意併也。或作『𢙢』，同。」

褻、**黷**，**狎也**。

本書釋詁：「狎，輕也。」玉篇：「狎，易也，近也，習也。」褻者，說文：「褻，私服。」黷者，說文：「黷，握持垢也。」

覺、**穌**，**𡧡也**。

說文：「𡧡，𤸎也。」通作「𤸎」。覺者，本書釋詁「𡧡，覺也」，此又轉相訓也。穌者，通作「蘇」。楚辭九章（橘頌）云

〔一〕箭，王念孫說當作「翦」。

「蘇世獨立，横而不流兮」，王注：「蘇，寤也。言自知爲讒佞所害，心中覺寤，然不可變節，横立自持。」

諸、旃，之也。

此言語詞也。玉篇：「之，發聲也。」諸者，孔安國尚書傳：「諸，之也。」旃者，毛萇詩〔魏風陟岵〕傳：「旃，之也。」唐風采苓箋云：「旃之言焉也。舍之焉舍之焉，謂謗訕人，欲使見貶退也。」

竝、偕，俱也。

説文：「俱，偕也。」吕氏春秋季秋紀〔知士〕「與劑貌辨俱」，高誘曰：「俱，偕也。」竝者，樂記「故事與時竝，名與功偕」，鄭注：「偕，〔猶〕俱也。」楚辭九章〔懷沙〕「古固有不竝兮」，王注：「竝，俱也。」偕者，説文：「偕，俱也。」邶風擊鼓「與子偕老」、孟子〔梁惠王上〕「古之人與民偕樂」，毛萇、趙岐並云：「偕，俱也。」

餪、餫，運音。饋也。

本書釋詁「饋，遺也」，此又廣其義也。餪者，乃管切，舊本脱此字，考集韻〔緩韻〕引廣雅：「餪、餫，饋也。」「一曰女嫁後三日餉食爲餪女。」今據集韻所引補正。餫者，説文云：「野饋曰餫。」左氏成五年傳「晉荀首如齊逆女，故宣伯餫諸穀」，杜注：「運糧饋之，敬大國也。」

紩、著，張慮反。納也。

納，通作「衲」。玉篇：「納，奴荅切，或作『衲』。」又云：「衲，補也。或作『納』。」紩者，説文：「紩，縫也。直質切。」著者，廣韻〔御韻〕：「著，補也。」

趽、方音。跭，巨追反。踤俱〔一〕達反。也。

踤，與「躂」同。玉篇：「躂，他達切，足跌也。」趽者，初學記〔卷二十九〕引何承天纂文云：「趽，曲脛馬也。」跭者，説文：「跭，曲脛也。」漢書賈誼傳：「又苦蹊盭。」詹事兄曰：蹊，即「跭」之譌。

嗽、謦，苦鼎反。欬也。

説文：「欬，屰氣也。」釋名〔釋疾病〕：「欬，刻也，氣奔至出入不平調，若刻物也。」嗽者，玉篇：「嗽，桑奏切，咳嗽也。」謦者，説文：「謦，欬也。」淮南道應訓：「惠孟見宋康王，蹀足謦欬疾言曰：『寡人所説者，勇有功也，不説爲仁義者也。』」

劁、才彫反。穫，乎郭反。刈也。

説文「乂，芟艸也」，或作「刈」。玉篇：「刈，穫也。」離騷「願竢時乎吾將刈」，王注：「刈穀曰穫。」劁者，玉篇：「劁，刈穫也。」穫者，説文：「穫，刈穀也。」小雅大東「無浸穫薪」，傳：「穫，刈也。」

詆、底音。譙，呵也。

玉篇：「呵，許多切，責也。與『訶』同。」説文：「訶，大言而怒也。」詆者，説文：「詆，訶也。」譙者，本書釋詁「譙，讓也」，譙又爲呵也。管子立政篇：「里尉以譙于游宗，游宗以譙于什伍，什伍以譙于長家。」

平均，賦也。

説文：「賦，斂也。」平均者，史游急就篇〔卷四〕「遠取財物至平均」，顔師古注：「價有貴賤，又當有轉送費用，不欲

〔一〕俱，王念孫説當作「他」。

勞擾，故立平準均輸之官。」案：方言〔第七〕云：「燕之北鄙東齊北郊，凡相賦斂謂之平均。」

勃、怏，懟止〔二〕類反。**也。**

說文：「懟，怨也。」勃、怏者，說文：「怏，不服懟也。於亮切。」方言〔第十二〕云「鞅、侼，懟也」，郭注云：「亦爲怨懟。鞅，猶怏也。」史記伍子胥列傳：「常鞅鞅怨望。」淮陰侯列傳：「由此日〔夜〕怨望，居常鞅鞅，羞與絳、灌等列。」又高祖本紀：「此常怏怏，今乃事少主。」絳侯世家：「此怏怏者，非少主臣也。」漢書皆作「鞅」。「勃、怏」與「侼、鞅」，字異音義同。

䘚、計，校也。

論語〔泰伯〕云：「犯而不校。」䘚者，程之校也。計者，數之校也。說文：「計，會也，筭也。」

譏、諫，七賜反。**怨也。**

說文：「怨，恚也。」譏者，說文：「譏，誹也。」諫者，說文：「諫，數諫也。」

鍏、苦莖反。**摐，**楚江反。**撞也。**

說文：「撞，刊擣也。」玉篇：「撞，徒江切，擊也。」鍏者，金石之撞也。玉篇：「鍏，與『鏗』同。鏗鏘，金石聲也。」摐者，廣韻〔江韻〕：「摐，打鐘鼓也。」通作「鏦」。玉篇：「鏦，撞也。」漢書南粵〔傳〕：「太后鏦吕嘉以矛。」

稙、陟音。**豫，早也。**

早者，先也，前也。易〔坤〕文言傳：「由辨之不早辨也。」稙者，穜之早也。說文：「稙，早穜也。」魯頌閟宫云：「稙稺

〔二〕止，王念孫說當作「直」。

菽麥。」豫者，慮之早也。晉語〔一〕「士蔿曰『誡莫如豫，豫而後給』」，韋注：「豫，備也。」荀子大略篇：「先患慮患謂之豫，豫則禍不生。」

囚、纍，拘也。

說文：「拘，止也。」左氏僖二十八年傳：「乃拘宛春于衛。」囚者，周禮序官掌囚注：「囚，拘也。主拘繫當刑殺之者。」初學記〔卷二十〕引風俗通云：「囚，遒也，言辭窮情得，以罪誅遒也。禮，罪人寘諸圜土。故『囚』字爲囗守人。」案：「囚，拘」已具爾雅〔釋言〕，此重出也。纍者，玉篇：「纍，力隹切，繫也。」

俚、憇，賴也。

本書釋詁：「賴，恃也。」俚者，漢書季布欒布田叔傳贊云：「其畫無俚之至耳。」無俚，猶無賴，言無可依賴也。憇，未詳。

敕、慎，謹也。

說文：「謹，慎也。」敕者，說文：「敕，誡也。」慎者，本書釋詁「慎，敕也」，「敕、慎」又爲謹也。說文：「慎，謹也。」

逋、薨，亡也。

說文：「亡，逃也。」玉篇：「亡，死也。」逋者，逃之亡，說文辵部義也。晉語〔二〕「辱收其逋遷裔胄而建立之」，韋注：「逋，亡也。」薨者，死之亡也。玉篇：「薨，呼肱切，亡也。」

贅、叔，屬也。

說文：「屬，連也。」贅者，大雅桑柔「具贅卒荒」傳義也。公羊襄十六年傳「君若贅旒然」，何休曰：「贅，繫屬之辭。」

叔者，聞詹事兄曰：「叔」之爲「屬」，即「伯、仲、叔」之「叔」。「叔」爲「屬」，猶「仲」爲「中」也。

州、譔，士眷反，又此專反。殊也。

玉篇引倉頡篇云：「殊，異也。」州者，禹貢釋文引春秋説題辭云：「州之言殊也。」譔，未聞。

目〔一〕、纇，雷對反。節也。

玉篇：「節，竹木不通。」目者，學記云：「先其易者，後其節目。」舊本「目」譌「日」，今訂正。纇者，説文：「纇，絲節也。」左氏昭十六年傳「刑之頗類」，服虔讀「類」爲「纇」，云：「不平也。」

諫、促音。督，篤音。促也。

説文：「促，迫也。」諫者，説文：「諫，餔旋促也。」督者，廣韻〔沃韻〕：「督，率也，勸也。」

稽、效，考也。

説文：「攷，敂也。」今通用「考」。小爾雅云：「攷，稽也。」〔二〕宋玉招魂「上無所考此盛德兮」，王注：「考，校也。」稽者，易履上九「視履考祥」，虞翻訓「考」爲「稽」。堯典「曰若稽古帝堯」，馬融云：「堯順考古道。」地官小司徒云「以稽國中及四郊都鄙之夫家，九比之數」，注云：「稽，猶考也。」效者，玉篇：「效，法效也。」

彀、奴口反。字，乳也。

〔一〕目，疏證本作「日」。

〔二〕案：今本小爾雅廣言作「稽，考也」。

乳者，詳見本書釋詁。㲉者，本書釋詁「㲉、乳，生也」，㲉又爲乳也。説文：「㲉，乳也。」左氏宣四年傳：「楚人謂乳㲉。」字者，説文：「字，乳也。」又曰：「字者，言孳乳而浸多。」堯典云「鳥獸孳尾」，史記〈五帝本紀〉作「字微」，裴駰云：「乳化曰字。」舊本「字」字混入音釋中，今訂正。

靈、禔，大兮反。福也。

玉篇：「靈，祐也。」禔者，説文：「禔，安福也。」方言〈第十三〉「禔，福也」，郭注：「謂福祚也。」

淩、馺，素合反。馳也。

説文：「馳，大驅也。」淩者，楚辭大招「冥淩浹行」，王逸曰：「淩，猶馳也。」嵇康贈秀才入軍詩「淩厲中原」，李善注引劉歆遂初賦：「登句注以淩厲。」又引此文。馺者，説文：「馺，馬行相及也。」方言〈第十三〉云「馺，馬馳也」，郭注：「馺馺，疾貌。」揚雄甘泉賦：「輕先疾雷而馺遺風。」

傅、亮，相也。

論語〈衛靈公〉「固相師之道也」，馬融注：「相，導也。」鄭康成注：「相，扶也。」傅者，説文人部義也。亮者，周書畢命云「弼亮四世」，孔傳釋爲「輔佐」。

南、壬，任也。

説文：「任，保也。」南者，漢書律曆志〈上〉云：「南吕：南，任也，言陰氣旅助夷則任成萬物也。」又云：「太陽者，南方。南，任也，陽氣任養物，於時爲夏。」白虎通五行篇：「八月謂之南吕何？南者，任也，言陽氣尚有任生薺麥也。」説文：「南，艸木至南方有枝任也。」壬者，小雅賓之初筵云「有壬有林」，鄭箋：「壬，任也。」鄭注月令云：「壬之言任也。」

漢書律曆志（上）：「懷任于壬。」白虎通（五行）云：「壬者，陰始任。」釋名（釋天）：「壬，妊也，陰陽交物懷任也，至子而萌也。」

裁、宰，制也。

說文：「制，裁也。」淮南人間訓：「儀表規矩，事之制也。」裁者，張衡西京賦「取殊裁于八都」，薛綜曰：「裁，制也。」宰者，治之制也。白虎通諫諍篇：「謂之宰何？宰，制也，使制法度也。」

竦、鷙，執也。

說文：「執，捕罪人也。」竦者，楚辭九歌（少司命）「竦長劍兮擁幼艾」，王逸注：「竦，執也。」鷙者，離騷「鷙鳥之不羣兮」，王注：「鷙，執也。謂能執伏衆鳥鷹鸇之類也。」案：說文：「鷙，擊殺鳥也。」古通用「摯」。夏小正云：「鷹始摯。」曲禮（上）云：「前有摯獸。」是也。○集韻（燭韻）引廣雅：「擉，執也。」「珠玉切。」今無此文。

正、略，要也。

大略，即大要也。江淹雜體詩「領略歸一致」，李善注引此文。正，未聞。

角、抵，嫡禮反。觸也。

說文：「觸，牴也。」角者，漢書律曆志（上）：「角，觸也，物觸地而出，戴芒角也。」抵者，說文：「牴，觸也。」牴，通作「抵」。史記集解序「或有抵捂」，索隱曰：「抵者，觸也。捂亦斜相抵觸之名。直觸橫觸皆曰抵，斜觸謂之捂，下觸謂之抵。」

𥨼、寐[一]音。𥨊，丁念反，又丁頰反。厭也。

「厭」有二義：一是「夢魘」之「魘」。衆經音義（卷七）引倉頡篇：「厭，夜眠内不祥也。」俗作「魘」。上是「覆壓」之「壓」。𥨼者，說文「寐，寐而厭也」，徐鍇曰：「寐，厭也。寐則神遊，神爲陰氣所厭，不得出也，若鬼神，其實非也。故人寐臥，手住心胸上，則多厭也。」𥨊者，說文：「𥨊，屋傾下也。」傾下則厭，（左氏襄三十一年）所謂「僑將厭焉」，是也。俗作「壓」。

馮、齎，子兮反。裝也。僞、魚軌反。言，端也。

說文：「裝，裹也。」馮，未聞。齎者，廣韻（齊韻）「齎，裝也」，本此。僞、言、端，未詳。

樊、裔，邊也。還、待合反。趙，召[二]也。

說文：「邊，行垂崖也。」玉篇：「邊，畔也。」樊者，莊子則陽篇「夏則休乎山樊」，李頤曰：「樊，傍也。」司馬彪注引此文。裔者，楚辭九歌（湘夫人）「蛟何爲兮水裔」，洪興祖補注：「裔，邊也。」淮南原道訓「故雖游于江潯海裔」，高誘訓「裔」爲「邊」。還、趙，召也，未詳。

緯、丁[三]鬼反。衡，横也。

[一] 寐，王念孫説當作「米」。

[二] 召，疏證本作「及」。

[三] 丁，疏證本作「于」。

説文：「横，闌木也。」廣韻〔庚韻〕：「横，縱横也。」緯者，説文：「緯，織横絲也。」衡者，説文：「衡，牛觸横大木其角。」齊風南山「衡從其畝」，釋文：「衡，音横。本亦作『横』。」考工記玉人「鼻寸，衡四寸」，注云：「衡，古文『横』。」鄭注檀弓〔上〕云：「今禮制『衡』讀爲『横』。」漢有水衡官。衡，即横也，横一木如桔槔狀，今之秤是也。王莽作大布黄千，黄，即「横」之省文。衡山，一名梁山，謂横梁也。

井、絜，靜也。

井者，通作「姘」。説文：「姘，靜也。」絜者，古「潔」字。本書釋詁「姘，潔也」，「姘、潔」又皆爲靜也。

痎、古來反。痁，失占反。瘧虐音。也。

釋名〔釋疾病〕：「瘧，酷虐也，凡疾或寒或熱耳，而此疾先寒後熱兩疾，似酷虐者也。」説文：「瘧，熱寒休作。」痎者，説文：「痎，二日一發瘧。」内經素問生氣通天論「夏傷于暑，秋爲痎瘧」，王冰注：「夏熱已甚，秋陽復收，陽熱相攻，則爲痎瘧者也。」痁者，説文：「痁，有熱瘧。」

痡步音。⿸疒慮，路音。痞否音。也。

説文：「痞，痛也。」玉篇：「痞，補被、平几二切，腹内結病。」痡⿸疒慮者，玉篇：「痡，薄故切，痡⿸疒慮，痞病。⿸疒慮，力故切。」

⿰米翟、粟，穀也。

説文：「穀，續也，百穀之總名。」白虎通引伏生大傳云：「神農種穀蔬。」⿰米翟者，説文米部義也，他弔切。粟者，説文作「㮚，嘉穀實也」。

痞、普來反。疕，匹弭反。痂加音。也。

說文「痂，疥也」，繫傳本云：「痂，乾瘍也。」痞者，玉篇「痞，匹杯切，痂也」，本此。疕者，天官醫師職「有疕瘍者造焉」，注云：「疕，頭瘍。」

草、竈，作告反。造也。

爾雅〔釋言〕：「造，爲也。」草者，論語〔憲問〕：「裨諶草創之。」法言先知篇：「載使子草律，曰：『吾不如弘恭。』『草奏』。曰：『吾不如陳湯。』」竈者，釋名〔釋宮室〕：「竈，造也，造創食物也。」

科、僞，魚美反。條也。審、嘖，浦悶反。並也〔一〕。

條者教者。本書釋詁：「條，書也。」陸機文賦：「或仰逼於先條。」科者，說文：「科，程也。」韋曜博弈論「設程試之科，垂金爵之賞」，李善注引此文。僞，未聞。審、嘖，並也，未詳。

靡、麗，離也〔二〕。

曲禮〔上〕「離坐離立」，鄭注：「離，兩也。」月令「宿離不貸」，鄭注：「離，讀如『儷偶』之『儷』。」兑象云「麗澤」，鄭本「麗」作「離」，云：「猶併也。」是「麗」與「離」通。靡，未聞，疑當作「⿰目非」。集韻〔微韻〕引廣雅：「⿰目非，離也。」「符非切。」

儀、愈，余主反。賢也。

說文：「賢，多才也。」儀者，周書大誥「民獻有十夫」，大傳作「民儀有十夫」。漢書翟義傳「民獻儀九萬夫」，孟康

〔一〕審、嘖，並也，疏證本作「瘱，審也。嘖，嘖也。駢，並也」。

〔二〕案：疏證本作「靡、離，麗也」。

曰：「民之表儀，謂賢者。」案：鄭注論語（八佾）：「獻，猶賢也。」是「儀、獻」皆賢。愈者，勝之賢也。玉篇：「愈，勝也。」論語（公冶長）：「女與回也孰愈？」

統、己，紀也。

說文：「紀，絲别也。」統者，説文糸部義也。淮南泰族訓：「繭之性爲絲，然非得工女煮以熱湯而抽其統紀，則不能成絲也。」己者，釋名釋天篇：「己，紀也，皆有定形，可紀識也。」漢書律曆志（上）：「理紀於己。」

奠、祭，薦也。

薦者，進也。鄭注天官庖人云：「備品物曰薦。」奠者，説文：「奠，置祭也。禮有奠祭者。」召南采蘋云：「于以奠之。」祭者，玉篇「祭，薦也」，本此。

攍，盈音。負也。

方言（第七）：「攍，儋也。齊楚陳宋之間曰攍。」玉篇「攍，余征切，擔也」，引莊子云：「攍糧而趣之。」案：攍，古通用「嬴」。賈誼過秦論：「嬴糧而景從。」後漢書鄧禹傳：「鄧公嬴糧徒步。」

羌，乃也。羌，卿也。卿，章也。

玉篇：「羌，去央切，楚語辭也。」離騷「羌内恕己以量人兮」，王逸注：「羌，楚人語詞也，猶言卿何爲也。」吕延濟曰：「羌，乃也。」王延壽魯靈光殿賦「羌瓌譎而鴻紛」，張載注：「羌，亦乃也。」説文：「卿，章也。」孝經（卿大夫章）疏引白虎通云：「卿之爲言章也，章善明理也。」案：玉篇：「羌，卿也，乃也，章也，強也。」廣韻（陽韻）：「羌，章也，強也。」皆本廣雅，此脱「強」字一訓。

廁，閒也。閒，非也。詭〔一〕、犀，西音。緦思音。也。燾，導音。戟〔二〕也。風，吹也。

舊本「廁、閒，非也」，「廁」之爲「非」，未見所出。案：廣韻（志韻）：「廁，閒也。」嵇康琴賦「鏤會褭廁」，李善注：「褭廁，謂褭纏其填廁之處也。」又引廣雅：「廁，閒也。」今據訂正。小爾雅（廣言）：「閒，非也。」方言（第三）亦有此文。孟子（離婁上）「政不足閒也」，趙岐注：「閒，非也。」詭、犀、緦及燾、戟，並未詳。風，吹者，人之噓氣爲吹，風之動物亦爲吹也。

曾，何也。

說文：「曾，詞之舒也。」方言（第十）：「曾，何也。湘潭之原荊之南鄙，謂何爲曾。」舊本「何」譌「阿」，今訂正。

風，放也。流，演也。徇，迷〔三〕也。睬，恥林反。貰世音，又常夜反。也〔四〕。

釋名（釋天）：「風，放也，動氣放散也。」小雅北山「或出入風議」，鄭箋：「風，猶放也。」流，演者，說文：「流，水行也。」又云：「演，長流也。」徇，迷者，苟且以徇人，是迷惑也。睬，貰，未聞。

䝨，詭音〔五〕。賭都古反。也。壓，鎮也。

〔一〕案：疏證本「詭」下補「誑也」二字。

〔二〕戟，疏證本作「載」。

〔三〕迷，疏證本作「巡」。

〔四〕睬，貰也，王念孫曰：「案『睬』與『貰』，義不相近，此因『睬』下脫去二字，而下文『貰，賖也』又脫去『賖』字，遂誤合爲一條。」

〔五〕詭音，王念孫說「詭」下脫一字，廣韻「䝨」音「詭僞切」。

賭者，博簺也。韋曜博弈論「至或賭及衣物，徙棊易行」，李善注引埤倉：「賭，䝯也。」壓，鎮者，説文：「鎮，博壓也。」衆經音義〈卷十七〉引倉頡篇：「壓，鎮也。」

經，徑也。卦，挂卦音。也。

釋名〈釋典藝〉：「經，徑也，如徑路無所不通，可常用也。」白虎通義〈五經〉：「經，常也，有五常之道，故曰五經。」卦，挂者，易乾鑿度云：「卦者，掛也，掛萬物視而見之。故三畫已下爲地，四畫以上爲天，物感以動，類相應也。」

譬，諭也。

説文：「譬，諭也。」「諭，告也。」説苑善説篇：「客謂梁王曰：『惠子之言事也善譬，王使無譬，則不能言矣。』明日，王謂惠子曰：『願先生言事則直言耳，無譬也。』惠子曰：『夫説者，固以其所知諭其所不知，而使人知之。』」

睽，乖也。

説文：「乖，戾也。」賈誼新書〈道術〉：「剛柔得適謂之和，反和爲戾。」睽者，説文：「睽，目不相聽也。」玉篇「睽，乖也」，本此。

天，顛也。

説文：「天，顛也，至高無上。」春秋説題辭云：「天之爲言顛也。」

𩟓，再音。設也。竹，感也。

説文：「𩟓，設飪也。讀若『載』。」案：𩟓，通作「載」。法言先知篇「或曰：載使子草律」，李軌注：「載，設也。」文選〈西征賦〉注引韓詩薛君章句：「載，設也。」竹，感者，白虎通義喪服：「以竹杖何？取其名也。竹者，感也。桐者，痛也。」慼，讀若「頻蹙」之「蹙」。

馮，登也。眩，惑也。宥，赦也。參，三也。

潘岳西征賦「憑高望之陽隈」，李善注引廣雅：「憑，登也。」是本又作「憑」。眩，惑者，説文：「惑，亂也。」釋名（釋疾病）：「眩，懸也，目視動亂，如懸物遥遥然不定也。」説文：「眩，目無常主也。」宥，赦者，説文：「宥，寬也。」「赦，置也。」參，三者，周語（上）云「王御不參一族」，韋注：「參，三也。」

令，伶力政反。也。紐[一]，擘[二]也。夜，暮也。

秦風車鄰云「寺人之令」，釋文：「韓詩作『伶』」，云：「使伶。」紐，擘者，未聞。夜，暮者，本書釋詁「暮，夜也」，此又轉相訓也。

寐，臥也。嚆，丘遥反。誺力代反。也。國，邦也。

説文：「臥，休也。从人臣，取其伏也。」又云：「寐，臥也。」公羊僖二年傳：「寡人夜者寢而不寐，其意也何？」嚆，誺者，方言（第十）：「誺，不知也。」玉篇：「誺，丑脂、丑利二切，不知也。誺，同上。」又引埤倉云：「嚆，不知是誰也。」國，邦者，説文口部義也。

義，宜音。也。漉，滲色譖反。也。

[一] 紐，疏證本作「紉」。

[二] 案：王念孫博雅音校本「擘」下有「古萬反」。

宐，即「宜」字。釋名（釋言語）：「義，宜也，裁制事物，使合宜也。」白虎通義（情性）云：「義者，宜也，斷決得中也。」案：「仁義」之「義」，説文作「誼」，云：「人之所宜也。」漉，滲者，本書釋詁：「滲、盝，盡也。」漉，與「盝」同。漉又爲滲也。

𠗲，凌音。仌秘憑反。也。害，割也。

説文：「仌，凍也。象水凝之形。」初學記（卷七）引韓詩説：「仌者，窮谷（陰）氣所聚，不洩則結而爲伏陰。」𠗲者，説文「𠗲，仌出也」，引詩曰：「納于𠗲陰。」或作「凌」。天官凌人注：「凌，冰室也。」害，割者，釋名（釋天）：「害，割也，如割削物也。」周書大誥「天降割于我家不少延」，疏引鄭注：「言害不少，乃延長之。」

蹪，徒迴反。疐陟利反。也。駔，在古反，又在朗反。會古外反。也。

邶風終風云「願言則疐」，傳：「疐，跲也。」説文：「疐，礙不行也。」蹪者，玉篇：「蹪，仆也。」駔，會者，史記貨殖列傳「節駔會」，徐廣曰：「駔，馬儈也。」吕氏春秋（尊師）云：「段干木，晉之大駔也。」玉篇：「駔，子朗切，會兩家之買賣，如今之度市也。」

焠，村對反。竪古現反。也。思，鰓楚師反。也。梓，統也。内，裏也。

説文：「竪，剛也。古甸切。」焠者，説文：「焠，竪刀刃也。」漢書王褒傳聖主得賢臣頌云「清水焠其鋒」，顔師古曰：「焠，謂燒而内水中以堅之也。」思，鰓者，「鰓」字玉篇、廣韻俱無，疑是「悤，聰也」。釋名（釋宮室）：「窻，聰也，於内見外之聰明也。」梓，統者，未詳。内，裏者，説文：「裏，衣内也。」玉篇「内，裏也」，本此。

課，第也。況，茲也。茲，今也。疊，懷也。收，振也。摎，流音。捋落末反。也。

本書釋詁：「第，次也。」廣韻（過韻）：「課，第也。」潘岳西征賦：「收罟課獲。」孔稚圭北山移文：「常綢繆於結課。」

況，茲者，爾雅〔釋詁下〕：「茲，此也。」小雅常棣「況也永歎」，傳：「況，茲也。」又出車「僕夫況瘁」，箋：「況，茲也。」茲，今者，文選〔南都賦〕注引倉頡篇：「今，時詞也。」茲今，常語耳。疊，懷，未詳。收，振者，鄭注中庸云：「振，猶收也。」故收亦爲振也。摎，捋者，詹事兄曰：「摎、捋」，聲相近。

摻，索減反。操也。呰，必寄反。流也。宿，留也。膏、滑，澤也。叉，家音〔一〕。括居滑反。也〔二〕。

玉篇：「摻，反執袂也。」呰，流者，邶風泉水云「呰彼泉水」，傳：「泉水始出，呰然流也。」通作「泌」。說文：「泌，俠流也。」宿，留者，玉篇：「宿，思宙切，宿留也。」史記孝武本紀「遂至東萊宿留之」，索隱曰：「音秀溜。宿留，遲待之意。若依字讀，則言宿而留，亦是有所待，並通也。」膏、滑，澤者，說文：「膏，肥也。」「滑，利也。」「澤，光潤也。」叉，括者，說文：「叉，手指相錯也。」舊本「叉」譌「又」，今訂正。

社，封也。愿，愨也。風，氣也。姦，僞也。

司馬彪續漢志〔祭祀下劉昭注〕引白虎通云：「將封東方諸侯，取青土，苴以白茅，各取其面以爲封社，明土謹敬潔靜也。」愿，愨者，說文：「愿，謹也。」「愨，謹也。」左氏襄三十一年傳「子皮曰『愿吾愛之』」，杜注：「愿，謹善也。」論語〔泰伯〕「侗而不愿」，孔安國云：「謹愿。」風，氣者，莊子〔齊物論〕云：「大塊噫氣，其名爲風。」宋玉風賦：「夫風者，天地之氣，溥暢而至，不擇貴賤高下而加焉。」淮南氾論訓「德有盛衰，風先萌焉」，注：「風，氣也。萌，見。」

〔一〕家音，王念孫說「家」上脫一字。

〔二〕叉，括也，王念孫曰：「案諸書無訓『叉』爲『括』者，此因本條内有脫文，而下條『檢，括也』又脫去『檢』字，遂誤合爲一條。」

兵，防也。乾，剛也。繹，搯抽音。也。忍，耐也。

器械所以防衛也。説文：「兵，械也。」廣韻〔庚韻〕引世本曰：「蚩尤以金作兵器也。」乾，剛者，易雜卦傳：「乾剛坤柔。」繹，搯者，説文：「繹，抽絲也。」又云「搯，引也」，或作「抽」。忍，耐者，論語〔八佾〕「是可忍也」，皇侃義疏云：「忍，猶容耐也。」荀子仲尼篇「能耐任之，則慎行此道。能而不耐任，且恐失寵」，楊倞注：「耐，忍也。」吕氏春秋審時篇「得時者忍饑」，高誘曰：「忍，能也。能，耐也。」案：「耐」通作「能」，能又忍能也。小雅漸漸之石箋「豕之性能水」，釋文：「能，奴代反，又作『耐』。」漢書食貨志〔上〕「能風與旱」、鼂錯傳「其性能寒，其性能暑」、趙充國傳「漢馬不能冬」、西域傳「不能饑渴」，顔師古皆讀「能」爲「耐」。

片，禪也。妊，任音。娠織刃反，疑即身也。也。粹，純也。專，擅也。虞，驚也。

周書吕刑「明清于單辭」，疏云：「孔子美子路，片言可以折獄。片言，即單辭也。」「禪」，與「單」同。妊，娠者，本書釋詁「妊、娠」皆爲「身」，妊又爲娠也。粹，純者，説文：「粹，不雜也。」顔延年應詔讌曲水詩「金昭玉粹」，李善注引此文。專，擅者，説文：「擅，專也。」廣韻〔仙韻〕「專，擅也」，本此。張衡東京賦：「秦政利觜長距，終得擅場。」虞，驚，未聞。

尿，年弔反。溲所流反。也。偃，仰也。浮，漂匹照反。也。卜，□也〔一〕。侵，淩也。

説文：「尿，人小便也。」玉篇：「溲，小便也。」晉語〔四〕云：「少溲于豕牢。」偃，仰者，小雅北山云：「或棲遲偃仰。」

〔一〕卜，□也，疏證本作「卧，卜也」。

浮，漂者，說文：「浮，氾也。」「漂，浮也。」卜，□者，「卜」下一字原闕，案：集韻〈笑韻〉引廣雅：「𠯗，卜也。」「時照切。」疑即此。侵，淩者，「淩」通作「陵」。玉篇：「陵，犯也。」上文「犯，侵也」，是「侵、淩」皆犯也。

卻，退也。蹷，古越反。踶徒計反。也。跌，徒結反。蹷古越反。也。困，悴也。

說文：「退，卻也。」劉向九歎〈愍命〉「卻騏驥以轉運兮」，王逸注：「卻，退也。」蹷，踶者，班固西都賦「狂兕觸蹷」，李善注引此文。跌，蹷者，漢書鼂錯傳「夫以人之死爭勝，跌而不振，則悔之無及也」，服虔曰：「蹉跌不可復起也。」困，悴者，本書釋詁：「困，極也，窮也。」困又悴也。

彫，鏤也。歲，遂也。遂，育也。禮，體也。埻，織允反。的也。

本書釋詁：「彫，畫也。」彫又爲鏤。歲，遂者，白虎通義〈四時〉：「所以名爲歲何？歲者，遂也，三百六十六日一周天，萬物〈畢〉成，故爲一歲。」遂，育者，遂者，常語耳。禮，體者，禮器云「禮也者，猶體也。體不備，君子謂之不成人」，注云：「若人身體。」釋名〈釋言語〉云：「禮，體也，得事體也。」埻，的者，玉篇：「的，射質也。」說文：「𡍞，射臬。讀若『準』。」「𡍞、〈埻〉」，古今字。大玄瞢次三云：「師或導射，豚其埻。」通作「墊」。後漢書齊武王傳「王莽使長安中官署及天下鄉亭皆畫伯升像於墊，旦起射之」，注云：「東觀記、續漢書並作『埻』。」

奮，訊也。奮，振也。扒，八音。擘班格反。也。醒，長也。播，抵丁禮反。也。

本書釋詁「奮訊，動也」，奮又爲訊也。爾雅〈釋言〉「振，訊也」，郭注：「振者奮訊。」文選〈甘泉賦〉注引韓詩章句：「振，奮也。」故奮亦爲振。說文：「振，奮也。」玉篇「奮，振也」，本此。扒，擘者，文選西京賦「擘肌分理」，注引後鄭周禮注：「擘，破裂也。」玉篇「扒，鄙殺切，擘也」，本此。醒，長者，詹事兄曰：醒者，醉之長。播，抵，未聞。

對，畣多合反。今人以「荅」字爲「對荅」〔一〕，失之矣。也。請，乞也。萿，挌也。鹺，才荷反。鹹也。

說文：「對，譍無方也。」大雅皇矣「以對于天下」，箋：「對，荅也。」玉篇：「畣，對也。」案：「畣」字漢魏時俗所作，古用「荅」也。音釋以「畣」爲正，以「荅」爲非，誤矣。請，乞者，本書釋詁：「請，求也。」請又爲乞，義相成也。萿，挌，未詳。鹺，鹹者，說文：「鹺，鹹。河内謂之鹺，沛人言若虘。」舊本「鹺」譌从「酉」，今訂正。白虎通義〔五行〕：「水味所以鹹何？是其性也。所以北方鹹也，萬物鹹與所以堅之，猶五味得鹹乃堅也。」

沾，天䀰反。今人以「霑（知鹽反）」爲「沾」〔二〕字，失之矣。益也。抍，蒸之上聲。陞升音。也。馴，擾也。

沾，益，孫侍御云：此當作「溢」，見文選七命注引。已見本書釋詁。抍，陞者，說文：「抍，上舉也。」方言〔第十三〕：「抍，拔也。出休爲抍。」皆上陞之意。馴，擾者，說文：「馴，馬順也。」坤初六象傳「馴致其道」，鄭注：「馴，從也。」說文：「擾，牛柔謹也。」枚乘七發「將爲太子馴騏驥之馬」，李善注引此文。

族，溱湊音。也。威，德也。眇，莫也。任，保也。

白虎通義〔五行〕：「正月律謂之大族何？族者，湊也，言萬物始大湊地而出也。」威，德者，荀子彊國篇：「威有三：有道德之威。」故威亦德也。眇，莫者，魯靈光殿賦「忽瞟眇以響像」，李善注引此文。任，保者，說文人部義也。邶風燕燕「仲氏任只」，箋：「任者，以恩相親信也。」淮南說山訓「不孝弟者，或詈父母，生子者，所不能任其必孝也，然猶養而

〔一〕對荅，王念孫博雅音校本作「對畣」。

〔二〕以霑（知鹽反）爲沾，王念孫博雅音校本作「以沾爲霑（知鹽反）」。

長之」，注：「任，保也。」

刑，侀也。罨，遷音。**遷也。彀**〔一〕**，培**片回反。**也。慘，**錯感反。**愒**苦大反。**也。**

王制云「刑者，侀也。侀者，成也。一成而不可變，故君子盡心焉」，孔疏：「此説刑之不可變改，上刑是刑罰之刑，下侀是侀體之侀。」序官司寇「佐王刑邦國」，注云：「刑，正人之法。孝經説曰：『刑者侀也，過出罪施。』」賈疏：「此援神契五刑章文。侀爲著也，行刑者，所以著人身體過誤者出之，實罪者施刑。」罨，遷者，説文：「䙴，升高也。或作『罨』。七然切。」漢書地理志（下）引春秋經曰「衛罨于帝丘」，又郊祀志（上）云「湯伐桀，欲罨夏社」，顔師古注：「罨，古『遷』字。」彀，培者，本書釋詁：「彀，養也。」「培、養」同義。慘，愒者，本書釋詁：「慘，貪也。」玉篇：「愒，去例切，貪羨也。」

戰，憚大汗反。**也。祭，際也。漂，**匹照反〔二〕。**漖也。孝，畜也。**

爾雅（釋詁下）：「戰，懼也。」戰栗、戰競，皆畏憚也。祭，際者，春秋繁露（祭義）云：「祭之爲言際也。」案：際者，人神相接，故曰際也。漂，漖者，説文：「漖，於水中擊絮也。」漢書韓信傳「有一漂母哀之」，韋昭曰：「以水擊絮曰漂。」孫侍御云：演連珠注引「漂，激也」，疑此「漖」字誤。孝，畜者，祭統「孝者畜也，順于道，不逆于倫，是之謂畜」，鄭注：「畜，謂順于德教。」坊記引詩云「先君之思，以畜寡人」，鄭注：「畜，孝也。」孝經援神契云：「庶人行孝曰畜，言能躬耕力農，以畜其德而養其親也。」

〔一〕 彀，疏證本作「㲄」。

〔二〕 案：王念孫博雅音校本「匹照反」在「漖」下。

叓，更音。償也。譎、恑，美也〔一〕。亯，響音。祀也。堯，嶢堯音。也。

夏官馬質云「馬死則旬之內更」，鄭司農云：「更，償也。」淮南詮言訓「功之成也，不足以更責」，高誘釋「更」爲「償」。古「更」與「庚」通。檀弓（下）云「季子皋葬其妻，犯人之禾，申祥以告，曰：請庚之」，鄭注：「庚，償也。」又與「賡」通。管子國蓄篇「智者有什倍人之功，愚者有不賡本之事」，房玄齡注：「賡，猶償也。」是「更、庚、賡」字異音義同。譎、恑，美者，未詳。亯，祀者，説文「亯，獻也。从高省，曰象進孰物形」，引孝經曰：「祭則鬼亯之。」經典通用「享」。大有九三「公用享于天子」，姚信云：「享，祀也。」堯，嶢者，白虎通義（號）：「帝堯謂之堯者何？堯，猶嶢嶢也，至高之貌。」

畏，威也。如，若也。應，受也。裕，足也。

呂刑云「德威惟畏」，孔傳：「行威則民畏服。」周語（上）「夫兵戢而時動，動則威」，韋昭曰：「威，畏也。」賈誼（新）書道術篇：「誠動可畏謂之威，反威爲圂。」釋名（釋言語）：「威，畏也，可畏懼也。」古「畏、威」通用，故畏亦威也。如，若者，玉篇「如，若也」，本此。應，受者，應，古通「膺」。賈逵國語注云：「膺，猶受也。」班固東都賦：「膺萬國之貢珍。」裕，足者，法言孝至篇「天地裕于萬物，萬物非裕于天地」，李軌注：「裕，足也。言萬物取足于天地，天地不取足于萬物也。」説文：「裕，衣物饒也。」

摸，撫也。毒，憎也。趉，渠屈反。衝也。睿，聖也。襯〔二〕，親刃反。仞也。

〔一〕譎、恑，美也，疏證本作「譎，恑也。傀，美也」。
〔二〕襯，疏證本作「儭」。

說文：「捪，撫也。一曰摹也。」是「摸、撫」義相近。玉篇：「摸，手摸也。」毒，憎者，史記贊云：「怨毒之於人，甚矣哉！」廣韻〔沃韻〕「毒，憎也」，本此。趞，衛，未聞。睿，聖者，洪範云：「睿作聖。」䙹，忉，未聞。

乃，汝也。造，詣也。姣，古卯反。侮也。將，且也。將，七將反。請也。將，帥也。

虞書〔舜典〕云「乃言底可績」，孔傳：「乃，汝也。汝言致可以立功。」造，詣者，說文：「詣，候至也。」玉篇：「造，七到切，至也。」姣，侮者，左氏襄九年傳「棄位而姣」，服虔讀「姣」爲「放效」之「效」，「言效小人爲淫。」將，且者，邶風簡兮「方將萬舞」、小雅谷風「將恐將懼」，鄭箋並云：「將，且也。」將，請者，鄭風〔將仲子〕「將仲子兮」傳義也。將，帥者，已見上文，此重出也。

止，禮也。棄，捐玄音〔一〕。也。捐，𢘅付奉反。也。唅，唵乙感反。也。

鄘風相鼠云「人而無止」，釋文引韓詩云：「止，節；無禮節也。」小雅小旻「國雖靡止」，箋：「止，禮也。」張衡思玄賦：「竦余身而順止兮。」棄，捐；捐，𢘅者，案：「捐、𢘅，棄也」已見本書釋詁，棄又爲捐，捐又爲𢘅，轉相訓也。唅，唵者，玉篇：「唵，含也。」唅，通作「含」。莊子〔馬蹄〕云：「含哺而熙，鼓腹而遊。」

啐，倉末反，又倉快反。歃所夾反。也。弘〔二〕，貫也。陷，潰也。傎，顛音。倒也。

「啐，嘗也」已見本書釋詁，啐又爲歃也。說文：「歃，歠也。」弘，貫者，玉篇「弘，羊忍切，挽弓也」，與「引」義同。

〔一〕 玄音，王念孫。說「玄」上脱去一字。
〔二〕 弘，疏證本作「弜」。

說文：「僞，引爲賈也。」舊本「弘」譌「弢」，今訂正。陷，潰者，說文：「陷，陊也。」「潰，漏也。」傎，倒者，玉篇「傎，都田切，倒也」，本此。

莫，漠也，怕片麥反。也。〔一〕袧，口豆反。襞也。穽，辭政反。坑也。

左氏昭二十八年傳「德政應和曰莫」，杜注：「莫然清靜。」莫然，即漠然也。怕者，本書釋詁：「怕，靜也。」張華勵志詩「大猷玄漠，將抽厥緒」，李善注引廣雅：「漠，泊也。」是本又作「泊」。舊本脱「漠」字，今訂正。孫侍御曰：疑是「漠，莫也，怕也」。「怕」通「泊」，此一字而兼二訓，下文「毓、曩、陶、濘」皆然。袧，襞者，玉篇：「袧，喪服也。」說文：「襞，韏衣也。」穽，坑者，說文「阱，陷也」，或作「穽」。魯語〔上〕云：「鳥獸成，設穽鄂。」周禮雝氏云「春令爲穽，擭溝瀆之利於民者，秋令塞穽杜擭」，鄭注：「阱，穿地爲塹，所以禦禽獸，其或超踰，則陷焉，世謂之陷阱。」坑，說文作「阬」，云：「塹，阬也。秦謂阬爲埂。」楚辭七諫〔初放〕：「與麋鹿同坑。」潘岳西征賦：「儒林填於坑穽。」

寇，鈔策教反。也。殃，咎也。需，頍也。禮，曹音。祜也。

說文：「寇，暴也。」玉篇：「寇，賊寇也。」又云：「鈔，強取也，掠也。」殃，咎者，說文歺部義也。易〔坤〕文言傳：「積不善之家，必有餘殃。」呂氏春秋孟春紀「稱兵必有天殃」，高誘注：「殃，咎也。」說文：「咎，災也。」殃，通作「央」。無極山碑「來福除央」，隸釋云：「以『央』爲『殃』。」吳仲山碑：「而遭禍央。」嚴訢碑：「君獲其央。」皆作「央」。需，頍者，說文：「需，頍也，遇雨不進立頍也。」又云：「頍，待也。」需象傳：「需，須也。」京房易傳：「需者，待也。」「頍、須」，字異義同。

〔一〕莫，漠也，怕也，疏證本作「莫，漠也。漠，怕也」。

禮，祐，未詳。

覽，觀也。咸，感也。劮，逸音。豫也。淫，游也。瑞，符也。

覽，觀，說文見部義也。又云：「觀，諦視也。」離騷「皇覽揆余初度兮」，王逸注：「覽，觀也。」咸，感者，易彖傳文。左氏昭二十一年傳「窕則不咸」，釋文：「本或作『感』。」惠棟曰：「咸，本古文『感』，故下云『心是以感』。作『咸』者是。」劮，豫者，玉篇「劮，餘質切，豫也」，本此。淫，游，未聞。瑞，符者，取信之物，古以瑞，漢以符也。序官典瑞注：「瑞，符信也。」典瑞，若今符璽，即太史公（孝文）本紀漢文帝二年「九月，初與郡國守相爲銅虎符、竹使符」，應劭曰：「銅虎符第一至第五，國家當發兵，遣使者至郡國合符，符合乃聽受之。竹使符者，皆以竹箭五枚，長五寸，鐫刻篆書，第一至第五。」張晏曰：「符以代古之圭璋，從簡易也。」一說瑞者，德之符驗。禮記（禮運）疏引援神契云：「德及於天，斗極明，日月光，甘露降。德及于地，嘉禾生，蓂莢起，秬鬯出。德至八極，則景星見。德至屮木，則朱屮生，木連理。德至鳥獸，則風皇來，鸞鳥舞，麒麟臻，白虎動，狐九尾，雉白首。德至山陵，則景雲出。德至深泉，則黃龍見，醴泉湧河。」

剥，爤也。傴，僂也。諸，於也。於，于也。占，瞻也。周，旋也。

剥，爤，雜卦傳文。「爤、爛」同。舊本「剥」譌「⿰隶刂」，字書無此字，今訂正。傴，僂者，「傴、僂，曲也」，已見本書釋詁。傴又爲僂也。諸，於；於，于者，皆語助詞。諸，於，未審所出。爾雅（釋詁上）：「于，於也。」故於亦爲于。占，瞻者，說文：「占，視兆問也。」周，旋者，說文：「旋，周旋，旌旗之指麾也。」「周」與「舟」通，故爲旋也。

肆，噬也。敀，丁禮反。隱也。簡，閱也。質，軀也。質，地也。

肆，當作「逮」，字之譌也。方言（第七）云：「噬，逮也。北燕曰噬。」𣪠，隱者，玉篇：「𣪠，隱也。」集韻（薺韻）引此文同。簡，閱者，左氏桓六年傳：「大閱，簡車馬也。」質，軀者，説文：「軀，體也。」左思魏都賦：「稟質遳脆。」玉篇「質，軀也」，本此。質，地者，何晏景福殿賦「騶虞承獻，素質仁形」，李善注引此文。

廣雅疏義卷第十

慶，賀也。祇，適也。蓋，黨也。脰，豆音。饌也。

説文：「慶，行賀人也。」「賀，以禮相奉慶也。」淮南本經訓：「當此之時，無慶賀之利。」○祇，適也。玉篇「祇，之移切，適也」，本此。○蓋，黨也。「蓋、黨」，皆語詞也。漢書伍被傳：「黨可以徼幸。」孝經〈天子章〉云「蓋天子之孝也」，孔傳：「蓋者，辜較之詞。」鄭注：「蓋者，謙詞。」劉瓛云：「蓋者，不終盡之詞。」○脰，饌也。未聞。

喑，於含反，又於今反。唶子夜反。也。噭，古弔反。嘹了音。也。

説文云：「宋齊謂兒泣不止曰喑。」廣韻〈禡韻〉：「唶，歎聲。」○噭，嘹也。本書釋詁：「噭，鳴也。」玉篇：「嘹，落簫切，嘹亮。」

軫，啟音。礙五代反。也。腒，巨居反。央也。非，違也。貫，穿也。

説文：「軫，礙也。康禮切。」「礙，止也。」法言君子篇：「子未覩禹之行水歟，一東一北，行之無礙也。」○腒，央也。未詳。○非，違也。説文：「非，違也，从飛下翄，取其相背。」○貫，穿也。説文：「穿，通也。」貫，錢貝之貫。衆經音義〈卷十〉引倉頡篇：「貫，穿也。」通作「毌」。説文：「毌，穿物持之〈也〉，从一橫貫，象寶貨之形。」

偲，七來反。佞也。譀，誕也。霝，令也。免，隤也。科，蔂也。

「偲、佞」皆言才也。齊風盧令「其人美且偲」，傳：「偲，才也。」箋：「才，多才也。」佞者，説文：「佞，巧讇高材也。」○

謶，誕也。説文：「謶，誕也。」荀子修身篇：「易言曰誕。」○霝，令也。「霝」通作「靈」。「靈、令」皆善也。石鼓文「霝雨奔流」。又鐘鼎文皆以「霝」爲令，舊本「令」譌「今」，今訂正。○免，隤也。本書釋詁「免，脱也」，「隤，下也」，皆墮落之意，故「免」又爲隤也。○科，虆也。「科」一名虆。宋玉招魂云「虆菅是食」，王逸注：「柴棘爲虆。」

毀，虧也。制，誓也〔一〕。謂，指也。節，已也。

説文：「虧，氣損也。」或作「虧」。魯頌閟宮云：「不虧不崩。」儒行云：「見利不虧其義。」毀者，説文：「毀，缺也。」爾雅〔釋詁〕：「虧，毀也。」○制，誓也。曲禮〔下〕云：「約信曰誓。」説文：「誓，約束也。」釋名〔釋言語〕：「誓，制也，以拘制之也。」蔡邕獨斷云：「制書，帝者，制度之命也，其文曰：制詔三公，赦令贖令之屬是也。刺史太守相劾奏，申下土遷書，文亦如之，其徵爲九卿，若遷京師近官，則言官具言姓名，其免若得罪無姓。凡制書有印使符，下遠近皆璽封，尚書令印重封，唯赦令贖令，召三公詣朝堂受制書，司徒印封露布下州郡。」○謂，指也。謂者，指其人而言之。皇侃論語義疏〔八佾〕：「謂者，評論之辭也。夫相評論，有對面而言，有遥相稱評。若子謂冉有曰『汝不能救與』，則是對面也。孔子謂季氏是遥相評也。」○節，已也。廣韻〔屑韻〕：「節，止也。」「已」與「止」同義。

居，據也。據，杖也。如，均也。子、巳，似也。注、理，媒也。

晉語〔一〕「今不據其安，不可謂能謀」，韋昭注：「據，居也。」「據」爲居，故「居」亦據也。○據，杖也。説文：「據，杖持也。」論語〔述而〕「據於德」，何晏曰：「據，杖也，德有成形故可據也。」晉語〔一〕：「民各有心無所據。」依韋注訓「據」爲

〔一〕制，誓也，疏證本作「誓，制也」。

杖。○如，均也。「如」與「班」皆是賦與均平之義。趙注孟子〈公孫丑上〉云：「班，齊等之貌。」故鄭公子班字子如。○子、巳，似也。「子」謂肖似也。説文：「肖，骨肉相似也，不似其先，故曰不肖。」巳者，小雅斯干「似續妣祖」，箋：「似讀如巳午之巳。巳續妣祖者，謂巳成其宫廟也。」○注、理，媒也。未詳。

滔，漫也。昃，昳〔一〕也。

説文：「滔，水漫漫大貌。」堯典「浩浩滔天」，孔傳：「浩浩，盛大若漫天。」大雅蕩「天降滔德」，傳：「滔，漫也。」○昃，昳也。昃，説文作「𣅳」，云「日在西方時側也」，引易曰：「日𣅳之離。」通作「側」。既夕禮云「日日側」，鄭注：「側，昳也，謂將過中之時。」又通作「稷」。豐彖傳「日中則昃」，孟喜本作「稷」。穀梁春秋經〈定公十五年〉「戊午，日下稷」，公羊、左氏皆作「昃」。范甯注：「稷，昃也，下昃謂晡時。」尚書中候握河紀云「辛日禮備，至于日稷」，鄭注：「稷，讀曰側。」是「昃、稷」同也。舊本「昳」譌「跌」，今訂正。

妒，嫿子庶反〔二〕。**也。嫮，**互音。**嫪**力高反，又力到反。**也。秩〔三〕，程也。膌，脂也。**

説文：「嫿，嬌也。」通作「姐」。嵇康幽憤詩「恃愛肆姐，不訓不師」，李善注「姐」與「嫿」同。○嫮，嫪也。「嫪、嫮，妒也」已見本書釋詁，「嫮」又爲嫪也。○秩，程也。玉篇「秩，除室切，程也」，本此。舊本「秩」譌从「衣」，今訂正。○膌，

〔一〕昳，疏證本作「跌」。
〔二〕王念孫説「子庶反」上脱「上」字。
〔三〕秩，疏證本作「袟」。

脂也。玉篇：「膈，先結切，臆中脂。」

輸，寫也。縣，抗也。朔，穌素乎反〔一〕。也。遣，錯音〔二〕，这交音。也。

小雅蓼蕭「我心寫兮」，傳：我心寫者，「輸寫其心。」箋：「我心寫者，輸寫其情意，無留恨也。」漢書趙廣漢傳：「行之發於至誠。吏見者皆輸寫心腹，無所隱匿，咸願爲用。」張衡南都賦「長輸遠逝」，李善注引此文。○縣，抗也。〔朔，穌也〔三〕。本月一日始蘇也。釋名〔釋天〕：「朔，蘇也，月死復蘇生也。」白虎通義〔四時〕：「朔之言蘇也，明消更生故言朔。」漢書〔武帝紀〕「元朔元年」，應劭曰：「朔，蘇也。」「穌、蘇」同。○遣，这也。玉篇：「遣，且各切，亂也。这遣也。今爲『錯』。」「这，古爻切，會也。今作『交』。」

氾，普播户反。也。資，操七高反。也。緊，糾也。款，叩也。佪，迴過反。和也。

漢書伍被傳「氾愛蒸庶，布德施惠」，顏師古曰：「氾，普也。」○資，操也。考工記云「或通四方之珍異以資之」，鄭注：「資，操也。」○緊，糾也。王逸九思〔疾世〕「心緊絭兮傷懷」，王逸注：「緊絭，糾繚也。」○款，叩也。玉篇：「款，口緩切，叩也。款，同上。俗作『欵』。」漢書宣帝紀「百蠻鄉風，欵塞來享」，應劭曰：「欵，叩也，皆叩塞門來服從也。」○佪，和也。玉篇「佪，和也」，本此。

〔一〕王念孫説「素乎反」上脱「上」字。

〔二〕錯音，原作「錯二反」，據王念孫博雅音校本改。

〔三〕朔，穌也，原脱，今補。

徇，營也。民，泯也。供，養也。序，射也。侯，候也。

大雅江漢「來旬來宣」，箋：「旬當作『營』。」是「旬、營」古字通，故「徇」亦爲營。○民，泯也。「泯，民也」已見本書釋詁，此又轉相訓也。○供，養也。說文：「養，供養。」故「供」亦養也。○序，射也。序者，射也。孟子〔滕文公上〕文。○侯，候也。白虎通義爵篇：「侯者，候也，候逆順也。」

位，莅也。□，禄也。要，約也。逋，竄也。劁，在堯反。刟彫音。也。

廣韻〔至韻〕「位，莅也」，本此。孝經〔士章〕疏引廣雅：「位，涖也。」「莅、涖」同。舊本「莅」下有「禄」字，疑有脫文，今訂正。○□，禄也。「禄」上一字原闕。○要，約也。左氏襄十年傳「使王叔氏與伯輿合要，王叔氏不能舉其契」，杜注：「合要辭，要契之辭。」廣韻〔笑韻〕「要，約也」，本此。○逋，竄也。「逋，亡也」已見上文，「逋」又爲竄也。○劁，刟也。玉篇：「劁，刈穫也。」「⿰刁刂，丁幺切，斷取也。刟，同上。」廣韻〔宵韻〕：「劁，刈艸。」〔蕭韻〕：「⿰刁刂，斷穗。」

御，侍也。樘，丈盲反，又達郎反。距也。礙，閡五代反。也。闌，閑也。

小雅六月「飲御諸友」箋、序官御史注並云：「御，侍也。」楚辭九章〔惜誦〕「俾山川以備御兮」亦訓侍。○樘，距也。說文「樘，衺柱也」，徐鉉曰：「今俗〔別〕作『橕』。」案：「樘距」與「牚歫」同。說文：「牚，歫也。」「歫，止也。」通作「撐」。漢書匈奴傳〔下〕「遵與相牚距」，顏師古注：「牚，謂支柱也。」○礙，閡也。說文：「礙，止也。」玉篇：「礙，亦作『閡』，止也。」〔閡〕與『礙』同。」○闌，閑也。說文：「闌，門遮也。」「閑，闌也。」家人初九「閑有家」，馬融注：「閑，闌也。」

鐫，醉全反，又醉兗反。鑿也。水，準也。晆，吳權反。瞸虛葉反。也。

釋名〔釋用器〕：「鐫，鐏也，有所鐏入也。」說文：「鐫，穿木鐫也。」「鑿，穿木也。」漢書薛宣傳「欲遣吏考案，恐負舉者，恥辱儒士，故使掾平鐫令」，晉灼曰：「王常爲光武鐫説其將帥。此爲徐以微言鐫鑿遣之也。」〇水，準也。説文：「水，準也。北方之行。」月令疏引白虎通〔五行〕云：「水之爲言準也，陰化沾濡任生木。」考工記〔輪人〕云：「水之以眂其平沈之均也。」漢書李尋傳：「五行以水爲本，其星玄武婺女，天地所紀，終始所生。水爲準平，王道公正修明，則百川理，落脈通。」〇睉，瞸也。玉篇：「睉，目瞬也。」「瞸，瞼也。」廣韻〔仙韻〕：「睉，目眇視貌。」

剿，子紹反。夭也。級，等也。寃，枉也。書，著也。刌〔一〕，切也。切，膾也。

剿，夭也。未聞。〇級，等也。説文：「級，絲次第也。」玉篇：「級，階級也。」吕氏春秋孟秋紀〔懷寵〕「皆益其禄，加其級」，高誘曰：「級，等也。」〇寃，枉也。「枉、寃，曲也」已見本書釋詁，「寃」又爲枉也。〇書，著也。賈誼新書道德〔説〕篇：「是故著此竹帛謂之書」，「書者，著德之理于竹帛而陳之，令人觀焉，以著所從事，故曰『書者，此之著者也』。」説文：「書，著也。」著之簡紙求不滅也。〇刌，切也。切，膾也。説文：「刌，切也。」「切，刌也。」切文爲膾者，説文：「膾，細切肉也。」少儀云「牛與羊魚之腥，聶而切之爲膾」，鄭注：「聶之言牒也，先藿葉切之，復報切之，則成膾。」

委，闚也。牽，挽也。劇，利也。剾，烏鉤反。劅頭音。也。

委，闚也。未聞。〇牽，挽也。本書釋詁：「牽，引也。」「牽」又爲挽，義相成也。〇劇，利也。「劇，利」已見本書釋詁，此重出。〇剾，劅也。「剾、劅，剜也」見本書釋詁，「剾」又爲劅。

〔一〕刌，原作「朷」，據疏證本改。

諟，庶子反。是疑上字即是也。書曰：「先王顧諟。」也。君，羣也。臣，繕也。

太甲云「先王顧諟，天之明命」，孔傳：「諟，是也。」○君，羣也。荀子君道篇：「君者，何也？〔曰〕能羣也。能羣也者，何也？曰：善生養人者也，善班治人者也，善顯設人者也，善藩飾人者也。善生養人者人親之，善班治人者人安之，善顯設人者人樂之，善藩飾人者人榮之。四統者俱而天下歸之，夫是之謂能羣。」又王制篇：「君者，善羣也。羣道當，則萬物皆得其宜，六畜皆得其長，羣生皆得其命。」春秋繁露深察名號：「君者，羣也。」白虎通義〔號〕：「君之爲言羣也。」又〔三綱六紀〕云：「君，羣也，羣下之所歸心也。」漢書刑法志：「從之成羣，是爲君矣。」○臣，繕也。白虎通義〔三綱六紀〕：「臣者，繵堅也，屬志自堅固。」

愛，僾愛音。也。指，斥也。誃，謻也。書，如也。淩，暴也。

愛，僾也。詹事兄曰：詩「愛而不見」，亦作「僾」，或作「薆」。○指，斥也。廣韻〔旨韻〕本此。○誃，謻也。王逸注楚辭〔離騷〕云：「誃，謻也。」○書，如也。說文敘云：「著於竹帛謂之書。書者，如也。」書序疏引尚書璇璣鈐云：「書者，如也。」○淩，暴也。淩虐即暴戾也。

轔，力鎮反。轢歷音。也。譙，之若反。謫也。末，衰也。擘，剖也。

說文：「蹸，轢也。」「轢，車所踐也。」班固西都賦「蹂躪其十二三」，李善注：「躪，與『蹸』同。」案：「轔、蹸、躪」，字異音義同。○譙，謫也。玉篇「譙，謫也」，本此。集韻〔藥韻〕引此文同。○末，衰也。廣韻〔末韻〕：「末，弱也。」「衰、弱」同義。○擘，剖也。張衡西京賦：「擘肌分理。」

憤，符粉反。盈也。剫，判也。鐮，古點反。祈〔一〕也。傃，素音。經也。貢，功也。

憤，盈也。已見本書釋詁。此重出也。○剫，判也。本書釋詁：「剫、判，分也。」「剫」又爲判也。○鐮，祈也。集韻〔忝韻〕「鐮，兼忝切」，引廣雅：「所也。」「祈」與「所」，未知孰是。○傃，經也。玉篇：「傃，桑故切，向也。」孔子曰：傃隱行怪。」此以爲經，未聞也。○貢，功也。説文：「貢，獻功也。」天官太宰職「賦貢，以馭其用」，注云：「貢，功也，九職之功所税也。」

䠘，浦迷反，又〔二〕音。普計反，正音。踦，車美反。也。翹，尾也。懲，恐也。書，記也。

玉篇：「䠘，偶也。」廣韻〔霽韻〕：「媲，配也。䠘，上同。見管子。」五音集韻〔霽韻〕引此文，匹迷切。踦者，公羊傳〔成公二年〕「相與踦閭而語」，〔何休注〕：「閉一扇」，「一人在外，一人在内。」○翹，尾也。説文：「翹，尾長毛也。」○懲，恐也。班固西都賦「既懲懼於登望」，李善注引此文。○書，記也。漢書項籍傳：「書足記姓名而已。」

𢶍，乎本反。拑，巨炎反。也。隑，恐代反。陭，於靡反。也。膢，託也。適，牾〔三〕誤音。也。

説文、玉篇並云：「𢶍，手推也。」○隑，陭也。此方言〔第十三〕文也，郭注：「江南人呼梯爲隑，所以隑物而登者也。」○膢，託也。此亦方言〔第十三〕文也。本書釋詁：「膢、侂，寄也。」「侂」與「託」同。「膢」又爲託也。○適，牾也。

〔一〕王念孫曰：「各本脱去『嘰』字，『祈』字又誤入正文。」

〔二〕又，原作「口」，據王念孫博雅音校本改。

〔三〕牾，疏證本作「悟」。

此亦方言〔第十三〕文也，郭注：「相觸迕也。」案：適，讀爲〔禮記昏義〕「適見〔於〕天」之「適」，鄭注：「適之言責也。」舊本「啎」作「悟」，古字通。

梗，略也。鐰，七嬌反。燥素皓反。也。姬，基也。優，渥也。瀐，魚別反。疑也。

梗，略也。此方言〔第十三〕文也，郭注：「梗概，大略也。」○鐰，燥也。玉篇：「鐰，鐵剛折。」○姬，基也。論衡奇怪篇：「姜原履大人跡。跡者基也。」○優，渥也。「優」通作「瀀」。說文「瀀，澤多也」，引詩曰：「既瀀既渥。」○瀐，疑也。說文：「瀐，議辠也。」是「瀐」爲議疑獄也。

掄，貫也。囮，由音〔一〕。圝由音。也。齎，持也。彈，拚布莖反。也。遺，亡也。

說文徐鍇本云：「掄，貫也。」○囮，圝也。說文：「囮，譯也。率鳥者繫生鳥以來之，名曰囮。讀若譌。」或作「圝」。是二字同也。○齎，持也。已見本書釋詁，此重出。○彈，拚也。「彈」與「撣」同。說文：「撣，提持也。」「拚，撣也。」玉篇：「撣，徒安切，觸也。太玄經云：『遭逢並合，撣繫其名。』」「拚，撣也。拚，同上。」廣韻〔耕韻〕「拚，彈也」，本此。○遺，亡也。說文辵部義也。小雅谷風「棄予如遺」，傳：「遺，亡也。」〔二〕

購，古候反。償也。捔，恭也。貴，尊也。賤，卑也。絜，苦結反。缺也。

玉篇：「購，以財有所求償。」○捔，恭也。未詳。○貴，尊也。賤，卑也。說文：「貴，物不賤也。」「卑，賤也，執事

〔一〕由，王念孫說當作「音譌」。

〔二〕案：詩毛傳無此語。

者。」玉篇：「貴，尊也。」「賤，卑下也。不貴也。」○栔，缺也。「栔」通作「契」。爾雅〔釋詁〕「契，絶也」，郭注：「今江東呼刻斷物爲契斷。」

傅，敷也。捔，掎也。孝，度也。州，浮也。膟，翠音。肥也。

「傅、敷」古字通。禹貢「禹敷土」，史記夏本紀作「傅土」，裴駰曰：「尚書『傅』〔字〕作『敷』。」司馬貞曰：「大戴禮作『傅土』，故此紀依之。」鄭大司樂注云：「禹傅土。」漢書文帝紀「傅納以言」，顔師古注：「傅讀曰敷。」○捔，掎也。左氏襄十四年傳：「譬如捕鹿，晉人角之，諸戎掎之。」「捔」與「角」同。○孝，度也。孝經援神契云：「諸侯行孝曰度，言奉天子之法度，得不危溢，是榮其祖先也。」○州，浮也。詹事兄曰：「州、浮」音相似，水中可居曰州，亦有浮義。○膟，肥也。玉篇：「膟，倉淚切，鳥尾上肉也。」

椁，廓也。陰，闇也。迪，蹈也。儷，力計反，又即麗反。扶蒲滿反。也。

白虎通義〔崩薨〕：「椁之爲言廓也，所以開廓(闢)辟土，無令迫棺也。」○陰，闇也。說文：「陰，闇也，水之南，山之北。」集韻〔董韻〕引廣雅：「懞，闇也。」未知即此條否。○迪，蹈也。法言先知篇「爲國不迪其法而望其效，譬諸算乎」，李軌注「迪，蹈」也。○儷，扶也。玉篇：「儷，吕詣切，偶也。儷，上同。」說文：「扶，並行也。讀若伴侶之伴。」

并，兼也。穰，豐也。則，即也。卑，庳婢音。也。綢，他高反。韜〔一〕也。

「兼，并也」已見上文，此又轉相訓也。○穰，豐也。商頌烈祖云：「豐年穰穰。」○則，即也。皆語詞也。「則、即」聲

〔一〕韜，疏證本作「縚」。

相近。説文「鯛」或作「鯽」。○卑，庳也。玉篇：「庳，卑下屋也。」舊本「卑」譌「畀」，今訂正。○綢，韜也。爾雅（釋天）「素錦綢杠」，郭注：「以白地錦韜旗之竿。」是「綢」爲韜也。

跑，步卓反。趵也。妨，訪音。娉聘音。也。県，古堯反。磔丁格反。也。

玉篇：「跑，蒲篤切，蹴也。」「趵，方卓切，足擊聲。」廣韻（覺韻）：「跑，秦人言蹴。」集韻（沃韻）：「跑，蒲沃切。」○妨，娉也。本書釋詁：「妨，害也。」「妨」又爲娉也。集韻（漾韻）引此文，音「妨」爲「敷亮切」。○県，磔也。説文：「県，到首也。賈侍中説，此斷首到縣県字。」玉篇」「県，縣首于木上竿頭以肆大辠，秦刑也。」案：「県」通作「梟」。説文：「梟，不孝鳥也，日至捕梟磔之，从（鳥頭）在木上。」史記高祖本紀「梟故塞王欣頭櫟陽市」，司馬貞曰：「梟，縣首于木也。」

辟，符役反。法也。乍，暫也。墾，苦很反。均也。僉，過禍音。也。

説文：「辟，法也。从卩从辛，節制其辠也。从口，用法者也。」小雅雨無正「辟言不信」，傳訓（「辟」）爲法。案：「辟，法」已見爾雅，此重出。○乍，暫也。玉篇「乍，士嫁切，暫也。」孟子（公孫丑上）：「今人乍見孺子。」張衡西京賦：「將乍往而未半。」○墾，均也。「均」通作「畇」。小雅信南山「畇畇原隰」，傳：「畇畇，墾辟。」○僉，過也。方言（第一）云：「自關而西秦晉之間（凡）人語而過謂之過，或曰僉。」玉篇：過，乎果切，過也。」

俚，吏、里二音。聊也。䭵，寄音。企也。扳，援也。㶽，隈音。火也。遺，離也。

方言（第三）「俚，聊也」，郭注：「謂苟且也。」○䭵，企也。玉篇：「驥，千里馬。䭵，同上。」案：䭵，謂與「覬覦」之「覬」同，故釋爲企。○扳，援也。玉篇：「攀，普姦切，援引也。扳，同上。」○㶽，火也。方言（第十）：「㶽，火也，楚轉語也。」玉篇：「㶽，呼隗切，楚人呼火爲㶽也。」舊本「㶽」譌爲「煨」，曹音「隈」亦誤，今訂正。孫侍御云：魏都賦注引（廣雅）

「煨，爐也」，疑此「火」字誤。○遺，離也。詹事兄曰：「遺失」與「離去」義亦相通。

浮，游也。涑，素侯反。澣也。栔，苦計反。刻也。劃，乎圭反。剈烏俏〔一〕反。也。

玉篇：「游，以周切，浮也。」故「浮」亦游也。○涑，澣也。說文：「涑，澣也。速侯切。」○栔，刻也。說文：「栔，刻也。」通作「鍥」。左氏定九年傳：「盡借邑人之車，鍥其軸。」荀子勸學篇：「鍥而舍之，朽木不折；鍥而不舍，金石可鏤。」○劃，剈也。「剈」疑當作「削」。玉篇：「劃，減也，削也。」廣韻〈齊韻〉引此文，云：「劃，削也。」

牟，倍也。封，苦攜反。刳也。剅，多侯反。拘鉤音，又圭音。也。譃，嗟音。誺禄音。也。

宋玉招魂「成梟而牟，呼五白些」，王逸注：「倍勝爲牟。」舊本「倍」譌「陪」，今訂正。○封，刳也。本書釋詁：「封、刳，屠也。」「封」又爲刳也。○剅，拘也。玉篇：「剅，小裂也。」廣韻〈齊韻〉：「拘，古攜切，拘敂，裂。」「剅、敂」，字異音義同。○譃，誺也。說文：「譃，誺也。」廣韻〈燭韻〉：「誺，譃也。」〈麻韻〉：「譃，詠也。」「譃、詠」是「譃、誺」之譌。

期，卒也。許，與也。末，垂也。踐，蹐藉音。也。酌〔二〕，漱所救反。也。

莊子庚桑楚云「券外者，志乎期費」，陸德明云：「言若存分外而不止者，卒有所費耗也。」○許，與也。本書釋詁：「許，聽也。」「許」又爲與也。○末，垂也。未聞。○踐，蹐也。大雅行葦：「牛羊勿踐履。」「蹐」通作「藉」。漢書灌夫傳「太后怒，曰：『我在也，而人皆藉吾弟，令我百歲後，皆魚肉之乎』」，晉灼曰：「藉，蹈也。」如晉說。是踐踏之義。○酌，

〔一〕俏，王念孫說當作「涓」。

〔二〕酌，廣雅各本作「酌」。

漱也。説文：「酌，少少飲也。」玉篇：「酌，余振切。酳，同上。」廣韻〈震韻〉：「酳，酒漱口也。」案：特牲饋食禮注云：「今文『酳』〈皆〉爲『酌』。」少牢、士虞禮注並云：「古文『酳』爲『酌』。」「酌」皆當爲「酌」。顔師古注漢書賈山傳云：「酳者，少少飲酒，謂食已而蕩口也。」舊本「酌」譌「酌」，今訂正。

□，潠遜音。也。調，啁也。譜，普音。牒也。

上一字原闕。潠者，玉篇：「潠，蘇困切，噴水也。」○調，啁也。本書釋詁：「啁，調也。」此又轉相訓也。○譜，牒也。玉篇：「譜，布魯切，牒也。」釋名〈釋典藝〉：「譜，布也，布列見其事。」史記十二諸侯年表云「讀春秋曆譜諜」，索隱曰：「案：劉杳云『三代系表旁行邪上，並放周譜。譜起周代。藝文志有古帝王譜。又自古爲春秋學者，有年曆、譜諜之説，故杜元凱作春秋長曆及公子譜。蓋因於舊説，故太史公得讀焉』也。」案：張協七命云「生必耀華名於玉牒」，李善注引東觀漢記云：「封禪，其玉牒文祕。」古「牒」與「諜」通用。史記三代世表云「余讀諜記」，索隱曰：「音牒。牒者，紀世諡之書也。下云『稽諸曆諜』，謂歷代之譜。」

齋，慄栗音。也。狄，辟匹亦反。也。災，甾也。恭，肅也。泄，洙〔一〕也。泄，漏也。

大禹謨云：「夔夔齋慄。」○狄，辟也。説文云：「狄之爲言淫辟也。」白虎通義〈禮樂〉：「狄者，易也，辟易無別也。」○災，甾也。「災害」字古或通用「甾」。○恭，肅也。説文：「恭，肅也。」洪範云「恭作肅」，疏引鄭注「君貌恭，則臣禮肅」也。賈誼〈新〉書道術篇：「接遇慎容謂之恭，反恭爲媟。」○泄，洙也。未聞。○泄，漏也。「漏，泄也」已見本書釋詁，此

〔一〕洙，疏證本作「泆」。

又轉相訓也。

固，陋也。臺，支也。表，特也。誇，苦瓜反。譀也。〔氏，柢〔一〕〕多禮反。也。

孟子〔告子下〕「固矣夫，高叟之爲詩也」，趙岐注：「固，陋也。」學記云：「獨學而無友，則固陋而寡聞。」〇臺，支也。方言〔第十三〕文也。〇表，特也。楚辭九歌〔山鬼〕「表獨立兮山之上」，王逸注：「表，特也。」〇誇，譀也。「誇，譀」，説文言部義也。舊本「譀」譌「諏」，今訂正。〇氏，柢也。説文：「柢，木根也。」爾雅〔釋天〕：「天根，氐也。」史記〔天官書〕索隱引孫炎云：「角、亢下繫於氐，若木之有根。」舊本「柢」譌从「牛」，今訂正。

廟，貌也。貳，女史反。汙也。貳，焚然音。也。齊，整也。慄，戰〔也〕。

周頌清廟箋：「廟之言貌也，死者精神不可〔得而〕見，但以生時之居立宮室，象貌爲之耳。」疏引鄭注孝經云：「宗，尊也。廟，貌也。親雖亡没，事之若生，爲立宮室，四時祭之，若見鬼神之容貌。」「容、貌」，字異音義同。〇貳，汙也。「貳」當作「膩」。玉篇：「膩，垢膩也。」大戴禮曾子疾病篇云：「與小人遊膩乎如入鮑魚之次。」〇貳，焚也。未詳。〇齊，整也。玉篇：「齊，在兮切，齊整也。」〇慄，戰也。秦風黄鳥「惴惴其慄」、莊子人間世云「吾甚慄之」、大宗師云「登高不慄」、天運云「操之則慄」，皆恐懼之貌也。論語〔八佾〕「使民戰栗」、史記悼惠世家「股戰而栗」、方言〔第六〕云：「〔蛩〕烘，戰慄也。」是「慄、戰」同義。

條，枝也。抇，掘渠勿反。也。殃，禍也。數，術也。

〔一〕柢，疏證本作「牴」。

說文：「條，小枝也。」○扣，掘也。說文：「搰，掘也。」「掘，搰也。」玉篇：「搰，胡没切，掘也。」左氏傳（哀公二十六年）「搰褚師定子之墓，焚之」，本亦作「掘」。扣，亦「搰」字，穿也。繫辭傳（下）：「掘地爲臼。」○殃，禍也。上文「殃，咎也」，「殃」又爲禍。廣韻（陽韻）「殃，禍也」，本此。○數，術也。漢書鼂錯傳：「人主所以尊顯功名揚于萬世之後者，以知術數也。」公孫丞相傳[一]：「擅殺生之柄，通壅塞之塗，權輕重之數，論得失之道，使遠近情僞必見于上，謂之術。」

劣，鄙也。鈔，掠也。葸，（死音。）**愼也。姤，**（遘音，又后音。）**遇也。**

法言問明篇：「仲尼聖人也，或（者）劣諸子貢，子貢辭而精之，然後廓如也。」廣韻（薛韻）「劣，鄙也」，謂本此。○鈔，掠也。玉篇：「鈔，楚交、楚教二切，強取也。」掠也。○葸，愼也。「葸」通作「諰」。荀子議兵篇「秦四世有勝，諰諰然常恐天下之一合而軋己也」，楊倞曰：「漢書（刑法志）『諰』作『鰓』」，蘇林曰：讀如『愼而無禮則葸』之『葸』，諰，懼貌。」○姤，遇也。（姤）彖傳及序卦、雜卦文釋文：「薛云：古文作『遘』，鄭同。」

律，率也。幘，（責音。）**情也。筡，**（塗音，又恥於反。）**析也。菽，**（莫老反。）**葆**（保音。）**也。**

白虎通義（五行）：「律中大族，律之言率也，所以率氣令生也。」初學記引蔡邕月令章句：「律，率也，截竹爲管謂之律。律者，清濁之率法也。聲之清濁，以律長短爲度。」太平御覽（卷十六）引春秋元命苞云「律之爲言率也，所以率氣令達也」，宋均注：『率，猶導也。』」○幘，情也。玉篇「幘，楚革切，情也」，本此。○筡，析也。案：說文：「筡，折竹筤也。同都切。」方言（第十三）云：「筡，析也。析竹謂之筡。」○菽，葆也。菽，莫候切。說文：「菽，細艸叢生也。」「葆，艸盛

[一] 案：公孫丞相即公孫弘。

（之）貌。」本書釋訓：「菽菽、葆葆，茂也。」是「菽、葆」皆茂盛之意。

誔，挺音。訑也。慘，毒也。韙，是也。扼，乃罪反。摘〔擿音。〕也。蔿〔花音。〕，譌〔五瓜反。〕也。變〔一〕，〔力捐反。〕樊也。

集韻〔迥韻〕引此文，音「誔」爲「待鼎切」。或說「誔」當爲「誕」。說文：「沇州謂欺曰訑。」誇誕則欺詐。○慘，毒也。說文心部義也。○韙，是也。說文：「韙，是也。」左氏隱十一年傳：「犯五不韙。」莊子天下篇「所言之韙不免于非」，郭象注：「韙，是也。」通作「愇」。漢書敘傳〔上〕「愇世業之可懷」，顏師古曰：「『愇』〔字〕與『韙』同。〔韙〕，是也。」○扼，摘也。玉篇：「扼，乃果切，扼摘，趙魏云也。」○蔿，譌也。上文「蔿、譌，譁也」，「蔿」又爲譌也。集韻〔麻韻〕引此文，音「蔿」爲「呼瓜切」。○變，樊也。未詳。

善，膳音〔二〕，又音夸嫿之嫿。佳也。纔，〔才音。〕暫〔去。〕也。粲，鮮也。絽，緊也。期，時也。

本書釋詁：「佳，善也。」此又轉相訓也。○纔，暫也。未見所出。○粲，鮮也。玉篇「粲，且旦切，鮮好貌」，本此。○絽，緊也。「絽緊，絣也」已見本書釋詁，「絽」又爲緊也。○期，時也。玉篇：「期，巨基切，時也。」

晐，〔古孩反。〕包也。箋，云也。葉，世也。曾，是也。視，比也。執，脅也。

本書釋詁：「晐，備也。」又釋言：「晐，咸也。」「晐」又爲包也。○箋，云也。詩釋文云：「箋，本亦作『牋』同，薦年反。」字

〔一〕變，疏證本作「奱」。
〔二〕音，王念孫博雅音校本作「字」。

林：箋，表也，識也。」詩正義云：「鄭以毛學審備，遵暢厥旨，所以表明毛意，記識其事，故特稱爲箋。」此以爲云，未詳。○葉，世也。商頌〔長發〕「昔在中葉」傳義也。淮南脩務訓「稱譽葉語，至今不休」，注：「葉，世也。」張衡南都賦：「固靈根于夏葉。」○曾，是也。未聞。○視，比也。左氏襄二十七年傳「季武子使謂叔孫以公命，曰『視邾、滕』」，注：「欲比小國。」檀弓〔下〕篇：「公室視豐碑。」孟子〔萬章下〕：「天子之卿受地視侯，大夫受地視伯，元士受地視子、男。」○執，脅也。〔一〕

譏，譴也。諭，曉也。彖，捝也。跠，〔夷音。〕蹲〔存音。〕也。諳，〔烏甘反。〕諷也。贈，稱也。

何休公羊〔隱公二年傳〕注：「譏，猶譴也。」○諭，曉也。秋官掌交云「以諭九稅之利」，注：「諭，告曉也。」通作「喻」。論語〔里仁〕「君子喻於義」，孔安國曰：「喻，猶曉也。」○彖，捝也。説文：「捝，解捝也。」「彖，豕走也。」○跠，蹲也。本書釋詁：「跠，踞也。」「跠」又爲蹲也。○諳，諷也。未詳。○贈，稱也。詹事兄〔曰〕：「贈」之爲「稱」，以音取義。

甲，押〔匣音，又烏甲反。〕也。乙，軋〔烏八反。〕也。丙，炳也。癸，揆也。子，孳〔兹音。〕也。丑，紐〔尼手反。〕也。寅，演也。辰，振也。巳，㠯〔以音。〕也。午，仵也。未，味也。亥，荄〔古來反。〕也。

漢書律曆志〔上〕：「出甲於甲，奮軋於乙，明炳於丙」，「陳揆於癸」，「孳萌於子，紐牙於丑，引達於寅」，「振美於辰，已盛於巳，咢布於午，昧薆於未」，「該閡於亥。」白虎通義〔五行〕：「其日丙丁者，其物炳明。」「癸者，揆度也。」「子者，孳也。」「丑者，紐也。」「未，味也。」鄭注月令云：「乙之言軋也，丙之言炳也，癸之言揆也。」淮南天文訓：「子者，兹也。」「丑者，紐也。」「指寅則萬物螾。」「辰則振之也。」「午者，忤也。」魏志文帝紀注引詩推度災云：「子者，滋也。」廣韻〔止韻〕引

〔一〕案：此處脱去疏義文字，無可考。

環濟要略云：「子，猶孳也。孳，恤下之稱也。」「孳、兹、滋」，字異音義同。説文刀部云：「未，物成有滋味也。」[一]其餘詳見釋天篇。

息，休也。仔，克也。僞，引[二]也。僐，（膳音。）態也。侍，承也。儆，戒也。

爾雅（釋詁）：「休，息也。」荀子大略篇：「君子息焉，小人休焉。」是「息」即休也。舊本「息，休」在「亥，荄」上，今訂正。○仔，克也。本説文。詩（周頌敬之）曰：「佛時仔肩。」○僞，（引）也。「僞」下一字未全。○僐，態也。説文「僐，作姿也」，繫傳本作「姿態也」。集韻（線韻）「僐，時戰切」，引此文同。○侍，承也。説文人部義也。○儆，戒也。説文「儆，戒也」，引春秋傳曰：「儆宫。」

佼，（交音。）交也。傲，倨也。側，旁也。㝱，莫洞反。今人以夢爲㝱，失之矣。想也。逆，逪（錯音。）也。

説文：「佼，交也。」古巧切。法言修身篇：「天地交，萬物生；人道交，功勳成。」集韻（效韻）「佼，居效切」，引此文同。○傲，倨也。説文人部義也。○側，旁也。説文：「側，旁也。」舊本「旁」譌「房」，今訂正。○㝱，想也。春官占夢「三曰思夢」，注云：「覺時所思念之而夢。」説文：「想，冀思也。」○逆，逪也。逆，忤也。本書釋詁：「逪，偕也。」與「逆」同意。

㾐，（愚音。）疣（尤音。）也。註，疏也。詅，（力政反，又令音。）衒（乎麵反。）也。皋，高[三]也。歷，逢也。匌，

[一]「未，物成有滋味也」見「制」字説解。
[二]引，原脱，據疏證本補。
[三]高，廣雅各本作「局」。

〔苦合反。〕帀也。

玉篇：「㾇，牛具切，疢病也。」○註，疏也。玉篇：「註，之喻、竹喻二切，疏也。」○詅，衒也。孫侍御云：詅，力政反，衒也。衒即衒字，行且賣也。○皋，高也。「高」舊本作「局」，形相近而譌。明堂位云「庫門，天子皋門」，鄭注：「皋之言高也。」列子（天子）天瑞篇、荀子大略篇並云：「望其壙，皋如也。」家語困誓篇王肅注：「皋，高貌。」張衡西京賦「實惟地之奧區神皋」，李善注引廣雅：「皋，局也。」謂神明之界局也。「局」亦當爲「高」字之譌也。○歷，逢也。離騷「委厥美而歷茲」，王逸注：「歷，逢也。」○匌，帀也。說文：「匌，帀也。侯閤切。」

廋，匿也。⿱衞心，〔衞音。〕寱〔詣音。〕也。慌，〔荒晃反。〕㝱也。鹹，銜也。礙，距也。科，品也。搪，揬也。

本書釋詁：「〔廋〕、匿，隱也。」「〔廋〕」又爲匿也。○⿱衞心，寱也。說文：「⿱衞心，㝱言不慧也。」玉篇：「⿱衞心，于例切，寐言也。」左氏哀二十四年傳「是⿱衞心言也」，服虔云：「⿱衞心，僞不信〔言〕也。」杜注：「⿱衞心，過也。」○慌，㝱也。玉篇：「慌，呼愰切」，「戃慌，無思貌。」「亦慌忽。」○鹹，銜也。說文：「鹹，銜也，北方味也。」○礙，距也。本書釋詁：「礙，止也。」釋言：「礙，閡也。」「礙」又爲距也。○科，品也。說文：「科，程也。程，品也。」是「科」爲程品也。○搪，揬也。「搪，揬」已見本書釋詁，此重出。

嬈，〔泥了反。〕苛〔河音。〕也。媟，〔薛音。〕嬻〔讀音。〕也。㽈，〔於綺反。〕痤也。銸〔一〕，竹涉反。鉆〔正音巨炎反。〕也。嫴，〔姑音。〕榷〔角音。〕也。

〔一〕銸，原譌作「鋷」，據疏證本改。

說文：「嬈，苛也。」淮南原道訓「其神不嬈」，高誘注：「嬈，煩嬈也。」漢書鼂錯傳「除苛解嬈」，文穎曰：「嬈，煩繞也。」是「嬈」與「苛」同義。○媟，嬻也。說文：「媟，嬻也。嬻，媟嬻也。」○痔，痤也。本書釋詁：「痔，短也。」玉篇：「痔，於綺、於解二切，矬也。」○鉶，鉆也。說文：「鉶，鉆也。」「鉆，鐵鉶也。一曰膏車鐵鉆。」○婞，榷也。榷，如「榷酒」之「榷」。說文：「婞，保任也。」傭賃爲酒保。「傭，均直也。」今買物倩人計其直謂之婞計。

軍，圍也。賈，固也。柰，那也。甚，劇[一]也。猥，頓也。瞀，〔口戾反。〕窺也。時，伺也。

說文：「軍，圜圍也，四千人爲軍。」○賈，固也。白虎通義〔商賈〕：「商賈何謂也？賈之爲言固也，固其有用物，以待民來，以求其利者也。」○柰，那也。玉篇：「柰，那賴切，柰何也。」「那，奴多切，何也。」是「那」爲「柰何」二字之合聲也。○甚，劇也。玉篇「甚，劇也」，本此。○猥，頓也。李密陳情表「猥以微賤，當侍東宮」，李善注引此文。○瞀，窺也。玉篇：「瞀，口戾切，窺也。」○時，伺也。廣韻〔之韻〕引此文。

謊，〔呼晃反。〕忽也。僦，〔子溜反。〕賃也。捕，搏也。牒，宄也。圿，〔古八反。〕垢也。山，宣也。

集韻〔蕩韻〕「謊，虎晃切」，引此文同。○僦，賃也。玉篇：「僦，子祐切，賃也。」說文：「賃，傭也。」史記平準書「天下賦輸或不償其僦費」，索隱曰：「服虔云：『雇載云僦，言所輸物不足償其雇載之費也。僦音子就反。』」○捕，搏也。廣韻〔暮韻〕：「捕，捉也。」○牒，宄也。未詳。○圿，垢也。玉篇：「圿，古八切，垢圿也。」○山，宣也。說文：「山，宣也，宣氣散生萬物。」韋昭國語〔周語上〕注云：「山川所以宣地氣而出財用。」太平御覽引春秋說題辭云：「山之爲言宣也，含

〔一〕劇，疏證本作「勮」。

澤布氣，調五神也。」

麥，桯[一]也。喹，〔知栗反。〕咄〔都没反。〕也。春，蠢〔蠢音。〕也。夏，嘏也。胯，〔枯音。〕奎也。

麥，桯也。未詳。○喹，咄也。玉篇「喹，知栗切」，引此文。管子形勢解：「烏集之交，初雖相驩，後必相咄。」舊本「鈔，掠」之下「咄也」之上脱落一葉，今據别本補正。○春，蠢也。鄉飲酒義：「東方者春。春之爲言蠢也，産萬物者聖也。」楚辭大招「春氣奮發」，王逸注：「春，蠢也。」漢書律曆志〔上〕：「春，蠢也，物蠢生，乃動運。」○夏，嘏也。「嘏」與「假」古通用。鄉飲酒義：「南方者夏，夏之爲言假也。養之長之假之，仁也。」尚書大傳：「夏之爲言假也。」漢書律曆志〔上〕：「夏，假也，物假大，乃宣平。」○胯，奎也。説文：「胯，股也。」「奎，兩髀之間。」集韻〔模韻〕「胯，空胡切」引此文。莊子徐無鬼篇：「奎蹄曲隈。」

鈋，〔五戈反。〕刓〔五丸反。〕也。薄，附也。櫱，〔宜别反。〕菑〔阻師反。疑爲災音。天作孼也[二]。〕也。

説文：「鈋，吪圜也。」玉篇：「鈋，削也。」○薄，附也。楚辭九章〔涉江〕「腥臊並御，芳不得薄兮」，王逸注：「薄，附也。」○櫱，菑也。「櫱」通作「孼」。妖孼謂災害將至。

陽，揚也。月，闕也。尯，〔去僞反。〕券也。將，〔子良反。〕扶也。掜，〔魚禮反。〕擬也。

舊本「陽」譌「楊」，今訂正。○月，闕也。白虎通義〔日月〕：「月之爲言闕也，有滿有闕也。」説文：「月，闕也，太陰之

[一] 桯，疏證本作「䵂」。

[二] 王念孫曰：「各本『天作櫱也』四字誤入下『菑』字音内，又脱去『書曰』二字。『櫱』各本皆作『孼』，惟影宋本作『櫱』。」

精。象形。」釋名〔釋天〕：「月，闕也，滿則闕也。」○旇，券也。券，古「倦」字。玉篇：「旇，𧆢也。」○將，扶也。周南樛木「福履將之」，箋：「將，猶扶助也。」小雅〔無將大車〕「無將大車」，箋：「將，猶扶進也。」今山東濮州人呼「扶」爲將。○掜，擬也。玉篇：「掜，吾禮切，莊子曰：兒子終日握手而不掜。」

昌，光也。諀，匹爾反。訾紫音，又子弟反。也。剓，力咨反，又音犂。剺力咨反。也。

說文：「昌，日光也。」○諀，訾也。本書釋詁：「諀，諻也。」「諀」又爲訾也。玉篇「諀，訾也」，本此。○剓，剺也。說文：「剺，劃也。」玉篇：「剓，直破也。」

瘛，乎計反。瘲足用反。也。品，式也。似，若也。嗺，慈欒反。茹也。諑，訴也。

說文：「瘛，小兒瘛瘲病也。」漢書藝文志「金創瘛瘲方三十卷」，服虔曰：「音瘈引之瘈。」顏師古曰：「小兒病也。」○品，式也。已見本書釋詁，此重出。○似，若也。本書釋詁：「似，類也，象也。」「似」又爲若也。○嗺，茹也。玉篇：「嚼，疾略切，噬嚼也。嗺，同上。」○諑，訴也。玉篇「諑，猪角切，訴也」，本此。

慴，之葉反。服也。嬾，力但反，又音魯滿反。懈懈音。也。欱，乎〔一〕虞反。𣢟許戾反。也。

說文：「慴，服也。」又云：「慴，心服也。」二字通用。淮南詮言訓：「通而不華，窮而不慴。」舊本「服」譌「般」，今訂正。○嬾，懈也。本書釋詁：「懈，嬾也。」此又轉相訓。○欱，𣢟也。玉篇：「𣢟，呼世切，欱𣢟，笑意也。」「欱，泥娛、吁禹二切。」

〔一〕乎，王念孫說當作「呼」。

朾〔一〕，棓婆講反。也。揧，力達反。揅研音。也。辢，力達反。辛也。怜，綴也。

本書釋詁：「打，擊也。」玉篇「棓」與「棒」同，「步項切，杖也」。集韻〔迴韻〕：「㮐，棓也。」引此文，或作「朾」，「都挺切」。舊本「朾」譌从「手」，今訂正。〇揧，揅也。廣韻〔曷韻〕：「揧，研破。」〇辢，辛也。玉篇釋「（手）〔辛，辢〕也」，本此。〇怜，綴也。未詳。

𢉦，靡宜反，又音無悲反。共也。竅，孔也。𤷱，力代反。癘例音。也。費，耗〔二〕也。

𢉦，共也。未聞。〇竅，孔也。說文：「竅，空也。」淮南精神訓：「孔竅者，精神之户牖也。」左思魏都賦：「峻危之竅也。」〇𤷱，癘也。玉篇：「𤷱，惡病也。」〇費，耗也。本書釋言：「費，損也。」「費」又爲耗也。

新，初也。抾，去劫反。挹於立反。也。窖，古貌反。窇步角反。也〔三〕。

玉篇「新，初也」，本此。〇抾，挹也。玉篇：「抾，丘之、丘居二切，兩手挹也。」〇窖，窇也。本書釋詁：「窖，藏也。」玉篇：「窇，窖也。」集韻〔覺韻〕引此文作「窇，窖也」。

壁，壁〔四〕音。瘥隆音。也。惠，賜也。瘦，伏富反。瘎諶音。也。訳，支音。謂也。有本作只，詞也。

〔一〕朾，疏證本作「打」。
〔二〕耗，疏證本作「秏」。
〔三〕窖，窇也，疏證本作「窇，窖也」。
〔四〕壁，王念孫說當作「璧」。

説文：「⿱辟止，人不能行也。」必亦切。又云：「癃，罷病也。」籀文作「⿸疒夅」。史記平原君列傳「平原君樓臨民家」「有躄者，槃散行汲。平原君美人笑之」。「明日，躄者至〔平原君〕門，請曰：臣不幸有罷⿸疒夅之病，而君之後宮〔臨而〕笑臣」，徐廣曰：「⿸疒夅，音隆。〔⿸疒夅〕，病也。」司馬貞曰：「罷⿸疒夅〔謂〕背疾，言腰而曲背隆高也。」案：「⿱辟止」與「躄」同，「癃」與「⿸疒夅」同。躄者，自稱罷⿸疒夅，是「⿱辟止」爲癃也。○惠，賜也。玉篇：「惠，恩也，賜之衣食曰惠。」○癁，⿸疒甚也。方言〔第三〕「癁，病也。東齊海岱之間」「或曰癁，秦曰⿸疒甚」，郭注：「謂勞復也。」玉篇：「癁，扶又切，勞也。再病也。亦作復。」「⿸疒甚，是箴切，腹病也。」「腹」當作「癁」。○訨，謂也。未詳。音釋云：「有本作『只，詞也』。」案：「只，詞」已見本書釋詁。

匪，彼也。⿸尸禾，勑吏反，又音絺。柄也。鶩，駘也。⿰食亥，於北反，又音烏克反。⿰食匋於結反。也。

小雅小旻：「如匪行邁謀，是用不得于道。」左氏襄八年傳子駟引此詩，杜注：「匪，彼也。」案：「匪」與「彼」古字通。襄二十七年左傳引詩「彼交匪敖」作「匪交匪敖」，漢書引桑扈詩亦作「匪」。又荀子勸學篇引詩「匪交匪紓，天子所予」，今小雅采菽詩上「匪」字作「彼」，是「匪、彼」同也。○⿸尸禾，柄也。説文：「⿸尸禾，篗柄也。女履切。」○鶩，駘也。文選班彪王命論「鶩蹇之乘，不騁千里之塗」，注云：「今〔謂〕馬之下者爲鶩。」又諸葛亮出師表「庶竭鶩鈍」，注云「謂馬遲鈍者」，皆引此文。○⿰食亥，⿰食匋也。玉篇：「⿰食亥，噎也。」「⿰食匋，或噎字，食不下也。」

寑，偃也。射，繹也。脰，錯也。辯，變也。柎，柢〔一〕只〔二〕、紙二音。也。約，儉也。

〔一〕柎，柢，疏證本作「拊，抵」。
〔二〕只，王念孫以爲蓋衍文。

寢兵即偃武也。○射，繹也。射義云：「射之爲言者，繹也。」「繹者，各繹己之志也。」○脰，錯也。未詳。○辯，變也。楚辭九辯王逸章句：「辯〈者〉，變也，謂陳道德以變說君也。」○柎，柢也。說文：「柎，闌足也。」柢者，根也。根亦足也。舊本「柢」譌从「手」，今訂正。○約，儉也。陸機文賦「豐約之裁」，李善注引此文。玉篇「約，儉也」，本此。

咀，慈與反。嗺慈藥反。也。抒，渫思熱反，說文：相〔一〕列反。也。効，驗也。角，觡格音。也〔二〕。

「嗺」與「嚼」同。司馬相如上林賦：「咀嚼菱藕。」○抒，渫也。楚辭九章〈惜誦〉「發憤以抒情」，王逸注：「抒，渫也。」班固兩都賦序：「或以抒下情而通諷諭。」傅亮爲宋公修張良廟教：「抒懷古之情。」○効，驗也。玉篇：「効，俗『效』字。」荀子議兵篇「臣請遂道王者諸侯彊弱存亡之效」，楊倞注：「效，驗也。」陸機演連珠「明主程才以効業」，李善注引廣雅：「効，驗也。」舊本譌爲「驗，驗也」，今據訂正。○角，觡也。說文：「觡，骨角之名也。」玉篇：「觡，居額切，麋鹿有枝曰觡，無枝曰角。」淮南主術訓：「桀之力，别觡伸鉤。」

劚，止善反，又音鋤限反。攻也。敖，傷蕩音。也。維，隅也。衄，女六反。縮也。

玉篇「劚，攻也」，本此。○敖，傷也。敖慢即放傷也。○維，隅也。廣韻〈脂韻〉：「維，隅也。」淮南天文訓「東北爲報德之維，西南爲背陽之維，東南爲常羊之維，西北爲蹏通之維」，高誘注：「四角爲尾。」案：「尾」當爲「維」。○衄，縮也。「衄、縮」雙聲。月爲縮朒，水爲蹜沑，字異義同。

〔一〕相，今本說文作「私」。

〔二〕角，觡也，疏證本作「觡，角也」。

嗿，儼音，又音魚淹反。喁五恭反。也。攐，去焉反。摳也。崽，所佳反，又音死。子也。

玉篇：「嗿，嗿喁，魚口上出貌。」說文：「喁，魚口上見。」○攐，摳也。說文：「攐，摳衣也。」「摳，摳衣升堂。口侯切。」○崽，子也。方言（第十）云：「崽者，子也。湘沅之會凡言是子者謂之崽，若東齊言子矣。」案：「崽」讀若宰。水經注溛水篇：「至若婉孌丱童及弱年崽子，或單舟采菱，或疊舸折芰。」

祅，於嬌反。殀於表反。也。鍲，旻音。算也。彼，俾卑音。也。邐，□也。離，刐也。

左氏宣十五年傳：「地反物爲祅。」說文作「䄏」。玉篇：「殀，短折曰殀。」舊本「祅」譌从「衣」，今訂正。○鍲，算也。本書釋詁：「鍲，稅也。」「鍲」又爲算也。○彼，俾也。未詳。玉篇：「俾，方示切，使也。與『俾』同。」○邐，□也。原闕一字。○離，刐也。刐，古「別」字。本書釋詁：「離，去也。散也。」「離」又爲別也。楚辭（九歌少司命）：「悲莫悲兮生別離。」

贅，肬，尤音。也。晃，暉也。裝，褖，蕩音。也。蹽，了音。蹻巨小反。也。宭〔一〕，痹必異反。也。

釋名（釋疾病）：「贅，屬也，横生一（肉）屬著體也。肬，丘也，出皮上聚高，如地之有丘也。」說文：「肬，贅也。」荀子宥坐篇「今學（者）曾未如肬贅，則具然欲爲人師」，楊倞云：「肬贅，結肉。」莊子大宗師篇：「附贅縣疣。」太玄割次二云：「割其肬贅，利以無穢。」○晃，暉也。說文：「晄，明也。」玉篇：「晃，乎廣切，光也。」與「晄」同。說文：「暉，光也。」未濟六五象傳：「君子之光，其暉吉也。」○裝，褖也。本書釋詁：「裝、褖，飾也。」「裝」又爲褖也。○蹽，蹻也。玉篇：「蹽，力小

〔一〕宭，疏證本作「⿸疒帚」。

切，蹽蹻，長貌。」「蹻」舊本譌爲「[illegible]」，玉篇無此字，今訂正。集韻〈篠韻〉引此文也，上有「長」字。案：前後皆以三字爲一條，疑彼誤也。○窘，痹也。未詳。

[illegible]，直慮反。尰時勇反。也。吞，咽也。[illegible]，而絹反，又音而緣反。雡溜音。也。

[illegible]，尰也。未詳。○吞，咽也。説文口部義也。集韻〈霰韻〉引此作「咽，吞也。伊甸切」。○[illegible]，雡也。玉篇：「[illegible]，雡雞。」案：郭注爾雅〈釋鳥〉云：「今呼少雞爲雡。力救切。」

[illegible]，哀音。烗可拜反。也。毓，長也，稚也。曩，久也，鄉也。

玉篇：「烗，〈口〉戒切，熾也。」「[illegible]，烏來切，炫也。」案：「炫」當作「烗」。○毓，長也。説文：「育，養子使作善也。」或作「毓」。周官太宰職「園圃，毓艸」，釋文：「毓，古『育』字。」邶風谷風「昔育恐育鞫」，傳「育，長」也。又「既生既育」，箋：「育，謂長〈老〉也。」「育，長」已見爾雅，故此作「毓」。○「毓」又訓稚，與「鬻」通。夏小正云：「鬻也者，養也。」豳風鴟鴞「鬻子之閔斯」，傳：「鬻，稚也。」○曩，久也。「曩，久」已見爾雅釋詁，此重出。○「曩」又訓鄉，已見爾雅釋言。「鄉」與「曏」古字通。

陶，喜也，憂也。濘，清也，泥也。鐮，廉音。柧孤音。也。

爾雅〈釋詁〉：「鬱陶，喜也。」彼以二字連文，此又單以「陶」爲喜也。檀弓〈下〉云「人喜則斯陶，陶斯詠，詠斯猶」，禮記疏引何胤云：「陶，懷喜未暢意也。」○憂也。「陶」又訓憂，孫侍御曰：一字而兼二訓。孟子〈萬章上〉「鬱陶思君爾」，本有憂喜交集之意，故其下以「象〈爲〉憂亦憂，象喜亦喜」承之。○濘，清也。已見本書釋詁，此重出。○泥也。「濘」又訓泥。左氏傳〈僖公十五年〉：「晉戎馬還濘而止。」○鐮，柧也。「鐮」宜與「廉、柧」已見上文，此重出。

廣雅疏義卷第十一

廣雅卷六

釋訓第三

爾雅釋詁：「訓，道也。」法言問神篇：「事得其序之謂訓。」本書釋詁：「訓，順也，教也。」説文「訓，説教也」，繫傳云：「訓者，順其意以訓之也。」爾雅〈釋訓〉釋文引張博士雜字云：「訓者，謂字有意義也。」詩〈周南關雎〉疏云：「訓者，道也，道物之貌以告人也。」釋訓一篇，重語居多，皆是形容之辭。有單舉其文，與重語同義者，如「欣欣，喜也」「遥遥，遠也」。單言欣亦爲喜，單言遥亦爲遠也。有單舉其文，即與重語異義者，如「斤斤，仁也」「蒸蒸，孝也」。單言斤單言蒸，不可謂之仁與孝矣。自「紛纚」以下，或是雙聲，或是疊韻，或解古義，或通俗文，要皆道物之形貌以告人，故統謂之「釋訓」焉。

顯顯、察察，著也。

廣韻〈御韻〉：「著，明也。陟慮切。」顯顯者，玉篇、廣韻〈銑韻〉並云：「顯，著也。」重言之亦爲著也。大雅假樂云：「顯顯令德。」察察者，鄭注中庸云：「察，著也。」楚辭漁父：「安能以身之察察。」賈誼〈新〉書道術篇：「纖微皆審謂之察，反察爲旄。」淮南道應訓引老子曰：「其政察察，其民缺缺。」

洞洞、同、董二音。屬屬、切切、恂恂、誾誾、魚斤反。翼翼、濟濟、畏畏、祇祇，敬也。

洞洞、屬屬者，孝之敬也。祭義云：「夫婦齊戒，沐浴，奉承而進之，洞洞乎，屬屬乎，如弗勝，如將失之，其孝敬之心至也與。」淮南氾論訓：「周公事文王也，有奉持於文王，洞洞屬屬，而將不能恐失之，可謂能子矣。」切切者，論語〈子路〉：「朋友切切。」小雅伐木疏引王肅注：「鳥聞伐木，驚而相命嚶嚶然，以興朋友切切節節。」恂恂者，誠之敬也。論語〈鄉黨〉：「恂恂如也，似不能言者。」漢書李廣傳：「恂恂如鄙人。」誾誾者，和之敬也。通作「言」。玉藻云「二爵而言言斯已矣」，鄭注：「言言，和敬貌。」釋文：「言，魚斤切。」疏引皇侃云：「謂『言』爲『誾』」，義亦通。」翼翼者，恭之敬也。少儀云：「祭祀之美，匪匪翼翼。」宋玉九辯「邅翼翼而無終兮」，王逸注：「竭身恭敬，何有極也。」漢書禮樂志「王侯秉德，其鄰翼翼」，顔師古曰：「翼翼，恭敬也。」王粲太廟頌：「於穆清廟，翼翼休徵。」濟濟者，祭之敬也。禮記〈祭義〉云：「子之言祭，濟濟漆漆然。」楚語〈下〉云：「道其順辭，以昭祀其先祖，肅肅濟濟，如或臨之。」畏畏，未聞。詹事兄曰：書微子：「酒罔畏畏。」祇祇者，康誥云「庸庸，祇祇，威威，顯民」，孔傳：「用可用，敬可敬，刑可刑。」案：依孔傳所解，則「祇祇」似非重語，然徐幹中論法象篇云：「文王祇畏，造彼區夏。」則單言與重言同也。

鯢鯢、魚列反。阢阢、兀音。嶢嶢，堯音。危也。

鯢鯢、阢阢者，玉篇：「鯢，鯢阢，不安也。」困上六「困于葛藟，于鯢阢」，薛、虞作「劓杌」。秦誓「邦之杌隉」，孔傳：「杌隉，不安，言危也。」説文引易作「槷魁」。鄭康成注易作「倪伔」。説文：「隉，危也。班固説：不安也。」皆字異音義同。嶢嶢者，廣韻〈蕭韻〉：「嶢，嶕嶢，危也。」是單舉其文，皆爲危也。

戰戰、慄慄、虩虩，所革反。懼也。

戰戰者，小雅小旻「戰戰兢兢」，傳：「戰戰，恐也。」慄慄者，商書湯誥：「慄慄危懼，若將隕于深淵。」淮南繆稱訓：「故聖人栗栗乎其内，而至乎至極矣。」「慄、栗」，古通用。虩虩者，易〈震〉曰「震來虩虩」，馬融云：「虩虩，恐懼貌。」鄭康成同。荀爽作「愬愬」。履九四「履虎尾虩虩」，子夏傳：「愬愬，恐懼貌。」馬融作「愬愬」。是「虩、愬」同也。公羊宣六年傳「靈公望見趙盾，愬而再拜」，何休注：「知盾欲諫，以敬拒之。」是愬愬者，恐懼行禮兼有敬義。○集韻〈寑韻〉「伈，斯荏切」，引廣雅：「伈伈，懼也。」今無此文。

桓桓、㹽㹽、翦音。矯矯、赳赳、勍勍、巨京切。競競、仡仡、魚乙反。暨暨，武也。

釋名〈釋言語〉：「武，舞也，征伐動行，如物鼓舞也，故樂記云：『發揚蹈厲，太公之志也。』」桓桓者，牧誓云：「尚桓桓。」史記集解引鄭注：「桓桓，威武貌。」周頌桓云「桓桓武王」，箋：「桓桓有威武之武王。」魯頌泮水「桓桓于征」，傳：「桓桓，威武貌。」㹽㹽者，莊善切。玉篇：「㹽，鳥鷙擊勢也。」廣韻〈獮韻〉「㹽，武也」，本此。法言孝至篇：「鷹隼㹽㹽。」矯矯者，周頌酌云「蹻蹻王之造」，傳：「蹻蹻，武貌。」魯頌泮水「其馬蹻蹻」，傳：「言彊盛也。」又云「蟜蟜虎臣」，箋：「蟜蟜，武貌。」釋文：「蟜，本又作『矯』，亦作『蹻』，居表切。」是三字音義同也。赳赳者，說文：「赳，輕勁有才力也。」周南兔罝「赳赳武夫」，傳：「武貌。」案：「赳赳」訓「武」，已見爾雅〈釋訓〉，此重出。勍勍者，說文：「勍，彊也。」左氏僖二十二年傳：「勍敵之人。」是單舉其文，亦爲武也。競競者，說文：「競，彊語也。」仡仡者，秦誓「仡仡勇夫」，傳：「仡仡勇壯之夫。」漢書李尋傳：「秦穆公任仡仡之勇。」揚雄甘泉賦「金人仡仡其承鐘虡兮」，顏師古注：「仡仡，勇健狀。」暨暨者，其器切。玉篇：「暨，武也。」玉藻云：「戎容暨暨。」

矍矍、許縛反。𥄗𥄗、亡内反，又亡八反。夐夐、眈眈、多含反。矕矕、鑾之上聲。睌睌、莫限反。𥉁𥉁、拌音。

瞁瞁、亡革反。眓眓、呼活反。睊睊，公縣反。視也。

矆矆者，説文：「矆，視遽也。」玉篇：「矆矆，視而無所依之也。」易（震）曰：「震索索，視矆矆。」通作「瞿」。玉藻「視容瞿瞿」，疏云：「驚遽之貌。」昒昒者，説文：「昒，目冥遠視也。」敻敻者，字當作「瞁」，呼懸切。玉篇：「瞁，直視也。」本書釋詁：「瞁，視也。」王延壽魯靈光殿賦「目瞁瞁而喪精」，張載注：「目不正也。」眈眈者，説文：「眈，視近而志遠。」頤六四：「虎視眈眈。」通作「覘」。説文：「覘，内視也。」漢竹邑侯相張壽碑：「覘覘虎視，不折其節。」矕矕、晚晚者，本書釋詁：「矕、晚，視也。」重言之亦然。瞥瞥者，薄官切。説文：「瞥，轉目視也。」脈脈者，玉篇：「脈脈，姦人視也。」漢書東方朔傳「跂跂脈脈善緣壁」，顔師古注：「脈脈，視貌。」王逸九思（逢尤）「目脈脈兮寤終朝」，注云：「脈脈視貌。」古詩十九首「盈盈一水間，脈脈不得語」，李善注：「脈脈，相視貌。」王延壽魯靈光殿賦：「徒脈脈而狋狋。」作「脈」者，皆「脈」之譌。眓眓者，説文：「眓，視高貌。」集韻（末韻）「眓，呼括切」，引此文同。睊睊者，説文：「睊，視貌。」孟子（梁惠王下）「睊睊胥讒」，趙岐注：「睊睊，側目相視。」

繸繸、因淺反，又治羨〔一〕反。繟繟、闡音。扏扏，求音。緩也。

繸繸者，小雅杕杜「檀車幝幝」，韓詩作「繸繸」，音義同。繟繟者，本書釋詁：「繟，緩也。」重言之亦緩也。扏扏者，渠鳩切。玉篇「扏，緩也」，本此。

嘔嘔、烏侯反。喻喻、嗎嗎、許連反。欣欣、忥忥、許氣反。欯欯、許一反。言言、語語、婺婺，至音。喜也。

〔一〕羨，王念孫説當作「善」。

嘔嘔、喻喻者，史記淮陰侯列傳「項王見人恭敬慈愛，言語嘔嘔」，漢書作「姁姁」，鄧展曰：「姁姁，和好貌。」非有先生論「説色微詞，愉愉呴呴」，顏師古曰：「愉愉，顏色和也。呴呴，言語順也。」文選作「喣喣」，李善注：「愉愉喣喣，和悦之貌。」孝經鉤命訣云：「驩忻慎懼，嘔嘔喻喻。』『喣』與『嘔』同，音吁。」嘔，通作「區」。呂氏春秋士容論（務大）「燕雀爭善處于一屋之下，母子相哺也，區區焉相樂也」，高誘注：「區區，得志貌也。」喻，通作「俞」。莊子天道篇「無爲則俞俞」，郭象注：「俞俞然，從容自得之貌。」釋文引此云：「喜也。」是本又作「俞俞」。聘禮記云：「私覿，愉愉焉。」嗎嗎者，玉篇「嗎嗎，喜也」，本此。大招云：「靨輔奇牙，宜笑嗎（只）。」登徒子好色賦：「嗎然一笑。」是單言嗎亦爲喜也。欣欣者，本書釋詁：「欣，喜也。」大雅鳧鷖「旨酒欣欣」，傳：「欣欣然樂也。」孟子（梁惠王下）云：「舉欣欣然有喜色。」楚辭九歌（東皇太一）「君欣欣兮樂康」，王逸注：「喜貌。」通作「訢」。漢書萬石君傳「童僕訢訢如也」，晉灼曰：「許慎云：『訢，古『欣』字。』」賈山傳：「天下訢訢，將興堯舜之道。」忥忥、欯欯者，「忥」與「忔」同。本書釋詁：「忔、欯，喜也。」重言之亦喜也。言言、語語者，大雅公劉：「京師之野，于時處處，于時廬旅，于時言言，于時語語。」言民各安于京師而喜也。埶埶，未詳。

唏唏、虚几反，又虚冀反。吹吹、乎下反[一]。哃哃、火下反。呵呵、虚多反。𧥢𧥢、口音。啞啞，於百反。笑也。

唏唏者，本書釋詁：「唏，笑也。」吹吹者，玉篇：「吹，大張口笑也。」哃哃者，本書釋詁：「哃，笑也。」呵呵者，未聞。𧥢

[一] 乎下反，王念孫説當作「呼可反」。

訶、啞啞者，本書釋詁：「訶、啞，笑也。」重言之亦爲笑也。震彖辭「笑言啞啞」，馬融云：「笑聲。」

翼翼、衎衎、愉愉，和也。

翼翼者，敬之和也。離騷「鳳皇翼其承旂兮，高翱翔之翼翼」，王逸注：「翼翼，和貌。」衎衎者，樂之和也。漸爻辭：「鴻漸于磐，飲食衎衎。」愉愉者，忠之和也。論語（鄉黨）「私覿，愉愉如也」，鄭注：「愉愉，顏色和也。」祭義云：「愉愉乎其忠也。」漢書禮樂志「高賢愉愉民所懷」，顏注：「愉愉，和樂（貌）也。」

慼慼、慅慅、草音。怮怮、於柳反，又於流反。愁愁、⿰忄蟲⿰忄蟲、彤音。栔栔、挈音。啒啒、古兀反，又呼兀反。烈烈、悊悊〔一〕、怛怛，多達反。憂也。

慼慼者，本書釋詁：「慼，憂也。」楚辭（九章悲回風）：「愁鬱鬱之無快，居慼慼而不解。」慅慅者，陳風月出云「勞心慅兮」，傳：「慅，憂也。」怮怮者，本書釋詁：「怮，憂也。」重言之亦憂也。愁愁者，本書釋詁：「愁，憂也。」劉向九歎（逢紛）：「心愁愁而思舊邦。」⿰忄蟲⿰忄蟲者，楚辭九歌（雲中君）「極勞心兮⿰忄蟲⿰忄蟲」，王逸注：「⿰忄蟲⿰忄蟲，憂心貌。」又哀時命云：「心煩寃之⿰忄蟲⿰忄蟲。」栔栔者，文選曹植上責躬應詔詩表注引孝經鉤命訣云：「刻骨挈挈勤思。」案：「挈挈」與「栔栔」同。通作「契」。司馬相如封禪文「挈三神之歡」，應劭曰：「挈，絶也。」顏師古音「口計反」。「契，絶」，用爾雅文，是「契、挈」同矣。小雅大東「契契寤歎」，傳：「契契，憂苦也。」啒啒者，玉篇：「啒，憂也。」烈烈者，小雅采薇「憂心烈烈」，箋云：「憂貌。」集韻（薛韻）引此作「烈烈」，从「心」。悊悊者，古「折」與「制」通。悊，即⿱制心也。漢書王吉傳吉上疏諫昌邑王，引詩「顧瞻周

〔一〕烈烈悊悊，疏證本作「烈烈惁惁」。

道，中心𢡃兮」，顏師古注：「𢡃，古『怛』字，傷也。」是「悊悊」與下「怛怛」字異音義同。怛怛者，本書釋詁：「怛，憂也。」齊風甫田云：「勞心怛怛。」

巖巖、巘巘，五葛反。峨峨、嶄嶄，讒音。阢阢，兀音。嵬嵬，牛回反，又牛尾反。岌岌，魚及反。圪圪，五乙反。高也。

巖巖者，山之高也。魯頌閟宮云：「泰山巖巖。」揚雄蜀都賦：「湔山巖巖。」漢西岳華山廟碑：「巖巖西岳。」巘巘者，載之高也。說文：「巘，載高貌。」衛風碩人云「庶姜巘巘」，釋文：「韓詩作巘巘，長貌。」呂氏春秋過理篇「宋王築爲櫱臺」，高誘注「櫱，當作『巘』」，引詩曰：「庶姜巘巘。」「高長貌也。」峨峨者，石之高也。本書釋詁：「峨，高也。」宋玉招魂「增冰峨峨」，王逸注：「北方常寒，其冰重累，峨峨如山。」嶄嶄者，仕咸切。玉篇：「嶄，山石高峻貌。」小雅漸漸之石釋文：「七銜反，亦作『嶄嶄』。」阢阢、嵬嵬者，本書釋詁：「阢、嵬，高也。」重言之亦高也。岌岌者，冠之高也。離騷「高余冠之岌岌兮」，王逸注：「岌岌，高貌。」嵇康琴賦：「馳岌岌以相屬。」圪圪者，牆之高也。說文：「圪，牆高貌。」大雅皇矣「崇墉言言，崇墉仡仡」，傳：「言言，高大也。仡仡，猶言言也。」「仡、圪」，字異音義同。

雱雱，普光反。霏霏、雰雰、瀌瀌，彼苗反。雪也。

說文：「雪，凝雨説物者。」釋名（釋天）：「雪，綏也，水下，遇寒而凝，綏綏然也。」曾子曰：「陰氣凝而爲雪。」文選（雪賦）注引五經通訓云：「春洩氣爲雨，寒凝爲雪。」舊本「也」字亦譌爲「雪」，今訂正。雱雱者，玉篇：「雱，雪盛貌。霶，同上。」邶風（北風）「雨雪其雱」，傳：「雱，盛貌。」霏霏者，芳微切。小雅采薇「雨雪霏霏」，傳：「霏霏，甚也。」潘岳寡婦賦：雪「霏霏而驟落兮」。雰雰者，小雅信南山「雨雪雰雰」，傳：「雰雰，雪貌。」楚辭九歎（遠逝）：「雪雰雰而薄木兮。」通作

「紛」。張衡四愁詩：「欲往從之雪紛紛。」瀌瀌者，小雅角弓云「雨雪瀌瀌」，傳：「瀌瀌，雪盛貌。」漢書劉向傳引作「麃」，古字通。

霅霅、素合反，又徒甲反。䨜䨜、士林反。渢渢、小篤反。湒湒、子立反。𩆷𩆷、林音。䨕䨕、落音。雴雴、丑入反。霫霫、先入反。靀靀、蒙音。䨤䨤，狄音。雨也。

霅霅者，説文：「霅霅，震電貌。」䨜䨜者，玉篇：「䨜䨜，雨聲。」湒湒者，説文：「湒，雨下也。」𩆷𩆷者，説文作「瀶」。孫侍御曰：一切經音義亦引作「瀶瀶」，與説文合。䨕䨕者，盧各切。説文：「䨕，雨零也。」雴雴者，廣韻（緝韻）：「雴雴，大雨也。」靀靀者，莫公切。玉篇：「靀靀，雨貌。亦作『濛』。」案：靀，説文作「濛，微雨也」。豳風東山云：「零雨其濛。」䨤䨤者，徒的切。玉篇：「䨤䨤，雨也。」

䫻䫻、颼颼、所留反。飋飋、飂飂，留音。飉飉、遼音。瀏瀏，留音。風也。

䫻䫻者，楚辭九歌（山鬼）：「風颯颯兮木蕭蕭。」「颯，䫻同。」颼颼者，玉篇：「颼颼，風聲。」飋飋者，所乙切。玉篇：「飋，秋風。」通作「瑟」。魏文帝詩：「秋風蕭瑟天氣涼。」飂飂者，説文：「飂，高風也。」通作「翏」。莊子齊物論云「而獨不聞之翏翏乎」，郭象注：「翏翏，長風之聲。」李頤本作「飂飂」。飉飉者，力幺切。玉篇：「飉，風貌。」瀏瀏者，潘岳寡婦賦：「風瀏瀏而夙興。」謝靈運詩：「瀏瀏出谷飈。」

䨦䨦、而羊反。䨶䨶、奴容反，又奴冬反。湛湛、直減反，又牒琰反。泥泥，那禮反。今人以此爲「涅」，那低反，失之。露也。

説文：「露，潤澤也。」釋名（釋天）：「露，慮也，覆露物也。」䨦䨦者，與「瀼瀼」同。鄭風野有蔓艸「零露瀼瀼」，傳：

「盛貌。」小雅蓼蕭傳：「瀼瀼，露蕃貌。」震震者，與「濃濃」同。詩〔小雅蓼蕭〕傳：「濃濃，厚貌。」湛湛者，小雅湛露傳云：「湛湛，露茂盛貌。」泥泥者，蓼蕭傳：「泥泥，霑濡也。」

坦坦、漫漫、蕩蕩，平也。

坦坦者，易〔履〕曰：「履道坦坦。」管子樞言篇：「坦坦之利不以功，坦坦之備不爲用，故存國家，定社稷，在卒謀之間耳。」淮南原道訓：「大道坦坦，去人不遠。」漫漫者，離騷「路曼曼其修遠兮」，釋文：「曼，一作『蔓』。」蕩蕩者，呂氏春秋〔貴公〕引書「王道蕩蕩」，高誘注：「蕩蕩，平易也。」楚辭九歎〔離世〕「路蕩蕩其無人兮」，王逸注：「平易貌。」

渾渾、魂音。汪汪、灦灦[一]、暠音。詡詡、曠曠，大也。

渾渾者，流之大也。法言問神篇「聖人之辭，渾渾若川」，李軌注：「洪流也。」汪汪者，深之大也。後漢書黄憲傳：「汪汪若千頃之陂，澄之不清，撓之不濁。」灦灦者，水之大也。法言問神篇「商書灦灦爾」，宋咸注：「灦灦，猶漫漫也。」詡詡者，言之大也。曠曠者，明之大也。淮南繆稱訓：「故言之用者，昭昭乎小哉。不言之用者，曠曠乎大哉。」

栠栠、而審反。嫋嫋、那鳥反。姌姌，如琰反，又乃點反。弱也。

栠栠者，本書釋詁：「栠，弱也。」重言之亦爲弱也。嫋嫋、姌姌者，説文：「嫋，姌也。姌，弱長貌。」

區區、梢梢[二]，小也。

[一] 灦灦，疏證本作「顥顥」。
[二] 梢梢，疏證本作「稍稍」。

區區者，左氏傳（襄公十七年）：「宋國區區。」又（昭公十三年）云：「是區區者。」史記管晏列傳：「以區區之齊在海濱。」漢書禮樂志：「河間區區，小國藩臣。」楚元王傳：「豈爲區區之禮哉？」後漢書章帝紀：「區區管窺，豈能照一隅哉？」隗囂傳：「區區兩郡，以禦堂堂之鋒。」陸機辯亡論：「洪規遠略，固不厭夫區區者也。」梢梢者，疑當作「稍」。漢書禮樂志：「王者必因前王之（禮），順時施宜，有損益，即民之心，稍稍制作，至太平而大備。」通作「哨」。法言問道篇：「匪伏匪堯，禮義哨哨。」案：鄭注考工記云：「哨，小也。」是「哨哨」即「稍稍」也。

炤炤、晰晰、皎皎、皓皓〔一〕、炳炳、灼灼、炫炫、赫赫、曠曠、翼翼、顯顯，明也。

炤炤者，荀子儒效篇「炤炤兮其用知之明也」，楊倞注：「炤炤，明見之貌。炤，與『照』同。」淮南道應訓：「扶桑受謝，日照宇宙，炤炤之光，輝（燭）四海。」賈誼旱雲賦：「日炤炤而無穢。」晰晰者，小雅庭燎「（庭燎）晰晰」，傳：「晰晰，明也。」皎皎者，楚辭九歌（東君）：「夜皎皎兮既明。」皓皓者，唐風揚之水「白石皓皓」，傳：「潔白也。」炳炳者，通作「邴」。莊子大宗師云「邴邴乎其似喜乎」，簡文云：「邴邴，明貌。」灼灼者，陸機吴趨行：「灼灼光諸華。」炫炫者，説文：「炫，爛耀也。」赫赫者，小爾雅（廣詁）：「赫，明也。」楚辭大招：「雄雄赫赫，天德明只。」淮南覽冥訓：「故至陰飂飂，至陽赫赫。」曠曠者，本書釋詁：「曠，明也。」重言之亦明也。翼翼者，束晳補亡詩：「玉燭陽明，顯猷翼翼。」顯顯者，下文「顯顯」訓「著」，此又訓「明」，義相成也。

〔一〕皎皎、皓皓，疏證本作「皎皎、皓皓」。

詪詪、古很反。訔訔、魚斤反。詻詻、頟音。謕謕、乎〔一〕氣反，又呼几反。謣謣、譊譊，女交反。語也。

詪詪者，玉篇：「詪，難語貌。」訔訔者，辨之語也。法言問神篇「或問『聖人之作事，不能昭若日月，何後世之訔訔也』」，司馬光注：「訔訔，爭辨之貌，謂學者爭論是非。」詻詻者，五陌切。玉藻云「言容詻詻」，鄭注：「教令嚴也。」墨子親士篇：「君必有弗弗之臣，上必有詻詻之下。」說文：「詻，論訟也。傳曰：『詻詻，孔子容。』」謕謕者，玉篇：「謕，語聲。」謣謣者，諍之語也。玉篇：「謣，五各切，正直之言也。」楚辭惜誓云：「或直言之謣謣。」說苑正諫篇：「孔子曰：『良藥苦口利于病，忠言逆耳利于行。君無謣謣之臣，父無謣謣之子，兄無謣謣之弟，夫無謣謣之婦，士無謣謣之友，其亡可立而待。』」新序雜事篇：「周舍有言曰：『百羊之皮，不如一狐之腋。衆人之唯唯，不如周舍之謣謣。』」史記〔商君列傳〕：「趙良謂商君曰：『千人之諾諾，不如一士之謣謣。』」譊譊者，爭之語也。說文：「譊，恚呼也。」玉篇：「譊，爭也。」法言寡見篇：「譊譊者天下皆訟也。」又云：「譊譊之學，各習其師。」蜀志〔孟光傳〕云「孟光好公羊春秋而譏呵左氏，每與來敏爭此二義，常譊譊讙咋」，裴松之注：「譊，音奴交切。」〇集韻〔覃韻〕引此文有「詌詌，語也」，今無此文。

愴愴、慛慛、才回反。悢悢、悽悽、哀哀，悲也。

愴愴者，楚辭九懷〔思忠〕「心愴愴兮自憐」，王逸注：「意中切傷，憂悲楚也。」慛慛者，玉篇：「慛，悲傷也。」悢悢者，玉篇：「悢，力尚切，悢悢，惆悵也。」李陵與蘇武詩：「徘徊蹊路側，悢悢不得辭。」嵇康與山巨源絶交書：「顧此悢悢，如

〔一〕乎，王念孫說當作「呼」。

何可言？」悽悽者，說文：「悽，痛也。」哀哀者，小雅蓼莪：「哀哀父母，生我劬勞。」

皡皡、昊音。**杲杲、皠皠**〔一〕、鶴〔二〕音。**皭皭**、字爵反。**景景，白也。**

皡皡者，孟子〔盡心上〕：「王者之民，皡皡如也。」說文：「皡，皓旰也。」杲杲者，說文：「杲，明也。」衛風伯兮：「杲杲出日。」皠皠者，說文：「皠，鳥之白也。」玉篇：「皠，乎穀切，皠皠，白也。」何晏景福殿賦「皠皠白鳥」，李善注引詩：「白鳥翯翯。」孟子〔梁惠王上〕引詩「白鳥鶴鶴」，趙岐注：「鳥肥飽，則鶴鶴而澤好。」是「皠」與「翯、鶴」並音義同。舊本「皠」譌「皬」，今訂正。皭皭者，玉篇：「皭，在爵、子笑二切，色皭皭白也。」景景者，疑「顥顥」之譌。說文「顥，白貌」，引楚辭曰：「天白顥顥。」「南山四顥，白首人也。」

泓泓、淵淵、窱窱、眺音。**窈窈，深也。**

泓泓者，說文：「泓，下深貌。」淵淵者，禮記中庸云：「淵淵其淵。」楚辭九思〔憫上〕「川谷兮淵淵」，注云：「深貌。」窱窱、窈窈者，本書釋詁：「窱、窈，深也。」此又重言之。莊子在宥篇：「至道之精，窈窈冥冥。」呂氏春秋仲秋紀〔論威〕：「故善諭威者，於其未發也，於其未通也，窅窅乎冥冥，莫知其情。」漢書〔禮樂志〕安世房中歌：「情思眑眑，經緯冥冥。」「窈、窅、眑」，字異音義同。

緜緜、曼曼、延延、遲遲，長也。

〔一〕皠皠，疏證本作「皬皬」。

〔二〕鶴，王念孫博雅音校本作「鵠」。

緜緜者，王風（葛藟）「緜緜葛藟」，傳：「緜緜，長不絶之貌。」楚辭九章（悲回風）：「縹緜緜之不可紆。」古詩：「青青河畔艸，緜緜思遠道。」曼曼者，楚辭九章（悲回風）「終長夜之曼曼兮」，王逸注：「長貌。」案：魯頌閟宮「孔曼且碩」，傳：「曼，長也。」是單言之亦爲長也。通作「蔓」。漢書（禮樂志）郊祀歌「蔓蔓日茂」，顔注：「言其長久，日以茂盛也。」延延者，爾雅（釋詁上）：「延，長也。」此重言之亦爲長。遲遲者，小雅采薇「行道遲遲」，傳：「遲遲，長遠也。」孟子（盡心下）云：「孔子（之）去魯，遲遲吾行。」

瘏瘏、吐安反，又吐案反，又吐佐反。騑騑、妃音。儽儽，力罪反，又力追反。疲也。

說文：「疲，勞也。」本書釋詁：「疲，極也。」瘏瘏者，說文「瘏，馬病也」，引詩：「瘏瘏駱馬。」騑騑者，孚微切。小雅四牡「（四牡）騑騑」，傳：「行不止之貌。」玉篇：「騑，疾也。」儽儽者，玉藻云「喪容纍纍」，鄭注：「羸，憊貌也。」老子道經云：「儽儽兮若無所歸。」王充論衡骨相篇：「東門有人，其頭似堯，其項若皋陶，肩類子産。自腰以下，不及禹三寸，儽（儽）若喪家之狗。」案：儽，說文作「儽」。「儽、纍、儽」，字異音義同。

屑屑、迹迹、塞塞、省省、耿耿、警警，不安也。

自「屑屑」至「省省」，本方言（第十）也，其文曰「迹迹、屑屑，不安也。江沅之間謂之迹迹，秦晉謂之屑屑，或謂之塞塞，或謂之省省，不安之語也」，郭注：「皆往來貌也。」後漢書王良傳：「何其往來屑屑不憚煩也？」潘岳閒居賦：「尚何能違膝下色養，而屑屑從斗筲之役乎？」耿耿、警警者，邶風柏舟「耿耿不寐」，傳：「耿耿，儆儆也。」「耿、警」，聲相近。「警、儆」，音義同。

孜孜、汲汲〔一〕、急音。惶惶、𢓊𢓊，其往反。劇〔二〕其去反。也。

劇也，孫侍御曰：一切經音義〔卷五〕引作「遽也」。孜孜者，說文：「孜孜，汲汲也。」書皋陶謨：「予思日孜孜。」泰誓云：「孜孜無怠。」通作「孶」。漢書蕭何傳「尚復孶孶得民和」，顏師古注：「孶，與『孜』同。孜孜，言不怠也。」淮南繆稱訓：「故君子日孶〔孶〕以成煇，小人日怏怏以至辱。」桓寬鹽鐵論〔散不足〕：「古者君子夙夜孶孶思其德，小人晨昏孜孜思其力。」汲汲者，禮記問喪篇：「其往送也，望望然，汲汲然，如有追而弗及也。」莊子天地篇：「汲汲然惟恐其似己也。」法言學行篇：「堯、舜、禹、湯、文、武汲汲，仲尼惶惶。」通作「彶」。賈誼新書匈奴篇：「人人彶彶惟恐其後來至也。」惶惶者，與「皇皇」同，恐懼之劇也。孟子〔滕文公下〕云：「孔子三月無君，則皇皇如也。」𢓊𢓊者，遑遽之劇也。楚辭〔九歎思古〕「魂𢓊𢓊而南征兮」，注：「𢓊𢓊，遑遽貌。」舊本「𢓊」譌「𢔏」，今訂正。

亹亹、尾音。牟牟、冉冉，進也。

亹亹者，宋玉九辯「時亹亹而過中」，王逸注：「進貌。」張衡思玄賦：「時亹亹而代序兮。」牟牟者，亡侯切。玉篇：「牟，進也。」冉冉者，司馬彪贈山巨源詩：「冉冉三光馳，逝者一何速。」

拳拳、卷權反。區區、款款，愛也。

拳拳者，司馬遷報任安書「拳拳之忠，終不能自列」，顏師古注：「忠謹之貌。」文選注引繁欽定情詩：「何以致拳拳，

〔一〕汲汲，疏證本作「彶彶」。

〔二〕劇，疏證本作「勮」。

綰臂雙金環。」案：「拳」通作「惓」。漢書劉向傳「惓惓之義」，顏師古注：「惓惓，忠謹之意。讀與『拳』同。」區區者，李陵答蘇武書：「孤負陵心，區區之意。」古詩十九首：「一心抱區區，懼君不察識。」嵇康與山巨源絶交書：「野人有快炙背而美芹子者，欲獻之至尊，雖有區區之意，亦已疏矣。」款款者，大雅板「老夫灌灌」，傳：「灌灌，猶款款也。」箋：「老夫諫女款款然。」楚辭卜居：「吾寧悃悃款款，朴以忠乎？」司馬遷報任安書：「誠欲效其款款之愚。」劉峻廣絶交論：「范、張款款于下泉。」

悾悾、控音。愨愨、苦角反。懇懇、苦艮〔一〕反。叩叩〔二〕、斷斷，都玩反。誠也。

悾悾者，玉篇：「悾，空弄切，誠心也。」太玄勤次二：「勞有恩勤悾悾，君子有中。」庾亮讓中書令表：「是以悾悾，屢陳丹款。」通作「空」。呂氏春秋孝行覽〔下賢〕「空空乎其不爲巧故也」，高誘注：「空空，愨也。巧故，詐僞也。」愨愨者，説文：「愨，謹也。」玉篇：「愨，誠也。」包咸論語〔泰伯〕注：「悾悾，猶愨愨也。」舊本「愨」譌「慗」，今訂正。懇懇者，玉篇：「誠也。」揚雄劇秦美新云：「明旦不寐，勤勤懇懇。」古通用「狠」。漢書劉向傳「故狠狠數奸死亡之誅」，顏師古注：「狠狠，款誠之意也。音懇。」叩叩者，疑「切切」之譌。論語〔子路〕：「切切偲偲。」小雅伐木詩王肅注：「鳥聞伐木，驚而相命嚶嚶然，以興朋友切切節節。」斷斷者，鄭注大學云：「斷斷，誠一之貌。」説文云「㫁，古文斷」，引周書曰：「㫁㫁猗無他技。」

〔一〕艮，王念孫博雅音校本作「很」。

〔二〕叩叩，疏證本作「叩叩」。

䎙䎙、匹人切。狘狘、宏音。翩翩、匹延反。薨薨、火宏反。翽翽、火外反。翝翝、火宏反。翾翾、乎〔一〕鞭反。翻翻、鶱鶱、翲翲、匹饒反。翢翢、曳音。䎘䎘、肅音。翼翼、翂翂、紛音。揮揮、暉音。翧翧，火元反。飛也。

䎙䎙者，玉篇：「䎙，飛貌。」狘狘者，本書釋詁：「翃，飛也。」重言之亦爲飛也。「狘、翃」同。翩翩者，説文：「翩，疾飛也。」小雅四牡：「翩翩者鵻。」楚辭九歌〈湘君〉：「飛龍兮翩翩。」宋玉九辯：「燕翩翩其辭歸兮。」薨薨者，與「薨薨」同。周南螽斯：「〔螽斯〕羽，薨薨兮。」翽翽者，説文：「翽，飛聲也。」大雅卷阿「鳳皇于飛，翽翽其羽」，鄭箋：「翽翽，羽聲也。」翝翝、翾翾者，本書釋詁：「翝、翾，飛也。」此又重言之。集韻〈耕韻〉「翝，飛也」，本此。法言問明篇：「朱鳥翾翾，歸其肆矣。」翻翻者，陸機擬古詩：「翻翻歸雁集。」案：「翻」通作「拚」。周頌小毖「拚飛惟鳥」，韓詩作「翻飛」。文選〈謝瞻詠張子房詩〉注引薛君章句：「翻，飛貌。」鶱鶱者，虛言切。説文：「鶱，飛貌。」本書釋詁：「鶱，飛也。」舊本「鶱」譌从「馬」，今訂正。翲翲者，玉篇：「翲，飛貌。」通作「飄」。潘岳秋興賦：「鴈飄飄而南飛。」翢翢者，余勢切。玉篇：「𦑈，飛也」。「翢、𦑈」同。案：「翢」通作「泄」。邶風〈雄雉〉：「雄雉于飛，泄泄其羽。」䎘䎘者，小雅鴻鴈「肅肅其羽」，釋文：「本或作『䎘』，同。羽聲也。」劉楨雜詩：「方塘含白水，中有鳧與鴈。安得肅肅羽，從爾浮波瀾。」翼翼者，玉篇：「翼，余力切，翅也。」翂翂者，孚云切。玉篇：「翂翂，飛貌。」案：莊子山木篇「東海有鳥焉，名曰意怠。其爲鳥也，翂翂翐翐」，釋文引司馬彪云：「翂翂翐翐，舒遲貌。一云：飛不高貌。」揮揮者，説文：「翬，大飛也。」郭注釋鳥云：「鼓翅翬翬然疾。」「揮、翬」

〔一〕乎，王念孫説當作「呼」。

同。翧翧者，本書釋詁：「翧，飛也。」此又重言之。

煌煌、皇音。熠熠、謂音。倏倏〔一〕、叔音。炯炯、公迥反。晃晃、熒熒，乎扃反。光也。

本書釋詁：「光，明也，照也。」煌煌者，莊子駢拇篇：「駢于明者，亂五色，淫文章，青黄黼黻之煌煌非乎？」潘岳閒居賦「煌煌乎，隱隱乎」，李善注引倉頡篇：「煌煌，光明也。」「上林賦：『煌煌扈扈。』」熠者，于貴切。小雅斯干「噲噲其正，噦噦其冥」，箋：「噲噲，猶快快也。噦噦，猶熠熠也。言居之晝，日則快快然，夜則熠熠然也，皆寬明之貌。」釋文引吕忱曰：「火光貌。」倏倏者，式竹切。集韻〔屋韻〕：「倏，光動貌。」炯炯者，説文：「炯，光也。」潘岳秋興賦「珥金貂之炯炯」，李善注引廣雅：「炯炯，光也。」舊本「炯」譌「烱」，今訂正。晃晃者，釋名〔釋天〕：「光，晃也，晃晃然也。」熒熒者，宋玉高唐賦：「煌煌熒熒，奪人目精。」

蒙蒙、冥冥、昧昧、晻晻，烏感反。暗也。

蒙蒙者，宋玉小言賦：「蒙蒙滅景，昧昧遺形。」冥冥者，荀子勸學篇：「無冥冥之志者，無昭昭之明。」淮南俶真訓：「能遊冥冥者，與日月同光。」太玄晦上九云：「晦冥冥，利於不明之貞。」昧昧者，秦誓云：「昧昧我思之。」淮南俶真訓：「至伏羲氏，其道昧昧芒芒。」案：左氏襄二十四年傳：「何没没也。」没没，即昧昧。「昧、没」，聲相近。晻晻者，楚辭九歎〔逢紛〕：「意晻晻而日頹。」

〔一〕倏倏，疏證本作「倐倐」。

堂堂、娗娗、大丁反，又唐鼎反。 戜戜、於鞠反。 嬴嬴、嬽嬽、淵音。 媉媉、渥音。 妖妖〔一〕、於苗反。 申申、奕奕、儀儀、偞偞、丑葉反。 娥娥，容也。

堂堂者，論語（子張）：「堂堂乎張也。」鄭司農注地官保氏云：「車馬之容顛顛堂堂。」通作「棠」。漢忠惠父魯峻碑：「堂堂忠惠。」嚴訢碑：「棠棠容貌。」皆與「堂」同。 娗娗者，廣韻（青韻）：「娗，好也。」一説「娗」當作「娫」，與「涎」同。 漢書五行志（中之上）引成王時童謠「燕燕尾涎涎」而釋之曰：「尾涎涎，美好貌也。」是亦言其容也。 戜戜者，文之容也。 嬴嬴者，方言（第一）「嬴，好也」，郭注：「言嬴嬴也。」本書釋詁：「嬴，好也。」「嬴、嬴」同。 説文：「嬴从女，嬴省。」作「嬴」者，特不省耳。 古詩十九首「盈盈樓上女」，李善注：「『盈』與『嬴』，古字通。」嬽嬽者，漢書司馬相如上林賦「柔撓嬽嬽」，顔師古注：「嬽嬽，柔屈貌。」案：史記（司馬相如列傳）作「嬛嬛」，索隱云「皆骨體耎弱長艷貌」，引張博士説：「嬛嬛，猶婉婉也。」又引廣雅：「嬛嬛，容也。」是「嬽」本又作「嬛」。 媉媉者，本書釋詁：「媉，好也。」重言之又爲容也。 妖妖、申申者，論語（述而）「申申如也，夭夭如也」，馬融注：「申申、夭夭，和舒之貌。」皇侃義疏：「申申者，心和也。 夭夭者，貌舒也。 申申，心申暢，故和也。 貌舒緩，故夭夭也。 詩云：『桃之夭夭，灼灼其華。』即美舒義。」「妖、夭」，字異音義同。 奕奕者，本書釋詁：「奕，容也。」此又重言之。 儀儀者，楊子法言（孝至）「麟之儀儀」，宋咸注：「麟儀儀而訓。」偞偞者，方言（第二）：「奕、偞，容也。 自關而西，凡美容謂之奕，或謂之偞。 宋衛曰偞，陳楚汝潁之間謂之奕。」説文：「偞，宋衛之間謂華偞偞。」廣韻（葉韻）：「偞偞，輕薄美好貌。」娥娥者，古詩十九首：「娥娥紅粉粧。」左思詠史詩「峨峨高門内」，

〔一〕 妖妖，疏證本作「夭夭」。

李善注引此，云：「『莪』與『娥』同。」

駓駓、步悲反。颿颿、扶嚴反，又扶泛反。驫驫、香幽反，又必幽反。䮝䮝、古永反。𧺝𧺝、方孟反。從從、先拱反。蹡蹡，七羊反。走也。

駓駓者，小雅吉日「儦儦俟俟」，後漢書馬融傳注引韓詩作「駓駓俟俟」，文選西京賦注引薛君章句：「趨曰駓，行曰俟。」宋玉招魂「逐人駓駓些」，王逸注：「駓駓，走貌。」颿颿者，玉篇：「颿，馬疾步也。」集韻〔梵韻〕「颿颿，走也」，本此。驫驫者，玉篇：「驫，走貌。」左思吴都賦「驫駥飍矞」，李善注：「衆馬走貌。」䮝䮝者，說文：「䮝，驚走也。」舊本「䮝」譌「粟」，今訂正。𧺝𧺝者，玉篇：「𧺝，走也。」從從者，玉篇：「從從，走貌。」蹡蹡者，說文：「䟫，行貌。」玉篇「蹡」與「䟫」同。左思吴都賦「被練鏘鏘」，劉淵林注：「行步貌。」

馥馥、伏音。芬芬、馞馞、步没反。馚馚、呼廉反。〔一〕馣馣、烏含反。馛馛、步葛反。馝馝、匹結反。菲菲〔二〕、拂非反。蔎蔎，設音。香也。

馥馥、芬芬者，小雅楚茨「苾芬孝祀」，文選蘇武古詩注引韓詩作「馥芬孝祀」，薛君章句：「馥，香貌。」小雅信南山：「苾苾芬芬。」疑韓詩「苾」亦作「馥」。此所釋者，用韓詩也。何晏景福殿賦：「馥馥芬芬」。李善注宋書傳論引陸機大暑賦：「播芳塵之馥馥。」馞馞者，司馬相如上林賦「晻曖苾勃」，張守節曰：「皆芳香之盛也。」案：文選作「苾茀」，

〔一〕疏證本「馣馣」上補「馦馦」二字。王念孫曰：「各本〔正文〕脱去『馦馦』二字，其『呼廉』之音遂誤入『馚』字下。」

〔二〕菲菲，疏證本作「馡馡」。

郭璞曰：「香氣盛馝馞也。」李善曰：「茀音勃，音義同。」馚馚者，集韻〔覃韻〕「馚馚，香也」，本此。玉篇作「馠，香也」。馣馣者，玉篇：「馣，香氣。」集韻〔覃韻〕「馣馣，香也」，本此。馛馛者，玉篇：「馛，大香。」𩡧𩡧者，玉篇：「𩡧，小香。」菲菲者，集韻〔微韻〕引作「馡馡」。離騷「芳菲菲其彌章」，王逸注：「菲菲，猶勃勃。芬，香貌也。」通作「斐」。上林賦「郁郁斐斐，衆香發越」，張守節云：「皆芳香之盛也。」漢書〔司馬相如傳上〕作「菲菲」，郭璞云：「香氣射散也。」蔎蔎，識列切。說文：「蔎，香艸也。」楚辭九歎〔愍命〕「懷椒聊之蔎蔎兮」，王逸注：「蔎蔎，香貌。」

眐眐、征音。靡靡、踽踽、跂跂、企音，又巨支反。遙遙、遥音。施施、余音〔一〕。奕奕、亦音。浮浮、趫趫、去遥反。冉冉、侇侇、夷音。儦儦、必嬌反。趞趞、錯音。喬喬、趿趿、且及反。踥踥、七葉反。夏夏、蹈蹈、衍衍、章章、衝衝，行也。

眐眐者，諸盈切。楚辭哀時命云「魂眐眐以寄獨兮」，王逸注：「眐眐，獨行貌。」靡靡者，王風黍離「行邁靡靡」，傳：「靡靡，猶遲遲也。」踽踽者，區主切。說文：「踽，疏行貌。」唐風杕杜「獨行踽踽」，傳：「無所親也。」通作「偊」。列子力命篇：「汝奚往而反，偊偊而步，有深愧之色邪？」跂跂者，說文：「跂，行貌。」玉篇：「跂跂，鹿走也。」通作「伎」。小雅小弁：「鹿斯之奔，維足伎伎。」又通作「跂」。漢書東方朔傳「跂跂脈脈善緣壁」，顏師古曰：「跂跂，行貌。」遙遙者，弋笑切。玉篇：「遙，走貌。」施施〔者〕，弋支切。王風丘中有麻云「將其來施施」，傳：「難進之意。」箋：「舒行伺閒，獨來見己之貌。」通作「暆」。說文：「暆，日行暆暆也。」奕奕者，弋石切。玉篇：「奕，行也。」浮浮者，大雅〔江漢〕云：「江漢浮浮。」

〔一〕余音，王念孫說「余」下脫一字。

楚辭九章〈抽思〉「何回極之浮浮」，王逸注：「行貌。」案：書盤庚〈中〉：「鮮以不浮于天時。」是單言浮亦行也。趫趫者，說文：「趫，善緣木走之才。」玉篇：「趫，善走也。」冉冉者，而琰切。離騷「老冉冉其將至兮」，王逸注：「行貌。」玉篇「冉冉，行也」，本此。徥徥者，以脂切。說〈文〉：「徥，行平易也。」儦儦者，說文：「儦，行貌。」齊風載驅：「行人儦儦。」小雅吉日「儦儦俟俟」，傳：「趨則儦儦，行則俟俟。」趞趞者，七雀切。說文：「趞，行貌。」裔裔者，宋玉神女賦：「步裔裔兮曜殿堂。」司馬相如子虛賦「纚乎淫淫，般乎裔裔」，郭璞曰：「皆羣行貌也。」趿趿者，說文：「趿，進足有所擷取也。」集韻〈緝韻〉「趿，七入切」，引廣雅：「趿，行也。」脱重文字耳。踥踥者，玉篇：「踥踥，往來貌。」夏夏者，說文「夏」从「夂」。「夂，行遲曳夂夂」。夏，古文作「𡕭」，从「足」，有行義也。蹈蹈者，疑是「滔滔」。楚辭七諫〈謬諫〉「年滔滔而自遠兮」，王逸注：「行貌。」衍衍者，疑與「沇」同。漢書〈禮樂志〉郊祀歌「沇沇四塞」，孟康曰：「沇，音兖。」顏師古曰：「沇沇，流行貌。」章章者，疑與「傽」同。集韻〈陽韻〉：「傽徨，行不正。」衝衝者，當作「蹱蹱」。集韻〈鍾韻〉引埤倉：「蹱蹱，行不進貌。一曰小兒行。」

憧憧、處鐘反。媻媻、拌拌〔一〕、徲徲、丈尺〔二〕反。營營，往來也。

憧憧者，易咸九四「憧憧行來」，釋文引王肅云：「憧憧，行來不絕貌。」惠棟云：「之内曰來，故四之初爲來。之外曰往，故初之四爲往。」媻媻者，蒲安切。玉篇：「媻媻，往來也。」拌拌，未聞。徲徲者，通作「遲」。揚雄反離騷「昔仲尼之

〔一〕拌拌，王念孫曰：「各本『柈』字誤入正文，又誤作『拌拌』二字。」

〔二〕尺，王念孫說當作「尸」。

去魯兮，斐斐遲遲而周邁」，顏師古注：「斐斐遲遲，往來貌。」營營者，小雅青蠅傳：「營營，往來貌。」莊子庚桑楚云：「全汝形，抱汝生，無使汝思慮營營。」楚辭九章〈抽思〉「魂識路之營營」，王逸注：「精靈主行，往來數也。」太玄堅次四云：「小蝨營營。」

腜腜、梅音。䑋䑋、如掌反。夏夏、肸肸、呼計反。濯濯、臔臔，呼典反。肥也。

腜腜者，莫來切。大雅緜「周原膴膴」，文選魏都賦注引韓詩作「周原脢脢」。「腜、脢」，古字通。䑋䑋者，方言：「䑋，肥也。」〔一〕夏夏者，集韻〈職韻〉：「夏，迄力切，肥也。」舊本「夏」譌「夏」，今訂正。肸肸者，玉篇引埤倉：「肸，肥大也。」集韻〈屑韻〉：「肸肸，肥也。顯結切。」舊本「肸」譌「肸」，今訂正。濯濯者，大雅靈臺：「麀鹿濯濯。」趙岐孟子〈梁惠王上〉注：「獸肥飽則濯濯。」司馬相如封禪文「濯濯之麟，遊彼靈畤」，文穎曰：「肥也。」臔臔者，玉篇：「臔，肥也。」

泡泡、白交反，又普交反。淘淘、陶音。沸沸、陽陽〔二〕、洹洹、丸音。湯湯、傷音。泱泱、於薑反。湝湝、諧音。浩浩、潒潒、蕩音。混混、㶁㶁、于密反。滂滂、沛沛、涓涓、決決、浪浪、郎音。油油、由音。淢淢、許活反。滮滮，蒲彪反。流也。

泡泡者，玉篇：「泡，流貌。」西山經「不周之山，東望泑澤，河水所潛也，其源渾渾泡泡」，郭注：「水濆涌之聲也。」淘淘，未聞，疑「洶洶」之譌。楚辭九章〈悲回風〉：「聽波聲之洶洶。」沸沸，方味切。玉篇：「沸，泉涌出貌。」西山經

〔一〕案：今本方言第二作「䑋，盛也」。

〔二〕陽陽，王念孫曰：「各本〈正文〉脱去『洋洋』二字，其音内『陽』字誤入正文，又衍作『陽陽』二字。」

「崟山，丹水出焉，其中多白玉，是有玉膏，其源沸沸湯湯」，郭注：「玉膏涌出之貌。沸，音拂。」陽陽，未詳。洹洹者，鄭風溱洧「方渙渙兮」，韓詩作「洹洹」，羽元切。湯湯者，始陽切。玉篇：「湯湯，水盛。」尚書〈堯典〉：「湯湯洪水方割。」小雅沔水「其流湯湯」，傳：「波流盛貌。」班固西都賦：「覽滄海之湯湯。」泱泱者，小雅瞻彼洛矣：「維水泱泱。」湝湝者，小雅鼓鐘「淮水湝湝」，傳：「湝湝，猶湯湯也。」浩浩者，乎道切。玉篇：「浩浩，水盛也。」尚書〈堯典〉：「浩浩滔天。」管子小問篇云：「詩有之，浩浩者水，育育者魚，未有室家，而安召我居。」淮南俶真訓：「浩浩瀚瀚。」楚辭九章〈懷沙〉：「浩浩沅湘兮，〈分〉流汩兮。」潒潒者，徒朗切。說文：「潒，水潒瀁也。讀若『蕩』。」混混者，說文：「混，豐流也。」孟子〈離婁下〉：「原泉混混。」淮南原道訓：「源流泉浡，沖而徐盈。混混汩汩，濁而徐清。」枚乘七發：「混混庉庉。」司馬相如上林賦：「汩乎混流。」𡿧𡿧者，說文：「𡿧，水流也。」方言〈第六〉：「汩，疾行也。南楚之外曰汩。」揚雄甘泉賦：「涌醴汩以生川。」滂滂、沛沛者，說文：「滂，沛也。」楚辭九歎〈逢紛〉：「波逢洶涌，濆滂沛兮。」左思吴都賦：「包湯谷之滂沛。」是單言滂沛亦爲流也。荀子富國篇「汸汸若河海」，楊倞注：「汸，讀爲『滂』，水多貌也。」楚辭九懷〈尊嘉〉云：「望淮兮沛沛。」新序刺奢篇：「歌曰：『江水沛沛兮，舟楫敗兮。』」涓涓者，荀子法行篇：「詩云：『涓涓源水，不壅不塞。』」潘岳射雉賦：「泉涓涓而吐溜。」陶潛歸去來詞：「泉涓涓而始流。」決決者，說文：「決，行流也。」孟子〈告子上〉云：「告子曰：『性猶湍水也，決諸東方則東流，決諸西方則西流。』」是「決」爲行流，重言之亦爲流也。浪浪者，離騷「攬茹蕙以掩涕兮，霑余襟之浪浪」，王逸注：「浪浪，流貌。」油油者，楚辭九歎〈惜賢〉「江湘油油，長流汩兮」，王注：「油油，流貌。」泧泧者，呼括切，與「濊濊」同。衛風碩人「施罛濊濊」，釋文引韓詩章句：「濊濊，流貌。」說文：「濊，礙流也。」淲淲者，說文「淲，水流貌。从水，彪省聲」，引詩：「淲池北流。」玉篇「滮」與「淲」同。小雅白華篇作「滮」，傳：「流貌。」

汎汎、扶弓反。氾氾，扶[一]劍反。浮也。

汎汎者，說文：「汎，浮貌」。木華海賦：「或汎汎悠悠于黑齒之邦。」舊本「汎汎」下有「⿱扶弓⿱扶弓」二字，案：字書俱無「⿱扶弓」字，此必是音。「汎」爲扶弓反，傳寫者誤併「扶弓」爲一字，且重複之耳，今訂正。氾氾者，司馬相如上林賦「羣浮乎其上，汎淫泛濫」，司馬貞引郭璞曰：「皆鳥任風波自縱漂貌。汎，音馮。泛，音芳劍反。」又引廣雅：「汎汎、氾氾，浮也。」楚辭卜居「將氾氾若水中之鳧乎」，五臣注：「氾氾，鳥浮貌。」舊本無「氾氾」二字，今據史記索隱補正。舊本小注有「扶劍」二字，即「氾」之音切也。

⿰車眞⿰車眞[二]、苦莖反。硠硠，郎音，又力蕩反。堅也。

⿰車眞⿰車眞者，說文：「⿰車眞，車⿰車眞弘也。」舊本「⿰車眞」譌「⿰車眞」，今訂正。硠硠者，潘岳馬汧督誄「硠硠高致」，李善注引此文。

葟葟、皇音。苨苨、那禮反。莫莫、萋萋、菶菶、布孔反。芊芊、千音。芾芾、不味反。蓁蓁、薿薿、擬音。淠淠、匹制反。茀茀、弗音。蒼蒼、⿰女芺⿰女芺、於苗反。藏藏、幪幪、漠漠[三]、薱薱、徒內反。蔚蔚、蓩蓩、亡內

[一] 扶，王念孫說當作「孚」。

[二] ⿰車眞⿰車眞，疏證本作「⿰車眞⿰車眞」。

[三] 漠漠，王念孫曰：「各本『幪』下又有『莫莫』二字，案：『莫莫』已見上文，不應重出。詩『麻麥幪幪』，釋文音『莫孔反』。各本『幪』下『莫』字，當是反語之上一字。既誤入正文，又衍爲『莫莫』二字耳。」

反，又亡老反。葆葆、保音。𦬊𦬊，莽音。茂也。

葟葟者，與「皇皇」同。小雅皇皇者華傳：「皇皇，猶煌煌也。」説文「䑞，華榮也」，或作「葟」。苨苨者，大雅行葦「維葉泥泥」，釋文云：「泥泥，張揖作『苨苨』」，云：『艸盛也。』」案：陸氏所引疑是張博士字詁文。莫莫者，周南葛覃「維葉莫莫」，傳：「成就貌。」萋萋者，周南葛覃「維葉萋萋」，傳：「茂盛貌。」楚辭招隱士云「春艸生兮萋萋」，王逸注：「垂條吐葉，紛華榮也。」莑莑者，説文：「莑，艸盛。」大雅卷阿：「莑莑萋萋。」芊芊者，列子力命篇：「美哉國乎！鬱鬱芊芊。」潘岳在懷縣作詩：「稻栽肅芊芊。」集韻〈先韻〉「芊芊，茂也」，本此。通作「仟」。謝朓遊東田詩「遠樹曖仟仟」，李善注：「『仟』與『芊』同。」芾芾者，召南甘棠傳：「蔽芾，小貌。」蓁蓁者，周南桃夭傳：「至盛貌。」説文：「蓁，艸盛貌。」通作「榛榛」，盛貌。薿薿者，小雅甫田「黍稷薿薿」，傳：「茂盛貌。」淠淠者，小雅小弁「萑葦淠淠」，傳：「衆也。」茀茀者，説文：「茀，道多艸不可行。」周語〈中〉：「火朝覿矣，道茀不可行也。」大雅皇矣「臨衝茀茀」，傳：「彊盛也。」蒼蒼者，釋名〈釋天〉：「春曰蒼天。陽氣始發，色蒼蒼也。」詩〈王風黍離〉疏引李巡爾雅注云：「萬物始生，其色蒼蒼。」説苑建本篇：「管仲曰：『所謂天者，非謂蒼蒼莽莽之天也，君人者以百姓爲天。』」𡝩𡝩者，説文木部「枖，木少盛貌」，引詩：「桃之枖枖。」女部又引作「桃之𡝩𡝩」。是「𡝩、枖」同也。今周南桃夭作「夭夭」，傳：「少壯貌。」藏藏，未詳，疑與「牂牂」同。陳風東門之楊傳：「牂牂，盛貌。」幪幪者，大雅生民「麻麥幪幪」，傳：「茂盛也。」舊本「幪」譌从「心」旁，今訂正。漠漠者，枚乘忘憂館柳賦：「階艸漠漠，白日遲遲。」舊本作「莫莫」，重出，今訂正。薱薱者，玉篇：「薱，艸木茂也。」蔚蔚者，倉頡篇：「蔚，艸木盛也。」革象傳「君子豹變，其文蔚也」，虞翻注：「蔚，蔇也。」案：説文：「蔇，艸多貌。」是「蔚、蔇」皆取茂盛之義。蓩蓩、葆葆者，本書釋言：「蓩，葆也。」解見前篇。𦬊𦬊者，説文：「𦬊，衆艸也。」今經典通用「莽」。吕氏春秋〈知接〉

云「孰之壤壤也，可以爲之莽莽也」，高誘注：「莽莽，均長貌。」楚辭九章（懷沙）「滔滔孟夏兮，艸木莽莽」，王逸注：「艸木之類，莫不莽莽盛茂。」

戡戡、大含反，又大感反。藹藹、曖音。鑣鑣、不袄反。截截、渠渠、閉閉〔一〕、勃勃、藐藐、亡角反。煒煒、韋鬼反。童童、鐬鐬、呼會反。闐闐、彭彭、岌岌、旁旁、鏘鏘、駮駮、逵音。驛驛、業業、翼翼、奕奕、常常、几几，盛也。

戡戡者，空之盛也。集韻（覃韻）：「戡戡，室（宇）深（邃）貌。」案：「戡」與「沈」音義同。漢書陳勝傳「夥頤！涉之爲王沈沈者」，應劭曰：「沈沈，宮室深邃之貌。音長含反。」戡，又通作「眈」。張衡西京賦「大厦眈眈」，薛綜注：「深邃之貌。」藹藹者，士之盛也。大雅卷阿「藹藹王多吉士」，傳：「藹藹，猶濟濟也。」劉向九歎（逢紛）「讒夫藹藹而漫著兮」，王逸注：「盛多貌。」鑣鑣者，飾之盛也。衛風碩人：「朱幩鑣鑣。」截截者，佞之盛也。周書秦誓：「惟截截善諞言。」渠渠者，禮之盛也。秦風權輿「於我乎，夏屋渠渠」，傳：「渠渠，猶勤勤也。」閉閉，未詳。孫侍御云：疑（作）「閑閑」。勃勃者，法言淵騫篇：「攀龍鱗，附鳳翼，巽以揚之，勃勃乎其不可及乎。」藐藐者，美之盛也。大雅瞻卬「藐藐昊天」，箋：「藐藐，美也。」煒煒（者），赤之盛也。說文：「煒，盛赤也。」邶風靜女：「彤管有煒。」童童者，高誘淮南子序：「一尺繒，好童童。」文選詩：「西北有浮雲，童童如車蓋。」鐬鐬者，聲之盛也。說文「鉞，車鑾聲也」，引詩：「鑾聲鉞鉞。」徐鉉曰：「今俗作『鐬』。以『鉞』爲『斧戉』之『戉』，非是。」案：今詩庭燎之次章、泮水首章並作「噦」，是「鐬、噦」音義同。闐闐者，說文門

〔一〕閉閉，疏證本作「閑閑」。

部：「闐，盛貌。」又口部「嗔，盛氣也」，引詩：「振旅嗔嗔。」案：今小雅采芑作「闐闐」，古字通。爾雅（釋天）「振旅闐闐」，郭注：「羣行聲。」通作「滇」。漢書（禮樂志）郊祀歌「泛泛滇滇從高斿」，應劭曰：「滇滇，盛貌。」顔師古音「徒千反」。彭彭者，滿之盛也。齊風載驅「行人彭彭」，傳：「多貌。」易大有「匪其彭」，干寶注：「彭，亨盛滿貌。」是單言彭亦爲盛也。岌岌者，高之盛也。上文「岌岌，高也」，此又爲盛也。旁旁者，軍之盛也。鄭風清人：「駟介旁旁。」鏘鏘者，壯之盛也。大雅烝民：「八鸞鏘鏘。」宋玉九辯「前輕輬之鏘鏘兮」，王逸注：「軒車先導，聲轉轔也。」説苑建本篇：「有昭辟雍，有賢泮宫，田里周行，濟濟鏘鏘。」騤騤者，彊之盛也。小雅采薇「四牡騤騤」，傳：「彊也。」驛驛者，生之盛也。周頌載芟「驛驛其達」，傳：「生也。」業業者，大雅烝民：「四牡業業。」翼翼者，健之盛也。小雅采芑「四騏翼翼」，箋：「壯健貌。」楚辭九懷（陶壅）「紛翼翼兮上躋」，王逸注：「盛氣振迅，陞天衢也。」奕奕者，魯頌閟宫：「新廟奕奕。」文選（兩都賦序）注引薛君韓詩章句：「言其新廟奕奕（然）盛。」張衡東京賦：「六玄虯之奕奕，齊騰驤而沛艾。」嵇康琴賦：「粲奕奕而高逝。」常常者，華之盛也。説文「常」，或作「裳」。是「常、裳」同字，故小雅云「裳裳者華」。几几者，屨之盛也。豳風狼跋云：「赤舄几几。」

仍仍、登登、翹翹、馮馮、總總、僔僔，尊本反。甫甫、伾伾，芬悲反。集集、師師、逯逯，鹿、録二音。嘽嘽，他安反。淠淠〔一〕、滻滻，産音。繽繽、紛紛、噳噳，虞羽反。衆也。

仍仍者，疑與「陾陾」同。大雅緜「捄之陾陾」，傳：「衆也。」釋文：「陾，耳升反。」登登者，用力之衆也。大雅緜「築之

〔一〕淠淠，疏證本作「淖淖」。

登登」，傳：「用力也。」廣韻〈登韻〉：「登，衆也。」翹翹者，薪之衆也。周南漢廣：「翹翹錯薪。」馮馮者，聲之衆也。大雅緜「削屢馮馮」，傳：「削牆鍛屢之聲馮馮然。」孔疏：「上言『削』，下言『屢』，『馮馮』是聲，故知削牆，下土打鍛，是屢之聲馮馮然也。」總總、僔僔者，莊子則陽篇「是稯稯者何爲者邪」，釋文：「稯，字亦作『總』。」李頤曰：「『聚貌。』」離騷「紛總總其離合兮」，王逸曰：「總總，猶僔僔，聚貌。」揚雄甘泉賦「齊總總撙撙，其相膠葛兮」，顔師古注：「總總撙撙，聚貌也。」「僔、撙」，古字通。甫甫者，魚之衆也。大雅韓奕：「魴鱮甫甫。」伾伾者，力之衆也。魯頌駉：「以車伾伾。」集集者，聚之衆也。玉篇：「集，聚也。」師師者，法言孝至篇「麟之儀儀，鳳之師師，其至矣乎」，宋咸曰：「麟儀儀而馴，鳳師師而多。」逯逯者，疑當作「娽娽」。説文「娽」，隨者衆也。嘽嘽者，小雅采芑「戎車嘽嘽」，傳：「衆也。」淠淠者，小雅小弁「萑葦淠淠」，傳：「淠淠，衆也。」舊本譌爲「卓卓」，今據集韻〈霽韻〉所引訂正。漼漼，未聞。繽繽、紛紛者，淮南俶真訓「繽紛蘢蓯」，高誘注：「繽紛，雜糅也。」離騷「佩繽紛其繁飾兮」，王逸注：「繽紛，盛貌。」王褒九懷〈昭世〉「撫余佩兮繽紛」，注：「舞貌。」揚雄反離騷「暗纍以其繽紛」，顔師古注：「交雜也。」淮南俶真訓：「萬物紛紛，孰非其有。」枚乘七發：「紛紛翼翼，波涌雲亂。」噳噳者，鹿之衆也。説文：「噳，麇鹿羣口相聚貌。」小雅吉日「麀鹿麌麌」，傳：「衆多也。」「噳、麌」同。

遼遼、遥遥、邈邈、眇眇，遠也。

遼遼者，劉向九歎〈憂苦〉「山修遠其遼遼兮」，王逸注：「遠貌。」遥遥者，左氏傳〈昭公二十五年〉：「鸜鵒之巢，遠哉遥遥。」邈邈者，離騷「神高馳之邈邈」，王注：「遠貌。」通作「藐」。方言〈第十三〉「藐，廣也」，郭璞音「邈」，云：「藐藐，曠遠貌。」是「邈、藐」字異義同。眇眇者，楚辭九章〈悲回風〉：「穆眇眇之無垠兮。」王逸九思〈逢尤〉：「世既卓兮遠眇眇。」通作「渺」。管子内業篇：「渺渺乎如窮無極。」

呦呦、於虯反。嚶嚶、烏梟反。譻譻、烏耕反。唶唶、側格反。嘖嘖、責音。嚖嚖、呼惠反。鳴也。

呦呦者，鹿之鳴也。說文：「呦，鹿鳴聲也。」小雅〈鹿鳴〉：「呦呦鹿鳴。」嚶嚶者，蟲之鳴也。召南〈艸蟲〉「嚶嚶艸蟲」，傳：「聲也。」譻譻者，鳥之鳴也，與「嚶嚶」同。說文：「譻，聲也。」「嚶，鳥鳴也。」小雅伐木「鳥鳴嚶嚶」，箋：「兩鳥聲。」唶唶者，鵲之鳴，亦鳸之鳴也。淮南原道訓：「故夫烏之啞啞，鵲之唶唶，豈嘗爲寒暑燥溼變其聲哉？」嘖嘖者，鳸之鳴也。爾雅〈釋鳥〉：「行鳸，唶唶；宵鳸，嘖嘖。」春秋〈昭公十七年〉疏引賈逵左傳注：「行鳸唶唶，晝爲民驅鳥者。宵鳸嘖嘖，夜爲農驅獸者也。」嚖嚖者，蜩之鳴也。與「嘒嘒」同。說文：「嘒，小聲也。」小雅小弁：「〈鳴〉蜩嘒嘒。」

虺虺、喤喤、輷輷、呼紘反。轞轞、艦音。欿欿、欽欽、丁丁、竹耕反。闐闐、鼘鼘、淵音。輼輼、隱音。韸韸、蓬音。㯮㯮、託音。轔轔、鄰音。鈴鈴，聲也。

虺虺者，雷之聲也。邶風終風：「虺虺其雷。」喤喤者，鐘之聲，亦〈鼓〉之聲也。周頌執競：「鐘鼓喤喤。」通作「鍠」。說文「鍠」，音「呼彭反，聲也」。輷輷者，車之聲也。玉篇：「輷，車聲。」轞轞者，亦車之聲也。玉篇：「轞，音檻，車行。」左思吳都賦：「出車轞轞。」通作「檻」。王風大車「〈大車〉檻檻」，傳：「〈車〉行聲。」欿欿者，伐木之聲也。與「坎坎」同。易坎卦，京房、劉向作「欿」。魏風伐檀「坎坎伐輪兮」，石經魯詩殘碑作「欿欿」。欽欽者，鐘之聲也。小雅鼓鐘云：「鼓鐘欽欽。」丁丁者，伐木之聲也。小雅伐木云：「伐木丁丁。」闐闐者，宋玉九辯云：「屬雷師之闐闐兮。」「闐」通作「田」。禮記問喪篇：「婦人不宜袒，故發胸，擊心，爵踊，殷殷田田，如壞牆然。」鼘鼘者，鼓之聲也。小雅采芑「伐鼓淵淵，振旅闐闐」，箋：「伐鼓淵淵，謂戰時進士衆也。至戰止將歸，又振旅伐鼓闐闐然。」商頌那云：「鼗鼓鼘鼘。」「淵、鼘」同。輼輼者，車之聲也，於靳切。玉篇：「輼，車聲。」通作「隱」。法言問道篇：「或問『大聲』。曰：『非雷非霆，隱隱耾耾，久而愈盈，尸諸聖。』」辥辥者，鼓之聲也，薄公切。大雅靈臺：「鼉鼓逢逢。」高誘注呂氏春秋季夏紀引詩作「辥辥」。橐橐者，與「橐橐」同。小雅斯干：「椓之橐橐。」轔轔者，車之聲也。楚辭九歌（大司命）「乘龍兮轔轔」，王逸注：「車聲。」通作「鄰」。秦風（車鄰）「有車鄰鄰」，傳：「衆車聲。」鈴鈴者，策之聲也。孫綽遊天台山賦「振金策之鈴鈴」，李善注：「金策，錫杖也。鈴鈴，策聲。」

混混、乎悃反。沌沌，大悃反。轉也。

此言元氣之流轉也。莊子在宥篇「渾渾沌沌，終身不離」，郭象注：「渾沌無知而任其自復，乃能終身不離其本也。」呂氏春秋仲夏紀（大樂）「太一出兩儀，兩儀出陰陽。陰陽變化，一上一下，合而成章。渾渾沌沌，離則復合，合則復離，是謂天常」，高誘注：「渾，讀如『袞冕』之『袞』。沌，讀近『屯』。」文選（江賦）注引春秋命歷序云：「冥莖無形，濛鴻萌兆，渾渾混混。」宋均注：『渾渾混混，雖卵未分也。』」案：「濛、渾」，音義同。

馮馮、翼翼、烟烟、因音。煴煴、於分反。睢睢、許隹反。盱盱，吁音。元氣也。

馮馮、翼翼者，淮南天文訓「天地未形，馮馮翼翼，洞洞灟灟，故曰大昭」，高誘注：「馮翼洞灟，無形之貌。」漢書禮樂志：「馮馮翼翼，承天之則。」烟烟、煴煴者，班固典引云「太極之元，兩儀始分，烟烟煴煴」，李善注：「烟烟煴煴，陰陽和一，相扶貌也。」案：「烟煴」通作「絪縕」。易繫辭傳（下）「天地絪縕，萬物化醇」，惠棟曰：「天地絪縕，吉凶藏于內，故未形。魏伯陽以天地絪縕爲復之一爻交坤，故參同契云：『易有三百八十四爻，據爻摘符，符謂六十四卦。晦至朔旦，震來受符，當斯之際，天地覯其精，日月相撢持，雄陽播玄施，雌陰化黃包，混沌相交接，權輿樹根基，經營養鄞鄂，凝神以成軀，衆夫蹈以出，蝡動莫不由。』是言天地合德，萬物化醇，化生之義。」然則單言烟煴亦爲元氣也。睢睢、盱盱者，莊子寓言篇云：「而睢睢盱盱，而誰與居？」揚雄劇秦美新云「權輿天地未祛，睢睢盱盱」，李善注：「言混沌之始，天地未開，萬物睢盱而不定也。」五音集韻〔脂韻〕「睢睢，元氣貌」，本此。盱，休俱切。

紛紛、紛音。條條、擾擾、憒憒、憒音。怴怴、乎〔一〕述反。惛惛、乎昆反。忞忞，武粉反。亂也。

紛紛者，與「棼棼」同。呂刑云「民興胥漸，泯泯棼棼」，孔傳：「泯泯爲亂，棼棼同惡。」逸周書祭公解「泯泯芬芬」，孔鼂注：「泯、芬，亂也。」魏志夏侯太初傳：「緬緬紛紛，未聞整齊。」「紛、棼、芬、紛」，字異音義同。條條，未詳。擾擾者，晉語〔六〕「范文子曰：『諸侯皆畔，國可以少安。惟有諸侯，故擾擾焉。』」莊子天道篇：「膠膠擾擾乎！」宋玉神女賦：「紛紛擾擾，未知何意。」劉伶酒德頌：「俯觀萬物擾擾。」憒憒者，本書釋詁：「憒，亂也。」此重言之亦爲亂也。怴怴，未詳。惛惛者，病之亂也。忞忞者，法言問神篇：「傳千里之忞忞者，莫如書。」

僛僛、欺音。僊僊、仙音。傞傞，素何反。舞也。

小雅賓之初筵云「屢舞僊僊」，「屢舞僛僛」，「屢舞傞傞」，此釋之也。毛傳：「僛僛，舞不能自正也。傞傞，舞不止也。」說文于「僛、傞」皆〔云〕：「醉舞貌。」

蜿蜿、宛音，又烏丸反〔二〕。蝹蝹，温音。動也。

此釋龍蛇之動也。蝹，於君、〔於〕云二切。宋玉高唐賦「振鱗奮翼，蜲蜲蜿蜿」，李善注：「龍蛇之貌。」張衡西京賦

〔一〕乎，王念孫博雅音校本作「呼」，下「乎昆反」之「乎」同。

〔二〕宛音，又烏丸反，王念孫博雅音校本作「一音烏丸」。

「海鱗變而成龍，狀蜿蜿以蝹蝹」，薛綜注：「龍，形貌也。」舊本脱「動」字，今據集韻（桓韻）所引補正。

誇誇，苦瓜反。切切也。

桓寬鹽鐵論（國疾）：「夫辨國家之政事，論執政之得失，何不徐徐道理相喻，何至切切如此乎？」

行行，更更也。

論語（先進）：「子路行行如也。」漢書公孫田劉傳贊云「勇者見其斷，辯者騁其詞，齗齗焉，行行焉」，顏師古注：「齗齗，辯爭之貌。行行，剛彊之貌。」劉邵人物志（九徵）云：「直容之動，矯矯行行。」

廣雅疏義卷第十二

乾乾，健也。蹇蹇，難也。

本書釋詁：「乾，健也。」重言之亦爲健。乾九三：「君子終日乾乾。」呂氏春秋士容論：「乾乾乎取舍不悦，而心甚素樸。」太玄經〈彊〉：「陽氣統剛，乾乾萬物，莫不彊梁。」隸釋費鳳别碑：「乾乾日稷。」○蹇蹇，難也。「蹇，難」已見本書釋詁，此復重言之。蹇六二：「王臣蹇蹇。」通作「謇」。離騷「余固知謇謇之爲患兮」，王逸注引周易作「謇謇」。

趯趯，他狄反。跳也。嬥嬥，湯的反。好也。呱呱，孤音。號也。

召南草蟲云「趯趯阜螽」，毛傳：「躍也。」小雅巧言：「趯趯毚兔。」○嬥嬥，好也。「嬥，好」已見本書釋詁。小雅大東「佻佻公子」，韓詩作「嬥嬥」。○呱呱，號也。夏書〈益稷〉云：「啟呱呱而泣。」法言寡見篇：「呱呱之子，各識其親。」太玄勤次三云：「羈角之吾，其泣呱呱。」

⿰廷攵⿰廷攵，徒鼎反。盡也。頻頻，符賓反。比也。嚻嚻，呼嬌反。虚也。

玉篇、廣韻俱無「⿰廷攵」字，疑與「鋌」同。本書釋詁：「鋌，盡也。」故「⿰廷攵⿰廷攵」亦爲盡。○頻頻，比也。「頻頻」猶比比也。漢書梁平王傳「比比蒙恩，不伏重誅」，顔師古注：「比，猶頻也。」○嚻嚻，虚也。法言君子篇「信死生齊，貧富同，貴賤等，則吾以聖人爲嚻嚻」，吴祕注：「莊子託以道家」，「稱其齊一」，「是虚華之大者，若〈信〉是言，則吾以聖人六經之旨，爲嚻嚻之虚語耳。」

章章，采也。斤斤，靳音。仁也。蒸蒸，旨升反。孝也。駸駸，楚吟反。疾也。

説文：「䋚，采彰也。」荀子法行篇「故雖有珉之雕雕，不若玉之章章」，楊倞注：「章章，素質明著也。」○斤斤，仁也。未聞。○蒸蒸，孝也。堯典云：「克諧以孝，蒸蒸乂。」張衡東京賦：「蒸蒸之心，感物曾思。」○駸駸，疾也。説文：「駸，馬行疾也。」小雅四牡：「載驟駸駸。」阮籍詠懷詩：「青驪逝駸駸。」陸機挽歌：「駸駸策素騏。」

版版，反也。管管，浴也。眊眊，亡到反，又亡角反。思也。諓諓，翦音。善也。

大雅板云「上帝板板，下民卒癉」，又云「靡聖管管，不實于亶」，毛傳：「板板，反也。管管，無所依繫。」王符潛夫論引作「上帝版版」，古字通。此以「管管」爲浴，所未聞也。○眊眊，思也。疑即秦誓「昧昧我思之」。下解秦誓之「諓諓」與此類聚，可推而知。○諓諓，善也。説文：「諓，善言也。」

庸庸，用也。僀僀，都計反。僚了音。也。

「庸，用」已見本書釋詁。荀子大略篇：「庸庸、勞勞。」○僀僀，僚也。「僀」字玉篇、廣韻俱不收，未聞。

紛纕，女交反，又奴孔反。不善也。崎嶇，傾側也。輆，亥音。𨊠，待音。不平也。

後漢書崔駰傳達旨篇「若夫紛纕塞路，凶虐播流」，李賢注引方言：「纕，盛多也。」○崎嶇，傾側也。張衡南都賦：「下蒙籠而崎嶇。」左思魏都賦：「山阜猥積而踦軀。」陶潛歸去來辭「亦崎嶇而經丘」，李善注引埤倉云：「崎嶇，不安之貌。」案：「踦軀」與「崎嶇」同。亦作「敧嶇」。説文：「敧，嶇也。」○輆𨊠，不平也。輆，口亥切。玉篇：「輆軩，不平。」「軩，徒改切。」「𨊠、軩」，音義同。

蹇産，詰詘也。詭隨，小惡也。偃蹇，夭撟居夭反。也。

楚辭九章〔哀郢〕「思蹇産而不釋」，王逸注：「蹇産，詰詘也。」相如上林賦「蹇産溝瀆」，史記集解引漢書音義：「蹇産，屈折也。」○詭隨，小惡也。大雅民勞云：「無縱詭隨。」○偃蹇，夭撟也。相如大人賦：「綢繆偃蹇怵㚇以梁倚。」王延壽魯靈光殿賦「傍夭蟜以横出」，李善注：「特出之貌。」史記索隱引此文作「夭撟」。古「撟、矯、蟜」通用，故字不同。

嵽帝音。翳，障蔽也。崢士耕反。嵤，宏音。深冥也。

本書釋詁：「翳，障也。」「嵽翳」又爲障蔽也。楚辭九歎〔遠逝〕「舉霓旌之嵽翳兮」，王逸注：「嵽翳，蔽隱貌。」○崢嵤，深冥也。本書釋詁：「崝嵤，深也。」「崝」與「崢」同，詳見前楚辭遠遊「下崢嶸而無地兮」。張協七命「其居也，崢嶸幽藹」，李善注引此文作「崢嶸」。

䟢勑錦反。踔，勑角反。無常也。屏營，佂征音。伀鍾音。也。

莊子秋水篇：「夔謂蚿曰：『吾以一足踸踔而行，予無如矣。』」楚辭七諫〔怨世〕「蓬艾親入御于牀第兮，馬蘭踸踔而日加」，王逸注：「踸踔，暴長貌。」陸機文賦「踸踔于短韻」，李善注引此文。又云：「今人以不定爲踸踔。不定，亦無常也。」方言〔第六〕「䟢，蹇也」，郭注：「跛者行䟢踔。」字異義同。○屏營，佂伀也。吴語：「申胥曰：『昔楚靈王』『獨行，屏營。』」法言重黎篇「六國蚩蚩，爲嬴弱姬，卒之屏營，嬴擅其政」，司馬光注：「屏營，猶旁皇失據之貌。」孔叢諫格虎賦：「怖駭内懷，迷冒佂伀。」方言〔第十〕云：「佂伀，遑遽也。」「佂伀、征伀、怔忪」同。

悇悆音，又他乎反。覃〔一〕，與占反，又他紺反。懷憂也。逍遥，儴襄音。徉也。

〔一〕覃，疏證本作「憛」。

說文：「悆，嘾也。」楚辭七諫〔謬諫〕「心悇憛而煩冤兮」，王逸注：「憂愁貌。」馮衍顯志賦「終悇憛而洞疑」，李賢注引廣倉云：「悇憛，禍福未定也。」「悇、悆」，「覃、嘾、憛」字異音義同。○逍遥，儴佯也。逍遥，古用「消摇」。鄭風清人云：「河上乎逍遥。」離騷「聊逍遥以相羊」，王逸注：「逍遥、相羊，皆遊也。」相如上林賦「逍遥乎襄羊」，司馬貞引郭璞云：「襄羊，猶仿佯。」淮南原道訓：「逍遥乎廣澤之中，而仿洋于山峽之旁。」「儴、襄、相、佯、羊、洋」，俱字異義同。

仿佯，徙倚也。狃其往反。躟，而羊反。惶劇〔一〕也。徘徊〔二〕，便旋也。

楚辭遠遊云「步徙倚而遥思兮」，王逸注：「彷徨東西，意愁憤也。」淮南俶真訓：「芒然仿佯于塵埃之外，而逍遥于無事之業。」又云：「甘瞑于溷瀾之域，而徙倚于汗漫之宇。」○狃躟，惶劇也。宋玉九辯「悼余生之不時兮，逢此世之狃攘」，王逸注：「卒遇譖讒，而遽惶也。」嚴夫子哀時命云「摡塵垢之枉攘兮」，王注：「枉攘，亂貌。」馬融圍棊賦：「狂攘相救兮，先後並没。」「狃躟」與「枉攘、狂攘」同。○徘徊，便旋也。玉篇：「徘徊，猶彷徨也。」漢書作「裴回」。張衡西京賦：「便旋閭閻。」王逸楚辭注：「便旋中野，立踟躕也。」蘇軾〔責授檢校水部員外郎黄州團練副使〕詩：「出門便旋風吹面。」

瞹愛音。曃，逮音。翳薈也。撣蟬音。援，牽引也。

〔一〕劇，王念孫説當作「勮」。

〔二〕徘徊，疏證本作「俳佪」。

楚辭遠遊云「時曖曃其曭莽兮」，王逸注：「日月晻黮而無光也。」玉篇：「曖曃，不明貌。」五音集韻〈代韻〉：「曃，曖曃。」其字从「日」，舊本譌从「目」，且又倒爲「曃曖」，今並訂正。抱朴子外篇〈博喻〉：「繁林翳薈，則羽族雲萃；玄淵浩汗，則鱗羣競赴；德〈盛〉業廣，則宅心者衆；舍瑕録用，即遠懷近集。」○撣援，牽引也。離騷云「女嬃之嬋媛兮」，王逸注：「嬋媛，猶牽引也。一作『撣援』。」張衡南都賦「垂條嬋媛」，李善注：「嬋媛，枝相牽引也。」「撣援」與「嬋媛」字異音義同。

躊逐由反。躇，直魚反。猶豫也。蹢馳戟反。𨇽，逐緑反。跢池音。跦厨音。也。

「躊躇」亦作「籌箸」。説文：「籌箸也。」宋玉九辯：「蹇淹留而躊躇。」老子〈第十五章〉云：「豫兮若冬涉川，猶兮若畏四鄰。」離騷：「心猶豫而狐疑兮。」史記吕后本紀「猶豫未決」，索隱引崔浩云：「猶，猨類也。卬鼻，長尾，性多疑。」顔師古注漢書〈高后紀〉云：「猶，獸〈名〉也。爾雅〈曰〉『猶如麐，善登木』。此獸性多疑慮，常居山中，忽聞有聲，即恐有人且來害之，每豫上樹，久之無人，然後敢下，須臾又上。如此非一，故不決者稱猶豫焉。一曰隴西俗謂犬子爲猶，犬隨人行，每豫在前，待人不得，又來迎候，故云猶豫也。」○蹢𨇽，跢跦也。「蹢𨇽」説文作「蹢躅」。姤初六「羸豕孚蹢躅」，釋文云：「本亦作『躑𨇽』，不靜也。」「跢跦」與「踟蹰」同。邶風靜女：「搔首踟蹰。」文選〈鸚鵡賦〉注引韓詩作「踟蹰」，薛君章句：「踟蹰，躑𨇽也。」荀子禮論篇「則必徘徊焉，鳴號焉，躑躅焉，踟蹰焉，然後能去之也」，楊倞注：「躑躅，以足擊地也。踟蹰，不能去之貌。」

翱翔，浮游也。從容，舉動也。䟿子六反。踖，迹音。畏敬也。

釋名〈釋言語〉：「翱，敖也，言敖游也。翔，佯也，言仿佯也。」」齊風〈載驅〉「齊子翱翔」，傳：「猶彷徉也。」檜風〈羔裘」「羔裘翱翔」，箋：「猶逍遥也。」淮南覽冥訓高誘注云：「翼一上一下曰翱，不摇曰翔。」又俶真訓「以鴻濛爲景柱，而浮揚于無眕崖之際」，注云：「浮揚，猶遨翔也。」又覽冥訓：「前白螭，後奔蛇，浮游消摇。」案：「浮揚」即「浮游」，「游、揚」，聲之轉耳。舊本「游」譌「於」，今據文選思玄賦注所引訂正。○從容，舉動也。學記云：「待其從容。」宋玉登徒子好色賦「從容鄭衛溱洧之間」，李善注引此文。○趹踖，畏敬也。論語〔鄉黨〕：「踧踖如也。」「趹、踧」同。

般桓，不進也。結縎，骨音。不解也。裮昌音。被，不帶也。

屯初九「般桓，利居貞」，馬融注：「般桓，旋也。」漢仲秋下旬碑作「般桓」。張衡西京賦：「袒裼戟手，奎踽盤桓。」曹植洛神賦：「悵般桓而不能去。」「般、盤」，字異義同。○結縎，不解也。説文：「結，締也。縎，結也。」漢書息夫躬絶命辭云：「心結愲兮傷肝。」「愲、縎」字異義同，是「結縎」爲亂之不解也。○裮被，不帶也。離騷「何桀、紂之猖披兮」，王逸注：「猖披，衣不帶之貌。」玉篇：「裮，尺羊切，披衣不帶。」

軫輓〔一〕，牛力反。轉戾也。陸離，參差也。敦揮音。㦤，乎〔二〕獲反。乖剌也。

方言〔第三〕「軫，戾也」，郭注：「相乖〔三〕戾也。」文選〔七發〕注引許慎淮南子注：「軫，轉也。」輓，未聞。○陸離，參差也。玉篇：「陸，陸離，猶參差也。」離騷「長余佩之陸離」，王逸注：「陸離，猶嵾嵯，衆貌。」司馬相如大人賦「衍蔓流爛

〔一〕輓，各本作「輓」，王念孫説當作「軳」。

〔二〕乎，王念孫説當作「呼」。

〔三〕乖，方言郭注作「了」。

痑以陸離」，顔師古引張博士説與此同。又上林賦：「牢落陸離。」○敧㦤，乖剌也。離騷「紛總總其離合兮，忽緯繣其難遷」，王逸注：「緯繣，乖戾也。」「敧、緯」，「㦤、繣」並同。説文：「敧，戾也。羽非切。」

淟涊，垢濁也。俶汀歷反。**黨**〔一〕，他朗反。**卓異也。魁岸，雄傑也。**

「淟涊，濁也」已見本書釋詁，解具於前。○俶黨，卓異也。司馬遷報任安書：「古者富貴而名摩滅，不可勝記，唯倜儻非常之人稱焉。」漢書禮樂志云：「俶儻精權奇。」枚乘七發：「忽兮慌兮，俶兮儻兮。」相如子虛賦：「俶儻瑰瑋。」「黨、儻」並同。○魁岸，雄傑也。漢書江充傳「充爲人魁岸，容貌甚壯」，顔師古曰：「魁，大也。岸者，有廉棱如崖岸之形。」案：左思吴都賦「其居則高門鼎貴，魁岸豪傑」，劉逵曰：「魁岸，大度也。」

溾涹，污濊也。鍡鑸，不平也。漼摧音。**溰**，五哀反，又五非反。**霜雪也。**

本書釋詁：「渨涹，濁也。」解見前。案：「溾」與「渨」同。楚辭九歎「盪渨涹之姦咎兮」，王逸注：「渨涹，污薉也。」○鍡鑸，不平也。説文：「鍡，鍡鑸，不平也。」莊子庚桑楚云：「以北居畏壘之山。」「畏壘」與「鍡鑸」同。○漼溰，霜雪也。玉篇：「漼，昨回切，霜雪貌。」

⿺辶次七咨反。**睢**，七魚反。**難行也。瑰瑋，琦**奇音。**玩也。**

夬九四云「其行次且」，釋文：「次，本亦作『⿺辶次』。説文及鄭作『趑』同，七私反。馬融云：卻行不前也。説文：倉卒也。王肅云：趑趄，行止之礙也。」張載劍閣銘「一人荷戟，萬夫趑趄」，李善注引此文作「趑趄」。○瑰瑋，琦玩也。玉

〔一〕黨，疏證本作「儻」。

篇「瑋，禹鬼、以貴二切」，引埤倉云「瑰瑋，珍琦」也。

揣抗，尹音。摇捎悉蕉反。也。掉大弔反。擭〔一〕，嘯音。振訊也。

本書釋詁：「揣、抗、摇、捎、掉、振訊，動也。」此疊舉之，「揣抗」又爲摇消、「掉擭」又爲振訊也。

匑丘六反。匔，丘弓反。謹敬也。委蛇，逶〔二〕於悲反。衺也。

玉篇：「匑，丘六、丘弓二切，匑匔，謹敬貌。」「匔，巨弓切，匑匔。」論語鄉黨：「執圭，鞠躬如也，如不勝。」聘禮記「執圭入門，鞠躬焉如恐失之」，釋文：「窮，劉音弓，本亦作『躬』。」羣經音辨〔卷三〕云：「鞠窮，容謹也。」案：匑、「匔」之異文，舊本「匔」譌「匑」，考集韻〔東韻〕引此文「匑匔，謹敬也」，今據訂正。○委蛇，逶衺也。召南羔羊「退食自公，委蛇委蛇」，傳：「委蛇，行可從迹也。」箋：「委蛇，委曲自得之貌。」釋文：「韓詩作『逶迤』。」楚辭遠遊：「載雲旗之逶蛇。」「委、逶」同。亦作「崣移」。枚乘梁王菟園賦：「巷路崣移。」

怵惕，恐懼也。潢乎光反，又晃音。潒，蕩音。浩盪也。

本書釋詁「怵、惕、恐」皆云「懼也」，此疊舉之，「怵惕」又爲恐懼也。○潢潒，浩盪也。此言水之潒瀁也。

搌展音。𢹂，膳音。呂靜音己善反。展極也。愲謂音。怦，普耕反。忼慨也。

玉篇：「搌，丑善切。搌𢹂，醜長貌。」集韻〔獮韻〕「搌𢹂，展極也」，本此。○愲怦，忼慨也。玉篇：「愲，羽魏切，怫

〔一〕擭，疏證本作「撨」。

〔二〕逶，疏證本作「㝢」。

悁，不安貌。」「悀，忼慨也。」班固車騎將軍北征頌：「師橫騖而庶御，士怫悁以爭先。」

徜常音。徉，戲蕩也。

玉篇：「徜，食羊切，徜徉，猶徘徊也。」

規戚音。頣〔一〕、失之反。籧篨、侏儒、僬說文無立人旁焦，唯有僥字，止云：焦僥，短人也。僥、堯音。瘂烏下反。瘖、音音。僮昏、聾聵、五怪反。矇瞍，八疾也。

晉語〔四〕「文公問于胥臣曰：『吾欲使陽處父傳讙也而教誨之，其能善之乎？』對曰：『是在讙也。籧篨不可使俛，戚施不可使仰，僬僥不可使舉，侏儒不可使援，矇瞍不可使視，嚚瘖不可使言，聾聵不可使聽，僮昏不可使謀。』」「公曰：柰夫八疾何！對曰：官師之所材也，戚施直鎛，籧篨蒙璆，侏儒扶盧，矇瞍修聲，聾聵司火，僮昏、嚚瘖、僬僥，官師〔之〕所不材也，以實裔土」，韋昭注：「籧篨，偃人。戚施，僂人。僬僥，長三尺。侏儒，短者。有眸子而無見曰矇，無眸子曰瞍。口不道忠信之言爲嚚。瘖，不能言者。耳不別五聲之和爲聾，生而聾曰聵。僮，無知。昏，闇亂也。」案：規頣，說文作「鼀䵶，詹諸也。詩曰：『得此䵶鼀。』言其行䵶䵶」。今詩〔邶風新臺〕作「戚施」。字雖各殊，音義同也。籧篨者，本粗竹席，用爲困者之名，不可使俛之疾，有似之也。侏儒者，本書釋詁：「侏儒，短也。」是八疾之一也。僬僥者，山海經〔大荒南經〕云「大荒之中有小人，名曰焦僥之國」，郭璞注：「皆長三尺。」列子湯問篇「從中州以東四十萬里得僬僥國，人長一尺五寸」，張湛曰：「事見詩含神霧。」瘂瘖者，玉篇：「瘂，於假切，瘖瘂也。」說文：「瘖，不能言也。」釋名

〔一〕頣，疏證本作「覞」。

〔釋疾病〕：「瘖，唵然無聲也。」僮昏者，物生必蒙。左氏傳：童子何知聾聵者。文選〔七命〕注引倉頡篇：「聾，耳不聞也。」説文「聵，生聾也」，徐鍇曰：「謂從生即聾也。」矇瞍者，本書釋詁皆云「盲也」，解見前篇。

展轉，反側也。潣呼的反。**沭，怖懅也。**

「展轉反側」，周南關雎篇文，此又以「反側」釋展轉也。◯潣沭，怖懅也。方言〔第一〕「脅閱，懼也」，郭注：「脅閱，猶潣沭也。」玉篇：「潣，潣沭，遑遽也。」

忸怩，慼[一]**咨也。噧**蘭音。**哰，**牢音。**謰**連音。**謱**力主反。**也。**

本書釋詁「䛏怩、慼恣」皆云「慙也」，此又以「慼恣」釋忸怩也。「忸、䛏」，「慼、⿱戚日」，「咨、恣」，字異義同。◯噧哰，謰謱也。方言〔第十〕云：「噧哰、謰謱，〔拏〕也。東齊周晉之鄙曰噧哰。」「南楚曰謰謱。」又云：「謰謱，拏也。南楚曰謰謱，或謂之支註，或謂之詀謕，轉語也。」王逸九思〔疾世〕「媒女詘兮謰謱」，注云：「謰謱，不正貌。」

⿰忄詈力兮反。**忚，**許兮反。**欺慢也。讀**潰音。**評**[二]**，**乎報反。**啁欺也。**

本書釋詁：「⿰忄詈忚，欺也。」此又爲欺慢也。◯讀評，啁欺也。未詳。

⿱𠔉有權音。**局，匍跧**壯拳反。**也。鞅**烏郎反。**⿱罒亡，**罔音。**無賴也。**

離騷「僕夫悲余馬懷兮，蜷局顧而不行」，王逸注：「蜷局，詰曲不行貌。」淮南精神訓：「病疵瘕者，捧心抑腹，膝上

〔一〕慼，疏證本作「⿱戚日」。
〔二〕評，疏證本作「⿰言皋」。

叩頭，蹉跼而諦，通夕不寐，當此之時，噲然得臥，則親戚兄弟歡然而喜。」「蹫、蹉」，「跼、局」，皆字異音義同。本書釋言：「跧、匍，匐也。」與此意同。○鞅㔸，無賴也。方言（第十）云：「央亡，獪也。江湘之間謂之無賴」，「凡小兒多詐而獪謂之央亡。」「央亡」與「鞅㔸」同。漢書高祖紀（下）「始大人嘗以臣無賴」，晉灼曰：「江淮之間謂小兒多詐狡獪爲無賴。」

亭父、更、褚，卒也。

説文：「卒，隸人給事者。」方言（第三）云：「楚東海之間亭父謂之亭公。卒謂之弩父，或謂之褚。」説文：「褚，卒也。」應劭漢書（高帝紀上）注云：「舊時亭有兩卒：一爲亭父，掌開閉掃除；一爲求盜，掌逐捕盜賊。」更者，漢書昭帝紀「三年以前逋更賦未入者，皆勿收」，如淳曰：「更有三品：有卒更，有踐更，有過更。古者正卒無常人，皆當迭爲之，一月一更，是爲卒更也。貧者欲得（雇）〔顧〕更錢者，次直者出錢（雇）〔顧〕之，月二千，是爲踐更也。天下人皆直戍邊三日，亦名爲更，律所謂繇戍也。雖丞相子亦在戍邊之調。不可人人自行三日戍，又行者當自戍三日，不可往便還，因便住一歲一更。諸不行者，（皆）出錢三百入官，官以給戍者，是爲過更也。律説，卒踐更者，居也，居更縣中五月乃更也。後從尉律，卒踐更一月，休十一月也。」又食貨志（上）云「又加月爲更卒，已復爲正」，顔師古曰：「更卒，謂給郡縣一月而更者也。正卒，謂給中都官者也。」

綢繆，纏緜也。𥌚眱，夷音。直視也。

「綢繆，纏緜」，此唐風綢繆毛傳義也。○𥌚眱，直視也。淮南道應訓「言未卒，齧缺繼以讎夷，被衣行歌而去」，高誘注：「讎夷，熟視不言貌。」案：「夷」與「眱」同。玉篇：「眱，與脂、大奚二切。」廣韻（脂韻）：「眱，熟視不言。」

揚搉、角音。婞幸音。榷、口角反。提〔一〕時音。封、無慮、都，凡也。

本書釋言：「枚、箇，凡也。」此又總計之凡也。春官御史「掌贊書，凡數」，注云：「自公卿以下，〔至〕胥徒，凡數，及其見在空缺者。」揚雄長楊賦：「請略舉其凡。」揚搉者，莊子徐無鬼篇「則可不謂有大揚搉乎」，郭象曰：「搉而揚之，有大限也。」淮南子〔俶真訓〕云「物豈可謂無大揚搉乎」，高誘〔注〕：「揚搉，無慮，大數名也。」左思蜀都賦「請爲左右揚搉而陳之」，劉逵注：「韓非有揚搉篇。班固曰：揚搉古今，其義一也。」李善曰：「許慎淮南子注云：『揚搉，粗略也。』」婞榷，未聞。提封者，漢書刑法志云「一同百里，提封萬井」，臣瓚案：舊説提、最、凡，言大數也。李奇曰：「提，舉也，舉四封之内也。」顏師古曰：「李説是也。」「説者或以爲積土而封謂之隄封，既改文字，又失義也。」無慮者，史記平準書「天下大抵無慮皆鑄金錢矣」，司馬貞曰：「大抵無慮者，謂言大略歸〔於鑄錢〕。」〔漢書賈誼傳〕「制而天子自爲者」，顏師古曰：「慮，大計也。」是單言「慮」亦爲凡也。都者，都目也。漢有司徒都目，司徒總領綱紀，故有都目。魏文帝與吳質書「頃撰其遺文，都爲一集」，李善注引此文。

釋親第四

禮記大傳云：「親者，屬也。」淮南説林訓：「親莫親於骨肉，節族之屬連也。」説文：「親，至也。」釋名〔釋親屬〕：「親，襯也，言相隱襯也。」爾雅〔釋親〕釋文引倉頡篇：「親，愛也，近也。」老子〔第十八章〕云「六親不和，有孝慈」，王弼注：

〔一〕提，疏證本作「堤」。

「六親，父子兄弟〔夫〕妻也。」史記管晏列傳「上服度則六親固」，張守節曰：「謂外祖父母一，父母二，姊妹三，妻兄弟之子四，從母之子五，女之子六也。」呂氏春秋季春紀〔論人〕「何謂六戚？父母兄弟妻子」，高誘注：「六戚，六親也。」漢書賈誼傳「以承祖廟，以奉六親」，應劭注與呂覽同。後漢書馮衍傳「念人生之不再兮，悲六親之日遠」，又秦彭傳「乃爲人設四誡，以定六親長幼之禮」，李賢注並云：「夫婦、父子、兄弟也。」諸説不同，以呂覽爲正。此篇所釋自宗族以至妻黨婚姻，皆及焉。案：人爲萬物之靈，身有三部，身有三候。上部胸至頭，中部膈至臍，下部臍至足。三部各有天地人，三三而九，神藏五，形藏四，合爲九藏，故曰平八索建九紀。八索者，八體，首也、腹也、足也、股也、目也、口也、耳也、手也。九紀者，九藏，頭角也、耳目也、口齒也、肺也、心也、胸也、肝也、脾胃也、腎也。今自人之胚胎，以至五官百骸，無不咸備以附於釋親之末，於以見天地之性，人爲貴焉。

翁、公〔一〕音。叟、爸、步可反。爹、大可反。㸙，止奢反。父也。

釋名〔釋親屬〕云：「父，甫也，始生己也。」翁、叟者，方言〔第六〕云：「東齊魯衛之間凡尊老謂之傁，或謂之艾。周晉秦隴謂之公，或謂之翁。南楚謂之父，或謂之父老。」漢書〔項籍傳〕：高祖答項羽曰：「吾翁即若翁。」亦以「翁」爲父也。趙岐孟子〔梁惠王上〕注云：「叟，長老之稱，猶父也。」孫奭疏引劉熙注云：「叟，長老之稱，依皓首之言。」爸者，廣韻〔果韻〕：「爸，父也。」集韻〔果韻〕「爸、爹，父也」，本此。案：今浙江衢州人謂父爲爸，讀若巴。爹者，南史梁始興王憺傳：「爲都督、荊州刺史。」「徵還朝，人歌曰：『始興王，人之爹，赴人急，如水火，何時復來哺乳我。』」荊土方言謂父爲

〔一〕王念孫以爲「公」乃廣雅正文，各本誤入曹音內。

爹，〔徒我反。〕故云。」廣韻〔哿韻〕：「爹，北〔方〕人呼父。」奢者，廣韻〔麻韻〕：「奢，吴人呼父。」

媓、皇音。妣、毑、〔子我反，又子倚反。〕婢、畢音。嬭、乃弟反，又奴解反。媼、烏道反。姐，案字書即前毑字。母也。

釋名〔釋親屬〕：「母，冒也，含生己也。」媓者，方言〔第六〕云：「南楚瀑洭之間母謂之媓。」玉篇「媓，胡光切，母也」，本此。妣者，鄭注曲禮〔下〕云：「妣之言媲也，媲于考也。」古者通以「考妣」爲生存之稱。爾雅〔釋親〕「父爲考，母爲妣」，郭注引倉頡篇：「考妣延年。」冀州從事郭君碑「哀哀考妣，追惟賨靈，卜商號咷，喪子失名」是也。自曲禮〔下〕有「生曰父曰母，死曰考曰妣」之文，後儒遂宗其説。説文：「妣，殁母也。」釋名〔釋喪制〕：「父死曰考。考，槁也。母死曰妣。妣，比也，比之于父亦然也。」毑者，曹音「子我、子倚」二反，又于下文「姐」字云：「案：字書即前『毑』字。」舊本「毑」譌「⿰母巴」，予考玉篇「姐，古文亦作『毑』」，今據訂正。婢者，玉篇「婢，卑溢切」，引廣雅云：「母也。」嬭者，玉篇：「嬭，母也。」又云：「㜷，莫奚、莫移二切，齊人呼母。」案：「嬭、㜷」，疑古通用。媼者，史記集解：孟康曰：「媼，長老尊稱也。」左師謂太后曰：媼愛燕后賢長安君。禮樂志：地神曰媼。媼，母别名也。案：文穎漢書〔高帝紀上〕注云：「幽州及漢中皆謂老嫗爲媼。」姐者，説文云：「蜀謂母曰姐，淮南謂之社。」

娋、所交反。孟，姊也。媦，謂音。妹也。

娋、孟，姊也。此方言〔第十二〕文也，郭注云：「外傳曰『(主)孟啖我』，是也。」案：玉篇：「嬃，姊也。」廣韻〔肴韻〕：「嬃，齊人呼姊。」○媦，妹也。説文云：「楚人謂女弟曰媦。」公羊桓二年傳「若楚王之妻媦，無時〔焉〕可也」，何休注：「媦，妹也。」爾雅〔釋親〕釋文引纂文云：「河南人云：妹，媦也。」

娣〔一〕、徒麗反。社、妯逐音。娌、里音。娣似〔二〕，先後也。

娣、社，未詳。孫侍御曰：「娣」字疑涉下文，「社」字當在上文「母也」下。釋名〔釋親屬〕云：「少婦謂長婦曰姒，言其先來，己所當法似也。長婦謂少婦曰娣。娣，第也。己後來也。或曰先後，以來先後言之也。」妯娌，亦作「築娌」。〔方言第十二〕「築娌，匹也」，郭注：「今關西兄弟婦相呼爲築娌。」漢書郊祀志〔上〕「見神于先後宛若」，顏師古注：「古謂之娣姒，今關中俗呼爲先後，吴楚俗呼之爲妯娌。」

父，榘矩音。也。母，牧也。

白虎通義三綱六紀篇：「父者，矩也，以法度教子也。」說文：「父，矩也。家長率教者，从又舉杖。」「母，牧也，从女象褢子形。一曰象乳子也。」玉篇引倉頡篇：「其中有兩點，象人乳形。」案：榘，古「矩」字。

兄，況也。弟，悌也。

白虎通義〔三綱六紀〕：「謂之兄弟何？兄者，況也，況父法也。弟者，悌也，心順行篤也。」釋名〔釋親屬〕：「兄，荒也。荒，大也。故青徐人謂兄爲荒也。弟，第也，相次第而生也。」說文：「兄，長也。」「弟，韋束之次第也。」古「兄」與「況」通。大雅桑柔「倉兄填兮」，召旻「職兄斯引」，釋文皆音「況」。小雅常棣「況也永歎」，釋文：「況，或作『兄』。」漢書〔尹翁歸傳〕「尹翁歸字子兄」，注：「兄讀曰況。」樊毅華岳碑「兄乃盛德」，洪适云：「以兄爲況。」是「兄、況」同也。

〔一〕娣，疏證本在上文「娟」字下。

〔二〕似，疏證本作「姒」。王念孫以爲各本脱「姒」字，曹音「似」又誤入正文。

子，孜滋音。〔也〕。孫，順也。

釋名〔釋親屬〕：「子，孳也，相生蕃孳也。孫，遜也，遜遁在後生也。」白虎通義〔三綱六紀〕：「子者，〔孳也〕，孳孳無已也。」案：「孳」猶孜孜也。

𣪊〔一〕、乃口反。娩、吴雞反。兒、姓，子也。

𣪊者，本書釋詁：「生也。」又釋言：「乳也。」娩者，説文：「娩，嫛娩也。」釋名〔釋長幼〕云：「人始生曰嬰兒」，「或曰嫛娩。嫛，是也，言是人也。娩，其啼聲也。」兒者，説文：「兒，孺子也。」姓者，左氏昭四年傳：「問其姓。〔對〕曰：『余子長矣。』」漢書田蚡傳：「跪起如子姓。」

男，任也。女，如也。

白虎通義〔嫁娶〕：「男者，任也，任功業也。女者，如也，從如人也。」釋名〔釋長幼〕：「男，任也，典任事也。女，如也，婦人外成如人也，故三從之義，少如父教，嫁如夫命，老如子言。青徐人曰娪。娪，忤也，始生時人意不喜，忤忤然也。」

姑謂之威。嫗謂之妻。

説文：「姑，夫母也。」又云：「威，姑也。漢律〔曰〕：婦告威姑。」案：威姑，猶言君姑也。説文：「莙，牛藻也。从艸，君聲，讀若威。」是「君」有「威」音。逸周書〔大聚解〕云：「合閭立教，以威爲長。」亦以閭胥爲君也，夫之母謂之威姑，若

〔一〕 𣪊，疏證本作「𣫭」。

夫之父謂之君公。「君公」見淮南氾論訓。○嫗謂之妻。嫗，衣遇切。漢書〈高帝紀上〉注：「文穎曰：『幽州及漢中皆謂老嫗爲媼。』」又嚴〈延年傳〉：「延年兄弟五人皆大官，母號萬石嫗。」今以「妻」訓嫗，所未聞也。

姑，故也。姊，咨也。嫂，叟也。妹，末也。

邶風泉水：「問我諸姑，遂及伯姊。」爾雅〈釋親〉：「父之姊妹爲姑。」詩〈邶風泉水〉疏引孫炎云：「姑之言古，尊老之名也。」釋名〈釋親屬〉：「父之姊妹曰姑。姑，故也，言於己爲久故之人也。」白虎通義〈三綱六紀〉：「父之昆弟，不俱謂之世叔，父之女昆弟俱謂之姑，何也？以爲諸父曰内親也，故別稱之也。姑當外適人，疏，故總言之也。」○姊，咨也。白虎通義〈三綱六紀〉：「姊者，咨也。」釋名〈釋親屬〉：「姊，積也，猶日始出，積時多而明也。」說文：「姊，女兄也。」案：此言咨者，以其先生可咨問也。○嫂，叟也。說文：「嫂，兄妻也。」釋名〈釋親屬〉：「嫂，叟也。叟，老者稱也。叟，縮也，人及物老，皆縮小於舊也。」喪服傳云「謂弟之妻婦者，是嫂亦可謂之母乎」，鄭注：「謂弟之妻爲婦者，卑遠之，故謂之婦。嫂者，尊嚴之稱。」「嫂，猶叟也。叟，老人稱也。」○妹，末也。說文：「妹，女弟也。」白虎通義〈三綱六紀〉：「妹者，末也。」釋名〈釋親屬〉：「妹，昧也，猶日始入歷時少尚昧也。」

夫，扶也。妻，齊也。婦，服也。妾，接也。

白虎通義〈三綱六紀〉：「夫者，扶也，以道扶接也。」郊特牲云「夫也者，以知帥人者也」，注云：「夫之言丈夫也。」○妻，齊也。說文：「妻，〈婦〉與夫齊者也。从女、从中、从又。又，持事，妻職也。」白虎通義〈嫁娶〉：「妻者，齊也，與夫齊體也。」釋名〈釋親屬〉：「妻，齊也，士庶人曰妻。夫賤不足以尊稱，故齊等言也。」○婦，服也。說文：「婦，服也。以女，持帚灑掃也。」白虎通義〈三綱六紀〉：「婦者，服也，以禮屈服也。」釋名〈釋親屬〉：「婦，服也，服家事也。」○妾，接也。白虎通義（嫁娶）：「妾者，接也，以時接見也。」釋名（釋親屬）：「妾，接也，以賤見接幸也。」

同門謂之壻。

「壻」上疑有脱字。釋名（釋親屬）云：「兩壻相謂曰亞，言一人取姊，一人取妹，相亞次也。又並來至女氏門，姊夫在前，妹夫在後，亦相亞而相倚共成其禮也。又曰友壻，言相親友也。」爾雅（釋親）「兩壻相謂爲亞」，郭注：「今江東人呼同門爲僚壻。」

妻之父謂之父姼。多可反，亦多音。妻之母謂之母姼。

方言（第六）：「南楚瀑洭之間謂婦妣曰母姼，稱婦考曰父姼。」舊本「母姼」上脱「之」字，今訂正。集韻（紙韻）引此文「妻」下皆無「之」字。

君妻謂之小君。

邦君之妻，與君敵體。但國無二尊，故謂之小君，言差小于君也。稱諸異邦，則稱寡小君矣。

男子謂之丈夫。女子謂之婦人。

説文：「男，丈夫也。从田、从力，（言）男用力于田也。」又云：「夫，丈夫也。周制以八寸爲尺，十尺爲丈，人長八尺，故曰丈夫。」大戴禮本命篇：「男者，任也。子者，孳也。男子者，言任天地之道，如長萬物之義也。故謂之丈夫。丈者，長也。夫者，扶也。言長萬物也。」○女子謂之婦人。説文：「女，婦人也。象形。」大戴禮本命篇：「女者，如也。子者，孳也。女子者，言如男子之教，而長其義理者也。故謂之婦人。婦人，伏于人也。是故無專制之義。」

下〔一〕妻謂之嬬。須、儒二音。

説文：「嬬，弱也。一曰下妻也。」歸妹六三「歸妹以須」，荀爽、陸績「須」作「嬬」，陸云：「妾也。」舊本「妻」上脱「下」字，今訂正。

婿〔二〕謂之倩。取令反。

方言（第三）云「東齊之間壻謂之倩」，郭注：「言可借倩也。今俗呼女婿爲卒便是也。」史記倉公列傳「黄氏諸倩」，徐廣曰：「倩者，女婿也。」

人一月而膏、二月而脂、三月而胎、四月而胞、五月而筋、六月而骨、七月而成、八月而動、九月而躁、十月而生。

淮南精神訓：「夫精神者，所受于天也。而形體者，所稟于地也。」「萬物背陰而抱陽，沖氣以爲和，故曰一月而膏，二月而胅，三月而胎，四月而肌，五月而筋，六月而骨，七月而成，八月而動，九月而躁，十月而生，形體以成，五藏乃形。」文子九守篇：「三月而胚，四月而胎。」説文：「胚，婦孕一月也。」

⿰歹豈、古來反。腜，媒音。胎也。

説文：「⿰歹豈，殺羊出其胎也。」「腜，婦始孕腜兆也。」「胎，婦孕三月也。」

〔一〕疏證本無「下」字。

〔二〕婿，疏證本作「壻」。

躬、體，身也。

釋名（釋形體）：「身，伸也，可屈伸也。」躬者，士昏禮記云：「己躬命之。」又鄉射禮云「倍中以爲躬」，鄭注：「躬，身也，謂中之上下幅也。」案：「躬，身」已見爾雅，此重出也。體者，説文：「體，總十二屬也。」釋名（釋形體）：「體，第也，骨肉毛血表裏大小相次第也。」玉篇：「體，形體也。」

首謂之頭。顛、之然反。顏、題、頞，頷也。頊顱力乎反。謂之髑髏。

説文：「頭，首也。」釋名（釋形體）：「首，始也。」又云：「頭，獨也，于體高而獨也。」○顛、顏、題、頞，頷也。釋名（釋形體）：「頷，鄂也，有垠鄂也。故幽州人則謂之鄂也。」説文：「頷，頞也。」「頞，頷也。」「顏，眉目之間也。」「題，頷也。」方言（第十）云「顛、頷、顏，頞也。湘江之間謂之顛，中夏謂之頷，東齊謂之頞，汝潁淮泗之間謂之顏」，郭注：「顛，音旃裘之旃。今建平人呼頷爲顛。」沈彤釋骨云：「横在髮際前者曰頷顱，亦曰頷，頷之中曰顏，曰庭，其旁曰頷角，眉間曰闕，其下曰下極。下極者，目間也。眉目間亦通曰顏。」○頊顱謂之髑髏。説文：「頊顱，首骨也。」又云：「髑髏，頂也。」

目謂之眼。珠子謂之眸。

釋名（釋形體）：「目，默也，默而内識也。眼，限也，童子限限而出也。」説文：「目，人眼，象形，重童子也。」○珠子謂之眸。趙岐孟子（離婁上）注云：「眸子，目瞳子也。」釋名（釋形體）：「瞳子，瞳，重也，膚幕相裹重也。子，小稱也，主謂其精明者也。或曰眸子，眸，冒也，相裹冒也。」漢書項籍傳贊「舜蓋重童子，項羽又重童子」，顏師古曰：「童子，目之眸子。」案：洞簫賦李善注引此文「珠子」上有「眼」字，非也。

頏、乎郎反。領、頜、翁音。顲、成音。頸、脰，項也。

說文：「項，頭後也。」釋名（釋形體）：「項，确也，堅确受枕之處也。」頏者，說文：「亢，人頸也。」或作「頏」。領者，說文：「領，項也。」衛風碩人「領如蝤蠐」，傳：「領，頸也。」頷者，玉篇：「頷，於紅切，頸毛也。亦作『翁』。」𩕄者，玉篇：「𩕄，視盈切，頸也。」頸者，說文：「頸，頭莖也。」釋名（釋形體）：「頸，俓也，俓挺而長也。」脰者，說文：「脰，項也。」釋名（釋形體）：「膢，在頤纓理之中也。青徐謂之脰，物投其中，受而下之也。」考工記：「以脰鳴者。」又云：「大體，短脰。」「數目，顧脰。」公羊傳（莊公十二年）：「宋萬搏閔公，絶其脰。」鄭康成、何休皆以「脰」爲頸。

輔謂之頰。

說文：「酺，頰也。」玉篇引左氏傳：「酺車相依。」是「輔、酺」同也。釋名（釋形體）云：「輔車，其骨強所以輔持口也。或曰牙車，牙所載者也。或曰頰車，亦所以載物也。或曰鼸車，鼸鼠之食積于頰，人食似之，故取名也。凡繫于車，皆取在下載上物也。」沈彤釋骨云：「耳下曲骨載頰在頷後者曰頰車，曰曲頰，曰巨屈。」

顄、乎感反。頤，以時反。頜閤音。也。

方言（第十）云：「頷、頤，頜也。南楚謂之頷。秦晉謂之頤。頤，其通語也。」戴吉士震曰：「說文『頷』與『頤』同訓顄，蓋從口内言之。若從口外言，則兩旁爲頷，頷前爲頤，不容相假，故内經無通稱者。」

顴，權音。頄求音。也〔一〕。

「顴」古通用「權」。耳目之間爲權。權在輔上，洛神賦「靨輔承權」是也。頄，說文作「頯」，云：「權也。」夬九三「壯

〔一〕案：疏證本「頄」下無「也」字，與下「頞，𩑶也」連爲一條。

于頄」，釋文：「翟云：面顴頄（間）骨也。鄭作『頯』。頯，夾面也。」舊本「顴、頄」下無「也」字，今案：「顴、頄」與下「頞、䪼」非一類，故補「也」字。

頞，烏葛反。䪼拙音。也。

玉篇：「䪼，之劣切，漢高祖隆䪼龍顔。」案：漢書高帝紀（上）作「隆準」，李斐曰：「準，鼻也。」文穎曰：「音準的之準。」頞者，說文：「頞，鼻莖也。」或作「齃」。釋名（釋形體）：「頞，鞍也，偃折如鞍也。」史記蔡澤列傳「先生蹙齃」，司馬貞曰：「謂鼻蹙眉。」

柴、子絫反。噣、竹救反。喙，口也。

釋名（釋形體）：「口，空也。」柴者，玉篇：「柴，口也，鳥喙也。」噣者，說文：「噣，喙也。」玉篇「噣」與「咮」同，引詩曰：「不濡其噣。」喙者，說文：「喙，口也。」左氏傳（昭公四年）：「深目而豭喙。」

咡耳志反。謂之吻。

釋名（釋形體）：「吻，免也，入之則碎，出則免也。又取抆也，漱唾所出，恆加抆拭，因以爲名也。」說文：「吻，口邊也。」或作「䏚」。漢書王褒傳「傷吻敝策」，顔師古注：「吻，口角也。」咡者，玉篇：「咡，禮記（曲禮上）曰：『負劍辟咡詔之。』口旁曰咡。」

毀齒謂之齔。叉〔一〕瑾反。

〔一〕叉，各本原誤作「又」，今據改。

說文：「齔，毀齒也。男八月生齒，八歲而齔；女七月生齒，七歲而齔。」秋官司厲云「凡有爵者，與七十者，與未齔者，皆不爲奴」，注云：「齔，毀齒也。男八歲女七歲而毀齒。」

噱、劇〔一〕、圅，含音。舌也。

釋名（釋形體）：「舌，泄也，舒泄所當言也。」噱者，說文：「谷，口上阿也。」或从「肉」作「臄」。大雅行葦「嘉殽脾臄」，傳：「臄，圅也。」疏引服虔通俗文云：「口上曰臄，〔口〕下曰圅。」「噱、臄」，古字通。揚雄羽獵賦「遥噱乎紘中」，晉灼曰：「口之上下名曰噱。」劇，未聞。疑是「噱」字之音而溷入正文耳。圅者，說文：「圅，舌也。象形，舌體𢎘𢎘。」

喉、嗌，益音。咽也。

說文：「喉，咽也。」「咽，嗌也。」「嗌，咽也。〔苒〕，籀文『嗌』，上象口下象頸脈理也。」案：「喉」與「胡」通。釋名（釋形體）：「胡，互也，在咽下垂能斂互物也。」嚶又謂之嗌，氣所流通阨要之處也。」「咽，咽物也。」

𩩲火代反。骬、于音。缺盆，肻弋音。也。

玉篇：「肻，餘職切，缺盆骨。」「𩩲，胡葛切，𩩲骬，肩骨。」骬，羽俱切，𩩲骬，缺盆骨。」

肊、於力反。臆、憶音。膺，匈也。

匈者，說文：「匈，膺也。」或作「胷」。釋名（釋形體）：「胸，猶啌也，啌氣所衝也。」漢書賈誼傳：「𠛎手以衝仇人之匈。」又循吏傳：「匈臆約結。」校官碑：「野無叩匈之結。」肊、臆者，說文：「肊，胸骨也。」或作「臆」。釋名（釋形體）：「臆，猶抑也，

〔一〕案：王念孫以爲「劇」乃「噱」字之音，今誤入正文者。

抑氣所塞也。」文選鵩鳥賦：「口不能言，請對以臆。」膺者，說文：「膺，匈也。」釋名（釋形體）：「膺，壅也，氣所壅塞也。」

肱謂之臂。

釋名（釋形體）：「臂，裨也，在旁曰裨也。」說文：「臂，手上也。」「厷，臂上也。」或作「肱」。小雅無羊「麾之以肱」，傳：「肱，臂也。」

胳各音。謂之腋。

腋，說文作「亦」，云：「（大）人之臂亦也。从大，象兩亦之形。」又云：「胳，亦下也。」釋名（釋形體）：「腋，繹也，言可張翕尋繹也。」玉篇：「腋，羊益切，肘腋也。」

膀、步光切。胠、祛音，又可慮反。胉，布各反。脅也。

說文：「脅，兩膀也。」「膀，脅也。」或作「髈」。「胠，亦下也。」釋名（釋形體）：「脅，挾也，在兩旁臂所挾也。」胉者，玉篇「胉，脅也」，本此。

榦謂之肋。勒音。

釋名（釋形體）：「肋，勒也，檢勒五臟也。」說文：「肋，脅骨也。」榦者，公羊莊元年傳：「使公子彭生送之，於其乘焉，搚榦而殺之。」案：春秋疏及釋文引廣雅並作「脅榦謂之肋」。

肺，忿廢反。費也。心，任也。肝，幹也。脾，裨〔二〕卑音。也。腎，時忍反。堅也。

〔二〕原脱「裨」字，「卑音」又誤入正文，據疏證本改。

白虎通義（情性）：「五藏者何也？謂肝、心、肺、腎、脾也。肝之爲言干也；肺之爲言費也，情動得序；心之爲言任也，任于恩也；腎之爲言寫也，以竅寫也；脾之爲言辨也，所以積精稟氣也。」釋名（釋形體）云：「心，纖也，所識纖微，無物不貫心也。肝，幹也。五行屬木，故其體狀有枝幹也，凡物以木爲幹也。肺，勃也，言其氣勃鬱也。脾，裨也，在胃下裨助胃氣，主化穀也。腎，引也，腎屬水，主引水氣灌注諸脈也。」

胃謂之肚。

說文：「胃，穀府也。」釋名（釋形體）：「胃，圍也，圍受食物也。」肚者，玉篇：「肚，徒古、都古二切，腹肚。」

膀傍音。胱光音。謂之脬。片交反。

說文：「脬，膀光也。」釋名（釋形體）：「胞，鞄也，鞄空虛之言也，主以虛承水汋也。或曰膀胱，言其體短而橫廣也。」史記倉公列傳「風癉客脬」，張守節曰：「脬，亦作胞，膀胱也。」淮南說林訓「旁光不升俎」，注：「旁光，胞也。」「膀胱、旁光」，「脬、胞」，並字異音義同。

腸，詳也。腹，屬也。肑百卓反。謂之胂〔一〕。

說文：「腸，大小腸也。」「腹，厚也。」釋名（釋形體）：「腸，暢也，通暢胃氣，去滓穢也。」「腹，複也，富也。腸胃之屬，以自裹盛，復于外複之，其中多品，似富者也。」○肑謂之胂。未詳。

〔一〕胂，疏證本作「胦」。

背謂之骶。帝音。背〔一〕也。

說文：「背，脊也。」釋名（釋形體）：「背，倍也，在後稱也。」骶者，玉篇「骶，丁計切，背謂之骶」，本此。○背也。「背」字上疑有脱文。孫侍御曰：一切經音義卷十九引作「背，北也」，多「北」字。

胂申音。謂之脢。梅音。

易咸九五「咸其脢」，鄭康成云：「脢，背脊肉也。」王肅云：「脢，在背而夾脊。」讀爲灰。說文：「胂，夾脊肉也。」「脢，背肉也。」五音集韻（代韻）：「脢，莫代切，背側肉也。又莫回切。」

臎、翠音。髁，口外反，又口卧反。髍也。

說文：「髍，臀骨也。」渠月切。臎者，玉篇：「臎，倉淚切，鳥尾上肉也。」髁者，說文：「髁，髀骨也。」集韻引「髍」作「骨」，誤。

臀屯音。謂之脽。隹〔二〕音。

說文「屍，髀也」，或作「脾」，从肉、隼。或作「臀」。徒魂切。釋名（釋形體）：「臀，殿也，高厚有殿遌也。」脽者，說文：「脽，屍也。」漢書東方朔傳「連脽尻」，顔師古曰：「脽，臀也。音誰。」

腓、肥音。脣，啟音。腨時兗反。也。

〔一〕王念孫説「背」下脱「北」字。

〔二〕隹，王念孫説當作「誰」。

説文：「腓，脛腨也。」「腨，腓腸也。」玉篇：「膌，苦禮切，肥腸也。」易〈咸〉曰「咸其腓」，鄭云：「膞腸也。」王廙云：「腓，腓腸也。」荀爽作「肥」。

股、腳、踦，居綺反。胻，乎當反。脛也。

説文：「股，髀也。」「腳，脛也。」「胻，脛耑也。」「脛，胻也。」釋名〈釋形體〉：「股，固也，爲強固也。腳，卻也，以其坐時，卻在後也。脛，莖也，直而長似物莖也。」莊子徐無鬼云：「乳間股腳。」漢書東方朔傳：「結股腳。」史記龜策列傳：「聖人剖其心，壯士斬其胻。」踦者，蟰蛸長股謂之跂，亦作「長踦」。

膕，古獲反。曲腳也。

玉篇「膕，曲腳也」，本此。舊本「膕」下有「朏」字，案：「朏」當在下條，傳寫者誤也，今訂正。

朏、篤骨反。臗、苦丸反，又苦魂反。尻、州、䐁，卓音，又多鹿反。臀也。

朏者，玉篇：「朏，臀也。」廣韻〈没韻〉：「朏，朏臀。俗又作『𦢊』。」舊本「朏」誤雜在上文條，今訂正。臗者，説文作「髖」云：「髀上也。」玉篇：「髖，尻也。」尻者，説文：「尻，脽也。」釋名〈釋形體〉：「尻，廖也，尻所在寥牢深也。」漢書東方朔傳：「尻益高。」舊本「尻」下衍「也」字，今訂正。州者，馬之臀也。爾雅〈釋畜〉「白州，驠」，郭注：「州，竅。」邢疏：「馬之白尻者名驠。」䐁者，玉篇：「䐁，賭朔切，尻也。」集韻〈屋韻〉：「䐁，臀也。或作『𡱂』，俗作『启』，非〈是〉。」案：「䐁」通作「涿」。蜀志周羣傳「初，先主與劉璋會涪時」，「蜀郡張裕爲璋從事，侍坐。其人饒鬚，先主嘲之曰：『昔吾居涿縣，特多毛姓，東西南北皆諸毛也，涿令稱曰：諸毛繞涿居乎！』裕即答曰：『昔有作上黨潞長，遷爲涿令者，去官還家，時人與書，欲署潞則失涿，欲署涿則失潞，乃署曰：潞涿君。』先主無鬚，故裕以此及之」。○集韻〈霽韻〉「眉，詰計切」，引廣雅：

「肩，臂也。」今無此文。

骫、五丸反。骯苦黄反。骯、力岡反。髺、括音。骿、甫音。髖，寬音。骬苦亞反。也。

骫者，玉篇：「骫，骼骫也。」骯骯者，玉篇：「骯，骯骯，股骨也。」髺者，說文：「髺，骨耑也。古活切。」骿者，疑「骬」之譌。廣韻〔禡韻〕：「髂，腰骨。骬，上同。」髖者，說文：「髖，髀上也。苦官切。」骬者，玉篇：「骬，腰骨。」髂，與「骬」同。

廣雅疏義

（下册）

〔清〕錢大昭 撰
黄建中 李發舜 點校

中華書局

廣雅疏義卷第十三

廣雅卷七

釋宮第五

繫辭傳〔下〕：「上古穴居而野處，後世聖人易之以宮室，上棟下宇，以待風雨，蓋取諸大壯。」墨子辭過篇：「古之民未知爲宮室時，就陵阜之地而居，穴而處，下潤溼傷民，故聖王作爲宮室。」淮南齊俗訓：「廣廈闊屋，連闥通房，人之所安也。」世本：「禹作宮室。」吕氏春秋〔勿躬〕：「高元作宮室。」尚書〔太甲上〕：「王徂桐宮。」左傳〔昭公二十一年〕：「虢公爲王宮于玤。」又〔僖公二十八年〕云：「作王宮于踐土。」又〔定公元年〕云：「季平子立煬宮。」詩〔鄘風定之方中〕云：「作于楚宮。」又云「作于楚室」，傳云：「室，猶宮也。」爾雅〔釋宮〕：「宮謂之室，室謂之宮。」孟子〔梁惠王下〕「爲巨室」，趙岐注：「巨室，大宮也。」是宮、室同物。此篇所釋，上則爲梠、椽、棟、枅，中則爲門、扉、屏、闟，下則爲階、除、砌、甃，旁則爲落，遠則橋、梁并犴、獄、圂、廁之屬，無不備焉。別古今殊名，通遠近異語，各從其類而分釋之。

庌、雅音。廡、房、櫳、籠音。廬、庉、徒困反。庲、來音。康、七粟反〔一〕。廊、館、傳、庵、烏含反。㡉、先見反。

〔一〕七粟反，王念孫説當作「七賜反」。

釋名〔釋宮室〕云：「舍，於中舍息也。」説文：「市居曰舍。从亼，中象屋也，囗象築也。」案：「市」當爲「市」。庌者，五下切。説文：「庌，廡也。」夏官圉師職「夏庌馬」，注云：「故字『庌』爲『訝』。鄭司農云：當爲『庌』。庌，廡也，廡所以庇馬涼也。」釋名〔釋宮室〕：「庌，正也，屋之正大者也。」廣韻〔馬韻〕：「庌，廳也。」廡者，文甫切。説文「廡，堂下周屋」，籀文作「𢊍」。釋名〔釋宮室〕：「大屋曰廡。廡，幠也；幠覆也，并冀人謂之庌。」漢書召信臣傳「覆以屋廡」，顔師古注：「廡，周室也。」左思蜀都賦：「千廡萬室。」謝惠連雪賦：「初便娟于墀廡。」房者，説文：「房，室在旁也。」釋名〔釋宮室〕：「房，旁也，在堂兩旁也。」櫳者，字當作「龐」，薄江切。説文：「龐，高屋也。」即此矣。説文有「櫳」字，「檻也」。又有「龒」字，「房室之疏也」，繫傳：「疏，即窻。」俱非此義。廬者，大雅公劉傳及小爾雅〔廣言〕並云：「廬，寄也。」地官遺人職「十里有廬」，注：「廬若今野候徒有庌也。」説文：「廬，寄也。秋冬去，春夏居。」釋名〔釋宮室〕：「寄上曰廬。廬，慮也，取自覆慮也。」庉者，説文：「庉，樓牆也。」玉篇：「庉，屯聚之處。」庲者，力才切。玉篇「庲，舍也」，本此。庛者，千漬切。玉篇：「庛，下屋也。」廣韻〔寘韻〕：「庛，偏庛舍也。」廊者，廣韻〔唐韻〕「廊，廡也」，又引文穎説：「廊，殿下外屋也。」古作「郎」。漢書董仲舒傳「游于巖郎之上」，晉灼曰：「郎，堂邊廡。巖郎，謂嚴峻之郎也。」通作「琅」。周禮大司馬注：「司馬法：鼓聲不過閶，鼙聲不過闒，鐸聲不過琅。」館者，鄭風緇衣「適子之館兮」傳義也。地官遺人：「掌郊里之委積，以待賓客。」「五十里有市，市有候館，候館有積。」説文：「館，客舍也。」「館」與「官」通。隨初九「官有諭」，蜀才作「館」。又與「管」通。穆天子傳〔卷一〕：「官人陳牲。」聘禮「管人布幕于寢門外」，鄭注：「管，猶館也。古文『管』作『官』。」傳者，直戀切。釋名〔釋宮室〕：「傳，傳也，人所止息〔而〕去，後人復來，轉

屋、庫、府、廐，舍也。

轉相傳，無常主也。」庵者，釋名〈釋宮室〉：「草圓屋曰蒲。又謂之庵，庵，奄也，所以自覆奄也。」玉篇「庵，舍也」，本此。古通用「闇」。尚書大傳「高宗梁闇三年」，鄭康成注：「闇，讀如『鶕』。闇，謂廬也。」梁闇，或作「亮陰」。陰讀爲「闇」，猶「任」讀爲「南」也。廠者，玉篇「廠，舍也。或作『廠』」，同，本此。屋者，說文：「屋，居也。从尸；尸，所主也。一曰：尸象屋形，从至；至，所至止。室、屋皆从至。」釋名〈釋宮室〉：「屋，亦奧也，其中温奧也。」庫者，說文：「庫，兵車臧也。从車在广下。」釋名〈釋宮室〉：「庫，舍也，物所在之舍也，故齊魯謂庫曰舍也。」鄭注曲禮〈下〉云：「庫，謂車馬兵甲之處也。」府者，鄭注曲禮〈下〉云：「府，謂寶藏貨賄之處也。」高誘注戰國策〈秦策〉云：「府，聚也。」淮南說林訓：「過府而負手者，希不有盜心。」說文：「府，文書藏也。」廄者，馬之舍也。說文「廄，馬舍也」，古文作「𠆛」。釋名〈釋宮室〉：「廄，勼也；勼，聚也，牛馬之所聚也。」夏官校人「六繫爲廄，廄一僕夫」，注云：「自乘至廄，二百一十六匹。易：『乾爲馬。』此應乾之策也。」

堂、堭，皇音。壂殿音。也。

經文殿屋之文，但曰「四阿」而已，秦漢始有殿名。釋名〈釋宮室〉：「殿，有殿鄂也。陛，卑也，有高卑也。天子殿謂之納陛，言所以納人言之階陛也。」漢書黃霸傳「先上殿」，顏師古注：「丞相所坐屋也。古者屋之高嚴，通呼爲殿，不必宮中也。」案：漢西岳華山廟碑凡殿字，皆作「壂」，則「壂」即「殿」也。堂者，說文：「堂，殿也。堂，古文；臺，籀文，从高省。」釋名〈釋宮室〉：「堂，猶堂堂，高顯貌也。」禮器：「有以高爲貴者，天子之堂九尺，諸侯七尺，大夫五尺，士三尺。」白虎通義：「天子之堂高九尺，天子尊，故極陽之數九尺也。堂之爲言明也，所以明禮義也。」堭者，古亦作「皇」。漢書胡建傳「監御史與護軍諸校列坐堂皇上」，顏師古注：「室無四壁曰皇。」

反坫多念反。謂之坫。序音。

論語〈八佾〉：「邦君爲兩君之好，有反坫。」明堂位云「崇坫、反坫」，皆在廟中，其行禮之所則謂之坫也。焦氏循云：坫者，説文云：「屏也。」鄭氏云：堂角，蓋堂上每角爲小屏，高於堂戺，如城隅、宫隅之設浮思也。大射：「取決拾于坫上。」則坫又卑于人，以崇坫、土坫例之，其狀可見。

廜徒音。廯、蘇音。㢫、魯音。廌、罵音。粗、才祖反。幕、易、㡾、來達反。庵也。

「庵」義已見上文。廜廯者，大胡、息胡二切。玉篇「廜廯，庵也」，本此。風俗通義云：「平室曰屠蘇。」「廜廯」與「屠蘇」，字異音義同。㢫者，力古切。説文：「㢫，廡也。」玉篇「㢫，府也，庵也」，本此。廌者，莫嫁切。玉篇「廌，庵也」，本此。粗者，疑當作「苴」，子余切。説文：「苴，人相依苴也。」幕者，「廌、幕」聲相轉，故同義。易者，疑與「帟」同。古「易、帟」通用。周禮幕人注：「鄭司農云：『帟，平帳也。』」幕爲庵，帟亦爲庵矣。㡾者，玉篇「㡾，庵也」，本此。舊本「㡾」譌「瘌」，今訂正。

橧、似陵反，又曾音。窠，巢也。

此釋鳥獸所居之名也。小爾雅〈廣詁〉云：「巢，高也。」又〈廣獸〉云：「鳥之所乳謂之巢，雞雉所乳謂之窠。」説文云：「巢，鳥在木上曰巢，在穴曰窠。从木，象形。」橧者，禮運云「夏則居橧巢」，鄭注：「暑則聚薪柴居其上。」蓋上古穴居野處，故人亦居橧。後世既有宫室，則橧爲豕所寢矣。爾雅釋獸「豕所寢，橧」，郭璞注：「橧，其所寢蓐。」詩〈小雅漸漸之石〉疏引舍人注：「豕所寢艸名爲橧。」李巡注：「豬臥處名橧。」某氏注：「臨淮之間謂野豬所寢爲橧。」方言〈第八〉云：「其檻及蓐曰橧。」窠者，説文：「窠，空也。穴中曰窠，樹上曰巢。」

棚、步萌反，又負宏反。棼、墳音。栽、才〔一〕音。踐，閣也。

此釋複屋棟也。本書釋詁「載、棚、閣、棧，攱也」，與此義同，玆復申明之。惠士奇禮説云：「古之閣，即今之樓。」説文：「樓，重屋也。」棚者，説文：「棚，棧也。」玉篇「棚，閣也」，本此。棼者，説文：「棼，複屋棟也。」班固西都賦：「列棼橑以布翼。」張衡西京賦：「結棼橑以相接。」太史慈討賊，賊緣樓行詈，手持樓棼，慈射之，貫手著棼。謂著樓簷下棟。栽者，字當爲「載」。本書釋詁訓「閣」爲「載」，故「載」亦爲「閣」。踐者，字當爲「棧」。説文：「棧，棚也。」淮南本經訓「延樓棧道」，高誘注：「棧道飛閣，複道相通。」

痦〔二〕悟音。謂之竈。其脣謂之陘。其窻悤音。謂之坄〔三〕。突音。坄下謂之〔四〕甑。只賓反。匋，桃音。窯遥音。也。

此釋竈而別其名也。説文：「竈，炊竈也。从穴，奄省聲。或作『竈』，不省。」釋名〔釋宮室〕：「竈，造也，造創食物也。」史記〔孝武本紀〕索隱云：「淮南子云：『炎帝作火官，死爲今之竈神。』司馬彪注莊子云：『髻，竈神也，如美女，衣赤。』」痦謂之竈者，玉篇引倉頡篇云「楚人謂竈曰窹」，是也。「痦、窹」，字異音義同。古「痦、雅」同聲，故齊公孫竈字子

〔一〕案：王念孫説「才」下脱一字。

〔二〕痦，疏證本作「窹」。

〔三〕坄，疏證本作「堗」。

〔四〕案：王念孫曰：「『謂之』下各本皆脱一字，今無考。」

雅。其脣謂之陘者，未審所出。其窻謂之坄者，說文：「坄，陶竈窻也。从土，役省聲。」喪大記云「甸人爲垼于西牆下」，正義曰：「甸人爲垼竈，以煑沐汁。」釋文引鄭注儀禮云：「垼，塊竈也。」舊本「坄」譌「堗」，今據說文訂正。曹憲音「突」，亦誤。坄下謂之甄，未詳。匋，窯者，說文：「窯，燒瓦竈也。」余招切。」匋者，說文：「匋，瓦器竈也。」古者昆吾作匋。史篇讀與『缶』同。」集韻（真韻）引此文連上「甄」字，誤也。

楣、檐、簷音。櫺，零音。梠也。

說文：「梠，楣也。力舉切。」釋名（釋宮室）：「梠，旅也，連旅旅也。或謂之櫋，櫋，緜也，緜連榱頭，使齊平也。上入曰爵頭，形似爵頭也。」楣者，說文：「楣，秦名屋櫋聯也，齊謂之檐，楚謂之梠。」釋名（釋宮室）：「楣，眉也，近前各兩，若面之有眉也。」檐者，余廉切。說文：「檐，梍也。」又云「梍，梠也」，徐鍇繫傳：「梍，即連檐木也，在椽之耑。」釋名（釋宮室）：「簷，檐也，接檐屋前後也。」櫺者，亦作「欞」。方言（第十三）云「屋梠謂之欞」，郭注：「即屋檐也，亦呼爲連緜。」

榱、楚悲反。橑、魯好反。桷、角音。楝，恥緣反，又且足反。椽直緣反。也。

說文：「椽，榱也。」釋名（釋宮室）：「桷或謂之椽；椽，傳也，相傳次而布列也。」榱者，說文：「榱，秦名爲屋椽，周謂之榱，齊（魯）謂之桷。」釋名（釋宮室）：「桷或謂之榱，在檼旁下列，衰衰然垂也。」橑者，說文：「橑，椽也。」淮南說林訓云：「蓋非橑，不能蔽日。」桷者，古岳切。說文：「桷，榱也。椽方曰桷。」釋名（釋宮室）：「桷，确也，其形細而疏确也。」漸六四「或得其桷」，翟子玄云：「方曰桷。桷，椽也。」字林云：「齊魯謂榱爲桷。」徐鍇云：「春秋：『刻桓宮桷。』左傳：『齊子尾抽桷擊扉三，慶封將死，猶援廟桷，動于甍。』至宋伐鄭，則云『取桓宮之椽歸，爲盧門之椽』。桓宮，鄭廟也。以此知齊魯謂之桷也。」楝者，說文：「楝，短椽也。」

檼，於靳反。棟也。

説文：「棟，極也。」張協七命：「望玉繩而結極。」極，謂棟也。檼者，説文：「檼，棼也。」又云：「棼，複屋棟也。」釋名（釋宫室）：「檼，隱也，所以隱桷也。或謂之望，言高可望也。或謂之棟，棟，中也，居屋之中也。」鄭注鄉射記云：「是制五架之屋也，正中曰棟，次曰楣，前曰庪。」賈疏云：「中脊爲棟，棟前一架爲楣，楣前接檐爲庪。」又云：「凡屋皆五架。李如圭曰：堂之屋，南北五架，中脊之架曰棟，次棟之架曰楣。五架之制，通于上下，而其廣狹則異爾。」

甍謂之䎬。溜音。

説文：「甍，屋棟也。」釋名（釋宫室）：「屋脊曰甍；甍，蒙也，在上覆蒙屋也。」左氏襄二十八年傳「猶援廟桷，動于甍」，杜注：「甍，屋棟也。」張衡西京賦：「甍宇齊平。」言諸屋棟簷高下等也。䎬者，力救切。玉篇：「䎬，屋檼也。」是亦以「䎬」爲棟與甍宇矣。方言（第十三）「瓴謂之䎬」，郭注：「即屋檼。」故玉篇以「瓴」爲「甍」字重文。焦氏循云：「甍」从「瓦」，宜非木類。蓋雨流處瓦之名，與桷相近，故援桷，而桷上之甍動，若屋脊與棟居屋之正中，慶氏即多力，何能援桷而動乎？

欂步各反，又步革反。謂之枅。雞音〔一〕。亦有本作㭼，此一本耳。曲枅謂之欒。鸞音。

説文：「欂，壁柱也。櫨，柱上柎也。枅，屋櫨也。」玉篇：「欂櫨，枅也。」字林音「枅」爲「肩」，云：「柱上方木。」淮南本經訓「欂栌欂櫨」，高誘注：「欂，枅也。」衆經音義（卷十四）引三倉云：「柱上方木曰枅，一名楷。山東河南皆曰枅，自

〔一〕案：王念孫博雅音校本「雞音」下有「又古研」三字。

闕以西皆曰楮。」舊本音釋「雞音」下有「古研」二字，衍文也。説詳下文「磌」訓下。欒者，釋名〈釋宮室〉：「欒，攣也，其體上曲攣拳然也。」張衡西京賦「結重欒以相承」，薛綜注：「欒，柱上曲木兩頭受櫨者。」左思魏都賦「欒櫨疊施」，張載注：「欒櫨一也，有曲直之殊耳。」王延壽魯靈光殿賦「層櫨〈磥垝〉以岌峨，曲枅要紹而環句」，李善注：「枅櫨爲一，此重言之，蓋有曲直之殊耳。」孫侍御曰：「構」下疑有「櫨」字。

楶節音。謂之笮。阻格反。

此楶是附于瓦而在椽上者，與爾雅〈釋宮〉「栭謂之楶」名同而實異也。笮者，説文：「笮，迫也，在瓦之下棼上。」釋名〈釋宮室〉：「笮，迮也，編竹相連迫笮也。」爾雅〈釋宮〉「屋上薄謂之筄」，郭注：「屋笮。」蓋笮在棼上。棼者，複屋棟，是爲複笮。鄭注考工記〈匠人〉：「重屋，複笮也。」逸周書作雒解云：「常累復格。」復格，與「複笮」聲相近，即「複笮」矣。

楹謂之柱。

説文：「柱，楹也。楹，柱也。春秋傳：『丹桓宮楹。』」徐鍇繫傳：「楹之言盈，盈盈對立之狀。」釋名〈釋宮室〉：「楹，亭也，亭亭然孤立，旁無所依也。齊魯讀曰輕；輕，勝也，孤立獨處，能勝任上重也。」又云：「柱，住也。」左氏昭元年傳「叔孫指楹曰『雖惡是，其可去乎』」，杜注：「楹，柱也。」李如圭曰：「堂之正東西有楹，楹之設蓋于前楣之下。」

礎、楚音。碣、古研反。磌，真音，又徒年反。礩質音。也。

礩者，之逸切。古通用「質」。穀梁昭八年傳「以葛覆質以爲槷」，范甯注：「椹也。」漢書王訢傳「訢已解衣伏質」，顔師古曰：「質，鍖也。欲斬人皆伏于鍖上也。」御覽百八十八引説文：「礩，柱下石也。古以木，今以石。」礎者，楚吕切。

淮南説林訓：「山雲蒸，柱礎潤。」碣者，思積切。舊本無此字，案：張衡西京賦「雕梁玉碣」，李善注引廣雅：「碣，礩也。」又集韻〈昔韻〉引此文云：「礎、碏、磌，礩也。」「碏」與「碣」同。是古本廣雅有「碣」字，今遺脱也，故據此補正。玉篇：「碣，柱礩也。」廣韻〈昔韻〉：「碣，柱下石。」皆本此。舊本上文「枅」下音釋衍「古研」二字，疑即「碣」字之音，誤廁于前，今亦訂正。磌者，側鄰切。玉篇「磌，礩也」，本此。通作「瑱」。班固西都賦「雕玉瑱以居楹」，李賢注：「瑱，與『磌』通。楹，柱也。雕玉爲礩以承柱也。」

窻、牖，䦳虛亮反。也。

䦳，讀若「嚮明而治」之「嚮」。士虞禮云「祝啟牖嚮」，注云：「嚮，牖一名也。」通作「向」。豳風七月「塞向墐户」，傳：「向，北出牖也。」釋文引韓詩薛君章句：「向，北向窻也。」衆經音義〈卷十六〉引倉頡篇：「向，北出户也。」又通作「鄉」。明堂位云「達鄉」，鄭注：「鄉，牖屬，謂夾户窻也。每室八窻，爲四達。」窻者，説文：「窻，通孔也。」又曰：「在牆曰牖，在屋曰囱。象形。」「囱」或作「窗」，从「穴」。衆經音義〈卷三〉引倉頡篇：「窻，正牖也。」釋名〈釋宮室〉：「窗，聰也，于内窺外爲聰明也。」牖者，説文：「牖，穿壁以木爲交窻也。从片、户、甫。譚長以爲甫上日也，非户也，牖所以見日。」倉頡篇：「牖，旁窗也，所以助明者也。」淮南氾論訓：「夫户牖者，風氣之所從往來。而風氣者，陰陽相捔者也，離者必病。」

丰、蜂音。梯，階也。坻，除離反。除也。

釋名〈釋宮室〉：「階，梯也，如梯之有等差也。」説文：「階，陛也。陛，升高階也。」丰者，説文：「丰，艸盛丰丰也。从生，上下達也。」歷階而升，亦取上下通達義歟。玉篇「丰，階梯也」，本此。梯者，説文：「梯，木階也。」史記〈趙世家〉云：「無爲禍梯。」禍梯，即詩〈大雅桑柔〉所云「厲階」也。坻，除，未聞。

㿻、猛音。窇、步角反。窩、丈革反。完[一]、𡨄，扶福反。窟也。

玉篇：「窟，室也，穴也。」說文作「堀」，云：「兔堀也。」左氏襄三十年傳：「伯有爲窟室，而夜飲酒，擊鐘，朝至未已。朝者曰：『公焉在？』其人曰：『吾公在壑谷。』」漢書鄒陽傳「則士有伏死堀穴巖藪之中耳」，顔師古注：「堀，與『窟』同。」㿻者，莫永切。說文：「㿻，北方謂地空，因以爲土穴，爲㿻户。讀若『猛』。」窇者，玉篇：「窇，土室也，又窖也。」廣韻〈覺韻〉「窇」字下引廣雅：「窖也。」與今本不同，疑彼誤也。窩者，玉篇：「窩，兔窟也。」完者，五丸切。玉篇「完，窟也」，本此。舊本「完」譌「究」，今訂正。𡨄者，說文：「𡨄，地室也。詩曰：『陶𡨄陶穴。』」案：今大雅緜作「復」，毛傳：「陶其土而復之。」孔疏：「復者，地上爲之。取土于地，復築而堅之也。」

京、庾、廩、廘、鹿音。廥、古外反。贛、貢音。廯、鮮踐反。囷，倉也。

說文：「倉，穀藏也。倉黄取而藏之，故謂之倉。从食省，口象倉形。」釋名〈釋宮室〉：「倉，藏也，藏穀物也。」地官倉人「掌粟入之藏」，注云：「九穀盡藏焉，以粟爲主。」京者，說文口部云：「圜謂之囷，方謂之京。」是京爲倉之方者也。集韻〈庚韻〉引此文作「𢈡」。庾者，俞主切。說文：「庾，水槽倉也。一曰倉無屋者。」釋名〈釋宮室〉：「庾，裕也，言盈裕也，露積之言也，盈裕不可稱受，所以露積之也。」周語〈中〉「野有庾積」，韋昭注「庾，露積穀也」，引詩：「曾孫之庾，如坻如京。」史記〈孝文本紀〉「發倉庾」，應劭曰：「水漕倉曰庾。」胡公曰：「在邑曰倉，在野曰庾。」廩者，說文云：「亩，穀所振入，宗廟粢盛，倉黄亩而取之，故謂之亩。从入，回象屋形，中有户牖。或作『廩』，从广、从禾。」地官廩人「掌九穀之數，

[一] 完，疏證本作「究」。

以待國之匪頒，賙賜稍食」，注云：「藏米曰廩。」周頌豐年「亦有高廩」，〔毛傳〕：「所以藏齍盛之穗也。」孔疏：「對文則藏米曰廩，藏粟曰倉；其散即通也。明堂位『米廩，有虞氏之庠』，注云：『魯謂之米廩，虞帝令藏齍盛之委焉。』記言米，鄭言委，則以廩之所容，兼米兼粟也。」廘者，力木切。玉篇：「廘，庾也，倉也。」通作「鹿」。吳語云「市無赤米，而囷鹿空〔虛〕」，韋昭注：「員曰囷，方曰鹿。」廥者，説文：「廥，芻稾之藏。」史記天官書「胃爲天倉，其南衆星曰廥積」，集解云：「如淳曰：『芻稾積爲廥。』」又平準書「于是天子遣使者虛郡國倉廥以振貧民」，徐廣曰：「廥，音膾。」又趙世家「邯鄲廥燒」，徐廣曰：「廥，廄之名。」索隱云：「積芻稾之處。」匵，未聞。廯者，思淺切。玉篇「廯，倉也」，本此。囷者，去倫切。説文：「囷，廩之圜者。从禾在囗中。」釋名〔釋宮室〕：「囷，綣也，藏物繾綣束縛之也。」魏風伐檀「胡取禾三百囷兮」，傳：「圓者爲囷。」考工記匠人注：「囷，圜倉。」

州、郡、府、縣〔一〕、廷、寺、學、校、庠、序、辟廱、頖宮、瞽宗、東膠，官也。

説文：「官，吏事君也。从宀、从𠂤；𠂤，猶衆也，此與『師』同意。」曲禮〔下〕「在官言官」，注：「官，謂版圖文書之處。」州者，説文云：「水中可居曰州，周遶其旁，从重川。」釋名〔釋州國〕：「州，注也，郡國所注仰也。」郡者，釋名〔釋州國〕：「郡，羣也，人所羣聚也。」逸周書作雒解：「國方千里，分以百縣，縣有四郡，郡有四鄙。」故左氏哀二年傳云：「上大夫受縣，下大夫受郡。」水經注〔河水二〕引黃義仲十三州記：「郡之言君也，改公侯之封而言。君者，至尊也，郡守專權，君臣

〔一〕府縣，疏證本「縣」在「府」上。王念孫曰：「各本『府』字在『縣』字上，蓋後人誤以『府』爲『府縣』之『府』，故移置於『縣』字之上。」

之禮彌崇。今『郡』字，『君』在其左，『邑』在其右。君爲元首，邑以載民，故取名于君謂之郡。漢官曰：秦用李斯議，分天下爲三十六郡。凡郡或以列國，陳、魯、齊、吴，是也；或以舊邑，長沙、丹陽是也；或以山陵，泰山、山陽是也；或以川原，西河、河東是也；或以所出，金城城下得金，酒泉泉味如酒，豫章樟樹生庭，雁門雁之所育是也；或以號令，禹合諸侯，大計東治之山，會計國名會稽是也。」案：春秋縣，縣大于郡，秦漢以後則郡大于縣矣。府者，説文：「府，文書藏也。」周官太宰職「以八灋治官府」，注云：「百官所居曰府。」案：漢時太尉、司徒、司空所居皆謂之府，大將軍亦云府。縣者，古之名縣有三：總王畿之内曰縣，天子之寰内是也，故漢時猶稱天子曰縣官；六遂之内有縣，凡二千五百家，則四鄙爲縣，四遂爲縣是也；三百里至四百里爲縣，則稍甸縣鄙是也。水經注（河水二）引風俗通義：「百里爲同，總名爲縣，縣，玄也，言當玄静，平傜役也。」黄義仲十三州記：「縣，弦也，弦以貞直言，下體之居，鄰民之位，不輕其誓，施繩用法，不曲如弦。『弦』聲近『縣』，故以取名。」釋名（釋州國）：「縣，懸也，懸係于郡也。」廷者，説文：「廷，朝中也。」釋名（釋宫室）：「廷，停也，人所集之處也。」寺者，説文：「寺，廷也，有法度者也。」釋名（釋宫室）：「寺，嗣也，治事者嗣續于其内也。」左傳（隱公七年）疏云：「自漢以來，九卿所居謂之寺。」學、校、庠、序者，孟子（滕文公上）「夏曰校，殷曰序，周曰庠，學則三代共之」，是也。而漢書（儒林傳序）公孫丞相所奏及説文解字並云「殷曰庠，周曰序」，師説有不同也。左氏襄三十一年傳：「鄭人遊于鄉校，然明謂子産：『毁鄉校。』」鄭注詩序云：「鄭國謂學爲校，言可以校正道義。」焦氏循曰：王制云「耆老皆朝于庠」，注：「此庠謂鄉學也。」此即西郊之虞庠，鄉大夫行鄉飲酒禮在此。記言主人迎于庠門之外，即此庠也。序，通作「豫」。鄉射禮云「豫則鉤楹内，堂則由楹外」，注云：「今言豫者，謂州學也。讀如『成周宣榭』之『榭』。凡室無室曰榭，宜从『榭』。州立榭者，下鄉也。今文『豫』爲『序』。」辟廱者，大雅靈臺傳：「水旋丘如璧曰辟廱，以節觀者。」魯頌〈泮水〉箋：「辟廱者，築土雝水之外，圓如璧，四方來觀者均也。」韓詩說：「天子之學，圓如璧，壅之以水。示圓言『辟』，取『辟』有德。不言『辟水』，言『辟雍』者，取其雍和也。所以教天下春射秋饗，尊事三老五更。在南方七里之內。」後漢書明帝臨辟廱，冠帶縉紳之人，圜橋門而聽者，蓋億萬計。頖宫者，王制：「天子曰辟雍，諸侯曰泮宫。」詩〈魯頌泮水〉鄭箋云：「泮之言半也。半水者，蓋東西門以南通水，北無也。天子諸〈侯〉宫異制，因形然。」說文：「泮，諸侯鄉射之宫，西南爲水，東北爲牆。」水經注〈泗水〉：「魯靈光殿之東南，即泮宫也，在高門直北道西，宫中有臺，高八十尺。臺南水東西一百步，南北六十步。臺西水南北四百步，東西六十步。臺池咸結石爲之，詩所謂『思樂泮水』也。」瞽宗者，文王世子云：「春夏學干戈，秋冬學羽籥，皆于東序。」「春誦，夏弦，大師詔之；瞽宗秋學禮，執禮者詔之；冬讀書，典書者詔之。禮在瞽宗，書在上庠。」明堂位「米廩，有虞氏之庠也；序，夏后氏之序也；瞽宗，殷學也；頖宫，周學也」，鄭注：「瞽宗，樂師瞽矇之所宗也。古者有道德者使教焉，死則以爲樂祖，于此祭之。」東膠者，周人養國老于此。自古帝王，必立大、小之學，以教天下。有虞氏謂之上庠、下庠，夏后氏謂之東序、西序，殷人謂之右學、左學，周謂之東膠。虞庠皆以養老乞言也。

甋潘音。瓳、胡音。瓨、亭音。治、甄、真音。𤮊、力隹反。瓯、夷耳反。瓴零音。甋、的音。甓，壁〔一〕音。甂鹿音。甎專音。也。甑同音。㼧，百音。㲣側溜反。也。

此釋甂甎之名也。玉篇：「甂，甓也。力木切。甎，甂甎。之緣切。」案：郭璞注爾雅〈釋宫〉亦以「甓」爲「甂甎」也。

〔一〕案：王念孫説「壁」與「甓」不同音，其上當脱去一字。

𤮊瓳者，玉篇：「𤮊，普安切，𤮊瓳，大甂甎也。瓳，户徒切，𤮊瓳。」瓨者，徒丁切。玉篇、廣韻〔青韻〕並云：「瓨，甎也。」治、甄，未詳。孫侍御曰：「治」疑「治」。「甄」即「甄陶」之「甄」。𦈢、瓵者，集韻〔之韻〕引曰：「𦈢瓵，甎也。」「瓵，盈之切。」舊本「瓵」譌「瓯」，今訂正。瓴甋者，上力丁切，下丁歷切。爾雅〔釋宮〕「瓴甋謂之甓」，郭注：「今江東呼瓴甓。」亦作「令辟」。漢書尹賞傳「致令辟爲郭」，顏師古注：「令辟，甎也。」亦作「令甓」。鄭注考工記〔匠人〕云：「堂涂，謂階前，若今令甓裓矣。」賈疏：「漢時名堂涂爲令甓裓。令甓，則今之塼也，裓則塼道也。」案：瓴甋，又名甓。說文：「甓，瓴適也。」「甋、適」，古通用。甓者，並的切。說文：「甓，瓴甓也。」陳風〔防有鵲巢〕「中唐有甓」，詩疏引李巡爾雅注：「瓴甋，一名甓。」𤮐瓸，甃者，說文：「甃，井壁也。側救切。」井六四「井甃」，馬融云：「爲瓦裏下達上也。」干寶云：「以甎壘井曰甃。」𤮐瓸者，上徒紅切，下補格切。玉篇「𤮐瓸，井甃也」，本此。

欄、蘭音。**檻**、乎減反。**櫳**、籠音。**梐**，布犂反。**牢也。**

說文：「牢，閑養牛馬圈也。从牛，冬省。取其四周帀也。」欄者，畜之牢也。通作「闌」。說文：「闌，門遮也。」古通用「蘭」。孟子〔盡心下〕「既入其苙」，趙岐注：「苙，蘭也。」方言〔第三〕「苙，圂也」，郭璞注：「謂蘭圂也。」漢書王莽傳〔中〕「與牛馬同蘭」，顏師古注：「蘭謂遮蘭之，若牛馬蘭圈也。」檻者，說文：「檻，櫳也。一曰圈。」廣韻〔檻韻〕：「檻，闌也。」案：漢書有檻車，載罪人之車，一如牢也。櫳者，說文：「櫳，檻也。」廣韻〔東韻〕：「櫳，養獸所也。」舊本「櫳」譌「𣠶」。案：「𣠶」是房室之疏，不可借用，今訂正。梐者，字當作「狴」，即狴犴也。

闔謂之門。閉、乎計反，又乎介反。**扇，扉也。**

說文：「門，聞也。从二户，象形。」釋名〔釋宮室〕：「門，捫也，在外爲人所捫摸也。」闔者，齊風〔東方之日〕「在我闥兮」，傳：「闑，門内也。」韓詩章句：「門扉之間曰闑。」説文無「闑」字，疑古用「闒」。閉者，説文：「閉，門扇也。」扇者，説文：「扇，扉也。」月令「仲春之月，乃修闔扇」，鄭注：「用木曰闔，用竹葦曰扇。」扉者，説文：「扉，户扇也。」爾雅〔釋宮〕：「闔謂之扉。」

象魏，闕也。

説文：「闕，門觀也。」釋名〔釋宮室〕：「闕在門兩旁，中央闕然爲道也。」爾雅〔釋宮〕「觀謂之闕」，孫炎注：「宮門雙闕，舊章懸焉，使民觀之，因謂之觀。」禮記〔禮運〕疏引白虎通義：「闕者何？闕，疑也，闕所以飾門別尊卑也。」易〔説卦〕曰「艮爲門闕」，虞翻注：「乾爲門，艮陽在〔門〕外，故爲門闕，兩小山闕之象也。」象魏者，天官太宰「懸治象之灋于象魏」，先鄭云：「象魏，闕也。」左氏哀三年傳：「魯災，季桓子御公立于象魏之外」，「命藏象魏，曰：『舊章不可亡也。』」亦謂之象魏。淮南俶真訓「身處江湖之上，而神遊魏闕之下」，高誘注：「魏闕，王者門外闕也，所以懸教象之書于象魏也。巍巍高大，故曰魏闕。」惠士奇禮説云：「宮之中門曰雉門，東西有堂，謂之辟。左氏莊二十一年傳：『鄭伯享王于闕西辟。』言『西』，則有『東』可知。門之外左右有樓，謂之觀，總名爲闕。闕外有桴思，今之樓，古之觀也。觀謂之闕，罘罳謂之屏，正歲五官懸象魏于其上。象魏者，治象、教象、政象、刑象、事象也。秦漢兩觀不設，五象不懸，徒立〔巨〕闕，以應天宿，失其義矣。禮運云：『仲尼與于蜡賓，出遊于觀之上，喟然而歎。』蜡賓者，臘祭先祖，祭必有賓。羣臣助祭，亦曰賓。廟在中門外之左，祭畢，出廟門至中門，即懸象魏之處。周禮在魯，大道不行，舊章雖存，人亡政息，故孔子得之而歎耳。」

限謂之丞。柣、帙音。戺、仕已反，又士音。橉，力忍反。砌也。

此釋門限之名也。砌，古作「切」。漢書孝成趙皇后傳「切皆銅沓冒黄金塗」，顔師古注：「切，門限也。音千結反。沓，冒其頭也。塗，以金塗銅上也。」張衡西京賦『設切厓隒』，李善注：「『切』與『砌』，古字通。」五臣本文選作「砌」。限謂之丞，未聞。柣者，説文作「榍」，云「限也。閾，門榍也」，繫傳：「榍，所以爲限閡。」左氏僖二十二年傳「不踰閾」，孔疏：「謂門下横木爲外内之限也。」匡謬正俗云：「問曰：俗謂門限爲門蓨，何也？答曰：案爾雅『柣謂之閾』，郭景純注：『門限也。音切。』今言『門蓨』，是『柣』聲之轉耳，字宜爲『柣』，而作『切』音。」朑者，周書顧命「夾兩階朑」，孔傳：「堂廉曰朑。」汗簡：「朑，音俟。」張衡西京賦：「金朑玉階。」橉者，玉篇云：「楚人呼門限曰橉。」廣韻（軫韻）：「橉，門限也。」淮南氾論訓：「枕户橉而卧者，鬼神蹠其首。」又説林訓「雖欲謹亡馬，不發户轔」，高誘注：「户限也，楚人謂之轔。」「橉、轔」，字異音義同。

橜、巨月反。機、闑，朱苦本反。也。

此釋梱之名也。朱，古文「困」。困，即「梱」也。説文：「梱，門橜也。」繫傳：「謂門兩旁挾門短限，今人亦謂門限，可以施其兩旁謂之檐限。古者多乘車，故門限必去之也。梱，猶款也。款，叩也，謂人物出入，多觸扣之也。」橜、機者，説文：「橜，門梱也。」吕氏春秋孟春紀（本生）「出則以車，入則以輦，務以自逸，命曰招蹷之機」，高誘注：「招，至也。蹷機，門内之位也。乘輦于宫中遊翔，至于蹷機，故曰『務以自逸』也。詩曰：『不遠伊邇，薄送我畿。』此不過蹷之謂。」案：「橜、蹷」，「機、畿」，皆字異音義同。闑者，漢書馮唐傳「闑以内寡人制之，闑以外將軍制之」，韋昭曰：「門中橛爲闑。」荀悦漢紀「闑」作「閫」。説文：「闑，門梱也。」曲禮（上）「大夫士入君門，由闑右，不踐閾」，鄭注：「闑，門橛。閾，門限也。」

罦浮音。罳思音。謂之屏。

鄭注玉藻云：「屏謂之樹，今桴思也。」案：罘罳在闕外。釋名（釋宮室）：「屏，自障屏也。罘罳在門外，罘，復也；罳，思也，臣將入請事于此，復重思之也。」崔豹古今注（都邑）云：「罘罳，復思也，謂臣來朝君，行至內屏外，復（應）思惟，故曰罘罳也。」鄭注論語（八佾）云：「人君有別內外之門，樹屏以蔽之。」皇侃義疏云：『今黄閣用板爲障，古者未必用板，或用土，今太廟中門內作屏障之也。』

投謂之𨷲。藥音。鍵、奇辨反。笠、⿸户及、及音。户牡也。

說文：「𨷲，關下牡也。」玉篇：「𨷲，固關令不可開。」古或借用「書僮竹笘」之「籥」。金縢：「啟籥見書。」月令：「孟冬之月，修鍵閉，慎管籥。」戰國策：「齊君之魯，魯人投其籥，不果內。」鍵者，方言（第五）：「户鑰，自關而東陳楚之間謂之鍵，自關而西謂之鑰。」周禮司門「掌授管鍵，以啟閉國門」，鄭司農云：「管謂籥，鍵謂牡。」「鍵」亦作「楗」。淮南繆稱訓：「匠人斲户，無一尺之楗，不可以閉藏。」笠，未詳。⿸户及者，玉篇「⿸户及，渠立切，户牡也」，本此。

閣、庖，廚也。

說文：「廚（庖），屋也。庖，廚也。」天官庖人注：「庖之言苞也，裹肉曰苞苴。」通作「胞」。祭統云：「胞者，肉吏之賤者也。」漢書百官表少府有胞人。莊子庚桑楚篇「湯以胞人籠伊尹」，釋文：「胞，本又作『庖』。」閣者，內則云「羹食，自諸侯以下至于庶人，無等。大夫無秩（膳），大夫七十而有閣。天子之閣，左達五，右達五，公侯伯于房中五，大夫于閣三，（士）于坫（一）」，鄭注：「閣，以板爲之，庋食物也。」

閻謂之衖。闟、大臘反。閭、閈，里也。

此釋里中門也。鄭風（將仲子）「無踰我里」，傳：「里，居也。二十五家爲里。」此即周禮（地官遂人）所謂「五家爲鄰，五鄰爲里」也。閻者，説文「閻，里中門也」，或作「壛」。衖者，爾雅〔釋宫〕「衖門謂之閎」，李巡曰：「閎，衖頭門也。」釋文：「衖，户絳反。聲類〔猶〕以爲『巷』字。」閬者，與「闤」同，亦謂里門也。司馬法曰：「鼙聲不過閬。」閭者，説文：「閭，里門也。周禮：五家爲比，五比爲閭。閭，侶也，二十五家相羣侶也。」劉向九歎〔思古〕云「違郢都之舊閭」，王逸注：「閭，里也。」閈者，侯旰切。説文：「閈，門也。汝南平輿里門曰閈。」左思蜀都賦「里閈對出」，劉逵注：「閈，里門也。盧綰與高祖同里，班固曰：『綰自同閈。』」

㙩、力彫反。隊、篆音。墉、院、廦、壁音。案：即「壁」。牆，垣桓音〔一〕。也。

説文「垣，牆也」，籀文作「𩫏」。釋名〔釋宫室〕：「垣，援也，人所依阻，以爲援衛也。」周書梓材「既勤垣墉」，馬融曰：「卑曰垣，高曰墉。」大雅板「大師維垣」，傳：「垣，牆也。」㙩者，説文：「㙩，周垣也。」隊者，徒玩切。説文：「隊，道邊卑垣也。」墉者，説文「墉，城垣也」，籀文作「𩬅」。釋名〔釋宫室〕：「墉，容也，所以蔽隱形容也。」爾雅〔釋宫〕：「牆謂之墉。」郊特牲云：「君南嚮于北墉下。」士冠禮：「陳服于房中西墉下。」士昏禮「尊于室中北墉下」，鄭注：「墉，牆也。」通作「庸」。尚書大傳「天子賁庸」，鄭注：「賁，大也。牆謂之庸。大庸，正直之牆。」院者，説文「寏，周垣也」，或作「院」。舊本「院」下有「也」字，疑衍文，今刪正。廦者，通作「壁」。説文：「廦，牆也。」又云：「壁，垣也。」釋名〔釋宫室〕：「壁，辟也，辟禦風寒也。」牆者，説文作「牆」，云：「垣蔽也。」釋名〔釋宫室〕：「牆，障也，所以自障蔽也。」〇舊本「桓音」二字在「院」下，孫侍御曰：「院」疑無「桓音」，似當在「垣」字下，今據訂正。

〔一〕案：王念孫博雅音校本「桓音」在「院」字下。

埤普計反。堄、五計反。堞，女牆也。

此釋城上短牆也。埤堄，或作「睥睨」。釋名（釋宮室）：「城上垣曰睥睨，言于其孔中睥睨非常也。亦曰陴，陴，裨也，言裨助城之高也。亦曰女牆，言其卑小，比之于城，若女子之于丈夫也。」埤，一作「陴」。說文「陴，城上女牆俾倪也」，籀文作「𩫖」。左氏宣十二年傳注：「陴，城上僻倪。」孔疏：「陴，城上小牆。俾倪者，看視之名。」「埤堄、睥睨、俾倪、僻倪」，俱字異音同。堞者，說文作「堞」，云：「城上女垣也。」左氏襄六年傳「環城，傅于堞」，杜注：「堞，女牆也。」又襄二十七年傳注：「堞，短垣也。」淮南兵略訓「莫不設渠塹傅堞而守」，高誘注：「堞，城上女牆。」

㯫、巨於反。栫、在見反。藩、箄、必音。欏、羅音。落，洛音。地籬〔一〕也。

地籬，一名籬。釋名（釋宮室）：「籬，離也，以柴、竹作之，疏離離也。青徐曰椐，椐，居也，居于中也。」㯫者，與「椐」同，青徐之間語。栫者，徂悶切。說文：「栫，以柴木壅也。」左氏哀八年傳：「栫之以棘。」藩者，與「籓」同。說文：「藩，屏也。」「籓，蔽也。」箄者，說文：「箄，藩落也。」左氏襄十年傳「箄門閨竇」，杜注：「箄，柴門也。」儒行云「箄門圭窬」，鄭注：「箄門，荊竹織門也。」欏者，未詳。案：廣韻（支韻）：「樆，柴樆也。」此「欏」字，疑「樆」之譌。落者，與「落」同。漢書鼂錯傳「調立城邑，爲中周虎落」，鄭氏云：「虎落者，外蕃也，若今時竹虎。」顏師古云：「以竹篾相連遮落之。」此所云「落」者，甚是。

柵策音。謂之槊。朔音。

〔一〕地籬，疏證本作「杝」。

說文：「柵，編樹木也。楚革切。」釋名〔釋宮室〕：「柵，蹟也，以木作之，上平蹟然也。又謂之撤，撤，緊也，詵詵然緊也。」槊者，「柵、槊」，聲相轉。案：集韻〔覺韻〕「槊，色角切」，引廣雅：「槊，塗也。」是涉下而譌耳。

黝、於糾反，又於久反。堊、惡音，又烏故反。垷、峴音，又乎典反。墐、墀、遲音。墍、虛既反。幔、奴回反。壠、力奉反。糂、古湛反。塓、莫典反。培、裴音。封，塗也。

塗，泥也。古用「涂」。釋名〔釋宮室〕：「泥，邇也；邇，近也，以水沃土，使相黏近也。塗，杜也，杜塞孔穴也。」黝、堊者，爾雅〔釋器〕：「黑謂之黝。」又〔釋宮〕云「地謂之黝，牆謂之堊」，郭注：「黑飾地，白飾牆。」春官守祧掌廟祧黝堊，鄭司農云：「黝，黑也。堊，白也。」穀梁莊二十三年傳「天子諸侯黝堊，大夫倉，士黈」，徐邈曰：「黝，黑柱也。堊，白壁。」蓋地與柱宜黑，牆宜白。范甯穀梁傳注爲「黝、堊」皆黑，非也。說文：「黝，微青黑色。」鄭司農注守祧云：「黝，讀爲『幽』。」賈疏：「幽是北方，北方其色黑。欲見地謂之幽，取黑義也。」小雅隰桑「〔隰桑〕有阿，其葉有幽」，傳：「幽，黑色也。」地官牧人「陰祀，用黝牲」，鄭司農〔曰〕：「『黝』，讀爲『幽』。幽，黑也。」是「黝、幽」古字通矣。說文：「堊，白涂也。」衆經音義〔卷十一〕引倉頡篇：「堊，白土也。」釋名〔釋宮室〕：「堊，亞也，次也，先泥之，次以白灰飾之也。」中山經「陸郈〔之〕山，其下多堊」，郭注：「堊，似土白色也。」地官掌蜃「共白盛之蜃」，鄭注：「盛，猶成也，謂飾牆使白。今東萊謂之叉灰。」賈疏：「白盛，主於宗廟堊牆也。蜃蛤在泥水，又取爲灰。」考工記匠人爲世室用白盛，注云：「盛之言成，以蜃灰堊牆，所以飾成宮室。」是宗廟之牆，以白盛之蜃爲堊，其以白土塗牆者，總名堊也。垷者，說文：「垷，涂也。」墐者，渠吝切。說文：「墐，涂也。」豳風七月「塞向墐户」，傳：「墐，塗也。」墀者，直尼切。說文：「墀，涂地也。禮：天子赤墀。」玉篇引漢書注：「丹墀，赤地也。謂以丹漆地。」漢書曰：「王根作赤墀。」墍者，說文：「墍，仰涂也。」釋名〔釋宮室〕：「墍，猶煟煟，細澤貌也。」書（梓材）曰：「維其塗塈茨。」㦟者，乃回、乃昆二切。説文：「㦟，墀地，以巾㧊之。讀若『水温䨴』。」漢書揚雄傳（下）「獿人亡，則匠石輟斤而不敢妄斲」，服虔曰：「獿，古之善塗塈者也。施廣領大袖以仰塗，而領袖不污。」案：「獿」當作「㦟」，漢書誤也。玉篇「㦟，塗也」，本此。墐者，説文：「墐，涂也。」讀若「隴」。䊗者，玉篇「䊗，塗也」，本此。㨠者，玉篇「㨠，塗也」，本此。通作「塓」。左傳（襄公三十一年）「圬人以時塓館宮室」，即此「塓」字。培者，詹事兄曰：培，益也，从土，與「塗」義亦近。封者，玉篇引白虎通義：「王者易姓而起，天下太平，功成封禪，以告太平。」封者，金泥銀繩，或曰石泥金繩，封之以印璽。」故以封爲塗也。

椵、都館反。㮣、居月反，又巨月反。楬竭音。櫫、豬音。𣏾、臧音。𢎗、洞音。㢧（一）、歌音。柵，策音。杙弋音。也。

杙，説文作「弋」，云：「㮣也。象折木衺鋭著形。从厂，象物挂之也。」椵者，方言（第五）云「㮣，燕之東北朝鮮洌水之間謂之椵」，郭注：「椵杙也。江東呼都音段。」㮣者，説文：「㮣，弋也。」爾雅（釋宮）「樴謂之杙」，郭注：「㮣也。」楬櫫者，説文：「楬，桀也。」秋官蜡氏「若有死于道路者，則令埋而置楬（焉），書其日月焉」，鄭司農云：「楬，欲令其識取之，今時楬櫫是也。」𣏾者，子郎切。玉篇：「𣏾，繫船大弋也。」𢎗者，徒棟切。玉篇：「𢎗，船左右大木。」㢧者，廣韻無此文字，當爲「𠯈」，各何切。玉篇：「𣏾𠯈，即牂牁。」柵者，楚革切。説文：「柵，編樹木也。」釋名（釋宮室）：「柵，蹟也，以木作之，上平蹟然也。」

（一）㢧，疏證本作「𠯈」，又移於「𢎗」字上。

墿、亦音。軌、垣、古鄧反。衖、街、術、蹊、徑、闤、闠、羡、隊、邪、除、𤱶、古朖反。陌、迒、乎朗〔一〕反。阡，千音。道也。

説文「道，所行道也」，古文作「衟」。墿者，餘石切。玉篇「墿，道也」，本此。軌者，説文：「軌，車徹也。」文選王僧達和琅邪王依古詩：「顯軌莫殊轍。」又懷舊賦注引顔延年纂要解云：「車跡曰軌。」垣者，禮記曾子問篇「葬引至于垣」，鄭注：「垣，道也。」衖者，説文「𨛜，里中道」，篆文作「䢼」。今經典通用「巷」。文選〔任昉宣德皇后令〕注引法言云：「一巷之市，不勝異價；一卷之書，不勝異意。一巷之市，必立之平；一卷之書，必立之師。」今本法言學行篇誤作「一閧」。睽九二：「遇主于巷。象曰：遇主于巷，未失道也。」巷即是道，故經言「巷」，傳言「道」也。街者，説文：「街，四通道也。」莊子〔徐無鬼〕有「渠公之街」。漢官典職：「洛陽有二十四街，街一亭。」術者，説文：「術，邑中道也。」吕氏春秋〔下賢〕：「子産相鄭，桃李垂于術。」左思詠史詩：「冠蓋蔭四術。」蹊者，胡計切。説文「徯」，或作「蹊」。釋名〔釋道〕云：「步所用道曰蹊。蹊，係也，射疾則用之，故還係於正道也。」大雅緜「行道兑矣」，傳：「兑，成蹊也。」詩疏引説文：「蹊，徑也。」太玄經〔羡〕：「孔道夷如，蹊路微如，大輿之憂。」徑者，説文：「徑，步道也。」釋名〔釋道〕：「徑，經也，人所經由也。」月令「孟春，審端徑術」，鄭注：「術，周禮作『遂』。『夫間有遂，遂上有徑』。遂，小溝也。步道曰徑。」離騷「夫惟捷徑以窘步」，王逸注：「徑，邪道也。」闤、闠者，市之道也。張衡西京賦：「廓開九市，通闤帶闠。」劉逵蜀都賦注云：「闤，市巷也。闠，市外内門也。」羡者，才線切。集韻〔線韻〕：「羡，車道。」案：「羡，道」，與「衍」通用。鄭衆注周禮〔大司徒〕云：「下平曰衍。」李

〔一〕朗，王念孫説當作「郎」。

奇注漢書〈郊祀志上〉云：「三輔謂山阪間曰衍。」然則「羨」者，山阪間之道歟。隊者，古「隧」字。説文作「䢔」。左氏襄二十五年傳「當陳隧者」，杜注：「隧，徑也。」又隱元年傳「隧而相見」，注：「隧，若今延道。」薛綜西京賦注：「隧，列肆道也。」高誘曰：「隧，道也。司空治軍隧道。」邪，未詳。或説「邪」當爲「衺」。説文匸部云：「衺徯有所俠藏也。」謂俠藏于衺徯之道。除者，疑「涂」之譌，古「塗」字也。釋名〈釋道〉：「涂，度也，人所由得通度也。」吕氏春秋季春紀〈論人〉「遊意乎無窮之次，事心乎自然之塗」，高誘注：「塗，道也。」甿者，説文：「甿，陌也。趙魏謂陌爲甿。」陌者，即「阡陌」。史記〈秦本紀〉索隱引風俗通：「南北曰阡，東西曰陌。河東以東西爲阡，南北爲陌。」沈約學省愁臥詩：「秋風吹廣陌。」通作「仟伯」。漢書食貨志〈上〉「秦孝公用商君，壞井田，開仟伯」，顔師古注：「仟伯，田間之道也。」迒者，張衡西京賦「結罝百里，迒杜蹊塞」，薛綜注：「迒，道也。」通作「亢」。釋名〈釋道〉云：「鹿兔之道曰亢，行不由正，亢陌山谷艸野而過也。」衦者，玉篇「衦」，與「阡」同。解見「陌」下。

駃、決音。𩣡、例音。驅、驟、馳、騖、騁、騰、趭〔一〕、子肖反。𧼯、千繡反。辵，勑略反。犇也。

犇，即「奔」字。説文：「奔，走也。从夭，賁省聲，與『走』同意。」玉篇：「犇，牛驚。」出文字集略。」駃者，班固西都賦「要趹追蹤」，李善注引廣雅：「趹，奔也。」是本又作「趹」。𩣡者，力制切。説文：「𩣡，次第馳也。」驅者，説文「驅，馬馳也」，古文作「敺」。文選〈琴賦〉注引倉頡篇：「隨後曰驅。」易〈比〉「王用三驅」，鄭康成作「敺」。漢書皆以「敺」爲「驅」，用古文也。驟者，説文：「驟，馬疾步也。」小雅四牡云：「載驟駸駸。」馳者，説文「馳，大驅也。直離切。」騖者，亡遇切。

〔一〕趭，疏證本作「趡」。

説文：「鶩，亂馳也。」穆天子傳〔卷四〕「天子西征鶩行，至于陽紆之山」，郭璞注：「鶩，猶馳也。」相如子虛賦：「鶩于鹽浦。」張協七命：「車騎競鶩。」騁者，丑郢切。説文：「騁，直馳也。」左傳〔襄公十七年〕：「苟過華臣之門，必騁。」騰、趭者，趭，子笑、才笑二切。相如大人賦：「騰而狂趭。」揚雄河東賦「神騰鬼趭」，顔師古注：「趭，走也。」左思吴都賦「狂趭獷猤」，劉逵注：「趭，走也。」舊本「趭」譌从「隹」，今訂正。趍者，據音釋，則字當爲「趒」。集韻〔候韻〕「趒」，與「透」同，引説文：「跳也，過也。」「跳」當爲「趒」。辵者，公羊傳〔宣公六年〕：「辵階而走。」公食大夫禮「賓栗階升」，注云：「栗，實栗也。不拾級而下曰辵。」疏云：「凡升降有四種，云『辵』者，君臣急諫諍，則越三等爲辵階，越一等爲歷階，又有連步，又有栗階，爲四等也。」

塍、視陵反。埒、力閿反。堢、保音。壔、多老反。隚、唐音。隉、音「照曜」之「照」〔一〕。防、芋，隄低音〔二〕。也。

説文：「隄，塘也。」塍者，説文：「塍，稻田畦也。」爾雅〔釋丘〕釋文引作「稻田畦隄埒畔」。班固西都賦：「溝塍刻鏤。」玉篇「塍，隄也」，本此。埒者，説文：「埒，卑垣也。」天官掌舍注：「王行止宿平地，築壇，又委壝土起堳埒以爲宫。」是「埒」爲築土增高，故亦爲隄也。堢、壔者，説文：「壔，保也，高土也。」是「堢」字古作「保」，與「壔」義同。玉篇「堢，隄也」，本此。隚者，徒郎切，或作「塘」。玉篇：「塘，隄塘也。」案：古用「唐」字。周語〔下〕「陂唐汙庳，以鍾其美」，韋昭注：「唐，隄也。」吕氏春秋尊師篇「治唐圃，疾灌浸」，高誘注：「唐，隄，以壅水。」晏子問下篇：「治唐園，考菲履。」淮南説

〔一〕音照曜之照，王念孫博雅音校本作「音照之曜」。

〔二〕低音，王念孫博雅音校本「低音」下有「一音度兮」四字。

山訓：「壞唐以取龜，發屋而求狸。」漢書地理志〔上〕會稽有錢塘縣。李賢注後漢書〔朱儁傳〕引錢塘記云：「昔郡議曹華信義立此塘，以防海水。始開募，有能致土石一斛者，與錢一千，旬日之間，來者雲集。塘未成而譎不復取，皆遂棄土石而去，塘以之成也。」隄者，之笑切。説文：「隄，耕以臿浚出下盧土也。」此蓋謂浚出之土似隄耳。廣韻〔笑韻〕「隄，隄也」，本此。舊本「隄」下有「音照之曜」四小字，當是「音照曜之照」，傳寫者脱落顛倒爾。今訂正。防者，符方切。説文「防，隄也」，或作「堃」。爾雅〔釋丘〕「墳，大防」，孫炎曰：「謂隄。」周官稻人「以防止水」，鄭注：「防，豬旁隄也。」吕氏春秋似順論〔慎小〕「巨防容螻，而漂邑殺人」，高誘注：「巨，大。防，隄也。」淮南脩務訓「言禹修彭蠡之防」，高誘注：「防，隄也。」芓者，疑字當爲「秄」。説文：「秄，壅禾本也。」案：謂壅土似隄也。

柤、士家反。⿰氵昔，倉故反。隁於建反。也。

隁，於幰切，或作「堰」，亦作「⿰阝焉」。後漢書董卓傳「乃于所度水中僞立⿰阝焉，以爲捕魚，而潛從⿰阝焉下過軍」，李賢注云：「續漢書『⿰阝焉』字作『堰』，其字義則同，但異體耳。」玉篇：「隁，以蓄水也。」柤者，説文：「柤，木閑。」蓋蓄水之具，以木爲之耳。⿰氵昔者，所責切。説文：「⿰氵昔，所以攤水也。」

榷、角音。彴，灼音。獨梁也。徛，居義反，又寄音。步橋也。

説文：「梁，水橋也。」月令「孟冬，謹關梁」，鄭注：「梁，橋横也。」獨梁者，淮南繆稱訓「若行獨梁」，高誘注：「獨梁，一木〔之水〕橋。」榷、彴者，上江岳切，下之約切。説文：「榷，水上横木，所以渡者也。」初學記〔卷七〕引廣志云：「獨木之橋曰榷，亦曰彴。」漢書〔武帝紀〕注引韋昭曰：「以木渡水曰榷。」顏師古注：「榷者，步渡橋，爾雅謂之『石杠』，今之略彴〔是〕也。」案：説文「榷」字，即孟子〔離婁下〕「徒杠成」之「杠」。徛者，説文：「徛，舉脛有渡也。」爾雅〔釋宮〕「石杠謂之徛」，郭注「聚石水中以爲步渡彴也」，引孟子曰「歲十一月，徒杠成」，「或曰今之石橋」。淮南本經訓「積牒旋石，以純修碕」，高誘注：「修碕，曲中水所當處也。」「碕、徛」，古字通用。步橋者，説文：「橋，水梁也。」東楚謂橋爲圯。橋可以通徒行，故謂之「步橋」。

廟，天子五，諸侯四，卿大夫三，士二。天子、諸侯廟黝堊，卿大夫蒼，士黈〔一〕。士〔二〕斗反。

此釋宗廟之制及其飾也。廟制云云者，禮緯稽命徵及孝經緯〔鉤〕命決云：「唐虞五廟，親廟四與始祖五。禹四廟，至子孫五。殷五廟，至子孫六。周六廟，至子孫七。」蓋禹之時，祇有高祖以下四，親廟至子孫并禹則五矣。湯之時，祇有契及四親，至子孫并湯則六矣。周文武之廟不毀，以爲二祧，始祖之廟亦不毀，則爲七矣。吕氏春秋諭大篇引商書曰：「五世之廟，可以觀怪；萬夫之長，可以生謀。」天子之廟五，則諸侯、卿大夫由此而遞減之矣。廟飾云云者，穀梁莊二十三年傳文。黈，説文作「黈」，云：「鮮明黄也。户圭切。」

五帝廟，蒼曰靈府，赤曰文祖，黄曰神斗，白曰顯紀，黑曰玄秬〔三〕。

此釋五帝廟名也。史記五帝本紀：「舜受宗于文祖。」文祖者，堯大祖也。」鄭康成尚書注：「文祖者，五府之大名，猶周之明堂。」張守節引帝命驗云：「帝者承天立〔五〕府，以尊天重象也。五府者，黄曰神斗。注云：『唐虞謂之天府，夏

〔一〕黈，疏證本作「黈」。
〔二〕士，王念孫説作「土」。
〔三〕秬，疏證本作「矩」。

謂之世室，殷謂之重室，周謂之明堂，皆祀五帝之所也。文祖者，亦帝熛怒之府，名曰文祖。火精光明，文章之祖，故謂之文祖。周曰明堂。神斗者，黄帝含樞紐之府，名曰神斗。斗，主也。土精澄靜，四行之主，故謂之神斗。周曰太室。顯紀者，白帝招拒之府，名曰顯紀。紀，法也。金精斷割萬物，故謂之顯紀。周曰總章。玄矩者，黑帝汁光紀之府，名曰玄矩。矩，法也。水精玄昧，能權輕重，故謂之玄矩。周曰玄堂。靈府者，蒼帝靈威仰之府，名曰靈府。周曰青陽。』」

獄，犴也。夏曰夏臺，殷曰羑里，周曰囹圄。

此釋獄之名也。説文：「獄，确也。从㹜、从言，二犬所以守也。」釋名〔釋宫室〕：「獄，确也，實确人之情僞也。又謂之牢，言所在堅牢也。又謂之圜土，築其表牆，其形圜也。又謂之囹圄，囹，領也；圄，禦也，領録囚徒禁禦之也。」鄭駁異義云：「獄者，确也，囚證于角核之處。」盧植曰：「獄，相質觳爭訟者也。」説文「豻，〔胡地〕野狗」，或作「犴」。荀子宥坐篇「獄犴不治」，楊倞注：「犴，亦獄也。詩：『宜豻宜獄。』獄，从二犬，象所以守〔者〕。犴，〔胡地〕野犬，亦善守，故『獄』謂之『犴』也。」韓詩薛君章句：「鄉亭之繫曰犴，朝廷曰獄。」夏曰夏臺云云者，夏本紀「迺召湯而囚之夏臺」，索隱曰：「獄名。夏曰均臺。皇甫謐曰『地在陽翟』是也。」殷本紀：「帝紂乃囚西伯于羑里。」淮南氾論訓：「故桀囚于焦門，而不能自非其所行，而悔不殺湯于夏臺。紂拘于宣室，而不反其過，而悔不誅文王于羑里。」又云：「今人所以犯囹圄之罪，而陷於刑戮之患者，由嗜慾無厭，不循度量之故也。」説文：「囹，獄也。圄，守之也。」又云：「圉，囹圄，所以拘罪人。」月令「省囹圄」，蔡邕章句：「囹，牢也。圄，止也。所以止出入，皆罪人所舍也。」疏云：「崇精問曰：『獄，周曰圜土，殷曰羑里，夏曰均臺，囹圄何代之獄？』焦氏答曰：『月令，秦書，則秦獄名也。漢曰若盧，魏曰司空。』」案：其説與廣雅不同，然焦氏所答，祇是想當然耳。左氏宣四年傳：「圄伯嬴于轑陽。」是周時已有囹圄矣，以此知廣雅之説爲可信也。崇精所云「周曰圜土」者，見于周官大司寇及司圜職，圜土非獄也。蓋罪人未定厥罪之時，縛于外朝，以待公卿之議。議定，乃從其罪。故此篇言周獄，不屬圜土。坎上六「係用徽纆，置于叢棘，三歲不得，凶」，鄭注：「上乘陽，有邪惡之罪，故縛以徽纆，置于叢棘，而使公卿以下議之。」是也。

杽謂之梏，械謂之桎。

説文：「械，桎梏也。杽，械也。桎，足械也。梏，手械也。」「拲，兩手同械也。」或作「桊」。周禮掌囚「凡囚者，上罪梏拲而桎，中罪桎梏，下罪梏。王之同族拲，有爵者桎，以待弊罪」，注：「先鄭謂拲者，兩手共一木也。桎梏，兩手各一木也。後鄭謂在手曰梏，在足曰桎。中罪不拲，手足各一木耳。」漢書音義：「韋昭曰：『兩手共一木曰拲，兩手各一木曰梏。』」是施于手者，梏之外又有拲也。但言「桎梏」，統舉之耳。鄭志：「泠剛問：大畜六四『童牛之梏，元吉』，注：『巽爲木，互體震。震爲牛之足，足在艮體之中，艮爲手，持木以就足，是施梏。』又蒙初六注云：『木在足曰桎，在手曰梏。』今大畜六四，施梏于足，不審桎梏手足定有別否。答曰：牛無手，以前足當之。」案：械者，易謂之「屨校」。噬嗑初九「屨校滅趾」，干寶注：「屨校，貫械也。」以械爲屨，故曰「屨校」。漢謂之貫械。後漢書李固傳「勃海王調貫械上書」，是也。「桎梏」非宮室，而亦入于此，因獄犴而類舉之耳。

圊、圂、庰，廁也。

史游急就篇〔卷三〕「屏廁清溷糞土壤」，顏師古注：「屏，僻宴之名也。廁之言側也，亦謂僻側也。清，言其處特異餘所當常加潔清也。溷者，目其穢濁也。屏、廁、清、溷，其實一耳。」「圊、清」，「圂、溷」，「庰、屏」，並字異音義同。案：

說文：「廁，清也。」周禮謂之「匽」。天官宮人「掌〔王之〕六寢之修，爲其井匽」，先鄭注：「匽，路廁。」莊子庚桑楚云「觀室者周于寢廟，又適其偃焉」，郭象注：「偃，謂屏廁。」戰國策〔燕策二〕「宋王鑄諸侯之象，使侍屏匽，展其臂，彈其鼻」，注云：「『屏』當作『井』。匽，路廁。」是也。圊者，說文作「清」，古字通。玉篇：「圊，圂也。」廣韻〔清韻〕「圊，廁也」，本此。圂者，乎困切。說文：「圂，廁也。从囗，象豕在囗中也。」漢書五行志〔中之下〕「燕王宮永巷中豕出圂」，顔師古注：「圂者，養豕之牢也。」庰者，必郢切。說文：「庰，蔽也。」釋名〔釋宮室〕：「廁，言人雜在上非一也。或曰溷，言溷濁也。或曰圊，〔言〕至穢之處，宜常修治使潔清也。或曰軒，前有伏似殿軒也。」

釋器第六

古者包犧氏之王天下也，仰則觀象于天，俯則觀法于地，旁觀鳥獸之文與地之宜，近取諸身，遠取諸物，畫八卦，造書契，於是結网罟以教佃漁，養犧牲以充庖廚，故天下稱爲庖犧。自是而後，聖帝哲王，代有制作，而器用大備。說文：「器，皿也。象器之口，犬所以守之。」易繫辭傳〔上〕：「以制器者尚其象。」又云：「備物致用，立成器以爲天下利，莫大乎聖人。」有虞氏上陶，夏后氏上匠，殷人上梓，周人上輿，皆器用之大者也。考工記：「審曲面勢，以飾五材，以辨民器，謂之百工。」又云：「知者創物，巧者述之，守之世，謂之工。百工之事，皆聖人之作也。爍金以爲刃，凝土以爲器，作車以行陸，作舟以行水，此皆聖人之所作也。」故其職有攻木、攻金、攻皮之工，又有刮摩、摶埴、設色之工焉。此篇所釋，先之以陶冶，次之以漁獵，次之以布帛，次之以衣服，次之以車輿，次之以飲食，次之以金鐵，次之以蠶桑，次之以弓矢，次之以戈矛，次之以度量，次之以采飾，皆所以裕衣食之原，制防衛之術，禮法之所以行，而日用之不可以闕者也。若夫旗幟之器附于釋天、鐘鼓之器見于釋樂，皆爾雅之例也。至于耕種之器見于釋地，舟楫之器入于釋水，則以其物衆多，故別見焉。

盎烏浪反。謂之盆。

説文：「盎，盆也。或作『㼜』。盆，盎也。」爾雅〔釋器〕「盎謂之缶」，郭注：「盆也。」方言〔第五〕「罃甂謂之盎。自關而西或謂之盆，或謂之盎。其小者謂之升甌」，郭注云：「案爾雅甂，康壺，而方言以爲盆，未詳也。」考工記陶人：「盆實二鬴，厚半寸，脣寸。」蓋盆是鬲屬。爾雅〔釋器〕「鼎，款足謂之鬲」，郭注：「鼎，曲脚也。」説文「鬲，鼎屬，實五觳，斗二升曰觳。象腹交文，三足。」古者或以金，或以瓦爲之，款而三足。無足則釜也，與十斗之斛聲相近，而量不同。荀子富國篇「今是土之生五穀也，人善治之，則畝數盆，一歲而再獲之」，楊倞注：「蓋當時以盆爲量。」墨子云：『子墨子弟子仕于衛而反。子曰：何故反？曰：與我言而不當。曰：待汝以千盆授我五百盆，故去之。』」士喪禮云「新盆盤瓶」，鄭注：「盆以盛水，瓶以汲水也。」禮器云「夫奧者，老婦之祭也，盛于盆，尊于瓶」，鄭注：「盆、瓶，炊器也。」

瓿部音。甌、偶音。鑪，盧音。缶也。

説文：「缶，瓦器，所以盛酒漿，秦人鼓之以節歌。象形。」坎六四「樽酒簋貳，用缶」，鄭注：「爻辰在丑，丑上值斗，可以斟之象，斗上有建星，建星之形似簋。貳，副也。建星上有弁星，弁星之形又如缶，天子大臣，以王命出會諸侯，主國尊于簋，副設玄酒以缶。」禮器云「五獻之尊，門外缶，門内壺，君尊瓦甒」，鄭注：「缶大小，未聞。壺大一石，瓦甒五斗。」孔疏：「缶，尊名，列尊之法，缶盛酒在門外。禮有小爲貴者，近者小則遠者大。缶在門外，則大于壺矣。」是缶爲盛酒漿之器也。史記藺相如列傳：「使秦王鼓缶。」又李斯列傳：「擊甕叩缻，真秦之聲也。」淮南説林訓：「君子有酒，鄙人鼓缶，雖不見好，亦不見醜。」是缶爲樂器，秦人用以節歌也。又爲汲器。比初六「有孚盈缶」，鄭注：「爻辰在未，上值東井，井之水人所汲，用缶。缶，汲器。」春秋襄九年「宋災」，左氏傳「具綆缶，備水器」，杜注：「綆，汲索。缶，汲器。」瓿甂者，上蒲後切，下牛口切。方言（第五）「缶謂之瓿甂，其小者謂之瓶」，郭注：「瓿甂，即盆也。」鑪者，力胡切。說文「䍲，𦈢也。从缶，虍聲。讀若『盧』同」，篆文作「鑪」。通作「盧」。漢書食貨志（下）「官作酒，以二千五百石爲一均，率開一盧以賣」，如淳曰：「酒家開肆待客，設酒盧，故以盧名肆。」臣瓚曰：「盧，酒瓮也。言開一瓮酒也。」趙廣漢入丞相府破盧瓮。」

㼭、弟音。**甌**，一侯反。**甂**邊音。**也**。

說文：「甌，小盆也。」「甂，似小瓿大口而卑用食。」方言（第五）「甂，陳魏宋楚之間謂之㼭，自關而西謂之甂，其大者謂之甌」，郭注：「今河北人呼小盆爲㼭子。」淮南說林訓：「狗彘不擇甂甌而食。」楚辭七諫（謬諫）：「甂甌登于明堂兮。」玉篇：「㼭，小盆也。徒啟切。」「甂，補玄切。」五音集韻（薺韻）：「㼭，或作『𤭼』。」

㼯、楝音。**甈**，去滯反。**𤮯**初鑑反。**也**。

此釋破罌之名也。說文「甈，康瓠，破罌」，或作「𤮿」。爾雅（釋器）：「康瓠謂之甈。」方言（第五）：「甇甈謂之盎。」法言（先知）云：「甄陶天下者，其在和乎？剛則甈，柔則坯。」玉篇：「甈，丘滯切，瓠壺也，破罌也。」「㼯，丁弄切，㼯𤮯。𤮯，器也。」廣韻（鑑韻）：「𤮯，罌屬。」（送韻）：「㼯，㼯（𤮯）。」案：玉篇、廣韻皆「㼯𤮯」二字連文，據此，「甈」當在「𤮯」下，疑轉寫倒誤也。

瓽、多浪〔一〕反。**𤬪**，杜音。**𤮍**乎暫反。**也**。

〔一〕浪，王念孫說當作「朖」。

玉篇：「⿱監瓦，大盆也。」案：⿱監瓦，即「鑑」字。説文：「鑑，大盆也。」天官凌人「春始治鑑」，注：「鑑，如甀大口，以盛冰，置食物于中以禦温氣。」⿱尚瓦者，説文：「⿱尚瓦，大盆也。」漢書遊俠傳：「一旦叀礙，爲⿱尚瓦所轠。」坻者，徒古切。玉篇：「坻，瓶也。」類篇引此文，「⿱尚瓦」上有「鑑」字，非也。

⿱雙瓦、士江反。⿱疑瓦、牛志反。⿰奠瓦、鄭音。⿰谷瓦、容音。㼚、剛音。㼜、多感反。瓿部音。甊、來後反。䍃、由音。甀、直類反。甒、廡音。瓮、一洞反。甖〔一〕、一正反。甔、多甘反。⿰朱瓦、殊音。⿰臾瓦、臾音。瓺、暢音〔二〕。⿰執瓦⿰甾瓦、所猛反。旊、方往反。⿰缶乏、他臘反。⿱雝瓦、於龍反。⿰虒瓦、斯音。⿰卑瓦、步美反。罃、烏行反。瓨、下江反。鑘、靁音。⿱契瓦，苦計反。瓶也。

説文「缾，⿱雝瓦也」，或作「瓶」。方言（第五）「㼚、㼜、甒、䍃、⿰奠瓦、⿱雙瓦、甀、瓮、瓿甊、⿱疑瓦，甖也。靈桂之郊謂之㼚，其小者謂之㼜。周魏之間謂之䍃，秦之舊都謂之⿰奠瓦，淮汝之間謂之䍃，江湘之間謂之⿱雙瓦。自關而西晉之舊都河汾之間，其大者謂之甀，其中者謂之瓿甊。自關而東趙魏之郊謂之瓮，或謂之甖。東齊海岱之間謂之⿱疑瓦。甖，其通語也」，郭注：「今江東通呼大瓮爲㼚，亦呼甖爲甒子。」方言又云「罃，陳魏宋楚之間曰⿰臾瓦，或曰⿰朱瓦。燕之東北朝鮮洌水之間謂之瓺。齊之東北海岱之間謂之甔。周洛韓鄭之間謂之甀，或謂之罃。罃謂⿰卑瓦，廱謂之⿰虒瓦」，郭注：「甔，所謂家無甔石之儲也。」説文：「⿰谷瓦，器也。」「䍃，瓦器也。」「甀，小口甖也。」「瓮，甖也。」「罌，缶也。」「旊，周家搏埴之工也。」「⿰缶乏，下平缶也。」

〔一〕 甖，疏證本作「罌」。

〔二〕 暢音，王念孫博雅音校本作「音腸，又音悵」。

讀若『𦏸』。」「罌，汲瓶也。」「㼷，罌謂之㼷。」「鐳，瓦器也。」〔玉篇〕：「甇，大罌也。」「瓿，除政切，罌也。」「𤭯，罌也。」「瓨，古郎切，罌也。」又云：「瓬，大瓮也。」「㼿，瓦屬。」「瓿，蒲後切，瓿甊，小罌也。」爾雅〔釋器〕「甌瓿謂之瓵」，郭注：「瓿甊，小罌。長沙謂之瓵。」玉篇：「甀，池爲切，罌也。」周禮凌人疏云：「漢時名爲甀，即今之甕是也。」淮南氾論訓「抱甀而汲」，高誘注：「甀，武也。今兗州〔謂〕小武爲甀，幽州曰瓦。」甒者，玉篇：「甒，盛五升小罌。」其説非也。儀禮既夕篇「甒二，醴酒」，鄭注：「甒，瓦器也。古文『甒』皆作『廡』。」禮器云「君尊瓦甒」，注：「瓦甒，五斗。」疏云：「此瓦甒，即燕禮『公尊瓦大』也。」三禮圖云：「案郊特牲疏云：『祭天用瓦大、瓦甒，盛五齊。』舊圖云：『醴甒以瓦爲之，受五斗，口徑一尺，脰高二寸，大中，身鋭，下平底。今以黍尺計之，脰中橫徑宜八寸，腹橫徑一尺二寸，底徑六寸，自脰下至腹橫徑四寸，自腹徑至底徑深八寸，乃容五斗之數，與瓦大並有蓋。」潘岳馬汧督誄：「寘壺鐳瓶甒以偵之。」玉篇：「瓮，於貢切，大罌也。」「罌，於庚切，瓦器也。」「甔，小罌也。」列子湯問篇「山名壺領，狀若甔甀」，張湛注：「甔甀，謂瓦瓶也。」史記貨殖列傳「漿十甔」，集解：「徐廣曰：『大罌缶也。』」索隱引孟康曰：「罌受一石，故名甔石。」淮陰侯列傳「守儋石之禄者」，集解：「應劭曰：『齊人名小罌爲儋，受二斛。』」「儋、甔」，古通用。玉篇：「瓶，是朱切，小罌也。」「𤭢，與朱切，瓶也。」荀子大略篇：「流丸止于甌臾。」臾，即「𤭢」也，古字通。玉篇：「瓺，除向、除香二切，瓶也。」集韻〔漾韻〕：「瓺，瓶也。」朝鮮謂罃曰瓺。」玉篇：「瓾，胡梗切，瓾𤮐，瓶有耳。𤮐，山梗切，瓾𤮐也。」「瓬，周禮有瓬人爲簋。」「甕，於貢切，大罌也。」井九二「甕敝漏」，釋文引鄭注：「停水器也。」儀禮既夕篇「甕三」，鄭注：「甕，瓦器。其容蓋一觳。」三禮圖云：「舊圖：『甕以盛醯醢，高一尺，受二斗。』案：醯人、醢人〔云〕：『王舉則供醢六十甕。』『供醯六十甕。』是盛醯醢也。今以黍〔寸之〕尺計之，口徑六寸五分，腹徑九寸五分，底徑六寸五分，高一尺，腹下漸殺六寸。」玉篇：「㼲，思移切，瓶也。」瓨者，説文：「瓨，古雙切，似甖，長頸，受十升。讀若『洪』。」史記貨殖列傳「醯醬千瓨」，徐廣曰：「長頸甖。」索隱音「閑江切」。舊本「瓨」譌「瓬」，今據集韻所引訂正。鐳者，力丁切。玉篇：「鐳，瓦器，似瓶有耳。」甈者，苦結切。玉篇：「甈，〔瓶〕受一斗。」

錪、土典反。鉼、必整反。敧、蟻音。鏤、盧舌〔一〕切。鬲、歷音。鍑、富音。鏖、烏高反。鐪、鍪、茂音。鬹、矩皮反。䖒、昊音。錡，奇、綺二音。鬴扶宇反。也〔二〕。

說文「鬴，鍑屬」，或作「釜」。左氏隱三年傳「筐筥錡釜之器」，杜注：「有足曰錡，無足曰釜。」方言〔第五〕：「鍑，北燕朝鮮洌水之間或謂之錪，或謂之鉼。江淮陳楚之間謂之錡，或謂之鏤。吳揚之間謂之鬲。」又云：「釜，自關而西或謂之釜，或謂之鍑。」說文云：「朝鮮謂釜曰錪。」「敧，三足鍑也。魚綺切。」「鏤，釜也。盧候切。」「鬲，鼎屬，實五觳。斗二升曰觳。象腹交文，三足。或謂『鬲』漢令作。」「歷，古文作『䰛』，象孰飪五味氣上出也。郎激切。」「鍑，釜大口者。方副切。」「鏖，温器也。」「鐪，煎膠器也。郎古切。」「鍪，鍑屬。莫浮切。」「鬹，三足釜也，有柄喙。讀若『嬀』。」「䖒，土鍪也。从虘，号聲。讀若『鎬』。胡到切。」「江淮之間謂釜曰錡。」顏師古急就篇〔卷三〕注云：「釜，所以炊煮也。大者曰釜，小者曰鍑。鍪，似釜而反脣。一曰：鍪者，小釜類，即今所謂鍋也。亦曰鏃鑹。」案：「敧、錡」皆三足釜，音義並同，古字通用。爾雅〔釋器〕「鼎，款足者謂之鬲」，郭注：「鼎，曲腳也。」史記蔡澤列傳「入韓魏，遇奪釜鬲于塗」，司馬貞曰：「郭云『鼎曲腳』者，以『款』訓『曲』，故云『曲腳也』。」䖒，與「鎬」通。說文「鎬」是「温器」，故「䖒」讀同之，此是「豋」俗字。

〔一〕舌，王念孫博雅音校本作「后」。

〔二〕鬴也，疏證本無「也」字，與下「鐪、鬲、鬷，釜也」同爲一條。

○集韻〔戈韻〕引廣雅：「䰛，釜也。」「盧戈切。」今文無此。

鐈、橋音。鬲〔一〕，鬷子工反。也〔二〕。鋗呼玄切。謂之銚。遥音，今人多作大弔切。鎢烏音。錥育音。謂之銼坐戈反。鏀。力戈反。

此亦鬴屬也。鐈、鬲、鬷者，説文：「鬷，釜屬。」「鐈，似鼎而長足。巨嬌切。」鬲，解見上文。舊本「鬷」下無「也」字，今補正。鋗謂之銚者，説文：「銚，温器也。以招切。」「鋗，小盆也。火玄切。」漢書李廣傳「不擊刁斗自衛」，孟康曰：「刁斗，以銅作鐎，受一斗。晝炊飯食，夜擊持行夜，名曰刁斗。今在滎陽庫中也。」蘇林曰：「形如鋗，無緣。」顔師古曰：「鋗，即銚也。今〔俗〕或呼銅銚。」鎢錥謂之銼鏀者，説文：「銼，鍑也。」「鏀，銼鏀也。」玉篇：「銼鏀，鍑也。」「鎢，鎢錥，小釜也。錥，温器也。」

案謂之𣟂。

方言〔第五〕：「案，陳楚宋魏之間謂之𣟂，自關東西謂之案。」説文：「案，几屬。烏旰切。」「檈，圜案也。似沿切。」是案之圜者名爲檈。玉篇：「𣟂，思野切，案之别名。」江永曰：古人席地而坐，寘食于地，有几無案。「案」之名，始見考工記玉人「案十有二寸，棗栗十有二列，諸侯純九，大夫純五，夫人以勞諸侯」。此案以木爲之，飾之以玉。此案至漢□用之。楚漢春秋淮陰侯曰：臣去項歸漢，漢王賜臣玉案之食。案不止盛果實，亦可盛肉食也。案有大小。漢舊儀族案

〔一〕鬲，疏證本作「䰛」。

〔二〕案：疏證本「也」上有「釜」字。

丈二，以陳肉食。此爲大案。漢書許后奉案上食，孟光舉案齊眉。此小案。一人舉之以上食。其時，猶是席地而坐也。士昏禮婦見舅姑，以笲盛棗栗，加于橋，注謂橋〔所〕以庋。笲，如今之案。又庋尊之器，大夫棜禁，士斯禁，鄭注：「棜，斯禁也。無足有似于棜。大夫用斯禁，士用禁。如今方案，隋長，局足，高三寸。」此當爲坐前陳食之大案。若許后所奉、孟光所舉之案，未必有足也。今時鄉俗有刻木板以盛食物餽人者，其制板厚二三寸許，長方二丈許，其上刻爲圓椀之形而淺，兩列八椀。婚禮既娶後用此板，盛果實肉物，以餽親鄰婦人，此正似古人之玉案。孟光舉而齊眉，亦正是此器也。鄭注言方案者，隋長，局足，高三寸，考之史可見，孫權拔劍斫案，有言迎曹公者，如此案是也。

盂謂之槃。

說文「槃，承槃也」，古文作「鎜」，籀文作「盤」，薄官切。槃者，案之類，有足曰禁，無足曰棜，皆以承尊。天官凌人「大喪共夷槃冰」，注云：「漢禮器制度，大槃廣八尺，長丈二尺，深三尺，漆赤中。」古亦以金爲槃。左傳〔襄公十二年〕季孫宿伐齊，「取其鍾以爲公盤」。故古文「鎜」从「金」也。盂者，公安切。玉篇、廣韻〔寒韻〕俱云「盤也」，本此。

匾布典反。謂之匲〔一〕。

舊本止有「匾」字，玉篇不收「匾」，惟廣韻二十七銑云：「匾，方典切，匾匲，薄也。」十二齊云：「匲，匾匲，薄也。湯奚切。」案：「匲字玉篇亦不收，未知何物。今酌補「謂之匲」三字，以俟知者。說文：「榹，槃也。」或「榹」與「匲」同。匾，其槃之類歟。

〔一〕匾謂之匲，疏證本無「謂之匲」三字，與下條相連作「匾榼謂之椑」。

榼苦臘反。謂之椑。步兮反。

說文：「榼，酒器也。」「椑，圜榼也。」玉篇引漢書：「美酒一椑。」顏師古急就篇〔卷三〕注：「榼，盛酒之器，其器形榼榼然也。椑，圜榼也。一曰厚榼也。」五音集韻〔齊韻〕云：「椑榼，飲器。」

盩、敦音。㰘、牋典反。盌安音。盞、殘音。銚遥音。鋭、柯、櫂、直皃反。梋、栓、七緣反。柍、決音。𥃩、橋音。𥁃、拳音，又眷音。椀，盂也。

說文：「盂，飯器也。」漢書東方朔傳「置守宮盂下」，顏師古注：「盂，食器也，若盋而大，今所謂盋盂也。」案：「盂」亦作「杅」。後漢書明帝紀：「杅水脯糒而已。」盩者，與「敦」同。士昏禮：「黍稷四敦。」明堂位：「有虞氏之兩敦。」方言〔第五〕云：「盂，宋楚魏之間，或謂之盌。盌謂之盂，或謂之銚鋭。盌謂之櫂，盂謂之柯。海岱東齊北燕之間，或謂之盎。」又〔第十三〕云「盂謂之㰘，河濟之間謂之盌盞。椀謂之𥃩。盂謂之銚鋭，木謂之梋柍」，郭注：「椀，亦盂屬。江東名盂爲凱，亦曰甌也。」玉篇：「㰘，子忍切，盂也。」「盌，于干切。盞，才丹切，盌盞，大盂也。」柯者，荀子正論篇「故魯人以榶，衛人用柯」，楊倞注云：「未詳。或曰：方言『盌〔謂〕之榶，盂謂之柯』。」今方言無「榶」字。玉篇：「椀謂之梋，盂屬也。」栓，未詳。玉篇：「柍，古穴切。𥃩，渠嬌切。」並云：「椀也。」案：「柍梋」雙聲，與「盌盞」同。此乃析而爲二，非也。𥁃者，區拳切。玉篇云「𥁃，盂也」，本此。椀者，於管切。說文作「盌」，云：「小盂也。」又云：「㼝，小盂也。」二字通用。玉篇：「盌，亦作『椀』。」

櫑、又章反。匵、𥂕、摩音。椷、苦〔一〕咸反。𥁊、雅音。閜、呼雅反。𥂰、側限反。𣶒，凡音。梧也。

〔一〕苦，王念孫說當作「古」。

說文：「桮，𠤗也。」漢書朱博傳：「食不重味，案上不過三桮。」方言（第五）「𥁃、椷、盞、溫、閜、㰈、𥂕，桮也。秦晉之郊謂之𥁃，自關而東趙魏之間曰椷，或曰盞，或曰溫。其大者謂之閜，吴越之間曰㰈，齊右平原以東或謂之𥂕。桮，其通語也」，郭注：「𥁃，所謂（伯）𥁃者也。盞，最小桮也。」說文：「𠤗，小桮也，或作『𣝗』。古送切。」椷者，古咸、胡緘二切。玉篇：「椷，杯也。」𥁃者，魚下切。典論云：「劉表諸子好酒，造三爵：大曰伯雅，中曰仲雅，小曰季雅。」疋，古「雅」字。𥁃，即「雅」也。郭注所云「伯𥁃」，本典論也。閜者，說文云：「大桮爲閜。」玉篇「𥂕，莫加、莫多二切。溫，扶掩、孚梵二切」，並云：「桮也。」

斝、古馬反。醆，側眼反。爵也。

說文：「爵，禮器也。象爵之形，中有鬯酒；又，持之也。所以飲器象爵者，取其鳴節節足足也。」案：本書釋鳥：「鳳皇，雄鳴即即，雌鳴足足。」宋書符瑞志（中）亦云：「鳳皇其鳴，雄曰節節，雌曰足足。」然則爵其鳳皇歟。三禮圖云：「太宰職『享先王，贊玉爵』，後鄭云：『宗廟獻用玉爵。』受一升，今以黍寸之尺校之，口徑四寸，底徑二寸，上下徑二寸二分，圓足。案：梁正、阮氏圖云：爵尾長六寸，博二寸，傅翼（方）足，漆赤中，畫赤雲氣。此非宗廟獻尸之爵。」斝者，說文：「斝，玉爵也。夏曰琖，殷曰斝，周曰爵。从吅、从斗，冂，象形。與『爵』同意。或說：斝受六升。」醆者，明堂位云「爵，夏后氏以琖，殷以斝，周以爵」，鄭注：「斝，畫禾稼也。詩曰：『洗爵奠斝。』」孔疏：「琖，以玉飾之，故前云『爵用玉琖仍雕』是也。殷亦爵形而畫爲禾稼，故名斝。斝，稼也。周禮太宰：『贊玉几玉爵。』然則周爵，或以玉爲之，或飾之以玉。」

𧤗、拙兗反。觛，多旦反。卮支音。也。

說文：「卮，圜器也。一名觛，所以節飲食。象人，卩在其下也。易曰：『君子節飲食。』」韓非子（外儲說右上）曰：

「堂谿公謂韓昭侯曰：『今有白玉之巵無當，有瓦巵有當，君寧何取？』曰：『取瓦巵。』」淮南人間〈訓〉：「宮人得戟，則以刈葵；盲者得鏡，則以蓋巵，不知所施之也。」漢書高帝紀〈下〉「上奉玉巵」，應劭曰：「巵，飲酒禮器也，古以角作，受四升。古『巵』字作『觗』。」晉灼曰：「音支。」顔師古曰：「巵，飲酒圓器也，今尚有之。」⿰巵耑者，說文：「⿰巵耑，小巵也。讀若『捶擊』之『捶』。」通作「椯」。顔注急就篇〈卷三〉云：「椯，小巵也，上有蓋。」觛者，說文：「觛，小觶也。」顔注急就篇〈卷三〉云：「觛，謂巵之小者，行禮飲酒器也。」

瓠回故反。**蠡、⿱艹豋、**居隱反。**⿰鬳瓜，**魚偃反。**瓢也。**

說文：「瓢，蠡也。」衆經音義〈卷十八〉引倉頡篇：「瓢，〈瓠〉勺也。」春官鬯人「禜門用瓢齎」，注云：「故書『瓢』作『剽』。鄭司農讀『剽』爲『瓢』。杜子春云：『瓢，謂瓠蠡也。』齎，讀爲『齊』。取甘瓠割去柢，以齊爲尊。」三禮圖云：「梓人：『爲飲器，爵受一升。』此匏爵既非人功所爲，臨時取可受一升，柄長五六寸者爲之。祭天地則用匏爵，故郊特牲曰：『大報天而主日，兆于南郊，就陽位也。掃地而祭，於其質也。〈器〉用陶匏，以象天地之性也。』」方言〈第五〉云「⿰瓜蠡，陳楚宋魏之間，或謂之簞，或謂之櫼，或謂之瓢」，郭注：「⿰瓜蠡，瓠勺也。今江東通呼勺爲櫼。」瓠蠡，或作「⿰瓜蠡」。楚辭九歎〈愍命〉「⿰瓜蠡蠹於筐簏」，王逸注：「⿰瓜蠡，瓠也。⿰瓜蠡，瓢也。」玉篇：「蠡，櫼也。」廣韻〈戈韻〉：「蠡，瓠瓢也。」漢書東方朔傳「以蠡測海」，注引張晏曰：「蠡，瓠瓢也。」舊本「蠡」作「盠」。「盠」字玉篇不收，廣韻雖有之，俗字也。今訂正。⿱艹豋者，說文：「⿱艹豋，蠡也。」⿰鬳瓜者，玉篇「⿰鬳瓜，瓢也」，本此。

䇘、乎江反。**豆、⿱竹豦，**舉音。**杯落也。**

說文：「䇘，桮笿也。古送切。」「笿，桮笿也。盧各切。」方言〈第五〉「桮落，陳楚宋衛之間謂之桮落，又謂之豆筥。

自關東西謂之桮落」，郭注：「桮落，盛桮器籠也。」「篆、筥」，「杯、桮」，「落、落、筌」，並字異音義同。

籯、盈音。**箵**、所交反。**桶**天孔反。**檧**、悤音〔一〕。**籫**，作管反。**箸**馳慮反。**筩也**。

此釋箸筩之名也。説文：「籯，笭也。以成切。」「宋魏謂箸筩爲箵。」「籫，竹器也。」方言〔第五〕「箸筩，陳楚宋衛之間謂之箵，或謂之籯。自關而西或謂之桶檧」，郭注：「箸筩，盛朼箸籫也。今俗亦通呼小籠爲桶檧。」漢書韋賢傳「遺子黄金滿籯」，謂筐籠之類耳。如淳曰：「籯，竹器，容三四斗。今陳留俗有此器。」

柶、四音。**匙**，是支也。**匕也**。

説文：「匕，相與比敍也。从反人。匕，亦所以用比取飯，一名柶。」亦作「朼」。鄭注士喪禮云：「古文『朼』爲『匕』。」亦作「枇」，見雜記〔上〕。小雅大東「有捄棘匕」，傳：「匕，所以載鼎實。」疏云：「鼎實，煑肉也，煑肉必實之于鼎。必載之者，以古之祭祀享食，必體解其肉之胖，既大，故須以匕載之。載，謂出之于鼎，升之于俎也。」士昏禮「匕俎從設」，鄭注：「匕，所以别出牲體也。」特牲饋食禮「棘心匕刻」，鄭注：「刻，若今龍頭。」少牢饋食禮「雍人摡鼎匕俎于雍爨，廩人摡甑甗匕〔與〕敦于廩爨」，鄭注：「匕，所以匕黍稷者也。」疏云：「上雍人云，匕者，所以匕肉。此廩人所掌米，故云『匕黍稷』也。」有司徹「覆二疏匕於其上」，鄭注：「疏匕，匕柄有刻飾者。」雜記〔上〕云「枇以桑，長三尺，或曰五尺，刊其柄與末」，鄭注：「所以載牲體者。此謂喪祭也，吉祭枇用棘。」柶者，説文：「禮有柶，柶，匕也。」士冠禮：「實勺觶角柶。」天官玉府「角柶」，注：「角柶，角匕也，以楔齒。」士喪禮：「楔齒用角柶。」三禮圖云：「醴有柶，用角爲之。鉶有柶，用木爲之。」

〔一〕悤音，王念孫作「思□」，曰：「『思』下脱一字。廣韻『檧』，音先孔、蘇公二切。」

舊圖云：『柶長尺，欘博三寸，曲柄長六寸。漆赤中及柄端。』臣崇義案：聘禮云：『以柶祭羊鉶，遂以祭豕鉶。』又士冠禮注云：『柶，狀如匕。以角爲之者，欲滑也。』今祭鉶之柶既用木，亦宜疏匕，淺升爲之，方得挹鉶芼之湇以祭之也。今案：梁、阮二氏不辨醴、鉶二柶，唯云柶圖爲勺形，無淺深之語，恐失之矣。」匙者，説文：「匙，匕也。」亦作「鍉」。後漢書隗囂傳「奉盤錯鍉」，注云：「前書匈奴傳『漢遣韓昌等與單于及大臣俱登諸水東山，刑白馬，單于以徑路刀、金留犁撓酒』，應劭曰：『留犁，飯匕也。撓，攪也。以匕攪血而歃之。』今亦奉盤措匙而歃也。」

筴夾音。謂之箸。

説文：「箸，飯攲也。陟慮、遲倨二切。」筴，與「梜」同。曲禮（上）「羹之有菜者有梜，其無菜者不用梜」，鄭注：「梜，猶箸也。今人或謂箸爲挾提。」玉篇「箸，筴也，飯具也」，本此。顔師古急就篇（卷三）注云：「箸，一名挾。所以挾食也。」案：「箸」或作「櫡」。史記絳侯周勃世家「帝召條侯，賜食。獨置大胾，無切肉，又不置櫡。條侯心不平，顧謂尚席取櫡。景帝視而笑曰『此不足君所乎』」，索隱曰：「櫡，音筯。漢書作『箸』。箸者，食所用也。留侯云『借前筯以籌之』。」

龍、疏、蒲、枓，主音。杓也。

大雅行葦疏引漢禮器制度注云：「勺五升，徑六寸，長三尺。」杓，與「勺」同。説文：「勺，挹取也。象形，中有實，與『包』同意。」龍、疏、蒲者，明堂位云「其勺，夏后氏以龍勺，殷以疏勺，周以蒲勺」，鄭注：「龍，龍頭也。疏，通刻其頭。蒲，合，蒲如鳧頭也。」孔疏：「龍勺者，勺爲龍頭。疏，謂刻鏤，通刻勺頭。皇氏云：『蒲謂合，蒲當刻勺爲鳧頭，其口微開，如蒲艸本（合）而末微開也。』」三禮圖云：「舊圖：『龍勺，柄長二尺四寸，受五升。士大夫漆赤中，諸侯以白金飾，天子以黄金飾。』臣崇義謹案：周禮梓人云『勺一升，爵一升』，注云：『勺，酌尊升也。』今以黍寸之尺計之，柄長尺二寸，口縱徑四寸半，中央横徑四寸，兩頭横徑各二寸。師儒相傳，皆以刻勺頭爲龍頭狀。」又云：「舊圖：『疏勺，長三尺四寸，受一升，漆赤中，丹柄端。』臣崇義詳此疏勺，亦宜如疏朼，通疏刻畫雲氣。」又云：「蒲勺，柄長二尺四寸，口縱徑四寸半，中央横徑四寸，兩頭横徑各二寸，深一寸，受一升。」科者，説文：「科，勺也。」少牢饋食禮「司宫設罍水于洗東，有科」，鄭注：「科，㪺水器也。」喪大記「沃水用科」，正義云：「用科酌盆水沃尸。」案：「龍、疏、蒲」是㪺酒之勺，「科」是㪺水之勺，亦名洗勺。三禮圖云：「口徑六寸，曲中，博三寸，長三寸，柄長二尺四寸，漆赤中，柄末亦丹。」

⿰氵戽斗謂之⿰木⿷匚巳。頤音。

玉篇：「⿰木⿷匚巳，船戽斗。」「戽，抒水器。」廣韻（之韻）：「⿰木⿷匚巳，船飲水斗。」（暮韻）：「戽，戽斗，飲水器也。」是「⿰氵戽」與「戽」同。⿰木⿷匚巳，集韻（之韻）引作「柌」，同。

焅苦篤反。謂之煝。媚音。

説文：「焅，旱氣也。」玉篇：「煝，焅也。密二切。」廣韻（沃韻）：「焅，熱氣也。」（至韻）：「煝，焅熱。」

豀溪音。䜲、桂音。筲，所交反。篆吕音。也。

「旅、盧」，古通用。篆，即笠盧也。説文「𠙴，𠙴盧，飯器，以柳爲之」，或作「笠」。鄭注士昏禮云：「笲，形如今筥笠籚。」篆又謂之筥。説文：「筥，𥳓也。」豀䜲者，上口奚切，下古惠切。玉篇：「豀䜲，大篆也。」筲者，説文作「籍，飯筥也，受五升。秦謂筥曰籍。」鄭注論語（子路）云：「筲，竹器，容斗二升。」方言（第十三）「篆，南楚謂之筲，趙魏之郊謂之笠篆」，郭注：「篆，盛飯筥也。今建平人呼筲。」

篅、甫袁反。籮，箕也。

説文：「箕，簸也。」顔注急就篇（卷三）云：「箕，可以簸揚及（去）糞。」篅者，説文云：「篅，大箕也。」籮者，陳魏宋楚之閒語，出方言（第五）。

⿰畚夫、扶音。⿰畚庶、柏[一]庶反。⿷匚攸、徒弔反。⿰畚并，步丁反。畚本音。也。

説文：「畚，⿰畚并屬，蒲器也。所以盛穜。」周禮挈壺氏「挈畚以令糧」，鄭衆注：「縣畚于（所當）廩假之處。畚，所以盛糧之器，故以畚表廩。」左氏宣十一年傳「稱畚築」，杜注：「畚，盛土器。」⿰畚夫者，附娱切。玉篇：「⿰畚夫，小畚也。」⿰畚庶者，玉篇：「⿰畚庶，畚也。」⿷匚攸者，徒聊切。説文：「⿷匚攸，田器也。」通作「莜」。⿰畚并者，説文：「⿰畚并，⿰巾及也。揚雄説：蒲器。」

⿱竹斫、斫音。⿱竹襄、攘音。⿱竹叟、蘇苟反。⿷匚旦，泉音，正音旋。籅於鞠反。也。

説文：「籅，漉米籔也。」史記（司馬相如列傳）索隱引纂要云：「籅，淅箕也。」又引字林云：「籅，漉米籔也，音一六反。」⿱竹斫者，玉篇：「⿱竹斫，溘米具。」⿱竹襄者，玉篇：「⿱竹襄，⿱竹襄籅，漉米竹器也。」⿱竹叟者，説文作「籔，炊籅也」。⿷匚旦者，玉篇：「⿷匚旦，溘米籅也。」方言（第五）「炊籅謂之縮，或謂之篗，或謂之⿷匚旦」，郭注：「炊籅，漉米籅也。江東呼淅籤。」「⿱竹叟、篗」同。玉篇「箵、⿱竹叟」，與「籔」同。「縮、⿱竹叟」，聲相轉也。⿷匚旦，音旋。「淅籤」爲「旋」，猶「蒺藜」爲「茨」耳。

⿱竹⿰彳肖謂之⿱竹俞[二]。素典反，又素管反。

[一] 柏，王念孫據影宋本改作「諸」。

[二] 案：疏證本「⿱竹俞」上補「筅」字，「⿱竹俞，素管反」移入下條「匴」上。

說文：「⿱竹俞，竹器也。」玉篇：「⿱竹俞，似箱而麤。」是「⿱竹捎」爲飯器，亦爲衣器矣。

匴、弁音。匰，丹音。笥也。

說文：「笥，飯及衣之器也。」亦有以革爲之者。漢書鼂錯傳「材官騶發，矢道同的，則匈奴之革笥木薦弗能支也」，孟康曰：「革笥，以皮作如鎧者被之。木薦，以木板作如楯。」匴者，玉篇：「匴，又作『笲』。」士昏禮「質明，贊見婦于舅姑，婦執笲棗栗，自門入，升自西階進拜，奠于席。」又「降階受笲腶脩，升進，北面拜奠于席」，鄭注：「笲，竹器而衣者，其形蓋如今之筥笺籚矣。」匰者，說文：「匰，宗廟盛主器也。周禮曰：『祭祀共匰主。』」此「匰」字，與「匴、笥」爲類，疑與「簞」同。鄭注曲禮（上）云：「圓曰簞，方曰笥。」是也。

匱巨位反。謂之匵。

說文：「匵，匱也。」又云：「櫝，匱也。」二字通用。劉向九歎（愍命）云「藏琘（石）于金匱兮」，王逸注：「匱，匣也。」

匧謂之椷。咸、緘二音。

說文：「椷，篋也。」「匧，藏也。或作『篋』。」顏注急就篇（卷三）云：「篋，長笥也，言其狹長篋篋然也。」士冠禮注云：「隋方曰篋。」謂之而殺其角也。

定帶定反。謂之耨。乃后反。

耨，說文作「槈，薅器也」，或作「鎒」。詩臣工疏引世本：「垂作耨。」張博士古今字詁云：「耨，頭長六寸，柄長一尺。」釋名（釋用器）：「耨，以鋤嫗薅禾也。」天官甸師「掌帥其屬而耕耨王藉」，注云：「耨，芸芋也。」周頌臣工「庤乃錢鎛」、良耜「其鎛斯趙」，毛傳並以「鎛」爲「耨」。齊語「挾其槍、刈、耨、鎛」，韋注：「耨，茲基也。鎛，鉏也。」呂氏春秋任地篇「耨柄尺，此其度也；其耨六寸，〔所〕以閒稼也」，高誘注：「耨，所以芸苗也。刃廣六寸，所以入苗閒也。」莊子外物篇：「春雨日時，艸木怒生，銚耨于是乎始修。」是耨所以入地去艸，故謂之薅器也。爾雅〔釋器〕「斪斸謂之定」，郭注：「鋤屬。」齊民要術〔耕田〕引犍爲舍人云：「斪斸，鉏也，一名定。」説文：「欘，斫也。齊謂之鎡錤。一曰：斤柄性自曲者。」考工記車人「一宣有半謂之欘」，注云「欘，斲斤，柄長二尺」，引爾雅：「句欘謂之定。」是「斪斸」古作「句欘」也。

櫡張略反。謂之钁。九縛反。

說文：「斫謂之櫡。」「钁，大鋤也。」又云：「䃴，斫也。」爾雅〔釋器〕「斫謂之鐯」，郭注：「钁也。」釋文：「鐯，字又作『櫡』。」

錍方支反。謂之銛。他點反。

說文：「銛，臿屬。讀若『棪』。桑欽讀若『鐮』。」「錍，銚錍也。」「鈭錍，釜也。」一云「臿」，一云「釜」，未知其審。

篝、溝音。筌七緣反。謂之笓。婢之反，又布兮反。

笓，與「箄」同。說文：「箄，蔽也。」蓋有所蔽以藏魚謂之箄。詩〔豳風九罭〕釋文引韓詩：「九罭，取鰕笓也。」玉篇：「笓，筣也。」「筣，織竹爲筣笓障也。」篝、筌者，玉篇「篝，籠笿也」。「筌，捕魚笱」，本諸此也。莊子外物篇「筌者所以在魚，得魚而忘筌；蹄者所以在兔，得兔而忘蹄」，崔譔曰：「荃，音蓀，香艸也，可以餌魚。」其說與此不同。

曲梁謂之𦊓。柳音。

「𦊓，曲梁」，詩〔小雅魚麗〕毛傳義也。爾雅〔釋訓〕「凡曲者爲罶」，郭注：「凡以薄爲魚笱者名爲罶。」釋文：「罶，本〔或〕作『𦊓』。」又〔釋器〕云「嫠婦之笱謂之罶」，孫炎曰：「罶，曲梁。其功易，故謂之寡婦之笱。」釋文：「罶，字書作

『罞』。」說文：「罶，曲梁寡婦之笱，魚所留也。或作『羀』。春秋國語曰：『溝罛羀。』」玉篇「罶、羀、罞」並同。舊本「曲」譌「典」，今訂正。

篧、捉音。籗、苦郭反。篖，堂音。箌珍教反。也。

箌，與「罩」同。小雅南有嘉魚「烝然罩罩」，說文引作「䈇䈇」。是「罩、䈇」通也。說文：「罩，捕魚器也。」爾雅〔釋器〕釋文：「罩，字又作『箌』。」淮南說林訓：「罩者抑之，罾者舉之。」篧者，未詳。籗者，爾雅〔釋器〕「籗謂之罩」，李巡曰：「籗，編〔細〕竹以爲罩捕魚也。」孫炎曰：「今楚籗也。」郭璞曰：「捕魚籠也。」邢疏云：「罩以竹爲之，無竹則以荆，故謂之『楚籗』。」說文「籱，罩魚者也」，或作「籗」。篖者，廣韻〔唐韻〕「篖，罩也」，本此。

澷、涔，字廉反。栫才見反。也。

說文：「栫，以柴木壅也。」廣韻〔霰韻〕：「栫，圍也。」左氏哀八年傳：「栫之以棘。」澷，未詳。涔者，爾雅〔釋器〕「槮謂之涔」，孫炎曰：「積柴養魚曰涔。」郭璞曰：「今之作槮者，聚積柴木于水中，魚得寒，入其裏藏隱，因以薄圍捕取之。」

罔謂之罟。罽罟、罽罾，罔也〔一〕。

說文「网，虙羲所結繩以漁。从冂，下象网交文」，或作「罔」，古文作「𦊆」，籀文作「𦉪」。罔謂之罟者，說文：「罟，罔也。」小雅〔小明〕「畏此罪罟」，傳：「罟，罔也。」爾雅〔釋器〕「緵罟謂之九罭。九罭，魚罔也」，郭注：「今之百囊罟是。」淮南說山訓：「好魚者，先具罟與罘。」罽罟、罽罾者，說文：「罽，魚罔也。从网，𠟆聲。𠟆，籀文『銳』。」案：「罽罟」下「罽」

〔一〕　罽罟、罽罾，罔也，疏證本作「罽、罾，魚罔也」。

字，疑衍。罶者，楚辭九歌〈湘夫人〉云「罶何爲兮木上」，王注：「罶，魚之罔也。」史記陳涉世家「置人所罶魚腹中」，集解：「文穎曰：『罶，魚網也。』」

罼、畢音。罕、冈、女洽反。旃，於刧反，又於檢反。率也。

說文：「率，捕鳥畢也。象絲网，上下，其竿柄也。」罼者，說文：「畢，田罔也。从𠦒，象畢形，微也，或曰：由聲。」爾雅〈釋天〉「濁謂之畢」，孫炎曰：「掩兔之畢，或謂之噣，因名星。」鄭注月令云：「罔小而柄長謂之畢。」罕者，史記天官書：「畢曰罕車，主弋獵。」馬融廣成頌「罕罔合部」，李賢注：「罕，亦網也。」張衡西京賦「飛罕潚箾」，薛綜注：「潚箾，罕形也。」冈者，說文：「冈，下取物縮藏之。」旃，未詳。

䍐、牙音[一]。罘，肥無反。兔罟也。其罥泫音。謂之欚。禮音。

䍐者，玉篇「䍐，兔罟」，本此。予謂「䍐」是「䍘」之譌，形相似耳。說文：「䍘，罟也。」罘者，說文：「罘，兔罟也。」「䍖，覆車也。或作『罦』。」「罬，捕鳥覆車也。或作『輟』。」罘、䍖、罦三者同物同音，即罬也。爾雅〈釋器〉「繴謂之罿；罿，罬也。罬謂之罦；罦，覆車也」，孫炎曰：「覆車，罔可以掩兔者也。一物五名，方言異也。」郭璞曰：「今之翻車也，有兩轅，中施罥以掩鳥。」王風兔爰「雉離于罿」，傳：「罿，罬也。」釋文引韓詩：「施羅于車上曰罿。」又「雉離于罦」，傳：「罦，覆車也。」史記司馬相如列傳「罘罔彌山」，集解：「郭璞曰：『罘，罝也。』」顏注漢書〈司馬相如傳上〉云：「罘，覆車也，即今幡車罔。」爾雅〈釋器〉釋文「罦」有「浮、孚」二音。罥者，與「羂」同。倉頡篇：「罥，古文作『羂』。」說文：「羂，罔也。」周官「還

[一] 䍐，牙音，王念孫博雅音校本作「䍘，互音」。

氏注云：「罝其所食之物于絹中，烏下來則掎其腳。」廣成頌「絹猑蹏」，李賢注：「絹，繫也。」與「罥」字通。太玄（翕）云：「揮其罦，絶其羂。」西京賦：「罝羅（之所）羂結。」皆即「羂」字也。欙者，一名蹄。莊子外物篇釋文云：「蹄，兔罥也。又云：兔弶也，係其脚，故曰蹄也。」

軥衢音。謂之輗。兒音。

說文「輗，大車轅耑持衡者」，或作「𨋩」。又作「棿」。包咸注論語（爲政）云：「輗者，轅端横木以縛軶。」說文：「軥，軶下曲者。」左氏襄十四年傳「射兩軥而還」，服虔曰：「車軶兩邊叉馬頸者。」

⿰片兆、兆音。⿰片咅、裴音。牃、牘、牑、鞭音。牏，之句反，又徒侯反。版也。

說文：「版，判也。」釋名（釋書契）：「版，般也，般般平廣也。」倉頡篇：「版，築牆上下版。」⿰片兆者，未詳。案：方言（第五）「牀，其杠，南楚之間（謂之）趙」，郭注：「杠，牀前横木也。趙，當作『桃』，聲之轉也。中國亦呼杠爲桃牀。」此所云「⿰片兆」，未知是否。⿰片咅者，玉篇「⿰片咅，版也」，本此。牃者，方言以爲「牀版」。說文：「牃，札也。」漢書路温舒傳「取澤中蒲，截以爲牃，編用寫書」，顏師古曰：「小簡曰牃，編聯次之。」牘者，說文：「牘，書版也。」釋名（釋書契）：「牘，睦也，手執之以進見，所以爲恭睦也。」漢書昌邑王傳「簪筆持牘趨謁」，師古曰：「牘，木簡也。」牑者，說文：「牑，牀版也。」方言（第五）：「牀，其上版，衛之北郊趙魏之間謂之牃，或曰牑。」牏者，說文：「牏，築牆短版也。讀若『俞』。一曰若紐。」史記萬石君列傳「取親中裙廁牏，身自浣滌」，徐廣曰：「牏，築垣短版也。」

廣雅疏義卷第十四

泰、罍、著，直藥反。罇也。

說文「䔿，酒器。从酋，廾以奉之。周禮六尊：犧尊、象尊、著尊、壺尊、太尊、山尊，以待祭祀賓客之禮」，或作「尊」。案：罇，俗「尊」字。或又作「樽」。曹憲文字指歸云：檢字無此从缶从木者，說文云字从酋、寸，酒官法度也。今之尊卑以此得名，故亦爲君父之稱。據曹憲所引說文則今本說文非全書也。詩〔魯頌 閟宮〕疏引阮諶禮圖云：「犧尊飾以牛，象尊飾以象，於尊腹之上畫爲牛、象之形。」王肅云：「太和中，魯郡於地中得齊大夫子尾送女器，有犧尊，以犧牛爲尊。」泰、罍、著者，明堂位云「泰，有虞氏之尊也；山罍，夏后氏之尊也；著，殷尊也；犧象，周尊也」，鄭注：「泰，用瓦；著，著地無足。」案：司尊彝六尊有壺無罍，明堂位有罍無壺。郭璞注爾雅〔釋器〕云：「罍，形似壺。」蓋「罍」即壺也。聶崇義三禮圖云：「太尊，受五斗。罍，一名山尊，受五斗。著尊，受五斗，漆赤中。舊圖有朱帶者，與概尊相涉，恐非其制。周禮司尊彝云：追享，朝享，其朝踐用兩太尊。一盛玄酒，一盛醴齊。王用玉爵，酌醴齊，獻尸。其再獻用兩山尊，一盛玄酒，一盛盎齊，王用玉爵，酌盎齊，以獻尸。秋嘗，冬烝，其朝獻用兩著尊。一盛玄酒，一盛醴齊，王以玉爵，酌獻尸。注云：太尊，太古之瓦尊也。山尊，山罍也。亦刻而畫之，爲山雲之形，今以黍寸之尺計之。太尊，口圓徑一尺，脰高三寸，中横徑九寸，脰下大横徑一尺二寸，底徑八寸，腹上下空徑一尺五分，厚半寸，脣寸，底平厚寸，與瓦甒形制容受皆同。山尊，口圓徑九寸，腹高三寸，中横徑八寸，脰下大横徑尺二寸，底徑八寸，腹上下空徑一尺五分，足高二寸，下徑九寸。知受五斗者。罍，形似壺。壺受一斛，山罍是中尊，則受五斗也。著尊，口圓徑一尺二寸，底徑八寸，上下空徑一尺五分，與獻尊、象尊形制容受並同，但無足及飾耳。」説文「櫑，龜目酒尊，刻木作雲雷象，象施不窮也。从木，畾聲」，或作「罍」。周官鬯人「社壝用大罍」，鄭注：「大罍，瓦罍。」周南卷耳傳「人君黄金罍」疏引五經異義：罍制，韓詩説：金罍，大夫器也。天子以玉，諸侯、大夫皆以金，士以梓。毛詩説：金罍，酒器也。諸臣之所酢，人君以黄金飾尊。大一碩，金飾龜目，蓋刻爲雲雷之象。謹案：韓詩説天子以玉，經無明文。謂之罍者，取象雲雷，博施如人君，下及諸臣也。

縏、苦侯反，又苦茂反。繱、蔥音，又摠音。鮮支、縠，絹也。

説文：「絹，繒如麥稍。」釋名（釋采帛）：「絹，絙也，其絲絙厚而疏也。」古通用「縳」。説文：「縳，白鮮色也。」聘禮釋文云：聲類以「縳」爲今正「絹」字。縏者，玉篇「縏，縳也」，本此。今本作「縛」，誤。廣韻（線韻）引此文作「繁」，亦誤。繱者，字當作「總」。左思魏都賦「緜纊房子，縑總清河」，張載注：「清河出縑總。清河，一名甘陵。」李善注引此文作「總」。鮮支者，顏師古注急就篇（卷二）云：「絹，生白繒，似縑而疏者也。一名鮮支。」縠者，説文：「縠，細縳也。」釋名（釋采帛）：「縠，粟也，其形足足而踧視之如粟也。又謂沙縠，亦取踧踧如沙也。」宋玉諷賦：「更被白縠之單衫。」漢書江充傳「衣紗縠襌衣」，顏師古曰：「紗縠，紡絲而織之也。輕者爲紗，縐者爲縠。」

繰早音。謂之縑。

説文：「縑，并絲繒也。」釋名（釋采帛）：「縑，兼也，其絲細緻，數兼于布絹也。細緻，染縑爲五色，細且緻不漏水也。」淮南齊俗訓：「縑之性黄，染之以丹則赤。」桓寬鹽鐵論（本議）：「吏之所入，非獨齊陶之縑，蜀漢之布也。」顏師古注急就篇（卷二）云：「縑之言兼也，并絲而織甚緻密也。」繰者，親小切。説文：「繰，深繒也。」

紈、緈，力出反。素也。

說文：「素，白緻繒也。从糸𠂹，取其澤也。」小爾雅（廣服）云：「繒之精者曰縞。縞之粗者曰素。」釋名（釋采帛）：「素，朴素也，已織則供用，不復加巧飾也。又物不加飾皆自謂之素，此色然也。」淮南齊俗訓：「素之質白，染之以涅則黑。」顏師古注急就篇（卷二）云：「素，謂絹之精白者，即所用寫書之素也。」崔瑗與葛元甫書：「送許子十卷，貧不及素，但以紙耳。」紈者，說文：「紈，素也。」釋名（釋采帛）：「紈，渙也，細澤有光渙渙然也。」列子周穆王篇：「衷齊紈。」顏注急就篇（卷二）云：「紈即素之輕細者。」緈者，說文：「緈，素屬。」

純、續，辭足反。絲也。

說文：「絲，蠶所吐也。从二糸。」純者，說文：「純，絲也。論語曰『今也純儉』。」續者，連之絲也。說文：「續，連也。」

紨、敷音。綐、徒外反。纚〔一〕、式支反，又〔二〕赤移反。絓、乖音，又空淮反。縎〔三〕，刮音。紬也。

說文：「紬，大絲繒也。」釋名（釋采帛）：「紬，抽也，抽引絲端出細緒也。」顏注急就篇（卷二）云：「抽引粗繭緒，紡而織之曰紬。紬之尤粗者曰絓，繭滓所抽也。抽引精繭出緒（者）曰絲。漬繭擘之，精者爲緜，粗者爲絮。今則謂新者爲緜，故者爲絮，古亦謂緜爲纊。」紨者，防無切。說文：「紨，粗紬也。」綐者，玉篇：「綐，紬細也。」纚者，說文：「纚，粗緒

〔一〕纚，廣雅各本作「纚」。
〔二〕王念孫說「又」乃衍文。
〔三〕縎，疏證本作「䯤」。

也。」舊本譌爲「纆」，今訂正。絓者，說文：「絓，繭滓絓頭也。」釋名（釋采帛）：「紬又謂之絓。絓，挂也，挂于帳端振舉之也。」緜者，說文：「緜，聯微也。」釋名（釋采帛）：「緜猶湎湎，柔而無文也。」

𦇧、苦木反。絡，綃悉遥反。也。

說文：「綃，生絲也。」「𦇧，未練治纑也。」「絡，麻未漚也。」此皆言絲麻之未治者。

絅、阿音。縞、緻、直異反。勬，藥音。練也。

說文：「練，湅繒也。」釋名（釋采帛）：「練，爛也，煮使委爛也。」絅者，玉篇：「絅，細繒也。」廣韻（歌韻）：「絅，繒之細者。」史記李斯列傳「阿縞之衣」，徐廣曰：「齊之東阿縣，繒帛所出。」「絅」與「阿」同。縞者，說文：「縞，鮮色也。」鄭注禮記云：「白經赤緯曰縞。」緻者，說文新補「緻」字云：「密也。」古作「緻」。詩都人士箋「性情密致」，釋文：「本亦作『緻』。」鴇羽傳「不攻緻也」，疏云：「定本『（緻）』皆作『致』。」釋文：「本或作『致』。」勬者，以灼切。說文：「勬，白勬，縞也。」顏注急就篇（卷二）：「白勬，謂白素之精者，其光勬勬然也。」

䌙、古典反。緭、絖〔一〕、曠音。編、必延反。緒、繶、憶音。紃，循音。絛，滔音。也。

說文：「絛，扁緒也。」又云：「䋏，扁緒也。」是「䋏」與「絛」同物。玉篇：「絛，緌飾也。」廣韻（豪韻）：「絛，編絲繩。」䌙者，說文：「䌙，袍衣也。以絮曰䌙，以緼曰袍。」玉藻「纊爲繭，緼爲袍」，鄭注：「衣有著之異名也。」「緼，謂今（緜）纊及舊絮也。」詩無衣疏謂「純著新緜名爲䌙，雜用舊絮名爲袍」。緭者，乎貴切。說文：「緭，繒也。」「繒」當作「緒」字之譌也。玉篇：

〔一〕王念孫說「絖」下脫「也」字，不當與下相連。

「緝，緒也。」絖者，説文「纊，絮也。春秋傳曰『皆如挾纊』」，或作「絖」。小爾雅（廣服）云：「絮（之）細者曰絖。」案：「𦆐、緝、絖」非「絛」屬，「絖」下應加「也」字以別之。編者，與「扁」同，説文所謂「扁緒也」。緒者，説文：「緒，絲端也。」晉書樂志（下）俳歌云：「皎皎白緒，節節爲雙。」繶者，玉篇「繶，絛也」，本此。天官屨人設屨舄之飾，有絇繶純，是屨用絛以爲飾。紃者，詳遵切。説文：「紃，圜采也。」内則「織紝組紃」，鄭注「紃，絛」也。組亦絛之類，大同小異耳。荀子富國篇「布衣紃屨之士」，楊倞注：「紃，絛也，謂編麻爲之。」淮南説林訓「絛可以爲繶，不必以紃」，高誘注：「紃亦繶（也），婉轉數也。」顔師古注急就篇（卷二）云：「紃，緣履之圓絛者也。」賈誼諫曰〔一〕：『美者黼繡，庶人孽妾以緣其履。』是則古之履飾通用紃之屬也。」

春草、雞翹、蒸𦅎、栗音。鬱金、愧〔二〕鬼音。幃、韋音。麴去菊反。塵、緑綟、麗音。紫綟、無𦄺、渠音。綦、綺、留黄，綵也。

此釋綵之名也。春草、雞翹、蒸𦅎、鬱金、綟、綺並見急就篇（卷二），其文曰「春草雞翹鳧翁濯鬱金半見緗白䌹縹綟緑紈皂紫硟烝栗栗絹紺縉紅繎青綺綾縠靡潤鮮」，顔師古注：「春草，象其初生纖麗之狀也。雞翹，雞尾之曲垂也。」「染采（而）色似之，若今（之）染家言鴨頭緑翠毛碧云。」「鬱金，染黄也。」「烝栗，黄色若蒸熟之栗也。」案：釋名（釋采帛）：「蒸栗，染紺使黄色，如蒸栗然也。」玉篇：「蒸𦅎，綵色。」愧幃、麴塵者，周禮内司服「掌王后之六服，有褘衣、鞠衣」，注云「褘衣，從王祭服也。鞠衣，黄桑服也。（色）如鞠塵，象桑葉始生。月令三月『薦鞠衣於上帝』，告桑事」也。然則褘衣

〔一〕見漢書賈誼傳。

〔二〕愧，疏證本作「𩲡」。

之色愧韡，鞠衣之色鞠塵矣。緑綟、紫綟者，説文：「綟，帛戾草染色。」亦作「盭」。漢書百官公卿表（上）「諸侯王盭綬」，如淳曰：「盭音戾。盭，緑也，以緑爲質。」晉灼曰：「盭，艸名也，出琅邪平昌縣，似艾，可染緑(色)。」無縹、綦者，下文云履，「其緣謂之無縹，其紟謂之綦」。説文：「綥，帛蒼艾色。詩曰『縞衣綥巾』，未嫁女所服。一曰不借綥。」是「綥」即綦也。詩（鄭風出其東門）毛傳：「綦巾，蒼艾色。」不借，履名。然則履之無縹與無紟，皆蒼艾色矣。綺者，説文：「綺，文繒也。」釋名（釋采帛）：「綺，欹也，其文欹邪，不順經緯之縱横也。有杯文，形似杯也，有長命，其綵色相間，皆横終幅，此之謂也。」「有棋文者，方文如棋也。」留黄者，説文：「莀，艸也，可以染留黄。」「莀」即綟也。

衣，隱也。

説文：「衣，依也。上曰衣，下曰裳，象覆二人之形。」釋名（釋衣服）：「凡服上曰衣。衣，依也，人所依以芘寒暑也。」吕氏春秋（勿躬）云：「胡曹作衣。」淮南氾論訓「伯余之初作衣也，緂麻索縷，手經指挂，其成猶網羅。後世爲之機杼勝複，以便其用，而民得以掩形禦寒」，高誘注：「伯余，黄帝臣。世本曰：伯余製衣裳。一曰伯余，黄帝。」衣謂之隱者，「衣、隱」聲相近，取義于蔽隱其形體也。中庸「壹戎衣而有天下」，鄭注：「戎，兵也。衣讀如殷，聲之誤也。齊人言殷聲如衣，虞夏商周，氏者多矣。今姓有衣者，殷之冑與。」案：衣爲隱，猶衣爲殷也。玉篇「衣，隱也」，本此。

無追、多回反。章甫、委皃、收、冔、況羽反。通天、遠游、進賢、高山、方山、惠文、建華、卻非、解豸、皮弁，冠也。

説文：「冠，絭也，所以絭髮，弁冕之總名也。」釋名（釋首飾）：「冠，貫也，所以貫韜髮也。」郊特牲云：「委皃，周道也；章甫，殷道也；毋追，夏后氏之道也。周弁、殷冔、夏收，三王共皮弁素積。」釋名（釋首飾）：「牟追，牟，冒也，言其形冒髮追追然。」「章甫，殷冠名也。甫，丈夫也，服之所以表章丈夫也。」「委皃，冠形。又委皃之皃，上小下大也。」「收，夏后氏冠名也。言收斂髮也。」獨斷云：「收純黑，前小而後大，以三十（六）升漆布爲之，冔，殷黑而微白，前大而後小，以三十（六）升漆布爲之。詩云：『常服黼冔。』」續漢書輿服志（下）：委皃，「長七寸，高（四）寸，制如覆杯，前高廣，後卑鋭，所謂夏之毋追，殷之章甫（者）也。」「以皂絹爲之」，「行大射禮于辟雍，公卿（諸侯）大夫行禮者」冠之。禮舊圖云：夏曰毋追，殷曰章甫，周曰委皃。後代轉以巧意改新，而易其名耳。其制相比，皆以漆布爲殼，以緇縫其上，前廣四寸，高五寸，後廣四寸，高三寸。章甫，委大章其身。毋追，制與周委皃同。殷冠，委大臨前。夏冠，委前小損。委皃、進賢冠其遺象也。周曰弁，殷曰冔，夏曰收，三冠之制，相似而微異，俱以三十升漆布爲之，皆廣八寸，長（尺）六寸，前圓後方，無旒。周赤而微黑，如爵頭然，前小後大。殷冔黑而微白，前大後小。收純黑，亦前小後大。三冠下皆有收，如東道笠下收矣。通天者，續漢書云「高九寸，正豎，頂少邪卻，乃直下爲鐵卷梁，前有山，展筩爲述，乘輿所常服」，徐廣輿服雜注云：「天子朝，冠通天冠，高九寸，黑介幘金薄山，所常服也。」遠游者，續漢書云「制如通天，有展筩横之于前，無山述，諸王所服也」，聶崇義云：「案唐典（云）：遠游，三梁冠，黑介幘青綏，諸王服之。若太子及親王即加金附蟬，九首，施珠翠纓，翠綏，犀簪導。」進賢者，續漢書云：「古緇布冠也，文儒者之服也。前高七寸，後高三寸，長八寸。公侯三梁，中二千石以下至博士兩梁，自博士以下至小史私學弟子，皆一梁。宗室劉氏亦兩梁冠，示加服也。」晉公卿禮秩云：「太傅、司空、司徒著進賢三梁冠，黑介幘。」高山者，續漢書云：「高山（冠），一名側注。制如通天，頂不邪卻，直豎，無山述展筩，中外官、謁者、僕射所服。太傅胡廣説（曰）：『高山冠，蓋齊王冠也。秦滅齊，以其君冠賜近臣謁者服之。』」獨斷云：「高山冠，高九寸，鐵爲卷梁，不展筩，無山。」漢書音義云：「其體側立而曲注。」方山者，祭服也。續漢書：「方山冠，前高七寸，後高三寸，纓長八寸，似進賢，以五采縠爲之。祠宗廟，大予、八佾、四時、五行樂人服之，冠衣各如其行方之色而舞焉。」惠文者，續漢書：「武冠，一曰武弁大冠，諸武官冠之。侍中、中常侍加黄金璫，附蟬爲文，貂尾爲飾，謂之『趙惠文冠』。胡廣説〔曰〕：『趙武靈王效胡服，以金璫飾首，〔前〕插貂尾，爲貴職。秦滅趙，以其君冠賜近臣。』」建華者，祭服也。續漢書：「建華冠，以鐵爲柱卷，貫大銅珠九枚，制似縷鹿。」「天地、五郊、明堂，育命舞樂人服之。」薛綜注東京賦曰：「冠華，以鐵作之，上闊下狹，以翟雉尾〔飾之〕，舞人頭戴。」疑即此矣。卻非者，續漢書：「卻非冠，制似長冠，下促。宫殿門吏僕射冠之。負赤幡，青翅燕尾，諸僕射幡皆如之。」所謂長冠者，「一曰齋冠，高七寸，廣三寸，促漆纚爲之，制如板，以竹爲裏。初，高祖微時，以竹皮爲之，謂之劉氏冠。」解豸者，續漢書：「法冠，一曰柱後。高五寸，以纚爲展筩，鐵柱卷，執法者服之，侍御史、廷尉正監平也。或謂之獬豸冠。獬豸神羊，能别曲直，楚王嘗獲之，故以爲冠。胡廣説〔曰〕：『春秋左氏傳有南冠而縶者，則楚冠也。秦滅楚，以其君服賜執法近臣御史服之。』」皮弁者，司服云：「視朝，〔則〕皮弁〔服〕。」玉藻云：「皮弁以日視朝。」是「皮弁」爲天子視朝常服。士冠禮注云：「皮弁，以白鹿皮爲之，象太古。」禮舊圖云：「以鹿皮淺毛黄白者爲之，高尺二寸。周禮王及諸侯孤卿大夫之皮弁，會上有五采三采二采，玉瑧象邸，唯不言士之皮弁有此等之飾。」續漢書皮弁制同委皃，「以鹿皮爲之」。釋名〔釋首飾〕：「弁，如兩手相合抃時也，以爵韋爲之，謂之爵弁，以鹿皮爲之，謂之皮弁，以韎韋爲之，謂之韋弁也。」

纙、兵〔一〕拳反。　帉，芳云反。〔二〕　幘也。

〔一〕兵，王念孫説當作「丘」。

〔二〕帉，芳云反，王念孫説當作「㡄，音介」。

説文：「幘，髮有巾曰幘。側革切。」玉篇：「幘，覆髻也。」釋名（釋首飾）：「幘，蹟也，下齊眉蹟然也。兑，上小下大，兑兑然也。或曰睞，睞折其後也。或曰幘，形似幘也。賤者所著曰兑，髮作之，裁裹髮也。或曰牛心，形似之也。」獨斷云：「漢元帝額有壯髮，不欲使人見，故加幘以布包之也。至王莽内加巾，故時人云：『王莽秃，幘施屋。』」續漢書（輿服志下）云：「古者有冠無幘，其戴也，加首有頍，所以安物。故詩曰『有頍者弁』。」「秦雄諸侯，乃加其武將首飾爲絳袙，以表貴賤，其後稍稍作顔題。漢興，續其顔，卻摞之，施巾連題，卻覆之」，「名之曰幘。幘者，賾也，頭首嚴賾也。至孝文乃高顔題，續之爲耳，崇其巾爲屋，合後施收，上下羣臣貴賤皆服之。文者長耳，武者短耳，稱其冠也。尚書幘收，方三寸，名曰納言，示以忠正，顯近職也。迎氣五郊，各如其色，從章服也。皂衣羣吏春服青幘，立夏乃止，助微順氣，尊其方也。武吏常赤幘，成其威也。未冠童子幘無屋者，示未成人也。入學小童幘（也）句卷屋者，示尚幼少，未遠冒也。喪幘卻摞，反本禮也。升數如冠，與冠偕也。期喪起耳有收，素幘亦如之，禮輕重有制，變除從漸，文也。」纚者，與「縰」同。區員切。玉篇「纚，幘也」，本此。帉者，方言（第四）：「大巾謂之帉。」

假結謂之髻。副音。

髻，即副也。鄘風君子偕老「副笄六珈」，傳：「副者，后夫人之首飾，編髮爲之。」釋名（釋首飾）：「皇后首飾曰副。副，覆也，以覆首。亦言副貳也，兼用衆物成其飾也。」周禮追師「掌王后之首服，爲副編次」，注云：「副之言覆，所以覆（首）爲之飾，其遺象若今之步摇矣，服之以從王祭祀。編，編列髮爲之，其遺象若今假紒矣，服之以告桑也。」詩（君子偕老）孔疏云：「編，列他髮爲之，假作紒形，加于首上。」後漢書（東平憲王蒼傳）注云：「副，婦人首服，三輔謂之假紒。」古「髻」字作「結」，亦作「紒」。續漢書（輿服志下）皇后服有「假結」。考肅宗賜東平、琅琊兩王書，而送光烈皇后假紒帛巾各一，是假結爲皇后所服也。晉太元中，公主婦女必緩鬢傾髻，以爲盛飾。用髲既多，不可恆戴，乃先於木及籠上裝之，名曰假髻。其制與漢異。

簂公誨反。謂之帨。兒音。

續漢書（輿服志下）：太皇太后、皇太后服，翦氂蔮，「簪以瑇瑁爲擿，長一尺，端爲華勝，上爲鳳皇爵，以翡翠爲毛羽，下有白珠，垂黃金鑷。左右一橫簪之，以安蔮結。」「公、卿、列侯、中二千石、二千石夫人，紺繒蔮。」士冠禮注：「滕薛名蔮爲頍。」釋名（釋首飾）：「蔮，恢也，恢廓覆髮上也。魯人曰頍。頍，傾也，著之傾近前也。齊人曰帨，飾形貌也。」晉書宣帝紀：「諸葛亮遺帝巾幗婦人之飾。」玉篇：「幗，古誨切，帨也，覆髮上。或作『簂』。帨，亡教切，帨幗也。」「簂、蔮、幗」並同。

晨、辰音。辯、逗、宬，𢂁乃可反。也。

玉篇：「𢂁，宬也。」晨、辯、逗、宬並未詳。

帉、紛音。帎、刃音。帥、山律反。帨、幋、盤音。幯、之利反。幏、蒙音。幨，辭廉反。巾也。

說文：「巾，佩巾也。」釋名（釋首飾）：「巾，謹也，二十成人，士冠庶人巾，當自謹修於四教也。」帉者，撫文切。方言（第四）「大巾謂之帉」，郭注：「江東通呼巾帉耳。」帎者，而振切。說文：「帎，枕巾也。」帥、帨者，說文「帥，佩巾也」，或作「帨」。是「帥、帨」本一字也。後人以「帥」爲將帥字，故歧而二之。召南（野有死麕）「無感我帨兮」，傳：「帨，佩巾也。」鄭注內則云：「帨，拭物之佩巾也。」五音集韻（薛韻）引曹憲文字指歸云：「帨，佩巾也。」與詩傳同。幋者，步丸切。說文：「幋，覆衣大巾。」幯者，說文：「幯，禮巾也。」幏者，莫紅切。方言（第四）「幏，巾也。嵩岳之南，陳潁之間謂之帤，亦謂之幏」，郭注：「巾主覆者，故名幏也。」案：尚書大傳「下刑，墨幏」，鄭注：「幏巾，使不得冠飾以恥之也。」幨者，玉篇「幨，巾也」，本此。

帍户音。 褃，筆廟反。 被巾也。

方言（第四）「帍褃謂之被巾」，郭注：「婦人領巾也。」帍，乎古切。

承露、幘責音。 巾，覆結也。

方言（第四）「覆結謂之幘巾，或謂之承露，或謂之覆髤。皆趙魏之間通語也」，郭注：「覆髤，今結籠是也。」案：後漢書光武紀（上）「皆冠幘」，注云：「漢官儀：『幘者，古之卑賤不冠者之所服也。』」劉盆子傳「半頭赤幘」，注云：「幘巾，所謂覆髻也。」半頭幘即空頂幘也，其上無屋，故以爲名。「東宮故事曰：『太子有空頂幘一枚。』即半頭幘之製也。」「結、髻」通用。

屜夫〔一〕跂反。 幂夫俞反。 謂之帹。

玉篇「屜幂，面衣」也。又云：「帹，面衣也。」本此。幂，翌句切。帹，所甲切。

帞陌音。 頭、帑、七見反，又七年反。 鬢去位反。 帶、髤采音。 帶、絡頭，幧七消反。 頭也。

方言（第四）「絡頭，帞頭也。紗繢、鬢帶、髤帶、帑、帵、幧頭也。自關而西秦晉之郊曰絡頭，南楚江湘之間曰帞頭，自河以北趙魏之間曰幧頭，或謂之帑，或謂之帵。其偏者謂之鬢帶，或謂之髤帶」，郭注：「鬢帶，今之偏疊幧頭也。髤亦結也。」釋名（釋首飾）：「綃頭，綃，鈔也，鈔髮使上從也。或曰陌頭，言其從後橫陌而前也。齊人謂之帵，言帵斂髮使上從也。」「綃」與「繰」同，「陌」與「帞」亦同。史記絳侯周勃世家「太后以冒絮提文帝」，集解：「應劭曰：『陌額絮也。』晉灼曰：『巴蜀異物志謂頭上巾爲冒絮。』」索隱曰：「服虔云『綸絮也』。謂太后嗔，乃逢冒絮，因以提帝。」索隱又引方言

〔一〕夫，王念孫說當作「失」。下「夫俞」之「夫」亦同。

「陌額」爲證，是「陌頭」一作「陌額」也。

覆䘹、作潰反。縱、子家反。褋，牒音。襌單音。衣也。

方言〔第四〕：「襌衣，江淮南楚之間謂之褋，關之東西謂之襌衣。」釋名〔釋衣服〕：「襌衣，言無裏也。」又云：「有裏曰複，無裏曰襌。」説文：「襌，衣不重也。」劉逵蜀都賦注引司馬相如凡將云：「黃潤纖美宜制襌。」漢書江充傳「充衣紗縠襌衣，曲裾後垂交輸」，顏師古注：「襌衣，制若今之朝服中襌也。」如淳曰：「交輸，割正幅，使一頭狹若燕尾，垂之兩旁，見於後，是禮深衣『續衽鉤邊』。」後漢書馬援傳：「更爲援制都布單衣。」「單」與「襌」同。覆䘹者，方言〔第四〕：「覆䘹謂之襌衣。」玉篇：「䘹，襌衣也。」縱者，玉篇：「縱，襌衣也。」並本此。褋者，徒煩〔一〕切。説文作「褋」，云：「南楚謂襌衣曰褋。」楚辭九歌〔湘夫人〕「遺余褋兮澧浦」，王逸注：「褋，襜襦也。」

𧝓常凶反。褣、容音。袛低音。裯，刀音。襜昌古〔二〕反。褕臾音。也。

説文云：「直裾謂之襜褕。」急就篇〔卷二〕「襜褕袷複褶袴襌」，顏師古注：「襜褕，直裾襌衣也。」小爾雅〔廣服〕云：「襜褕謂之童容。」「童容」即「𧝓褣」。方言〔第四〕：「襜褕，江淮南楚之間謂之𧝓褣，自關而西謂之襜褕，其短者謂之裋褕。以布而無緣，敝而紩之，謂之襤褸。」説文：「袛，袛裯。」又云：「裯，衣袂袛裯。」又云：「襤，裯謂之襤褸。襤，無緣也。」是「袛裯」亦「襜褕」之類，特以布爲之耳。宋玉九辯「被荷裯之晏晏兮」，王逸注：「裯，袛裯也。」

〔一〕煩，疑當作「頰」，「褋、頰」皆在廣韻怗韻。

〔二〕古，王念孫説當作「占」。

襋、棘音。衱劫音。謂之褗。於幰反。

說文:「襋,衣領也。」魏風葛屨「要之襋之」,傳:「襋,領也。」說文:「褗,褔領也。」又云:「裺,褗謂之裺。」方言〔第四〕云「衱謂之褗」,郭注:「即衣領也。」說文無「衱」字,考玉藻「袷二寸」鄭注:「曲領也。」深衣「曲袷如矩以應方」,鄭注:「袷,交領也,古者方領如今小兒衣領。」是「袷、衱」音義同,「袷」即「衱」也。釋名〔釋衣服〕:「曲領在內,〔所〕以禁中衣領上橫壅頸,其狀曲也。」

直袊領音。謂之幆、於例反。袓飾〔一〕。

袊,猶領也。力井切。玉篇:「袊,衣袊也。」釋名〔釋衣服〕云:「直領,邪直而交下,亦如丈夫服袍方也。」方言〔第四〕云「袓飾謂之直袊」,郭注:「婦人初嫁所著上衣直袊也。」幆者,玉篇、廣韻俱不收此字。五音集韻〔霽韻〕「幆,直袊〔謂之〕幆」,本此。

褒明、襗、亦音。袍、襡,蜀音。長襦也。

說文:「襦,短衣也。」此云長襦,則非短者矣。釋名〔釋衣服〕:「襦,耎也,言温耎也。」褒明者,方言〔第四〕:「褒明謂之袍。」襗者,余石、除革二切。秦風無衣「與子同澤」,傳:「澤,潤澤也。」毛以「同澤」與「同袍」同,故但以「潤澤」解之,「澤、襗」音義同。袍者,釋名〔釋衣服〕:「袍,丈夫著下至跗者也。袍,苞也,苞内衣也。婦人以絳作衣裳上下連,四起施緣,亦曰袍,義亦然也。」襡者,字當作「⿰衤屬」,市欲切。玉篇:「⿰衤屬,長襦也,連腰衣也。」釋名〔釋衣服〕:「⿰衤屬,屬也,衣裳

〔一〕袓飾,疏證本在下條「褒明」上。

上下相連屬也。」説文作「[illegible]，衣至地」。○五音集韻〔齊韻〕引廣雅：「袿，長襦也。」今無此文。

襌襦謂之襜尺占反。 裿〔一〕。居綺反。

方言〔第四〕「偏襌謂之襌襦」，郭注：「即衫也。」又云「汗襦，江淮南楚之間謂之𧝓。自關而西或謂之祇裯。自關而東謂之甲襦。陳魏宋楚之間謂之襜襦，或謂之襌襦」，郭注：「今或呼衫爲襌襦。」釋名〔釋衣服〕：「單襦，如襦而無絮也。」「單、襌」同。又云：「荆州謂襌衣曰布襹，亦是。襜襦，言其襜襜宏裕也。」

作襦謂之襌脾、卑二音。 襦。

未詳。孫侍御曰：「作」疑「汗」，「汗襦」見方言〔第四〕。

複襦謂之𧞣。豎音。

方言〔第四〕「複襦，江湘之間謂之𧞣，或謂之筩褹」，郭注：「今筩袖之襦也。褹即袂字耳。」案：「𧞣」與「裋」同。列子力命篇「朕衣則裋褐」，張湛注引方言：「裋，複襦也。」亦作「豎」。荀子大略篇「衣則豎褐不完」，楊倞注：「豎褐，僮豎之褐，亦裋褐也。」漢書貢禹傳「裋褐不完」，顏師古注：「裋者，謂僮豎所著布長襦也。」

複襂衫音。 謂之裀。

襂，即俗間「衫」字。釋名〔釋衣服〕：「衫，芟也，芟末無袖端也。」裀，未聞。

裲兩音。 襠當音。 謂之袹陌音。 腹。

〔一〕 裿，疏證本在下條「作」上。

釋名（釋衣服）：「裲襠，其一當胸，其一當背也。帕腹，橫帕其腹也。」「袹、帕」，字異義同。南史柳元景傳：「薛安都著絳衲裲襠衫，馳入賊陣。」

繞領、帔，匹媚反。帬也。

說文「帬，下裳也」，或作「裠」。釋名（釋衣服）：「裙，下羣也，連接裾幅也。」繞領者，方言（第四）作「衿」，云「繞衿謂之帬」，郭注：「俗人呼接下，江東通言下裳。」帔者，匹媚切。說文：「帔，弘農謂帬帔也。」方言（第四）：「帬，陳魏之間謂之帔，自關而東或謂之襬。」

大巾、褘、韋、暉二音。袡、爾占反。襜、昌占反。袚，不勿反。蔽厀悉音。也。

方言（第四）：「蔽厀，江淮之間謂之褘，或謂之袚。魏宋南楚之間謂之大巾，自關東西謂之蔽厀，齊魯之郊謂之袡。」又云：「絜襦謂之蔽厀。」釋名（釋衣服）：「韠，蔽也，所以蔽厀前也，婦人蔽厀亦如之。齊人謂之巨巾，田家婦女出自田野，以覆其頭，故因以爲名也。又曰跪襜，跪時襜襜然張也。」褘者，許歸切。說文：「褘，蔽厀也。」袡者，小爾雅（廣服）云：「蔽厀謂之袡。」王后六服，緣衣有纁袡，王肅以「纁袡」爲婦人蔽厀。襜者，說文：「襜，衣蔽前。」爾雅（釋器）「衣蔽前謂之幨」，郭注：「今蔽厀也。」釋文：「幨，本或作『襜』。」袚者，出方言（第四）。

韍弗音。謂之縪。必音。

縪，即蔽厀也。說文作「韠」，云：「韍也，所以蔽前。」玉藻說韠之制云：「下廣二尺，上廣一尺，長三尺，其頸五寸，肩革帶，博二寸。」又云「韠，君朱，大夫素，士爵韋」，鄭注：「此玄端服之韠也，韠之言蔽也。」韍者，易乾鑿度（卷上）云：「孔子曰：紱者，所以別尊卑彰有德也。故朱赤者，盛色也，是以聖人法以爲紱服，欲百世不易也。」說文「市，韠也，上古衣蔽前而已，市以象之，天子朱市，諸侯赤市，大夫葱衡，从巾，象連帶之形」，篆文作「韍」。玉藻「一命緼韍幽衡，再命赤韍幽衡，三命赤韍葱衡」，鄭注：「此玄冕爵弁服之韠，尊祭服，異其名耳。韍之言亦蔽也。」孔疏：「他服稱韠，祭服稱韍，是異其名。皆言爲蔽，取蔽障之義也。知祭服稱韍者，按易困九二『朱紱方來，利用享祀』，是祭祀〔服〕稱韍也。案詩毛傳天子純朱，諸侯黃朱，黃朱色淺，則亦名赤韍也。〔則〕大夫赤韍，色又淺耳。有虞氏以前直用皮爲之，後王漸加飾焉，故明堂位云『有虞氏服韍，夏后氏山，殷火，周龍章』，彼注云：『天子備焉，諸侯火而下，卿大夫山，士韎韋而已。』」雜記云「韠長三尺，下廣二尺，上廣一尺，會去上五寸，紕以爵韋六寸，不至下五寸，純以素，紃以五采」，是其制也。

纗、九〔一〕恚反，又乎卦反。紳、鞶、衮〔二〕、厲、鞓〔三〕，誕音。帶也。

說文：「帶，紳也，男子鞶帶，婦人帶絲，象繫佩之形，佩必有巾，从巾。」釋名〔釋衣服〕：「帶，蔕也，著於衣，如物之繫蔕也。」玉藻云：「天子素帶朱裏，終辟；諸侯素帶不朱裏，而終辟；大夫素帶，辟垂；士練帶，率下辟；居士錦帶；弟子縞帶。」纗者，太玄樂次曰：「拂其繫，絶其纗。」紳者，說文：「紳，大帶也。」孔安國論語〔衛靈公〕注與說文同。鞶者，說文：「鞶，大帶也。易曰：『或錫之鞶帶。』男子帶鞶，婦人帶絲。」衮者，疑當作「緄」，聲之誤也。說文：「緄，織帶也。」厲者，小爾雅〔廣服〕云：「帶之垂者謂之厲。」方言〔第四〕云：「厲謂之帶。」小雅〔都人士〕「垂帶而厲」，傳：「厲，帶之垂者。」左氏

〔一〕九，王念孫說當作「允」。

〔二〕王念孫曰：「各本脱去『緄』字，其音内『衮』字又誤入正文。」

〔三〕鞓，廣雅各本作「⿰革延」，曹憲音「誕」。

桓二年傳「鞶、厲、游、纓」，賈逵、服虔、杜預注並與毛傳同。鞓者，玉篇、廣韻〔青韻〕並云：「鞓，皮帶鞓也。」或作「䩚」同。舊本「鞓」譌从「延」，曹音「誕」，亦誤，今訂正。

佩紟騎禁反。謂之裎。

此方言〔第四〕文也，郭注：「所以係玉佩帶也。」玉篇：「衿，結帶也。亦作『紟』。」廣韻〔清韻〕：「裎，佩帶。」釋名〔釋衣服〕：「佩，倍也，言其非一物有倍貳也，有珠有玉有容刀有帨巾有觿之屬也。」漢書揚雄傳〔上〕「衿芰茄之綠衣」，注引應劭曰：「衿音衿系之衿。衿，帶也。」是「紟」與「衿」通。

裪桃音。𧝎、決音。袿、圭音。襡、大口反。䙈含音。𧙊、姡禾反。袔、賀音。𧛞、亦音。袘、夷音。袼、各音。䙁、胡音。𧜵、乎佳反。袂、衽，袖也。

說文「褎，袂也」，或作「袖」，俗。唐風〔羔裘〕「羔裘豹褎」，傳：「褎，猶袪也。」釋名〔釋衣服〕：「袖，由也，手所由出入也。亦言受也，以受手也。」裪𧝎者，上徒刀切，下古穴切。方言〔第四〕「裪𧝎謂之袖」，郭注：「衣褾，江東呼𧙏。」廣韻〔豪韻〕：「裪，𧝎〔裪〕，衣袖。」袿者，古攜切。玉篇：「袿，袪也。」襡者，上局切。玉篇「襡，衣袖」也，本此。䙈𧙊者，玉篇、廣韻不收此二字，未詳。袔者，何箇切。玉篇「袔，𧛞袖」，亦作「䙡」。𧛞者，之赤切。玉篇：「𧛞，袖也。」袘者，與支切。玉篇：「袘，衣袖也。」集韻〔支韻〕引作「䙾」同。袼者，力各切。廣韻〔鐸韻〕：「袼，袼𧛞也。又袂也。」深衣：「袼之高下，可以運肘。」䙁者，户孤切。玉篇：「䙁，衣𧛞也。」𧜵者，玉篇「𧜵，袖也」，本此。集韻〔佳韻〕引埤倉：「𧜵，衣袖也。」袂者，說文衣部義也。玉藻說深衣之制云「袂可以回肘」，注云：「二尺二寸之節。」又云「袪尺二寸」，注云：「袂口也。」楚辭九歌〔湘夫人〕「捐余袂兮江中」，王逸注：「袂，衣袖也。」衽，未聞。

衽、裍、因音。袾、姝、株二音。⿰衤弓，弓音。裑身音。也。

並未詳。玉篇：「裍，於人切，衣身也。䙬，同上。」案：集韻一東及五音集韻引此俱無「衽」字，疑涉上文而譌。

褾、必照反。⿰衤㡀、布蔑反。⿰衤市、布末〔一〕反。衽、⿰衤奚，乎佳反。袂也。

此又釋袂之名也。褾者，必了切。玉篇「褾，衣袂也」，或作「⿰衤少」。類篇：「褾，袖端也。」⿰衤㡀者，玉篇：「⿰衤㡀，袂也。」⿰衤市者，玉篇：「⿰衤市，衣袂也。」衽、⿰衤奚者，上文釋爲袖，袖亦袂也。

䘯七霄反。謂之袩。多頰反。

此方言〔第四〕文也。舊本脱「謂之」二字，今據補正。案：方言〔第四〕前云「褸謂之衽」，後云「褸謂之袩」，郭注皆云「衣衽」，是「䘯」亦衣襟，而郭氏獨于此句云「未詳其義」，殆疑其有異解歟。廣韻〔肴韻〕：「䘯，衣衽」也。是用方言。

衽謂之褸。褸音。

説文：「衽，衣裣也。褸，衽也。」「裣，交衽也。」方言〔第四〕「褸謂之衽」，郭注：「衣襟也。或曰裳際也。」釋名〔釋衣服〕：「衽，襜也，在旁襜襜〔然〕也。」玉藻「衽當旁」，鄭注：「衽，謂裳幅所交裂也。凡衽者，或殺而下，或殺而上。」「衽屬衣，則垂而放之，屬裳，則縫之以合前後，上下相變。」深衣「續衽」鄭注：「續，猶屬也。衽，在〔裳〕旁者也，屬連之，不殊裳前後也。」

〔一〕末，王念孫説當作「末」。

衩、楚械反。衸、械音。袥，他各反。𧙕[一]七益反。膝也。

此釋𧙕膝之名也。玉篇：「𧙕，𧙕膝，帬衸也。」衩者，玉篇：「衩，衣衩也。」衸者，户界、古拜二切。說文：「衸，袥也。」玉篇：「衸，𧙕膝也。」袥者，說文：「袥，衣衸。」玉篇：「袥，衸也。」

寢衣、衾、襝，許嚴反。被也。

說文：「被，寢衣也。」釋名（釋衣服）：「被，被也，（所以）被覆人也。」寢衣者，論語（鄉黨）：「必有寢衣，長一身有半。」衾者，說文作「衾」，云：「大被。」釋名（釋衣服）：「衾，广也，其下廣大，如广受人也。」召南小星「抱衾與裯」，傳：「衾，被也。」襝者，呼斂切。玉篇：「襝，胡被也。」集韻（嚴韻）「襝，虚嚴切」，引此文同。又（琰韻）云：「胡被謂之襝。」

𧝝去乾反。謂之絝。袴音。其䘾管音。謂之袑[二]。時沼反。

說文：「絝，脛衣也。」釋名（釋衣服）：「袴，跨也，兩股各跨別也。」方言（第四）「袴，齊魯之間謂之𧝝，或謂之襱。關西謂之袴」，郭注：「今俗呼袴踦爲襱。」顔注急就篇（卷二）云：「袴謂脛衣也。大者謂之倒頓，小者謂之校衧。」𧝝者，起焉切。說文作「褰」，云：「絝也，从衣，寒省聲。」春秋傳曰：『徵褰與襦。』」䘾者，公緩切。玉篇：「䘾，袴襱也。」說文「襱，絝踦也」，或作「襩」。袑者，市兆切。說文：「袑，絝上也。」玉篇：「袑，絝也。襠也。袴上也。」漢書朱博傳：「又敕功曹：『官屬多褒衣大袑，不中節度，自今掾史衣皆令去地三寸。』」

[一] 𧙕，原作「𧝎」，據疏證本改。

[二] 疏證本於「謂之」下補「襱」字，「袑」列下條「衳」上。

⿰衤松〔一〕、七勇反。襣，步寐反。幝也。幝無襠者謂之⿰衤突。度没反。

説文「幝，幒也」，或作「褌」。古魂切。釋名〔釋衣服〕：「褌，貫也，貫兩脚上繫腰中也。」方言〔第四〕：「褌，陳楚江淮之間謂之⿰衤松。」史記司馬相如列傳「相如〔身〕自著犢鼻褌」，集解：「韋昭曰：『今三尺布作形如犢鼻矣。』」顔注急就篇〔卷二〕云：「袴，合襠謂之褌，最親身者也。」⿰衤松者，説文「幒，幝也」，或作「⿰巾松」。玉篇：「衳，音鍾，小褌。⿰衤松，同上。又息拱切，小袴也。」又云：「幒，且勇切，褌也。或作『幒』。」襣者，方言〔第四〕「無⿰衤同之袴謂之襣」，郭注：「袴無踦者，即今犢鼻褌也，⿰衤同亦襱，字異耳。」⿰衤突，未聞。

⿰衤啇天帝反。謂之褓。保音。

⿰衤啇者，説文「⿰衤啻，緥也」，引詩曰：「載衣之⿰衤啻。」案：今詩〔小雅斯干〕作「裼」，毛傳：「裼，褓也。」鄭箋：「褓，夜衣也。」釋文：「裼，韓詩作『褅』。」「褅」即「⿰衤啻」之譌。褓者，布老切。説文：「緥，小兒衣也。」漢書宣帝紀「曾孫雖在襁緥」，李奇曰：「襁，絡也，以繒布爲之，絡負小兒。緥，小兒大藉也。」孟康曰：「緥，小兒被也。」顔師古曰：「襁，即今〔之〕小兒繃也。」案：「褓」又作「葆」。史記魯世家「成王少，在強葆之中」，司馬貞曰：「強葆即襁褓。」張守節曰：「強闊八寸，長八尺，用約小兒于背而負行。葆，小兒被也。」「褓」又作「保」。漢書司馬相如傳〔下〕：「是以業隆于繈保。」「褓、〔緥〕、葆、保」，字異音義同。

繄烏雞反。袼、落音。⿰衤區，烏苟反。次衣也。

〔一〕⿰衤松，疏證本作「衳」。

此釋次衣之名也。次，序連切。說文「次，慕欲口液也」，或作「㳄」，籀文作「㵪」。即今俗間「涎」字。小兒多涎，故有衣。方言〔第四〕「緊袼謂之𧝆」，郭注：「即小兒次衣也。」𧝆者，於侯切。說文：「𧝆，次裏衣。」

褿、七刀反。袚、不勿反。𧛧，子肩反。褯慈夜反。也。

玉篇「褯，小兒衣」也。褿者，說文：「褿，帴也。」袚者，玉篇「袚，蠻衣也」，亦作「襏」。𧛧者，所八切。說文：「帴，帗也。」又云：「帗，一幅巾也。」集韻〔换韻〕引此文「𧛧，褯也」，从巾。

袺古頡反。謂之䄄。胡音。襭頡音。謂之褱。

周南芣苢「薄言袺之」，「薄言擷之」。此釋之也。袺者，說文：「袺，執衽謂之袺。」襭者，下結切。說文「襭，以衣衽扱物謂之襭」，或作「擷」。褱者，户乖切。說文：「褱，俠也。」周伯琦〔六書正譌〕曰：「褱，藏俠于衣中也。」袺，一名䄄襭，一名褱。

幭、無髮反。帊、襎樊音。𧜽、於翻反。帍、荒音。幞〔二〕、扶欲反。帷、幔、幬、池流反。幕、帟，帳也。

說文：「帳，張也。」釋名〔釋牀帳〕：「帳，張也，張施于牀上也。小帳曰斗，形如覆斗也。」玉篇：「帳，帷也，幬也。」「幭，帊幞也，蓋幭也。」帊者，玉篇：「帊，匹嫁切，幞帊也。」襎𧜽者，方言〔第四〕「襎𧜽謂之幭」，郭注：「即帊幞也。煩、冤兩音。」韓非子外儲說左篇〔上〕：「衞人有佐弋者，鳥至，因先以其𧜽麾之。」說文「帣，幡也」，無「幡帣」二字，是方言之「襎𧜽」即說文之「幡帣」矣，郭音是也。帍者，疑與「幌」同。玉篇：「幌，户廣切，帷幔也。」幞者，玉篇：「幞，巾幞也。」帷

〔二〕 疏證本於「幞」下補「也」字。王念孫曰：「各本『幞』下脱『也』字，遂與下條相連。」

者，説文云「在旁曰帷」，古文作「⿷匚呈」。釋名〈釋牀帳〉：「帷，圍也，所以自障圍也。」玉篇：「帷，幕也，帳也。」幔者，説文：「幔，幕也。」幬者，説文：「幬，禪帳也。」爾雅〈釋訓〉「幬謂之帳」，郭注：「今江東亦謂帳爲幬。」釋文：「幬，本或作『⿰巾周』。」召南小星「抱衾與裯」，傳：「裯，禪被也。」箋：「裯，牀帳也。」孔疏引鄭志：「張逸問：此箋不知何以易傳？又諸妾抱帳進御于君，有常寢，何其碎？答曰：今人名帳爲裯，雖古無名被爲裯，諸妾何必人抱一帳，施者因之，如今漢抱帳也。」宋玉招魂：「羅幬張些。」幕者，説文云：「帷在上曰幕。」釋名〈釋牀帳〉：「幕，幕絡也，在表之稱也。」江淹別賦「撫錦幕而虛涼」，李善注引纂要云：「帳曰幕。」帟者，余石切。玉篇：「帟，平帳也。」釋名〈釋牀帳〉：「小幕曰帟，張在人上帟帟然也。」天官幕人注：「幄帟，〈皆〉以繒爲之。」舊本「帟」作「奕」，疑古字通。

⿰巾毘、布迷反。⿰巾炎，叱占反。㡘廉音。也。

説文：「㡘，帷也。」釋名〈釋牀帳〉：「㡘，廉也，自障蔽爲廉恥也。」玉篇：「㡘，力沾切，張也，施之户外也。」⿰巾毘者，玉篇：「⿰巾毘，車⿰巾毘也，又車帷也。」⿰巾炎者，玉篇：「⿰巾炎，車⿰巾毘也。或作『裧』。」

髮謂之鬊。舜音。髢謂之髲。

説文「髮，根也」，或作「䯨」，古文作「𩑶」。釋名〈釋形體〉：「髮，拔也，拔擢而出也。」謂之鬊者，鬊，舒閏切。説文：「鬊，鬌髮也。」又云：「𦣻，古文百也。巛象髮，謂之鬊，鬊即巛也。」髢者，大計切。舊本脱「髢」字，今以意補之。説文「鬄，髲也」，或作「髢」。又云：「髲，鬄也。平義切。」釋名〈釋首飾〉：「鬄，剔也，剔刑人之髮爲之也。髲，被也，髮少者得以被助其髮也。」少牢禮云「主婦被錫」，鄭注：「被錫，讀爲髲鬄。古者或剔賤者刑者之髮，以被婦人之紒爲飾，因名髲鬄焉。此周禮所謂次也。」左氏哀十七年傳：「衛莊公見己氏之妻髮美，使髡之，以爲吕姜髢。」髲亦作「被」。召南采蘩

「被之僮僮」，傳：「被，首飾也。」

扉、屨、麄〔一〕、舃，昔音。㞜，他梅反。鞨，乎末反。不借、鞞角、𩋘，士角反。屣，所爾反。薄革〔二〕、鞮，低音。履也。其緣謂之無繰。其於反。其紟渠禁反。謂之綦。

此釋履之名及其飾與帶也。說文「履，足所依也。从尸从彳从夂舟，象履形」，古文作「𩓨」。釋名〔釋衣服〕：「履，禮也，飾足所以爲禮也。」崔豹古今注〔輿服〕：「履者，屨之不帶者也。」方言〔第四〕：「扉、屨、麤，履也。徐兗之郊謂之扉，自關而西謂之屨。中有木者謂之複舃，自關而東複履。其庳者謂之鞔下，禪者謂之鞮，絲作之者謂之履，麻作之者謂之不借，麤者謂之屨，東北朝鮮洌水之間謂之鞞角。南楚江沔之間總謂之麤。西南梁益之間或謂之㞜，或謂之⿸广系。履，其通語也。徐土邳圻之間，大麤謂之鞞角。」扉者，扶沸切。說文：「扉，履也。」釋名〔釋衣服〕：「齊人謂韋屨曰扉。扉，皮也，以皮作之。」左氏僖四年傳「共其資糧扉屨」，杜注：「扉，艸屨。」屨者，九遇切。說文：「屨，履也。」釋名〔釋衣服〕：「屨，拘也，所以拘足也。」天官屨人注：「複下曰舃，禪下曰屨，古人言屨，以通于複，今世言屨，以通于禪，俗易語反與。」麄者，方言〔第四〕作「麤」。釋名〔釋衣服〕：「麤，措也，言所以安措足也。」案：「麤」當作「⿱艹麤」。說文：「⿱艹麤，艸履也。」舃者，釋名〔釋衣服〕：「複其下曰舃。舃，腊也，行禮久立地，或泥溼，故複其末下使乾腊也。」天官屨人注：「舃有三等：赤舃爲上，冕服之舃」，「下有白舃黑舃。」崔豹古今注〔輿服〕：「舃，以木置履下，乾腊不畏泥溼也。天子赤舃，凡

〔一〕麄，疏證本作「麤」。
〔二〕革，疏證本作「平」。案：作「革」者是也。

舄色皆象于裳。」三禮圖云:「屨舄各象裳色,王舄有三:冕服則赤舄,韋弁皮弁則白舄,冠弁之服則黑舄。王后亦三舄:配韋衣青舄,配褕翟赤舄,配闕翟鞠衣已下皆屨。」𡲬者,玉篇:「𡲬,履也。西南梁益謂履曰𡲬。屦,同上。」鞨者,急就篇(卷二)云「靸鞮卬角鞨韤巾不借」者。釋名(釋衣服)云:「不借,言賤易有,宜各自蓄之,不假借人也。齊人云搏腊,搏腊猶把鮓,麤貌也。荆州人曰麤,(絲)麻韋艸皆同名也。」喪服傳注:「繩菲,今時不借。」趙岐孟子(盡心上)注「蹝,艸履」也。「敝喻不借」。齊民要術(雜説第三十)云:「艸履之賤者曰不惜。」是「不」與「搏」,「借」與「腊、惜」皆字異義同。𩊚角者,説文:「𩊚角,鞮屬。」釋名(釋衣服)云:「仰角,屐上施履之名也,行不得蹶,當仰履角舉足乃行也。」郭注方言(第四)云:「𩊚角,今漆履,有齒者。」𩋙者,似足切。玉篇:「𩋙,鞮也。」屣者,説文作「韃」,云:「鞮屬。」薄革者,顔注急就篇(卷二)云:「鞮,薄革小履也。」是「薄革」爲鞮之别名,舊本譌爲「薄平」,今訂正。鞮者,都兮切。説文:「鞮,革履也。」曲禮(下)曰「鞮屨」,鄭注:「無絇之菲也。」周禮序官鞮鞻氏注:「鞻,讀如屨。鞮屨,四夷舞者所扉也,今時倡蹋鼓沓行者自有扉。」其緣謂之無緣,其紟謂之綦者,上文以「無緣、綦(綺)」爲綵,則是履之飾也。漢書賈誼傳:「今民賣僮者,爲之繡衣絲履偏諸緣。」桓寬鹽鐵論(散不足):「古者庶人鹿菲草芰,縮絲尚韋而已。及其後,則綦下不借,鞔鞮革舄。今富者革中名工,輕靡使容,紈裏紃下,越端縱緣。」案:「無緣」疑即「絇」也,亦作「句」。天官屨人「青句」注:「句當爲絇。」「舄屨有絇者,飾也。」士冠禮「玄端黑屨,青絇」,鄭注「絇之言拘也,以爲行戒,狀如刀衣鼻,在屨頭」也。案:「絇」在屨頭,有孔,穿繫于中而結于足。紟者,屨帶也。説文作「紟」,云:「衣系也。」籀文作「絵」。揚雄反離騷云「衿芰茄之緑衣兮」,應劭曰:「衿音衿系之衿。衿,帶也。」是「衿」與「紟」同。綦者,説文「綥,不借綥」,或作「綦」。徐鉉新補字。内則注云:「綦,履繫。」夏官弁師注:「璂讀如薄借綦之綦。綦,結也。」穀梁傳(昭公二十年):「齊謂之綦,楚謂之踂，衛謂之輒。」是「綦」爲系帶，所以絆縶其履者歟。

⿰革盍古匣反。⿰革少、沙音。⿰革素素落反。⿰革睪、大洛反。靸，素合反。⿸尸⿰彳夋靴音。也。

孫侍御曰：集韻（戈韻）：「⿸尸⿰彳夋，鞮屬。」本作「鞾」。⿰革盍⿰革少者，説文：「⿰革夾鞮，⿰革夾沙也。」「⿰革夾沙」即「⿰革盍⿰革少」，古今字。玉篇：「⿰革盍，⿰革盍⿰革少，履。」廣韻（狎韻）：「⿰革盍⿰革少，胡履。」⿰革素⿰革睪者，釋名（釋衣服）：「⿰革素⿰革睪，鞾之缺前壅者，胡中所名也。⿰革素⿰革睪，猶速獨，足直前之言也。」急就篇（卷二）云：「旃裘⿰革素⿰革睪蠻夷民。」玉篇：「⿰革素⿰革睪，履也。」靸者，説文：「小兒履也。讀若沓。」釋名（釋衣服）：「靸，韋履深頭者之名也。靸，襲也，以其深襲覆足也。」顔注急就篇（卷二）云：「靸，謂韋履頭深而兑，平底者也，今俗呼謂之跣子。」

⿸户系、乎馬反。屐、渠戟反。屣，屩腳音。也。

説文：「屩，屐也。居勺切。」釋名（釋衣服）：「屩，蹻也，出行著之，蹻蹻輕便，因以爲名也。」字或作「蹻」。漢書卜式傳「布衣中蹻而牧羊」，顔師古曰：「蹻，即今之鞋也，南方謂之蹻。」⿸户系者，亡百切。説文：「⿸户系，履也。一曰青絲頭履也。讀若阡陌之陌。」方言（第四）：「履，西南梁益之間或謂之⿸户系。」玉篇：「⿸户系，扉屣也。」桂進士馥曰：「⿸户系」當从「尸」，諸書皆誤从「户」。玉篇「乎雅切」與説文切音不近，集韻（馬韻）「⿸户系」或作「⿸尸系」，玉篇「⿸尸系、⿸户系」同。屐者，説文：「屐，屩也。」釋名（釋衣服）：「屐，搘也，爲兩足搘以踐泥也。」「帛屐，以帛作之如屩者。不曰帛屩者，屩不可踐泥也，屐踐泥者也。此亦可以步泥而浣之，故謂之屐也。」屣，義已見上文。

⿰糸敝直利反。謂之緶。部典反。

玉篇：「⿰糸敝，緶⿰糸敝也。緶，履底緶也。」又云「⿰革敝，履底」也。

緉、兩音。綊，爽音。絞古爪反。也。

此方言〔第四〕文也。又云「關之東西或謂之緉，或謂之綊。絞，通語也」，郭注：「謂履中絞也。」案：説文：「緉，絞也。」玉篇「綊，履中絞」也。廣韻〔養韻〕：「綊，屬中絞繩。」

縝、勑真反。縷，力主反。纑來乎反。也。

説文：「纑，布縷也。」「縷，綫也。」方言〔第四〕「纑謂之縝」，郭注：「謂纑縷也。」孟子〔滕文公下〕「妻辟纑」，趙岐注：「緝績其麻曰辟，練其麻曰纑，故云辟纑。」玉篇：「縝，絲纑縷也。」

萆婢亦反。謂之衰。散禾反。

説文：「衰，艸雨衣，秦謂之萆。」公羊定元年傳「仲幾之罪何？不蓑城也」，何休注：「若今以艸衣城〔是〕也。」魏揚州刺史劉馥高爲城壘，多積木石，編作艸苫數千萬枚爲備。及吴圍合肥，天連雨，城欲崩，于是以苫蓑覆之，即何休「艸衣城」之法也。淮南齊俗訓：「今之衰與蓑孰急？見雨則衰不用，升堂則蓑不御，此代爲常者也。」

簦登音。謂之笠。

説文：「簦，〔笠〕蓋也。笠，簦無柄也。」小雅都人士傳：「笠，所以禦雨。」吴語云「簦笠相望于艾陵」，唐固曰「簦，夫須也。」韋昭〔曰〕「簦笠，備雨器」也。史記平原君〔虞卿〕列傳「躡蹻檐簦」，徐廣曰：「簦，長柄笠，音登。笠有柄者謂之簦。」顔注急就篇〔卷三〕云：「簦、笠皆所以禦雨也。大而有把，手執以行，謂之簦。小而〔無〕把，首戴以行，謂之笠。」

幢直江反。謂之翿。大告反。

方言〔第二〕「翿、幢，翳也。楚曰翿，關西關東皆曰幢」，郭注：「儛者所以自蔽翳也。」翿，説文作「翢」，云：「翳也，所以舞也。」引詩：「左執翿。」

幨，侈占反。謂之幰。火偃反。

衆經音義〔卷十四〕引倉頡篇：「布帛張車上爲幰。」玉篇：「幨，亦作裧。」〔士〕昏禮「婦車有裧」，鄭注：「裧，車裳幃，周禮謂之容。」

䉷、籞、語音。箖，力枕反。翳也。

方言〔第六〕：「翳，薆也。」說文：「薆，蔽不見也。」是「翳」爲隱蔽之義。䉷、籞者，說文：「䉷，惟射所蔽者也。」「篽，禁苑也。」或作「𩥡」。案：「䉷籞」或作「嚴篽」。漢書元帝紀「詔罷嚴篽池田」，晉灼曰：「嚴篽，射苑也。」又宣帝紀「詔『池篽未御幸者，假與貧民』」，蘇林曰：「折竹以繩緜連禁禦，使人不得往來，律名爲篽。」服虔曰：「篽在池〔水〕中作室，可用棲鳥，鳥入中則捕之。」臣瓚曰：「篽者，所以養鳥〔也〕。設爲藩落，周覆其上，令鳥不得出，猶苑之畜獸，池之畜魚也。」箖者，與「罧」同。說文：「罧，積柴水中以聚魚也。」爾雅〔釋器〕作「槮」，云「槮謂之涔」，李巡曰：「今以木投水中養魚曰涔。」孫炎曰：「積柴養魚曰槮。」舍人曰：「以米投水（中）養魚爲涔也。」郭璞曰：「今之作槮者，聚柴木於水中，魚得寒入其裏藏隱，因以薄圍捕取之。」淮南說林訓「罧者扣舟」，高誘注：「罧者，以柴積水中以取魚，」「魚聞擊舟聲，藏柴下，壅而取之也。罧讀沙槮之槮。今沇州人積柴水中捕魚爲罧，幽州名之爲涔也。」

幖、必昭反。徽、吁飛反。帾、帶古反。⿰巾前、子堅反。⿱印巾〔一〕、憶音。幟，幡飜音。也。

〔一〕⿱印巾，疏證本作「⿱卭巾」。

崔豹古今注〔輿服〕云：「信幡，古之徽號也，所以題表官號，以爲符信，故謂之信幡也。乘輿則畫爲白虎，取其義而有威信之德也。」「用鳥書，取其飛騰輕疾也。」幖者，説文：「幖，幟也。」玉篇「幖，幡也」，本此。徽者，説文：「徽，幟也，以絳徽帛箸於背。」禮大傳云「聖人南面而治天下，必改正朔，殊徽號」，鄭注：「徽號，旌旗之名也。」周禮大司馬「中夏，教茇舍」，「辨號名之用，帥以門名，縣鄙各以其名，家以號名，鄉以州名，野以邑名，百官各象其事，以辨軍之夜事」，鄭注：「號名者，徽幟所以相别也。」左氏昭二十一年傳「揚徽者，公徒」，杜注：「徽，識也。」孔疏：「徽識制如旌旗，書其所任之官與姓名于上，被之于背，以備其死，知是誰之尸也。」亦通作「揮」。張衡東京賦「戎士介而揚揮」，薛綜曰：「揮，爲肩上絳幟，如燕尾。」陳琳爲袁紹檄豫州云「揚素揮以啟降路」，李善曰：「『揮』與『徽』古通用。」是徽垂肩而著于背也。帾者，玉篇「帾，幡也」，本此。旓者，説文：「旓，幡幟也。」帠者，集韻〔職韻〕「帠，幡也」，本此。舊本「帠」譌从「卬」，今訂正。幟者，史記〔高祖本紀〕「旗幟皆赤」，司馬貞曰：「幟，或作『識』，或作『志』。」案：幟，漢書通用「織」。

裛於劫反。謂之袠。

説文：「裛，書囊也。」「帙，書衣也」，或作「袠」。」蕭統文選序：「詞人才子，則名溢于縹囊；飛文染翰，則卷盈乎緗帙。」

幃謂之幐。

説文：「幃，囊也。」「幐，囊也。徒登切。」離騷「樧又欲充夫佩幃」，王逸注：「幃，盛香之囊。」又云「蘇糞壤以充幃兮」，王逸注：「幃謂之幐。幐，香囊也。」「幃」通作「禕」。爾雅〔釋器〕「婦人之禕，謂之縭」，郭注：「即今之香纓也。禕，邪交落帶繫于體，因名爲禕。」

帣、卷音。橐、𦨭，大河反。囊也。

說文：「〔櫜〕，橐也。」今作「囊」。大雅公劉詩傳「大曰囊，小曰橐」，疏云：「宣二年左傳稱趙盾見靈輒餓，食之，又爲之簞食與肉，寘諸橐以與之，是其小也。哀六年公羊傳稱陳乞欲立公子陽生，盛之巨橐，而内可以容人，是其大也。」帣者，居倦切。說文：「帣，囊也。今鹽官三斛爲一帣。」橐者，說文：「橐，囊也。」詩〔大雅公劉〕釋文引說文：「無底曰囊，有底曰橐。」𦨭者，玉篇：「𦨭，馬上連囊也。」

絭苦員反。謂之纕。相音。

說文：「絭，攘臂繩也。居願切。」「纕，援臂也。汝羊切。」

鑑謂之鏡。

說文：「鏡，景也。」釋名〔釋首飾〕：「鏡，景也，言有光景也。」淮南子「鏡不設形，故能形也」，高誘注：「鏡不預設人形貌，清明以待人形，形見則見之。」陸機〔演〕連珠：「鑑之積也無厚，而照有重淵之深。」

梳、枇、笸，姬音。櫛也。

說文：「櫛，梳比之總名也。」鄭注士冠禮云：「古文『櫛』爲『節』。」梳、枇者，說文：「梳，理髮也。」釋名〔釋首飾〕：「梳，言其齒疏也。數言比，比于梳，其齒差數也。比，言細相比也。」史記匈奴列傳漢文帝遺單于比余，漢書作「比疎」。顔注急就篇〔卷三〕云：「櫛之大而麤，所以理鬢者謂之梳，言其齒稀疏也。小而細，所以去蟣蝨者謂之比，言其齒密〔比〕也。皆因其體而立名。」「枇、比」，古字通。笸者，居之切。說文：「笸，取蟣比也。」

鰈丑列反。謂之叡。

玉篇「鰈，角也」。「觟，鰈也。楚加切」。本此。

笄、䚢，低音。笳，簪〔一〕作甘反。也。

簪，舊本譌爲「䉶」，考下文「篋謂之簪」，玉篇作「䉶」，別是一物，今訂正。說文「兂，首笄也，从〔人〕，匕象簪形」，俗作「簪」。周時未有簪名，經傳皆作「笄」。隋書禮儀志〔七〕引釋名：「簪，建也，所以建冠于髮也。一曰笄。笄，係也，所以拘冠使不墜也。」史記〔春申君列傳〕：「平原君誇楚，爲玳瑁簪。」班固與弟書云：「今遺仲升以黑犀簪。」笄者，說文：「笄，簪也。」五音集韻〔齊韻〕：「笄，或作『筓』同。」士冠禮云「皮弁笄，爵弁笄」，注云「笄，今之簪」也。梁正阮氏圖云：「士以骨，大夫以象。」晉語〔五〕：「范文子退朝，武子擊之〔以〕杖，折委笄。」笄貫于委，故曰委笄。古之笄，漢之簪也。韋昭以「委」爲委皃，非也。夏官弁師五冕之紐注云：「紐，小鼻在武上，笄所貫也。今時冠卷當簪者，廣袤似冠縱，其舊象與。」考武者冠卷，一名委。所謂「冠卷當簪者」，冕之紐也。䚢者，徒兮、丁兮二切。玉篇「䚢，簪也」，本此。笳者，曹憲無音，疑與「笴」同，即〔詩鄘風君子偕老〕「副笄六珈」之「珈」也。太玄曹上九云「男子折笄，婦人易笴」，司馬光注云：「笴，笄飾。男子有笄，婦人笴之以飾。」

幱幭啼音。謂之帞。在故反。

玉篇：「幱，許格切。」「幭，大兮切。」「幱幭，赤紙也。」「帞，音昨，帞幭。」舊本「幭」譌「絃」，今訂正。惠士奇禮說〔司約〕云：「幱幭，幡簿也。」「埤倉云：幱幭，赤紙。所謂赫幭書。孔穎達云：近世魏律緣坐配没爲工樂雜户者，皆用赤紙

〔一〕簪，疏證本作「䉶」。

爲籍，其卷以鉛爲軸，蓋古之幡簿也，丹書之遺法。」

縢、大能反。絜，朔音。緘古咸反。也〔一〕。

說文：「緘，束篋也。」鄭注喪大記云：「齊人謂棺束爲緘。」縢者，說文糸部義也。周書金縢「乃納册於金縢之匱中」，鄭注：「縢，束也。」秦風小戎「竹閉緄縢」，傳：「縢，約也。」莊子胠篋篇「則必攝緘縢」，釋文：「縢，向、崔本作『滕』。崔云：約也。」又引廣雅云：「緘、縢，皆繩也。」絜者，山卓切。玉篇「絜，緘也」，本此。

紲、思列反。㡗〔二〕、宏甍反。䌐、覓音。䋴、而勇反。紩、直乙反。緪、絃、呼眄反。今人以此爲弓絃〔三〕，失之也。縻、無悲反。紖、直忍反。縋、直僞反。緰、力冉反。繏、思絹反。徽、纆、墨音。綯、陶音。筊、肴音。纍、力追反。繩，索也。

說文：「索，艸有莖葉，可作繩索。」書五子之歌：「懍乎若朽索之馭六馬。」紲者，說文「紲，系也」，或作「緤」。玉篇：「紲，馬韁也，凡繫縲牛馬皆曰紲。」左氏僖二十四年傳：「臣負羈紲。」㡗，未詳，疑與「𦃇」通。說文：「𦃇，繫𦃇也。郎兮切。」舊本「㡗」字下有小注「宏甍」二字，此必非「㡗」字之音，或古本廣雅有「紘」字，音爲「甍」，疑不能定矣。䌐者，亡狄切。玉篇：「䌐，索也。」集韻〈錫韻〉：「荊州謂帆索曰䌐。」䋴者，皮之索也。玉篇：「䋴，亦作『䩸』。」又云：「䩸，革也。」紩

〔一〕疏證本「緘」下無「也」字，與下條相連。

〔二〕㡗，王念孫以爲即「紘」字之誤。

〔三〕絃，王念孫說當作「弦」。

者，玉篇「紩，索也」，本此。緪者，説文：「緪，大索也。」紘，未聞。縻者，牛之索也。説文「縻，牛轡也」，或作「絼」。紖者，説文：「紖，牛系也。讀若矤。」玉篇「紖，索也」，本此。縋者，懸之索也。説文：「縋，以繩有所縣也。」左氏襄十九年傳：「夜縋納師。」玉篇「縋，懸索也」，本此。繺、繏者，方言〔第五〕云：「所以縣䘿，關西謂之繺，東齊海岱之間謂之繏。」玉篇：「繺，懸〔蠶〕薄横也。繏，懸縋索。」徽、纆者，上許非切，下亡北切。説文：「徽，三糾繩也。」「纆，索也。」易〔坎〕釋文：「劉云：三股曰徽，兩股曰纆。」字林云：「糾，兩合繩；纆，三合繩。」莊子駢拇篇：「約束不以纆索。」淮南説林訓：「予拯溺者金玉，不若尋常之纆索。」綯者，大刀切。郭璞方言〔第九〕注云：「綯，亦繩名，今江東通呼索。」玉篇：「綯，糾絞繩索也。」筊者，與「絞」同。纍者，説文：「纍，大索也。」玉篇：「纍，黑索也。」繩者，説文糸部義也。大雅緜：「其繩則直。」

繘、橘音。絡，洛音。綆古猛反。也。

説文：「綆，汲井綆也。」左氏襄九年傳「具綆缶」，杜注：「綆，汲索。」通作「絖」。漢書枚乘傳「單極之絖斷〔幹〕」，晉灼云：「絖，古『綆』字。」繘者，方言〔第五〕「繘，自關而東周洛韓魏之間謂之綆，或謂之絡。關西謂之繘」，郭注：「汲水索也。」余聿切。説文：「繘，綆也。」絡者，玉篇：「繞也，縛也。」

縲、力追反。繯，泫音，又乎串反。絡也。

絡，與「綆」義相近，故又別而言之。縲，與「纍」同。繯者，乎畎切。方言〔第五〕：「所以縣䘿，宋魏陳楚江淮之間謂之繯，或謂之環。」

輅、軲，枯、姑二音。車也。軒、轉、片各反。轀温音。輬、涼音。轒墳音。輓、於云反。輧、蒲眠反。輀、而音。

軺、彫音。輂、己足反。輜、輋、輰陽音。䡵、𨎸烏音。頭、鸞、軥衢音。柳，車也。

淮南説山訓：「見飛蓬轉而知爲車。」説文：「車，輿輪之總名，夏后時奚仲所造，象形。」呂氏春秋〈君守〉「奚仲作車」，高誘注：「奚仲，黄帝之後，任姓也。傳曰：爲夏車正，封于薛。」釋名〈釋車〉：「車，古者曰車，聲如居，言行所以居人也。今曰車。車，舍也，行者所處，若車舍也。」玉篇引古史考：「黄帝作車，引重致遠。少昊時加牛，禹時奚仲加馬，周公作指南車。」輅者，古通「路」。論語〈衛靈公〉「乘殷之輅」，釋文：「本亦作『路』。」釋名〈釋車〉：「天子所乘曰玉輅，以玉飾車也。輅亦車也，謂之輅者，言行于道路也。象輅、金輅、木輅，各隨所以爲飾名之也。」周禮巾車掌王之五路，一曰玉路，二曰金路，三曰象路，四曰革路，五曰木路。續漢志〈輿服志上〉云：「天子五路，以玉爲飾，錫樊纓十有再就，建太常，十有二斿，九仞曳地，秦閲三代之禮，漢承秦制，御爲乘輿，所謂孔子乘殷之路者也。」軲者，廣韻〈模韻〉「軲，車也」，本此。車也者，案：此二字疑有誤，或衍文。自來字書家引此以「軒、輧」等皆爲「柳車」，沿誤本也。軒者，説文：「軒，曲輈藩車。」玉篇：「軒，大夫車。」左氏定十三年傳「齊侯〈皆〉斂諸大夫之軒」、哀十五年傳稱衛太子謂渾良夫曰：「苟使我入〈獲〉國，服冕乘軒」，是「軒」爲大夫車也。又諸侯之夫人亦乘軒。閔二年傳稱齊桓公遺衛夫人魚軒。夫人乘軒，疑諸侯亦乘軒，故檜風候人傳云「大夫以上赤芾乘軒」也。轉，未詳。轀輬者，説文「轀、輬」皆云「臥車也」。史記李斯列傳：「宦者輒從轀輬車中可諸奏事。」又漢書〈霍光傳〉注：「文穎曰：『轀輬車，如今喪轜車。』孟康曰：『如衣車有窗牖，閉之則温，開之則涼，故名。』如淳曰：『其形廣大，有羽飾。』臣瓚曰：『杜延年奏，載霍光柩以輬車，駕大廐白虎駟，以轀車駕大廐白虎駟爲倅。』顔師古曰：『轀輬本安車也，可以臥息。後因載喪，飾以柳翣，故遂爲喪車』，『後人合二名呼之耳。』」轒輐者，玉篇：「轒輐，兵車。」案：「轒輐」亦作「轒轀」。太平御覽引太公六韜云：「凡三軍有大器，攻〈城〉圍邑，有轒轀臨衝，城中則有雲梯、飛樓。」又周遷輿服雜事云：「轒轀，今之撞車也。其下四輪，從中椎之，至敵城下。」長楊賦「碎轒轀，破穹廬」，應劭曰：「轒轀，匈奴車也。」服虔曰：「轒轀，百二十步兵車，或可寢處。」杜佑通典〈守拒法〉云：「攻城戰具，作四輪車，上以繩爲脊，生牛皮蒙之，下可藏十人，填隍推之，直抵城下，可以攻掘，金火木石所不能敗，謂之轒轀車。」軿者，説文：「軿，輜車也。」釋名〈釋車〉：「軿車，軿，屏也，四面屏蔽，婦人所乘，駕牛馬也。輜軿之形同，有邸曰輜，無邸曰軿。」輀者，説文：「輀，喪車也。」釋名〈釋喪制〉：「輿棺之車曰轜。轜，耳也，懸于左右前後銅魚摇絞之屬，耳耳然也。」潘岳寡婦賦「龍轜儼其星駕兮」，李善注引丁儀妻寡婦賦：「駕龍轜于門側。」案：「輀、轜」，字異義同。軺者，説文：「軺，小車也。」釋名〈釋車〉：「軺車，軺，遥也，〈遥〉，遠也，四向遠望之車也。」史記貨殖列傳「其軺車百乘」，徐廣曰：「馬車也。」輂者，説文：「輂，大車駕馬也。」史記淮南厲王列傳「謀以輂車四十乘反谷口」，徐廣曰：「大車駕馬曰輂。」輜者，説文：「輜，軿車前衣車後也。」釋名〈釋車〉：「輜車，載輜重臥息其中之車也。輜，廁也，所載衣物雜廁其中也。」春秋〈宣公十二年左氏傳〉疏云：「輜車，蔽前後以載物。」「載物必重，謂之重車；人挽以行，謂之輦。輜、重、輦，一物也。襄十年傳稱『秦堇父輦重如役』，挽此車也。」漢書張良傳「上雖疾，强載輜車，臥而護之」，顔師古曰：「輜車，衣車也。」輦者，説文：「輦，輓車也。〈从車〉从扶，在車前引之。」釋名〈釋車〉：「輦車，人所輦也。」春秋疏義〈宣公十二年〉云「司馬法云：夏后氏謂輦車曰余車，殷曰胡奴車，周曰輜輦，輦一斧一斤一鑿一梩一鋤，周輦加二版二築。又云：夏后氏二十人而輦，殷十八人而輦，周十五人而輦。説者以爲夏出師不踰時，殷踰時，周歷時，故前世輦少而後世輦多也。」「輦」通作「連」。地官鄉師「輂輦」注云：「故書『輦』作『連』。」易蹇「六四，往蹇來連」，虞翻曰：「連，輦。」管子立政篇「畜連乘車」、海王篇「服連、軺輂」，皆以「連」爲「輦」。輰䡶者，上餘章切，下似醉切。玉篇：「輰，輰䡶車。」鶣頭者，上烏古切，未詳。鸞、軥者，「軥」與「鉤」通。明堂位「鸞車，有虞氏之路也。鉤車，夏后氏之路也」，鄭注：「鸞，有鸞和也。鉤，有曲輿者也。」孔疏：「路則車也。」「鉤，曲也。輿則車牀，曲輿，謂曲前闌也。虞質未有鉤矣。」釋名（釋車）：「鉤車，以行爲陣，鉤股曲直有正，夏所制也。」詩（小雅　六月）毛傳：「夏后氏曰鉤車，先正也。殷曰寅車，先疾也。周曰元戎，先良也。」柳者，力久切。舊本作「抑」，誤，今从集韻（有韻）所引訂正。玉篇「䡇，載柩車也」，或作「𨊻」同。案：柳車，一名廣柳車。漢書季布傳「迺髡鉗布，衣褐，置廣柳車中」，服虔曰：「東郡謂廣轍車爲廣柳車。」晉灼曰：「周禮說『衣翣柳』，柳，聚也，衆飾之所聚也。此爲載以喪車，欲人不知也。」三禮圖云：「柳車名有四：殯謂之輴車，葬謂之柳車，以其迫地而行則曰蜃車，以其無輔則曰軨車。」「阮氏圖云：柳車四輪一輳，車長丈二尺，廣四尺，高五尺，周禮謂之蜃車。」

罂罌音。謂之鈁。方音。

鈁者，玉篇以爲鐘，廣韻（陽韻）以爲鑊。案：上下文俱言車制，然則此「鈁」是「鈁鈘」。說文作「防鈘」，獨斷及他書俱作「鈁釳」。

䌃素對反。車謂之麻鹿。道軌謂之鹿車。

此釋䌃車之名也。說文：「䌃，著絲于筟車也。」「筟，筳也。」「筳，䌃絲筦也。」方言（第五）：「䌃車，趙魏之間謂之轣轆（車），東齊海岱之間謂之道軌。」「轣轆」與「麻鹿」同。「鹿車」即「麻鹿」也。玉篇：「䌃車，亦名軌車。」

軒于音。謂之鞶。輯〔一〕子入反。謂之䩐。解音。

〔一〕輯，疏證本作「鞙」。

玉篇：「靬，宇夫切，鞘内環靼也。」廣韻〔虞韻〕：「靬，鞶革。」輯、[革解]，未詳。

轅謂之輈。

說文：「轅，輈也。」釋名〔釋車〕：「轅，援也，車之大援也。輈，句也，轅上句也。」方言〔第九〕：「轅，楚衛之間謂之輈。」秦風小戎「五楘梁輈」，傳：「楘，歷録也。梁輈，輈上句衡也。一舟五束，束有歷録。」考工記〔輈人〕「輈人爲輈」、左氏隱十一年傳「挾輈以走」、〔左氏宣四年傳〕「伯棼射王，汏輈」，鄭、〔杜〕注並云：「輈，車轅也。」小爾雅〔廣器〕：「轅謂之輈。」

弸冰音。轅謂之靳。

說文：「靳，當膺也。」古亦謂之纓。春官巾車注：「纓，今馬鞅。」先鄭以「纓」爲當胸。左傳僖二十八年：「子玉〔自〕爲瓊弁玉纓。」張衡〔東京〕賦以爲馬飾，薛綜曰：「纓，馬鞅。」案：釋名〔釋車〕：「鞅，嬰也，喉下稱嬰，言纓絡之也。其下飾曰樊纓，其形樊樊，而上屬纓也。」是馬纓即馬鞅，又名靳也。左氏定九年傳：「吾從子如驂之靳。」小戎「游環脅驅」，傳：「游環，靳環也。」沈重曰：「靳者，言無常處，游在驂馬背〔上〕，以驂馬外轡貫之，以止驂之出。」釋名〔釋車〕：「游環，在服馬背上，驂〔馬〕之外轡貫之，游移前卻，無定處也。」

輫、俳音。轓，甫袁反。箱也。

說文：「箱，大車牝服也。」小雅大東「不以服箱」，傳：「箱，大車之箱也。」戴吉士震〔考工記圖〕曰：「大車之較謂之牝服，其内謂之箱。輿有式，較高卑之分，箱則其上齊平。」方言〔第九〕：「箱謂之輫。」玉篇「轓，車箱」，本此。

[車伏]扶福反。謂之軾。

說文：「軾，車前也。」⿰韋伏，說文作「絥，車絥也」，或作「茯」，又作「鞴」。釋名〔釋車〕：「⿰韋伏，伏也，在前人所伏也。軾，式也，所伏以式敬者也。」「⿰韋伏、絥、⿰革伏、茯、鞴」，音義同。

轓謂之軬。反音。

說文：「軬，車耳反出也。」是言車之兩反旁出如耳也。漢書景帝紀「令長吏二千石車朱兩轓，千石至六百石朱左轓」，應劭曰：「車耳反出，所以爲之藩屏，翳塵泥也。二千石雙朱，其次乃偏其左。軬以簟爲之，或用革。」如淳曰：「轓，音反，小車兩屏也。」太玄積次四曰「君子積善，至于車耳」。測曰：「君子積善，至于藩也」，注云：「藩，車耳。」惠士奇禮說〔司戈盾〕云：「司戈盾掌建乘車而設藩盾，舍則設之，行則斂之。康成謂藩盾，如今〔之〕扶蘇。『蘇』與『胥』，古文通，故『扶蘇』一作『扶胥』，蓋秦漢閒語。周之藩盾也，建之乘車，以蔽左右，軍旅會同，前後拒守。大者八尺輪，三十六乘，輓者每乘二十四人，以大扶胥爲武衛焉。中者五尺輪，大櫓扶胥七十二具。小者鹿車輪，小櫓扶胥一百四十六具。皆以矛戟爲翼，扶胥爲衛，在車兩轓，故曰藩盾。止則設焉，嚴其守也。行則斂焉，利其行也。王之乘車則然。若凡兵車雖行亦設之，所以陷堅陣敗強敵。說者遂以扶胥爲車名，失之甚矣。大扶胥者，左傳偪陽之役，『狄虒彌建大車之輪而蒙之以甲以爲櫓』者，是也。古者材士持強弩矛戟夾車而趨，左八人，右八人，車止則持輪以爲羽翼。狄虒彌以一人當之，非所謂『有力如虎』者乎！扶胥之大小，眡其輪之高卑。高則建大，卑則建小。建櫓于輪，非以輪爲櫓也，即古之輂。軍行載器，止則爲營。一名車耳。車耳曰藩。因以建盾，一名龍盾。詩〔秦風小戎〕曰『龍盾之合』，畫龍于盾，爲龍盾。合者，合而載之，以蔽車。」

幢直江反。謂之幏。蒙音。

説文：「幏，蓋衣也。」男子立乘，其車有蓋無帷裳，婦人坐乘，有蓋有帷裳。春官巾車「王后〔之〕五路」，「皆有容蓋」，先鄭云：「容，謂幨車，山東謂之裳幃，或曰幢容。」後鄭謂「蓋，如今小車蓋也」。詩〔衞風氓〕「漸車帷裳」，箋：「幃裳，童容。」幃裳係于蓋，下垂蔽兩輢如裳然。既夕記注：「裧者，車裳幃，于蓋弓垂之。」裧，即幨也。

靯杜音。䩬步各反。謂之鞇。因音。

説文：「茵，車重席。」司馬相如説作「鞇」。釋名〔釋車〕：「文茵，車中所坐者也。用虎皮，有文采，因與下輿相連著也。」「靯䩬，車中重薦也。輕靯䩬，小貂也。」「鞇」亦作「絪」。漢書霍光傳「加畫繡絪」，如淳注：「絪，亦『茵』。」

覆笭謂之幦。覓音。

公羊昭二十五年傳「以幦爲席」，何注：「幦，車覆笭。」玉藻「羔幦虎犆」，鄭注：「幦，覆笭也。」説文「幦」作「幭，蓋幭也」。韓奕「鞹鞃淺幭」，傳：「幭，覆式也。」又作「幎」。春官巾車「木車」，「犬幎」，注：「以犬皮爲覆笭。」既夕記「白狗幦」，注：「古文『幦』爲『冪』。」「幦、幭、幎、冪」，字異音義同。

𨍪、彌忍反。轐、〔一〕扶欲反。陰靷，允音。伏兔太故反。也。

釋名〔釋車〕：「屐，似人屐也。又曰伏兔，在軸上似之也。又曰輹。輹，伏也，伏於軸上也。」又云：「陰，蔭也，横側車前所以陰笭也。靷，所以引車也。」説文：「𨍪，車伏兔下革也。讀若閔。」「轐，車伏兔也。」「輹，車軸縛也。」「靷，引軸也。」「軸，持輪也。」春秋〔左氏傳僖公十五年〕疏引子夏易傳：「輹，車下伏兔也，今人謂之車屐，形如伏兔，以繩縛于

〔一〕王念孫以爲「轐」下脱「輹」字，其「扶欲反」乃「輹」之音。

軸，因名縛也。」釋名（釋車）：「縛，在車下，與輿相連縛也。」戴吉士震（考工記圖）曰：易小畜九三「輿脱輻」、大畜九二「輿脱輹」、大壯九四「壯于大輿之輹」，「輹、轐」實一字，其下有革以縛于軸，今易惟小畜作「輻」，蓋「輹」字少見，傳寫者誤耳。輻于轂與牙之間，非可脱者。又當連輪言，不當連輿言，後人不知輹何物，于大壯、大畜皆作「輻」解矣。

軑、達計反，又達蓋反。䡯、揔音。輇，舟音。輪也。

釋名（釋車）：「輪，綸也，言彌綸也，周匝之言也。」説文：「輪，有輻曰輪，無輻曰輇。輇，無輻也。讀若饌。」方言（第九）：「輪，韓楚之間謂之軑，或謂之軝。關西謂之䡯。」䡯，釋名（釋車）作「𨏥，言輻總入轂中也」。

軝渠夷反。謂之轂〔一〕。

釋名（釋車）：「轂，埆也，體堅埆也。」説文：「轂，輻所湊也。」「軝，長轂之軝（也），以朱約之。」或作「軧」。戴吉士震曰：考工記（輪人）「幬必負幹」，鄭注：「幬負幹者，革轂相應，無贏不足。」軝，即記之幬革，朱其革以幬其幹，故曰朱而約之。惟長轂盡飾，若大車短轂則無飾，故曰長轂之軝。

䡲士山反。𨏲、九縛反。𨏒、渠音。輮、如西反。輂，俱勇反。輞也。

釋名（釋車）：「輞，罔也，罔羅周輪之外也。關西曰輮，言曲輮也。或曰䡅。䡅，緜也，緜連其外也。」䡅，急就篇（卷三）作「𨍢」，讀若「民」。䡲𨏲者，淮南説林訓作「蟬匷」，曰：「古之所爲不可更，則椎車至今無蟬匷。」鹽鐵論（非鞅）作「蟬攫」，曰：「椎車之蟬攫，負子之教也。」韓非子（八説）曰古者樸即「有珧銚而推車」，是「珧銚」亦蟬𨏲也。𨏒者，玉篇

〔一〕軝謂之轂，疏證本作「轂篆謂之軝」。

「轆，輞也」，本此。輮者，考工記輪人「爲輪，牙也者，以爲固抱也」，鄭司農以牙爲輮，「書亦或作『輮』」，「世間〔或〕謂之輞」。𨏼者，玉篇「𨏼，輞也」，本此。

輑牛殞反。**謂之軸。**

此方言〔第九〕文也。玉篇：「輑，車軸也。」儀禮〔既夕禮〕云「遷于祖用軸」，鄭注：「軸，輁〔軸〕也。」

鐹、古臥反。**錕，**古本反。**釭也。**

說文：「釭，車轂中鐵也。」釋名〔釋車〕：「釭，空也，其中空也。」鐹者，說文作「楇，盛膏器。讀若過」。方言〔第九〕：「車釭，齊燕海岱之間謂之鍋，或謂之錕。自關而西謂之釭，盛膏者乃謂之鍋。」史記孟子荀卿列傳「炙轂過髡」，集解云：「劉向別録『過』字作『輠』。輠者，車之盛膏器也。」索隱云：「今案：文稱『炙轂過』，則過是盛脂之器名。『過』與『鍋』字相近。」錕者，玉篇「錕，車釭也」，本此。

轊、衛音。**䡫，**籠音。**𨎮**五弔反。**也**〔一〕。

說文「軎，車軸耑也」，或作「轊」。方言〔第九〕「車轊，齊謂之䡫」，郭注：「轊，車軸頭也。又名𨎮。」䡫，通作「籠」。史記田單列傳「令其宗人盡斷其車軸末而傅鐵籠」，索隱云：「斷其軸，恐長相撥也。以鐵裹軸頭，堅而易進也。傅者，截其軸與轂齊，以鐵鍱附軸末，施轄於鐵中以制轂也。」

〔一〕轊、䡫，𨎮也，疏證本作「䡫、𨎮、轊也」。

錬諫音。鏅、天〔一〕罪反。釱，太音。錧館音。也。

錧，説文作「輨」，云：「轂端沓也。」案：「沓」當作「錔」。「錔，以金有所冒也」。輨以鐵爲管，約轂外兩端，以金冒之，故説文以爲錔也。顔注急就篇（卷三）云：「輨，轂端之鐵也。」方言（第九）：「輨、軑，錬鏅也。關之東西曰輨，南楚曰軑，趙魏之間曰錬鏅。」離騷云：「齊玉軑而並馳。」

拘〔二〕俱音。簍、縷音。隆屈、筷、公悔反。篷、䉶穹音。籠，龍音。軬步本反。也。筤良、郎二音。謂之笑。替音。箹、步角反，又叉角反。䈿，覓音。軬帶也。

此釋軬之名及其帶也。釋名（釋車）：「軬，藩也，蔽水雨。」方言（第九）「車拘簍，宋魏陳楚之間謂之筷，或謂之䉶籠。其上約謂之箹，或謂之䈿。秦晉之間自關而西謂之拘簍，西隴謂之棆。南楚之外謂之篷，或謂之隆屈」，郭注：「拘簍，即車弓也。」釋名（釋車）：「隆強，言體隆而強也。或曰弓車，似弓曲也。其上竹曰郎疏，相遠晶晶然也。」説文云：「淮陽名車穹隆轒。」「穹隆」即「䉶籠」也。筤者，釋名所謂「郎疏」也。笑者，玉篇「笑，他計切，車筤」，本此。

絢、桃音。紂，緧秋音。也。

説文：「緧，馬紂也。」「紂，馬緧也。」釋名（釋車）：「鞧，遒也，在後遒迫，不得使卻縮也。」考工記（輈人）：「必緧其牛後。」潘岳疾王濟、裴楷，乃題閣道爲謡曰：「閣道東，有大牛，王濟鞅，裴楷鞧。」言濟在前，楷在後也。方言（第九）「車

〔一〕天，王念孫説當作「大」。

〔二〕拘，疏證本、方言及郭注並作「枸」。

紂，自關而東周洛韓鄭汝潁而東謂之緧，或謂之曲綯，或謂之曲綸。自關而西謂之紂」，郭注：「綯，亦繩名。」「今江東通呼索。」

陽門、箳瓶音。篂、星音。雀目、蔽，簹當音。也。

釋名〈釋車〉：「立人，象人立也。或曰陽門，在前曰陽，兩旁似門也。」玉篇：「箳篂，車轓。簹，車簹管。」廣韻〈青韻〉：「箳篂，別駕車轓。」

羈、䩆，古核反。勒也。靮謂之繮。薑音。靶巴化反。謂之綏。馬鞅謂之脅。靹、巨駒反。靾、曳音。駻，汗音。鞍也。防汗謂之鞈。公洽反。韉所垂反。謂之鞘。所交反。

此俱釋馬上所用之物也。羈、䩆、勒者，鹽鐵論〈散不足〉：「今富者」「黃金琅勒。」說文：「勒，馬頭絡銜也。」釋名〈釋車〉：「勒，絡也，絡其頭而引之也。」玉篇：「勒，馬鑣銜也。」說文：「羈，馬絡頭也。」釋名〈釋車〉：「羈，檢也，所以檢持制之也。」莊子馬蹄篇：「連之以羈馽。」離騷「余雖好脩姱以鞿羈兮」，王注：「革絡頭曰羈。」玉篇「䩆，勒也」，本此。靮謂之繮者，說文：「繮，馬紲也。」釋名〈釋車〉：「韁，疆也，繫之使不得出疆限也。」玉篇：「靮，韁也，所以繫制馬。」「繮、韁」同。靶謂之綏者，說文：「綏，車中把也。」司馬相如子虛賦「繆繞玉綏」，張博士彼注云：「楚王車之綏以玉飾之。」郭璞曰：「綏，登車所執也。」說文「靶，轡革也」，繫傳云：「御人所把處也。」漢書王褒傳「王良執靶」，晉灼曰：「靶，謂轡也。」馬鞅謂之脅者，說文：「鞅，頸靼也。」案：「鞅」即靳也，解見上文。靹、靾、駻、鞍者，說文：「鞍，馬鞁具也。」管子山國軌篇：「被鞍之馬千乘。」靾，玉篇作「鞢」，云：「以鞍贈亡人也。」靹、駻，未聞。防汗謂之鞈者，說文：「鞈，防汗也。」韉謂之鞘者，說文：「韉，緌也。」玉篇：「韉，鞍邊帶。」

縶、䋙，須宇反。絆也。

説文：「絆，馬縶也。」釋名〔釋車〕：「靽，半也，拘使半行，不得自縱也。」縶者，説文「馽，絆〔馬〕也，从馬口其足。春秋傳〔曰〕：『韓厥執馽前。』讀若輒」，或作「縶」。穀梁傳〔昭公二十年〕：「輒者何也？曰：兩足不能過。齊謂之綦，楚謂之踂，衛謂之縶。」䋙者，莊子馬蹄篇「連之以羈馽」，釋文：「馽，司馬、向、崔本並作『䋙』。向云：『馬氏音竦。』崔云：『絆前兩足也。』」案：説文：「䋙，絆前兩足也。漢令蠻夷卒有䋙。」此「䋙」即「胥靡」之「胥」。呂氏春秋〔求人〕：「傅説，殷之胥靡。」漢書楚元王傳「二人諫，不聽，胥靡之，衣之赭衣」，顏師古曰「聯繫使相隨而服役之，故謂之胥靡」之。

㮲、叉溝反。桊，眷音。拘也。

玉篇：「㮲，牛桊。」「棬，拘牛鼻也。亦作『桊』。」本此。

樎、縮音。皁，歷〔一〕也。

歷，亦作「櫪」。方言〔第五〕「櫪，梁宋齊楚北燕之間或謂之樎，或謂之皁」，郭注：「養馬器也。皁隸之名，于此乎出。」玉篇：「樎，櫪也，養馬器也。」莊子馬蹄篇「編之以皁棧」，釋文：「皁，櫪也。一云槽也。崔譔云：『馬閑也。』」呂氏春秋慎大覽〔權勳〕云「猶取之內皁而著之外皁也」，高注：「皁，櫪也。」漢書鄒陽傳：「使不羈之士與牛驥同皁。」案：「皁」古作「槽」。説文：「槽，畜獸之食器。」

〔一〕歷，疏證本作「櫪」。

幠烏含反。篼、多鉤反。𢅥篼、幈，真音。囊也。

此釋飤馬之囊也。方言〔第五〕「飤馬橐，自關而西謂之裺囊，或謂之裺篼，或謂之樓篼。燕齊之間謂之帪」，郭注：「帪，廣雅作『振』，字音同耳。」然則古本廣雅「帪」作「振」也。説文：「篼，飲馬器也。」

廣雅疏義卷第十五

廣雅卷八

骸、乎皆反。骼、格音。骹、苦弔〔一〕反。覈,苦弔反。骨也。

説文:「骨,肉之覈也。从冎有肉。」釋名〈釋形體〉:「骨,滑也,骨堅而滑也。」骸者,説文:「骸,脛骨也。」左氏宣十五年傳:「析骸以爨。」骼者,説文:「禽獸之骨曰骼。」月令「仲春,掩骼埋胔」,鄭注:「骨枯曰骼。」樂記云「角觡生」,鄭注:「無鰓曰觡。」骹者,口交切。説文:「骹,脛也。」爾雅〈釋畜〉:「馬四骹皆白,驓。」考工記輪人注:「人脛近足者細於股,謂之骹。羊脛細者亦爲骹。」又弓人注:「齊人名手足掔爲骹。」覈者,説文以「骨」爲「肉之覈」,則覈亦骨也。

衁、荒音。衊,蔑音,又陌曷反。言暗也。血也〔二〕。

説文:「血,祭所薦牲血也。从皿,一象血形。」釋名〈釋形體〉:「血,濊也,出於肉,流而濊濊也。」衁者,説文:「衁,血也。」左氏僖十五年傳:「士刲羊,亦無衁也。」衊者,鼻之血也。素問〈氣厥論〉云:「膽移熱於腦,則辛頞鼻淵。鼻淵者,

〔一〕弔,王念孫説當作「交」。

〔二〕衊,蔑音,又陌曷反。言暗也。血也,王念孫博雅音校本作「衊、蔑音,又陌曷反。衉,苦暗反。血也」。

濁涕下不止也，傳爲衂衊，瞑目。」案：血之污，亦爲衊。説文：「衊，污血也。」漢書文三王傳：「污衊宗室。」

䐑，乎結反。䐞，弱音。膜莫音。也。

説文：「膜，肉間胲膜也。」釋名（釋形體）：「膜，幕也，幕絡一體也。」䐑者，玉篇：「䐑，下結、下計二切，喉膜也。」䐞者，如灼切。説文：「䐞，肉表艸裹也。」

肌、膚、肴、腅、達濫反。膎、乎佳反。今世人作「鮭」字如此，失之。脼、兩音。䐞、若音。膳、膂、旅音。腱、居言反。脤、膰，上時忍反，下煩音。肉也。

説文：「肉，胾肉。象形。」釋名（釋形體）：「肉，柔也。」肌、膚者，體之肉也。説文：「肌，肉也。」「臚，皮也。籀文作『膚』。」釋名（釋形體）：「肌，懻也，膚幕堅懻也。膚，布也，布在表也。」淮南精神訓：「三月而胎，四月而肌。」續漢書律曆志（下）注：「小暑，病臚腫也。」易（噬嗑）曰「噬膚」，馬融注：「柔脃肥美曰膚。」肴者，食之肉也。説文「肴，啖也」，徐鍇曰：「已脩庖之可食也。」舊本「肴」譌「者」，今訂正。腅者，玉篇：「腅，肴也。」廣韻（闞韻）：「腅，或作『啖』。」説文「肴」爲「啖」，知「腅」即「啖」也。膎、脼者，脯之肉也。説文：「膎，脯也。」「脼，膎肉也。」玉篇：「脼，膎脼也。」䐞者，如灼切。䐞爲膜，故亦爲肉也。膳者，牲之肉也。玉篇：「膳，牲肉也。」天官膳夫「掌王之食飲膳羞」，注云：「膳之言善也。今時美物曰珍膳。」膂、腱者，筋骨之肉也。説文「吕，脊骨也。象形。昔太岳爲禹心膂之臣，故封吕侯」，篆文作「膂」。又云「䈇，筋之本也」，或作「腱」。脤者，宜社之肉也。説文：「祳，社肉盛以蜃，故謂之祳，天子所以親遺同姓。春秋傳曰：『石尚來歸祳。』」「祳、脤」，古今字。左氏成十三年傳「成子受脤于社，不敬」，注云：「脤，宜社之肉也。」膰者，祭廟之肉也。説文：「膰，宗廟火孰肉。春秋傳曰：『天子有事膰焉。』」今左氏僖二十四年傳作「膰」，〔釋〕文云：「周禮又作『繙』。」大宗伯「以脤膰〔之禮〕，親兄弟之國」，注云：「脤膰，社稷宗廟之肉，以賜同姓之國，同福禄也。」

⿰月丞、之丞反。臉、七濳反。⿰豸勿〔一〕，熟〔二〕也。

舊本「⿰豸勿」下「熟」字譌爲曹憲音，案：「⿰豸勿」無「熟」音，明是廣雅正文，傳寫者不識古字而旁寫耳，今補正。熟，説文作「䎬，食飪也」。⿰月丞者，玉篇：「⿰月丞，俎實也。」廣韻〔蒸韻〕「⿰月丞，熟也」，本此。臉者，力減切。玉篇：「臉臘，羹也。」⿰豸勿者，舊本作「⿱⿰谷刃殳」，不知所從。案：説文「肰」，古文作「⿰豸勿」。「肰」與古「然」通。説文訓「然」爲「燒」。物燒則熟，故⿰豸勿亦孰也。

⿱艹⿱丞皿之丞反。謂之⿱艹⿱沮皿〔三〕。阻居反。

説文「菹，酢菜也」，或作「⿱艹⿱沮皿、⿱艹⿱⿰酉且皿」，並从「皿」。又血部「⿱艹⿱沮血，醢也」，或作「⿱艹⿱⿰酉且血」，並从「血」。周禮醢人掌供七菹。玉篇血部「⿱艹⿱丞血，⿱艹⿱沮血也」，本此。今此二字俱从「皿」。釋名〔釋飲食〕：「菹，阻也，生釀之遂使阻于寒温之間，不得爛也。」

胾、側事反。膊，拙究反。臠，劣究反。也。

説文：「臠，切肉臠也。」淮南説林訓：「嘗一臠肉而知一鑊之味。」司馬相如子虚賦「脟割輪焠」，郭璞注：「脟，膊也，

〔一〕⿰豸勿，疏證本作「⿱⿰谷刃殳」。

〔二〕熟，王念孫博雅音校本作「⿱⿰谷刃殳」之音釋。

〔三〕⿱艹⿱丞皿謂之⿱艹⿱沮皿，疏證本作「⿱艹⿱丞皿謂之蕰」。

音臠。」顏師古曰：「『脟』與『臠』同。」胾者，説文：「胾，大臠也。」鄉射禮「職長尺二寸」，鄭注：「職，猶脡也。古文『職』爲『胾』。」膞者，説文：「膞，切肉也。」淮南説林訓「一膞炭熯，掇之則爛指」，高注：「一膞，一挺也。」

⿰月羹謂之湆[一]。泣音。

⿰月羹，即「羹」也。左氏昭二十年傳：「晏子曰：『和如羹焉，水火醯醢鹽梅以烹魚肉，燀之以薪。宰夫和之，齊之以味，濟其不及，以泄其過。君子食之，以平其心。』」「⿰月羹」字玉篇不收，廣韻（庚韻）：「⿰月羹，熟肉也。」湆，舊本作「⿰月立」。「⿰月立」字玉篇、廣韻俱不收。集韻（緝韻）：「⿰月立，或作『湆』。」案：字當爲「湆」。説文：「湆，幽溼也。去急切。」士昏禮「太羹湆在爨」，鄭注：「太羹湆，煮肉汁也。今文『湆』皆作『汁』。」公食大夫禮注同。説文：「汁，液也。」古文借「湆」爲「汁」，故「湆」亦訓汁。或説「湆」訓幽溼，當从日，泣聲。俗或别作「湇」字，以爲肉汁。郭忠恕佩觿兼收「湇、湆」，以「湆」爲幽溼、「湇」爲肉汁，失之矣。集韻（緝韻）引博雅亦作「⿰月立」，知所見本已誤。

⿰魚岑、岑音，又才感反。**鮆、鮨**，耆音。**鮺**昃下反。**也。**

此釋藏魚之名也。説文：「鮺，藏魚也。南方謂之魿，北方謂之鮺。」玉篇「鮺」與「鮓」同。釋名（釋飲食）：「鮓，菹也，以鹽米釀魚而爲菹也。」⿰魚岑者，才枕、才箴二切。説文作「魿，鮺也。大魚爲鮺，小魚爲魿」。玉篇「⿰魚岑」與「魿」同。鮆者，徂禮切。刀魚之可鮺者，九江有之。鮨者，巨梨切。説文：「鮨，魚䏿醬也，出蜀中。」玉篇：「鮨，鮓屬。」爾雅（釋器）「魚謂之鮨」，郭注：「鮨，鮓屬也。」公食大夫禮有牛鮨有魚膾，鄭注云：「内則謂『鮨』爲『膾』，然則膾用鮨。今文『鮨』作

[一] 湆，疏證本作「⿰月立」。

『鰭』。」

䐹〔一〕、繡留反。脘、丸、管二音。膊、普各反。腊、昔音。膴、呼音，又凶宇反。胏、壯里反。脩、腒、巨於反。腩，南感反。脯也。

此釋乾肉之名也。説文：「脯，乾肉也。」釋名（釋飲食）：「脯，搏也，乾燥相搏著也。」易（噬嗑）「噬乾胏」，子夏作「乾脯」。曲禮（下）：「脯曰尹祭。」士虞禮云：「折俎二尹，縮祭半尹。」是「脯」不徒爲豆實，兼折以爲俎實也。鄉射記云：「脯五膱，膱長尺二寸。」風俗通義：「祀岱宗，作脯廣一尺，長五寸。」是漢之脯短於古矣。䐹者，所鳩切。説文：「䐹，乾魚尾䐹䐹也。」天官庖人「夏行腒䐹膳膏臊」，鄭司農曰：「鱐，乾魚也。」脘者，古卯切。説文繫傳本「脘，胃脯也」，徐鍇曰：「謂以胃作脯也。」史記貨殖傳：「濁氏以胃脯致富。」膊者，説文：「膊，薄脯膊之屋上。」釋名（釋飲食）：「膊，迫也，薄椓肉迫著物使燥也。」腊者，説文「昔，乾肉也。从殘肉，日以晞之，與『俎』同意」，籀文作「腊」。釋名（釋飲食）：「腊，乾昔也。」「昔」本乾肉，爲借義所奪，乃以籀文「腊」爲昔肉字。天官腊人「掌乾肉，凡田獸之脯腊」，鄭注：「大物解肆乾之謂之乾肉，若今涼州烏翅矣。腊，小物全乾。」噬嗑六三「噬腊肉」，馬融注：「晞于陽而煬于火曰腊。」虞翻注：「離日熯之爲昔肉。」蓋昔之爲物，竟夕乃乾，故周禮序官腊人注：「腊之爲言夕也。」顔師古注急就篇（卷三）云：「合骨全乾謂之腊。」膴者，荒烏切。説文：「膴，無骨腊也。揚雄説：鳥腊也。」有司徹注：「膴，讀如『殷冔』之『冔』，刳魚時割其腹以爲大臠，可用祭也。」胏者，説文：「𦙶，食所遺也。揚雄説作『胏』。」噬嗑九四「噬乾胏」，

〔一〕䐹，疏證本作「鱐」。

馬融注：「有骨謂之胏。」脩者，説文：「脩，脯也。」釋名〔釋飲食〕：「脩，縮也，乾燥而縮也。」天官膳夫「凡肉脩之頒賜，皆掌之」，鄭司農云：「脩，脯也。」賈疏：「加薑桂鍛治者謂之脩，不加薑桂以鹽乾之者謂之脯。散文言之，則『脩、脯』通也。」腒者，説文：「北方謂鳥腊曰腒。傳曰：堯如腊，舜如腒。」鄭司農注天官庖人云：「腒，乾雉。」腩者，奴坎切。玉篇：「腩，煮肉也。」廣韻〔感韻〕同。

臇、子兖反。臏、扶粉反。腯，損音。臛呼各反。也。

此釋肉羹之名也。臛，説文作「脽，肉羹也」。宋玉招魂「露雞臛蠵」，王逸注：「有菜曰羹，無菜曰臛。」洪興祖補注：「臛，字書作『脽』。」曹植七啟：「臛江東之潛黿。」臇者，説文「臇，脽也」，或作「熼」。楚辭招魂「鵠酸臇鳧」，王逸曰：「臇，小臛也。」曹植七啟「臇漢南之鳴鶉」，李善注引倉頡解詁云：「臇，少汁臛也。」臏者，説文：「臏，臛也。」桓寬鹽鐵論〔散不足〕云：「今熟食徧列，有穀臏鴈羹。」腯者，穌本切。説文：「腯，切孰肉内于血中和也。」

百葉謂之膍毗音。胵。齒之反。胃謂之胘。弦音。

此釋鳥獸胃名也。説文：「膍，牛百葉也。一曰：鳥膍胵。或作『肶』。」又云：「胵，鳥胃也。一曰：胵，五藏總名也。」又云：「胘，牛百葉也。」既夕云「東方之饌，脾析」，鄭注：「脾，讀爲『雞脾肶』之『脾』。脾析，析百葉也。」天官醢人注：「脾析，牛百葉。」莊子庚桑楚云「臘者之有膍胲，可散而不可散也」，司馬彪云：「牛百葉也。」是「膍」與「脾」同。

脟〔一〕平音。䐑、折音。䐪、思節反。膋，聊音。脂也。

〔一〕 脟，疏證本作「胓」。

說文云：「戴角者脂，無角者膏。」內則「脂用蔥，膏用韰」，鄭注：「脂，肥凝者。釋者曰膏。」脟脂者，上力輟切，下士列切。說文：「脟，腸間肥也。一曰：膫也。」玉篇：「胓脂，牛羊脂。胓，蒲京切。」舊本「脟」譌「胓」，今訂正。蓋廣雅本是「脟」字，形相似而譌爲「胓」。顧野王不能是正，輒爲「蒲京」之音，曹憲遂音爲「平」，非也。廣韻〈庚韻〉亦沿其誤。膟者，玉篇：「膟，臆中脂。䘑，同上。」膋者，洛蕭切。說文「膫，牛腸脂也」，引詩曰「取其血膫」，或作「膋」。祭義云：「君牽牲，既入廟門，麗于碑，卿大夫執鸞刀以封之，取脺膋。」禮器云「君親制祭」，鄭注：「制祭，謂朝事進血膋時。」詩信南山箋：「膋，脂膏也。血以告殺，膋以升臭。」

龍須謂之黝。的音。

玉篇、廣韻俱不收「黝」字，未審何物。

餾、溜音。飵，才故反。熭衛音。也。

說文：「餾，飯氣烝也。」「飵，楚人相謁食麥曰飵。」餾，力救切。桂進士馥曰：方言〈第五〉：「甑，或謂之酢餾。」說文：「熭，暴乾火也。」馥謂甑，烝器，故謂之酢餾。烝而暴乾，故謂之熭。六韜云：「日中必熭。」

饙沸云反。謂之餐。脩酒反。

說文「餴，滫飯也」，或作「饙」，又作「餴」。餐，即「滫」也。釋名〈釋飲食〉：「饙，分也，衆粒各自分也。」郭注爾雅〈釋言〉云：「今呼餐飰爲饙。」釋文引字書：「饙，一烝米。」倉頡篇：「餐，饙也。」詩〈大雅洞酌〉疏云：「蒸米謂之饙，饙必餾而熟之，故言饙餾也。」

焷婢亦反，又毗音〔一〕。**謂之缹**。不音。

玉篇「焷，缹也」，本此。玉篇又云：「缹，火熟也。」大雅韓奕疏云：「案字書：『炰，毛燒肉也。缹，烝也。』服虔通俗文：『⿰火參煮曰缹。』是『炰』與『缹』別。而此及六月云『炰鼈』者，音皆爲『缹』。然則『炰』與『缹』以火熟之，謂烝煮之也。」桂進士馥曰：缹，即説文「烰」字也。「炰鼈」當作「烰鼈」，鼈可烰不可炰者也。詩作「庖」者，「包、孚」聲近，互相假借。「桴鼓」或作「枹鼓」，烏孚亦謂之抱。

麲毗音。**⿱黎麥**梨音。**謂之⿰麥酋**。齒沼反。

此言以麥爲乾糧也。玉篇：「⿰麥酋，充小切，糗也。麨，同上。」「麲，婢之切，麲⿱黎麥，〔⿰麥酋〕。⿱黎麥，力尸切，麲⿱黎麥也。」並本此。

糗、去久反。**糇，**侯音。**糒也**。

此釋乾食之名也。方言〔第七〕「僬，火乾也。凡以火而乾五穀之類，關西隴冀以往謂之僬。」説文：「糒，乾也。」釋名〔釋飲食〕：「乾飯，飯而乾暴之也。」漢書匈奴傳「又轉邊穀米糒」，顏師古曰：「糒，乾飯也。」糗者，説文：「糗，熬米麥也。」釋名〔釋飲食〕：「糗，齲也，飯而磨之，使齲碎也。」玉篇：「糗，糒也。」天官籩人「糗餌粉餈」，鄭司農曰：「糗，熬大豆與米也。」後鄭謂「糗者，擣粉熬大豆」。糇者，説文作「餱」，云「乾食也」，引周書曰：「峙乃餱粻。」釋名〔釋飲食〕：「餱，候也，候人饑者以食之也。」

〔一〕 毗音，王念孫説當作「毗支反」。

粰浮音。䊀、流音。糈，所居反，又師舉反。饊也。

說文：「饊，熬稻粻餭也。穌旱切。」顏師古注急就篇（卷二）云：「饊之言散也，熬稻米飯使發散也。」玉篇：「粰，扶牛切，𥻗也。䊀，力鳩切。䊀，粰䊀，糈饊也。」

䴭、素果反。䵆、蒙音。粿、乎寡反。麡、狄、謫二音。糜、無悲反。糏思節反。也。

此釋米麥之屑也。玉篇：「糏，碎米也。」又云：「𪌭，麥屑也。」今經典通用「屑」。䴭者，說文：「䴭，小麥屑之覈也。」玉篇：「䴭，麤麥屑也。」䵆者，莫公切。玉篇：「䵆，有衣麴也，女麴也。」案：說文作「䤋」，云：「䵆生衣也。」麴亦麥屑所爲，故爲糏也。粿者，以淨米爲糏也。玉篇：「粿，古火切，淨米。」麡者，陟厄切。說文：「麡，麥覈屑也，十斤爲三斗。」糜者，玉篇作「䊳，屑也」。離騷「精瓊靡以爲粻」，王逸注：「靡，屑也。」「糜、靡、䊳」，字異義同。

𥽉亡達反。謂之麪。匹眄反，又面音。

說文：「麪，麥末也。」玉篇：「麪，麥麩。蜀以桄榔木屑爲麵。麵，同上。」𥽉者，說文：「𥽉，麩也。」案：「𥽉、麪」，聲相近。

孰食謂之餕饔。於恭反。

孰，古「熟」字。餕謂之饌。說文「籑，具食也」，或作「饌」。儀禮注云：「古文『籑』皆作『餕』。」玉篇「餕，子殉切，熟食也」，本此。饔者，說文：「饔，孰食也。」天官内饔注云：「饔，割亨煎和之稱。」

餻、音高。𩞄、才辭反。𩚸、零音。餣、於劫反。䬧，五丸反。餌也。

餌，如至切。說文「䰘，粉餅也」，或作「餌」。釋名（釋飲食）：「餌，而也，相黏而也。」天官籩人「糗餌粉餈」，注：「此二物，皆粉稻米黍米所爲也。合烝曰餌，餅之曰餈。」方言（第十三）：「餌謂之餻，或謂之餈，或謂之𩚘，或謂之餣，或謂之飥。」説文「餈，稻餅也」，或作「䭣」。釋名（釋飲食）：「餈，漬也，蒸燥屑使相潤漬餅之也。」玉篇：「餻，古刀切，餻糜。」「𩚘，力丁切，𩚘餌也。」「餣，餈也。」「飥，餌也。」

粻[一]張音。餭、皇音。飴、弋之反。餩、該音。餹，堂音。餳辭精反。也。𩞄髓音。謂之𩜼。於勿反，又於日[二]反。

説文：「餳，飴和饊者。」玉篇：「徒當切。」釋名（釋飲食）：「餳，洋也，煮米消爛洋洋然也。」顏注急就篇（卷二）云：「厚強者爲餳，餳之爲言洋也，取其洋洋然也。」粻餭者，上豬良切，下户光（切）。説文：「饊，熬稻粻餭也。」方言（第十三）「餳謂之餦餭」，郭注：「餦餭，即乾飴也。」顏注急就篇（卷二）云：「饊，古謂之張皇，亦目其開張而大也。以糵消米，取汁而煎之。」宋玉招魂「粔籹蜜餌，有餦餭些」，王逸注：「言以蜜和米麪熬煎作粔籹，擣黍作餌，又有美餳，衆味甘美也。」飴者，説文：「飴，米糵煎也。」方言（第十三）：「凡飴謂之餳，自關而東陳楚宋衛之間通語也。」顏注急就篇（卷二）云：「溺濡弱者爲飴，言其形怡怡然也。」内則云：「棗栗飴蜜以甘之。」淮南説林訓：「柳下惠見飴，曰：『可以養老。』盜跖見飴，曰：『可以黏牡。』見物同而用之異。」後漢書皇后紀（上）：「吾但當含飴弄孫。」餩者，古來切。方言（第十三）：「飴謂之餩。」玉篇：「飴曰餩餣。」餹者，徒當切。方言（第十三）：「餳謂之餹。」玉篇：「飴曰餹𩜠。」𩞄者，思累、弋累二切。方

[一] 粻，疏證本作「餦」。
[二] 日，王念孫説當作「月」。

言〔第十三〕「餽謂之餚」，郭注：「餚，以豆屑雜餳也。」餽者，玉篇：「餽，餚也，飴和豆也。亦作『登』。」

飦、居言反。⿰食匊、居六反。⿰米古、乎音。⿰米尼、媚音，又末音。粖、亡達反，又亡結反。粥、粰、浮音。糜、毇、毀音。糮，艦音。饘也。

說文：「饘，糜也。周謂之饘，宋謂之餬。」飦者，說文「鬻，鬻也」，或作「餰、飦、⿰食建」三字。趙岐孟子〔滕文公上〕注：「飦，糜粥也。」荀子禮論篇「餰鬻魚肉菽藿酒漿」，楊倞注：「餰鬻菽藿，喪者之食。」⿰食匊者，玉篇「⿰食匊，饘也」，本此。⿰米古者，古吳切。說文作「鬻」，云：「⿰食建也。」⿰米尼者，玉篇：「⿰米尼，粥粖也。」粖者，說文「鬻，涼州謂鬻為鬻」，或作「粖」。玉篇：「粖，糜也。」粥者，武悲、之六二反。說文作「鬻」，云：「⿰食建也。」爾雅〔釋言〕「鬻，糜也」，孫炎曰：「淖糜。」釋名〔釋飲食〕：「粥，濯于糜粥粥然也。」左氏昭七年傳：「饘於是，鬻於是，以餬余口。」月令：「行糜粥飲食。」呂氏春秋〔仲秋紀〕高誘注云：「今八月，比户賜高年鳩杖粉粢。」粰者，玉篇：「粰，扶牛切，⿰食建也。」糜者，武悲切。說文：「糜，糝也。」釋名〔釋飲食〕：「糜，煮米使糜爛也。」通作「靡」。盧諶贈劉琨詩序「意氣之間，靡軀不悔」，李善注：「靡，爛也。『靡』與『糜』，古字通。」案：「靡爛」字，說文作「⿸广⿱林夊爛」。毇，許委切。未詳。糮者，胡黤切。玉篇作「⿱臨米」，云「饘也」，本此。

湩箭音〔一〕，又棟音。謂之乳。

說文：「湩，乳汁也。多貢切。」穆天子傳〔卷四〕「因具牛羊之湩，以洗先天之足」，郭璞注：「湩，乳也。今江南人亦呼乳為湩。」通作「重」。漢書匈奴傳〔上〕「得漢食物皆去之，以視不如重酪之便美也」，顏師古曰：「重，乳汁。字本作

〔一〕　箭音，王念孫說當作「竹用反」。

『湩』，其音則同。」

清酌、清英。〔一〕醴、醪、牢音。醍、醴音〔二〕。瀝、歷音。湚、乃口反。醝、才何反。酎、治九反。酏、移音。酴，塗音。酒也。

説文：「酒，就也，所以就人性之善惡。一曰：造也，吉凶所造也。古者儀狄作酒醪，禹嘗之美，遂疏儀狄。杜康造秫酒。」釋名〔釋飲食〕：「酒，酉也，釀之米麴酉澤，久而味美也。亦言踧也，能否皆彊相踧待飲之也。又入口咽之，皆踧其面也。」文選七啟注引春秋説題辭云：「黍爲酒，陽援陰乃能動，故以麥黍爲酒，宋衷曰：『麥，陰〔也〕，先漬麴，黍後入，故曰陽援陰，相得而沸，是其動也。』」漢書食貨志〔下〕：「酒者，天之美禄，帝王所以頤養天下，享祀祈福，扶衰養疾。百禮之會，非酒不行。」故周禮天官于祭祀特詳，造之者有酒人，酒人「掌爲五齊三酒，祭祀則供奉之」，是也。辨之者有酒正，酒正「凡祭祀，以法供五齊三酒，以實八尊」，是也。清酌者，曲禮〔下〕「凡祭宗廟之禮，酒曰清酌」，孔疏：「酌，斟酌也。言此酒甚清澈，可斟酌。」一説：斟酌，即清酒也。大雅韓奕云：「顯父餞之，清酒百壺。」後鄭周禮〔天官酒正〕注云：「清酒，今之中山冬釀，接夏而成也。」漢書〔禮樂志〕音義：「晉灼曰：『百日之末酒也。』」張衡南都賦：「十旬兼清。」清醴者，説文：「醴，酒一宿孰也。」釋名〔釋飲食〕：「醴，禮也，釀之一宿而成，禮有酒味而已也。」天官酒正「醴齊」，注：「醴，猶體也，成而汁滓相將，如今恬酒矣。」高誘曰：「醴以糵，不以麴，濁而恬。」中山經「其祠糵釀」，郭注：「以糵作

〔一〕英，王念孫説當爲廣雅正文，非曹氏之音。

〔二〕醴，王念孫説當作「體」。

醴。」漢書楚元王傳「元王每置酒，常爲穆生設醴」，小顏以「醴」爲「少麴多米」，非也。文選南都賦注引韓詩云：「醴，甜而不泲也。」舊本「清」下旁注「英」字，未詳。醪者，力刀切。說文：「醪，汁滓酒也。」天官酒正「汎齊」，注：「成而滓浮，如今宜城醪矣。」釋名〔釋飲食〕：「汎齊，浮蟻在上，汎汎然也。」又云：「宜城醪，倉梧清，言一清一濁也。」豳風七月「爲此春酒」，傳：「春酒，凍醪也。」醍者，他禮切。古作「緹」。酒正「緹齊」，注：「緹者，成而紅赤，如今下酒矣。」釋名〔釋飲食〕：「緹齊，色赤如緹也。」瀝者，楚辭大招「和楚瀝只」，王逸注：「瀝，清酒也。」浰，未聞。醝者，玉篇：「醝，白酒也。」案：酒正「盎齊」，注：「盎，猶翁也。成而翁翁然葱白色，如今酇白矣。」古音「酇」爲「嵯」，「嵯」即酇白也。宋孝武四時詩「白醝解冬寒」，是也。酎者，除又切。說文：「酎，三重醇酒也。」左氏襄二十二年傳「公孫夏從寡君以朝于君，見于嘗酎」，杜注：「酒之新孰，重者爲酎。」月令「孟夏，天子飲酎，用禮樂」，鄭注：「酎之言醇也，謂重釀之酒也。春酒至此始成，與羣臣以禮樂飲之于朝。」酏者，余支切。說文：「酏，黍酒也。一曰：甜也。賈侍中說：酏爲鬻清。」酒正「四飲：四曰酏」，注云：「酏，今之粥。」內則云「飲，或以酏爲醴」，鄭注：「釀粥爲醴。」又云「黍酏」，鄭注：「酏，粥。」酴者，大乎切。說文：「酴，酒母也。」玉篇：「酴，麥酒不去滓飲也。」

酪、洛音。截、咋再反，又且〔一〕戴反。䣼，良音。漿也。

說文：「漿，酢漿也。」釋名〔釋飲食〕：「漿，將也，飲之寒温多少與體相將順也。」古者以飲澆飯謂之飧。禮食未飧，必先啜飲以利喉，不令澀噎，故未嘗羞先飯飲，卒食。又三飯三飲，三飲者，三漱漿也。周禮漿人：「掌共王之六飲。」酪

〔一〕且，王念孫說當作「祖」。

者，力各切。釋名〔釋飲食〕：「酪，澤也，乳〔汁〕所作，所以使人肥澤也。」玉篇「酪，漿也」，本此。楚辭大招「和楚酪只」，王逸注：「酪，酢截也。」漢書食貨志〔上〕「莽分遣大夫謁者教民煮木爲酪」，如淳曰：「作杏酪之屬也。」截者，說文：「截，酢漿也。」漢書食貨志〔下〕「除米麴本賈，計其利而什分之，以其七入官，其三及醩截灰炭給工器薪樵之費」，顏師古曰：「截，酢漿也。」醇者，力醬切。說文：「醇，雜味也。」天官漿人「六飲」有「涼」，即内則之「濫」，鄭康成謂「濫，以諸和水。紀莒之閒，名諸爲濫。」惠士奇禮說云：案管子禁藏篇：「冬日不濫，非愛冰也；夏日不煬，非愛火也，爲不適于身便于體也。」然則「濫」一名「涼」，蓋宜于夏矣。楚辭〔招魂〕「挫糟凍飲，酎清涼〔些〕」，注：「謂盛夏之時覆甕乾釀，提去其糟，但取清醇，居之冰上，而飲之則酒寒涼也。」其說近之。釋名〔釋飲食〕：「桃濫，水漬而藏之，其味濫濫然酢也。」

醦、所艦反。 醶、且冉反。 醶、初艦反。 醓、酸、酮、洞〔一〕、同一音。 酢也。

說文：「酢，醶也。」玉篇：「酢，酸也。今音昨，爲『酬酢』字。」案：古文「酬醋」或借「酢」字用之，六朝以後，「酬醋」作「酢」，「醶酢」作「醋」，顛倒其字矣。醦者，玉篇「醦，酢也」，本此。集韻〔寑韻〕「醦，楚錦切」，引廣雅：「醋也。」醶者，說文酉部義也。玉篇：「醶醶，醋味也。」醶者，說文：「醶，酢漿也。」醓者，呼啼切。玉篇：「醓，酸味也。醯，同上。」論語〔公冶長〕「或乞醯焉」，皇侃云：「醯，酢酒也。」酸者，先丸切。說文「酸，酢也。關東謂酢曰酸」，籀文作「䤊」。酮者，徒董切。玉篇：「酮，酢欲壞也。」○集韻〔覺韻〕引廣雅：「𨣞，酢也。」「黑角切。」今無此文。

〔一〕洞，王孫念說當作「動」。

醖、蘊音。䣵〔一〕、汝吏反。釀，尼尚反。酘豆音。也。

酘，徒鬬切。玉篇：「酘，酘酒也。」醖者，於運切。說文：「醖，釀也。」張衡南都賦「酒則九醖甘醴」，李善注云：「魏武集上九醖酒奏曰：『三日一釀。』」䣵者，玉篇、廣韻〔志韻〕並云：「䣵，重釀也。」舊本「䣵」譌「醋」，今訂正。釀者，說文：「釀，醖也。作酒曰釀。」

䜷且林反。謂之䜾。音音。

玉篇：「䜷，野生豆也。」又云「䜾，䜷也。於林切」，本此。

寖、寢音。䣶、才心反。鬱、廦，匹亦反。幽也。

幽者，幽昧之意。凡麴蘗菽豉之類，皆于幽昧處覆蓋成之，故說文解「豉」云：「配鹽幽尗也。」寖者，寐寢之所幽深處也。䣶者，說文：「䣶，熟麴也。」玉篇「䣶，幽也」，本此。鬱者，廣韻〔物韻〕「鬱，幽也」，本此。廦者，幽僻地也。

䴭、疾災反。䴯、滑音。䴽、卑音。麰、牟音。䴬、苦木反。䴿，蒙音。麴也。

麴，區六切。說文作「𥷺」，云「酒母也」，或作「鞠」。釋名〔釋飲食〕：「麴，朽也，鬱之使生衣朽敗也。」方言〔第十三〕「䴬、䴭、䴯、麰、䴽、䴿、䴹，麴也。自關而西秦豳之間曰䴬，晉之舊都曰䴭，齊右河濟曰䴯，或曰麰，北鄙曰䴽。麴，其通語也」，郭璞注：「今江東人呼麴爲䴭。䴽，細餅麴。」說文：「䴭，餅𥷺也。」「䴯，餅𥷺也。」「麰，或作『䴳』。」「䴬，餅𥷺也。讀若『庫』。」玉篇：「䴯，麴麥也。」「䴿，有衣麴也，女麴也。」案：䴭，徂來切。䴯，禹八切。䴽，鼻支切。麰，莫侯切。䴬，

〔一〕䣵，疏證本作「䤔」。

古鹿切。 貗，莫公切。

⿰鹵肖、消音。 ⿰鹵奏、且豆反。 ⿰鹵最、楚快反。 ⿰鹵昷、於昆反。 ⿰鹵扁，步典反。 鹽也。

禹貢：鹽絺貢自海岱。爾雅〔釋地〕九府：岱岳有魚鹽。管子有海王一篇，齊桓專其利矣。說文：「鹽，鹹也。古者宿沙初作煑海鹽。」魯連子曰：「宿沙瞿子善煑鹽。使煑潰沙，雖十宿，不能得也。」水經注〔涑水〕云：「地理志：『鹽池在安邑西南。』許慎謂之『鹽，長五十一里，廣六里，周一百一十四里』。上承鹽水，水出東南薄山，西北流，逕巫咸山北。又逕安邑故城南，又西流注于鹽池。水出石鹽，自然印成，朝取夕復，終無減損，唯山〔水〕暴〔至〕，雨澍甘澤潢潦奔逸，則鹽池用耗，故公私共堨水逕，防其淫濫，故謂之鹽水，亦爲堨水也。池西又有一池，謂之女鹽澤。東西二十五里，南北二十里，在猗氏故城南。土人鄉俗引水裂沃麻，分灌川野，畦水耗竭，土自成鹽，即所謂鹹鹺，而味苦。」⿰鹵肖者，思遥切。玉篇：「⿰鹵肖，煎鹽也。」案：郊特牲云「煎鹽之尚，貴天産也」，熊氏云：「祭天所用。」疑即石鹽。⿰鹵奏者，玉篇：「⿰鹵奏，夷狄鹽。」⿰鹵最者，玉篇：「⿰鹵最，南方呼醬。」⿰鹵昷者，玉篇：「⿰鹵昷⿰鹵襄，戎狄之鹽。」集韻〔魂韻〕：「⿰鹵昷⿰鹵襄，戎鹽也。」案：天官鹽人「共飴鹽」，後鄭謂「鹽之恬者，今戎鹽有焉。」涼州記云：「青鹽池出鹽，正方，其形如石，甚甜美。」涼州異物志云：「鹽山二岳，三色爲質，赤者如丹，黑者如漆。作獸辟惡，佩之爲吉，名曰戎鹽。可以療疾。」⿰鹵扁者，玉篇「⿰鹵扁，鹽也」，本此。

⿰酉監、蜜音。 ⿰酉齊、在細反。 ⿱敄酉莫候反。 ⿰酉俞、頭音。 醓、他感反。 醘、⿰酉喬、巨出反。 ⿰酉京，涼音。 醬也。

惠士奇禮說云：「醬屬醢人，名曰『醓醬』，則醓即醬也，不應分爲二。士昏禮：『醓醬二豆。』二豆者，壻與婦醬爲對，醬則醓醬，非二物矣。五齊七菹，皆醓物也。謂皆以醓調之，醓物猶醬物，一物二名。膳夫職所謂『醬用百有二十甕』，內饔職所謂『百羞醬物』者，即此。古有鹽梅而無豉醋，漢始有豉。說文所謂『配鹽幽尗』。五味調和，須之而成，食乃甘，於是始有酢漿爲醶。急就篇所謂『鹽豉醯酢漿』。尚書孔注亦云：『鹽鹹梅醋，蓋今之醋，古之梅也。』則古無醋明甚。左傳『醯醢鹽梅，以烹魚肉』，聘禮『歸饔餼，醯醢百甕』，皆不言『醬』，則醯非即醬歟！」案：說文：「醬，鹽也。」「鹽」當爲「醢」，形相近而譌。廣韻〈漾韻〉引說文：「醬，醢也。」玉篇：「醬，醢也。」釋名〈釋飲食〉：「醢多汁者曰醓，醓，瀋也，宋魯人皆謂汁爲瀋。」䤈者，亡一切。玉篇：「䤈，𨢿𨡕也。或作『𨢈』。」𨣡者，玉篇「𨣡，醬也」，本此。𨢿𨡕者，說文：「𨢿，𨢿𨡕，榆醬也。」「𨡕，𨢿𨡕也。」釋名〈釋飲食〉：「𨡕，投也，味相投成也。」醓者，說文作「䀋」，云：「血醢也。禮記有䀋醢，以牛乾脯粱䴷鹽酒也。」天官醢人注云：「䀋，肉汁也。」醢者，訶改切。說文：「醢，肉醬也。」釋名〈釋飲食〉：「醢，晦也，封塗使密冥乃成也。」爾雅〈釋器〉「肉謂之醢」，李巡曰：「以肉作醬者曰醢。」天官醢人「掌朝事之豆，其實䀋醢」，注云：「作醢者，必先膊乾其肉，乃後莝之，雜以粱䴷及鹽，漬以美酒，塗置瓶中，百日則成矣。」𨣧者，說文：「𨣧，醬也。」玉篇：「𨣧，醢醬也。」䣼者，力讓切。說文：「䣼，雜味也。」

韲、子兮反。𩐁、達內反。蘘、攘音。𦵔、庫音。䕄、旨升反。醃、於炎反。𧃵，藍音。菹緇疏反。也。

菹，與「蕰」同。解見上文。內則云：「麋鹿魚爲菹，麕爲辟雞，野豕爲軒，兔爲宛脾，切蔥若薤，實諸醯以柔之。」〈少儀〉鄭注：「以醯與葷菜淹之，殺肉及腥氣也。」是爲菹。亦用蔥薤以柔和之也。韲者，說文「韲，𩐁也」，或作「韲」。釋名〈釋飲食〉：「韲，濟也，與諸味相濟成也。」玉篇：「韲，薑蒜爲之。」天官醢人「五齊」，注：「齊，當爲『韲』。昌本、脾析、蜃、豚拍、深蒲也。凡醯醬所和，細切爲韲。」楚辭九章〈惜誦〉：「懲于羹者而吹韲兮，何不變此志也？」𩐁者，說文：「𩐁，韲也。」玉篇：「𩐁，韲菹。」蘘者，而丈切。說文：「蘘，菜也。」蓋此菜可以爲菹也。玉篇「蘘，菹也」，本此。𦵔者，苦步切。說文：「𦵔，韭鬱也。」玉篇：「𦵔，醋菹也。」䕄者，「䕄」謂之「蕰」，已見上文。此復類記之也。醃者，玉篇「醃，菹也」，本此。案：今江南人亦以葅爲醃菜。蘫者，魯甘切，瓜葅也。舊本「蘫」譌「藍」。説文徐鉉本艸部有兩「藍」字：一云「染青艸」，一云「瓜葅」，蓋亦脱「水」旁矣。集韻〈鹽韻〉引廣雅「醃、藍，葅也」，亦誤。惟玉篇「蘫，瓜葅」，爲不誤耳。今據此訂正。

甛、大嫌切。甙、代音。暺，大紺反，又大含反。甘也。

説文：「甘，美也。从口含一；一，道也。」釋名〈釋言語〉：「甘，含也，人所含也。」童子田甘者，中和之味也。甛者，説文：「甛，美也。从甘，从舌；舌知甘者。」甙者，徒戴切。玉篇「甙，甘也」，本此。案：「甙」从代省聲，舊本譌从戈，今訂正。暺者，玉篇：「暺，長味也。」或作『醰』。」

穅康音。謂之䅥。居列反，又居曷反。

穅，一名䅥。説文：「穅，穀皮也。」

泔、甘音。潘，孚袁反。瀾也。

瀾，説文作「灡」，云：「潘也。洛干切。」泔者，古三切。説文云：「周謂潘曰泔。」潘者，説文：「潘，淅米汁也。」内則云「面垢，燂潘請靧」，鄭注：「潘，米瀾也。」

潲、稍音。濯，直皃反。滫息朽反。也。

説文：「滫，久泔也。」玉篇：「滫，米泔也。」内則「滫瀡以滑之」，鄭注：「秦人溲曰滫。」荀子勸學篇「蘭槐之根是爲芷，其漸之滫，君子不近」，楊倞注：「滫，溺也。」淮南人間訓「申茮杜茝，美人之所懷服也。及漸之于滫，則不能保其芳矣」，高誘注：「滫，臭汁也。」潲者，山教切。玉篇：「潲，臭汁也。」濯者，浣衣汁也。

澱殿音。謂之滓。俎使反。

說文：「澱，滓垽也。」徒見切。「滓，澱也。」又云：「黰謂之垽。垽，滓。」爾雅（釋器）「澱謂之垽」，郭注：「滓澱也，今江東呼垽。」釋名（釋采帛）：「泥之黑者曰滓。」顔注急就篇（卷三）云：「滓，澱也。」

鯹、鱢、鬱、菸、依與[一]反。腐、朽、餐、之舌反，又之世反。鯘、乃每反。羶、書延反。鰨[二]、許戒反。饐、於劫反。饖、穢音。焦、蕉音。煙、膱，織音。臭也。

說文：「臭，禽走臭而知其迹者犬也。」廣韻（宥韻）：「臭，凡氣之總名。」通作「殠」。說文：「殠，腐氣也。」漢書楊惲傳：「冒頓單于得漢美食好物，謂之殠惡。」楊王孫傳：「下不亂泉，上不泄殠。」案：此篇「臭」字，釋文引作「臰」。玉篇：「臭，惡氣息。臰，同上。」是凡氣之臭當爲「臭」，惡氣之臭當爲「殠」。別作「臰」，俗。鯹者，桑經切。說文作「鮏」，云：「魚臭也。」通作「胜」。說文「胜，犬膏臭也。」蓋魚臭作「鮏」，犬臭作「胜」也。鱢者，穌遭切。說文「鱢，鮏臭也」，引周禮曰：「膳膏鱢。」今本天官庖人作「臊」，鄭司農注：「膏臊，豕膏也。」杜子春云：「犬膏也。」內則：「狗赤股而躁臊。」說文：「臊，豕膏臭也。」晏子春秋（雜上）云：「食魚不反，惡其鱢也。」「鱢、臊」，古字通。鬱者，結而不達之臭也。迂弗切。內則：「鳥皫色而沙鳴鬱。」菸者，枯瘁之臭也。說文：「菸，鬱也。一曰：痿也。」宋玉九辯「葉菸邑而無色兮」，文選五臣注：「言艸木殘瘁也。」王風中谷有蓷「暵其乾矣」，傳：「暵，菸貌。陸艸生于谷中，傷于水。」是蓷艸田菸死而乾，仍有臭

[一] 與，王念孫說當作「譽」。

[二] 鰨，疏證本作「𦤶」。

氣也。腐者，説文：「腐，爛也。」内經云：「冬臭腐。」死者，許久切。説文「死，腐也」，或作「朽」。月令：「孟冬，其臭朽。」天官内饔云「牛夜鳴則庮」，鄭司農云：「庮，朽木臭。」⿱次食者，之例切。玉篇：「⿱次食，臭敗之味。」鯘者，説文云：「魚敗曰鯘。」論語鄉黨「魚餒」，孔安國曰：「魚敗曰餒。」皇侃云：「肉臰壞也。」臰，俗「殠」字。羶者，説文「羴，羊臭也。从三羊」，或作「羶」。天官庖人「冬行鱻羽膳膏羶」，杜子春云：「膏羶，羊脂也。」莊子徐無鬼篇：「羊肉不慕蟻，蟻慕羊肉，羊肉羶也。」吕氏春秋本味云：「三羣之蟲：水居者腥，肉玃者臊，艸食者羶。」案：内經五臭無羶，故春臊。月令五臭無臊，故春膻。是羶類于臊也。鰑者，玉篇、廣韻俱無「鰑」字，疑「餲」之譌。玉篇：「餲，飯臭也。」廣韻曷韻：「餲，食傷之臭。」孔安國注論語鄉黨：「饐餲，臭味變也。」皇侃云：「餲，謂經久而味惡也。如乾魚、乾肉久而味惡也。」集韻泰韻引廣雅作「⿰臭曷」，从臭。⿰食邑者，猗及切。玉篇：「⿰食邑，⿰食邑溼也。」⿰食歲者，魚廢切。廣韻廢韻：「⿰食歲，飯臭。」焦者，昨消切。説文「𤍽，火所傷也」，或作「焦」。煙者，説文「煙，火氣也」，或作「烟」。春官大宗伯「以禋祀祀昊天上帝」，鄭注：「禋之言煙。周人尚臭。」膱者，之力切。玉篇：「膱，油敗也。」

芳、馣、呼〔一〕含反。苾〔二〕、匕節反，又邲音。膮、許堯反。馦、虚縑反。馠、呼含反。膷、香音。臐、君〔三〕云反。馨、蕵、必昭反。馝、步曷反。香也。

〔一〕呼，王念孫説當作「烏」。

〔二〕苾，疏證本作「馝」，又於其下補「馞」字。

〔三〕君，王念孫博雅音校本作「詡」。

説文：「香，芳也。从黍从甘。春秋傳曰：『黍稷馨香。』」芳者，艸之香也。説文：「芳，香艸也。」離騷：「雜杜蘅與芳芷。」馣者，本書釋訓：「馣馣，香也。」此單言之亦香也。苾者，説文：「苾，馨香也。」小雅信南山云：「苾苾芬芬。」大戴禮（曾子疾病）云：「與君子遊，苾乎（如）入蘭芷之室。」膮者，羹之香也。説文：「膮，豕肉羹也。」馦者，玉篇：「馦，香味。」馠者，玉篇：「馠，香也」。膷、臐者，臛之香也。上虛羊切，下吁雲切。公食大夫禮注：「膷、臐、膮，今時臛也。牛曰膷，羊曰臐，豕曰膮，皆香美之名也。古文『膷』作『香』、『臐』作『薰』。」馨者，虛廷切。説文：「馨，香之遠聞者。」大雅鳧鷖「爾殽既馨」，傳與説文同。䕯者，艸之香也。玉篇、廣韻（小韻）俱云：「艸名。」舊本譌从三太，今訂正。馞者，詳見釋訓。舊本「馞」譌从犬，今訂正。〇集韻（没韻）引廣雅：「馝馞，香也。」又（文韻）云：「馩馧，香也。」今俱無此文。

鼐、乃代反。鼒、資音。鑴、攜音，又呼規反。鏏、衛音。鬻，辱音。鼎也。

説文：「鼎，三足兩耳，和五味之寶器也。昔禹收九牧之金，鑄鼎荆山之下，入山林川澤，螭魅蝄蜽，莫能逢之，以協承天休。易卦巽木于下者爲鼎，象析木以炊也。」鼎象傳「鼎，象也」李鼎祚集解引九家易云：「卦是鼎鑊亨飪之象，亦象三公之位，上則調和陰陽，下則撫育百姓，鼎能熟物養人，故云『象也』。」三禮圖云：「牛鼎受一斛，天子飾以黃金，諸侯飾以白金。口徑底徑及深俱一尺三寸，三足如牛，每足上以牛首飾之。羊豕二鼎，亦如之。羊鼎受五斗，大夫亦以銅爲之，無飾，大夫祭用少牢，故無牛鼎。其口徑底徑俱一尺，深一尺一寸。豕鼎受三斗，口徑底徑俱八寸，深九寸，強士以鐵爲之，無飾，士祭用特牲，故無羊鼎。或説三牲之鼎，俱受一斛。案下有牛羊豕鼎扃長短不同，鼎宜各異，或説非也。」鼐、鼒者，説文：「鼐，鼎之絶大者。」魯詩説：『鼐，小鼎。』」「鼒，鼎之圜掩上者。」周頌絲衣「鼐鼎及鼒」，傳：「小鼎謂之鼒。」鑴者，集韻〔支韻〕「鑴，鼎屬」，本此。鏏者，祥歲切。説文：「鏏，鼎也。讀若『彗』。」廣韻〔祭韻〕：「鏏，大鼎。」又云：「鏏，小鼎。」淮南説林訓「水火相憎，鏏在其間，五味以和」，高誘注：「鏏，小鼎。一曰鼎無耳爲鏏。」鬻者，而屬切。玉篇：「鬻，大鼎也。」

鬵潛音。謂之䰝。咨應反。

説文：「鬵，大釜。一曰：鼎大上小下若甑曰鬵。」「䰝，鬵屬。」爾雅〔釋器〕「䰝謂之鬵」，孫炎曰：「關東謂䰝爲鬵，涼州謂䰝爲鉹。」方言〔第五〕：「甑，自關而東謂之甗，或謂之鬵，或謂之酢餾。」考工記陶人：「爲䰝，實二鬴，厚半寸，脣寸，七穿。」少牢饋食禮云：「廩人摡甑。」

斄、貍音。氂、毛音。鬣、毳、髦，毛也。

説文：「毛，眉髮之屬及獸毛也。象形。」釋名〔釋形體〕：「毛，貌也，冒也，在表所以別形貌，且以自覆冒也。」斄者，洛哀切。説文「斄，彊曲毛，可以箸起衣」，古文作「庲」。氂者，莫交切。説文：「氂，犛牛尾也。」又云：「犛，西南夷長髦牛也。」其尾可以爲旌旗之飾。經傳通用「旄」。詩〔小雅車攻〕「建旐設旄」，書〔牧誓〕「右秉白旄」，周禮春官旄人，晉語〔四〕「羽旄齒革」，樂記「干戚羽旄」，注家皆以爲「旄，牛尾」，即此「氂」也。鬣者，説文「鬣，〔髮〕鬣鬣也」，或作「𣰽」，或作「𧴤」。曲禮〔下〕曰：「豕曰剛鬣。」毳者，此芮切。説文：「毳，獸細毛也。」天官掌皮「共其毳毛爲氊，以待邦事」，注云：「毳毛，毛細縟者。」淮南齊俗訓：「越人見毳，不知其所以爲旃也。」漢書鼂錯傳「其人密理鳥獸毳毛」，顏師古云：「毳，細毛也。」髦者，既夕記「馬不齊髦」，注云：「今文『髦』爲『毛』。」

𣭘汗音。謂之毫。

說文「𧰽，豕鬣如筆管者，出南郡」，籀文作「豪」，徐鉉曰：「今俗別作『毫』。」𣬛，胡旦切。玉篇：「𣬛，長毛也，獸毫也。」

𦑣、䎃、奴感反。翈、狎音。翭、侯音。䎗、惠音。風、狄，羽也。

說文：「羽，鳥長毛也。象形。」地官羽人：「掌以時徵羽翮之政，于山澤之農，以當邦賦之政令。」𦑣、䎃、翈者，玉篇：「𦑣，音孚，細毛。」「䎃，翮下弱羽也。」「翈，乎甲切，羽翈也。」翭者，乎溝切。說文：「翭，羽本也。一曰：羽初生貌。」䎗者，乎快切。玉篇：「䎗，六翮之末。或作『𦒉』。」風，未詳。狄者，即「翟」字。經典「狄、翟」通用，謂雉之羽也。詩〈邶風簡兮〉曰：「右手秉翟。」

𩊚、革音。鞁〔一〕，翅音。翼也。

說文「𩊚，翄也」，篆文作「翼」。𩊚者，古貢切。說文：「𩊚，翅也。」通作「革」。小雅斯干「如鳥斯革」，傳：「革，翼也。」鞁者，疑即「翅」之別體字。

𣯷唐音。毦、毛〔二〕音。𣭘、布莽反。𣰊、曷音。𣯍方文反。𣭹、豆音。𣯦足凶反。氍、衢音。氉粟音。毧、而恭反。𣮎鮮音。𣭛、支音。𣰆，力于反。罽也。

說文：「𦇧，西胡毳布也。」玉篇「𣯍，方文者。亦作『罽、𦇧』。」經典通用「罽」。爾雅〈釋言〉「氂，罽也」，孫炎曰：

〔一〕鞁，疏證本作「𦐈」。

〔二〕毛，王念孫說當作「二」。

「毛毼爲罽。」犍爲舍人曰：「毼，謂毛也。罽，胡人續羊毛而作〔衣〕。」漢書高帝紀〔下〕「令賈人毋得衣罽」，顔師古曰：「罽，織毛若今毼及氍毹之類。」⿸唐毛毦者，上大當切，下仁志切。玉篇：「⿸唐毛毦，罽曲文者。」「毦，以毛羽爲飾。」曹氏音「毦」爲「毛」，非也。⿰足毛者，玉篇：「⿰足毛罽，方文者。」毼者，乎割切。玉篇「毼，罽也」，本此。⿰頁毛⿰足毛者，玉篇：「⿰頁毛，⿰頁毛⿰足毛，罽。」⿸龍毛氍者，玉篇：「⿸龍毛，⿸龍毛氍，罽。」又云：「⿸夾毛，⿸夾毛毹，毛席也。氍，同上。」⿸乘毛毦者，上思録切，下人鍾切。玉篇：「⿸乘毛，⿸乘毛毦，罽也。」秏⿺廷毛者，上思連切，下之移切。玉篇：「秏，秏⿺廷毛，罽。」⿸甚毛者，玉篇：「⿰禾婁，毛布也。」後漢書烏桓傳：「婦人能織⿸甚毛毼。」

金、鍇，鐵也。

說文「鐵，黑金也」，古文作「銕」。金者，周禮考工記攻金之工，築氏爲削，冶氏爲殺矢，鳧氏爲鐘，栗氏爲量，段氏爲鎛，桃氏爲劍。其所爲者，有銅有鐵。銀爲白金，鉛爲青金，銅爲赤金，鐵爲黑金，故許慎云：「金，五色金也，黃爲之長。」鍇者，說文云：「九江謂鐵曰鍇。」張衡南都賦：「銅錫鉛鍇。」

白銅謂之鋈。沃音。赤銅謂之鍚〔一〕。

說文：「鋈，白金也。」秦風小戎「陰靷鋈續」，傳：「鋈，白金也。」釋名〔釋車〕：「鋈，金塗沃也，冶白金以沃灌。」說文：「錫，銀鉛之間也。」「鈏，錫也。」夏官職方「其利金錫」，注云：「錫，鑞也。」爾雅〔釋器〕「錫謂之鈏」，郭注：「白鑞。」

〔一〕鍚，疏證本作「錫」。

水銀謂之汞〔一〕。乎孔反。

汞，嘉祐本艸引作「澒」。説文「澒，丹沙所化爲水銀也」，徐鍇曰：「案：淮南子：『正土之氣，御于埃天。埃天五百歲生缺，缺五百歲生黄埃，黄埃五百歲生黄澒。黄澒五百歲生黄金。偏土之氣，御于清天。清天五百歲生青曾，青曾五百歲生青澒，青澒五百歲生青金。壯土之氣，御于赤天。赤天七百歲生赤丹，赤丹七百歲生赤澒，赤澒七百歲生赤金。弱土之氣，御于白天。白天九百歲生白礜，白礜九百歲生白澒，白澒九百歲生白金。』澒，水銀也。」

鐵樸謂之礦。正謂之口音雖無疑即礦也。〔二〕 鉛礦謂之鏈。連音。

説文「磺，銅鐵樸石也。讀若『穬』」，古文作「卝」。周禮有卝人，鄭注：「卝之言礦也，金玉未成器曰礦。」王襃四子講德論「精錬藏于鑛樸，庸人視之忽焉，巧冶鑄之，然後知其幹也」，李善注：「『鑛』與『礦』同。」鏈者，抽延切。説文：「鏈，銅屬。」通作「連」。史記貨殖列傳「江南出金錫連」，徐廣曰：「連，鉛之未錬者。」

鏅、脩音。 鋇、貝音。 鋁、似音。 鉿，工納反，又口帀反。 鋌也。

説文：「鋌，銅鐵樸也。」淮南子脩務訓：「苗山之鋌，羊頭之銷，雖水斷龍舟，陸剸兕甲，莫之服帶。」張協七命云：「耶谿之鋌。」玉篇：「鏅，鋌也。思留切。」「鋇，柔鋌。博蓋切。」廣韻止韻：「鉿，鋌鉿。詳里切。」合韻「鉿，二尺鋌。葛合切。」俱本此。「鋁、鉿」，音義同。

〔一〕 汞，疏證本作「澒」。

〔二〕 案：此處音釋疑有脱誤，未詳。

戉、曰音。戚，斧也。

說文：「斧，斫也。」釋名（釋用器）：「斧，甫也；甫，始也，凡將製器，始用斧伐木，已乃製之也。」豳風破斧傳：「隋銎曰釜。」戉者，說文：「戉，斧也。司馬法曰：『夏執玄戉，殷執白戚，周左杖黃戉，右秉白髦。』」釋名（釋兵）：「戉，豁也，所向莫敢當前，豁然破散也。」左氏昭十五年傳「其後襄之二路，鏚鉞秬鬯」，杜注：「鏚，斧也。鉞，金鉞。」孔疏：「鏚、鉞俱是斧，蓋鉞大而斧小。太公六韜云：『大柯（斧）重八斤，一名天鉞。』」戚者，說文：「戚，戉也。」釋名（釋兵）：「戚，慼也，斧以斬斷，見者皆慼懼也。」大雅公劉「干戈戚揚」，傳：「戚，斧也。」

鏦初江反。謂之釿。千羊反。

說文：「釿，方銎斧也。」釋名（釋用品）：「釿，戕也，所伐皆戕毀也。」釿一名鏦，與「鏦矛」之「鏦」字同而義異。

鑱讒音。謂之鈹。披音。

鈹，一名鑱。說文：「鈹，劍如刀裝者。」「鑱，鋭也。」

鐫醉全反，又子兖反。謂之鏨。慙敢〔一〕反，又漸音。

「鐫，鏨」已見本書釋言。鐫又名鏨。說文：「鏨，小鑿也。」木華海賦「墾陵巒而嶄鑿」，李善注引此文，云：「『鏨』與『嶄』，古字通。」

銍誅失反。謂之刊。工音。

〔一〕案：王念孫曰：「『敢』上蓋脱『又才』二字。」

說文：「銍，穫禾短鎌也。」釋名（釋用器）：「銍，穫黍鐵也，銍銍斷黍穗聲也。」周頌（臣工）「奄觀銍艾」，傳：「銍，穫也。」玉篇「刋，銍也」，本此。

划、工臥反。鉊、昭音。𠛎、鉤音。鍥、結音。鏺，撥音。鎌廉音。也。

說文：「鎌，鍥也。離鹽切。」釋名（釋用器）：「鎌，廉也，體廉薄也。其所刈稍稍取之，又似廉者也。」方言（第五）：「刈鉤，江淮陳楚之間謂之鉊，或謂之鍋。自關而西或謂之鉤，或謂之鎌，或謂之鍥。」周禮薙氏「夏日至而夷之」，鄭注：「以鉤鎌迫地芟之也，若今取茭矣。」齊語「挾其鎗刈耨鎛」，韋注：「刈，鎌也。」又「耒耜枷芟」，注：「芟，大鎌，所以芟艸也。」划者，方言作「鍋」，同。玉篇：「划，鎌也。又刈鉤。」鉊者，之遥切。說文：「鉊，大鎌也。鎌謂之鉊，張徹說。」𠛎者，古侯切。說文刀部義也。方言（第五）作「鉤」，同。鍥者，說文金部義也。鏺者，比末切。說文：「鏺，兩刃木柄，可以刈艸。讀若『撥』。」

銃充中[一]反。謂之銎。去恭反。

說文：「銎，斤斧穿也。」玉篇「銃，銎也。充仲切」，本此。銎，又名𣪘。方言（第九）「𣪘謂之銎」，郭注：「即矛刃下口。」

鍱、牒音。鋂、梅音。鑖，夢音。鐶環音。也。

鐶，胡關切。古用「環」。鍱者，達協切，未詳。鋂者，謨杯切。說文：「鋂，大瑣也，一環貫二者。」齊風盧令傳亦

[一] 中，王念孫說當作「仲」。

云：「一環貫二。」鏤者，莫鳳切。玉篇「鏤，鐶也」，本此。

鹿觡、格音。鐖、微音。釣，弔音。鉤也。

說文：「鉤，曲也。」玉篇：「鉤，鐵曲也。」方言（第五）「鉤，宋楚陳魏之間謂之鹿觡，或謂之鉤格。自關而西謂之鉤，或謂之鐖」，郭注：「鉤，懸物者。或呼鹿角。」玉篇：「鐖，鉤也。無非切。」廣韻（微韻）引埤倉：「鐖，懸物鉤。」釣者，取魚之鉤也，多嘯切。說文：「釣，鉤魚也。」

鏶集音。謂之鍱。葉音。

說文「鏶，鍱也」，或作「鍓」。籍入切。「鍱，鏶也。齊謂之鍱。」虛涉切。玉篇：「鍱，鐵鍱也。」墨子備城門篇：「門植關必環錮，以金若鐵鍱之。門關再重，鍱之以鐵。」

鑯且廉反。謂之鏟。七[一]展反。

說文：「鏟，鏶也。一曰：平鐵。」玉篇：「鏟，楚簡切，平木器。」又云「鑯，鏟也」，本此。

栓、所權反。櫼，巨例反。釘也。

玉篇：「栓，木丁也。」「櫼，木釘也。」皆本此。玉篇、廣韻（青韻）于「釘」字皆有音而無義。

鍤、側[二]夾反。銶、述音。緫，忌音。鍼也。

[一] 七，王念孫博雅音校本作「叉」。

[二] 側，王念孫說當作「測」。

說文：「鍼，所以縫也。」又云：「箴，綴衣箴也。」內則：「紉箴〔請〕補綴。」是「鍼」與「箴」同。銛者，說文：「銛，郭衣鍼也。」鉥者，食力切。說文：「鉥，綦鍼也。」管子〔輕重乙〕曰「一女必有一箴一鉥」，房玄齡注：「鉥，長鍼也。」史記趙世家「卻冠秫絀」，徐廣曰：「戰國策作『秫縫』。」「秫」與「鉥」同，假借字。紀者，廣韻〔志韻〕作「䋈」，云：「連鍼也。」

鏅、大罪反，又徒果反。鐧，澗音。鎝他合反。也。

說文：「鎝，以金有所冒也。」玉篇：「鎝，器物鎝頭也。」鎝，一名鏅。鐧者，說文：「鐧，車軸鐵也。」釋名〔釋車〕：「鐧，閒也，閒釭軸之間，使不相摩也。」

稱謂之銓。七緣反。錘直危反，又直僞反。謂之權。

說文：「稱，銓也。春分而禾生，日夏至晷景可度，禾有秒，秋分而秒定，律數十二秒而〔當〕一分，十分而寸，其以爲重，十二粟爲一分，十二分爲一銖，故諸程品皆从禾。」「銓，衡也。」劉向說苑〔辨物〕云：「以粟生之，十粟爲一分，十分爲一寸，十寸爲一尺，十尺爲一丈。十粟重一圭，十圭重一銖，二十四銖重一兩，十六兩重一斤，三十斤重一鈞，四鈞重一石。千二百粟爲一龠，十龠爲一合，十合爲一升，十升爲一斗，十斗爲一斛。」文選〔文賦〕注引倉頡篇：「銓，稱也。」注云：「銓，所以稱物也。」權，一名錘。漢書律曆志〔上〕：「權者，銖、兩、斤、鈞、石也，所以稱物平施，知輕重也。」案：錘，稱錘。

鍴端音。謂之鑽。了〔二〕貫反。

〔二〕了，王念孫說當作「子」。

說文：「鑽，所以穿也。」祖官切。玉篇：「鍴，鑽也。」多官切。案：方言（第九）：「鑽謂之鍴。」

鑴、況規反。**鍣、**昭音。**鋟，**子廉反，又子甚反。**錐也。**

說文：「錐，銳也。」釋名（釋用器）：「錐，利也。」劉向說苑（雜言）云：「獨不聞干將莫邪，拂鐘不錚，試物不知，然以之綴履，曾不若兩錢之錐。」鑴者，五音集韻（脂韻）「鑴，錐也」，本此。案：「鑴」當作「鐫」。說文：「鐫，穿木鐫也。」鐫鍣者，丁聊、田遥二切。方言（第十三）「錐謂之鍣」，郭璞注云：「廣雅作『鉊』字。」是古本廣雅作「鉊」，唯方言作「鍣」也，然玉篇、廣韻俱不收「鍣」字。鋟者，公羊定八年傳：「鋟其板。」玉篇：「鋟，以爪刻板。」

鏤謂之錯。鋁力庶反。**謂之錯。**采古反。

此俱釋錯之名也。說文：「錯，金涂也。」鏤者，郎豆切。說文：「鏤，剛鐵可以刻鏤。夏書曰：『梁州貢鏤。』」爾雅（釋器）：「金謂之鏤。」大雅韓奕「鉤膺鏤鍚」，箋：「刻金飾之。」秦風小戎「虎韔鏤膺」，箋：「鏤膺，有刻金飾也。」鋁者，玉篇「鋁」與「鑢」同。說文：「鑢，錯銅鐵也。」

礱、碫、都玩反。**礛**力甘反。**䃴、**諸音。**磫**足恭反。**礶、**衢音。**磨、砥、**砥細反，又於礪反〔一〕。**磏，**廉音。**礪也。**

說文「厲，旱石也」，或作「蠆」。大雅公劉：「取厲（取鍛）。」儒行：「砥厲廉隅。」左氏哀十六年傳：「勝自厲劍。」皆不从石，則「礪」非古字。礱者，說文：「礱，礦也。天子之桷，椓而礱之。」案：晉語（八）：「天子之室，斲其椽而礱之。」碫者，說文：「碫，厲石也。春秋傳：鄭公孫碫字子石。」案：左氏傳印段字子石，見襄三十年。宋褚師段字子石，見襄二十年。

〔一〕砥細反，又於礪反，王念孫博雅音校本作「砥細於礪」。

是「碫」或省作「段」。説文篆字「碫」誤从「叚」，徐鉉輒音「乎加切」，誤矣。公劉詩「取鍛」傳：「鍛，石也。」「碫、鍛」，古字通。礛䃴者，玉篇：「礛，礛䃴，治玉之石也，青礪也。」説文作「厱諸」，云：「治玉石也。厱，讀若『藍』。」淮南説山訓「玉待礛諸而成器」，高誘注：「礛諸，攻玉之石。」又脩務訓：「玉堅無敵，鏤以爲獸，首尾成形，礛諸之功。」文子上德篇：「璧瑗之器，礛諸之功也。」「厱、礛」，「諸、䃴」，音義並同。磫䂂者，玉篇：「磫，磫䂂，礪石。」磨者，説文作「礳，石磑也。」玉篇：「礳，所以礳麥。磨，同上。」砥者，説文「底，柔石也」，或作「砥」。磏者，説文：「磏，厲石也。一曰：赤色。」玉篇：「磏，赤礪石。」○集韻〈屋韻〉引廣雅：「䃤，礪也。」「息六切。」今無此文。

鋡含音。鏅謂之𨭉。彤音。

鋡，説文作「鈐」，云：「鈐鏅，大犁也。一曰：類梠。」𨭉者，説文作「鉵」，云：「梠屬。从金，蟲省聲。讀若『同』。」此作「𨭉」，不省。

鎡錤、基音。鋸、鈹、鎛，博音。鉏也。

説文：「鉏，立薅所用也。」釋名〈釋用器〉：「鋤，助也，去穢助苗長也。齊人謂其柄曰橿，橿然正直也。頭曰鶴，似鶴頭也。」玉篇「鋤」與「鉏」同。鎡錤者，解見上文「定謂之耨」下。鋸者，釋名〈釋用器〉：「鋸，倨也，其體直，所截應倨句之平也。」鈹者，字書無「鉏」訓，疑即「䥯」字。説文：「䥯，梠屬。」玉篇音「彼皮切」，與「鈹」音義近矣。鎛者，伯各切。説文「鎛，田器」，引詩：「庤乃錢鎛。」釋名〈釋用器〉：「鎛，亦鋤類也。鎛，迫也。」

錠定音。謂之鐙。登音。

説文「錠，鐙也。丁定切。鐙，錠也。都滕切」，徐鉉曰：「錠中置燭，故謂之鐙。今俗别作『燈』，非是。」楚辭

〈招魂〉：「蘭膏明燭，華鐙錯些。」顔師古急就篇〈卷三〉注：「鐙，所以盛膏夜然燎者也。其形若杅而中，施釭，有柎者曰鐙，無柎者曰錠。」

曲道、栻，勑音。梮也。簙博音。箸馳慮反。謂之箭。

梮，古作「局」。說文：「局，博所以行棊。」曲道者，方言〈第五〉：「所以行棊謂之局，或謂之曲道。」栻者，丑力切。玉篇「栻，局也」，本此。簙箸謂之箭者，「死專，簙也」，已見本書釋言。此言簙之箸也。方言〈第五〉：「吳楚之間，或謂之蔽，或謂之箭裹。」

箑謂之扇。

說文「箑，扇也」，或作「篓」。方言〈第五〉「扇，自關而東謂之箑，自關而西謂之扇」，郭注：「今江東亦通名扇爲箑。」吕氏春秋〈有度〉云：「冬不用箑，非愛箑也，清有餘也。」傑案：儀禮既夕「燕器，杖笠篓」，注：「篓，扇也。」

䈞大故反。謂之簪。載甘反。

簪，玉篇作「籃」，云：「䈞也。」又云：「䈞，籃也。」廣韻〈覃韻〉「籃，籃䈞也」，〈暮韻〉「䈞，籃䈞」，皆本此。

箟居勿反。謂之刷。所滑反。

說文：「刷，刮也。禮布刷巾。」釋名〈釋首飾〉：「刷，帥也，帥髮長短皆令上從也。亦言瑟也，刷髮令上瑟然也。」玉篇：「箟，刷也。」集韻〈没韻〉「䓛，字林：『刷也。』或作『箟』」，本此。「箟、䓛」同。稽康養生論「勁刷理鬢」，李善注引通俗文云：「所以理髮謂之刷。」

縞謂之葯。亦灼反。

上文「縞、紨，練也」。解已見前。

桫素戈反。謂之榺。〔一〕升證反。

説文：「榺，機持經者。」玉篇：「桫，織桫也，緯也。字亦作『梭』。」集韻〈禡韻〉引作「𣏌謂之榺。必駕切」。

籣謂之植。

考「籣」字，玉篇、廣韻〈震韻〉並云：「損也。」未詳。

榬袁音。謂之篗。于縛反，又榮碧反。其杘勑利反。謂之隸〔二〕。

此釋篗之名及其柄也。説文「篗，收絲者也」，或作「𧤗」。「杘，篗柄也。」方言〈第五〉「篗，榬也。兖豫河濟之間謂之榬，絡謂之格」，郭注：「篗，所以絡絲也。絡，所以轉篗絡車也。」集韻〈霽韻〉引作「篗，其杘謂之𣞤」。

經梳謂之枃。子允反。

玉篇：「枃，子吝切，凡織先經以枃梳絲使不亂。出埤倉。」

斛注謂之篙。乎的反。

方言〈第五〉云「所以注斛，陳魏宋楚之間謂之篙，自關而西謂之注」，郭璞注：「盛米穀寫斛中者也。今江東亦呼

〔一〕案：王念孫曰：「桫所以行緯，榺所以持經，二者各殊其用，無緣以『榺』爲『桫』。此因本條内有脱文，而下條『𣏌謂之榺』又脱去『𣏌』字，遂誤合爲一條。」

〔二〕隸，疏證本作「𣞤」。

爲篙。」玉篇：「篙，籭屬，形小而高。」

斛謂之鼓。方斛謂之桶。大籠反，又勇音。

左氏昭二十九年傳「遂賦晉國一鼓鐵，以鑄刑鼎」，服虔曰：「鼓，量名也。取晉國一鼓鐵以鑄之。」禮記曲禮（上）「獻米者操量鼓」，釋文引隱義云：「東海樂浪人呼容十二石者爲鼓，以量米。」王肅云：「三十斤謂之鈞，鈞四謂之石，石四謂之鼓。」與隱義合。顧氏曰：「蓋用四百八十斤鐵。」荀子富國篇「瓜桃棗李，一本數以盆鼓」，楊倞注：「鼓，量也。」桶者，疑與「甬」同。月令「角斗甬」，鄭注：「甬，今斛也。」

⿱竹屯大本反。謂之篅。上沿反。

説文：「⿱竹屯，篅也。」「篅，以判竹圜以盛穀也。」釋名（釋宮室）：「囤，屯也，（屯）聚之也。圌，以艸作之，團團然也。」淮南精神訓「與守其篅⿱竹屯」，高誘注：「篅⿱竹屯，受穀器也。篅，讀如顓頊之『顓』。」顏注急就篇（卷三）云：「⿱竹屯篅，皆所以盛米穀也，以竹木簟席。若泥塗之，則爲⿱竹屯。⿱竹屯之言屯也，物所屯聚也。織艸而爲之，則曰篅。取其圓團然也。」「⿱竹屯、囤」，「篅、圌」，並音義同。

⿰巾盾、丈旬反，又猪旬反。⿱殸衣，畏音。⿰甾宁陟吕反。也。

此釋貯米穀之器也。説文：「⿰甾宁，⿰巾盾也，所以載盛米。从宁，从甾；甾，缶也。」⿰巾盾者，説文：「⿰巾盾，載米⿰甾宁也。」⿱殸衣，未詳。

簣、苦怪反。篣、彭音。笯、女加反，又奴慕反。簝、力幺反。籝〔一〕、盈音。篝、溝音。笭，零音。籠力公反。也。

〔一〕籝，疏證本作「籯」。

淮南說山訓：「被羊裘而賃，固其事也。貂裘而負籠，甚可怪也。」說文：「籠，舉土器也。一曰：笭也。」簣者，論語〔子罕〕「未成一簣」，鄭注：「簣，盛土籠也。」篣、笯者，方言〔第十三〕「籠，南楚江沔之間謂之篣，或謂之笯」，郭璞注：「今零陵人呼籠爲篣。」說文：「笯，鳥籠也。」楚辭九章〔懷沙〕「鳳皇在笯兮」，王逸注：「笯，籠落也。」簝者，說文：「簝，宗廟盛肉竹器也。」地官牛人「凡祭祀，共其牛牲之互，與其盆簝以待事」，鄭司農云：「簝，受肉籠也。」籯者，說文：「籯，笭也。」漢書韋賢傳：「遺子黄金滿籯。」篝者，史記陳涉世家「夜篝火」，又淳于髡列傳「甌窶滿篝」，徐廣並云：「篝，籠也。」笭者，說文：「笭，籯也。」○集韻〔鹽韻〕引廣雅云：「籢，籠也。」今無此文。

熏纁音。篝溝音。謂之牆居。

說文：「篝，笿也，可熏衣，宋楚謂竹篝牆以居也。」方言〔第五〕「篝，陳楚宋魏之間謂之牆居」，郭注：「今熏籠也。」

簞、丹音。籚、來乎反。籃，來甘反。筐也。

說文「匡，飯器⿱竹豦也」，或作「筐」。又云：「方曰筐，圜曰⿱竹豦。」小雅鹿鳴「承筐是將」，傳：「筐，篚屬，所以行幣帛也。」簞者，說文：「簞，笥也。漢律令簞，小筐也。傳曰：『簞食壺漿。』」鄭注曲禮〔上〕云：「圜曰簞，方曰笥。」淮南齊俗訓：「夫明鏡便于照形，其於以函食，不如簞。」籚者，與「⿱竹旅」同。說文所謂「筁盧，飯器也」，解見上文「⿱竹旅」下。籃者，說文「籃，大篝也」，古文作「盾」。

籅、餘音。篟、滔音。箄、俾音。篗，縷音。⿱竹豦舉也。也。

說文：「⿱竹豦，飤牛筐也。」召南〔采蘋〕「于以盛之，維筐及筥」，傳：「方曰筐，圜曰筥。」周頌〔良耜〕「載筐及筥」，箋：「筐、筥，所以盛黍也。」玉篇：「⿱竹豦，亦作『筥』。」方言〔第十三〕「箄、篗、籅、篟，⿱竹豦也。江沔之間謂之籅，趙代之間謂之篟，淇衛之間謂之牛筐。篆，其通語也。篆小者，南楚謂之簍，自關而西秦晉之間謂之箄」，郭注：「今江南亦名籠爲箄。」顔注急就篇〔卷三〕云：「簍者，疏目之籠，亦言其孔樓樓然也。」

㯍、帶音。榺、朕音。校〔一〕、交音〔二〕。㭙、竹革反。桷、角音。植、直吏反。样，羊音。槌逐畏〔三〕反。也。

此釋懸蠶薄柱之名也。說文：「槌，關東謂之槌，關西謂之㭙。」「㭙，槌也。」「栚，槌之橫者也，關西謂之𣟴。」方言〔第五〕「槌，宋魏陳楚江淮之間謂之植，自關而西謂之槌，齊謂之样。其橫，關西曰榺，宋魏陳楚江淮之間謂之㯍，齊部謂之㭙」，郭注：「槌，懸蠶薄柱也。其橫，亦〔名〕校，音交。」「榺、栚」，古今字。校，舊本譌爲「杈」，音釋亦譌爲「叉」，今據郭注訂正。「桷」與「校」，聲相轉，故亦同物。月令「季春，具曲植籧筐」，鄭注：「植，槌也。」

笛曲音。謂之薄。

說文：「笛，蠶薄也。」又云：「或說曲，蠶薄。」方言〔第五〕：「薄，宋魏陳楚江淮之間謂之苗，或謂之麴。自關而西謂之薄。」高誘注呂覽〔季春〕云：「曲，薄也。青徐謂之曲。」史記絳侯周勃世家「勃以織薄曲爲生」，索隱曰：「謂勃本以織蠶薄爲生業也。韋昭曰：『北方謂薄爲曲。』許慎注淮南云：『曲，葦薄也。』郭璞注方言云：『植，懸曲柱也。』」案：「笛、苗、麴、曲」，字異義同。

〔一〕校，疏證本作「校」。

〔二〕交音，王念孫博雅音校本作「叉音」。

〔三〕畏，王念孫說當作「累」。

䉃、獎音。籥、藥音。䈎、勅葉反，又餘涉反。𥴦、辯音。笘、丁頰反。籙，力篃〔一〕反。箛孤音。也。

玉篇：「箛，古胡切，破箛爲圓。」通作「觚」。陸機文賦：「或操觚以率爾。」顏師古急就篇〈卷一〉注云：「觚者，學書之牘，或以記事。削木爲之，蓋簡屬也。其形或六面，或八面。今俗猶呼小兒學書簡爲木觚章。」䉃、籥、䈎者，説文：「䉃，剖竹未去節謂之䉃。」「籥，書僮竹笘也。」「䈎，籥也。」𥴦，未詳。笘者，説文云：「潁川人名小兒所書寫爲笘。」籙者，力計切。玉篇：「籙，䈞也。」

篇、章、䈞，司夜反。程也。

説文：「程，品也。十髮爲程，十程爲分，十分爲寸。」篇者，説文：「篇，書也。」玉篇云：「篇，篇什也。」孔穎達曰：「篇者，偏也，言出情鋪事明而偏者也。」章者，説文云：「樂竟爲一章。从音，从十；十，數之終也。」孔穎達曰：「章者，明也，總義包體，所以明情者也。」䈞者，玉篇：「䈞，笘䈞也。」篇、章、䈞，皆所以計課程。

𥳑苦典反。䉳、先典反。簧、皇音。牌，步佳反。籍也。

説文：「籍，簿書也。」釋名〈釋書契〉：「籍，籍也，所以籍疏人名户口也。」𥳑䉳者，玉篇：「𥳑䉳，户籍也。」簧，未聞。牌者，玉篇：「牌，牌牓。」

笧謂之簡。

釋名〈釋書契〉：「簡，間也，編之篇篇有間也。」説文：「簡，牒也。」「册，符命也，諸侯進受于王也。象其札一長一短，

〔一〕篃，王念孫説當作「第」。

中有二編之形。古文作『篛』。」通作「策」。金縢「史乃册祝」，史記「册」作「策」。聘禮記云「百名以上書于策，不及百名書于方」，鄭注：「名，書文也，今謂之字。策，簡也。方，板也。」疏云：「鄭作論語序云：易、詩、書、禮、樂、春秋，策皆尺二寸，孝經謙半之，論語四寸，策者，三分居一，又謙焉，是其策之長短。簡者，未編之稱。策者，衆簡相連之名。鄭注尚書：三十字一簡。服虔注左氏云：古文一簡八字。是簡容字多少，百名以下，不假連編之策，一板書盡，故言方板也。」

杘、勑利反。矜、巨斤反。柯、柌、詞音。橿、薑音。柲、祕音。弣，撫音。柄也。

天官太宰注云：「柄，所秉執以起事者也。」説文：「柄，柯也。」柄是總名，許氏特借人所易曉之斧柄以釋之耳。「杘，柄」，已見本書釋言。矜者，説文：「矜，矛柄也。」方言〔第九〕「矛，其柄謂之矜」，郭注：「今字作『⿰禾堇』。」廣韻〔真韻〕：「⿰禾堇，古作『矜』。」案：鄭注考工記〔廬人〕云：「爲戈戟之矜，所圍如殳。」則戈柄亦通名矜。柯者，説文：「柯，斧柄也。」考工記〔車人〕「一欘有半謂之柯」，注云：「伐木之柯，柄長三尺。詩云：『伐柯伐柯，其則不遠。』鄭司農云：『倉頡篇有柯欘。』」又車人云「柯長三尺，博三寸，厚一寸有半，五分其長，以其一爲之首」，注云：「首六寸，謂闕頭斧也。柯，其柄也。」柌者，似咨切。玉篇：「柌，鎌柄也。」橿者，寄良切。説文：「橿，鉏柄名。」釋名〔釋用器〕：「齊人謂鋤柄曰橿，橿然正直也。」柲者，筆媚切。左氏昭十二年傳「君王命剝圭以爲鏚柲」，杜注：「柲，柄也。」考工記〔廬人〕「戈柲六尺有六寸」，注：「柲，猶柄也。」方言〔第九〕：「戟，其柄自關而西謂之柲，或謂之殳。」弣者，弓所把持處亦似柄也。釋名〔釋兵〕：「弓中央曰弣。弣，撫也，人所撫持也。」曲禮〔上〕云：「左手承弣。」通作「柎」。考工記弓人：「有柎焉，故剽。」少儀云：「削授柎。」

杌、五丸反。櫍，椹知今反。今人以爲桑葚，失之。也。

夏官圉師職「射則充椹質」，杜子春讀「椹」爲齊人〔言〕鈇椹之「椹」。圉人所習，故使充之。言圉人養馬，以鈇斬芻，乃其職也。廣韻〔侵韻〕：「椹，知林切，鈇椹，斫木質。」「質」與「櫍」同。爾雅〔釋宫〕「椹謂之榩」，孫炎曰：「椹，斫木質。」商頌殷武「方斲是虔」，箋：「取松柏〔易直者〕斷〔而遷〕之，正斲于椹上。」「榩」省爲「虔」，猶「櫍」省爲「質」也。玉篇「櫍，椹也」，本此。杌，未詳。

柊終音。楑、葵音。敤、苦果反。櫌，憂音。椎逐隹反。世人以此爲隹子〔一〕，失之。也。

説文：「椎，齊謂之終葵。」漢書周勃傳「其椎少文如此」，服虔曰：「謂訥鈍也。」應劭曰：「今俗名拙語爲椎儲。」顔師古曰：「謂樸鈍如椎也。」柊楑者，玉篇「柊，柊楑，椎也」，廣韻〔東韻〕「柊，職戎切，齊人謂椎爲柊楑也」，並本此。古用「終葵」。考工記玉人「抒上，終葵首」，注云：「終葵，椎也。爲椎于〔其〕抒上，明無所屈也。」敤者，「敤，椎」，已見本書釋詁〔二〕，此重出。櫌者，於求切。廣韻〔尤韻〕：「櫌，打塊槌也。」舊本譌从手，今訂正。

𣏟、他禮反。棓、步講反，又步項反。桲、步没反。棁、吐活反，又杜活反。柍、於兩反。欇攝音。殳、是珠反。梃、度，杖也。

説文：「杖，持也。」𣏟者，廣韻〔薺韻〕：「𣏟，横首杖名。」棓者，説文：「棓，棁也。」淮南詮言訓「羿死于桃棓」，高誘注：「棓，大杖，桃木爲之，以擊殺羿。」桲、柍、欇殳、度者，方言〔第五〕「僉，宋魏之間謂之欇殳，或謂之度。自關而西謂

〔一〕　隹子，王念孫説當作「錐字」。

之棓，或謂之拂。齊楚江淮之間謂之柍，或謂之桲」，郭注：「此皆打之別名也。僉，今連枷，所以打穀者。欇殳，亦杖名也。今江東呼打爲度。」案：「殳」通作「杸」。顔注急就篇〔卷三〕云：「杸，亦杖名也。古者以積竹八觚爲殳，長一丈二尺，建于兵車，旅賁以先驅，而軍士所執殳者，名之爲杸。司馬法云『執羽从杸』，是也。一曰：『杸、殳』，古今字。」棁者，説文：「棁，木杖也。」顔注急就篇〔卷三〕云：「棁，小棓也。今俗呼爲袖棁，言可藏于懷袖之中也。」淮南説山訓：「揮棁而呼狗，欲致之，顧反走。」梃者，徒鼎切。漢書諸侯王表云「陳、吴奮其白梃」，應劭曰：「白梃，大杖也。孟子書曰『可使制梃』是也。」

箠、拙橤反。策、篗、走公反。折，簻竹花反。也。

説文：「簻，箠也。」俗作「檛」。「簻」與「椯」通。説文：「椯，箠也。兜果切。」箠者，之壘切。説文：「箠，擊馬也。」史記劉敬列傳：「大王以狄伐故，去豳，杖馬箠居岐。」策者，説文：「策，馬箠。」篗者，説文作「蓌」，云：「青齊沇冀謂木細枝曰蓌。」左思魏都賦「弱蓌係實」，劉逵注：「蓌，木之細枝者也。」折者，文選〔魏都賦〕注引〔方言〕：「傳曰：慈母之怒子，折蓌而笞之，其惠存焉。」

篴才六反。謂之笪。七夜反。

玉篇「篴，笪，逆槍也。篴，同上。笪，篴也」，本此。惠士奇禮説云：一本作「簇謂之箛」，是爲箛槍。蔡謨與何驃騎書云：「數百步内，布竹箛如蝟毛，賊不能飛。」通俗文云：「剡葦謂之槍。」蓋取竹葦而鋭其端。淮南兵略訓所謂「剡摲筡」，是也。

柤、士加反。樘、堂〔一〕音。柱，距也。

距，其吕切，説文作「歫，止也」。揚雄羽獵賦「歫連卷」，顔師古曰：「歫，即『距』字。」柤者，説文「柤，木閑」，徐鍇曰：「柤之言阻也。」樘者，丑庚切。「樘，距」，已見本書釋言。「樘」通作「堂」。考工記弓人「維角堂之」，鄭注：「堂，讀如『堂距』之『堂』。」王延壽魯靈光殿賦「枝堂杈枒而斜據」，張載注：「堂，或作『棖』字。」蓋「棖」與「樘」通，故論語〔公冶長〕申棖，漢碑作「申棠」也。

梏、古篤反。衡、楅，𣙒乎格反。也。

説文：「𣙒，角械也。其逆切。」梏者，解見釋宫篇。衡者，説文「衡，牛觸横大木其角」，古文作「奧」。地官封人：「凡祭〔祀〕，飾其牛牲，設其楅衡。」楅者，説文：「楅，以木有所逼束也。」魯頌閟宫「夏而楅衡」，傳：「楅衡，設牛角以楅之。」箋云：「楅衡其牛角，不令觸觝人也。」鄭注地官封人云：「楅設于角。」

篗、方千反，又俾〔二〕年反。㯯，具〔三〕録反。輿也。

説文：「輿，車輿也。」釋名〔釋車〕：「輿，舉也。」「車、輿」，古通用。論語〔衛靈公〕「在輿則見其倚于衡也」，漢書律曆志引作「車」。又〔微子〕「夫執輿者爲誰」，熹平石經作「車」。孟子〔離婁下〕「十二月，輿梁成」，本亦作「車」。小雅出

〔一〕堂，王念孫説當作「牚」。

〔二〕俾，王念孫博雅音校本作「婢」。

〔三〕具，王念孫説當作「俱」。

車云「我出我車」，荀子〔大略〕引作「輿」。下章「出車彭彭」，史記〔匈奴傳〕引作「輿」。筤者，說文：「筤，竹輿也。」史記張耳列傳「貫高以筤輿前」，集解：「徐廣曰：『筤，音鞭。』駰案：韋昭曰『輿，如今輿牀，人輿以行』。」索隱：「服虔云：『音編，編竹木如今峻，可以糞除也。』何休注公羊：『笱，音峻。笱者，竹筤，一名編，齊魯以北名爲笱。』郭璞三倉注云：『筤畢，土器。』」梟，未聞。

鍏、瑋音。畚、本音。敮〔一〕、插〔二〕音。梩、駭音。喿，七遥反。臿也。

臿，說文作「疀，斛也，古田器也」。釋名〔釋用器〕：「鍤，插也，插地起土也。或曰銷；銷，削也，能有所穿削也。或曰鏵；鏵，刳也，刳地爲坎也。其板曰葉，象木葉也。」方言〔第五〕：「臿，燕之東北朝鮮洌水之間謂之斛，宋魏之間謂之鏵，或謂之鍏。江淮南楚之間謂之臿，沅湘之間謂之畚，趙魏之間謂之喿，東齊謂之梩。」玉篇「鍦，臿屬」，疑即「鍏」之異文。又云：「梠，臿也。」玉篇：「鍏，臿也。」「喿，臿屬。今作『鐰』。」敮者，字當作「敮」。集韻〔支韻〕「敮，俱爲切」，引廣雅「敮，臿也」，「或作『𣝞』」。案：說文「𣝞，苿臿也」，俱米切。

鏵、乎瓜切。鎵，蒙音。鐅普結反。也。

說文：「鐅，河內謂臿頭金也。」郭注方言〔第五〕云：「今江東人呼鍫刃爲鐅。」鏵者，說文作「苿，兩刃臿也。象形。宋魏曰苿也」，或作「釫」。玉篇：「苿，今爲『鏵』。」鎵，未詳。集韻〔東韻〕：「謨蓬切。」

〔一〕敮，疏證本作「敮」。

〔二〕插，王念孫說當音「嫣汭」之「嫣」。

築謂之杵。

說文：「築，擣也。」「杵，舂杵也。」史記黥布列傳「項王伐齊，身負版築」，集解引李奇曰：「築，杵也。」

渠挐謂之杷。蒲加反。

說文：「杷，收麥器。」釋名（釋用器）：「杷，播也，所以播除物也。」方言（第五）「杷，宋魏之間謂之渠挐，或謂之渠疏」，郭注：「杷無齒爲杴。渠挐，今江東名亦然。渠疏，語轉也。」渠挐，玉篇作「淭𣛮，杷也」。

柫拂音。謂之枷。加音。

說文：「柫，擊禾連枷也。」「枷，柫也。淮南謂之柍。」釋名（釋用器）：「枷，（加）也，加杖于柄頭，以檛穗而出其穀也。或曰羅枷，三杖而用之也。或曰丫，丫杖轉于頭，故以名之也。柫，撥也，撥使聚也。」齊語「耒耜枷芟」，韋昭注：「枷，柫也，所以擊艸也。」荀子性惡篇「則兄弟相拂奪矣」，楊倞注：「或曰『拂』字从木旁弗，擊也。今之農器，連枷也。」

䈶乎江反。䉶謂之筞。姝音。

說文：「桻，桻雙也。讀若『鴻』。」「筞，桻雙也」。玉篇：「篷，船連帳也。」「䉶，桻䉶也。」廣韻（江韻）：「䉶，帆也。」「桻，桻䉶，帆未張。」然則此是帆名矣。「䈶、桻、篷」，「䉶、雙」，音義並同。蓋「夆、雙」是疊韻，故廣韻云「𨁽𨇁，胡豆。𨁽𨇁，豎立。舽艭，船名」也。

佯羊音。篖、唐音。倚陽，筕衡音。篖也。

方言（第五）「筕篖，自關而東周洛楚魏之間謂之倚佯，自關而西謂之筕篖，南楚之外謂之篖」，郭注：「筕篖，似籧篨，直文而粗，江東爲笪。」玉篇：「筕篖，竹笪。」「笪，粗籧篨。」佯，與「陽」同。

⿱竹生、⿱竹折、之舌反。⿱竹發[一]、廢音。簟、大點反。籧篨[二]、筁、曲音。筵、㐁、天念反。亦有本「茵」字代「㐁」。薦、⿱竹將、⿱竹後，二[三]果反。席也。篕乎臘反。⿱竹炎琰音。謂之籧篨，笭⿱竹呈。呈、汀二音。

司馬相如上林賦「逡巡避廗」，李善注：「『廗』與『席』，古字通。」後魏高湛墓誌：「廗月抽琴。」說文「席，籍也。禮：天子諸侯席有黼繡純飾。从巾，庶省」，古文作「㐁」。釋名（釋牀帳）：「席，釋也，可卷可釋也。」鄭注文王世子云：「席之制，廣三尺三寸三分。」鹽鐵論（散不足）云：「古者，皮毛艸蓐，無茵席之加，旃蒻之美。及其後，大夫士復荐艸緣，蒲平單莞。庶人即艸蓐索經，單藺蘧蒢而已。今富者繡茵翟柔，蒲子露林。中者獏皮代旃，闒坐平莞。」方言（第五）「簟，宋魏之間謂之笙，或謂之籧苗。自關而西謂之簟，或謂之⿱竹折」，郭注：「簟，今江東通言笙。今云⿱竹折篾篷也。江東呼籧篨爲⿱竹發。」笙者，左思吳都賦「桃笙象簟」，劉逵注：「桃笙，桃枝簟也。吳人謂簟爲笙。又折象牙以爲簟也。」⿱竹折、⿱竹發者，玉篇「⿱竹折，簟也。⿱竹發，籧篨也」，本此。簟者，說文：「簟，竹席也。」釋名（釋牀帳）：「簟，覃也，布之覃覃然平正也。」小雅斯干「下莞上簟」，箋：「竹葦曰簟。」齊風載驅篇「簟茀朱鞹」，傳：「簟，方文席也。」籧篨者，說文：「籧篨，粗竹席也。」顏注急就篇（卷三）云：「織葦而麤文者，籧篨也。」按：籧篨本粗竹席，用爲困者之名，不可使俯之疾似之，故晉語（四）言「籧篨不可使俯」也。以言辭媚說人者，常仰觀顏色，病若籧篨，故爾雅（釋訓）言「籧篨，口柔也」。筁者，本方言（第五）。筵者，說文：「筵，竹席也。」釋名（釋牀

[一] ⿱竹發，疏證本作「蕟」。

[二] 案：疏證本删「篨」字。

[三] 二，王念孫說當作「三」。

帳」：「筵，衍也，舒而平之衍衍然也。」春官司几筵序官注云：「筵，亦席也。鋪陳曰筵，藉之曰席。後代言之，筵與席通矣。」賈疏：「先設者言筵，後加者爲席。故其職云：『設莞筵紛純，加繅席畫純。』假令一席在地，或亦云筵。儀禮少牢云『司宫筵于奥』，是也。筵、席一物，止據鋪之先後爲名耳。」案：聶崇義三禮圖云：「舊圖：士蒲筵長七尺，廣三尺三寸，無純。其司几筵祀先王，設莞、繅、次三種之席，皆有純。又鄉射記：『蒲筵用緇布純。』又公食大夫記云『蒲席常』，注云：『丈六曰常。』」㐁者，音釋「天念反」，又云：「亦有本『茵』字代『㐁』。」案：茵者，說文：「茵，車重席。司馬相如說作『鞇』。」或作「㐁」，亦必是「囙」字古文「席」也。說文「㐁」，古文作「囱，竹上皮也」。蓋以竹皮爲席。然則古文「席」亦當从「囱」。薦者，說文：「荐，薦席也。」釋名（釋牀帳）：「薦，所以自薦藉也。」篛者，剖竹未去節之名。篗者，玉篇：「篗，竹名。」皆所以爲席者也。籧篨者，方言（第五）：「簟，其麤者謂之籧篨，自關而東謂之籧掞。」玉篇：「籧，籧篨也。」笭箵者，按文義當云「笭謂之箵」。玉篇、廣韻（清韻）並云：「箵，筵也。」蓋箵一名笭。集韻（清韻）引曰：「笭箵，竹席。」

石鍼謂之柴。醉粲反。𪔵顙音。或从壺。謂之㼜。瓦音。

柴，未聞。廣韻（蕩韻）「𪔵，鼓匡木也。𪔵，同上」，本此。

砮、奴音。臒，烏郭反，又于縛反。丹也。

說文「丹，巴越之赤石也」，古文作「彬」。山海經（中山經）「荊山之首，曰景山，睢水出焉，其中多丹粟」，郭璞曰：「細沙如粟。」漢書司馬相如傳（上）「其土則丹青赭堊」，張博士彼注云：「丹，丹沙也。」顏師古曰：「丹沙，今之朱砂也。」砮者，禹貢：「荊州貢砮丹。」說文：「砮，石可以爲矢鏃者。」則不以爲丹也，未聞其審。臒者，說文：「臒，善丹也。周書曰：『惟其斁丹臒。』讀若『隺』。」山海經「景山之西曰驕山，其下多青臒」，郭注：「臒，黝屬。」

廣雅疏義卷第十六

𢐅致音。謂之彈。大汗反。

說文：「彈，行丸也。」或作「𢎗」。太玄唐上九：「明珠彈於飛肉，其得不復。測曰：明珠彈肉，費不當也。」説苑善説篇：「彈之狀如弓，而以竹爲弦。」𢐅者，陟利切。玉篇：「青州謂彈曰𢐅。」集韻〈志韻〉：「𢐅，彈也。」

帥、升芮反。蕡，墳音。弦也。

說文：「弦，弓弦也。从弓，象絲軫之形。」鄉射禮：「有司左執弣，右執弦而授弓。」集韻〈先韻〉引廣雅：「彈、弲，弦也。」今作「帥、蕡」，未知孰是。

彄謂之絠。弋[一]宰反。

說文：「彄，弓弩耑弦所居也。」「絠，彈彄也。」「彄，恪侯切。」

拾、捍、韝，溝音。鞢攝音。也。

說文：「鞢，射決也，所以拘弦。以象骨，韋系，著右巨指。」或作「弽」。「鞢」一名決。衞風芄蘭「童子佩鞢」，傳：「鞢，決也。」箋：「鞢之言沓也，所以彄沓手指。」小雅車攻傳：「決，鉤弦也。」周禮繕人注「決，挾矢時所以持弦飾也，著

[一] 弋，王念孫説當作「戈」。

右手巨指」，引士喪禮曰：「決用正，王棘若檡棘。」則天子用象骨爲之，著右臂大指，以鉤弦闓體。拾者，詩（小雅車攻）「決拾既佽」，傳：「拾，遂也。」吴語「夫一人善射，百夫決拾」，韋昭注：「決，鉤弦也。拾，捍也。」「一人善射，而百夫競著決拾而放之。」曲禮〔下〕云「野外軍中無摯，以纓拾矢可也」，注：「拾謂射韝。」三禮圖云：「舊圖遂，臂捍，以朱韋爲之。案鄉射禮注：『遂，射韝也，以韋爲之，所以遂弦也。其非射時，則謂之拾。拾，斂也，所以蔽膚斂衣也。』又大射注云：『遂，著左臂，裹以遂弦也。』」捍者，管子戒篇：「桓公（明日）弋在廩。管仲、隰朋朝，公望二子，弛弓脱釬而迎之」，（尹知章注）「釬，所以扞弦」也。「捍、釬」同義。韝者，説文：「韝，射臂決也。」居侯切。徐廣史記（張耳陳餘列傳）注：「韝，臂捍也。」鍾岏良吏傳：「桓虞曰：善吏如良鷹，下韝即中。」

⿰弓蕭〔一〕、蕭音。⿰弓巠，絹音。⿰骨辟臂音。也。

玉篇：「⿰骨辟，弓弭。」⿰弓蕭者，蘇凋切。釋名（釋兵）：「弓末曰簫，言簫稍也。又謂之弭，以骨爲之，滑弭弭也。」曲禮（上）「右手執簫，（右）〔左〕手承弣」，注：「簫，弭頭也，謂之簫。簫，邪也。」孔疏：「弓頭稍剡，差邪似簫，故謂爲簫也。」玉篇：「弭頭謂之⿰弓蕭。」「⿰弓蕭、簫、彇」，音義同。⿰弓巠者，古縣切。玉篇「⿰弓巠，⿰骨辟也」，本此。

鞬、居言反。韔、暢音。櫜、韜、韣，弓藏也。

此釋弓藏之名也。鞬者，説文：「鞬，所以戢弓矢。」釋名（釋兵）：「馬上曰鞬。鞬，建也，弓矢並建立其中也。」方言（第九）：「所以藏弓（矢）」「謂之鞬。」左氏僖二十三年傳：「左執鞭弭，右屬櫜鞬。」韔者，丑亮切。説文作「韔，弓衣也」。

〔一〕⿰弓蕭，廣雅各本作「彇」。

秦風小戎「交韔二弓」，傳：「韔，弓室也。」通作「鬯」。鄭風大叔于田「抑鬯弓忌」，傳：「鬯弓，弢弓也。」「韔、韔、鬯」，音義同。櫜者，古勞切。説文「櫜，車上大櫜」，引詩曰：「載櫜弓矢。」小雅彤弓「受言櫜之」，傳：「櫜，韜也。」韜者，土刀切。小爾雅〔廣器〕：「矢服謂之弢。」説文：「弢，弓衣也。〔从弓〕从㢟；㢟，垂飾。」左氏成十六年傳「中項，伏弢」，杜注：「弢，弓衣。」此以「韜」爲弓藏，借用字也。説文以「韜」爲劍衣。韣者，徒俗切。説文：「韣，弓衣也。」月令：「帶以弓韣。」覲禮「載龍旂弧韣」，注：「弓衣曰韣。」

掤、冰音。医、於計反。韇讀音。𩏂、𩊜、叉音。鞴〔一〕，備音。矢藏也。

此釋矢藏之名也。掤者，與「冰」同。案：左氏昭二十五年傳「公徒釋甲，執冰而踞」，服虔注：「冰，櫝丸蓋也。」是「掤」即「冰」也。医者，説文「医，盛弓弩矢器也」，引國語曰：「兵不解医。」今齊語作「翳」，韋昭注：「翳，所以蔽兵也。」「医、翳」同。韇𩏂者，上徒木切，下乎官切。説文：「韇，弓矢韇也。」方言〔第九〕：「所以藏箭弩謂之箙，弓謂之鞬，或謂之櫝丸。」鄭注士冠禮云：「今時藏弓矢者謂之櫝丸也。」「韇、韇、櫝、櫝」，「𩏂、丸」，並音義同。玉篇：「韇，所以貯弓。」「韇𩏂，箭器也。」𩊜者，楚崖、楚加二切。玉篇：「𩊜，箭室也。」釋名〔釋兵〕：「步叉，人所帶，以箭叉其中也。」集韻〔佳韻〕引埤倉：「鞴𩊜，箭室。」「𩊜、叉」同。鞴者，房六切。説文作「箙，弩矢箙也」。釋名〔釋兵〕：「受矢之器以皮曰箙，謂柔服用之也。織竹曰笮，相迫笮之名也。」夏官司弓矢「仲秋獻矢箙」，注：「箙，盛矢器〔也〕，以獸皮爲之。」通作「服」。小雅采薇「象弭魚服」，箋：「（魚）服，矢服也。」陸璣疏：「魚服，魚獸之皮也。魚獸似豬，東海有之，其皮背上斑文，腹下純

〔一〕𩊜鞴，疏證本作「鞴𩊜」。

青，今以爲可弓鞬步叉者也。其皮雖乾燥，以爲弓鞬矢服，經年，海水〔將〕潮及天將雨，其毛皆起。水潮還及天晴，其毛復如故。雖在數千里外，可以知海水之潮氣，自相感也。」廣韻〔屋韻〕「鞴，韋囊步靫」，本此。「鞴、箙、服」，字異義同。曹音「鞴」爲「備」，非也。

飛蝱、莫耕反。矰、曾音。笰、拂，又〔一〕音也。弗，正音。矢、拔，箭也。

說文：「箭，矢也。」釋名〔釋兵〕：「矢，指也，言其有所指向迅疾也。又謂之箭。箭，進也。」方言〔第九〕「箭，自關而東謂之矢，江淮之間謂之鍭，關西曰箭」，郭注：「箭者竹名，因以爲號。」飛蝱者，方言〔第九〕「箭，其三鐮長六尺者謂之飛⿱宀虫」，郭注：「此謂〔今〕射箭也。」後漢書注引東觀漢記：「光武作飛⿱宀虫〔箭〕，以攻赤眉。」「蝱、⿱宀虫」同。矰者，作滕切。說文：「矰，隿射矢也。」周禮夏官〔司弓矢〕「矰矢〔茀矢〕，用諸弋射」，注：「結繳于矢謂之矰。」漢書司馬相如傳〔上〕「微矰出」，顏師古注：「矰，短矢也。」「以繳係矰仰射高鳥，謂之弋射。」笰者，分勿切。集韻〔勿韻〕「笰，箭也」，本此。矢者，說文：「矢，弓弩矢也。古者夷牟初作矢。」射義疏引世本注：「夷牟，黃帝臣。」拔者，秦風駟驖「舍拔則獲」，傳：「拔，矢末也。」孔疏云：「以鏃爲首，故〔以〕拔爲末。」

平題、鈀、普加反。錍、片兮反。鉤腸、羊頭、⿰金牢牢音。鑪、鏃、七木反，又七候反，又子谷反。砮，鏑也。

說文：「鏑，矢鏠也。」釋名〔釋兵〕：「矢本曰足，矢形似木，〔木〕以下爲本，本以根爲足。又謂之鏑；鏑，敵也，可以禦敵也。」方言〔第九〕「箭，其小而長中穿二孔者謂之鉀鑪，其三鐮長六尺者謂之飛⿱宀虫，内者謂之平題。」「凡箭鏃胡合嬴

〔一〕又，原作「口」，據王念孫博雅音校本改。

者，四鎌，或曰鉤腸，三鎌者謂之羊頭，其廣長而薄鎌謂之錍，或謂之鈀」，郭注：「鉀鑪，今箭錍鑿空兩邊者也。平題，今戲射箭頭，題猶羊頭也。胡鏑在于喉下，羸，邊也。鎌，稜也。」「鉾鑪」即「鉀鑪」也。玉篇、廣韻〔豪韻〕俱云「鉾鑪，錍也」，本此。鏃者，説文：「鏃，利也。」又云：「族，矢鋒也。」古通用。釋名〔釋兵〕：「矢本，齊人謂之鏃。鏃，族也，言其所中皆族滅也。關西曰釭；釭，鉸也，言有交刃也。」家語〔子路初見〕孔子與子路論矢之事云：「括而羽之，鏃而礪之，其入之不益深乎。」砮者，説文「砮，石可以爲矢鏃」，引春秋國語〔魯語下〕曰：「肅慎氏貢楛矢石砮。」

袂扶音。**襓**、饒音。**袾**，陳律反。**劍衣也**〔一〕。

此釋劍衣之名。袂襓者，少儀「劍則啟櫝，蓋襲之，加夫襓與劍焉」，注：「夫襓，劍衣也。加劍于衣上。夫，或爲煩，皆發聲。」孔疏：「熊安生云：依廣雅『夫襓，木劍衣』，謂以木爲劍衣者，若今刀榼。」案：鄭注以「夫」爲發聲，則此加「衣」旁，俗字也。袾者，案：禮記〔少儀〕疏引熊氏説「袾」作「木」，是用古本廣雅也。今本「夫、木」皆从「衣」，此後人轉寫之誤。玉篇、廣韻俱無「袾」字，曹音「陳律反」，非也。

拾、室、郭，劍削也。

此釋劍削之名也。説文：「削，鞞也。」〔釋〕名〔釋兵〕：「刀室曰削。削，峭也，其形峭殺裹刀體也。」史記貨殖列傳：「洒削，薄技也。」顏師古注漢書〔貨殖傳〕云：「削謂刀劍室也。」「主爲洒刷之，去其垢穢，更飾令新也。」拾者，胡甲切。説文：「拾，劍柙也。」舊本「拾」譌从手，今訂正。室者，史記刺客列傳「拔劍，劍長，操其室」，司馬貞曰：「室謂鞘也。」郭

〔一〕案：疏證本作「夫襓，木劍衣也」。

者，方言（第九）：「劍削，自河而北燕趙之間謂之室，自關而東或謂之廓，或謂之削，自關而西謂之鞞。」「郭、廓」，古字通。

劍珥謂之鐔。淫音。

說文「鐔，劍鼻也」，徐鉉「劍鼻，人握處之下也。徐林、徒含二切」。釋名（釋兵）：「劍其旁鼻曰鐔。鐔，尋也，帶所貫尋也。」顏師古注急就篇（卷三）云：「鐔，劍刃之本，入把者也。」莊子說劍篇「周宋爲鐔」，釋文引三倉云：「鐔，劍口也。」司馬彪云：「劍珥也。」楚辭九歌（東皇太一）「撫長劍兮玉珥」，王逸注：「玉珥，謂劍鐔也。」漢書匈奴傳（下）「玉具劍」，孟康曰：「摽首鐔衛盡用玉爲之。」顏師古注：「鐔，劍口旁横出者也。衛，劍鼻也。字本作『璏』。」案：說文：「璏，劍鼻玉。」舊本「謂」下脱「之」字，今據類篇所引訂正。

鞞、布鼎反。**䩑，**之舌反，又之逝反。**刀削也。**

此釋刀削之名也。鞞者，說文：「鞞，刀室也。」小雅瞻彼洛矣云「鞞琫有珌」，傳：「容刀鞞也。」小爾雅（廣器）：「刀之削謂之室。室謂之鞞。」䩑者，說文：「削，折也。」「折、䩑」同。玉篇「䩑，刀鞞」，本此。

龍淵、太阿、干將、鏌釾、以邪反。**莫門、斷蛇、魚腸、醇鈞、燕支、蔡倫、屬鹿、干隊、堂谿、墨陽、鉅闕、辟（閭），劍也。**

說文：「劒，人所帶兵也。」籀文作「劍」。釋名（釋兵）：「劍，檢也，所以防檢非常也。又其在身拱時，斂在臂内也。」越絶書（外傳記寶劍）：「越王句踐有寶劍五，聞于天下。客有能相劍者，名薛燭，王召而問之」，「對曰：當造此劍之時，赤堇之山，破而出錫；若邪之谿，涸而出銅。」淮南氾論訓：「薛燭、庸子，見若狐甲於劍，而利鈍識矣。」崔豹古今注（輿服〉云：「吴太皇帝有寶劍六：一曰白虹，二曰紫電，三曰辟邪，四曰流星，五曰青冥，六曰百里。」列子〈湯問〉云：孔周有三劍：一曰含光，二曰承影，三曰宵練。龍淵者，戰國策〈韓策一〉：蘇秦説韓王曰：韓之利劍：龍淵、大阿，陸斷牛馬，水擊鵠鴈。淮南人間訓「越王句踐一決獄不辜，援龍淵而切其股，血流至足，以自罰也，而戰武士必其死」。史記蘇秦列傳云「龍淵、太阿，皆陸斷牛馬，水截鵠鴈」，集解：「吴越春秋〈曰〉：楚王召風胡子而告之曰：『寡人聞吴有干將，越有歐冶，寡人欲因子請此二人作劍，可乎？』風胡子曰：『可。』乃往見二人，作劍，一曰龍淵，二曰太阿。」索隱曰：「太康地記云：『汝南西平有龍淵水，可以淬刀劍，特堅利，故有龍淵（水）之劍，楚之寶劍也。以特堅利，故有堅白之論云：黄，所以爲堅也；白，所以爲利也。齊辯之曰：白，所以爲不堅，黄，所以爲不利也。故天下之寶劍韓爲衆，一曰棠谿，二曰墨陽，三曰合伯，四曰鄧師，五曰宛馮，六曰龍淵，七曰太阿，八曰莫邪，九曰干將也。』然干將、莫邪匠名也，其劍皆出西平縣，今有鐵官令一，別領户，是古鑄劍之地也。」太阿者，越絶書〈外傳記寶劍〉「楚王召歐冶子、干將作鐵劍三枚」，「晉、鄭〈王〉聞而求之，不得，興師圍楚之城，三年不解。」「于是楚王引太阿之劍，登城而麾之，三軍破敗，士卒迷惑，流血千里」，「晉、鄭之（君）頭畢白」也。楚辭七諫「鉛刀進御兮，遥棄太阿」，王逸注：「太阿，利劍也。」干將者，戰國策〈趙策三〉：「趙奢謂田單曰：吴干將之劍，肉試則斷牛馬，金試則截盤匜。」吴越春秋〈闔閭内傳〉云：「干將者，吴人，造劍二枚，一曰干將，二曰莫邪。莫邪（者），干將之妻（名）也。」「干將曰：〈昔〉吾師之作冶（也），金鐵之類不銷，夫妻俱入冶爐之中。莫邪曰：先師親爍身以成物，妾何難也！于是干將（夫）妻乃斷髮剪爪，投入爐中，使童女〈童男〉三百〈人〉鼓槖裝炭，金鐵乃濡，遂以成劍。陽曰干將，而作龜文；陰曰莫邪，而〈作〉漫理。闔閭甚重之。」鏌釾者，亦作「莫邪」。莊子大宗師篇：「今大冶鑄金，金踊躍曰『我且必爲鏌鋣』，大冶必以爲不祥之金。」荀子彊國篇：「形範正，金錫美，工冶巧，火齊得，剖刑而莫邪已。然而不剥脱，不砥厲，則不可以斷繩；剥脱之，砥厲之，則劙盤盂，刎牛馬忽然耳。」淮南主術訓：「兵莫憯于志，而莫邪爲下。」又氾論訓：「劍工惑劍之似莫邪者，唯歐〔治〕能名其種。」莫門者，莫，古「墓」字。劉向新序節士篇：「延陵季子將西聘晉，帶寶劍以過徐君。徐君〔觀劍〕，不言而色欲之。〔延陵〕季子爲有上國之使，未獻也，然〔其〕心許之矣。致使于晉，故反，則徐君死」，「于是〔季子〕以劍帶徐君墓樹而去。徐人嘉而歌之曰：『延陵季子兮不忘故，脱千金之劍兮帶丘墓。』」（廣韻〔梵韻〕無「莫門」。孫侍御云：「莫門」二字，疑衍。斷蛇者，漢書高帝紀〔上〕：「高祖被酒，夜徑澤中，令一人行前。行前者還報曰：『前有大蛇當徑，願還。』高祖醉，曰：『壯士行，何畏！』乃前，拔劍斬蛇。蛇分爲兩，道開」。「後人來至蛇所，有一老嫗夜哭。人問嫗何哭，嫗曰：『人殺吾子。』人曰：『嫗子何爲見殺？』嫗曰：『吾子，白帝子也，化爲蛇，當道，今者赤帝子斬之，故哭。』」西京雜記〔一〕云：「高祖斬白蛇劍，劍上有七采珠九華玉以爲飾，雜廁五色琉璃爲劍匣，劍在室中，光景猶照于外，與挺劍不殊。十二年一加磨瑩，刃上常若霜雪，開匣拔鞘，輒有風氣，光彩射人。」魚腸者，淮南脩務訓：「夫純鈎魚腸劍之始下型，擊則不能斷，刺則不能入，及加之砥礪，摩其鋒咢，則水斷龍舟，陸剸犀甲。」沈括筆談〔器用〕云：「魚腸，即今蟠鋼劍也，又謂之松文。取諸魚燔熟褫去脇，視見其腸，正如今之蟠鋼劍文也。」醇鈞者，淮南覽冥訓「區治生而淳鈞之劍成」，高誘注：「區，讀如歌謳之謳。區，越人之善治劍工也。淳鈞，古大鋭劍也。」又齊俗訓：「淳均之劍，不可愛也，而歐冶之巧可貴也。」越絶書〔外傳記寶劍〕：「句踐示薛燭純鈞曰：『客有買之者，有市之鄉二，駿馬千匹，千户之都二，可乎？』薛燭曰：『雖傾城量金，珠玉滿河，猶不得此物，況有市之鄉二、駿馬千匹、千户之都二，何足言焉。』」越絶又云：「王取純鈞，薛燭觀其釽，爛如列星之行；觀其光，〔渾渾〕如水之溢于塘；觀其才，煥煥如冰之將釋也。」「醇、純、淳」，「鈞、均」，並字異義同。廣韻〔梵韻〕引作「純鋼」，誤。燕支，未詳。蔡倫者，後漢書宦者傳：「蔡倫字敬仲，桂陽人。」「始給事宮掖」，「後加位尚方令。永元九年，監作祕劍及諸器械，莫不精工堅密，爲後世法。」廣韻〔梵韻〕引作「蔡愉」，誤。屬鹿者，左氏哀十一年傳「吴將伐齊，越子帥其衆以朝焉，王及列士，皆〔有〕饋賂。吴人皆喜，〔唯〕子胥懼，曰：『是豢吴也〔夫〕！』」「使于齊，屬其子于鮑氏，爲王孫氏。反役，王聞之，使賜之屬鏤以死」。荀子成相篇「恐爲子胥身離凶，進諫不聽，剄而獨鹿棄之江」，楊倞注：「獨鹿，與『屬鏤』同。」「吴王夫差賜子胥之劍名。」淮南氾論訓：「大夫種輔翼越王句踐，而爲之報怨雪恥，擒夫差之身，開地數千里，然而身伏屬鏤而死。」案：「鏤、鹿」聲相近，「屬鹿」即「屬鏤」也。干隊者，吕氏春秋恃君覽〔知分〕「荆有次非者，得寶劍干遂。還反涉江，至于中流，有兩蛟夾繞其船。次非謂舟人曰：『子嘗見兩蛟繞船能兩活者乎？』船人曰：『未之見也。』次非攘臂祛衣，拔寶劍，曰：『此江中之腐肉朽骨也，棄劍以全己，余奚愛焉！』於是赴江刺蛟，殺之而復上船，舟中之人皆得活。荆王聞之，仕之執圭」。淮南道應訓「次非」作「佽非」，「干遂」作「干隊」。堂谿者，史記蘇秦列傳「棠谿」集解：「徐廣曰：『汝南吴房有棠谿亭。』」正義曰：「故城在豫州偃城縣西八十里。」鹽鐵論〔論勇〕云有棠谿之劍，是。王充論衡率性篇「世稱利劍有千金之價。棠谿、魚腸之屬，龍泉、太阿之輩，其本鋌，山中之恒鐵也。冶工鍛鍊，成爲銛利，豈利劍之鍛與鍊乃異質哉？工〔良〕師巧，鍊一數至也」。劉向九歎〔怨思〕「執棠谿以刜蓬兮」，王逸注：「棠谿，利劍也。」「棠、堂」，古字通。墨陽者，史記蘇秦列傳「墨陽」索隱云：「淮南子云『服劍者貴于剡利，而不期于墨陽莫邪』，則墨陽匠名也。」桓寬鹽鐵論〔論勇〕：「楚鄭之棠谿、墨陽，非不利也。」王逸九思〔哀歲〕「操我以墨陽」，注云：「劍名。」鉅闕者，越絶書〔外傳記寶劍〕：「越王取豪曹，薛燭曰：『豪曹非寶劍也。夫寶劍五色並見，莫能相勝，〔豪〕曹已擅名矣，非寶劍也。』王取巨闕，〔薛燭〕曰：『非寶劍也。夫寶劍者，金錫和銅而不離，今巨闕已離矣，非寶劍也。』」越絶又云：「句踐示薛燭巨闕曰：吾坐〔于〕露壇之〔上〕，宫〔人〕有駟駕白鹿而過者，車奔鹿驚，吾引劍而指之，駟駕上飛揚，不知其絶也。」辟閭者，荀子性惡篇「桓公之蔥，太公之闕，〔文王之録〕，莊君之曶，闔閭之干將、莫邪、鉅闕、辟閭，此皆古之良劍也；然不加砥厲則不能利，不得人力則不能斷」，楊倞注：「蔥、闕、録、曶，齊桓公、齊太公、周文王、楚莊王之劍名，皆未詳所出。」「干將、莫邪、巨闕，皆吴王闔閭劍名。辟閭，未詳。新序〔雜事五〕閭丘卬謂齊宣王曰：『辟閭、巨闕，天下之利器也。』或曰辟閭，即湛盧也。『閭、盧』聲相近。盧，黑色也。湛盧，言湛然如水而黑也。又張景陽七命説劍云『舒辟不常』，吕延濟云：『辟，卷也。』言神劍柔，可卷而懷之，舒則可用。辟閭或此義歟。」

陳寶、孟勞、馬氏、白楊、剞車奇反。劂、歸衛反。劉，刀也。

説文：「刀，兵也。象形。」釋名〔釋兵〕：「刀，到也，以斬伐到其所刀擊之也。其末曰鋒，言若蠭刺之毒利也。其本曰環，形似環也。其室曰削。」「室口之飾曰琫。下末之飾曰琕。」陳寶者，周書顧命：「陳寶，赤刀。」孟勞者，穀梁僖元年傳：「孟勞〔者〕，魯之寶刀也。」馬氏、白楊，未詳。剞劂者，上居綺切，下九勿切。説文：「剞𠜾，曲刀也。」淮南本經訓「公輸王爾，無所錯其剞、𠜾、削、鋸」，高誘注：「剞，巧刺畫盡頭黑邊箋也。𠜾，⿰金屈尺。」漢書揚雄傳〔上〕「般、倕棄其剞劂兮」，應劭曰：「剞，曲刀也。劂，曲鑿也。」嚴夫子哀時命云「握剞劂而不用兮，操規榘而無所施」，王逸注：「刻鏤刀也。」劉者，周書顧命「一人冕執劉」，鄭注：「劉，蓋今鑱斧。」

錟、談音，又他甘反。鏦、初江反。⿰矛建、己偃反。矟、朔音。⿰矛它、蛇音。⿰矛殳〔一〕，呼覔反。矛也。⿰矛贊子段反。謂之

〔一〕⿰矛殳，疏證本作「⿰矛多」。

鋋。蟬音。𥎊，郎音。䂋（苦大反。）也[一]。

説文：「矛，酋矛也。建于兵車，長二丈。」古文作「𢦔」。釋名（釋兵）：「矛，冒也，刃下冒矜也。下頭曰鐏，鐏入地也。松櫝長三尺，其矜宜輕，以松作之也。櫝，速櫝也，前刺之言也。」錟者，説文：「錟，長矛也。」方言（第九）「錟謂之鈹」，郭注：「今江東呼大矛爲鈹。」鏦者，七恭切。説文：「鏦，矛也。」或作「錄」。方言（第九）：「矛，吴揚江淮南楚五湖之間謂之鍦，或謂之鋋，或謂之鏦，其柄謂之矜。」𥎆者，玉篇「𥎆，矛也」，本此。矟者，所角切。釋名（釋兵）：「矛長丈八尺曰矟，馬上所持，言其矟矟便殺也。又曰激矛。激，截也，可以激截敵陳之矛也。」䂻者，説文作「鉈，短矛也」。方言（第九）作「鍦」。荀子議兵篇「宛鉅鐵釶，慘如蠭蠆」，注：「『釶』與『鍦』同，矛也。」左思吴都賦：「藏鍦于人。」「䂻、鉈、鍦、䂆」，字異音義同。殺者，舊本作「𥎍」。釋名（釋兵）：「𥎍矛，長九尺者也。𥎍，霍也，所中霍然即破裂也。」「𥎍、𥎍」玉篇俱不收，考左思吴都賦「長殺短兵」，李善注引廣雅：「殺，矛也。呼狄切。」玉篇：「殺，矛也。呼役切。」然則「𥎍、𥎍」皆「殺」之譌也，今據文選注訂正。𥏆者，玉篇「𥏆，鋋也」，本此。鋋者，説文：「鋋，小矛也。」釋名（釋兵）：「鋋，延也，達也，去此至彼之言也。」漢書匈奴傳（上）「其長兵則弓矢，其短兵則刀鋋」，顔師古注：「鋋，鐵把小矛也。」後漢書馬融傳：「飛鋋電激。」𥎊，魯當切。䂋，苦蓋切。説文並云「矛屬」，則與「鋋」同類也。舊本「䂋」下無「也」字，今訂正。

蒲蘇、鎔，鈹也。

顔師古注急就篇（卷三）云：「鈹，大刀也，刃端可以披決，因取名云。」蒲蘇，未詳。鎔者，急就篇（卷三）注云：「鎔，

[一] 疏證本「䂋」下無「也」字，與下條「蒲蘇鎔鈹也」相連。

謂刀之鍑刃爲道者也。亦取其創含容之義。」

鏔、寅音。矛、雞節反。鏝莫干反。胡、釪、矛音。戛、古八反。戈，戟也。其鋒謂之敽。遨音。其矛謂之𢧵。辱音。

此釋戟之名及其鋒與矛也。説文：「𢧢，有枝兵也。周禮𢧢長丈六尺。讀若棘。」釋名〈釋兵〉：「戟，格也，旁有枝格也。」「車戟曰常，長〔丈〕六尺，車上所持也；八尺曰尋，倍尋曰常，故稱常也。手戟，手所持擿之戟也。」淮南人間訓：「戟者，所以攻城也。」「宫人得戟，則以刈葵。」通作「棘」。小爾雅〈廣器〉：「棘，戟也。」周官掌舍「爲壇壝宫棘門」，鄭司農云：「棘門，以戟爲門。」左氏隱十一年傳「子都拔棘以逐之」，杜注：「棘，戟也。」明堂位云「越棘大弓，天子之戎器也」，鄭注「棘」爲戟。鏔者，延真切。方言〈第九〉：「戟，楚謂之矛。凡戟而無刃秦晉之間謂之釪，或謂之鏔，吴揚之間謂之戈。東齊秦晉之間謂其大者曰鏝胡，其曲者謂之鉤釪。」矛者，左氏莊四年傳「楚武王荊尸，授師矛焉」，杜注：「矛者，戟也。」鏝胡者，方言〈第九〉文。或作「曼胡」，同。鄭注考工記〈冶氏〉云：「戈，句兵也，主于胡也。」俗謂之曼胡，似此。釪者，「鉤釪」，方言〈第九〉文，郭注：「即今〈雞鳴〉鉤釪戟也。」戛者，説文：「戛，戟也。讀若棘。」張衡東京賦「立戈迤戛」，薛綜注：「戛，長矛也。」戈者，説文：「戈，平頭戟也。」釋名〈釋兵〉：「戈，句矛戟也。戈，過也，所刺擣則決過，所鉤引則制之弗得過也。」考工記〈冶氏〉「戈廣二寸，内倍之，胡三之，援四之」，注：「戈，今句矛戟也。」「内謂胡以内接柲者也，長四寸，胡六寸，援八寸。」鄭司農云：「援，直刃也，胡其矛。」又「戟廣寸有半寸，内三之，胡四之，援五之」，注：「戟，今三鋒戟也。内長四寸半，胡長六寸，援長七寸半。」江氏永〈周禮疑義舉要卷六〉曰：戈戟皆有曲胡而異用，以春秋傳考之，獲長狄僑如，富父終甥摏其喉，以戈殺之，此用援之直刃摏之也。狼瞫取戈以斬囚，此用胡之曲刃斬之也。子南以戈擊子晳而傷，苑何忌㓷林雍，斷其足，當亦是戈胡擊之制之。他若士華免以戈殺國佐，長魚矯以戈殺駒伯，用援用胡，皆可云殺。子都拔戟逐〔殺〕潁考叔，靈輒倒戟禦公徒，皆疑用戟之刺與援者也。狂狡倒戟出鄭人於井，反爲鄭人所獲，欒樂乘槐木而覆，或以戟句之，斷肘而死，皆〔用〕下胡鉤人者也。戟胡横直皆三寸，其間甚狹，何能鉤人出于井？蓋鉤其衣若帶，是以其人不傷，反能禽鉤者也。欒樂斷肘而死，蓋本欲生禽之，故不用刺與援，而用胡以鉤之。鉤之而胡之下鋒貫肘，曳之而肘遂斷也。是戈戟相似而其用則異。𢧢者，五勞切。玉篇：「𢧢，戟鋒。」𢧵者，而蜀切。廣韻〔燭韻〕：「𢧵，矛戟枝。」皆本此。

匽於幰反。**謂之雄戟。**

方言〔第九〕「戟，三刃枝，南楚宛郢謂之匽戟」，郭注：「今戟中有小孑刺者，所謂雄戟也。」史記司馬相如列傳「建干將之雄戟」，集解引漢書音義云：「干將，韓王劍師。雄戟，胡中有鉅，干將所造也。」索隱曰：「周處風土〔記云〕：『戟爲五兵雄也。』」「案：周禮圖謂『戟支曲下爲胡』也。」孫侍御曰：盧校「匽」下增「戟」字，一切經音義引「匽戟，雄戟也」，盧說是。

鐓、敦音。**釬，**汗音。**鐏**存頓反。**也。**

説文：「鐏，柲下銅也。」釋名〔釋兵〕：「矛下頭曰鐏，鐏入地也。」曲禮〔上〕云「進戈者前其鐏，後其刃，進矛戟者前其鐓」，注：「鋭底曰鐏」，「平底曰鐓。」鐓者，徒對切。説文作「錞，矛戟柲下銅鐏也」，引詩曰：「厹矛沃錞。」釬者，侯旰切。方言〔第九〕「鐏謂之釬」，郭璞注：「或名爲鐓。」

吴魁、干、瞂、伐音。**樐、**虜音。**戰，**干音。**盾也。**

說文：「盾，瞂也，所以扞身蔽目。象形。」釋名〈釋兵〉：「盾，遯也，跪其後，避〈刃〉以隱遯也。」亦作「楯」。左氏昭二十五年傳：「臧氏使五人以戈楯伏諸桐汝之閭。」吳魁者，釋名〈釋兵〉：「盾大而平者曰吳魁。本出于吳，爲魁帥者所持也。」楚辭九歌〈國殤〉「操吳戈兮被犀甲」，王逸注：「戈，戟也。」「或曰：操吾科。吾科，楯之名也。」大昭案：吾科，即「吳魁」，與「吾科」聲相近。干者，方言「盾，自關而東或謂之瞂，或謂之干。關西謂之盾」，郭注：「干者，扞也。」周書費誓「敿乃干」，鄭注：「敿，〈猶〉擊〔一〕也。」王肅注：「敿，盾當有紛繫持之。」論語疏云：「今芝旁牌施紛以持之，紛如綬而小，繫於盾以持之，且以爲飾也。」瞂者，說文盾部義也。張衡西京賦：「植鎩懸瞂。」左思吳都賦：「去瞂自閭。」通作「伐」。秦風小戎「蒙伐有苑」，傳：「蒙，討羽也。伐，中干也。」箋：「蒙，厖也。討，雜也，畫雜羽之文于伐，故曰厖伐也。」釋文：「伐，本或作『瞂』。」疏云：「櫓是大盾，故以伐爲中干，干、伐皆盾之別名也。」或作「㕹」。史記蘇秦列傳「革抉㕹芮」，索隱曰：「『㕹』與『瞂』同。」樐者，說文：「櫓，大盾也。」或作「樐」。左氏襄十年傳「狄虒彌建大車之輪而蒙之以甲以爲櫓」，杜注：「櫓，大盾。」司馬相如上林賦「泰山爲櫓」，蘇林曰：「櫓，大盾，以爲翳也。」漢書劉屈氂傳「以牛車爲櫓」，顏師古注：「櫓，楯也。」戰者，侯旰切。說文戈部義也。

鋡、含音。甲、介，鎧也。

說文：「鎧，甲也。」釋名〈釋兵〉：「鎧，猶塏也；塏，堅重之言也。」案：經典皆言甲胄，秦以後始有鎧、兜鍪之說。（文）古作甲用皮，秦漢已來用鐵。「鎧、鍪」皆从金，蓋以鐵爲之，故別爲作名也。鋡者，周禮〈考工記〉、孟子〈公孫丑

〔一〕擊，書疏作「繫」。朱駿聲說文通訓定聲小部曰：「鄭注『繫』字，『擊』之誤。」

上」作「函」。廣韻（覃韻）「鏀，鎧别名」，引孟子：「矢人豈不仁於鏀人哉？矢人唯恐不傷人，鏀人唯恐傷人。」甲者，釋名（釋兵）：「鎧或謂之甲，似物孚甲以自禦也。」世本（作篇）「杼作甲」，宋仲子曰：「少康子（名）杼也。」夏官司甲注：「甲，今之鎧也。」介者，秦風小戎箋：「介，甲也。」左氏成二年傳：「不介馬而馳之。」

兜鍪牟音。謂之胄。

說文：「胄，兜鍪也。」是首之鎧也。司馬法作「軰」。荀子議兵篇「冠軸帶劍」，楊倞注：「『軸』與『胄』同。」兜鍪者，秦漢人語，書傳皆言胄。

錏烏牙反。鍜乎加反。謂之鏂烏侯反。銗。侯音。

說文：「錏鍜，頸鎧也。」玉篇「銗，鏂銗，錏鍜也」，本此。

機謂之牙。

說文：「主發謂之機。」孔安國注尚書（太甲上）、鄭康成注易繫辭（上）並云「機」謂「弩牙」。屯六三「君子機」，鄭注：「機，弩（牙）也。」緇衣引逸書太甲曰「若虞機張，往省括于厥度則釋」，鄭注：「虞人之射禽，弩已張，從機間視括，與所射參相得，乃後（釋弦）。」

和、鑾、鐲、鐸、鉦、征音。鐃、鐘、鏄，步各反。鈴也。

說文：「鈴，令丁也。」左氏桓二年傳：「鍚、鸞、和、鈴，昭其聲也。」和、鑾者，韓詩云：「鸞在衡，和在軾。」大戴禮（保傅）云：「在衡爲鸞，在軾爲和，馬動而鸞鳴，鸞鳴而和應。」說文：「鑾，人君乘車四馬鑣八鑾，鈴象鸞鳥聲，和則敬也。从金、从鸞省。」是「鑾」與「鸞」同。鐲者，說文：「鐲，鉦也。軍法，司馬執（兩）鐲。」地官鼓人「以金鐲節鼓」，注：「鐲，鉦也，形如小鐘，軍行鳴之，以爲鼓節。」鐸者，説文：「鐸，大鈴也，軍法，五人爲伍，五伍爲兩，兩司馬執鐸。」釋名（釋兵）：「鐸，度也，號令之限度也。」鼓人「以金鐸通鼓」，（注：「鐸，」）大令也，振之以通鼓。」樂記云「天子夾振之」，注：「王與大將夾舞者，振鐸以爲節也。」皇侃論語義疏（八佾）云：「鐸用銅鐵爲之，若行武教，則用銅鐵爲舌；若行文教，則用木爲舌，謂之木鐸。將行號令，則執鐸振奮之，使鳴，而言所教之事也，故檀弓（下）云『宰夫執木鐸以命于宫曰：舍故而諱新』，又月令云『奮木鐸以命于兆民曰：雷將發聲』，是其事也。」鉦者，説文：「鉦，鐃也，似鈴，柄中上下通。」小雅采芑「鉦人伐鼓」，傳：「鉦以靜之。」鐃者，説文：「鐃，小鉦也。」大司馬職「卒長執鐃」，鄭司農云：「讀如讙嘵之嘵。」鼓人職「以金鐃止鼓」，注：「鐃，如鈴無舌，有秉，執而鳴之以止擊鼓。」釋名（釋樂器）：「鐃，聲鐃鐃也」。樂記云：「復亂以武。」復，謂反復也。亂，理也。武，謂金鐃也。謂舞畢之時，舞人必反復鳴之金鐃而治理之，欲退之時，亦擊此金鐃以限之。鐘者，説文：「鐘，樂鐘也，秋分之音，物穜成。古者垂作鐘。」或作「銿」。釋名（釋樂器）：「鐘，空也，内空受氣多，故聲大也。」漢書律曆志（上）：「鐘者，穜也」，「陽氣施穜于黄泉，孳萌萬物，爲六氣元也。」鎛者，説文：「鎛，大鐘淳于之屬，所以應鐘磬也，堵以二金樂則鼓鎛應之。」大射云「其南鎛」，鄭注：「鎛，如鐘而大。」通作「鏄」。周禮序官鏄師注：「鏄，如鐘而大。」白虎通義（禮樂）：「鏄者，時之氣聲也，節度之所生也。君臣有節度則萬物昌，無節度則萬物亡。亡與昌，正相迫故謂之鏄。」

印謂之璽。紐尼手反。謂之鼻。

此釋印之名及其紐也。説文：「印，執政所持信也。」釋名（釋書契）：「印，信也，所以封物爲信驗也。亦言因也，封物相因付也。」璽者，説文：「璽，王者印也，所以主土。」釋名（釋書契）：「璽，徙也，封物使可轉徙而不可發也。」高誘（吕氏春秋孟冬紀注〕曰：「璽，讀如移徙之徙。」韋昭〔國語魯語下注〕曰：「古者，大夫之印亦稱璽。」應劭漢官儀〔卷下〕云：「封泰山，以金泥銀繩，印之以璽。璽，施也，信也。古者，尊卑共之。月令曰：固封璽，春秋傳：〔襄公在楚，季武子從，公冶問〕璽書，追而與之，是也。秦漢以來，尊者以爲名，乃使避。」衛宏漢舊儀〔卷上〕云：「秦以前，民皆」「以金、銀、銅、犀、象爲方寸璽，各服所好。漢以來，天子獨稱璽，又以玉，羣臣莫敢用也。」唐六典引周書曰：湯放桀，大會諸侯。取天子之璽，置天子之座，是商以前已有璽名矣。紐者，說文作「鈕」，云：「印鼻也。」夏官弁師五冕之紐注：「紐，小鼻在武上，笄所貫也。」說文：「紐，系也。」其形似鼻，故印紐有此名也。淮南說林訓：「龜紐之璽，賢者以爲佩。」

綸、古頑反。組、紱，不勿反。綬也。

說文：「綬，韍維也。」玉藻云「天子佩白玉而玄組綬，公侯佩山玄玉而朱組綬，大夫佩水蒼玉而純組綬，世子佩瑜玉而綦組綬，士佩瓀玟而緼組綬，孔子佩象環五〔寸〕而綦組綬」，注：「綬者，所以貫佩玉相承受者也。」顏師古注急就篇〔卷二〕云：「綬者，受也，所以承受環印也。亦謂之綫。」綸者，說文：「綸，青絲綬也。」續漢志〔輿服下〕云：「百石青紺綸，一采，宛轉繆織，長丈二尺。」後漢書仲長統傳：「身無半通青綸之命。」鄭注緇衣云：「綸，今有秩，嗇夫所佩也。」組者，說文：「組，綬屬。」淮南子言「丈二之組」，則組之長與綸同也。顏注急就〔篇卷二〕云：「組，亦綬類。」紱者，續漢志〔輿服〕下云「五伯迭興，〔事〕戰〔兵〕不息，佩非戰器，韍非兵旗，於是解去韍佩，留其係璲，以爲章表。故詩云『鞙鞙佩璲』也」。「韍佩既廢，秦乃〔以〕采組連結于璲，光明章表，轉相結受，故謂之綬」。「紱、韍」，古通用。

瑹、書音。珽，他冷反。笏也。

說文「曶」，籀文作「回」，佩也。象形」。釋名〔釋書契〕：「笏，忽也，君有教命，及所啟白，則書其上，備忽忘也。」鄭本尚書（咎繇謨）云「予欲聞六律、五聲、八音，在治曶」，注：「曶者，臣見君所秉，書思對命者也。」穆天子傳（卷一）「帗帶、搢曶」，郭璞注：「曶長三尺，杼上椎頭，一名珽，亦謂之大圭。」珽者，玉藻篇「天子搢珽，方正于天下也。諸侯荼，前詘後直，讓于天子也。大夫前詘後詘，無所不讓也」，注：「此亦笏也，謂之珽，珽之言珽然無所屈也。或謂之大圭，長三尺。杼上終葵首。終葵首者，于杼（上）又廣其首，方如椎頭，是謂無所屈，後則恆直。」「琛、荼」，字異音義同。舊本「琛」譌「蒢」，今據玉篇所引訂正。

箓、禄音。簶、鹿音。䈼〔一〕滿音。䈠，緩音。篰部音。也。

說文：「篰，㒼爰也。」玉篇：「篰，竹牘也。」箓者，說文：「彔，刻木彔彔也。」「箓、彔」同。簶者，周官職幣「辨其物而奠其録」，杜子春云：「定其録籍。」「簶、録」，古今字。䈼䈠者，廣韻（緩韻）：「𥴦䈠，簡。」說文繫傳云：「案字書：㒼爰，簡牘也。」「䈼、𥴦、㒼」，「䈠、爰」，古通用。

梡、苦緩反。棵、口卵反。橛、劂音。房、杜、賜音。虡、巨音。今人虍下作兵，失之。桯、餘征反，又餘經反，又呈音。㫊、尸賜反。俎，几也。

說文：「几，踞几也，象形」。釋名（釋牀帳）：「几，展也，所以展物也。」三禮圖云：「阮氏圖几長五尺，高尺二寸，廣二尺，兩端赤，中央黑漆。馬融以爲長三尺。案司几筵『掌五几』，左右玉、彫、彤、漆、素。詳五几之名，是無兩端赤中央黑漆矣，蓋取形漆類而髹之也。下云左右五几，此經所云，王皆立不坐。設左右几者，優至尊也。祀先王，唯言『昨

〔一〕䈼，疏證本作「𥴦」。

席』，不言几，左者王馮之，右者神所依。詳此經義，則似生人几在左，鬼神几在右，即下云右彫几、右漆几、右素几，俱爲神設也。」椀者，明堂位「俎用椀嶡」，注：「椀，始有四足也，嶡爲之距。」孔疏：虞俎名椀。椀形四足如案。禮圖云：椀，長二尺四寸，高一尺，漆，兩端赤中央黑，諸臣加雲氣，天子犧飾之。夏俎名嶡。嶡亦如椀，而橫柱四足中央如距也。賀氏云：直有腳曰椀，加腳中央橫木曰嶡。棵者，疑「椇」之譌。明堂位舉四代之俎，張博士不宜釋其三而缺一。又「棵，几」未見所出，字形與「椇」相近，故知爲「椇」當在「橛」之下「房」之上，傳寫倒誤也。曹憲未能舉正，輒加音釋，失之矣。橛、房者，明堂位云「俎，有虞氏以椀，夏后氏以嶡，殷以椇，周以房俎」，注：「椀，斷木爲四足而已。嶡，謂中足爲橫距之象。椇，謂曲橈之也。房，謂足下跗也，上下兩間，有似于堂房然。」杫、虡、桯、䏧者，方言〈第五〉「俎几也，西南蜀漢之郊曰杫。榻前几，江沔之間曰桯，趙魏之間謂之椸。几，其高者謂之虡」，郭注：「桯，今江東呼〈爲〉承。」後漢書鐘離意傳「藥崧者，家貧爲郎，常獨直臺上，無被，枕杫」，李賢注：「杫，謂俎几也。」斯義切。説文：「虡，鐘鼓之柎也，飾爲猛獸。从虍，異，象其下足。」或作「鐻」，篆文作「虡」。大雅靈臺「虡業維樅」，傳：「植者曰虡，橫者曰栒。」説文：「桯，牀前几。」郭注方言〈第五〉音「椸」爲「易」，是「䏧」即「椸」也。玉篇「䏧，几」也，本此。俎者，説文：「俎，禮俎也，从半肉在且上。」史記項羽本紀「爲高俎，置太公其上」，集解：「如淳曰：『高俎，几之上。』」索隱曰：「俎亦机之類，故夏侯湛新論爲『机』，『机』猶俎也。比太公于牲肉，故置之俎上。」大昭案：俎，亦謂之牙。地官牛人「凡祭祀，共其〈牛〉牲之牙」，注：「牙，若今屠家懸肉格。」

棲謂之牀。〈浴牀〉謂之柖。〈紹音。〉

説文：「牀，安身之坐者。」釋名〈釋牀帳〉：「人所坐臥曰牀。牀，裝也，所以自裝載也。」孟子〈萬章上〉云：「使治朕棲。」柖，〔市沼〕〔一〕切。淮南說山訓「死而棄其柖簀，不怨人取之」，高誘注：「柖簀，稱死者浴牀上之柄也。」玉篇引淮南子「死而棄〔其〕柖責」，「絡牀爲柖」。案：「絡」當爲「浴」。「責、簀」同。廣韻〔宵韻〕：「牊，牀別名。」亦謂浴牀也，「柖、牊」同。

簀、責音。笫、側里反。樹、㸰，杠江音。也。

說文：「杠，牀前横木也。」鹽鐵論〔散不足〕：「古者無杠樠之寢，牀移之案。」方言〔第五〕「牀，齊魯之間謂之簀，陳楚之間或謂之笫。其杠，北燕朝鮮之間謂之樹，自關而西秦晉之間謂之杠，南楚之間謂之趙」，郭注：「簀，牀版也。趙，當作『桃』，聲之轉也。中國亦呼杠爲桃牀，皆通語也。」說文：「簀，牀棧也。笫，牀簀也。」爾雅〔釋器〕「簀謂之笫」，郭注：「牀版。」禮既夕記：「設牀笫。」左氏襄二十七年傳「牀笫之言不踰閾」，杜注：「笫，簀也。」「㸰、趙、桃」，字異音義同。盧枝「簀笫」下增「也」字，當從之。

廣平、榻，他臘反。枰平音。也。

說文：「枰，平也。」釋名〔釋牀帳〕：「枰，平也，以板作，其體平正也。」服虔通俗文云：「牀三尺五曰榻，板獨坐曰枰，八尺曰牀。」廣平者，方言〔第五〕云：「所以投簙謂之廣平。」榻者，釋名〔釋牀帳〕：「牀長狹而卑曰榻，言其鶣榻然近地也。小者曰獨坐，主人無二，獨所坐也。」玉篇：「牀狹而長謂之榻。」以通俗文證之，則獨坐即枰，皆可以坐，此投簙也。韋曜博弈論云：「然其所志不出一枰之上，所務不過方罫之間。」

〔一〕市沼，原脱，據集韻小韻補。

跰、逵音。櫝、墳音。梂，巨鳩反，又巨菊反。柎付于反。也。

説文：「柎，闌足也。」「跰，曲脛也。」櫝、梂，集韻〔尤韻〕引作「牘梂」。

蓐謂之菆。側求反。

説文：「菆，蓐也。」蓐，古「褥」字。釋名〔釋牀帳〕：「褥，辱也，人所坐褻辱也。」廣韻〔燭韻〕：「蓐，薦也。」

箷移音。謂之榢[一]。嫁音。

曲禮〔上〕「男女不同椸枷」，鄭注：「椸，可以枷衣者。」内則云：「不敢縣于夫之楎箷。」「箷、椸」同。椸者，説文新附字。古用「施」也。廣韻〔支韻〕「箷，衣架」，本此。

軖狂音。謂之𥫶。護音。

説文：「軖，紡車也。」「𥫶，可以收繩也。从竹，象形，中象人手所推握也。」或作「互」。紡車之輪即𥫶也，亦謂之篗。

蒸、爟、灌音。熜，青工反，又摠音。炬也。

説文：「苣，束葦燒。」徐鉉曰：「今俗別作炬，非是。」蒸者，説文：「蒸，折麻中榦也。」是麻榦可爲炬也。爟者，説文：「舉火曰爟。」周禮司爟：「掌行火之政令。」熜者，説文：「熜，然麻蒸也。」「爟、熜」同。

龠一[二]曰〔合〕、合十曰升、升四曰梪、梪四曰區、區四曰釜、釜十曰鍾、鍾十曰斞、臾音。斞十曰秉、

[一] 榢，疏證本作「枷」。
[二] 一，疏證本作「二」。

秉十〔二〕曰筥、舉音。筥十曰稯、子公反。稯十曰秅。妬音。

此釋量之名也。漢書律曆志〔上〕：「量者，龠、合、升、斗、斛也，所以量多少也。本起于黃鐘之龠，用度數審其容，以子穀秬黍中者千有二百實其龠，以井水準其槩。合龠爲合，十合爲升，十升爲斗，十斗爲斛，而五量嘉矣。其法用銅，方尺而圜其外，旁有庣焉。其上爲斛，其下爲斗。左耳爲升，右耳爲合龠。其狀似爵，以縻爵祿。」「龠者，黃鐘律之實也，躍微動氣而生物也。合者，合龠之量也。升者，登合之量也。」「斛者，角斗平多少之量也。夫量者，躍於龠，合於合，登於升，聚於斗，角於斛也。職在太倉，大司農掌之。」舊本作「龠二曰合」。案：漢志云「合龠爲合，十合爲升」，合龠即一龠也，故說文以「升」爲十龠。此云「龠二」，當是「龠一」也，今訂正。升四曰梪，梪四曰區者，杜預左傳〔昭公三年〕注云：「四豆爲區。區，斗六升。四區爲釜。釜，六斗四升。」考工記〔栗氏〕云「量之以爲鬴，深尺，内方尺而圜其外，其實一鬴」，注云：「以其容爲之名也。四升曰豆，四豆曰區，四區曰鬴。鬴，六斗四升。鬴〔十〕則鐘〔方〕尺積千寸，於今粟米法，少二升八十一分升之二十二，其數必容鬴，此言大方耳，圜其外者謂之脣。」小爾雅〔廣量〕云「一手之盛謂之溢，兩手謂之掬，掬四謂之豆，豆四謂之區，區四謂之釜」，宋咸注：「溢，滿一手也。掬，半升也。舊制：四升爲豆，四豆爲區。區，斗六升也。四區爲釜。釜，六斗四升也。」又云「釜二有半謂之藪」，注云：「一斛六斗也。」予謂如前說，似孔鮒以二升爲豆，八升爲區，三斗二升爲釜，與諸家說大不相同。今以「釜二有半」注文證之，知其所謂釜仍是六斗四升，蓋小爾雅本文當是「掬二謂之升，升四謂之豆」，傳寫者脱落五字耳。案：「梪」與「豆」同，「鬴」與「釜」同。先儒皆云「四

〔二〕十，疏證本作「四」。

升爲豆，四豆爲區」，而郎本獨云「十升曰梪」，「十」當爲「四」字之誤也。果是十升，當云「斗」而不當云「梪」矣，今訂正。江永〔周禮疑義舉要卷三〕曰：考工記栗氏之鬴，舊説謂六斗四升，然以圓算方算皆不合。明宗室鄭世子朱載堉，據管子輕重篇云：齊西之粟釜百泉，則鏂二十；齊東之粟釜十泉，則鏂二泉。釜，即鬴也。鏂，即區也。四升爲豆，四豆爲區，五區爲鬴，鬴乃八斗，非六斗四升也，此説是。廩人謂一月食米之率，以中年三鬴爲常率計之，十日食八斗，一〔日〕食八升，毋乃太多乎？蓋栗氏所謂深尺方尺者，非夏〔后〕氏之尺，乃周〔人〕之尺也。周尺當夏〔尺〕之八寸。以八寸計之，一鬴八斗，僅得四斗零九合六勺，則〔一〕日食四升一合弱耳。又以商尺當〔夏〕尺一尺二寸半，以此爲鬴八斗，當夏之十五斗六升〔有〕二合有奇。後世之營造尺與商尺同，今時方尺深尺容四斗，周鬴四斗九合有奇，商鬴一十五斗六升二合有奇，約爲四之一而稍贏，則今量四斗周量一斗稍贏，〔一〕日食八升，當今量一升稍贏，正爲今人日食之數，與廩人之鬴密合。」釜十爲鍾者，小爾雅〔廣量〕云「籔二有半謂之缶，缶二謂之鍾」，注以鍾爲八斛，蓋名同而量異也。鍾十曰斞，斞十曰秉者，聘禮云「車秉有五籔」，鄭注：「籔讀若不數之數，今文籔或〔作〕爲逾。」下記云「十六斗曰籔」，注云：「今江淮之間量名有爲籔者，今文籔爲逾。」小爾雅〔廣量〕「釜二有半謂之籔，籔二有半謂之缶，缶二謂之鍾，鍾二謂之秉，秉十六斛」也。包咸注論語〔雍也〕、唐固注周語〔中〕並云：「十六斗曰庾。」「庾」與「斞、逾、籔」，字異而音義實同，與此之所謂斞秉亦名同而量異也。秉十曰筥，筥十曰稯，稯十曰秅者，説文云「周禮：二百四十斤爲秉，四秉曰筥，十筥曰稯，十稯曰秅，四百秉爲一秅」，許氏所云，本聘禮也。蓋彼以衡言，此以量言，故名同而實不同也。

一升曰爵、二升曰觚、孤音。三升曰觶、之豉反。四升曰角、五升曰散。素但反。

此釋酒器所容之名，本韓詩説也。禮器疏引五經異義云：「今韓詩説：一升曰爵。爵，盡也，足也。二升曰孤。

孤，寡也，飲當寡少。三升曰觶。觶，適也，飲當自適也。四升曰角。角，觸也，〔飲〕不能自適，觸罪過也。五升曰散。散，訕也，飲不能自節，爲人所謗訕也。總名曰爵，其實曰觴。觴者，餉也。〔觥〕亦五升，所以罰不敬。觥，廓也，所以著明之貌。君子有過廓然明著，非所以餉，不得名觴。古周禮説：『爵一升，觚二升。獻以爵而酬以觚，一獻而三酬，則一豆矣。食一豆肉，飲一豆酒，中人之食。』毛詩説觥大七升。許慎謹案周禮云：一獻三酬，當一豆。若觚二升，不滿一豆，又觥〔罰〕不過一，一飲而七升，爲過多。即駁之云：周禮『獻以爵而酬以觚』，觚，寡也。『觶』字『角』旁著『氏』，是與『觚』相涉，誤爲『觚』也。南郡太守馬季長説一獻三酬，則一豆。豆當爲斗，與一爵三觶相應。」爵者，聶崇義三禮圖云：「刻木爲之，漆赤中。」「舊圖亦云：畫赤雲氣，餘同玉爵之制。」觚者，説文：「觚，鄉飲酒之爵也。一曰觴受三升者謂之觚。」周禮〔梓人〕：「梓人爲飲器，勺一升，爵一升，觚三升。」許君後一説本周禮，與韓詩説異。三禮圖云：「舊圖〔云〕：觚，鋭下方足，漆赤中，畫青雲氣，通飾其卮。」「二升曰觚，口徑四寸，中深四寸五分，底徑二寸六分，今圓足。」觶者，説文「觶，鄉飲酒角也」，或作「䚀」，禮經作「觗」。三禮圖云：「禮器云『尊者舉觶』，注云：『三升曰觶。』口徑五寸，中深四寸強，底徑三寸。舊圖云：凡諸觴皆形同升數則異。」角者，明堂位云「加以璧散璧角」，鄭注：「散角，皆以璧飾其口也。」三禮圖云：「其制如散。」「禮器云『卑者舉角』，注云：『四升曰角。』口徑五寸，中深五寸四分，底徑三寸。又〔郊〕特牲饋食禮云『主人洗角升，酌酳尸』，注云：『不用爵者，下大夫也。』」散者，三禮圖云：「舊圖散似觚。」「禮器注云『五升曰散』。口徑六寸，中深五寸一分強，底徑四寸。」

綃消音。謂之絹。

綃，一名絹，俱解見上文。

縓請絹反。謂之紅。纁謂之絳。緇謂之阜。

此釋染色之深也。爾雅（釋器）「一染謂之縓，再染謂之赬，三染謂之纁」，郭注：「縓，今之紅也。」考工記（鍾氏）：「三入爲纁，五入爲緅，七入爲緇。」說文：「縓，帛赤黄色。紅，帛赤白色。」「纁，淺絳也。」「絳，大赤也。」「緇，帛黑色也。」「草，草斗，櫟實也。一曰象斗子。」徐鉉曰：『櫟實可以染帛爲黑色，故曰草。』『今俗以此爲艸木之艸，別作阜字，爲黑色之阜。』『或从白（从）十』，『皆無意義。』」鄭注士冠禮云：「一入謂之縓。」喪服「麻衣縓緣」，鄭注：「縓，淺絳也。」縓又謂之縕。鄭注玉藻云：「縕，赤黄之間色，所謂韎也。」小雅瞻彼洛矣傳：「一入曰韎韐。」左傳（成公十六年）疏引賈逵云：「一染曰韎。」蓋用舊艸染之也。釋名（釋采帛）：「紅，絳也，白色之似絳者也。」禹貢「厥篚玄纁璣組」，疏引李巡曰：「三染，其色已成爲絳。絳、纁一名也。」染人職「夏纁玄」，鄭司農云：「纁，謂絳也。」考工記鍾氏「染羽」三入而成。釋名（釋采帛）：「絳，工也，染之難得色，以得色爲工也。」「緇，滓也，泥之黑者曰滓，此色然也。阜，早也，日未出時，早起視物皆黑，此（黑）色如之也。」

碧、縹、匹紹反。紺、繰、早音。⿰帛彔、緑音。緅、側留反。繱〔一〕、采公反。蒼，青也。

說文：「青，東方色也，木生火，从生丹，丹青之信言必然。」釋名（釋采帛）：「青，生也，象物生時色也。」碧者，說文：「碧，石之青美者。」廣志云：「碧，有縹碧，有緑碧。」張衡南都賦：「緑碧紫英。」縹者，說文：「縹，帛青白色也。」釋名（釋采帛）：「縹，猶漂漂，淺青色也。有碧縹，有天縹，有骨縹，各以其色所象言之也。」楚辭九懷（通路）云：「翠縹兮爲裳。」紺者，說文：

〔一〕繱，疏證本作「總」。

「紺，帛深青揚赤色。」釋名〔釋采帛〕：「紺，含也，青而含赤色也。」張協七命云：「玄采紺發。」繰者，說文：「繰，帛如紺色。讀若喿。」⿰帛录者，與「緑」同。說文：「緑，帛青黃色也。」釋名〔釋采帛〕：「緑，瀏也，荆泉之水，于上視之，瀏然緑色，此似之也。」邶風〔緑衣〕「緑兮衣兮」，傳：「緑，間色。」緅者，論語〔鄉黨〕「君子不以紺緅飾」，孔安國云：「一入曰緅。」「三年練，以緅飾衣。爲其似衣喪服，故〔皆〕不以爲飾衣。」詹事兄曰：或問：邢昺以「緅」爲淺絳色，據周禮「五入爲緅」，非淺絳，且練衣不以緅飾緅，何故？答曰：孔氏經文當是「縓」字，爾雅「一染謂之縓」，即孔所云「一入」也。檀弓〔上〕云「練，練衣黃裏，縓，緣」，注云「小祥練冠練中衣，以黃爲内，縓爲飾」，即孔所云「三年練，以飾衣」者也。然則孔本經注皆當作「縓」，不作「緅」矣。考工記鍾氏「三入爲纁，五入爲緅」，注謂「染纁者，三入而成。又再染以黑則爲緅。緅，今禮俗文作爵，言如爵頭色也」。先鄭司農以論語「紺緅」證「五入爲緅」之文，則先鄭所受論語本作「緅」，與孔本異也。士冠禮「爵弁，服〔纁裳〕」，注：「爵弁」，「色赤而微黑，如爵頭然。或謂之緅。」許氏說文無「緅」字，而有「纔」字，云：「帛雀頭色。一曰微黑色如紺。纔，淺也。」古人「纔」與「才」通，「才」亦讀爲哉，與「爵」聲近，則「緅、纔、爵」三者同物。「瀺、灂」雙聲，賦家往往用之。賈公彦云：「三入之纁，入赤汁則爲朱。若不入赤而入黑汁則爲紺。更以此紺入黑則爲緅。」「紺、緅」同類，故連文言之。今本論語作「緅」，古文作「縓」。微黑爲緅，淺絳爲縓，不能混而一之，明矣。自何晏集解采孔氏說，而經文仍從「緅」字，又改注文之「縓」亦爲「緅」，而二文相亂。邢昺知孔讀「緅」爲縓，又云：「一入曰緅，未知出何書。」此知二五，而不知十也。繱者，說文：「繱，帛青色。」通作「蔥」。玉藻「三命赤韍蔥衡」，鄭注：「青謂之蔥。」鄭注本諸爾雅〔釋器〕，郭注：「蔥，淺青。」揚雄蜀都賦云：「鬱乎青蔥，沃野千里。」蒼者，說文：「蒼，艸色也。」莊子逍遥遊云：「天之蒼蒼，其正色耶？」

丹、彤、朱、赩、虚力反。纁、絳、赬、恥京反。烇、小營反。赫、緹、他禮反。焃、呼狄反。赭，者音。赤也。

說文：「赤，南方色也，从大，从火。」釋名〔釋采帛〕：「赤，赫也，太陽之色也。」白虎通義〔三正〕云：「赤者，盛陽之氣，故周爲天正，色尚赤也。」丹者，解見上文。彤者，說文：「彤，丹飾也。」小爾雅〔廣詁〕云：「彤，朱也。」詩〔小雅彤弓〕曰：「彤弓弨兮。」朱者，說文：「朱，赤心木也。」豳風七月「我朱孔陽」，傳：「朱，深纁也。」通作「絑」。說文：「絑，純赤也。」艴者，詩毛傳云：「艴，赤貌也。」楚辭大招云「逴龍艴只」，王逸注：「艴，〔赤〕色。」左思蜀都賦：「丹砂艴熾。」纁、絳者，俱解見上文。經者，說文「經，赤色」，引詩曰：「魴魚經尾。」或作「䞓、赬、浾、泟」四字。韓詩汝墳作「經」，赤也。爾雅〔釋器〕：「再染謂之竀。」左氏哀十七年傳：「如魚竀尾。」謂魚尾赤也。潘岳射雉賦：「鷩綺翼而經撾。」「經、䞓、竀」，字異音義同。烊者，疑與「騂」同。公羊文十三年傳「周公用白牡，魯用騂犅，羣公不毛」，是也。或說「烊」疑「煒」之譌。邶風靜女云「彤管有煒」，毛傳：「煒，赤貌。」鄭箋：「赤管煒煒然。」赫者，戴侗六書故〔天文下火部〕云：「火盛大赤也。」〔緹者，說文〕：「緹，帛丹黄色。」周禮〔地官草人〕「凡糞種」，「赤緹用羊」，注：「赤緹，縓色也。」有酒正「四曰緹齊」，注：「緹者，成而紅赤。」史記西門豹列傳「張緹絳帷」，正義曰：「顧野王云：『緹，黄赤色也。』」西京賦「緹衣韎韐」，李善注：「武士之服。」烼者，玉篇：「烼，光也。」赭者，說文：「赭，赤土也。」山海經〔中山經〕「若山其上多赭」，郭注與說文同。張博士子虛賦注：「赭，赤土，出少室山。」

黈、他口反。黊、乎馬反，又乎卦反。⿰黃翏、老音。⿰黃單、齒善反。⿰黃耑、他丸反。黇、他廉反。黅、今音。⿰黃屯、屯音。⿰黃充、統音。亦有本作⿰黃亢，口浪反。⿰黃有，下悔反，又于鄙反。黃也。

說文：「黄，地之色也。」釋名〔釋采帛〕：「黄，晃也，猶晃晃象日光色也。」漢書律曆志〔上〕：「黄者，中之色，君之服也。」黈者，〔玉篇〕：「黈，黄色。」黊，同上。」穀梁莊二十三年傳「士黊，〔丹〕楹」，范甯注：「黊，黄色。」東方朔客難云「黊纊充耳，所以塞聰」，如淳曰：「音工苟反。謂以玉爲瑱，用黈纊懸之也。」顔師古曰：「以黄綿爲丸，用組懸之于冕，垂兩耳旁，示不外聽，非玉瑱之懸也。」黈者，説文：「黈，鮮明黄色。」黪、䵍者，玉篇：「黪，黄色。」「䵍，黄色。」並本此。黇、黇者，説文：「黇，黄黑色也。」「黇，白黄色也。」黅者，居吟切。玉篇：「黅，黄色也。」内經〔六元正紀大論〕云：「辰戌之紀」，「其穀玄黅。」「丑未之紀」，「其穀黅玄。」黗者，徒渾切。廣韻〔魂韻〕「黗，黄色」，本此。䵝者，玉篇：「䵝，齒隆切，黄色。」大戴禮：『䵝纊塞耳，掩聽也。』又音統。」案：音釋本又作「䵝」，玉篇「䵝，黄色也」，本此。䵒者，説文：「䵒，青黄色。」○集韻〔獮韻〕「䵎，美辨切」，引廣雅：「黄也。」今無此文。

皔、汗音。皛、乎了反，又乎炯〔一〕反。晢、制音。皢、呼了反。皭、在爵反。皠、乎告反。皚、牛哀反。的、皏普幸反。暍、呼曷反。皤、布何反，又步何反。皎、古了反。翯、學音。潔，白也。

説文：「白，西方色也，陰用事，物色白，从入合二。二，陰數。」釋名〔釋采帛〕：「白，啟也，如冰啟時色也。」考工記〔畫績〕：「畫績之事」，「西方謂之白。」爾雅〔釋天〕「秋爲白藏」，郭注：「氣白而收藏。」皔者，何但切。玉篇「皔皔，白也」，本此。皛者，説文：「皛，顯也，从三白。讀若皎。」文選〔潘岳關中詩〕注引倉頡篇：「皛，明也。」晢者，先擊切。説文：「晢，人色白也。」鄘風〔君子偕老〕「揚且之晢也」，傳：「晢，白晢也。」地官大司徒「四曰墳衍」，「其民晢而瘠」，注：「晢，白也。」左氏昭二十六年傳：「有君子白晢。」皆謂人色之白也。皢者，説文：「皢，日之白也。」皭者，玉篇：「皭，色皭皭然〔二〕

〔一〕炯，王念孫説當作「灼」。
〔二〕玉篇澤存堂本無「然」字。

白也。」皭者，字當作「皠」。説文：「皠，鳥之白也。」太玄内次七云：「皠〔一〕頭内其稚婦。」何晏景福殿賦「皠皠白鳥」，〔李善注〕：「翯翯，〔肥澤也〕」。『翯』與『皠』音義同。」皚者，説文：「皚，霜雪之白也。」文選〔班彪北征賦〕注引劉歆遂初賦：「漂積雪之皚皚。」劉楨贈五官中郎將詩：「霜氣何皚皚。」的者，玉篇：「旳，明（見）也。」通作「的」。説卦傳「震爲」「的顙」，虞翻曰：「的，白。顙，額也。震體頭在口上。白，故的顙。」又通作「馰」。説文：「馰，馬白額也。」皏皒者，玉篇「皏皒，白也」，本此。皤者，賁：「六四，賁如皤如。」説文：「皤，老人白也。」通作「番」。史記秦本紀：「古之人謀黄髮番番，則無所過。」皎者，説文：「皎，月之白也。」陳風〔月出〕「月出皎兮」，傳：「皎，月光也。」小雅白駒釋文：「皎皎，絜白也。」翯者，説文：「翯，鳥白肥澤貌。詩曰：『白鳥翯翯。』」通作「皜」。相如大人賦「吾乃今日覩西王母。皜然白首戴勝而穴處兮，亦幸有三足烏爲之使」，顔師古注：「皜，字或作『翯』。」潔者，詩序：「白華，孝子之絜白也。」絜，古「潔」字。

黝、於糾反，又於柳反。黦、於物反。黯、烏減反。黶、烏點反。默、墨音。𪐝、工典反。黓、弋音。皁、徂早反。黫、於間反，又於真反。涅、乃結反。玄、儵、緇、淄音。墨、黸、力胡反。黮、勑感反，又都甚反。蕉、焦音。黎、黔、琴音，又巨廉反。黵、已證反。黴、明飢反。黣、亡再反。黵、烏外反。黚、古闇反。縝、之忍反。黳、於兮反。黗、他孫反。黲、七敢反。黟，伊音。黑也。

説文：「黑，〔火〕所熏之色。」釋名〔釋采帛〕：「黑，晦也，如晦冥時色也。」韓康伯云：「黑，北方陰色。」黝者，解見釋宮篇。黦者，説文作「𪑾，黑有文也」。玉篇「黦」與「𪑾」同。周禮染人職「夏纁玄」，注：「故書『纁』作『𪒠』。」是古有「黦」字

〔一〕皠，太玄經作「皭」。

也。黯者，説文：「黯，深黑。」春秋傳晉蔡黯字墨。孔子世家：「黯然而黑。」劉向九歎〔遠遊〕云「望舊邦之黯黮」，〔李善注：「黯黮，」不明貌。」黶者，説文：「黶，中黑也。」玉篇：「黶，黑子也。」默，讀若黑。書説命「恭默思道」，古文尚書作「嘿」。史記賈生列傳「子嗟嘿嘿兮，生之無故」，漢〔書〕作「默默」，蓋「默」與「墨」通，故「默」爲黑也。䵳者，説文：「䵳，黑皴也。」舊本「䵳」譌「⿱亟黑」，今訂正。黓者，余力切。玉篇「黓，黑也」，本此。通作「弋」。漢書文帝紀「身衣弋綈」，如淳曰：「弋，皁也。」顔師古曰：「黑色也。」舊本「黓」譌「⿺弋黑」，今訂正。五音集韻〔職韻〕引作「⿰黑乙」，亦誤。皁者，解見上文。⿰羊垔者，説文：「⿰羊垔，黑羊。」玉篇：「黫，黑也。亦作『⿰羊垔』。」史記天官書：「黫者黑色甚明。」湼者，説文：「湼，黑土在水中也。」論語〔陽貨〕「湼而不緇」，孔安國注：「湼，可以染皁。」玄者，説文：「玄，幽遠也。黑而有赤色者爲玄。」考工記鍾氏注：「凡玄色〔者〕，在緅緇之間，其六入者與。」豳風七月「載玄載黄」，傳：「玄，黑而有赤也。」儵者，尸竹切。説文：「儵，青黑繒發白色也。」故黑虎之「虪」亦从「儵」。緇者，解見上文。墨者，説文：「墨，書墨也。」玉篇：「墨，〔以〕松煙造。」管子四稱篇：「墨墨若夜。」左氏哀十三年傳：「肉食者無墨。」黸者，説文：「齊謂黑爲黸。」法言〔五百〕云「彤弓黸矢」，司馬光曰：「黸，與『玈』同。」黮者，説文：「黮，桑葚之黑也。」文選〔魏都賦〕注引聲類云：「黮，深黑色也。」淮南主術訓：「問瞽師曰：『白素何如？』曰：『縞然。』曰：『黑何若？』曰：『黮然。』」蕉者，疑「焦」同。説文「㸐，火所傷也」，或作「焦」。黎者，玉篇：「黧，黑也。亦作『黎』。」黔者，説文：「黔，黎也，秦謂民爲黔首，謂黑色也。周謂之黎民。易曰：『爲黔喙。』」左氏襄十七年傳：「邑中之黔，實慰我心。」莊子天運篇：「鵠不日浴而白，烏不日黔而黑。」墨子貴義篇：「今瞽曰：鉅者白也，黔者黑也，雖明目者無以易之。」淮南脩務訓：「孔子無黔突，墨子無煖席。」⿰黑黽者，玉篇：「⿰黑黽，面黑也。」黴者，説文：「黴，中久雨青黑。」淮南脩務訓：「舜黴黑。」又説山訓：「文公棄荏席後黴黑，咎犯辭歸。」⿰禾黑者，玉篇：「⿰禾黑，黑也，禾傷雨也。」黵者，説文：「黵，沃黑色。」黚者，説文：「黚，淺黄黑也。」説卦傳「爲黔喙」，鄭康成本作「黚」，謂虎豹之屬。縝者，與「鬒」同，髮之黑也。謝朓晚登三山還望京邑詩：「有情知望鄉，誰能縝不變。」説文「㐱，稠髮也」，或作「鬒」。詩君子偕老作「鬒」，毛傳：「鬒，黑髮。」左氏昭二十八年傳：「昔有仍氏生女，黰黑而甚美，光可以鑒，名曰玄妻。」詩〔鄘風君子偕老〕疏引服虔注：「髮美爲黰。」詩曰『鬒髮如雲』，言其美長而黑。以髮美，故曰玄妻。「縝、黰、鬒、㐱」，字異音義同。黳者，説文：「黳，小黑子。」通作「緊」。説文：「緊，一曰黑色繒。」黗者，説文：「黗，黄濁黑。他衮切。」黲者，説文：「黲，淺青黑也。」陸機漢〔高祖〕功臣頌：「上黲〔一〕下黷。」黟者，烏雞切。説文：「黟，黑木也。」

槥、衛音。櫝、讀音。櫬、楚覲反。檮、導音。柩，棺也。其當謂之𥝖。禾音。

説文：「棺，關也，所以掩尸。」釋名〔釋喪制〕：「棺，關也，關，閉也。」白虎通義〔崩薨〕云：「棺之爲言完也，所以藏尸令完全也。」槥者，説文：「槥，棺櫝也。」漢書韓安國傳「中國槥車相望」，顔師古曰：「槥，小棺也。從軍死者以槥送致其喪。」櫝者，漢書〔成帝紀〕「給槥櫝葬埋」，顔師古曰：「謂小棺。」櫬者，説文：「櫬，棺也。」小爾雅〔廣名〕云：「空棺謂之櫬，有屍謂之柩。」玉篇：「櫬，親身棺也。」左氏僖六年傳：「士輿櫬。」襄二年傳「穆姜使擇美櫝，以自爲櫬與頌琴」，注：「櫝，梓之屬。櫬，棺也。」疏云：「以親近其身，故以櫬爲名。」檀弓〔上〕云『天子〔之〕棺四重，水兕革棺一，杝棺一，梓棺二』，鄭注：『杝，椵也，所謂椵棺也。梓棺二，所謂屬與大棺也。』記文從内向外。水兕革棺，最近尸也。次椑，以椵爲之。次屬與大棺，乃以梓爲之。檀弓〔上〕又云『君即位而爲椑』，鄭注：『椑，謂杝棺親尸者。』」「喪大記云：『君大棺八寸，屬六

〔一〕黲，陸機漢高祖功臣頌作「墋」。

寸，椑四寸。』如彼記文，諸侯之棺三重，親身之棺名之爲椑。椑，即櫬〔是〕也。其椑用椵爲之。屬與大棺，乃用梓耳。此以梓爲櫬者，名之曰櫬，其内必無棺也。擇櫝爲櫬，其櫬必用梓也。記唯言『即位爲椑』，不言椑所用木。」「據此傳文」，「則天子〔之〕椑〔自〕用杝」，「諸侯之椑，必用梓也」。檮者，集韻〔号韻〕「檮，棺也」，或作「幬」，「大到切」，本此。柩者，説文「柩，棺也」，籀文作「匶」。在牀曰尸，在棺曰柩。釋名〔釋喪制〕：「尸已在棺曰柩。柩，究也，送終隨身之制，皆究備也。」白虎通義〔崩薨〕云：「柩之爲言究也，久也，不復章也。」牀者，胡戈切。玉篇：「牀，棺牀。」與「和」同。吕氏春秋開春論云惠公説魏太子曰：「昔王季歷葬于渦山之尾，欒水齧其墓，見棺之前和。」「文王于是出而爲之更葬」，高誘曰：「棺題曰和。」謝惠連祭古冢文：「中有二棺，正方，兩頭無和。」

釋樂第七

樂記：「凡音之起，由人心生也。人心之動，物使之然也。感于物而動，故形于聲。聲相應，故生變，變成方謂之音。」宮、商、角、徵、羽，聲也。爾雅〔釋樂〕「宮謂之重，商謂之敏，角謂之經，徵謂之迭，羽謂之柳」，劉歆云：「宮，中也，居中央，暢四方，唱始施生，爲四聲綱也。商，章也，物成孰可章度也。角，觸也，物觸地而出，戴芒角也。徵，祉也，物盛大而繁祉也。羽，宇也，物聚藏宇覆之也。」樂緯動聲儀曰：「宮爲君，君者，當寬大容衆，故聲宏以舒，其和情以柔，動脾也。商爲臣，臣者，當(以)發明君之號令，其聲散以明，其和温以斷，動肺也。角爲民，民者，當儉約不奢僭差，故其聲防以約，其和清以靜，動肝也。徵爲事，事者，君子之功既當急就之，其事當久流亡，故其聲貶以疾，其和平以切，動心也。羽爲物，物者，不有委聚，故其聲散以虛，其和斷以散，動腎也。」金、石、絲、竹、匏、土、革、木，音也。鄭注周禮太師職云：「金，鍾鎛也。石，磬也。土，塤也。革，鼓鼗也。絲，琴瑟也。木，柷敔也。匏，笙〔也〕。竹，簫管也。」左傳隱五年疏引易〔一〕緯云：「坎主冬至，樂用管；艮主立春，樂用塤；震主春分，樂用鼓；巽主立夏，樂用笙；離主夏至，樂用絃；坤主立秋，樂用磬；兑主秋分，樂用鍾；乾主立冬，樂用柷敔。此八方之音。」説文：「樂，五聲八音總名。象鼓鞞。木，虡也。」樂記：「樂者，樂也。君子樂得其道，小人樂得其欲。」孔子曰：「安上治民，莫善于禮；移風易俗，莫善于樂。」又云：「禮云禮云，玉帛云乎哉？樂云樂云，鐘鼓云乎哉？」二者相與並行，周衰俱壞，樂尤微眇。漢時，制氏世在樂官，能紀其鏗鏘鼓舞，而不能言義。至武帝時河間獻王與毛生等，共采周官及諸子言樂事者，以作樂記。劉向校書得二十三篇。食貨志〔下〕云莽詔曰「樂語有五均」，鄧展以爲樂元語，即河間獻王所傳者是也。此篇所釋，先之以樂名，繼之以樂器。樂以器爲主，有器而後可以通其音，以知其義。春官典同「掌六律六同之和，以辨天地四方陰陽之聲，以爲樂器」，是也，故于器尤詳，并及其長短尺寸大小廣狹焉。

休流、扶持、下謀、雲門、六䪫、莖音。顓頊樂。五韺、英音。帝俈樂。大章、堯樂。簫韶、舜樂。大夏〔二〕、大護〔三〕、湯樂。大武、〔武王樂〕〔四〕。勺、只藥反。周公樂也，斟酌文武之道。大予。漢明帝永平三年秋八月戊辰，改

〔一〕易，今本左傳疏作「樂」。
〔二〕大夏，下王念孫博雅音校本有「禹樂」二字。
〔三〕護，疏證本作「頀」。
〔四〕「武王樂」原脱，據王念孫博雅音校本補。

大樂爲大予樂。

休流，未詳所出。扶持、下謀者，文獻通考（樂考）云「神農樂名扶持，亦曰下謀。注云：『見孝帝系譜及孝經緯。』」樂記疏引孝經鉤命訣云：「伏羲之樂曰立基，神農之樂曰下謀，祝融之樂曰屬續。」雲門者，春官大司樂「舞雲門」，後鄭注：黄帝樂曰雲門，「黄帝能成名萬物以明民共財，言其德如雲之所出，民得以有族類。」六莖、五韺者，漢志（禮樂志）以六莖爲顓頊樂，五英爲帝嚳樂，蔡邕獨斷同。而樂記疏引樂緯則云「帝嚳曰六英，顓頊曰五莖」，宋均注云：「六英者，爲六合之英華。五莖者，能爲五行之道立根莖也。」「韺、莖」，「韺、英」，古字通。予謂帝王之次序，顓頊在前，帝嚳在後，疑漢志是而樂緯非也。大章者，堯樂也。樂緯云：「堯時仁義大行，法度章明，故曰大章。」簫韶者，舜樂也。「簫」亦作「箾」。左氏襄二十九年傳季札觀樂，「見舞韶箾者」，杜注：「舜樂。」宋均樂緯注云：簫之言肅，舜時民樂其肅敬而繼堯道，故謂之簫韶。說文：「箾，虞舜樂曰箾韶。」「簫、箾」，字異義同。大夏者，禹樂也。樂記云「夏，大也」，注云：「禹樂名。」「禹能大堯、舜之德。」大司樂疏引春秋元命苞云：「禹能德並三聖。德並三聖，即是大堯、舜之德。」舊本無此樂，予案三代之樂，不應獨闕大夏，當是傳寫者脱之，今補正。大護者，湯樂也。湯承衰而起，護先王之道，故曰護。「護」亦作「濩」同。呂氏春秋仲夏紀（古樂）「殷湯即位，夏爲無道，暴虐萬民」，「湯于是率六州以討桀（之）罪」。「乃命伊尹作爲大濩，歌晨露，修九招、六列，以見其善」，高誘注「大濩、晨露、九招、六列，皆樂名」也。大武者，武王樂也。大司樂疏引元命苞云：「文王時，民樂其興師征伐，故曰武。」又詩（大雅文王有聲）云：『文王受命，有此武功。』如是則大武是文王樂名。而云武王（樂）者，但文王有此武功，不卒而崩，武王卒其伐功，以誅虐紂，是武王成武功，故周公作樂，以大武爲武王樂也。」勺者，周公樂也。詩（周頌酌）序「酌，告成大武也，言能酌先祖之道，以養天下也」，毛傳：「周公居攝六年，制禮作樂，歸政成王，乃後祭于廟而奏之，其始成告之而已。」大予者，漢樂也。後漢書明帝紀「永平三年八月戊辰，改大樂爲大予樂」，注云：「尚書琁璣鈐云『有帝漢出，德洽作樂名予』，故據琁璣鈐改之。」

——右樂名。

題上事也。漢志〔禮樂志〕云「王者未作樂之時，因先王之樂以教化百姓，説樂其俗，然後改作，以章功德。易曰：『先王以作樂崇德，殷薦之上帝，以配祖考。』」樂記云：「大章，章之也。咸池，備矣。韶，繼也。夏，大也。殷、周之樂，盡矣。」禮樂志云：「昔黄帝作咸池，顓頊作六莖，帝嚳作五英，堯作大章，舜作招，禹作夏，湯作濩，武王作武，周公作勺。勺，言能勺先祖之道也。武，言以功定天下也。濩，言救民也。夏，大承二帝也。招，繼堯也。大章，章之也。五英，英華茂也。六莖，及根莖也。咸池，備矣。」白虎通義〔禮樂〕：「顓頊曰六莖者，言和律曆〔以〕調陰陽；莖者，著萬物也。帝嚳曰五英者，言能調和五聲，以養萬物，調其英華也。堯曰大章〔者〕，大明天地人之道也。舜曰簫韶者，舜能繼堯之道也。禹曰大夏者，言禹能順二聖之道而行之，〔故曰大夏也〕。湯曰大濩者，言湯承衰能護民之急也。周公曰酌合者，言周公輔成王，能斟酌文武之道而成之也。武王曰象者，象太平而作樂，示已太平也。」

足鼓、夏后氏鼓，四足也。植鼓、見禮明堂記。詩：「植我鞉鼓。」縣鼓、禮記〔明堂位〕曰「周縣鼓」，鄭注曰：「縣於栒虡也。」雷鼓、周禮〔地官鼓人〕「雷鼓鼓神祀」，鄭注曰：「雷鼓八面。」靈鼓、周禮「靈鼓鼓社祭」，鄭注：「靈鼓六面也。」路鼓、周禮「路鼓鼓鬼享」，鄭注：「路鼓四面。」鼖鼓、周禮「鼖鼓鼓軍事」，鄭注「大鼓」也，「長八尺」。鼛鼓、周禮：「鼛鼓鼓役事。」考工記〈韗人〉「長尋有四尺」也。晉鼓、周禮「晉鼓鼓金奏」，鄭注「長六尺六寸」也。鼜鼓、周禮「凡軍旅，夜鼓曰〔一〕鼜」，鄭云：「夜戒守鼓。」音造次之造。鼙鼓、周禮〈夏官大司馬〉：「旅帥執鼙。」鞀鼓、周禮小師之職掌鼓、彤。釋名〈釋樂器〉云：「鞀，導也。」應、棟、詩〈周頌有瞽〉云：「應棟縣鼓。」搏拊。禮記〈明堂位〉「博搏琴」〔二〕，鄭注：「以韋爲之，充之以糠，形如小鼓」，「以節樂。」

說文：「鼓，郭也，春分之音，萬物郭皮甲而出，故謂之鼓。」釋名〈釋樂器〉：「鼓，郭也，張皮以冒之，其中空也。」學記云「鼓無當于五聲，〔五聲〕弗得不和」，是樂之所成，在于鼓也。足鼓者，明堂位云：「夏后氏之〔鼓〕足，殷楹鼓，周縣鼓。」植鼓者，殷鼓，即楹鼓也。商頌那云「置我鞉鼓」，傳：「殷人置鼓。」箋：「置，讀曰植。植鞉鼓者，爲楹貫而樹之。」孔疏：「金縢『植璧秉圭』，注：『植，古置字。』」「故置讀曰植。此云『植我鞉鼓』，明堂位作『楹鼓』，故知爲楹貫而樹之。」縣鼓者，周鼓也。釋名〈釋樂器〉：「所以懸鼓者橫曰簨。簨，峻也，在上高峻也。從曰虡。虡，舉也，在旁舉簨也。簨上之板曰業。刻爲牙，捷業如鋸齒也。」周頌有瞽云「設業設虡，崇牙樹羽，應曰縣鼓」，傳：「業，大板也，所以飾栒爲縣也，捷業如鋸齒。或曰畫之，植者爲虡，衡者爲栒。崇牙，上飾卷然，可以縣也。樹羽，置羽也。」「縣鼓，周鼓也。」鄭注明堂位云：「縣（鼓），縣于栒簴也。」雷鼓者，地官鼓人疏云：「但是天神，皆用雷鼓。」靈鼓者，

〔一〕王念孫曰：「各本『夜鼓』下有『曰』字，乃淺學人以意加之。」

〔二〕博搏琴，王念孫博雅音校本作「拊搏」。

鼓人疏云：但是地祇，「皆用靈鼓」。路鼓者，享宗廟之鼓也。鼖鼓者，説文「大鼓謂之鼖，鼖八尺而兩面」，或作「鞼」。考工記韗人「爲皋陶」，「鼓長八尺，鼓四尺，中圍加三之一，謂之鼖鼓」，後鄭云：「中圍加三之一者，加于面之圍，以三分之一也，面四尺，其圍十二尺，加以三分一四尺，則中圍十六尺，徑五尺三寸，三分寸之一也。今亦合二十版，則版穹六寸，三分寸之二耳。」先鄭云：「鼓四尺，謂革所蒙者，廣四尺。」鼛鼓者，鼓人注：「鼛鼓，長丈二尺。」考工記〔韗人〕：「爲皋鼓，長尋有四尺，鼓四尺，倨句磬折。」爲異。案：八尺曰尋，尋有四尺，是一丈二尺也。晉鼓者，考工記韗人云「長六尺有六寸，左右端廣六寸，中尺厚三寸，穹者三之一，上三正」，注云：「穹隆者，居鼓面三分之一，則〔其〕鼓〔面〕四尺者，版穹一尺三寸，三分寸之一也。倍之爲二尺六寸，三分寸之二，加鼓四尺，穹〔之〕徑六尺六寸，三分寸之二〔也〕，（加）此鼓〔合〕二十板。板上三正者，三，讀〔當〕爲參。正，直也。參直者，穹上一直，兩端又直，各居二尺二寸，不弧曲也。此鼓兩面，以六鼓差之。賈侍中曰：晉鼓大而短，近晉鼓也。」説文：「周禮六鼓：靁鼓八面，靈鼓六面，路鼓四面，鼖鼓、皋鼓、晉鼓皆兩面。」許與鄭同。周禮〔地官鼓人〕疏云：「鄭知雷鼓八面者，雖無正文，案韗人〔爲皐陶〕有晉鼓、鼖鼓、皋鼓三者，非祭祀之鼓，皆兩面。則路鼓祭宗廟，宜四面。靈鼓祭地祇，尊于宗廟，宜六面。雷鼓祭天神，又尊于地祇，宜八面。故知義然也。」鼜鼓者，説文：「鼜，夜戒守鼓也。禮：昏鼓四通爲大鼓，夜半三通爲戒晨，旦五通爲發明。讀若戚。」案：許所云禮者，司馬法文也。春官眡瞭注：「杜子春讀鼜爲憂戚〔之戚〕」，「擊鼓聲疾數，故曰戚。」是杜讀與許同也。春官鎛師「凡軍之夜，三鼜皆鼓之，守鼜亦如之」，注云：「守鼜，備守鼓也。」「杜子春云：一夜三擊，備守鼜也。」春秋傳所謂『賓將趨』者，音聲相似。」夏官掌固「夜三鼜以號戒」，〔注〕：「杜子春讀『鼜』爲『造次』之『造』，謂擊鼓行夜戒守也。春秋傳所謂『賓將趨』者〔與〕。『趨』與『造』音相近，故曰『終夕與燎』。玄謂鼜，擊鼜，警守鼓也。三巡之閒，又三擊鼜。」沈約宋志〔樂志一〕云：「長丈二尺者〔曰〕鼜鼓，凡守備及役事則鼓。」鼙鼓者，說文：「鼙，騎鼓也。」釋名〔釋樂器〕：「鼙，裨也，裨助鼓節也。鼙在前曰朔；朔，始也。在後曰應；應，大鼓也。」大射云一建鼓在阼階西，應鼙在其東；一建鼓在西階之西，朔鼙在其北。大雅緜箋云：「凡大鼓之側有小鼓，謂之應鼙朔鼙。」鞀鼓者，說文「鞀，遼也」，或作「鞉、鼗」，籀文作「⿱殸召」。白虎通義〔禮樂〕云：「鞀者，震之氣也，上應卯星以通王道，故謂之鞀也。」釋名〔釋樂器〕：「鞀，道也，所以導樂作也。」王制「天子賜諸侯樂，則以柷將之；賜伯子男樂，則以鞉〔一〕將之」，鄭注：「柷、鞉，皆所以節樂。」春官小師注：「鼗，如鼓而小，持其柄搖之，旁耳還自擊。」論語〔微子〕「播鼗武」，釋文：「（本）亦作『鞉』。」應、朄者，周頌有瞽傳：「應，小鞞也。田，大鼓也。」箋：「田，當作『朄』。朄，小鼓在大鼓旁，應鞞之屬也。聲轉字誤，變而作『田』。」爾雅〔釋樂〕「大鼓謂之鼖，小者謂之應」，李巡曰：「小者聲音相承，故曰應。」應，承也。孫炎曰：「和應大鼓也。」春官小師「擊應鼓」，後鄭云：「應，鞞也。」大射禮應鞞在建鼓東，則爲應和建鼓。應、鞞共文，是應爲小鞞矣。說文：「朄，擊小鼓引樂聲也。」春官大師職「下管，播樂器，令奏鼓朄」，先鄭云：「朄，小鼓也。先擊小鼓，乃擊大鼓，小鼓爲大鼓先引，故曰朄。朄，讀爲『導引』之『引』。」後鄭謂鼓朄猶言擊朄。詩云：「應朄縣鼓。」搏拊者，釋名〔釋樂器〕：「搏拊，以韋盛糠，形如鼓，以手拊拍之也。」春官大師「令奏擊拊」，後鄭云：「拊，形如鼓，以韋爲之，著之以糠。」明堂位謂之「拊搏」，又謂之「相」。樂記云「治亂以相」，鄭注：「相即拊也，亦以節樂。拊者，以韋爲表，裝之以糠，糠一名相，因以名焉。」

〔一〕鞉，禮記作「鼗」。

右鼓名。

題上事也。九家易云：「震爲鼓。」白虎通義（禮樂）：「鼓，震音煩氣也，萬物憤懣震動而出。」考工記（韗人）：「凡冒鼓，必以啟蟄之日。」又云：「鼓大而短，則其聲疾而短聞；鼓小而長，則其聲舒而遠聞。」八音之中，鼓聲與鐘相埒。言樂者，每以鐘鼓並稱，故荀子樂論云：「鼓，其樂之君邪！」

神農氏琴長三尺六寸六分，上有五弦，曰宮、商、角、徵、羽。文王增二弦，曰少宮、商。鳴廉、脩營、藍脅、號鐘、宮中、自鳴、焦尾。伏羲氏琴[一]長七尺二寸，上有五[二]弦。見世本。

白虎通義（禮樂）：「琴者，禁也，所以禁止淫邪，正人心也。」神農至少宮、商。禮記疏引世本云：「神農作琴。」說文：「琴，禁也，神農所作，洞越練朱五弦。」文選（謝莊月賦）注引桓譚新論云：「神農始斲桐爲琴，練絲爲弦。」琴操（卷上）云：「琴長三尺六寸六分，廣六寸，文上曰池，下曰濱。前廣後狹，象尊卑也。上圓下方，法天地也。五弦，象五行。大弦爲君，小弦爲臣。」三禮圖云：「舊圖（云）周文王又加二弦，曰少宮、少商。」禮又云：琴第一位爲宮，次爲商，次爲角，次爲徵，次爲羽，次爲少宮，次爲少商。玉篇引風俗通云：「琴，七弦，法七星也。」又引琴操云：「長三尺六寸六分，法象三百六十六日，廣六寸，象六合也。」皆與廣雅合者也。樂記「舜作五弦之琴，以歌南風。」通典（樂典四）引揚雄（琴）清英云：「舜彈五弦之琴而天下化，堯加二弦以合君臣之恩。」郭注爾雅（釋樂）謂大琴二十七弦。桓譚新論（琴道

[一] 琴，疏證本作「瑟」。
[二] 五，疏證本作「二十七」。

篇〕：「五弦第一弦爲宮，其次商、角、徵、羽。文王、武王各加一弦，以〔爲〕少宮、少商。」琴操亦云：文王、武王各加一弦，以合君臣之恩。三禮舊圖又云「蔡伯喈復增二弦，故有九弦者，二弦大，次三弦小，次四弦尤小」，皆異説也。古制茫昧，器之長短，加弦之出于誰氏，皆不可知。張博士去古未遠，其所言爲可信也。○鳴廉至焦尾。初學記〔卷十六〕引梁元帝纂要云：「古琴名有清角、鳴廉、脩況、藍脅、號鐘、自鳴、空中、繞梁、緑綺、焦尾、鳳皇。」文選〔張載擬四愁詩〕注引傅玄琴賦序：「齊桓公有鳴琴曰號鐘，楚莊有鳴琴曰繞梁，中世，司馬相如有緑綺，蔡邕有焦尾，皆名器也。」劉向九歎〔愍命〕云「破伯牙之號鐘」，王逸注：「琴名。」淮南脩務訓：「乘馬者期於千里，而不期於驊騮緑耳。鼓琴者期於鳴廉脩營，而不期於濫脅號鐘。」後漢書蔡邕傳：「吴人有燒桐以爨者，邕聞火烈之聲，知其良木，因請而裁爲琴，果有美音，而其尾猶焦，故時人名曰『焦尾琴』焉。」○伏羲至五弦。文選長笛賦注引琴操云：「昔伏羲氏之作琴，所以修身理性，反天真也。」

右琴名〔一〕。

題上事也。文選琴賦注引尸子曰：「舜作五弦之琴，以歌南風：『〔南風〕之薰兮，可以解吾人之愠。』是舜歌也。」白虎通義〔禮樂〕：琴者，禁也，禁止于邪，以正人心也。〔風俗通義聲音〕：「詩云：『我有嘉賓，鼓瑟鼓琴。』雅琴者，樂之統也，與八音並行。然君子所常御者，琴最親密，不離于身，非必陳設于宗廟鄉黨，非若鐘鼓羅列于虡懸也。雖在窮閻陋巷，深山幽谷，猶不失琴。以爲琴之大小得中而聲音和，大聲不譁人而流漫，

〔一〕右琴名，三字疏證本在上「焦尾」下。

小聲不湮滅而不聞，適足以和人意氣，感人善心。故琴之〔爲〕言禁〔也〕，雅之〔爲〕言正〔也〕，言君子守正以自禁也。」故此篇紀制造之長短，及器數之異名，爲加詳焉。

柷，象桶，動音。方三尺五寸，深〔尺〕八寸，四角有陞升音。鼠。敔，漁吕反。象伏虎，背上有二十七刻。

白虎通義〔禮樂〕：「柷敔者，終始之聲。萬物之所生也，陰陽順而復〔故曰柷〕，承順天地序迎萬物，天下樂之，故樂用柷。柷，始也。敔，終也。」爾雅〔釋樂〕云「所以鼓柷謂之止，所以鼓敔謂之籈」，李巡曰：「擊柷之椎名爲止，戛敔之木名爲籈。樂之初，擊柷以作之；樂之將末，戛敔以止之。」郭璞曰：「柷如漆桶，方二尺四寸，深一尺八寸，中有椎柄，連底挏之，令左右擊。止者，其椎名。敔如伏虎，背上有二十七鉏鋙，刻以木，長（一）尺，櫟之，籈者，其名。」鄭司農注小師云：「柷如漆筩，中有椎。敔，木虎也。」詩〔周頌有瞽〕疏引鄭康成尚書注：合樂用柷。「柷，狀如漆筩，中有椎，合之者，投椎于其中而撞之。敔，狀如伏虎，背上刻之，所以鼓之以止樂。」風俗通〔聲音〕引禮樂記云：「柷漆桶，方，畫木，方三尺五寸，高尺五寸，中有椎，上用柷止音爲節。」顔師古注漢書〔律曆志上〕云：「柷與俶同，俶，始也。樂將作，先鼓之，故謂之柷。」〔説文〕：「柷」，樂木空也。」「敔，禁也。一曰樂器椌楬也，形如木虎。」三禮圖云：「今唐禮用竹長二尺四寸，破爲十莖，于敔背橫櫟之。」釋名〔釋樂器〕：「敔，衙也；衙，止也，所以止樂也。」先儒言柷敔者，皆同，唯釋名〔釋樂器〕「柷狀如伏虎，如物始見，柷柷然也」，其形象與「敔」互易爲異説耳。

倕氏鐘十六枚。世本：「倕造鐘。」倕，舜臣。毋句氏磬十六枚。世本：「毋句作磬。」毋句，堯臣也。

特縣之鐘、磬，各一爾，若編鐘則十六枚，編磬亦十六枚。小胥職云「凡縣鐘磬，半爲堵，全爲肆」，注云：「鐘磬

〔者〕，編懸之，二八十六枚而在一簴謂之堵。鐘一堵，磬一堵，謂之肆。」十六枚之數，起于八音，倍而設之，故十六也。説文：「鐘，樂鐘也。」「古者垂作鐘。」明堂位「垂之和鐘」，鄭注：「垂，堯之〔共〕工也。」孔疏：「垂〔之〕所〔作〕調和之鐘。」考工記鳧氏：〔鳧氏〕「爲鐘」，「大鐘十分其鼓間，以其一爲之厚。小鐘十分其鉦間，以其一爲之厚。鐘大而短，則其聲疾而短聞。〔鐘〕小而長，則其聲舒而遠聞。」白虎通義〔禮樂〕：「鐘之爲言動也，陰氣用事，萬物動成，鐘爲氣用金爲聲也。」唐會要〔雅樂下〕云：「古制雅樂，宮縣之〔下〕，編鐘四架十六口，近代用二十四〔口〕，正聲十二，倍聲十二，各有律吕，凡二十四〔聲〕，登歌一架，亦二十四鐘。」三禮圖：「凡鐘十六枚，同爲一簨簴爲編鐘。」文獻通考〔樂考〕：「漢成帝時，犍爲郡于水濱得古鐘十六枚，帝因是陳禮樂雅頌之音，以風化天下。」説文「磬，樂石也。从石，殸象縣虡之形；殳，擊之也。古者毋句氏作磬」，籀文作「殸」，古文作「硜」。釋名〔釋樂器〕：「磬，罄也，其聲罄罄然堅緻也。」白虎通義〔禮樂〕：「磬者，夷則之氣也，象萬物之成也，其氣磬故曰磬。」考工記磬氏：「爲磬，倨句一矩有半，其博爲一，股爲二，鼓爲三。參分其股博，去一以爲鼓博；參分其鼓博，以其一爲之厚。已上則摩其旁，已下則摩其耑。」明堂位「叔之離磬」，鄭注引世本「無句作磬」，皇侃以爲叔之别名也。商頌那云「依我磬聲」，傳：「磬，聲之清者〔也〕，以象萬物之成。」三禮圖：「股廣三寸，長尺三寸半，十六枚，同一筍簴，謂之編磬。」漢書禮樂志：「成帝時，犍爲郡于水濱得古磬十六枚，議者以爲善祥。」

塤，許園反。象稱錘，以土爲之，有六孔。古史考曰：有塤尚〔矣〕，周幽王時〔暴〕〔一〕辛公善〔以〕塤。

〔一〕「暴」原脱，據王念孫博雅音校本補。

說文：「壎，樂器也，以土爲之，六孔。」釋名（釋樂器）：「塤，喧也，聲濁喧喧然也。」白虎通義（禮樂）：「壎，在十一月」，「陽氣于黃泉之下，熏蒸而萌。」爾雅（釋樂）「大塤謂之器」，郭注：「塤，燒土爲之，大如鵝子，銳上平底，形如稱錘，六孔。小者如雞子。」後鄭小師注云：「塤，燒土爲之，大如鴈卵。」鄭司農云「六孔」。漢書律曆志（上）「土曰塤」，應劭曰：「世本暴辛公作塤。」通典（樂典四）引宋均云：「爲塤久矣，此掌其官也。」風俗通義（聲音）云：「詩云：『天之誘民，如塤如篪。』塤，燒土也，圍五寸半，長三寸半，有四孔，其二通，凡爲六孔。」周禮小師作「塤」，詩何人斯作「壎」，古今字異。

䶵，池音。以竹爲之，長尺四寸，有八孔，前有一孔，上有三孔，後有四孔，頭有一孔〔一〕。

說文「䶵，管樂也」，或作「篪」。釋名（釋樂器）：「篪，啼也，聲從孔出，如嬰兒啼（啼）聲也。」爾雅（釋樂）「大篪謂之沂」，郭注：「篪，以竹爲之，長尺四寸，圍三寸，一孔上出〔一〕寸三分，名翹，橫吹之。小者尺二寸。廣雅云『八孔』。」史記索隱云：「七孔，一孔上出。今一孔上出寸三分。周禮笙師疏與史記索隱同。依小司馬所引，則今本廣雅有譌字矣，惜不得善本正之。三禮圖引舊圖云：「雅篪」〔長尺四寸，圍四寸，翹長一寸三分，圍自稱九孔」，聶崇義曰：「先鄭云七孔，賈疏云九孔，皆誤，當云八孔。」

籟，賴音。謂之簫，大者二十四管，小者十六管，有底。

說文：「簫，參差管樂，象鳳之翼。」釋名（釋樂器）：「簫，肅也，其聲肅肅而清也。」白虎通義（禮樂）：「簫者，中呂之氣也，萬物生于無聲，見于無形，勠也肅也，故謂之簫。」風俗通義（聲音）云：「尚書：『舜作簫，韶九成』，『其形參差，象鳳

〔一〕王念孫以爲「前有一孔」以下十六字乃音釋文字，誤入正文。

之翼。」案：荀子云「鳳皇于飛，其音若簫」，是不特形似，其聲亦相似也。爾〔雅釋樂〕「大簫謂之言，小者謂之筊」，郭注：「編二十三管，長尺四寸。」〔筊〕「十六管，長尺二寸。簫，一名籟」。莊子齊物論南郭子綦謂顔成子游曰：「女聞人籟而未聞地籟，女聞地籟而未聞天籟」，郭象注：「籟，簫也。」淮南齊俗訓「若風之過簫」，高誘注：「簫，籟也。」鄭注周禮〔小師〕云：「簫，編小竹管。如今賣飴餳所吹者。」賈疏引易通卦驗云「簫長尺四寸」注云：「簫管形象鳥翼，鳥爲火，火成數七，生數二，二七一十四，簫之長由此。」三禮圖云：雅簫長尺四寸，二十四彄；頌簫長尺二寸，十六彄。無底者謂之洞簫。是大者即言雅簫也，小者即筊頌簫也。唯郭以大者爲二十三管，與此不同。

笙，以瓠爲之，十三管，宫管在左方。竽，象笙，三十六管，宫管在中央。

說文：「笙，十三簧，象鳳之身也。笙，正月之音，物生，故謂之笙。古者隨作笙。」「竽，管三十六簧也。」「簧，笙中簧也。古者女媧作簧。」釋名〔釋樂器〕：「笙，生也，象物貫地而生也，竹之貫匏，以匏爲之，故曰匏也。竽，亦是也，其中汙空以受簧也。簧，横也，于管頭横施于中也，以竹鐵作，于口横鼓之，亦是也。」白虎通義〔禮樂〕：「笙者，太蔟之氣，象萬物之生，故曰笙有七正之節焉，有六合之和焉，天下樂之，故謂之笙。」爾〔雅釋樂〕「大笙謂之巢」，郭注：「列管瓠中，施簧管端，大者十九簧。」又云「小者謂之和」，郭注：「十三簧者，鄉射記曰：『三笙一和而成聲。』」小雅鹿鳴：「吹笙鼓簧。」爾雅釋樂邢疏：「瓠，匏也，以匏爲底，故八音謂笙爲匏。簧者，笙管之中金薄鐷也。笙管必有簧，故或謂笙爲簧。王風君子陽陽云『左執簧』是也。」三禮圖云：「舊圖〔云〕笙長四尺，諸管參差，亦如鳥翼。」此云十三管，即爾雅之和，小笙也。周禮笙師「掌教吹竽、笙」，先鄭云：「竽，三十六簧。」賈疏引通卦驗云「竽長四尺二寸，注云『竽，管類，用竹爲之，形參差象鳥翼。鳥，火禽，火數七，冬至之時吹之，冬水用事，水數六，六七四十二，竽之長〔蓋〕取數于此也』」。〔舊〕唐書〔音〕樂志〔二〕云：「大者曰竽，小者曰和。竽，煦也，立春之音，煦生萬物也。竽管三十六，宮〔管〕在左。和〔管〕十三，宮〔管〕居中。」案：唐志言笙竽宮管所在，與此互易，未知其審。

籥謂之笛，有七孔。

說文：「籥，樂之竹管，三孔，以和衆聲也。从品侖；侖，理也。」「笛，七孔筩也。」釋名〔釋樂器〕：「籥，〔躍也，氣〕躍出也。篴，滌也，其聲滌滌然也。」爾雅〔釋樂〕「大籥謂之産」，郭注：「籥，如笛，三孔而短小。」明堂位「葦籥，伊耆氏之樂也」，孔疏：「葦籥〔者，謂〕截葦爲籥。」蓋籥三孔，主中聲，而上下之律呂是乎生，命之曰籥，以黍籥之法在，是也。風俗通義〔聲音〕：「周禮：『籥師掌教國子』『吹籥』。詩曰：『以籥不僭。』籥，樂之器，竹管，三孔，所以和衆聲也。」「笛，滌也，所以〔蕩〕滌邪穢，納之〔于〕雅正也。長〔一〕尺四寸，七孔。」鄭注周禮笙師及禮記少儀、明堂位，郭注爾雅〔釋樂〕俱云「籥如笛，三孔」，許叔重、應仲遠亦俱以籥爲三孔，笛爲七孔，廣雅合籥、笛爲一，故不同也。邶風簡兮傳：「籥，六孔。」春官笙師注：「杜子春讀『篴』爲『蕩滌』之『滌』」，今時所吹五空竹篴。」則又與諸家殊矣。

管，象篪，池音。長尺圍寸，六孔，無底。

說文：「管，如篪，六孔，十二月之音，物開地牙，故謂之管。」或作「琯」。「古者玉琯以玉，舜之時，西王母來獻其白琯。前零陵文學姓奚，于伶道舜祠下得笙、玉琯，夫以玉作音，故神人以和，鳳皇來儀也。」晉書律曆志〔上〕：「武帝太康元年，汲郡盜發六國時魏襄王冢，亦得玉律。」則古本以玉爲管，取其體含廉潤也，後乃易之以竹。風俗通〔聲音〕：「管，漆竹，長一尺，六孔，十二月之音。象物管地而牙，故謂之管。」又引禮樂記云：「管，漆竹，長一尺，六孔。」爾雅〔釋樂〕「大管謂〔之〕簥」，郭注：「管，長尺圍寸，併漆之有底。賈氏以爲如篪，六空。」通典〔樂典四〕引月令章句亦云有孔無底，皆與此同，唯郭璞以爲有底，則異説也。後鄭注小師：「謂管如篴而小，併兩而吹之，今大予樂官有焉。」此蓋東漢制度，故與古有殊也。

天子樂八佾，諸公六佾，諸侯四佾。

公羊、穀梁傳〔隱公五年〕並云：「天子八佾，諸公六佾，諸侯四佾。」何休曰：「佾者，列也。」「八八六十四人，法八風」；「六六三十六人，法六律」；「四四十六人，法四時。」白虎通義〔禮樂〕：「天子八佾，諸公六佾，諸侯四佾，所以別尊卑。樂者，陽也，故以陰數法八風、六律、四時也。八風、六律、四時者，天氣也，助天地成萬物者也。亦猶樂所以順氣變化萬民成其性命也。」「佾者列〔也〕，以八人爲行列，八八六十四人也。」「諸公謂三公二王後。」張衡東京賦「冠華秉翟，列舞八佾」，薛綜曰：「冠華，以鐵作之，上闊下狹，以翟雉尾飾之。舞人頭戴，一行羅列八人，八八六十四人，謂今麥策華也。」

𠻘、洞音。歈、頭音。謳、詠、吟，歌也。

此釋歌之名也。虞書〔益稷〕：「帝庸作歌。」夏書有五子之歌，以前不見「歌」文。説文「歌，詠也」，或作「謌」。又云：「哥，古文以爲謌字。」釋名〔釋樂器〕：「人聲曰歌。歌，柯也，〔所〕歌之言，是其質也，以聲吟詠有上下，如艸木之有柯葉也，故兖冀言歌聲如柯也。」舜典：「歌詠言。」詩〔關雎序〕疏引鄭注：「歌所以長言詩之意。」魏風園有桃云「我歌且謠」，毛傳：「曲合樂曰歌，徒歌曰謠。」釋文引韓詩薛君章句云：「有章曲曰歌，無章曲謠。」𠻘者，廣韻〔送韻〕：「𠻘，徒弄切，大歌聲。出埤倉。又户冬、户宋二切。」歈者，宋玉招魂「吴歈蔡謳，奏大吕些」，王逸注：「吴、蔡，國名也。歈、謳，皆歌也。」案：歈，古作「喻」。説文：「嗙，謌聲嗙喻也。司馬相如説：淮南宋蔡〔謳〕舞嗙喻也。」許所云「相如説」，即上林賦「巴俞宋蔡」是矣。謳者，荀子議兵篇：「近者謌謳而樂之。」楚辭大招云「謳和揚阿」，王注：「徒歌曰謳。」説文：「謳，齊歌也。」詠者，説文「詠，歌也」，或作「咏」。吟者，釋名釋樂器：「吟，嚴也，其聲本出于憂愁，故其聲嚴肅，使人聽之悽歎也。」楚辭漁父云：「行吟澤畔。」

廣雅疏義卷第十七

廣雅卷九

釋天第八

說文：「天，顛也，至高無上。」春秋說題辭云：「天之爲言鎮也，居高理下，爲人經緯，故其字从一大以鎮之也。」詩鄘風君子偕老疏引春秋元命苞云：「天之言瑱。」釋名釋天：「天，豫司兖冀以舌腹言之，天，顯也，在上高顯也；青徐以舌頭言之，天，坦也，坦然高而遠也。」後漢書張衡傳注引漢名臣奏云：「蔡邕曰：『言天體者有三家：一曰周髀，二曰宣夜，三曰渾天。宣夜之學絶，無師法。周髀術數具存，考驗天狀，多所違失，故史官不用。唯渾天者，近得其情，今史官所用候臺銅儀，則其法也。』」乾鑿度云：「太初者，氣之始也。」其初尚清濁未分，自天地開闢以來，積有年歲，雖遼遠難稽，其見于載籍者，可考而知，故以「年紀」先之。楚辭天問云：「九天之際，安放安屬？」是天有九名也，故「九天」次之。天本無度，因日所躔以起度。日循黄道一晝夜所過，謂之一周天，三百六十五度四分度之一，有度則有道里可稽矣，故「天度」次之。有天度則凡列宿之度，「七曜」所行之道，亦及焉。有天度則凡分野之遠近、星辰之名號，亦及焉。感時物之變而致其孝敬，則祭祀爲先。因祭祀之重而飾以儀文，則旌旗爲大，故亦並舉之。

太初，氣之始也。生于酉仲，清濁未分也；太始，形之始也。生于戌仲，八月酉仲，爲太初，屬雄。九月戌仲〔一〕，爲太始，屬雌。清者爲精，濁者爲形也；太素，質之始也。生于亥仲，已有素朴，而未散也。三氣相接，至于子仲，剖判分離，輕清者上爲天，重濁者下爲地，中和爲萬物。詩緯曰：「陽本爲雄，陰本爲雌，物本爲魂。雄雌但〔二〕行三節而雄合物魂，號曰太素也。三〔三〕未分別，號曰渾淪。」

白虎通義〔天地〕云：「天始起先有太初，後有太始，形兆既成，名曰太素。混沌相連，視之不見，聽之不聞。然後剖判，清濁既分，精出曜布，庶物施生。精者爲三光，號者爲五行。〔五〕行生情，情生汁中，汁中生神明，神〔明〕生道德，道德生文章。」乾鑿度云「故曰有太易，有太初，有太始，有太素。太易者，未見氣也」，鄭注云：「以其寂然無物，故名之爲太易。」又云「〔太〕初者，氣之始也」，注云：「元氣之所本始，太易既自寂然無物矣，焉能生此太初哉？則太初者，亦忽然而自生。」「太始者，形之始也」，注云：「形見此天象，形見之所本始也。」又云「太素者，質之始也」，〔注云〕：「地質之所本始也。」予考詩推度災及易乾鑿度云「雄生酉仲，號曰太初。雌生戌仲，號曰太始。雄生物魂，號曰太素。俱行三節」，宋均注云：「節，猶氣也。自酉戌行至亥，雌雄俱行，故能含物魂而生物。」推度災云「陽本爲雄，陰本爲雌，物本爲魂」，宋均注云：「本，即原也。變陰、陽、物爲雄、雌、魂也。」案：雌雄，謂幽明也。三朝記云：「虞史伯夷曰：『明，孟也。幽，幼也。明幽，雌雄也。』」惠氏棟云：「太極元氣函三爲一，三謂酉、戌、亥，故云三氣。相承合于一元，謂太初、太始、

〔一〕案：王念孫博雅音校本「爲太初、爲太始」上並有「號」字。

〔二〕但，王念孫説當作「俱」。

〔三〕案：王念孫博雅音校本「三」下補「氣」字。

太素也。盧學士文弨云：列子天瑞篇其文正同，而此獨無「太易」。太易者，視之不見，聽之不聞，循之不得。此猶太極之本于無極也。「輕清」云云者，繫辭傳〔上〕：「天尊地卑，乾坤定矣。」天地既分之，後輕清爲天，故乾升也；重濁爲地，故坤降也。乾鑿度云：「乾坤相並俱生天地。」既分乾升坤降，故乾坤定矣。列子天瑞篇：「輕清者上爲天，濁重者下爲地，沖和氣者爲人，故天地含精，萬物化生。」淮南天文訓：「道生于虛霩，虛霩生宇宙，〔宇宙〕生氣，氣有涯垠。清陽者薄靡而爲天，重濁者凝滯而爲地。」

天地辟，設人皇以來，至魯哀公十有四年，積二百七十六萬歲，分爲十紀，曰：九頭、五龍、梃提、合雄、建通、序命、脩輩、因提、禪通、流記〔一〕。帝王世紀：「自天地闢，設人皇以來，迄魏咸熙二年，凡二百七十二代，積二百七十六萬七百四十五年，分爲十紀，一曰九頭，至十流記。」〔二〕

「梃」當作「攝」，「雄」當作「雒」，「建」當作「連」，「脩」或爲「循」，「輩」當作「蜚」，本或作「飛」同，「因」或作「回」，「流記」或作「疏仡」，或作「疏訖」。案九頭者，漢孔廟碑「前開九頭，以什言教」是也。司馬貞補三皇本紀云「一說三皇，謂天皇、地皇、人皇。天地初立，有天皇氏，十二頭，木德，王歲起攝提，兄弟十二人，立各一萬八千歲」，自注云：「非謂一人之身有十二頭，蓋古質比之鳥獸頭數故也。」又云「地皇十一頭，火德，王姓，十一人，亦各萬八千歲。人皇九頭，兄弟九人，分長九州，凡一百五十世合四萬五千六百年」，自注云：「天皇已下，皆出河圖及三五歷也。」又

〔一〕挺提、合雄、建通、序命、脩輩、因提、禪通、流記，疏證本作「攝提、合雒、連通、序命、循蜚、因提、禪通、疏訖」。

〔二〕至十流記，王念孫說當作「至十曰疏訖」。

云：「自人皇已後，有五龍氏、大庭氏、柏皇氏、中央氏、卷須氏、栗陸氏、驪連氏、赫胥氏、尊盧氏、渾沌氏、昊英氏、有巢氏、朱襄氏、葛天氏、陰康氏、無懷氏。斯蓋三皇已來有天下者之號。但載籍不紀，莫知姓王年代所都之處。春秋緯稱自開闢至于獲麟，凡三百二十七萬六千歲，分爲十紀，凡三十七萬六百年，一曰九頭紀，二曰五龍紀，三曰攝提紀，四曰合雒紀，五曰連通紀，六曰序命紀，七曰脩飛紀，八曰回提紀，九曰禪通紀，十曰流訖紀。蓋流訖當黃帝時制九紀之間，是以補紀之也。」羅泌路史云：「三皇，經天皇、地皇、人皇開治，各二萬八千歲。而河圖、帝系譜等天、地二皇，俱萬八千歲。始學篇則云八千歲。按真源云：盤古氏後有天皇君，一十三人，時遭劫火，乃有地皇君，一十一人，各萬八千餘年，乃有人皇君，兄弟九人，結繩刻木，四萬五千六百年。九頭一，是爲一姓紀，則泰皇氏紀也。五龍二，是爲五姓紀，治在五方，司五類，布三岳，方是時也，世亟巢穴，日月貞明，蓋龍德而正中者也。攝提三，是謂五十九姓紀，太史公言，九皇氏没，六十四氏興，六十四氏没，而三皇興是也。謂六十四氏，蓋併五姓而言。而所謂三皇者，乃合雒之三姓也。合雒四，是謂三姓紀，教人穴居，乘蜚鹿以理。連通五，是謂六姓紀，乘蜚麟以理。敍命六，是謂四姓紀，駕六龍而治。循蜚七，是謂二十一姓紀，自鉅靈而下紀也。因提八，如辰放氏之衣皮、有巢氏之編堇、遂人氏之出穴，皆因其變而舉之也。禪通九，是謂十有八姓紀，史皇氏之通封禪者，十有八姓也。疏仡十，自黃帝而紀。」盧學士云：案續漢曆志〔中〕載蔡邕議引春秋元命苞、乾鑿度皆以爲開闢至獲麟，二百七十六萬歲。此書之所據也。

——○年紀。

○題上事也。爾雅〔釋天〕：「夏曰歲，殷曰祀，周曰年，唐虞曰載。」此敍上古之事，未知古人所名，但就今所用之年以稱之。方叔機注六藝論云：「九頭至序命，謂之六紀。」禮記禮運疏引廣雅云：「一紀二十六萬七千年。」今本無〔此〕文。太古荒遠，茫昧難知。此書所言，春秋獲麟之歲，與春秋緯相距之數已不相符。皇甫謐所言，更不足論。予族子教授塘云：春秋緯當用四分，上元二百七十六萬歲爲開闢積年，續漢書可考。小司馬所引，疑是後人傳寫之誤，與章蔀紀元之數俱違矣。

東方昦天，東南陽天，南方赤天，西南朱天，西方顥〔一〕天，西北幽天，北方玄天，東北變天，中央鈞天。

舊本「顥」譌「成」、「變」譌「䜌」，今據淮南子〔天文訓〕、呂氏春秋〔有始覽〕、王逸楚辭〔天問〕注及續博物志引廣雅訂正。初學記〔卷一〕引此文「西南、西北、東北」下皆有「方」字，九「方」下皆有「曰」字。案：淮南天文訓云「何謂九野？中央曰鈞天，其星角、亢、氐；東方曰蒼天，其星房、心、尾；東北曰變天，其星箕、斗、牽牛；北方曰玄天，其星須女、虛、危、營室；西北曰幽天，其星東壁、奎、婁；西方曰昊天，其星胃、昴、畢；西南方曰朱天，其星觜巂、參、東井；南方曰炎天，其星輿鬼、柳、七星；東南方曰陽天，其〔星〕張、翼、軫」，高誘注：「陽氣始作，萬物萌芽，故曰變天。幽，陰也。西方季秋將即于陰，故曰幽天。西方金，色白，故曰昊天。朱，陽也。西南，火之季也，爲少陽，故曰朱天。東南，木之季也，將即太陽，純乾用事，故曰陽天。」又高誘注呂氏春秋有始覽云：「木色青，故曰蒼天。將即太陽，純〔乾〕用事，故曰陽天。火曰炎上，故曰炎天。火爲少陽，故曰朱天。金色白，故曰顥天。西北，金之季也，將

〔一〕顥，疏證本作「成」。

即太陰，故曰幽天。北方，水之中也。水色黑，故曰玄天。東北，水之季也，陰氣所盡，陽氣所始，萬物向生，故曰變天。鈞，平也。中央爲四方主，故曰鈞天。」盧學士云：亦見呂覽、淮南，皆始于中央，而東而東北右行，以至東南。此則左旋也。昦，隸作「昊」。說文：「春爲昦天，元氣昦昦。从日、夰夰亦聲。」詩黍離疏引異義：「天號，今尚書歐陽說：春曰昊天，夏曰蒼天，秋曰旻天，冬曰上天。爾雅亦云。謹案：尚書堯典羲、和以昊天，總勑以四時。故知昊天不獨春也。」以上許慎說。「玄之聞也，爾雅者，孔子門人所作，以釋六藝之言，蓋不誤也。春氣博施，故以廣大言之」。此釋「昊」。「夏氣高明，故以遠大言之」。此釋「蒼」。以上鄭駁。○案：今爾雅〔釋天〕作「春爲蒼天，夏爲昊天」，李巡、孫炎、郭璞本皆同。呂覽、淮南，亦皆以「昊」爲「蒼」。尚書歐陽說及許、鄭所見爾雅，俱不與今本同。此廣雅之文，亦正與之符會。又尚書考靈曜亦云「東方皞天」也。赤天，呂覽、淮南皆作「炎天」，初學記引此亦作「炎天」。今不據改者，以「赤」與「朱」雖相似，而有深淺之不同。易乾鑿度云「陽天子三公諸侯紱服皆同色。困九二：『朱紱方來。』九五：『困于赤紱。』天子三公九卿皆朱紱，諸侯赤紱」，康成注云：「謂朱赤爲同色者，其染法同，以深淺爲差也。」如鄭言，則赤深而朱淺。南方盛陽，故言赤。西南少偏赤，與白交而成朱，非赤比矣。「赤」與「炎」形甚相近，今故不以彼文易此文，且南方赤天，固本之考靈曜也。

——九天。

題上事也。蒼蒼者，天總名也。東、西、南、北、中央，各有主名，此釋之也。離騷云「指九天以爲正兮」，王逸注：「九天，謂中央八方也。」漢書郊祀志〔上〕：「九天巫祠九天。」淮南又將列宿繫于五方者。春官馮相氏：「掌二十八星之位。」秋官硩蔟氏「以方書二十八星之號」，鄭注：「星，謂角至軫也。」

天圜闓[一]南北二億三萬三千五百里七十五步，東西短減四步，周六億十萬七百里二十五步，從地至天，一億一萬六千七百八十七里[二]，下度地之厚與天高等。

淮南地形訓云：「禹乃使大章，步自東極，至于西極，二億三萬三千五百里七十五步。使豎亥步自北極，至于南極，二億[三萬]三千五百里七十五步。」案：天之四極，當與地等。此書所釋「東西短減四步」，本之地形訓也。劉昭注續漢書，引淮南前「七十五步」作「七十一步」，則與「東西短減四步」之說合矣。以密率計之，天圜闓二億三萬三千五百里七十五步，應天周六億三十八萬八千六百六十四步八二三又一百一十三分之一。東西短減四步，得天周數六億三十八萬八千六百五十二步二五六又一百一十三分之七二。孫侍御云：困學紀聞引作「天圜」，無「闓」字。案：「闓」字疑衍，周禮大司徒疏引無「闓」字。

天度。

題上事也。禮月令疏云：「天如彈丸，圍圜三百六十五度四分度之一。」引尚書考靈曜云：「一度，二千九百三十二里千四百六十一分里之三百四十八。」天之道里相距，其說不一。海外東經云「帝命豎亥，步自東極，至于四極，五億十選九千八百步。豎亥右手把算，左手指青丘北」，郭璞注：「選，萬也。」詩含神霧云：『天地東西二億三萬三千里，南北二億一千五百里。天地相去一億五萬里。』」張衡靈憲云：「八極之維，徑二億

[一] 圜闓，疏證本作「圜廣」。

[二] 案：疏證本「八十七里」下補「半」字。

三萬二千三百里，南北則短減千里，東西則廣增千里。自地至天，半于八極，則地之深亦如之。」王應麟曰：「靈憲所言八極之廣于曆算，若有據依，然非專言地之廣狹也。」

東方七宿七十五度，南方七宿百一十二度，西方七宿八十度，北方七宿九十八度四分度之一，四方凡三百六十五度四分度之一，一度二千九百三十二里，二十八宿間相距積一百七萬九百一十三里，徑三十五萬六千九百七十一里。

漢書律曆志（下）：「東七十五度，角十二，亢九，氐十五，房五，心五，尾十八，箕十一。南百一十二度，井三十三，鬼四，柳十五，星七，張十八，翼十八，軫十七。西八十度，奎十六，婁十二，胃十四，昴十一，畢十六，觜二，參九。北九十八度，斗二十六，牛八，女十二，虛十，危十七，營室十六，壁九。」淮南子星度大略與漢書同，唯箕宿作「十一四分一」。孟堅偶脱詹事兄三統曆衍云：「賈逵曰：『太初曆斗二十六度三百八十五分。』今志于斗二十六度之下不云餘分若干，何以明其然也？志云：『周天五十六萬二千一百二十，以章月法乘月法得周天。』以統法除之，得三百六十五又千五百三十九分之三百八十五，則周天之度也。古曆周天三百六十五度四分度之一，以一歲日行之數定之，故周天亦爲歲周。續漢書志云日之所行與運周，在天成度，在曆成日，是也。古人未知歲差，以天周歲周爲一。大衍曆有乾實，又有策實，始分爲二。弟所謂四分者，古今無定，率古曆四分而有餘，後世四分而不足。乾象曆以五百八十九分之百四十五爲斗分，始不盈四分。三統以一千五百三十九分之三百八十五爲斗分，是四分有奇也。周天以牽牛起算，終于南斗二十六度，所有零分，歸于斗宿之終，故曰斗分。漢志脱此餘分，止有三百六十度矣。」盧學士云：此所紀宿度，乃赤道度也。續漢志所載黄道度，斗二十四，（進一。）牛七，女十一，虛十，危十六，室十八，壁十，是北方九十六度四分一。

奎十七，婁十二，胃十五，昴十一，畢十六，觜三，參八，是西方八十三度。井三十，鬼四，柳十四，星七，張十七，翼十九，軫十八，是南方百九度。角十二，亢十，氐十六，房五，心五，尾十八，箕十，是東方七十七度。右黄道度三百六十五度四分一也。周禮疏引此度之里數亦相同。禮記月令正義引尚書考靈曜之文，則度尚有餘分，云：「千四百六十一分里之三百四十八。」孔穎達云：「周天百七萬一千里，是天圜周之里數也。以圍三徑一言之，則直徑三十五萬七千里，此二十八宿周回直徑之數也。然二十八宿之外，上下東西各有萬五千里，是爲四遊之極，謂之四表。據四表之内并星宿内，總有三十八萬七千里。然則天之中央上下正半之處，則一十九萬三千五百里，地在其中，是地去天之數也。」舊本「六千九百七十」下脱「一」字，周禮大司徒疏引此文亦脱。劉昭注郡國志〔一〕引帝王世紀與此同，唯多「一」字，今據補正。

宿度。

題上事也。三統曆衍云：「漢人言十二次宿度者，自劉歆而外，又有兩家：其一則費直周易分野，以星紀起斗十度，玄枵起女六度，娵訾起危十四度，降婁起奎二度，大梁起婁十度，實沈起畢九度，鶉首起井十二度，鶉火起柳五度，鶉尾起張十三度，壽星起軫七度，大火起氐十一度，析木起尾九度。其一則蔡邕月令章句，云：自斗六度至須女二度謂之星紀，自須女二度至危十度謂之玄枵，自危十度至壁八度謂之豕韋，自壁八度至胃一度謂之降婁，自胃一度至畢六度謂之大梁，自畢六度至井十度謂之實沈，自井十度至柳三度謂之鶉首，自柳三度至張十二度謂之鶉火，自張十二度至軫六度謂之鶉尾，自軫六度至亢八度謂之壽星，自亢八度至尾四度謂之大火，自尾四度至斗六度謂之析木。皆與三統不同。費氏之説，見晉書天文志。其十二次度，多少不倫，蓋傳寫譌舛，無可取徵。蔡氏所分宿度，較之三統率先六度，所以然者，古人未明歲差之説。三統據周末冬至日在牽牛，定斗十二度爲星紀之初，東漢測冬至日躔斗二十一度，遂改斗六爲星紀之初。蓋既以節氣繫于十二次，節氣既差，而西自不得不減宿度以就之矣。其實十二次者，恆星天之一周二十四氣者，黄道之一周，當分而爲二，不當混而爲一。左氏傳梓愼稱玄枵，虚中，裨竈稱婺女，玄枵之維首，然則虚五度當爲玄枵之中，婺女一度當爲玄枵之初。傳文固有明徵，推之十二次，皆可定矣。三統所定次度，似猶未合于古。至十二次之名，多從星象取義。西陸北陸在天，自有定位，而冬至日躔歲歲不同，由于恆星天亦隨黄道東移，漢人未識其故，增減宿度以就節氣，誤矣。」鄭注周禮十二辰，始玄枵，終娵訾。自北而東而南而西，隨天體而左旋，赤道之定度也。漢書十二辰，始星紀，終析木，自北而西而南而東，從七曜而右旋，黄道之行也。

東北方條風，東方明庶風，東南方清明風，南方景風，西南方涼風，西方閶闔風，西北方〔一〕不周風，北方廣莫風。

史記律書：「條風居東北，主出萬物。條之言條治萬物而出也，故曰條風。明庶風居東方，明庶者，明衆物盡出也。清明風居東南維，主風吹萬物。景風居南方，景者，言陽氣道竟，故曰景風。涼風居西南維，主地。地者，沈奪萬物氣也。閶闔風居西方。閶者，倡也；闔者，藏也。言陽氣道萬物，闔黄泉也。不周風居西北，主殺生。廣莫風居北方。廣莫者，言陽氣在下，陰莫陽廣大也。」易通卦驗云：「東北曰調風，東方曰明庶風，東南曰清明風，南方曰景風，西南曰涼

〔一〕案：疏證本「東北、東南、西南、西北」下皆無「方」字。

風，西方曰閶闔風，西北曰不周風，北方曰廣莫風。調風又名融風。景風一名凱風。立春調風至，春分明庶風至，立夏清明風至，夏至景風至，立秋涼風至，秋分閶闔風至，立冬不周風至，冬至廣莫風至。」白虎通義〔八風〕云：「距冬至四十五日，條風至。條者，生也。四十五日，明庶風至。明庶者，迎衆也。四十五日，清明風至。清明者，芒也。四十五日，景風至。景者，大也。言陽氣長養也。四十五日，廣莫風至。廣莫者，大莫也，開陽氣也。」周禮保章氏疏引春秋考異郵云：「陽立于五極于九，五九四十五，且變以陰合陽，故八卦主八風，距同各四十五日。艮爲條風，震爲明庶風，巽爲清明風，離爲景風，坤爲涼風，兑爲閶闔風，乾爲不周風，坎爲廣莫風。」左傳隱五年疏引服虔云：「八風，八卦之風。乾音石，其風不周。坎音革，其風廣莫。艮音匏，其風融。震音竹，其風明庶。巽音木，其風清明。離音絲，其風景。坤音土，其風涼。兑音金，其風閶闔。」韋昭注周語〔下〕「八風」云：「正西曰兑，爲金，爲閶闔。西北曰乾，爲石，爲不周。正北曰坎，爲革，爲廣莫。東北曰艮，爲匏，爲融風。正東曰震，爲竹，爲明庶。東南曰巽，爲木，爲清明。正南曰離，爲絲，爲景風。西南曰坤，爲瓦，爲涼風。」舊本「東北、東南」下無「方」字，盧學士以例補入，今從之。

——八風。

題上事也。説文：「風，八風也。」案：八風方位，諸説皆同。服、韋以八卦八音配之，其義精矣。條風，通卦驗作「調」，服、韋及説文解字並作「融」。左氏昭十八年傳「梓慎曰『是謂融風』」，杜注：「東北曰融風。」作「融」字者，本諸左氏也。小雅車攻篇以「調、同」爲韻，知古人讀「調」如「同」。「條、融」聲相近，義亦通也。山海經〔南山經〕：「令丘之山，其南有谷焉，曰中谷，條風自是出。」爾雅〔釋天〕「北風謂之涼風」，是釋詩〔邶風北風〕「北風其涼」句，與此異解。呂氏有始覽之八風，「東北曰炎風，東方曰滔風，〔東〕南曰熏風，南方曰巨風，西南曰淒風，西方曰飂風，西北曰厲風，北方曰寒風」。淮南地形訓之八風，「東南曰景風，南方曰巨風，西方曰飂風，西北曰麗風，北方曰寒風」。俱與此異。

昌光、握譽、可錯、持勝、履予。

盧學士曰：右五氣，唯「昌光」見晉、隋天文志瑞氣條下，云：「赤，如龍狀。」御覽八百七十二載符瑞圖曰：「昌光者，瑞光也。見于天漢，高受命，昌光出軫。」握譽，疑即「含譽」。餘皆未詳。

——**祥氣。**

題上事也。吕氏春秋〔應同〕云「天必先見祥」，高誘曰：「祥，徵應也。」中庸云：「國家將興，必有禎祥。」是吉祥也。豐上六象傳：「天際祥也。」左昭十八年傳：「將有大祥。」尚書大傳：「時則有青眚青祥。」是凶祥也。祥本有吉有凶。此與下「祅氣」相對，則專指吉者言之。

格乎格反。**擇、**宅音。**旬始、倍僪**〔一〕**、天狗、枉矢、氛、祲、**子枕反。**冠、珥。**

格擇者，史記天官書「格擇星者，如炎火之狀。黄白，起地而上。下大，上兑。其見也，不種而穫；不有土功，必有大害」，索隱曰：「格擇，一音鶴鐸。」大人賦「建格擇之脩竿兮」，張博士彼注云：「格澤之氣如炎火。」旬始者，天官書「旬始，出于北斗旁，狀如雄雞。其怒，青黑，象伏鼈」，徐廣曰：「蚩尤也。旬，一作『營』。」大人賦：「垂旬始以爲幓。」倍僪者，吕氏春秋季夏紀〔明理〕「其日有鬭蝕，有倍僪，有暈珥」，高誘注：「倍僪、暈珥，皆日旁之危氣也。在兩旁反出爲

〔一〕倍僪，疏證本作「倍譎」，移入「祲」之下。

倍，在上反出爲僪，在上内向爲冠，兩旁内向爲珥。」「倍僪」或作「背譎」。淮南覽冥訓「背譎見于天」，高誘注：「日旁五色氣，在兩邊外出爲背，外向爲譎。」續漢〔五行〕志〔六〕注引春秋元命苞云：「陰陽之氣，聚爲雲氣，立爲虹蜺，離爲倍僪，分爲抱珥。」巫咸占曰：「臣不和〔一〕則日月僪。」天狗者，天官書：「天狗，狀如大奔星，有聲，其下止地，類狗。所墮及，望之如火光炎炎衝天。其下圜如數頃田處，上兑者則有黄色，千里破軍殺將。」漢書天文志：「哀帝建平元年正月丁未日出時，有著天白氣，廣如一匹布，長十餘丈，西南行，讙如雷，西南行一刻而止，名曰天狗。」枉矢者，釋名〔釋天〕：「枉矢，齊魯爲光景爲枉矢，言其光行若射矢之所至也。亦言其氣枉暴，有所災害也。」天官書：「枉矢，類大流星，蛇行而倉黑，望之如有毛羽然。」氛者，説文：「氛，祥氣也。」釋名〔釋天〕：「氛，粉也，潤氣著艸木，因寒凍凝，色白若粉之形也。」左氏襄二十七年傳：「楚氛甚惡。」晉語〔一〕「獻公田，見翟柤之氛」，韋昭注：「氛，祲氛，凶象也。凶曰氛，吉曰祥。」王逸楚辭〔九歎逢紛〕章句：「氛，惡氣也。」祲者，説〔文〕：「祲，精氣感祥。」釋名〔釋天〕：「祲，侵也，赤黑之氣相侵也。」左氏昭十五年傳「梓慎曰『吾見赤黑之祲，非祭祥也，喪氛也』」，杜注：「祲，妖氛也。」鄭司農周禮〔春官眡祲〕注：「祲，陰陽氣相侵也」。王逸楚辭〔九思守志〕章句：「祲，惡氣貌。」冠、珥者，釋名〔釋天〕：「珥氣，在日兩旁之名也。珥，耳也，言似人耳之在兩旁也。」春官眡祲「掌十煇之法，四曰監」，鄭康成注：「監，冠珥也。」賈疏：「謂有赤〔雲〕氣在日旁，如冠耳。珥，即『耳』也。今人猶謂之〔日〕珥。」漢書天文志「抱珥虹蜺」，如淳曰：「凡氣在日上爲冠爲戴，在旁直對爲珥，在旁如半環向日爲抱，向外爲背。有氣刺日爲鐍，鐍，抉傷也。」

〔一〕和，今本續漢志劉注作「知」。

——祅氣。

題上事也。釋名（釋天）：「妖，殀也；殀，害物也。」左氏宣十五年傳：「伯宗曰：『天反時爲災，地反（物）爲妖，民反德爲亂，亂則妖災生。』」說文作「䄏」，同。周禮序官眡祲注：「祲，陰陽氣相侵，漸成祥也。」其職掌十煇，以觀妖祥，辨吉凶。保章氏、馮相氏亦云：「觀天下之妖祥。」此所釋者，皆是祅氣，唯「格澤」，天官書言星，然天文志不言星。說文云：「衣服歌謡艸木之怪謂之䄏，禽獸蟲蝗之怪謂之𧒂。」蓋析言之也。若統言之，凡氣之不常者，亦謂之祅，故言妖氣也。

赤霄、濛莫孔反。澒、乎孔反。朝霞、正陽、淪倫音。陰、沆乎朗反。瀣、乎戒反。列缺、倒景。

赤霄者，淮南人間訓「鴻鵠背負青天膺摩赤霄」，高誘注：「赤霄，飛雲。」楚辭九歎（遠遊）云「譬若王喬之乘雲兮，載赤霄而淩太清」。濛澒，張衡思玄賦「踰厖澒于宕冥兮」，李賢注引孝經援神契云：「天度濛澒，宋均注：『濛澒，未分之象也。』」是「濛」與「厖」同。盧學士曰：御覽（卷一）引三五曆紀云：「未有天地之時，混沌狀如雞子，溟涬始牙，濛鴻始萌，歲在攝提，元氣肇始。」淮南精神訓「古未有天地之時，惟像無形，窈窈冥冥，芒芠漠閔，澒濛鴻洞，莫知其門」，高誘注：「芒，讀王莽之『莽』。芠，讀『抆滅』之『抆』。澒，讀項羽之『項』。鴻，讀子贛之『贛』。洞，讀『同遊』之『同』。以此而觀之，皆未成形之氣也。」朝霞、正陽、淪陰、沆瀣者，陵陽子明經：「春食朝霞。朝霞者，日始欲出時赤黃氣也。秋食淪陰。淪陰者，日没以後赤黃氣也。冬食沆瀣。沆瀣者，北方夜半氣也。夏食正陽。正陽者，南方日中氣也。」李頤莊子逍遥遊注云：「平旦爲朝霞，日中爲正陽，日入爲飛泉，夜半爲沆瀣。」楚辭（遠遊）云「飡六氣而飲沆瀣兮，漱正陽而食朝霞」，王逸章句引陵陽子明經以釋之。淪陰，舊本譌「踰陰」。「踰」下又衍一「踰」字。尋繹日没之義，謂日沈淪于西，則

「淪」是，而「隃」非也。今訂正。列缺者，漢書司馬相如大人賦「貫列缺之倒景兮」，服虔云：「列缺，天閃也。」張博士彼注引陵陽子明經云：「列缺氣去地二千四百里。」倒景者，漢書郊祀志〔下〕谷永上書言「登遐倒景」，注云：「景在日月上，日月反從下照，故曰倒景。」張博士注大人賦云：「倒景氣去地四千里，其景皆倒在下。」亦本陵陽子明經。

——常氣。

題上事也。此言天地日月之氣，非祥非祆，故言「常氣」。

一穀不升曰歉，苦簟反。二穀不升曰饑，三穀不升曰饉，四穀不升曰歑，康音。五穀不升曰大侵。

此本穀梁傳〔襄公二十四年〕文也。説文：「穀，續也，百穀之總名。」尚書〔益稷〕：「奏庶艱食。」艱，或爲「根」，馬融曰：「根生之食，蓋謂百穀也。」楊泉物理論云：「黍稷曰粱，粳曰稻，豆曰菽，三者各二十，曰百穀。」五穀者，夏官職方氏「豫州，其穀宜五種」，鄭注：「五種：黍、稷、菽、麥、稻。」素問金匱真言論「東方青色，其穀麥。南方赤色，其穀黍。中央黄色，其穀稷。西方白色，其穀稻。北方黑色，其穀豆」，與職方合矣。而月令四時所食：春食麥，夏食菽，季夏食稷，秋食麻，冬食黍。天官疾醫「以五穀養其病」，注云：「五穀：麻、黍、稷、豆、麥。」與月令同。蓋疾醫及月令專以形色配合五行，而職方辨九州土地生殖之所宜。每州不同，非五行常穀。豫州東接青州，宜稻麥。西接雍州，宜黍稷。菽則人所常種，土地多生，故通菽爲五。春秋襄〔二〕十四年穀梁傳云「一穀不升謂之嗛，二穀不升謂之饑，三穀不升謂之饉，四穀不升謂之荒，五穀不升謂之大饑，又謂之〔大〕侵」，范甯注：「升，成也。嗛，不足貌。」「歉、嗛」，古字通。歑，或爲「荒」者。泰九二「包荒」，本亦作「巟」，鄭讀爲「康」，云：「虚也。」説文：「穅，虚無食也。」「歑，饑虚。」義亦通矣。盧學士云：穀梁疏：「大侵者，大饑之異名。通而言之，正是一物。徐邈云：『有死者曰大饑，無死者曰大餓。』何休云：『有死者曰大饑，無死者曰饑。』並以意言之，與穀梁異也。」韓詩外傳〔卷八第十五章〕亦有此文，彼「歉」作「䭑」，同。案：五穀者，民所賴君所養，故五穀盡升，則五味盡御于王。不盡升，則不盡御。故大戴禮記、白虎通義〔諫諍〕並云：「一穀不升，徹鶉鷃。二穀不升，去鳧雁。三穀不升，去〔雉〕兔。四穀不升，去囿獸。」而大侵之禮，穀梁傳又云：「道不除，禱而不祀，君食不兼味。」古人之重民食也如此。

——災氣。

題上事也。易〔復〕曰「迷復，凶，有災眚」，子夏傳：「傷害曰災。」鄭云：「害物曰災。」釋名〔釋天〕：「災，裁也，火所燒滅之餘曰裁，言其于物亦如是也。」詩節南山疏引鄭駁異義與洪範五行傳皆云：「非常曰異，害物曰災。」案：年饑傷害五穀，亦謂之災。左氏傳「天災流行」，是也。墨子七患篇：「一穀不收謂之饉，二穀不收謂之旱，三穀不收謂之凶，四穀不收謂之饋，五穀不收謂之饑。」與此不同。大雅雲漢傳：「歲凶，年穀不登，則趣馬不秣，師氏弛其兵。馳道不除，祭事不縣，膳夫徹膳，左右布而不脩，大夫不食粱，士飲酒不樂。」

蒼曰靈威仰，赤曰赤熛怒，黃曰含樞紐，白曰白招矩，黑曰叶光紀。

春官大宗伯及左傳疏引春秋文曜鉤云：「太微宮有五帝座星：春起青受制，其名靈威仰。夏起赤受制，其名赤熛怒。秋起白受制，其名白招拒。冬起黑受制，其名汁光紀。季夏〔六月〕火受制，其名含樞紐。」五德之帝謂此也。其夏正郊天，祭其所感生之帝焉。周人木德，祭靈威仰也。史記天官書「其內五星，五帝坐」，索隱曰：「詩含神霧云：『五精星坐，其東蒼帝坐，神名靈威仰，精爲青龍之類也。』」正義曰：「黃帝坐一星，在太微宮中，含樞紐之神。四星夾黃帝坐：蒼帝東方靈威仰之神，赤帝南方赤熛怒之神，白帝西方白招矩之神，黑帝北方叶光紀之神。五帝並設，神靈集謀者也。」續漢〔祭祀〕志：「建武二年，初制郊兆于雒陽城南，爲圓壇八陛，中又爲重壇，天地位其上，其外壇上爲五帝位。青帝位在甲寅之地，赤帝位在丙巳之地，黄帝位在丁未之地，白帝位在庚申之地，黑帝位在壬亥之地。」是其制也。盧學士云：五帝，亦謂五精之帝，見禮記月令注。王者五德相嬗，各以其行之所生爲感生帝，故毛詩箋以叶光紀爲殷感生帝，靈威仰爲周感生帝，魯亦得祭感生帝，不得祭昊天上帝也。「拒、矩」，「叶、汁」，皆通用。

——五帝號。

題上事也。漢書郊祀志〔上〕：「天神貴者泰一，泰一佐曰五帝。」春秋疏云：鄭康成注書，多用讖緯，言天神有六，地祇有二。天有天皇大帝，又有五方之帝。地有昆侖之山神，又有神州之神。大司樂冬至祭于圜丘者，祭天皇大帝，北辰之星也。月令四時迎氣于四郊，所祭者，祭五德之帝，太微宫中五帝座星也。

立春春分，東從青道二出黄道東，交于房二度中。立夏夏至，南從赤道二出黄道南，交于七星四度中。立秋秋分，西從白道二出黄道西，交于胃十二度中。立冬冬至，北從黑道二出黄道北，交于虚二度中。四季之月，還從黄道。

禮記〔月令〕疏引尚書考靈曜云「萬世不失九道謀」，鄭注引河圖帝覽嬉云：「黄道一青道二出黄道東，赤道二出黄道南，白道二出黄道西，黑道二出黄道北。日春東從青道，夏南從赤道，秋西從白道，冬北從黑道。」漢書天文志：「日有中道，月有九行。中道者，黄道，一曰光道。光道北至東井，去北極近；南至牽牛，去北極遠；東至角，西至婁，去極中。夏至至于東井，北近極，故晷短；冬至至于牽牛，遠極，故晷長；春秋分日至婁、角，去極中，而晷中。月有九行者：黑道二，出黄道北；赤道二，出黄道南；白道二，出黄道西；青道二，出黄道東。立春、春分，月東從青道；立秋、秋分，月西從白道；立冬、冬至，月北從黑道；立夏、夏至，月南從赤道。然用之，一決房中道。青赤出陽道，白黑出陰道。若月失節度而妄行，出陽道則旱風，出陰道則陰雨。」盧學士云：左昭二十一傳正義云：「日月異道，互相交錯，月之一周，必半在日道裏，從外而入内也。半在日道表，從内而出外也。或六入七出，或七入六出，凡十三出入，而與日一會。曆家謂之交道。通而計之，一百七十三日有餘，而有一交。交在望前，朔則日食，望則月食。交在望後，望則月食，後月朔則日食。此自然之常數也。」戴吉士震九道八行説云：「月道出入黃〔道〕内外，二十七日有奇而交道一終。交終不復于原處，其差一度又幾半度。每年之差，自東而西十九度奇。古曆家有九道八行之説，所以考其差也。借青、朱、白、黑以別之，借八節之名以命之。春分青道爲正東，秋分白道爲正西，立秋白道爲西北，夏至則朱道爲正南，立夏朱道乃爲西南。如交在冬至南緯二十三度半而入陰曆，半交必在春分黃道内五度半，春分無南北緯，則月北緯五度半，是爲春分青道。凡三十交退在立冬南緯十六度奇而入陰曆，半交必在立春黃道内五度半，立春南緯十六度奇，則月南緯幾十一度，是爲立春青道。又三十交退在秋分無南北緯而入陰曆，半交必在冬至黃道裏五度半，冬至南緯二十三度半，則月南緯十八度，是爲冬至黑道。又三十交退在立秋北緯十六度奇而入陰曆，半交必在立冬黃道裏五度半，立冬南緯十六度奇，則月南緯幾十一度，是爲立冬黑道。又三十交退在夏至北緯二十三度半而入陰曆，半交必在秋分黃道裏五度半，秋分無南北緯，則月北緯五度半，是爲秋分白道。又三十交退在立夏北緯十六度奇而入陰曆，半交必在立秋黃道裏五度半，立秋北緯十六度奇，則月北緯幾二十二度，是爲立秋白道。又三十交退在春分無南北緯而入陰曆，半交必在夏至黃道裏五度半，夏至北緯二十三度半，則月北緯二十九度，是爲夏至朱道。又三十交退在立春南緯十六度奇而入陰曆，半交必在立夏黃道裏五度半，立夏北緯十六度奇，則月北緯幾二十二度，是爲立夏朱道。又三十交退在冬至，月復循青道。以四年過半循二青道，四年過半循二黑道，四年過半循二白道，四年過半循二朱道，十八年過半，八行一周。古曆以自南而北交于黄道爲中交，常以中交爲主，今曆謂之正交。古曆自北而南爲正交，今曆謂之中交。日食，朔當交也。月食，望當交也。九道自宋人疑之，至元而遂廢。考諸古曆，未有明析其必分之故者。由今思之，可以知交道出入焉；可以考當交、半交、距赤道遠近焉；可以明交終所差，每月交于某宫某度焉；可以辨交之中終與朔望不齊，每朔望去交遠近，及當交而有食焉。古法之廢而宜舉者此也。」戴所云「朱道」者，本作「赤道」。但此乃九行之赤道，天體中央去南北極適中處亦名「赤道」，與此名同，易惑，故改之也。戴所云「南北緯」者，在赤道南爲南緯，在赤道北爲北緯也。予兄詹事曰：月道與黄道相交，正交從黄道北出黄道南，古謂之陽曆。中交從黄道南入黄道北，古謂之陰曆。凡二十七日有奇，而月行之出入一終。又族子學博塘云：九道固即交道，而交道似有二種：月與日交，而有交食，即昭二十一年正義所言是也。九道與宿度交，則爲八節，即漢志所説是也。古節氣有常度，月行有常率。大抵十九歲而九道小終，千五百二十歲而大終，與交食無預也。廣雅所説宿度，究未知何據。

——月行九道。

題上事也。九道者，青、赤、白、黑各二，合黄道而爲九也。吕氏春秋有始覽云：「冬至日行遠道，周行四極，命曰玄明。夏至日行近道，乃參于上。當樞之下無晝夜。」

正月不温，七月不凉。二月不風，八月雷不藏。三月風不衰，九月無降霜。四月雷不見，十月蟄蟲行。五月陽暑不蒸，十一月不合凍。六月浮雲不布，十二月艸不喪。七月白露不降，正月有微霜。八月浮雲不歸，二月雷不行。九月物不凋，彫音。三月艸木傷。十月流火不定，四月蚰蟲不育。十一月寒不降，五月雨雹。十二月萌類不見，六月五穀不實。

淮南時則訓：「正月失政，七月涼風不至。二月失政，八月雷不藏。三月失政，九月不下霜。四月失政，十月不凍。五月失政，十一月蟄蟲冬出其鄉。六月失政，十二月艸木不脱。七月失政，正月大寒不解。八月失政，二月雷不發。九月失政，三月春風不濟。十月失政，四月艸木不實。十一月失政，五月下雹霜。十二月失政，六月五穀疾狂。」案：政者，正也。失政，失陰陽寒燠之正。此所釋者，大略本之淮南。萬氏斯大曰：陰陽消長而有寒暑，天地變化而成歲功，其間日月星辰之運行，飛潛動植之生滅，遲速有經，先後不紊，聖人仰觀俯察，即爲之明示其候，以著令于民，使之泰行不失，所謂敬授人時也。

——月衝。

題上事也。衝，猶對也。淮南天文訓云：「其對爲衝。」故寅月與申月衝，卯月與酉月衝，辰月與戌月衝，巳月與亥月衝，午月與子月衝，未月與丑月衝。

日月五星行黄道，始營室、東壁、奎、婁、胃之陽入昴、畢間，行觜觿、參之陰，度東井、輿鬼，行柳、七星、張、翼、軫之陰，入角、亢間，貫氐、房，出心、尾、箕之陰，入斗、牽牛間，行須女、虚、危之陽，復至營室。

漢書天文志：「日東行，星西轉。冬至昏，奎八度中；夏至，氐十三度中；春分，柳一度中；秋分，牽牛三度七分中：此其正行也。至月行，則以晦朔決之。日冬則南，夏則北；冬至于牽牛，夏至于東井。日之所行爲中道，月、五星皆隨之。」盧學士曰：周禮馮相氏疏引星備云：「明王在上，則日月五星皆乘黄道。」又云：「黄帝占日，天道有三。黄道者，日月五星所乘。問曰：案鄭駁異義云：『三光考靈曜書云：「日道出于列宿之外，萬有餘里，五星則差在其內。」何得謂與日同乘黃道？又日何得在婁、角、牽牛、東井乎？答曰：黃道數寬廣，雖差在內，猶不離黃道。或可以上下爲外內。』」分陰陽，説已見上。古者以十一月甲子朔旦冬至爲曆元。日月在建星，建星近斗，斗有二十六度。度數稀闊，故舉建星以明之。秦雖亥正，而曆用顓頊與夏，皆首寅爲人正，故禮記月令「孟春之月，日在營室」。此書所以亦從營室始也。三統曆：「立春日在危十六度，又曆一度，而始至營室。」元嘉曆：「立春日在危三度，正月中日始在室一度。」至唐月令，孟春之月，日在虛矣。曆術有歲差，蓋不能執營室以爲常也。

——七曜行道。

題上事也。史記〈天官書〉正義云：「張衡云：『文曜麗于天，其動〈者〉有七，日月五星是也。日者，陽精之宗；月者，陰精之宗；五星，五行之精。衆星列布，體生于地，精成於天，列居錯峙，各有所屬。』」

山神謂之离。勑支反。

説文：「离，山神獸也。从禽頭、从禸、从屮。歐陽喬説：离，猛獸也。」盧學士云：亦作「螭、魑」。史記五帝本紀集解引服虔曰：「螭魅，人面，獸身，四足，好惑人，山林異氣所生。」亦作「離」。周本紀「如豺如離」，徐廣曰：「此訓與『螭』同。」

河伯謂之馮夷。

穆天子傳〈卷一〉「至于陽紆之山，河伯無夷之所都居」，郭璞注：「無夷，馮夷也。」海內北經云「從極之淵深三百仞，維冰夷恒都焉。冰夷人面，乘兩龍」，郭璞注：「冰夷，馮夷也。」楚辭遠遊云：「令海若舞馮夷。」抱朴子釋鬼篇云：「馮夷，華陰人，以八月上庚日渡河溺死，天帝署爲河伯。」後漢書張衡傳注引聖賢冢墓記：「馮夷者，弘農華陰潼鄉隄首里人，服八石，得水仙，爲河伯。」又龍魚河圖云：「河伯姓呂名公子，夫人姓馮名夷。」文選思玄賦注引太公金匱云：「河伯姓馮名修，裴氏新語謂爲馮夷。」

江神謂之奇相。

郭璞江賦：「奇相得道而宅神。」史記封禪書索隱引江記云：「奇相，帝女也，卒爲江神。」

物神謂之鬼[一]。

說文云：「人所歸爲鬼。从人，象鬼頭。鬼陰氣賊害。」爾雅釋訓：「鬼之爲言歸也」，郭注引尸子曰：「古者謂死人爲歸人。」左氏昭七年傳：「鬼有所歸，乃不爲厲。」禮記祭法：「人死曰鬼。」又祭義：「氣也者，神之盛也。魄也者，鬼之盛也。合鬼與神，教之至也。衆生必死，死必歸土，此之謂鬼。骨肉斃于下，陰爲野土，其氣發揚于上爲昭明，焄蒿悽愴，此百物之精也，神之著也。因物之精，制爲之極，明命鬼神，以爲黔首，則百衆以畏，萬民以服。」鄭注樂記云：「易曰：『是故知鬼神之情狀，與天地相似。』五帝德說黃帝德曰：『死而民畏其神者百年。』春秋傳曰：『若敖氏之鬼。』然則聖人之精氣謂之神，賢知之精氣謂之鬼。」漢書楊王孫傳：「精神離形，各歸其真，故謂之鬼。」

土神謂之羵墳音。羊。

魯語下：「季桓子穿井，獲如土缶，其中有羊焉。土之怪曰羵羊」，唐固注：「羵羊，雌雄未成者也。」淮南氾論訓

[一] 鬼，疏證本作「鬽」。

云：「井生羵羊。」

水神謂之罔象。

魯語（下）「水之怪曰龍、罔象」，韋昭注：「龍，神獸也。非常見，故曰怪。或曰：罔象食人，一名沐腫。」盧學士曰：左氏宣三年傳正義引魯語作「夔、罔兩」，賈逵云：「罔兩，罔象。言有夔龍之形，而無實體。」今此作「罔象」，同。淮南氾論訓云：「山出嘄陽，水生罔象。」

木神謂之畢方。

韓非十過篇：「昔者黄帝合鬼神于泰山之上，駕象車而六蛟龍，畢方並鎋，蚩尤居前，風伯進掃，雨師灑道。」西山經：「章莪之山，有鳥焉，其狀如鶴，一足，赤文青質而白喙，名曰畢方，其鳴自叫也，見則其邑有譌火。」淮南氾論訓「木生畢方」，高誘注：「畢方，木之精也。狀如鳥，青色，赤脚，一足，不食五穀。」張衡東京賦「況魃蜮與畢方」，薛綜注：「畢方，老父神，如鳥，兩足，一翼者。常銜火在人家作怪災也。」

火神謂之游光。金神謂之清明。

馬融廣成頌「拂游光」李賢注：「游光，神也。兄弟三人。」盧學士云：文選張衡東京賦「殪野仲而殲游光」，李善注：「野仲、游光，惡鬼也。兄弟八人，常在人間作怪害。」素問云：「金發而清明。」盧學士曰：金色白，故其神曰清明。

——異祥。

題上事也。釋名（釋天）云：「異者，異于常也。」所釋皆怪物，故曰「異祥」。

朱明、曜靈、東君，日也。

說文：「日，實也，太陽之精不虧。从口、一，象形。」左傳序疏引春秋感精符云：「日，陽之精，曜魄光明，所以察下也。」爾雅疏引春秋元命苞云：「日，實也，光明盛實。」白虎通義〔日月〕：「日之爲言實也，常滿有節。」淮南天文訓：「積陽之熱氣生火，火氣之精者爲日。」朱明者，宋玉招魂「朱明承夜兮，時不可以淹」，王逸注：「朱明，日也。」曜靈者，楚辭天問「角宿未旦，曜靈安藏」，王逸注：「曜靈，日也。言東方未明之時，日安所藏其〔精〕光乎？」張衡思玄賦：「曜靈忽其西藏。」吴質在元城與魏太子箋：「曜靈匿景，繼以華燈。」東君者，楚辭九歌東君「暾將出兮東方，照吾檻兮扶桑」，王逸注：「謂日始出東方，其容暾暾而盛大。」漢書郊祀志〔上〕「晉巫祠五帝、東君、雲中君」，顔師古注：「東君，日。」盧學士云：藝文類聚〔卷一〕引廣雅「日名朱明，一名曜靈，一名東君」，又有「一名大明，亦名陽烏」二語。初學記〔卷一〕亦有之，疑此脱也。禮器「大明生于東，月生于西」，鄭注：「大明，日也。」又月令正義引釋名：「日，實也，大明盛實。」五經通義云「日中有三足烏」，見藝文類聚〔卷一〕。淮南精神訓「日中有踆烏」，高誘注：「踆猶蹲也，謂三足烏。」春秋元命苞：「陽數起于一，成于三，故日中有三足烏。」

夜光謂之月。

說文：「月，闕也，太陰之精。象形。」春秋元命苞云：「月，闕也，滿則闕也。」春秋感精符云：「月者，陰之精，地之理也。」淮南天文訓：「積陰之寒氣爲水，水氣之精者爲月。」楚辭天問「夜光何德，死則又育」，王逸注：「夜光，月也。」

天河謂之天漢。

夏小正「七月，漢案户」，傳曰：「漢也者，天漢也。案户也者，直户也。言正南北也。」孝經援神契云：「河者，水之伯，上應天漢。」小雅大東「維天有漢，監亦有光」，毛傳：「漢，天河也。有光而無所明。」大雅棫樸云：「倬彼雲漢，爲章于天。」雲漢云「倬彼雲漢，昭回于天」，鄭箋：「雲漢，天河也。倬然，天河水氣也，精光轉運于天。」

震、霣、于愍反。**䨨，**追音。**雷也**〔一〕。

說文：「靁，陰陽薄動靁雨生物者也。从雨、畾，象回轉形。」釋名（釋天）：「雷，硠也，如轉物有所硠雷之聲也。」淮南天文訓：「陰陽相薄，感而爲雷，激而爲霆。」左氏隱九年疏引河圖云：「陰陽相薄爲雷。」震者，說文：「震，劈歷振物者。」釋名（釋天）：「震，戰也，所擊輒破，若攻戰也。又曰辟歷；辟，折也，所歷皆破折也。」春秋隱九年「大雨震電」，穀梁傳云：「震，雷也。電，霆也。」僖十五年經：「震夷伯之廟。」霣者，說文云：「齊人謂靁爲霣。」玉篇：「霣，雷起出雨也。」䨨者，豬惟切。玉篇：「䨨，雷也。」廣韻（脂韻）：「䨨，雷也。出韓詩。」

雲，運也。

說文「雲，山川氣也。从雨，云象雲回轉形」，古文作「云」。釋名（釋天）：「雲，猶云云，象盛意也。又言運也，運，行也。」太平御覽（卷八）引春秋説題辭云：「雲之言運也，觸石而起謂之雲。含陽而起，以精運也。」舊本「雲」譌「霟」，字書無此字，今訂正。

雨，榘俱雨反。**也。**

說文：「雨，水從雲下也。一象天，冂象雲，水霝其間也。」釋名（釋天）：「雨，羽也，如鳥羽動則散也。」淮南天文訓：「地之含氣，和者爲雨。」

〔一〕案：疏證本「雷也」上有「霟」字。

晷、柱，景也。

說文：「景，光也。」釋名（釋天）：「景，境也，明所照處，有境限也。」案：周禮大司徒：「以土圭測景」，「日至之景，尺有五寸。」劉向奏云：「神明之應，應若景嚮。」隸釋老子銘：「含景匿形。」唐公房碑：「轉景即至。」皆作「景」。顏氏家訓（書證）云：「尚書、周禮、莊、孟『影』字，當爲『光景』之『景』。」葛洪字苑旁始加『彡』。世（間）輒改尚書、周禮作『影』以從洪，非也。」予考高誘注淮南（原道訓）云：「景，古『影』字。」誘漢末人，其時已有加「彡」者，則非始自葛洪家矣。晷者，居洧切。說文：「晷，日景也。」釋名（釋天）：「晷，規也，如規畫也。」易通卦驗云：「冬至之日，樹八尺之表，日中視其晷，以驗歲之美惡。」柱者，表也。盧學士云：周禮（地官大司徒）疏：「玉人職：『土圭尺有五寸。』夏至晝漏半，表北得尺五寸，景正與土圭等，即地云中也。周公度日景之時，置五表。五表者，于潁川、陽城置一表爲中表，南千里。又置一表北千里，又置一表東千里，又置一表西千里，又置一表千里差一寸。」

風師謂之飛廉。

此本呂氏春秋也。離騷云「後飛廉使奔屬」，王逸注：「飛廉，風伯也。」漢書武帝紀「元封二年，作長安飛廉館」，應劭曰：「飛廉，神禽能致風氣。」晉灼曰：「身似鹿，頭如爵，有角而蛇尾，文如豹文。」蔡邕獨斷云：「風伯神，箕星也。其象在天，能興風。」

雨師謂之荓蒲形反。翳。

楚辭天問「蓱號起雨，何以興之」，王逸注：「蓱，蓱翳，雨師名也。」獨斷云：「雨師神，畢星也，其象在天，能興雨。」淮南原道訓：「令雨師灑道。」史記（司馬相如列傳）正義云：「沙州有雨師祠。」「荓、蓱」，音義同。

雲師謂之豐隆。

春秋説題辭云：「雲師曰豐隆。」離騷云「吾令豐隆乘雲兮」，王逸注：「豐隆，雲師。」又九章〔思美人〕云：「願寄言于浮雲兮，遇豐隆而不將。」盧學士曰：大人賦「涉豐隆之滂濞」，應劭曰：「雲師。」歸藏云：「豐隆，筮雲氣而告之。」

日御謂之羲和。月御謂之望舒。

楚辭天問「羲和之未揚，若華何光」，王逸注：「羲和，日御也。」初學記〔卷一〕引淮南子云：「月御曰望舒。」離騷「前望舒使先驅兮」，王逸注：「望舒，月御也。」張衡歸田賦：「曜靈俄景，係以望舒。」盧學士曰：史記司馬相如傳「纖阿爲御」，索隱引服虔曰：「纖阿爲月御。」是望舒亦曰纖阿也。

青龍、天一、太陰，太歲也。

春官保章氏「以十有二歲之相，觀天下之妖祥」，鄭康成以爲「歲者，太歲也」。惠士奇禮説云：「案：『太歲』有兩説：一曰咸池，一曰歲陰。斗杓爲小歲，左行十二辰。咸池爲大歲，右行四仲，終而復始。大歲迎者辱，背者強，左者衰，右者昌。小歲亦如之。東南則生，西北則殺，大時者咸池，小時者月建。天元建寅，始起右徙，一歲而移，十二歲而大周天。歲星爲陽右行，太歲爲陰左行，歲陰所居，前三後五，百事可舉，蟄蟲首穴而處，鵲巢向而爲户。咸池主五穀，平秩西成，故曰大歲，或云咸池。咸池，日也。日出暘谷，浴于咸池，日右斗左。揚子太玄云：『巡乘六甲，與斗相逢，曆以紀歲，百穀時雍。』是爲大歲。天道十二歲而一終，右行四仲者，堯典命羲和，獨舉四件，各統一時，故曰大時。天神之貴者青龍，其雌在地。太玄云：『倉靈之雌，不同宿而失離，則歲之功乖。』此之謂也。太歲或言日，或言星。日爲太歲，星爲太陰，一左一右，一陰一陽。右與左應，陰爲陽妃，以成歲功。日星同宿，謂之合辰，歲超一次，龍度天門，四仲四鉤，皆天門也。」案：淮南天文訓：「天神之貴者，莫貴于青龍，或曰天一，或曰太陰。太陰所居，不可背而可鄉。」又氾論訓：「夫蟄蟲鵲巢，皆向天一者，至和在焉耳。」

甲、乙爲幹，幹者，日之神也。寅、卯爲枝，枝者，月之靈也。甲剛乙柔、丙剛丁柔，戊剛己柔，庚剛辛柔、壬剛癸柔。

左氏昭五年傳「日之數十」、昭七年傳「天有十日」，杜注並云：「甲至癸。」月令：「其日甲乙。」是從甲至癸爲十日，其中雖有五剛五柔，而十日皆爲幹，故曰「幹者，日之神」。左氏傳（昭公九年）云：「辰在子、卯。」又（襄公二十七年）曰：「辰在申。」是從子至亥皆爲辰。十二辰亦有子陽丑陰，其中六陰六陽，以對十日，則爲辰。日幹月枝，猶日君月臣也。甲乙日之首，子丑辰之首，不言子丑，而言寅卯者，甲乙寅卯皆主木，木生東方。東方者春，萬物莫不始于春也。爾雅（釋天）以甲癸紀歲陽。白虎通姓名篇：「甲乙者，幹也。子丑者，枝也。」史記律書：「甲者，言萬物剖符甲而出也；乙者，言萬物生軋軋也；丙者，言陽道著明，故曰丙；丁者，言萬物之丁壯也，故曰丁；庚者，言陰氣庚萬物，故曰庚；辛者，言萬物之辛生，故曰辛；壬之爲言任也，言陽氣任養萬物于下也；癸之爲言揆也，萬物可揆度，故曰癸。」說文：「甲，位東方之孟，陽氣萌動。从木戴孚甲之象。一曰：人頭宜爲甲，甲象人頭。」「乙，象春艸木冤曲而出，陰氣尚彊，其出乙乙也。與『丨』同意。乙承甲，象人頸。」「丙，位南方，萬物成炳然。陰氣初起，陽氣將虧。从一入冂，一者，陽也。丙承乙，象人肩。」「丁，夏時萬物皆丁實。象形。丁承丙，象人心。」「戊，中宮也，象六甲五龍相拘絞也。戊承丁，象人脅。」「己，中宮也，象萬物辟藏詘形也。己承戊，象人腹。」「庚，位西方，象秋時萬物，庚庚有實也。庚承己，象人臍。」「辛，秋時萬物成而孰，金剛味辛，辛痛即泣出。从一，从辛；辛，辠也。辛承庚，象人股。」「壬，位北方也，陰極陽生，故易曰：

『龍戰于野。』戰者，接也，象人褢妊之形。承亥壬以子生之敍也，與『巫』同意。壬承辛，象人脛，脛任體也。」「癸，冬時水土平，可揆度也。象水從四方流入地中之形。癸承壬，象人足。」釋名〔釋天〕：「甲，孚也，萬物解孚甲而生也。乙，軋也，自抽軋而出也。丙，炳也，物生炳然，皆著見也。丁，壯也，物體皆丁壯也。戊，茂也，物皆茂盛也。己，紀也，皆有定形可紀識也。庚，猶更也，庚堅強貌也。辛，新也，物初新〔者〕皆收成也。壬，妊也，陰陽交物懷妊也，至子而萌也。癸，揆也，揆度而生乃出之也。」言剛柔者，淮南天文訓云：「凡日，甲剛乙柔，丙剛丁柔，以〔至〕于癸。」盧學士曰：禮記曲禮〔上〕「外事以剛日」，鄭注：「順其出爲陽也，出郊爲外事。春秋傳曰：『甲午祠兵。』」又云「內事以柔日」，注云：「順其居內爲陰。」正義云：「外事，郊外之事也。剛，奇日也。十日〔有〕五奇五偶，甲丙戊庚壬五奇爲剛。外事剛義，故用剛日。內事，郊內之事。乙丁己辛癸五偶爲柔，然則郊天是國外之事，應用剛日。而郊特牲云：『郊之用辛。』非剛也，又社稷是郊內，應用柔日。而郊特牲云凡社日用甲，非柔也。所以然者，郊社尊，不敢同外內之義〔故〕也。」又月令「孟春，天子乃以元日，祈穀于上帝」，鄭注：「謂以上辛郊祭天也。」又云「乃擇元辰，躬耕帝藉」，注云：「元辰，蓋郊後吉亥也。」正義云：「盧植、蔡邕並云：郊天陽，故用日；耕藉陰，故用辰。」

甲齊，乙東夷，丙楚，丁南夷，戊魏，己韓，庚秦，辛西夷，壬衛，癸北夷。

此本諸淮南子〔天文訓〕及漢書〔天文〕志也。漢志作「壬燕趙，癸北夷」，淮南作「癸越」，餘並同。案：此主戰國時言之，衛是小國，不得與數，疑有誤字，當從漢志也。淮南言越，亦「趙」之誤。史記天官書又云：「甲、乙，四海之外，日月不占。丙、丁，江淮海岱也。戊、己，中州河濟也。庚、辛，華山以西。壬、癸，恆山以北。」是又一說，故與此異。

子周，丑狄，寅楚，卯鄭，辰晉，巳衛，午秦，未宋，申齊，酉魯，戌趙，亥燕。

史記律書云：「子者，滋也，言萬物滋于下也。丑，紐也，言陽陰氣在上未降，萬物厄紐未敢出。寅者，萬物始生螾然也，故曰寅。卯之言茂也，言萬物茂也。辰者，言萬物之蜄也。巳者，言陽氣之已盡也。午者，陰陽交，故曰午。未者，言萬物皆成，有滋味也。申者，言陰用事，申賊萬物。酉者，萬物之老也。戌者，言萬物盡滅，故曰戌。亥者，該也，言陽氣藏于下，故該也。」説文：「子，十一月陽氣動，萬物滋，人以爲稱。」「丑，紐也，十二月萬物動用事，象手之形，時加丑，亦舉手時也。」「寅，髕也，正月陽氣動，去黄泉欲上出，陰尚彊，象宀不達髕寅于下也。」「卯，冒也，二月萬物冒地而出，象開門之形，故二月爲天門。」「辰，震也，三月陽氣動，雷電振，民農時也，物皆生。从乙匕，象芒達；厂，聲也。辰，房星，天時也。」「巳，已也，四月陽氣已出，陰氣已藏，萬物見，成文章，故巳爲蛇象形。」「午，啎也，五月陰氣午逆陽，冒地而出，此與『矢』同意。」「未，味也，六月滋味也，五行木老于未，象木重枝葉也。」「申，神也，七月陰氣成體，自申束，从臼自持也。吏以餔時聽事，申旦政也。」「酉，就也，八月黍成，可爲酎酒。古文作『丣』。卯爲春門，萬物已出。丣爲秋門，萬物已入。一，閉門象也。」「戌，滅也，九月陽氣微，萬物畢成，陽下入地也，五行土生于戊，盛于戌。从戊含一。」「亥，荄也，十月微陽起接盛陰。从二，一人男一人女也；从乙，象裹子咳咳之形。」釋名〔釋天〕：「子，孳也，陽氣始萌，孳生于下也，于易爲坎，坎，險也。丑，紐也，寒氣自屈紐也，于易爲艮，艮，限也，時未可聽物生，限止之也。寅，演也，演生物也。卯，冒也，載冒土而出也，于易爲震，二月之時，雷始震也。辰，伸也，物皆伸舒而出也。巳，已也，陽氣畢布已也，于易爲巽，巽，散也，物皆生布散也。午，仵也，陰氣從下上，與陽相仵逆也，于易爲離，離，麗也，物皆附麗陽氣以茂也。未，昧也，日中則昃向幽昧也。申，身也，物皆成其身體，各申束之，使備成也。酉，秀也，秀者，物皆成也，于易爲兑，兑，悦也，物得備足皆喜悦也。戌，恤也，物當〔收〕斂矜恤之也，亦言脱也，落也。亥，核也，收藏百物，核取其好惡真僞也，〔亦〕言物成皆堅核也。」此所分配諸國，本之淮南子，若漢書則云「寅趙，辰邯鄲，未中山，戌吴越」，與此不同。

角、亢鄭，氐、房、心宋，尾、箕燕，斗、牽牛、須女吴[一]，虚、危齊，營室、東壁衛，奎、婁魯，胃、昴、畢趙，觜[二]、參魏，東井、輿鬼秦，柳、七星、張周，翼、軫楚。

史記律書云：「角者，言萬物皆有枝格如角也。亢者，言萬物亢見也。氐者，言萬物皆至也。房者，言萬物門户也，至于門則出矣。心，言萬物始生有華心也。尾，言萬物始生如尾也。箕者，言萬物根棋，故曰箕。建星者，建諸生也。牽牛者，言陽氣牽引〔萬物〕出之也。牛者，冒也，言地雖凍，能冒而生也。牛者，耕〔植〕種萬物者也。須女，言萬物變動其所，陰陽氣未相離，尚相如胥也。虚者，能實能虚，言陽氣冬則宛藏于虚。危，垝也，言陽氣之危垝，故曰危。營室者，主營胎陽氣而産之。東壁，居不周風東，主辟生氣而東之。奎者，主毒螫殺萬物也，奎而藏之。婁者，呼萬物且内之也。胃者，言陽氣就藏，皆胃胃也。留者，言萬物之稽留也，故曰留。濁者，觸也，言萬物皆觸死，故曰濁。罰者，言萬物氣奪可伐也。參，言萬物可參也，故曰參。狼者，言萬物可度量，斷萬物，故曰狼。弧者，言萬物之吴落，且就死也。注者，言萬物之始衰，陽氣下注，故曰注。七星者，陽數成于七，故曰七星。張者，言萬物皆張也。翼者，言萬物皆〔有〕羽翼也。軫者，言萬物益大而軫軫然。」律書以箕、房、角、翼、注、狼、參、留、奎、危、須女、建星分配十二月，故有是言。不云「斗」而云「建星」，不云「觜觿」而云「罰」，不云「井」而云「狼」，不云「輿鬼」而云「弧」，則以度之多寡不均，故舉

〔一〕案：疏證本「吴」下補「越」字。

〔二〕案：疏證本「觜」下補「觿」字。

其適中者名之。又「昴」作「留」，「畢」作「濁」，「柳」作「注」，則古今之稱謂異也。此篇所釋二十八宿分野，本諸堪輿也。周禮保章氏注引堪輿云：「寅，析木，燕也。卯，大火，宋也。辰，壽星，鄭也。巳，鶉尾，楚也。午，鶉火，周也。未，鶉首，秦也。申，實沈，晉也。酉，大梁，趙也。戌，降婁，魯也。亥，娵訾，衛也。子，玄枵，齊也。丑，星紀，吴越也。」皆與此同，惟此言「吴」，不言「越」，爲不同耳。淮南子〔天文訓〕「星部地名」，唯「斗、牽牛越，須女吴，胃、昴、畢魏，觜觿、參趙」與此小異，餘並同。天官書云：「角、亢、氐，兖州。房、心，豫州。尾、箕，幽州。斗，江、湖。牽牛、婺女，揚州。虚、危，青州。營室、東壁，并州。奎、婁、胃，徐州。昴、畢，冀州。觜觿、參，益州。東井、輿鬼，雍州。柳、七星、張，三河。翼、軫，荆州。」漢書律曆志與史記同。地理志〔下〕又云：「秦地，于天官東井、輿鬼之分野也。其界自弘農故關以西，京兆、扶風、馮翊、北地、上郡、西河、安定、天水、隴西，南有巴、蜀、廣漢、犍爲、武都，西有金城、武威、張掖、酒泉、敦煌，又西南有牂柯、越嶲、益州，皆宜屬焉。」「自井十度至柳三度，皆秦之分也。魏地，觜觿、參之分野也。其界自高陵以東，盡河東、河内，南有陳留及汝南之召陵、濦彊、新汲、西華、長平，潁川之舞陽、郾、許、傿陵，河南之開封、中牟、陽武、酸棗、卷，皆魏分也。周地，柳、七星、張之分野也。今之河南雒陽、穀成、平陰、偃師、鞏、緱氏，是其分也。」「自柳三度至張十二度，謂之鶉火之次，周之分也。韓地，角、亢、氐之分野也。南陽郡及潁川之父城、定陵、襄城、潁陽、潁陰、長社、陽翟、郟，東接汝南，西接弘農得新安、宜陽，皆韓分也。及詩風陳、鄭之國，與韓同星分焉。〔鄭國〕，今河南之新鄭，及成皋、滎陽、潁川之崇高、陽城，皆鄭分也。」「陳國，今淮陽之地。自東井六度至亢六度，謂之壽星之次，鄭之分野，與韓同分。趙地，昴、畢之分野，北有信都、真定、常山、中山，又得涿郡之高陽、鄚、州鄉；東有廣平、鉅鹿、清河、河間，又得勃海郡之東平舒、中邑、文安、束州、成平、章武，河以北也；南至浮水、繁陽、内黄、斥丘；西有太原、定襄、雲中、五原、上黨。皆趙分也。」「燕地，尾、箕分野也。東有漁陽、右北平、遼西、遼東，西有上谷、代郡、雁門，南得涿郡之易、容城、范陽、北新城、故安、涿縣、良鄉、新昌，及勃海之安次，皆燕分也。樂浪、玄菟，亦宜屬焉。」「自危四度至斗六度，謂之析木之次，燕之分也。齊地，虛、危之分野也。東有菑川、東萊、琅邪、高密、膠東，南有泰山、城陽，北有千乘、清河以南，勃海之高樂、高城、重合、陽信，西有濟南、平原，皆齊分也。魯地，奎、婁之分野也。東至東海，南有泗水，至淮，得臨淮之下相、睢陵、僮、取慮，皆魯分也。漢興以來，魯東海多至卿相。東平、須昌、壽良，皆在濟東，屬魯，非宋地也，當考。宋地，房、心之分野也。今之沛、梁、楚、山陽、濟陰、東平及東郡之須昌、壽張，皆宋分也。衛地，營室、東壁之分野也。今之東郡及魏郡黎陽，河内之野王、朝歌，皆衛分也。楚地，翼、軫之分野也。今之南郡、江夏、零陵、桂陽、武陵、長沙及漢中、汝南郡，盡楚分也。吴地，斗分野也。今之會稽、九江、丹陽、豫章、廬江、廣陵、六安、臨淮郡，盡吴分也。粵地，牽牛、婺女之分野也。今之蒼梧、鬱林、合浦、交阯、九真、南海、日南，皆粵分也。」其星部所分，與律曆志間有牴牾。天官書又云「二十八舍主十二州，斗秉兼之，秦之疆也，候在太白，占于狼、弧。吴、楚之疆，候在熒惑，占于鳥衡。燕、齊之疆，候在辰星，占于虛、危。宋、鄭之疆，候在歲星，占于房、心。晉之疆，亦候在辰星，占于參罰」，正義曰：「星經云：『角、亢，鄭之分野，兖州；氐、房、心，宋之分野，豫州；尾、箕，燕之分野，幽州；南斗、牽牛，吴、越之分野，揚州；須女、虛，齊之分野，青州；危、室、壁，衛之分野，并州；奎、婁，魯之分野，徐州；胃、昴，趙之分野，冀州；畢、觜、參，魏之分野，益州；東井、輿鬼，秦之分野，雍州；柳、星、張，周之分野，三河；翼、軫，楚之分野，荆州也。』」諸説皆與此不合。盧學士云：周禮〔春官保章氏〕疏云：「吴、越在南，齊、魯在東，今分星或北或西，不依國地所在者，此古之受封之日，歲星所在之辰國屬焉故也。吴、越二國同次者，亦謂同年度受封，故同次也。」案：賈氏所説，亦未可信。疇人相傳，要必有所從受，故晉書天文志〔上〕又載「州郡躔次」云：「陳卓、范蠡、鬼谷先生、張良、諸葛亮、譙周、京房、張衡並云：角、亢、氐，鄭，兗州：東郡入角一度，東平、任城、山陽入角六度，泰山入角十二度，濟北、陳留入亢五度，濟陰入氐二度，東平入氐七度。房、心，宋，豫州：潁川入房一度，汝南入房二度，沛郡入房四度，梁國入房五度，淮陽入心一度，魯國入心三度，楚國入房四度。尾、箕，燕，幽州：涼州入箕中十度，上谷入尾一度，漁陽入尾三度，右北平入尾七度，西河、上郡、北地、遼西東入尾十度，涿郡入尾十六度，渤海入箕一度，樂浪入箕三度，玄菟入箕六度，廣陽入箕九度。斗、牽牛、須女，吳、越，揚州：九江入斗〔一度〕，盧江入斗六度，豫章入斗十度，丹陽入斗十六度，會稽入牛一度，臨淮入牛四度，廣陵入牛八度，泗水入女一度，六安入女六度。虛、危，齊，青州：齊國入虛六度，北海入虛九度，濟南入危一度，樂安入危四度，東萊入危九度，平原入危十一度，菑川入危十四度。營室、東壁，衛，并州：安定入營室一度，天水入營室八度，隴西入營室四度，酒泉入營室十一度，張掖入營室十二度，武都入東壁一度，金城入東壁四度，武威入東壁六度，敦煌入東壁八度。奎、婁、胃，魯，徐州：東海入奎一度，琅邪入奎六度，高密入婁一度，城陽入婁九度，膠東入胃一度。昴、畢，趙，冀州：魏郡入昴一度，鉅鹿入昴三度，常山入昴五度，廣平入昴七度，中山入昴一度，清河入昴九度，信都入畢三度，趙郡入畢八度，安平入畢四度，河間入畢十度，真定入畢十三度。觜、參，魏，益州：廣漢入觜一度，越巂入觜三度，蜀郡入參一度，犍爲入參三度，牂柯入參五度，巴郡入參八度，漢中入參九度，益州入參七度。東井、輿鬼，秦，雍州：雲中入東井一度，定襄入東井八度，雁門入東井十六度，代郡入東井二十八度，太原入東井二十九度，上黨入輿鬼二度。柳、七星、張，周，三輔：弘農入柳一度，河南入七星三度，河東入張一度，河內入張九度。翼、軫，楚，荆州：南陽入翼六度，南郡入翼十度，江夏入翼十二度，零陵入軫十一度，桂陽入軫六度，武陵入軫十度，長沙入軫十六度。」洪邁容齋隨筆亦謂其不可曉，姑以廣異聞耳。予族子塘云：湯伐桀，歲星在大火。武王伐紂，歲星在鶉火。則十二次主十二國，亦其類與。但此是甘、石家言，故有三晉國名焉。要之術，當本占驗。

北斗七星：一爲樞，二爲旋，三爲機，四爲權，五爲衡，六爲開陽，七爲摇光。

史記天官書「北斗七星，所謂『琁、璣、玉衡以齊七政』」，索隱曰：「春秋運斗樞云：『斗，第一天樞，第二旋，第三機，第四權，第五衡，第六開陽，第七摇光。第一至第四爲魁，第五至第七爲杓，合而爲斗。』春秋文曜鉤云：『斗者，天之喉舌。玉衡屬杓，魁爲旋機。』」漢書天文志：「斗爲帝車，運于中央，臨制四海。分陰陽，建四時，均五行，移節度，定諸紀，皆繫于斗。」江布衣聲云：爾雅釋天：「北極謂之北辰。」論語〈爲政〉：「譬如北辰居其所。」是天體運轉而北辰乃其運轉之中央常居其所運而不移者，故謂之極，亦謂之旋機。蓋北極者，天體左旋之機。斗之言主，北斗爲恒星之主，恒星隨之而運二萬五千四百一十一年有餘而右旋一周天者也，則斗魁爲恒星右旋之宿。〈淮南子天文訓〉「太陰在四鉤，則歲星行二宿，二八十六，三四十二，故十二歲而行二十八宿。日行十二分度之一，歲行三十度十六分度之七，十二歲而周」，高誘曰：「仲，中也。四中，謂太陰在卯、酉、子、午四面之中。丑鉤辰，申鉤巳，寅鉤亥，未鉤戌，謂太陰在四角。」

熒惑謂之罰星，或謂之執法。火宿也。

吕氏春秋制樂篇云：「熒惑者，天罰也。」天官書「熒惑，出東行十六舍而止，逆行二舍，六旬，復東行，自所止數十舍，十月而入西方，伏行五月，出東方。東行急，一日行一度半。其行東、西、南、北疾也」，索隱曰：「天官占云：『熒惑方伯象，司察妖孽。』春秋文曜鉤云：『赤帝熛怒之神，爲熒惑，位在南方，禮出則罰出。』」淮南天文訓：「熒惑常以十月入太微，受制而出行列宿」，「出入無常，辨變其色，時見時匿。」吕氏春秋云：「宋景公有疾，司馬子韋曰：『熒惑守心。心，宋之分野也。君當移于相。』公曰：『相，股肱也。除心腹之疾而置于股肱，可乎？』曰：『可移于民。』公曰：『民所以爲國，無民，何以爲君？』曰：『可移于歲。』公曰：『歲所以養民，歲不登，何以畜民？』是時熒惑乃退三舍，延君命二十一年，視之信。」

鎮星謂之地侯。 土宿也。

天官書「填星，其一名曰地侯，歲行十二度百十二分度之五，日行二十八分度之一，二十八歲周天」，索隱引春秋文曜鉤云：「鎮，黄帝含樞紐之精，其體琁璣，中宿之分也。」淮南天文訓：「鎮星以甲寅元始建斗，歲鎮行一宿，日行二十八分度之一，歲行十三度百一十二分度之五，二十八歲而周。」「鎮、填」，音義同。盧學士曰：太平御覽（卷五）引春秋元命苞：「蟾蜍陰精流，生織女，立地侯，宋均注：『地侯，鎮星别名也。』」

機，故北極斗魁皆爲旋機也。斗柄則回轉于天，如稱之衡，故謂之玉衡，言玉者，蓋取其色白而晶瑩也。斗柄所建，可以審時。王者順天時以出政必察視之。

樞爲雍州，旋爲冀州，機爲青、兖州，權爲徐、揚州，衡爲荆州，開陽爲梁州，摇光爲豫州。

春官保章氏疏引春秋文曜鉤云：「布度定記，分州繫象，華岐以西龍門積石，至三危之野，雍州，屬魁星。太行以東，至碣石王屋砥柱，冀州，屬樞星。三河雷澤，東至海岱以北，兖州青州，屬機星。蒙山以東，至南江會稽震澤，徐、揚之州，屬權星。大别以東，至雷澤九江，荆州，屬衡星。荆山西南至岷山，北嶇鳥鼠，梁州，屬開星。外方熊耳以至泗水陪尾，豫州，屬摇星。此九州屬北斗，星有七，州有九，但兖、青、徐、揚并屬二州，故七星主九州。」案：文曜鉤言雍屬魁，冀屬樞，而此篇雍屬樞，冀屬旋。不同者，魁，是第一至第四，總名不得專屬雍，疑彼誤也。

歲星謂之重星〔一〕，或謂之應星。木宿也。

天官書：「歲星，一曰攝提，曰重華，曰應星。歲星出，東行十二度，百日而止，反逆行；逆行八度，百日，復東行。歲行三十度十六分度之七，率日行十二分度之一，十二歲而周天。」淮南天文訓：「太陰在四仲，則歲星行三。」

太白謂之辰庚，或謂之大囂。晨見東方爲啟明，昏見西方爲長庚。案金星〔二〕。

天官書「太白其庳近日曰明星，高遠日曰太囂」，索隱曰：「韓詩云：『太白晨出東方爲啟明，昏見西方爲長庚。』孫炎注爾雅，亦以爲晨出東方高三丈，命曰啟明；昏見西方高三舍，命曰太白。」正義曰：「天官占云：『太白者，西方金之精，白帝之子，上公、大將軍之象也。一名殷星，一名大正，一名營星，一名官星，一名梁星，一名滅星，一名大囂，一名大衰，一名大爽，徑一百里。』」淮南天文訓：「太白元始以正月建寅，與熒惑晨出東方，二百四十日而入，入百二十日而夕出西方，二百四十日而入，入三十五日而復出東方，出以辰戌，入以丑未。」案：周禮疏引星備云：「太白日行八分度之一，八歲而周天。」

辰星謂之免星〔三〕，或謂之鉤星。水宿也。

水星也，京房易傳謂之太陰。天官書云「辰星，北方水，太陰之精。免七命，曰小正、辰星、天毚、安周星、細爽、能

〔一〕重星，疏證本作「重華」。

〔二〕案：王念孫博雅音校本删「案金星」三字，于「晨見東方」上補「金宿也」三字。

〔三〕辰星謂之免星，疏證本作「辰星謂之爨星，或謂之免星」。

星、鉤星」，索隱曰：「謂免星凡有七名。命者，名也。小正，一也；辰〔星〕，二也；天䲹，三也；安周星，四也；細爽，五也；能星，六也；鉤星，七也。」又引皇甫謐云：「辰星，一名䲹星，或曰鉤星。」正義曰：「天官占云：『辰星，北水之精，黑帝之子，宰相之祥也。一名細極，一名鉤星，一名爨星，一名伺祠。徑一百里也。』」淮南天文訓「辰星正四時，常以二月春分効奎、婁，以五月夏至効東井、輿鬼，以八月秋分効角、亢，以十一月冬至効斗、牽牛，出以辰戌，入以丑未，出二旬而入，晨候之東方，夕候之西方」，高誘注：「効，見也。」周禮疏引星備云：「辰星日行一度，一歲而周天。」舊本「免星」上尚有「鉤星」二字，依上文之例，當云「辰星謂之免星，或謂之鉤星」，且史記索隱及李善注景福殿賦並引云「辰星或謂之鉤星」，則此「免星」上「鉤星」二字，衍文，今訂正。

大角謂之棟星。

天官書「大角者，天王帝廷」，索隱曰：「援神契云『大角爲坐候』，宋均云：『坐，帝坐也。』」正義曰：「大角一星，在兩攝提間，人君之象也。」

天宮謂之紫宮，天旗謂之參旗。

天官書：「東宮蒼龍，南宮朱鳥，西宮咸池，北宮玄武。」皆言「宮」。又云：「中宮天極星，環之匡衛十二星，藩臣。皆言紫宮。」淮南天文訓：「紫宮者，太一之居也。」此言「天宮」，疑即「中宮」也。周禮大宗伯疏引元命苞云：「天生大列爲中宮太極星，其一明者，太一常居，傍兩星，巨辰子位，故爲北辰，以起節度。亦爲紫微宮。紫之言此也，宮之言中也，言天神運動，陰陽開閉，皆在此中也。」宋均又以爲十二軍，中外位各定，總謂之紫宮也。天旗謂之參旗者，天官書云「小三星隅置，曰觜觿，其西有句曲九星，三處羅：一曰天旗，二曰天苑，三曰九游」，正義曰：「參旗九星，在參西，天旗也。指麾遠近以從命者。九游九星，在玉井西南，天子之兵旗，所以導軍進退，亦領州列邦。」舊本作「天宮謂之參旗、紫宮」，今訂正。盧學士考定本作「天宮謂之參旗——太一謂之——紫宮。」

參伐謂之大辰。

公羊昭十七年傳「大火爲大辰，伐爲大辰，北辰亦爲大辰」，注云：「大火與伐，天所以示民時早晚，天下所取正，故謂之大辰。」天官書「參爲白虎，下有三星，兑，曰罰，爲斬艾事」，集解曰：「孟康云：『在參間。上小下大，故曰鋭。』」正義曰：「罰，亦作『伐』。春秋運斗樞云『參伐事主斬艾』也。」鄉飲酒義云「參之以三光」，鄭注：「三光，三大辰也。」後漢書郎顗傳：「罰者白虎，其宿主兵，其國趙、魏。」

太微謂之天庭，房謂之明堂。

淮南天文訓「太微者，太一之庭也」，高誘注：「太微，星名。太一，天神。」天官書「太微，三光之廷」，索隱曰：「宋均云：『太微，天帝南宮也。三光，日、月、五星也。』春秋合誠圖云：『太微主法式。』」文選月賦注云：「張泉觀象賦『寥寥帝庭』，自注云：『帝庭，謂太微宮也。』春秋元命苞云：『太微爲天庭。』」又西都賦注引春秋合誠圖云：「紫宮，大帝室，太一之精也。」房謂之明堂者，天官書「東宮蒼龍，房、心。心爲明堂」，索隱曰：「春秋説題辭云：『房、心爲明堂，天王布政之宮。』」後漢書郎顗傳：「房、心者，天帝明堂布政之宮。孝經鉤命訣云：『歲星守心年穀豐。』尚書洪範記曰：『月行中道，移節應期，德厚受福，重華留之。』重華者，謂歲星在心也。」案：史記以心爲明堂，而説題辭、郎顗説明堂，皆兼房、心言之。予謂房指明堂，心指天王，故此言房而不言心也。舊本作「太微、房謂之明堂」，案：太微在南宮，房、心在東宮，疑此「太微」上下有脱文矣，今訂正。

須女謂之婺女。

天官書「婺女」索隱引此文，「須」作「須」、「婺」作「務」。正義曰：「須女四星，亦名婺女，天少府也。南斗、牽牛、須女皆爲星紀，于辰在丑，越之分野，而斗牛爲吴之分野也。須女，賤妾之稱，婦職之卑者，主布帛裁製嫁娶。」

參謂之實沈。

韋昭注國語云：「參，伐也。參在實沈之次。自畢十二度至東井十五度曰實沈。」史記〔天官書〕正義云：「參三星，外四星爲實沈，于辰在申，魏之分野。」左氏昭元年傳：「遷實沈于大夏，主參。唐人是因。」

昴謂之旄頭。

天官書「昴曰髦頭」，漢志作「旄頭」。春秋元命苞云：「昴六星。昴之爲言留，言物成就繫留。」

東井謂之鶉首，張謂之鶉尾，軫謂之鳥帑。

南陸三次曰鶉首，曰鶉火，曰鶉尾，皆取象于鳥形也。自東井十度至柳三度于辰在未爲鶉首，自張二度至軫六度謂之鶉尾。左氏襄二十八年傳「以害鳥帑」，杜注：「鳥尾曰帑。」案：張、翼、軫皆在鶉尾之次，故軫爲鳥帑。

營室謂之豕韋。

左氏襄三十年傳：「歲在娵訾之口。」娵訾亦謂之豕韋。昭十一年傳「歲在豕韋」，是也。分野略例云：「自危十六度至奎四度于辰在亥爲娵訾。娵訾，歎息也。十月之時，陰氣始盛，陽氣伏藏，萬物失養育之氣，故哀悲而歎息，嫌于無陽，故曰娵訾。」

北辰謂之大堂[一]。

楚辭天問「斡維焉繫？天極焉加」，戴震注：「天極，論語所謂『北辰』，周髀所謂『正北極』，步算家所謂『不動處』，亦曰『赤道極』。是左旋之極，日月五步，各有一極。日曰黄道極，周髀所謂北極，璿璣環繞正北極者也。月與五步之極，又環繞璿璣者也。是皆爲右旋之極。」周禮疏引爾雅「北極謂之北辰」，鄭注：「天皇北辰，耀魄寶。」詹事兄曰：「大堂」當作「天皇」。盧學士本作「大帝」。

天淵謂之紐兹。

盧學士曰：不應與下「天淵」文不相聯屬，疑爲後所妄竄也。

妃星謂之大堂[二]。

太平御覽（卷六）引樂緯叶圖徵云：「大堂，正妃也。注云：『大堂，鉤陳末大星也。』」唐碧落碑：「大堂叶曜，中闈以睦。」天官書「後句四星，末大星正妃」，索隱引援神契云：「辰極横，后妃四星從（端），大妃光明。」舊本「大堂」譌爲「天堂」，今訂正。

天淵謂之三淵。

上文已云「天淵謂之紐兹」矣，又云「三淵」，廣異名。盧學士云：天官書：「西宫曰咸池，曰天五潢。五潢，五帝車

[一] 大堂，疏證本作「曜魄」。

[二] 大堂，疏證本作「大當」。

舍。」漢書天文志：「有星守三淵，天下大水。三淵，蓋五帝之三柱也。」

軒轅謂之路寢。

天官書「軒轅，黄龍體。前大星，女主象；旁小星，御者後宫屬」，索隱曰：「援神契云：『軒轅十二星，后宫所居。』石氏星讚以軒轅龍體，主后妃也。」正義曰：「其大星，女主也；次北〔一〕星，夫人也；次北一星，妃也；其次諸星皆次妃之屬。女主南一小星，女御也；左一星，少民，后宗也。」案：淮南天文訓：「軒轅者，帝妃之舍也。」

輿鬼謂之天廟。

天官書「輿鬼，鬼祠事」，正義曰：「輿鬼四星，主祠事，天目也。」盧學士曰：周語〔上〕「日月底于天廟」，則營室也，非此天廟。

——星。

題上事也。説文「曐，萬物之精，上爲列曐」，或作「星」。釋名〔釋天〕：「星，散也，列位布散也。」河圖云：「《德布精，上爲列星。」春秋説題辭：「星之言精也，陽之榮也。陽精爲日，日分爲星，故其字『日、生』爲『星』。」

廣雅疏義卷第十八

圓丘、大壇，祭天也。

春官大司樂：「凡樂，冬日至，于地上之圜丘奏之。」「夏日至，于澤中之方丘奏之。」祭法「燔柴于泰壇，祭天也」，注：「封土爲祭處也。壇之言坦也。坦，明貌。」孔疏：「謂積薪于壇上，而取玉及牲置柴上燔之，使氣達于天也。」○以至尊言之，則曰大壇曰大折。以形言之，則曰圜丘曰方澤。

方澤、大折，祭地也。

方澤，一名方丘，已見上文。祭法「瘞埋于泰折，祭地也，用騂犢」，注：「折，炤晢也，必爲炤明之名，尊神也。地，陰〔祀〕，用黝牲，與天俱用犢，連言爾。」孔疏：「謂瘞繒埋牲，祭神州地祇于北郊也。」舊本「折」譌「坎」，今訂正。

大昭，祭四時也。

祭法「埋少牢于泰昭，祭時也」，注：「昭，明也，亦謂壇也。時，四時也，亦謂陰陽之神也。埋之者，陰陽出入于地中也。」孔疏：「謂祭四時陰陽之神也。泰昭，壇名也。昭亦取明也，春夏爲陽，秋冬爲陰，若祈陰則埋牲，祈陽則不應埋之。今總云埋者，以陰陽之氣俱出入于地中而生萬物，故並埋之以享陰陽爲義也。用少牢者，降于天地也。自此以下及日月至山林，並少牢也。先儒並云不薦孰，唯殺牲埋之也。」

坎壇，祭寒暑也。

祭法「相近于坎壇，祭寒暑也」，注：「相近，當爲『禳祈』，聲之誤也。禳，猶卻也；祈，求也。寒暑不時，則或禳之，或祈之。寒于坎，暑于壇。」孔疏：「禳，卻也，寒暑之氣應退而不退，則祭禳卻之令退也。祈，求也，寒暑之氣應至而不至，則祭求之令至也。寒則于坎，寒，陰也。暑則于壇，暑，陽也。」

王宮，祭日也。

祭法「王宮，祭日也」，注：「王宮，日壇。王，君也，日稱君。宮，壇營域也。」孔疏：「王，君也。宮，亦壇也，營域如宮也。日神尊，故其壇曰君宮。」

夜明，祭月也。

祭法「夜明，祭月也」，注：「夜明，亦謂月壇也。」孔疏：「夜明者，祭月壇名也。月明于夜，故謂其壇爲夜明也。」

幽禜，祭星也。

祭法「幽宗，祭星也」，注：「宗〔皆〕當爲『禜』字之誤也。幽禜，亦謂星壇也。星以昏始見，禜之言營也。」孔疏：「幽宗者，祭星壇名也。幽，闇也。宗，當爲禜；禜，壇域也。星至夜而出，故曰幽也。爲禜域而祭之，故曰幽禜也。」案：惠士奇曰：晉志：「摯虞奏肆師職云：『用牲于社宗。』黨正職云：『春秋祭禜亦如之。』肆師之宗，與社並列，則班與社同。黨正之禜，文不繫社，則神與社異。」愚謂黨正祭禜與州長祭社同，時水旱農祥春祈秋報，其禮亦與祭社等。周頌絲衣：「繹賓尸」，高子曰：「靈星之尸也。」漢志「高祖詔御史，令天下立靈星祠」，張晏曰：「龍星左角曰天田，則農祥也。辰日祀以牛，號曰零星。」風俗通云：「辰之神爲零星，故以辰日祀于東南。」淮南子云：「零星之尸，儼然玄默，而吉祥受福。」古者祭皆有尸。「零」與「靈」通。幽禜，蓋靈星歟。

雩禜，祭水旱也。

祭法「雩宗，祭水旱也」，注：「宗〈皆〉當爲禜」，「雩禜，亦謂水旱壇也。雩之言吁嗟也。春秋傳曰：『日月星辰之神，則雪霜風雨之不時，于是乎禜之。山川之神，則水旱癘疫之不時，于是乎禜之。』」孔疏：「雩宗」，「亦壇名也。雩，吁嗟也，水旱爲人所吁嗟。禜，亦營域也，爲禜域而祭之，故曰雩禜也。」

四坎壇，祭四方也。

祭法「四坎壇，祭四方也」，注：「四方，即謂山林川谷丘陵之神也。祭山林丘陵于壇，川谷于坎，每方各爲坎爲壇。」孔疏：「四方各爲一坎一壇，壇以祭山林丘陵，坎以祭川谷泉澤也。」

廟、祧、壇、場、鬼，祭先祖也。

場，當爲「墠」字之譌也。祭法「設廟祧壇墠而祭之」，「王立七廟」，「諸侯立五廟」，「大夫立三廟」，「士二廟」，「官師一廟」。「遠廟爲祧」，「去祧爲壇，去壇爲墠」，「去墠爲鬼」，注：「除地曰墠」，「封土曰壇。」孔疏：「遠廟爲祧者，遠廟謂文武廟也。文武廟在應遷之例，故云遠廟〈也〉。特爲功德而留，故謂爲祧。祧之言超也，言其超然上去也。」「去祧爲壇者，謂高祖之父也。若是昭行，寄藏武王祧。若是穆行，即寄藏文王祧，不得四時而祭之。若有〈四〉時之祈禱，則出就壇受祭也。去壇爲墠者，謂高祖之祖也，不得在壇。若有祈禱，則出就墠受祭也。高祖之父，既初寄在祧，而不得于祧中受祭，故曰去祧也。高祖之祖經在壇，而今不得祭，故曰去壇也。」「在壇墠者，不得享嘗，應有祈禱于壇墠乃祭之也。」「去墠曰鬼者，若又有從壇遷來墠者，則此前在墠者遷入石函爲鬼，雖有祈禱，亦不得及唯禘祫乃出也。」吴澄書纂言云：「古禮，凡于遠祖之無廟者及宗子去其宗廟而在他國者及支子雖在本國而于禮不得不入廟者，或有禱告必須墠地爲壇，以棲祖考之神。」

——祀處。

說文「祀，祭無巳也」，或作「禩」。漢書郊祀志〔上〕云：「洪範八政，三曰祀。祀者，所以昭孝事祖，通神明也。」孝經〔士章〕疏云：「祀者，似也，謂祀者似將見先人也。」祭法：「王爲羣姓立七祀」，「庶士庶人〔立〕一祀。」此所釋者，合天神地祇人鬼而各言其所祀處。

䄍、士駕反。䄚、曹音。祽、七外反。祱、稅音。褸、力侯反。臘、祓、禊、乎計反。餟、和〔一〕稅反。祼、古奐反。軷、步末反。櫜、毳音。祊、布庚反。祾、陵音，又力登反。禖、梅音。禪、祧、他聊反。醮、子咲反。禬、古外反。桊〔二〕、望、禨、巨衣反。祥、禫、禱、倒音。禜、禳，祭也。

說文：「祭，〔祭〕祀也。从示、以手持肉。」祭義篇：「祭者，百順之名也。」又云：「霜露既降，君子履之，必有悽愴之心，非其寒之謂也。春雨露既濡，君子履之，必有怵惕之心，如將見之。」春秋繁露〔祭義〕云：「祭者，察也，以善逮鬼神之謂〔也〕。善乃逮不可聞見者，故謂之察。」又曰：「祭之爲言際也。」尚書大傳：「祭之爲言察也。察者，至也，言人事至于神也。」說苑權謀篇：「孔子曰：祭之爲言索也。索也者，盡也，乃孝子所以自盡于親也。」䄍者，禮記禮運釋文云：「蜡，字林作『䄍』。」玉篇：「䄍，報祭也。古之臘曰䄍。亦作『蜡』。」郊特牲篇「天子大蜡八，伊耆氏始爲蜡」。「歲十二

〔一〕和，王念孫說當作「知」。

〔二〕桊，疏證本作「豢」。

月，合聚萬物而索饗之也」，注：「萬物有功加于民者，神使爲之〔也〕，（故）祭〔之〕以報焉。」其祭祀之詞曰「土反其宅，水歸其壑，昆蟲無作，艸木歸其澤」，是也。春官籥章：「國祭蜡，則吹豳頌。」禮者，才刀切。玉篇：「禮，豕祭也。」廣韻〔豪韻〕：「祭豕先也。」祽者，玉篇：「祽，子内切，祭名。」廣韻〔隊韻〕：「子對切，月祭名。」祱者，始鋭切。玉篇引博雅：「祭也。」盧學士曰：祱，説文作「餟，小餟也。餟，祭酹也」。玉篇「餟」，「始鋭、力外」二切。又作「餟，張芮切，（又）餽也。亦作『醊』」。説文：「吴人謂祭曰餽。」廣韻〔泰韻〕：「餟，郎外切，音酹，門祭。」集韻〔寘韻〕：「餟，小祭也。」𩞃者，説文：「𩞃，楚俗以二月祭飲食也。一曰祈穀食新曰離𩞃。」玉篇：「褸，飲食祭也。冀州八月，楚俗二月。亦作𩞃。」漢書〔武帝紀〕「太初二年三月，令天下𩞃五日，祠門户，比臘」，如淳曰：「𩞃音樓。漢儀注立秋貙𩞃。」伏儼曰：「𩞃音劉。〔劉〕，殺也。」蘇林曰：「𩞃，祭名也。」「常以立秋日祭獸王者，亦以此日出獵，還，以祭宗廟，故有貙𩞃之祭也。」「貙，虎屬。」盧學士云：風俗通〔祀典〕引韓子書：「山居谷汲者，𩞃臘而遺水。」楚俗常以十二月祭飲食也。又曰嘗新始殺也，食新曰貙𩞃。續漢書禮儀志〔中〕「立秋之日」，「武官肄兵，習戰陣之儀、斬牲之禮，名曰貙劉」。「祠先虞」。「𩞃、劉」，義各通。臘者，説文：「臘，冬至後三戌臘祭百神。」左氏僖五年傳「虞不臘矣」，注：「臘，歲終祭衆神之名。」月令「孟冬，臘先祖五祀」，注：「謂以田獵所得禽祭也。」祓者，説文：「祓，除惡祭也。」玉篇：「祓，除災求福也。」春官女巫：「掌歲時祓除釁浴。」〔左傳襄公二十九年：「乃使巫以桃茢先祓殯。」〕大雅生民「以弗無子」，箋：「弗之言祓也。」「弗、祓」，字異義同。禊者，史記〔外戚世家〕「漢武帝祓霸上」，徐廣曰「三月上巳，臨〔水〕祓除謂之禊」也。張衡南都賦「于是莫春之禊，上巳之辰，方軌齊軫，祓于陽瀕」，李善注引續漢書云：「三月上巳，宫人皆禊于東流水上，祓除宿垢疾也。」餟者，説文：「餟，祭酹也。」玉篇作「祋」，云：「祭名，亦作『醊』。」史記褚少孫補孝武本紀「其下四方〔地〕，爲餟食」，索隱曰：「餟，音竹芮反。謂聯續而祭之。漢志作『餟』，古字通。」正義引劉伯莊云：「謂繞壇設諸神祭座相連綴也。」祼者，說文：「祼，灌祭也。」玉篇：「祼，祼鬯告神也。」大雅文王「祼將于京」，傳：「祼，灌鬯也。周人尚臭。」天官小宰「贊王〔幣爵之事〕，祼將之事」，注：「謂贊王酌鬱鬯以獻尸，謂之祼。祼之言灌也。」「唯人道宗廟有祼，天地大神至尊，不祼。」軷者，說文云：「出將有事于道，必先告其神，立壇四通，樹茅以依神爲軷，既祭軷于牲而行。」大雅生民「取羝以軷」，傳：「軷，道祭也。」周官大馭「掌馭玉輅」，「及犯軷」，「遂驅之」，注：「封土爲山象，以菩芻棘柏爲神主。既祭之，以車轢之而去，喻無險難也。」聘禮記曰「出祖釋軷，祭酒脯，乃飲酒于其側」，注：「祖，始也。既受聘享之〔禮〕，行出國門，止陳車騎，釋酒脯之奠于軷，爲行始」。𥜫者，此芮切。說文：「𥜫，數祭也。」玉篇：「𥜫，重祭也。」案：本書釋詁〔四〕「𥜫，謝也」，是「𥜫」爲謝之祭也。𥛱者，說文「𥛱，門內祭，先祖所以徬徨。詩曰『祝祭于𥛱』」，或作「祊」。禮器篇「爲祊乎外」，注：「謂之祊者，于廟門之旁，因名焉。」爾雅〔釋宮〕「閍謂之門」，李巡云：「祊，故廟中門名也。」孫炎云：「謂廟門。」郊特牲篇「索祭祝于祊，不知神之所在，于彼乎？于此乎？或諸遠人乎？祭于祊，尚曰求諸遠者與，祊之爲言倞也」，注：「倞，猶索也。」祾者，玉篇：「祾，祭名，神靈之威福也。」禖者，說文：「禖，祭也。」玉篇：「禖，求子祭。」月令仲春「玄鳥至。至之日，以太牢祀于高禖，天子親往，后妃帥九嬪御，乃禮天子所御，帶以弓韣，授以弓矢，于高禖之前」，注：「玄鳥，燕也。燕以施生時來，巢人堂宇而孚乳，娶嫁之象也，媒氏之官以爲候。高辛〔氏〕之世，玄鳥遺卵，娀簡吞之而生契，後王以爲媒官嘉祥而立其祠焉。變媒爲禖，神之也。」王居明堂禮曰：「帶以弓韣，禮之禖下其子必得天材。」高誘注呂氏春秋仲春紀云：「周禮媒氏以『仲春之月，合男女于時也，奔則不禁』，因祭其神于郊，謂之郊禖。〔郊〕音與『高』相近，故或言高禖。王者后妃，以玄鳥至日，祈繼嗣于高禖。」禪者，說文：「禪，祭天也。」白虎通義封禪篇：「言禪者，明以成功相傳也。」盧學士曰：大戴禮保傅篇「封泰山而禪梁甫」，盧辯注：「封謂負土石于泰山之陰，爲壇而祭天也。禪，爲除地于梁甫之陰，爲墠以祭地也。變墠爲禪，神之也。」祧者，玉篇：「祧，遠廟也。」説文無「祧」字。古作「濯」。春官守祧注：「故書『祧』作『濯』。鄭司農濯讀爲祧。」醮者，説文「醮，冠娶禮祭」，或作「䄈」。宋玉高唐賦：「醮諸神。」禬者，説文「禬，會福祭也」，引周禮曰：「禬之祝號。」春官大宗伯「以禬禮哀圍敗」，注：「同盟者會合財貨以更其所喪。〔春秋〕襄三十年『冬』，『會于澶淵，宋災故』，是其類。」又女祝「禬禳之事」，注：「除災害曰禬。禬，猶刮去也。」⿱龹示者，玉篇：「⿱龹示，祭名。」集韻〔綫韻〕「養，古倦切，常山謂祭爲養」，或作「⿱龹示」。舊本「⿱龹示」譌「奉養」之「養」，今訂正。望者，山川之祭也。虞書〔舜典〕：「望于山川。」爾雅〔釋山〕：「梁山，晉望也。」左氏哀六年傳：「三代命祀，祭不越望。江、漢、睢、漳，楚之望也。」禨者，春官肆師「以歲時序其祭祀，及其祈珥」，注：「故書『祈』爲『幾』。」「玄謂『祈』當爲『進禨』之『禨』，『珥』當爲『衈』。禨衈者，釁禮之事。」説文作「𧖴，以血有所刏涂祭也」。盧學士曰：列子説符篇：「楚人鬼而越人禨。」吕氏春秋異寶篇亦列載之，高誘注：「言荆人畏鬼神，越人信吉凶之禨祥。」祥者，釋名〔釋喪制〕：「期而小祥，亦祭名也，孝子除首絰，服練冠也。祥，善也，加小善之飾也。又期而大祥，亦祭名也，孝子除縗服，服朝服縞冠，加大善之飾也。」禫者，徒感切。説文：「禫，除服祭也。」釋名〔釋喪制〕：「間月而禫，亦祭名也，孝子之意澹然，哀思益衰也。」士虞禮記「中月而禫」，注：「中，猶間也。禫，祭名也，與大祥間一月。自喪至中，凡二十七月。禫之言澹，澹然平安意也。古文『禫』或作『導』。」説文谷部之「㐁」、木部之「棪」、穴部之「突」，皆讀若「三年導服」之「導」。導服，即禫服也。从古文，故曰導。又喪服記「禫而内無哭者」，注：「禫，或皆作『道』。」禱者，説文：「禱，告事求福也。」春官大祝「作六辭以通上下親疏遠近」，「五曰禱」，先鄭云：「禱，謂禱于天地社稷宗廟，主爲其辭也。」春秋傳鐵之戰，『衛太子禱曰：曾孫蒯聵，敢昭告皇祖文王，烈祖康叔，文祖襄公：鄭勝亂從，晉午在難，不能治亂，使鞅討之。蒯聵不敢自佚，備持矛焉。敢告無絶筋，無破骨，〔無面傷〕，無作三祖羞。大命不敢請，佩玉不敢愛』，若此之屬。」後鄭云：「禱，慶賀言福祚之辭。『晉趙文子成室，晉大夫發焉。張老曰：美哉輪焉，美哉奐焉，歌于斯，哭于斯，聚國族于斯。文子曰：武也，得歌于斯，哭于斯，聚國族于斯，是全要領以從先大夫于九京也。北面再拜稽首，君子謂之善頌善禱』，是禱之詞。」案：先鄭説是告事之禱，後鄭説是求福之禱也。禜者，爲命切。説文：「禜，設緜蕝爲營，以禳風雨雪霜水旱癘疫于日月星辰山川也。一曰禜，衛使災不生。」禳者，汝羊切。説文：「禳，磔禳祀除癘殃也。古者燧人禜子所造。」天官女祝「襘禳之事」，注：「卻變異曰禳。禳，攘也。」月令「季春，命國難，九門磔攘，以畢春氣」，注：「此難，難陰氣也。陰寒至此不止，害將及人，所以及人者，陰氣右行。此月之中，日行歷昴，昴有大陵積尸之氣，氣佚則厲鬼隨而出行，命方相氏帥百隸，索室毆疫以逐之。又磔牲以攘于四方之神，所以畢止其災也。王居明堂禮季春出疫于郊，以攘春氣。」又「季冬，命有司，大難旁磔」，注：「陰氣右行，此月之中，日歷虚危。虚有墳墓四司之氣，爲厲鬼，將隨強陰出害人，旁磔于四方之門。磔，攘也。」「禳、攘」，字異義同。

臘〔二〕，索也。夏曰清祀，殷曰嘉平，周曰大䄍，秦曰臘。

月令：「孟冬，臘門閭，及先祖五祀。」左氏僖五年傳：「虞不臘矣。」「臘」之見于傳記者，惟此二文而已。案：建丑之月謂之臘月。宗稟荆楚記云：「臘節在十二月，故因是謂之臘月也。」史記秦本紀惠王十二年，始臘。〔秦始皇本紀〕始皇三十一年，更改臘曰「嘉平」。禮運疏云：「夏曰清祀。清祀者，以清潔祭祀。殷曰嘉平。嘉，善也；平，成也。以歲

〔二〕王念孫以爲「索也」乃「䄍」字之訓，疑「臘」下有脱文。

終萬物善成就而報功。」蔡邕獨斷云：「臘者，歲終大祭，縱吏民宴飲，非迎氣，故但送不迎。」應劭風俗通義〔祀典〕云：「案禮：『夏曰嘉平，殷曰清祀，周曰大蜡，漢改爲臘。』臘者，獵也，〔言〕田獵取獸〔以〕祭〔祀其〕先祖也。」郊特牲云：「八蜡以祀四方。四方年不順成，八蜡不通，以謹民財也。」周禮疏云：「八蜡者，先嗇一也，司嗇二也，農三也，郵畷四也，猫虎五也，坊六也，水庸七也，昆蟲八也。」盧學士曰：蔡邕獨斷載四代臘之別名，亦與風俗通同。夏與殷之名俱互異。禮記月令正義引獨斷、初學記引風俗通，則與廣雅之文無異。史記秦始皇本紀索隱引廣雅：「周曰『大蜡』，亦曰『臘』，秦更曰『嘉平』。」是則今本風俗通、獨斷皆傳録誤。

天子祭以鬯，諸侯以薰，卿大夫以茝蘭，士以蕭，庶人以艾。

此本禮王度記也。周禮〔鬯人〕疏引王度記無「祭」字，「茝蘭」作「蘭芝」，餘同。白虎通義考黜篇亦引王度記作「大夫芑蘭，士蒹」，餘同。禮有鬱鬯者，築鬱金之艸而煮之，以和秬黍之酒，使之芬香條鬯，故謂之鬱鬯。鬯非艸名，而此與薰、茝蘭、蕭、艾並列，則以鬱爲鬯艸，故以亦以爲艸也。盧學士曰：說文：「薰，香艸也。」茝蘭，見內則釋文：「茝，本又作『芷』，昌改反。韋昭注漢書云：『香艸也，昌以反。』又說文云：『虈也，齊人謂之茝。』」據此則賈疏云「芝」，白虎通云「芑」，皆「芷」字之譌也。說文：「蕭，艾蒿也。」「蒹」乃「藋之未秀者」，則亦「蕭」之譌也。詩王風采葛傳云：「蕭，所以供祭祀。」正義引爾雅釋艸云：「蕭，萩。」陸璣云：「今人所謂萩蒿者是也。」「可作燭，有香氣，故祭祀以脂爇之爲香。」許慎以爲艾蒿，非也。」爾雅〔釋艸〕「艾，冰臺」，郭注：「今艾蒿。」

王者以四時畋，以奉宗廟，因簡戎事，刈艸爲防，敺欺于反。而射之，不題禽，不埯車美反。遇，不捷艸，越防不追，天子取三十焉，一爲乾梪，二爲賓客，三爲充君之庖，其餘以與士。

王者至戎事。夏官大司馬：「中春，教振旅」，「遂以蒐田。」「中夏，教茇舍」，「遂以苗田。」「中秋，教治兵」，「遂以獮田。」「中冬，教大閱，遂以狩田。」左氏隱五年傳：「春蒐夏苗，秋獮冬狩，皆于農隙以講事也。」○刈艸至不追。此亦未審所出。小雅車攻詩傳云：「田者，大芟艸以爲防，或舍其中，褐纏旃以爲門，裘纏質以爲槸，間容握，驅而入，轚則不得入，左者之左，右者之右，然後焚而射焉。天子發，然後諸侯發，諸侯發，然後大夫、士發。天子發，抗大綏；諸侯發，抗小綏。獻禽于其下，故戰不出頃，田不出防，不逐奔走，古之道也。」穀梁昭八年傳「艾蘭以爲防」，「以葛覆質〔以〕爲槸」，范甯注：「蘭，香艸也。防爲田之大限。」盧學士云：「艾」與「刈」音義同。不題禽，即穀梁〔昭公八年傳〕所云「面傷不獻」。垝，當與「詭」同。趙岐注孟子〔滕文公下〕曰：「横而射之曰詭遇。」文選班固東都賦「弦不睼禽，轡不詭遇」，李善注引説文：「睼，視也。音遞。」案：説文本云「睼，迎視也」，玉篇同。段氏云正迎而射之，則面傷矣。射左膘左髀，皆不正迎也。班作「睼」，其義正同。李善注脱「迎」字耳。郭注爾雅釋言云：「題，額也。」不捷艸，蓋禽之竄于艸中，不搜索而盡取之也。穀梁〔昭公八年傳〕又云：「過防弗逐，不從奔之道也。」○天子至與士。公羊桓四年傳「諸侯曷爲必田狩，一曰乾豆，二曰賓客，三曰充君之庖」，何休注「已有三牲，必田狩者，孝子之意，以爲已之所養，不如天地自然之牲，逸豫肥美，禽獸多則傷五穀，因習兵事，又不空設，故因以捕禽獸，所以共承宗廟，不忘武備，又因以爲田除害」也。小雅車攻詩傳：「一曰乾豆，二曰賓客，三曰充君之庖。故自左膘而射之，達于右腢爲上殺；射右耳本，次之；射左髀，達于右䯛，爲下殺。面傷不獻，踐毛不獻，不成禽不獻。禽雖多，擇取三十焉，其餘以與大夫、士，以習射于澤宮。田雖得禽，射不中不得取禽。田雖不得禽，射中則得取禽。古者以辭讓取，不以勇力取。」箋云：「射右耳本，射當爲達。三十者，每禽三十也。」孔疏：「一曰乾豆，謂第一上殺者，乾足以爲豆實供宗廟也。二曰賓客，謂第二殺者，別之以待賓客也。三曰充君之庖，爲第三下殺者，取之以充實君之庖廚也。君尊宗廟、敬賓客，故先人而後己，取其下也。又分別殺之三等，故自左膘而射之，達過于右肩髃爲上殺，以其貫心死疾，肉最絜美，故以爲乾豆也。射右耳本，箋云『射當爲達』，亦自左射之達右耳本而死者爲次殺，以其遠心，死稍遲，肉已微惡，故以爲賓客也。不言自左者，蒙上文可知。射左股髀而達過于右脅髃爲下殺，以其〔中〕脅，死最遲，肉又益惡，充君之庖也。凡射獸者，皆逐後從左廂而射之，達于右髃。獨言射左髀，則上殺達于右腢當自左脅也。次殺右耳本當自左肩腢也，不言自左，舉下殺之射左髀可推而知也。鄭云『每禽三十』者，以君之獵，不宜諸種，止取三十，故以爲每禽焉。則宗廟賓客君庖各十也，其餘以與卿大夫士習射澤宮，所以班餘獲射也。不言諸侯者，卿大夫尚得與射，諸侯在射可知也。」盧學士曰：乾梪，說文云：「木豆謂之梪。」漢韓勑孔子廟碑「爵鹿柤豆」，即「俎豆」。「梪」與「豆」同也。鄭注禮記王制云：「乾豆，謂腊之以爲祭祀豆實也。」范注穀梁桓四年傳云：「上殺中心，死速，乾之以爲豆實，可以祭祀。次殺射髀骼，死差遲。下殺中腸污胞，死最遲，先宗廟，次賓客，後庖廚，尊神敬客之義。」

——肆兵。

題上事也。白虎通義云：「王者諸侯所以田獵何？爲苗除害，上以供宗廟，下以簡集士衆也。」是因祭祀而田獵亦必順天之時，故以「肆兵」繫之釋天也。

全羽曰旞。

說文「旞，導車所以載，全羽以爲允。允，進也」，或作「𣄴」。釋名〔釋兵〕：「全羽爲𣄴。𣄴，猶滑也，順滑之貌也。」春官司常「道車載旞」，注：「道車，象路也。王以朝夕燕出入。」又云「全羽爲旞」，注：「全羽」，「五采，繫之于旞〔旌〕

之上。」

析羽曰旌。

說文：「旌，游車載旌，析羽注（于）旄首，所以精進士卒。」〔釋〕名〔釋兵〕：「析羽爲旌。旌，精也，有精光也。」春官司常「斿車載旌」，注：「斿車，木路也。」又曰「析羽爲旌」，注：「析羽」，「五采，繫之于〔旞〕旌之上，所謂注旄于干首也。」爾雅〔釋天〕「注旄首曰旌」，李巡曰：「犛牛尾著竿首。」孫炎曰：「析五采羽注旄上也，其下亦有旒縿。」郭璞曰：「載旄于竿頭，如今之幢亦有旒。」

熊虎曰旗。

說文：「旗，熊旗五游，以象罰星，士卒以爲期。」釋名〔釋兵〕：「熊虎爲旗，軍將所建，象其猛如虎，與衆期其下也。」春官司常「師都建旗」，注：「師都，六鄉六遂大夫也。謂之師都，都民所聚也。畫熊虎者，鄉遂出軍賦，象其守猛，莫敢犯也。」三禮圖云：「輈人『熊旗六斿，以象伐也』，鄭注：『熊虎爲旗，師都之所建，伐屬，白虎宿，與參連體而六星。』故六斿，此王者所建也。其斿與杠長短，亦如太常。若臣下則各依命數，然則遂大夫四命四斿，卿大夫六命，則爲六斿。斿之與杠長短，則不得如王者之數。」

天子杠高九仞，諸侯七仞，卿大夫五仞，士三仞。天子十二斿，至地；諸侯九斿，至軫；卿大夫七斿，至軹；紙音。士五〔二〕斿，至肩。

〔二〕五，疏證本作「三」。

此釋旃旗之杠及斿之制也。說文：「竿，竹梃也。」此云「杠」，其字以「木」，蓋以木爲之。斿，說文作「游，旌旗之流也」。左氏昭七年傳「楚子〔之〕爲令尹也，爲王旌以田。芋尹無宇斷之曰『一國兩君，其誰堪之』」，杜注：「析羽爲旌，王旌斿至于軫。」孔疏：「杜以楚雖僭號稱王，未必即如天子」，「故以諸侯解之。」然諸侯之旌，短于王旌二刃。大夫之旌，亦短于諸侯之旌二刃。案周禮軫去地四尺，較去軫並五尺五寸。而禮緯云諸侯齊軫，大夫齊較。于事爲疑，不可知也。」故劉向新序義勇篇：「司馬子期獵于雲夢，載旗之長拖地，芋尹文拔劍齊諸軫而斷之。司馬子期伏軾而問，曰：『吾有罪于夫子乎？』對曰：『臣以君旗拽地故也。國君之旗齊于軫，大夫之旗齊于軾，今子，荆國有名大夫，而滅三等，文之斷也，不亦可乎？』」左氏昭七年、公羊襄十六年疏引禮緯稽命徵及含文嘉皆云：「禮，天子旗九刃，十二旒曳地。諸侯七刃，九旒齊軫。卿大夫五刃，七旒齊較。士三刃，五旒齊肩。」肩，一作「首」。宋均曰：「旗者，旌旗也。所以別尊卑序貴賤也。軫，車後横木也。諸侯之旗齊于軫，士齊首。首，頭也。」此所謂釋者，本諸禮緯也。續漢志〔輿服上〕云：「天子建太常，十有二斿，九仞曳地。」又云「龍旗九斿，七仞齊軫，以象大火；鳥旟七斿，五仞齊較，以象鶉火；熊旗六斿，〔五仞〕齊肩，以象參、伐；龜旐四斿，四仞齊首。」「此諸侯以下〔之〕所建」，漢制也。鄭康成云：「七尺爲仞，天子之旗〔高〕六丈三尺。」然則諸侯四丈九尺，卿大夫三丈五尺，士二丈一尺歟。至軹，廣韻十八尤引廣雅作「至轂」，誤。金壇段大令玉裁云：輢内之軨謂之軹，縮輢上者謂之較。較與軹皆自與最高處言之，若轂則與軫高下相等矣。舊本「大夫」上脱「卿」字，盧氏據爾雅釋文引補。「五仞」下脱「士三仞」三字，盧氏據初學記引補。又「十三斿」，盧本「三」改「五」，今並從之。

旗幟。

題上事也。說文：「旗，士卒以爲期。」釋名〔釋兵〕：「旗，期也。」月令云：「以爲旗章，以別貴賤等給之度。」小雅六月「織文鳥章」，「織」即「幟」也。今通用「幟」。史記（高祖本紀）云「旗幟皆赤」，司馬貞曰：「幟或作『識』，或作『志』。」此因祭祀而及田獵，因田獵而及旗幟，故皆附于釋天。

釋地第九

管子水地篇：「地者，萬物之本原，諸生之根菀也。」說文「地，元氣初分，輕清陽爲天，重濁陰爲地，萬物所陳列也」，籀文作「墬」。釋名（釋地）：「地者，底也，其體底下載萬物也。亦言諦也，五土所生，莫不審諦也。易謂之坤；坤，順也，上順乾也。」太平御覽（卷三十六）引春秋説題辭云：「地之爲言媲也，承天行其義也，居下以山爲位，道之經也。山陵之大，非地不制，含功以牧生。」白虎通義（天地）：「地者，易也，言養萬物懷任交易變化也。」太平御覽（卷三十六）引曰：「地者，元氣所生，萬物之祖也。地之言施也，諦也，應施變化，審諦不誤，敬始重終，故謂之地也。」又云：「地有三形：高、下、平也。」地官大司徒有「不易之地、一易之地、再易之地」。遂人有「上地、中地、下地」。淮南地形訓：「東西爲緯，南北爲經。山爲積德，川爲積形。」丘陵爲牡，谿谷爲牝。」此篇所釋，先言四海九州之道，次及于汙地。而地所産之珠玉，地所有之異物，並紀焉，足以廣異聞也。洪範：「八政，一曰食。」謂農殖嘉穀可食之物，耕種所以盡地之力，足民之食，王政之大要，故亦廣其名而釋之。

神農度四海内，東西九十萬里，南北八十一萬里。

太平御覽（卷七十八）引春秋命歷序「人皇代分九州，有神人名石耳，蒼色大眉，（戴）玉理，駕六龍，出地輔，號皇神農。始立地形，甄度四海，東西九十萬里，南北八十一萬里」，宋均注：「日月清明有次序，故神應和氣以生也。玉理，猶玉英，玉勝也。所爲如此，其教如神農植樹木，使民粒食，故天下號曰皇神農也。甄紀地形遠近山林川澤所至。」盧學士曰：呂氏春秋有始覽云「凡四極之内，東西五億有九萬七千里，南北亦五億有九萬七千里」，高誘注「海東西長，南北短，極内等」也。

帝堯所治九州，地二千四百三十萬八千二十四頃，其墾者九百一十萬八千二十四頃。

帝王世紀云堯遭洪水，分爲十二州，今虞書是也。及禹平水土還爲九州，今禹貢是也。是以其時九州之地，凡二千四百三十萬八千二十四頃，定墾者九百一十萬八千二十四頃，不墾者千五百萬二千頃。盧學士曰：孝經援神契云：「計校九州之別，土壤山林之大，川澤所注，萊沛所生，鳥獸所聚，凡九百一十萬八千二十四頃。見御覽三十六。定墾者，九百一十萬八千二十四頃。此句見路史後紀十三注。磽确不墾者，千五百萬三千頃。」御覽「五百」譌作「一百」，今據劉昭注郡國志正之。路史志亦同。

夏禹所治四海内，地東西二萬八千里，南北二萬六千里，出水者八千里，受水者八千里。

管子地數篇：「桓公曰：『地數可得聞乎？』管子對曰：『〔地之〕東西二萬八千里，南北二萬六千里。』」中山經、呂氏春秋有始覽、淮南地形訓、帝王世紀並與管子同。

——四海九州。

題上事也。益稷云：「外薄四海。」禹貢：「東漸于海，西被于流沙，朔、南暨：聲教，訖于四海。」爾雅釋地「九夷、八狄、七戎、六蠻，謂之四海」，郭璞注：「九夷在東，八狄在北，七戎在西，六蠻在南，次四荒者。」説文云：「水中可居曰州，周遶其旁，从重川。昔堯遭洪水，民居水中高土，故曰九州。一曰州，疇也，各疇其土而生之。」春秋説題辭云：「州之言殊也。」釋名〔釋水〕：「水中可居曰洲。洲，聚也，人及鳥獸所聚息之處也。」此所釋者，專言神農、堯、禹時所治之地也。

湖、藪、陂、塘、都、甿、古朗反。斥、澤、埏、廷音[一]。衍、皋、古豪反。沼，池也。

陳風東門之池箋[二]云：「孔安國云：『停水曰池。』」古「池」字作「沱」。禮記〔禮器〕「惡池」，周禮〔職方氏〕作「虖沱」，史記蘇秦列傳作「嘑沱」。左氏隱三年傳正義引風俗通：「池者，陂池，从水也聲。」今本無之。鄭注月令云：「穿地通水曰池。」説文「沱，江別流也」，徐鉉曰：「沱沼之沱，通用此字，今別作『池』，非是。」湖者，風俗通山澤篇：「湖者，都也，言流瀆四面所限都也。」説文「湖，大陂也。揚州浸有五湖；浸，川澤所仰以灌溉也」，徐鍇曰：「湖，猶都也。五湖，一名具區。其派有五，故曰五湖。或曰以其周行五百里，故曰五湖。夫雲夢澤方五〔百〕里，可言五澤乎？或引國語吴越戰于五湖。直在一湖中戰，故曰太湖。自名五湖，蓋五湖其都數，若言兩京、五都、三秦、百越，但舉南都，亦可以言五都，豈便謂其總舉太湖哉！」藪者，説文：「藪，大澤也。」周禮〔天官大宰〕：「藪，以富得民。」又地官〔序官〕澤虞鄭注：「水希曰藪。」左氏昭二十年傳：「藪之薪蒸，虞候守之。」周語〔下〕云：「藪，物之歸也。」詩鄭風〔大叔于田〕釋文引韓詩章句：「禽獸居之曰藪。」風俗通義〔山澤〕云：「藪者，澤也，藪之言厚也，艸木魚鼈所以厚養人君與百姓也。」陂者，詩〔澤陂〕「彼澤之陂」，傳：「陂，澤障也。」周語〔中〕「澤不陂」，韋昭注：「陂，障也。古不竇澤，故障之。」説文：「陂，沱

[一] 埏廷音，王念孫説當作「埏延音」。

[二] 案：箋當爲釋文。錢氏録自誤本。

也。」漢書高祖紀〔上〕「嘗息大澤之陂」，顔師古注：「蓄水曰陂。」盧學士曰：風俗通〔山澤〕：「案傳曰：『陂者，繁也，言因下鍾水以繁利萬物也。』今陂皆以溉灌。」案：「繁」有「皮」音，應邵于魯國繁縣，音「皮」。儀禮鄉射禮「君國中射，則皮樹中」，鄭注：「今文『皮樹』爲『繁豎』。」詩〔小雅十月之交〕「番維司徒」，韓詩作「繁」，古今人表作「皮」，故此以「繁」訓「陂」也。世説德行篇：「郭林宗謂黄叔度汪汪若萬頃之陂。澄之不清，擾之不濁。」塘者，解見釋宫篇。都者，古「豬」字。夏本紀「大野既都」，集解云：「孔安國曰：『水所停曰都。』」禹貢作「豬」，馬融曰：「水所停止深者曰豬。」盧學士曰：中山經「和山實惟河之九都」，郭璞注：「九水所潛，故曰九都。」案：潛，藏也，亦鍾聚之義。䀒者，盧學士曰：「䀒」當即説文之「沆」字，云：「莽沆，大水也。〔一〕曰大澤〔貌〕。」風俗通〔山澤〕：「謹案傳曰：『沆者，莽也，言其平望莽莽無涯際也。』沆澤之無水，斥鹵之類也，今俗語亦曰沆澤。」案：廣韻〔蕩韻〕「𪉶，鹽澤也。䀒，同上」，即風俗通後一説也。斥者，禹貢「海濱廣斥」，夏本紀作「廣潟」，徐廣曰：「一作『澤』，又作『斥』。」河渠書「溉澤鹵之地」，索隱曰：「澤，一作『舄』，本或作『斥』。」是「斥」與「澤」通，故亦爲池。説文：「東方謂之㡿，西方謂之鹵。」通作「舄」。漢書地理志〔下〕：「齊地負海舄鹵。」溝洫志：「終古舄鹵兮生稻粱。」澤者，鄭注澤虞云：「澤，水所鍾也，水希曰藪。」風俗通義〔山澤〕云：「謹案尚書：『雷夏既澤。』詩云：『彼澤之陂，有蒲與荷。』傳曰：『水艸交錯名之爲澤。』澤者，言其潤澤萬物，以阜民用也。』春秋左氏傳云：『澤之萑蒲，舟鮫守之。』韓詩〔内〕傳：『〔舜漁〕雷澤。』〔雷澤〕在濟〔陰城〕陽縣（北）。」埏者，疑當爲「埏」。玉篇：「埏，隰也。」衍者，盧學士曰：説文：「衍，水朝宗于海也。」小爾雅〔廣器〕：「澤之廣者謂之衍。」左氏襄〔二十〕五年傳「井衍沃」，杜注：「衍沃，平美之地。」則如周禮〔制〕以爲井田。」釋文引賈逵曰：「下平曰衍。」大昭案：劉向九歎〔憂苦〕云「巡陸夷之曲衍兮」，王逸注：「衍，澤也。」皋者，小雅鶴鳴「〔鶴鳴〕于九皋」，傳：「皋，澤也。」箋云：「皋，澤中水溢出所爲坎，自外數至九，喻深遠也。」左氏襄十七年傳「澤門之皙」，詩疏引作「臯門」。離騷云「步余馬于蘭臯兮」，王逸注：「澤曲曰臯。」水經注潁水：「東南逕澤城北，即古〔城〕臯亭。」沼者，說文：「沼，池水。」孔安國曰：「方曰沼，圓曰池。」大雅靈臺「王在靈沼」，傳：「沼，池也。」

都野、孟豬、彭蠡、少原、原音。**振澤、渚毗、**符夷反。**沛**盃妹反。**澤、雷澤、幽都。**

都野者，漢書地理志〔下〕：「武威郡武威縣，休屠澤在東北，古文以爲豬壄澤。」夏本紀「原隰底績，至于都野」，集解：「鄭康成曰：『地理志都野在武威，名曰休屠澤。』」正義曰：「括地志：『都野澤在涼州姑臧縣東北二百八十里。』」孟豬者，周官職方云「藪曰望諸」，鄭注：「望諸，明都也。」禹貢「被孟豬」，夏本紀作「被明都」，索隱曰：「明都，音孟豬。」「爾雅、左傳謂之『孟諸』」，「惟周禮稱『望諸』，皆此地之一名。」漢書地理志〔下〕：「梁國睢陽縣，禹貢盟諸澤在東北。」元和郡縣志〔河南道三〕：「孟諸澤在宋州虞城縣西〔北〕十里，周回五十里，俗號盟諸澤。」彭蠡者，禹貢「彭蠡既豬，陽鳥攸居」，傳：「彭蠡，澤名。」釋文引張勃吴録云：「彭蠡，今名洞庭湖。」夏本紀作「彭蠡既都」，集解：「鄭康成曰：『地理志彭蠡澤在豫章彭澤西。』」正義曰：「括地志〔云〕：『彭蠡湖在江州潯陽縣東南五十二里。』」少原者，韓詩外傳〔卷九第十三章〕：「孔子出遊少原之野，有婦人中澤而哭，〔其音〕甚哀。孔子怪之，使弟子問焉，〔曰〕：『夫人何哭之哀？』」婦人對曰：『鄉者刈蓍薪而亡〔吾〕蓍簪，〔吾〕是以哀〔也〕。』孔子曰：『刈蓍薪而亡蓍簪，有何悲焉？』婦人曰：『非傷亡簪〔也〕，吾所以悲者，不忘故也。』」盧學士曰：楚辭惜誓「乃至少原之野〔兮〕，赤松王喬皆在旁」，王逸注：「少原之野，仙人所居。」此非廣雅所說。振澤者，夏本紀「震澤致定」，索隱曰：「震，一作『振』。」正義曰：「澤在蘇州西南四十五里。」地理志〔上〕：「會稽吴縣，具區在其西，揚州藪，古文以爲震澤。」越絶書〔越絶外傳記吴地〕：「太湖周三萬六千頃。」太平寰宇記引虞翻川瀆記云：「太湖東通松江，南通霅溪，西通荆溪，北通滆湖，東連九溪，凡五道謂之五湖。」渚毗者，盧學士曰：即諸毗。南山經「浮玉之山，北望具區，東望諸毗」，郭璞注：「水名。」即此所稱者是也。西山經：「不周之山，北望諸毗之山。」北山經「求如之山，滑水出焉，而西流注于諸毗之水」，郭注：「水出諸毗山。」此二者，皆非廣雅之所指也。沛澤者，左氏昭二十年傳：「齊侯田于沛。」公羊僖四年〔傳〕「齊桓公濱海而東，師大陷于沛澤之中」，何休注：「艸棘曰沛，漸洳曰澤。」趙岐孟子〔滕文公下〕注：「沛，艸木之所生〔也〕。澤，水也。」雷澤者，地理志雷澤在濟陰城陽縣西北。夏本紀「雷夏既澤」，正義曰：「洪水之時，高原亦水澤。不爲澤，今高地水盡，此復爲澤也。括地志：『雷夏澤在濮州雷澤縣郭外西北。』」海內東經云：「雷澤〔中〕有雷神，龍身而人頭，鼓其腹則雷也。」幽都者，盧學士曰：書堯典「申命和叔，宅朔方，曰幽都」，孔傳：「都謂所聚也。」尚書大傳「幽都弘山祀」，鄭注：「弘山，恆山也。十有一月朔巡守，祭幽都之氣于恆山也。」海內經云：「北海之內，有山，名曰幽都〔之〕山，黑水出焉。」案：廣雅記此九地，以擬九藪。幽都，蓋即禹貢之大陸。漢書地理志〔上〕「鉅鹿郡鉅鹿縣，禹貢大陸澤在北」，殆即所謂幽都也。

——池。

題上事也。前所釋者，皆池澤之別名，此確指其澤之地而釋之。

瓊支、瑾瑜、昭華、白珩、衡音。璇、旋音。璜、弁和、璵璠、垂棘、碧壚、藍田、琜來音。瓄、瀆音。琬琰、璐、路音。瑭、唐音。璑、⿰王囷、渠慜反。赤瑕。

瓊支者，衛風木瓜傳：「瓊，玉之美者。」說文「瓊，赤玉也」，或作「璚、瓗、琁」三字。玉篇「瓊，渠營切」，引莊子云：「積石爲樹，名曰瓊枝。其高一百二十仞，大三十圍，以琅玕爲之實。」「支、枝」，古字通。離騷云：「折瓊枝以繼佩。」張衡思玄賦「佩夜光與瓊枝」，李賢注：「瓊枝，玉樹。以喻堅貞也。」瑾瑜者，説文：「瑾瑜，美玉也。」西山經「峚山，丹水出焉」，「其中多白玉」，「瑾瑜之玉爲良，堅栗精密，濁澤而有光，五色發作，以和柔剛。天地鬼神，是食是饗；君子服之，以禦不祥。」左氏宣十五年傳：「瑾瑜匿瑕。」聘義：「瑕不掩瑜，瑜不掩瑕。」玉藻：「世子佩瑜玉。」楚辭九歎〔愍命〕「捐赤瑾于中庭」，王逸注：「赤瑾，美玉也。」昭華者，尚書大傳：「堯得舜，推而尊之，贈以昭華之玉。」淮南泰族訓：「乃屬舜以九子，贈以昭華之玉而傳天下焉。」王逸九思〔疾世〕云：「抱昭華兮寶璋。」盧學士曰：玉海引大傳：「舜以天德詞堯，西王母來獻白玉琯。」晉書律志：「舜時，西王母獻昭華之琯。」西京雜記〔卷三〕：「高祖初入咸陽宮，周行府庫」，「有玉管長二尺三寸，六孔，吹之則見車馬山林，隱轔相次，吹息，亦不復見，銘曰：昭華之琯。」白珩，説文：「〔珩〕，佩上玉也，所以節行止也。」楚語〔下〕「楚之白珩猶在乎」，韋昭注：「珩，佩上之横者。」晉語〔二〕「白玉之珩六雙」，注：「珩，佩上飾。」盧學士曰：「珩」通作「衡」。禮記玉藻云「幽衡蔥衡」，即「黝珩蔥珩」也。璇者，陶徵士誄「璿」引説文爲證，今本説文以「琁」爲「瓊」之或體，與李〔善〕所見本異矣。璜者，左氏定四年傳「分魯公以〔大路、大旂〕，夏后氏以璜」，杜注：「璜，美玉名。」淮南精神訓：「夫有夏后氏之璜者，匣匱而藏之，寶之至也。」詩〔鄭風女曰雞鳴〕毛傳：「雜佩者，珩、璜、琚、瑀、衝牙之類。」弁和者，與「卞和」同。魯有卞莊子，古今人表作弁嚴子。韓非子〔和氏〕云：「楚人和氏得玉璞于楚山中，〔奉而〕獻之厲王，〔厲〕王使玉人相之，〔玉人〕曰：『石也。』王以〔和〕爲誑，而刖其左足。〔及〕厲王薨，武王即位，〔和〕又〔奉其璞而〕獻〔之〕武王，〔武〕王使玉人相之，又曰『石也』，王又以〔和〕爲誑，而刖其右足。武王薨，文王即位，和乃抱〔其〕璞而哭于楚山之下，三日三夜，淚盡而繼之以血。王〔聞之〕，使人問其故」，「〔和〕曰：『吾非悲刖也，悲夫寶玉而題之以石，貞士而名之以誑，〔此吾所以悲〕也。』王乃使玉人理其璞而得寶焉，遂命曰：『和氏之璧。』」桓寬鹽鐵論

〈殊路〉：「和氏之璞，天下之美寶也，待鑑識之工而後明。」高誘注淮南子覽冥訓云：「楚人卞和得美玉璞于荆山之下，獻之武王、文王，俱刖其足。又獻之成王，剖視之，果得美玉，以爲〈璧〉，蓋純白夜光也。」盧學士曰：楚世家無厲王，韓非誤也。璵璠者，説文：「璠，璵璠，魯之寶玉。孔子曰：『美哉璵璠，遠而望之，奂若也；近而視之，瑟若也。一則理勝，一則孚勝。』」左氏定五年傳「季平子卒，陽虎將以璵璠斂，仲梁懷弗與，曰『改步改玉』」，杜注「璵璠，美玉」也。鹽鐵論〈鼂錯〉云：「夫以璠璵之玼，而棄其璞，以一人之罪，而兼其衆，則天下無美寶信士也。」垂棘者，左氏僖二年傳「晉荀息請以〈屈産之乘，與〉垂棘之璧，假道于虞」，杜注：「垂棘出美玉。」玉篇作「瑓」，引埤倉云：「垂瑓，地名，出美玉。」盧學士曰：何休注公羊云「垂棘出良璧」，疏云：「玉有美惡，出處不同，周有藍田，楚有和氏，宋有結緑，晉有垂棘。」碧瓐者，西山經「高山下多青碧」，郭璞注：「亦玉類。今越嶲會無縣東山出碧。」張衡南都賦「緑碧紫英」，李善注引廣志：「碧，有縹碧，有緑碧。」淮南氾論訓：「玉工眩（于）玉之似碧盧者，唯猗頓不失其情。」「盧」與「瓐」同。韻會〈虞韻〉：「瓐，碧玉也。」藍田者，漢書地理志〈上〉：「京兆〈尹〉藍田，山出美玉。」後漢西都賦注引范子計然曰：「玉出藍田。」盧學士曰：元和郡縣志藍田縣：「案周禮『玉之美者曰球，其次爲藍』，蓋以縣出美玉，故曰藍田。」京兆記又云：「出玉如藍，故曰藍田。」球璯者，説文：「球璯，玉也。」玉篇「璯」下引史記云：「崑〈山〉出璯玉。」琬琰者，説文：「琬，圭有琬者。」「琰，璧上起美色也。」春官典瑞「琬圭以治德，以結好；琰圭以易行，以除慝」，鄭司農云：「琬圭，無鋒芒，故治德以結好。琰圭，有鋒芒，傷害、征伐、誅討之象，故以易行除慝。」考工記〈玉人〉「玉人之事」，「琬圭九寸而繅，以象德；琰圭九寸，判規，以除慝，以易行」，鄭注：「琬猶圜也，王使之瑞節也。諸侯有德，王命〈賜〉之，使者執琬圭以致命焉。凡圭，琰上寸半；琰圭，琰半以上，又半爲瑑飾。」淮南説山訓：「琬琰之玉，在洿泥之中，雖廉者弗釋。」璐者，説文：「璐，玉也。」玉篇：「美玉也。」楚辭九章〈涉江〉：「被明月兮佩寶璐。」瑭者，徒郎切。玉篇「瑭，玉也」，本此。璑者，武扶切。說文：「璑，三采玉也。」夏官弁師「諸侯之繅斿九就，瑉玉三采」，注：「三采，朱、白、蒼。」「故書『瑉』作『璑』。」鄭司農云：「璑，惡玉名。」賈疏：「以其三采，又非璵璠，故云惡玉名也。」珚者，玉篇：「珚，齊玉也。」盧學士曰：水經穀水注引〈山〉海經：「傅山之西有林焉，曰璠冢。穀水出焉，東流注于洛，其中多珚玉。」今中山經作「珚」，以形近致誤。赤瑕者，說文：「瑕，玉小赤也。」鄭注聘義云：「瑕，玉之病也。」上林賦「赤瑕駁犖，雜臿其間」，張博士彼注云：「赤瑕，赤玉也。」

——玉。

題上事也。聘義云：「昔者，君子比德于玉焉。温潤而澤，仁也；縝密以栗，知也；廉而不劌，義也；垂之如隊，禮也；叩之其聲清越以長，其終詘然，樂也；瑕不掩瑜，瑜不掩瑕，忠也；孚尹旁達，信也；氣如白虹，天也；精神見于山川，地也；圭璋特達，德也；天下莫不貴者，道也。詩曰：『言念君子，温其如玉。』故君子貴之也。」管子水地篇：「夫玉之所貴者，九德出焉：温潤以澤，仁也；鄰以理者，知也；堅而不蹙，義也；廉而不劌，行也；鮮而不垢，潔也；折而〈不〉撓，勇也；瑕適皆見，精也；茂華光澤，並通而不相陵，容也；叩之，其音清搏徹遠，純而不殺，辭也。是以人主貴之，藏以爲寶，剖以爲符瑞。」春秋繁露〈執贄〉云：「凡執贄，公侯用玉。」「玉至清而不蔽其惡，内有瑕穢必見之于外。故君子不隱其短，不知則問，不能則學，取之玉也。君子比之玉，玉潤而不污，是仁而至清潔也；廉而不殺，是義而不害也；堅而不磬，過而不濡，視之如庯，展之如石，狀如石搔而不可從繞，潔白如素而不受污，玉類傳者，故公侯以爲贄。」說文：「玉，石之美有五德：潤澤以温，仁之方也；䚡理自外，可以知中，義之方也；其聲舒揚，尃以遠聞，知之方也；不撓而折，勇之方也；銳廉而不忮，絜之方也。象三玉之連，丨其貫也。」玉之爲用最廣，自宗廟祭祀朝聘會同，無不需之，要亦地之所產，故附于釋地焉。

水精謂之石英。

南山經「堂庭之山，多水玉」，郭璞注：「水玉，今水精也。〔相如〕上林賦〔曰〕：『水玉磊砢。』」廣志：「水精出大秦黃支國。」盧學士曰：水玉，赤松子所服，見列仙傳。後漢書西南夷傳哀牢夷出水精。「水精」亦作「水晶」。裴松之注魏志〔烏丸鮮卑東夷傳〕引魏略西戎傳：「大秦國以水晶作宮柱及器物。」

瑠璃、珊瑚、玫梅音。瑰、古回反。夜光、隋侯、隋侯見蛇傷，治之，後蛇銜珠以報。虎魄、金精、璣。

瑠璃者，漢書西域傳〔上〕「罽賓出珠璣、珊瑚、虎魄、璧流離」，孟康曰：「流離青色如玉。」顏師古曰：「魏略云大秦國出赤、白、黑、黃、青、緑、縹、紺、紅、紫十種流離。孟康言青色，不博通也。」後漢書西南夷傳哀牢夷出瑠璃。「瑠」與「珋」同。說文：「珋，石之有光璧珋也，出西胡中。」郭璞江賦云：「璃珋璿瑰。」劉逵吳都賦注：「黃支國多異物，入海市明珠流離。」案：「流離」即「瑠璃」也。韻集：「瑠璃，火齊珠也。」珊瑚者，說文：「珊瑚，色赤，生于海，或生于山。」漢書司馬相如傳「珊瑚叢生」，郭璞注：「珊瑚，生水底石邊，大者可高三尺餘，枝格交錯，無有葉。」曹植美女篇：「明珠交玉體，珊瑚間木難。」案：本艸「珊瑚生南海」，唐本注云：「似玉，紅潤，中多有孔，亦有無孔者。」玫瑰者，說文：「玫，火齊玫瑰也。」史記司馬相如列傳「其石則赤玉玫瑰」，集解：「郭璞曰：『玫瑰，石珠也。』」晉灼曰：「玫瑰，火齊珠也。」顏師古注漢書〔司馬相如傳上〕云：「火齊珠，今南方之出火珠也。」夜光者，淮南氾論訓「明月之珠，不能無纇」，注云：「夜光之珠，有似月光，故曰明月也。」王逸九思〔哀歲〕云「寶彼兮沙礫，捐此兮夜光」，注云：「夜光，明珠也。」班固西都賦「隋侯明月，錯落其間」，又曰「懸黎垂棘，夜光在焉」，李善曰：「高誘以隋侯爲明月，許慎以明月爲夜光，班固上云『隋侯明月』，下云『〔懸黎垂棘〕，夜光在焉』，然則班以夜光非隋侯明月矣。」「西京賦云『流懸藜之夜光』，吳都賦云『隋侯于是鄙其夜光』，鄒陽云『夜光之璧』，劉琨云『夜光之珠』，尹文子云『田父得寶玉，徑尺，置于廡上，其夜明照一室』，然則夜光爲通稱，不繫之于珠璧也。」隋侯者，莊子讓王篇：「今且有人于此，以隋侯之珠彈千仞之雀，世必笑之。是何也？則其所用者重而所要者輕也。」韓非解老篇：「和氏之璧，不飾以五采，隋侯之珠，不飾以銀黄，其質至美，物不足以飾之。」淮南覽冥訓「隋侯之珠，和氏之璧，得之者富，失之者貧」，高誘註：「隋侯，漢東之國，姬姓諸侯也。隋侯見大蛇傷斷，以藥傅〔而塗〕之，後蛇于江中銜大珠以報之，因曰隋侯之珠，蓋明月珠也。」孫奭孟子疏引韓詩云：隋侯姓祝，字元暢，往齊國，見一蛇在沙中，頭上出血，隋侯以杖扶于水中而去。後回還到蛇處，乃見此蛇啣珠來隋侯前，隋侯意不懌。是夜，夢脚踏一蛇，驚起，乃得雙珠，後人稱爲隋侯珠矣。一説不同，未知孰是。虎魄者，後漢書王符傳注云：「虎魄，珠也。生地中，其上及旁不生艸，深者八九尺。初時如桃膠，凝堅乃成。其方人以爲枕，出罽賓及大秦國。」本艸圖經云：舊説琥珀是千年茯苓所化，一名江珠。張茂先云：今益州永昌生琥珀，而無茯苓。又云：燒蜂窠所作。三説皆不能辨。案南蠻地志云：「林邑多琥珀，云是松脂所化。」「虎、琥」，「魄、珀」，字異義同。金精者，盧學士曰：文選郭璞江賦「金精玉英瑱其裏」，李善注引穆天子傳：「河伯曰：『視汝黄金之膏。』郭璞曰：『金膏，其精汋〔也。汋〕音綽。』」案：廣雅以金精爲珠，未能詳也。璣者，説文：「璣，珠不圜也。」禹貢「厥篚玄纁璣組」，孔引孝經援神契曰「神靈滋〔液〕，百寶用，則珠母璣鏡也」，宋均曰：「事神明得，則大珠有光可爲鏡也。」

——珠。

題上事也。説文：「珠，蚌之陰精。」淮南説山訓：「明月之珠，出于蛖蜄。」楚語〔下〕王孫圉對趙簡子曰：

「珠足以禦火災。」管子侈靡篇：「珠者，陰之陽也，故勝火。」文選〔曹植贈丁翼詩〕注引禮斗威儀云：「其君乘金而王，則江海出大貝明珠。」裴松之注魏志〔烏丸鮮卑東夷傳〕引西域舊圖云：「大秦多明月、夜光珠。」南方艸木狀云：「珠在蚌左右曰蚌珠，長三寸半，在漲海。」郭璞珠讚曰：「萬物變蜕，其理無方。雀雉之化，含珠懷璫。」珠玉皆珍寶之物，故以珠附于玉之後焉。

蜀石、碝、而兖反。玟、忙巾反。硨車音。磲、渠音。碼馬音。碯、奴道反。武夫、琨昆音。珸、吾音。瑎石、瑊古咸反，又〔咸〕音。玏、勒音。珂。

蜀石者，司馬相如上林賦「蜀石黄碝」，李善引張博士彼注云：「蜀石，石次玉者也。」揚雄蜀都賦云「于近則有瑕英菌芝，玉石江珠」，章樵注：「皆石之比珠玉者。菌芝，石芝也。」碝者，說文：「碝，石次玉者。」中山經「扶豬之山，其上多碝石」，郭璞注：「今雁門山中出碝石，白者如冰，半有赤色者。」司馬相如子虛賦「碝石武夫」，張博士彼注云：「皆石之次玉者。碝石，白者如冰，半有赤色。」史記〔司馬相如列傳〕集解：「徐廣云：『石似玉。』」班固西都賦：「碝磩綵緻。」玟者，說文：「玟，石之美者。」禮記玉藻：「士佩瓀玟而緼組綬。」鄭注聘義云：「碈，石似玉。或作『玟』。」解見下文。硨磲者，一作「車渠」，蛤屬，生南海中，大者如箕，背有渠壟，如蚶殼紋〔一〕，以爲器，如白玉。書顧命「大貝」「在西房」，孔傳：「大貝如車渠。」尚書大傳云「散宜生之江淮之浦，取大貝，如車之渠」，鄭康成注：「渠，車罔也。」御覽〔卷八〇八〕引玄中記：「車渠出天竺國。」又引魏文帝車渠椀賦序云：「車渠，玉屬。多纖理縟文。出于西國，其俗寶之，小以爲繫頸，大

〔一〕紋，原作「玟」，據文義改。

以爲器。」桂海虞衡志云：「車渠似大蚌。」嶺外代答云：「南海有蚌屬，曰車渠。形如大蚶，長三尺許，亦有盈一尺以下者。」郭璞江賦「紫蚢如渠」，即指車渠也。魏略云：「大秦國多車渠。」韻集：「車渠，生西國，是玉石之類，形似蚌蛤，有文理。」碼磂者，木華海賦：「車渠馬瑙，全積如山。」玉篇：「碼磂，石次玉。」廣志：「碼磂出西南諸國。」盧學士曰：御覽〔卷八〇八〕引玄中記云：「馬瑙出月支。」古今注〔雜注〕云：「魏武帝以瑪瑙石爲勒。」魏文帝賦云：「序曰：玉屬也，出自西域，文理交錯，有似馬瑙，故其方因以名之。」武夫者，一作「珷玞」。玉篇：「珷玞，石似玉。」南山經「會稽之山下多砆〔石〕」，郭璞注：「武玞，石似玉。今長沙、臨湘縣出之，赤地白文，色蘢蔥不分了也。」戰國〔策〕魏策云：「白骨疑象，碔砆類玉。」漢書子虛賦音義：「〔武〕夫出長沙。」文選〔司馬相如子虛賦〕注引張博士彼注云：「碔夫，赤地白采，蔥蘢白黑不分。」琨珸者，説文「琨，石之美者」，或从「貫」作「瑻」。書禹貢「瑤琨篠簜」，王肅注：「瑤琨，美石次玉者也。」馬融本及漢書地理志俱作「瑻」。司馬彪注子虛賦云：「琨珸，石之次玉者。」史記〔司馬相如列傳〕索隱記云：「案：河圖云『流州多積石，名昆吾〔石〕，鍊之成鐵，以作劍，光明昭如水精』。」碈石者，與「玟」同，一作「珉」。玉篇：「珉，靡豳切，山海經：『岐山其陰多白珉。』禮記〔云〕『君子貴玉而賤珉』，鄭玄曰：『石似玉。』本亦作『碈』，或作『玟』也。」史記司馬相如傳「琳瑉昆吾」，漢書〔司馬相如傳上〕作「珉」，張博士彼注云：「珉，石〔之〕次玉者。」瑊玏者，上古函切，下盧則切。漢書司馬相如傳「瑊玏玄厲」，張博士彼注云：「瑊玏，石之次玉者。」中山經「葛山其下多瑊石」，郭璞注：「瑊石，勁石似玉也。」説文作「玪塾」，云：「石之次玉者。」「瑊、玪」，「玏、塾」，字異音義同。珂者，吳都賦「致遠〔流〕離與珂珬」，劉逵注：「老雕化西海爲珬，已裁割若馬勒者，謂之珂。珬者，珂之本璞也。日南郡出珂珬。」玉篇：「珂，石次玉也。亦碼磂絜白如雪者。」

——石之次玉。

題上事也。蜀石等雖不似玉，要是玉之類，故説文于「石之次玉者」，曰「瑩」、曰「玤」、曰「璓」、曰「玖」；「石之似玉者」，曰「琱」、曰「瑀」、曰「⿰王亞」、曰「珢」、曰「玴」、曰「璅」、曰「璡」、曰「瑨」、曰「璁」、曰「⿰王虒」、曰「瑋」、曰「⿱臤玉」、曰「⿰王燮」、曰「玽」、曰「琂」、曰「璶」、曰「琟」、曰「瑦」、曰「瑂」、曰「璒」、曰「⿰王厶」、曰「玗」、曰「瑎」，皆備載于玉部也。

東方有魚焉，如鯉，六足，鳥尾，其名曰鮯。古合反。南方有鳥焉，三首，六目，六足，三翼，其名曰鷩必舌反。⿰亻鳥。音付予之付〔一〕。西方有獸焉，如鹿，白尾，馬足，人手，四角，其名曰玃九縛反。如。北方有民焉，九首，蛇身，其名曰相繇。由音。中央有蛇焉，人面，豺身，鳥翼，蛇行，其名曰化蛇。此五方之異物也。

此皆本山海經也。東山經「跂踵之山，有水焉，廣員四十里皆涌，其名曰深澤」，「有魚焉，其狀如鯉，而六足，鳥尾，名曰鮯鮯之魚，其名自叫」，郭注：「音蛤。」又讚云：「東方有魚，其形如鯉。其名爲鮯，六足鳥尾。鱗爲之母，胎育厥子。」南山經「基山，有鳥焉，其狀如雞，而三首，六目，六足，三翼，其名曰鷩⿰亻鳥，食之無臥」，郭注：「鷩⿰亻鳥，急性。敝孚二音。」西山經「皋塗之山，有獸焉，其狀如鹿而白尾，馬足人手而四角，名曰玃如」，郭注：「玃如，前兩脚似人手。音『貜

〔一〕音付予之付，王念孫博雅音校本作「付于反」。

玃』之『玃』。」又讚云：「玃如之獸，鹿狀四角。馬足人手，其尾則白。貌兼三形，攀木緣石。」海外北經「共工之臣曰相柳氏，九首，以食于九山。相柳之所抵，厥爲澤谿。禹殺相柳，其血腥，不可以樹五穀種。禹厥之，三仞三沮，乃以爲衆帝之臺。在崑崙之北，柔利之東。相柳者，九首，人面，蛇身而青」，郭注：「共工，霸九州者。頭各自食一山之物，言貪暴難饜。抵，觸；厥，掘也。」中山經：「陽山，其中多化蛇，其狀如人面而豺身，鳥翼而蛇行，其音如叱呼，見則其邑大水。」舊本「鵂」下音釋有「付予切」三字，當作「音付予之付」，今訂正。盧學士曰：「鵂」下疑尚脱一「鵂」字。列子力命篇「憋（片滅反）憨（敷音）」，張湛注：「急速之貌。」方言（第十）「憋（妨滅反），惡也」，郭璞注：「憋怤，急性也。」此鳥命名之義，因其急性也。玃如，郭注「音猳玃」。案今本多誤作「玃如」，注如誤作「猳玃」。近畢中丞沅據史記索隱作「玃如」，而音則作「猳玃」。案：猳玃，見呂氏春秋察傳篇注。爾雅釋獸「玃父」注作「貑玃」，則正文定當從廣雅作「玃」爲正。「相柳、相繇」聲相近。

八家爲鄰，三鄰爲朋，三朋爲里，五里爲邑，十邑爲鄉，十鄉爲都[一]，十都爲師，州十有二師焉。見尚書。

尚書大傳云「古之處師，八家而爲鄰，三鄰而爲朋，三朋而爲里，五里而爲邑，十邑而爲鄉，十鄉而爲都，十都而爲師，州有十二師焉。家不盈三口者不朋，由命士以上不朋」，鄭康成注：「州凡四十三萬二千家，蓋虞夏之數也。」舊本「朋」作「明」，今訂正。盧學士曰：晉書地理志（上）「昔在帝堯，叶和萬邦，制八家爲鄰」云云，亦與此同。鄭康成注皋陶

[一] 十邑爲鄉，十鄉爲都，疏證本作「十邑爲都」。

謨云：「師，長也。九州，州立十二人爲〔諸〕侯師，以佐其牧。堯初制五服，服各五百里，要服之内方四千里，曰九州，禹九州，州更方七千里，七七四十九，得方〔里〕千者四十九，其一以爲圻内，餘四十八，州分而各有其六。春秋傳曰：禹朝羣臣于會稽，執玉帛者萬國，則九州之内諸侯也。其制特置牧，以諸侯之賢者爲之，師蓋百國一師，州十有三師，則州千二百國也。八州，凡九千六百國，其餘四百國在圻内。」

㽥、柔音。𤳳、奴戈反。堅、堅音。甄、古賢反。埴、時識反。塿、樓音。垶、息營反。壚、來乎反。墳、陚、付音。田、地，土也。

說文：「土，地之吐生萬物者也。二，象地之下，地之中。丨，物出形也。」釋名〔釋天〕：「土，吐也，能吐生萬物（者）也。」㽥者，耳由切。說文：「㽥，和田也。」廣韻〔尤韻〕：「㽥，良田。」𤳳者，說文：「𤳳，城下田也。而緣切。」玉篇：「𤳳，城外隍内地也。仁緣、奴過二切。」堅者，即「堅」字，剛土也。曹憲避諱缺筆爾，音釋「堅」字後人所加。盧學士曰：考工記車人：「〔車人〕爲耒，堅地欲直庛，柔地欲句庛。」淮南地形訓、家語執轡篇皆云：「堅土人剛。」甄者，玉篇：「甄，陶人作瓦器謂之甄土也。」漢書董仲舒傳：「泥之在鈞，唯甄者之所爲。」埴者，說文：「埴，黏土也。」釋名〔釋地〕：「土黄而細密曰埴。埴，膩也，黏膩如脂之膩也。」禹貢「徐州厥土赤埴墳」，孔傳：「土黏曰埴。」考工記疏引鄭注作「戠」。考工記用土爲瓦謂之「搏埴之工」，是埴爲黏土。塿者，洛侯切。說文：「塿，塺土也。」垶者，說文：「垶，赤剛土也。」通作「騂」。地官草人「凡糞種，騂剛用牛」，注：「騂，謂〔地〕色赤〔而土〕剛強也。」壚者，說文：「壚，剛土也。」禹貢「豫州下土墳壚」，釋文引說文：「黑剛土也。」釋名〔釋地〕：「土黑曰盧，盧然〔解散也〕。」淮南地形訓：「壚土人大。」呂氏春秋辨土篇「凡耕之道，必始于壚，爲其寡澤而後枯。」墳者，禹貢「厥土黑墳」，馬融曰：「有膏肥也。」陚者，方句切。說文：「陚，丘名。」玉篇：

「陚，小阜。」集韻〔噳韻〕「罔甫切，平原也」，是「陚」爲高之土也。田者，説文：「田，陳也，樹穀曰田。」釋名〔釋地〕：「已耕者曰田。田，填也，五穀填滿其中也。」太玄云：「觸地而田之。」鄭注禹貢云：「據人功作力競，得而田之，則謂之田。」地者，解見上文。

耦、𦓤、沸音。⿰臿冘、才心反。耩、講音。⿰耒異、弋音。⿰耒突、突音。⿰耒甾、側基反。⿰耒麃〔一〕、布苗反。⿰耒皮、披音。⿰耒合、乎荅反。⿰金罷、碑音。⿰耒咅、步侯反。⿰耒局、局音。⿰耒莫、漢音。犂、營、墾、⿰耒圭，耕也。

説文：「耕，犂也。」玉篇引周書云：「神農之時，天雨粟，神農耕田而種之。」賈誼曰：「一夫不耕，或受之飢。」〔呂氏春秋任地〕：「凡耕之大方，力者欲柔，柔者欲力；息者欲勞，勞者欲息；棘者欲肥，肥者欲棘；急者欲緩，緩者欲急；溼者欲燥，燥者欲溼。」是因耕之，因地制宜也。耦者，盧學士曰：説文：「耦，耒廣五寸爲伐，二伐爲耦。」考工記匠人「〔匠人〕爲溝洫，耜廣五寸，二耜爲耦。一耦之伐，廣尺深尺謂之甽」，鄭注：「古者耜一金，二人併發之。其壟中曰〔甽，甽上曰〕伐，伐之言發也。甽，甽也。」疏云：「耜謂耒頭金，金廣五寸。耒面謂之庇，庇亦〔當〕廣五寸。」「二人各執一耜，若長沮、桀溺耦而耕。」「二人雖共發一尺之地，未必並發。」𦓤者，非尾切。説文：「𦓤，兩壁耕也。一曰覆耕種也。讀若匪。」⿰臿冘者，盧學士曰：玉篇：「⿰臿冘，掘地也。又臿屬也。亦作『鈂』。」廣韻〔侵韻〕又「直林切」，同。耩者，公項切。玉篇：「耩，⿰耒麃也。」齊民要術〔種穀〕云：「苗高一尺，鋒之。耩者，非不壅本苗深，穀艸益實，然令地堅硬，乏澤難耕。鋤得五偏已上，不煩耩。」⿰耒異者，余力切。玉篇「⿰耒異，耕也」，本此。案：「⿰耒異」與「⿰木異」同。呂氏春秋離俗〔覽爲欲〕云「晨寤興，務耕疾

〔一〕⿰耒麃，疏證本作「藨」。

庸，⿰耒具爲煩辱，不敢休矣」，高誘云：「⿰耒具，古『耕』字。」⿰耒突者，徒兀切。玉篇：「⿰耒突，耕禾間。」⿰耒菑者，玉篇：「⿰耒菑，耕也。」盧學士曰：蓋與「菑」同。詩周頌載芟「有略其耜，俶載南畝」，箋云：「俶載當爲熾菑。」正義曰：「熾然入地而菑殺其艸于南畝之中。」⿰耒麃者，玉篇：「⿰耒麃，耘也。」説文作「穮，耕禾間也」。詩作「麃」。周頌載芟「緜緜其麃」，傳：「麃，耘也。」左氏昭元年傳「譬如農夫，是穮是蓘」，杜注：「穮，耘也。壅苗曰蓘。」正義：「此言穮蓘即詩之（言）耘耔也。」⿰耒皮者，匹皮切。玉篇：「⿰耒皮，耕也。亦作『⿰田支』。」耠者，玉篇「耠，耕也」，本此。⿰耒罷者，彼爲切。説文：「⿰耒罷，梠屬。讀若嫣。」⿰耒咅者，玉篇：「⿰耒咅，梠屬。」⿰耒局者，渠録切。玉篇：「耕麥地。」廣韻（燭韻）「⿰耒局，耕也」，本此。⿰耒莫者，呼旦切。玉篇：「⿰耒莫，冬耕。」犁者，説文：「犁，耕也。」玉篇：「〔犁，耕〕具也。」釋名（釋用器）：「犁，利也，利發土絶艸根也。」古者二耜爲耦，而輓犁以耕。管子乘馬篇：「丈夫二犁，童子五尺一犁。」漢書匈奴傳（下）「犁其庭」，顔師古曰：「犁，耕也。」廣韻（齊韻）「犁，墾田器。亦耕也」，引海内經曰：「后稷之孫叔均所作。」魏略曰：「皇甫隆爲燉煌太守，教民作樓犁也。」⿰黍犁，同上。營者，盧學士曰：詩小雅黍苗箋：「營，治也。」蓋營度其田四圍所至也。漢趙充國屯田西域，後人即謂之營田。墾者，方言（第十二）「墾，力也」，郭注：「耕墾用力。」周語（上）：「土不備（墾），辟在司寇。」又（周語中）云「墾田若蓺」，注：「發田曰墾。」揚雄羽獵賦「是艸木不得墾辟」，李善引倉頡篇：「墾，耕也。」⿰耒圭者，古攜切。説文：「⿰耒圭，⿰耒圭叉可以劃麥，河内用之。」玉篇：「田器也。」○集韻（巧韻）「⿰耒包，部巧切」，引廣雅：「耕也。」今無此文，疑即「⿰耒尤」字之譌。

⿰耒肖、所交反。⿰耒曼、亡旦反。⿰耒夋、叉江反。⿰耒啇、他戾反。⿰耒奄、一劫反。⿰耒責、壯〔一〕責反。埶、魚世反。植、樹、⿰耒耆、祇

〔一〕壯，王念孫説當作「牀」。

音。⿰耒草〔一〕、派音。投、蒔，時志反。種之用反。也。

此釋種五穀之名也。説文作「穜，埶也」。玉篇以「穜、埶、種、稑」字彼此互易，失六書之故訓矣。稍者，玉篇：「稍，䅼種。山校切。」䅼者，玉篇：「䅼，不蒔田也。」廣韻〔桓韻〕：「母官切，〔種遍貌〕。」案：「䅼」通作「縵」。漢書食貨志〔上〕「一歲之收常過縵田畮一斛以上，善者倍之」，顔師古曰：「縵田，謂不爲甽者也。善爲甽者，又過縵田二斛以上也。縵音莫幹反。」稯者，説文：「堫，穜也。从土，子紅切。」「稯」與「堫」同。⿰禾啇者，他的切。玉篇：「⿰禾啇，種也。」廣韻〔霽韻〕「不耕而種」也。⿰禾奄者，玉篇：「⿰禾奄，犂種也。」積者，玉篇：「積，灰中種。仕革切。」埶者，説文「埶，穜也。从坴、丮持穜之」，引詩曰：「我埶黍稷。」盧學士曰：亦作「蓺」。詩大雅生民「蓺之荏菽」，箋云：「蓺，樹也。」周語〔中〕「墾田若蓺」，韋注：「蓺，猶蒔也。」植者，字當作「稙」。説文：「稙，早穜也。」又與「殖」通。書〔呂刑〕曰：「農殖嘉穀。」左氏襄三十年傳：「我有田疇，子産殖之。」樹者，説文「樹，生植之總名」，籀文作「尌」。⿰禾耆者，玉篇：「⿰禾耆，種麥。上祇切。」⿰耒草者，集韻〔卦韻〕「⿰耒草，普卦切」，引廣雅：「種也。」舊本「⿰耒草」譌「⿰氵草」，今訂正。投者，亦下種之意。蒔者，〔説文：「蒔，〕更別種。」尚書〔舜典〕「播時百穀」，鄭注：「時讀蒔。」

原，端也。

水經注〔汾水〕及太平御覽〔卷五十七〕引春秋説題辭云「高平曰原。原，端也，平而有度也」，宋均注：「度，法則也。」

〔一〕⿰耒草，疏證本作「⿰氵草」。

大鹵，太原也。

春秋昭元年經「晉荀吴帥師敗狄于大鹵」，公羊、穀梁皆作「大原」。公羊傳「大鹵也，曷爲之大原？地物從中國，邑人名從主人」，疏云：「案古史〔文〕及夷狄之人皆謂之大鹵」，「所以今經與師讀皆言『大原』者，正以地與諸物之名，皆須從諸夏名之故也」。穀梁傳：「中國曰太原，夷狄曰大鹵。」杜預左氏傳注云：「大鹵，太原晉陽縣。」

釋丘第十

說文「丠，土之高也，非人所爲也。从北，从一。一，地也。人居在丘南，故从北，中邦之居在崑崙東南。一曰四方高，中央下爲丘，象形」，古文作「垩」。崑崙是大丘之名。風俗通義〔山澤〕云：「謹案尚書：『民乃降丘度土。』堯遭洪水，萬民皆山棲巢居，以避其害。禹決江疏河，民乃下丘營度爽塏之場，而邑落之。故『丘』之字，二人立一上。一者，地也。四方高，中央下，象形也。」案：應說非也。言六書者，當以說文爲宗。賁六五「賁于丘園」，虞翻曰：「艮爲山，五半山，故稱丘。」揚子法言〔學行〕云：「丘陵學山而不至于山。」半山爲丘，義亦通也。御覽〔卷五十三〕引春秋說題辭曰：「丘者，墓也。」衛風氓詩「丘」與「淇」爲韻，故以「期」訓之。此篇以「釋丘」爲名，而止有「柲丘」一條，疑傳寫有脱漏矣。文選謝惠連泛湖〔歸出樓中翫月〕詩注引廣雅「土高四墮曰椒丘」，而今無此文，其明證也。此以丘爲主，而凡「阪、險、厓、隁」之屬，亦附見焉。

丘上有木爲柲祕音。丘。

盧學士曰：柲者，戈戟之柄。「柲丘」之名，不見他書。

小陵曰丘。

傳曰：必高必因丘陵。是丘與陵同類，丘特小于陵耳。盧學士曰：爾雅（釋地）：「大阜曰陵。」故小陵名曰丘也。

無石曰𨸏。

楚辭九思（憫上）：「山𨸏兮峉峉。」「𨸏」與「𠂤」同。説文：「𠂤，大陸，山無石者，象形。」釋名（釋山）：「土山曰阜。阜，厚也，言高厚也。」風俗通義（山澤）云：「謹案詩云：『如山如阜。』春秋左氏傳：魯公伯禽宅曲阜之地。阜者，茂也，言平地隆踊不屬于山陵也。今曲阜在魯城中，委曲長七八里。雒北（芒）阪即爲阜也。」

四隤大迴反。曰陵。

詩釋文引韓詩章句：「四平曰陵。」太平御覽（卷五十三）引春秋説題辭云：「陵之爲言棱也，輔山成其廣，層棱扶推，益厥長也。」

四起曰京。

説文：「京，人所爲絶高丘也。从高省，丨象高形。」四起，四面高起。

四〔一〕京曰阿。

言四方皆如京之高也。爾雅（釋地）：「大陵曰阿。」

〔一〕　四，疏證本作「曲」。

⿱𠂤土，細阜〔一〕也。

字書無「⿱𠂤土」字，疑「𠂤」之譌。說文：「𠂤，小阜也。象形。徐鉉曰：『今俗作堆。』都回切。」盧學士曰：賈逵注國語曰「小阜曰魁」，見史記趙世家。「魁」即「𠂤」也。舊本廣雅作「⿱𠂤土，細也」，誤，今據說文補正。又「塊阜」，亦丘之小者。淮南俶真訓：「塊阜之山，無丈之材。」

藏謂之壙。

說文：「壙，塹穴也。」周禮夏官方相氏「大喪，先匶，及墓，入壙，以戈擊四隅，毆方良」，鄭注：「壙，穿地中也。」地官掌蜃：「共闉壙之蜃。」禮檀弓〔下〕篇：「弔于葬者必執引。若從柩，及壙，皆執紼。」

墳、堬、以珠反。埰、采音。墦、煩音。埌、浪音。壠、培步苟反。塿、來苟反。丘、陵、墓、封，冢也。

說文：「冢，高墳也。从勹豖聲。知隴切。」釋名〔釋山〕：「冢，腫也，〔言〕腫起〔也〕。」周禮序官冢人注云：「冢，封土爲丘壠，象冢而爲之。」方言〔第十三〕：「冢，秦晉之間謂之墳，或謂之培，或謂之堬，或謂之埰，或謂之埌，或謂之〔壠〕。自關而東謂之丘，小者謂之塿，大者謂之丘，凡葬而無墳謂之墓，所以墓謂之墲」，郭注：「墳，取名于大防也。培，音部。堬，音臾。埰，古者卿大夫有采地，死葬之，因名也。埌，音波浪之浪。壠，有界埒似耕壠，因名之。塿，培塿，亦堆高之貌。」「墓，言不封也。墓猶慕也。墲，謂規度墓地也。漢書曰：初〔陵〕之墲，是也。」案：墳者，說文：「墳，墓也。」春官冢人「以爵等爲丘封之度，與其樹數」，注云：「王公曰丘，諸臣曰封。漢律曰：列侯墳高四丈，關內侯以下至庶人，各有

〔一〕疏證本無「阜」字。

差。」疏引春秋緯云：「天子墳高三仞，樹以松。諸侯半之，樹以柏。大夫八尺，樹以藥艸。士四尺，樹以槐。庶人無墳，樹以楊柳。」漢書霍光傳：「將軍墳墓未乾。」墦者，扶員、普安二切。玉篇：「墦，冢也。」孟子（離婁下）云「卒之東郭墦間之祭者」，趙岐注：「郭外冢間也。」埌者，莊子應帝王篇：「遊無何有之鄉，以處壙埌之野。」集韻（宕韻）：「埌，冢也。一曰壙埌，原野迥貌。」壟者，說文：「壟，丘壟也。」曲禮（上）「適墓不登壟」，鄭注：「壟，冢也，墓塋域。」月令：「孟冬，塋丘壟之大小、高卑。」潘岳懷舊賦：「墳壘壘而接壟。」培塿者，與「部婁」同。左氏襄二十（四）年傳「部婁無松柏」，杜注：「部婁，小阜。」說文作「附婁」，云：「小土山也。」周伯琦六書正譌云：「附，从𨸏付聲，俗用『培塿』，非。」丘、陵者，釋名（釋喪制）：「丘，象丘形也，陵亦然也。」玉篇：「陵，冢也。」墓者，說文：「墓，丘也。」釋名（釋喪制）：「墓，慕也，孝子思慕之處也。」序官墓大夫注：「墓，塚塋之地，孝子所思慕之處。」檀弓（上）云「古也墓而不墳」，注：「墓，謂兆域，今之封塋也。古，謂殷時也。士之高者曰墳。」封者，檀弓（上）云「于是封之，崇四尺」，鄭注：「聚土曰封。」又云：「吾見封之若堂者矣」，「見若覆夏屋者矣，見若斧者矣，從若斧者焉，馬鬣封之謂也。」小爾雅（廣名）云：「壙謂（之）竁，填（竁）謂之封。」

宅、垗、兆音。塋、營音。域，葬地也。

此釋葬地之名也。檀弓（上）篇：「國子高曰：葬也者，藏也。藏也者，欲人之弗得見也。」說文：「葬，藏也。从死在茻中。一，其中所以薦之。」宅、垗者，孝經喪親章云：「卜其宅兆，而安厝之。」北堂書鈔（卷九十二）引鄭注：「宅，墓穴也。兆，塋域也。」「垗、兆」同。士喪禮「筮宅，冢人塋之」，鄭注：「宅，葬居也。」又「兆南」注云：「兆，域也，所營之處。」塋、域者，說文：「塋，墓也。」春官小宗伯「兆五帝于四郊」，注云：「兆，爲壇之營域。」「塋」與「營」同。又冢人：「掌公墓之地，辨其兆域。」

隇威音。陾、夷音。阻、陂陀，險也。

説文：「險，阻難也。」易坎曰：「天險不可升也，地險山川丘陵也，王公設險以守其國。」隇陾者，漢書地理志上引詩「周道郁夷」，顔師古曰：「韓詩作郁夷字」，言使臣乘馬行于此道。」文選潘岳西征賦「登崤阪之威夷」，注引韓詩「周道威夷」，薛君章句：「威夷，險也。」漢郁夷故城在今隴州，隴阪在焉。此所釋者，本諸韓詩。「隇陾」與「威夷」同。阻者，説文：「阻，險也。」繫辭傳下：「夫乾」，「德行恆易以知險。夫坤」，「德行恆簡以知阻。」陂陀者，宋玉招魂「侍陂陁些」，王逸注：「陂陁，長陛也。」「陁，一作『陀』。」史記司馬相如傳：「登陂陁之長坂兮。」玉篇：「陀，大何切，陂陀，險阻也。俗作『陁』。」舊本「陀」爲「阤」，今訂正。

岡、嶺、隥、多鄧反。陘，形音。阪也。

説文：「阪，山脅也。」爾雅釋地「陂者曰坂」，李巡曰：「陂者，謂高峯山陂。」岡者，説文：「岡，山脊也。」釋名釋山：「岡，亢也，在上之言也。」大雅公劉云：「迺陟南岡。」嶺者，漢書閩粤傳：「令諸校留屯豫章梅領待命。」又云：「入白沙、武林、梅領。」是古作「領」也。玉篇「嶺，阪也」，本此。隥者，穆天子傳卷四「天子東升于三道隥」，郭璞注：「隥，阪也。」班固西都賦：「凌隥道而超西墉。」張衡西京賦：「隥道邐倚以正東。」陘者，户經切。漢書地理志上常山有井陘，地理志下中山有苦陘。説文：「陘，山絶坎也。」

隒、檢音，又斂音。澳、於六反。㕊、厈、浦、潯、濱、灇、叢音。堳、埒〔一〕、劣音。氾、墳、漘、脣音。陴、

〔一〕 堳、埒，疏證本作「湄、浖」。

浲〔一〕、垠，吴根反。厓也。

説文：「厓，山邊也。」又云：「崖，高邊也。」玉篇：「厓，水邊也。」是山、水邊通稱「厓」。隒者，魚檢切。説文：「隒，崖也。」張衡西京賦：「設切厓隒。」澳者，説文：「澳，水隈厓也。其内曰澳，其外曰隈。」通「隩」。周語〔下〕「宅居九隩」，韋昭注：「隩，内也。九州之内皆可宅居。」亦作「奥」。衛風〔淇奥〕「瞻彼淇奥」，禮記〔大學〕引作「澳」。辱〔者〕，盧學士曰：「辱」之訓「厓」，于古文未有。今案：乃「靡」字之譌也。史記司馬相如傳「明月珠子，玓瓅江靡」，集解引郭璞云：「靡，崖也。」索隱引應劭曰：「靡，邊也。」又引張博士云：「靡，涯也。」顔師古注漢書〔司馬相如傳上〕云：「江靡，江邊靡池之處也。」晉書元帝紀論：「起天旆于江靡。」厈者，説文「厂，山石之厓巖，人可居。象形」，籀文作「厈」。張衡西京賦「絶阬踰斥」，薛綜注：「斥，澤厓也。」李善「音尺」。浦者，説文：「浦，瀕也。」詩曰「率彼淮浦」，大雅常武釋文：「浦，涯也。」玉篇云：「水源枝注江海邊曰浦。」楚辭九歌〔湘君〕「望涔陽兮極浦」，〔王逸注：「浦，〕水涯也。」潯者，説文：「潯，旁深也。」淮南原道訓「故雖游于江潯海裔」，高誘注：「潯，厓也。潯讀『葛覃』之『覃』。」謝莊宣貴妃誄云：「散靈魄于天潯。」濱者，説文作「頻」，云：「水厓，人所賓附，頻蹙不前而止。」小雅北山：「率土之濱。」詩毛傳及子虚賦郭注並云：「濱，涯也。」潨者，徂紅切。大雅鳧鷖傳：「潨，水會也。」箋：「潨，水外之高者也。」堳、埒者，集韻〔薛韻〕引作「湄、浖」，俱从「水」。天官掌舍注云：「謂王行止宿，平地築壇，又委壝土起堳埒以爲宫。」此言「堳埒」，蓋厓之高起有似之也。「堳」通作「湄」。秦風蒹葭「在水之湄」，傳：「湄，水隒也。」孔疏云：「『爾雅〔釋山〕：『重甗，隒。』『隒』是山岸，『湄』是水

〔一〕浲，疏證本作「涘」。

岸，故云水隒。」爾雅〔釋丘〕「水潦所還埒丘」，郭注：「謂丘邊有界埒，水環繞之。」淮南原道訓：「聰明不損，而知八紘九野之形埒。」氾者，楚辭天問云「出自湯谷，次于蒙氾」，王逸注：「氾，水涯也。」墳者，爾雅〔釋丘〕「墳，大防」，李巡曰：「墳，謂厓岸狀如墳墓，名大防也。」地官大司徒「辨其」「墳、衍、原、隰之名」，後鄭注：「水涯曰墳。」説文作「濆，水厓也」，引詩曰：「敦彼淮濆。」大雅常武傳：「濆，涯也。」漘者，説文：「漘，水厓也。」王風葛藟「在河之漘」，傳：「漘，水隒也。」正義曰：「隒是山岸，漘〔是〕水岸，故云水隒。」魏風伐檀傳：「漘，厓也。」陴、涬者，舊本作「陴、茾」，且譌爲音釋。考集韻〔矦韻〕引廣雅：「陴、涬、厓也。」盧學士曰：説文：「陴，城上女墻，俾睨也。」此亦有邊竟之誼。涬，疑是「茾」。玉篇：「茾，亦『瀰』〔字〕，深也，盛也。」漢書地理志〔下〕「邶又曰『河水洋洋』」，〔顔師古注〕：「今邶詩無此句。」不知乃「茾茾」之誤也。「瀰」既爲水盛，似不當在此，然亦得與「潯、濛、汎」爲類，或疑是「汻」字。説文「汻，水厓也」，徐鉉曰：「今作『滸』，非是。」爾雅〔釋丘〕「岸上，滸」，注：「岸上地。」段氏玉裁云：「涬」疑「泮」之誤。詩衛風〔氓〕「隰則有泮」，傳：「泮，坡也。」箋云：「泮，讀爲『畔』。畔，涯也。」大昭案：「涬」之爲厓，未見所出，段説近之，其爲正文無疑。垠者，説文「垠，地垠也。一曲岸也」，或作「圻」。史記賈生列傳「坱軋無垠」，索隱引説文：「垠，圻也。」揚雄羽獵賦「開北垠，受不周之制」，顔師古注：「垠，厓也。」張協七命「旍拂霄堮，〔軌〕出蒼垠」，李善注引許慎淮南子注：「垠堮，端厓。」

㖼、所流反。埆、菊音。隩、隅，隈也。

説文：「隈，水曲隩也。」淮南覽冥訓「田者不侵畔，漁者不爭隈」，高誘注：「隈，曲深處，魚所聚也。」魏都賦「考之四隈，則八埏之中」，張載注：「隈，猶隅也。」鄒衍曰：『四隈不靜。』」㖼者，劉向九歎〔憂苦〕云「步從容于山㖼」，王逸注：「㖼，隈也。」玉篇「㖼，隈也」，本此。盧學士曰：本書釋詁〔四〕「㖼，隱也」。此又訓爲「隈」者，亦謂可以隱匿之處。檀弓

〔下〕所云「其高可隱也」，是也。𡋯者，大雅公劉「芮鞫之即」，箋：「水之内曰隩，水之外曰鞫。」周禮職方氏注引詩作「汭𡋯」。漢書地〔理〕志〔上〕「芮阸，雍州川也」，顔注：「阸讀與『鞫』同。」「韓詩作『芮阸』。」是「𡋯、鞫、阸」音義同。盧學士曰：爾雅釋丘：「隩隈。」又云「〔厓〕内爲隩，外爲隈」，陸氏釋文本「隈」作「鞫」，云：「字林作『𡋯』。」玉篇：「阸，古岸也。」廣韻〔屋韻〕：「曲岸水外曰阸。」陬、隅者，本書釋言：「隅、陬，角也。」説文：「陬，阪隅也。」又云：「隅，陬也。」楚辭天問云：「隅隈多有，孰知其數？」

——厓隩。

題上事也。

釋山第十一

周語〔下〕云：「山，土之聚也。」管子形勢篇：「山者，物之高者也。」春秋繁露〔山川頌〕云：「積土成山，無損也成其高，無害也成其〕大，無虧也小其上，泰其下久長安，後世無有去就，儼然獨處，惟山之意。」説文「山，宣也，宣氣散生萬物，有石而高」也。釋名〔釋山〕：「山，産也，産生物也。」文選〔琴賦〕注引春秋運斗樞云「山者，地〔之〕基」也。太平御覽〔卷三十八〕引春秋説題辭云：「周易艮爲山，爲小石。石，陰中之陽，陽中之陰，陰精輔陽，故山含石。石之爲言託也，託，立法也。」水經注引説題辭云：「陰含陽，故石凝爲山。」初學記〔卷五〕引韓詩外傳云：「夫山，萬人〔之〕所瞻仰，材用生焉，寶藏殖焉，飛禽萃焉，走獸伏焉，育羣物而不倦，有似夫仁人志士，是仁人所以樂山也。」此篇所釋，先言山岳之異名，次及天下名山之數，以及崑崙諸山之高遠，無不備焉。

岱宗謂之泰山。

漢書郊祀志（上）：「歲二月，東巡狩，至于岱宗。岱宗，泰山也。」風俗通義山澤篇云：「東方泰山。詩云：『泰山巖巖，魯邦所瞻。』尊曰岱宗，岱者，長也。萬物之始，陰陽交代。」白虎通義（巡狩）云：「岱者，言萬物相代于東方也。」公羊僖三十一年傳云「觸石而出，膚寸而合，不崇朝而徧雨（乎）天下者，唯泰山爾」，故爲五岳之長。漢書地理志（上）：「泰山郡博縣有泰山廟。岱山在西北，兖州山。」道書福地記：「泰山高四千九百丈二尺。」張守節曰：「泰山在兖州博城縣西北三十里。」

天柱謂之霍山。

漢書地理志（上）：「廬江郡灊縣，天柱山在南。有祠。」爾雅（釋山）「霍山爲南岳」，郭注「今在廬江灊縣西（南），即天柱山，灊水所出」也。史（記）封禪書：「上巡南郡，至江陵而東，登禮灊之天柱山，號曰南岳。」初學記（卷五）引盛弘之荆州記云：「衡山者，五岳之南岳也，其來尚矣。至于軒轅，乃以灊霍之山爲（其）副焉，故爾雅曰：『霍山爲南岳。』蓋因其副焉。至漢武南巡，又以衡山南遠，道隔江漢，於是乃徙南岳之祭於廬江灊山，此亦承軒轅副義也。」太平御覽（卷三十九）引徐靈期南岳記與荆州記同。張博士是漢末人，依漢武所定之五岳立説，故以泰、霍、華、恆、嵩當之，别名岣嶁之衡山不入數也。爾雅（釋山）：「大山宫小山，霍。」今天柱山，在安慶府潛山縣西北，亦謂之皖公山，皖水出焉，别流曰灊水，合流入于江。其山中峯小而四圍有大山，以宫繞之，霍之名因此。

華山謂之太華。

禹貢「西傾、朱圉、鳥鼠，至于太華」，鄭康成曰：「地理志太華山在弘農華陰南。」周官（職方氏）：「豫州，其山鎮曰華山。」西山經：「華山，一名太華之山」，「削成而四方，其高五千仞，其廣十里。」漢書地理志〔上〕：「京兆〔尹〕華陰縣，太華山在南，有祠，豫州山。」風俗通義〔山澤〕云：「西方華山。華者，華也，萬物滋然，變華于西方也。」初學記〔卷五〕引華山記云：「山頂有池，生千葉蓮花，服之羽化，因曰華山。」〔又引〕薛綜注西京賦云：「華山對河東首陽山，黄河流于二山之間。古語云此本一山當河，河水過之而曲行，河神巨靈，以手劈開其上，以足蹈離其下，中分爲兩，以通河流，今覩手跡于華山上，指掌之形具在，脚跡在首陽山下，亦存焉。」張守節曰：「括地志〔云〕：『華山在華州華陰縣南八里。』」

常山謂之恆山。

史記夏本紀「常、衛既從」，索隱曰：「此文改恆山、恆水皆作『常』，避漢文帝諱故也。」周官〔職方氏〕：「并州，其山鎮曰恆山。」漢書地理志〔上〕：「常山郡上曲陽縣，恆山北谷在西北。有祠。并州山。」白虎通義〔巡狩〕云：「北方爲恆。恆者，常也，陰終陽始，其道常久，故又曰常山。」風俗通義〔山澤〕云：「恆者，常〔也〕，萬物伏藏于北方有常也。」初學記〔卷五〕引五岳圖云：「恆山高三千九百丈七尺，上方三十里，周迴三千里，有太玄之泉，神艸十九種，服之可度世。管子云：恆山北臨代，南俯趙，東接海河之間，早生而晚殺，五穀之所蓄熟，四種五穫焉。」

外方謂之嵩。

漢書地理志〔上〕「潁川郡崈高縣，武帝置，以奉太室山，是爲中岳。有太室、少室山廟。古文以崇高爲外方山也」，顏師古曰：「崈，古『崇』字。」史記〔夏本紀〕集解引劉熙孟子注云：「益避禹之子，在崈高之北。」説文新附有「嵩」字，云：「中岳嵩高山也。韋昭國語注云：「古通用『崇』字。」爾雅〔釋山〕「山大而高，崧」，郭注：「今中岳嵩高山蓋依此名。」釋名〔釋山〕：「崧，竦也，亦高稱也。」風俗通〔山澤〕：「中央曰嵩高。嵩者，〔高〕也。詩云：『嵩高惟岳，峻極于天。』」白虎通

〈巡狩〉：「中央之岳獨加高字〈者〉何？ 中央居四方之中而高，故曰嵩高山。」初學記〈卷五〉引戴延之西征記云：「其山東謂太室，西謂少室，相去十七里，嵩其總名也。 謂之室者，以其下各有石室〈焉〉。」史記正義云：「括地志：『嵩高山亦名太室山，亦名外方山，在洛州陽城縣北二十三里。』」舊本「外」下脱「方」字，「嵩」上衍「崏」字，今訂正。 盧學士曰：「嵩」下當併增「高」字。

岣古候反。嶁力候反。謂之衡山。

郭璞注中山經「衡山」云：「俗謂之岣嶁山。 岣，音矩。 嶁音縷。」漢書地理志〈下〉「長沙國湘南縣，禹貢衡山在東南，荆州山」。 張守節〈史記夏本紀正義〉云：「括地志：『衡山在衡州湘潭縣西四十一里。』」

蜀山謂之崏山

史記封禪書：「瀆山，蜀之汶山。」漢書郊祀志汶山作「岷山」。 地理志〈上〉：「蜀郡湔氏道，禹貢崏山在西徼外，江水所出。」説文「岷」作「𨺅」，義與班固同。 河圖括地象曰：「岷山之地爲井絡，帝以會昌神以建福。」漢之湔氏道，在唐爲松州，廣德初，陷吐番。 宋以爲吐番地。 今爲龍安府松潘衛。 岷山在衛西北二十里，曰大分水嶺，江水出焉。「蜀、瀆」聲相近，故「瀆山」亦爲「蜀山」也。「崏、岷、汶」，字異音義同。

吳山謂之開山。

夏官職方氏：「雍州，其山鎮曰岳山。」漢書地理志〈上〉：「右扶風汧縣，吳山在西，古文以爲汧山。 雍州山。」史記〈夏本紀〉正義云：「括地志：『汧山在隴州汧源縣西六十里。 其山東鄰岐、岫，西接隴〈岡〉，汧水出焉。』」「汧、開」，聲相轉。

薄落謂之豣牽音。頭。

漢書地理志〔下〕：「安定郡涇陽縣，豣頭山在西，禹貢涇水所出。」五帝本紀「西至于空桐，登雞頭」，索隱曰：「山名也。後漢王孟塞雞頭道，在隴西。一曰崆峒山之別名。」正義曰：「括地志：『笄頭山一名崆峒山，在原州平高縣西百里。』」淮南子〔地形訓〕「涇出薄落之山」，高注：「薄落之山，一名笄頭山。」是〔笄〕頭一名薄落也。「豣、笄、雞」，字異音義同。音釋讀「豣」爲「牽」，失之矣。

土高有石，山。

鄭注周禮〔地官大司徒〕云：「積石曰山。」説文：「山，有石而高，象形。」

山，産也。石，䄷石音。也。

釋名：「山，産也，産生物也。」「山體曰石。石，格也，堅捍格也。」初學記〔卷五〕引春秋説題辭云：「石之爲言託〔也。託〕，立法也。」又引物理論云：「土精爲石，石氣之核也。氣之生石，猶人筋絡之生爪牙也。」盧學士曰：説文：「䄷，百二十斤。」蓋五權之最重者。石質重，故云䄷也。

冢，腫也。嶽，确學音。也。

釋名〔釋山〕：「山頂曰冢。冢，腫也，言腫起也。」白虎通義〔巡狩〕云：「嶽者何？」「嶽之爲言捔也，捔功德也。」風俗通義〔山澤〕云：「嶽者，考功德，黜陟〔幽明〕也。」「确、捔」，古字通。

凡天下名山五千二百七十，出銅之山四百六十有七，出鐵之山三千六百有九。

史記貨殖傳「銅、鐵則千里往往山出棊置」，索隱曰：「言如置棊子，往往有之。」帝王世紀云：「名山五千三百五十經，六萬四千五十六里，出銅之山四百六十七，出鐵之山三千六百九，以供財用。」山海經（中山經）作「名山五千三百七十」，「出鐵之山三千六百九十」。管子地數篇名山之數與山海經同，出銅、鐵之山與廣雅同。又曰：「山上有赭者，其下有鐵。」「上有慈石者，其下有銅。」

崑崙虛有三山：閬風、板桐、玄圃，其高（萬）一千一百一十里一十四步二尺六寸。

淮南地形訓「掘崑崙虛以下地，中有增城九重，其高萬一千里百一十四步二尺六寸。」「縣圃、涼風、樊桐，在崑崙閶闔之中，是其疏圃」，高注：「掘，猶平也。」水經云：「崑崙虛在西北，去嵩高五萬里，地之中也，其高萬一千里。」十洲記云：「崑崙有三角：正北曰閬風巔，正西曰縣圃臺，正東曰崑崙宮。」水經注（河水一）引崑崙説云：「崑崙之山三級，下曰樊（桐），一名曰板桐；二曰玄圃，一名曰閬風；上曰層城，一名天庭。」

𣶒、烏玄反。 畎、古犬反。 嶰、乎買反。 谿、谷。

此釋谷之名也。山下出泉，流而不竭，故附釋山篇中。説文云：「泉出通川爲谷，从水半見于口。」𣶒者，説文：「淵，回水也。或作『𣶒』。象形，左右岸也。」李康運命論：「譬如水也，通之斯爲川焉，塞之斯爲淵焉。」盧學士曰：列子黃帝篇「鯢桓之潘爲淵，止水之潘爲淵，流水之潘爲淵，濫水之潘爲淵，沃水之潘爲淵，氿水之潘爲淵，雍水之潘爲淵，汧水之潘爲淵，肥水之潘爲淵」，殷敬順釋文云：「潘，本作『蟠』。」「蟠，洄流也。」畎者，説文「く，水小流也」，篆文作「畎」。禹貢云：「羽畎夏翟。」嶰者，説文作「⿰阝解」，云：「水衡官谷也。一曰小谿。」馬融廣成頌：「窮浚谷，底幽嶰。」通作「解」。呂氏春秋古樂篇：「取竹于嶰谿之谷。」漢書律曆志（上）「黃帝使泠綸」，「取竹之解谷」，注：「崑崙之北谷名。」谿者，爾雅釋山云「山豄無所通，谿」。説文：「（谿，山瀆無所通者）。」又釋水「水注川曰谿，注谿曰谷」，傳疏引宋均曰：「無水曰谷，有水曰谿。」

釋水第十二

洪範：「五行，一曰水」，「水曰潤下。」管子水地篇：「水者，地之血氣，如筋脈之通流者也，故曰水具材也。」「夫水淖弱以清，而好灑人之惡，仁也；視之黑而白，精也；量之不可〔使〕概，至滿而止，正也；唯無不流，至平而止，義也；人皆赴高，己獨赴下，卑也。」淮南原道訓：「夫水所以成其至德于天下者，以其淖溺潤滑也。」釋名〔釋天〕：「水，準也，準平物也。」說文：「水，準也，北方之行。象衆水並流，中有微陽之氣也。」白虎通義〔五行〕云：「水位在北方者，陰氣在黃泉之下，任養萬物。水之〔爲〕言準也，養物平均有準則也。」太平御覽〔卷五十八〕引春秋元命苞云：「水之爲言演也，陰化淖濡，流施潛行也。」文選注引玄中記云：「天下之多者水焉，浮天載地。」此篇所釋，先言原泉，水所自也。次言州渚，民所居也。自川瀆以及坑淵，無不備焉。舟楫之利，以濟不通，故舟亦附見之。

濆墳音。泉，直泉也。直泉，涌泉也。

公羊昭九年經「叔弓帥師，敗莒師于濆泉」，傳云：「濆泉者何？直泉也。直泉者何？涌泉也。」徐彥疏：「謂此泉直上而出。」水經注〔河水四〕：「瀵水出汾陰縣南四十里，西去河三里。平地開源，濆泉上涌，大幾如輪，深則不測，俗呼〔之〕爲瀵魁，古人壅其流以爲陂水種稻。東西二百步，南北百餘步。」盧學士曰：「爾雅〔釋水〕「濫泉正出；正出，涌出也」，注引公羊作「直出」，云：「直，猶正也。」疏引李巡注云：「水泉從下上出曰涌泉。」說文：「涌，滕也。」「滕，水超涌也。」

州，居也。陼，止也。渚，處也[一]。潪，直尸反。至也。

州，居也。釋名（釋水）：「水中可居曰洲。洲，聚也，人及鳥物所聚息之處也。」説文云：「昔堯遭洪水，民居水中高土，故曰九州。」「一曰州，疇也，各疇其土而生之。」衆經音義（卷十七）引孫炎注爾雅云：「水有平地可居者也。」○陼，止也。渚，處也。「陼、渚」，古通用。釋名（釋水）：「小洲曰渚；渚，遮也，體高能遮水使從旁迴也。小渚曰沚；沚，止也，小可以止息其上也。」楚辭九章（涉江）「朝發枉陼兮，夕宿辰陽」，王注：「枉陼，地名。或曰：枉，曲也。陼，沚也。」高誘注淮南（地形訓）云：「水中可居者曰渚。」盧學士曰：爾雅釋水「小州曰陼，小陼曰沚，小沚曰坻」，邢疏引李巡曰：「四方皆有水，中央獨可居，但大小異其名耳。」釋文：「陼」字又作「渚」。詩召南（江有汜）「江有渚」，傳：「渚，小洲也，水枝成渚。」箋：「江水流而渚留。」齊語「渠弭於有渚」，韋昭注：「渠弭，裨海也。水中可居者（曰）渚。」然則「渚」即「陼」也，不宜異文兩見。疑當作「陼，處也。沚，止也」，于爾雅次第不失，而諧聲取義，文亦無複。○潪，至也。「潪」與「坻」通用。説文「坻」或从「水」作「潪」。釋名（釋水）：「小沚曰坻。坻，遲也，能遏水使流遲也。」

海，晦也。江，貢也。河，何也。淮，均也。濟，濟也。津[二]，因也。洛，驛[三]也。瀍，理也。澗，間也。漢，達也。渭，徦謂音。也。汝，汝也。涇，徑也。

[一] 陼，止也。渚，處也，疏證本作「陼，處也。沚，止也」。
[二] 津，疏證本作「伊」。
[三] 驛，疏證本作「繹」。

此釋諸水命名之義也。○海，晦也。説文：「海，天池也，以納百川者。」釋名〔釋水〕：「海，晦也，主承穢濁，其色黑如晦也。」盧氏云：禮記〔曲禮下〕疏引李巡説、詩〔小雅蓼蕭序〕疏引孫炎説，亦皆以海爲晦。○江，貢也。風俗通義山澤篇云：「江，貢也，所出珍物可貢獻也。」釋名〔釋水〕：「江，公也，諸水流入其中，所公共也。」○河，何也。商頌玄鳥「景員維河」，鄭箋：「河之言何也。」釋名〔釋水〕：「河，下也，隨地下處而通流也。」風俗通〔山澤〕：「河者，播也，播爲九流，出龍圖也。」案：「何」與「荷」通。水經注〔河水一〕引春秋説題辭云：「河之言荷也，荷精分布，懷陰引度也。」○淮，均也。釋名〔釋水〕：「淮，圍也，圍繞揚州北界，東至海也。」風俗通義〔山澤〕云：「淮者，均也，均其務也。」○太平御覽〔卷六十一〕引春秋説題辭云：「淮出桐柏。淮者，均也，均其勢也。」○濟，濟也。説文：「泲，沇也，東入于海。」又別出「濟」云：「水出常山房子贊皇山。」今經典相承混爲一矣，此實當作「泲」也。釋名〔釋水〕：「濟，濟也，源出河北，濟河而南也。」風俗通義〔山澤〕云：「濟〔者〕，齊也，齊其度量也。」水經注〔濟水一〕引春秋説題辭云：「濟，齊也；齊，度也，貟也。」○津，因也。説文作「津，水渡也」。鄭注論語〔微子〕云：「津，濟渡處。」因河爲津。○洛，驛也。此「洛」是禹貢「導洛自熊耳」之「洛」，豫州川也。字或作「雒」。左馮翊褱德亦有洛水，是雍州寖。初學記〔卷六〕及太平御覽〔卷六十二〕引春秋説題辭云：「洛之爲言繹也，繹其耀也，宋均注：『水光耀也。』」案：「驛、繹」，古字通。○瀍，理也。詹事兄曰：説文無「瀍」字。淮〔南〕本經訓「禹闢伊〔闕〕，導廛、澗」，〔注：「廛、澗」，兩水名。〔廛〕，讀如『裏纏』之『纏』。」「廛」从「里」，疑古有「里」音，故「瀍」訓爲「理」耳。○〔澗，間也〕。釋名〔釋水〕：「山夾水曰澗。澗，間也，言在兩山之間也。」○漢，達也。詹事兄曰：達，疑「遠」之譌。○渭，⿰亻胃也。初學記〔卷六〕引春秋説題辭云：「渭之爲言⿰亻胃也，⿰亻胃⿰亻胃流水貌。」○汝，汝也。下「汝」字當作「女」。太平御覽〔卷六十三〕引春秋説題辭云：「汝出猛山。汝之爲言女也，宋均曰：『女，取其生孕也。』」○涇，徑也。爾雅釋水：「直波爲徑。」釋名〔釋水〕：「水直波曰涇。涇，徑也，言如道徑也。」

湍，瀨也。磯，機音。磧七的反。也。

湍，瀨者，趙岐孟子〔告子上〕注：「湍者，圜也，謂湍湍瀠水也。」說文：「湍，疾瀨也。他耑切。」楚辭九歌〔湘君〕云「石瀨兮淺淺」，王逸注：「瀨，湍也。淺淺，流疾貌。」淮南地形訓「湍水人輕，遲水人重」，〔許慎〕注：「湍，水行疾也。」又俶真訓「湍瀨旋淵」，注：「湍瀨，急流也。」漢書武帝紀「甲爲下瀨將軍」，臣瓚曰：「瀨，湍也，吴越謂之瀨，中國謂之磧。伍子胥書有下瀨船。」溝洫志云「高水湍悍，難以行平」，顏師古曰：「急流曰湍。」磯，磧者，說文：「磧，水陼有石者。」又徐鉉新附有「磯」字，云：「大石激水也。」趙岐孟子〔告子下〕注：「磯，激也。」玉篇：「磯，水中磧也。」「磧，水渚石，水淺石見。」

䧆、洪音。洫、畎、㴉、遂音。涓〔一〕、埂、古杏反。溝、渠、川、瀆、欿、窞、徒感反。科、臽，陷音。坑也。

此釋坑之名也。說文「阬，閬也」，徐鉉曰：「今俗別作『坑』，非是。」楚辭七諫〔初放〕云：「與麋鹿同坑。」䧆者，玉篇：「䧆，户工切，阬也。」廣韻〔東韻〕「䧆，坑也」，本此。洫者，說文：「洫，十里爲成，成間廣八尺、深八尺謂之洫。」亦作「淢」。大雅文王有聲云「築城伊淢」，傳：「淢，成溝也。」箋：「方〔十〕里曰成。淢，其溝也，廣深各八尺。」畎、㴉者，考工記匠人：「〔匠人〕爲溝洫，耜廣五寸，二耜爲耦。一耦之伐，廣尺深尺，謂之畎。田首倍之，廣二尺，深二尺，謂之遂。九夫爲井，井間廣四尺，深四尺，謂之溝。」說文「く，一耦之伐，廣尺深尺謂之く，倍く謂之遂，倍遂曰溝，倍溝曰洫」，古文作「畎」。㴉，

〔一〕涓，疏證本作「䳾」。

與「遂」同。涓者，說文：「涓，小流也。」古懸切。家語觀周：「金人銘：『涓涓不壅，終爲江河。』」集韻銑韻「涓」下引廣雅「坑也」，是本又作「涓」。埂者，說文：「埂，秦謂阬爲埂。讀若井汲綆。」玉篇引倉頡篇：「埂，小坑也。」溝者，說文：「溝，水瀆，廣四尺，深四尺。」釋名釋水：「水注谷曰溝。田間之水亦曰溝。溝，搆也，縱横相交搆也。」渠者，說文：「渠，水所居。」風俗通山澤：「秦時韓人鄭國穿渠」，「以利漕道」，「官民俱賴其饒焉。」川者，說文：「川，貫穿通流水也。」釋名釋水：「川，穿也，穿地而流也。」考工記匠人：「兩山之間，必有川焉。」管子度地篇：「水之出于他水，溝流于大水及海者，命曰川。」虞書益稷：「濬畎澮，距川。」謂深溝澮之水，會爲川也。瀆者，爾雅釋水：「注澮曰瀆。」說文：「瀆，溝也。」「隫，通溝也」。讀若瀆。」古文作「𧮯」。欿者，與「坎」同。易坎卦，京房、劉竝作「欿」。詩魏風伐檀「坎坎伐輪兮」，石經魯詩殘碑作「欿欿」。坎象傳：「習坎，重險也。」窞者，說文：「窞，坎中小坎也。一曰旁入也。」坎初六「入于坎窞」，王弼曰「最處坎底」也。馬融長笛賦：「峪窞巖窴。」科者，孟子離婁下「盈科而後進」，趙注「科，坎」也。舊本「科」譌「枓」，今訂正。臽者，說文：「臽，小阱也。从人在臼上。户猪切。」廣韻陷韻：「臽，小坑也。」

湋、潭、淵〔一〕。自三仞以上二億三萬三千五百五十有九。清滁、浮著，水也。

此釋淵水之名及其都目也。淵者，解見釋山篇。湋者，說文：「湋，回也。羽非切。」案：說文又部「𠬪」字注云：「回，淵水也。」是回亦淵也，故謂之湋。潭者，楚辭九章抽思云「泝江潭兮」，王逸注：「潭，淵也。楚人名淵曰潭。」淮南地形訓：「凡鴻水淵藪，自三百仞以上，二億三萬三千五百五十里，有九淵，禹乃以息土填洪水，以爲名山。」禮記曲

〔一〕王念孫以爲「淵」下當有「也」字。

禮〔下〕曰「水曰清滌」，正義云：「古祭用水當酒，謂之玄酒也。而云清滌，言其甚清皎潔也。」樂記云「尚玄酒」，是也。浮著，未詳。盧學士曰：此云「浮著，水」，或本有酒在中，而以水加之，使其味淡。若然始得玄酒之名，否則即謂之明水可矣，何必亦稱之爲酒乎？

陽侯、濤、太高反。**汏，**太音。**波也。**

此釋波之名也。陽侯者，戰國策〔韓策二〕云：「塞漏舟，而輕陽侯〔之波〕。」〔陽侯〕，陽國侯也，溺死于水，其神能爲大波。楚辭九章〔哀郢〕云「淩陽侯之氾濫兮」，王逸注：「陽侯，大波之神。」揚雄反離騷云：「陵陽侯之素波兮。」博物志〔卷三〕：「澹臺子羽渡河，齎千金之璧〔于河〕，河伯欲之，至陽侯波起。」濤者，高誘注淮南人間訓：「波者涌起，還者爲濤。」文選〔吴都賦〕注引倉頡篇：「濤，大波也。」汏者，楚辭九章〔涉江〕云「齊吴榜以擊汏」，王逸注：「汏，水波也。」廣韻〔泰韻〕：「汏，徒蓋切。」

舟、舫、榜，船也。

方言〔第九〕：「舟，自關而西謂之船，自關而東謂之舟，或謂之航。」説文：「船，舟也。」釋名〔釋船〕：「船，循也，循水而行也。」淮南道應訓：「至于中流，陽侯之波，兩蛟夾繞其船。」舟者，説文：「舟，船也。古者共鼓、貨狄刳木爲舟，剡木爲楫，以濟不通。象形。」釋名〔釋船〕：「舟，言周流也。」吕氏春秋〔勿躬〕：「虞姁作舟。」墨子〔非儒〕云：「工倕作舟。」山海經注引宋仲子注世本云：「共鼓、貨狄二人並黄帝臣。」淮南説山訓：「見窾木浮而知爲舟。」舫者，説文：「舫，船師也。明堂月令曰：『舫人，習水者。』甫妄切。」又云：「方，併船也。」詩邶風谷風「方之舟之」，箋：「方，泭也。」爾雅〔釋水〕「大夫方舟」，郭注：「併兩船。」釋文：「方，音舫，或作『舫』，又音方。」玉篇：「〔舫〕，並兩船。」盧學士曰：戰國〔策〕楚策〔一〕：

「張儀謂方船積粟。」又云：「舫船載卒，一舫載五十人。」一言「方」，一言「舫」，義亦無別。榜者，王逸注九章〈涉江〉「吳榜」云：「船櫂也。」司馬相如子虛賦「榜人歌」，史記集解引郭璞注：「榜，船也。」案：玉篇：「榜，北孟切。」廣韻〈映韻〉：「榜人，船人也。」集韻〈宕韻〉：「榜[一]，補曠切，並兩船。」文選〈司馬相如子虛賦〉注引張博士説：「榜人，船長也。」

𦨭、彫音。艬、士嚴反。𦨴、艜、帶音。艒目音。䑹、夙音。𦩍、蒲故反。舺、甲音，又狎音。舴責音。艋、猛音[二]。艆、力唐反。𦪇、壯尤反。𦨣鉤音。𦪕、鹿音。艑、步典反。艖、楚加反，又徂多反。舩丁計反。艡、當音。舽、扶江反。舡、乎[三]江反。艞、滔音。舸、苦[四]可反。𦪈、撥音。艛、力侯反。䑘、叉音[五]。𦩛、苦計反。𦩔其音。䑼、貍音。𦪽、零音。舶、白音。艀、扶鳩反。艦、銜之上聲。䑧、洪音。艇、挺音。艅餘音。艎、黃音。艨蒙音。艟、衝音。艗五的反。艄、首音。舴側格反。艋、猛音。𦪫，禮音。舟也。

上釋舟之總名，此釋舟之散名也。易〈中孚〉曰：「利涉大川，乘木舟虛也。」詩〈邶風谷風〉疏引鄭注：「舟，謂集板，如今自空大木爲之，曰虛。」「總名皆曰舟。」〔𦨭〕者，釋名〈釋船〉：「船三百斛曰𦨭。𦨭，紹也；紹，短也，江南所名，短而

[一] 榜，集韻宕韻作「艕」。
[二] 舴責音艋猛音，王念孫説此處與後重複，乃衍文。
[三] 乎，王念孫説當作「呼」。
[四] 苦，王念孫説當作「古」。
[五] 艛力侯反、䑘叉音，原譌作「艛力又叉侯，反又反」，今據博雅音改。

廣，安不傾危者。」玉篇：「䑴，音彫。」盧學士曰：案藝文類聚〔卷七十一〕所云「䑴」作「刀」，初學記〔卷二十五〕作「舠」。詩衛風河廣「曾不容刀」，箋：「小船曰刀。」正義云：「説文作『䑴』。䑴，小船也。」今説文無之。又引釋名亦作「刀」，是「刀、舠、䑴」並通用。艬者，玉篇：「艬，大船也。」廣韻〔銜韻〕「艬，合木船」也。⿰舟同者，玉篇：「⿰舟同，徒紅切，⿰舟同船。」艜者，方言〔第九〕「艇長而薄者謂之艜」，郭璞音「衣帶」之「帶」。玉篇「艜，丁大切，艇船」也。艒䑿者，方言〔第九〕「艖謂之艒䑿」，郭音「目宿」。玉篇：「艒，音冒，又音目，艒䑿，船名。䑿，思六切，艒䑿。」䑺者，小爾雅〔廣器〕云：「艇之小者曰䑺。」方言「艇短而深者謂之䑺」，郭注：「今江東呼艖〔䑺者〕，音步。」玉篇：「䑺，艇短而深也。」舺者，集韻〔狎韻〕「䑺舺，舟也」，是合上「䑺」爲一船名。舴艋者，玉篇：「舴，陟格切，舴艋，小舟。艋，莫梗切。」艆者，玉篇：「艆，海船也。」⿰舟鄒者，玉篇：「⿰舟鄒，音鄒，船也。」集韻引埤倉云：「艆⿰舟鄒，海中大船也。」則合「艆⿰舟鄒」爲一船。⿰舟句䑥者，玉篇：「⿰舟句，古侯切，⿰舟句䑥，舟名。」「䑥，力木切。」北堂書鈔〔卷一三八〕「豫章城西有⿰舟句䑥洲，即吕蒙作⿰舟句䑥大艑處」，水經注〔贛水〕作「谷鹿洲」，蓋「⿰舟句、谷」聲相轉也。盧學士曰：「⿰舟句」又作「⿰舟冓」。吳志吕蒙傳：「蒙盡伏其精兵⿰舟冓䑥。」艑者，玉篇：「艑，船小也。」盧氏云：此蓋指扁舟，言艑自有大者，故識作石城樂云：「大艑載三千，漸水丈五餘。」艖者，方言〔第九〕「小舸謂之艖」，郭注：「今江東呼艖，小底者也。音叉。」玉篇：「艖，小船。」集韻〔銑韻〕合上「艑」爲一船，云：「艑艖，舟名。」⿰舟氐艡者，玉篇：「⿰舟氐，⿰舟氐艡，戰船也。艡，丁浪切，⿰舟氐艡。」廣韻〔霽韻〕：「⿰舟氐艡，水戰船。出字林。」艂者，玉篇：「艂，吳船。」舡者，玉篇：「舡，船也。」艞者，玉篇：「艞，他刀切。」五音集韻〔笑韻〕：「對艞，江中大船。」「艞、⿰舟堯」同。舸者，〔方〕言〔第九〕：「南楚江湘凡船大者謂之舸。」左思吳都賦：「弘舸連舳。」玉篇：「舸，各可切，船也。」⿰舟發者，玉篇：「⿰舟發，布末切，大船也。」艛者，玉篇：「艛，舟名。」案：漢書武帝時，南粵叛，修昆明池，治樓船高十餘丈，楊僕爲樓船將軍，即此矣。「艛、樓」，古字通。

〔⿰舟叉者，玉篇：「⿰舟叉，音叉，⿰舟符也。」〕⿰舟契者，玉篇「⿰舟契，舟也」，本此。⿰舟其艃者，玉篇：「⿰舟其，渠之切，⿰舟其艃，舟名。艃，力之切。」集韻〔之韻〕作「⿰舟基艃」。〔䑼者，玉篇〕：「䑼，力丁切。」亦作「舲，小船屋也」。類篇：「䑼，舟有窗者。」通作「舲。」楚辭九章〔涉江〕云「乘舲船余上沅兮」，王逸注：「舲船，船有牕牖者。」淮南俶真訓「越舲蜀艇，不能無水而浮」，高誘注：「舲，小船也。」舶者，衆經音義〔卷十〕引字林：「舶，大船也。今江南汎海船謂之舶，崑崙及高麗皆乘之大者，受萬斛也。」玉篇：「舶，補格切，大船也。」廣韻〔陌韻〕：「舶，海中大船。」集韻〔陌韻〕：「蠻夷汎海舟曰舶。」艀者，玉篇：「艀，小⿰舟符也。亦作『艀』。」案：「艀、⿰舟符」聲相近。艦者，釋名〔釋船〕：「船上下重牀曰艦，四方施版以禦矢石，其内如牢檻也。」陸機辨忘論：「舳艫千里，前驅不過百艦。」晉書音義〔中〕引字林：「艦，屋船也。」舼者，玉篇：「舼，渠恭切，小船。⿰舟果，同上。」方言〔第九〕「艇小而深者謂之⿰舟果」，郭注：「即長舼也。音『邛竹』之『邛』。」是「舼」與「⿰舟果」同。艇者，小爾雅〔廣器〕云：「小船謂之艇。」方言〔第九〕「小艒⿰舟宿謂之艇」，郭注：「⿰舟同也。」釋名〔釋船〕：「船二百斛以下曰艇。其形徑挺，一人二人所行者也。」玉篇：「艇，音挺，小船。」艅⿰舟黄者，吴闔廬舟。⿰舟黄，亦作「艎」。經典通用「餘皇」。左氏昭十七年傳：「楚大敗吴師，獲其乘舟餘皇。」玉篇：「艅，弋諸切，艅艎，船名。艎，音皇，吴舟。」艨艟者，釋名〔釋船〕：「船外狹而長曰艨衝，以衝突敵船也。」玉篇：「艨，莫公切，艨艟，戰船。艟，尺庸切。」艗艏者，史記子虛賦「浮文鷁」，集解引漢書音義云：「鷁，水鳥也。畫其象于船首。」淮南本經訓「龍舟鷁首，浮吹以娱」，高誘注：「鷁，大（水之）鳥也。畫其像著船頭，故曰鷁首。」案：方言〔第九〕「首謂之閤閭，或謂之艗艏」，郭注：「閤閭，今江東呼船頭屋謂之飛閭是也。鷁，鳥名也。今江東貴人船前作青雀，是其像也。音亦。」釋名〔釋船〕云：「其上屋曰廬，象廬舍也。〔其〕上重室曰飛廬，在上，故曰飛也。又在〔其〕上曰爵室，于中候望〔之〕，如鳥雀之警示也。」「廬、閭」同。玉篇：「艗，舟頭爲鷁首。艏，尺久切，船名。」案：抱朴子〔博喻〕：

「艅艎鷁首，涉川之良器也。」「艗、鷁」同。舴艋者，已見上文，此重出。盧學士曰：「艋」字衍。上名「舴艋」，此名「舴艬」與。「艨艟、艗首」以上皆兩字，不應復間以一字，當刪去。艬者，方言〈第九〉「東南丹陽會稽之間謂艖爲欚。」説文：「欚，江中大船名。盧啟切。」玉篇亦云：「〈江中〉大船。」集韻〈虞韻〉引廣雅「舤，舟也」，今無此文。

簰、薄佳反。澼、敷音。潢，横音。筏伐音。也。

此釋筏之名也。説文「橃，海中大船」，徐鉉曰：「今俗别作『筏』，非是。」方言〈第九〉「泭謂之簰，簰謂之筏。筏，秦晉之通語也。江淮家居簰中謂之薦。方舟謂之潢」，郭注：「泭，〈音敷〉。水中簰也。揚州人呼渡津舫爲杭，荆州人呼潢。」説文：「泭，編木以渡也。」「潢，以船渡也。」「泭，芳無切。」「潢，户孟切。」玉篇：「潢，航也。」爾雅〈釋水〉「庶人乘泭」，郭注：「併木以渡。」周南〈漢廣〉「不可方思」，傳：「方，泭也。」釋文：「泭，本亦作『澼』，又作『桴』，或作『柎』。」論語〈公冶長〉「乘桴浮于海」，馬融曰：「桴，編竹木大者曰栰，小者曰桴。」楚辭九章〈惜往日〉云「乘氾泭以下流兮」，王逸注：「編竹木曰泭。楚人曰泭，秦人曰橃。」三國志吴書妃嬪傳：「宜伐蘆葦以爲泭，佐船渡軍。」

舥凡音。謂之舷。賢音。艑倫音。謂之桄。光音。

舥，一名舷。艑，一名桄。玉篇：「舥，舷也。舷，胡田切，船舷。」又云：「艑，船也。」類篇：「桄，舟前木也。」盧學士曰：淮南説林訓「客乘舟，中流遺其劍，遽契其舟舥〔一〕，暮薄而求之」，高誘注：「契，刻〈也〉。舥，船弦板，讀如左傳『襄

〔一〕舥，今本淮南子作「桅」。王念孫曰：「今本淮南子『桅』譌作『桅』。『桅』字草書作『桅』，因譌而爲『桅』。集韻、類篇並云：『舥，或作桅。』漢童子逢盛碑亦有『桅』字。」

王出居鄭地氾』之『氾』。」楚辭九歌〔湘君〕「桂櫂兮蘭枻」，王逸注：「枻，船旁板也。」又漁父篇「漁父鼓枻而去」，注：「叩船舷也。」是舷亦謂之船旁板。

造〔一〕舟謂之浮梁。

方言〔第九〕文。造，彼作「艁」，古文「造」也。郭注：「即今浮橋。」爾雅〔釋水〕「天子造舟」，郭注：「比船爲橋。」詩〔大雅大明〕疏引李巡曰：「比其舟而渡曰造舟。」潘岳閒居賦：「浮梁黝以徑度。」盧學士曰：「爾雅〔釋水〕釋文云：『造，廣雅作『艁』，音同。』案：今方言〔第九〕尚作「艁」，而廣雅作「造」，疑出後人所改，當正之。據汗簡則古爾雅亦作「艁」。

崑崙虛，赤水出其東南陬，子侯反，又鄒音。河水出其東北陬，洋水出其西北陬，弱水出其西南陬。河水入東海，三水入南海。

海內西經云：「海內崑崙之墟，在西北，帝之下都。」「赤水出東南隅，以行其東北。西南流注南海厭火東。河水出東北隅，以行其北，西南〔又〕入渤海，又出海外，即西而北，入禹所導積石山。洋水、黑水出西北隅，以東，東行，又東北，南入海，羽民南。弱水、青水出西南隅，以東，又北，又西南，過畢方鳥東。」淮南地形訓：「河水出崑崙東北陬，貫渤海，入禹所導積石山。赤水出其東南陬，西南注南海，丹澤之東。赤水之東，弱水出自窮石，至于合黎，餘波入于流沙，絕流沙，南至南海。洋水出其西北陬，入于南海羽民之南。凡四水者，帝之神泉，以和百藥，以潤萬物。」

〔一〕造，疏證本作「艁」。

水自渭出爲澩，乎角反，又呼篤反。水自汾墳音。出爲派。

盧學士曰：爾雅釋山：「夏有水、冬無水，澩。」此言「水自渭出」，未知所本。説文「澩，从水，學省聲」，「或不省」作「澩」。又云：「汾水，出太原晉陽山，西南入河。」「派，别水也。」

廣雅疏義卷第十九

廣雅卷十

釋艸第十三

說文：「艸，百卉也。从二屮。」通作「屮」。「屮，艸木初生也，象〔丨〕出形有枝莖也。古文或以爲『艸』字，讀若『徹』。」案：洪範「庶艸蕃廡」，古文尚書作「屮」。荀子富國篇「剌屮殖穀」，楊倞注：「屮，古『艸』字。」漢書禮樂志「屮木零落」、地理志〔上〕「屮繇木條」、敍傳〔上〕「天造屮昧」，顏師古並云：「屮，古『艸』字。」隸釋高彪碑：「獄犴坐屮。」亦以「屮」爲「艸」字。禮記述殷制，典司六職者，司土、司木、司水、司器、司貨，而外有司艸，謂之天子六府，鄭康成以爲即周之稻人。又天子六工，其一曰艸工，鄭注以爲作萑葦之器。天官：「九職：一曰三農，生九穀。二曰園圃，毓艸木。三曰虞衡，作山澤之材。」九穀者，先鄭謂「黍、稷、秫、稻、麻、大、小豆，大、小麥」，後鄭說九穀，無「秫、大麥」，而有粱果。氾勝之書，以稻、米、黍、麻、秫、小麥、大麥、小豆、大豆爲九穀。園圃所毓者，即疏材也。鄭注：「百艸根實可食者。」可食之菜，或蓺于圃，或采于野，厥類孔多，通謂之百蔬。魯語〔上〕云：「能殖百穀百蔬。」虞衡所作者，絺綌徵于山農，艸貢徵于澤農，是也。是山陵川澤原隰衍沃所出之物，上關國用，下濟羣生，故洪範以「庶艸蕃廡」爲「五是來備」之徵也。此篇所釋，或以類聚，或以形名，皆切于民生日用之所需，不徒爲學者多識之助也。

𦿆高音。蘇，白䓘高音。也。

南山經「侖者之山有木焉，其狀如穀而赤理，其汁如漆，其味如飴，食者不飢，可以釋勞，其名曰白䓘，可以血玉」，郭璞注云：「或作『睪蘇』。睪蘇，一名白䓘，音羔，見廣雅。」玉篇：「𦿆，功勞切，如葛，白華。」「𦿆、睪」，音義同。盧學士曰：王朗書：「萱艸忘憂，𦿆蘇釋勞。」

茈藄，蕨也。

玉篇：「藄，紫藄，似蕨，可食。」魏風（汾沮洳）「彼汾沮洳，言采其莫」，陸璣（疏）：「莫莖大如箸，赤節，節一葉，似柳葉，厚而長，有毛刺。今人繅以取繭緒。其味酢而滑，始生，可以爲羹，又可生食。五方通謂之酸迷，冀州人謂之乾絳，河汾之間謂之莫。」齊民要術（卷十）引詩義疏云：「基菜也，葉狹，長二尺，食之微苦，即今莫菜也。」李時珍云：「紫基似蕨，有花而味苦，謂之迷蕨。初生亦可食。」案：爾雅釋艸「芏夫、王藄，月爾」，陸氏釋文引說文：「藄，土夫也。」是土夫也，王藄也，月爾也，一物三名。郭璞注爾雅，乃以「土夫」爲一物，云：「芏艸生海邊，似莞藺，今南越人采以爲席。」又以「藄，月爾」爲一物。別無可據，遂以廣雅「茈藄」當之，此臆說也。陸氏所見說文，是唐初之本。今本說文作「藄，月爾」者，乃俗儒改說文以合爾雅耳。紫藄是蕨之別種，即所謂迷蕨，故亦以蕨名之，非以是爲虌菜也。「茈」與「紫」同。

䕲，集音。菩負音，又部音〔一〕。也。

「藄」或（作）「基」，又作「萁」同，勤之切。

〔一〕又部音，王念孫曰：「玉篇、廣韻、集韻、類篇『菩』字皆不音『部』，『部』下當脫一字。玉篇『菩』，音『步亥切』」。

盧學士曰：玉篇：「蕺，疾立切，菩艸。」「菩，防誘切，香艸也。」又重出「菩」字，云：「步亥切，艸也。」廣韻（緝韻）：「蕺，菩也。」並本此。案：「菩」亦音「倍」。説文云：「艸也。」易豐六二「豐其蔀」，釋文：「鄭、薛作『菩』，云：『小席。』」

王白，蕡負音。也。詹事兄曰：「王」下疑脱「蕡」字或「菩」字。

說文：「蕡，王蕡也。」玉篇：「蕡，小莨，四月王蕡秀也。」七月詩疏引本艸云：「蕡生田中，葉青，刺人，有實，七月采，陰乾。」盧學士曰：「蕡」，與「菩」同。月令「孟夏之月，王瓜生」，鄭注：「萆挈也。今月令云『王蕡生』。」釋文：「萆，皮八反。挈，起八反。蕡，房九反。」案：吕氏春秋孟夏紀作「王菩生」，「菩」即「蕡」字，正與鄭所云今月令合。初學記（卷三）：「王菩，蘼挈也。」案：下別有「王瓜」，則與「王蕡」非一物。今以「萆挈」爲「王蕡」正釋，而凡言栝樓、苦蔞者，俱于「王瓜」條下具釋，此不著。

蒩[二]，子乎反。蕺也。

說文：「蒩，菜也。」玉篇：「蕺，菜也。俎及切。」馬融廣成頌注云：「其根似茅根，可食。」左思蜀都賦「樊以蒩圃」，李善注引埤倉云：「蒩，蕺也。」本艸「蕺菜」，唐本注云：「葉似蕎麥，肥地亦能蔓生，莖紫赤色。多生溼地。江左人好生食之，關中謂之蒩菜。」文選南都賦「其園圃則有蓼蕺蘘荷」，注引周處風土記云：「蘵，香菜，根似茆根，蜀人所謂蒩香。『蘵』與『蕺』同。」俗本作「蕊」，誤。古今注（艸木）云：「蒩一名蕺。荆揚人謂蒩爲蕺。」會稽有蕺山，王羲之采蕺處。段公路北户録云：「蘵，秦人謂之蒩子。」舊本「蒩」譌作茅藉之「蒩」，今據說文繫傳訂正。盧學士曰：謝靈運山居賦：「蓼

〔二〕蒩，疏證本作「蒩」。

葴葽薺。」吴越春秋：「越王從嘗糞惡之後，遂病，口臭。范蠡乃命左右皆食岑艸，以亂其氣。」岑艸，即葴也。會稽志：「葴山，越王嘗采葴于此。」葴，一名岑菜。今吾杭食黄魚，必劑之以葴，俗名魚腥艸，是也。

藜力兮反。蘆，蔥䕼那甘反。也。

玉篇：「䕼，蔥也。」廣韻（齊韻）：「藜蘆，藥名。」（談韻）：「䕼，蔥別名。」舊本「蔥」譌「葸」，今據類篇所引訂正。本艸：「藜蘆，一名蔥苒。」吴普本艸「一名蔥葵，一名山蔥，一名豐蘆，一名蕙葵，一名公苒」，陶隱居注云：「藜蘆，根下極似蔥，而多毛。」

菗疇音。蒢，除音。地榆也。

玉篇：「菗，丈牛切，菗荼菜。」「蒢」與「荼」同。廣韻（魚韻）：「藸，直魚切，蕏藸，蔥名。」曹音「菗蒢」爲「疇除」，下文亦云「蕏藸，蔥也。」枚乘七發云「蔱滲蕏蓼」，李善注引字書：「蕏藸，艸也。」「蕏藸」與「菗蒢」聲相近，而本艸「地榆」無「菗蒢」之名，疑此「菗蒢」與上文「蔥䕼」爲一類，而「地榆」上下別有脱文也。本艸經云「地榆，味苦寒，主消酒，生寃句」，陶隱居云：「葉似榆而長，初生布地，而花子紫黑色如豉，故一名玉豉。」金樓子志怪篇：「語云：『寧得一片地榆，不用明月寶珠。』地榆一名玉豉，可煮石，石美如芋，可食。」

莪蒿，䕲力甚反。蒿也。

說文：「莪，蘿，莪蒿屬。」爾雅（釋艸）「莪，蘿」，郭注：「今莪蒿也，亦曰䕲蒿。」小雅（蓼莪）：「蓼蓼者莪，匪莪伊蒿。」又云「匪莪伊蔚」，陸璣疏：「莪，蒿也，一名蘿蒿，生澤田漸洳之處。葉似邪蒿而細，科生，三月中，莖可生食，又可蒸，香美，味頗似蔞蒿。」埤雅：「䕲之爲言高也，一名角蒿。」字説曰：「莪以科生而俄。」李時珍謂「莪抱根叢生，俗謂抱孃蒿」。

蕑，蘭也。

說文：「蘭，香艸也。」夏小正：「五月，蓄蘭，爲沐浴也。」鄭風〔溱洧〕「方秉蕑兮」，傳：「蕑，蘭也。」陳風澤陂傳同。荀子宥坐篇：「芷蘭生于深林，非以無人而不芳。」陸璣疏：「蕑即蘭，香艸也。春秋傳曰：『刈蘭而卒。』楚辭云：『紉秋蘭。』孔子曰：『蘭當爲王者香艸。』皆是也。其莖葉似藥艸澤蘭，廣而長節，節中赤，高四五尺。漢諸池苑及許昌宮中，皆種之。可著粉中藏衣著書中，辟白魚。」洪興祖云：「蘭艸生水傍，葉光潤尖長，有歧，陰小紫，花紅白色而香，五六月盛。」埤雅：「于文闌艸爲蘭，蕑蘭不祥，故古者爲防刈之也。蘭以闌之，蕑以閒之，其義一也。」

藾、力對反。芧，才音。蔽苦拜反。也。

爾雅〔釋艸〕「藾，薡董」，郭注：「似蒲而細。」疏云：「可爲屩，亦可綯以爲索。」說文「董，鼎董」，徐鍇謂今人以織屨者是也。玉篇：「藾，閭遂切，薡葦，似蒲而細也。」「芧，疾來切，艸名。」說文：「蔽，艸也。」左氏成九年傳「雖有絲麻，無棄菅蒯」，正義引陸璣云：「菅，似茅而滑澤無毛，柔肕宜爲索。蒯與菅連，亦菅之類。」玉篇引作「菅蔽」，云：「與『蒯』同。」李登聲類云：「蔽艸，中爲索。」玉藻「浴出杅，履蒯席」，鄭〔注〕：「澀便于洗足也。」史記孟嘗君列傳「猶有一劍耳，又蒯緱」，集解：「蒯，茅之類，可爲繩。」索隱曰：「艸名，音『蒯聵』之『蒯』。」是藾一名芧，一名蒯也。

廉薑，葰雖音。也。

說文：「葰，薑屬，可以香口。息遺切。」玉篇：「荾，音綏，胡荾，香菜。『荽、芰』同。」儀禮既夕篇「實綏澤焉」，鄭注：「綏，廉薑也，取其香且禦溼。」「葰、綏」，字異音義同。本艸圖經：「葰，一名廉薑，生沙石中，薑類也。其味大辛而香。」

艸蒿，青蒿也。

說文：「菣，香蒿也。或作『⿱艹堅』。去刃切。」小雅鹿鳴「食野之蒿」，傳：「蒿，菣也。」爾雅〔釋艸〕郭注：「今人呼爲青蒿香中炙啖〔者〕爲菣。」陸璣疏：「蒿，青蒿也。荆豫之間、汝南汝陰皆云菣也。」埤雅：「蒿自有兩種：有黄色者，有青色者。本艸謂之青蒿，亦恐有別也。陝西綏銀之間有青蒿，在蒿叢之間時，有一兩株迥然青色，土人謂之香蒿。至深秋，餘蒿並黄，此蒿猶青，恐古人所用以此爲勝。」

⿰木苟乳，苦杞也。

說文：「杞，枸杞也。」玉篇：「杞，苟杞也。」「⿰木苟，吉口切，⿰木苟杞也，根爲地骨皮。本作『枸』。」爾雅〔釋木〕「杞，苟檵」，郭注：「今枸杞也。」姤九五「以杞包瓜」，釋文引張璠說：「苟杞也。」小雅四牡「集于苞杞」，傳：「杞，枸檵也。」左氏昭十二年傳「我有圃，生之杞乎」，杜注：「世所謂枸杞也。」本艸：「枸杞，一名杞根，一名地骨，一名枸忌，一名地輔。」吴氏本艸：「一名杞芑，一名羊乳。」名醫別録：「一名却暑，一名仙人杖，一名西王母杖。」小雅四牡「集于苞杞」，陸璣疏：「一名苦杞，一名地骨，春生。作羹茹，微苦。其莖似莓，子秋熟，正赤。莖、葉及子，服之輕身益氣。」

游冬，苦菜也。

本艸：「苦菜，一名荼艸，生益州川谷。」爾雅〔釋艸〕：「荼，苦菜。」夏小正：「四月取荼。荼也者，以爲君薦蔣。」月令：「孟夏之月，苦菜秀。」陸德明引易通卦驗玄圖：「苦菜生于寒秋，經冬歷春，得夏乃成。」名醫別録云：「一名游冬，生山陵道旁，淩冬不死。」埤雅：「此艸淩冬不彫，故一名游冬。」

桼姑、艾但、鹿何，澤翵之舌反。也。

本艸「蜀羊泉」，唐本注云：「此艸一名漆姑。」名醫別録：「一名羊泉，一名羊飴，生蜀郡。」玉篇：「桼，且栗切，葉似蘇。又名莘菜，藥名。」餘未詳。詹事兄曰：「艾但」，疑即「羊泉」二字之譌。

堇，丑六反。**羊蹏也。**

玉篇：「堇，丑力切，一名蒠，似冬藍，食之醋也。又丑六切。」廣韻〔屋韻〕：「堇，許竹切，羊蹏菜。又丑六切。與『蓫』同。」然則此「堇」非「名蒠」之「堇」矣。小雅我行其野「言采其蓫」，傳：「蓫，惡菜也。」箋：「蓫，牛蘈也。亦仲春時可采也。」釋文：「蓫，勑六切，本又作『蓄』。」陸璣疏：「蓫，今人之羊蹏，似蘆服而莖赤，可瀹爲茹，滑而不美，啖之令人下氣。幽州人謂之蓫。」曹植七啟云「霜蓄露葵」，李善注引詩：「言采其蓫。」又云：「『蓫』與『蓄』，音義同。」本艸：「羊蹏，一名東方宿，一名連蟲陸，一名鬼目。」名醫別録「一名蓄」，陶隱居云：「今人呼爲秃菜。」案：此與「蓫薚，馬尾」不同，彼是「商陸」，此是「羊蹏」，名同而實異也。

牛莖，牛厀也。

本艸經「牛膝，一名百倍。苗高二三尺，葉尖圓如匙，兩兩相對，有節，似牛膝節，上生花作穗，秋結實」，吳普〔云〕：「生河内或臨邛，葉如夏藍，莖本赤。」案：牛，類篇作「犨。」莖，舊本譌「茎」，據御覽〔卷九九二〕訂正。厀，玉篇作「膝」，同。

豨，徒昆反。世人作「豨」〔一〕，或「豘」，或「豚」，或「肫」，並失之。**耳，馬莧也。**

本艸「莧實，一名馬莧，一名莫實」，唐本注云：「即馬齒莧也。」盧學士曰：本艸「馬齒」別是一種，布地生，實至微細，

〔一〕案：王念孫説「豨」下脱「字」字。

俗呼馬齒莧。南北朝人多與「馬薤」相混，故顔氏家訓（書證）云：「江東不識馬薤，講禮者乃以爲馬莧。堪爲食，亦名豚耳，俗曰馬齒。江陵嘗有一僧，面形上廣下狹。劉緩幼子民譽，年始數歲，儁晤善體物，見此僧云：『面如馬莧。』其伯父劉緄因呼爲荔挺法師。緄親講禮名儒，其誤如此。」鮑明遠葵賦：「別有鴨腳肫耳。」

卬、昌陽，菖蒲也。

卬，一作「茚」。説文：「茚，昌蒲也，益州生。五剛切。」天官醢人「朝事之豆」有「昌本」，鄭注：「昌本，昌蒲根。切之四寸爲菹。」吕氏春秋（任地）「冬至後五旬七日，菖（始）生，菖者，百艸之先生（者）也，于是始耕」，高誘注：「菖，菖蒲，水艸也。」本艸「菖蒲，一名昌陽」，別録云：「生上洛池澤及蜀郡，一寸九節者良。」吴氏本艸、藝文類聚（卷八十一）引「一名堯韮」。陶隱居云：「菖蒲葉有脊，一如劍刃。」昌陽，亦作「昌羊」。淮南説林訓「昌羊去蚤蝨而來蚙窮」，高誘注：「昌羊，昌蒲。」

攣夷，芍藥也。

北山經「繡山，其艸多芍藥」，郭注：「芍藥，一名辛夷，亦香艸屬。」本艸經「芍藥」，名醫別録云：「一名白术，一名餘容，一名犂食，一名解倉，一名鋌。」古今注（問答釋義）云：「牛亨問董仲舒曰：『將離別，贈以芍藥者何？』答曰：『芍藥一名可離，故將別以贈之。』」又一名鋌，一名犂食，一名婪尾春，一名黑牽夷。芍藥有二種：有艸芍藥，有木芍藥。木者花大而色深，俗呼爲牡丹，非也。盧學士曰：鄭風溱洧「贈之以芍藥」，傳云：「芍藥，香（艸）。」陸璣不識，云：「今藥艸芍藥無香氣，未審今何艸。」蓋當時但以芍藥爲藥名，故李善注子虚賦，引服氏以爲「藥名」，引晉氏以爲「調和」，未若今之時，人人能識也。

菥析音。蓂，覓音。馬辛也。

說文：「蓂，析蓂，大薺也。」本艸「菥蓂，一名蔑菥，一名大蕺，一名馬辛，一名大薺。生川澤及道旁」，蜀本注云：「菥蓂，似薺而葉細，俗呼爲老薺。」御覽引吴氏本艸云：「一名析目，一名榮冥，一名馬騂。」

蒣、舒音。蔀，部音，又步古反。魚薺齊底反。憲案：說文以底〔一〕爲「薺，蒺藜」之「薺」字（自資）。也。

魚薺，亦薺類。玉篇：「蒣，升諸切，魚薺也。」曹憲音釋云：「案：說文以底爲『薺，蒺藜』之『薺』字，自資。」盧學士曰：「『自資』當是『音自資反』。」詩小雅楚茨、禮記玉藻作「楚薺」，是「茨、薺」字同，故可讀爲「自資切」。大昭案：爾雅〈釋艸〉「茨，蒺藜」，說文作「薺」。陸氏釋文：「茨，或作『薋』，同。」據此，則曹氏音釋當云「說文以『薺』爲『茨，蒺藜』之『茨』字，音自資反」。今本傳寫誤也。

狗薺、大室，亭〔二〕藶歷音。也。

爾雅〈釋艸〉「蕇，亭歷」，郭注：「實、葉皆似芥，一名狗薺，廣雅云。」本艸「葶藶，一名大室，一名大適」，別録云：「一名丁歷，一名蕇蒿。」名醫別録云：「生藁城。」陶注云：「今近道亦有。母則公薺，子細黃，至苦。」圖經云：「初春生苗葉，高六七寸，有似薺，根白，枝、莖俱青，三月開花，微黃，結角，子扁小如黍粒，微長，黃色，至夏則枯死。」陸德明云：「今江東呼公薺。」淮南繆稱訓：「亭歷愈脹。」鹽鐵論云：「葶藶似菜而其味殊。」顏注急就篇〈卷四〉云「亭歷，一名狗薺」，本

〔一〕底，王念孫說當作「此」。

〔二〕亭，疏證本作「葶」。

此。盧〔學〕士曰：朱震亨云：「亭歷性急，善逐水，走泄爲用。或云有甜、苦二種，甜者，即葶與析蓂，不能破氣下水也。」

舊本無「亭」字，今據爾雅釋文所引補正。

藡，狄音。萑丸音。也。

説文：「萑，薍也。胡官切。」玉篇：「藡，徒歷切，萑也。亦作『荻』。」陸璣詩疏：「薍，或謂之荻。至秋堅成則謂之萑，其初生二月中，其心挺出，其下本大如箸，上鋭而細，揚州人謂之馬尾。」盧學士曰：「藡」，即「荻」字，亦作「蔐」。淮南説林訓「蔐苗類絮，而不可爲絮」，高誘注：「蔐苗，荻秀，楚人謂之蔐。蔐，讀『敵戰』之『敵』，幽冀謂之荻苕。」案：夏小正「七月，秀萑葦」，傳云：「未秀則不爲萑葦，秀然後爲萑葦。」又云：「萑未秀爲菼，葦未秀爲蘆。」詩〔豳風七月〕毛傳：「亂爲萑，葭爲葦」，孔穎達云：「此二艸，初生爲菼，長大者爲薍，成則爲萑；初生爲葭，長大爲蘆，成則爲葦。」戴吉士震曰：「凡詩中曰『蒹葭』，曰『葭菼』，曰『萑葦』，及後人言『蘆荻』，皆並舉二物言之。」

會及，五味也。

爾雅〔釋艸〕「菋，荎藸」，鄭注：「五味也。蔓生，子叢在莖頭。」案：本艸「五味子，一名會及，一名玄及」，陶隱居注云：「其核似猪腎。」唐本注云：「五味，皮肉甘酸，核中辛苦，都有鹹味，此則五味具也。其葉似杏而大，蔓生木上，子作房如落葵，大如蘡子。」圖經云：春初生苗，引赤蔓于高木，其長六七尺。葉尖圓似杏葉。三四月開黄白花，類小蓮花。七月實成，如豌豆許大，生青熟紅紫，今有數種，大抵相近。」

山蘄，芹音。當歸也。

本艸經：「當歸，一名乾歸。」郭璞爾雅〔釋艸〕注云：「山蘄，當歸。當歸，今似蘄而麤大。」釋文云：「蘄，古『芹』字。」

然則當歸，芹類也。在平地者名芹，生山中而粗大者名當歸也。蘇恭本艸注：「當歸苗有二種：一種似大葉芎藭，一種似細葉芎藭。惟莖、葉卑下于芎藭也。細葉者名蠶頭當歸，大葉者名馬尾當歸。」

芪祇音。母、兒踵，東根也。

說文：「蕁，芜藩也。或作『䕭』。徒含切。」「芪，芪母也。常支切。」爾雅〔釋艸〕「䕭，莐藩」，郭注：「生山上，葉如韭，〔一〕曰蝭母。」本艸「知母，一名蚳母，一名連母，一名蝭母，一名兒踵，一名東根，一名野蓼，一名地參，一名水參，一名水浚，一名貨母，一名沈藩，一名䕭，一名水須，一名女雷，一名女理，一名兒艸，一名鹿列，一名韭逢」，陶注云：「形似菖蒲而柔潤，葉至難死，掘出隨生，須枯燥乃止。堪治熱病，亦主瘧疾。」圖經云：「四月開青花，八月結實。」

郄〔一〕蟬，丹蔘也。

本艸「丹參，一名郄蟬艸，一名赤參，一名木羊〔乳〕」，陶隱居注云：「莖方有毛，紫花，時人呼爲逐馬。」御覽〔卷九九一〕引吴氏本艸云：「一名木羊乳，一名却蟬艸。生桐柏，或生太山山陵陰。莖花小方如荏毛，根赤，四月花紫，五月采根。陰乾，治心腹痛。」舊本「郄」譌「郝」、「丹」譌「也」，今並據本艸訂正。

飛廉、屚蘆、伏豬，木禾也。

本艸「飛廉，一名漏蘆，一名天薺，一名伏豬，一名飛輕，一名伏兔，一名飛雉，一名木禾。生河内」，陶隱居注：「極似苦芺，惟葉下附莖，輕有皮起似箭羽，葉又多刻缺，花紫色。」盧學士曰：名醫別録又別出「漏蘆，一名野蘭」，陶隱居

〔一〕郄，疏證本作「郝」。

云：「俗中取根名鹿驪。」又云：「廣雅：『飛廉，屚蘆。』今既別有『漏蘆』，則非『飛廉』之別名。『屚』或作『漏』，又作『⿱艹屚』，同。」玉篇：「⿱艹屚，屚蘆，藥也。」舊本「屚蘆」下衍「也」字，今據本艸删正。

貝父，藥實也。

本艸：「貝母，一名空艸，一名藥實，一名苦花，一名苦菜，一名商艸，一名勒母。」陸璣詩（鄘風載馳）疏：「蝱，貝母也。其葉如栝樓而細小，其子在根下如芋子，正白，四方連累相著，有分解，是也。」陶注本艸云：「出近道，形如聚貝子，故云貝母。」圖經云：「二月生苗，莖細，青色，葉亦青。葉隨苗出，七月開花，碧緑色，八月采根。」盧學士曰：本艸木部有「藥實」，云：「一名連木。」名醫别録云：「生蜀郡，采無時。」

王連，黄連也。

御覽（卷九九一）引本艸經：「黄連，一名王連。生川谷。」范子計然云：「黄連，出蜀郡，黄肥堅者善。」圖經云：「葉似甘菊，花黄，實似芹子。」舊本説「黄連也」三字，今據本艸及御覽（卷九九一）所引補正。

蕀苑，遠志也。其上謂之小艸。

説文：「葾，蕀葾也。」（爾雅釋艸）郭注：「今遠志也，似麻黄，赤花，葉鋭而黄，其上謂之小艸。」疏云：「案：本艸『遠志，一名細艸，其葉名小艸』，陶注云：『小艸狀似麻黄而青。』」盧學士曰：今注云：「遠志，莖、葉似大青而小。」圖經云：「遠志生泰山及冤句山谷，今河陝京西州郡亦有之。根黄色，形如蒿根，苗名小艸。似麻黄而青，亦有似大青而小者。三月開花，白色，根長及一尺。泗州出者花紅，根、葉俱大于他處。商州出者根又黑色。」博物志云：「遠志，苗曰小艸，根曰遠志。」顔注急就篇（卷四）云：「遠志主益智惠而强志，故以爲名。其葉名小艸，亦目其細小也。」

黄良，大黄也。

本艸「大黄，一名黄良」，唐本注云：「葉、子、莖並似牛蹏，但粗長而厚，其根細者亦似宿牛蹏，大者乃如椀。」盧學士曰：御覽（卷九九二）引吴氏本艸云：「大黄，一名黄良，一名火參，一名膚如，爲中將軍。或生蜀郡北部，或隴西。二月生黄赤葉，四四相當，黄莖，高三尺許，三月華黄，五月實黑，三月采根，根有黄汁，切陰乾。」

菧葿、黄文、内虚，黄芩也。

盧學士曰：説文：「莶，黄莶也。」御覽（卷九九二）引本艸經：「一名腐腸，生川谷。」吴氏本艸：「黄芩，一名黄文，一名妒婦，一名虹勝，一名經芩，一名印頭，一名内虚。二月生赤黄葉，兩兩四四相值，莖空中，或方圓，高三四尺。四月花紫紅赤，五月實黑，根黄，二月至九月采。」案：玉篇：「菧，竹亞切，菧葿，黄芩。」「葿，亡悲切，菧葿也。」妒婦，即菧葿也。詹事兄曰：「菧葿」當作「菧葿」。「（妒）」有「妒」音，「負」有「婦」音，後人又加「艸」。案：御覽所引「菧眉」，不加「艸」。圖經云：「苗長尺餘，莖幹粗如箸，葉從地四面作叢生，赤黄葉，兩兩相對。又名印頭。」

因塵，馬先也。

盧學士曰：御覽（卷九九三）引廣雅此文，并引本艸經云：「因（塵）蒿，味苦，治風溼寒熱邪氣熱結黄疸，久服輕身益氣能老，生太山。」吴氏本艸云：「因塵，神農、岐伯、雷公：苦，無毒。黄帝：辛，無毒。生田中，葉如藍。十一月采。」今本艸作「因陳」，又别出「馬先蒿」，云：「味平，主寒熱鬼注，中風溼痺，女子帶下病，無子。一名馬尿蒿。」名醫云：「生南陽。」據此，則「因塵、馬先」似非一物。然「因蒿」雖亦有「塵」之名，而實非「因陳」，此「因塵」乃即「因陳」也。杜詩（陪鄭廣文遊何將軍山林）不云乎「因陳春藕香」？因蒿味苦，不堪作茹。廣雅所云，蓋即蔚也。詩小雅（蓼莪）「蓼莪伊蔚」，陸璣云：「蔚，牡蒿也，似蒿，三月始生，七月華，華似胡麻華而紫赤，八月爲角，角似小豆角，鋭而長，一名馬新蒿。」案：「先」與「新」，聲相近，以此爲即「因陳」，庶乎不謬。舊本「馬先」下脱「也」字，今補正。

蛇粟、馬牀，蛇牀也。

本艸：「蛇牀子，一名蛇米。」别録云：「一名蛇粟，一名虺牀，一名思益，一名繩毒，一名棗棘，一名牆蘼。」爾雅（釋艸）「盱，虺牀」，郭注：「蛇牀也，一名馬牀。」陶注云：「近道田野、墟落間甚多，花、葉正似蘼蕪。」圖經云：「三月生苗，高二三尺，葉青碎，作叢似蒿枝，每上有花百餘，結同一窠，似馬芹類。四五月間開白花，又如散米。」淮南説林訓「蛇牀似麋蕪而不能芳」，高誘注：「蛇牀臭，麋蕪香。」舊本「粟」譌「栗」，據本艸改正。「馬牀」譌「馬麻」，據爾雅注改正。

葽，莠也。

盧學士曰：説文：「葽，艸也。」詩豳風（七月）「四月秀葽」，傳：「不榮而實曰秀葽。葽，艸也。」箋云：「夏小正：『四月，王萯秀。』葽其是乎？物成自秀葽始。」鄭疑或葽是王萯，其實非也。穆天子傳（卷二）：「珠澤之藪方三十里，爰有萑葦莞蒲，茅萯蒹葽。」言「萯」又言「葽」，非一物明矣。郭注：「葽，莠屬。」夏小正：「四月莠幽。」幽乃葽也，小正之文，多以「秀」爲「莠」，言幽是月方秀，與豳風同。戴氏震曰：「幽、葽」，語之轉也。案：説文：「莠，禾粟下揚生莠。」戰國（策）魏策（一）「文侯曰：『夫物多相類而非也，幽莠之幼似禾』」，鮑彪云：「莠，禾下生艸。幽，言其色茂。」吴師道云：「説文本云：禾粟下傍生艸。」御覽（卷九九八）：「韋曜問曰：『甫田「維莠」，今何艸？』答曰：『今之狗尾也。』」案：狗尾艸隨處皆生。魯語（上）「馬餼不過稂莠」，韋注云：「莠，艸似稷而無實。」左氏襄三十年傳「伯有氏門上生莠」，亦是。孟子（盡心下）「惡莠恐其亂苗」，趙岐注：「莠，莖、葉似苗。」此則田中尤易生也。

常蓼、馬尾，蔏商音。陸六音。也。

説文：「募，枝枝相值，葉葉相當。」玉篇：「募，蓫募，馬尾，蔏陸也。」「蓳，蓳柳，當陸別名。」爾雅〔釋艸〕「蓫薚，馬尾」，郭注云：「廣雅曰：『馬尾，蔏陸。』本艸云：『别名薚。』今關西亦呼爲薚，江東爲當陸。」易夬九五「莧陸夬夬」，王弼注：「莧陸，艸之柔脆者也。」馬、鄭云：「莧陸，商陸也。」宋衷以「莧」爲「莧菜」，「陸」乃「商陸」。荀爽云：「陸取葉柔根堅也。陸差堅于莧。莧根小，陸根大也。」孔疏引董遇云：「陸，商陸也。」今商陸所在有之，枝、葉相對，味酸辛，性有毒，形似人。易象取之，以其爲陽中之陰也。本艸：「商陸，一名募根，一名夜呼。」開寶本艸云：「一名白昌，一名當陸。」蜀本注云：「葉大如牛舌而厚脆，赤花者根赤，白花者根白。」爾雅〔釋艸〕釋文云：「商陸，如人形者，有神。」羅願曰：「今俗名章柳根。」盧學士曰：「案：今術家取章根作人形，祝之則能隱形，告人以未來事。陸所云『有神』者，謂此。大昭案：此云『常蓼』，不見于本艸。『常』當爲『當』，『蓼』讀爲『陸』。

鬼桃、銚弋，羊桃也。

中山經「豐山多羊桃，狀如桃而方莖，可以爲皮張」，郭璞注：「一名鬼桃，治皮腫起。」本艸：「羊桃，一名鬼桃，一名羊腸。」别録云：「一名萇楚，一名御弋，一名銚弋。」爾雅〔釋艸〕「萇楚，銚弋」，郭注：「今羊桃也，或曰鬼桃。葉似桃，華白，子如小麥，亦似桃。」檜風隰有萇楚〔「隰有萇楚」〕，傳本爾雅。箋云：「銚弋之性，始生正直，及其長大，則其枝猗儺而柔順，不妄〔尋〕蔓艸木。」陸璣疏：「萇楚，今羊桃是也。葉長而狹，花紫赤色，其枝莖弱，過一尺，引蔓于艸上，今人以爲汲灌，重而善没，不如楊柳也。近下根，刀切其皮，著熱灰中脱之，可韜筆管。」陶注本艸云：「山野多有，甚似家桃，而又非山桃。子小細，〔苦〕不堪啖。花甚赤。」

虎蘭，澤蘭也。

儀禮既夕篇「實綏澤焉」，鄭注：「澤，澤蘭也。取其香且禦溼。」本艸：「澤蘭，一名虎蘭，一名龍棗。生汝南，又生大澤旁。」名醫别録：「一名虎蒲。」唐本注云：「莖方，節紫色，葉似蘭艸而不香。」又吴氏本艸：「澤蘭，一名水香，生下地水旁，葉如蘭，二月生香，赤節，四葉相值枝節間。」洪興祖曰：「澤蘭生水澤中及下溼地，苗高二三尺，葉尖，微有毛，不光潤，方莖紫節，七月八月開花，帶紫白色。」盧學士曰：此與上「蔄蘭」别一種，本艸「蘭」在上品，此在中品。

褱，續斷也。

御覽（卷九八九引）本艸經：「續斷，一名龍豆。」名醫别録：「一名接骨，一名南艸，一名槐。」唐本注云：「葉似苧而莖方，根如大薊，黄白文。」桐君藥録：「續斷生蔓延，葉細莖如荏，大根，本黄白有汁。」此云「褱」者，「槐」之異文。玉篇：「櫰，户乖切，槐别名。」知古字通也。顔注急就篇（卷四）云：「續斷，即今所呼續骨木也。又有艸續斷，其華細而紫色，根亦入藥用。」盧學士曰：案龍須一名續斷，見下文，與此異。

地髓，地黄也。

說文：「苄，地黄也。」公食大夫禮「鉶芼牛藿羊苦豕薇」，鄭注：「今文『苦』爲『苄』。」爾雅（釋艸）「苄，地黄」，郭注：「一名地髓，江東呼苄。」疏云：「本艸『地黄，一名地髓，一名苄，一名芑』，陶注云：『生渭城者，乃有子實，如小麥。』」圖經云：「二月生，葉似車前，高者及尺餘，低者三四寸，花紅紫色，亦有黄花者。其實作房如連翹，子甚細而沙褐色。」淮南覽冥訓：「地黄主屬骨。」

薰艸，蕙艸也。

説文：「薰，香艸也。」玉篇：「薰，似蘼蕪，香艸也。」「蕙，香艸，生下溼地。」西山經：「浮山有艸焉，名曰薰艸，麻葉而方莖，赤華而黑實，臭如蘼蕪，佩之可以已癘。」史記（司馬相如列傳）索隱引司馬彪云：「蕙，香艸也。」又引廣志云：「蕙艸緑葉紫莖，魏武帝以爲香燒之，今東下田有艸，莖葉似麻，其華正紫也。」案：本艸「薰艸，一名蕙艸。生下溼地」，陶隱居云：「俗人呼鷰艸狀如茅而香（者爲薰艸），人家頗種。」陳藏器云：「案：薰艸即蕙根也。葉如麻，兩兩相對，此即零陵香也。生零陵山谷。」盧學士曰：本書釋天云「諸侯祭以薰」，蓋取其香氣可以交于神明也。蕙艸可焚，故得薰名。文子上德篇：「腐鼠在阼，燒薰于堂。」漢書兩龔傳：「薰以（香）自燒。」古詩：「請説銅爐器，崔嵬象南山。朱火然其中，青烟颺其間。香風難久居，空令蕙艸殘。」

茯神，茯苓〔一〕也。

玉篇：「茯，茯苓，藥也。」「苓，茯苓。」本艸：「茯苓，一名茯菟。其有抱根者，名茯神。」圖經云：「山中古松久爲人斬伐者，其枯折槎枿，枝葉不復上生者，謂之茯苓。其抱根而輕虛者爲茯神。」盧學士曰：史記龜策傳：「下有伏靈，上有兔絲。所謂伏靈者，在菟絲之下，狀似飛鳥之形。新雨已，天清靜無風，以夜捎兔絲去之，即以篝燭此地，燭之火滅，即記其處，明即掘取之。入地四尺至七尺，得矣。伏靈者，千歲松根也，食之不死。」博物志：「松栢脂淪入地，千年化爲茯苓。」「茯」當作「伏」。史記及淮南説林訓俱作「茯」。「䕀」與「苓、靈」並同。

〔一〕苓，疏證本作「䕀」。

茈葳、陵苕〔一〕，蘧麥也。

爾雅〔釋艸〕釋文引廣雅作「茈葳、麥句薑，蘧麥也」，與今本異。「大菊，蘧麥」，爾雅釋文、郭注：「一名麥句薑，即瞿麥。」是郭氏本諸廣雅，麥句薑之爲蘧麥，信而有徵矣。考本艸「紫葳，一名陵苕，一名茇華」，在木部，而艸部云：「瞿麥，一名巨句麥。」別録云：「一名大菊，一名大蘭。」陶注云：「今出近道。一莖生細葉，花紅紫赤色，大可愛。子頗似麥，故名瞿麥。」予竊疑「茈葳」與「陵苕」爲一艸，「麥句薑」與「蘧麥」又是一艸。陸氏釋文無「陵苕」者，因此條專釋「大菊，蘧麥」，故不備引其文也。今本廣雅無「麥句薑」者，脱此三字也。當云「茈葳，陵苕也。麥句薑，蘧麥也」。爾雅〔釋艸〕「苕，陵苕」，郭注：「一名陵時，本艸云。」又「黄華，蔈。白華，茇」，注：「苕華色異名，亦不同。」小雅苕之華傳：「苕，陵苕。」陸璣疏：「一名鼠尾。生下溼水中，七八月中華紫，似今紫艸華，可染皁。煮以沐髮，即黑。」史記趙世家云「顔若苕之榮」，集解引綦毋邃云：「陵苕之艸，其華紫。」邵氏晉涵云：「如陸璣所言，即上文『葝，鼠尾』，可以染皁者也。」「鼠尾」與「陵苕」自爲二物，陸氏特以其華色相似而混言之。徐鍇繫傳謂「陵苕」即「凌霄」，是也。本艸「紫葳」，唐本注謂之「凌霄，蔓生，依大木，久延至巔。」鄭箋謂「陵苕之華，紫赤而繁」。今凌霄以夏、秋之間華，厥色紫赤，一枝綴華十餘，誠爲繁矣。葉鋭而深青，詩所謂「其葉青青」也。至云「芸其黄」者，汎言華之黄萎，不指黄華蔈也。御覽〔卷九九二〕引吴普本艸：「紫葳，一名武威，一名瞿麥，一名陵居腹，一名鬼目，一名茇艸華。如麥根黑。」大昭案：吴氏所云「一名瞿麥」者，疑因讀俗本廣雅而誤耳。

〔一〕陵苕，疏證本作「麥句薑」。

女蘿，松蘿也。

小雅頍弁「蔦與女蘿」，傳：「女蘿，菟絲，松蘿也。」陸璣疏：「今菟絲蔓連艸上生，黄赤如金，今合藥兔絲子是也，非松蘿。松蘿自蔓松上生，枝正青，與菟絲殊異。」本艸：「松蘿，一名女蘿。」陸氏見本艸「菟絲」，無「女蘿」之名，而「松蘿」别具一條，故有此說。蓋「女蘿」寄生松上，猶「菟絲」寄生艸上，故廣雅亦别釋「菟絲」一條也。

陵澤，甘遂也。

本艸：「甘遂，一名甘藁，一名陵藁，一名陵澤，一名重澤，一名主田。」圖經云：「苗似澤漆，莖短小。」御覽（卷九九三）引吴氏本艸：「又一名日澤，一名鬼醜，一名苦澤。」范子計然曰：「甘遂出三輔。」

馬唐，馬飯也。

本艸「蕕，亦名馬唐，一名馬飯，一名羊麻，一名羊粟。馬食之，如糖如飯，故名馬唐、馬飯。生下溼地，莖有節，生根」，陳藏器云：「堪飼馬，云馬食如糖，故曰馬唐。」盧學士曰：說文：「蕕，水邊艸也。」爾雅（釋艸）「莤，蔓于」，郭注：「多生水中，一名軒于。江東呼莤，音由。」

山薑，苿也。

爾雅（釋艸）「术，山薊」，郭注：「今术似薊而生山中。」釋文：「术，本或作『苿』。」本艸：「术，一名山薊。」别録云：「一名山薑，一名山連。」吴普云：「一名山芥，一名天蘇。」陶注云：「术乃有兩種：白术葉大，有毛而作椏，根甜而少膏。赤术葉細無椏，根小苦而多膏。」

地血、茹藘，蒨也。

蒨，史記貨〔殖〕列傳作「茜」，徐廣曰：「茜，一名紅藍，其花染繒赤黄也。」説文：「茜，茅蒐也。」「蒐，茅蒐，茹藘，人血所生，可以染絳。」爾雅〔釋艸〕「茹藘，茅蒐」，李巡曰：「茅蒐，一名茜。」鄭風東門之墠「茹藘在阪」，箋：「茅蒐生焉。」陸璣詩疏：「茹藘，一名地血，齊人謂之茜，徐州人謂之牛蔓。」小雅瞻彼洛矣「韎韐有奭」，傳：「韎韐者，茅蒐染艸也。」箋云：「韎韐者，茅蒐染也。茅蒐，韎韐聲也。」儀禮〔士〕冠禮疏：「周公時名蒨艸爲韎艸，以此韎染韋，合之爲韐。」詩疏引鄭駁異義云：「韎，艸名。齊魯之間言韎韐聲如茅蒐，字當作『韎』，陳留人謂之蒨。」名醫别録云：「一名地血，一名茹藘，一名蒨。茜艸生山谷，蔓延艸木上，方莖中空，數寸一節，每節四五葉相對，葉如棗而上鋭，實如椒而小，園圃亦有種之者。」

兔丘，兔絲也。

吕氏春秋季秋紀〔精通〕：「人或謂兔絲無根。兔絲非無根也，其根不屬也，伏苓是。」淮南説山訓：「千歲之松，下有茯苓，上有兔絲。」説林訓：「茯苓掘，兔絲死。」又云：「兔絲無根而生。」本艸：「菟絲，一名菟蘆，一名兔縷，一名唐蒙，一名玉女，一名赤網，一名菟纍。生朝鮮川澤田野，蔓延艸木之上，色黄而細爲赤網，色淺而大爲菟纍。」博物志：「女蘿寄生兔絲，兔絲寄生木上，生根不著地。」顔注急就篇〔卷四〕云：「兔盧，即兔絲也。色黄而細者爲兔絲，粗而色淺者爲兔盧。盧亦縷也。一名兔纍，纍〔者〕，繩索之意也。」

地筋，居勤反。枸杞也。

枸杞，即上文「苦杞」，此又釋之，廣異名也。列仙傳：「陸通食橐盧木實。」抱朴子云：「枸杞，一名托盧，或名天精，或名却老。」

地毛，莎蘛也。

夏小正云「正月緹縞」，傳曰：「縞也者，莎蘛也。緹也者，其實也。先言緹而後言縞者，何也？緹先見者也。何以謂之？小正以著名也。」爾雅〔釋艸〕：「薃侯莎，其實媞。」說文「莎，鎬侯也」，繫傳云：「莎，一名鎬，一名侯莎。」詹事兄曰：如說文，當以「薃侯」爲名，徐楚金以「侯莎」連文讀之，非也。文選注引司馬彪云：「一名侯莎。」急就篇注云：「莎，即今青莎艸也。」漢書子虛賦「高燥則生薛莎」，張博士彼注云：「莎，鎬侯也。」盧學士曰：詩小雅南山有臺傳：「夫須也。」陸璣云：「舊說：夫須，莎艸也。可爲蓑笠。」都人士云「臺笠緇撮」，傳云：「臺，所以禦暑也。」與「〔夫〕須」義相同，是一物也。爾雅翼：「莖、葉似三稜，周匝多毛，今謂之香附子，一名雀頭香。」江表傳「魏文帝遣使于吳，求雀頭香」，其即謂是也。蘛，與「蘛」同。

美丹，甘艸也。

說文：「苷，甘艸也。」淮南覽冥訓：「今夫地黃主屬骨，而甘艸主生肉之藥也。」御覽〔卷九八九〕引本艸經云：「甘艸，一名美艸，一名蜜甘，味甘平。」此「美丹」疑「美艸」之譌。別録云：「一名蜜艸，一名蕗艸。」圖經云：「春生青苗，高一二尺，葉如槐葉，七月開紫花似奈冬，結實作角子如畢豆。根長者三四尺，粗細不定，皮赤，上有橫梁，上下皆細根也。」盧學士曰：爾雅〔釋艸〕「蘦，大苦」，郭注：「今甘艸也。蔓延生，葉似荷，青黃，莖赤有節，節有枝相當。或云：蘦似地黃。」沈括夢溪筆談〔卷二十六〕云：「爾雅注云云，此乃黃藥，味極苦，故謂之大苦。甘艸枝葉悉如槐，高五六尺，但葉端微尖而糙澀，似有白毛，實作角生，如相思角，作一本生，熟則角拆，子如小扁豆，極堅，嚙不破。」案：此與圖經所言合，然則「大苦」非「甘艸」也。詹事兄曰：古人以大苦爲甘艸，取相反爲義。沈括說不足信。

苦萃，款凍也。

爾雅〈釋艸〉「菟奚，顆凍」，郭注云：「款冬也。紫赤華，生水中。」楚辭九懷〈株昭〉云「款冬而生兮，彫彼葉柯。」傅咸款冬賦序云：「余曾逐禽，登于北山，于時仲冬之月也。冰凌盈谷，積雪被崖，顧見款冬，煒然敷華艶。」是艸生于曾冰之中，故謂之款凍，亦名款冬，一名苦萃。本艸「款冬，一名橐吾，一名顆凍，一名虎鬚，一名菟奚，一名氐冬」，陶注：「形如宿蓴未舒者〈佳〉。其腹裏有絲，其花乃如大菊花，其冬月在冰下生。」唐本注云：「葉似葵而大，叢生，花出根下。」圖經云：「款冬有兩種：一種葉似萆薢，而花初出如菊花者。一種葉似荷而紅花。」急就篇〈卷四〉「款東貝母薑狼牙」，顔師古曰：「即款冬也。以其凌寒叩冰而生，故爲此名也。」急就又云「半夏皁莢艾橐吾」，顔注：「橐吾似款冬，而腹中有絲，生陰地，華黄色，一名獸須。」是「款冬」與「橐吾」非一物，紫赤華者乃款冬耳。

黄精，龍銜也。

盧學士曰：博物志：「黄帝問天老曰：『天地所生，豈有食之令人不死者乎？』天老曰：『太陽之艸，名曰黄精。餌而食之，可以長生。』」抱朴子曰：「黄精，一名鹿竹，一名雞格，一名岳珠。服其華，勝其實。」本艸：「一名黄芝，一名玉芝艸，一名戊己芝，一名菟竹，一名龍銜，一名米餔，一名重樓，一名野生薑，一名救窮艸，一名仙人餘糧。三月生苗，高一二尺，葉如竹葉而短，兩兩相對。嫩苗采爲茹，名筆管菜，甚美。莖梗柔脆，頗〈似〉桃枝，本黄末赤，四月開青白華，如小豆華。結子白如黍粒，亦有無子者。根如嫩生薑而黄色。純得上之冲氣而秉乎季春之令，久服則輕身，延年不飢。」

細條、少辛，細辛也。

中山經「浮戲之山，其東有谷，名曰蛇谷，上多少辛」，郭注：「細辛也。」管子地員篇：「沃土之次曰五位，羣藥〈安生，小辛大蒙。」御覽〔卷九八九〕引吳氏本艸：「細辛，一名小辛，一名細艸。如葵，葉色〔赤〕黑，一根一葉相連。」

菝拔音。挈，狗脊也。

玉篇：「菝葜，狗脊根也。」上蒲八切，下苦八切。廣韻〔黠韻〕：「菝葜，狗脊根，可作飲。」皆本此。吳氏本艸：「狗脊，一名狗青，一名赤節，如萆薢。莖節如竹，有刺，葉圓而根黃白，亦如竹根，毛有刺。岐伯經云：『莖長節，葉端圓青赤，皮白有赤脈。』」名醫別録「一名強膂，一名扶蓋名扶筋」，陶注：「今田野處處有，與菝葜相似而小異。」本艸又有「菝葜」，陶注云：「此有三種，大略根苗並相類。菝葜莖紫短小，多細刺，小減萆薢而色深。」唐本注云：「陶說非也。萆薢有刺者，葉粗相類，根不相類。萆薢細長而白，菝葜根作塊結，黃赤色，殊非狗脊之流也。」如本艸說，則「菝葜、狗脊」爲二物矣。

蔆、芰、薢古買反，又古埋反。苟、狗〔一〕音。⿱艹決明，羊角也。

說文：「蔆，芰也。楚謂之芰，秦謂之薢茩。司馬相如說作『⿱艹遴』。」「芰，蔆也。杜林說作『茤』。」「薢，薢茩也。」「薢，薢茩也。」天官籩人「加籩之實，蔆芡栗脯」，注：「蔆，芰也。」〔爾雅釋艸〕釋文引字林云：「楚人名蔆曰芰。」楚語〔上〕「屈到嗜芰」，韋注：「芰，蔆也。」宋玉招魂「雜芰荷些」，王逸注：「芰，蔆也。秦人謂之薢茩。」案：本艸謂之「芰實」，蘇頌注云：「蔆，處處有之。葉浮水上，花黃白色，花落而實生，漸向水中乃熟。實有二種：一種四角，一種兩角。而角中又有嫩皮而紫色者，謂之浮蔆。」武陵記：「四角三角曰芰，兩角曰蔆。其華紫色，晝合宵炕，隨月移轉，猶葵之向日。」洪興祖

〔一〕案：王念孫說當作「蔆、芰，薢（古買反，又古埋反）茩（苟音）也」。

補注離騷云：「芰生水中，葉浮水上，花黄白色。」吴仁傑云：「菱花黄白而葉緑，故反離騷云『衿芰茄之緑衣』。」羊角，一本作「羊明」。爾雅釋艸「蔆，蕨攈」，郭注：「蔆，今水中芰。」又「薢茩，英光」，郭注：「決明也。葉鋭黄，赤花，實如山茱萸。或曰蔆也，關西謂之薢茩。」釋文：「蔆，字又作『菱』。」本艸經：「石決明味酸，艸決明味鹹。」吴普本艸云：「決明子，一名艸決明，一名羊明。」盧學士曰：杜子美秋雨歎詩「雨中百艸秋爛死，階下決明顏色鮮。著葉滿枝翠羽蓋，開花無數黄金錢」，注引本艸：「決明，夏初生苗，七月有花，黄白色。」案：「蔆、蓤、蘧、菱」，「芰、茤」，「茩、茩」，「芵、決」，字異音義同。舊本「薢茩」下衍「也」字，案：「芵明」與「薢茩」本是一物，下文「羊躑躅，英光」方是藥艸，今訂正。

苓耳[一]、葹、常枲、胡枲，枲耳也。

説文：「苓，卷耳也。」「蒶，卷耳也。」是葈耳又名蒶也。周南卷耳「采采卷耳」，傳：「卷耳，苓耳也。」陸璣疏：「葉青白，色似胡荽，白華，細莖，蔓生，可煮爲茹，滑而少味。四月中生子，如婦人耳中璫，今謂之耳璫艸，幽州人謂之爵耳。」爾雅釋艸「菤耳，苓耳」，郭注引廣雅云：「枲耳也，亦云胡枲。」本艸「枲耳，一名胡枲，一名地葵，一名葹，一名常思」，陶注云：「一名羊負來。昔中國無此物，言從外國逐羊毛中來也。」淮南覽冥訓「賫師庶女，位賤尚葈」，高誘注：「尚，主也。葈者，葈耳，菜名也。幽冀謂之檀菜，雒下謂之胡葈。主是官者，至微賤也。賫師庶女之位，復賤于主葈之官。」離騷「薋菉葹以盈室」，王逸注：「葹，葈耳也。」逸自爲九思，云「葈耳兮充房」，注云：「葈耳，惡艸名也。」

雞狗獳，奴侯反。哺公也。

[一] 案：疏證本「苓耳」下補「蒼耳」二字。

本艸「蒲公，一名耩耨艸」，唐本注云：「葉似苦苣，花黃，斷有白汁，人皆啖之。」盧學士曰：今人呼爲蒲公英者是，處〔處〕有之。孫氏千金方載其效，作「鳧公英」，庚辛玉册作「鵓鴣英」，莖、葉似苦苣，斷之有白汁，堪生啖，花如單菊而大。案：「狗、耩」，「獳、耨」，「哺、蒲」，字異義同。雞，未聞。

羊藡直戟反。蘛，逐音〔一〕。英光也。

英光，一名決明。説文繫傳云：「決明，藥菜也，馬蹏者，葉鋭下，而實與山茱萸亦良似，華深黃色。」古今注〔艸木〕：「羊躑躅，花黃，羊食之則死。羊見之則躑躅，故名羊躑躅。」名醫别録云「一名玉支，生太行山及淮南」，陶注：「花、苗似鹿葱。」案：爾雅〔釋艸〕「蘚苢，英光」與此名同而實異。「藡、躑」，「蘛、躅」，字異義同。爾雅釋文引作「躑躅」，無「羊」字。

堇〔二〕，謹音。世人作「堇」字如此，失之。藋徒弔反。也。

艸之名堇者有二：一種是烏頭。爾雅〔釋艸〕「芨，堇艸」，郭注：「即烏頭也，江東呼爲堇，音靳。」晉語〔二〕：「置堇于肉。」詩〔大雅緜〕疏引賈逵注：「堇，烏頭也。」又謂之和堇。淮南説林訓「蝮蛇螫人，傅以和堇則愈」，是也。一種是堇葵。夏小正：「二月榮堇。」爾雅〔釋艸〕「齧，苦堇」，郭注：「今堇葵也。葉似柳，子如米，汋食之滑。」説文：「堇，艸也。根如薺，葉似細柳，蒸食之甘。」蓋堇菜二月生苗，其葉對節，其莖中虛而有棱，其氣若馨，其味微苦，故名苦堇。大雅緜

〔一〕逐音，各本作「逐銀」，王念孫説當作「逐録反」。

〔二〕堇，王念孫博雅音校本作「蓳」。

云「周原膴膴，堇荼如飴」，正謂此也。蘇恭本艸云：「堇菜野生，非人所種。葉似蕺菜，花紫色。」是也。案：爾雅釋文引本艸：「葥藋，一名堇艸，一名芨。」此篇以「堇」釋「藋」，疑指「烏頭」之「堇」。說文：「藋，釐艸也。」「芨，堇〔艸〕也。」「藋、芨」二字連文，「堇、芨」聲相轉，蓋即說文之「芨」矣。盧學士曰：詩大雅緜「堇荼如飴」，傳云：「堇，菜也。」釋文引廣雅「堇，藋也」，云：「今三輔之言猶然。」說文：「堇，艸也。根如薺，葉如細柳，蒸食之甘。」「藋，釐艸也。」「芨，堇艸也。」案：說文「藋、芨」二字連文，而郭注爾雅以「芨，堇艸」爲「烏頭」，非廣所云。孔氏釋詩「堇荼」乃以「烏頭」當之，誤甚。夏小正「二月榮堇采蘩」，傳云：「皆豆實也。」言如芹菁之類，皆可登之于豆也。爾雅〔釋艸〕「拜，蔏藋」，郭注：「蔏藋亦似藜。」釋文云：「說文、廣雅皆云『堇也』。」疏云：「此亦似藜而葉大者也。」「齧，苦堇」，郭注：「今堇葵也。葉似柳，子如米，汋食之滑。」疏云：「本艸唐本注云：『此艸野生，非人所種，俗謂之堇菜。葉似蕺，花紫色者。』內則云『堇荁枌榆』，是也。」鄭注內則云：「荁，亦堇類也。冬用荁，夏用堇。」正義：「案：士虞禮記『夏用葵，冬用荁』，鄭注：『夏秋用〔生〕葵，冬春用乾荁。』不同者，以經文相對各不同故也。」藋，亦作「蘿」。管子小匡篇：「蓬蒿藜蘿並興。」又詩小雅〔南山有臺〕「北山有萊」，陸璣疏：「萊，艸名，其葉可食。今兖州人蒸以爲茹，謂之萊烝。」案：即今之灰藋菜。吾杭讀「藋」如「條」，猶「徒弔」之遺音也。當與「堇」一類，故附著之。

華，藜也。

古「藜」字作「釐」，又通作「萊」。「萊、釐」，聲相轉。說文：「堇，艸也。讀若『釐』。」又云：「萊，蔓華也。」爾雅〔釋艸〕作「釐，蔓華」。小雅〔南山有臺〕：「北山有萊。」齊民要術〔卷十〕引詩義疏云：「萊，藜也。莖、葉皆似『菉，王芻』。今兖州人蒸以爲茹，謂之萊烝。譙、沛人謂雞蘇爲萊，三倉云：『萊，茱萸。』此二艸異而名同。」玉篇：「萊，藜艸也。」廣韻〔哈韻〉與玉篇同。此云「蔾」者，即說文之「堇」也。又釋「葦」爲「蔾」者，玉篇：「芛，華榮也，艸木花初生者。古文作『葦』。」是「葦」爲「芛」之重文，非廣雅意也。葦，是「蕼」字之譌脱其半耳。蕼，即「堇」之異文。集韻〈至韻〉：「蕼，董也。」「董」乃「堇」之譌。盧學士曰：葦，說文作「芛」，古文作「葦」。廣韻〈術韻〉「芛」與「聿」同紐，云：「艸木初生。」今廣雅則專指爲「蔾」。蔾亦藋之類也。莊子徐無鬼篇：「蔾藋柱乎鼪鼬之逕。」韓詩外傳：「孔子困于陳蔡之間，蔾羹不糝。」白虎通諫諍篇：「曾子去妻，黎烝不熟。」「黎」與「蔾」同。其初生可食，故亦名葦。迨其老也，可爲杖，亦可爲帚，皆是物也。

寄屏〔一〕，寄生也。

此是寄生艸上者。本書釋木篇：「宛童、寄生，樢也。」是寄生木上者。本艸：「寄生，一名寄屏。」

犂如，桔梗也。

管子地員篇：「五位之土，有薑與桔梗。」司馬彪注莊子徐無鬼篇：「桔梗，治心腹血瘀瘕痺。」御覽〈篇九九三〉引吳氏本艸：「桔梗，一名符扈，一名白藥，一名利如，一名梗艸，一名盧如。葉如薺苨，莖如筆管，紫赤，二月生。」圖經云：「葉如杏葉而長橢，四葉相對，嫩時可煮食之。花紫碧色，似牽牛。其根有心。無心者，乃薺苨也。」戰國〈策〉齊策〈三〉：「淳于髡曰：『今求柴胡、桔梗于沮澤，不能得一焉。及之睪黍、梁父之陰，則却車載耳。』」建康記：「建康出桔梗，極精好。」「犂、利」字通。

〔一〕屏，疏證本作「屑」。

白苿，住律反。世人作「朮」字如此，失之。〔一〕古文「秫」字。牡丹也。

此是木芍藥，上文「攣夷」，是艸芍藥。盧學士曰：朮有蒼、白二種：上云「山薑，朮也」，不言白，則蒼朮也。本艸經「朮」在上品，而無蒼、白之别。「牡丹」在中品，云：「味辛寒，主寒熱、中氣瘛瘲、驚癇邪氣、除癥堅瘀血留舍腸胃、安五藏、療癰創。一名鹿韭，一名鼠姑，生山谷。」御覽〔卷九九二〕引吴氏本艸：「葉如蓬相值，黄色，根如指，黑中，有核。」范子計然云：「牡丹出漢中、河内，赤色者亦善。」案：今之「牡丹」，本名「木芍藥」，自唐始貴重耳。花亦以「鹿韭、鼠姑」名之，而未有言其即白朮也。與此所言之「牡丹」，蓋名同而實異也。但今之白朮，産杭之於潛者最著名，俗名「靈頭朮」，切開有朱沙班者爲最良。與吴普所狀亦微不合，未能審其詳也。

龍木，龍須思臾反。案：説文「須」从「彡」，世人作「鬚」字如此，失之矣。也。

中山經「賈超之山，其中多龍修」，郭注：「龍須也。似莞而細，生山石穴中，莖倒垂，可以爲席。」本艸：「石龍蒭，一名龍須，一名艸續斷，一名龍珠。生山谷。」吴氏本艸：「一名龍須，一名龍本，一名艸毒，一名龍華，一名懸莞。」盧學士曰：今廣雅「龍木」，豈「龍本」之誤歟？

桼莖，澤桼也。

本艸：「大戟，一名邛鉅。」名醫别録「澤漆，一名漆莖，大戟苗也」，陶注：「生時摘葉有白汁，故名澤漆，亦能嚙人肉。」「桼、漆」同。盧學士曰：爾雅〔釋艸〕「蕎，邛鉅」，郭注：「今藥艸大戟也。」淮南繆稱訓：「大戟去水。」

〔一〕案：王念孫説「古文」上脱「朮」字。

顛棘，女木也。

抱朴子：「天門冬，一名顛棘。」本艸：「天門冬，一名顛勒。」爾雅〔釋艸〕「髦，顛棘」，郭注：「細葉有刺，蔓生，一名商棘。」廣雅云：『女木也。』」圖經本艸云：「天門冬，春生藤蔓，大如釵股，高至丈餘。葉如茴香，極尖細而疏滑，有逆刺，亦有澁而無刺者，其葉如絲杉而細散，皆名天門冬。夏生白華，亦有黄色者。秋結黑子，在其根枝傍。入伏後無華，暗結子。其根白或黄紫色，大如手指。」案：張華博物志云：「莖間有刺而葉滑者，名曰絺休，一名顛棘。根以浣縑素白，越人名爲浣艸，似天門冬而非也。」張司空説與本艸不同。

陵遊，龍膽也。

本艸「龍膽，久服，益智不忘，輕身耐老。一名陵遊」，陶注：「狀如牛膝，味甚苦，故以膽爲名。」

鹿腸，玄蔘也。

御覽〔卷九九一引〕吴氏本艸：「玄參，一名鬼藏，一名正馬，一名重臺，一名鹿腸，一名端，一名咸，一名玄臺。二月生，葉如梅花，四四相值，似芍藥，黑莖，〔莖〕方，高四五尺，華赤，生枝間，四月實黑。」圖經云：「葉似脂麻，又如槐柳細，花青碧色，子黑色。」

地精，人蕩所今反。**也**〔一〕。

説文：「蕩，人蕩，藥艸，出上黨。」玉篇：「蕩，亦作『蔘』。」盧學士曰：御覽〔卷九九一引〕春秋運斗樞曰：「摇光星散

〔一〕案：疏證本作「葠、地精，人蔘也」。

爲人參。」本艸經：「一名人銜，一名鬼〔蓋〕。」吴氏本艸：「一名土精，一名神艸，一名黄參，一名血參，一名人微，一名玉精。生邯鄲。三月生，葉小兑，核黑，莖有毛，三月九月采根，根有頭足，手面目如人。」名醫别録云：「如人形者有神，生上黨及遼東者爲最善。」

苦心，沙蔘也。

御覽〔卷九九一引〕本艸經：「沙參，一名知母。」吴氏本艸云：「沙參，一名苦心，一名識美，一名虎須，一名白參，一名志取，一名文虎。生河内川谷或般陽瀆山。三月生如葵，葉青，實白如芥，根大白如蕪菁，三月采」，陶注：「叢生，葉似枸杞，根白實者佳。」

其蒿，青蘘素禾反。也。飛芝，烏毒也。

盧學士曰：此别一種，不與「沙參」爲同物，但未詳其形狀所出耳。羅願説「蕨，紫萁」云：「『厥、其』二字，古皆以爲助語互用，物加『艸』爲志耳。」此「其蒿」蓋偶不加「艸」者也。蒿之種類甚多，亦有名「邪蒿」者。「其」與「邪」音相近，疑即是也。○飛芝，烏毒也。○盧學士曰：未詳。白樂天〔禽蟲十二章〕詩「豆苗鹿嚼解烏毒」，注：「箭毒多用烏頭。」則與此「烏毒」不同。

楚蘅，杜蘅也。

西山經「天帝之山有艸焉，其狀如葵，其臭如蘼蕪，名曰杜衡，可以走馬，食之已癭」，郭注：「香艸也。」史記〔司馬相如列傳〕索隱引博物志云：「一名土杏，其根一似細辛，葉似葵，故藥對以爲如細辛也。」案：爾雅〔釋艸〕「杜，土鹵」，郭注：「杜衡也，似葵而香。」離騷云：「雜杜蘅與芳芷。」爾雅疏引本艸唐注云：「杜蘅，葉似葵，形如馬蹄，故俗云馬蹄香。」

生山之陰水澤下溼地。根似細莘白前等。」圖經本艸云：「江淮間皆有之。春初于宿根上生苗，高二三寸，莖如麥藁，每窠上有五六葉，或八九葉，別無枝蔓，貼地生紫花，暗結實如豆，中有碎子，苗葉俱青。」本艸經又有「杜若，一名杜蘅」，陶注：「葉似薑而有文理，根亦似高良薑而細，氣味辛香。又絕似旋復根，殆欲相亂，葉小異耳。」是別爲一種，非此「楚蘅」也。案：相如子虛賦「蘅蘭芷若」，張博士注云：「衡，杜蘅也。其狀〔如〕葵，其臭如蘼蕪。若，杜若也。」然則廣雅以謂「楚衡」，非杜若矣。

葃音昨。菇、音姑。水芋，烏芋也。

盧學士曰：此皆指水中田中之芋也。葃菇，茨菰也。烏芋，葧臍也。御覽〔卷九七五〕引廣雅作「藉姑」，齊民要術及名醫別録亦作「藉姑」，陶隱居云：「今藉姑生水田中。葉有椏，其根黄，似芋子而小，煮之亦可啖。疑其有烏者。」又云：「有一種（三字段補）根極相似，〔細〕而黑（本作「美」，譌），葉華異，狀如莧（本作「莞」，譌。「莞」譌，段改）艸，呼爲鳧茨，恐此也。」以上皆隱居説，見名醫別録。案：前一説即「茨菰」，後一説是「葧臍」。政和本艸不分爲二物。段氏云：二物皆生水田中，故合爲一類。廣雅通例如此。齊民要術、太平御覽引此皆在「芋」條下，非是。「葃、藉、茨」三字雙聲。爾雅〔釋艸〕「芍，鳧茈」，郭注：「生下田，苗似龍須而細，根如指頭，黑色，可食。」案：此即所謂「烏芋」也。後漢書劉聖公傳「王莽末，南方飢饉，人庶羣入野澤，掘鳧茈而食之」，李賢注引續漢書作「符訾」。「鳧、符」，音皆近。「蒲」與「葧臍」，亦一聲之轉也。

龍沙，麻黄也。

本艸：「麻黄，一名龍沙。」吳氏本艸：「一名卑相，一名卑監。」名醫別録作「卑鹽，生晉地及河東」。酉陽雜俎〔文植上〕云：「麻黄莖端開花，花小而黄，子如覆盆子，可食。」

無心，鼠耳也。女腸，女菀也。

盧學士曰：御覽〔卷九九五〕引此文。又引廣志云：「鼠耳，葉如耳，縹色。」名醫别録云：「鼠耳，一名無心艸。生田中下地。」酉陽雜俎〔艸篇〕：「蚍蜉，酒艸，鼠耳也。」○女腸，女菀也。盧學士曰：名醫别録：「女菀，一名織女菀，一名茆。生漢中。」「苑、菀」同。

天豆，雲實也。

本艸「雲實，一名員實，一名雲英，一名天豆」，唐本注云：「雲實大如黍及大麻子等，黄黑如豆，故名天豆。叢生，葉如細槐，亦如首蓿，枝間微刺。」盧學士曰：侯寧極藥譜：「破故紙亦名天豆。」

薸，婢昭反。蓱也。

夏小正：「七月，湟潦生苹。」月令：「季春之月，萍始生。」周書時訓解云：「穀雨之日，萍始生。萍不生，陰氣憤盈。」詩召南采蘋傳：「蘋，大蓱也。」釋文引韓詩説：「沈者曰蘋，浮者曰藻。」陸璣疏云：「今水上浮蓱是也。其粗大者謂之蘋，小者曰萍。季春始生，可糝蒸爲茹，又可苦酒，淹以就酒。」爾雅〔釋艸〕「苹，蓱，其大者蘋」，郭注云：「水中浮蓱，江東謂之薸。」玉篇：「薸，毗招切，或作『薸』。」

笁，竹也。其表曰筤，民忍反。其裏曰笨。步本反。

「笁」與「篤」，古通用。「笁，竹」，一聲之轉，故「竹」一名「笁」。説文：「竹，冬生艸也。象形，下垂者。」「筤，竹膚也。」「笨，竹裏也。」玉篇「筤，竹表。笨，竹裏」，本此。

⿱竹曷⿱竹散、素但反。⿱竹鉤音鉤。⿱竹端，端音。桃支也。

爾雅〈釋艸〉「桃支，四寸有節」，郭注：「今桃枝節間相去多四寸。」春官司几筵云「加次席黼純」，鄭注：「次席，桃枝席，有次列成文。」西山經「嶓冢之山，其上多桃枝鉤端」，郭注：「鉤端，桃枝屬。」又贊云：「嶓冢美竹，厥號桃枝。叢薄幽藹，從容鬱猗。簟以安寢，杖以扶危。」案：桃枝可爲簟謂之桃笙。吴都賦注：「桃笙，桃枝簟也。」又可作杖。魏都賦注：「桃枝，竹屬，可爲杖。」蜀都賦「靈壽桃枝」，劉逵注：「桃枝，竹屬也，出墊江縣。」戴凱之竹譜：「桃枝皮滑而黄，可爲席。」盧學士曰：元和郡縣志合州銅梁山，出桃枝竹。玉篇：「⿱竹曷，公達切。⿱竹散，蘇旱、桑葛二切。⿱竹曷⿱竹散，桃枝竹。」「⿱竹端，丁丸切，竹名。」「⿱竹鉤，古侯切，⿱竹鉤⿱竹端，桃枝竹屬。」「⿱竹鉤、鉤」，「⿱竹端、端」，「支、枝」，字異義同。

箭、⿱竹媚，媚音。⿱竹埶至音。也。

西山經「英山，其陽多箭⿱竹媚」，郭注：「今漢中郡出⿱竹媚竹，厚裏而長節，根深，筍冬生地中，人掘取食之。」又中山經：「暴山，其木多竹箭⿱竹媚箘。」玉篇：「⿱竹媚，美祕切。」竹譜云：「箭竹高有一丈，節間三尺，堅勁中爲矢。篃竹謂之箭，竿一尺數節，葉大如扇，可以衣篷。江漢之間謂之篛。」廣志：「篃竹可爲屋椽。」「⿱竹媚、篃」同。「⿱竹埶」字玉篇、廣韻俱無，未審所出。盧學士曰：爾雅〈釋地〉：「東南之美者，有會稽之竹箭焉。」夏官職方氏「揚州，其利金錫竹箭」，鄭注：「箭，篠也。故書『箭』爲『晉』。」案：吴越春秋句踐歸國外傳：「晉竹十廋，以復封禮。」晉竹，亦箭竹也，謂可以爲箭者，故名箭。

菌，薰也。其葉謂之蕙。

「薰艸，蕙艸也」已見上文，此又廣異名。離騷「雜申椒與菌桂」，王逸注：「菌，薰也。葉曰蕙，根曰薰。」盧學士曰：莊子齊物論：「蒸成菌。」蓋菌者，蒸鬱之氣所生。香艸亦必乘暄暖之氣而後發，故亦名爲菌。「菌」與「薰」，音相近。

薫，亦得名于熏蒸也。艸木之香者，多盛于南方，天時則炎熇，地氣則蒸溼，此其所以獨盛歟！

蕖，渠音。**芋也。其莖謂之蓛。**

説文：「芋，大葉實根駭人，故謂之芋也。」又云：「莒，齊謂芋爲莒。」案：芋，大也。芋之大者謂之「芋蕖」，或謂之「芋魁」。「魁、蕖」皆言其大也。漢書翟方進傳「童謠云：飯我豆實羹芋魁」，顔師古注：「羹芋魁者，以芋根爲羹也。」史記貨殖列傳「吾聞汶山之下，沃野，下有蹲鴟，至死不飢」，集解引漢書音義云：「水鄉多蹲鴟，其山下有沃野灌溉。一曰大芋。」正義曰：「汶音岷。蹲鴟，芋也。言邛州臨邛縣其地肥又沃，平野有大芋等也。華陽國志汶山郡有大芋如蹲鴟。」玉篇「蓛，公幸切，芋莖也」，本此。盧學士曰：廣韻〔遇韻〕：「芋，一名蹲鴟。廣雅云：蜀漢以芋爲資，凡十四等，大如斗魁，其車聲、鋸子、旁巨、青鳥等四種，多子。」案：此非廣雅文，廣韻誤也。博物志：「野芋食之殺人，家芋種之，三年不收，後旅生，亦不可食。」列仙傳：「酒客爲梁丞，使民益種芋〔曰〕，三年當大饑，卒如其言，梁民不死。」

虋、劣船反，又力眷反。**茆，鳧葵也。**

説文：「虋，鳧葵也。洛官切。」魯頌泮水「薄采其茆」，傳：「茆，鳧葵也。」陸璣疏：「鳧葵與荇菜相似，菜大如手，赤圓，有肥者，著手中滑不得停。莖大如匕柄，葉可以生食，又可鬻，滑美。江南人謂之蓴菜，或謂之水葵，諸陂澤水中皆有。」陸氏釋文云：「茆，音卯。徐邈音柳。韋昭萌藻反，鳧葵也。干寶云：今之鯢蹏艸，堪爲菹，江東有之。何承天云：此菜出東海，堪爲菹醬也。鄭小同云：江南人名之蓴菜，生陂澤中。艸木疏同。一云今之浮菜即豬蓴也。本艸有鳧葵，陶氏以入有名無用品，解者不同，未詳其正。沈重以小同及艸木疏所説爲得。」惠氏棟曰：案説文：「茆，鳧葵也。」从「丣」。丣，古文「酉」字。茆，即「莤」也。許氏既以「莤」爲「莤酒」字，此「茆」必是「茆」之譌。徐作「柳」音，混「茆、莤」爲一，非也。予考古音「寅卯」字，與「酉」相近。詩（小雅十月之交）「朔日辛卯」，與「丑」合類，故雖从「寅卯」之「卯」，而徐邈亦音「柳」。盧學士曰：楚辭招魂「紫莖屏風」，王逸注：「屏風，水葵。」洪興祖補注：「本艸：鳧葵即莕菜，生水中，俗名水葵。」

菎，古本反。䔿也。

説文「菎」作「蕈」，云：「艸也。」玉篇：「䔿，子登切，菎䔿艸。」「蕈，公魂切，香艸。亦作『菎』。」廣韻（魂韻）：「菎，香艸也。」盧學士曰：招魂云「菎蔽象棊」，洪興祖補注「菎，香艸也」，本玉篇。

荆葵，荍巨遥反。也。

説文：「荍，蚍虾也。」爾雅（釋艸）「荍，蚍衃」，郭注：「今荆葵也。似葵，紫色。」陳風東門之枌「視爾如荍」，傳：「荍，芘芣也。」「芘芣」與「蚍衃」同。謝嶠云：「小艸多華而少葉，葉又翹起。」陸璣疏：「芘芣，一名荆葵。似蕪菁，華紫緑色，可食，微苦。」古今注（艸木）：「荆葵，一名戎葵，一名芘芣。華如木槿，而光色奪目，有紅有紫有青有白有黄，莖葉不殊，但花色有異耳。一曰蜀葵。」羅願曰：「其説蜀葵、戎葵之狀可也，混荆葵、芘芣之名于内者，非也。荆葵，花似五銖錢大，色粉紅，有紫文縷之，一名錦葵。」

茾，邛音。蓂也。

玉篇：「茾，巨凶切，蓂莢實也。」廣韻（鍾韻）與玉篇同。盧學士曰：御覽（卷八七三）引風俗通曰：「案孝經説古太平之時，蓂莢生階，其味酸，王者取以調味，後以醯醢代之。」今廣雅但云「蓂」，而顧野王何以知其爲「蓂莢實」？殆未可信。

苞，蕍也。

説文：「苞，艸也，南陽以爲麤履。」相如子虛賦「其高燥則生葴菥苞荔」，李善引張博士注：「苞，藨也。」盧學士曰：案玉篇：「藨，蒯屬，可爲席。平表切。」廣韻（厚韻）：「蕍，圓艸褥也。徒口切。」廣雅所指，不知是否。案：艸木叢生亦曰苞。亦作「包」。禹貢「徐州艸木漸包」，傳云：「叢生。」因疑「蕍」即「楰」也。齊民要術（卷五）言「楰一根上必十數條俱生，只留一根強者，餘悉（掐）去之」，此非叢生之謂乎？然則此必有脱文，未可知。

水茵，因音。 蓸習音。 茵也。

玉篇：「蓸，似入切，蓸茵，水艸也。」廣韻（緝韻）：「蓸茵，水艸。出埤倉。」舊本「茵」譌「苜」，音釋亦譌「目」，今訂正。

屈居，盧茹也。

御覽（卷九九一）引吴氏本艸：「閭茹，一名屈居。葉圓黄，高四五尺，葉四四相當，四月華黄，五月實黑，根黄，有汁亦同黄。三月五月采根，黑頭者良。」建康記：「建康出艸盧茹。」陶隱居曰：「花黄，二月便生。」「居、据」，「盧、蔄」，字異義同。

䕆，醜音。 菝葀也[一]。

玉篇：「䕆，充受切，菝葀也。」「菝，蒲達切，菝葀，瑞艸。」「葀，古活切，菝葀。」廣韻、類篇並以「䕆」與「菝葀」爲「瑞艸」。揚雄甘泉賦：「攢并閭與茇苦兮，紛披麗其亡鄂。」「茇苦」與「菝葀」同。文選作「茇葀」，李善注：「茇葀，艸名也。」

[一] 案：疏證本作「䕆、菱，菝葀也」。

茇，步末切。 葀，音括。」案：字書皆以「茇葀」爲一物，今「茇」下「葀」上有「蔆」字，疑「茇」字之譌，曹憲所音也。 後人轉寫羼入正文，而又添一「緩」音耳。 今删正。

蕎，橋音。**子菜也。**

玉篇：「蕎，艸也。 九出切。」廣韻〈術韻〉：「居聿切。」盧學士曰：廣志：「子菜，一曰馬芹。」案：凡艸木之壯大異于常等者，率名爲「馬」，疑此亦在芹類而種獨大者耳。

山茝、蔚香，藁本也。

荀子大略篇：「蘭茝槀本，漸于蜜醴，一佩易之。」淮南氾論訓：「夫亂人者，若芎藭之與槀本，蛇牀之與蘼蕪也，此皆相似者也。」史記〈司馬相如列傳〉索隱引桐君藥録云：「藁本，苗似芎藭。」案：本艸：「藁本，一名鬼卿，一名地新。」名醫別録「一名微莖」，唐本注云：「藁本莖、葉、根、味與芎藭小別。 以其根上苗下似藁根，故曰藁本。」盧學士曰：樊光注爾雅〈釋艸〉云：「藁本，一名蘼蕪，根名蘄芷。」案：「芷、茝」通。 又郭璞云：「藁本，藁茇也。」見上林賦注。 但無言「蔚香」者，水經注：「三城水又經香山，山上悉生藁本，故以名焉。」

貫節，貫衆也。

爾雅〈釋艸〉：「篇，苻止。 濼，貫衆。」本一物而別三名也。 郭璞注于上三字云「未詳」，下二字云「葉圓鋭，莖毛黑，布地，冬不死，一名貫渠。 廣雅云貫節」。 釋文：「衆，音終。」御覽〈卷九九〇〉引孫炎注云：「〔一〕名貫渠。」案：本艸「貫衆，一名貫節，一名貫渠，一名百頭，一名虎卷，一名扁苻，一名伯藥，一名藥藻，所謂艸鴟頭也」，陶注：「葉如大蕨，其根形色毛芒，全似老鴟頭，故呼爲艸鴟頭。」證類本艸引吴普云：「葉青黃色，兩兩相對。 莖有黑毛叢生，冬夏不死。」

⿱艹贛、貢音。起實，薏憶音。苡也。

説文：「蔐，蔐苡。一曰蔐英。於力切。」「⿱艹贛，艸也。一曰蔐苡。古禫切。」帝王世紀：「鯀妻修己，吞薏苢而生禹。」後漢書馬援傳：「援在交阯，嘗餌薏苡實，用能輕身省慾，以勝瘴氣。南土薏苡實大，援欲以爲種，軍還，載之一車。」本艸：「薏苡仁，一名解蠡。」名醫別録：「一名屋菼，一名芑實，一名贛。生真定平澤及田野，八月采實，采根無時。」蘇頌本艸云：「薏苡所在有之。春生苗，莖高三四尺，葉如黍葉，開紅白華，作穗，五六月結實，青白色，形如珠子而稍長，九月十月采其實。」

女青，烏葛也。

盧學士曰：本艸經：「女青，一名雀瓢。」吳氏本艸：「一名霍由祇。」案：衛詩（芄蘭）「芄蘭之支」，陸璣疏：「一名蘿摩，幽州人謂之雀瓢。」名醫別録：「雀瓢白汁，主蟲蛇毒，即女青苗汁也。」

巴尗，巴豆也。

淮南説林訓：「魚食巴菽而死，鼠食之而肥。」列仙傳：「玄俗餌巴豆，賣藥都市，七丸一錢，治百病。」范子計然曰：「巴菽出巴郡。」今本艸「巴豆，一名巴叔」，陶注：「出巴郡，似大豆，最能瀉人。」唐本注云：「葉似櫻桃，葉頭微赤。」「尗、菽、叔」同。御覽（卷九九三）引作「巴菽」。

烏眼，廉〔一〕也。燕薁，奥音。蘡舌也。

〔一〕廉，疏證本作「薟」。王念孫曰：「薟，曹憲音『廉』。各本脱去『薟』字，音内『廉』字又誤入正文。」

烏眼，未詳。豳風七月「六月食鬱及薁」，傳：「薁，蘡薁也。」正義與「鬱」皆以木果釋之，「鬱」爲「車下李」，「薁」爲「薁李」。盧學士曰：李未若棗之廣益于人，詩何屑及此？下云「烹葵及菽」，則鬱、薁當是艸實之類。御覽〔卷九七四〕引毛詩題綱云：「葛藟，一名燕薁藤，好生河滸邊，得水潤而長。喻王九族蒙王恩惠以育子孫，今王無澤于族人，不如葛藟生河滸邊也。」宋書謝靈運山居賦：「野有蔓艸，獵涉蘡薁。」更可見「蘡薁」之爲艸類明矣。

茈莨，茈艸也。

爾雅〔釋艸〕「藐，茈艸」，郭注：「可以染紫。一名茈莨，廣雅云。」西山經「勞山多茈艸」，郭注：「一名茈莨，中染紫也。」說文：「茈，艸也。」「藐，茈艸也。」「莨，艸也，可以染留黃。」鄭注地官掌染艸謂之「紫茢」，染艸之屬。本艸云「紫艸，一名紫丹，一名紫芙」，御覽〔卷九九六〕引作「紫英」。又引本艸「一名地血」，吳普云：「紫艸節赤，二月華。」唐本注云：「苗似蘭香，莖赤節青，華紫白色而實白。」「茈、紫」，字異義同。莨，通作「盭」。

葰〔一〕、悦燊反。**芡**，儉音。**雞頭也。**

此方言〔第三〕也。周禮籩人「加籩之實，蔆芡栗脯」，鄭注：「芡，雞頭也。」疏云：「今人或謂之鴈頭。」莊子徐無鬼篇「雞廱也」，司馬彪云：「雞廱，即雞頭也，〔一〕名芡。與藕子合爲散，服之延年。」淮南說山訓「雞頭已瘻」，高誘注：「瘻，頸腫疾。雞頭，水中芡也，幽州謂之鴈頭。」方言「葰、芡，雞頭也。北燕謂之葰，青徐淮泗之間謂之芡，南楚江湘之間謂之雞頭，或謂之雁頭，或謂之烏頭」，郭注：「今江東〔亦〕呼葰。狀似烏頭，故轉以名之。」本艸：「雞頭，一名芡。」

〔一〕葰，疏證本作「葰」。

蜀本圖經云：「生水中，葉大如荷，皺而有刺。華子若拳大，形似雞頭。實若石榴，皮青黑，肉白如菱米。」

周麻，升麻也。

盧學士曰：大觀本艸經：「升麻，一名周麻。生山谷。」又云：「生益州。」華陽國志南中志：「建寧郡牧麻縣，山出好升麻。」牧麻，本漢牧靡縣。靡，亦音「麻」，晉始改爲「牧麻」也。續博物志：「牧靡非縣，因艸得名。生牧靡可以解毒。鳥多誤食烏喙，口中毒，必急飛往牧靡山，啄牧靡以解毒。」舊本脫「升麻」二字，今據御覽（卷九九〇）所引及本艸補正。

土瓜，芴也。

爾雅（釋艸）「菲，芴」，郭注：「即土瓜。」孫炎曰：「菲，葍類。」又「菲，蒠菜」，郭注：「菲艸生下溼地，似蕪菁，華紫赤色，可食。」邶風谷風云「采葑采菲」，傳：「菲，芴也。」箋：「菲，葍類。」陸璣疏：「菲似葍，莖粗葉厚而長，有毛。三月烝鬻爲茹，滑美，可作羹。幽州人謂之芴，爾雅謂之蒠菜，今河內人謂之宿菜。」盧學士曰：郭注似是別釋，如陸璣之言，又是一物。某氏注爾雅，二處引此詩，即菲也，芴也，蒠菜也，土瓜也，宿菜也，五者一物也。崔寔四民月令：「二月盡，三月可采土瓜根。」

葵〔一〕苦圭反。菇、𤬪古候〔二〕反。甊，鹿候反。王瓜也。

玉篇：「藈，古畦、苦畦二切，鉤藈菇也。」「菇，故吴切，藈菇。」「𤬪甊，王瓜也。」集韻（侯韻）引字林亦云：「𤬪甊，王瓜

〔一〕葵，疏證本作「藈」。

〔二〕候，王念孫說當作「侯」，下「鹿候反」之「候」同。

也。」案：爾雅〈釋艸〉「鉤，藈姑」，郭注：「㼋瓞也，一名王瓜。實如瓝瓜，正赤，味苦。」本艸「王瓜，一名土瓜」，陶注：「土瓜生籬院間，子熟時赤如彈丸。」唐本注云：「四月生苗延蔓，葉似栝樓葉，但無叉缺，有毛刺。五月開黄華。華下結子如彈丸，生青熟赤。根似葛而細，多糝。」盧學士曰：今亦呼爲瓜蔞，其根即天華粉也，乃説者多與「栝樓」混而爲一。爾雅〈釋艸〉「果蠃之實，栝樓」，郭注：「今齊人呼之爲天瓜。」高誘注淮南時則訓云：「王瓜，栝樓也。」亦作「瓝瓞」。詩豳風東山正義引本艸云：「栝樓葉如瓜葉，形兩兩相值，蔓延，青黑色，六月華，七月實，如瓜瓣。」説文：「苦蔞，果蓏也。」本艸：「一名黄瓜。」音同而字異。陶隱居云，「出近道。藤生，狀如土瓜而實有叉。」實中是與「㼋瓞」各異也。又案：「王萯」亦與「王瓜」文相涉，今當以「萆挈、薢挈、菝葜」者俱歸之「王萯」，庶不相混。「葵、藈」，「菇、姑」，「㼋、鉤」，字異音義同。

玉延、藷市恣反。薁，羊恕反。署預也。

北山經「景山，北望少澤，其艸多藷薁」，郭注：「根似羊蹏，可食。曙豫二音。今江南人單呼爲藷，音儲。語或有輕重耳。」御覽〈卷九八九〉引吳氏本艸：「署豫，一名諸署，秦楚名玉延，齊越名山芋，鄭趙名士藷、山羊，一名脩脆，一名兒艸。」圖經云：「春生苗，蔓延籬落。莖紫，葉青，有三尖角，似牽牛。」盧學士曰：案：今人名山藥，「署豫」下一字避唐代宗諱豫，改爲「藥」；上一字避宋英宗諱曙，遂改爲「山藥」，相沿至今也。「藷、諸」，「薯、署」，「薁、預」，並同。舊本「玉延」譌爲「王廷」，今據本艸訂正。

恒山，蜀桼也。

本艸：「常山，一名互艸，味苦寒。蜀漆，味辛平。」名醫别録：「蜀漆，常山苗也。」圖經云：「常山，蜀漆根也。葉似茗而狹長，兩兩相當，莖圓，有節。」蜀本圖經云：「常山葉名蜀漆也。」恆山，即「常山」。桼，古字；漆，今字也。

藟，力水反。　藤也。

說文：「藟，艸也。」周南樛木「葛藟纍之」，正義：「藟與葛異，亦葛之類。陸璣疏：『藟，一名巨荒。似燕薁，亦延蔓生，葉艾白色，其子赤，亦可食，酢而不美。』」爾雅〔釋木〕「諸慮，山櫐」，郭注：「今江東呼櫐爲藤，似葛而粗大。」又「欇，虎櫐」，郭注：「今虎豆。纏蔓林樹而生，莢有毛刺，今江東呼爲欇欇。」中山經「卑山，其上多櫐」，郭注：「今虎豆、貍豆之屬。」劉向九歎〔憂苦〕「葛藟虆于桂樹兮」，王逸注：「葛藟，巨荒也。」本艸「千歲藟，一名藟蕪」，陶注：「作藤生樹如葡萄，葉如鬼桃，蔓延木上，汁白。」

石髮，石衣也。

爾雅〔釋艸〕「藫，石衣」，郭注：「水菭也，一名石髮，江東食之。」釋文：「菭，徒來反，水青衣也。」齊民要術引周處〔風〕土記云：「石髮，水苔也。青緑色，生于石。」御覽〔卷一〇〇〇〕引風土記「水苔」作「水衣」。又云：「陟釐，亦名側理，可爲紙，名苔紙。其苔水中石上生，如毛緑色。」本艸圖經云：「石衣，一名石髮，即陟釐也。色類于苔，而粗澀爲異。」

采，似醉反。　稟，禾[一]也。

說文：「禾，嘉穀也。二月始生，八月而熟，得時之中和，故謂之禾。禾，木也，木王而生，金王而死。从木，从𠂹省；

〔一〕禾，疏證本作「采」。

𥝢，象其穗。」「采，禾成秀也，人所以收。从爪、禾。或作『穗』。」「穟，禾采之貌。或作『蓫』。」並徐醉切。繫傳以「穟、蓫」爲「采」之或體。又云：「䆃，禾也。」司馬相如曰：「䆃，一莖六穗。」王風黍離「彼稷之穗」，傳：「穗，秀也。」相如封禪文「䆃一莖六穗于庖」，徐廣曰：「䆃，瑞禾也。」司馬貞曰：「説文：『嘉禾一名䆃。』字林云：『禾一莖六穗謂之䆃。』」李善文選注引鄭康成曰：「䆃，擇也。一莖六穗，謂擇嘉禾之米，于庖廚以供祭祀。」大昭案：漢書百官表（上）：「少府，屬官有䆃官。」疑即此「䆃」字。舊本「采」譌「釆」、「禾」譌「采」，今訂正。

秆、古旱反。䅝、空音，又苦江反。稭，古八反。稾也。黍穰謂之䅀。例音。稻穰謂之稈。稷穰謂之𥢶。莊于反。

説文：「稾，稈也。古老切。」小爾雅（廣物）云：「稾謂之稈，稈謂之芻。」衆經音義（卷十七）引倉頡篇：「稾，禾稈也。」秆者，説文「稈，禾莖也」，或作「秆」。左氏昭二十七年傳：「鄢將師攻郤氏，且爇之。或取一秉秆焉，國人投之。」玉篇：「稈，稾也，穰謂之稈。」䅝者，廣韻（東韻）：「䅝，苦紅切，稻稈。」稭者，説文：「稭，禾稾去其皮，祭天以爲席。」史記封禪書「古者封禪」，「埽地而祭，席用葅稭」，集解：「應劭曰：『稭，禾稾也。去其皮以爲席。』如淳曰：『稭，讀曰戛。』」禹貢「三百里納秸服」，孔傳：「秸，稾也。」鄭注：「秸，謂禾去其穎，惟稾秸也。」漢書地理志（上）作「戛」，今尚書禹貢、禮記郊特牲、史記夏本紀並作「秸」。禮器注：「穗去實曰鞂。」又作「鞂」。玉篇「鞂，祭神席」，與「秸」同。是「稭、戛、秸、鞂」，字異音義同。䅀者，説文：「梨，黍穰也。良薛切。」又云：「穰，黍梨已治者。汝羊切。」稈者，與「秆」同，解見上。𥢶者，玉篇「𥢶，七于切，稷穰也」，本此。

麻黃莖，狗骨也。

上文已云「龍沙，麻黄也」，此復釋其莖之名。

白芷，其葉謂之葯。約音。

西山經「號山，其草多葯虈」，郭注：「葯，白芷別名。虈，香艸也。」離騷云「扈江離與辟芷兮」，洪興祖補注：「白芷，一名白茝，生下澤，春生，葉相對婆娑，紫色，楚人謂之葯。」楚辭九歌湘夫人「辛夷楣兮葯房」，王逸注：「葯，白芷。」說文「芷」作「茝」，云：「虈也。昌改切。」「虈，楚謂之蘺，晉謂之虈，齊謂之茝。」玉篇：「芷，支視切，白芷，藥名，一名茝。」「葯，於略切，白芷，葉即虈也。」史記（司馬相如列傳）索隱引埤倉云：「齊曰茝，晉曰虈。」盧學士曰：本艸經：「白芷，一名芳香。」吳氏本艸：「白芷，一名虈，一名澤芬，一名莞。」名醫別録：「又一名苻離，一名蒚。」孫氏星衍曰：案名醫所云，似即爾雅（釋艸）「莞，苻離，其上蒚」。說文別有「䓧，夫蘺也。蒚，夫蘺上也」，是非一艸。舍人云：「白蒲，一名苻離，楚謂之莞。」豈「蒲」與「茝」相似，而名醫因誤乎？或說文「楚謂之蘺」，即「夫蘺」也，未可得詳。

公蕡、浮沸反，又符分反。穰〔一〕葇、柔音。䔰、乃頂反。䓿、轄音。荏，蘇也。

爾雅（釋艸）「蘇，桂荏」，郭注：「蘇，荏類，故名桂荏。」疏引陶注本艸云：「葉下紫色而氣甚香，其無紫色不香。似荏者名野蘇，生池中者名水蘇，一名雞蘇，皆荏類也。」說文繫傳：「荏，白蘇也。桂荏，紫蘇也。」方言（第三）「蘇，亦荏也。關之東西或謂之蘇，或謂之荏。周鄭之間謂之公蕡。沅湘之南或謂之䓿。其小者謂之蘸葇」，郭注：「公蕡、蘇，荏屬也，音翡翠之翡。今江東人呼荏爲菩，音魚。今長沙人呼野蘇爲䓿，音車轄之轄。蘸葇，薰葇也，亦蘇之種類，因

〔一〕穰，疏證本作「蘸」。王念孫曰：「蘸，曹憲音『穰』。各本脱去『蘸』字，音内『穰』字又誤入正文。」

名云。」「穰、釀」，字異音義同。中山經「熊耳之山有艸焉，其狀似蘇而赤華，名曰葶藶，可以毒魚」，郭音「亭寧、耵聹二音」。

秈，仙音。稉也。

張衡南都賦「㴭皋香秔」，李善注：「㴭皋，㴭水之澤也。」又引此文作「秔，秈也」。齊民要術〔卷二〕引氾勝之云：「三月種秔稻。」顔注漢書東方朔傳云：「稻，有芒之穀總稱也。秔，其不黏者也。」羅願曰：「又一種曰秈，比于稉小而尤不黏。其種甚早，今人號秈爲早稻，稉爲晚稻。」「稉、秔」通用。説文「秔，稻屬」，或作「稉」。玉篇「秈，息延切，秔稻也」，本此。

秫，述音。稬奴臥反。也。

説文：「秫，稷之黏者。食聿切。」「稬，沛國謂稻曰稬。奴亂切。」齊民要術引字林：「糯，黏稻也。」此篇以「秫」釋「稬」，或疑其「稻、稷」不分。然此「秫、稬」與上「秈、稉」相對，「秈」與「稉」本非一物，「秫」與「稬」又何必指爲一物？此不過就黏與不黏者别言之耳。「秫」是「稷」之黏者，「稬」是「稻」之黏者，故亦得爲一類也。程博士瑶田曰：今之高粱，昔人稱蜀黍，南方呼盧穄，北方呼紅粱。以農家多種赤色者，又呼粗粱。以其米粗硬，不如黍稻粱之美也。其赤色者，黏、不黏二種，黄金色者黏，純白色亦有黏者，不黏者多也。北五省處處種之，大河以南江淮以北，亦處處種之，通呼高粱，亦通呼秫秫，其稭呼秫稭。今南北上下，凡五反市井商賈貿易，輒索其簿券觀之，無不作「秫」字者。説文：「秫，稷之黏者。」今則無論黏與不黏，皆曰秫，且稱名半海内，定之爲稷，良亦非誣。

𪏰、口見反，又口殄反。䵜、亡皮反。稖旁音。䅣，皇音。穄祭音。也。

説文：「穄，䵚也。子例切。」「䵚，穄也。靡爲切。」「䅭䅣，穀名。」穆天子傳（卷二）：「赤烏之人，獻穄百載。」呂氏春秋本味篇「飯之美者，有陽山之穄」，高誘注：「穄，關西謂之䵚，冀州謂之⿰黍巠。」玉篇：「⿰黍巠，䵚也。」「䵚，穄也。」「穄，似黍不黏。」「䅭䅣，穄名。」程博士瑤田曰：黍，大名也。黏者，得專黍名。其不黏者，則曰䵚，或曰穄。穀色有黄、白、黑三種：黑者，秬黍也，其皮皆有光澤。黄、白者，如象牙。黑者如退光漆，不似小米穀皮之枯皺也。今北方呼黍子、䵚子、穄子，古今無異稱，惟加「子」字而已。其米通呼黄米，或又呼䵚子爲稷米，蓋唐蘇恭輩冒之爲稷，故相沿至今，有稷米之稱也。「⿰黍巠、⿱髟黍」字同。舊本「⿰黍巠」作「⿰黍辟」，曹憲避隋諱也。又音釋「口殄」譌「口於」，今並訂正。○集韻引廣雅：「⿸麻朱，⿰禾幸也。」「疏臻切。」今無「⿰禾幸也」。

黂〔一〕，扶云反。⿸麻朱誅音。也。

説文：「萉，枲實。或作『黂』。房未切。」喪服傳云：「苴絰者，麻之有蕡者也。牡麻者，枲麻也。」淮南齊俗訓「胡人見黂不知其可以爲布也」，高誘注：「黂，麻子也。」又説林訓「黂不類布，而可以爲布」，注：「黂，讀左傳『有蜚不爲災』之『蜚』。」「⿸麻朱」字，類篇、集韻（虞韻）皆「追輸切，穀名」，引此文。

大豆，尗也。

説文：「尗，豆也。象尗豆生之形。」此古字，經典相承作「菽」。大雅生民「蓺之荏菽」，傳：「荏菽，戎菽也。」箋：「戎菽，大豆也。」爾雅（釋艸）：「戎菽謂之荏菽。」詩疏引孫炎曰：「戎菽，大豆也。」樊光、舍人、李巡、郭璞皆以爲「胡豆」。

〔一〕案：王念孫於「黂」下補「麻也」二字，并疑「⿸麻朱」上下有脱文。

案：淮南地形訓「水勝火，故菽夏生冬死」，高誘注：「豆，火也。夏火王而生，冬水王而死。」春秋莊三十一年「齊侯來獻戎捷」，穀梁傳曰：「戎，菽也。」列子力命篇：「進其茙菽，有稻粱之味。」

小豆，荅也。

説文：「荅，小尗也。都合切。」玉篇：「荅，小豆也。」晉書律志〔上〕：「九章商功法程菽荅麻麥一斛，積二千四百三十寸。」

䜹布兮反。豆、豌烏丸反。豆，蹓留音。豆也。

齊民要術〔卷二〕：「崔寔曰：『正月可種䜹豆。』」玉篇：「䜹，蹓也。」「豌，豆也。」「蹓，䜹豆也。」盧學士曰：或以爲「䜹豆」即今之「藊豆」，未知然否。李時珍〔本艸綱目卷二十四〕云：「豌豆，其苗柔弱宛宛，故得豌名。百穀中最先登者。」

案：今北方多産此，煮之以爲餅餡，極恬美。蹓，集韻〔蕭韻〕又音「聊」。類篇：「幷州謂豆曰蹓。」

胡豆，跭乎江反。䜶雙音。也。

玉篇：「跭，跭䜶也。」廣韻〔江韻〕：「跭䜶，胡豆也。」齊民要術〔卷二〕引此作「胡豆，跭江豆也」。爾雅翼引此「䜶」作「雙」字。時珍〔本艸綱目卷二十四〕曰：「跭䜶，豇豆也。此豆紅色居多，莢必雙生，故有『跭䜶』之名。」

大麥，麰牟音。也。

月令「仲秋之月，乃勸種麥，毋或失時。其有失時，行罪無疑」，鄭注：「麥者，接絶續乏之穀，尤重之。」淮南地形訓：「火勝金，故麥秋生夏死。」説文：「麥，芒穀。秋穜厚薶，故謂之麥。麥，金也。金王而生，火王而死。从來，有穗者，从夊。」高誘注淮南及呂氏春秋〔仲秋紀〕皆言「麥屬金」，而素問〔五常政大論〕云「升明之紀，其類火，其藏心，其穀麥」，鄭氏月令注「麥實有孚甲，屬木」。三説不同者，蓋鄭以形言，素問以功性言，而吕覽、淮南、説文並以時言也。説文「麰，來麰，麥也」，或作「⿱艹牟」。周頌思文「貽我來牟」，傳：「牟，麥。」釋文「牟，字書作『麰』」，引孟子：「麰，大麥也。」今孟子（告子上）作「麰」，趙岐注：「麰，大麥也。」

小麥，麳來音。**也。**

説文：「來，周所受瑞麥來麰。一來二縫，象芒朿之形。天所來也，故爲『行來』之『來』。」又云：「⿰禾來，齊謂麥⿰禾來也。」周頌思文疏引尚書太誓云：「惟四月，太子發上祭于畢，下至于孟津之上，升舟中流，白魚入于王舟，王跪取出，涘以燎之。至于五日，有火自上復于下，至于王屋，流之爲鵰，其色赤，其聲魄。五至，以穀俱來。」尚書合符后注云：「五至，猶五來。不知爲一日五來，爲當異日也。」書説云：「烏以穀俱來。穀，以紀后稷好德。尚書旋機鈐及合符后並有其文，注云：稷好農稼，今烏銜穀，故云紀之。」此即説文所謂「周受瑞麥」也。詩言「貽我來牟」，與書太誓符合。「牟」是大麥，則「來」爲小麥矣。漢書劉向傳引詩作「釐麰」，「釐麰，麥也，始自天降」。惠氏棟曰：案郭顯卿字指：「字本作『⿱𠩺里』，古文省，故作『來』。廣雅作『麳』，俗作之。」案：玉篇：「⿰來麥，力該切，小麥也。麳同。」

⿰禾斜、斜音。**⿱艹私，**私音。**茅穗**似醉反。**也。**

王風黍離「彼稷之穗」，傳：「穗，秀也。」⿰禾斜者，玉篇：「⿰禾斜，穗也。」類篇音「荼」，本此。案：「⿰禾斜」即「荼」之異文。鄭風出其東門「有女如荼」，箋：「荼，茅秀，物之輕者，飛行無常。」地官掌荼注：「荼，茅秀也。」⿱艹私者，説文：「⿱艹私，茅秀也。息夷切。」

蒲穗謂之蓴。大丸反。

説文：「蓴，蒲叢也。」廣韻〈諄韻〉：「蓴，蒲秀。」並常倫切。

箘簬、路音。 ⿱竹真、真音。 ⿱竹殺、苦拜反。 笴、公但反。 簫、⿱竹衛，衛音。 箭也。

此釋竹之可爲箭簳者也。説文：「箭，矢也。」夏官職方：「東南曰揚州，其利金錫竹箭。」箘簬者，説文：「箘，箘簬也。」「簬，箘簬也。古文作『簵』。」玉篇：「簬，美竹，中箭也。」禹貢「荆州，惟箘簬楛，三邦底貢」，孔傳：「箘簵，美竹，出雲夢之澤。」正義：「鄭云：箘簬，聆風也。竹有二名，或大小異也。箘、簬，是兩種竹也。」⿱竹真者，玉篇：「⿱竹真，之人切，竹箭也。」⿱竹殺者，玉篇：「⿱竹殺，苦怪切，竹箭也。」戴凱之竹譜云：「江漢之間，篃竹謂之⿱竹殺。」笴者，玉篇：「簳，各旱切，箭簳。亦作『笴』。」詹事兄曰：考工記「妢胡之笴」，注云：「故書『笴』爲『筍』。杜子春云：『筍』當爲『笴』，謂箭稾。」石經「笴」字上半雖缺，下半从「句」，不从「可」。説文無「笴」字，當以「笱」爲正。「笱」與「筍」形相似，與「稾」聲尤相近也。簫者，盧學士曰：王子淵洞簫賦：「原夫簫幹之所生兮，于江南之丘墟。洞條暢而罕節兮，標敷紛以扶疎。」蓋此竹本名簫而取之爲樂器，亦可以爲箭也。⿱竹衛者，玉篇「⿱竹衛，于歲切，箭也」，本此。

蕉、捉音。 奚毒，附子也。 一歲爲萴子，二歲爲烏喙，三歲爲附子，四歲爲烏頭，五歲爲天雄。

戰國〈策〉燕策〈一〉：「蘇秦爲燕説齊王曰：『人之飢所以不食烏喙者，以爲雖偷充腹，而與死同患也。』」淮南主術訓「天下之物，莫凶于雞毒。然而良醫槖而藏之，有所用也」，高誘注：「雞毒，烏頭。」又繆稱訓：「天雄烏喙，藥之凶毒也，良醫以活人。」鹽鐵論〈誅秦〉：「秦、楚、三晉號萬乘，不務修德而負相侵，構兵爭強而卒俱亡。雖以進壤廣地，如食萴之充腸。」博物志云：「物有同類而異用者，烏頭、天雄、附子一物，春秋冬夏，采之各異。」顔注急就篇〈卷四〉云：「烏喙，形似烏之觜也。附子，附大根而旁出也。此與烏頭、側子、天雄本同一種，但以年歲遠近爲殊，采之有異，功用亦別。」玉篇：「藮，莊卓切，藮，蒵毒，即附子也。」「葥，葥子，藥名。　一歲爲葥子，二歲爲烏喙，三歲爲附子，四歲爲烏頭，五歲爲天雄。」皆本此。　本艸經：「附子，冬月采爲附子，春采爲烏頭。」又云：「烏頭，一名蒵毒，一名即子，一名烏喙。」又云：「天雄，一名白幕。」圖經云：「側子長二三寸者爲天雄，割削附子傍尖芽角爲側子，附子之絶小者亦名爲側子，元種者爲母烏頭。　其餘大小者皆爲附子，以八角者爲上。　烏頭、烏喙生朗陵山谷，天雄生少室山谷，附子、側子生犍爲山谷，四品都是一種所産，今並出蜀土。　種之法，冬至前，先將肥瘦陸田耕五六遍，以豬糞糞之，然後布種，逐日耘耔，至次年八月後方成。　苗高三四尺，莖作四棱，葉如艾，花紫碧色，作穗，實小，子黑色，如桑椹。　本只種附子一物，至一年便有此五物。　而廣雅有一二三四五歲之分，豈今人種蒔之法，用力倍至，故爾繁盛也？」吴普本艸云：「附子，一名莨，一名千秋，一名毒公，一名卑負，一名耿子。　正月始生，葉厚，莖方，中空，葉四四相當，與蒿相似。　烏喙，形如烏頭，有兩歧相合，似烏之喙，故名曰烏喙也。」蘇恭以爲「烏喙」即「烏頭」異名。　蕉，玉篇作「藮」，集韻〈覺韻〉與此同。　雞毒，即「奚毒」。　即子，即「葥子」。「葥、即」，聲相轉。　或又作「側」，同。

蘤、爲詭反。　葩、菁、蘂〔一〕，華也。

說文：「雩，艸木華也。　或作『荂』。　況于切。」「華，榮也。　户瓜切。」方言〈第一〉：「華、荂，晠也。　齊楚之間或謂之華，或謂之荂。」蘤者，玉篇：「蘤，花榮也。」廣韻〈紙韻〉：「蘤，花也。」類篇：「蘤，花榮。　羽委切。」後漢書張衡傳思玄賦「百卉合蘤」，李賢注引張博士字詁：「蘤，古『花』字也。」葩者，說文：「葩，華也。」張衡西京賦「吐葩颺榮」，薛綜曰：「葩，華也。」嵇康

〔一〕　案：疏證本「蘂」下有「花」字。

琴賦「若衆葩敷榮曜春風」，李善曰：「古本『葩』字爲華貌。郭璞曰：葩爲古『花』字。」江淹擬許徵君詩：「丹葩曜芳蕤。」菁者，說文：「菁，韭花也。子盈切。」尚書虞夏傳：「菁華已竭，褰裳去之。」宋玉高唐賦：「江蘺載菁。」張衡西京賦「麗服颺菁」，薛綜曰：「菁，華英也。」蘂者，廣韻〔紙韻〕：「華外曰萼，華内曰蘂。」離騷「貫薜荔之落蘂」，王逸注：「蘂，實也。」洪興祖補注：「蘂，花鬚頭點也。花外曰萼，内曰蘂。」郭璞江賦：「翹莖瀵蘂。」花，舊本「蘂」下有「花」字，是「華」之俗字。漢以前，未之有也，此是後人闌入。盧學士曰：孫貽穀云後人或以「花」注「華」字旁以曉讀者，而誤入正文，今删。

棓、步項反。杜、䕯、乎巧反。茇、撥音。荄、古來反。株，根也。

說文：「根，木株也。」韋昭注周語引氾勝之農書云：「孟春，土長冒橛，陳根可拔。」棓，未詳。杜者，豳風鴟鴞「徹彼桑土」，傳：「桑土，桑根也。」〔方言第三〕：「東齊曰杜，或曰茇。」䕯者，玉篇：「䕯，下校、古鮑二切，江東呼藕根爲䕯。」又與「茭」同。爾雅〔釋艸〕「葯，茭」，郭注：「茭，即茇類。」釋文引廣雅：「茭，根也。」廣韻：「蔈，葦根可食者曰茭。」茇者，說文：「茇，艸根也。春艸根枯引之而發土爲撥，故謂之茇。」郭注爾雅〔釋艸〕云：「今江東呼藕紹緒如指空中可啖者爲茇。」荄者，說文：「荄，艸根也。」太玄養次三云：「糞以肥丘，育厥根荄。」郭注方言〔第三〕云：「今俗名韭根爲荄。」潘岳懷舊賦：「陳荄被于堂除。」通作「核」。漢書五行志〔中之上〕「孕毓根核」，顔師古云：「核，亦『荄』字也。艸根曰荄。」株者，說文：「株，木根也。陟輸切。」漢書司馬相如傳〔下〕：「槠木朽株。」戰國〔策〕秦策：「削株掘根。」

蓶，弋箠反，又素箠反。蔕也。

說文：「蔕，瓜當也。都計切。」文選西京賦注引聲類云：「蔕，果鼻也。」玉篇「蔕，艸木綴實」，廣韻〔霽韻〕同。盧學士曰：爾雅〔釋艸〕「蕍、芛、葟，華榮」，郭注：「今俗呼艸木華初生者爲芛，音豬。」釋文：「芛，郭音豬，羊棰反。」疏云：「此別艸木榮華之異名也。」案：「蔿」與「芛」音相同，則義亦同。廣韻（紙韻）：「蔿，艸木葉初出貌。」「葉」似當作「華」。今人但知「花朵」之「朵」，不復作「蔿」字矣。

萌、芽、甾、蕄，蘖也。

此釋艸初生之名也。蘖，當作「櫱」。説文：「巘，伐木餘也。商書曰：『若顛木之有甹巘。』或作『櫱』，古文作『㭆』。」或作「枿」者，「㭆」之譌。魯語（上）「山不槎櫱」，韋昭注：「以株生曰櫱。」淮南俶真訓「百事之莖葉條㭆」，高誘注：「㭆，讀作『櫱』，旁生萌芽也。」萌者，説文：「萌，艸芽也。」月令「萌者盡達」，鄭注：「芒而直者曰萌。」芽者，説文：「芽，萌芽也。」甾者，盧學士曰：「甾，本亦作『菑』。」爾雅（釋木）「木立死，甾」，郭注：「不弊頓。」（釋文）：「甾，字林作『椔』。」大雅皇矣：「作之屏之，其菑其翳。」甾，蓋木已死而復有萌芽者，如肄生之類。蕄者，説文：「蕄，灌渝。讀若『萌』。莫中切。」孫比部星衍曰：「萌者，始生也。「萌」與「蕄」通，「灌渝」即「權輿」。爾雅釋詁（上）：「權輿，始也。」大戴禮記誥志云：「孟春，百艸權輿。」揚雄羽獵賦：「萬物權輿于内，徂落于外。」釋艸：「其萌虇蕍。」「萌」當爲「蕄」，「虇蕍」當爲「灌渝」。郭璞以「蕍」下屬，非也。

蘇、莱、力内反。芥、莽、蘆、千古反。毛，艸也。

蘇者，方言（第三）：「蘇、芥，艸也。江淮南楚之間曰蘇，自關而西或曰艸，或曰芥。南楚江湘之間謂之莽。」莊子天運篇「蘇者取而爨之」，釋文：「李頤云：『蘇，艸也。』」莱者，説文：「莱，耕多艸。从艸、耒，耒亦聲。盧對切。」玉篇同。舊本「莱」譌「菜」，今訂正。芥者，左氏哀元年傳「以民爲土芥」、孟子（離婁下）「君之視臣如土芥」，注並云：「芥，艸也。」舊本「芥」譌「芬」，今據方言訂正。莽者，説文作「茻，衆艸也。从四中。讀與『冈』同。」方言（第十）：「卉、莽，艸也。東越揚州之間曰卉，南楚曰莽。」楚辭（離騷）「夕攬洲之宿莽」，王逸注：「艸冬生不死者，楚人名曰宿莽。」蘆者，爾雅（釋艸〕「蓾，蔖」，郭注：「作履苴艸。」説文：「䕡，艸也，可以束。或作『蓾』。」釋文引字苑云：「〔鞔〕苴，履底。」玉篇：「蔖，作履苴艸。」毛者，左氏隱三年傳「澗谿沼沚之毛」，又昭七年傳「封略之内，何非君土。食土之毛，誰非君臣」，杜注並云：「毛，艸也。」班固西都賦：「華實之毛，則九州之上腴焉。」盧學士云：周禮地官載師「宅不毛者有里布」，先鄭謂「不種桑麻也」。公羊宣十二年傳「錫之不毛之地」，何休注：「不毛者，墝埆不生五穀。」是桑麻五穀之類，亦皆曰「毛」也。古今注：「地以名山爲輔，石爲之骨，川爲之脈，艸木爲之毛。」

艸藂生爲薄。

楚辭九章涉江云「露申辛夷，死林薄兮」，王逸注：「艸木交錯曰薄。」又招隱士「叢薄深林」，洪興祖補注：「深艸曰薄。」揚雄甘泉賦：「列新雉于林薄。」曹植七啟：「搜林索險，探薄窮阻。」束皙補亡詩「白華朱萼，被于幽薄」，李善注引纂要云：「艸叢生曰薄。」舊本「藂」爲「聚」，今據文選甘泉賦注訂正。

蓍，耆也。

白虎通義蓍龜篇：「乾艸枯骨，衆多非一，獨以蓍龜何？此天地壽考之物，故問之也。龜之爲言久也，蓍之爲言耆也，久長意也。」説文：「蓍，蒿屬。生千歲三百莖，易以爲數。天子蓍九尺，諸侯七尺，大夫五尺，士三尺。」陸璣詩疏：「蓍以籟蕭，青色，科生。」洪範五行傳云：「蓍百年，一本生百莖。」

益母，茺〔二〕蔚也。

〔二〕茺，疏證本作「充」。

爾雅（釋艸）「萑，蓷」，郭璞注：「今茺蔚也。」王風中谷有蓷釋文引韓詩：「蓷，茺蔚也。」陸璣詩疏云：「舊説及魏博士、周元明皆云『菴䕡』是也，韓詩及三倉説悉云『益母』，故曾子見益母而感。劉歆曰：蓷，臭穢。臭（穢），即茺蔚也。」本艸：「茺蔚子，一名益母，一名益明，一名大札。生池澤。」名醫别録「一名貞蔚」，陶注：「處處生。葉如荏，方莖，子細長，三棱，白華，華生節間。」

菅，茅也。

説文：「菅，茅也。」「茅，菅也。」玉篇：「菅，茅屬也。」小雅（白華）「白華菅兮，白茅束兮」，傳：「白華，野菅也。已漚爲菅。」箋：「菅柔忍中用，而更取白茅收束之，茅比于白華爲脆。」菅，亦作「葌」。中山經「吴林之山，其中多葌艸」，郭注：「亦『菅』字。」陸璣詩疏：「菅，似茅而滑澤無毛，根下五寸中有白粉者，柔韌宜爲索，漚乃尤善矣。」

粢、黍、稻，其采辭醉反。謂之禾。

説文：「𪗉，稷也。从禾，齊聲。或从『次』作『粢』。」「黍，禾屬而黏者也。以大暑而種，故謂之黍。从禾，雨省聲。」「稻，稌也。」「稌，稻也。周禮曰：『牛宜稌。』」案：粢也，黍也，稻也，三者之穗，通呼爲禾。歙程學博瑶田曰：「粢，稷也。稷，今之高粱也，亦通呼爲秫秫。説文：『秫，稷之黏者。』今則無論黏與不黏，皆曰秫。黍者，大名也。黏者，得專黍名。其不黏者，曰穈，或曰穄。其黑者爲秬黍，今北方通呼其米爲黄米。稻者，亦大名也。黏者曰糯，不黏者曰秈，曰粳。」

豆角謂之莢，其葉謂之藿。

説文：「莢，艸實也。古叶切。」「䕅，尗之少也。虚郭切。」玉篇：「莢，豆莢也。」「䕅，豆葉也。亦作『藿』。」本此。周禮（地官大司徒）：「墳衍之地，其植物宜莢。」盧學士曰：「吕氏春秋審時篇『得時之菽，長莖而短足，其莢二七以爲族』，高誘注：「二七，十四實也。」齊民要術（卷二）引氾勝之書曰：「穫豆之法，莢黑而莖蒼，輒收無疑。其實將落，反失之。」易林漸之乾曰：「旦種菽豆，暮成藿葉。」戰國（策）韓策（一）：「張儀説韓王曰：『韓地險惡，民之所食，大抵豆飯藿羹。』」

英蒻，葹也[一]。

玉篇：「葹，乙卓切，英蒻也。」廣韻（覺韻）：「葹，于角切，英蒻。」似並本廣雅。據此，則此文當作「英蒻，葹也」。舊本「葹」譌「葯」，且顛倒其文，曰「英葯，蒻也」，今訂正。説文：「蒻，蒲子，可以爲平席。」案：説文苜部「莧」下引周書「布重莧席」，「纖蒻席也。讀與『蔑』同」，是「莧」即古文「蔑」也。顧命篇孔傳于「敷重篾席」作別解，而于「敷重底席」句釋云：「底，蒻苹。」疏云：「禮注謂蒲席爲蒻苹，孔以底席爲蒻苹，當謂蒲蒻之席也。急就篇『蒲蒻藺席』，謂此也。」宋玉招魂「蒻（阿）拂壁」，王逸注：「蒻，蒻席也。」

菡萏，芙蓉也。

説文：「菡，菡萏也。胡感切。」「萏，菡萏，芙蓉（華）。未發爲菡萏，已發爲芙蓉。徒感切。」爾雅（釋艸）「荷，芙蕖」，郭注：「別名芙蓉，江東呼荷。」又云：「其華菡萏。」詩陳風澤陂「有蒲菡萏」，傳：「菡萏，荷華也。」又鄭風（山有扶蘇）「隰有荷華」，傳：「荷華，芙蕖也。」古今注（艸木）：「芙蓉，一名荷華，生池澤中。實曰蓮，華之最秀異者，一名水芝，一名水花，色有赤、白、紅、紫、青、黃，紅、白二色茬多，華大者至百葉。」爾雅翼（卷八）引陸璣疏亦云：「其華未發爲菡萏，已發爲芙蕖。」離騷云「製芰荷以爲衣兮，集芙蓉以爲裳」，王逸注：「芙蓉，蓮華也。」詩疏云：「今江東人呼荷華爲芙蓉。」舊

[一] 案：疏證本作「英葯，蒻也」。

本「菌」譌「茵」，今訂正。

韭、䪼、胡戒反。蕎，橋音。其華謂之菁。

韭也，䪼也，蕎也，三者之華爲菁。盧學士曰：天官醢人：「朝事之豆，其實韭菹、菁菹。」廣雅則以「䪼」與「蕎」之華俱謂之菁。韭者，呂氏春秋孝行覽（本味）「菜之美者，具區之菁」，高注：「菜名。」張衡南都賦：「秋韭冬菁。」説文：「菁，韭華也。」又云：「韭，菜名。一種而久者，故謂之韭。象形，在一之上；一，地也。」曲禮（下）「韭曰豐本」，鄭注：「豐，茂也。」齊民要術（卷三）云：「韭性内生，根喜上跳。」䪼者，説文：「䪼，菜也，葉似韭。」玉篇：「䪼，葷菜也。俗作『薤』。」爾雅（釋艸）「䪼，鴻薈」，郭注：「即䪼菜也。」疏云：「本艸謂之菜芝。」少儀云：「爲君子擇葱薤，則絶其本末。」蕎者，廣韻（宵韻）：「蕎，巨嬌切，蕎麥。」盧學士曰：「蕎」，亦作「𪎭」。温庭筠詩：「日暮鳥飛散，滿山𪎭麥花。」又與「荍」音同借用。蘇子瞻（中秋月）詩：「但見古河東，荍麥如鋪雪。」蚍虾之荍花紫，此蕎麥之花白也。

蘬，歸音。葵也。

説文：「蘬，薺實也。」「葵，菜也。」爾雅（釋艸）「紅，蘢古，其大者蘬。」「蒫，薺實」，郭注：「俗呼紅艸爲蘢鼓，語轉耳。」薺子味甘。」詹事兄曰：「蘬、蒫」之文上下相承，許祭酒所見爾雅，當是「蒫」在「蘬」上，「蘬」爲「薺實」，則「蒫」爲「蘢古之大者」矣。蒫，即「差」字。蘢古葉大下垂，有參差之象。通封騷云：立冬薺麥生。春秋繁露天地之行篇云：「薺以冬美。冬，水氣也。薺，甘味也。乘于水氣而美者，甘勝寒也。薺冬生而夏死，其味甘。」齊民要術（卷三）引廣雅：「蘬，丘葵也。」今本無「丘」字，説誤耳。

藋粱，木稷也。

盧學士曰：粱，舊本作「梁」。御覽〔卷八四二〕引此在百穀部粱類中，今據改正。藋粱，當即所謂糲粱，乃粗粱也，如「稂，童粱」之類。「木稷」無考。禮記玉藻：「沐稷而靧粱。」又喪大記：「君沐粱，大夫沐稷。」是則粱貴于稷也。粱、稷皆人之所食者，而用以沐，則不惟精惟其粗。此「木稷」，疑當作「沐稷」。取藋粱以爲之用，未知于廣雅之義有當否。

蒚丈牛反。藸，直魚反。蒠也。

即抽蒢也。字體既異，故復釋之。玉篇「蒚藸，蒠也」，本此。

蒻，薹臺音。也。

說文繫傳云：「艸將生華，先抽莖薹。」玉篇：「蒚，蒲蒚，謂今蒲頭有臺，臺上有重臺，中出黃，即蒲黃。」是也。「薹、臺」同。

莞，藺吝音。也。

說文：「莞，艸也，可以作席。」「藺，莞屬。」玉篇：「藺，旅進切，似莞而細，可爲席。」「莞，古桓、胡官二切，似藺而圓，可爲席。」詩小雅斯干「下莞上簟」，箋：「小蒲之席也。」釋文：「莞艸叢生水中，莖圓，江南以爲席，形似小蒲而實非也。」爾雅〔釋艸〕「莞，苻蘺」，說文作「蒝，夫蘺」。郭注：「今西方人呼蒲爲莞蒲，今江東謂之苻蘺。」又「蔁，鼠莞」，郭注：「亦莞屬也。纖細似龍須，可以爲席，蜀中出好者。」舊本「莞」譌「莧」，今訂正。

菰，孤音。蔣子良反。也。其米謂之胡〔一〕。

〔一〕案：疏證本「胡」上補「彫」字。

天官冢宰「三農，生九穀」，後鄭以「苽」爲九穀之一。疏云：「以下食醫云『凡膳食之宜，有魚宜苽』，故知有苽也。」案：説文：「苽，雕苽。一名蔣。」「蔣，苽蔣也。」玉篇：「苽，古胡切，亦作『菰』。」「蔣，其實雕胡也。」淮南原道訓「浸潭菰蔣」，高誘注：「浸潭之潤，以生菰蔣。菰者，蔣實，其米曰彫胡。菰，讀『觚哉』之『觚』。蔣，讀『水漿』之『漿』。」相如子虛賦「埤溼則生雕胡」，張博士注：「雕胡，菰米也。」宋玉諷賦云：「爲臣炊雕胡之飯，烹露葵之羹。」枚乘七發：「楚苗之食，安胡之飯，摶之不解，一啜而散。」西京雜記（卷五）云：「顧翶母好食雕胡飯，常帥子女躬自采擷。太湖中後自生雕胡，無復餘艸。」又（卷一）云：「漢太液池邊皆是雕胡、紫蘀、緑節、蒲叢之類。菰之有米者，長安人謂爲雕胡。葭蘆之未解葉者，謂之紫蘀。菰之有首者，謂之緑節。」是也。

葒、紅音。龍蘋，乎吉[一]反。馬蓼也。

鄭風（山有扶蘇）「隰有游龍」，傳：「龍，紅艸也。」箋：「紅艸放縱枝葉于隰中。」陸璣疏：「一名馬蓼，葉大而赤白色，生水澤中，高丈餘。」本艸「紅艸，一名鴻蘋，如馬蓼而大，生水傍」，陶注：「馬蓼生下溼地，莖斑葉大，有黑點，其最大者名蘢薣。」

蕒，麥蟹反。張揖云：「蕒，藘也。」案：白藘（與）苦蕒大異，恐非。藘也。

藘，與「蘧」同。玉篇：「蘧，渠與切，今之古蘧，江東呼爲苦蕒。」「蕒，埋解切，苦蕒菜。」本艸云：「苦蕒，冷無毒。」盧學士曰：「苦蕒，本亦作『苦買』，即苦苣也。虡，即『虡』或體歟。『苣、蘧』，皆通用。説文：「蘧，菜也，似蘇者。」廣韻（語

[一] 吉，王念孫説當作「結」。

韻」：「苦蘵，江東呼爲苦蕒。」然則廣雅並不誤，不知曹憲何以指爲非，其所非者不著。孫詒穀案：袁文甕牖閒評引博雅云「蕒，藚」，則别是一種菜，世稱爲銀條菜者，與苦馬絶不相類，此可以證明曹憲之説然。文弨又案：杜子美園官送菜詩云：「苦苣刺如針。」王象晉云：苦苣，一名苦蕒，一名褊苣，一名天香菜。葉似狹而緑，帶碧莖空，斷之有白汁。花黄如初綻野菊花，春夏皆旋開，一花結子一叢，如茼蒿子。花罷則萼斂，子上有毛茸茸，隨風飄揚，落處即生，處處有之。但在北方者至冬而凋，在南方者冬夏常青，爲少異耳。李時珍亦以「蕒」與「苣」是一物。案：今北方謂之蘵蕒菜，用醬生啖之，南方少有食者。以「蘵、蕒」合爲稱，則廣雅之説定不誤。

蘩母，蒡葧步没反。**也。**

夏小正「二月采蘩」，傳曰：「蘩，由胡。由胡者，蘩母也。蘩母者，旁勃也。」爾雅〔釋艸〕「蘩，皤蒿」，郭注：「白蒿。」又「蘩，由胡」，注：「未詳。」陸璣詩疏：「凡艾白〔色〕者爲皤蒿，今白蒿。春始生，及秋香美，可生食，又可蒸。一名游胡，北海人謂之旁勃。」「蒡、旁」，「葧、勃」同。

菈力合反。**蘧**，沓音。**蘆菔也。蘴**、豐音，又嵩音。**蕘**，女交反。世人以此爲「芻蕘」之「蕘」，未知孰是。**蕪精**〔一〕**也。**

方言〔第三〕「蘴、蕘，蕪菁也。陳楚之郊謂之蘴，魯齊之郊謂之蕘，關之東西謂之蕪菁，趙魏之郊謂之大芥，其小者謂之辛芥，或謂之幽芥；其紫華者謂之蘆菔。東魯謂之菈蘧」，郭注：「蘴，舊音蜂。今江東音嵩，字作『菘』也。蕘，

〔一〕精，疏證本作「菁」。王念孫曰：「菁，曹憲音『精』。各本脱去『菁』字，音内『精』字又誤入正文。」

音鈴鐃之鐃。蘆菔，今江東名爲温菘，實如小豆，羅匐二音。菈遳，洛答、大合兩反。」爾雅〔釋艸〕「葖，蘆葩」，郭注：「葩，宜爲『菔』。蘆菔，蕪菁之類，紫花，大根，俗呼雹葖。」説文「菔，蘆菔，似蕪菁，實如小尗者」，繫傳云：「今之蘿蔔也。」邵氏晉涵曰：案蘆菔有大小二種。方言、釋文皆舉小者言之。亦有細而長者，謂之支羅服。潛夫論思賢篇：「治疾當得人參，反得支羅服；當得麥門冬，反〔得〕蒸〔穬〕麥。已而不識其〔真〕，合而服之，病以侵劇，不自知爲人所欺也。」蘴，通作「葑」。邶風鄭箋云：「葑，蔓菁也。」坊記注：「葑，蔓菁也。陳宋之間謂之葑。」陳藏器本艸云：「蕪菁，北人名蔓菁，今并汾河朔間燒食其根，呼爲蕪根。」廣韻〔合韻〕：「菈遳，秦人呼爲蘿蔔。」舊本「菔」譌「蔽」，今訂正。

匏，瓠也。

説文：「瓠，匏也。胡誤切。」論語〔陽貨〕「吾豈匏瓜也哉」，何晏注：「匏，瓠也。」匏瓜，史記〔孔子〕世家作「瓠瓜」。邶風匏有苦葉傳：「匏謂之瓠。」陸璣疏：「匏葉少時可爲羹，又可淹煮，極美，故詩曰：『幡幡瓠葉，采之亨之。』今河南及揚州人恆食之。八月中堅強，不可食，故曰『苦葉』。」古今注〔艸木〕：「匏，瓠也。壺盧，瓠之無柄者也。匏有柄者曰懸瓠，可爲笙，曲沃者尤善，秋乃可用，用則漆其裏。」瓠在八音之一，古者笙十三簧，竽三十六簧，皆列管，瓠内施簧管端。

冬瓜，菰及音。也。

玉篇「菰，渠立切，冬瓜也」，廣韻〔緝韻〕同，本此。盧學士曰：此瓜經霜乃熟，十月足收之，故冬瓜爲瓜之美者。

水芝，瓜也。其子謂之𤬸。力占反。

水芝，齊民要術〔卷二〕引作「土芝」，唐本艸引作「地芝」。本艸：「白瓜，一名水芝。」玉篇：「𤬸，力玷切，瓜子。」集韻〔鹽韻〕音「廉」。

龍蹏、虎掌、羊骹、兔頭、桂支、蜜筩、⿺瓜昷温音。⿰虫瓜、徒昆反。貍頭、白⿺瓜扁、步田反。無餘、縑，瓜屬也。

齊民要術（卷二）引張載瓜賦：「羊骹累錯，⿺瓜扁子廬江。」廣志云：「瓜之所出，以遼東、廬江、燉煌之種爲美。有烏瓜、縑瓜、貍頭瓜、蜜筩瓜、女臂瓜、羊髓瓜。瓜州大瓜，大如斛，出涼州。有桂枝瓜，長二尺餘，蜀地温食。」張載瓜賦又有「虎掌、羊骹、桂枝、蜜筩」。陸璣瓜賦：「栝樓定桃，黄⿺瓜扁白傳。金釵蜜筩，小青大斑。玄骭素腕，狸首虎蹯。東陵出于秦谷，桂髓起于巫山也。」案：齊民要術引此文「蹏」作「肝」、「掌」作「蹯」、「支」作「枝」、「蜜」作「密」、「白⿺瓜扁」作「六狄」、「縑瓜」下又有「瓜」字，餘同。廣韻（麻韻）引此文「蹏」作「蹄」、「虎」作「獸」、「支」作「髓」，又有小青、大斑二名。玉篇：「⿰昷瓜，於魂切，⿰昷瓜⿰虫瓜，瓜名。」舊本「⿰虫瓜」譌「⿰王瓜」，今訂正。

狗蝨、鉅勝、滕[一]宏，胡麻也。

本艸經：「胡麻，一名巨勝，葉名青蘘。」吴氏本艸：「一名方金，一名狗蝨。」名醫别録：「一名方莖，一名鴻藏。」圖經云：「今處處有之。苗梗如麻，而葉圓鋭光澤。嫩時可作蔬，道家多食之。」盧學士曰：御覽（卷九八九）引孝經援神契「鉅勝」，宋均曰：「世以鉅勝爲苟杞子。」案：宋説蓋不然之詞也。舊本「鉅」下脱「勝」字。案：玉篇：「苣，勤侶切，苣蕂，胡麻也。」「蕂，詩證切，苣蕂，胡麻也。」又云：「蕂弦，胡麻也。」胡麻又名巨勝。嘉祐本艸兩引廣雅皆云「狗蝨、巨勝、蕂弦，胡麻也」，今據補正。「鉅、苣、巨」，「勝、蕂」，「〔滕〕、藤」，並同。

芥蒩，水蘇也。

[一] 滕，疏證本作「藤」。

本艸經「芥葅」，名醫别録「一名雞蘇，一名勞祖，一名芥苴」。舊本「芥葅」譌爲「芬葅」，今據本艸及通志艸木略訂正。

當道，馬舄也。

爾雅〔釋艸〕「芣苢，馬舄；馬舄，車前」，郭注：「今車前艸大葉長穗，好生道邊，江東呼爲蝦蟆衣。」陸璣詩〔周南芣苢〕疏：「馬舄，一名車前，一名當道。喜在牛跡中生，故曰車前、當道也。今藥中車前子是也。幽州人謂之牛舌艸，可鬻作茹，大滑。其子可治婦人産難。」本艸：「車前，一名當道。」别録：「一名芣苢，一名蝦蟆衣，一名牛遺，一名勝舄。久服，令人身輕不老。」圖經云：「春初生苗，葉布地如匙面，累年者長及尺餘，如鼠尾，花甚細，青色，微赤。結實如葶藶，赤黑色。」

𦕡菌，𦕡生也。

盧學士曰：𦕡，即「朝」字。莊子逍遥遊「朝菌不知晦朔」，釋文：「司馬云：『大芝也。天陰生糞土上，見日則死，一名日及，故不知月之終始也。』崔云：『糞上芝，朝生暮死，晦者不及朔，朔不及晦。』簡文云：『欻生之芝也。』」爾雅〔釋艸〕「中馗，菌」，郭注：「地蕈也，似蓋。今江東名爲土菌，亦曰馗厨，可啖之。」又「小者菌」，注：「大小異名。」又「出隧，蘧蔬」，〔注〕：「蘧蔬似土菌，生菰艸中。今江東啖之甜滑。」案：説文：「菌，地蕈也。」「蕈，桑萸。」「萸，木耳也。」一曰蕳芘。」又云「宍，菌宍，地蕈，叢生田中」，籀文作「𦵔」，繫傳云：「蕈多生桑楮之上也。」本艸唐本注云：「菰手，以其似小兒臂也。」蜀本注云：「三年中心生白臺，如藕狀，曰菰首。其根生小菌者，名菰菜。」列子湯問篇：「朽壤之上有菌芝者，生于朝，死于晦。」御覽〔卷九九八〕引博物志：「江南諸山郡中，大木杌倒者，經春夏生菌，謂之椹。

食之有味，而忽有毒殺，人云此物往往自有毒者，或云蛇所著之。楓樹生者啖之，令人笑不能止，治之，飲土漿多愈。」物類相感志引孫炎云，此是俗間孫炎，非孫叔然。聞雷即生，俗呼地菌，白如脂，可食，亦名地蕈、北丁、馗廚，江東人今呼土菌。

徐長丁丈反。卿，鬼督郵也。

御覽（卷九九一）引本艸經：「徐長卿，一名鬼督郵。生太山。」吴氏本艸云：「一名石下長卿，或生隴西。」唐本注云：「葉似柳，兩葉相當，有光潤，根如細辛，微粗長而有臊氣。」盧學士曰：本艸又別名鬼督郵，一名赤箭，一名離母，與此名同而實異者也。

附支，蓪艸也。

御覽（卷九九二）引本艸經：「通艸，一名附支。生山谷。」吴氏本艸：「蓪艸，又一名丁翁。生石城山谷，葉青，蔓延。」范子計然曰：「蓪艸出三輔。」唐本注云：「蓪艸大者徑三寸，每節有二三枝，枝頭有五葉，其子長三四寸，核黑瓤白，食之甘美。南人謂爲燕覆，或名烏覆。」廣韻（東韻）：「蓪艸，藥名。中有小孔，通氣。」盧學士曰：中山經「升山，其艸多寇脱」，郭注：「寇脱艸生南方，高丈許，似荷葉而莖中有瓤，正白，零桂人植而日灌之以爲樹也。」爾雅（釋艸）「離南，活莌」，郭注與山海經同。又「倚商，活脱」，注：「即離南也。」案：「寇脱、活莌、活脱」，皆聲相近，是一物，其狀與「蓪艸」同。今人薄切之以爲紙，可用作書，又染采爲婦人華勝之用。

鬼箭，神箭也。

本艸木部：「衛矛，一名鬼箭。生山谷。」吴氏本艸「葉如桃如羽，或生野田」，陶注：「莖有三羽，狀如箭羽，俗皆呼爲鬼箭。」

⿱竹缺〔一〕盆、陸英，苺也。

爾雅〔釋艸〕「茥，⿱竹缺葐」，郭注：「覆盆也。實似苺而小，亦可食。」疏云：「案：本艸『蓬虆，一名覆盆，一名陵虆，一名陰虆。其實名覆盆子』，今注云：『蓬虆是覆盆之苗也。』」陶注云：「即是人所食苺耳。」蘇頌本艸云：「蓬虆是覆盆苗也。後世別其種類，則蓬虆蔓生，有刺，葉類小葵，六七月之間華，結實纍纍，苗葉至冬不彫也。其如蓬虆而小，先開白華，四五月間結實，稀而小，冬月苗彫者謂之覆盆。」盧學士曰：續博物志：「覆盆子是苺子，笮取汁，合成膏，塗髮不白。」本艸「陸英」無別名，唐本注云：「此物蒴藋是也。後人不識，浪出蒴藋條。」孫氏星衍云：本艸：「陸英，味苦，寒，無毒。蒴藋，味酸，温，有毒。」難謂一種。文弨案：爾雅〔釋艸〕「藨，麃」，郭注：「麃，即苺也。今江東呼爲麃苺，子似覆盆而大赤，酢甜可啖。」又「葥，山苺」，注：「今之木苺也，實似藨苺而大，亦可食。」

海蘿，海藻也。

本艸「海藻，一名海蘿。生東海中，或生河澤。莖如亂髮。又昆布葉細者，海藻也」，陶注：「生海島上，黑色如亂髮而大少許，葉大都似藻葉。」爾雅〔釋艸〕「薚，海藻」，郭注：「藥艸也，一名海蘿，如亂髮，生海中，本艸云。」釋文引本艸：「一名落首，一名⿱艹嬦。」盧學士曰：爾雅疏引本艸「一名藫」。「藫」與「薚」音同。釋文「⿱艹嬦」字字書不載，疑亦「薚」之譌。然爾雅〔釋艸〕別有「藫，石衣」，注云：「石髮也。」則二者亦無甚別。鄭樵云：「海藻形如弊衣，石髮形如亂髮。」海寧周

〔一〕 ⿱竹缺，疏證本作「蒛」。

大令春云：藻，今石花菜。紫雲菜，即紫萸。麒麟菜，即鹿角菜之類。藻即今海苔紫菜之類。綸組，即藻之大者，今名海帶。其實一種，不必強分爲二。郭璞江賦「緑苔鬖髿乎研上」，李善注引南越志：「海藻，一名海苔，生研石上。」

地葵，地膚也。

御覽〔卷九九二引〕本艸經「地膚，一名地華，一名地脈」，大觀本作「地麥，一名地葵」。唐本注云：「葉細莖赤，多出熟田中，苗極弱，不能勝舉。」孫氏星衍曰：列仙傳：「文賓服地膚。」鄭樵云：「地膚曰落帚，亦曰地掃。爾雅『荓，馬帚』，即此也，今人亦用爲箒。」

續毒，狼毒也。

本艸：「狼毒味辛平，主欬逆上氣，破積聚飲食，寒熱水氣。一名續毒，生山谷。」圖經云：「苗葉似商陸及大黄，莖葉上有毛。」盧學士曰：中山經「大騩之山有艸焉，其狀如蓍而毛，青華而白實，其名曰蒗，服之不夭，可以爲腹病」，郭注：「蒗，音狼戾之狼。爲，治也。」案：此所治與本艸同是一物也。博物志引神農經云：「藥物有五毒，一曰狼毒，占斯解也。」舊本無「續毒」二字，今據本艸補正。

葱、去用反，又去拱反。**苹**，平音。**蕳**浪音。**蕩**宕音。**也。**

本艸：「莨蕩子，一名横唐。」名醫別録「一名行唐」，陶弘景云：「今方家多作狼蔨，或作莙。」玉篇：「蕳，力盎切，蕳蕩，藥也。」「蕩，荼盎切，蕳蕩。」又云「葱，蕳蕩」，本此。盧學士曰：案説文無「蔨莙」字。史記淳于意傳：「菑川王美人懷子而不乳，飲以莨蕩藥一撮。」本艸圖經引作「浪蕩」，是。舊本「蕳」譌「蘭」，今訂正。

莨，古恨反。**鉤吻也。**

廣韻〈恨韻〉：「莨，艸名。」御覽〈卷九九〇引〉本艸經「鉤吻，一名野葛。」吴氏本艸「秦鉤吻，一名毒根，一名野葛。葉如葛，赤莖大如箭方，根黄」，陶注：「葉似黄精而莖紫，當心抽花，黄色。或云鉤吻是毛莨也。」盧學士曰：嶺表録異：「野葛，毒艸也，俗呼胡蔓艸。誤食之，則用羊血漿解之。」淮南説林訓「蝮蛇螫人，傅以和堇則愈」，高誘注：「和堇，野葛，毒藥。」博物志「鉤吻艸與荇華」，御覽作「堇菜相似」。神農經云：「藥物有大毒，殺人，一曰鉤吻。」盧氏云：陰地黄精不相連根，獨生者是也。

昔邪，烏韭也。在屋曰昔邪，在牆曰垣衣。

陸龜蒙苔賦云：「高有瓦松，卑有澤葵。散巖竇者曰石髮，補空田者曰垣衣。在屋曰昔邪，在藥曰陟釐。」本艸「垣衣，一名昔邪，一名烏韭，一名垣贏，一名天韭，一名鼠韭」，唐本注云：「此即古牆青苔衣也。一名石苔，一名石髮。其生石上者名昔邪，一名烏韭。」盧學士曰：案廣雅「石髮，石衣也」，已見前。此則人家雨後多有之。郭璞注西山經「烏韭」，與廣雅同。

馬䪥，荔也。

山海經〈西山經〉「小華之山，其艸有荔，狀如烏韭，而生于石上，亦緣木而生，食之已心痛。」顏氏家訓書證篇云：「月令『荔挺出』，鄭注：『荔挺，馬䪥也。』易通卦驗玄圖云：『荔挺不出，則國多火災。』説文云：『荔，似蒲而小，根可爲刷。』通俗文亦云馬藺。蔡邕、高誘皆云『荔以挺出』，然則鄭以『荔挺』爲名，誤矣。河北平澤率生之。江東頗有此物，人或種于階庭，但呼爲旱蒲，故不識馬薤。講禮者乃誤以爲馬莧，堪食。」本艸：「蠡實，一名劇艸，一名三堅，一名豕首。」别録云：「一名荔實。」唐本注云：「此即馬藺子也。」盧學士曰：余在江寧偶得一艸種，種階下，叢生，葉高尺許，與説文所云「似蒲而小」合。秋冬開，每一榦纍纍十數子，始青而後藍，如貫珠狀。豈即所謂「茘」歟？程氏瑶田謂今之北方束其根，以刷鍋，余未之試也。

水衣，落也。

説文：「菭，水衣也。」玉篇：「菭，徒來切，生水中，緑色。亦作『苔』。」盧學士曰：此名「水衣」，與前「石衣」別。菭，即苔也。周禮醢人「加豆之實有菭菹」，鄭司農云：「水中魚衣。」是與此同，其字亦當从「艸」。釋文以司農所釋當音「徒來反」，康成則以「菭」作「箭萌」，解其字从「竹」，與此別。爾雅（釋艸）「藫，石衣」，疏引陳藏器本艸云：「大葉藻也，生深海中及新羅，葉如水藻而大。海人取之，正在深海底，以繩繫腰，因没水下則得，旋繫繩上。五月以後，當有大魚傷人，不可取也。」案：此乃海苔也，可食。生石上者，不可食也。自是兩種，陳説當繫之此條下，得之。

夌菜，藻也。

夌，與「菱」同。説文「藻，水艸也」，或作「藻」。召南采蘋「于以采藻，于彼行潦」，傳：「藻，聚藻也。」陸璣疏：「藻，水艸也。生水底，有二種：其一種葉如雞蘇，莖大如箸，長四五尺。其一種莖大如釵股，葉如蓬蒿，謂之聚藻。扶風人謂之藻。聚，其發聲也。此二藻皆可食，烹熟，挼去腥氣，米麪糝蒸爲茹，嘉美。揚州饑荒，可以當穀食，饑時蒸而食之。」埤雅（卷十五）：「韓詩：『沈者曰蘋，浮者曰藻。』藻似槐葉而連生，生道旁淺水中，與萍雜，至秋則紫，今俗謂之馬藻，亦呼紫藻。陸氏以爲葉似蓬蒿者，乃是爾雅所云『莙，牛藻』，非聚藻也。」

蘘荷，蒪普各反。苴子魚反。也。

説文：「蘘，蘘荷也，一名葍蒩。」楚辭大招「膾苴蒪只」，王逸注：「苴蒪，蘘荷也。」司馬相如子虛賦「諸柘巴且」，張博士彼注云：「蒪苴，蘘荷也。」文穎曰：「巴且艸，一名巴蕉。」顏師古曰：「文說是也。蒪且自蘘荷耳，非巴且也。」潘岳閒居賦：「蘘荷依陰，時藿向陽。」古今注（艸木）：「蘘荷，似藷苴而白，藷苴色紫，花生根中，花未散時可食，久置則銷爛不爲食矣。葉似薑，宜陰翳地種之，常依陰而生也。」史記（司馬相如列傳）正義云：「蘘荷，柯根旁生笋，若芙蓉，可以爲菹，又治蠱毒也。」御覽（卷九八〇引）葛洪方曰：「人得（蠱），取蘘荷（葉）著卧席下，不使知，立呼蠱姓名。」急就篇（卷二）「老菁蘘荷冬日藏」，顏師古曰：「蘘荷，一名蒪苴。莖葉似薑，其根香而脆，可以爲菹，又辟蠱毒。」案：本艸别録有「白蘘荷」，陶注：「今人乃呼赤者爲蘘荷，白者爲覆菹，葉同一種耳。於人食之，赤者爲勝，藥用白者。」

蔍，鹿藿也。

説文：「蔍，鹿藿也。讀若『剽』。」「莥，鹿藿之實（名）也。」爾雅（釋艸）「蔨，鹿藿，其實莥」，郭注：「今鹿豆也。葉似大豆，根黄而香，蔓延生。」本艸經「藿味苦平，無毒」，唐本注云：「此艸所在有之。苗似豌豆，有蔓而長大，人取以爲菜。亦微有豆氣，名爲鹿豆也。」

蔦悦專反。尾、烏萐，所夾反。射干也。

荀子勸學篇「西方有木焉，名曰射干。莖長四寸，生于高山之上，而臨百仞之淵。木莖非能長也，所立者然也」，楊倞注云：「本艸藥名有射干，一名烏扇，陶弘景云：『花白，莖長，如射人之執竿。』又引阮公詩云：『射干臨層城。』是生于高處也。據本艸在艸部中，又生南陽川谷，此云『西方有木』，未詳。或曰『長四寸』，即是艸，云『木』誤也。蓋生南陽，亦生西方也。射，音夜。」玉篇：「蔦，悦宣切，蔦尾，射干也。」本艸「射干，一名烏扇，一名烏蒲，一名烏翣，一名烏吹，一名艸虇」，陶注：「其葉是鳶尾，而復有鳶頭，此若相似耳。」「鳶、鳶」同。舊本「烏萐」譌「烏蓮」。古「萐」與「翣」通。以音釋及本艸證之，知「蓮」是「萐」之譌也，今訂正。史記司馬相如傳注：「司馬彪曰：『射干，香艸也。』」索隱引作「烏蓬」，亦誤。

木實、酸木，狐桃也。

未聞。

烏麩，可與反。葍腹音。也。

玉篇：「麩，煮麥也。」此以「葍」爲「烏麩」，猶以「蘥」爲「爵麥」耳。盧學士曰：爾雅（釋艸）「葍，葍」，郭注：「大葉，白華，根如指，正白，可啖。」又「葍，藑茅」，注：「葍花有赤者爲藑。藑、葍一種耳。亦猶蔆，苕華，黄白異名。」說文：「藑，藑茅也，一名舜。」「葍，葍也。」詩小雅我行其野「言采其葍」，陸璣疏：「河内、關中謂葍爲葍，兖、幽州謂之燕葍，一名雀弁，一名藑。根正白，可著熱灰中温啖之。饑荒之歲，可蒸以禦飢。漢祭甘泉或用之。其華有兩種，（一種莖）葉細而香，（一種莖）赤者有臭氣也。」風土記曰：「葍蔓生，被樹而升，紫黄色，（子）大如牛角，二三同，葉長七八寸，甜味如蜜。」舊本「麩」譌爲「麩」，不成字，今據御覽（卷九九八）所引訂正。

白芷、莸，𦳣也。

玉篇：「芷，閭及切，白芷也。」「莸，渠周切，白芷也。」廣韻（尤韻）：「莸，巨鳩切，白芷。」（緝韻）：「芷，其立切，白芷。」集韻引此文，無「白」字。「白芷」已見前。

馬帚、屈，馬第也。

說文：「芣，馬帚也。」「葥，刷也。」爾雅（釋艸）「芣，馬帚」，郭注：「似著，可以爲埽篲。」夏小正：「七月芣秀。芣也者，馬帚也。」玉篇：「葥，故殁切，刷也。」「苐，音題，艸也。」李時珍（本艸綱目卷十五）云：「此即荔艸，謂其可爲馬刷，故名馬帚。今河南人謂之鐵掃帚。」盧學士曰：御覽（卷九九一引）本艸經有「屈艸，實根味苦，微寒，生川澤。治胸脅下痛，腹間寒陰痺，久服，輕身補益能老。」陶隱居云：「方藥不復用，俗無識者。」案：不知即「馬帚」否。

苺〔一〕蒲，莞丸音。也。

「莞」解見上文。漢書東方朔傳「孝文皇帝莞蒲爲席」，顔師古曰：「莞，夫離也，今謂之苺蒲。以莞及蒲爲席，尚質也。」御覽（卷一〇〇〇）引此，云：「何承天纂文同。」案：玉篇：「苺，音茂，蒲艸也。」舊本「苺」譌「蒠」，今據玉篇訂正。

矜，禽也。

未聞。

釋木第十四

管子權修篇：「十年之計，莫如樹木。」說文「木，冒也，冒地而生，東方之行。从中，下象其根」，徐鍇曰：「中者，木始甲坼，萬物皆始于微，故木从中。」釋名（釋天）：「木，冒也，華葉自覆冒也。」白虎通義五行篇：「尚書三曰木。木在東方。東方者，陰陽氣始動，萬物始生。木之爲言觸也，陽氣動躍觸地而生也。」洪範「木曰曲直，曲直作酸」，孔疏云：「木

〔一〕苺，疏證本及漢書顔注皆作「蒠」。

生子實，其味多酸。五果之味雖殊，其爲酸一，是木實性然。月令春其味酸，是也。」莊子（山木）釋文引字林云：「木，衆樹之總名。」此篇所釋，凡爾雅所云喬者，朻者，茂者，條者，莍者，核者，櫢者，灌者，無不備焉。或分其類，或別其名。可以辨土地之所宜，亦以見植物之繁庶焉。

楚，荊也。

楚者，楚地所出，一名荊，故楚國入春秋稱「荊」，其後稱「楚」，而荊州亦以此木得名也。說文：「楚，叢木，一名荊也。」「荊，楚木也。古文作『葪』。」周南漢廣箋：「楚雜薪之中，尤翹翹者。」學記「夏、楚二物，收其威也」，鄭注：「楚，荊也。」史記廉頗傳索隱：「荊，可以爲鞭。」

牡荊，曼荊也。

盧學士曰：爾雅翼（卷十一）：「凡木心圓，荊心方，灼龜用荊焞。」漢書郊祀志（上）以牡荊莖爲幡竿，注：「如淳曰：『牡荊，荊之無子者。』晉灼曰：『牡，節間不相當也，月暈刻之爲券以畏病者。』師古取晉說。廣志：「赤莖大實者名曰牡荊。」「牡荊，蔓荊也。」孫氏星衍云：「牡、曼」聲相近。本艸：「蔓荊實，久服輕身耐老。」舊本「牡」譌「壯」，今訂正。

穀，楮也。

說文：「穀，楮也。从木，㱿聲。古祿切。」「楮，穀也。或作『柠』。丑吕切。」小雅鶴鳴「爰有樹檀，其下惟穀」，傳：「穀，惡木也。」陸璣疏：「幽州謂之穀桑，或曰楮桑，荊揚交廣謂之穀，中州人謂之楮。殷中宗時，桑穀共生，是也。今江南人績其皮以爲布，又擣以爲紙，長數丈，謂之穀皮紙，絜白光澤，其裏甚好。其葉初生，可以爲茹。」御覽（卷九六〇引）吴氏本艸：「穀樹皮，治喉閉痺，一名楮。」南方記：「楮子如梅實。」

栝，古末反。柏也。

「栝」當作「檜」。説文：「檜，柏葉松身。」「樅，松葉柏身。」與爾雅（釋木）同。又云：「桰，矢桰築弦處也。」「栝，炊竈木也。」二字本與「檜」不相涉，自孔氏尚書（禹貢）「杶榦栝柏」誤用「栝」字，學者相承遂以爲「檜」之別體，其實非也。羅願曰：「檜，今人亦謂之圓柏，以別于側柏。又有一種別名檜柏，不甚長，其枝葉乍檜乍柏，一枝之間屢變。人家庭宇植之，以爲玩。」

道梓，松也。

未聞。

梬棗，檡宅音。也。

説文：「梬，棗也，似柹。以整切。」玉篇：「檡，舒亦、徒革二切，梬棗也。」「梬，梬棗，似柹而小。」司馬相如上林賦「梬棗楊梅」，張博士彼注云：「梬，梬棗也。」顏師古曰：「梬，即今之楔棗也。」史記（司馬相如列傳）集解云：「徐廣曰：『梬棗似柹。』」西京雜記（卷一）：「初修上林苑，棗七，有梬棗。」舊本「梬」譌「栲」，又「檡」下脱「也」字，今並訂正。

栟櫚，椶也。

説文：「栟，栟櫚也。府盈切。」「椶，栟櫚也，可作萆。子紅切。」玉篇：「椶，椶櫚也，一名蒲葵。」「櫚，椶櫚，亦曰栟櫚。」西山經「石脆之山，其木多椶柟」，郭注：「椶樹高三丈許，無枝條，葉大而員，枝生梢頭，實皮相裹上行，一皮爲一節，可以爲繩，一名栟櫚。音馬騣之騣。」陳藏器本艸云：「栟櫚子黃白色，作房，一名椶櫚。」張博士上林賦（注）曰：「并閭，椶也。皮可以爲索。」木高一二丈，傍更無枝，葉大而圓，有如車輪，皆萃于木杪。其下有皮重疊裹之，每皮一匝，爲一節。其花黄白，結實，作房如魚狀。

楉榴、石榴，柰屬也。

初學記（卷二十八）引埤倉云：「石榴，柰屬也。」玉篇「楉，如灼切，楉榴，柰屬」，本此。廣韻（藥韻）：「楉，楉榴，安石榴也。」（尤韻）：「榴，石榴，果名。」博物志云：『張騫使西域，回所得。』」文選張衡南都賦「梬棗若留」，注引廣雅曰：「若留，石榴也。」御覽（卷九七〇）引此文，與李善同。御覽又引陸機與弟（雲）書云：「張騫爲漢使外國十八年，得塗林安石榴。」潘岳安石榴賦序云：「石榴者，天下之奇樹，九州之名果也。」羅願曰：「案石榴或曰本生西域，張騫使外國得之，一名丹若。廣雅謂之若榴。木不甚高大，枝柯。」舊本作「楉榴，柰也」，案：「石榴」與「柰」本非一種，且「楱」又見下文，今據玉篇、初學記及文選注、御覽補正。

林，武盍[一]反。梏也。

集韻（末韻）、類篇「林」俱音「末」，云：「梏也。」説文：「梏，木也。讀若『皓』。」玉篇「林，武賴切」，「梏，公道切」，並云：「木名。」

含桃，櫻桃也。

月令「仲夏之月，羞以含桃，先薦寢廟」，鄭注：「含桃，櫻桃也。」孔疏云：「諸月無薦果之文，此獨羞含桃者，以此果先成，異于衆物，故特記之。」高誘注淮南時則訓云：「含桃，鶯桃也。」又注吕氏春秋仲夏紀云：「鸎鳥所含，故曰含桃。」

〔一〕 盍，王念孫説當作「蓋」。

今之朱櫻是也。齊民要術〔卷四〕引廣志云：「櫻桃，大者如彈丸，子有長八分者，有白色者，凡三種。」集韻〔覃韻〕「梒，梒桃，果名，櫻桃也」，本此。「含、梒」，「櫻、鶯」，並同。

山李、雀其，⿰爵殳也〔一〕。

盧學士曰：「『崔』當作『雀』。⿰爵殳，此說文『爵』字，『雀』本字也。然此當作『鬱』。詩豳風〔七月〕『六月食鬱及薁』，傳：『鬱，棣屬。薁，蘡薁也。』正義：『是唐棣之類屬也。劉楨毛詩義問云：「其樹高五六尺，其實大如李，正赤，食之甜。」本艸云：「鬱，一名雀李，一名車下李，一名棣，生高山川谷或平田中，五月時實。」言一名棣，則與棣相類，故云「棣屬」。蘡薁，亦是鬱類而小別爾。』陸璣疏云：『鬱，其樹高五六尺，其實大如李，色赤，食之甘。』又『唐棣之華』云：『唐棣，薁李也，一名雀李，亦曰車下李，所在山中皆有。其華或白或赤，六月中成實，大如李子，可食。』」

⿰木冗、考音。椴、欓、越椒，茱萸也。

說文：「茱，茱萸，梂屬。市朱切。」「萸，茱萸也。羊朱切。」「茮，茮菉，子寮切。」繫傳云：「茮性叢生，如薔薇之屬，非木也，故从『艸』。」御覽〔卷九六〇〕引風土記：「茱萸，椒也，九月九日成熟，赤色，可采。世俗亦以此日折茱萸。費長房云：以插頭髻云辟惡。」案：本艸：「吴茱萸，一名藙。」內則云「三牲用藙」，鄭注：「藙，煎茱萸也。漢律，會稽獻焉。爾雅謂之椴。」孔疏引賀氏云：「今蜀郡作之，九月九日取茱萸，折其枝，連其實，廣長四五寸，一升實，可和十升膏，名之藙也。」⿰木冗者，盧學士曰：說文：「⿰木冗，山〔㯉〕也。」玉篇「栲、⿰木冗」同。唐風〔山有樞〕「山有栲」，傳：「栲，山樗。」本爾雅〔釋木〕

〔一〕案：疏證本作「山李、⿰爵殳某、⿰爵殳李，鬱也」。

也。陸璣疏：「栲葉如櫟木，皮厚數寸，可爲車輻，或謂之栲櫟。」案：爾雅〔釋木〕「櫟，其實梂」，郭注：「有梂彙自裹。」疏引孫炎曰：「櫟實，〔橡〕也。」陸璣疏：「秦人謂柞〔櫟〕爲櫟，河内人謂木〔蓼〕爲櫟，椒樧之屬也。其子房生爲梂。璣以爲此秦詩也，宜從其方土之言柞櫟是也。」樧者，爾雅〔釋木〕「椒、樧，醜菉」，郭注：「菉萸，子聚生，成房貌。樧，似茱萸而小，赤色。」離騷「樧又欲充夫佩幃」，王逸注：「樧，茱萸也。似椒而非椒，喻似賢而非賢也。」欓者，玉篇：「欓，多朗切，茱萸類。」集韻〔蕩韻〕：「欓，越尗也。」類篇：「欓，越椒也。」陳藏器補本艸云：「欓子，味辛辣如椒。」越椒者，盧學士曰：蜀椒出成都，秦椒出隴西天水，今此越椒，亦必出越中。

桗，丁戈反。株也。

桗，說文作「朶，樹木垂朶朶也。此與『采』同意」。玉篇：「桗，都和切，木株也。」廣韻〔過韻〕：「桗，木本也。」說文：「株，木根。」

梡，緩音。支也。

說文：「梡，梱本薪也。」「梱，梡木未析也。」玉篇：「梡，口管、胡昆二切，束薪。」支，集韻〔魂韻〕引作「梡，枝也」。「枝、支」，古通用。舊本「梡」譌「棿」，唐人石刻「完」多作「宂」，易譌作「皃」，今訂正。

枚、条，條也。

說文「枚，榦也，可爲杖」，引詩曰：「施于條枚。」見大雅旱麓篇。「條，小枝也」。周南汝墳：「伐其條枚」，傳：「枝曰條，榦曰枚。」条，未聞。盧學士曰：疑本注「莫杯」二字，爲「枚」字之音，而傳寫致誤并失其形似旱。

梢、梢〔一〕交反。校、棷，叉苟反。柴也。

説文「柴，小木散材」，徐鉉曰：「師行野次，豎散木爲區落，名曰柴籬。後人語譌，轉入去聲。又別作『寨』字，非是。」劉向九歎〈愍命〉「樹枳棘與薪柴」，王逸注：「枯枝爲柴。」梢者，爾雅〈釋木〉「梢，梢櫂」，郭注：「謂木無枝柯，梢櫂長而殺者。」釋文：「梢，郭音朔。」案：説文：「梢，木也。」玉篇：「梢，小柴也。」淮南兵略訓「曳梢肆柴」，高誘注：「梢，小柴也。」校者，盧學士曰：説文：「校，木囚也。」漢書成帝紀「元延二年，大校獵」，顔師古注：「校，謂以木自相貫穿爲闌校耳。」校人職云『六廐成校』，是則以遮闌爲義也。」棷者，説文：「棷，木薪也。」玉篇「棷，叉垢、側九二切，柴也」，本此。

⿱艹集〔二〕，薪也。

盧學士曰：⿱艹集，即「樵」也。南史隱逸傳〈上〉：「朱百年以伐⿱艹集采箬爲業。」説文：「樵，散木也。」「薪，蕘也。」玉篇「樵，昨焦切，薪也」，本此。詩小雅白華「樵彼桑薪」，正義引少儀「抱樵」注：「未然曰樵。」案：禮記之文，本作「抱燋」，釋文：「側角反，又子約反，或音在遥反。」是容有作「燋」者。左氏桓十二年傳「請無扞采樵者」，杜預注：「樵，薪也。」天官甸師「以薪蒸役外内饔之事」，鄭注：「木大曰薪，小曰蒸。」曲禮〈下〉正義云：「大樵曰薪。詩曰：『析薪如之何，匪斧不克。』是大故用斧也。」

〔一〕梢，王念孫博雅音校本作「稍」。

〔二〕⿱艹集，疏證本作「藮」。

笳、枳、叉、枝，股也〔一〕。

股，未詳。桂進士馥曰：木之枝榦，吾鄉稱股。蓋謂條之旁出者爾。桂君，山東曲阜人。詹事兄曰：人之四枝曰股肱，故木枝亦名股。竊意「股」字當在「枝」字之上。笳者，疑與「椏」同。玉篇：「椏，於加切，木椏杈。」廣韻〔麻韻〕引方言云：「江東謂樹枝爲椏杈。」段氏玉裁云：當即「架」字。如詩召南鵲巢箋「加巢」即「架巢」。凡作架者，必有三股，故云股也。枳者，盧學士曰：說文「枳，似橘」，非廣雅義。錢氏塘曰：枳，「只」聲。「只」从「八」，有分出意，故訓爲「股」，猶股之作胑也。釋名〔釋形體〕：「胑，枝也，似木之枝格也。」文弨案：爾雅釋地「中有軹首蛇焉」，注：「歧頭蛇也。」釋文：「軹，本或作『𥡴』。顧音居是、諸是二反，郭巨宜反，孫音支。」說文「𥡴，多小意而止也。从禾、支，只聲。一曰𥡴𥝩，木名」，徐鍇曰：「𥡴𥝩，不伸之意。」「𥡴，職雉切。」「𥝩，俱羽切。」是此「枳」當作「𥡴」。集韻〔紙韻〕音枳，「木枝曲也」。疑「枳」乃曹憲音爾。又說文「𥡴𥝩」未詳何木，案：宋玉風賦有「枳句來巢」，疑「𥡴𥝩」即「枳句」也。段氏云：古「枳」與「歧」音同。枳句，樹杈處，故來巢也。「叉」者，與「杈」同。說文：「杈，枝也。初牙切。」潘岳西征賦：「垂餌出入，挺杈來往。」盧學士曰：手指相錯爲叉，此即以「叉」爲「杈」。蓋樹枝丫叉交錯，亦如人之手指然。枝者，說文：「枝，木別生條也。」古亦作「支」。衛風〔芄蘭〕「芄蘭之支」，說文引作「枝」。大雅文王「本支百世」，左氏莊六年引作「枝」。

柯，莖也。本，榦也。

盧學士曰：玉篇：「柯，枝也。」禮器云：「禮，其在人也，如竹箭之有筠也，如松柏之有心也，貫四時而不改柯易葉。」

〔一〕　枝，股也，疏證本作「股，枝也」。

說文別訓「柯」爲「斧柄」，實則柯，木樹莖，取以爲斧之柄，因名「斧柄」。如射之矢，取竹箭爲之，因即名「矢」爲「箭」也。說文：「莖，枝柱。」又「木下曰本。从一在其下」，古文作「㮺」。又「榦，築牆耑木也」，徐鉉曰：「今別作『幹』，非是。」淮南主術訓：「枝不得大于榦，末不得強于本。」舊本「本」譌「夲」，今訂正。

肄，枿也。

爾雅（釋詁下）：「烈、枿，餘也。」方言（第一）：「枿，餘也。陳鄭之間曰枿，晉衛之間曰烈，秦晉之間曰肄，或曰烈。」周南（汝墳）「伐其條肄」，傳：「肄，餘也。斬而復生曰肄。」左氏襄二十九年傳：「晉國不恤周宗之闕，而夏肄是屏。」又云：「杞，夏餘也。」「枿」與「櫱」同。盤庚「由櫱」，馬融本作「枿」。長發「苞有三櫱」，漢書敘傳作「三枿」。說文「巘，伐木餘也」，或作「櫱」，古文作「不、梓」二字。

橏、之善反。㮃、櫙，㮈也。

盧學士曰：㮈，說文作「柰，果也」。西京雜記（卷一）：「上林苑，柰三：有白柰（花白）、紫柰（花紫）、緑柰（花緑）。」御覽（卷九七〇）引廣志：「柰有白、赤、青三種，西方例多柰，家以爲脯。」玉篇：「橏，木瘤也。」「㮃，猗儉切，㮃柰也。」集韻「橏，九件切，音蹇」，「㮃，衣儉切」，「櫙，烏侯切」，並引廣雅此文。

⿱艹僕、蒲〔一〕莫反。蘀，落也。

說文云：「凡艸曰零，木曰落。」⿱艹僕者，玉篇：「⿱艹僕，落也。」廣韻（鐸韻）：「蘀，⿱艹僕也。」「蘀，葉落。」本此。通作「臬」。

〔一〕蒲，王念孫說當作「浦」。

説文：「臬，木葉隓。讀若『薄』。」蘀者，説文云：「艸木凡皮葉落隓地爲蘀。」鄭風蘀兮傳：「蘀，槁也。」箋云：「槁，木葉也，木葉槁待風乃落。」豳風〈七月〉「十月隕蘀」、小雅鶴鳴「其下惟蘀」傳並云「落也」。

木藂生曰榛。

説文：「榛，木也。一曰菆也。」字林：「榛，木叢生也。仕巾反。」淮南主術訓〈注〉：「藂木爲榛，深艸爲薄。」又原道訓「木處榛巢，水居窟穴」，高注：「聚木曰榛。」

樝、楟，梨也。

説文：「梨，果名。」案：今梨樹高二三丈，葉脱而膩，二月華，色白，結實可啖，亦有蒸食者。樝者，説文：「樝，果似梨而酢。」楟者，司馬相如上林賦「楟柰厚樸」、左太冲蜀都賦「橙柿梬楟」，李善注並引張博士云：「楟，山梨。」廣志云：「上黨楟梨小而甘。」玉篇：「楟，徒丁切，楟柰，果名。」

亲，栗也。

夏小正：「八月栗零。零也者，降也。零而後取之，故不言剥也。」案：栗之生極謹密，三顆爲房，其房爲蝟毛，其中顆褊者，號爲栗楔，尤益人。亲者，説文：「亲，果實如小栗。側詵切。」通作「榛」。曲禮〈下〉：「婦人之摯椇榛棗栗。」左氏莊二十四年傳「女贄不過榛栗」，説文引作「亲栗」，釋文引字林云：「亲似梓，實如小栗。」陸璣疏：「榛枝葉似栗樹，其子小，形似杼子，表皮黑，味亦如栗，枝莖可以爲燭。五方皆有栗，周秦吴揚特饒，吴越被城表裏皆栗，唯漁陽、范陽栗甜美長味，他方悉不及也。」

橡，象音。柔常與反。也。

説文：「栩，柔也，其實皁，一名樣。」「柔，栩也。讀若『杼』。」「樣，栩實。」「草，草斗，櫟實也。一曰象斗子。」玉篇：「柔，今爲『杼』。」「樣，亦作『橡』。」詩唐風鴇羽「集于苞栩」，傳：「栩，杼也。」本爾雅〔釋木〕。地官序官掌染草鄭注：「染草，藍蒨象斗之屬。」「杼」〔通〕「芧」。莊子齊物論：「狙公賦芧。」又徐無鬼篇：「居山林，食芧栗。」呂氏春秋恃君篇「冬日則食橡栗」，高誘注：「橡，皁斗也，其狀似栗。」陸璣詩疏：「今柞櫟也，徐州人謂櫟爲杼，或謂之爲栩，其子爲皁，或言皁斗，其殼爲汁，可以染皁。今京洛及河内多言杼斗，或云橡斗，謂櫟爲杼，五方通語也。」「橡、象、樣」，「柔、杼」，字異義同。

柚，楱七候反。也。

司馬相如上林賦「黄甘橙楱」，郭璞注：「橘之類也。音湊。」張博士彼注云：「楱，小橘也，出武陵。」柚者，説文：「柚，條也，似橙而酢。」夏書〔禹貢〕曰「厥包橘柚」，孔傳：「小曰橘，大曰柚。」爾雅〔釋木〕「柚，條」，郭注：「似橙，實酢，生江南。」釋文：「柚，羊又反，或作『櫾』。條，又作『樤』。」韓非外儲説〔左下〕云：「樹橘柚者，食之則甘，嗅之則香。」呂氏春秋本味篇：「果之美者，雲夢之柚。」本艸唐本注：「柚皮厚味甘，不如橘皮〔薄〕味辛而苦，其肉亦如橘，有甘有酸，酸者名壺柑。今俗人或謂橙爲柚，非也。」柚，通作「櫾」。中山經「荆山多橘櫾」，郭注：「櫾，似橘而大也，皮厚味酸。」列子湯問篇：「吴楚之國，有大木焉，其名爲〔櫾〕。」「齊州珍之，渡淮而北而化爲枳焉。」

而，栗也〔一〕。

〔一〕 而，栗也，疏證本作「雨師」，無「也」字，與「樫，槓也」連爲一條。

玉篇：「栭，如之切，栗也。」案：「而、栭」，古通用。「栗、列」，聲又相轉。栗，即「栵」也。舊本作「而、樿，樍也」，「栭」與「樿、樍」非一物，今據玉篇補正。爾雅〈釋木〉「栵，栭」，舍人曰：「江淮之間呼小栗爲栭栗。」郭璞曰：「樹似槲樕而庳小，子如細栗，可食。今江東亦呼爲栭栗。」大雅皇矣「其灌其栵」，傳：「栵，栭也。」陸璣疏：「葉如榆也，木理堅韌而赤，可爲車轅。」

檉，恥京反。**樍**子狄反。**也。**

玉篇、廣韻「樍」並云「樍，檉木別名」，本此。檉者，大雅皇矣「其檉其椐」，傳：「檉，河柳也。」本爾雅〈釋木〉。某氏注爾雅云：「河柳，謂河旁赤莖小楊。」郭注同。陸璣疏：「生河旁，皮正赤如絳，一名雨師，枝葉似松。」羅願曰：「檉葉細如絲，婀娜可愛。天之將雨，檉先起氣以應之，故一名雨師，而字從『聖』。」

杆，古旦反。**柘也。**

柘木之葉，亦以飼蠶。抽條勁直而長，葉小而厚。説文：「柘，桑。」周禮考工記弓人：「爲弓，凡取榦之道七，柘爲上。」月令：「季春，命野虞毋伐桑柘。」杆者，盧學士曰：玉篇：「杆，公旦切，橿木也。」爾雅〈釋木〉「棧木，干木」，郭注：「殭木也。江東呼木觡。」釋文引樊光本作「杆木」。「字書云：『殭，死而不朽。』本或作『僵』。説文云：『僵，偃也。』或又作『橿』。」案：與此言柘似無涉，唯類篇云「柘也」，本此。

杜仲，曼榆也。

曼榆，未聞。本艸經：「杜仲，一名思仙。」吴氏本艸「一名思仲，一名木棉」，陶隱居注：「狀如厚朴，折之多白絲爲佳。」

重皮，厚朴也。

吴普本艸：「厚朴，一名厚皮。生交阯。」名醫别録：「一名赤朴，其樹名榛，其子名逐〔折〕。」圖經云：「木高三四丈，徑一二尺，葉如柳葉，四季不彫，紅花而青實，皮極鱗，紫色多潤者佳。」案：説文：「朴，木皮也。」顔注相如傳云：「此藥以皮爲用，而皮厚，故呼『厚朴』云。」

木欄，桂欄也。

離騷云「朝搴阰之木蘭兮」，王逸注：「木蘭去皮不死。」顔師古漢書〔司馬相如傳上〕注云：「木蘭皮似椒而香，可作面膏藥。」案：玉篇：「欄，力寒切，木欄也。」文選劉逵注蜀都賦云：「木蘭，大樹也，葉如長生，冬夏榮，常以冬華，其實如小柹，甘美，南人以爲梅，其皮可食。」本艸經：「木蘭，一名林蘭。」名醫别録：「一名杜蘭，皮似桂而香，狀如楠樹，高數仞；生零陵山谷。」蜀本注云：「葉似菌桂葉，有三道縱文，皮如板桂，有縱横文。」述異記：「木蘭川在潯陽江中，多木蘭樹。昔吴王闔閭植木蘭于此，用構宫殿。」「欄、蘭」同。

益智，龍眼也。

本艸：「龍眼，一名益智。」圖經云：「龍眼似荔枝，而葉微小，淩冬不彫。」劉逵注吴都賦云：「龍眼如荔枝而小，圓如彈丸，味甘勝荔枝，蒼梧、交阯、南海、合浦皆獻之，山中人家亦種之。」又蜀都賦「旁挺龍目」，即龍眼也。案：後漢書和帝紀注引交州記云：「龍眼樹高五六丈，似荔枝而小。」廣州記云：「子似荔枝而圓，七月熟。」御覽〔卷九七三〕引嶺表録異云：「龍眼樹如荔枝，葉小，殼青黄色，形圓如彈丸，大核，如木槵子而不堅，肉白帶漿，其甘如蜜。一朶恆三二十顆，荔枝方過龍眼即熟，南人謂之荔枝奴，以其常隨後也。」案：廣雅以「龍眼」釋「益智」，本諸本艸也。然唐慎微經史證類備用本艸及太平御覽益以「龍眼、益智」爲二物。御覽〔卷九七二〕引顧徽廣州記：「益智，葉如蘘荷，莖如竹箭，子從心〔中〕出，一枚有十子，〔子〕肉白滑，四破去之，取外皮，蜜煮爲粽子，味辛。」又南方艸木狀：「益智如筆毫，長七八分，二月華，色若蓮，著實五六月熟，味辛，雜五味，中芬芳，亦可鹽曝，出交阯、合浦。建安八年，交州刺史張津嘗以益智粽子餉魏武帝。」又異物志：「益智類薏苡，長寸許，如枳椇子，味辛。」

山楡、毋姑、柘楡，梗楡也〔一〕。

易頤九二「枯楊生荑」，釋文引鄭注：「枯，謂無姑，山楡。荑，木更生，謂山楡之實。」秋官壺涿氏謂之「牡橭」，杜子春云：「橭，讀爲『枯』。枯楡，木名。」爾雅〔釋木〕「無姑，其實夷」，郭注：「無姑，姑楡也，生山中，葉圓厚，剝取皮合漬之，其味辛香，所謂蕪荑。」詹事兄曰：無姑，即「牡橭」。「牡、無」聲相近。說者謂實者爲「無姑」，不實者爲「杜橭」，猶牡蘜之不華者，非也。說文「梗，山枌〔楡〕，有朿，莢可爲蕪荑者」，即梗楡也。其字从「更」，即鄭氏易注「木更生」之意。案：柘楡，疑是「枯楡」，杜子春所謂「枯楡」也。顏注急就篇〔卷二〕云：「蕪荑，無姑之實。無姑，一名橭楡。」今作「柘」，形相近而譌。舊本「無姑」譌「毋估」，今訂正。

梔支音。子，㮁爻音。桃也。

玉篇「㮁，下交切，㮁桃，梔子也」，本此。梔子，亦作「支子」。本艸：「支子，一名木丹，一名越桃。葉兩頭尖如樗蒲。又曰如繭而黃赤。」盧學士曰：史記貨殖傳「千畝巵茜」，索隱：「巵，鮮支也。」文選上林賦「鮮支黃礫」，注引張博士

〔一〕案：疏證本作「山楡，毋估也。柘楡，梗楡也」。

云：「皆香艸也。」說文新附「梔」字，云：「木實可染。」則與「巵茜」之「巵」同。圖經云：「生南陽川谷，今南方及西蜀州郡皆有之。木高七八尺，葉似李而堅硬，二三月生白華，夏秋結實如訶子狀，生青熟黃，中仁深紅。」宋書謝靈運山居賦「林蘭近雪而揚猗」，自注：「林蘭，支子。」

宛童、寄生，樢鳥音。**也。**

說文「蔦，寄生也」，或作「樢」。陸璣詩小雅頍弁疏：「蔦，一名寄生，葉似當盧，子如覆盆子，赤黑甜美。」本艸：「桑上寄生，一名寓木，一名宛童，一名蔦。」蜀本注云：「是烏鳥食物子，糞落樹上，感氣而生。葉如橘而厚軟，莖如槐而肥脆，今處處有。」廣韻曷韻「葛，葛藟」，引廣雅：「苑童、寄生，葛也。」案：「葛」與「樢」本非一物，疑彼誤也。

秀龍，巢也。

說文：「鳥在木上爲巢。」秀龍，未詳。

木〔一〕下支謂之樀扶支反。**㯕。**西音。

玉篇：「椑，椑㯕，木下枝也。」「㯕，斯兮切，椑㯕也。」五音集韻齊韻：「樀，邊迷切，樀㯕，小樹。」「樀、椑」，字異義同。舊本無「木」字，據集韻齊韻所引補。

〔一〕案：疏證本無「木」字。

廣雅疏義卷第二十

釋蟲第十五

大戴禮易本命云：「有羽之蟲三百六十，而鳳皇爲之長；有毛之蟲三百六十，而麒麟爲之長；有甲之蟲三百六十，而神龜爲之長；有鱗之蟲三百六十，而蛟龍爲之長；倮之蟲三百六十，而聖人爲之長。」此舉萬物之大數言之也。又云：「二九十八，八主風，風主蟲，故蟲八日而化。」淮南地形訓與大戴禮同。王充論衡（商蟲）云：「夫蟲，風氣所生，倉頡知之，故『凡、蟲』爲『風』之字，取氣于風，故八日而化生。」説文解字云「有足謂之蟲，無足謂之豸」，又云「風動蟲生，故蟲八日而化」，是也。蟲之爲類，不可勝紀。此篇所釋，凡考工記（梓人）所稱「外骨，内骨，卻行，仄行，連行，紆行，以脰鳴者，以注鳴者，以旁鳴者，以翼鳴者，以股鳴者，以胸鳴者」，分其類族，廣其異名，俾博物君子有可考焉。

⿰虫奇、伎音。蛣，去吉反。蟬也。閶蜩，⿰虫應膺音。也。蟧、遼音。蝒綿音。馬，蜩也。

荀子大略篇：「飲而不食者，蟬也；不飲不食者，蜉蝣也。」淮南説林訓：「蟬飲而不食，三十日而蛻。」説文：「蟬，以旁鳴者。」玉篇：「蟬，蜩也。」○⿰虫奇、蛣，蟬也。玉篇：「⿰虫奇，巨綺切，蟬也。」又云：「蛪，古頡切，蛪蚼似蟬而小。」疑「蛣」與「蛪」同。方言（第十一）云「蟬，楚謂之蜩，宋衛之間謂之螗蜩，陳鄭之間謂之蜋蜩，秦晉之間謂之蟬，海岱之間謂之⿰虫奇」，郭注：「螗蜩，今胡蟬也，似蟬而小，鳴聲清亮，江南呼螗蛦，齊人呼爲巨⿰虫奇。」○閶蜩，⿰虫應也。方言

〔第十一〕云「蟪謂之寒蜩。寒蜩，瘖蜩也」，郭注：「案爾雅以蜺爲寒蜩，月令亦曰『寒蟬鳴』，知寒蟬非瘖者也。」案：郭説非也。月令「孟秋之月，寒蟬鳴」，鄭注：「寒蟬，寒蜩。」文選〔曹植贈白馬王彪詩〕注引蔡邕章句云：「寒蟬應陰而鳴，鳴則天涼，故謂之寒蟬。」蓋此蟬不鳴于夏，因有瘖蜩之名。至立秋陰氣鼓動，乃應候而鳴也。今池歙間人呼蟬爲寒蜩子。「闇、瘖」，古通用。○蟧、蝒馬，蜩也。方言〔第十一〕又云「其大者謂之蟧，或謂之蝒馬；其小者謂之麥蚻，有文者謂之蜻蜻，其雌蜻謂之尐，大而黑者謂之蝬，黑而赤者謂之蜺」，郭注云：「爾雅〔云〕『蝒者，馬蜩』，非別名蝒馬也，〔此〕方言誤耳。麥蚻，如蟬而小，青色。今關西呼麥蠽。」「蜻蜻，即蚻也。爾雅云耳。」案：郭説非也。子雲所采乃異國殊語，必有「蝒馬」之稱。而後載入方言，不必盡與爾雅相應也。廣雅本諸方言，故亦相同，且其所進書表云：「八方殊語，庶物易名，不在爾雅者，詳録品覈，以著于篇。」若以「馬蜩」爲句，則「蝒，馬蜩」三字，已見爾雅，必不然矣。舊本「蝒」誤爲「蝹」，今訂正。

蛥折音。蚗，穴音。蚻也。蟪蛄、蛉蛄、蝭帝音。蟧，蛁彫音。蟟也。

此亦蟬之屬也。因方言分爲二類，故亦別釋之。方言〔第十一〕云「蛥蚗，齊謂之螇螰，楚謂之蟪蛄，或謂之蛉蛄，秦謂之蛥蚗。自關而東謂之虭蟧，或謂之蝭蟧，或謂之蜓蚞，西楚與秦通名也」，郭注：「蛥，音折。蚗，于列反，一音玦。螇螰，奚鹿二音。虭蟧，貂料二音。江東人呼（嗚）〔蟂〕蟧。」案：夏小正：「七月，寒蟬鳴。〔寒〕蟬也者，蝭蠑也。」爾雅〔釋蟲〕「蜓蚞，螇螰」，郭注：「即蝭蟧也。一名蟪蛄，齊人呼螇螰。」説文：「螇鹿，蛁蟟也。蛜蚗，蛁蟟也。蚵，蛜蚗，蟬屬。」是皆蛁蟟之別名。桓寬鹽鐵論〔散不足〕云：「諸生獨不見季夏之螇乎？音聲入耳，秋風至而聲無。者生無易由言，不顧其患，患至而後默，晚矣。」莊子逍遥遊篇「蟪蛄不知春秋」，釋文作「惠蛄」，引司馬彪曰：「惠蛄，寒蟬也。一名蝭蟧，春生夏死，夏生秋死。」崔譔云「蛁蟧也。或曰山蟬。秋鳴者不及春，春鳴者不及秋」，引廣雅「蛁蟟」作「蛁蟧」。楚辭招隱士「蟪蛄鳴兮啾啾」，王逸注：「秋節將至，悲嘹噍也。」蚻者，夏小正云：「四月，鳴札。札者，寧縣也。鳴而後知之，故先鳴而後札。」爾雅〔釋蟲〕「蚻，蜻蜻」，郭注：「如蟬而小。」「蛥、蚈」，「蚻、札」，「蟪、惠」，「蹄、蝭」，「蟧、蟟」，「蛁、虭」，音義並同。

蛾五何反。蛘、羊掌反。玄駒〔二〕、蚼蟓、蟞匹結反。蜉，浮音。螘五綺反。也。

說文：「螘，蚍蜉也。」爾雅〔釋蟲〕「蚍蜉，大螘。小者，螘」，郭注：大者「俗呼爲馬蚍蜉」也。「齊人呼螘爲蛘。」釋文引字林云：「北燕人謂蚍蜉曰蟻蛘。」夏小正云：「十(有)二月，玄駒賁。玄駒也者，螘也。賁者何也？走于地中也。」學記云「蛾子時術之」，鄭注：「蛾，蚍蜉也。蚍蜉之子，微蟲耳，時術蚍蜉之所爲，其功乃復成大垤。」釋文：「蛾，魚起反，本或作『蟻』。」方言〔第十一〕「蚍蜉，齊魯之間謂之蚼蟓，西南梁益之間謂之玄駒，燕謂之蛾蛘」，郭注：「蚍蜉，亦呼蟞蜉。蚼蟓，駒養二音。玄蚼，法言云『玄駒之步』，是。蛾蛘，蟻養二音。建平人呼蚳，音侈。」舊本「駒」下脫「蚼」字。一本有「蚼」字，脫「駒」字，今據方言補正。「蚍、蟞」，聲相轉。

蛢，雞音。蛾也。

蛢者，玉篇：「蛢，古奚切，又甘田切。馬蛢，螢火也，蛾也。」盧學士曰：「案玉篇謂『螢火』者，以『蛢』即『蚈』也。此但云『蛾』，不知何者爲所指。」爾雅〔釋蟲〕「䖸，羅」，郭注：「蠶蛾。」說文：「䖸，蠶化飛蟲。」「或从『虫』。」又有飛蛾。古今注〔魚蟲〕：「飛蛾，善拂燈，一名火花，一名慕光。」又有白蛾、赤蛾、五色蛾各種。

〔二〕駒，疏證本作「蚼」。

地膽、虵蛇音。要、青蠚，茅音。青蠵攜音也。

玉篇：「蛬蠵，似瑇瑁而薄，有文。弋規切。」此四名者，似皆青蠵矣。然本艸云「地膽，一名蚖青，一名青蛀」，陶注：「狀如大馬蟻，有翼。」據此，似「地膽」又與上文「蛾」爲一類矣，未知其審。盧學士曰：御覽（九百五十一）本艸經：「元青，春食芫葉，故名。元青秋爲地膽，地膽黑頭，赤尾，味辛，有毒。秋食葛華，故名之葛上亭長。」吴氏本艸：「地膽，又一名杜龍，一名青虹。」陶弘景云：「又一名青蛙，真者出梁州，狀如大馬蟻，有小翼子。僞者即是班猫所化，狀如大豆，大都治體略同。」案：「虵要」諸名，不見于他書。

杜伯、蠀、七漬反。蠆，丑介反。蠍歇音。也。

蠍者，螫人蟲。許謁切。說文「蠆，毒蟲也」，或作「蠤」。玉篇：「蠆，螫（蟲）。或作『蠤』。」左氏僖二十二年傳：「蠭蠆有毒。」莊子天運篇「厲蠆之尾」，釋文「厲，郭象音賴。或云：依字，（上）當作『蠆』，下當作『蠍』」，引通俗文：「長尾爲蠆，短尾爲蠍。」五音集韻（怪韻）引此文「蠆」作「蠤」。盧學士曰：詩小雅都人士「卷髮如蠆」，箋云：「蠆，螫蟲也，尾末揵然。」陸璣疏：「蠆，一名杜伯，河内謂之蚑，幽州謂之蠍。」案：「蚑」字譌，此書「蠀」字或亦可作「蝀」。爾雅「蟔，蛅蟴」，郭注：「蛓屬也。今青州人呼蛓爲蛅蟴。孫叔然云『八角螫蟲』，失之。」案：如孫說「蝀」亦可通「蛓」，亦蠍屬類也。以「蚑」形近，而致誤也。葛洪曰：蠍，中國屋中多有，江東即無也。酉陽雜俎（卷十七蟲篇）：「江南舊無蠍，開元初，有主簿，以竹筒盛蠍過江，至今往往有之，故俗稱爲主簿蟲。」案：一切經音義（卷五）引作「蠆（他邁）、蟄（勒達）、蚔（巨宜）、蠢，蠍也」，今本不同，或後人改易之歟。說文：「蠢，蠆也。蚔，蠢也。」

景天、螢火，蟒力刃反。也。

蟒者，古用「粦」。説文：「粦，兵死及牛馬之血爲粦。粦，鬼火也。」列子〈天瑞〉曰：「馬血之爲轉粦也，人血之爲野火也。」淮南説林訓「抽簪招燐，有何爲驚」，高誘注：「燐，血精，似野火。招之，應聲而至。血灑汙人，以簪招之，則不至，故曰何驚也。」徐鍇繫傳云：「案博物志：『戰鬥死亡之處，有人馬血，積年〈化〉爲粦，〈粦〉著地入艸木，〈皆〉如霜露，不可見。有觸者，著身體，便有光，拂拭即散無數，又有吒聲如鬻豆。』舛者，人足也，言光行著人。」予案：「燐」是鬼火，然螢火亦謂之燐。豳風東山「熠燿宵行」，傳：「熠燿，燐也。燐，螢火也。」月令：「季夏之月，腐艸爲螢。」逸周書時訓解：「大暑之日，腐艸化爲螢。」爾雅〈釋蟲〉「熒火，即炤」，舍人曰：「夜飛有火蟲也。」郭注：「夜飛腹下有火。」本艸云「螢火，一名夜光，一名熠燿。」此一名景天者，亦言其光燿也。詩〈豳風東山〉疏引陳思王熒火論云：「詩云『熠燿宵行』，章句以爲鬼火，或謂之燐，未爲得也。天陰沈數雨，在于秋日，熒火夜飛之時也，故曰『宵行』。然腐艸木得溼而光，亦有明驗。衆説並爲螢火，近得實矣。」古今注〈魚蟲〉：「螢火，一名燿夜，一名景天，一名熠燿，一名丹良，一名燐，一名丹鳥，一名夜光，一名宵燭。腐艸爲之，食蚊蚋。」案：夏小正「八月，丹鳥羞白鳥」，傳曰：「丹鳥也者，丹良也。白鳥也者，謂閩蚋也。其謂之鳥何也？重其養也。有翼者爲鳥。羞也者，進也。不盡食也。」崔豹所謂「一名丹鳥」，「一名丹良」，本此。玉篇「蟒，螢火也」，本此。「螢、熒」，「蟒、燐」，音義同。

蛭質音。　蛒、胡格反。　𧈳眷音。　蠾、地蠶、雜含反。世人作蚕字，如蝅、或蚕，如此，或失之矣〔一〕。　蠹、妒音。　蟦，浮

〔一〕王念孫曰：「各本音内『蠶』字譌作『蚕』，『或蚕』上脱去『或蝅』二字，又誤衍『如蝅』二字，『如』字因下文『如』字而誤，『蝅』字因與後『𧒀，蚌也』之『𧒀』字相似而誤。」

沸反，又肥音。蟦疾資反。螬曹音。也。

蟦螬，説文作「〔⿱齊䖵〕蠤」，云：「〔⿱齊䖵，⿱齊䖵〕蠤也。」「蠤，〔⿱齊䖵〕蠤也。」「〔蠹〕，木中蟲。」或〔从〕「木」作「〔⿱木䖵〕」，「象蟲在木中〔形〕。譚長説。」方言〔第十一〕「蟦螬謂之蟦。自關而東謂之蝤蟦，或謂之蛬蠾，或謂之蝖螜。梁益之間謂之蛒，或謂之蝎，或謂之蛭蛒。秦晉之間謂之蠹，或謂之天螻。四方異語而通者也」，郭注：「蟦，音『翡翠』之『翡』。蝤蟦，酋餈兩音。蛬，音『書卷』之『卷』。蝖螜，亦呼當齊，或呼地蠶，或呼蟦蝖。蝖〔螜〕，喧斛二音。蛒，音格。」案：「蟦」又作「蠐」。衛風碩人「領如蝤蠐」，〔傳〕：「蝤蠐〕，蝎蟲也。」爾雅〔釋蟲〕「蟦蠐，螬」，郭注：「在糞土中。」又云「蝤蠐，蝎」，孫炎云：「蠐螬謂之蟦蠐，關東謂之蝤蠐，梁益之間謂之蝎。」郭注：「在木中。今雖通名爲蝎，所在異。」舊本「螬」下脱「也」字，今補正。

蝪腸音。蠷、力支反。蚭女六反。蜧、尼音。蚨鳧音。虷，紆音。蚰由音。蜒延音。也。

方言〔第十一〕「蚰蜒，自關而東謂之螾蜇，或謂之入耳，或謂蝪蠷。趙魏之間或謂之蚨虷。北燕謂之蚭蜧」，郭注：「蚰蜒，由延二音。螾，音引。蠷，音麗。蚨虷，扶于二音。蚭，奴六反。蜧，音尼。江東又呼〔蛩，音〕鞏。」案：鄭注考工記〔梓人〕云：「卻行，螾衍之屬。」淮南説林訓「昌羊去蚤蝨而來蛉窮」，高誘注：「昌羊，昌蒲。蛉窮，蝨蜒入耳之蟲也。」是蚰蜒又名蛉窮也。玉篇：「蚭，蚭蜧，班蝥。」陸德明以爲此蟲能兩頭行，故爲卻行也。陳藏器〔木艸拾遺〕曰：「蚰蜒，色正黄，不班，大者如釵股，其足無數，好脂油香，能入耳及諸竅中，以驢乳灌之，化爲水。」

蛛蝥、牟音。冈工、蠾燭音。蟍，臾音。蠕毒音。蜍餘音。也。

方言〔第十一〕「鼅鼄，鼄蝥也。自關而西秦晉之間謂之鼄蝥。自關而東趙魏之郊謂之鼅鼄，或謂之蠾蝓。蠾蝓者，侏儒語之轉也。北燕朝鮮洌水之間（或）謂之蝳蜍」，郭注：「鼅鼄，知株二音。蝥，音無。今江東呼蝃蝥。蝳蜍，齊〔人〕又呼社公，亦言罔公，音毒餘。」玉篇：「蝳蜍，肥大蜘蟊。」「蟊，〔蠿〕蟊。燕曰蝳蜍，齊曰松公〔也〕。或作『蟊』。」

蛺夾音。蜨，山頰反。蝥蚨瞀音。也。

說文〔蛺〕，「蛺蜨也。蜨，蛺蜨也」，徐鉉曰：「今俗作『蝶』，非是。」莊〔子〕齊物論「莊周夢爲胡蝶」，釋文：「蛺蝶也。」又至樂篇云「烏足之根爲蠐螬，其葉爲胡蝶」，釋文引司馬彪云：「烏足，艸名，生水邊。蠐螬，蝎也。胡蝶，蛺蝶也。艸化爲蟲，蟲化爲艸，未始有極。」「蜨、蝶」同。列子天瑞篇同。古今注〔魚蟲〕：「蛺蝶，一名野蛾，一名風蝶，江東呼爲撻末，色白背青者是也。其有大如蝙蝠者，或黑色，或青斑，名爲鳳子，一名鳳車，一名鬼車，生江南柑橘園中。」本艸：「蛺蝶輕薄，夾翅而飛。」玉篇：「蜨，蛺蜨也。蛺，古協切，蛺蝶。」

蛬〔一〕、恭勇反。趗促音織、虹孫，蜻精音。蛚也。

呂氏春秋季夏紀「蟋蟀居宇」，高誘注：「蟋蟀，蜻蛚。」「陰氣應，故居宇鳴以促織。」李善注古詩十九首引春秋考異郵云：「立秋趣織鳴，宋均注：『趣織，蟋蟀也。立秋女功急，故趣之。』」考工記〔梓人〕「以注鳴者」，鄭注云：「注〔鳴〕，精列。」爾雅〔釋蟲〕「蟋蟀，蛬」，孫炎曰：「蜻蛚也。梁國謂之蛬。」郭璞曰：「今促織也，亦名精蛚。」易通卦驗云「立秋蜻蛚鳴」，鄭注：「蜻蛚，蟋蟀之名也。」方言〔第十一〕云「蜻蛚，楚謂之蟋蟀，或謂之蛬。南楚之間謂之虹孫」，郭注：「蜻蛚，即趨織〔也〕。精列二音。蛬，梁國呼蛬，音鞏。」陸璣詩疏云：「蟋蟀，似蝗而小，正黑有光澤如漆，有角翅。一名蛬，一

〔一〕蛬，疏證本作「蛩」。

名蛈蛪。楚人謂之王孫，幽州人謂之趨織。里語曰：『趨織鳴，嬾婦驚。』」「趄、促」，「趨、趣」，「虰、王」，「蛈、精」，「蛪、列」並同。

炙鼠、津姑、螻樓音。蜮、古麥反。蟓蛉、蛞螻，螻蛄[一]也。

螻蛄，穴地而生，立夏後，夜鳴，聲如蚯蚓。王逸九思〈怨上〉云「螻蛄兮鳴東」，是也。一名螜。夏小正云：「三月，螜則鳴。螜，天螻。」爾雅〈釋蟲〉「螜，天螻」，郭注：「螻蛄也。」又名螻。說文：「螻，螻蛄也。一曰螜，天螻。蛄，螻蛄也。」又云：「〔蠹〕，螻蛄也。」爾雅〈釋蟲〉「蝚，蛖螻」，郭注：「蛖螻，螻蛄類。」予嘗疑「蛭蝚，至掌」與「螻蛄」不相涉，蓋古本爾雅必有作□字者，形相似而譌爲「蝚」耳。自來釋雅訓者，亦不能舉正也。此云「炙鼠」者，崔豹古今注〈魚蟲〉云：「螻蛄，一名石鼠。」「炙、石」，聲相近矣。津姑，未見所出。螻蜮者，「蛄、蜮」，一聲之轉。方言〈第十一〉云「蛄詣謂之杜蛒。螻螲謂之螻蛄，或謂之蟓蛉。南楚謂之杜狗，或謂之蛞螻」，郭注：「蟓蛉，象鈴二音。」

蛆子魚反。蟝、渠音。馬⿰虫逐，逐音。馬蚿弦音。也。

莊子秋水篇云「夔憐蚿，蚿憐蛇」，釋文引司馬彪云：「馬蚿蟲也。夔，一足；蚿，多足；蛇，無足。」爾雅〈釋蟲〉「蛝，馬䗭」，郭注：「馬蠲，蚐，俗呼馬⿰虫逐。」玉篇：「蚿，胡田切，馬蚿也。⿰虫逐，直六切，馬蚿也。」廣韻〈先韻〉：「馬蚿蟲。一名百足。」方言〈第十一〉云「馬蚿，北燕謂之蛆蟝。其大者謂之馬蚰」，郭注：「蛆蟝，音蝍蛆。蚰，音逐。今關西云。」案：「馬蚿」又名「商蚷」。莊子〈秋水〉又云「使商蚷馳河（也）」，必不勝任矣」，司馬彪云：「商蚷，蟲名，北燕謂之馬蚿。」呂氏春秋

[一] 蛄，疏證本作「姑」。

季夏紀「腐艸化爲螢蚈」，高誘曰：「蚈，馬蚿也。蚈讀如蹊徑之蹊，幽州謂之秦渠。」「蟝、渠」，「蟋、蚰」，字異義同。

蠓蒙音。**螉**，翁音。**蜂也。蠮**，一結反。**蟛**憶音。**也。**

說文「蠭，飛蟲螫人者」也。今省作「蜂」，同。蠓螉者，方言〔第十一〕以爲燕趙語。詳見下文。玉篇：「螉，小蜂也。」「蠮，蠮螉。或作『蠮』。」「蟛，於力切，小蜂也。」舊本「蠮」譌「蠮」，今據玉篇訂正。

尺蠖，蠙即音。**蝛**酒六反。**也。**

繫辭傳〔下〕「尺蠖之詘，以求信也」，惠棟曰：「尺蠖先詘而後信，故云『尺蠖之詘』。復時剛反，震在上，巽在下，故詘；遘時巽在上，故信也。巽爲進退，似尺蠖之詘信也。」考工記弓人「麋筋斥蠖灂」，鄭注：「斥蠖，屈蟲也。」爾雅〔釋蟲〕「蠖，蚇蠖」，郭注：「今蝍蝛。」衆經音義〔卷十八〕引舍人曰：「宋地曰尋桑也。」又引纂文云：「吴人以步屈名桑闔，一名蝍蝛。」案：說文：「蠖，尺蠖，屈伸蟲也。」方言〔第十一〕「蠙蝛謂之蚇蠖」，郭注：「蠙蝛，即蹴二音。蠖，烏郭反，又呼步屈。」御覽〔卷九四八〕引郭注云：「有呼步屈，其色青而細小，或在艸木葉上，今蜾蠃所負爲子者。」「尺、蚇、斥」，「蠙、蝍」，字異義同。玉篇：『蝍蝛，尺蠖也。」舊本誤爲「尺蠙蠖蝛」，今訂正。

蚴幽音。**蜕**、悦音。**土蜂，蠮**烏結反。**螉**翁音。**也。**

方言〔第十一〕「蠭，燕趙之間謂之蠓螉。其小者謂之蠮螉，或謂之蚴蜕。其大而蜜謂之壺蠭」，郭注：「蠓螉，蒙翁二音。蠮螉，小細腰蠭也。音『鰋噎』之『噎』。蚴蜕，幽悦二音。壺蠭，今黑蠭穿作〔竹〕木作孔亦有蜜者，或呼笛師。」案：爾雅〔釋蟲〕「土蠭」，郭注：「今江東大蠭，在地中作房者，爲土蠭。啖其子，即馬蠭。今荆巴間呼爲蟺。」又云「果蠃，蒲盧」，郭注：「即細腰蠭也，俗呼爲蠮螉。」又云「螟蛉，桑蟲」，注：「俗謂之桑蟃，亦呼爲戎女。」小雅小宛云「螟蛉有子，蜾蠃負之」，鄭箋：「蒲盧取桑蟲之子，負持而去，煦嫗養之，以成其子。」説文云：「蠣蠃，蒲盧，細腰土蠭也。天地之性，細腰純雄無子。」法言學行篇：「螟蛉之子，殪而逢蜾蠃，祝之曰：『類我類我。』久則肖之矣。」案：土蠭之小者，一名蠰螉。五音集韻〔齊韻〕：「螉，古奚切。蠰螉，土蠭，似蝗而小。」

芈芈、齕痕之反。朧〔一〕，螗蜋也。

説文：「蟷，蟷蠰，不過也。蠰，蟷蠰也。蜋，堂蜋也。蛸，蚩蛸，堂蜋子。」「一名斫父。」莊子人間世云：「女不知螳蜋乎？怒其臂以當車轍，不知〔其〕不勝任也。」淮南人間訓：「齊莊公出獵，有一蟲舉足將搏其輪，問其御者曰：『此何蟲也？』對曰：『此所謂螳蜋者也。其爲蟲也，知進而不知卻，不量力而輕敵』。莊公曰：『此爲人而必天下勇武矣。』迴車而避之。」高誘注淮南時則訓云：「螳蜋，世謂之天馬，一名齕朧，兖州謂之拒斧。」其注吕氏春秋〔仲夏紀〕亦同。方言〔第十一〕云「螳螂謂之髦，或謂之虰，或謂之蛑蛑」，郭注：「有斧蟲也。江東呼爲石蜋，又名齕朧。」月令「仲夏之月，螳蜋生」，鄭注：「螳蜋，螵蛸母也。」藝文類聚〔卷九十七〕引鄭志云：「王瓚問：爾雅『莫貈，螳蜋』，同類物也。今沛魯以南謂之蟷蠰，三河之域謂之螳蜋，燕趙之際謂之食朧，齊濟以東謂之馬穀，然名其子，則同云螵蛸，是以注云：『螳蜋，螵蛸母也。』」「芈」或作「蛘」同。食朧，猶「齕朧」。「螗、螳」同。舊本「朧」譌「肱」，今訂正。

䗚博音。蟭、焦音。烏洟、他帝反。冒焦，螵婢消反。蛸消音。也。

説文：「蛸，蚩蛸，堂蜋子。」爾雅〔釋蟲〕「不過，蟷蠰。其子蜱蛸」，郭注：「蟷蠰，螗蜋別名。蜱蛸，一名䗚蟭，蟷蠰卵

〔一〕朧，疏證本作「肬」。王念孫曰：「朧者，『肬』之譌。」

也。」本艸經：「桑螵蛸，一名蝕肬，生桑枝上，采蒸之。」陶注本艸云：「螳蜋逢樹便生産，以桑上者爲好。」證類本艸云：「螵蛸在處有之，螳蜋卵也。多在小桑樹上，叢荆棘間。三、四月中，一枝出數百枚。」御覽〔卷九四六〕引吴氏本艸「桑蛸條，一名蝕肬，一名害焦，一名致。」玉篇：「蜅，布莫切。」「蟭，子饒切。」蜱，同「螵」。

蟅柘音。蟒，猛音。蚮他則反。也。

小雅大田「去其螟螣」，傳：「食葉曰螣。」釋文：「螣，字亦作『𧈧』，徒得反。」月令「仲夏行冬令」，「百螣時起」，鄭注：「螣，蝗之屬。言百者，明衆類並爲害。」爾雅〔釋蟲〕「食葉，𧈧」，釋文：「字又作『蟘』，又作『𧈧』同。」説文：「蟘，蟲食苗葉者，吏乞貸則生蟘。」漢唐公房碑云：「去其螟蟘。」〔蟘〕从「貣」。詩釋文云「説〔文〕作『蟘』」，此唐本説文也，與漢碑合。方言〔第十一〕云「蟒，宋魏之間謂之蚮，南楚之外謂之蟅蟒，或謂之蟒，或謂之螣」，郭注：「蟒，即蝗也。莫鯁反。蚮，音貸。蟅蟒，蟅音近詐，亦呼虴蛨。螣，音滕。」玉篇：「虴，竹百切。虴蛨，蟅蟒蟲也。蛨，亡百切。」「蚮、𧈧、蟘、螣」，音義並同。盧學士曰：説文新附有「虴蜢」字，此「蟅蟒」即「虴蜢」也。爾雅〔釋蟲〕「土螽，蠰谿」，郭注：「似蝗而小，今謂之土蝶。」釋文：「蝶，字又作『虴』，虴蜢也，善跳。」疏云：「江南呼虴蛨又名蚱蜢。」予案：説文：「蟅，蟲也。」許氏之例，字以類從，今「蟅」字在「蜙、蝑」之下「蝗」字之上，虴蜢之言，最爲近理。

蜙粟容反。蝑，胥音，又思吕反。蝽春音。𧒂黍音。也。

爾雅〔釋蟲〕「蜇螽，〔蜙〕蝑」，郭注：「蜙，蜙也。俗呼春黍。」釋文：「蜇，本又作『蟴』，詩作『斯』同。」説文「蜙蝑，以股鳴者」，或作「蚣」。考工記〔梓人〕「以股鳴者」，鄭注謂：「蚣蝑，動股屬。」周南〔螽斯〕「螽斯羽，詵詵兮」，傳：「螽斯，蚣蝑也。」豳風〔七月〕「五月斯螽動股」，傳：「斯螽，蚣蝑也。」方言〔第十一〕云「春黍謂之蝽蝑」，郭注：「蝽，音蔾。蝑，音牆沮反。又名蚣蝑，江東呼蚱蜢。」陸璣詩疏云：「幽州人謂之春箕。春箕，即春黍，蝗類也。長而青，長角、長股，股鳴者也。或謂似蝗而小，斑黑，其股似瑇瑁。又五月以兩股相切作聲，聞數十步是也。」「春、蠢」，「黍、蝵」同。

蝍即音。蛆，子餘反。吴公也。

爾雅（釋蟲）「蒺蔾，蝍蛆」，郭注：「似蝗而大腹，長角，能食蛇腦。」關尹子三極篇：「蝍蛆食蛇，蛇食蛙，蛙食蝍蛆，互相食也。」莊子齊物論云「蝍蛆甘帶」，釋文「李云：蝍蛆，蟲名」，引廣雅：「蜈公也。」司馬彪云：「帶，小蛇也，蝍蛆好食其眼。」淮南説林訓「騰蛇游霧，而殆于蝍蛆」，高誘注：「蝍蛆，蟋蟀。爾雅謂之『蜻蛚』。上蛇，蛇不敢動。」御覽（卷九四六）引淮南此文注云：「蝍蛆，蓋吴公。」疑是許慎注。御覽（卷九四六）又引春秋考異郵云：「土勝水，故蝍蛆搏蛇，宋均注云：『蝍蛆生于土，蛇，藏物，屬于坎；坎，爲水爲隱伏。』」本艸「蜈蚣」，陶注：「一名蝍蛆。」衆經音義引字林云：「『蝍蛆，蜈蚣也。』」玉篇：「蒺蔾，蝍蛆，能食蛇。亦名蜈蚣。」廣韻同。盧學士曰：高誘以蝍蛆爲蟋蟀，郭璞又以爲似蝗，此別自一種，亦能制蛇，不可即以爲非，但非廣雅義耳。吴公，即「蜈蚣」。

馬䗃，士板反。蠽節音。蛆也。

此即馬蚿也，解見上。玉篇：「䗃，馬䗃也。」爾雅（釋蟲）『蛝，馬䗃』，郭注：「馬蠲，蚐，俗呼馬[illegible]。」盧學士曰：蠽蛆，即上文之「蝍蛆」，以其皆多足之蟲，故名同。舊本「䗃」譌「踐」，今據玉篇訂正。

蜻蛉、蝍蛉，倉螘也。

淮南齊俗訓云「水蠆爲蟌莣」，高誘注：「青蛉也。」又説林訓「水蠆爲蟌」，注：「水蠆化爲蟌。蟌，青蛉也。」方言（第十一）云「蜻蛉謂之蝍蛉」，郭注：「六足四翼蟲也。音靈。江東名爲狐黎，淮南人呼蠊蛜。蠊，音康。蛜，音伊。」案：爾雅〔釋蟲〕「虰蛵，負勞」，郭注云：「或曰即蜻蛉也。江東呼狐棃，所未聞。」釋文引字林云：「蜻蛉，一名桑根。」列子天瑞篇「厥昭生乎溼」，殷敬順釋文引曾子曰：「狐藜，一名厥昭，恆翔繞其木，不能離之。師說云：狐藜，蜻蛉蟲也。」盧學士曰：此云「倉螘」，未聞，即「螊蚈」，聲之轉也。

蛷求音。螋，所留反。蟱霧音。蛷求音。也。

說文「𧖅，多足蟲也」，或作「蛷」。玉篇：「蛷，巨由切，蛷螋。亦作『蛷』。」秋官赤犮氏「凡隙屋，除其貍蟲」，〔鄭注：「貍蟲，」〕䗪肌蛷之屬。」釋文：「蛷，劉音俱。」博物志云：「蛷螋溺人景，隨所在生瘡。」盧氏曰：「塗以雞腸艸。」段氏曰：「治以莎衣結。」淮南說林訓「曹氏之裂布，蛷者貴之」，高誘曰：「曹布，燒以傅蜡蛷瘡，則愈。」蜡蛷，即「肌蛷」也。本艸：「蛷，多足蟲，似小蜈蚣，青黑色，足在腹前，尾有岐，能夾人物，俗名搜夾子。其溺射人影，瘡如熱沸。」案：蛷螋，西陽雜俎〔卷十一廣知〕作「蠼螋」。「蠼、蛷」，「蜡、肌」聲相近，其文異，其義同也。玉篇：「蝥，音務。亦作『蟱』。」

𧓍、女陟反。𧔼，乃德反。蝱盲音。也。

說文：「蝱，齧人飛蟲。」莊子天運篇「蚊虻噆膚，則通昔不寐」，釋文：「虻，字亦作『蝱』。」玉篇：「𧓍，小蟲也。女乙切。」「𧔼，乃北、乃代二切。似蝱而小，斑色，齧人。」「蝱，莫庚切，蟁蝱也。俗作『虻』。」

蜤錫音，又七亦反。𧒀，覓音。蜰肥音。也。

玉篇：「蜰，父非切，蠦蜰，即負盤臭蟲。」「𧌑，先狄切，蝜螌也。」廣韻〔錫韻〕：「〔𧒀〕，𧌑𧒀。」是蜰即負盤，一名𧌑𧒀也。「蜤、𧌑」同。爾雅〔釋蟲〕「蜚，蠦蜰」，郭注：「蜚，即負盤，臭蟲。」釋文：「盤，字又作『螌』。蒲安反。」孔穎達疏云：「本艸〔曰〕：『蜚，厲蟲也。』」「春秋經、傳皆云『有蜚』，則此蟲一名蠦蜰。而舍人、李巡皆云『蜚蠦，一名蜰』，非也。此蟲一名負盤，漢書及左傳注多作『負蠜』者，以此下有『艸蟲，負蠜』，故相涉誤耳。」今案：說文「𧖴，臭蟲負蠜也。从蟲」，或作「蜚」，从「虫」。又云：「蜰，盧蜰也。」廣雅雖單「蜰」字，即是「盧蜰」。爾雅舊注以「蜚蠦」爲句，實不可從。

朝蜏，秀音。 **孶**慈〔一〕音。 **母也。**

淮南道應訓「朝菌不知晦朔」，高誘曰：「朝菌，朝生暮死之蟲也。生水上，狀如蠶蛾，一名孶母。」盧學士曰：御覽（九百〔四〕十九）引淮南作「朝秀」，注同。今本作「朝菌」，乃因莊子文相涉致誤。玉篇：「蜏，思又、弋久二切。一名孶母。」

孑孓，蜎烏泫反。 **也。**

說文：「孑，無右臂。孓，無左臂。」徐氏云：居桀、居月二切。爾雅〔釋魚〕「蜎，蠉」郭注：「井中小蛣蟩，赤蟲。一名孑孓。」案：淮南說林訓「孑孓爲蟁」，高誘注：「結蟨，水上到跂蟲。」孑孓，與「蛣蟩」音義同。蓋此是井赤蟲，無足，似人無左右臂，故有此名。蜎，一名虷。莊子秋水篇「還虷蟹與科斗」，釋文：「虷，音寒，井中赤蟲也。一名蜎。」或說「孑孓」即今雨水中蟲，黑色，能化蟁，其形較井中赤蟲加短。

螽，之戎反。 **蝗**皇音，又華孟反。 **也。**

說文：「蝗，螽也。」「螽，蝗也。」或作「蝝」。玉篇：「螽，蜙蝑屬也。」螽類甚多，爾雅〔釋蟲〕「阜螽，蠜。 艸螽，負蠜。 蜇螽，蜙蝑。 蟿螽，螇蚸。 土螽，蠰谿」是也。詩〔小雅大田〕疏引犍爲文學云螟、螣、蛑、賊皆蝗也。 艸蟲詩疏引陸璣

〔一〕 慈，王念孫說當作「兹」。

云：「今人謂蝗子爲螽子，兗州人謂之螣。」「蔡邕云：『螽，蝗也。』」劉昭注續五行志〔三〕引春秋考異郵云：「貪擾生蝗。」

舊本「蝗」下無「也」字，今補正。

蚯丘音。蚓、引音。蜿宛音。蟺，時涵反。引無也。

說文：「螼，螾也。螾，側行者。或作『蚓』。」淮南地形訓「食土者無心而慧」，注：「如蚯蚓之屬。」爾雅〔釋蟲〕「螼蚓，蜸蠶」，郭注：「即蛩蟺也，江東呼寒蚓。」月令：「孟夏之月，蚯蚓出。」「仲冬之月，蚯蚓結。」荀子勸學篇「螾無爪牙之〔利〕，筋骨之彊，上食埃土，下飲黃泉，用心一也」，注：「螾，與『蚓』同，蚯蚓也。」崔豹古今注〔魚蟲〕：「蚯蚓，一名蜿蟺，一名曲蟺，善長吟于地中。江東謂之歌女，或謂之鳴砌。」蜿蟺，爾雅〔釋蟲〕釋文引作「蛩蟺」。集韻〔屋韻〕引此文「蛩蟺」上有「䗇」字，即崔豹所云「一名曲蟺」也。今吳中謂之蛐蟮，「䗇」與「曲」同。或古本有「䗇蟺」二字，今脱之耳。蚯蚓，吳普本艸謂之「附蚓」，此云「引無」，或「無引」之譌與。

負蠜，煩音。蟅之夜反。也。飛蟅，飛蠊廉音。也。

此即上文蜚蟲也。爾雅〔釋蟲〕「蜚，蠦蜰」，郭注：「蜚，即負盤，臭蟲。」漢書五行志〔中之下〕云：「蜚，劉歆以爲負蠜也，性不食穀，食穀爲災，介蟲之孽。」玉篇：「蠊，力占切，飛蠊也。」負蠜，即「負盤」也。「蠜、盤」聲相轉。盧學士曰：本艸經：「䗪蟲，一名地鼈，生州澤。」吳氏本艸：「一名土鼈。」本艸經又云：「蜚廉，生州澤。」名醫別録：「生晉陽及人家屋間，立秋采。」陶隱居云：「形亦似蟅蟲而輕小能飛。」唐本注：「漢中人食之，下氣，名曰石薑，一名盧蜰，一名負盤。」

虎王，蝟謂音。也。

說文「彙，蟲似豪猪者」，或作「蝟」。「于貴切」。爾雅〔釋獸〕「彙，毛刺」，郭注：「今蝟，狀似鼠。」釋文：「彙，本又作

『蝟』。」史記龜策傳云「蝟辱于鵲」，集解引郭璞曰：「蝟能制虎，見鵲仰地。」蓋謂之「虎王」者，以此。盧學士曰：續博物志：「蝟能跳入虎耳中，見鵲便自仰腹受啄。」易林豫〔之比〕云此：「虎飢欲食，爲蝟而伏。」又比之豐：「李耳、彙、鵲，更相恐怯。偃爾以腹，不能距格。」李耳，虎也。彙與虎、鵲三物相遇，如蛇與吳公、蝦蟇之互相制然，故更相恐怯也。

沙蝨，蝡便音。蝂旋音。也。

廣志云：「沙〔蝨〕色赤，大〔不〕過蟣，在水中，入人皮中，殺人。」舊唐書粵中山川鴆鳥之地，必有犀牛有沙蝨、水弩，必生可療之艸。淮南萬畢術：「沙蝨，一名蓬活，一名地脾。」本艸經：「沙蝨，一名石蠶。」葛洪方曰：「辟沙蝨，用麝香、大蒜合羊脂擣，著小筒中帶之，良。」以上皆見御覽〔卷九五〇〕。玉篇：「蝡，婢沿切。蝡蝂，沙蝨。蝂，似緣切，蝡蝂。」亦作「蝂」，本此。

天社，蜣蜋也。

說文：「蜟，渠蜟。一曰天社。」玉篇：「蜣，丘良切。蜣蜋，啖糞蟲也。蜟，同上。」爾雅〔釋蟲〕「蛣蜣，蜣蜋」，郭注：「黑甲蟲，啖糞土。」古今注〔魚蟲〕云：「蜣蜋，能以土包糞，轉而成丸。莊周所謂『蜣蜋之智，在于轉丸』。」戴侗云：「甲蟲之巨者黑甲，甲下有翅，飛鳴洪洪然。好轉牛矢爲丸，俗亦謂之矢丸。」舊本「社」譌「杜」，「蜣」譌「蜣」，今並訂正。

白魚，蛃步幸反。〔魚〕也。

爾雅〔釋蟲〕「蟫，白魚」，郭注：「衣書中蟲，一名蛃魚。」鄭注秋官翦氏又謂之「蠹魚」。陸璣詩疏云「蘭、香艸，可著粉中，藏衣著書中，可辟白魚」，即此也。

土蛹，勇音。蠁許兩反。蟲也。

説文：「蠁，知聲蟲也。司馬相如説作『蚼』。」玉篇：「蠁，禹蟲也。」爾雅〈釋蟲〉「國貉，蟲蠁」，郭注：「今呼蛹蟲爲蠁。」

樗鳩，樗雞也。

爾雅〈釋蟲〉「翰，天雞」，郭注：「小蟲黑身，赤頭，一名莎雞，又曰樗雞。」疏引李巡云：「一名酸雞。」豳風七月云「六月莎雞振羽」，傳：「莎雞羽成而振訊之。」陸璣疏：「莎雞，如蝗而斑色，毛翅數重，其翅正赤，或謂之天雞，六月中飛而振羽，索索作聲，幽州人謂之蒲錯。」御覽〈卷九四六〉引廣志云「莎雞似蠶蛾而五色，亦曰犨雞」，是也。名醫別録云：「生河内」「樗樹上。」

盤班音。**蝥**，茅音。**旻青也。**

説文：「盤蝥，毒蟲也。」玉篇：「盤，布姦切。蝥，莫交切。」本艸「班猫，一名龍尾」，陶注：「豆花時取之，甲上黄黑班色，如巴豆大。」吴普本艸云：「一名斑蚝，一名龍蚝，一名斑苗，一名腃髮，一名盤蛩，一名旻青。生河内川谷，或生水石。」

蝮扶福反。**蛸**，育音。**蜕**始悦反，又始芮反。**也。**

説文：「蜕，蛇蟬所解皮也。」玉篇「蛸，余六切。蝮蛸，蟬皮」也。「蜕，蛇皮也」。盧學士曰：本艸：「復育。」論衡奇怪篇「蟬之生于腹育也，闓背而出。」酉陽雜俎〈卷十七蟲篇〉：「蟬，未脱時〔名〕復育，〈相傳〉言蛣蜣所化。〈秀才〉韋翾」，嘗冬中掘樹根，見復育附于朽處」，「剖一視之，腹中猶實爛木。」史記屈原傳「蟬蜕于濁穢」，正義：「蜕，去皮也。」淮南説林訓：「蟬飲而不食，三十日而蜕。」

蟱無音。蝺、牛俱反。魚伯，青蚨付于反。也。

說文：「蚨，青蚨，水蟲，可還錢。」本艸：「青蚨，生南海，狀如蟬，其子著木，取以塗錢，歸本處，一名蟱蝸。」淮南萬畢術：「青蚨還錢。青蚨，一名魚伯，或曰蒲以其子母各等，置瓮中，埋東行陰垣下，三日後開之，即相從。以母血塗八十一錢，亦以子血塗八十一錢，以其錢更牙市，置子用母，置母用子，皆自還也。」搜神記：「南方有蟲名蟔蝺，形如蟬大，味辛美可食。其子著艸葉如蠶種。」是「蟱蝺」亦作「蟔蝺」。玉篇：「蟔，他敦切。蟔蝺，又名青蚨。」案：本艸「蟱蝸」即「蟱蝺」，形相似而譌也。

蚲、平音。⿱雋虫、羊悸反。⿰虫盍古臘反。蜡，大臘反。蛘羊掌反。也。

說文：「蛘，搔蛘也。」玉篇：「蚲，皮兵切。蚲，⿱雋虫也。⿱雋虫，蛘也，蚲也。」「⿰虫盍，公盍切」，引廣雅云：「羊⿰虫盍蜡。」「蜡，徒合切，⿰虫盍蜡。」盧學士曰：楚語〔上〕申無宇謂靈王曰：「牛馬處暑之既至，蝱⿱雋虫之既多，而不能掉其尾。」是蛘之形狀亦蝱類。○案：集韻〔腫韻〕引廣雅「⿱雋虫，蠶也」。當在釋蟲，今無此文。

釋魚第十六

上古聖人作結繩而爲罔罟，以田以魚。中古烝民未粒，奏庶艱食。禹貢青州「海物惟錯」，徐州「蠙珠暨魚」，揚州「厥篚織貝」。魚鹽之利，國以富彊。然取之也有時，春獻鼈蜃，秋獻龜魚是也。其用之也有節，數罟不入，鯤鮞有禁是也。其藏之也有名，南方之魿，北方之鮺是也。以奉宗廟，則春薦王鮪，以宴賓客，則南有嘉魚。澤國之用既饒，水族之名宜辨。此篇所釋，或爲飲食之常供，或爲藥餌之必備，別其方名，區其倫類，庶稽古之士有可考焉。

鯸侯音。鮔、頤音。河〔一〕、鯳、齒之反。魧、航音。鰽，唐音。魠託音。也。

北山經「敦薨之山，敦薨之水出焉」，「其中多赤鮭」，郭注：「今名鯸鮐爲鮭魚。音圭。」論衡言毒篇：「毒螫渥者」，「在魚則爲鮭與鯵鮁。故人食鮭肝而死。」左思吴都賦「王鮪鯸鮐」，劉逵注：「鯸鮐魚，狀如科斗，大者尺餘，腹下白，背上青黑，有黄文，性有毒，雖小，獺及大魚不敢啖之。蒸煮啖之，肥美，豫章人珍之。」玉篇：「鯸，鯸鮔，鮰也。食其肝，殺人。」「鮰、鯳」並云：「魚名。」孟詵食療本艸云：「鯸鮐魚行水之次，觸物即怒，氣脹浮于水上。」陳藏器本艸拾遺篇云：「䲅魚，一名鵜夷魚。以物觸之，即嗔腹如氣毬。」日華子諸家本艸云：「河豘有毒，又云鵜夷魚，又云鰗魚。」六書故（動物三魚部）云：「鯸鮐，人謂之䲅，又謂之烏狼，又謂之探魚。」案：「鵜夷」即「鯸鮐」，「侯、胡」聲相近，「夷、臣、台」音相同。「鮭、䲅」音亦相符。「烏狼」與「魧鰽」聲相近。「探、鰽」聲亦相轉。「魠」當作「魨」，「魨」與「豘」同，玉篇「音豚」，今人猶言河豚也。曹憲不能是正，而輒音爲「託」，誤矣。

鮷、締〔二〕音。鯷，啼〔三〕音。鮎那縑反。也。

說文：「鮎，鰋也。」「鮷，大鮎也。」郭注爾雅（釋魚）云：「鮎，別名鯷，江東通呼鮎爲鮧。」羅願（爾雅翼卷二十九）云：

〔一〕王念孫曰：「各本脱去『鮰』字，『河』字又誤入正文。」

〔二〕締，王念孫説當作「啼」。

〔三〕啼，王念孫説當作「締」。

「鯕魚偃額，兩目上陳，頭大尾小，身滑無鱗，謂之鮎魚，一名鯷魚，善登竹，以口銜葉而躍于竹上，大抵能登高，其有水偃處，輒自下騰上，愈高遠而未止。諺曰：『鮎魚上竹。』謂是故也。」案：「鯷」亦作「鮷」。北山經：「龍侯之山，決決之水出焉」，「其中多人魚，其狀如鮷魚。」鮷，即「鯷」也。

鱺、離音，又力兮反。鰑，陽音。鮦重音。也。

說文：「鱺，魚名。」「鮦，魚名，一曰鱶也，讀若〔絝〕襱。直隴切。」鱶，鮦也。盧啟切。」玉篇：「鱺，魚似蛇，無鱗甲，其氣辟蝨蟲也。」「鰑，與章切，赤鱺也。」爾雅〔釋魚〕「鱧」郭注「鮦也」，釋文：「鱧，字或作『鱺』，又作『蠡』同。」孫云：「鱧，今鯶魚也。」詩「魚麗于罶，魴鱧」，是也。爾雅〔釋魚〕又云「鰹，大鮦。小者鮵」，郭注：「今青州呼小鱺爲鮵。」詩魚麗傳：「鱧，鮦也。」陸璣疏：「鮦似鱧，〔頰〕狹而厚。」本艸「蠡魚，一名鮦魚」，陶注：「今皆作『鱧』字，舊言是公蠣蛇所變，然亦有相生者。」

鰿，積音。鮒附音。也。

易井「九二，井谷射鮒」，王肅注：「鮒，小魚也。」劉逵吳都賦注引鄭注：「山下有井，必因谷水所生〔魚〕，無大魚，但多鮒魚耳，言微小也。」儀禮士昏禮記：「魚用鮒。」莊子外物篇「車轍中有鮒魚焉」，釋文引廣雅云：「鰿也。」又云：「揭竿累，趣灌瀆，守鯢鮒，其于得大魚難矣。」楚辭大招云「煎鰿臛雀」，王逸注：「鰿，鮒也。」說文「鰿、鮒」皆云：「魚名。」玉篇「鰿，子亦切，鮒也」，或作「鯽、鯽」，並同。「鮒，扶句切，鰿魚。」本艸唐本云：「鯽魚，一名鮒魚。」蜀本注云：「形亦似鯉，色黑而體促，肚大而脊隆，所在池澤皆有之。」

鰱，力延反。鱮鱮音。也。

説文「鰱、鱮」皆云：「魚名。」詩齊風敝笱「其魚魴鱮」，箋：「鱮，似魴而弱鱗。」陸璣疏：「鱮，似魴厚而頭大，魚之不美者，故里語曰：『網魚得鱮，不如啖茹。』其頭尤大而肥者，徐州人謂之鰱，或謂之鱅；幽州人謂之鴞鴞，或謂之胡鱅。」

⿰魚共，居冢反。鯤也。

爾雅〔釋魚〕「鯤，魚子」，注：「凡魚之子總名鯤。」魯語〔上〕「魚禁鯤鮞」，韋昭注：「鯤，魚子也。鮞，未成魚也。」本艸「⿰魚共魚」注云：「鯤子也。」魚子可爲醬。内則云「濡魚，卵醬實蓼」，鄭注：「卵〔讀〕爲鯤。鯤，魚子。」

鮊，白音。鱎奇兆反。也。

此「鮊」是白魚，非海魚之鮊也。説苑政理篇：「宓子賤爲單父宰，曰：『釣道奈何？』陽晝曰：『有釣道二焉，請以送子。夫扱綸錯餌，迎而吸之者，陽橋也。其爲魚薄而不美，若在若亡，若食若不食，魴也。其爲魚也，博而厚味。』子賤曰：『善！』」案：陽橋也，即鱎也。玉篇：「鱎，白魚也。」廣韻〔小韻〕：「鱎，白魚別名。」

鮜，乎豆反。⿰魚果乎寡反。也。大⿰魚果謂之鰬。虔音。

説文：「⿰魚果，鱧也。鱧，鱯也。」是⿰魚果即鱯也，一名鮜，其大者名鰬。北山經「洧水注于河，其中有鱯、黽」，郭注：「鱯似鮎而大，色白。」本艸陶注云：「鱯，似鯷而大。」陳藏器本艸云：「鱯即鮠魚，生海中，大如石首，作膾如雪。」

⿰魚尃普姑反。⿰魚孚，副周反。⿰魚匊〔一〕菊音。也。

説文：「⿰魚匋魚出樂浪潘國。一曰⿰魚匋魚出江東，有兩乳。」繫傳本「兩乳」下有「一曰溥浮」四字。玉篇：「⿰魚尃，⿰魚尃⿰魚孚魚。」

〔一〕⿰魚匊，疏證本作「⿰魚匋」。

一名江豚，欲風則踊。」本艸「鱄」亦作「鯆」，云：「江豚。」文選江賦注引南越志云：「江豚似豬。」北山經「少咸之山，敦水出焉」，「其中多魳魳之魚」，郭璞注：「未詳。或作『鯆』。」案：「魳、鯆」聲相近，即此「鯒」也。說文：「魳，魚名，出樂浪潘國。」廣韻（模韻）：「鯆，亦作『魳』。」玉篇「鯒」又作「[illegible]」。案：「鱄、溥、魳、鮬、浮」，「鯆、[illegible]、鯒」，字異義同。

石首，鯼子公反。也。

郭璞江賦「鯼鮆順時而往還」，李善注引字林云：「鯼魚出南海，頭中有石，一名石首。」初學記（卷三十）引吳地志云：「石首魚，至秋化爲冠鳧，冠鳧頭中猶有石也。」臨海異物志：「石首，小者名踏水，其次名春來。石首異種（也）」，又有石頭，長七八寸，與石首同。」玉篇「鯼，石首魚」，本此。

魶，那臘反。鯢五兮反。也。

盧學士曰：此即人魚也。段氏玉裁云：爾雅（釋魚）「鯢，大者謂之鰕」，郭注：「今鯢魚似鮎，四腳，前似獼猴，後似狗，聲如小兒啼，大者長八九尺。別名鰕。」史記秦始皇本紀「以人魚膏爲燭」，徐廣曰：「人魚似鮎，四腳。」正義云引廣志云：「鯢魚聲如小兒啼，有四足，形如鱧，可以治牛，出伊水。」異物志云：「人魚似人形，長尺餘。不堪食。皮利于鮫魚，鋸材木入。項上有小穿，氣從中出之。出東海中，今台州有之。」又司馬相如傳上林賦「禺禺鱋魶」，徐廣曰：「魶，音納，一作『鰨』。」裴駰引漢書音義曰「魶，鯷魚」也。案：漢書司馬相如傳「魶」作「鰨」，晉灼音「奴搨反」，是與「魶」同。「鯷」从「是」聲，與「兒」聲同部，「鯷魚」即「鯢魚」也。鯢魚猶兒魚，謂聲如小兒也。王應麟注周書王會解「穢人前兒」云：「前兒，即鯢魚也。」其說皆合。玉篇始誤以「鯨」釋「魶」，御覽（卷九三八）又誤以廣志所云之「鯢」入鯨鯢類中。今案：鯢凡六名：曰鯢、曰魶、曰鰨、曰鰕、曰人魚、曰鯷魚。

竹頭，䱢側耕反。也。

盧學士曰：玉篇：「䱢，魚名。」異魚圖贊：「滇池所饒，亦名竹丁。」

𩹉、來的反。鰅、魚恭反。鯙，亭音。魟於八反。也。

玉篇「𩹉，魚名」，又作「鱺」。説文：「鰅，魚名，皮有文，出樂浪東暆。神爵四年初捕收輸考工。周成王時揚州獻鰅。」史記司馬相如上林賦「禺禺魼鰨」〔一〕，徐廣曰：「禺禺，魚牛也。」漢書（司馬相如傳上）注云：「郭璞曰：『禺禺（魚）皮有毛，黃地黑文。』」師古曰：「禺，音隅，又音顒。」案：東山經：「樕螽之山，食水出焉，而東北流注于海。其中多鱅鱅之魚，其狀如犂牛，其音如彘鳴。」是「禺禺」即「鱅鱅」，字異音（義）同也。玉篇「鯙、魟」皆魚名。本艸：「黃賴魚，一名鉠魟，無鱗。」

黑鯉謂之𩷏。步佳反。

玉篇「𩷏，黑鯉也」，本此。廣韻（佳韻）亦引此文。

鱃、秋音。𩶛、要音。𩽇，奥音。蝤〔二〕也。

鱃，即古「蝤」字，一名𩶛，一名𩽇。莊子庚桑楚云：「尋常之溝，巨魚無所還其體，而鯢鰌爲之制。」東山經「旄山，無艸木，蒼體之水出焉，而西流注于展水。其中多鱃魚，其狀如鯉而大首，食者不疣」，郭注：「蝦鰌字，亦或作『鱃』。音

〔一〕魼鰨，今本史記作「鱋魶」。

〔二〕蝤，疏證本作「鰌」。

秋。」集韻〔尤韻〕：「鱃，雌由切。」説文：「䱂，魚名。讀若幽。」玉篇：「䲅，於報切，小鰌。」舊本「蝤也」二字誤入音釋中，今補正。

鯪，陵音。**鯉也。**

玉篇：「鯪，鯉也，有四足。」廣韻〔蒸韻〕引臨海風土記云：「鯪魚，腹背皆〔有〕刺，如三角菱也。」沈懷遠南越志：「鯪魚，鯉也，形如蛇而四足，腹圍五六寸，頭似蜥蜴，鱗如鎧甲，異物志謂之鯪鯉。」楚辭天問云「鯪魚何所」，王逸注：「鯪魚，鯉也。一云鯪魚，鯪鯉也，有四足，出南方。」「鯪，一作『陵』。」洪興祖補注引海内北經：「近列姑射山，有陵魚，人面，手足，魚身，見則風濤起。」天對云「鯪魚人貌，邇列姑射。」是也。陶隱居云「鯪魚形似鼉而短小，又似鯉魚，有四足」矣。左思吴都賦「陵鯉若獸」，劉逵注：「陵鯉有四足，狀如獺，鱗甲似鯉，居土穴中。」

蛤解、蠦力乎反。**𧓍、**廛音。**蚵**何音。**蠪，**龍音。**蜤**析音。**蜴也。**

説文：「蜥，蜥易也。」「在壁曰蝘蜓，在艸曰蜥易。」爾雅〔釋魚〕：「蠑螈，蜥蜴。蜥蜴，蝘蜓。蝘蜓，守宫也。」小雅正月「胡爲虺蜴」，傳：「蜴，螈也。」箋：「虺蜴之性，見人則走。」考工記「以胸鳴者」，注：「胸鳴，榮原屬。」賈疏云：「此記本不同，馬融以爲胃鳴，干寶本以爲骨鳴。胃在六府之内，其鳴又未可以骨爲狀亦難信，皆不如作胸鳴也。」案：説文：「榮蚖，蛇醫，以注鳴者。」則又與鄭注不同。方言〔第八〕云「守宫，秦晉西夏謂之守宫，或謂之蠦𧓍，或謂之蜥易。其在澤中者謂之易蜥〔一〕。南楚謂之蛇醫，或謂之蠑螈。東齊海岱之間謂之螔𧍪。北燕謂之祝蜓。桂林之中，守宫大者而能

〔一〕蜥，今本方言作「蜴」。

鳴謂之蛤解」，郭注云：「蠦蝘，盧纏二音。南陽人又呼蝘蜓。蝀蝶，似蜥易大而有鱗，今所在通言蛇醫耳。斯侯兩音。蛤解，似蛇醫而短，身有鱗采，江東人呼爲蛤蚧。音頷頷。汝潁人直名爲蛤，解音懈，誤聲也。」漢書東方朔傳「臣以爲龍又無角，謂之爲蛇又有足，跂跂脈脈善緣壁，是非守宮即蜥蜴」，師古曰：「守宮，蟲名也。術家云以器養之，食以丹砂，滿七斤，擣治萬杵，以點女人體，終身不滅，若有房室之事，則滅矣。言可以防閑淫逸，故謂之守宮也。今俗呼爲辟宮，辟亦禦扞之義耳。」玉篇：「蚵，胡多切。蚵蠪，蜥蜴。」舊本「解」上脱「蛤」字，今據方言補正。

虺，蛙口圭反。也。

虺，即「蜾」字。顏氏家訓（勉學）云：「吾初讀莊子『蜾二首』，韓非子曰：『蟲有蜾者，一身兩口，爭食相齕，遂相殺也。』」「案：爾雅諸書，蠶蛹名蜾，又非二首兩口貪害之物。後見古今字詁，此亦古之『虺』字，積年凝滯，豁然霧解。」如顏氏説，是「蜾、虺」古字通。今字詁即張博士之所撰，故此亦用古「蜾」字耳。爾雅（釋蟲）「蜾，蛹」，郭注：「蠶蛹。」説文：「蜾，蛹也。讀若潰。」「蛹，繭蟲也。」玉篇：「蛹，老蠶也。」「蜾，蠶蛹也。」「蛙，口圭切，蜾也。」廣韻（齊韻）：「蛙，蛹也。」荀子蠶賦：「蛹以爲母，蛾以爲父。」案：此條不應在釋魚篇，後人亂之也。

有鱗曰蛟龍，有翼曰應龍，有角曰虬巨彪反。龍，無角曰䖮恥支反。龍。

此別龍之類也。文選景福殿賦注及初學記（卷三十）引此文「虬」作「虯」，「䖮」作「螭」。淮南覽冥訓「赤螭青虯之游冀州也」，注云：「皆龍屬。」○有鱗曰蛟龍。説文：「蛟，龍之屬。池魚滿三千六百，蛟來爲之長，能率魚飛，置笱水中即蛟去。」漢書武帝紀：「元封五年」，「自尋陽浮江，親射蛟江中，獲之。」中山經「翼望之山，貺水出焉，東（南）流注于漢，其中多蛟」，郭璞曰：「似蛇而四腳，小頭細頸，頸有白癭，大者十數圍，卵如一二石瓮，能吞人。」管子形勢解：「蛟龍，水蟲之神者也。乘于水，則神立；失于水，則神廢。」蛟，亦作「交」。漢書鄒陽傳：「交龍襄首奮翼。」文選作「蛟」。○有翼曰應龍。大荒東經云：「應龍處南極，殺蚩尤與夸父，不得復上。故下數旱，旱而爲應龍之狀，乃得大雨。」楚辭天問云「河海應龍，何盡何歷」，王逸注：「有鱗曰蛟龍，有翼曰應龍。」淮南覽冥訓「女媧服駕應龍驂青虬」，高誘注：「駕應德之龍。」「應龍，有翼之龍也。」張衡思玄賦：「擾應龍以服輅。」○有角曰鼃龍。說文：「虯，龍子有角者。」離騷云「駟玉虬以乘鷖兮」，王逸注：「有角曰龍，無角曰虬。」虬，即「虯」也。〔洪興祖補注〕：「相如賦〔云〕『六玉虯』，謂駕六馬，以玉飾其鑣勒，有似玉虯也。」高誘注覽冥訓云：「有角爲龍，無角爲虬。」王逸亦以「虬」爲無角，與說文、廣雅不同，此異說也。○無角曰䖂龍。說文：「螭，若龍而黄，北方謂之地螻。或云無角曰螭。」吕氏春秋舉難篇：「龍食乎清而遊乎清，螭食乎清而遊乎濁。」○「蛟、交」，「鼃、虯、虬」，「䖂、螭」，字異音義同。玉篇「䖂」今作「螭」。

龍能高能下，能小能巨，能幽能明，能短能長，淵深是藏，敷和其光。

左氏昭二十九年傳蔡墨曰：「龍，水物也。」管子水地篇：「伏闇能存而能亡者，蓍龜與龍是也。龜生于水，發之于火，于是爲萬物先爲禍福正。龍生于水，被五色而游，故神，欲小則化如蠶蠋，欲大則藏于天下，欲尚則淩于雲氣，欲下則入于深泉，變化無日，上下無時，謂之神。」魯語〔下〕「水之怪〔曰〕龍、罔象」，韋昭注：「龍，〔神〕獸也。非常見，故曰怪。」說苑辨物篇：「神龍能爲高，能爲下，能爲大，能爲小，能爲幽，能爲明，能爲短，能爲長，昭乎其高也，淵乎其下也，薄乎天光，高乎其著也，一有一亡忽微哉！斐然成章，虚無則精以和，動作則靈以化。」說文：「龍，鱗蟲之長，能幽能明，能細能巨，能短能長，春分而登天，秋分而潛淵。从肉飛之形、童省聲。」宋書符瑞志〔中〕引此文「小」作「細」、「巨」作「大」。

介〔一〕，龜也。

月令孟冬之月「其蟲介」，注：「介，甲也。」高誘淮南時則訓曰：「介，甲也，象冬閉固，皮漫胡也。甲蟲，龜爲之長。羽屬水也。」呂氏春秋孟秋紀「行冬令」，「介蟲敗穀」，注：「介蟲，龜屬。」龜爲介蟲之長，故以龜爲介。大戴禮易本命篇：「有甲之蟲三百六十，而神龜爲之長。」舊本「介」譌「爪」，今訂正。春官卜師：「凡卜，辨龜之上下左右陰陽，以授命龜者。」龜人：「掌六龜之屬，各有名物：天龜曰靈屬，地龜曰繹屬，東龜曰果屬，西龜曰靁屬，南龜曰獵屬，北龜曰若屬。各以其方之色，與其體，辨之。」損六五「或益之，十朋之龜」，虞翻注：「謂神靈攝寶文筮山澤水火之龜也。」白虎通〔著龜〕引禮三正記云：「天子龜長一尺二寸，諸侯一尺，大夫八寸，士六寸。龜陰，故數偶也。」説苑辨物篇：「靈龜文五色，似玉似金，背陰向陽，上隆象天，下平法地，槃衍象山，四趾轉運應四時，文著象二十八宿，蛇頭龍翅，左精象日，右精象月，千歲之化，下氣上通，能知吉凶存亡之變。寧則信信如也，動則著矣。」説文「龜，舊也，外骨内〔肉〕者也。从它，龜頭與它頭同。天地之性，廣肩無雄，龜鼈之類，以它爲雄。象足甲尾之形」，古文作「〔[illegible]〕」。

黿、獲叉反。蟈、古獲反。長股〔二〕、去蚥、甫音。苦蠪、胡蜢、孟音。黿，蝦霞音。蟆麻音。也。

説文：「黿，蝦蟇也。」玉篇：「蟈，螻蟈，蝦蟇。」本艸：「黿，一名長股。」圖經云：「似蝦蟇而背青緑色，俗謂之青蛙。亦有背作黄文者，人謂之金線黿。」秋官蟈氏「掌去黿黽焚牡蘜，以灰洒之則死」，鄭司農〔云〕：「蟈讀爲蜮。蜮，蝦蟇

〔一〕介，廣雅各本作「爪」。

〔二〕疏證本「長股」下有「也」字，下「去蚥、苦蠪、胡蜢、黿，蝦蟆也」又別爲一條。

也。」「鼃黽，蝦蟇屬。」康成謂「蟈，今御所食蛙也。字从虫，國聲也。蜮乃短狐與」。又云：「齊魯之間謂鼃爲蟈；黽，耿黽也。蟈與耿黽尤怒鳴，爲聒人耳，去之。」月令孟夏之月「螻蟈鳴」，鄭注：「螻蟈，蛙也。」釋文：「蔡云：螻，螻蛄；蟈，蛙也」，「即蝦蟇也。」鼃，亦作「鼀」。漢書東方朔傳「水多鼀魚」，師古曰：「鼀，即『蛙』字也，似蝦蟇而小，長腳，蓋人亦取食之。」考工記〔梓人〕「以脰鳴者」，注云：「脰鳴，鼃黽之屬。」陶注本艸云：「蝦蟆是腹大皮多痱磊者也。」又云「大而青脊者，俗名土鴨，其鳴甚壯」，即此黽也。又云「一種小形善鳴，喚名爲鼃」，即郭云青蛙者也。爾雅釋〔蟲〕「〔蟼〕，蟆」，郭注：「蛙類。」又釋魚「科斗，活東」，注：「蝦蟆子。」又「鼀䵶，蟾諸」，注：「似蝦蟆，居陸地。淮南謂之去蚥。」又「在水者黽」，注：「耿黽〔也〕，似青蛙，大腹。一名土鴨。」説文：「鼀，圥鼀，詹諸也。其鳴詹諸，其皮鼀鼀，其行圥圥。」或作「䵶」。「鼀，䵶鼀，詹諸也。詩曰：『得此䵶鼀。』」又云：「𧒒，𧒒鼀，詹諸，以脰鳴者。」名醫别録云：「蝦蟆，一名蟾蜍，一名䵶，一名去甫，一名苦蠪，生江湖池澤，五月五日取。」圖經云：「腹大形小，皮上多黑斑點，能跳接百蟲，食之時作呷呷聲。」胡蜢者，廣韻〔梗韻〕：「蠅，莫幸切，蛙屬。」胡蜢，即蠅也。舊本「蚥」上脱「去」字，今據本艸補正。「蚥、蜅」，「蜢、蠅」並同。「胡蜢」下重出「鼃」字，疑「黽」之譌。

蜅、甫音。**蟹**，乎買反。**蛫**古皮〔二〕反。**也。其雄曰鯏**郎音。**鎧**，下哀反。**其雌曰博帶。**

此釋蟹之名也。考工記梓人〔梓人〕「爲筍虡」，「仄行」，注：「仄行，蟹屬。」淮南覽冥訓「蟹之敗漆」，注云：「以蟹置漆中，則敗壞不燥，不任用也。」説文：「蠏，有二敖八足，旁行，非蛇鱓之穴無所庇。」或作「蠏」，从「魚」。「蛫，蠏也。過

〔二〕皮，王念孫説當作「彼」。

委切。」玉篇云：「蜅，方武切，蜅蝑，蟹。」「䱶，力當切。䱶鱧，雄蟹。」荀子勸學篇云「蟹六跪而二螯，非蛇蟺之穴無可寄託者，用心躁也」，楊倞注：「跪，足也。」太玄鋭初一「蟹之郭索，後蚓黃泉。測曰：蟹之郭索，心不一也」，范望注：「言用心之不一，雖有郭索多足〔之〕蟹，不及無足之蚓也。」

蜌、陛音。**蛤，**閤音。**蒲盧也。**

夏小正云：「玄雉入于淮爲蜄。蜄者，蒲盧也。」爾雅〔釋魚〕「蜌，螷」，釋文：「蜌，字林云：小蛤也。」郭注：「今江東呼蚌長而狹者爲螷。」說文：「蛤，蜃屬，有三，皆生于海。千歲化爲蛤，秦謂之牡厲。又云百歲燕所化。魁蛤，一名復累，老服翼所化。螷，陛也，修爲螷，圓爲蠇。」玉篇：「蜌，蚌長者。」天官鼈人云「祭祀共螷蠃蚳，以授醢人」，鄭司農曰：「螷，蛤也。」杜子春云：「螷，蜯也。」案：「蛤」是蜃屬，故名蒲盧，一聲之轉。「蜌、陛」，古今字。蛤，與「蛤」同。

蠡力兮反。**蠃、**洛戈反。**蝸**瓜音。**牛，螔**移音。**蝓**瑜音。**也。**

說文：「蝓，虒蝓也。」「蠃，虒蝓。」「蝸，蝸蠃也。」天官鼈人「祭祀共螷蠃坻」，鄭注：「蠃，螔蝓。」士冠禮「葵菹蠃醢」，鄭注：「蠃醢，螔蝓醢。今文『蠃』爲『蝸』。」既夕禮「東方之饌」，「蠃醢」，鄭注同。爾雅〔釋魚〕「蚹蠃，螔蝓」，郭注：「即蝸牛也。」又云「蠃，小者蜬」，注：「螺，大者如斗，出日南漲海中，可以爲酒杯。」釋文：「蠃，力禾反，注作『螺』字，亦同。蝸，工花反，或工禾反。」莊子則陽篇「有所謂蝸者」，釋文引李頤云：「蝸蟲有兩角，俗謂之蝸牛。三倉云：小牛螺也。〔一云〕俗名黃犢。」中山經「青要之山，是多僕纍、蒲盧」，郭注：「僕纍，蝸牛也。」本艸「一名陵蠡，一名蠡牛，一名土蝸，一名附蝸」，陶注：「生陰地石垣下，似蛞蝓，但背負殼耳。海邊又一種正相似，火炙殼便走出，食之益顏色，名寄居，亦可作醢。」

⿰魚卒，子律反。鯈條音。也。

荀子榮辱篇「鯈鉢者，浮陽之魚也；胠于沙而思水，則無逮矣。挂于患而欲謹，則無益矣」，楊倞注：「鯈鉢，魚名。浮陽，謂此魚好浮于水上而就陽也。」莊子秋水篇「與惠子遊于濠梁之上。莊子曰『鯈魚出游從容，是魚〔之〕樂也』」，釋文：「鯈魚，徐音條。說文直留反。李音由，白魚也。」淮南覽冥訓「不得其道，若觀鯈魚」，高注：「鯈魚，小魚也，在水中可觀見，見而不可得。道亦如之。」玉篇、集韻〔術韻〕「⿰魚卒，鯈也」，本此。集韻〔術韻〕「⿰魚卒，即聿切」，音「卒」。盧學士曰：「鯈」即詩周頌〔潛〕云「鰷」也，傳：「鰷，白鰷也。」爾雅〔釋魚〕「鮂，黑鰦」，郭注：「即白鯈魚，江東呼爲鮂。」羅願〔爾雅翼釋魚一〕曰：「其形纖長而白，故曰白鰷。」

射工、短狐，蜮域音。也。

春秋經〔莊公十八年〕「有⿱或虫」，穀梁傳：「⿱或虫，射人者也。」杜注左傳云：「⿱或虫，短狐也，蓋以含沙射人爲災。」釋文：「⿱或虫，本〔又〕作『蜮』，音或。本艸謂之射工。」小雅何人斯「爲鬼爲蜮」，傳：「短狐也。」疏引洪範五行傳：「蜮如鼈，三足，生于南越。南越婦人多淫，故其地多蜮，淫女惑亂之氣所生也。」漢書五行志〔下之上〕「嚴公十八年『秋，有蜮』」。劉向以爲蜮生南越。越地多婦人，男女同川，〔淫女爲主〕，亂氣所生，故聖人名之曰蜮。蜮，猶惑也，在水傍，能射人，射人有處，甚者至死。南方謂之短狐」，劉歆以爲蜮，盛暑所生，非自越來也」，顏師古曰：「即射工也，亦呼水弩。」案：說文：「蜮，短狐也，似鼈，三足，以氣射害人。」或作「蟈」。陸璣詩疏：「一名射影，江淮水皆有之，人在岸上，影見水中，投人影則殺之，故曰射影。南人將入水，先以瓦石投水中，令〔水〕濁然後入。或曰含沙，射人皮肌，其瘡如疥，是也。」

釋鳥第十七

左氏昭十七年傳：「少皞摯之立也，鳳鳥適至，故紀于鳥，爲鳥師而鳥名。」「祝鳩氏，司徒也。鴡鳩氏，司馬也。鳲鳩氏，司空也。爽鳩氏，司寇也。鶻鳩氏，司事也。」「鳳鳥氏，歷正也。玄鳥氏，司分〔者〕也。」「丹鳥氏，司閉〔者〕也。」「伯趙氏，司至〔者〕也。」又有「九扈，爲九農正」「五雉，爲五工正」，皆取義于鳥以名其官。言天文者，南宮則取名朱鳥，井至柳爲鶉首，柳至張爲鶉火，張至軫爲鶉尾。司于官者，職之大羅掌畜。適于用者，備于庖人膳夫。器皿則取瑶爵，衣服則資華蟲，逮于後世紀年，則云神雀、五鳳，成室則云鳳閣、鸞臺。所用既廣，命名亦殊，所宜詳加分辨也。説文：「鳥，長尾禽總名也。象形。」「雀，鳥之短尾總名也。象形。」此篇所釋，凡足蹼者踵企者掌縮以及飛之翪者翔者翬者，無不備録之，以著于篇。

玄鳥、朱鳥，燕也。

夏小正「二月，來降燕，乃睇室」，傳曰：「燕，乙也。降者，下也。言來者何也？莫能見其始出也。」「言乃睇，何也？睇者，眄也。眄者，視可爲室者也。百鳥皆曰巢，突穴又謂之室，何也？操泥而就家，入人内也。」「九月，陟玄鳥蟄」，傳曰：「陟，升也。玄鳥者，燕也。先言陟而後言蟄者，何也？陟而後蟄也。」商頌〔玄鳥〕「天命玄鳥」，傳：「玄鳥，鳦也。」左氏昭十七年傳：「玄鳥氏，司分者也。」爾雅〔釋鳥〕「巂周，燕燕，鳦」，舍人云：「巂周名燕燕，又名鳦。」孫炎曰：「別三名。」説文亦云：「巂周，燕也。从隹，山象其冠也。」郭璞乃以巂周爲子巂鳥，而于「燕燕，鳦」下注云：「詩云：『燕燕于飛。』一名玄鳥，齊人呼鳦。」此異説也。説文云：「燕，玄鳥也，籋口，布翄，枝尾。象形。」「乙，玄鳥也。齊魯謂之乙，取其鳴自呼，象形。」或作「鳦」。「乙請子之候鳥也，乙至而得子，嘉美之也。」「明堂月令：玄鳥至之日，祠于高禖以請子。」「請子必以乙至之日者，乙春分來，秋分去，開生之候鳥，帝少昊司分之官也。」法言問明篇「朱鳥翾翾，歸其肆矣。或曰：『奚取于朱鳥哉？』曰：『時來則來，時往則往，能來能往者，朱鳥之謂也』」，李軌注：「朱鳥，燕別名也。」案：燕，一名鷾鴯。莊子山木篇云「鳥莫知于鷾鴯」，司馬彪云：「鷾鴯，燕也。」

鷤弟音，又啼音。鴂、古惠反，又古二反。鸝買音。鵤，古彼反。子鳺規音。也。

子鳺，即子規也。亦作「子巂」。說文云：「蜀王望帝婬其相妻，慙亡去，化子巂鳥，故蜀人聞子巂鳴，皆起云望帝。」史記曆書云「于時冰泮發蟄，百艸奮興，秭鳺先滜」，徐廣曰：「〔秭〕音姊，〔鳺音〕規。」「一名鷤鴂。」索隱：「言子鳺鳥春氣發動，則先出野澤而鳴也。」楚辭離騷「恐鵜鴂之先鳴兮，使夫百艸爲之不芳」，王逸注：「鵜鴂，一名買鵤，常以春分鳴也。『鵜』一作『鷤』。」五臣注文選云：「鵜鴂，秋分前鳴，則艸木凋落。」揚雄反離騷云「徒恐鷤鴂之將鳴兮，顧先百艸爲不芳」，顏師古曰：「鴂，鳺字也。鷤鳺鳥一名買鵤，一名子規，一名杜鵑，常以立夏鳴，鳴則衆芳皆歇。鷤，音大系反。」「或作鶗。」「鳺又音決。鵤音詭。」宋景文〔公〕筆記〔卷中〕引蕭該漢書音義云：「蘇林鷤鴂音殄絹。」案：玉篇以「鷤鵤」爲「子巂」，「鵑」爲「鷤鴂，又名杜鵑」，皆是也。其云「巂，即布穀；鷤，布穀；鵤，布穀」，誤合下文「擊穀」爲一篇，皆非也。後漢書張衡傳「鶗鳺鳴而不芳（兮）」，章懷太子注引廣雅：「鷤鴂，布穀也。」亦誤以二鳥爲一。

擊穀、鴶古八反，又居一反。鵴，菊音。布穀也。

召南〔鵲巢〕「維鵲有巢，維鳩居之」，傳：「鳩，尸鳩，秸鞠也。尸鳩不自爲巢，居鵲之成巢。」曹風〔鳲鳩〕鳲鳩在桑，其子七兮」，傳：「鳲鳩，秸鞠也。鳲鳩之養其子，朝從上下，暮從下上，平均如一。」左氏昭十七年傳「鳲鳩氏，司空也」，杜注：「鳲鳩，鴶鵴也。鳲鳩平均，故爲司空，平水土。」夏小正云「正月，鷹則爲鳩」。「五月，鳩爲鷹」，傳云：「鷹也者，其殺之時也。鳩也者，非其殺之時也。善變而之仁也，故其言之也曰『則』，盡其辭也。鳩爲鷹，變而之不仁也，故不盡其辭也。」月令「仲春之月，鷹化爲鳩」，注：「鳩，搏穀也。」高誘注吕氏春秋〔仲春紀〕「鷹化爲鳩」云：「喙正直，不鷙擊也。鳩，蓋布穀鳥。」案：爾雅〔釋鳥〕「鳲鳩，鴶鵴」，郭注：「今之布穀也。江東呼爲穫穀。」方言〔第八〕云：「布穀，自關東西梁楚之間謂之結誥，周魏之間謂之擊穀，自關而西或謂之布穀。」説文：「鵴，秸鵴，尸鳲。」陸璣云：「一名擊穀。今宋梁之間謂布穀爲鴶鵴，一名桑鳩。」「鴶鵴、秸鵴、鴶鵴、秸鵴」同。「擊穀、結誥」一聲之轉。「布穀、搏穀」同。「穫穀」亦聲之轉。

鷻、團音。鶚、五各反。⿱斬鳥、慙音。鷲，就音。雕彫音。也。

穆天子傳〔卷二〕「青雕，執犬羊，食豕鹿」，郭注：「今之鵰，亦能食獐鹿。」説文：「雕，鷻也。」籀文作「鵰」。「鷻，雕也。詩曰：『匪鷻匪鳶。』鳶，鷙鳥也。从鳥，𦎫〔聲〕。」徐鉉曰：「今俗別作『鳶』，非是。」玉篇：「雕，鷙也，能食艸。」埤雅〔釋鳥〕：「鵰，似鷹而大，黑〔色〕，俗呼皁雕。其飛上薄雲漢，其相亦有上下。」案：今小雅四月詩「鷻」作「鶉」，「鳶」作「鳶」，非古字也。毛傳：「鶉，鵰也。雕、鳶，貪殘之鳥也。」孔疏云：「説文『鷻〔鵰也〕』，从『敦』而爲聲，字異于『鶉』也。雕之大者，又名鶚。」西山經「鐘山，大鶚其狀如雕而黑文白首，赤喙而虎爪，其音如晨鵠」，郭璞注：「鶚，雕屬也。」漢書鄒陽傳「鷙鳥累百，不如一鶚」，孟康云：「鶚，大鵰也。」御覽〔卷九二六〕引倉頡解詁云：「鶚，金喙鳥也。」爾雅〔釋鳥〕「鴡鳩，王鴡」，郭注：「鵰類。今江東呼之爲鶚，好在江渚山邊食魚。」左氏昭十七年傳「鴡鳩氏，司馬也」，杜注：「王鴡也。鷙而有別，故爲司馬，主法制。」史記正義云：「王雎，金口鶚也。」⿱斬鳥者，玉篇：「⿱斬鳥，才三切，雕也。」廣韻〔談韻〕：「⿱斬鳥，鶚別名。」〔鑑韻〕一曰：「似雕而班白。」鷲者，字亦作「就」。中山經「暴山，其獸多麋鹿麔就」，郭璞注：「就，雕也。見廣雅。」陸璣詩疏云：「雎鳩大小如鴟，深目，目上露骨，幽州人謂之鷲。」

肥鵂、休音。鴟齒之反。鵂，怪鴟也。盧休〔一〕、鶜茅音。鴟、⿺尨鳥、莫講反。鷳、閑音。鴟，老鵵兔音。也。

此釋妖鳥之名也。秋官哲蔟氏「掌覆夭鳥之巢」、庭氏「掌射國中之夭鳥，若不見其鳥獸，則以救日之弓，與救月之矢射之」，鄭注：「夭鳥，惡鳴之鳥，若鴞鷢。」又云：「不見鳥獸，謂夜來鳴呼爲怪者。」○肥鵂至鴟也。海外南經「湯山，爰有鴟久」，郭注：「鴟久，鵂鶹之屬。」案：鴟久即鴟舊，一名鵂鶹也。說文：「舊，鴟舊，舊留也。」或作「鵂」。徐鍇曰：「今借爲『新舊』字。」繫傳云：「怪鴟也。」爾雅〔釋鳥〕「怪鴟」郭注：「即鴟鵂也。」「今江東通呼此屬爲怪鳥。」莊子秋水篇「鴟鵂夜撮蚤，察毫末，晝則瞋目而不見丘山」，釋文引司馬彪云「鴟，鵂鶹，夜取蚤〔二〕食」之。李頤云：「鵂鶹，夜聚人爪于巢。」案：淮南主術訓「鴟夜撮蚤蚊，察〔分〕秋毫，晝日顛越不能見丘山，形性詭也」，許慎注：「鴟夜聚食蚤蝨不失也。」高誘注：「鴟，鴟鵂也，謂之老菟，夜鳴人屋上也。夜則目明，合聚人爪以著其巢中。」爾雅〔釋鳥〕「鵅，鵋鵙」，郭注：「今江東呼鵂鶹爲鵋鵙，亦謂之鴝鵅。」御覽〔卷九二七〕引纂文曰：「鵂鶹，一名忌欺，夜能撮蚤蝨也。」玉篇：「鵅，鳥青黃色，即鵂鶹也。」皆怪鴟之異名也。○盧休至鵵也。爾雅〔釋鳥〕「萑，老鵵」，郭注：「木兔也，似鴟鵂而小，兔頭，有角，毛腳，夜飛，好食雞。」說文：「萑，鴟屬。从隹，从𦫳，有毛角，所鳴其民有禍。讀若和。」御覽〔卷九二七〕引淮南萬畢

〔一〕盧休，疏證本作「鵂鶹」。王念孫曰：「鶹，曹憲音『盧休反』，各本脫去『鵂鶹』二字，音內『盧休』二字遂誤入正文。」

〔二〕蚤，今本釋文作「蚉」。

術曰：「鵄鵂，致鳥。取鵄鵂折其大羽，絆其兩足，以爲媒，張羅其旁，鳥聚矣。」爾雅〈釋鳥〉又云「狂，茅鴟」，御覽〈卷九二三引〉孫炎曰：「茅鴟，大目鵂鶹也。」郭注：「今䳟鴟也，似鷹而白。」釋文：「茅，本或作『鶜』。䳟，字又作『⿰鳥尨』，亡項反，又亡江反。字林云：鴟也，亡董反。」廣韻〈講韻〉：「䳟，䳟鴟鳥。」說文：「⿰門鳥，鴟也。」

背⿱穴黽、皁帔，雚雀也。

說文：「雚，小爵也。」「小」當爲「水」。豳風東山云「鸛鳴于垤」，傳：「垤，螘冢也，將陰雨，則穴處先知之矣。鸛好水，長鳴而喜也。」箋：「鸛，水鳥也。」釋文：「鸛，本又作『雚』，古玩反，將陰雨則鳴。」陸璣疏：「鸛，鸛雀也，似鴻而大，長頸赤喙，白身，黑尾翅，樹上作巢，大如車輪，卵如三升杯。望見人，按其子令伏，徑舍去；一名負釜，一名黑尻，一名背⿱穴黽，一名皁裙。又泥其巢一傍爲池，含水滿之，取魚置池中，稍稍以食其雛。若殺其子，〈則〉一村致旱災。」「⿱穴黽」與「竈」同。說文「⿱穴黽，从穴，鼀省聲」，或作「竈」，不省。皁帔，與「皁裙」同義。盧學士曰：「鸛」又作「冠」。後漢書楊震傳「冠雀銜三鱣魚」，注：「冠，音貫，即鸛雀也。」又作「觀雀」，見莊子寓言篇。

䳮、末音。鴄、匹音。鸗、龍音。鳧、鶩，⿱鳥邑於甲反。亦有「鴨」字如此。也。

此釋⿱鳥邑之名也。淮南地形訓「食水者善游能寒」，高誘曰：「魚鼈鷖鶩之屬。」玉篇：「鴨，水鳥。」亦作「⿱鳥邑」。今人養以供饌也。䳮者，玉篇「䳮，莫栝切，鴨也」，本此。鴄者，舊本作「⿰钅鳥」，字書所無，疑「鴄」之譌，今訂正。玉篇：「鴄，鴨也。」集韻〈質韻〉引此文：「鴄，⿱鳥邑也。」古作「匹」。孟子〈告子下〉：「力不能勝一匹雛。」曲禮〈下〉云「庶人之摯匹」，鄭注云舊說「匹」讀爲「鶩」。鸗者，玉篇：「鸗，力恭切，梟也。」「梟」是「⿱鳥甲」之譌。盧學士曰：史記楚世家「小臣之好射鶀鴈，羅鸗」，徐廣引呂靜曰：「鸗，野鳥也。音聾。」索隱：「鄒〈亦〉音盧動反，小鳥。」案：羅鸗，雙聲字，史記下文云「青首也」，

「羅鷩也」，可證，據廣雅別是野䳓，非野鳥。鳧、鶩者，爾雅〔釋鳥〕「舒鳧，鶩」，舍人、李巡並云：「鳧，野鴨名也。鶩，家鴨名也。」某氏云：「在野舒〔翼〕飛遠者爲鳧。」郭璞云：「鴨也。」大宗伯「以禽作六摯」，「庶人執鶩」，鄭注：「鶩，取其不飛遷。」象庶人安土重遷也。

鳴加音。鵝、倉鳴，鴈〔一〕五諫反。案「雁」字亦如此，又作〔二〕「鴈」字。也。

此説鴈之名也。説文：「鴈，鵝也。」與「鴻雁」字从「隹」者不同。爾雅〔釋鳥〕「舒鴈，鵝」，郭注云：「禮記曰：『出如舒鴈。』今江東呼鳴。」禮記疏引李巡云：「野曰鴈，家曰鵝。」孫炎曰：「在野舒翼飛遠者爲鵝。」方言〔第八〕云「鴈，自關而東謂之鴚䳘，南楚之外謂之䳘，或謂之倉鴚」，郭注：「鴚，音加。今江東通呼爲鴚。」案：「鴚」與「鳴」同，亦作「駕」。漢書司馬相如傳〔上〕：「弋白鵠，連駕鵝。」揚雄傳〔上〕：「〔豈駕〕鵝之能捷！」

隼〔三〕，鶉也。鴽，如音。鵪烏含反。也。

蝦蟇化者爲鶉，田鼠化者爲鵪。説文「䧿，雓屬。雓，䧿屬」，籒文作「鵪」。本二物也，今俗呼鵪鶉爲一物，誤矣。廣韻〔覃韻〕：「鵪，鵪鶉。」字林〔作〕『雓䧿』。」〇隼，鶉也。説文云「鵻，祝鳩也」，或从「隹」从「一」作「隼」。竊意从「一」者，「一」與「壹」通。毛公〔詩小雅南有嘉魚傳〕所謂「一宿之鳥」，康成〔箋〕所謂「壹意于其所宿之木」，造字之恉，或出

〔一〕鴈，疏證本作「鳫」。

〔二〕王念孫博雅音校本無「作」字。

〔三〕隼，疏證本作「鵻」。

于此，後人遂借爲「鷹隼」字矣。説文又云：「隼，一曰鶉字。」蓋又以「隼」爲「鶉」之異文。張博士恐人不知「隼」字之用，故以「鶉」釋之，未必竟以鶉爲祝鳩鳥也。舊本「隼」譌爲「隹」，隹是鳥之短尾總名，非也。此義戴侗六書故（動物三隹部）引唐本説（文）：「鵻，从鳥从隼。隼从隹卂省。李陽冰（曰）：『隼，卂省聲。』」案：少温多臆説，敢信也。鄘風鶉之奔奔「（鶉之奔奔）」，「鵲之彊彊」，鄭箋：「奔奔、彊彊，言其居有有常匹，飛則相隨之貌。」禮記表記、吕氏春秋（壹行注）俱作「鶉之賁賁」，鄭注表記以「賁賁」爲「爭鬬惡貌」。高注吕覽（壹行）以「賁賁」爲其「色不純」。鄭以鳥性言，高就「賁」字生義，故不同。今鶉鳥善鬬，而毛有斑色，高、鄭所言，皆得其實也。淮南齊俗訓云：「蝦蟇爲鶉。」爾雅（釋鳥）「鷯，鶉；其雄鶛，牝痺」，（詩）疏引李巡云：「鶉，一名鷯。」是鷯亦鶉之别名。○鴽，鵪也。夏小正云「三月，田鼠化爲鴽」。「八月，鴽爲鼠」，傳曰：「鴽，鵪也。變而之善，故盡其辭也。鴽爲鼠，變而之不善，故不盡其辭也。」高注吕覽季春紀云：「鴽，鶕也，青州謂之鴹鴹，周雒謂之鴽，幽州謂鶕。」案：「鴹」字，予族子坫以爲「鴾」之誤也。予謂「鶕」疑「鵪」之譌。

鵖郎音。鷎，高音。鳩也。鶻滑音，又骨音。鵃，鵰音，又竹交反。⿰盆鳥瓮音。鳩也。⿰役鳥役音。鳩、⿰癸鳥葵音。鳩、鸊鷎、⿰氵鵥〔一〕浮音。鳩，鵴菊音。鳩也。

此釋鳩之名，皆方言也。方言（第八）「鳩，自關而東周鄭之郊韓魏之都謂之鵖鷎，其⿰役鳥鳩謂之鸊鷎。自關而西秦漢之間謂之鵃鳩，其大者謂之鳻鳩，其小者謂之⿰役鳥鳩，或謂之⿰癸鳥鳩，或謂之鵥鳩，或謂之鶻鳩。梁宋之間謂之鷦」，郭注：「鵖鷎，音郎皋。鵴，音菊花之菊。鳻，音班。⿰役鳥鳩，今荊鳩也。⿰癸鳥，音葵。鵥，音浮。」案：⿰盆鳥，與「鳻」同。⿰氵鵥，音

〔一〕⿰氵鵥，疏證本作「鵥」。

「鶉」，同。小雅四牡「翩翩者鵻」，傳：「鵻，夫不也。」箋：「夫不，鳥之慤謹者，人皆愛之。」陸璣疏：「今小鳩也；一名浮鳩，幽州人或謂之鷎鴡，梁宋之間謂之鵻，揚州人亦然。」鷎鴡，即「鴡鷎」之譌。左氏昭十七年傳「祝鳩氏，司徒也」，杜注：「祝鳩，鵻鳩也。鵻鳩孝，故爲司徒，主教民。」爾雅〔釋鳥〕「隹其，鳺鴀」，舍人云：「鵻名其夫不。」李巡云：「夫不，一名鵻，今楚鳩。」樊光引春秋：「祝鳩氏，司徒。」「祝鳩，即隹其。夫不孝，故爲司徒。」郭璞曰：「今鵓鳩。」説文「鵻，祝鳩也。从鳥，隹聲」，或作「隼」，「从隹、一」。戴侗引唐本説文：「鵻，从鳥从隼。隼从隹，从卂省。」李陽冰云：『隼，卂省聲。』」郭本爾雅作「隹」，乃「隼」字之譌。鵻，音思允切。隹，鳥之短尾總名，音職追切。陸氏釋文云：「隹，如字，旁或加『鳥』，非也。」陸謂「如字」者，「隼」字也。又謂「或加『鳥』，非」者，「鵻」字也。其于「鷹隼醜」釋云：「隼，西尹切，本或作『鵻』。」案隼即鳥也，無勞更加。」今釋文亦誤作「隹即鳥也」。又案：爾雅〔釋鳥〕「鶌鳩，鶻鵃」，舍人云「鶌鳩，一名鶻鵃，今之班鳩」也。小雅小宛「宛彼鳴鳩」，傳：「宛，小貌。鳴鳩，鶻鵰。」釋文引字林云：「鶻鵃，小種鳩也。」毛詩艸木疏云：「班鳩也，桂陽人謂之班隹。」案：古「舟」與「周」通。从「鳥」之字，亦或从「隹」。鶻鵰，即「鶻鵃」。舍人爾雅注、陸璣詩疏，並以「鶻鵃」爲班鳩，皆本方言。

鶙弟音，又嗁音。鵳、鷸述音。子、籠脱，鷂筵昭〔一〕反。也。

說文：「鷂，鷙鳥也。弋笑切。」爾雅〔釋鳥〕「鷣，負雀」，郭注：「鷣，鷂也。江東呼之爲鷣，善捉雀，因名云。」月令「季冬之月，征鳥厲疾」，注：「征鳥，題肩也。齊人謂之擊征，或名曰鷹。」小雅采芑「鴥彼飛隼，其飛戾天」，陸璣云：「隼，鷂

〔一〕昭，王念孫説當作「照」。

屬也。齊人謂之擊征，或謂之題肩，或謂之雀鷹，春分化爲布穀者，是也。」御覽〔卷九二六〕引春秋考異郵云：「陰陽氣貪，故題肩擊，宋均注：題肩有爪芒，爲陽中陰，故擊殺也。」又引廣志：「鷂子大如胡〔燕〕，色似鷂，食雀，籠脱擊鳩鵲。」禽經云：「一名鷂子，一名籠脱。」玉篇：「鷂，鷹鷂。」「鶻，鴿鶻，鷂屬。」「鵖，鵖鶻，應仲春化爲鳩。鴿，同上。」

戴鵀、戴紝、鶝福音。鴀、不尤反。澤虞、蟁鶝、尸鳩，戴勝也。

此皆本方言〔第八〕也。月令「季春，戴勝降于桑」，注：「戴勝，織紝之鳥，是時恒在桑。言降者，若時始〔自〕天來，重之也。」呂氏春秋〔季春紀〕作「戴任」，高誘注：「戴任，戴勝，〔鴟〕也。爾雅曰『鵖鴔』。部生于桑，是月其子彊飛，從桑空中來下，故曰『戴任降于桑』也』。」淮南時則訓作「戴鵟」，高誘注：「戴鵟，戴勝〔鳥〕也。」方言〔第八〕云：「鳲鳩，燕之東北朝鮮洌水之間謂之鶝鴀。自關而東謂之戴鵟，東齊海岱之間謂之戴南，南猶鵟也。或謂之鵀鸅，或謂之戴鵀，或謂之戴勝。東齊吴揚之間謂之鵟。自關而西謂之服鶝，或謂之鶪鶝。燕之東北朝鮮洌水之間謂之鵖。」爾雅〔釋鳥〕「鵖鴔，戴鵟」，郭注：「鵟，即頭上勝，今亦呼爲戴勝。鵖鴔，猶鶪鶝，語聲轉耳。」爾雅〔釋鳥〕又云：「鵀，澤虞。」太平御覽〔卷九二五〕引孫炎云：「鳲鳩或謂紡，澤虞，其別名也。常在澤中，見人輒鳴不去，有象主守之官，因名。」方言以「尸鳩、紡澤」與「戴勝」爲一鳥，故孫叔然因之，亦與廣雅同也。

鷦焦音。䳂、弭沼反。鸋乃定反。鴂、決音。果蠃、力果反。桑飛、女鴎，匠音。工雀也。

方言〔第八〕云「桑飛，自關而東謂之工爵，或謂之過蠃，或謂之女匠。自關而東謂之鸋鴂。自關而西謂之桑飛，或謂之懱爵」，郭注：「桑飛，即鷦鷯也。蠃，音螺。女匠，今亦名爲巧婦，江東呼布母。鸋鴂，甯玦兩音。懱爵，言懱截也。」周頌小毖「肇允彼桃蟲」，傳：「桃蟲，鷦也。」爾雅〔釋鳥〕「桃蟲，鷦」，郭注：「鷦鷺，桃雀也，俗呼爲巧婦。」莊子逍遥遊「鷦鷯巢于深林，不過一枝」，釋文引李頤云：「鷦鷯，小鳥也。」文選〈陳琳檄吴將校部曲〉注引韓詩傳云：「鴟鴞，既取我子，無毁我室。」「鴟鴞，鸋鴂，鳥名也。鴟鴞所以愛養其子者，適以病之。愛〈憐〉養其子者，謂堅固其窠巢。病之者，〈謂〉不知託于大樹茂枝，反敷之葦蕳，風至，蕳折巢覆，有子則死，有卵則破，是其病也。」案：方言〈第八〉以鸋鴂爲桑飛，本諸韓詩。荀子勸學篇云「南方有鳥焉，名曰蒙鳩，以羽爲巢，而編之以髮，繫之葦苕，風至苕折，卵破子死。巢非不完也，〈所〉繫者然也」，楊倞注「蒙鳩，即鷦鷯也」，引説苑〈善説篇〉：「客謂孟嘗君曰：『鷦鷯巢于葦苕，箸之以髮，可謂完堅矣。大風至，則苕折卵破者，何也？所託者然也。』」「今巧婦鳥之巢至精密，多繫于葦竹之上，是也。『蒙』當爲『蔑』。」案：荀子所云「蒙鳩」，即懱爵也。「蒙、蔑」，聲相近。陸璣詩疏：「鴟鴞，似黄雀而小，其喙尖如錐。取茅秀爲巢，以麻紩之，如刺襪然，縣著樹枝，或一房，或二房。幽州人謂之鸋鴂，或曰巧婦，或曰女匠。關東謂之工雀，或謂之過羸。關西謂之桑飛，或謂之襪雀，或曰巧女。」「果、過」，「鴎、匠」並同。

城旦、倒縣、鶡曷音。鴠、旦音。定甲、獨舂，鳱苦汗反。鴠旦音。也。

鶡鴠，説文作「渴鴠」。月令「仲冬之月，曷旦不鳴」，注：「曷旦，求旦之鳥。」釋文：「曷，本亦作『鶡』。」坊記引詩云「相彼盍旦，尚猶患之」，注：「盍旦，夜鳴求旦之鳥也，求不可得也，人猶惡其〈欲〉反晝夜而亂晦明。」釋文：「盍，音褐。」方言〈第八〉云「鳱鴠，周魏齊宋〈楚〉之間謂之定甲，或謂之獨舂。自關而東謂之城旦，或謂倒縣，或謂之鳱鴠。自關而西秦隴之内謂之鶡鴠」，郭注：「鳱鴠，〈鳥〉似雞，五色，冬無毛，赤倮，晝夜鳴。侃旦兩音。獨舂，好自低仰。城旦，言其辛苦有似于罪謫者。倒縣，好自縣于樹也。」「鶡、渴、盍」，音義同，「鳱」聲之轉也。舊本「舂」譌爲「春」，今訂正。

碣石音。鳥、精列、鷛邕音。鸈，渠音。雃五〔一〕莖反。也。

說文：「雃，石鳥。一名雝鸈，一曰精列。」案：精列，即「脊令」，一聲之轉。小雅常棣「脊令在原」，傳：「脊令，雝渠也。」箋：「雝渠，水鳥，而今在原，失其常處，則飛則鳴求其類，天性也。」小苑「題彼脊令，載飛載鳴」，箋：「則飛則鳴，翼也口也，不有止息。」爾雅〔釋鳥〕「䳭鴒，雝渠」，郭注：「雀屬也，飛則鳴，行則搖。」陸璣疏：「大如鷃雀，長腳，長尾，尖喙，背上青灰色，腹下白，頸下黑如連錢，故杜陽人謂之連錢。」「碣、石」，「鷛、雝」，「鸈、鷅、渠、脊」，「鴒、令」並同。

慈烏，烏也。

說文「烏，孝鳥也。象形。孔子曰：烏，盱呼〔也〕。取其助氣，故以爲烏呼」，古文作「於」。小爾雅〔廣鳥〕云：「純黑而反哺者，謂之烏。小而腹下白，不反哺者，謂之鴉烏。」禽經：「慈鳥亦名孝烏，比他烏微小，大觜烏脣。」

鶖子幽反。子、鶩、務音。鷇〔二〕，苦候反。雛也。

此釋雛之名也。說文：「雛，雞子也。鶵，籒文。」淮南泰族訓：「卵之化爲雛，非慈雌嘔煖覆伏，累日積久，則〔不〕能爲雛。」漢書東方朔傳注引項昭曰：「凡鳥哺子而活者爲鷇，生而自啄曰雛。」鶖子者，方言〔第八〕云：「雞雛，徐魯之間謂之鶖子。」玉篇、廣韻〔尤韻〕並云：「鶖，雞雛。」鶩者，玉篇：「鶩，亡付切，雀子。」案：呂氏春秋〔仲夏紀〕「天子以雛嘗黍」，高注：「雛，春鷚也。」郭注爾雅〔釋鳥〕云：「今呼少雞爲鷚。」「敄、翏」聲相近，「鷚」即「鶩」之異文者。鷇者，舊本

〔一〕五，王念孫說當作「丘」。
〔二〕鷇，疏證本作「㲉」。

誤爲「[illegible]」，以曹音證之，是「[illegible]」字也。然从「隹」又从「鳥」，俗字，當爲「鷇」，今訂正。說文：「鷇，鳥子生哺者。」爾雅〔釋鳥〕「生哺，鷇」，郭注：「鳥子須母食之。」釋文云：「鷇，鳥子須哺而食者，燕雀之屬是也。」魯語〔上〕「鳥翼鷇卵」，韋注：「生哺曰鷇。」史記趙世家「探爵鷇而食之」，集解引綦毋邃云：「鷇，爵子也。」索隱曰：「生受哺者謂之鷇。」

鳱鴠，古篤反。鵲也[一]。

說文：「〔舄〕，䧿也。䧿，篆文。」「舄者，知太歲之所在」，「作巢避戊己。」詩〔召南鵲巢〕鄭箋云：「鵲之作巢，冬至架之，至春乃成。」孔疏云：「推〔度〕災曰：『鵲以復至之月，始作室家，鳲鳩因成事，天性如此也。』復於消息，十一月卦，故知冬至加功也。月令十二月『鵲始巢』，則季冬猶未成〔也〕，故云『至春乃成』。」淮南人間訓：「鵲先識歲之多風也，去高木而巢扶枝，大人過之，則探鷇，嬰兒過之，則挑其卵，知備遠難而忘近患。」氾論訓云「乾鵲知來而不知往」，高誘注：「乾鵲，鵲也，人將有來事憂喜之徵則鳴，此知來也。知歲多風，多巢于木枝，人皆探其卵，故曰不知往也。乾讀『乾燥』之『乾』，鴠讀『告退』之『告』。」說文：「鷽，雗鷽，山鵲，知來事鳥也。」或作「雤」，从「隹」。「雗，雗鷽也。」案：鳱鴠，即「雗鷽」，字異音義同。爾雅〔釋鳥〕「鷽，山鵲」，郭注：「似鵲而有文彩，長尾，觜、腳赤。」

野雞，雉[二]也。

史記封禪書「野雞夜雊」，集解引如淳曰：「野雞，雉也。」漢書郊祀志〔上〕云「文公獲若石云，于陳倉北阪城祠之。

〔一〕鳱鴠鵲也，疏證本作「雃鴠䧿也」。

〔二〕雉，疏證本作「鴙」。

其神（或歲不至，或歲數。來也）常以夜，光輝若流星，從東方來，集于祠城，若雄雞，其聲殷殷云，野雞夜鳴。以一牢祠之，名曰陳寶」，顏師古曰：「野雞，亦雉也，避吕后諱，故曰野雞。」顧氏云：五行志（上）「天水冀南山大石鳴，聲隆隆如雷，有頃止」，「野雞皆鳴」，師古曰：「雉也。」竊謂野雞者，野中之雞耳。注拘于荀悦云「諱雉之字曰野雞」，此文本史記封禪書，其上文「有雉登鼎耳雊」，其下文「公孫卿言見仙人迹緱氏城上，有物如雉，往來城上」，並無所諱也。

伏翼、飛鼠、仙鼠，蚮尸墨反。蠌墨音。也。

方言（第八）：「蝙蝠，自關而東謂之服翼，或謂之飛鼠，或謂之老鼠，或謂之䙴鼠。自關而西秦隴之間謂之蝙蝠。北燕謂之蟙蠌。」爾雅（釋鳥）「蝙蝠，服翼」，郭注：「齊人呼爲蟙蠌，或謂之仙鼠。」「伏、服」，「仙、䙴」，「蚮、蟙」並同。

鶹留音。䲴，仲音。飛鸓力追反。也。

盧學士曰：説文：「鸓，鼠形，飛走且乳之鳥也。力軌切。」本艸「鸓主墮胎，令人産易，生平谷」，陶弘景云：「是鼯鼠，一名飛生。見爾雅。」案：爾雅（釋鳥）「鼯鼠，夷由」，郭注「狀如小狐，似蝙蝠」云云。文選上林賦「蜼玃飛蠝」，注引張博士彼注云：「飛蠝，鼠也，其狀如兔而鼠首，以其髯飛。」郭璞曰：「蠝，鼯鼠也。」「音誄。」案：西山經：「翠山，其鳥多鸓，其狀如鵲，赤黑而兩首四足，可以禦火。」玉篇謂之鸓也，音疊。其形狀□鸓不相似，非一物也。案：玉篇「鶹，力周切。鶹䲴，飛鸓」，本此。「鶹、鶹」，「鸓、鸓」並同。

鸊布獲反，又步覓反。鷉，梯音。鸊鷉也。

爾雅（釋鳥）「鷉，須（鸁）」，郭注：「鷉，鸊鷉，似鳧而小，膏中瑩刀。」方言（第八）云「野鳧，其小而好没水中者，南楚之外謂之鸊鷉，大者謂之鶻蹏」，郭注：「鸊，音指辟。鷉，（音）他奚反。鶻蹏，滑蹄兩音。」後漢書馬融傳「鷺、鴈、鸊鷉」，

注：「膏可以瑩刀劍。」張衡南都賦：「䴅䳜鷫鵠。」案：鷫鸘，説文作「鷫鷞」。「鷫、鸘、鷫」，「鸘、鷞、鵠、鷞」並同。舊本「鶻」譌「鵲」，今據方言（第八）訂正。

鴆沈之去聲。鳥，其雄謂之運日，其雌謂之陰諧。

説文：「鴆，毒鳥也。一名運日。」中山經「女几之山，其鳥多鴆」，郭注：「鴆大如鵰，紫緑色，長頸赤喙，食蝮蛇頭；雄名運日，雌名陰諧也。」淮南繆稱訓「暉日知晏，陰諧知雨」，高誘注：「暉日，鴆鳥也。晏，無雲也。天將晏靜，暉日先鳴。陰諧，暉日雌也。天將陰雨則鳴。」「運、暉」，字異音義同。春秋（左氏）莊三十二年傳疏引廣志云：「鴆鳥，形似鷹，大如鴞，毛黑，喙長七八寸，黄赤如金，食蛇及橡實，居常高山巔。」晉諸公贊云：「鴆鳥食蝮，以羽翮擽酒水中，飲之則殺人。舊説鴆不得渡江，有重法石崇爲南中郎，得鴆以與王愷養之，大如鵝，喙長尺餘，純食蛇虺。司隸傅祗于愷家，得此鳥，奏之宣示百官，燒于都街。」

鳳皇，雞頭，燕頷，蛇頸，鴻身，魚尾，骿翼，五色：首文曰德[一]，翼文曰順，背文曰義，腹文曰信，膺文曰仁。雄鳴曰即即，雌鳴曰足足，昏鳴曰固常，晨鳴曰發（明），晝鳴曰保長，舉鳴（曰）上翔，集鳴曰歸昌。

南山經「丹穴之山，有鳥焉，其狀如雞，五采而文，名曰鳳皇，首文曰德，翼文曰義，背文曰禮，膺文曰仁，腹文曰信。是鳥也，飲食自然，自歌自舞，見則天下安寧」，郭璞曰：「漢時鳳鳥數出，高五六尺，五采。」又贊曰：「鳳皇靈鳥，實冠羽羣。八象其體，五德其文。羽翼來儀，應我聖君。」韓詩外傳（卷八第八章）云：「黄帝召天老而問之曰：『鳳象何如？』天

[一] 五色：首文曰德，疏證本作「五色以文：首文曰德」。

老對曰：『夫鳳象，鴻前麟後，蛇頸而魚尾，龍文而龜身，燕頷而雞啄，戴德負仁，抱忠挾義。小音金，大音鼓。延頸奮翼，五采備明。舉動八風，氣應時雨。食有質，飲有儀。往即文始，來即嘉成。惟鳳爲能通天祉，應地靈，律五音，覽九德。天下有道，得鳳象之一，則鳳過之。得鳳象之二，則鳳翔之。得鳳象之三，則鳳集之。得鳳象之四，則鳳春秋下之。得鳳象之五，則鳳没身居之。』」爾雅〔釋鳥〕：「鶠，鳳。其雌皇。」案：史記司馬相如傳相如飲于卓氏，卓氏女文君好音，相如以琴心挑之，索隱録其詩曰「鳳兮鳳兮歸故鄉，遊遨四海求其皇」云云，則鳳是雄者，皇乃其雌也。春秋運斗樞云：「天樞德見則鳳皇翔。」中候握河紀云：「堯即政七十年，鳳皇止庭，伯禹拜曰：昔帝軒提象鳳巢阿閣。」大雅卷阿〔疏〕及左氏昭十七年傳疏並引白虎通云：「黄帝之時，鳳皇蔽日而至，止于東園，食常竹實，〔栖〕常梧桐，終身不去。」今本白虎通云無此文。説文云：「鳳，神鳥也」，「出于東方君子之國，翺翔四海之外，過崑崙，飲砥柱，濯羽弱水，莫宿風穴，見則天下大安寧。朋，古文鳳。象形。鳳飛，羣鳥從以萬數，故以爲朋黨字。鵬，亦古文鳳。」郭注山海經〔南山經〕引此文有「龜背」，無「鴻身骿翼」。宋書符瑞志〔中〕「即即」作「節節」、「晝」作「夜」、「舉」作「晝」、「集」作「夕」。舊本「首」誤爲「以」，今訂正。集鳴曰歸昌者，張協七命「采奇律于歸昌」，是也。

鷖鳥、鸞鳥、鷫鷞、鸑鷟、鴰古活反。筩、動音。鵔鸃、廣昌、鷦明，鳳皇屬也。

説文云：「五方神鳥：東方發明，南方焦明，西方鷫鷞，北方幽昌，中央鳳皇。」樂叶圖徵云：「五鳳皆五色，爲瑞者一，爲孽者四。其四皆似鳳，並爲妖：一曰鷫鷞，鳩喙，圓目，身義，戴信，嬰禮，膺仁，負智，至則役之感也。二曰發明，鳥喙，大頸，身仁，戴智，嬰義，膺信，負禮，至則喪之感也。三曰焦明，長喙，疏翼，圓尾，身義，戴信，嬰仁，膺智，負禮，至則水之感也。四曰幽昌，兑目，小頭，大身，細足，身智，戴信，負禮，膺仁，至則旱之感也。」鷖鳥者，海内經云「北海之內，有蛇山者」，「有五采之鳥，飛蔽一鄉，名曰翳鳥」，郭注：「鳳屬也。離騷云：『駟玉虬而乘翳。』漢宣帝元康元年，五色鳥以萬數過蜀都，即此鳥也。」盧學士曰：說文：「翳，華蓋也。」此翳鳥之色，如華蓋然，故以名焉。孫侍御曰：「翳」當作「鷖」。思玄賦注引云：「鷖，鳳屬也。」不必傅會華蓋之說。鸞鳥者，西山經：「女牀之山，有鳥焉，其狀如翟，而五采文，名曰鸞鳥，見則天下安寧。」又大荒西經：「有沃之野，鸞鳥自歌，鳳鳥自舞。」逸周書王會解云「氐羌以鸞鳥」，注云：「鸞大于鳳，亦歸于仁義者也。」說文：「鸞，亦神靈之精也，赤色，五采，雞形。鳴中五音，頌聲作則至。」孫氏瑞應圖曰：「鸞鳥，赤神之精，鳳皇之佐，鳴中五音。肅肅雍雍，喜則鳴舞。人君步行有容，進退有度，祭祀宰人咸有敬讓禮節，親〔疏〕有序，則至。一曰心識鐘律，〔鐘〕律調則至，〔至則〕鳴舞以和之。」又決録注：「辛繕，隱居華陰，光武徵不至者。有大鳥高五尺，雞首，燕頷，蛇頸，魚尾，五色備舉而〔多〕青，棲繕槐樹，旬時不去。弘農太守以聞，詔問百僚，咸以爲鳳。太史令蔡衡對曰：『凡象鳳者有五，多赤色者鳳，多黃色者鵷鶵，多青者鸞，紫者鸑鷟，白者鴻鵠。今五色多青，乃鸞也。』」鷫鷞者，說文：「鷫，鷫鷞也。司馬相如說作『鷞』。」玉篇：「鷫鷞，西方神鳥。」淮南原道訓「釣射鷫鷞之謂樂乎」，高誘注：「鷫鷞，〔鳥名也〕，長頸，綠身，其形似雁。一曰鳳皇之別名也。」盧學士曰：雁之類名鷫鷞者，其毛羽可用爲裘，與此名同而實異也。鸑鷟者，說文：「鸑鷟，鳳屬，神鳥也。」「江中有鸑鷟，似鳧而大，赤目。」周語〔上〕云「周之興也，鸑鷟鳴于岐山」，韋昭注：「鸑鷟，鳳之別名也。」後漢書賈逵傳：「武王終父之業，鸑鷟在岐。」劉逵注吳都賦：「鸑鷟，鳳雛也。」䳚筩，未聞。案：五方神鳥，鳳皇而外所載者，止有西方之鷫鷞，南方之鷛明。其北方之幽昌，疑即廣昌也，不應獨闕東方之發明，然則「䳚筩」者，其「發明」之異名歟。鵕鸃者，說文作「鵔鸃」，云：「鵔鸃，鷩也。」秦漢之初，侍中冠鵔鸃冠。」「鵔，私閏切。鸃，魚羈切。」水經泿水注云：「南越志云：縣多鵕鸃。鵕鸃，山雞也，光色鮮明，五色眩耀，利距善鬭，世以家雞鬭之，則可擒也。」李彤曰：「鵕鸃，神鳥，飛光竟天。」玉篇：「鵔，鳥狀如鴟，赤足，直喙，黄文，見則天下大旱。」鷦明者，史記上林賦「掩焦明」，索隱引樂叶圖徵云：「鷦明，狀如鳳皇。」宋衷曰「水鳥」也。劉向九歎〔遠遊〕「從玄鶴與鷦明」，王逸注：「俊鳥也。」法言問明篇：「鷦明遴集，食其絜者矣。」

鶈妻音鸎、鵹餘占反離、延居、鵄雀，怪鳥屬也。

此説怪異之鳥，人所罕見者也。南山經「旄山之尾，其南有谷，曰育遺，多怪鳥」，郭注引廣雅：「鵹離、鷦明、爰居、鵄雀，皆怪鳥〔之〕屬也。」有「鷦明」而無「鶈鸎」，余謂「鶈、鷦」形相涉，古本「鸎」字或單用「賏」，亦形相近而致譌也。鶈鸎，玉篇：「鶈，千兮切。鶈鸎，東夷鳥名。」鵹離者，玉篇：「鵹，鵹䴏鳥，自爲牝牡。䴏，力支切，鵹䴏。」案：「離、䴏」同。延居者，郭注南山經引作「爰居」。「延、爰」，聲相轉也。爾雅〔釋鳥〕「爰居，雜縣」，郭注：「漢元帝時，琅邪有大鳥，如馬駒，時人謂之爰居。」釋文引李巡曰：「爰居，海鳥也。」樊光云：「似鳳皇。」急就篇〔卷二〕謂之「乘風」。魯語〔上〕：「海鳥曰『爰居』，止于魯東門之外三日，臧文仲使國人祭之。」莊子至樂篇云「海鳥止于魯郊，魯侯御而觴之于廟，奏九韶以爲樂，具太牢以爲膳。鳥乃眩視憂悲」，「三日而死」，釋文引司馬彪云：「爰居，〔一名雜縣〕，舉頭高八尺。」鵄雀，未聞。郭注南山經引作「鴟雀」。盧學士曰：「爾雅〔釋鳥〕説「鴟」之種類「狂，茅鴟，怪鴟，梟鴟」，蓋亦其類。」

鷦，禽也。車搹，隔音。鷦杔也。

盧學士曰：「鷦鶔」已釋于上，此所云者，未詳。上「也」字，亦疑衍。焦氏循曰：案御覽九百廿八引「鷦托、雎禮」。淮南説林訓：「鳥力勝日，而服于雎禮。」「禮」或作「札」，與「杔」字形近而譌也。

鷩敏音。人多作煩音，非也。鳥，鴞也。

陸璣詩（陳風墓門）疏：「鴞，大如班鳩，緑色，惡聲之鳥也，入人家（則）凶，賈誼所賦『鵩鳥』是也。其肉甚美，可爲羹臛，又可爲炙，漢供御物，各隨其時，唯鴞冬夏常施之，以其美故也。」史記賈誼傳「有鴞飛入賈生舍，止于坐隅。楚人命鴞曰『服』」，索隱：「案：鄧展云『似鵲而大』。晉灼云『巴蜀異物志云有鳥如小雞，體有文色，土俗因（形）名之曰鵩。不能遠飛，行不出域』。荆州記云『巫縣有鳥如雌（雞），其名爲鴞，楚人謂之服』。吴録云『服，黑色，鳴自呼』。」江都焦氏曰：屈原賦天問云「繁鳥萃棘」，王逸章句云：「解居父聘吴，過陳之墓門，見婦人負其子，欲與之淫泆，肆其情欲。婦人則引詩刺之曰『墓門有棘，有鴞萃止』，故云『繁鳥萃棘』也。」是鴞一名繁鳥，鷩即「繁」之譌，繁，即其「服」之轉音歟。焦説是。

伯趙，鶪也。

説文「鶪，伯勞也」，或从「隹」作「䳄」。左氏昭十七年傳「伯趙氏，司至者也」，疏引樊光曰：「伯趙氏，司至。伯趙，鶪也。以夏至來，冬至去。」又引蔡邕月令章句云：「鶪，伯勞也。一曰伯趙。應時而鳴，爲陰候也。」通作「鴂」。夏小正：「五月，鴂則鳴。鴂者，百鷯也。鳴者，相命也。」月令「仲夏之月，鶪始鳴」，鄭注：「鶪，搏勞也。」高誘呂氏春秋（仲夏紀）注云：「鶪，伯勞也。是月陰作于下，陽發于上，伯勞夏至後應陰而殺蛇，磔之于棘而鳴其上。」藝文類聚引易通卦驗云：「伯勞性好單棲，其飛翪，其鳴嗅嗅，夏至應陰而鳴，冬至而止。」玉篇「鸜鸛，伯勞」也。爾雅（釋鳥）釋文引字林云：「鸜鸛，似伯勞而小。」

釋獸第十八

獸之言狩也，古文「獸」與「狩」通。小雅車攻「搏獸于敖」，水經注（濟水）引作「薄狩」，初學記（卷二十二）引作「搏狩」。何休公羊傳〔桓公四年〕注：「狩，猶獸也。」夏官大司馬：「中春，教振旅」，「遂以蒐田。」「中夏，教茇舍」，「遂以苗田。」「中秋，教治兵」，「遂以獮田。」「中冬，教大閱」，「遂以狩田。」何休公羊傳〔桓公四年〕注亦云：「苗，毛也，明當見物取未懷任者。蒐，〔簡擇也〕，簡擇幼穉，取其大者。冬時禽獸長大，遭獸可取。」蓋四時之田所以獵取衆獸者，一爲乾豆，二爲賓客，三爲充君之庖也。其皮革、齒牙、骨角、毛羽，可以供器，故周官獸人掌之，所爲「辨其名物」也。此篇所釋，别其牝牡，辨其等倫。鄭司農注庖人「六獸」，以「麋、鹿、熊、麕、野豕、兔」當之，是豕雖常畜，而野豕不常畜，故繫之獸屬。鼠雖微物，亦四足而毛，故並附見焉。

於烏音。䖘、塗音。李耳，虎也。

管子形勢解篇：「虎豹，獸之猛者也。居深林廣澤之中，則人畏其威而載之。」淮南〔地〕形訓：「三九二十七，七主星，星主虎，虎故七月而生。」説文：「虎，山獸之君。」於䖘，即「於菟」。左氏宣四年傳：「楚人謂乳穀，謂虎於菟。」方言〔第八〕云「虎，陳魏宋楚之間或謂之李父，江淮南楚之間謂之李耳，或謂之於䖘。自關東西或謂之伯都」，郭注：「李耳，虎食物值耳即止，以觸其諱故。於，音烏。今江南山夷呼虎爲䖘，音狗竇之竇。俗曰伯都事見神虎説。」案：左傳〔宣公四年〕釋文：「於，〔音烏〕。菟，音徒。」漢書敘傳〔上〕作「於檡」，顔師古曰：「檡，字或作『菟』，並音塗。」而郭讀若「狗竇」者，語有輕重，聲相轉耳。

貔、毗音。貍，貓也。豾，丕音。貍也。

淮南主術訓：「譬猶貍之不可使搏牛，虎之不可使搏鼠也。」説文：「貍，伏獸，似貙。」又新附「貓」字云：「貍屬。」皮可以爲裘。顔師古注急就篇〔卷四〕云：「貍，一名豾，亦謂之貔。」左氏定九年傳稱齊大夫東郭書「衣貍製」，服虔曰：

「貍製，貍裘也。」方言〔第八〕云「貔，陳楚江淮之間謂之猍，北燕朝鮮之間謂之豾，關西謂之狸」，郭注：「貔，貍別名也。猍，音來。豾，今江南呼謂爲豾貍，音丕。狸，此通名耳。貔，未聞語所出。」案：「猍、貍」聲之轉，古字通。豾貍，猶不來也。大射儀云「奏貍首」，鄭注：「貍之言不來也。」史記封禪書云「設射貍首」，徐廣曰：「貍，一名不來。」漢書郊祀志〔上〕作「設射不來」，是也。郭氏既以「貔」爲「貍別名」，又云「貔，未聞語所出」者，蓋貔之見于尚書牧誓、大雅韓奕、禮記曲禮〔上〕、爾雅釋獸及史記五帝本紀者，並以爲猛獸之稱，故仍疑而未定也。「貔」或是「猍」字之譌歟。江都焦氏循曰：「澠水燕談〔録卷八〕云：「契丹國産毗貍，形類大鼠而足短。」續墨客揮犀云：「毗貍，如鼠而大。」齊東野語云：「毗貍，即竹鼦。」家世舊聞云：「農師使外國得貔至京師，狀如大鼠，而極肥腯。」小說云貔甚多美，即方言、廣雅之所謂貔與。

貒，湍音。貛歡音。也。

說文：「貒，獸也。讀若湍。貛，野豕也。」爾雅〔釋獸〕「貒子，貗」，郭注：「貛，豚也。一名貛。」釋文引字林：「貒，獸似豕而肥。」方言〔第八〕云「貛，關西謂之貒」，郭注：「貒，豚也。音歡。貒，音波湍之湍。」

猱、狙，七餘反。獼猴也。

猱，說文作「夒，母猴也」。管子形勢解：「墜岸之三仞，人之所大難也，而猿猱飲焉。」西山經「羭次之山，有獸〔焉〕，其狀如禺而長臂，善投，其名曰囂」，郭注：「亦在畏獸畫中，似獼猴投擲也。」案：「囂、猱」聲相轉，形又相似，即此獸矣。小雅角弓云「無教猱升木」，傳：「猱，猿屬。」箋「猱之性善登木」也。陸璣疏：「猱，獼猴也，楚人謂之沐猴。老者爲玃，長臂者爲猿，猿之白腰者爲獑胡，獑胡〔猿〕駿捷于獼猴。」狙者，說文：「狙，玃屬。」東山經：「北號之山，有獸焉，〔其〕狀如狼，赤首鼠目，其音如豚，名曰猲狚。」莊子齊物論：「狙公賦芧，曰：『朝三而暮四。』衆狙皆怒。曰：『然則朝四而暮三。』衆狙皆悦。」又云「猿猵狙以爲雌」，釋文引司馬彪云：「狙，一名獦牂，似猿而狗頭，喜與雌猿交也。」獮猴者，説文：「猴，夒也。」史記項羽本紀「人言楚人沐猴而冠耳」，集解引張晏曰：「沐猴，獮〔猴〕也。」案：「獮、沐」聲相轉。

⿰豸吏，山吏反。貁也。⿱龟夬，決音。⿰豸央烏郎反。也。

説文：「⿱龟夬，獸也，似狌狌。从龟，夬聲。古穴切。」玉篇：「⿰豸吏，山吏切，⿰豸央⿰豸吏也。或作『⿱龟吏』。」「貁，與呪切，猨屬。」「⿱龟夬，古穴切，獸似貍。」「⿰豸央，乙郎切。」案：爾雅〔釋獸〕「豿子，貆」，郭注：「今江東呼貉爲⿰豸央⿰豸吏。」釋文引字林云：「貁謂之⿰豸吏。」是「⿰豸吏、貁、⿱龟夬、⿰豸央」皆貉之別名也。

豨、豠，才胡反。豭、㣇，豕也。貕，奚音。⿰豸冥，瞑音。〔豚〕屯音。也。

方言〔第八〕：「豬，北燕朝鮮之間謂之豭，關東西或謂之㣇，或謂之豕。南楚謂之豨。其子或謂之豚，或謂之貕，吴揚之間謂之豬子。」〇豨、豠至豕也。説文：「豕，㣇也，竭其尾，故謂之豕，象毛足而後有尾。讀與豨同。」「豨，豕走豨豨。古有封豨脩蛇之害。」「豠，豕屬。」「豭，牡豕也。」「㣇，豕也，後蹏廢謂之㣇。」郭注爾雅〔釋獸〕云：「今亦曰㣇，江東呼豨，皆通名。」漢書〔高帝紀下〕注引鄧展云：「東海人名豬曰豨。」初學記〔卷二十九〕引何承天纂文云：「梁州以豕爲豬，河南謂之㣇，吴楚謂之豨。」〇貕、⿰豸冥，豚也。文選〔答客難〕注引應劭風俗通云：「案：方言：『豚，豬子也。』今人相駡曰孤豚之子，是也。」説文：「〔𧰼〕，小豕也。从彖省」，「从又持肉，以給祠祀。」篆文作「豚」。「貕，生三月豚，腹貕貕貌也。」玉篇：「⿰豸冥，莫丁切，小豚也。」

狖，柚音。蜼誄音。也。

淮南齊俗訓：「深谿峭岸，峻木尋枝，猨狖之所樂也。」文選西都賦注引倉頡篇：「狖似貍。」説文：「蜼，如母猴，卬鼻，長尾。」玉篇：「狖，黑猿也。」中山經「鬲山，多猿蜼」，郭注：「蜼，似獮猴而大。」狖，亦作「貁」。揚雄反離騷云「蝯貁擬而不敢下」，顔師古曰：「貁似猴，卬鼻而長尾。」後漢書〔馬融傳〕注云：「蜼，零陵、南康人呼之音『餘』，建平人呼之音『相贈遺』之『遺』〔也〕」，又音余救反，皆土俗語輕重之不同耳。」案：「狖」當爲「貁」，从「宂散」之「宂」，非堀穴也。説文音余救切。鼠部「鼬」音〔而〕隴切，此古音東、尤相涉之音也。

豰、乎谷反。豛，艾音。豭牡〔一〕也。⿰豕達、山甲反。⿰豕聚，仕禹反。豕牝也。

説文：「豰，小豚也。」是小豚之牡者。左氏定十四年傳：「既定爾婁豬，盍歸我艾豭。」案：豭之爲豕，已見上文，此復言「豛、豭」者，别豕之牝、牡也。舊本無「牡」字，然與「牝」者對舉，且以下文「雄也、雌也」例之，亦當有「牡」字也，今補正。玉篇「⿰豕達，老母豕。⿰豕聚，士俱切，小母豬」，並本此。

橧，繒音。圈奇勉反。也。

説文：「圈，養畜之閑也。」秋官貉隸「〔貉隸〕掌役服不氏，而養獸」，注云：「不言阜藩者，猛獸不可服，又不生乳于圈檻也。」曹植求自試表：「此徒圈牢之養物。」爾雅〔釋獸〕「所寢，橧」，舍人云：「豕所寢艸名爲橧。」李巡云：「豬臥處名橧。」某氏云：「臨淮人謂野豬所寢爲橧。」郭璞云：「橧，其所臥蓐。」方言〔第八〕云：「其檻及蓐曰橧。」

〔一〕廣雅各本無「牡」字。

麇〔一〕，麞也。

西山經「西皇之山，其獸多麇」，郭注：「麇，大如小牛，鹿屬也。」淮南地形訓：「四九三十六，六主律，律主麇鹿，麇鹿故六月而生。」月令：「仲冬之月，麇角解。」説文：「麇，鹿屬」，「冬至解其角。」「麞，麇屬。」盧學士曰：廣雅之「麇」，似是「麇」字之誤，下當从「禾」。説文「麇，麞也。从鹿，囷省聲。居筠切」，籀文作「麕」，不省。其「麞」字下云：「麇屬。」亦必「麇屬」之譌。玉篇：「麞，亦作『獐』。」左氏哀十四年傳「介麇」釋文「麇」或作「麇」，云：「獐也。」詩召南野有死麕釋文：「麕，本亦作『麏』，又作『麇』，俱倫反，獸名也。艸木疏云：『麕，麞也。青州人謂之麕。』」周禮考工記〈畫繢〉「畫繢之事」，「山以章」，鄭注：「章讀爲獐。獐，山物也。」「齊人謂麇爲獐。」爾雅〈釋獸〉釋文引字林：「麇，麞也。九文切。」

麛，迷音。麢奴侯反。也。

説文：「麛，鹿子也。」地官迹人云：「禁麛卵者。」王制云「不麛，不卵」，注「重傷未成物」也。麢，當作「麢」。玉篇、廣韻無「麢」字。説文：「麑，鹿麛也。」从「耎」，「讀若便弱之便」。玉篇：「奴亂切。」盧學士曰「麛」與「麑」同。禮記玉藻「麛裘」，論語〈鄉黨〉作「麑裘」，皆謂鹿子皮以爲裘也。淮南主術訓「不取麛夭」，高誘注：「鹿子曰麛，麇子曰夭。」

㲋、五丸反。娩、匹萬反。䨲，乃侯反。兔子也。

説文：「兔，獸名，象踞，後其尾形。」玉篇：「兔，毛可爲筆。」㲋者，玉篇「㲋，兔子」，本此。娩者，説文兔部義也。䨲者，爾雅〈釋獸〉「兔子，嬎」，郭注：「俗呼曰䨲。」釋文引字林云：「䨲，兔子也。乃俱、乃侯二反。」

〔一〕麇，疏證本作「麇」。

猵，所姦反。狼也。

說文：「猵，惡健犬也。」「狼，似犬，銳頭白頰，高前廣後。」天官獸人「冬獻狼」，鄭注：「狼膏聚，聚則温也。」陸璣詩〈齊風還〉疏：「狼鳴能小能大，善爲小兒啼聲以誘人，去數十步，其猛健者，雖善用兵者，不能克也。其膏可煎和，其皮可爲裘。」故禮記〈內則〉曰「狼臅膏」，又〈玉藻〉曰「君之右虎裘，厥左狼裘」，是也。

獱，頻音。獺，勑轄反，又闥音。也。

說文：「獺，如小狗也，水居，食魚。猵，獺屬。」或作「獱」。月令：「孟春之月，獺祭魚。」高誘注呂氏春秋〈孟春紀〉云「獺，獱，水禽也，取鯉魚置水邊，四面陳之，世謂之祭魚。」淮南說林訓：「愛獺而飲之酒，雖欲養之，非其道。」又兵略訓「夫畜池魚者，必去猵獺」，高注：「食魚者也。」文選江賦注引郭璞三倉解詁云：「獱，似青狐，居水中，食魚。」埤雅〈釋獸〉「獺獸，西方白虎之屬。似狐而小，青黑色，膚如伏翼，水居，食魚。」

蹏、啼音。蹢、的音。𨇨、鄒音。蹯，煩音。足也。

此釋獸足名也。說文：「足，人之足也，在下。」案：爾雅〈釋獸〉：「麔父，麢足。貑，狗足。」又〈釋畜〉云：「田獵齊足。」是獸亦可云足也。蹏者，說文：「蹏，足也。」釋名〈釋形體〉：「蹄，底也。」玉篇「蹏」亦作「蹄」。今經典相承作「蹄」。易說卦：「坎爲薄蹄。」儀禮士喪禮：「其實特豚，四鬄去蹄。」穀梁昭八年傳「馬候蹄」，范甯解：「發足相應也。」史記貨殖傳：「陸地牧馬二百蹄，牛蹄角千。」是也。蹢者，說文：「蹢，住足也。或曰蹢躅。賈侍中說：足垢也。」小雅漸漸之石云「有豕白蹢」，傳：「蹢，蹄也。」爾雅〈釋獸〉「四蹢皆白，豥」，孫炎曰：「蹢，蹄也。」𨇨者，玉篇「𨇨，阻流切，獸足」，本此。蹯者，說文「番，獸足謂之番。从釆，田象其掌」，或作「蹞」，从「足、煩」。古文作「〈𠬅〉」。玉篇：「蹯，熊掌也。」今經典相承作「蹯」。左氏文元年傳「王請食熊蹯」，杜注：「熊掌難熟。」或云熊好舐其掌，故熊掌爲珍膳。戰國策〔趙策三〕：「魏魀謂建信君曰：『人有置係蹄者而得虎。虎怒，決蹯而去。虎之情，非不愛其蹯也。然而不以環寸之蹯，害七尺之軀者，權也。』」

騭、牡、犒、狄音。特、羝、豭、加音。犃，部音。雄也。𤛑、舍音。牸、牝，雌也。

此釋獸之雌雄也。説文：「雄，鳥父也。雌，鳥母也。」急就篇〔卷三〕云「雌雄牝牡相隨趨」，顔師古注：「飛曰雌雄，走曰牝牡。詩〔齊風南山〕曰『雄狐綏綏』，書〔牧誓〕稱『牝雞無晨』，亦互言之無所滯也。」◯騭、牡至雄也。騭者，説文：「騭，牡馬也。讀若郅。」爾雅〔釋畜〕馬屬「牡曰騭」，郭注：「今江東呼駁馬爲騭。」牡者，説文：「牡，畜父也。」列子説符篇「有九方皋，穆公使行求馬。三月而反報曰『已得之矣』。」「牝而黄。使人往取之，牡而驪。穆公不悦，〔召伯樂而謂之〕曰：『〔敗矣，子所使求馬者〕！物色、牝牡尚弗能知，又何馬之能知也？』伯樂〔喟然太息〕曰：『皋之所觀天機也。』」犒者，玉篇：「犒，徒的切，特牛。」特者，説文：「特，朴特，牛父也。」案：「朴」與「樸」同。玉篇：「樸，普角切，特牛也。」羝者，説文：「羝，牡羊也。」逸周書王會解：「周頭煇羝。煇羝者，羊也。」漢書蘇武傳「乃徙武北海上無人處，使牧羝，羝乳乃得歸」，師古曰：「羝不當産乳，故設此言，示絶其事。」豭者，説文：「豭，牡豕也。」左氏定十四年傳：「盍歸我艾豭。」犃者，玉篇：「犃，步后切，雄也，短頭牛。」是皆獸之雄者也。◯𤛑、牸至雌也。𤛑者，爾雅〔釋畜〕馬屬「牝曰騇」，郭注：「艸馬名。」玉篇：「𤛑，式夜切，〔馬名〕。亦作『騇』。」匡謬正俗云：「問〔曰〕：『牝馬謂之艸馬，何也？』答曰：『本以牡馬壯健，堪駕乘及軍戎者，皆伏皁櫪芻而養之。其牝馬惟充蕃字，不暇服役，常牧于艸，故稱艸馬。』」牸者，玉篇：「牸，疾利切，母牛。」盧學士曰：史記平準書「衆庶街巷有馬，阡陌之間成羣，而乘字牝者儐而不得聚會」，集解引漢書音義曰：

「皆乘父馬，有牝馬間其間則相踶齧，故斥不得出會同。」漢書食貨志〔上〕「字牝」作「牸牝」，師古注：「言時富饒，故恥乘牸牝。」孔叢子陳士義篇：「猗頓，魯之窮士也。聞陶朱〔公〕富，往而問術焉。朱公曰：『子欲速富，當畜五牸。』」魏志教「民畜牸牛、〔艸〕馬」，見杜畿傳。牝者，說文：「牝，畜母也。易曰：『畜牝牛吉。』」是皆獸之雌者也。

騬、酬陵反，又似陵反。犗、羯、羠〔一〕、豶、墳音。猗、於宜反。劅、叉進反。攻，犍〔二〕居言反。也。

此釋獸去勢之名也。「犍」與「劇」同。顏注急就〔卷三〕云：「羯，謂劇之也。」說文：「騬，犗馬也。」「犗，騬牛也。」「羯，羊羖犗也。羠，騬羊也。」「豶，羠豕也。」「猗，犗犬也。」皆以「騬、犗、羠」三字轉輾相訓。舊本「羠」譌「⿰羊巿」，曹音「鉢」，然玉篇無此字，廣韻〔末韻〕雖有，義不同。又〔支韻〕「猗，倚」。今並據說文訂正。夏官校人「夏祭先牧，頒馬攻特」，鄭注：「夏，通淫之後，攻其特，爲其蹏齧不可乘用。鄭司農云：『攻特，謂騬之。』」吳都賦：「徽鯨輩中於羣犗。」大畜六五爻辭「豶豕之牙」，劉瓛云：「豕去勢曰豶。」墨子非儒篇：「賁彘起。」「賁」即「豶」也。劅者，廣韻〔獮韻〕：「劅，以槌去牛勢。」犍者，玉篇：「犍，犗也。」亦作「⿰牛虔」。廣韻〔元韻〕：「劇，居言切，以刀去牛勢。」舊本「犍」譌「羯」，今據曹音訂正。

麒〔三〕麟，狼題肉角，含仁懷義，音中鐘呂，步行〔四〕中規，折還中榘，遊必擇土，翔必後處，不履生蟲，

〔一〕羠，廣雅各本作「⿰羊巿」。
〔二〕犍，廣雅各本作「羯」。
〔三〕疏證本無「麒」字。
〔四〕步行，疏證本作「行步」。

不折生艸，不羣居，不旅行，不入穽陷〔一〕，不罹〔二〕罘罔，文章彬彬，故呼爲大角之獸〔三〕。

說文：「麒，仁獸也，麇身，牛尾，一角。麐，牝麒也。」「麟，大牝鹿也。」經典相承以「大牝鹿」之「麟」爲「麒麐」字，叚借用也。周南麟之趾傳：「麟信而應禮，以足至者也。麟角，所以表〔其〕德也。」箋：「麟角之末有肉，示有武而不用。」爾雅〔釋獸〕「麐，麕身，牛尾，一角」，李巡云：「麐，瑞應獸名。」孫炎云：「靈獸也。」禮運云：「麟以爲畜，則獸不狘。」大戴禮易本命云：「有毛之蟲三百六十，而麒麟爲之長。」逸周書王會解云：「規規以麟，麟者，仁獸也。」說苑辨物篇：「麒麟，麕身牛尾，圓頂一角，含仁懷義，音中律呂，行步中規，折旋中矩，擇土而踐，位平然後處，不羣居，不旅行，紛兮其〔有〕質文也，幽閒則循循如也。」初學記〔卷二十九〕引蔡邕月令章句：「天宮五獸，中有大角軒轅麒麟之信，凡麟，生于火，遊于土，故脩其母，致其子，五行之精也。」又引春秋感精符云：「麟一角，明海内共一主也，王者不刳胎，不剖卵，則出于郊。」禮記〔禮運〕疏引京房易傳：「麟，麕身，牛尾，馬蹏，有五彩，〔腹下黄〕，高丈二。」又引服虔左傳注：「麟，中央土獸，土爲信，信禮之子脩其母，致其子，視明禮脩而麟至。」史記孝武本紀云：「郊雍，獲一角獸，若麃然。有司曰：『陛下肅祇郊祀，上帝報享，錫一角獸，蓋麟云。』」太平御覽〔卷八八九〕引西涼武昭王麒麟頌云：「一角圓蹏，行必中矩，遊必擇地，翔而後處，不入陷穽，不罹網罟，無德而至，爲之折股。」舊本作「文彰彬也」，初學記作「文章彬彬」，禮記禮運疏引

〔一〕穽陷，疏證本作「陷穽」。

〔二〕罹，廣雅各本作「羅」。

〔三〕疏證本無「故呼爲大角之獸」七字。

「文章斌斌」，又多「故呼爲大角之獸」七字。案：「大角」云云，與月令章句相合，是今本有脱誤也，今據補正。

⿰鼠隹隹音。鼠。

方言（第八）云「宛野謂鼠爲⿰鼠隹」，郭注：「宛，新野，今皆在南陽。音錐。」玉篇：「南陽呼鼠爲⿰鼠隹。」舊本「⿰鼠隹」下注云「隹鼠」，案：「鼠」是正文，「隹」是音釋，今訂正。

⿰鼠勺爵音。鼠。

説文：「⿰鼠勺，胡地風鼠。之若切。」郭注爾雅（釋獸）云：「⿰鼠占鼠，形大如鼠，頭似兔，尾有毛，青黄色，好在田中食粟豆，關西呼爲⿰鼠勺鼠，見廣雅。音雀。」陸璣詩（魏風碩鼠）疏：「今河東有大鼠，能人立，交前兩腳于頸上跳舞，善鳴，食人禾苗，人逐則走，入樹空中。亦有五技，或謂之雀鼠。」是也。舊本「⿰鼠勺」下注「爵鼠」二字，案：「鼠」是正文，「爵」是音釋，非以爲「爵鼠」也。郭注「⿰鼠勺，音雀」，「爵」與「雀」同，今訂正。

鼦〔一〕鼠。

説文：「貂，鼠屬，大而黄黑，出胡丁零國。」玉篇：「鼦，古文『貂』字，鼠也，毛可爲裘。」類篇：「鼦，鼠屬。」義與説文同。管子立政篇：「百工商賈，不得服長鬈貂。」太玄視次八：「狐鼦之毛躬之賊。」魏志烏（丸鮮卑東夷）傳：挹婁國出貂，「今所謂挹婁貂是也」。

鼴鼠，鼢墳音。鼠。

〔一〕鼦，廣雅各本作「⿰鼠占」。

別二名也。莊子逍遥遊云：「偃鼠飲河，不過滿腹。」郭注爾雅〔釋獸〕：「鼢鼠，地中行者。」説文「地行鼠，伯勞所作也。一曰偃鼠」，或作「蚡」。本艸「鼴鼠，一名隱鼠，形如鼠而無尾，黑色，長鼻」，陶注：「鼴鼠，一名鼢鼠。」爾雅〔釋獸〕釋文：「鼢鼠，廣雅云：鼹鼠也。字或作『鼸』同。方言謂之犂鼠，郭注：蚡鼠也。」「鼹、鼴、偃」同。「隱、偃」聲相轉。

鼠狼，鼬。由音，又溜音。

鼠狼，一名鼬。鼬能食鼠，故謂之鼠狼。説文：「鼬，如鼠，赤黃而大，食鼠者。余救切。」玉篇「鼬，鼠名」，引郭注爾雅云：「今鼬似貂，赤黃色，大尾，啖鼠，江東呼爲鼪。」案：今鼬鼠所在有之形狀，具如郭説，善盜人家雞食之，俗謂之黃鼠狼，亦曰黃狼。

𪕋鼠。

玉篇：「𪕋，音惕，鼠也。」舊本「𪕋」譌「陽」，今據玉篇訂正。

𪕍如勇反。鼠。䶄瓶音。鼠。

別二名。説文：「𪕍，鼠屬。」「䶄，䶄令鼠。」一曰鼠子。玉篇：「𪕍，䶄鼠也。」「䶄，步丁切，䶄軨鼠。」

䶐於革反。鼠。

説文「䶐，鼠屬」，或作「貖」。

𪖜讒音。𪕰。乎音。

𪖜𪕰，説文作「斬𪕰」，云：「𪕰，斬𪕰鼠，黑身，白腰若帶，手有〔長〕白毛，似握版之狀，類蝯蜼之屬。」玉篇：「𪖜，任緘切。」「𪕰，户吾切。𪖜𪕰，鼠〔也〕，黑身白腰。」上林賦「獑胡豰蛫」，張博士彼注云：「獑胡似獮猴，頭上有髦，要以後黑。」

揚雄蜀都賦：「獑胡雖獲。」「𪖈、獑、蘄、𧳜」，「𪕷、胡」並同。

䶈博音。䶎。唐音。

玉篇：「䶈，布各切。䶎，徒當切。䶈䶎，鼠名。」類篇：「䶈䶎，鼠屬。一名易腸鼠，謂一月三易腸。」

䶅古熒反。𪕒。零音。

玉篇：「䶅，公熒切，班鼠也。𪕒，力丁切，䶅屬。」廣韻〈青韻〉：「𪕒，郎丁切。䶅𪕒，班鼠。」舊本「䶅」譌从「同」，今訂正。

白䶉。煩音。

說文：「䶉，鼠也。讀若樊。或曰鼠婦。」玉篇：「䶉，父元切，白鼠。」

𪕽。谷音。

玉篇：「𪕽，公祿切，鼬鼠也。」

𪖊卜音。𪕬。攴音。

玉篇「𪖊，補木切」、「𪕬，普木切」，並云：「鼠名。」廣韻〈屋韻〉：「𪕬，𪖊𪕬，鼠名。」類篇：「𪖊𪕬，鼠屬。」舊本「𪕬」誤从「支」，音釋亦譌爲「支」，今訂正。

𪖃俊音。鼠。

玉篇：「𪖃，子侚切，鼫鼠也。」案：說文：「鼫，五技鼠也，能飛不能過屋，能緣不能窮木，能游不能渡谷，能穴不能掩身，能走不能先人。」晉「九四，〔晉〕如鼫鼠」，子夏傳作「碩鼠」。

䶊。耳音。

玉篇：「䶊，人市切，鼠名。」類篇云：「一説鼠形如獸。」盧學士曰：北山經「丹熏之山，有獸焉，其狀如鼠，而菟首麋身，其音如獋犬，以其尾飛，名曰耳鼠，食之不脎，又可以禦百毒」，郭注：「脎，大腹也，見裨倉。音采。」

鼲古門反。鼠。

説文：「鼲鼠，出丁零胡，皮可爲裘。」玉篇：「鼲，胡昆、古魂二切，鼠名，可以爲裘也。」後漢書鮮卑傳云「禽獸異于中國者」，「有貂、豽、鼲子，皮毛柔蝡，故天下以爲名裘」，注云：「貂、鼲並鼠屬。」

鼦胡貪反。鼠。

玉篇：「鼢，胡貪切，又公含切，蜥蜴也。鼦，同上。」與此義不合。

鼧柳音。鼠。

説文：「鼧，竹鼠也，如犬。从〔鼠〕，留省聲。力求切。」玉篇：「似鼠而大，力久切。」

——鼠屬。

題上事也。説文：「鼠，穴蟲之總名也。象形。」此專指「鼮鼠」以下言之。自「麒麟」以前諸獸，爾雅〔釋獸〕所謂「寓屬」也。此不言寓者，寓，寄也，謂寄託于本上，此篇如「豕、豚、猵、獺」之類，非「寓」所能該，且世人共知之物，故不爲别立名也。

獸一歲爲豵，二歲爲豝，三歲爲肩，四歲爲特。

鄭司農注大司馬云：「一歲爲豵，二歲爲豝，三歲爲特，四歲爲肩，五歲爲慎。」說文云：「豵，生六月豚；一曰一歲豵，尚叢聚也。豝，牝豕也；一曰二歲能相把拏（也）。豣，三歲豕，肩相及者。」小爾雅（廣獸）：「豕之大者謂之豣，小者謂之豵。」召南（騶虞）云「彼茁者葭，發（五）豵」、豳風七月「言私其豵」，傳並云：「一歲曰豵。」齊風還「並驅從兩肩兮」、豳風七月「獻豣于公」，傳並云：「三歲曰豣。」「肩」與「豣」同。還詩作「肩」，說文引作「豣」也，後漢書（馬融傳）注引詩齊風薛君傳「獸三歲曰肩」，是韓詩與毛公同。而魏風伐檀傳又云「獸三歲曰特」，故孔疏謂鄭司農說與毛或異或同，不知所據。盧學士曰：案「三」當本是「四」字，古「三、四」皆積畫爲之，故易致譌。毛已「三歲曰豣」，則此定當云「四歲曰特」，廣雅之文，必本于此明矣。

釋嘼第十九

嘼，即「畜」也。爾雅有釋畜，釋文云：「畜，本又作『嘼』，音同。字林云：嘼，産也。」是古本爾雅有作「釋嘼」者，故廣雅與之同也。說文：「嘼，犍也。」「犍，畜牲也。」以其蓄于家者，故謂之畜。在野者，則謂之獸矣。列子（黃帝）謂「今東方介氏之國，其國人數數解六畜之語者，蓋偏知之所得」也，考祭義云：「古者天子諸侯，必有養獸之官」，「犧牷祭牲，必于是取之。」鄭注天官獸醫云：「獸，牛馬之類。」是對文言之，則在野爲獸，在家爲畜。散文言之，則四足而毛通謂之獸也。天官庖人辨六畜之名物，鄭注：「六畜，六牲也。始養之曰畜，將用之曰牲。」周禮牧人職「掌牧六牲，而阜蕃其物」，鄭注：「六牲，謂牛、馬、羊、豕、犬、雞。」是六畜皆牧人所養。而又有牛人、羊人、犬人、雞人，馬爲國之駕用，特立牧師、圉人以別掌之，獨無豕人之官，鄭氏謂豕屬司空，冬官亡，故不見。案羊人職云：「若牧人無牲，則受布于司馬，〔使其賈〕買牲而供之。」然則牧人專主放牧之事，而牛人、羊人、犬人、雞人之屬，各掌其事，以供官之所需也。爾雅釋畜專及馬、牛、羊、犬、雞，而不及豕，此則六畜全備焉。

白馬黑脊，驙。大安反，又知連反。

玉篇：「驙，知連切，白馬黑脊也。」廣韻〔寒韻〕又「徒干切」，義同，本此。

白馬朱鬣，駱[一]。

小雅皇皇者華：「我馬維駱。」月令「〔孟〕秋，駕白駱」，鄭康成、高誘並云：「白馬黑鬣。」本爾雅〔釋畜〕也。說文亦云：「駱，馬白〔色〕黑鬣尾也。」詩釋文云樊、孫爾雅並作「白馬黑髦」，則與郭本不同。此云「白馬朱鬣」者，盧學士曰：段氏以爲當作「駁」。說文：「駁，馬赤鬣縞身，目若黃金，名曰媽，吉皇之乘。周文王時，犬戎獻之。春秋傳曰：『媽馬百駟。』畫馬也，西伯獻紂，以全其身。」尚書大傳：「散宜生之犬戎，取美馬，駁身，朱鬣，雞目者，取五六焉，獻之紂。」然則古之馬有朱鬣者，後世畫以象之。左氏定十年傳「宋公子地有白馬四。公嬖向魋。魋欲之。公取而朱其尾鬣以與之」，亦此類也。駁馬，又名吉黃，互見後。孫侍御云：埤雅駱類引此文，亦作「駱」，與爾雅異說，不必改「駁」。

飛黃、騊吾、吉良[二]、朱駁、飛兔、金喙、騕褭、走狐、駃決音、騠啼音。飛鴻、野麋、腹丹、騏驥、騄駬、

[一] 駱，疏證本作「駁」。
[二] 良，疏證本作「量」。

驊騮、駣騠、力兮反。汗血、驒顛音。、騱、巨虛、駥鹿。

上文以毛色别馬，此專釋駿馬之名也。○飛黄。淮南覽冥訓「黄帝治天下」，「青龍進駕，飛黄伏皁」，高誘注：「飛黄，乘黄也，出西方，狀如狐，背上有角，壽千歲。」顏延之赭白馬賦：「昔帝軒陟位，飛黄服皁。」盧學士曰：海外西經「白民之國，有乘黄，其狀如狐，其背上有角，乘之壽二千歲」，郭璞贊曰：「飛黄奇駿，乘之難老。」又注引周書云：「白民乘黄，似狐，背上有兩角。」「即飛黄也。」案：今周書王會解「似狐」作「似騏」。管子小匡篇「地出乘黄」，注：「乘黄，神馬也。」「若漢之渥洼神馬之比。」○騶吾。海内北經「林氏國有珍獸，大若虎，五采畢具，尾長于身，名曰騶吾，乘之日行千里」，郭注引：「六韜云：『紂囚文王，閎夭之徒詣林氏國，求得此獸獻之，紂大悦，乃釋之。』周書曰：『夾林酋耳，酋耳若虎，尾參于身，食虎豹。』大傳謂之侄獸。吾，宜作『虞』也。」淮南道應訓：「散宜生乃以千金求天下之珍怪，得騶虞、雞斯之乘。」詩召南〔騶虞〕傳：「騶虞，義獸也，白虎黑文，不食生物，有至信之德則應之。」孔疏引鄭志：「張逸問：傳曰『白虎〔黑〕文』，又禮記曰『樂官備』，何謂？答曰：白虎黑文，周史王會傳云：備者，取其一發五豝，言多賢也。」陸璣疏：「騶虞，白虎黑文，尾長于軀，不食生物，不履生艸，應信而至者也。」○吉量〔一〕。海内北經：「犬戎國，有文馬，縞身朱鬣，目若黄金，名曰吉量，乘之壽千歲。」逸周書王會解：「犬戎文馬。文馬，赤鬣縞身。」初學記〔卷二十九〕亦引作「古黄」。史記周本紀：「紂〔乃〕囚西伯于羑里。閎夭之徒〔患之，乃〕求「驪戎之文馬」，「獻之紂。〔紂〕大悦。」説文作「駮馬」，「吉量」又作「吉皇」，皆一物而異其名。○朱駮。説文「駮，獸如馬，倨牙，食虎豹」，與爾雅〔釋畜〕同。管子小問篇：「桓公乘馬，虎望見之而伏，桓公問管仲曰：『今者寡人乘

〔一〕量，廣雅各本作「量」。

馬，虎望見寡人而不敢行，其故何也？」管仲對曰：『意者君乘駮馬而洀桓，迎日而馳乎？』公曰：『然。』管仲對曰：『此駮象也。駮食虎豹，故虎疑焉。』」說苑辨物篇：「晉平公出畋，見乳虎伏而不動，顧謂師曠曰：『吾聞之也，霸王之主出，則猛獸伏不敢起。今者寡人出見虎伏而不動，此其猛獸乎？』師曠曰：『鵲食猬，猬食鵔鸃，鵔鸃食豹，豹食駮，駮食虎，夫駮之狀有似駮馬。今者君之出，必驂駮馬而出畋乎？』」西山經：「中曲之山，有獸焉，其狀如馬而白身黑尾，一角，虎牙爪，音如鼓音，其名曰駮，是食虎豹。」謝莊舞馬賦：「方疊鎔于丹縞，亦聯規于朱駮。」○飛兔。呂氏春秋離俗覽云「飛兔、要褭，古之駿馬也」，高誘注：「飛兔、要褭，皆馬名也，日行萬里，馳若兔之飛，因以爲名也。」「『褭』字讀如『曲撓』之『撓』也。」文選（顏延年赭白馬賦）注引劉劭趙都賦云：「良馬則飛兔奚斯，常驪紫燕。」御覽（卷八九六）引孫氏瑞應圖云：「飛兔者，日行三萬里，禹治水土，勤勞歷年，救民之害，天應其德則至。」○金喙。司馬相如上林賦「羂騕褭」，李善引張博士彼注云：「騕褭，馬金喙赤色，一日行萬里者。」此亦云「金喙」，亦「騕褭」之類歟。○騕褭。淮南原道訓云「馳要褭」，高誘注：「要褭，馬名，日行萬里。」又齊俗訓云「夫待騕褭、飛兔而駕之，則世莫乘車」，注：「騕褭，良馬；飛兔，其子。褭、兔走蓋（皆）一日萬里也。」史記（司馬相如列傳）集解引郭璞曰：「騕褭，神馬。」應劭漢書音義：「古有駿馬名騕褭，赤喙黑身，一日行萬五千里。」藝文類聚（卷九十九）引孫氏瑞應圖：「騕褭者，神馬也，與飛兔同，明君有德則至。」○走狐。未聞。○駃騠。說文：「駃，駃騠，馬父贏子也。」李斯上秦始皇書：「駿馬駃騠，不實外廄。」史記匈奴傳索隱引發蒙記：「駃騠，刳其母腹而生。」漢書鄒陽傳云「蘇秦相燕，人惡之燕王，燕王案劍而怒，食以駃騠」，孟康曰：「駃騠，駿馬也，生七日而超其母。」○飛鴻。盧學士曰：「御覽（卷八九七引）東方朔傳：「驃騎難諸博士，朔（對）曰：『騏驎、綠耳、蜚鴻、驊騮，天下良馬也。』」「蜚」與「飛」同。藝文類聚作「騏驥、綠耳、飛鴻」。○野麋。盧學士曰：「『野麋』見郄昂八馬坊碑頌序，其名則『蒲梢啟服，野麋騃鹿』。騃，一作『娥』。」

詹事兄曰：郄昂唐人，即用廣韻爲故事耳。○腹丹。未聞。○騏驥。説文：「騏，〔馬〕青驪文如博棊也。」「驥，千里馬也，孫陽所相者。」驊騮，一日而馳千里。史記刺客列傳云：「騏驥盛壯之時，一日而馳千里。」郭璞穆天子傳〔卷四〕注云：「赤驥，世所謂騏驥。」案：淮南注云：「絆騏驥而求千里。」荀子性惡篇「驊騮、騹驥、纖離、緑耳，此皆古之良馬也；然而前必有銜轡之制，後有鞭策之威，加之以造父之馭，然後一日而致千里也」，楊倞注：「皆周穆王八駿名。騹讀爲騏，謂青驪文〔如〕博棊。列子作『赤驥』，與此不同。」○騄駬。穆天子傳〔卷一〕云「丙寅，天子屬官效器，乃命正公郊父，受勑憲，用伸八駿之乘，以飲于枝洔之中，積石之南河，天子之駿，赤驥、盜驪、白義、踰輪、山子、渠黄、驊騮、騄耳」。又〔卷四〕云「天子命駕八駿之乘，右服盜驪，而左騄耳，右驂赤驥，而左白義。天子主車，造父爲御」。又云「次車之乘，右服渠黄而左踰輪，右驂驊騮而左山子」，郭注云：「紀年曰：『北唐之君來見以一驪馬，是生緑耳。』魏時鮮卑獻千里馬，白色而兩耳黄，因名之黄耳。即此類也。」淮南主術訓：「雖有騏驥騄駬之良，臧獲御之，則馬反自恣，而人弗能制矣。」王逸九思〔疾世〕云「赴崑山兮馵騄」，注云：「騄，駿馬名。」○驊騮。説文：「騮，赤馬黑毛尾也。」淮南主術訓：「夫華騮、緑耳，一日而至千里，然其使之搏兔，不如豺狼，伎能殊也。」揚雄反離騷云「騁驊騮以曲囏兮」，顔師古曰：「驊騮，駿馬名也，其色如華而赤〔也〕。」郭注穆天子傳〔卷一〕云：「色如華而赤，今名馬標赤者爲棗騮。棗騮，赤也。」○駣䮫。「駣䮫」與〔盜〕驪」聲相近，即「盜驪」之異文。史記〔趙世家〕：造父爲穆王得盜驪、華騮、緑耳之馬，御以西巡遊，見西王母，樂而忘歸。郭璞注穆天子傳〔卷一〕云：「盜驪，爲馬細頸。驪，黑色也。」玉篇「䮫，駣䮫馬」，本此。案：是馬亦名「纖離」。楊倞荀子性惡篇注云：「纖離即列子『盜驪』也。」○汗血。史記大宛傳有「馬汗血，其先天馬子也」，集解：「漢書音義曰：『大宛國有高山，其上有馬，不可得，因取五色母馬置其下，與交，生駒汗血，因號曰天馬子。』」傳又云：「初，天子」「得烏孫馬好，名曰『天馬』。及得大宛汗血馬，益壯，更名烏孫馬曰『西極』，名大宛馬曰『天馬』云。」漢書禮樂志云「太一況，天馬下，霑赤汗，沫流赭」，應劭曰：「大宛馬汗血霑濡也，流沫如赭也。」〇驒騱。說文：「驒騱，野馬也。一曰青驪白鱗，文如鼉魚。」史記匈奴傳「其奇畜則橐、駞、驢、蠃、駃騠、騊駼、驒騱」，集解：「徐廣曰：『驒（音顛）騱，巨虛之屬。』」索隱本作「驒奚」，云：「鄒誕（生）本『奚』字作『騱』。」鹽鐵論（力耕）云：「驒騱騵馬，盡爲我畜。」〇巨虛。案：「邛邛岠虛」，本一獸，見爾雅（釋地）。考司馬相如子虛賦「蹵蛩蛩，轔距虛」，則又爲二獸，張博士彼注云：「蛩蛩，青獸，狀如馬。距虛似蠃而小。」「巨」或作「距、岠」，並同。〇駮鹿。盧學士曰：韓非外儲說（右上）：「馬似鹿者（而題之）千金。」「駮鹿」之名，或以此。

馬屬。

題上事也。莊子馬蹏篇：「馬，蹄可以踐霜雪，毛可以禦風寒，齕艸飲水，翹足而陸，此馬之真性也。」說文：「馬，怒也，武也，象馬頭髦尾四足之形。」漢書石奮傳「書『馬』者與尾而五，今迺四，不足一，獲譴死矣」，服虔曰：「作『馬』字下曲者（而）五，建時上書誤作四。」初學記（卷二十九）引春秋說題辭云：「地精爲馬，十二月而生，應陰紀陽以合功，故人駕馬，任重致遠利天下，月度疾故（馬）善走。」淮南地形訓「天一，地二，人三，三三而九」，「八九七十二，二主偶，偶以承奇，奇主辰，辰主月，月主馬，馬故十二月而生。」詩（鄘風定之方中）鄭箋云：「國馬之制：天子十有二閑，馬六種，三千四百五十六匹。邦國六閑，馬四種，千二百九十六匹。」輈人注云：「國馬，謂種、戎、齊、道，高八尺。田馬高七尺，駑馬高六尺。」說文：「馬一歲曰（馬），二歲曰駒，八歲曰馴。」周官牧人職「掌牧六牲」，鄭注：「謂牛、馬、羊、豕、犬、雞。」又大司馬：「喪祭，奉詔馬牲。」是古馬亦牲也。穆天子傳（卷四）：「獻食馬三百。」是古者有乘馬，又有食馬。此篇所釋驙、駱之屬，皆經典之詁訓也。

馬取其良，則能升高達遠，故凡天馬、神馬、野馬及遠方絶域所貢獻者，皆備録之。

郭料〔一〕、丁犖。

藝文類聚（卷九十四）引桓譚新論云：「夫畜生賤也，然有尤善者，皆見記識，故馬稱驊騮、驥騄，牛譽郭椒、丁櫟。」羅願爾雅翼（釋獸五）亦引之，蓋牛之佳者。郭氏名椒，丁氏名櫟，猶言韓盧、宋促也。「櫟、犖」聲相轉，「犖」即「櫟」也。「料」字未見所出，曹亦無音，集韻（戈韻）「𪏆，苦禾切」，引廣雅：「郭𪏆，牛屬。」案：「𪏆」字，玉篇「苦戈切，無角牛」也，疑非此義，字當从「丩」，「㪺」音爲「椒」。舊本「郭」作「鄗」，因寫古「郭」字而譌也，今訂正。

——牛屬。

題上事也。賈誼新書胎教篇：「牛者，中央之牲也。」高誘注呂氏春秋季夏紀云：「（稷）、牛（皆）屬土。」史記律書：「牛者，冒也，言地雖凍，能冒而生也。牛者，耕（植）種萬物也。」說文：「牛，大牲也。」蔡邕月令問答：「十二辰之禽，五時所食者，家人所畜丑牛、未羊、戌犬、酉雞、亥豕而已。」「春木勝土，故春食未羊；夏火勝金，故夏食酉雞；季夏土勝水，當食豕；而食牛者，四時之牲，無足以配土德，故季夏食牛。秋金勝木，而虎屬寅。冬水勝火，而（當食）馬。虎非可食，而禮不以馬爲牲。犬豕無角，皆其類也。」案：蔡説非也。古者馬亦爲牲，説于上。此篇舉「郭椒、丁犖」二者以釋之。

吴羊牡一歲曰牡䍮，三歲曰羝，其牝一歲曰牸䍮，三歲曰牂。

〔一〕料，疏證本作「㪺」。

此別吴羊之牝牡也。説文：「羒，羊未卒歲也。」故一歲之牡者曰牡羒，牝者曰牸羒。「牸」本母牛之名，羊之牝者，亦以名之也。説文：「羝，牡羊也。」「牂，牡羊也。」「牂」本牝羊，傳寫之譌。初學記〔卷二十九〕、集韻〔唐韻〕、古今韻會〔陽韻〕引説文並作「牝羊」。小雅苕之華「牂羊墳首」，傳：「牂羊，牝羊也。」舊本「牡羒」譌爲「牡翔」，今據太平御覽及埤雅所引訂正。

吴羊犗古轄反。曰䍸，博音。羖古音。羊犗曰羯。

盧學士曰：説文：「羯，羊羖犗也。」「犗，騬牛也。」無「䍦」字。初學記〔卷二十九〕所引亦是「犗」。似犍羊亦可云「犗」。玉篇并牛部亦不出「犗」字，漏也。集〔韻舝韻〕云「䍦，居轄切」，音偰，「騬羊也」。〔鐸韻〕「䍸，伯各切」引此文。玉篇：「䍧，居謁、巨謁二切，羖犗羊也。羯，同上。」史記貨殖傳「其民羯羠不均」，徐廣曰：「羯羠，皆健羊名。」

羍、撻音。䍪、務音。羜、䍹，辛兖反。羔也。

此釋羔之名。説文：「羔，羊子也。」後漢書王渙傳注引韓詩章句：「小者曰羔，大者曰羊。」春秋繁露執贄篇云：「羔有角而不任，設備而不用，類好仁者；食于其母，必跪而受之，類知禮者；故卿以爲贄。」白虎通義〔瑞贄〕：「卿以羔者，取其羣而不黨，卿職在盡忠率下不阿黨也。」羍者，説文「羍，小羊也。讀若達」，或作「𦍒」。初學記〔卷二十九〕引説文作「七月生羔也」。大雅生民：「先生如達。」「達」即「羍」也。詩疏引薛綜答韋昭云：「羊子初生曰達，小名羔，未成羊曰羜，大曰羊，長幼之異名。」䍪者，説文：「䍪，六月生羔也。讀若霧。」羜者，爾雅〔釋畜〕「未成羊，羜」，郭注：「俗呼五月羔爲羜。」小雅伐木「既有肥羜」，傳：「羜，未成羊也。」説文：「羜，五月生羔也。讀若煑。」䍹者，玉篇、廣韻〔線韻〕並云：「羊也。」「羊」疑「羔」之譌。匡謬正俗引字林：「䍹，音選，未晬羊也。」舊本「羔」譌「美」，今據説文、御覽及埤雅訂正。

美皮、泠零音。角。

美，疑當作「羔」。天官司裘「掌爲大裘，以共王祀天之服」，鄭司農云：「大裘，黑羔裘。服，以祀天，示質。」詩周南〔羔羊〕「羔羊之皮」、檜風〔羔裘〕「羔裘如膏」，皆卿大夫朝祭之服，則羔裘皮尚焉。泠，當作「羚」。玉篇、廣韻〔青韻〕並云：「羚，羊子也。」案：「羚」與「麢」同。爾雅〔釋獸〕「麢，大羊」，郭注：「麢羊似羊而大，角圓鋭，好在山崖間。」本艸：「麢羊角味鹹，寒，主明目，益氣起陰，去惡血注下，安心氣。」埤雅〔釋獸〕：「羚羊，似羊而大，角有圓繞蹙文，夜〔則〕懸角木上以防患。」羔之皮，羚之角，皆用于世，故又併及之。

——羊屬。

題上事也。高誘注呂氏春秋孟春紀云：「羊屬土。」鄭司農注周禮〔庖人〕云：「羊屬司馬，火也。」火爲視，羊亦視，故屬火。二説不同。説文：「羊，祥也。」春秋繁露〔執贄〕云：「羊之爲言猶祥與。」羊在六畜主給膳，故「美、善、養」皆从「羊」。盧學士曰：莊子徐無鬼篇「未嘗爲牧而牂生於奥」，釋文：「奥，西南隅未地。」是古以羊配未也。

頓丘、梁獵、之涉反。重顱、盧音。豲。原音。

此釋豕之名也。○頓丘。未聞。盧學士曰：詩衛風〔氓〕「送子涉淇，至于頓丘」，則衛之地也。漢書地理志〔上〕頓丘縣在東郡，即爾雅〔釋丘〕之「敦丘」。詩〔衛風氓〕正義引郭璞曰：「敦，盂也，音頓。」蓋此地出豬，因即其地以名之也。○梁獵。玉篇：「獵，良豬。」廣韻〔葉韻〕：「獵，梁之良豕。」太平御覽〔卷九○三〕引何承天纂文云：「梁州以豕爲獵。」○重顱。廣韻〔模韻〕：「嚧，落胡切，呼豬聲也。」「重顱」者，疑若今吴人呼猪曰「顱顱」矣。盧學士曰：蓋謂豕之首大者。㲋顱，見淮南說林訓。○貕。北山經：「乾山，有獸焉，其狀如牛而三足，其名曰貕。」逸周書周祝解云：「故狐有牙而不敢以噬，貕有蚤而不敢以擨。」蚤，即「爪」叚借字。玉篇：「貕，豕屬。」盧學士曰：顏師古注漢書揚雄傳〔下〕云：「豪豬一名希貕也，自爲牝牡者也。」

豕屬。

題上事也。淮南地形訓：「六九五十四，四主時，時主㲋，㲋故四月而生。」又氾論訓：「夫饗大高而㲋爲上牲者，非㲋能賢于野獸麋鹿也，而神明獨饗之，何也？以爲㲋者，家人所常畜而易得之物也，故因其便以尊之。」高誘注呂氏春秋孟冬紀云：「㲋，水屬也。」鄧展漢書〔高帝紀下〕注云：「東海人名豬曰豨。」

殷虞、晉獒、楚黄、韓獹、宋⿰犭足、七勺反。槃瓠〔一〕、狂、霍音。獖。扶粉反。

此釋犬之名也。○殷虞。未聞。盧學士曰：尚書大傳西伯戡耆「散宜生之於陵氏，取怪獸，大不辟虎狼閒，尾倍其身，名曰虞，獻之紂」，鄭注：「閒，大也。」虞，蓋騶虞也。」案：此豈即所謂「騶虞」歟！○晉獒。說文：「獒，犬知人心可使者。」爾雅〔釋畜〕：「狗四尺爲獒。」左氏宣二年傳「公嗾夫獒焉」，杜注：「獒，猛犬也。」釋文：「獒，尚書傳曰：『大犬也。』」公羊宣六年傳「靈公有周狗，謂之獒。呼獒而屬之」，何注：「周狗，可以比周之狗，所指如意。」疏云：「今呼犬謂之屬，義出于此。」盧學士曰：案周書有旅獒篇，乃後出古文，故此但云「晉獒」，不云「周獒」也。○楚黄。呂氏春秋直諫篇云：「荊文王得如黄之狗。」說苑正諫篇：「荊文王得如黄之狗，箘簬之矰，以畋于雲夢，三月不反。」○韓獹。戰國〔策〕齊策〔三〕「齊欲伐

〔一〕槃瓠，廣雅各本作「狼狐」。

魏。淳于髡謂齊王曰：『韓子盧〔者〕，天下之疾犬也。東郭逡〔者〕，海内之狡兔〔也〕。韓〔子〕盧逐東郭逡，環山〔者〕三，騰山者五，兔極于前，犬廢于後，俱爲田父之所獲』」，高誘注：「韓國之盧犬，古之名狗也。」説苑善説篇云：「臣聞周氏之嚳，韓氏之盧，天下疾狗也。見兔而指屬，則無失兔矣。」〇宋𤞞。博物志：「宋有駿犬曰鵲。」少儀云「守犬、田犬則授擯者，既受，乃問犬名」，鄭注：「畜養者當呼之名，謂若韓盧、宋鵲之屬。」疏引桓譚新論云：「夫畜生賤也，然其尤善者，皆見記識，故犬道韓盧、宋𤞞。」又魏文帝説諸方物亦云：「狗于古則韓盧、宋鵲。」是「𤞞、鵲」字異音同。玉篇：「𤞞，宋良犬。」盧學士曰：宋書樂志〔四〕孟冬篇云：「韓盧宋鵲，呈才騁足。」御覽〔卷九〇四〕引三國典略曰：「徐之才嘗與朝士出遊，望羣犬竝走，諸人令目之，之才應聲曰：『爲是宋鵲，爲是韓盧，爲逐李斯東走，爲負帝女南徂。』」〇槃瓠。後漢書南蠻傳「昔高辛氏有犬戎之寇」，「訪募天下，有能得犬戎之將吴將軍頭者，購黄金千鎰，邑萬家，又妻以少女。時帝有畜狗，其毛五采，名曰『槃瓠』。下令之後，槃瓠遂銜人頭造闕下，羣臣怪而診之，乃吴將軍首也。帝大喜，而計槃瓠不可妻之以女，又無封爵之道」，「女聞之，以爲帝皇下令，不可違信，因請行。帝不得已，乃以女配槃瓠。槃瓠得女，負而走入南山，止石室中」。「經三年，生子〔一〕十二人」，注引魏略云：「高辛氏有老婦，居王室，得耳疾，挑之，乃得物大如繭。婦人盛瓠中，覆之以槃，俄頃化爲犬，其文五色，因名『槃瓠』。」舊本「槃瓠」作「狼狐」。盧學士曰：狼、狐二獸，犬之形，有與相似者。説文：「狼，似犬。」段氏玉裁云：禮記玉藻「青豻褎」，鄭注：「豻，胡犬。」正義：「熊氏一解此『胡』作『狐』字，謂狐犬雜。」然則犬之似狼者，亦得狼犬也。大昭案：段説亦似皮傅，究以「槃瓠」爲正。〇狂。説文：「狂，黄犬黑頭也。讀若注。」〇獖。御覽引何承天纂文云：「守犬爲獖。」集韻〔吻韻〕引此，「犬屬」，亦作「獖」，「父吻切」。

犬屬。

題上事也。說文：「犬，狗之有縣蹏者也，象形。孔子曰：視犬之字，如畫狗也。」淮南地形訓：「七九六十三，三主斗，斗主犬，犬故三月而生。」高誘注呂氏春秋孟秋紀云：「犬，金畜也。」說卦傳：「艮爲狗。」九家易云：「艮止主守禦也。」曲禮〔上〕疏云：「通而言之，狗、犬通名。若分而言之，則大者爲犬，小者爲狗。故月令皆爲犬，而周禮有犬人之職，無狗人職也。」

辟避音。雎，渠夷反。雞也。杜艾，季蜀。

此釋雞之名也。○辟雎，雞也。方言〔第八〕「雞，陳楚宋魏閒謂之鸊鷈，桂林之中謂之割雞，或曰𪇰」，郭注：「避祇兩音。」案：「辟、鸊」，「雎、鷈」並同。○杜艾，季蜀。莊子庚桑楚云「越雞不能伏鵠卵，魯雞〔固〕能矣」，向秀注：「魯雞，大雞，今蜀雞也。」爾雅〔釋畜〕「雞，大者蜀。蜀子，〔雓〕」，郭注：「今蜀雞。」此云「杜艾，季蜀」，蓋雞種之佳者，杜氏名「艾」，季氏名「蜀」。

——雞屬。

題上事也。說文「雞，知時畜也」，籒文作「鷄」。說卦傳：「巽爲雞。」九家易云：「應八風也，二九十八，主風。」淮南時則訓：「大寒之日，雞始乳。」雞雖六畜之最小者，而其始乳。古者亦以紀候焉。新序雜事篇〔五〕「田饒謂魯哀公曰：『君獨不見夫雞乎？頭戴冠者，文也；足傅距者，武也；敵在前敢鬬者，勇也；見食相呼，仁也；守夜不失時，信也。』」

嘉慶戊午仲秋，錢唐嚴傑，借閱一過，誤書棘目，到處皆然，未暇讐校一遍，不能釋然于懷爾。

附録　清史稿錢大昭傳

錢大昭，字晦之，嘉定人，大昕弟。大昕深於經史，一門羣從，皆治古學，能文章，爲東南之望。大昭少於大昕者二十年，事兄如嚴師，得其指授，時有兩蘇之比。壯歲遊京師，嘗校録四庫全書，人間未見之秘，皆得縱觀，由是學問益浩博。又善於決擇，其説經及小學之書，能直入漢儒閫奥。嘗欲從事爾雅，大昕與書，謂：「六經皆以明道，未有不通訓詁而能知道者。欲窮六經之旨，必自爾雅始。」大昭乃著爾雅釋文補三卷及廣雅疏義二十卷。

又著説文統釋六十卷，其例十：一曰疏證以佐古義，凡經典古義與許合者在所必收。二曰音切以復古音，以徐鉉、徐鍇等不知古音，往往誤讀，又許君言讀若某者，即有某音，今並補正；又説文本有舊音，隋書經籍志有説文音隱，顔氏家訓引之。唐以前傳注家多稱説文音某，今並采附本字之下。三曰考異以復古本，凡古本暨古書所引有異同者，悉取以折中。四曰辨俗以正譌字，凡經典相承俗字，及徐氏新補、新附字，皆辨證詳明，别爲一卷附後。五曰通義以明互借，凡經典之同物同音，於古本是通用者，皆引經證之。六曰從母以明孳乳，如完、刓、髡、軏等字，皆於元下注云從此。七曰别體以廣異義，凡重文中之籀、篆、古文、奇字，皆有所從，其許君未言者，亦略釋之；經典兩用者，則引而證焉。八曰正譌以訂刊誤，凡許君不收之字，注中不應有，又字畫脱誤者，並校正之。九曰崇古以知古字，如鶡、鳴、鷚、鴝之類，經典有不從鳥者，此古今字，今注曰古用某。十曰補字以免漏略，如由、希、免、皛等三十九字，從此得聲者甚多，而書中脱落，有子無母，非許例，今酌補之，亦别爲一卷附後。

大昭于正史尤精兩漢，嘗謂注史與注經不同，注經以明理爲宗，理寓於訓詁，訓詁明而理自見。注史以達事爲主，事不明，訓詁雖精無益也。每怪服虔、應劭之於漢書，裴駰、徐廣之于史記，其時去古未遠，稗官、載記、碑刻尚多，不能會而通之，考異質疑，徒戔戔於訓詁，乃著兩漢書辨疑四十卷，於地理、官制皆有所得。又仿其例著三國志辨疑三卷。又以宋熊方所補後漢書年表祇取材范書、陳志，乃於正史外兼取山經、地志、金石、子集，其體例依班氏之舊，而略變通之，著後漢書補表八卷。計所補王侯，多於熊書百三十人，論者謂視萬斯同歷代史表有過之無不及。他著有詩古訓十二卷，經説十卷，補續漢書藝文志二卷，後漢郡國令長考一卷，邇言二卷。

生平不嗜榮利，名其讀書之所曰可廬，欲蘄至於古之隨遇自足者。嘉慶元年，舉孝廉方正。

音序索引

愚若　編

本索引按漢語拼音順序排列，同音字按出現先後次序排列；多音詞按出現先後次序依次排列于首字下。《廣雅疏義》音注比較複雜，本索引是爲方便檢索而設，故不對讀音作嚴格的考證。

筆畫索引

愚若 編

本索引按漢字筆畫多少爲序排列，同筆畫者按横竪撇點折的次序排列；多音詞按照次字筆畫多少爲序依次排列于首字下。

七畫

八畫

九畫

十一畫

十七畫

十八畫

十九畫

二十畫

二十一畫

二十二畫

二十三畫

二十四畫

二十五畫

二十六畫

二十七畫

二十八畫

二十九畫